CASA DEL LIBRO

R

4746

D1272871

ERASMO Y ESPAÑA

Traducción de

ANTONIO ALATORRE

MIAMI DADE COLLEGE
KENDALL CAMPUS LIBRARY

MARCEL BATAILLON

ERASMO y ESPAÑA

*estudios sobre la historia
espiritual del siglo xvi*

FONDO DE CULTURA ECONÓMICA

MÉXICO·ARGENTINA·BRASIL·CHILE·COLOMBIA·ESPAÑA
ESTADOS UNIDOS DE AMÉRICA·PERÚ·VENEZUELA

Primera edición en francés, 1937
Primera edición en español, corregida y aumentada, 1950
Segunda edición en español, corregida y aumentada, 1966
Primera reimpresión (FCE - España), 1979
Segunda reimpresión (FCE - España), 1983
Tercera reimpresión (FCE - España), 1986
Cuarta reimpresión (FCE - España), 1991
Quinta reimpresión (FCE - España), 1995

Título original:
Erasme et l'Espagne

D.R. © 1950 Fondo de Cultura Económica, S.A. de C.V.
Avda. Picacho Ajusto, 227. 14200 México, D.F.
Fondo de Cultura Económica de España, S.L.
Vía de los Poblados, s/n (Edif. Indubuilding-Goico 4º - 15). 28033 Madrid

I.S.B.N.: 84-375-0158-X
Depósito Legal: M-4433-1995

Impreso en España

PREFACIO DE LA EDICIÓN FRANCESA

No FALTARÁ de seguro quien se sorprenda de que Erasmo y su pensamiento, considerados en sus relaciones con España, suministren la materia de un libro, y sobre todo de un libro tan voluminoso. Sin embargo, no somos nosotros quienes hemos inventado el tema. Y tampoco creemos haberlo inflado arbitrariamente. Todos cuantos se hallan un poco familiarizados con la historia espiritual del siglo XVI español saben que el *erasmismo* es uno de los rasgos originales de esa historia. Lo que no se sabe muy bien es que el erasmismo ocupe un lugar tan central en ella. Y sin duda se verá cada vez mejor que su importancia no es sólo española, sino europea; que, por otra parte, es de orden religioso más que estrictamente intelectual; y que el erasmismo, en suma, está en el núcleo mismo de los movimientos llamados Reforma y Contrarreforma.

Cierto es que ya Menéndez y Pelayo, hace mucho tiempo, había asignado un lugar a los erasmistas entre los heterodoxos españoles. Pero, todavía en 1907, Adolfo Bonilla, al emprender un reconocimiento bibliográfico del tema, y al concebir el proyecto de una historia detallada de los erasmistas, consideraba esta historia como un simple "episodio de la historia del Renacimiento". Ahora bien, cuanto más se estudia el erasmismo español, tanto mejor se ve en él un movimiento cultural complejo, ampliamente humano y laico sin duda, pero también fundamentalmente religioso. Emparentado de manera muy estrecha con el evangelismo francés de la época de Francisco I, es uno de los aspectos de aquel *iluminismo* que unió por sus raíces más hondas a la España de Cisneros con la España de los grandes místicos.

En otras palabras, el conjunto espiritual que nos ocupa constituye un privilegiado punto de mira para el estudio de la evolución religiosa de España durante el siglo XVI. Es el único que permite descubrir la continuidad que existe entre la agitada época de Carlos V —con su "luteranismo" larvado— y los dramas íntimos de la Contrarreforma. Se comprenderá, así, que nos hayamos visto llevados, no ciertamente a escribir una historia religiosa del siglo XVI español, pero sí a practicar un corte a través de esta historia. Las provincias espirituales que pisábamos en los confines del erasmismo solicitaban nuestra atención en la medida en que explican al erasmismo o son explicables por él.

Por otra parte, entre los españoles que fueron impregnados por Erasmo, los dos más ilustres quizá, Juan Luis Vives y Juan de Valdés, no se estudian aquí sino de manera muy parcial. Vives, a partir de sus años de estudiante en la Sorbona, pertenece a Europa. Valdés, durante los años más fecundos de su existencia, pertenece a Italia. Y, además, sobre la base de su formación erasmiana, uno y otro erigieron construcciones espirituales de gran originalidad. Aparecen en nuestro trabajo únicamente en función del erasmismo, y sobre todo en la medida en que su pensamiento se desenvuelve o fructifica en tierra española.

Todo lo cual quiere decir que en estas páginas se encontrará a la vez más y menos de lo que de ellas hubiera podido esperarse *a priori*. Más que a hacer revivir a los erasmistas, tienden a reconstruir el movimiento erasmiano en su conjunto y con sus prolongaciones. De ahí el plan cronológico que —con las atenuaciones indispensables— hemos seguido en la mayor parte de nuestro libro. De lo que se trataba era de dibujar la realidad viva del erasmismo español en el espacio y en el tiempo.

Plan ambicioso, realizado ciertamente con torpeza: el autor es muy consciente de ello. La erudición impone a la historia lentitudes insoportables. Pero, por otra parte, sólo quien entra de lleno en los detalles es capaz de comprender qué fue exactamente la impregnación de España por Erasmo. Además, en un trabajo como éste, que no presume de haber dicho la última palabra, el detalle de las investigaciones importará sobremanera a cuantos sientan la tentación de proseguirlas. El análisis circunstanciado de obras como el *Enchiridion*, el *Modus orandi* o la *Praeparatio ad mortem* no carecerá de utilidad para quienes resuelvan llevar más adelante la indagación sobre la influencia de Erasmo en España, o extenderla a otros países.

Por último, en un tema como el que nos ocupa, la erudición tentaleante no es menos necesaria que la pala y el pico en el campo de exploración del arqueólogo. Y no son menos las felices sorpresas que depara. Se trata aquí de una realidad espiritual sepultada, y doblemente borrada de la superficie de la historia. En primer lugar, la reacción ortodoxa que coincide con el fin del Concilio de Trento se dedicó a destruir los vestigios de una época escandalosa en que los erasmistas soñaban con una paz blanca entre Roma y Wittenberg. La Inquisición española, ejecutora metódica de esta destrucción, era al menos una burocracia conservadora y archivadora de papeles, y sus legajos, si estuviesen intactos, deberían permitir una reconstrucción de esa vida muerta por ella. Pero, a su vez, la Inquisición murió hace más de un siglo, y sus archivos han sufrido destrucciones irreparables. Un documento salvado por casualidad nos revela la existencia de un proceso perdido, y un proceso conservado nos hace lamentar la desaparición de otros diez. De ahí la necesidad de sacar el mejor partido posible de los preciosos restos documentales; de ahí el cuidado con que hemos tenido que escrutar el expediente de Juan de Vergara, único que subsiste de todos los procesos entablados contra los amigos personales de Erasmo. Las prohibiciones del Índice hicieron desaparecer toda una floración de libros, de los cuales sólo conocemos unos cuantos privilegiados en ejemplares de soberana rareza. Las bibliotecas de Valencia, de Lisboa, de Munich, nos han reservado inolvidables horas de emoción en presencia de algunos de esos ejemplares únicos o rarísimos en que duermen los temas predilectos de las meditaciones de los erasmistas.

A lo largo de los quince años de investigaciones cuyo remate es la presente obra, contamos siempre con la ayuda de nuestros maestros, de nuestros amigos, de una compañera capaz de comprender las servidumbres del trabajo científico y de tomar en él su parte. Este prefacio tendría que ser una interminable acción de gracias si fuese preciso decir en detalle todo lo que el libro debe a la ayuda y al apoyo de los demás. Permítasenos, por lo menos, expresar nuestra profunda gratitud a nuestros maestros de la Sorbona, Ernest Martinenche y Georges Le Gentil, que guiaron nuestro aprendizaje de hispanismo, y el primero de los cuales accedió a leer el voluminoso manuscrito de esta obra. Y que nuestro recuerdo, lleno de agradecimiento, evoque la memoria de dos maestros desaparecidos: Alfred Morel-Fatio, el primero que nos orientó hacia el humanismo español, y Pierre Paris, que tuvo el gesto de confianza de llamarnos, a los veintiún años, a la École des Hautes Études Hispaniques de Madrid.

Entre las personas que más se han interesado en nuestro trabajo porque sus propias investigaciones convergían con las nuestras, consagramos un recuerdo particularmente afectuoso al Sr. y a la Sra. P. S. Allen, quienes con el mayor desinterés nos permitieron consultar, a partir de 1924, los materiales preparados para los volúmenes aún no impresos de su maravilloso *Opus epistolarum Erasmi,* base, en lo sucesivo, de todos los estudios erasmianos. En 1931, P. S. Allen tuvo la gentileza de ofrecernos, en Oxford, la hospitalidad del Corpus Christi College, donde enseñó Vives, y fue nuestro guía en la Biblioteca Bodleiana. Que su compañera, continuadora de la obra común, acepte este público homenaje en prenda del agradecimiento y la admiración que siempre nos mereció el ejemplar matrimonio oxoniense.

Debemos también informes, sugerencias y valiosas palabras de aliento a nuestros maestros y compañeros en el estudio del siglo XVI, algunos de los cuales son —o fueron— amigos queridísimos: Juan María Aguilar, Dámaso Alonso, Jean Baruzi, Fr. Vicente Beltrán de Heredia, Giovanni Maria Bertini, Fernand Braudel, Franz Buchholz, Joaquim de Carvalho, Américo Castro, Georges Cirot, Fr. Justo Cuervo, Charles Dartigue, Jean Deny, el R. P. Paul Dudon, Ricardo Espinosa Maeso, Lucien Febvre, Pedro Urbano González de la Calle, Alexander Gordon, Henri Hauser, Ramón Iglesia, William MacFadden, Juan Millé y Giménez, José F. Montesinos, René Pruvost, Augustin Renaudet, Robert Ricard, Alphonse Roersch, Federico Sánchez y Escribano, Herta Schubart, Eugène Stern, Antonio de la Torre y del Cerro, Ángel Vegue y Goldoni, Henry de Vocht, Fr. Julián Zarco Cuevas.

En las bibliotecas y archivos, privados o públicos, hemos encontrado facilidades que compensaban con creces el rigor de reglamentos draconianos que alguna vez tuvimos que sufrir. No olvidamos ni la generosidad con que nuestro querido amigo Ricardo Fuentes nos prestaba libros de su biblioteca particular, ni la majestuosa acogida del palacio de Liria, donde el Duque de Alba tuvo a bien autorizarnos, en 1922, a estudiar las cartas del humanista Gracián de Alderete, ni la ayuda espontánea que nos llegó, en 1934, desde el lejano México, gracias a D. Joaquín García Pimentel, heredero de la biblioteca de Icazbalceta.

Louis Barrau-Dihigo, en la Sorbona; M. Bataille, en la Biblioteca Nacional de París; R. Bourguignon, en el Archivo de Bruselas (Archives

Générales du Royaume); Lucien Herr y Paul Étard, en la biblioteca de la Universidad de Argel; el pastor Jacques Pannier, en la Société d'Histoire du Protestantisme Français; Jacek Lipski, en el Muzeum Czartoryskich de Cracovia; Georg Reismüller, en la Staats-Bibliothek de Munich; Sir Henry Thomas, en el British Museum; el profesor Ernest G. Wahlgren, en la Universidad de Upsala, nos prestaron, de cerca o de lejos, no pocos servicios.

Cuatro años de permanencia en Lisboa nos permitieron apreciar la gentileza de los señores António Baião en el Arquivo da Torre do Tombo, y de Joaquim Anselmo, Pedro de Azevedo, Jaime Cortesão, Raúl Proença y António Sérgio en la Biblioteca Nacional, tan rica en libros españoles rarísimos.

Pero nuestra deuda más inolvidable es la que hemos contraído con muchísimos miembros del cuerpo de archiveros y bibliotecarios españoles. En esta hora trágica en que España se ve destrozada, permítasenos unirlos a todos fraternalmente en nuestra gratitud, jefes y subordinados, muertos y vivos, sin atender a jerarquías y sin enumerar los puestos sucesivos en los cuales, a lo largo de casi veinte años, nos hicieron sentir su bondad y su cortesía, en Barcelona, en Madrid, en Salamanca, en Santander, en Sevilla, en Simancas, en Toledo, en Valencia, en Valladolid... Pensamos particularmente en los señores Miguel Artigas, Miguel Bordonau, Francisco Esteve Barba, Manuel Feijóo, Benito Fuentes, José Giner Pantoja, Miguel Gómez del Campillo, Amalio Huarte y Echenique, Juan Larrauri, Javier Lasso de la Vega, Pedro Longás, Juan Montero, Gonzalo Ortiz, Julián Paz, Saturnino Rivera Manescau, Francisco Rodríguez Marín, Francisco de B. San Román, José María de Valdenebro, Samuel Ventura, Fermín Villarroya... y otros más, cuyos nombres ignoramos, pero a quienes hemos encontrado siempre prontos a informar al investigador extranjero y a hacer doblegarse en su favor las reglas que, en un pasado todavía próximo, hubieran hecho el trabajo casi imposible.

Al margen de las grandes bibliotecas, el departamento de bibliografía del Centro de Estudios Históricos ha sido para nosotros una gran ayuda gracias a la organización ejemplar creada por D. Homero Serís y atendida por él con devoción infatigable.

No olvidamos tampoco que nuestros trabajos han sido alentados por dos universidades españolas que nos invitaron a hablar en su seno sobre materias relacionadas con ellos: la venerable Universidad de Salamanca, en 1922, por la voz de D. Miguel de Unamuno, y la joven Universidad de Santander, en 1933, por la voz de D. Ramón Menéndez Pidal y de D. Pedro Salinas. El Institut Français en Espagne, no contento con ofrecernos su hospitalidad en ocasión de nuestros viajes de estudio, nos dio en octubre de 1935 la oportunidad de exponer una de las cuestiones que se abordan en este libro. Expresamos aquí a su director, Paul Guinard, nuestra amistosa gratitud. Por otra parte, la École des Hautes Études Hispaniques, en su palacio de la Moncloa, ha tenido a bien acordarse de su antiguo pensionista de la calle Marqués de la Ensenada, y concederle un subsidio para la impresión de su libro. Que el Sr. Rector Dumas, Director de la Casa Velázquez, reciba por ello nuestra respetuosa acción de gracias.

Inscribimos también en este lugar, con mucha gratitud, los nombres del profesor Georg Habich, de Munich, y del Sr. Jorge Conway, de México, a los cuales debe la ilustración de nuestra obra sus grabados más interesantes.

Por último —*last but not least*—, nuestro alumno y amigo René Delrieu, inspector de la Académie de l'Ariège, nos ha probado una vez más su abnegación corrigiendo las pruebas y preparando el índice. A él también, gracias desde el fondo del corazón.

París, 1937.

PRÓLOGO A LA TRADUCCIÓN ESPAÑOLA

ESTE LIBRO es fundamentalmente el mismo que salió en francés en 1937. He procurado, nada más, ponerlo al día, completando las notas con referencias a trabajos recientes; y he dedicado un apéndice a la huella de Erasmo entre conquistadores y misioneros de América, tal como la veo a la luz de publicaciones nuevas. Por eso mismo se me hace más imperiosa la obligación de decir cómo se ha modificado mi manera de enfocar el fenómeno del erasmismo: ocasión a propósito para explicarme acerca de los reparos que se han puesto a mi libro, de aquellos al menos que calaban lo bastante hondo para incitarme a examen de conciencia.

Siempre consideré evidente que el modernismo erasmiano tenía raíces profundas en el siglo xv y en los anteriores, como también las tendría el iluminismo español que halló en Erasmo uno de sus alimentos de predilección. Lo veo cada vez más claro. Es decir que juzgo cada vez más insuficiente el capítulo de introducción dedicado a la época de Cisneros. Pero resulta que éste ha sido uno de los más aprovechados por los historiadores del siglo xvi, de doce años a esta parte. ¿Qué mejor prueba de que la historia no puede contentarse con un tiempo acotado en siglos, o en Edad Media y Renacimiento con mayúsculas? Lo que más falta nos hace a los historiadores del siglo xvi es conocer mejor el xv. Con el conocimiento más profundo de Gersón, adelantamos en la comprensión de Erasmo. Un vigoroso y original ensayo, al fijarse en los grandes conversos del siglo xv y en los orígenes de la tan hispánica orden de los jerónimos, hace más inteligible el enlace de lo hispánico con el erasmismo, acrecentando nuestro deseo de un libro de conjunto sobre la vida espiritual de España en los siglos xv y xvi. Dentro de sus estrictos límites cronológicos, el presente libro procuró una visión no estática de los hechos. Cuando hablaba de un corte a través de una época de la historia espiritual de España, pensaba en corte vertical, no horizontal: en corte abierto hacia el pasado y hacia el porvenir. ¡Ojalá se hagan otros, a través de la época anterior y de la siguiente, que permitan mejorar la perspectiva del mío! Entonces se verá lo que fue el proceso de la *devoción moderna* en España y en otras partes. ¿No es notable que para entender lo que fueron los *Hermanos de la vida común* (en cuya casa de Deventer, foco de aquella devoción, se crió Erasmo de Rotterdam) nos sirva un texto de 1555 donde se define una "vida común y ambidextra", a la vez activa y contemplativa, seglar e interior? Ahora bien, un cartujo de Colonia enaltece esta concepción como el propio ideal heredado del místico Herph, y en ella ve la justificación de la empresa de los primeros jesuitas.

Así como la fecha de 1560 me parece corresponder a un profundo cambio de situación, concedo cada vez menos importancia a la de 1517. Cuando empecé mi investigación, se imponía todavía a la historia del cristianismo moderno el esquema Prerreforma, Reforma, Contrarreforma. Pero quienes nos dedicamos a estos estudios hemos ido viendo cada vez mejor que la rebelión de Lutero no había abierto repentinamente una nueva era en la vida espiritual de Europa. Tan "Reforma" era lo de antes de Lutero como lo de después. El mayor equívoco de esta terminología consistía en hacer de Reforma un sinónimo anacrónico de Protestantismo, en ascribir a Contrarreforma todo lo vigoroso y nuevo del catolicismo después de 1517. Cuando lo que, entre 1517 y 1560, merece en rigor el nombre de Contrarreforma es una actitud negativa, hostil a *toda reforma*, tanto católica como protestante, y que abomina poco menos a Erasmo, al Maestro Juan de Ávila, a los primeros jesuitas, que a Lutero y Calvino. Esquematizar la Reforma católica, de Lutero en adelante, como Contrarreforma equivale a empobrecerla, y el que la Compañía de Jesús, después de 1560, haya sido una gran fuerza antiprotestante no quiere decir que San Ignacio haya sido, más que otra cosa, un Antilutero. Finalmente, el propio término de Reforma, aceptable para los aspectos eclesiásticos o monásticos de aquel gran movimiento, nos desorienta más bien acerca de su profundo carácter de renovación del sentimiento religioso.

Estudiar a fondo el fenómeno erasmista en el seno del catolicismo español era contribuir forzosamente a deshacer dichos equívocos. Se desvanecía el espectro de un Erasmo librepensador racionalista. Perdía mucho de su interés histórico la interpretación de Erasmo como luterano vergonzante y cobarde, acreditada tanto por la "Reforma" como por la "Contrarreforma", con la consabida pregunta de "por qué Erasmo no se hizo protestante". Cualquiera que fuese el secreto del hombre llamado Erasmo, allí estaba un erasmismo de intención ortodoxa, con el cual no estaban reñidos, abiertamente por lo menos, los más ilustres y los más santos "reformadores" católicos.

No niego que el humanismo cristiano —tan laico— de Erasmo y de sus lectores españoles me haya merecido más simpatía que el teocratismo intolerante de sus adversarios, ya protestantes, ya católicos (¡teocratismo, además, tan expuesto a degradarse en religiones de Estado!). Pero no obedecía a esta simpatía el tomar a Erasmo como centro de perspectiva de mi libro. Le correspondía este lugar ya que lo escogía como tema, y además por su posición entre las corrientes vivas del cristianismo de su tiempo. Alguien, insinuando que yo era un moderno erasmista, sintió que no enjuiciase el erasmismo con criterio ortodoxo. No era de mi incumbencia. Para el historiador, el contenido concreto de la ortodoxia es materia de historia. Y la ortodoxia romana cambió de actitud frente a Erasmo. León X aceptó la dedicatoria del *Novum Instrumentum* con la *Paraclesis* y la *Ratio verae theologiae*. Paulo III quiso dar al autor un capelo cardenalicio. Paulo IV lo incluyó entre los autores prohibidos "primae classis". Esquema de un drama que el erasmismo español ilustra luminosamente.

El reparo más frecuente ha sido decir que ascribo al erasmismo cosas que no son privativas de Erasmo, como si yo clasificara como erasmista (en el sentido de discípulo incondicional de Erasmo) a todo autor o libro estudiado en estas ochocientas treinta páginas; como si no avisara de antemano que en ellas se trata también de actitudes *afines* a la de Erasmo. Pero no escribo este nuevo prólogo para los que no han leído el de 1937. Hago examen de conciencia. Y confieso que resultaba expuesto a confusiones el tomar el nombre de Erasmo, en el título de un libro, para representar a Erasmo y algunas cosas más... Erasmo y compañía. Afortunadamente, los mismos que dicen que todo se me antoja erasmismo no lo han entendido tan mal, cuando me preguntan por qué no he ensanchado más aún el campo de este erasmismo lato. Mi tema era precisamente una zona fronteriza, de las que no tienen límites trazados. No se podía acotarla; había que describirla. A uno de mis críticos, y probablemente a más de uno, le sorprendió que yo clasificara el tema del cuerpo místico como típicamente erasmiano o post-erasmiano en la espiritualidad del siglo XVI.* Que procede en última instancia de San Pablo, ¿quién lo duda? Al señalarlo como típico del paulinismo erasmista, lo hice con la duda de si habría otra fuente próxima desatendida por mí. Nadie, que yo sepa, la ha señalado hasta la fecha.

Y ésta es la hora de confesar la laguna más grave de todo el libro. El Maestro Juan de Ávila, Apóstol de Andalucía, intrépido imitador de San Pablo, es, con Venegas, entre los espirituales españoles, el que mayor resonancia da a la metáfora del cuerpo místico. Y su evangelismo tiene no poco de erasmiano. Es otro cristiano nuevo que desempeña un papel de primer orden en la vida religiosa de su país: aspecto de España del cual no podrá desentenderse ya quien estudie a España en su historia. Y nos obliga a plantear el problema de si, en España, el paulinismo no habrá tenido exactamente el sentido universalista que defendía el Apóstol de los Gentiles frente a la Sinagoga, y si el enaltecer el cuerpo místico no habrá tenido aquí algo de reacción contra el prejuicio de la limpieza de sangre en que "se encastillaban", como dice Venegas, los cristianos viejos ufanos de su linaje, imitadores inconscientes (en su antijudaísmo) del viejo racismo judío. Tiene razón quien sospecha que, si no hablé más del Maestro Ávila, fue porque lo conocía mal. Pues el Apóstol de Andalucía y sus discípulos llenaban un

---

* Eugenio Asensio, *El erasmismo y las corrientes espirituales afines*, en R. F. E., t. XXXVI (1952), pág. 63, nos dice que él no se atrevería a considerar esta metáfora "como delatora de erasmismo". Pero ¿no será sintomática de una situación de la cual el erasmismo vendría a ser otro síntoma? El mismo Asensio (*ibid.*, pág. 62) observa: "Hasta qué punto amó el humanista holandés esta metáfora, lo muestra el que según H. de Lubac (*Corpus mysticum*, Paris, 1949, pág. 14) atribuyó a San Cipriano un tratado, por él compuesto, en que desarrolla sus propias ideas." Por otra parte, es notable que el franciscano Fr. Martín de Castañega, en su *Tratado de las supersticiones y hechicerías* (Logroño, 1529), reimpresión de la Sociedad de Bibliófilos Españoles, Madrid, 1946, págs. 24 y 101, insista dos veces sobre la doctrina del cuerpo místico, oponiéndola a la falta de unión de "la iglesia diabólica", y en la misma obra (pág. 4) tome a Erasmo como el escritor por antonomasia que sabe con la sabiduría de los antiguos hacer obra moderna ("...todos los que escriben en estos nuestros tiempos, a los papeleros se pueden comparar, los cuales con papeles viejos, molidos y desatados, tornándolos a coger, con el marco de su arte hacen nuevo papel"). La Aprobación del tratado (págs. 159-160) es del canónigo erasmista Sancho Carranza de Miranda.—Véase asimismo el artículo de José Antonio Maravall, *La idea de cuerpo místico en España antes de Erasmo*, en el *Boletín Informativo del Seminario de Derecho Político de la Universidad de Salamanca*, mayo-octubre de 1956, págs. 29-44.

vacío entre el sector erasmista y el sector jesuita de la vanguardia católica española, y gracias al maestro se explicaba mucho mejor Fr. Luis de Granada, el mayor de los "discípulos de Ávila". Pero ¿quién conocía al Maestro Ávila en 1937? Hay, desde hace menos de diez años, una resurrección de su figura y su obra. En fin, cualquiera que sea su contacto con Erasmo, tanto él como otros apóstoles de dentro y fuera de la Península no podían caber en este libro sino en un lugar marginal. Me propongo estudiarlos en otra parte como tales apóstoles, imitadores de San Pablo en acción. Pero no por eso han de desaparecer del horizonte de este libro.

Seguirán, pues, los aficionados a la polémica diciendo que, a mi juicio, Juan de Ávila, Zumárraga, Luis de Granada, Luis de León y Cervantes *fueron unos erasmistas*. Más vale esto que no mutilar el fenómeno del erasmismo español. Ya se ve que no abjuro de la tendencia fundamental del libro, que es considerar el erasmismo como una corriente de piedad reflexiva (con todos los riesgos que esto entrañaba para la ortodoxia), pero de *piedad*, no de librepensamiento racionalista al estilo del siglo XVIII. ¿Cómo iba a abandonar esta manera de ver, después que nuestro más profundo historiador del siglo XVI denunció el anacronismo que consiste en dar al llamado ateísmo de entonces un contenido moderno, y caracterizó a aquel siglo por su "voluntad de creer"?

Dos palabras más acerca de esta edición española. El Fondo de Cultura Económica ha puesto todo su empeño en que salga digna de la francesa, cuidada por E. Droz, y en mejorarla lo posible. Los admirables grabados de Philippe Galle que di a conocer en la *Bibliothèque d'Humanisme et Renaissance* —auténticos retratos de almas— entran a enriquecer la documentación gráfica. El traductor ha cumplido su cometido con una escrupulosidad ejemplar. No quiso españolizar de su cosecha ni una sola cita española traducida por mí al francés. Entre él y yo, a costa de muchas horas de trabajo, hemos dado con los originales; y hasta hemos acudido, para las citas de obras de Erasmo traducidas al español, a las versiones castellanas del siglo XVI, con la única excepción del *Tratado de la oración,* pues los tesoros de la Staats-Bibliothek de Munich, a pesar de la buena voluntad de los bibliotecarios, no han salido todavía de sus escondites del tiempo de guerra. Gracias, ante todo, a la paciencia de Antonio Alatorre se exime esta traducción de lacras que suelen deslucir empresas análogas. A él, a Raimundo Lida, que le asistió con sus consejos, a los directores de la editorial, va mi cordial agradecimiento.

París, julio de 1949.

ADVERTENCIA
SOBRE LA SEGUNDA EDICIÓN ESPAÑOLA

En los quince años transcurridos desde la preparación de la primera edición española de este libro (México, Fondo de Cultura Económica, 1950) no he tenido motivo —u oportunidad— de modificar mi enfoque de la significación histórica de Erasmo y su influencia en España. Pero Erasmo y los fenómenos espirituales relacionados con la difusión de su obra han seguido interesando a no pocos estudiosos, a cuyos trabajos convenía remitir ahora, para utilidad de los lectores. Debemos una aportación de excepcional valor y amplitud al personalísimo comentario elaborado por Eugenio Asensio a propósito de nuestra primera edición española: *El erasmismo y las corrientes espirituales afines*, publicado en la *Revista de Filología Española*, tomo XXXVI (1952), págs. 31-99. A él remiten muchas de las notas añadidas a la presente edición. Debemos también a la generosa amistad de Asensio documentación nueva sobre rarísimas ediciones de Erasmo en español, ignoradas todavía hace quince años y descubiertas por él. Otra ayuda tan espontánea como generosa, la del profesor Enrique Otte, de la Universidad de Sevilla, nos ha permitido enriquecer notablemente la parte referente al influjo de los libros de Erasmo en el Nuevo Mundo. Nos ha servido también para enterarnos de muchos trabajos recientes la amplia y concienzuda reseña crítica de Jean-Claude Margolin, *Douze années de bibliographie érasmienne (1950-1961)*, Paris (J. Vrin), 1963, 204 págs., con un cuadro recapitulativo de las traducciones de textos erasmianos publicados en diecisiete lenguas, que da idea del interés universal despertado todavía, en esta segunda mitad del siglo XX, por algunos aspectos del pensamiento de Erasmo. Es de esperar que en 1971 la bibliografía erasmiana justifique la publicación de un tomo decenal no menos nutrido que el anterior.

Recientemente, mientras salía a luz la reproducción fotostática de la última edición de *Opera omnia* de Erasmo (Leiden, 1703-1706), un grupo de especialistas reunido en Rotterdam emprendió la preparación colectiva de una edición crítica de dichas obras completas, conforme a las exigencias de la erudición. En fin, conviene observar que el ambiente actual de ecumenismo favorece el renacer del irenismo religioso de Erasmo, en especial en el seno de la Iglesia católica, pues en el II Concilio Vaticano dominan tendencias en parte opuestas a las que hace cuatro siglos triunfaron en el Concilio de Trento, imponiendo a Erasmo, en 1559, la nota de "auctor damnatus primae classis".

A quien debe más la segunda edición de este libro es al traductor. Antonio Alatorre no se ha contentado con contribuir valiosamente al acopio de datos destinados a poner las notas al día, con subir de punto la riqueza y precisión de la bibliografía, es decir con mejorar esta obra como instrumento de trabajo para el lector de 1965. Ha tenido el valor de someter su propia traducción —a pesar de los elogios que había merecido—

a la más exigente autocrítica, haciéndola más fiel al pensamiento del original en bastantes pasajes, y obligando al autor a rectificar erratas o deslices de la primera edición francesa. Con sus escrúpulos de traductor ejemplar, con su amor a esta obra que le llevó a adentrarse en cada renglón de ella, Alatorre ha superado al propio autor en conocimiento de su libro y en deseo de que sea "el más hermoso, el más gallardo y más discreto que pudiera imaginarse" sobre la materia. Colaborador ya, más que traductor mío, se ha hecho acreedor a todo cariño y agradecimiento, tanto de parte del autor como de sus lectores.

El Fondo de Cultura Económica también merece nuestra gratitud por haberse prestado liberalmente a cuanto pudiese mejorar la edición anterior, en especial en la parte gráfica.

París, noviembre de 1965.

ABREVIATURAS

A. G. I.	Archivo General de Indias, Sevilla.
A. G. S.	Archivo General de Simancas.
A. H. N.	Archivo Histórico Nacional, Madrid.
A. U. S.	Archivo de la Universidad, Salamanca.
B. A. E.	*Biblioteca de Autores Españoles* ("de Rivadeneyra").
B. A. H.	Biblioteca de la Real Academia de la Historia, Madrid.
B. C.	Biblioteca Colombina, Sevilla.
B. D.	Biblioteca de Derecho, Universidad Central, Madrid.
B. H.	*Bulletin Hispanique,* Burdeos, desde 1899.
B. M.	British Museum.
B. N. L.	Biblioteca Nacional, Lisboa.
B. N. M.	Biblioteca Nacional, Madrid.
B. N. P.	Biblioteca Nacional, París.
B. N. V.	Biblioteca Nacional, Viena.
Bodl.	Bodleian Library, Oxford.
Bol. Ac. Esp.	*Boletín de la Real Academia Española,* Madrid, desde 1914.
Bol. Ac. Hist.	*Boletín de la Real Academia de la Historia,* Madrid, desde 1897.
B. P. E.	Biblioteca Pública de Évora.
B. S. H. P.	Biblioteca de la Société d'Histoire du Protestantisme Français, París.
B. S. I.	Biblioteca de San Isidro, actualmente en la Facultad de Filosofía y Letras, Madrid.
B. U. S.	Biblioteca de la Universidad, Salamanca.
Clás. Cast.	Colección de *Clásicos Castellanos* de "La Lectura" y Espasa-Calpe, Madrid, desde 1910.
C. S. I. C.	Consejo Superior de Investigaciones Científicas, Madrid.
C. T.	*Ciencia Tomista,* Salamanca, desde 1910.
Escr. Cast.	*Colección de Escritores Castellanos,* 161 vols., Madrid, 1880-1915.
Hom. Pidal	*Homenaje ofrecido a Menéndez Pidal. Miscelánea de estudios lingüísticos, literarios e históricos,* 3 vols., Madrid, 1925.
N. B. A. E.	*Nueva Biblioteca de Autores Españoles,* 26 vols., Madrid, 1905-1928.
N. R. F. H.	*Nueva Revista de Filología Hispánica,* México, desde 1947.
R. A. B. M.	*Revista de Archivos, Bibliotecas y Museos,* 3ª época, 65 vols., Madrid, 1898-1931.
R. A. E.	*Reformistas Antiguos Españoles,* 21 vols. publicados por Luis de Usoz y Río y Benjamin B. Wiffen, Madrid y Londres, 1847-1933.
R. F. E.	*Revista de Filología Española,* Madrid, desde 1914.
R. H.	*Revue Hispanique,* 81 vols., Nueva York y París, 1894-1933.
S. B. M.	Staats-Bibliothek, Munich.

ABREVIATURAS

A. G. I.   Archivo General de Indias, Sevilla.
A. G. S.   Archivo General de Simancas.
A. H. N.   Archivo Histórico Nacional, Madrid.
A. U. S.   Archivo de la Universidad, Salamanca.
B. A. E.   Biblioteca de Autores Españoles "de Rivadeneyra,"
B. A. H.   Biblioteca de la Real Academia de la Historia, Madrid
B. C.   Biblioteca Colombina, Sevilla.
B. U.   Biblioteca de Literatura, Universidad Central, Madrid
B. M.   British Museum
B. N. L.   Biblioteca Nacional, Lisboa.
B. N. M.   Biblioteca Nacional, Madrid.
B. N. P.   Biblioteca Nacional, Paris.
B. N. V.   Biblioteca Nacional, Viena
Bodl.   Bodleian Library, Oxford
Bol. Ac. Esp. Boletín de la Real Academia Española, Madrid, desde 1914
Bol. Ac. Hist. Boletín de la Real Academia de la Historia, Madrid, desde 1887
B. P. E.   Biblioteca Pública de Évora.
B. S. H. P.   Bibliothèque de la Société d'histoire du Protestantisme français, Paris.
B. S. I.   Biblioteca de San Isidro, actualmente en la Facultad de Filosofía y Letras, Madrid.
B. U. S.   Biblioteca de la Universidad, Salamanca.
Clás. Cast.   Colección de Clásicos Castellanos de "La Lectura," y Espasa-Calpe, Madrid, desde 1910.
C. S. I. C.   Consejo Superior de Investigaciones Científicas, Madrid.
E. U.   Estudios (?), Salamanca, desde 1910.
Hist. Crit.   Historia de las literaturas castellanas, Barcelona, Madrid, 1860-1891.
Hom. Pidal   Homenaje ofrecido a Menéndez Pidal. Miscelánea de estudios lingüísticos, literarios e históricos, 3 vols., Madrid 1925.
N. B. A. E.   Nueva Biblioteca de Autores Españoles, 26 vols., Madrid, 1905-1918.
N. R. F. H.   Nueva Revista de Filología Hispánica, México, desde 1947.
R. F. H.   Revista de Filología Hispánica, Buenos Aires, 22 vols., Madrid 1909-1955.
R. A. B.   Rapsodias Amorosas Españolas, 21 vols., publicadas por Luis de Usoz y Río, y Benjamin B. Wiffen, Madrid y Londres 1840-1862.
R. F. E.   Revista de Filología Española, Madrid, desde 1914.
R. H.   Revue Hispanique, 81 vols., Nueva York y París, 1894-1933.
S. B. M.   Staats-Bibliothek, München.

BIBLIOGRAFÍA

I. FUENTES MANUSCRITAS

A) *PAPELES DE ESTADO*

a) *españoles.*

1. A. G. S., *Estado*, legajos 4, 8, 11, 13, 14, 21, 41, 210, 273, 316, 319, 478, 500, 603-606, 1320, 1553, 2687 (2).
2. A. G. S., *Escribanía mayor de rentas*, legs. 154, 526.
3. A. G. S., *Consejo Real*, leg. 542 (proceso de Cueto y Licona contra el Colegio de San Ildefonso de Alcalá).
4. A. G. S., *Patronato Real*, leg. 2, núm. 2.
5. A. G. S., *Memoriales de la Cámara* [Miguel de Eguía].
6. A. G. I., *Contratación*, leg. 5575.
7. A. G. I., *Indiferente general*, leg. 2984.
8. A. G. I., *Justicia*, leg. 2, núm. 1; leg. 5, núm. 5; leg. 733, núm. 3; leg. 1011.

b) *portugueses.*

9. Arquivo da Torre do Tombo (Lisboa), *Corpo chronologico*, Parte 1ª, maço 37.

c) *austríacos.*

10. Stadts-Archiv (Viena), *Venedig-Berichte* [3], Cartas de D. Gastelu 1553.

B) *ARCHIVOS NOTARIALES*

11. Archivo de Protocolos (Toledo), protocolo de Juan Sánchez de Canales, 1557, t. I, fols. 695 *ss.* (testamento de Juan de Vergara).
12. Archivo de Protocolos (Toledo), protocolo de Alonso García Yáñez, 1557, vol. 3012, fols. 281 *ss.* (inventario de los bienes de Juan de Vergara).
13. Archivo de Protocolos (Salamanca), 1547-1552 (inventario de la librería de los Portonariis).
14. Archivo de Protocolos (Sevilla), oficio XV, lib. 2 de 1546 (testamento de Pedro Benito de Basiñana).

C) *ARCHIVOS INQUISITORIALES*

a) *Decisiones del Inquisidor General y de la Suprema.*

15. A. H. N., *Inquisición*, lib. 245 f (provisiones de los Inquisidores Generales, 1517-1562). [Lo relativo a la prohibición de Biblias, analizado por J. I. TELLECHEA, núm. 1207].
16. A. H. N., *Inquisición*, libs. 1233 y 1234 f (cartas acordadas, copias).

b) *Correspondencia de la Suprema y de los Inquisidores Generales.*

17. A. H. N., *Inquisición,* libs. 319 f a 324 f.

c) *Edicto contra los alumbrados de Toledo* (1525).

18. A. H. N., *Inquisición,* lib. 1299, fols. 551 ro-556 vo. [publicado, núm. 222; y cf. núm. 1161].

d) *Expediente original de la asamblea de Valladolid* (1527).

19. A. H. N., *Inquisición,* leg. 4426, núm. 27. [Extractos publicados, cf. núm. 89].

e) *Procesos* [cf. núm. 371].

ALCARAZ, véase RUIZ DE ALCARAZ, núm. 30.

20. BETETA (Luis de), A. H. N., *Inquisición de Toledo,* leg. 102, núm. 3.

21. BIVAR (Rodrigo de), A. H. N., *Inquisición de Toledo,* leg. 213, núm. 3.

22. CARRANZA DE MIRANDA (Bartolomé), B. A. H., mss. 10-10-3 (22 vols.). [En curso de publicación, núm. 1211].

23. CAZALLA (María), A. H. N., *Inquisición de Toledo,* leg. 110, núm. 21. [Extractos publicados, cf. núm. 897].

24. CELSO (Hugo de), A. H. N., *Inquisición de Toledo,* leg. 110, núm. 22. [Cf. núm. 211].

25. CONQUÉS (Jerónimo), A. H. N., *Inquisición de Valencia,* leg. 558, núm. 6. DESCOUSU (Celse Hugues), cf. CELSO (Hugo de).

26. LÓPEZ DE ILLESCAS (Juan), A. H. N., *Inquisición de Toledo,* leg. 214, núm. 31. [Cf. núm. 1163].

27. LUCENA (Petronila de), A. H. N., *Inquisición de Toledo,* leg. 111, núm. 46. [Cf. núm. 833].

28. MEZQUITA (Miguel), A. H. N., *Inquisición de Valencia,* leg. 531, núm. 38.

29. RODRÍGUEZ (Antonio), A. H. N., *Inquisición de Toledo,* leg. 222, núm. 29.

30. RUIZ DE ALCARAZ (Pedro), A. H. N., *Inquisición de Toledo,* leg. 106, núm. 28. [Extractos publicados, núm. 1178; y cf. núm. 1161].

31. TORRE (Pedro de la), Archivo General de la Nación (México), *Inquisición,* t. II, núm. 13.

32. UCEDA (Diego de), A. H. N., *Inquisición de Toledo,* leg. 112, núm. 74. [Cf. núm. 832].

33. VERGARA (Juan de), A. H. N., *Inquisición de Toledo,* leg. 223, núm. 42. [Extractos publicados, núm. 1176, y sobre todo núm. 829].

f) *Documentos relativos a libros prohibidos y diversos asuntos.*

34. A. H. N., *Inquisición,* legs. 4426 a 4520. [Fondo incompletamente catalogado por PAZ Y MÉLIA, núm. 1003, y analizado por J. I. TELLECHEA, núm. 1207].

g) *Otros documentos inquisitoriales.*

35. A. H. N., *Inquisición,* libs. 574 y 961.

36. A. H. N., *Inquisición*, legs. 2392, 3309, 3716.
37. A. H. N., *Inquisición, Cédulas reales*, lib. 246.

D) *ARCHIVOS UNIVERSITARIOS*

a) ALCALÁ.

38. Recepción de colegiales de San Ildefonso, Biblioteca de Palacio, Madrid.
39. Libro de familiares del Colegio de San Ildefonso, A. H. N., *Universidades,* lib. 716 f.
40. Registros de cuentas de San Ildefonso, A. H. N., *Universidades,* libs. 717 f, 745 f, 746 f, 813 f, 814 f, 815 f.
41. Documentos diversos provenientes de la Universidad de Alcalá, B. D., legs. III, V y VII.
42. Documentos diversos provenientes de la Universidad de Alcalá, A. H. N., *Universidades,* leg. 65.
43. Documentos diversos provenientes de la Universidad de Alcalá, A. H. N., *Universidades,* libs. 1222 f, 1223 f.
44. Actas de la Universidad hasta 1527, A. H. N., *Universidades,* libs. 2 f, 3 f.
45. Libro de actos y grados, 1523-1544, A. H. N., *Universidades,* lib. 397 f.
46. Libro de actos y grados, 1544-1562, A. H. N., *Universidades,* lib. 398 f.
47. Inventario de los bienes de San Ildefonso y de su biblioteca, A. H. N., *Universidades,* lib. 1090 f (antes de 1512), lib. 1091 f (hacia 1523), lib. 1092 f (después de 1526).

b) SALAMANCA.

48. A. U. S., *Libros de claustros,* tomos IV y V (1503 a 1511), VI (1512), VII a XI (1526 a 1533), XII a XXVIII (1538 a 1560).
49. A. U. S., *Libros de cuentas,* tomos I (1518 a 1524), II (1529 a 1541), III (1541 a 1542), IV (1542 a 1549), V (1553 a 1557), VI (1557 a 1560).

c) LOVAINA.

50. Archives Générales du Royaume (Bruselas). Fondo: *Université de Louvain,* Reg. 23 y 24 (matrículas, 1517 a 1558).

E) *CORRESPONDENCIA Y PAPELES DE PERSONAJES DIVERSOS*

a) CISNEROS [cf. núms. 72, 113, 243, 615, 663, 707, 719, 838, 857, 970, 1062, 1268].

51. A. H. N., *Universidades,* libs. 1223 f, 1224 f.
52. B. D., *Cartas al Cardenal Cisneros.*
53. B. D., *Memoriales para la historia de Cisneros* (reunidos por Álvar GÓMEZ DE CASTRO).
54. B. D., *Apuntes sobre la beatificación de Cisneros* (reunidos por Fr. Pedro de QUINTANILLA), 3 vols.

b) Cock (Enrique).

55. B. N. P., Ms. Lat. 8590 (correspondencia).

c) Dantiscus (Johannes) [cf. núms. 88, 726, 1004].

56. Archivum Czartoryskich, Cracovia, Mss. 240-249 (correspondencia).
57. Biblioteca de la Universidad de Upsala, Mss. H.154 y 155 (Epistolae ad Joh. Dantiscum).

d) Gracián de Alderete (Diego).

58. Ms. de cartas latinas, Archivo de la Casa de Alba, Palacio de Liria, Madrid, Caja 136, núm. 26. [Extractos publicados, cf. núm. 1007].

e) Maluenda (Pedro de).

59. Cartas a Granvela, Berkshire Record Office, Reading, *Granvelle Papers*, t. II.

f) Páez de Castro (Juan).

60. Cartas a Zurita, B. A. H., Est. 22, gr. 5, núm. 53 (Colección Velázquez, t. XIV). [Incompletamente publicadas en el núm. 116].

g) Valdés (Alfonso de) [cf. núms. 150, 188, 304, 322, 914, 944, 954-957, 963, 1160, 1242-1246, 1331].

61. A. G. S., *Estado*, legs. 603 a 608.
62. B. A. H., Est. 18, gr. 1, núm. 5, *Cartas de Erasmo y otros*.

h) Vergara (Juan de) [cf. núms. 11, 12, 33, 188, 829, 1132, 1176, 1286].

63. B. N. M., Ms. 17460.
64. B. N. M., Mss. 18673, 18675, 20055.
65. Colección Heine (Leipzig) [cf. Allen, t. IV, pág. 620].
66. Stadtbibliothek de Hamburgo, Codex Hisp. 17.

F) *MANUSCRITOS DE OBRAS HISTÓRICAS Y LITERARIAS*

67. Aguilar Villaquirán (Juan de), traducción de *Obras de Luciano*, Biblioteca Menéndez Pelayo, Santander, Ms. 55.
68. *Anales complutenses*, B. N. M., Ms. 7899.
69. *Crótalon* (atribuido a Cristóbal de Villalón), B. N. M., Ms. 18345 (Fondo Gayangos).
70. *Crótalon*, B. N. M., Ms. 2294 (Fondo de la Romana).
71. Chacón (Pedro), *Historia de la Universidad de Salamanca* (1569), B. N. M., Ms. 7456.
72. Gómez de Castro (Álvar), *De rebus gestis a Francisco Ximenio Cisnerio*, B. D., Ms. fechado al final: 2 de febrero de 1565. [Cf. núms. 53, 663, 1132].

73. Gracián de Alderete (Diego), traducción del compendio de las *Chroniques* de Froissart hecho por J. Sleidan, Ms. de la S. B. M. [Cf. núm. 772].

74. Montemayor (Jorge de), *Diálogo spiritual,* Ms. de la B. P. E. [Cf. núm. 890].

75. Navarro (Martín), *Tratado del santísimo nombre de Jesús,* B. N. M., Ms. 6176.

76. *Viaje de Turquía* (atribuido a Cristóbal de Villalón), B. N. M., Ms. 3871.

77. *Viaje de Turquía,* B. N. M., Ms. 6395.

78. *Viaje de Turquía* [intitulado *Pedro de Urdemalas*], Biblioteca Pública de Toledo, Ms. 259.

79. *Viaje de Turquía,* Escorial, Ms. J-II-23.

80. *Viaje de Turquía,* Ms. de la biblioteca de D. Antonio Rodríguez Moñino (Madrid).

G) RECOPILACIONES HISTÓRICAS Y LITERARIAS

a) *Documentos relativos al Estatuto de limpieza de sangre del Cabildo de Toledo* [cf. núm. 1180].

81. B. N. M., Mss. 1703, 11008, 11207, 11211, 13267.

82. B. N. P., Fonds espagnol, Ms. 354.

b) *Documentos y escritos diversos.*

83. *Papeles varios,* Escorial, Ms. &-III-10 (Páez de Castro).

84. *Papeles varios,* B. N. M., Ms. 6074 (Paráfrasis de los salmos 4, 90, 124 y 136, por "el pe [Miguel?] Carranza").

85. *Papeles varios,* B. N. M., Ms. 6176.

86. *Papeles varios,* Biblioteca de la Universidad de Sevilla, Ms. 333.75 (*Diálogo de la medicina*). [Cf. núms. 429, 430].

II. FUENTES IMPRESAS

Abad (Camilo María), S. J.

87. *El proceso de la Inquisición contra el Beato Juan de Ávila,* en *Miscelánea Comillas,* Universidad Pontificia, Comillas (Santander), t. VI (1946), págs. 95-167.

Acta.

88. *Acta Tomiciana,* compilación realizada por S. Górski y editada por A. T. Dzialynski, tomos I-VIII, Poznan (Ludwig Merzbach), 1852-1860; tomos IX-XIII, Poznan (Bibliotheca Kornicensis), 1876-1915. [Ha seguido publicándose al cuidado de Wladisláw Pociecha: el t. XVI apareció en Wratislawa-Kraków (sumptibus Instituti Nationalis Ossoliani) en 1960]. [Cf. núms. 56-57, 726, 1004].

Actas.

89. *Actas originales de las congregaciones celebradas en 1527 para examinar las*

doctrinas de Erasmo, análisis y extractos firmados por A[ntonio] P[az] y M[élia] y M[anuel] S[errano] y S[anz], en *R. A. B. M.,* t. VI (1902), págs. 60-73. [Cf. núm. 19].

AGUAYO SPENCER (Rafael) [cf. núm. 644].

90. *Don Vasco de Quiroga. Documentos* [entre ellos, la *Biografía de Don Vasco de Quiroga* (1766) por Juan José MORENO], México (Polis), 1940. *(Biblioteca mexicana de historia).*

AGUILAR VILLAQUIRÁN (Juan de), véanse núms. 67, 466.

AGUSTÍN (San) [Pseudo].

91. *Meditaciones, soliloquio y manual,* traducción anónima, Valladolid (Arnao Guillén de Brocar), 1515. (B. N. P.).

AGUSTÍN (Antonio).

92. *Opera omnia,* 8 vols., Lucae (typis Josephi Rocchii), 1765-1774. (B. N. P.).

ALARCÓN (Fr. Luis de).

93. *Camino del cielo, en que se demuestra cómo se busca y halla Dios,* Alcalá de Henares (Juan Brocar), 1547.

ALATORRE (Antonio).

94. *Quevedo, Erasmo y el Doctor Constantino,* en *N. R. F. H.,* t. VII (1953) [Homenaje a Amado Alonso], págs. 673-685.

ALBAREDA (Dom Anselmo), O. S. B.

95. *Intorno alla scuola di orazione metodica stabilita a Montserrato dall'abate Garsías Jiménez de Cisneros,* en *Archivum Historicum Societatis Iesu,* Roma, t. XXV (1956), págs. 254-316.

ALBERI (Eugenio).

96. *Relazioni degli ambasciatori veneti,* raccolte, annotate ed edite da..., 15 vols., Firenze (Società Editrice Fiorentina), 1839-1863.

ALCEDO (Marqués de) [Fernando Quiñones de León].

97. *Le Cardinal Quiñones et la Sainte Ligue,* Bayonne (A. Faltzer), 1910.

ALCOCER (Diego de), véase ERASMO, núms. 484-492.

ALCOCER MARTÍNEZ (Mariano).

98. *Historia de la Universidad de Valladolid, transcrita del "Libro Bezerro" que compuso F. V. Velázquez de Figueroa,* 7 vols., Valladolid (Casa Social Católica), 1918-1931.

ALDANA (Francisco de).

99. *Poesías,* prólogo, edición y notas de Elias L. Rivers, Madrid, 1957. *(Clás. Cast.,* t. CXLIII).

ALEMÁN (Mateo).

100. *Guzmán de Alfarache,* edición y notas de Samuel Gili y Gaya, 5 vols., Madrid, 1927-1936. *(Clás. Cast.,* tomos LXXIII, LXXXIII, XC, XCIII, CXIV).
101. *Vida de San Antonio de Padua,* Sevilla (Clemente Hidalgo), 1604.

ALMOINA (José) [cf. núm. 1339].

102. *La biblioteca erasmista de Diego Méndez,* Ciudad Trujillo, 1945. *(Publicaciones de la Universidad de Santo Domingo,* t. XXXV).
103. *Rumbos heterodoxos en México,* Ciudad Trujillo, 1947. *(Publicaciones de la Universidad de Santo Domingo,* t. LIII).

ALONSO (Amado).

104. *Don Quijote no asceta, pero ejemplar caballero y cristiano,* en *N. R. F. H.,* t. II (1948), págs. 333-359. [Incluido en su libro *Materia y forma en poesía,* 2ª ed., Madrid (Gredos), 1960, págs. 148-186].

ALONSO (Dámaso) [cf. núm. 531].

105. *El crepúsculo de Erasmo,* en *Revista de Occidente,* Madrid, t. XXXVIII (1932), págs. 31-53.
106. *Sobre Erasmo y Fray Luis de Granada,* en *Quaderni Ibero-Americani,* Torino, t. II (1951-1954), págs. 96-99. [Artículo incluido en su libro *De los siglos oscuros al de oro,* Madrid (Gredos), 1958, págs. 218-225].

ALONSO CORTÉS (Narciso) [cf. núm. 385].

107. *Acervo bibliográfico. Cristóbal de Villalón,* en *Bol. Ac. Esp.,* t. XXX (1950), págs. 221-224.
108. *Cristóbal de Villalón. Algunas noticias biográficas,* en *Bol. Ac. Esp.,* t. I (1914), págs. 434-448.
109. *Miscelánea vallisoletana,* Tercera serie, Valladolid (Tip. Cuesta), 1921.
110. *Miscelánea vallisoletana,* 2ª ed. de las series primera a séptima, 2 vols., Valladolid (Miñón), 1955.

ALONSO GETINO (Luis G.), O. P.

111. *El Maestro Fr. Francisco de Vitoria. Su vida, su doctrina e influencia,* 2ª ed, Madrid (Imp. Católica), 1930.

ALLEN (P. S.).

112. *Erasmus. Lectures and wayfaring sketches,* Oxford (Clarendon Press), 1934.

ALLEN (P. S. y H. M.), véase ERASMO, núm. 456.

ALLGEIER (Arthur).

113. *Erasmus und Kardinal Ximenes in den Verhandlungen des Konzils von Trient,* en *Spanische Forschungen der Görresgesellschaft,* Münster, 1ª serie, t. IV (1933), págs. 193-205.

AMADOR DE LOS RÍOS (José) [cf. núm. 614].

114. *Historia crítica de la literatura española*, 7 vols., Madrid (Imp. de José Rodríguez), 1861-1865.
115. *Historia social, política y religiosa de los judíos de España y Portugal*, 3 vols., Madrid (Fortanet), 1873-1876.

ANDRÉS DE UZTARROZ (Juan Francisco), y Diego José DORMER.

116. *Progresos de la historia en el reino de Aragón*, 2ª ed., Zaragoza (Diputación Provincial), 1878.

ANGLERIA [ANGHIERA] (Pedro Mártir de).

117. *De Orbe Novo decades, cura et diligentia... Magistri Antonii Nebrissensis*, Alcalá (Arnao Guillén de Brocar), 1516.
118. *Epistolario*, traducción de José López de Toro, 4 vols., Madrid (Real Academia de la Historia), 1953-1957. (*Colección de documentos inéditos para la historia de España*, Nueva serie, tomos IX-XII).
119. *Opus epistolarum*, Alcalá (Miguel de Eguía), 1530. (B. N. M.).

ANSELMO (António Joaquim).

120. *Bibliografia das obras impressas em Portugal no século xvi*, Lisboa (Biblioteca Nacional), 1926.

ANTONIO (Nicolás).

121. *Bibliotheca Hispana nova, sive Hispanorum scriptorum qui ab anno MD. ad MDCLXXXIV floruere notitia*, 2ª ed., al cuidado de Francisco Pérez Bayer, 2 vols., Madrid (Joaquín de Ibarra), 1783-1788.

ARATOR.

122. *Historia apostolica, cum commentariis Arii Barbosae Lusitani*, Salamanca (Juan de Porres), 1516. (B. N. P.).

ARBORIO DI GATTINARA (Mercurino), véase GATTINARA.

ARGENTRÉ, véase DU PLESSIS D'ARGENTRÉ.

ARGENSOLA, véase LEONARDO DE ARGENSOLA.

ARIAS MONTANO (Benito) [cf. núms. 194, 236, 244, 636, 667, 668, 837, 891, 948, 1068, 1069, 1104, 1105, 1124, 1158].

123. *Correspondencia... con Felipe II (1568-1580)*, Madrid, 1862. (*Colección de documentos inéditos para la historia de España*, t. XLI).
124. *Dictatum christianum, sive communes et aptae discipulorum Christi omnium partes*, Amberes (Cristóbal Plantino), 1575.
125. *Index expurgatorius librorum...*, Amberes (Cristóbal Plantino), 1571.

ARIGITA Y LASA (Mariano).

126. *El Doctor Navarro Don Martín de Azpilcueta y sus obras. Estudio histórico-crítico*, Pamplona (Imp. Provincial), 1895.

127. *El Ilmo. y Rmo. Dr. D. Francisco de Navarra,* Pamplona (Imp. Provincial),
1899.

ARISTÓTELES, véase LAGUNA, núms. 779-781.

ARRIAGA (Fr. Gonzalo de), O. P.

128. *Historia del Colegio de San Gregorio de Valladolid,* editada, corregida y aumentada por el P. Manuel María Hoyos, 3 vols., Valladolid (Tip. Cuesta), 1928-1940.

ARTIGAS (Miguel).

129. *Catálogo de los manuscritos de la Biblioteca Menéndez y Pelayo,* Santander (Tip. de J. Martínez), 1930. [2ª ed., Santander, 1957].

ASENSIO (Eugenio) [cf. núms. 617, 808].

130. *El erasmismo y las corrientes espirituales afines,* en *R. F. E.,* t. XXXVI (1952), págs. 31-99. [A propósito de la 1ª ed. de *Erasmo y España,* 1950].

ASENSIO (Félix), S. J.

131. *Juan de Mariana y la Poliglota de Amberes. Censura oficial y sugerencias de M. Bataillon,* en *Gregorianum,* Roma, t. XXVI (1955), págs. 50-80.

ASENSIO (Manuel J.).

132. *La intención religiosa del "Lazarillo de Tormes" y Juan de Valdés,* en *Hispanic Review,* Philadelphia, t. XXVII (1959), págs. 78-102.
133. *Más sobre el "Lazarillo de Tormes",* en *Hispanic Review,* t. XXVIII (1960), págs. 246-250. [Crítica de la introducción de Marcel Bataillon al *Lazarillo,* núm. 804].

ASÍN PALACIOS (Miguel).

134. *Shadilíes y alumbrados,* en *Al-Andalus,* Madrid-Granada, t. IX (1914), págs. 321-345; t. X (1945), págs. 1-52, 255-284; t. XI (1946), págs. 1-67.

ASTRÁIN (Antonio), S. J.

135. *Historia de la Compañía de Jesús en la asistencia de España,* 7 vols., Madrid (Editorial Razón y Fe), 1902-1925.

ASTUDILLO (Fr. Diego de), O. P.

136. *Quaestiones... super octo libros Phisicorum et super duos libros de Generatione et corruptione Aristotelis,* Valladolid (Nicolás Tierry), 1532. (B. N. P.).

ATKINSON (Geoffroy).

137. *Les nouveaux horizons de la Renaissance française,* Paris (E. Droz), 1935.

ÁVILA (Juan de), véase JUAN DE ÁVILA.

AZPILCUETA (Martín de) [cf. núms. 126, 845].

138. *Commento en romance a manera de repetición latina y scholástica de juristas sobre el capítulo Quando, De consecratione, Dist. prima,* Coimbra (Juan de Barrera), 1545. (B. N. M.).

139. *Commento en romance...,* Coimbra (Juan de Barrera y Juan Álvarez), 1550.

140. *Enchiridion sive manuale de oratione et horis canonicis,* Lyon (Guillaume Roville), 1580. (Biblioteca de Palacio, Madrid).

141. *Libro de la oración, horas canónicas y otros officios divinos,* Coimbra (Juan de Barrera), 1561. (B. N. M.).

BAGNATORI (Giuseppe), véase VALDÉS, núm. 1243.

BAIÃO (António).

142. *A censura literária inquisitorial,* en *Academia das Sciencias, Boletim da Segunda Classe,* Lisboa, t. XII (1917-1918), págs. 473-560.

BALAN (Pietro).

143. *Monumenta Reformationis Lutheranae, ex tabulariis secretioribus S. Sedis, 1521-1525,* Ratisbona (F. Pustet), 1884.

BALTANÁS (Fr. Domingo de), véase VALTANÁS.

BARBOSA (Ayres), véase ARATOR, núm. 122.

BARRANTES (Vicente).

144. *Aparato bibliográfico para la historia de Extremadura,* 3 vols., Madrid (P. Núñez Corredera), 1875-1879.

BARROS (João de).

145. *Ropica Pnefma* [1532], edición de I. S. Révah, t. II: *Leitura modernizada,* Lisboa (Faculdade de Letras), 1955.

BARUZI (Jean).

146. *Leibniz et l'organisation religieuse de la terre,* Paris (F. Alcan), 1935.

147. *Problèmes d'histoire des religions,* Paris (F. Alcan), 1935.

148. *Saint Jean de la Croix et le problème de l'expérience mystique,* 2ª ed., Paris (F. Alcan), 1931.

149. *Un moment de la lutte contre le protestantisme et l'illuminisme en Espagne au xvie siècle. Les "Comentarios" du Cardinal Carranza et la censure de Melchor Cano,* en *Congrès d'Histoire du Christianisme, Jubilé Alfred Loisy (1927),* t. III, Paris, 1928, págs. 153-168.

BATAILLON (Marcel) [cf. núms. 130, 131, 133, 225, 531, 601, 605, 688-690, 804, 1153, 1251].

150. *Alonso de Valdés auteur du "Diálogo de Mercurio y Carón",* en *Hom. Pidal,* t. I, págs. 403-415.

151. *Andrés Laguna auteur du "Viaje de Turquía" à la lumière de recherches récentes,* en *B. H.,* t. LVIII (1956), págs. 121-181. [Incluido en *Le Docteur Laguna...* (núm. 182), págs. 43-102, y traducido al español en *Estudios Segovianos,* t. XV (1963), págs. 5-69].

152. *Autour de Luis Vives et d'Íñigo de Loyola,* en *B. H.,* t. XXX (1928), págs. 184-186.

153. *Cervantès et le mariage chrétien,* en *B. H.,* t. XLIX (1947), págs. 129-144. [Traducción española en *Varia lección...* (núm. 212), págs. 238-255].

154. *Cervantès penseur,* en *Revue de Littérature Comparée,* t. VIII (1928), págs. 318-338.

155. *Chanson pieuse et poésie de dévotion: Fr. Ambrosio Montesino,* en *B. H.,* t. XXVII (1925), págs. 228-238.

156. *Charles-Quint "Bon Pasteur" selon Cipriano de Huerga,* en *B. H.,* t. L (1948), págs. 398-406. [Traducción española en *Varia lección...* (núm. 212), págs. 133-143].

157. *De Savonarole à Louis de Grenade,* en *Revue de Littérature Comparée,* t. XVI (1936), págs. 23-39.

158. *Dr. Andrés Laguna, "Peregrinaciones de Pedro de Urdemalas". Muestra de una edición comentada,* en *N. R. F. H.,* t. VI (1952), págs. 121-137. [Incluido en *Le Docteur Laguna...* (núm. 182), págs. 103-118].

159. *Du nouveau sur J. L. Vives,* en *B. H.,* t. XXXII (1930), págs. 97-113.

160. *El anónimo del soneto "No me mueve, mi Dios, para quererte",* en *N. R. F. H.,* t. IV (1950), págs. 254-269. [Incluido en *Varia lección...* (núm. 212), págs. 419-440].

161. *Encore Érasme,* en *B. H.,* t. XXVII (1925), págs. 238-242.

162. *Érasme au Mexique,* en *Deuxième Congrès International des Sciences Historiques, Alger, 14-16 avril 1930,* Alger, 1932, págs. 31-44.

163. *Érasme et la Cour de Portugal,* en *Arquivo de História e Bibliografía,* Coimbra, t. II (1927), págs. 258-291. [Incluido en *Études sur le Portugal* (núm. 167), págs. 49-99].

164. *Érasme et la Chancellerie impériale,* en *B. H.,* t. XXVI (1924), págs. 27-34.

165. *Essai d'explication de l'Auto sacramental,* en *B. H.,* t. XLII (1940), págs. 195-204. [Traducción española en *Varia lección...* (núm. 212), págs. 183-205].

166. *Études lascasiennes,* en prensa en el Institut d'Études Hispaniques de la Universidad de París, y en traducción española, en Eudeba, Buenos Aires.

167. *Études sur le Portugal au temps de l'humanisme,* Coimbra (por ordem da Universidade), 1952.

168. *Évangélisme et millénarisme au Nouveau Monde,* en *Courants religieux et humanisme à la fin du xve et au début du xvie siècle (Colloque de Strasbourg 1957),* Paris (Presses Universitaires de France), 1959, págs. 25-36.

169. *Genèse et métamorphoses des œuvres de Louis de Grenade,* en *Annuaire du Collège de France,* 48e année (1948), págs. 194-201. [Resumen del curso de 1947-1948].

170. *Honneur et Inquisition: Michel Servet poursuivi par l'Inquisition espagnole,* en *B. H.,* t. XXVII (1925), págs. 5-17.

171. *Jean d'Avila retrouvé. (À propos des publications récentes de D. Luis Sala Balust),* en *B. H.,* t. LVII (1955), págs. 5-44.

172. *Juan de Valdés,* en *Luminar,* México, t. VII (1945), págs. 1-60. [Traducción del estudio preliminar del núm. 1251].

173. *L'arabe à Salamanque au temps de la Renaissance*, en *Hespéris*, t. XXI (1935), págs. 1-17.

174. *L'édition scolaire coïmbroise des "Colloques" d'Érasme*, en *Études sur le Portugal...* (núm. 167), págs. 219-256.

175. *L'esprit des évangelisateurs du Mexique*, en *Annuaire du Collège de France*, 50ᵉ année (1950), págs. 229-234. [Resumen del curso de 1949-1950].

176. *L'humanisme de Las Casas*, en *Annuaire du Collège de France*, 51ᵉ année (1951), págs. 252-258. [Resumen del curso de 1950-1951].

177. *"La Célestine" selon Fernando de Rojas*, Paris (Didier), 1961.

178. *"La desdicha por la honra": Génesis y sentido de una novela de Lope*, en *N. R. F. H.*, t. I (1947), págs. 13-42. [Incluido en *Varia lección...* (núm. 212), págs. 373-418].

179. *"La Pícara Justina"*, en *Annuaire du Collège de France*, 61ᵉ année (1961), págs. 399-404. [Resumen del curso de 1961].

180. *La Vera Paz. Roman et histoire*, en *B. H.*, t. LIII (1951), págs. 235-300.

181. *Le cosmopolitisme de Damião de Góis*, en *Revue de Littérature Comparée*, t. XVIII (1938), págs. 23-58. [Incluido en *Études sur le Portugal...* (núm. 167), págs. 149-196].

182. *Le Docteur Laguna auteur du "Voyage en Turquie"*, Paris (Librairie des Éditions Espagnoles), 1958.

183. *Le Docteur Laguna et son temps*, en *Annuaire du Collège de France*, 63ᵉ année (1963), págs. 481-485. [Resumen de un curso].

184. *Le roman picaresque*, Paris (La Renaissance du Livre), 1931.

185. *Les commencements de la Compagnie de Jésus en Espagne*, en *Annuaire du Collège de France*, 46ᵉ année (1946), págs. 164-168. [Resumen del curso de 1945-1946].

186. *Les nouveaux-chrétiens de Ségovie en 1510*, en *B. H.*, t. LVIII (1956), págs. 207-231.

187. *Les Portugais contre Érasme à l'assemblée théologique de Valladolid*, en *Miscelânea de estudos em honra de D. Carolina Michaëlis de Vasconcellos*, Coimbra, 1930 [= *Revista da Universidade de Coimbra*, t. XI], págs. 206-231. [Incluido en *Études sur le Portugal...* (núm. 167), págs. 9-48].

188. *Les sources espagnoles de l'"Opus epistolarum Erasmi"*, en *B. H.*, t. XXXI (1929), págs. 181-203.

189. *Mythe et connaissance de la Turquie en Occident au milieu du xviᵉ siècle*, en el curso "Venezia e l'Oriente fra tardo Medio Evo e Rinascimento" (Fondazione Giorgio Cini, Venezia, 7-29 septiembre de 1963). [En prensa].

190. *Nouveau Monde et fin du monde*, en *L'Éducation Nationale*, Paris, núm. 32 (11 décembre 1952). [Traducción portuguesa en *Revista de História*, São Paulo, t. V (1954), págs. 343-351].

191. *Nouvelles recherches sur le "Viaje de Turquía"*, en *Romance Philology*, Berkeley, t. V (1951-1952), págs. 77-97. [Incluido en *Le Docteur Laguna...* (núm. 182), págs. 11-41].

192. *Pages retrouvées de Jean d'Avila*, en *La Licorne*, Paris, II (Hiver 1948), págs. 203-214.

193. *Pérégrinations espagnoles du Juif errant*, en *B. H.*, t. XLIII (1941), págs. 81-122. [Traducción española en *Varia lección...* (núm. 212), págs. 81-132].

194. *Philippe Galle et Arias Montano,* en *Bibliothèque d'Humanisme et Renais-sance,* Paris, t. II (1942), págs. 132-160.

195. *Plus Oultre: La Cour découvre le Nouveau Monde,* en *Les fêtes de la Re-naissance,* II, *Fêtes et cérémonies au temps de Charles-Quint,* ed. Jean Jacquot, Paris, 1960, págs. 13-27.

196. *Quelques notes sur le "Viaje de Turquía",* en *Les Langues Néo-Latines,* Pa-ris, t. XLVIII (1954), núm. 128, págs. 1-6. [Incluido en *Le Docteur La-guna...* (núm. 182), págs. 119-127].

197. Reseña de BELTRÁN DE HEREDIA, *Las corrientes...* (núm. 229), en *B. H.,* t. XLVI (1944), págs. 268-274.

198. Reseña de BONILLA, *Un antiaristotélico...* (núm. 282), en *R. F. E.,* t. IX (1922), págs. 81-83.

199. Reseña de CASTIGLIONE-CASA (núm. 341), en *B. H.,* t. XLII (1940), págs. 332-333.

200. Reseña de DUBLER (núm. 442), en *B. H.,* t. LVIII (1956), págs. 237-252.

201. Reseña de LAGUNA (núm. 788), en *B. H.,* t. LVIII (1956), págs. 234-237.

202. Reseña de Alberto DEL MONTE, *Itinerario del romanzo picaresco spagnuolo* (Firenze, 1957), en *Revue Belge de Philologie et d'Histoire,* t. XXXVI (1958), págs. 983-986.

203. Reseña de *Monumenta Historica Societatis Iesu,* t. LXVI, en *B. H.,* t. XLIX (1947), págs. 97-101.

204. *Simples réflexions sur Juan de la Cueva,* en *B. H.,* t. XXXVII (1935), págs. 329-336. [Traducción española en *Varia lección...* (núm. 212), págs. 206-213].

205. *Sur André de Gouvea, principal du Collège de Guyenne,* en *O Instituto,* Coimbra, t. LXXVIII (1927), págs. 1-19. [Incluido en *Études sur le Por-tugal...* (núm. 167), págs. 109-140].

206. *Sur Florián Docampo,* en *B. H.,* t. XXV (1923), págs. 33-58.

207. *Sur l'humanisme du Docteur Laguna. (Deux petits livres de 1543),* en *Ro-mance Philology,* Berkeley, t. XVII (1963-1964) [María Rosa Lida de Malkiel Memorial], págs. 207-234.

208. *Sur la diffusion des œuvres de Savonarole en Espagne et en Portugal (1500-1560),* en *Mélanges de philologie, d'histoire et de littérature offerts à M. Joseph Vianey,* Paris, 1934, págs. 93-103.

209. *Un itinéraire cistercien à travers l'Espagne et le Portugal du XVI⁰ siècle,* en *Mélanges d'études portugaises offerts à M. Georges Le Gentil,* Lisboa-Paris, 1949, págs. 33-60.

210. *Une source de Gil Vicente et de Montemor: la Méditation de Savonarole sur le Miserere,* en *Bulletin des Études Portugaises,* Coimbra, t. III (1936), págs. 1-16. [Incluido en *Études sur le Portugal...* (núm. 167), págs. 197-217].

211. *Vagabondages de Celse Hugues Descousu,* en *Bibliothèque d'Humanisme et Renaissance,* Paris, t. III (1943), págs. 190-213.

212. *Varia lección de clásicos españoles,* traducción de José Pérez Riesco, Ma-drid (Gredos), 1964.

BATLLORI (Miquel), S. J.

213. *Sobre l'humanisme a Barcelona durant els estudis de Sant Ignasi (1524-1526). Nebrija i Erasme,* en *Quaderni Ibero-Americani,* Torino, t. III (1955-1960), págs. 219-232. [Reimpreso, con el título de *Humanisme i*

erasmisme a Barcelona, 1524-1526, en el libro del P. Batllori, *Vuit segles de cultura catalana a Europa*, Barcelona, 1958, págs. 56-71].

BATTISTA MANTUANO [SPAGNUOLI].

214. *Parthenica septem*, ed. de Pedro Núñez Delgado, Sevilla (Juan Varela de Salamanca), 1512. (B. N. M.).

BAUMGARTEN (Hermann).

215. *Geschichte Karls V*, tomos I-III, Stuttgart (Verlag der J. G. Cotteschen Buchhandlung), 1885-1892.

BELON (Pierre).

216. *Les observations de plusieurs singularitez et choses mémorables trouvées en Grèce, Asie, iudée, Égypte, Arabie et autres pays estranges*, Paris (G. Corrozet), 1553. (B. N. P.).

BELTRÁN DE HEREDIA (Vicente), O. P. [cf. núms. 820, 1303].

217. *Catedráticos de Sagrada Escritura en la Universidad de Alcalá durante el siglo xvi*, en *C. T.*, t. XVIII (1918), págs. 140-155.
218. *Directrices de la espiritualidad dominicana en Castilla durante las primeras décadas del siglo xvi*, en *Actas del segundo Congreso de espiritualidad (Salamanca, 1956)*, Barcelona (Juan Flors), 1963, págs. 177-202.
219. *Documentos inéditos acerca del proceso del erasmista Alonso de Virués*, en *Boletín de la Biblioteca Menéndez Pelayo*, t. XVII (1935), págs. 242-257.
220. *Domingo de Soto. Estudio biográfico documentado*, Salamanca (Convento de San Esteban), 1960. (*Biblioteca de teólogos españoles*, t. XX).
221. *Domingo de Valtanás ante la crítica histórica*, en *C. T.*, t. LXXXVII (1960), págs. 341-345.
222. *El edicto contra los alumbrados del reino de Toledo (23 de septiembre de 1525)*, en *Revista Española de Teología*, Madrid, t. X (1950), págs. 105-130.
223. *El Maestro Fr. Mancio de Corpus Christi, O. P.*, en *C. T.*, t. LI (1935), págs. 7-103.
224. *El Maestro Juan de la Peña, O. P.*, en *C. T.*, t. LIII (1935), págs. 145-178.
225. *Erasmo y España*, en *C. T.*, t. LVII (1938), págs. 544-582. [Reseña de la edición original (francesa) del presente libro].
226. *Estancia de San Ignacio de Loyola en San Esteban de Salamanca*, en *C. T.*, t. LXXXIII (1956), págs. 507-528.
227. *Historia de la reforma en la Provincia de España (1450-1550)*, Roma (Institutum Historicum F. F. Praedicatorum Romae ad S. Sabinae), 1939. (*Dissertationes historicae*, fasc. XI).
228. *La retractación de las censuras favorables al "Catecismo" en el proceso de Carranza*, en *C. T.*, t. LIV (1936), págs. 145-176, 312-336.
229. *Las corrientes de espiritualidad entre los dominicos de Castilla ante la primera mitad del siglo xvi*, Salamanca (Convento de San Esteban), 1941. [Cf. núm. 197].
230. *Los manuscritos del Maestro Fr. Francisco de Vitoria*, Madrid-Valencia, 1928. (*Biblioteca de tomistas españoles*, t. IV).

231. *Nota crítica acerca de Domingo de Valtanás y de su proceso inquisitorial,* en *C. T.,* t. LXXXIV (1957), págs. 649-659.

232. *Notas sobre historia de la teología salmantina. I. Condenación del Licencia-do Juan de Oria,* en *C. T.,* t. LXXXIX (1962), págs. 303-309.

233. *Orientación humanística de la teología vitoriana,* Madrid (Instituto "Francisco de Vitoria"), 1947.

234. *Respuesta obligada a unos artículos sobre el proceso inquisitorial de Valtanás,* en *Cuadernos Hispanoamericanos,* Madrid, t. XLIX (1962), págs. 202-206. [Cf. núms. 733, 734].

235. *Un grupo de visionarios y pseudoprofetas que actúa durante los últimos años de Felipe II. Repercusión de ello sobre la memoria de Santa Teresa,* en *Revista Española de Teología,* Madrid, t. VII (1947), págs. 373-534.

BELL (Aubrey F. G.).

236. *Benito Arias Montano,* Oxford (University Press), 1922. (*Hispanic Notes and Monographs*).

237. *Juan Ginés de Sepúlveda,* Oxford (University Press), 1924. (*Hispanic Notes and Monographs*).

BERGMAN (Johan).

238. *Ett antikt epigrams wandring genom skilda sekler och länder,* en *Eranos, Acta Philologica Suecana,* t. XL (1942), págs. 9-15.

BERGSON (Henri).

239. *Les deux sources de la morale et de la religion,* Paris (F. Alcan), 1932.

BERNAL DÍAZ DE LUCO, véase DÍAZ DE LUCO.

BERNARD-MAÎTRE (Henri), S. J.

240. *Essai historique sur les Exercices spirituels de saint Ignace, depuis la conversion de saint Ignace (1521) jusqu'à la publication du Directoire (1599),* Louvain (E. Desbarax), 1926. (*Museum Lessianum*).

BERTINI (Giovanni Maria).

241. *Influencia de algunos renacentistas italianos en el pensamiento de Vitoria.* Conferencias, Universidad de Salamanca, 1933.

242. *L'"Orlando furioso" e la Rinascenza spagnola,* en *La Nuova Italia,* Firenze, t. XII (1934), págs. 255-265.

BIBLIA

A) Biblias poliglotas

a) *Biblia Complutense* [cf. núms. 857, 1083].

243. *Biblia sacra, hebraice, chaldaice et graece, cum tribus interpretationibus latinis: de mandato ac sumptibus Cardinalis D. F. Francisci Ximenez de Cisneros,* 6 vols., Alcalá (Arnao Guillén de Brocar), 1514-1517.

b) *Biblia Regia* [cf. núm. 131].

244. *Biblia sacra hebraice, chaldaice, graece et latine, Philippi II. Regis catholici pietate et studio ad sacrosanctae Ecclesiae usum, cura et studio Benedicti Ariae Montani*, 8 vols., Amberes (Cristóbal Plantino), 1569-1573.

B) Antiguo Testamento

a) *Eclesiástico.*

245. *Libro de Jesús, hijo de Sirach, qu'es llamado el Ecclesiástico,* Lyon (Sebastián Grypho), 1550. (B. S. H. P.; S. B. M.).

b) *Jeremías,* véanse núms. 256-259.

c) *Job.*

246. *Las liciones de Job, con los nueve psalmos que con ellas se cantan,* trad. Hernando de Jarava, Amberes (Martín Nucio), 1540.
247. *Las leciones de Job, con los nueve psalmos...,* Amberes (Martín Nucio), 1550.
248. *Exemplo de la paciencia de Job,* Lyon (Sebastián Grypho), 1550. (B. S. H. P.; S. B. M.).

d) *Proverbios.*

249. *Los proverbios de Salomón,* Lyon (Sebastián Grypho), 1550. (B. S. H. P.; S. B. M.).

e) *Salmos* [cf. núms. 84, 516, 536, 565, 589, 939, 940, 1046, 1047, 1148, 1149, 1325].

250. *Erudita in Daviticos Psalmos expositio incerto auctore,* 2 vols., Alcalá (Miguel de Eguía), 1523. (B. M.; B. C.).
251. *Commentaria in Psalmos Davidicos prisci cujusdam auctoris incogniti,* 2 vols., Lyon (P. Landry), 1582. [Reimpresión del núm. anterior].
252. *Psalterio de David en lenguage castellano,* trad. Gómez de Santofimia [Lisboa, 1529?]. (Según DIOSDADO CABALLERO y RIBEIRO DOS SANTOS).
253. *Psalterio... nuevamente impresso,* trad. Gómez de Santofimia, Lisboa (Germão Galharde), 1535. (S. B. M.).
254. *Arpa de David,* paráfrasis castellana de Fr. Benito Villa, Barcelona (Carlos Amorós), 1538 [colofón: 1540]. (B. N. P.).
255. *Arpa de David,* Burgos (Juan de Medina), 1548. (B. M.).
256. *Libro muy provechoso.* (Los siete psalmos penitenciales; Los quinze psalmos del canticungrado; Las lamentaciones de Jeremías), trad. Hernando de Jarava, Amberes (Martín Nucio), 1543.
257. *Libro muy provechoso...,* Lisboa (Luis Rodríguez), 1544. (B. N. L.).
258. *Libro muy provechoso...,* Amberes (Martín Nucio), 1546.
259. *Libro muy provechoso...,* Amberes (Martín Nucio), 1556.
260. *Los nueve psalmos...,* trad. Hernando de Jarava [a continuación de *Las liciones de Job,* núm. 246], Amberes (Martín Nucio), 1540.

261. *Los nueve psalmos...* [a continuación de *Las leciones de Job*, núm. 247], Amberes (Martín Nucio), 1550.

262. *El Psalterio de David...*, Lyon (Sebastián Grypho), 1550. (S. B. M.).

263. *Psalterio de Dauid, con las paraphrases y breues declaraciones de Raynerio Snoy Goudano*, Amberes (Juan Steelsio), 1555. (B. M.).

264. *Los siete psalmos penitenciales*, trad. por un franciscano [¿Fr. Francisco de Evia?], Alcalá (Salzedo), 1558. (B. P. E.). [Cf. *infra*, págs. 571-572, nota 46].

C) Nuevo Testamento

265. *Evangelios e Epistolas, siquier liciones de los domingos e fiestas solemnes de todo el año e de los santos*, trad. Gonzalo de Santa María [Zaragoza, 1485; Salamanca, 1498], ed. Isak Collijn y Erik Staaf, Uppsala-Leipzig (Almqvist & Wiksells), 1908.

266. *Epistolas y Evangelios*, trad. revisada por Fr. Ambrosio Montesino, Sevilla (Juan Varela de Salamanca), 1526. (B. N. L.).

267. *Epistolas en griego*, ed. Francisco de Vergara, Alcalá (Miguel de Eguía), 1524. [Cf. *infra*, pág. 160].

268. *El Nuevo Testamento*, trad. Francisco de Enzinas, Amberes (Esteban Mierdmanno), 1543. (B. N. P.).

BIBLIOTHECA ERASMIANA.

269. *Bibliographie des œuvres d'Érasme*, separata de la *Bibliotheca Belgica*, publicada por F. Vander Haeghen, R. Vanden Berghe, T. J. I. Arnold y A. Roersch, Gand (C. Vyt), 1897-1915. (1. *Adagia*, 1897; 2. *Admonitio*, etc., 1900; 3. *Apophthegmata*, 1901; 4-6. *Colloquia*, 3 vols., 1903-1907; 7. *Moriae encomium*, 1908; 8. *Enchiridion militis christiani*, 1912; 9. *Ratio verae theologiae*, 1914; 10. *De praeparatione ad mortem*, 1915).

270. *Bibliotheca Erasmiana. Listes sommaires*, 3 vols., Gand (Bibliothèque de l'Université de l'État), 1893.

BLECUA (José Manuel) [cf. núm. 880].

271. *Sobre el erasmista Lázaro Bejarano. (Una papeleta)*, en *Acta Salmanticensia, Filosofía y Letras*, t. X (1956), parte I, págs. 21-28.

BLEZNICK (Donald W.).

272. *Las "Institutiones rhetoricae" de Fadrique Furió*, en *N. R. F. H.*, t. XIII (1959), págs. 334-339.

BOEHMER (Eduard) [cf. núms. 1047, 1242, 1256].

273. *Erasmus in Spanien*, en *Jahrbuch für Romanische und Englische Literatur*, Leipzig, t. IV (1862), págs. 158-165.

274. *Franzisca Hernández und Frai Franzisco Ortiz. Anfänge reformatorischer Bewegungen in Spanien unter Kaiser Karl V*, Leipzig (H. Hoessel), 1865.

275. *Spanish reformers of two centuries, from 1520. Their lives and writings*, 3 vols., Strassburg-London (Trübner), 1874-1904.

BOHEMO.

276. *El libro de las costumbres de todas las gentes del mundo, y de las Indias,*
trad. Francisco Thámara, Amberes (Martín Nucio), 1556. (B. N. M.;
Biblioteca de Ajuda, Lisboa).

BOISSET (Jean).

277. *Érasme et Luther. Libre ou serf-arbitre?,* Paris (Presses Universitaires de
France), 1962.

BONILLA Y SAN MARTÍN (Adolfo) [cf. núms. 382, 386, 389].

278. *Clarorum Hispaniensium epistolae ineditae,* en *R. H.,* t. VIII (1901), págs.
181-308.
279. *El teatro escolar en el Renacimiento español,* en *Hom. Pidal,* t. III, págs.
143-155.
280. *Erasmo en España. (Episodio de la historia del Renacimiento),* en *R. H.,*
t. XVII (1907), págs. 379-548.
281. *Luis Vives y la filosofía del Renacimiento,* 2ª ed., 3 vols., Madrid (Bruno
del Amo), 1929. (*Nueva biblioteca filosófica,* tomos XXXII-XXXIV).
282. *Un antiaristotélico del Renacimiento: Hernando Alonso de Herrera,* en
R. H., t. L (1920), págs. 61-197. [Cf. núm. 198].

BONNANT (Georges).

283. *Note sur quelques ouvrages en langue espagnole imprimés à Genève par
Jean Crespin,* en *Bibliothèque d'Humanisme et Renaissance,* Genève,
t. XXIV (1962), págs. 50-57.

BOURRILLY (V. L.).

284. *Guillaume du Bellay, Seigneur de Langey (1491-1543),* Paris (Soc. Nouvelle
de Librairie et d'Édition), 1905.

BOVELLES (Charles de) [cf. núm. 291].

285. *Liber de intellectu... Epistolae complures,* París (H. Estienne), 1510-1511.
(B. N. P.; B. D.).
286. *Proverbiorum vulgarium libri tres,* París (G. du Pré et P. Vidoue), 1531.
(B. N. P.; B. D.).
287. *Responsiones ad novem quaestiones Nicolai Paxii Majoricensis seu Balearici in arte Lullistarum peritissimi,* París (Josse Bade), 1521-1522.

BRANDI (Karl).

288. *Kaiser Karl V. Werden und Schicksal einer Persönlichkeit und eines Weltreiches,* München (F. Bruckmann), 1937. [Hay traducción española por
Manuel Ballesteros Gaibrois, Madrid (Edit. Nacional), 1943].

BRAUDEL (Fernand).

289. *Le retour de Philippe II en Espagne (1559),* en *Deuxième Congrès International des Sciences Historiques, Alger, 14-16 avril 1930,* Alger, 1932,
págs. 83-85.

290. *Les Espagnols et l'Afrique du Nord de 1492 à 1577*, en *Revue Africaine*, Alger, t. XLIX (1928), págs. 184-233, 351-428.

BRAUSE (Karl Hermann).

291. *Die Geschichtsphilosophie des Carolus Bovillus*, Borna-Leipzig (R. Noske), 1916.

BREMOND (Henri).

292. *Histoire littéraire du sentiment religieux en France depuis la fin des guerres de religion jusqu'à nos jours*, 12 vols. [uno de ellos de índices], Paris (Bloud et Gay), 1916-1936.
293. *Le bienheureux Thomas More (1478-1535)*, Paris (Lecoffre), 1904.

BRETSCHNEIDER (Karl Gottlieb), véase MELANCHTHON, núm. 895.

BROCENSE, véase SÁNCHEZ DE LAS BROZAS.

BRUCHET (Max).

294. *Marguerite d'Autriche, Duchesse de Savoie*, Lille (L. Danel), 1927.

BRUNET (Jacques-Charles).

295. *Manuel du libraire*, 5ª ed., 6 vols., Paris (Firmin Didot), 1860-1865. *Supplément*, par P. Deschamps et G. Brunet, 2 vols., Paris (F. Didot), 1878-1880.

BUCETA (Erasmo).

296. *La tendencia a identificar el español con el latín*, en *Hom. Pidal*, t. I, págs. 84-108.

BUENAVENTURA (San).

297. *Estímulo de amor*, Burgos (Fadrique de Basilea), 1517.

BURRUS (Ernest J.), S. J.

298. *Cristóbal Cabrera (ca. 1515-1598), first American author: A check list of his writings in the Vatican Library*, en *Manuscripta*, St. Louis Missouri, t. IV (1960), págs. 67-89; t. V (1961), págs. 17-27.

BURSCHER (Johann Friedrich).

299. *Index et argumentum epistolarum ad D. Erasmum autographorum....*, Leipzig, 1784. (Biblioteca de la Universidad de Estrasburgo).
300. *Spicilegia autographorum...*, 33 fascículos, Leipzig, 1784-1802. (Biblioteca de la Universidad de Estrasburgo).

BUSSON (Henri).

301. *Les sources et le développement du rationalisme dans la littérature française de la Renaissance (1533-1601)*, Paris (F. Alcan), 1922.

Busto (Bernabé) [cf. núm. 537].

302. *Arte para aprender a leer y escriuir perfectamente en romance y latín*, s. l. n. a. [*ca*. 1535].

303. *Introductiones grammáticas breues y compendiosas*, Salamanca, 1533.

Caballero (Fermín).

304. *Alonso y Juan de Valdés*, Madrid, 1875. (*Conquenses ilustres*, t. IV).

305. *Vida del Illmo. Melchor Cano*, Madrid, 1871. (*Conquenses ilustres*, t. II).

Calderón de la Barca (Pedro) [cf. núms. 753, 1085].

306. *Comedias*, 4 vols., B. A. E., tomos VII, IX, XII, XIV.

307. *Drames religieux...*, trad. Léo Rouanet, Paris (A. Charles), 1898.

Calvete de Estrella (Cristóbal).

308. *El felicíssimo viaje del Príncipe Don Felipe... desde España a sus tierras de la Baja Alemania* [Amberes, 1552], 2 vols., Madrid, 1930. (*Sociedad de Bibliófilos Españoles*, 2ª serie, tomos VII y VIII).

Campos (Jerónimo).

309. *Manual de oraciones de muchos Padres cathólicos de la Iglesia*, Amberes (Daniel Vervliet), 1577. (B. N. P.).

Cancellieri (Francesco).

310. *Notizie delle due famose statue di un fiume e di Patroclo, dette volgarmente di Marforio e di Pasquino*, Roma (L. Perego Salvioni), 1789.

Cancionero [cf. núms. 624, 625].

311. *Cancionero espiritual* [Valladolid, 1549], reimpreso en R. H., t. XXXIV (1915), págs. 73-282.

Candille (Marcel R.).

312. *Problèmes de chronologie thérésienne*, en B. H., t. XXXVIII (1936), págs. 151-165.

Cano (Melchor), O. P. [cf. núms. 149, 305].

313. *Opera*, Padua (typis Seminarii), 1720.

314. *Tractado de la victoria de sí mismo* [traducido de Fr. Battista de Crema], *y ansimismo vna institución de Fray Domingo de Soto ... de cómo se ha de evitar el abuso de los juramentos*, Toledo (Juan de Ayala), 1553.

Cantera Burgos (Francisco).

315. *Abraham Zacut. Su vida y sus obras*, Madrid (Aguilar), 1935.

Carion (Johann).

316. *Suma y compendio de todas las chrónicas del mundo*, trad. Francisco Thámara, Medina del Campo (Guillermo de Millis), 1553. (B. N. M.).

317. *Suma y compendio...*, Amberes (Martín Nucio), 1553.

CARLOS V, véase MOREL-FATIO, núm. 951 [cf. núms. 730, 794, 826, 827, 874, 902, 903, 917, 994].

CARO BAROJA (Julio).

318. *Los judíos en la España moderna y contemporánea,* 3 vols., Madrid (Arión), 1962.

CARPI (Alberto Pío, Conde de).

319. *Libro... contra las blasphemias de Luthero y algunos dichos de Erasmo Rotherodamo,* Alcalá (Miguel de Eguía), 1º de enero de 1536. [Descrito y extractado por E. ASENSIO, *El erasmismo...* (núm. 130), págs. 79-80].

CARRANZA (Miguel), véase núm. 84.

CARRANZA DE MIRANDA (Bartolomé), O. P. [cf. núms. 22, 149, 223, 224, 228, 378, 1205, 1206, 1208, 1210-1212, 1214, 1216, 1217].

320. *Comentarios... sobre el catechismo christiano,* Amberes (Martín Nucio), 1558. (B. N. P.).

CARRANZA DE MIRANDA (Sancho).

321. *Opusculum in quasdam Erasmi Roterodami Annotationes,* Roma (Ariotus de Trino), 1522. (B. N. P.).

CARRASCO (Manuel).

322. *Alfonso et Juan de Valdés, leur vie et leurs écrits religieux,* Genève, 1880.

CARREÑO (Alberto María).

323. *Joyas literarias del siglo xvii encontradas en México. Fr. Miguel de Guevara y el célebre soneto castellano "No me mueve, mi Dios, para quererte",* México (Imp. Franco-Mexicana), 1915.

324. *"No me mueve, mi Dios, para quererte". Consideraciones nuevas sobre un viejo tema,* en *Divulgación Histórica,* México, t. IV (1942), págs. 39-56.

CARRO (Venancio), O. P.

325. *El Maestro Fray Pedro de Soto, confesor de Carlos V, y las controversias político-religiosas del siglo xvi,* Salamanca (Convento de San Esteban), 1931. (*Biblioteca de teólogos españoles,* t. I).

CARTAGENA (Alonso de) [cf. núm. 1171].

326. *Defensorium unitatis christianae. Tratado en favor de los judíos conversos,* ed. del P. Manuel Alonso, S. J., Madrid (C. S. I. C.), 1943.

CARTAS [cf. núms. 642, 643].

327. *Cartas de algunos padres de la Compañía de Jesús sobre los sucesos de la monarquía española entre los años de 1634 y 1648,* ed. Pascual de Gayangos, 7 vols., Madrid (Academia de la Historia), 1861-1865. (*Memorial histórico español,* tomos XIII-XIX).

CARTILLA.

328. *Cartilla para mostrar a leer a los moços, con la doctrina christiana que se canta Amados hermanos,* s. l. n. a. (S. B. M.).

CARVAJAL (Fr. Luis de), O. M.

329. *Apologia monasticae religionis diluens nugas Erasmi,* Salamanca, 1528. (B. N. M.).

330. *De restituta theologia liber unus,* Colonia (ex officina Melchioris Novesiani), 1545. (B. N. P.).

331. *Dulcoratio amarulentiarum Erasmicae responsionis,* París (Simon Coline), 1530. (B. N. P.).

332. *Theologicarum sententiarum liber unus,* Amberes (Joannes Richardus), 1548. (B. N. M.).

CARVALHO (Joaquim de) [cf. núms. 812, 1079].

333. *Dois inéditos de Abraham Zacuto,* en *Revista de Estudos Hebráicos,* Lisboa, t. I (1927), págs. 9-56.

CASALDUERO (Joaquín).

334. *Sentido y forma de los "Trabajos de Persiles y Sigismunda",* Buenos Aires (Sudamericana), 1947.

CASAS (Bartolomé de las), O. P. [cf. núms. 166, 176, 180, 658, 1206].

335. *Del único modo de atraer a todos los pueblos a la verdadera religión,* advertencia preliminar y edición y anotación del texto latino por Agustín Millares Carlo; introducción por Lewis Hanke; versión española por Atenógenes Santamaría, México (Fondo de Cultura Económica), 1942.

CASELLA (Mario).

336. *Cervantes, "Il Chisciotte". La prima parte,* Firenze (Le Monnier) 1938.

CASTAÑEGA (Martín de).

337. *Tratado de las supersticiones y hechicerías* [Logroño (Miguel de Eguía), 1529], Madrid, 1946. (*Sociedad de Bibliófilos Españoles,* 2ª época, t. XVII).

CASTELLÁN (Ángel).

338. *Juan de Valdés y el círculo de Nápoles,* en *Cuadernos de Historia de España,* Buenos Aires, fasc. XXXV-XXXVI (1962), págs. 202-273; fasc. XXXVII-XXXVIII (1963), págs. 199-291. [Continuará].

CASTELLANOS (Juan de).

339. *Elegías de varones ilustres de Indias,* B. A. E., t. IV.

CASTIGLIONE (Baldassare).

340. *El Cortesano del Conde Baltasar Castellón,* traducido por Juan Boscán, ed.

Antonio María Fabié, Madrid (Alfonso Durán), 1873. (*Libros de anta-ño*, t. III).

341. —y Giovanni DELLA CASA, *Opere*, a cura di Giuseppe Prezzolini, Milano (Rizzoli), 1937. [Cf. núm. 199].

CASTILLEJO (Cristóbal de) [cf. núm. 639].

342. *Obras*, ed. Jesús Domínguez Bordona, 4 vols., Madrid, 1926-1929. (*Clás. Cast.*, tomos LXXII, LXXIX, LXXXVIII, XCI).

CASTRO (Adolfo de) [cf. núms. 631, 1340].

343. *Historia de los protestantes españoles y de su persecución por Felipe II*, Cádiz (Revista Médica), 1851.

CASTRO (Alonso de), O. M.

344. *Adversus omnes haereses libri XIII*, París (Josse Bade et Jean Roigny), 1534. (B. N. P.).
345. *Adversus omnes haereses*, Colonia (M. Novesianus), 1539. (B. N. M.).
346. *Adversus omnes haereses*, París (C. Guillard), 1543. (B. N. P.).
347. *Adversus omnes haereses*, Lyon (J. et F. Frellon), 1546.
348. *Adversus omnes haereses*, ed. enteramente refundida, Amberes (Juan Steelsio), 1556. (Biblioteca Municipal de Lyon). [Según VAGANAY].

CASTRO (Américo) [cf. núms. 154, 1059].

349. *Algunas observaciones acerca del concepto del honor en los siglos xvi y xvii*, en *R. F. E.*, t. III (1916), págs. 1-50, 357-386. [Recogido en *Semblanzas...* (núm. 367), págs. 319-382].
350. *Antonio de Guevara. Un hombre y un estilo del siglo xvi*, en *Boletín del Instituto Caro y Cuervo*, Bogotá, t. I (1945), págs. 46-67. [Recogido en *Semblanzas...* (núm. 367), págs. 53-72].
351. *Aspectos del vivir hispánico. Espiritualismo, mesianismo, actitud personal en los siglos xiv al xvi*, Santiago de Chile (Cruz del Sur), 1949. [Reimpresión, "con bastantes cortes y adiciones", del núm. 364].
352. *Cervantes y la Inquisición*, en *Modern Philology*, t. XXVII (1930), págs. 427-433. [Incluido en *Semblanzas...* (núm. 367), págs. 137-143].
353. *De la edad conflictiva. I. El drama de la honra en España y en su literatura*, Madrid (Taurus), 1961.
354. *El pensamiento de Cervantes*, Madrid, 1925. (*Anejos de la R. F. E.*, t. VI).
355. *Erasmo en tiempo de Cervantes*, en *R. F. E.*, t. XVIII (1931), págs. 329-389 y 441. [Incluido en *Semblanzas...* (núm. 367), págs. 145-188].
356. *España en su historia. Cristianos, moros y judíos*, Buenos Aires (Losada), 1948.
357. *Hacia Cervantes*, Madrid (Taurus), 1957.
358. *Juan de Mal Lara y su "Filosofía vulgar"*, en *Hom. Pidal*, t. III, págs. 563-592. [Incluido en *Semblanzas...* (núm. 367), págs. 99-133].
359. *La ejemplaridad de las novelas cervantinas*, en *N. R. F. H.*, t. II (1948), págs. 319-332. [Incluido en *Semblanzas...* (núm. 367), págs. 297-315].
360. *La estructura del "Quijote"*, en *Realidad*, Buenos Aires, año 1º (1947), t. II, págs. 145-170. [Incluido en *Semblanzas...* (núm. 367), págs. 221-242].

361. *La realidad histórica de España,* México (Porrúa), 1954. [Reedición, "considerablemente modificada", del núm. 356].

362. *La realidad histórica de España,* México (Porrúa), 1962. ["Edición renovada", Primera parte].

363. *Lengua, enseñanza y literatura. (Esbozos),* Madrid (Victoriano Suárez), 1924.

364. *Lo hispánico y el erasmismo,* en *Revista de Filología Hispánica,* Buenos Aires, t. II (1940), págs. 1-34; t. IV (1942), págs. 1-66. [Cf. núm. 351].

365. *Perspectiva de la novela picaresca,* en *Revista de la Biblioteca, Archivo y Museo del Ayuntamiento de Madrid,* t. II (1935), págs. 123-138. [Incluido en *Semblanzas...* (núm. 367), págs. 73-92].

366. *Santa Teresa y otros ensayos,* Madrid (Historia Nueva), 1929.

367. *Semblanzas y estudios españoles,* Princeton, N. J. [Madrid (Ínsula)], 1956.

CASTRO GUISASOLA (Florentino).

368. Reseña de J. M. Aguado, *Glosario sobre Juan Ruiz* (Madrid, 1929), en *R. F. E.,* t. XVI (1929), págs. 68-74.

CATALINA GARCÍA (Juan).

369. *Biblioteca de escritores de la provincia de Guadalajara y bibliografía de la misma hasta el siglo xix,* Madrid (Sucs. de Rivadeneyra), 1899.

370. *Ensayo de una tipografía complutense,* Madrid (Tello), 1889.

CATÁLOGOS [cf. núms. 129, 930, 1003, 1177, 1247, 1328].

371. *Archivo Histórico Nacional. Catálogo de las causas contra la fe ante el Tribunal del Santo Oficio de Toledo,* Madrid (Revista de Archivos), 1903.

372. *Biblioteca Colombina. Catálogo de sus libros impresos,* 7 vols., Sevilla-Madrid, 1888-1948.

373. *Catalogue of the Library of Ferdinand Columbus* [facsímil del *Registrum B* de Hernando Colón], New York (The Hispanic Society of America), 1905. [Cf. núm. 700].

374. *Catalogus librorum reprobatorum ex iudicio Academiae Lovaniensis* [facsímil de la ed. de Toledo (Juan de Ayala), 1551], New York (The Hispanic Society of America), 1896. [Cf. núm. 749].

375. *Livros impressos no século xvi existentes na Biblioteca Pública e Arquivo Distrital de Évora.* T. II. *Tipografia espanhola,* Évora, 1956. (Separata de *A Cidade de Évora,* 1955-1956).

CERDÁ Y RICO (Francisco).

376. *Clarorum Hispanorum opuscula selecta et rariora..., collecta et illustrata a...,* t. I [único], Madrid (Antonio de Sancha), 1781.

CERECEDA (Feliciano), S. J.

377. *Diego Laínez en la Europa religiosa de su tiempo, 1512-1565,* 2 vols., Madrid (Cultura Hispánica), 1945-1946.

378. *Laínez y Salmerón y el proceso del "Catecismo" de Carranza,* en *Razón y Fe,* Madrid, t. C (1932), págs. 212-226.

BIBLIOGRAFÍA XLV

CERVANTES DE SALAZAR (Francisco).

379. *Life in the imperial and loyal city of Mexico in New Spain and the Royal and Pontifical University of Mexico...*, reproducción en facsímil de la ed. de México (Juan Pablos), 1554, con traducción inglesa de Minnie Lee Barrett Shepard, introd. y notas de Carlos Eduardo Castañeda, Austin (University of Texas Press), 1953.

380. *México en 1554. Tres diálogos latinos que... escribió en México en dicho año*, texto original y traducción y notas de Joaquín García Icazbalceta, México (Andrade y Morales), 1875.

381. *México en 1554*, traducción sola, con notas preliminares de Julio Jiménez Rueda, México (Imprenta Universitaria), 1939. (*Biblioteca del estudiante universitario*, t. III).

CERVANTES SAAVEDRA (Miguel de) [cf. núms. 104, 153, 154, 334, 336, 349, 352, 354, 355, 357, 359, 360, 393, 411, 701-703, 706, 741-743, 841, 875, 900, 990, 999, 1064, 1084, 1095, 1104, 1155, 1199, 1239, 1292].

382. *Comedias y entremeses*, ed. Rodolfo Schevill y Adolfo Bonilla, 6 vols., Madrid (B. Rodríguez), 1915-1922.

383. *Don Quijote de la Mancha*, nueva ed. crítica por Francisco Rodríguez Marín, 7 vols., Madrid (Revista de Archivos), 1927-1928.

384. *El casamiento engañoso y el Coloquio de los perros*, ed. crítica con introd. y notas por Agustín G. de Amezúa, Madrid (Bailly-Baillière), 1912.

385. *El Licenciado Vidriera*, ed., pról. y notas por Narciso Alonso Cortés, Valladolid (Imp. Castellana), 1916.

386. *La Galatea*, ed. Rodolfo Schevill y Adolfo Bonilla, 2 vols., Madrid (B. Rodríguez), 1914.

387. *La ilustre fregona*, ed. crítica por Francisco Rodríguez Marín, Madrid (Revista de Archivos), 1917.

388. *Obras completas, B. A. E.*, t. I.

389. *Persiles y Sigismunda*, ed. Rodolfo Schevill y Adolfo Bonilla, 2 vols., Madrid (B. Rodríguez), 1914.

390. *Rinconete y Cortadillo*, ed. Francisco Rodríguez Marín, Madrid (Revista de Archivos), 1920.

CIONE (Edmondo).

391. *Juan de Valdés. La sua vita e il suo pensiero religioso*, 2ª ed., riveduta ed aggiornata. Napoli (Fausto Fiorentino), 1963.

392. *L'"Alfabeto cristiano" di Juan de Valdés e la prima sua edizione*, en *Maso Finiguerra*, Milano, t. IV (1939), págs. 283-307.

CIROT (Georges).

393. *Gloses sur les "maris jaloux" de Cervantès*, en *B. H.*, t. XXXI (1929), págs. 1-74.

394. *Mariana historien*, Bordeaux-Paris (Féret), 1905.

CIRUELO (Pedro) [cf. núm. 446].

395. *Reprouación de las supersticiones y hechizerias*, Salamanca (Pedro de Castro), 1541.

CISNEROS, véase JIMÉNEZ DE CISNEROS.

CLÉNARD (Nicolas) [cf. núms. 422, 1316].

396. *Correspondance*, texte, notes, commentaire et traduction française par Alphonse Roersch, 3 vols., Bruxelles (Académie Royale de Belgique, Classe des Lettres), 1940-1941.

397. *Epistolarum libri II*, Amberes (Chr. Plantinus), 1566.

COCHLAEUS (Johannes).

398. *Aequitatis discussio super Consilio delectorum Cardinalium (1538)*, ed. P. Hilarius Walter, O. S. B., Münster (Aschendorff), 1931. (*Corpus Catholicorum*, t. XVII).

COCK (Enrique) [cf. núm. 55].

399. *Jornada de Tarazona hecha por Felipe II en 1592*, ed. publicada y anotada por Alfred Morel-Fatio y Antonio Rodríguez Villa, Madrid (Tello), 1879.

COLMENARES (Diego de).

400. *Historia de la insigne ciudad de Segovia*, 2ª ed., Madrid (Diego Díez Escalante), 1640.

COLOMBÁS (Dom García M.), O. S. B.

401. *Un reformador benedictino en tiempos de los Reyes Católicos: García Jiménez de Cisneros, abad de Montserrat*, Abadía de Montserrat, 1955.

COLÓN (Hernando) [cf. núms. 372, 373, 700].

402. *Vida del Almirante Don Cristóbal Colón*, traducción y edición de Ramón Iglesia, México (Fondo de Cultura Económica), 1947.

CONCILIUM [cf. núm. 1097].

403. *Concilium Tridentinum. Diariorum, actorum, epistolarum, tractatuum nova collectio*, Friburgo de Brisgovia (Societas Goerresiana), t. I, *Diaria*, 1901; t. XII, *Tractatuum pars prior*, 1930.

CONSTANT (Gustave).

404. *Concession à l'Allemagne de la communion sous les deux espèces. Étude sur les débuts de la Réforme catholique en Allemagne (1548-1621)*, Paris (E. de Boccard), 1923.

CONSTANTINESCU BAGDAT (Élise).

405. *La "Querela pacis" d'Érasme*, Paris (Presses Universitaires de France), 1924.

CONSTANTINO (Doctor), véase PONCE DE LA FUENTE.

CONTARINI (Gasparo), véase DITTRICH, núm. 437.

CORDERO (Juan Martín), véase ERASMO, núms. 515, 553; y SUMA, núm. 1201.

CORRAL (Andrés del), O. S. A.

406. *Proceso del Brocense*, análisis publicado por el P. Miguel de la Pinta Llorente en *Archivo Agustiniano*, t. XXXIX (1933), págs. 399-415; t. XL (1933), págs. 120-135, 253-269, 430-444; t. XLI (1934), págs. 97-134.

CORREAS (Gonzalo).

407. *Vocabulario de refranes y frases proverbiales*, 2ª ed., Madrid (Revista de Archivos), 1924.

CORTES.

408. *Cortes de los antiguos reinos de León y Castilla (1349-1559)*, 8 vols., Madrid (Real Academia de la Historia), 1861-1903.

COSTER (Adolphe) [cf. núm. 817].

409. *Luis de León*, 2 vols., New York-Paris, 1921-1922. (Separata de la *R. H.*, tomos LIII y LIV).

COSTES (René).

410. *Antonio de Guevara. Sa vie*, Bordeaux-Paris (Féret), 1925. (*Bibliothèque de l'École des Hautes Études Hispaniques*, fasc. X).

COTARELO Y VALLEDOR (Armando).

411. *El teatro de Cervantes. Estudio crítico*, Madrid (Revista de Archivos), 1915.

COVARRUBIAS OROZCO (Sebastián de).

412. *Tesoro de la lengua castellana o española*, 2ª ed., añadida por el P. Benito Remigio Noydens, Madrid (Melchor Sánchez), 1674.

CRISOLORAS.

413. *Erotemata*, texto griego, ed. Demetrios Ducas [a continuación de MUSEO, núm. 966], Alcalá (Arnao Guillén de Brocar), 1514. (B. N. M.).

CROCE (Benedetto) [cf. núm. 1248].

414. *España en la vida italiana durante el Renacimiento*, versión española de José Sánchez Rojas, Madrid (Mundo Latino), [1925].

CRÓTALON [cf. núms. 69, 70, 742, 949, 959, 961, 962].

415. *El Crótalon* [atribuido a Cristóbal de VILLALÓN], ed. Marcelino MENÉNDEZ Y PELAYO, *Orígenes de la novela*, t. II (*N. B. A. E.*, t. VII), Madrid, 1905, págs. 119-250.

CROW (George Davis).

416. *Antonio de Torquemada, Spanish dialogue writer of the sixteenth century*, en *Hispania*, t. XXXVIII (1955), págs. 265-271.

CUCCOLI (Ercole).

417. *Marc'Antonio Flaminio. Studio con documenti inediti,* Bologna (Zanichelli), 1897.

CUERVO (Fr. Justo), O. P. [cf. núm. 686].

418. *Fr. Luis de Granada, verdadero y único autor del "Libro de la oración",* en *R. A. B. M.,* t. XXXVIII (1918), págs. 293-359; t. XL (1919), págs. 1-68, 355-417.

419. *Fr. Luis de Granada y la Inquisición,* en *Homenaje a Menéndez y Pelayo,* Madrid, 1899, t. I, págs. 733-743.

CUÑA (Irma).

420. *Inmortalidad y ausencia de Pedro de Urdemalas,* México (Universidad Nacional Autónoma), 1964. [Tesis].

CHACÓN (Pedro), véase núm. 71.

CHAUNU (Huguette y Pierre).

421. *Séville et l'Atlantique (1504-1650),* Partie statistique, t. II, *Le traffic de 1504 à 1560,* Paris (Armand Colin), 1955.

CHAUVIN (Victor) y Alphonse ROERSCH.

422. *Étude sur la vie et les travaux de Nicolas Clénard,* Bruxelles (Hayez), 1900.

CHERPRENET (Jacques).

423. *La doctrine spirituelle du bienheureux Jean d'Avila,* Faculté des Lettres, Alger, 1945. [Tesis mecanografiada].

DAGENS (Jean).

424. *Bibliographie chronologique de la littérature de spiritualité et de ses sources (1501-1610),* Paris (Desclée), 1952.

DANTISCUS (Johannes), véase ACTA, núm. 88, y HIPLER, núm. 726 [cf. núms. 56, 57, 1004].

DARBORD (Michel).

425. *La poésie religieuse espagnole des Rois Catholiques à Philippe II,* Paris (Institut d'Études Hispaniques), 1965.

DELARUELLE (Louis).

426. *Études sur l'humanisme français. Guillaume Budé: les origines, les débuts, les idées maîtresses,* Paris (H. Champion), 1907.

DESEOSO.

427. *Tratado llamado el Desseoso, y por otro nombre Espejo de religiosos,* Toledo (Juan de Medina), 1536. (B. P. E.). [Cf. núm. 490].
428. *Tratado llamado el Desseoso...,* Burgos (Juan de Junta), 1548. (B. N. P.).

DIÁLOGOS ANÓNIMOS.

429. *Dialogo da perfeyçam e partes que sam necessarias ao bom medico* [texto en castellano] publicado por Jerónimo de Miranda, Lisboa (Juan Álvarez), 1562. (B. N. L.). [Cf. núm. 86].
430. *Diálogo da perfeição...*, trad. portuguesa por Alberto de Rocha Brito, Porto (Portucalense Editora), 1945.
431. *Diálogo de las transformaciones* [atribuido a Cristóbal de VILLALÓN], ed. Marcelino MENÉNDEZ Y PELAYO, *Orígenes de la novela*, t. II (*N. B. A. E.*, t. VII), Madrid, 1905, págs. 99-118.
432. *Dialogue entre Charon et l'âme de Pier Luigi Farnèse*, ed. Alfred Morel-Fatio, *Bulletin Italien*, t. XIV (1914), págs. 126-157.

DÍAZ (Juan), véase HISTORIA, núm. 727 [cf. núm. 59].

DÍAZ DE LUCO (Joan Bernal) [cf. núms. 881, 1213].

433. *Constituciones synodales del obispado de Calahorra*, Lyon (Guillaume Roville), 1553. (B. N. P.).
434. *Soliloquio y Carta desde Trento*, ed. e introd. de Tomás Marín Martínez, Barcelona (Juan Flors), 1962. (*Espirituales españoles*, t. VIII).

DIDOT (Ambroise Firmin).

435. *Alde Manuce et l'hellénisme à Venise*, Paris (Didot), 1875.

DIOSCÓRIDES, véase LAGUNA, núms. 785-788.

DIOSDADO CABALLERO (Raimundo).

436. *De prima typographiae Hispanicae aetate specimen*, Roma (apud Antonium Fulgonium), 1793.

DITTRICH (Franz).

437. *Regesten und Briefe des Card. Gasparo Contarini*, Braunsberg (Verlag von Huye's Buchhandlung), 1881.

DOMINGO DE SANTA TERESA (Fr.), O. C.

438. *Juan de Valdés, 1498 (?)-1541. Su pensamiento religioso y las corrientes espirituales de su tiempo*, Roma (Pontificia Universitas Gregoriana), 1957. (*Analecta Gregoriana*, t. LXXXV).

DOMÍNGUEZ ORTIZ (Antonio).

439. *Citas tardías de Erasmo*, en *R. F. E.*, t. XXXIX (1955), págs. 344-350.
440. *La clase social de los conversos en Castilla en la edad moderna*, Madrid (C. S. I. C., Instituto Balmes de Sociología), 1955. (Separata de los *Estudios de historia social de España*, t. III).

DORMER (Diego José), véase ANDRÉS, núm. 116.

DROZ (Eugénie).

441. *Note sur les impressions genevoises transportées par Hernández*, en *Biblio-*

thèque d'Humanisme et Renaissance, Genève, t. XXII (1960), págs. 119-132.

DUBLER (César E.) [cf. núm. 788].

442. *D. Andrés de Laguna y su época,* Barcelona, 1955. [Cf. núm. 200].

DU BOSC DE MONTANDRÉ (Claude).

443. Prólogo a su traducción francesa del *Enchiridion: Manuel du soldat chrestien* (seguido de *La préparation à la mort*), Paris (E. Couterot), 1711.

DUDON (Paul), S. J.

444. *Saint Ignace de Loyola,* Paris (Beauchesne), 1934.

DU PLESSIS D'ARGENTRÉ (Charles).

445. *Collectio judiciorum de novis erroribus,* 3 vols., París (A. Cailleau), 1728-1736.

DURÁN (Agustín), véase ROMANCERO, núm. 1112.

EBERSOLE (Alva V.).

446. *Pedro Ciruelo y su "Reprobación de hechicerías",* en *N. R. F. H.,* t. XVI (1962), págs. 430-437.

ENRÍQUEZ (Alonso), véase HENRÍQUEZ.

ENTHOVEN (L. K.).

447. *Über die "Institutio principis christiani" des Erasmus,* Leipzig, 1911. (*Neue Jahrbücher für das klassische Altertum*).

ENZINAS (Francisco de) [cf. núms. 268, 853, 1037].

448. *Dos informaziones: una dirigida al Emperador Carlos V, i otra a los Estados del Imperio;* obra, al parecer, de..., [Madrid], 1857. (*R. A. E.,* t. XII).
449. *Mémoires de Francisco de Enzinas,* texte latin inédit avec la traduction française du XVIe siècle en regard, 1543-1545, publ. par Ch.-A. Campan, 2 vols., Bruxelles (Société de l'histoire de Belgique), 1862-1863.

EPICTETO.

450. Ἐπικτήτου Ἐγχειρίδιον, Salamanca (Juan de Cánova), 1555. (B. U. S.).
451. *La doctrina del estoico filósofo Epicteto,* trad. por Francisco Sánchez de las Brozas, Madrid (Juan de la Cuesta), 1612.

EPISTOLARIO.

452. *Epistolario español,* ed. Eugenio de Ochoa, 2 vols., *B. A. E.,* tomos XIII y LXII.

ERASMO.

A. Bibliografía, véanse núms. 269, 270, 879.

B. Obras completas:

453. *Opera omnia*, 10 vols., Leiden (Pieter Vander Aa), 1703-1706. [Hay una reedición fotográfica, Hildesheim (Georg Olms), 1961-1962].

Suplemento:

454. *Erasmi opuscula, A supplement to the Opera omnia*, ed. Wallace K. Ferguson, The Hague (Martinus Nijhoff), 1933.

C. Obras escogidas:

455. *Ausgewählte Werke*, ed. Hajo Holborn [*Enchiridion militis christiani; In Novum Testamentum praefationes (Paraclesis, Methodus, Apologia); Ratio seu Methodus compendio perveniendi ad veram theologiam*], München (Beck), 1933. [Reedición: *ibid.*, 1964].

D. Correspondencia:

456. *Opus epistolarum Des. Erasmi Roterodami*, ed. P. S. Allen y H. M. Allen, 12 vols., Oxford (Clarendon Press), 1906-1958. [Cf. núms. 188, 299].

E. Ediciones y traducciones españolas del siglo XVI [cf. núm. 280].

1) ADAGIA, véanse núms. 269, 576-578, 1273 [y cf. núms. 1065, 1138, 1159].

2) APOPHTHEGMATA, adaptaciones [cf. núm. 269]:

457. *Libro de vidas y dichos graciosos, agudos y sentenciosos de muchos varones griegos y romanos*, trad. Juan de Jarava, Amberes (Juan Steelsio), 1549. (B. N. M., 5 ejs., etc.).

458. *Libro de vidas y dichos graciosos...*, Amberes (Juan Steelsio), 1552. [Según PALAU, t. V, núm. 80.368].

459. *Libro de apothegmas, que son dichos graciosos y notables de muchos reyes y principes ilustres, y de algunos philósophos insignes*, trad. Francisco Thámara, Amberes (Martín Nucio), 1549. (B. N. M., 4 ejs., etc.).

460. *Libro de apothegmas...*, Zaragoza (Esteban de Nájera), 7 de mayo de 1552. [GALLARDO, t. IV, núm. 3998].

3) CATO, texto latino:

461. *Catonis precepta moralia ab Erasmo Roterodamo recognita*, Barcelona (Carlos Amorós), 1529. [PALAU, t. III, núm. 50.337].

462. *Catonis disticha moralia cum scholiis Des. Erasmi Roterod. Quae omnia emendata et nunc denuo recognita perspicies*, Barcelona (Jaime Cortés), 1561. (B. D.).

463. *Catonis disticha moralia...*, Barcelona (Jaime Cortés), 1567. [Según PALAU, t. III, núm. 50.339: ¿errata por 1561? Cf. núm. anterior].

464. *Catonis disticha moralia...*, Sevilla (Alonso Escribano), 1567. [GALLARDO, t. IV, núm. 4283].

465. *Catonis disticha moralia...*, Sevilla (Alonso Escribano), 1576. (Biblioteca de la Universidad de Sevilla).

4) CHARON, trad. Juan de Aguilar Villaquirán:

466. *Diálogo intitulado el Charón de Erasmo.* [Cf. *infra*, págs. 667-668, nota 50].

CHRISTIANI HOMINIS INSTITUTUM, véase INSTITUTUM.

5) CICERONIANUS, texto latino:

467. *Dialogus cui titulus Ciceronianus sive De optimo genere dicendi cum aliis nonnullis quorum nihil non est novum*, Alcalá (Miguel de Eguía), diciembre de 1529. (B. S. I.; Biblioteca de la Universidad de Valencia).

468. *Artis Rhetoricae compendiosa coaptatio ex Aristotele, Cicerone et Quintiliano; Antonio Nebrissense concinnatore. Tabulae de schematibus et tropis Petri Mosellani. In Rhetorica Philippi Melanchthonis. In Erasmi Rot. libellum de duplici Copia. Ejusdem dialogus Ciceronianus, sive De optimo genere dicendi*, Alcalá (Miguel de Eguía), diciembre de 1529. (B. S. I.; ejemplar muy mutilado).

6) COLLOQUIA, texto latino [cf. núms. 174, 1188]:

469. *Erasmi Colloquia ad meliorem mentem reuocata, per Ioannem Fernandum* [Juan Fernández] *Hispalensem, Rhetorem regium in inclyta Conimbricensi Academia...*, s. l. n. a. [Coimbra, 1546?]. (B. P. E.). [ANSELMO, núm. 1113; cf. BATAILLON, núm. 174].

470. *Colloquia familiaria*, prólogo y edición por Francisco de Escobar, Barcelona (Claudio Bornat), 1557. [Según FUSTER; cf. PALAU, t. V, núm. 80.353].

7) COLLOQUIA, traducciones [cf. núm. 269]:

a) Coloquios sueltos.

COLLOQUIUM PROCI ET PUELLAE, trad. Luis Mexía:

471. *El primero del segundo tratado de Erasmo*, s. l. [Valladolid, Nicolás Tierry?], 1528. (Biblioteca de la Universidad de Gante).

DE REBUS AC VOCABULIS, traducción anónima:

472. *De los nombres y obras* [a continuación del *Enquiridio*, núm. 521], Zaragoza, 1528.

UXOR MEMPSIGAMOS, trad. Diego Morejón:

473. (1ª ed.) Medina del Campo, 1527. [Perdida: cf. *infra*, pág. 287].

474. *Colloquio de Erasmo intitulado Institución del matrimonio christiano: traduzido de latín en lengua castellana por Diego Morejón*, 11 folios en 8º sin numerar, Valencia (Juan Joffre), 21 de abril de 1528. (S. B. M., ejemplar carente de los fols. 8 y 9). [Cf. lám. XIV].

Uxor mempsigamos, trad. Diego Morejón, corregida:

475. *Colloquio de Erasmo llamado Mempsigamos,* s. l., 1528. (Biblioteca de la Universidad de Gante). [Cf. lám. XV].

476. *Colloquio de Erasmo...* [a continuación del *Enquiridio,* núm. 521], Zaragoza, 1528.

b) Recopilaciones de coloquios.

477. *En este presente tratado se contienen tres Colloquios* [traducción anónima de la *Pietas puerilis (Amor de niños en Dios),* el *Colloquium senile (Coloquio de viejos)* y el *Funus (Mortuorio)*], s. l. [Valladolid, Nicolás Tierry?], 1528. (Biblioteca de la Universidad de Gante).

478. *Colloquios familiares* [*Puerpera (Puerperio), Pietas puerilis (Exercicio pueril), De visendo loca sacra (Peregrinación), Uxor mempsigamos (Matrimonio), Convivium religiosum (Combite religioso), Militis et carthusiani (Cartuxano), Abbatis et eruditae (Sabiduría), Franciscani (Franciscano)*: ocho coloquios traducidos por Fray Alonso de Virués, seguidos del *Proci et puellae* (trad. Luis Mexía, cf. núm. 471), el *Colloquium senile* y el *Funus* (traducciones anónimas diferentes de las del núm. 477)], s. l. n. a. [1529]. (Biblioteca de la Universidad de Valencia).

479. *Los coloquios de Erasmo* [1. *Pietas puerilis;* 2. *Colloquium senile;* 3. *Proci et puellae;* 4. *De visendo loca sacra;* 5. *Militis et carthusiani;* 6. *Convivium religiosum;* 7. *Uxor mempsigamos;* 8. *Abbatis et eruditae;* 9. *Puerpera;* 10. *Franciscani;* 11. *Funus.*—Los núms. 1, 2 y 11 en la versión de los *Tres coloquios* (núm. 477), los núms. 4, 5, 6, 8, 9 y 10 en la versión de Virués], Sevilla (Juan Cromberger), 28 de septiembre de 1529. (B. N. P.).

480. *Los colloquios de Erasmo* [reimpresión del núm. 479?], Toledo (Cosme Damián), 19 de febrero de 1530. [Según Mittaire y Panzer].

481. *Doze coloquios de Erasmo* [reimpresión del núm. 479, aumentado con el *De rebus ac vocabulis,* núm. 472], Zaragoza (Jorge Coci), 1530. (B. N. P.).

482. *Colloquios de Erasmo* [reimpresión de la recopilación anterior]. s. l. [Toledo, Juan de Ayala?], 1532. (B. N. M.).

483. *Coloquios de Erasmo* [reimpresión del número precedente]. en Menéndez y Pelayo, *Orígenes de la novela,* t. IV (*N. B. A. E.,* t. XXI). Madrid, 1915, págs. 149-249.

8) Concio de puero Jesu, trad. Diego de Alcocer:

484. *Tratado o sermón del niño Jesu y en loor del estado de niñez,* Sevilla (Jacobo Cromberger), 1516. [Cf. *infra,* pág. 86, nota 27, y lám. III].

485. *Sermón del niño Jesu* [a continuación del *Contemptus mundi compuesto por el famoso maestro Juan Gersón chanceller de París*], Zaragoza, 1516. [Según Palau, t. VII, núm. 127.368].

486. *Sermón del niño Jesu...,* Toledo (Juan de Villaquirán), 30 de octubre de 1523. [Según Palau, *loc. cit.*].

487. *Sermón del niño Jesu* [a continuación del *Contemptus mundi fecho por Juan Gersón chanceller de París*], Toledo (Miguel de Eguía), 11 de agosto de 1526. (Biblioteca que fue de Joaquín García Pimentel, México). [Cf. láms. VIII y IX].

488. *Sermón del niño Jesu* [a continuación del *Contemptus mundi. Libro de re-*

medar a Christo y del menosprecio de todas las vanidades del mundo;
falta el colofón; cf. PALAU, t. VII, núm. 127.363, y WATRIGANT, pág. 46].

489. *Sermón del niño Jesu* [a continuación del *Contemptus mundi*], Sevilla (Juan
Cromberger), 1528. [PALAU, t. VII, núm. 127.370].

490. *Sermón del niño Jesu,* 1528 [a continuación del *Contemptus mundi,* y encuadernado con el *Tratado llamado el Desseoso,* Toledo, 1536; ejemplar
incompleto, sin colofón; pero el impresor es sin duda Miguel de Eguía.
Cf. *infra,* pág. 207, nota]. (B. P. E.).

491. *Sermón del niño Jesu* [a continuación del *Enquiridio,* núm. 528], Sevilla
(Gregorio de la Torre y Juan Canalla), 1550.

492. *Sermón del niño Jesu* [a continuación del *Enchiridion,* núm. 529], Amberes
(Martín Nucio), 1555.

9) DE CIVILITATE, texto latino:

493. *De civilitate morum puerilium per Des. Erasmum Roterodamum libellus a
F. Joanne Masio Villaregalensi nunc primum majore quam hactenus unquam diligentia recognitus et ab eodem scholiis quidem illustratus,* Valencia (Antonio Sanahuja), 1544. (B. S. I.).

494. *De civilitate morum puerilium... a Francisco Joanne Masio...,* Valencia
(Bartolomé Maciá), 1552. [Según XIMENO; cf. ASENSIO, *El erasmismo...*
(núm. 130), pág. 33, nota].

495. *De civilitate morum puerilium...,* Barcelona (Claudio Bornat), 1568. [Se-
gún PALAU, t. V, núm. 80.374].

10) DE CONSCRIBENDIS EPISTOLIS, texto latino:

496. *De componendis epistolis libellus* [al final del *De copia,* núm. 500], Alcalá
(Miguel de Eguía), 1525.

497. *De componendis epistolis* [al final del *De copia,* núm. 501], Alcalá (Miguel
de Eguía), 1529.

11) DE CONSTRUCTIONE, texto latino:

498. *De constructione,* Alcalá (Juan Mey para B. de Robles), 1553. (B. M.).

499. *De octo orationis partium constructione libellus, cum commentariis Junii Ra-
birii et catalana interpretatione. Huc accesserunt in ejusdem libelli partem Francisci Scobarii commentarii,* Barcelona (Claudio Bornat), 1557.
(B. N. M.).

12) DE COPIA, texto latino [cf. núm. 468]:

500. *De copia verborum et rerum libri duo, Des. Erasmo Rotero[damo] autore.
Ejusdem libellus de ratione studii et pueris instituendis. Ejusdem de componendis epistolis libellus utilissimus cum nonnullis aliis ad omnium stu-
diosorum utilitatem,* Alcalá (Miguel de Eguía), junio de 1525. (B. S. I.;
Biblioteca Medinaceli, Madrid).

501. *De copia verborum et rerum...,* Alcalá (Miguel de Eguía), octubre de 1529.
(B. N. M.).

502. *Francisci Decii Valentini brevis in Erasmi Copiam epitome...,* in hac tertia
editione... locupletata, Valencia (Juan Mey), 1548. (B. N. M.). [ASEN-
SIO, *El erasmismo...* (núm. 130), pág. 33, nota].

503. *Liber de copia verborum & rerum*, Coimbra, 1592. [Según ANSELMO, núm. 1258].

13) DE IMMENSA DEI MISERICORDIA CONCIO, trad. anónima:

504. *Tratado de imensa misericordia Dei* [?], Logroño [?] (Miguel de Eguía), diciembre de 1527 [?]. [Cf. *infra*, pág. 282, nota 2].
505. *Sermón de la grandeza y muchedumbre de las misericordias de Dios* [a continuación de la *Declaración del Pater noster*, núm. 568], Logroño (Miguel de Eguía), diciembre de 1528. (S. B. M.). [Cf. láms. XII y XIII].
506. *Tratado de la gran misericordia de Dios* [a continuación de la *Declaración del Pater noster*, núm. 569], Amberes (Juan Gravio), 1549. (B. N. V.).

14) DE LIBERO ARBITRIO, texto latino [cf. núm. 915]:

507. Διατριβὴ *sive collatio de libero arbitrio* [a continuación de la *Precatio dominica*, núm. 566], Alcalá (Miguel de Eguía), 1525. (B. S. I.; B. U. S.).

15) DE PRAEPARATIONE AD MORTEM, trad. anónima [cf. núms. 269, 443]:

508. *Libro del aparejo que se deue hazer para bien morir, 1535*, Burgos (Juan de Junta), 10 de abril de 1536. (S. B. M.). [Cf. lám. XXI].

16) DE PRAEPARATIONE AD MORTEM, trad. Bernardo Pérez de Chinchón:

509. *Apercibimiento de la muerte* [?], Valencia, 1535. [Perdida: cf. *infra*, pág. 564].
510. *Aparejo de bien morir*, Amberes (Juan Gravio), 1549. (Biblioteca de Innsbruck; B. N. M.; Biblioteca Ducal de Wolfenbüttel; Biblioteca de la Universidad de Lovaina).
511. *Aparejo de bien morir*, Sevilla [Juan Canalla?], 1551. [Según una nota de Luis de Usoz; cf. BONILLA (núm. 280), pág. 480].
512. *Preparación y aparejo para bien morir*, Amberes (Martín Nucio), 1555. (B. N. M., 2 ejs.; B. M.).

17) DE RATIONE STUDII, texto latino:

513. *Libellus de ratione studii et pueris instituendis* [a continuación del *De copia*, núm. 500], Alcalá (Miguel de Eguía), 1525.
514. *Libellus de ratione studii...* [a continuación del *De copia*, núm. 501], Alcalá (Miguel de Eguía), 1529.

18) DECLAMATIO DE MORTE, trad. Juan Martín Cordero:

515. *Declamación de la muerte* [en *Las quexas y llanto de Pompeyo, adonde breuemente se muestra la destrución de la República Romana. Y el hecho horrible y nunca oído de la muerte d'el hijo d'el Grand Turco Solimano dada por su mismo padre, con vna declamación de la muerte por consolación de vn amigo. Al muy magnífico Señor Gonçalo Pérez*], Amberes (Martín Nucio), 1556. (B. N. M., 2 ejs.; B. N. P.; Academia das Ciências, Lisboa).

19) ENARRATIO PRIMI PSALMI, BEATUS VIR, trad. anónima:

516. *Exposición y sermón sobre dos psalmos, el uno Beatus vir y el otro Cum*

invocarem, s. l. [según BONILLA, pág. 469, es ed. de Toledo (Juan de Ayala)], 26 de junio de 1531. (B. N. M.).

20) ENCHIRIDION MILITIS CHRISTIANI [cf. núms. 269, 443, 531], texto latino:

517. *Enchiridion...,* Alcalá (Miguel de Eguía), mayo o junio de 1525. [Cf. *infra,* pág. 162, nota 28].

21) ENCHIRIDION, trad. Alonso Fernández de Madrid:

518. *Enquiridio o manual del cauallero christiano,* 1ª ed., anterior al 1º de septiembre de 1526. [Perdida: cf. D. ALONSO (núm. 531), pág. 507].

519. *Enquiridio* [reimpresión, con dedicatoria al Inquisidor General Manrique], Alcalá (Miguel de Eguía), s. a. [1526?]. (B. N. M.; B. M.).

520. *Enquiridio,* Alcalá (Miguel de Eguía), enero de 1527. (B. M.; Biblioteca de la Universidad de Cambridge; Biblioteca de la Universidad de Gotinga).

521. *Enquiridio,* Zaragoza, 7 de mayo de 1528. (B. N. P.).

522. *Enquiridion,* Valencia (Jorge Costilla), 1528. (Biblioteca Universitaria de Sevilla). [Ed. descrita por Francisco LÓPEZ ESTRADA (núm. 843); cf. *infra,* pág. 205, nota 60].

523. *Enquiridio,* Valencia (Juan Joffre), 7 de octubre de 1528. (B. N. V.).

524. *Enquiridio* [?], Sevilla (Jacobo Cromberger), finales de 1528? [Cf. ASENSIO (núm. 130), pág. 33, nota].

525. *Enquiridio,* s. l. [Alcalá? Logroño?] (Miguel de Eguía), 1529. (Zentralbibliothek, Zürich). [Ed. descubierta por Eugenio Asensio; cf. *infra,* pág. 192, nota 10, y láms. VI y VII].

526. *Enquiridio,* Alcalá (Miguel de Eguía), 1533. [Según PALAU, t. V, núm. 80.337].

527. *Enquiridio,* Lisboa (Luis Rodríguez), 1541. (B. N. M.).

528. *Enquiridio,* Sevilla (Gregorio de la Torre y Juan Canalla), 14 de noviembre de 1550. (B. N. V.).

529. *Enchiridion,* Amberes (Martín Nucio), 1555. (B. N. M., 3 ejs.; Biblioteca Municipal, Madrid; Biblioteca Menéndez Pelayo, Santander; Wadham College, Oxford; Biblioteca Ducal de Wolfenbüttel).

530. *Enquiridio,* Toledo (Juan Ferrer), 12 de diciembre de 1556. [Según VINDEL, t. III, núm. 885, y PALAU, t. V, núm. 80.340].

531. *Enquiridion* [reimpresión moderna], ed. de Dámaso Alonso, prólogo de Marcel Bataillon, Madrid, 1932. (*Anejos de la R. F. E.,* t. XVI).

22) ENCOMIUM MATRIMONII, adaptación:

532. *Sermón en loor del matrimonio,* por Juan de Molina [a continuación del *Enquiridion,* núm. 522], Valencia (Jorge Costilla), 1528.

533. *Sermón en loor del matrimonio* [reimpresión moderna], ed. Francisco López Estrada, Madrid, 1955. [Cf. núm. 842].

23) EXHORTATIO AD STUDIUM EVANGELICAE LECTIONIS, texto latino:

534. *Exhortatio ad studium Evangelicae lectionis* [al frente de la *Paraphrasis* de San Mateo, núm. 560], Alcalá (Miguel de Eguía), 1525.

24) Exomologesis, traducción española:

535. *El confissionario o manera de confessar*, trad. impresa antes de 1547. [Perdida: cf. *infra*, pág. 313, nota 16].

25) In quartum psalmum Cum invocarem concio, trad. anónima:

536. *Exposición y sermón sobre* [*el psalmo*] *Cum invocarem*, s. l., 1531. [Cf. núm. 516].

26) Institutio principis christiani [cf. núm. 447], trad. Bernabé Busto:

537. *Institución del príncipe christiano*. [¿Impresa? Cf. *infra*, pág. 628, nota 26].

27) Institutum hominis christiani, texto latino:

538. *Christiani hominis institutum* [junto con el *Enchiridion*, núm. 517], Alcalá (Miguel de Eguía), 1525.
539. *Christiani militis institutum* [al final de los *Libri minores*, ed. Nebrija], Granada (Sancho de Nebrija), noviembre de 1534. [Según M. Menéndez y Pelayo (núm. 905), t. I, págs. 370-371].
540. *Christiani militis institutum* [al final de los *Libri minores*], Granada (Sancho de Nebrija), 1545. [Según Odriozola; cf. Palau, t. X, núm. 189.311; seguramente es reproducción de la edición de 1534].
541. *Christiani militis institutum* [al final de los *Libri minores*], Granada (Sancho de Nebrija), 1553. (B. N. M.).

28) Lingua, trad. anónima [¿Bernardo Pérez?]:

542. 1ª ed., Valencia, 1531. [Perdida: cf. *infra*, pág. 311].
543. *La Lengua de Erasmo nueuamente romançada por muy elegante estilo*, s. l., 1533. (B. N. M., 2 ejs.).
544. *La Lengua de Erasmo Roterodamo nueuamente...*, s. l., 1533. (B. N. M.).
545. *La Lengua de Erasmo Roterodamo nueuamente...*, Toledo (Juan de Ayala), septiembre de 1533. [Palau, t. V, núm. 80.359].
546. *La Lengua de Erasmo nueuamente...*, s. l., enero de 1535. (S. B. M.). [Cf. lám. XVI].
547. *La Lengua de Erasmo nueuamente...*, Zaragoza (Miguel de Çapila), 1541? [Según Vindel, t. III, núm. 881; la fecha parece errata por 1551; cf. núm. 551].
548. *La Lengua de Erasmo nueuamente...*, s. l., agosto de 1542. (S. B. M.). [Cf. lám. XVII].
549. *La Lengua de Erasmo nueuamente...*, Sevilla (Juan Cromberger), 1544. (B. N. M.).
550. *La Lengua de Erasmo nueuamente...*, Amberes (Martín Nucio), 1550. (B. N. M., 2 ejs.).
551. *La Lengua de Erasmo nueuamente...*, Zaragoza (Miguel de Çapila), 1551. (Biblioteca de la Universidad de Sevilla).

29) Modus orandi Deum, trad. anónima:

552. *Tratado de la oración y forma que todo christiano deue seguir, compuesto por Erasmo Rotherodamo, nueuamente traduzido*, 8º, 104 folios numera-

dos, Sevilla (Andrés de Burgos), 1º de diciembre de 1546. (S. B. M.)
[Cf. lám. XXII].

30) ORATIO DE VIRTUTE AMPLECTENDA, trad. Juan Martín Cordero:

553. *Exhortación a la virtud... acomodada a qualquier príncipe christiano* [a
continuación de la *Declamación de la muerte,* núm. 515], Amberes (Martín Nucio), 1556.

31) PARACLESIS, texto latino:

554. *Paraclesis, id est, Adhortatio ad sanctissimum ac saluberrimum Christianae
philosophiae studium* [a continuación del *Enchiridion,* núm. 517], Alcalá
(Miguel de Eguía), 1525.

32) PARACLESIS, trad. anónima:

555. *Exortación que se intitula Paraclesis* [a continuación del *Enquiridio,* núm.
525], s. l. [Alcalá? Logroño?] (Miguel de Eguía), 1529. [Cf. lám. VII].
556. *Paraclesis o exortación al estudio de las letras diuinas* [a continuación del
Enquiridion, núm. 528], Sevilla (Gregorio de la Torre y Juan Canalla),
1550.
557. *Paraclesis...* [a continuación del *Enchiridion,* núm. 529], Amberes (Martín
Nucio), 1555.
558. *Paraclesis...* [a continuación del *Enquiridio,* núm. 530], Toledo (Juan Ferrer), 1556.
559. *Paráclesis* [a continuación del *Enquiridion,* núm. 531], Madrid, 1932.

33) PARAPHRASES (N. T.), texto latino:

560. *Epistola nuncupatoria ad Carolum Caesarem. Exhortatio ad studium Evangelicae lectionis. Paraphrasis in Evangelium Matthaei per D. Erasmum
Roth. nunc primum nata et aedita,* Alcalá (Miguel de Eguía), 30 de junio de 1525. (B. U. S.).
561. *In Evangelium Marci Paraphrasis,* [Alcalá] (Miguel de Eguía), [1525]. (B. U.
S., 2 ejs.).
562. *In Evangelium Lucae Paraphrasis,* Alcalá (Miguel de Eguía), 30 de septiembre de 1525. (B. S. I.).
563. *D. Erasmi Roterodami Paraphrasis in Evangelium secundum Joannem,* Alcalá (Miguel de Eguía), 24 de noviembre de 1525. (B. U. S.).
564. *Paraphrases in sacras Epistolas,* Alcalá (Miguel de Eguía), primavera de
1525. [Perdidas: cf. *infra,* pág. 164].

34) PARAPHRASIS IN TERTIUM PSALMUM DOMINE QUID MULTIPLICATI SUNT, texto latino:

565. *Paraphrasis in tertium psalmum...* [a continuación de la *Precatio dominica,*
núm. 566], Alcalá (Miguel de Eguía), 1525.

35) PRECATIO DOMINICA, texto latino:

566. *Precatio dominica in septem portiones distributa... Paraphrasis in tertium
psalmum...* Διατριβὴ *sive collatio de libero arbitrio,* Alcalá (Miguel de
Eguía), 1525. (B. U. S.; B. S. I.).

36) Precatio dominica, trad. anónima [¿Bernardo Pérez?]:

567. *La oración del Señor que llamamos Pater noster partido en siete partes* [en
el volumen de *Meditaciones de Sant Bernardo et otras obras de devoción
traduzidas en romance*], León (Juan de León), 15 de julio de 1528.
(B. C.).

37) Precatio dominica, otra trad. anónima:

568. *Declaración del Pater noster,* Logroño (Miguel de Eguía), diciembre de
1528. (S. B. M.). [Cf. láms. V y XII].
569. *Declaración del Pater noster,* Amberes (Juan Gravio), 1549. (B. N. V.).

38) Precationes aliquot, texto latino:

570. *Precationes* [al final del libro de Savonarola descrito en el núm. 1149], Amberes (Juan Steelsio), 1542.

39) [Precationes aliquot] Precatio Erasmi Rot. ad Virginis filium Jesum,
humani generis assertorem, trad. Blasco de Garay [?]:

571. *Oración rogativa al hijo de la Virgen, Jesús, liberador del género humano,*
incluida en las *Cartas de refranes de Blasco de Garay con otras de nueuo
añadidas, impresas año 1545,* s. l. n. i. (B. N. M.).
572. *Oración rogativa...,* al final de las *Cartas de refranes...,* Venecia (Gabriel
Giolito de Ferrariis), 1553. [Cf. núm. 639].
573. *Oración rogativa...* [reimpresión moderna del núm. anterior], Madrid, 1956
[cf. núm. 640], págs. 138-150.

40) Querela pacis [cf. núms. 398, 405], trad. Diego López de Cortegana:

574. *Tractado de la miseria de los cortesanos que escriuió el papa Pío ante que
fuesse summo pontifice a un cauallero su amigo. Y otro tractado de cómo
se quexa la Paz, compuesto por Erasmo varón doctíssimo...,* Sevilla (Jacobo Cromberger), 27 de abril de 1520. (B. N. M.).
575. *Tractado de las querellas de la Paz, compuesto por Erasmo Roterodamo varón doctíssimo. Con otros dos tractados que escriuió el papa Pío ante
que fuesse pontifice a vn cauallero su amigo de la miseria de los cortesanos y del sueño de la fortuna...,* Alcalá (Miguel de Eguía), 19 de marzo de 1529. (B. N. P.; S. B. M.; Bodl.; Bibliothèque Mazarine, París).

41) Sileni Alcibiadis, trad. Bernardo Pérez de Chinchón:

576. *Silenos de Alcibíades,* Valencia (Jorge Costilla), 4 de septiembre de 1529.
(B. N. M.; B. A. H.).
577. *Silenos de Alcibíades,* Amberes (Martín Nucio), 1555. (B. N. M., 3 ejs.;
B. N. V., etc.).
578. *Silenos de Alcibíades* [sin nombre de traductor], s. l. n. a. (B. N. V.).

42) Erasmiana (máximas sacadas de Erasmo):

579. [En la] *Primera parte de las sentencias que hasta nuestros tiempos para edificación de buenos costumbres, están por diuersos autores escriptas,* Lis-

boa (Germão Galharde), 13 de noviembre de 1554. (Biblioteca Municipal, Burdeos).

ESPERABÉ ARTEAGA (Enrique).

580. *Historia interna y documentada de la Universidad de Salamanca*, 2 vols., Salamanca (F. Núñez Izquierdo), 1914-1917.

ESPINOSA MAESO (Ricardo).

581. *Contratos de impresiones de libros*, en *Bol. Ac. Esp.*, t. XIII (1926), págs. 291-301.
582. *El Maestro Hernán Pérez de Oliva en Salamanca*, en *Bol. Ac. Esp.*, t. XIII (1926), págs. 432-473, 572-590.

ESTELLA (Fr. Diego de), O. M.

583. [Bibliografía] *Estudio histórico crítico sobre la vida y obras de Fr. Diego de Estella*, por los redactores del *Archivo Ibero-Americano* (número especial del *Archivo*), Madrid, 1924.
584. *Enarrationes in Lucam*, 2 vols., Salamanca (Herederos de Juan de Cánova), 1574-1575. (B. S. I.).
585. *Libro de la vanidad del mundo (Primera, Segunda, Tercera parte del)*, 3 vols., Salamanca (Matías Gast), 1576. (B. N. M.).
586. *Meditaciones devotíssimas del amor de Dios*, Alcalá (Juan Gracián), 1597. (B. N. M.).
587. *Meditaciones devotísimas del amor de Dios*, Madrid (Editorial Cisneros), 1961.
588. *Modo de predicar y Modus concionandi*, ed. Pío Sagüés Azcona, Madrid (C. S. I. C.), 1951.
589. *Modus concionandi. Et explanatio in Psalm. CXXXVI Super flumina Babylonis*, Salamanca (Juan Bautista de Terranova), 1576. (B. N. M.).

EUBEL (Conrad).

590. *Hierarchia catholica medii et recentioris aevi*, 2ª ed., 3 vols., Münster (Regensberg), 1913-1923.

EVIA (Fr. Francisco de), O. M. [cf. núms. 264, 1052].

591. *Espejo del ánima, agora de nueuo collegido de la Sagrada Escriptura y de lo que han escrito los santos doctores*, Valladolid (Francisco Fernández de Córdova), 1550.
592. *Libro llamado Itinerario de la oración*, Medina del Campo (Guillermo de Millis), 1553. (Biblioteca de la Universidad de Coimbra).

EXIMENIÇ (Francesc) [cf. núms. 621, 913].

593. *Carro de las donas*, Valladolid (Juan de Villaquirán), 1542. (B. N. M.).
594. *Vita Christi...*, *corregido y añadido por el Arçobispo de Granada* [Fr. Hernando de Talavera], Granada (Meynardo Ungut y Johannes de Nuremberga), 1496.

FALGAIROLLE (Edmond).

595. *Jean Nicot, ambassadeur de France en Portugal au xvᵉ siècle. Sa correspondance diplomatique inédite*, Paris (A. Challamel), 1897.

FARINELLI (Arturo).

596. *Dos excéntricos: Cristóbal de Villalón, el Dr. Juan Huarte*, Madrid, 1936. (*Anejos de la R. F. E.*, t. XXIV).
597. *Marrano. Storia di un vituperio*, Genève (L. S. Olschki), 1925.

FEBVRE (Lucien).

598. *Du modernisme à Érasme*, en *Revue de Synthèse*, t. I (1931), págs. 357-376.
599. *L'érasmisme en Espagne*, en *Revue de Synthèse Historique*, t. XLIV (1927), págs. 153-155.
600. *Le problème de l'incroyance au xviᵉ siècle*, Paris (Albin Michel), 1947.
601. Reseña de *Érasme et l'Espagne* [ed. original del presente libro] en *Annales*, Paris, t. I (1939), págs. 28-42.
602. *Un destin: Martin Luther*, Paris (Rieder), 1928.
603. *Une question mal posée. Les origines de la Réforme française et le problème général des causes de la Réforme*, en *Revue Historique*, t. CLXI (1929), págs. 1-73.

FEIST HIRSCH (Elisabeth).

604. *The discoveries and humanist thinking*, en *Bibliotheca Docet: Festgabe für Carl Wehmer*, Amsterdam, 1963, págs. 385-397.

FÉRET (H. M.), y M. BATAILLON.

605. *A propos d'une épitaphe d'André de Laguna*, en *Humanisme et Renaissance*, Paris, t. VII (1940), págs. 122-127.

FERGUSON (Wallace K.), véase ERASMO, núm. 454.

FERNÁNDEZ (Fr. Alonso), O. P.

606. *Historia y anales de la ciudad y obispado de Plasencia*, Madrid (Juan González), 1627.

FERNÁNDEZ (Fr. Benigno), O. S. A.

607. *Impresos de Alcalá en la Biblioteca del Escorial*, Madrid, 1916. (Separata de *La Ciudad de Dios*).

FERNÁNDEZ DE BETHENCOURT (Francisco).

608. *Historia genealógica y heráldica de la monarquía española, Casa real y Grandes de España*, 10 vols., Madrid (E. Teodoro y J. Ratés), 1897-1920.

FERNÁNDEZ DE CASTRO (E. Felipe).

609. *Fr. Cipriano de la Huerga, maestro de Fr. Luis de León*, en *Revista Española de Estudios Bíblicos*, Málaga, año III (1928), núms. 28-29, págs. 267-278.

FERNÁNDEZ DE MADRID (Alonso), Arcediano del Alcor [cf. núms. 518-531].

610. *Silva palentina*, anotada por D. Matías Vielva Ramos, 3 vols., Palencia (Imp. del Diario Palentino), 1932-1942.

611. *Vida de Fr. Fernando de Talavera, primer Arzobispo de Granada*, ed. Félix G. Olmedo, S. J., Madrid (Ed. Razón y Fe), 1931.

FERNÁNDEZ DE NAVARRETE (Martín).

612. *Colección de los viages y descubrimientos que hicieron por mar los españoles desde fines del siglo xv*, 5 vols., Madrid (Imprenta Real), 1825-1837.

FERNÁNDEZ DE NAVARRETE (Pedro).

613. *Conservación de monarquías* [1626], *B. A. E.*, t. XXV, págs. 449-557.

FERNÁNDEZ DE OVIEDO (Gonzalo).

614. *Historia general y natural de las Indias, islas y Tierra Firme del Mar Océano*, ed. José Amador de los Ríos, 4 vols., Madrid (Real Academia de la Historia), 1851-1855.

FERNÁNDEZ DE RETANA (Luis).

615. *Cisneros y su siglo. Estudio histórico de la vida y actuación pública del Cardenal D. Fr. Francisco Ximénez de Cisneros*, 2 vols., Madrid (El Perpetuo Socorro), 1929-1930.

FERNÁNDEZ DEL CASTILLO (Francisco).

616. *Libros y libreros en el siglo xvi*, México (Archivo General de la Nación), 1914.

FERREIRA (Francisco Leitão), véase LEITÃO FERREIRA.

FERREIRA DE VASCONCELOS (Jorge).

617. *Comedia Eufrosina*, texto de la ed. príncipe de 1555 con las variantes de 1561 y 1566, ed. Eugenio Asensio, Madrid (C. S. I. C.), 1951.

618. *Comedia de Eufrosina*, trad. Fernando de Ballesteros y Saabedra [Madrid, 1631], reimpresa en M. MENÉNDEZ Y PELAYO, *Orígenes de la novela*, t. III (*N. B. A. E.*, t. XIV), Madrid, 1910, págs. 60-156.

FERRIÈRES (Jean de).

619. *Trésor des prières et oraisons*, Paris (G. Auvray), 1585. (B. N. P.).

FICKER (Johannes).

620. *Luthers Vorlesung über den Römerbrief 1515-16*, Leipzig (Dieterich), 1908.

FITZMAURICE-KELLY (Julia).

621. *Vives and the "Carro de las donas"*, en *R. H.*, t. LXXXI (1933), págs. 530-544.

FORONDA Y AGUILERA (Manuel), Marqués de Foronda.

622. *Estancias y viajes del Emperador Carlos V, desde el día de su nacimiento hasta el de su muerte,* Madrid (Sucs. de Rivadeneyra), 1914.

FOULCHÉ-DELBOSC (Raymond).

623. *Bibliographie hispano-française (1477-1900)*, 3 vols., New York (The Hispanic Society of America), 1912-1914. (Separata de *Bibliographie Hispanique*).

624. *Cancionero castellano del siglo XV*, 2 vols., Madrid (Bailly-Baillière), 1912-1915. (*N. B. A. E.*, tomos XIX y XXII).

625. *Les "cancionerillos" de Prague*, en *R. H.*, t. LXI (1924), págs. 303-586.

FRANCISCO DE BORJA (San).

626. *Primera parte de las obras muy devotas y provechosas para cualquier christiano compuestas por el Illustríssimo Señor Don Francisco de Borja Duque de Gandía y Marqués de Lombay,* Medina del Campo (Guillermo de Millis), 1552. (B. P. E.).

627. *Tratados espirituales,* Barcelona (Juan Flors), 1964. (*Espirituales españoles,* t. XV).

FREDERICQ (Paul).

628. *Corpus documentorum Inquisitionis haereticae pravitatis Neerlandicae,* 5 vols., Gent (J. Vuylsteke), 1899-1906.

FRENK ALATORRE (Margit).

629. *¿Santillana o Suero de Ribera?,* en *N. R. F. H.,* t. XVI (1962), pág. 437.

FURIÓ CERIOL (Fadrique) [cf. núms. 272, 1165].

630. *Bononia, sive de libris sacris in vernaculam linguam convertendis libri duo...* ex editione Basileensi, An. 1556, repetiti, ed. Henr. Gul. Tydeman, Leiden (S. & J. Luchtmans), 1819. (B. N. P.).

631. *El Concejo y consejeros del Príncipe,* ed. Adolfo de Castro, *B. A. E.,* t. XXXVI, págs. 317-337.

FUSTER (Justo Pastor).

632. *Biblioteca valenciana de los escritores que florecieron hasta nuestros días,* 2 vols., Valencia (Ximeno y Mompié), 1827-1830.

GAGUIN (Robert).

633. *Epistolae et orationes,* ed. Louis Thuasne, 2 vols., Paris (E. Bouillon), 1904.

GALÍNDEZ DE CARVAJAL (Lorenzo).

634. *Anales breves de los Reyes Católicos,* ed. Cayetano Rosell, *B. A. E.,* t. LXX, págs. 533-565.

GALLARDO (Bartolomé José).

635. *Ensayo de una biblioteca española de libros raros y curiosos*, 4 vols., Madrid (Rivadeneyra), 1863-1889.

GALLE (Philippe) [cf. núm. 194].

636. *Virorum doctorum de disciplinis benemerentium effigies XLIIII...* [cum singulorum elogiis, opera Benedicti Ariae Montani], Amberes (apud Raphelengium], 1572. (B. P. E.).

GAMS (Pius Bonifacius).

637. *Series episcoporum Ecclesiae catholicae, quotquot innotuerunt a Beato Petro apostolo*, Ratisbona (Georg Joseph Manz), 1873.

GANIVET (Ángel).

638. *Idearium español*, 3ª impresión, Madrid (Victoriano Suárez), 1915.

GARAY (Blasco de) [cf. núms. 571-573].

639. *Cartas de refranes*, editadas por Alfonso de Ulloa entre el *Processo de cartas de amores* [de Juan de Segura] y el *Diálogo de las mujeres* [de Cristóbal de Castillejo], Venecia (Gabriel Giolito de Ferrariis), 1553.
640. *Cartas de refranes*, reimpresión moderna, Madrid, 1956. (*Sociedad de Bibliófilos Españoles*, 2ª época, t. XXXI).

GARCÍA (Juan Catalina), véase CATALINA GARCÍA.

GARCÍA DE LOAYSA, véase LOAYSA.

GARCÍA ICAZBALCETA (Joaquín) [cf. núms. 380, 381].

641. *Bibliografía mexicana del siglo xvi*, nueva edición, por Agustín Millares Carlo, México (Fondo de Cultura Económica), 1954.
642. *Cartas de religiosos de la Nueva España (1539-1594)*, publicadas por..., México (Andrade y Morales), 1886. (*Nueva colección de documentos para la historia de México*, t. I). [Reimpreso en México (S. Chávez Hayhoe), 1941].
643. *Códice franciscano, siglo xvi. Informe de la provincia del Santo Evangelio... Informe de la provincia de Guadalajara... Cartas de religiosos (1533-1569)*, México (Andrade y Morales), 1889. [Reimpreso en México (S. Chávez Hayhoe), 1941].
644. *Don Fray Juan de Zumárraga*, ed. Rafael Aguayo Spencer y Antonio Castro Leal, 4 vols., México (Porrúa), 1947. (*Colección de escritores mexicanos*, tomos XLI-XLIV).

GARCÍA MATAMOROS (Alonso).

645. *De asserenda Hispanorum eruditione*, Alcalá (Juan Brocar), 1553. (B. N. P.).
646. *Apologia pro adserenda Hispanorum eruditione*, ed., estudio, traducción y notas de José López de Toro, Madrid, 1943. (*Anejos de la R. F. E.*, t. XXVIII).

BIBLIOGRAFÍA LXV

García Villoslada (Ricardo), S. J. [cf. núm. 764].

647. *La Universidad de París durante los estudios de Francisco de Vitoria*, Roma (Universitas Gregoriana), 1938. (*Analecta Gregoriana*, t. XIV).

648. *San Ignacio de Loyola y Erasmo de Rotterdam*, en *Estudios Eclesiásticos*, Madrid, t. XVI (1942), págs. 399-419.

Gasca (Pedro de la).

649. *Documentos relativos al Licenciado Pedro Gasca sobre la comisión que le dio Carlos V en 1545 para ir a pacificar el Perú sublevado por Gonzalo Pizarro y los suyos*, Madrid (Viuda de Calero), 1866. (*Colección de documentos inéditos para la historia de España*, t. XLIX).

Gattinara (Mercurino Arborio di) [cf. núm. 1057].

650. *Historia vite et gestorum per Dominum Magnum Cancellarium* [autobiografía], ed. Carlo Bornate, Torino (Stamperia Reale), 1915. (*Miscellanea di Storia Italiana*, 3ª serie, t. XVII; t. XLVIII della raccolta).

Gayangos (Pascual de) [cf. núms. 327, 666].

651. *Calendar of letters, despatches and State papers relating to the negotiations between England and Spain*, tomos I-XIII, London (Longman & Co.), 1873-1954.

Gélida (Juan).

652. *Johannis Gelidae Valentini Burdigalensis ludimagistri Epistolae aliquot et carmina*, La Rochela (Barthélemy), 1571. (Biblioteca Municipal, Burdeos).

Génébrard (Gilbert).

653. *Chronographiae libri quatuor*, París (M. Juvenis), 1580.

Gersón (Juan), véase Contemptus mundi [Imitación de Cristo], núms. 485-490.

Getino (Luis G. Alonso), véase Alonso Getino.

Gigas (Emil).

654. *Erasmus fra Rotterdam og Spanien, en kulturhistorisk studie*, Köbenhavn (Pio), 1922. (*Studier fra Sprog- og Oldtidsforskning*, nr. 125).

Gil (Luis), y Juan Gil.

655. *Ficción y realidad en el "Viaje de Turquía". Glosas y comentarios al recorrido por Grecia*, en *R. F. E.*, t. XLV (1962), págs. 89-160.

Gil Polo (Gaspar).

656. *La Diana*, reimpresión, en M. Menéndez y Pelayo, *Orígenes de la novela*, t. II (*N. B. A. E.*, t. VII), Madrid, 1907, págs. 337-398.

GILLET (Joseph E.) [cf. núm. 1234].

657. *Note sur Rabelais en Espagne*, en *Revue de Littérature Comparée*, t. XVI (1936), págs. 140-144.

GIMÉNEZ FERNÁNDEZ (Manuel).

658. *Bartolomé de las Casas*. T. II: *Capellán de S. M. Carlos I, poblador de Cumaná (1517-1523)*, Sevilla (Escuela de Estudios Hispano-Americanos), 1960.

GOGUEL (Maurice).

659. *Le texte et les éditions du Nouveau Testament grec*, en *Revue d'Histoire des Religions*, t. LXXXII (1920), págs. 1-73.

GÓIS (Damião de) [cf. núms. 181, 1316].

660. *Aliquot opuscula*, Lovaina (Rutgero Rescio), 1544. (B. N. P.).
661. *Fides, religio moresque Aethiopum*, París (apud Christianum Weckelium), 1541. (B. N. P.).
662. *Hispania*, Lovaina (Rutgero Rescio), 1542. (B. N. P.).

GÓMEZ DE CASTRO (Álvar) [cf. núms. 53, 72, 1132].

663. *De rebus gestis a Francisco Ximenio Cisnerio Archiepiscopo Toletano libri octo*, Alcalá (Andrés de Angulo), 1569.

GÓMEZ DE CIUDAD REAL (Álvar).

664. *Musa Paulina, hoc est Epistolae Pauli apostoli cantatae, atque elegis versibus interpretatae*, Alcalá (Miguel de Eguía), 1529. (B. N. M.).
665. *Theológica descripción de los misterios sagrados partida en doze cantares, poéticamente compuesta*, Toledo (Juan de Ayala), 1541. [Hay una edición facsimilar al cuidado de Antonio Pérez Gómez, Cieza, 1965 (col. *El ayre de la almena*, t. XIII)].

GÓMEZ DE SANTOFIMIA, véase BIBLIA, núms. 252, 253.

GONDOMAR (Conde de) [cf. núm. 1177].

666. *Cinco cartas político-literarias de D. Diego Sarmiento de Acuña, primer conde de Godomar, embajador a la Corte de Inglaterra (1613-1622)*, publicadas por Pascual de Gayangos, Madrid, 1869. (Sociedad de Bibliófilos Españoles, 1ª serie, t. IV).

GONZÁLEZ CARVAJAL (Tomás José).

667. *Elogio histórico del Doctor Benito Arias Montano*, en *Memorias de la Real Academia de la Historia*, t. VII (1832), págs. 1-199.

GONZÁLEZ DE LA CALLE (Pedro Urbano).

668. *Arias Montano humanista*, Badajoz (Centro de Estudios Extremeños), 1928.
669. *Contribución a la biografía del Brocense*, Madrid, (F. Núñez), 1928.

670. *Documentos inéditos acerca del uso de la lengua vulgar en los libros espirituales,* en *Bol. Ac. Esp.,* t. XII (1925), págs. 258-273, 470-497, 652-673; t. XIII (1926), págs. 76-88, 302-317.

671. *Francisco Sánchez de las Brozas. Su vida profesional y académica. Ensayo biográfico,* Madrid (Victoriano Suárez), 1923.

672. *La "Paradoja segunda" del Brocense,* Coimbra, 1924. (Separata del *Arquivo de História e Bibliografia,* t. I).

673. *Latín "universitario",* en *Hom. Pidal,* t. I, págs. 795-818.

674. *Varia. Notas y apuntes sobre temas de letras clásicas,* Madrid (Imp. Clásica Española), 1916.

GONZÁLEZ DE MONTES O MONTANO (Reginaldo).

675. *Artes de la Inquisizión española,* trad. Luis de Usoz, [Madrid], 1851, (*R. A. E.,* t. V).

GONZÁLEZ PALENCIA (Ángel) [cf. núm. 938], y Eugenio MELE.

676. *Vida y obras de D. Diego Hurtado de Mendoza,* 3 vols., Madrid (Instituto de Valencia de Don Juan), 1941-1943.

GOÑI GAZTAMBIDE (José).

677. *El impresor Miguel de Eguia procesado por la Inquisición,* en *Hispania Sacra,* t. I (1948), págs. 35-54.

GORIS (Johannes Albertus).

678. *Étude sur les colonies marchandes méridionales (Portugais, Espagnols, Italiens) à Anvers de 1488 à 1567,* Louvain (Librairie Universitaire), 1925.

GOSSART (Ernest).

679. *Un livre d'Érasme réprouvé par l'Université de Louvain (1558),* en *Bulletin de la Classe des Lettres de l'Académie Royale de Belgique,* Bruxelles, 1922, págs. 427-445.

GOTHEIN (Eberhard).

680. *Ignatius von Loyola und die Gegenreformation,* Halle (Verein für Reformationsgeschichte), 1895.

681. *Schriften zur Kulturgeschichte der Renaissance, Reformation und Gegenreformation,* 2 vols., München-Leipzig (Duncker & Humbolt), 1924.

GRACIÁN DE ALDERETE (Diego) [cf. núms. 58, 73, 751, 755, 772, 1007, 1036, 1037, 1039, 1236].

682. *De re militari* [traducciones de Onosandro, de César y del Señor de Langey], Barcelona (Claudio Bornat), 1567.

GRANADA (Fr. Luis de), O. P. [cf. núms. 157, 169, 418, 419, 858, 983, 1043, 1116].

683. *Compendio de doctrina christãa, recopilado de diuersos autores que desta materia escreuerão,* Lisboa (Joannes Blavio), 1559.

684. *Guía de pecadores,* ed. Matías Martínez de Burgos, Madrid, 1929. *(Clás. Cast.,* t. XCVII).

685. *Introducción del símbolo de la fe,* ed. José Joaquín de Mora, *B. A. E.,* t. VI, págs. 182-733.

686. *Obras,* edición crítica y completa por Fr. Justo Cuervo, 14 vols., Madrid (Gómez Fuentenebro), 1906-1908.

GRAUX (Charles).

687. *Essai sur les origines du fonds grec de l'Escurial. Épisode de l'histoire de la renaissance des lettres en Espagne,* Paris (F. Vieweg), 1880.

GREEN (Otis H.) [cf. núm. 1234].

688. *Additional data on Erasmus in Spain,* en *Modern Language Quarterly,* University of Washington, t. X (1949), págs. 47-48.

689. *Erasmus in Spain, 1589-1624,* en *Hispanic Review,* t. XVII (1949), págs. 331-332.

690. Reseña de *Erasmo y España* (1ª ed.), en *Hispanic Review,* t. XX (1952), págs. 75-77.

GROETHUYSEN (Bernhard).

691. [*Érasme*], en *Nouvelle Revue Française,* t. XLV (1935), págs. 429-431.

692. *La formación de la conciencia burguesa en Francia durante el siglo xviii,* traducción y prólogo de José Gaos, México (Fondo de Cultura Económica), 1943.

GROUSSAC (Paul).

693. *Le commentateur du "Laberinto",* en *R. H.,* t. XI (1904), págs. 164-224.

GUEVARA (Fr. Antonio de), O. M. [cf. núms. 350, 410, 1115].

694. *Epístolas familiares,* ed. Eugenio de Ochoa, *B. A. E.,* t. XIII, págs. 77-228.

GUIBERT (Joseph de), S. J.

695. *La spiritualité de la Compagnie de Jésus,* Roma (Institutum Historicum Societatis Iesu), 1953. *(Bibliotheca I. H. S. I.,* t. IV).

GUTIÉRREZ DE SANTA CLARA (Pedro).

696. *Historia de las guerras civiles del Perú* (*1544*) *y de otros sucesos de las Indias,* ed. Manuel Serrano y Sanz, 6 vols., Madrid (Victoriano Suárez), 1904-1929. *(Colección de documentos inéditos referentes a la historia de América,* tomos II, III, IV, X, XX, XXI).

HABICH (Georg).

697. *Studien zur deutschen Renaissance Medaille, IV. Christoph Weiditz,* en *Jahrbuch der Königlichen Preussischen Kunstsammlungen,* t. XXXIV (1913), págs 1-35.

HAEBLER (Konrad).

698. *Bibliografía ibérica del siglo xv. Enumeración de todos los libros impresos en España y Portugal hasta el año de 1500*, La Haya (Martinus Nijhoff) y Leipzig (K. W. Hiersemann), 1903.

HAMPE (Theodor).

699. *Das Trachtenbuch des Christ. Weiditz von seiner Reise nach Spanien, 1529*, Berlin-Leipzig (De Gruyter), 1927.

HARRISSE (Henry).

700. *Excerpta Colombiniana. Bibliographie de quatre cents pièces gothiques françaises, italiennes et latines, du commencement du xvie siècle, non décrites jusqu'ici, précédée d'une histoire de la Bibliothèque Colombine et de son fondateur*, Paris (Welter), 1887.

HATZFELD (Helmut).

701. *"Don Quijote" als Wortkunstwerk*, Leipzig-Berlin (B. G. Teubner), 1927. (Hay traducción española por M. C[ardenal] de I[racheta], Madrid, 1949).
702. *¿Don Quijote asceta?*, en *N. R. F. H.*, t. II (1948), págs. 57-70. [Cf. núm. 104].
703. *El concepto del Barroco como tema de controversia. Cervantes y el Barroco*, capítulo x de su libro *Estudios sobre el Barroco*, Madrid (Gredos), 1964.

HAUCK, véase HERZOG-HAUCK, núm. 725.

HAUSER (Henri) y Augustin RENAUDET.

704. *Les débuts de l'âge moderne. La Renaissance et la Réforme*, Paris (F. Alcan), 1929.

HAZAÑAS Y LA RÚA (Joaquín).

705. *Maese Rodrigo (1444-1509)*, Sevilla (Izquierdo y Cía.), 1909.

HAZARD (Paul).

706. *"Don Quichotte" de Cervantès. Étude et analyse*, Paris (Librairie Mellotée), [1931].

HEFELE (Karl Joseph von).

707. *Le Cardinal Ximénès et l'église d'Espagne à la fin du xve et au commencement du xvie siècle*, trad. A. Sisson y A. Crampon, Lyon-Paris (J. B. Pélagaud et Cie.), 1856. [Hay también una trad. española, Barcelona (Imp. del Diario de Barcelona), 1869].

HEINE (Gotthilf), véase LOAYSA, núm. 826.

HELIODORO [cf. núm. 1155].

708. *Histoire éthiopique*, trad. Jacques Amyot, Paris (Jean Longis), 1547. (B. N. P.).

709. *Historia ethiópica, trasladada de francés en vulgar castellano por vn secreto amigo de su patria,* Amberes (Martín Nucio), 1554. (B. N. P.).

710. *Historia etiópica de los amores de Teágenes y Cariclea,* trad. Fernando de Mena [Alcalá (Juan Gracián), 1587], ed. y prólogo de Francisco López Estrada, Madrid (Real Academia Española), 1954. (*Biblioteca selecta de clásicos españoles,* t. XIV).

HENRÍQUEZ (Alonso).

711. *Alphonsina acutissimi ac clarissimi illustris viri Domini D. Alphonsi Enriquez in sacra theologia baccalaurei...,* Alcalá (Arnao Guillén de Brocar), 1523. (B. C.; B. N. M.).

712. *D. Alphonsi Henriquez ad invictiss. Caesarem Carolum Quintum Epistola dedicatoria. Ejusdem de matrimonio Reginae Angliae liber unus. Ejusdem Defensionum pro Erasmo Roterodamo contra varias Theologorum Parrhisiensium annotationes liber unus. Ubi docetur Erasmi doctrinam cum Martini Lutheri haeresibus nihil commune habere,* Nápoles (Juan Sulsbach de Haguenau), marzo de 1532. (B. M.; ejemplar mutilado en la S. B. M.). [Cf. lám. XVIII].

HENRÍQUEZ UREÑA (Pedro).

713. *Erasmistas en el Nuevo Mundo,* en *La Nación,* Buenos Aires, suplemento literario del 3 de diciembre de 1935. [Reproducido en *Cuadernos Dominicanos de Cultura,* II, 1943].

714. *Estudios sobre el Renacimiento en España. El Maestro Hernán Pérez de Oliva,* en *Cuba Contemporánea,* año II (1914), t. VI, págs. 19-55. [Reproducido en *Obra crítica* (núm. 716), págs. 475-493].

715. *La cultura y las letras coloniales en Santo Domingo,* Buenos Aires (Instituto de Filología), 1936. (Anejo II de la *Biblioteca de Dialectología Hispanoamericana*). [Reproducido en *Obra crítica* (núm. 716), págs. 331-444].

716. *Obra crítica,* ed. Emma Susana Speratti Piñero, México (Fondo de Cultura Económica), 1960.

HERNÁNDEZ MOREJÓN (Antonio).

717. *Historia bibliográfica de la medicina española,* 7 vols., Madrid (Vda. de Jordán), 1842-1852.

HERNANDO (Teófilo).

718. *Vida y labor médica del Doctor Andrés Laguna,* en *IV Centenario del Doctor Laguna,* Segovia (Instituto Diego Colmenares), 1959 [número especial de la revista *Estudios Segovianos*], págs. 71-188 y 12 láms.

HERNANDO Y ESPINOSA (Benito).

719. *Cisneros y la fundación de la Universidad de Alcalá,* en *Boletín de la Institución Libre de Enseñanza,* Madrid, t. XXII (1898), págs. 353-361.

HERRERA (Hernando Alonso de).

720. *Breve disputa de ocho levadas contra Aristótil y sus secuaces* [Salamanca, 1517], reimpresa por Adolfo BONILLA. [Cf. núm. 282].

721. *Brevis quaedam disputatio de personis... aduersus Priscianum grammaticum,*
Sevilla (Tres Compañeros Alemanes), s. f. [*ca.* 1496].

HERRERA (Martín de).

722. *Istorias de la diuinal vitoria y nueua adquisición de la muy insigne cibdad
de Orán,* [Alcalá (Arnao Guillén de Brocar), 1510?]. (B. N. M.). [Ejem-
plar mutilado].

HERRERO GARCÍA (Miguel).

723. Reseña de *Procesos inquisitoriales...* (núm. 1054), en *R. F. E.,* t. XXV
(1941), págs. 533-534.
724. *Sermonario clásico,* Madrid-Buenos Aires (Escelicer), 1942.

HERZOG (Johann Jakob) y Albert HAUCK.

725. *Real Encyclopädie für protestantische Theologie und Kirche,* 3ª ed., 24 vols.,
Leipzig (J. H. Hinrichs), 1896-1913.

HIPLER (Franz).

726. *Beiträge zur Geschichte der Renaissance und des Humanismus aus dem
Briefwechsel des Johannes Dantiscus,* en *Zeitschrift für die Geschichte
und Alterthumskunde Ermlands,* Braunsberg, t. IX (1887-1890), págs.
471-572.

HISTORIA.

727. *Historia de la muerte de Juan Díaz,* ed. Luis de Usoz, [Madrid], 1865. (*R.
A. E.,* t. XX).

HOEFER (Ferdinand).

728. *Histoire de la botanique, de la minéralogie et de la géologie,* París (Hachette), 1872.

HOLBORN (Hajo), véase ERASMO, núm. 455.

HOLZMANN (Michael), y Hanns BOHATTA.

729. *Deutsches Anonymen Lexicon,* 7 vols., Weimar (Gesellschaft der Biblio-
philen), 1902-1928.

HORNEDO (Rafael María), S. J.

730. *Carlos V y Erasmo,* en *Miscelánea Comillas,* Universidad Pontificia, Comillas (Santander), t. XXX (1957), págs. 201-247.

HOROZCO (Sebastián de) [cf. núm. 887].

731. *Cancionero,* Sevilla, 1874. (*Sociedad de Bibliófilos Andaluces,* 1ª serie,
t. VIII).

Hoyos (Manuel María), véase Arriaga, núm. 128.

Huarte y Echenique (Amalio).

732. *Apuntes para la biografía del Maestro Juan Vaseo*, en *R. A. B. M.*, t. XL (1919), págs. 519-535.

Huerga (Álvaro), O. P. [cf. núm. 1264].

733. *Domingo de Valtanás, prototipo de las inquietudes espirituales en España al mediar el siglo xvi*, en *Teología Espiritual*, Madrid, t. II (1958), págs. 419-466; t. III (1959), págs. 47-96.
734. *Procesos inquisitoriales y obras de espiritualidad en el siglo xvi*, en *Cuadernos Hispanoamericanos*, Madrid, t. XLVI (1961), págs. 251-269. [Cf. núm. 234].

Huerga (Fr. Cipriano de), O. S. A. [cf. núms. 156, 609].

735. *Sermón del Maestro... el día que se levantaron los pendones por el rey don Philippe nuestro señor*, Alcalá (Juan Brocar), 1556. (B. P. E.).

Huff (Sister Mary Cyria).

736. *The sonnet "No me mueve, mi Dios". Its theme in Spanish tradition*, Washington, D. C. (The Catholic University of America), 1948. [Tesis].

Huizinga (Johan).

737. *Erasmo*, trad. de la versión inglesa por José Farrán y Mayoral, ampliada sobre la versión alemana por Santiago Olives Canals, Barcelona (Ed. Zodíaco), 1946.

Humbert (Abbé Auguste).

738. *Les origines de la théologie moderne. I. La Renaissance de l'antiquité chrétienne (1450-1521)*, Paris (J. Gabalda), 1911.

Hutton (James).

739. *The Greek Anthology in France and in the Latin writers of the Netherlands to the year 1800*, Ithaca, New York (Cornell University Press), 1946.

Hyma (Albert).

740. *The Christian Renaissance: A history of the "devotio moderna"*, Grand Rapids, Mich. (The Reformed Press), 1924.

Icaza (Francisco A. de).

741. *Las "Novelas ejemplares" de Cervantes*, 2ª ed., Madrid (Victoriano Suárez), 1915.
742. *Miguel de Cervantes Saavedra y los orígenes de "El Crotalón"*, en *Bol. Ac. Esp.*, t. IV (1917), págs. 32-46.
743. *Supercherías y errores cervantinos*, Madrid (Renacimiento), 1917.

ILLESCAS (Gonzalo de).

744. *Historia pontifical y cathólica,* Primera parte, Salamanca, 1565.
745. *Historia pontifical y cathólica,* Primera parte, Salamanca (Domingo de Portonariis), 1574.
746. *Historia pontifical y cathólica,* Segunda parte, Burgos (Felipe de Junta), 1578.

ÍMAZ (Eugenio).

747. Estudio preliminar a *Utopías del Renacimiento,* México (Fondo de Cultura Económica), 1941. [Recogido en *Topía y utopía,* México (Tezontle), 1946, págs. 44-74].

IMBART DE LA TOUR (Pierre).

748. *Les origines de la Réforme.* T. III. *L'évangelisme (1521-1538),* Paris (Hachette), 1914.

IMITACIÓN DE CRISTO, véase CONTEMPTUS MUNDI, núms. 485-490.

ÍNDICES DE LIBROS PROHIBIDOS [cf. núms. 34, 125, 374, 1078, 1080, 1087, 1141, 1150, 1196, 1197, 1247, 1327, 1341].

749. *Tres índices expurgatorios* [en realidad, *prohibitorios*] *de la Inquisición española en el siglo xvi,* reimpresos en facsímil, Madrid (Real Academia Española), 1952. [*Catalogi librorum reprobatorum,* Valladolid (Francisco Fernández de Córdova), 1551; *Catalogus* de Toledo, 1551 (núm. 374); *Cathalogus* de Valdés (núm. 1247)].

ISAZA Y CALDERÓN (Baltasar).

750. *El retorno a la naturaleza. Los orígenes del tema y sus direcciones fundamentales en la literatura española,* Madrid (Bolaños y Aguilar), 1934.

ISÓCRATES [cf. núm. 1285].

751. *De la governación del reyno al rey Nicocles* [con otros opúsculos de autores clásicos sobre la misma materia], trad. Diego Gracián de Alderete, Salamanca (Matías Gast), 1570.
752. *Parenesis o exortación a la virtud de Isócrates... a Demónico,* trad. Pero Mexía [de la versión latina de Rodolfo Agrícola], a continuación de sus *Diálogos,* ed. de Sevilla (Domingo de Robertis), 1548. [Cf. núm. 919].

JACQUOT (Jean).

753. *Le théâtre du monde de Shakespeare à Calderón,* en *Revue de Littérature Comparée,* t. XXXI (1957), págs. 340-372.

JARAVA (Hernando de), véase BIBLIA, núms. 246, 247, 256-261.

JARAVA (Juan de) [cf. núms. 457, 458, 851].

754. *Problemas o preguntas problemáticas, ansi de amor, como naturales, y acerca del vino...,* Lovaina (Rutgero Rescio), 1544. (B. N. P.; B. M.).

JENOFONTE [cf. núm. 1285].

755. *Las obras de Xenophonte [Ciropedia; Hiparco; Tratado de la caballería; República de los lacedemonios; La caza],* trad. Diego Gracián de Alderete, Salamanca (Juan de Junta), 1552.

JIMÉNEZ (Fr. Diego), véase XIMÉNEZ.

JIMÉNEZ DE CISNEROS (Francisco), O. M., véase BIBLIA, núm. 243 [y cf. núms. 51-54, 72, 113, 615, 663, 707, 719, 838, 857, 970, 1062, 1268].

JIMÉNEZ DE CISNEROS (García), O. S. B. [cf. núms. 95, 401].

756. *Ejercitatorio de la vida espiritual,* Madrid (Rialp), 1957. (Colección *Nebli*).

JIMÉNEZ RUEDA (Julio) [cf. núm. 381].

757. *Herejías y supersticiones en la Nueva España.* (*Los heterodoxos en México*), México (Imprenta Universitaria), 1946.

758. *Proceso contra Francisco de Sayavedra por erasmista,* en *Boletín del Archivo General de la Nación,* México, t. XVIII (1947), págs. 1-15.

JOBIT (Abbé Pierre).

759. *Les éducateurs de l'Espagne contemporaine.* I. *Les krausistes,* Paris (E. de Boccard) et Bordeaux (Féret), 1936.

JORGE (Ricardo).

760. *Amato e os mestres humanistas de Salamanca,* en *Medicina Contemporánea,* 1908, págs. 402 *ss.*

JUAN CRISÓSTOMO (San).

761. Αἱ θεῖαι λειτουργεῖαι, Roma (δεξιώτητι Δημητρίου Δουκᾶ τοῦ Κρητός), 1526. (B. U. S.).

JUAN DE ÁVILA (Beato) [cf. núms. 87, 171, 192, 423, 1127-1130, 1190].

762. *Avisos y reglas christianas para los que dessean servir a Dios aprouechando en el camino espiritual. Compuestas por el Maestro Áuila sobre aquel verso de Dauid Audi filia & vide & inclina aurem tuam,* Alcalá (Juan Brocar), 1556. (B. N. L.; B. P. E.).

763. *Avisos y reglas cristianas sobre aquel verso de David: Audi filia...,* ed. e introducción de Luis Sala Balust, Barcelona (Juan Flors), 1963. (*Espirituales españoles,* t. X).

764. *Colección de sermones inéditos,* introducción y notas por el P. Ricardo G. Villoslada, S. I., Comillas (Santander) (Universidad Pontificia), 1947. (*Miscelánea Comillas,* t. VII).

765. *Epistolario espiritual,* selección y estudio de Manuel de Montoliu, Zaragoza (Ebro), 1940. (*Biblioteca Clásica "Ebro",* t. XVII).

766. *Obras completas,* ed. crítica, con introducciones y notas por Luis Sala Balust. T. I. *Epistolario, Escritos menores,* con biografía; t. II. *Sermones, Pláticas espirituales,* Madrid (La Editorial Católica), 1952-1953. (*Biblioteca de autores cristianos*).

767. *Obras espirituales,* 2ª ed., 2 vols., Madrid (Apostolado de la Prensa), 1941.

JUAN DE LA CRUZ (Fray), O. P.

768. *Diálogo sobre la necessidad y obligación y prouecho de la oración y diuinos loores, y de las obras virtuosas y sanctas ceremonias que usan los christianos, mayormente los religiosos*, Salamanca (Juan de Cánova), 1555. (B. N. P.; S. B. M.).

769. *Treinta y dos sermones en los quales se declaran los mandamientos de la ley, artículos de fe y sacramentos* [traducido de Jacopo Schoepper], Lisboa (Joannes Blavio), 1558.

JUAN DE LA CRUZ (San) [cf. núms. 148, 774, 816, 976, 987].

770. *Le Cantique spirituel...*, notes historiques, texte critique, version française par Dom Philippe Chevallier, Paris-Bruges (Desclée, de Brouwer et Cie.), 1930.

KALKOFF (Paul).

771. *Die Anfänge der Gegenreformation in den Niederlanden*, 2 vols., Halle (Verein für Reformationsgeschichte), 1903-1904.

KARL (Louis).

772. *Un érasmiste espagnol du xvie siècle* [Diego Gracián de Alderete] *et les Chroniques de Jean Froissart*, en *Revue du Seizième Siècle*, t. XI (1924), págs. 91-102.

KLEIN (Julius).

773. *La Mesta. Estudio de la historia económica española (1273-1836)*, trad. del inglés por C. Muñoz, Madrid (Revista de Occidente), 1936.

KRYNEN (Jean).

774. *Une rencontre révélatrice: Érasme et saint Jean de la Croix*, en *Bulletin de l'Institut Français en Espagne*, Madrid-Barcelona, núm. 97 (mai-juin 1957), págs. 72-74.

KUBLER (George).

775. *Mexican architecture of the sixteenth century*, 2 vols., New Haven (Yale University Press), 1948.

LA BARRERA (Cayetano Alberto de).

776. *Nueva biografía de Lope de Vega*, Madrid, 1890. (*Obras de Lope de Vega*, ed. de la Academia Española, t. I).

LA BRUYÈRE.

777. *Les caractères ou les mœurs de ce siècle*, Paris (Étienne Michallet), 1688.

LAEMMER (Hugo).

778. *Monumenta Vaticana historiam ecclesiasticam saeculi xvi illustrantia*, Friburgo de Brisgovia (Herder), 1861.

LAGUNA (Andrés) [cf. núms. 151, 158, 182, 183, 186, 189, 191, 196, 207, 238, 442, 605, 718, 943, 1321; y cf. también VIAJE DE TURQUÍA].

779. *Aristotelis... de virtutibus libellus, ex Graeco in sermonem Latinum per Andream a Lacuna Secobiensem... conversus,* Colonia (Johannes Aquensis), 1543. (B. N. M.; B. N. V.; Bibliothèque Royale, Bruselas).

780. *Aristotelis de virtutibus liber* [con adición de los *Caracteres* de Teofrasto en traducción latina], París (Joannes Lodoicus Tiletanus), 1545.

781. [ARISTÓTELES, *De Mundo;* LUCIANO, *Ocypus* y *Tragopodagra,* trad. al latín], Alcalá (Juan Brocar), 1538.

782. *Carta del Doctor Laguna a Francisco de Vargas, embajador en Venecia,* publicada en *R. A. B. M.,* t. XIII (1905), págs. 135-137.

783. [CICERÓN] *Quatro elegantíssimas y gravissimas oraciones... contra Catilina,* trad. Laguna, Amberes (Cristóbal Plantino), 1557.

784. *De origine regum Turcarum compendiosa quaedam perioche,* y *De Turcarum cultu atque moribus enarratio quaedam breviuscula* [reimpresas ? continuación del *Prognosticon Antonii Torquati de eversione Europae*], Amberes (Martín Nucio), 1544. (B. N. M.).

785. [DIOSCÓRIDES] *Acerca de la materia medicinal y de los venenos mortíferos, traduzido de lengua griega en la vulgar castellana, & illustrado con claras y substantiales annotationes...,* Amberes (Juan Lacio), 1555.

786. [DIOSCÓRIDES]... Salamanca (Matías Gast), 1563.

787. [DIOSCÓRIDES]... Salamanca (Matías Gast), 1566. (B. N. P.).

788. [DIOSCÓRIDES] *La "Materia médica" de Dioscórides traducida y comentada por D. Andrés de Laguna.* Ed. facsimilar y texto crítico por César E. Dubler, Barcelona, 1955. [Cf. núm. 201].

789. *Discurso breue sobre la cura y preservación de la pestilencia,* Salamanca (Matías Gast), 1566. (Biblioteca de la Facultad de Medicina, Madrid).

790. *Europa* ἑαυτὴν τιμωρουμένη, *hoc est misere se discrucians suamque calamitatem deplorans,* Colonia (Lupus Iohannes Aquensis), 1543. (B. N. P.).

791. [*Europa* ἑαυτὴν τιμωρουμένη] *Discurso sobre Europa,* reedición en facsímil, con traducción al castellano de José López de Toro, prólogos de El Aprendiz de Bibliófilo [Carlos Romero de Lecea], Teófilo Hernando, José López de Toro y S. A. R. E. I. el Archiduque Otto de Austria Hungría, Madrid, 1961. (*Joyas bibliográficas, Serie conmemorativa,* t. XI).

792. *Rerum prodigiosarum quae in urbe Constantinopolitana et in aliis ei finitimis acciderunt anno a Christo nato MDXLII brevis atque succinta enarratio. De prima truculentissimorum Turcarum origine, deque eorum tyrannico bellandi ritu, et gestis, brevis et compendiosa expositio,* Amberes (Martín Nucio), 1543. (Bibliothèque Mazarine, París).

793. *Victus ratio scholasticis pauperibus paratu facilis et salubris,* tratado seguido de *Ratio de victus et exercitiorum ratione maxime in senectute observanda,* Colonia (Henricus Mameranus), 1550. (B. N. P.).

LAIGLESIA (Francisco de).

794. *Discurso de recepción leído ante la Real Academia de la Historia: La política de Carlos V desenvuelta en los discursos regios leídos en las Cortes de Castilla y de Aragón,* Madrid (J. Ratés Martín), 1909.

LAMBERT (Élie).

795. *Tolède,* Paris (H. Laurens), 1925. (Coll. *Les villes d'art célèbres*).

LAPESA (Rafael).

796. *Historia de la lengua española*, 3ª ed., Madrid (Escelicer), 1955.
797. *La obra literaria del Marqués de Santillana*, Madrid (Ínsula), 1957.

LARRÍNAGA (Juan), véase RUIZ DE LARRÍNAGA.

LASSO DE LA VEGA (Miguel), Marqués del Saltillo.

798. *Doña Mencía de Mendoza, Marquesa del Cenete (1508-1554)*, Madrid (Real Academia de la Historia), 1942. [Discurso académico].

LASSO DE OROPESA, véase LUCANO, núm. 849.

LAUCHERT (Friedrich).

799. *Die italienischen literarischen Gegner Luthers*, Freiburg im Breisgau (Herder), 1912. (*Erläuterungen und Ergänzungen zu Janssens Geschichte des Deutschen Volkes*, herausgegeben von Ludwig von Pastor, VIII. Band).

LAYNA SERRANO (Francisco).

800. *Historia de Guadalajara y sus Mendozas en los siglos xv y xvi*, 3 vols., Madrid (C. S. I. C.), 1942-1943.

LAZARILLO [cf. núms. 132, 133, 184, 365, 886, 887].

801. *La vida de Lazarillo de Tormes*, ed. Julio Cejador, Madrid, 1914. (*Clás. Cast.*, t. XXV).
802. *La vida de Lazarillo de Tormes*, ed. Luis Jaime Cisneros, Buenos Aires (Kier), 1946.
803. *La vie de Lazarille de Tormès*, trad. Alfred Morel-Fatio, Paris (Launette), 1886.
804. *La vie de Lazarillo de Tormes*, trad. Alfred Morel-Fatio, introd. de Marcel Bataillon, Paris (Aubier), 1958. [Cf. núms. 133, 886].
805. *Segunda parte de Lazarillo de Tormes*, B. A. E., t. III, págs. 111-128.

LEA (Henry Charles).

806. *A history of the Inquisition of Spain*, 4 vols., New York (Macmillan), 1906-1907.
807. *The Moriscos of Spain, their conversion and expulsion*, Philadelphia (Lea Brothers), 1901.

LEÃO (Gaspar de).

808. *Desengano de perdidos* [Goa, 1573], ed. e introd. de Eugenio Asensio, Coimbra (por ordem da Universidade), 1958.

LEBÈGUE (Raymond).

809. *La tragédie religieuse en France. Les débuts (1514-1573)*, Paris (H. Champion), 1929.

LEBRIJA, véase NEBRIJA.

LEDESMA (Miguel Jerónimo).

810. *Graecarum institutionum compendium,* Valencia (Juan Mey), 1545.

LEGRAND (Émile).

811. *Bibliographie hispano-grecque,* 3 vols., New York (The Hispanic Society of America), 1915-1917. (Separata de *Bibliographie Hispanique*).

LEITÃO FERREIRA (Francisco).

812. *Notícias chronológicas da Universidade de Coimbra,* 2ª ed., publicada e anotada por Joaquim de Carvalho, 4 vols., Coimbra (Universidade), 1937-1944.

LEITE (Serafim), S. J.

813. *As primeiras escolas do Brasil,* en *Revista da Academia Brasileira de Letras,* t. XLV (1934), págs. 226-251.
814. *História da Companhia de Jesus no Brasil.* T. I. *Século xvi. O estabelecimento,* Lisboa-Rio de Janeiro (Civilização Brasileira), 1938.

LEMUS Y RUBIO (Pedro).

815. *El Maestro Elio Antonio de Lebrixa,* en *R. H.,* t. XXII (1910), págs. 459-506; t. XXIX (1913), págs. 13-120.

LEÓN (Fr. Basilio de), O. S. A.

816. *Defensa de las obras de San Juan de la Cruz,* publicada por el P. Miguel de la Pinta Llorente en *Archivo Agustiniano,* t. XXXVII (1932), págs. 161-179, 380-392; t. XXXVIII (1932), págs. 184-195, 398-406.

LEÓN (Fr. Luis de), O. S. A. [cf. núms. 409, 609, 837, 1055, 1082].

817. *Discours prononcé par Luis de León au chapitre de Dueñas (15 mai 1557),* ed. Adolphe Coster en *R. H.,* t. L (1920), págs. 1-60.
818. *Los nombres de Cristo,* ed. Federico de Onís, 3 vols., Madrid. 1914-1922. (*Clás. Cast.,* tomos XXVIII, XXXIII, XLI).
819. *Obras, B. A. E.,* t. XXXVII.

LEÓN (Pablo de).

820. *Guía del cielo,* estudio preliminar y ed. de Vicente Beltrán de Heredia, O. P., Barcelona (Juan Flors), 1963. (*Espirituales españoles,* t. XI).

LEONARD (Irving A.).

821. *Los libros del conquistador,* trad. Mario Monteforte Toledo, revisada por Julián Calvo, México (Fondo de Cultura Económica), 1953.

LEONARDO DE ARGENSOLA (Bartolomé).

822. *Conquista de las islas Malucas,* introd. del P. Miguel Mir, Zaragoza (Imp. del Hospicio Provincial), 1891.

823. *Obras sueltas,* ed. del Conde de la Viñaza, Madrid, 1889. (*Escr. Cast.,* t. LXXV).

LETTERE.

824. *Lettere volgari di diversi nobilissimi huomini et excellentissimi ingegni... Libro primo,* Venezia (Aldo), 1542. (Biblioteca del Escorial).

LIDA (Raimundo).

825. *Letras hispánicas,* México (Fondo de Cultura Económica), 1958.

LOAYSA (Fr. García de), O. P.

826. *Cartas al Emperador Carlos V, escritas en los años de 1530-32 por su confesor,* copiadas... y publicadas por Gotthilf Heine, Berlin (W. Besser), 1848. [Texto español y trad. ale... ana].
827. *Correspondencia del Cardenal de O..ma con Carlos V y con su secretario Don Francisco de los Cobos, 1530-31,* en la *Colección de documentos inéditos para la historia de España,* t. XIV (Madrid, 1849), págs. 5-284.

LOISY (Alfred).

828. *Mémoires pour servir à l'histoire religieuse de notre temps,* 3 vols., Paris (E. Nourry), 1930-1931.

LONGHURST (John E.) [cf. núm. 1245].

829. *Alumbrados, erasmistas y luteranos en el proceso de Juan de Vergara,* en *Cuadernos de Historia de España,* Buenos Aires, fasc. XXVII (1958), págs. 99-163; fasc. XXVIII (1958), págs. 102-165; fasc. XXIX-XXX (1959), págs. 266-292; fasc. XXXI-XXXII (1960), págs. 322-356; fasc. XXXV-XXXVI (1962), págs. 337-353; fasc. XXXVII-XXXVIII (1963), págs. 356-371.
830. *Erasmus and the Spanish Inquisition. The case of Juan de Valdés.* Albuquerque, New Mexico, 1950. (*University of New Mexico Publications in History,* I).
831. *Julián Hernández, protestant martyr,* en *Bibliothèque d'Humanisme et Renaissance,* Genève, t. XXII (1960), págs. 90-118. [Cf. núm. 441].
832. *Luther and the Spanish Inquisition. The case of Diego de Uceda,* Albuquerque, N. M., 1953. (*University of New Mexico Publications in History,* V).
833. *The "alumbrados" of Toledo: Juan del Castillo and the Lucenas,* en *Archiv für Reformationsgeschichte,* t. XLV (1954), págs. 233-253.

LÓPEZ (Fr. Joan), O. P.

834. *Tercera parte de la Historia general de Santo Domingo y de su Orden de Predicadores,* Valladolid (Francisco Fernández de Córdova), 1613.

LÓPEZ DE AYALA Y ÁLVAREZ DE TOLEDO (Jerónimo).

835. *Toledo en el siglo XVI después del vencimiento de las Comunidades.* (*Discurso de recepción en la Academia de la Historia*), Madrid (Hijos de M. G. Hernández), 1901.

López de Cortegana (Diego), véase Erasmo, núms. 574, 575.

López de Segura (Juan).

836. *Libro de instrucción christiana y exercicios spirituales y preparación para la missa y sancta communión,* Burgos (Juan de Junta), 1554. (S. B. M.).

López de Toro (José) [cf. núms. 118, 646, 791, 1287].

837. *Fray Luis de León y Arias Montano,* en *R. A. B. M.,* t. LXI (1955), págs. 531-548.

838. *Perfiles humanos de Cisneros. (Trayectoria de una biografía),* Madrid (Real Academia de la Historia), 1958. [Discurso de ingreso].

López de Úbeda (Francisco) [cf. núm. 179].

839. *La pícara Justina* [1605], ed. Julio Puyol y Alonso, 3 vols., Madrid, 1912. *(Sociedad de Bibliófilos Madrileños,* tomos VII-IX).

López de Yanguas (Hernán).

840. *Los dichos o sentencias de los Siete Sabios de Grecia* [1549], reimpresos con la *Floresta* de Melchor de Santa Cruz, 1953. [Cf. núm. 1143].

López Estrada (Francisco) [cf. núms. 710, 940].

841. *Estudio crítico de la "Galatea" de Miguel de Cervantes,* La Laguna de Tenerife (Universidad de La Laguna), 1948.

842. *Textos para el estudio de la espiritualidad renacentista: el opúsculo "Sermón en loor del matrimonio" de Juan de Molina (Valencia, por Jorge Costilla, 1528),* en *R. A. B. M.,* t. LXI (1955), págs. 489-530.

843. *Una edición desconocida del "Enquiridion" (Valencia, 1528, por Costilla),* en *R. A. B. M.,* t. LVIII (1952), págs. 449-463.

López Martínez (Nicolás).

844. *Los judaizantes castellanos y la Inquisición en tiempo de Isabel la Católica,* Burgos (Libr. Luz y Vida), 1954.

López Ortiz (José).

845. *Un canonista español del siglo xvi, el Doctor Navarro D. Martín de Azpilcueta,* en *La Ciudad de Dios,* t. CLIII (1941), págs. 271-301.

López Zúñiga (Diego).

846. *Annotationes contra Erasmum Roterodamum in defensionem tralationis Novi Testamenti,* Alcalá (Arnao Guillén de Brocar), 1520. (B. N. M.).

847. *Erasmi Roterodami blasphemiae et impietates,* Roma (per Antonium Bladum de Asula), 1522. (B. N. M.).

848. *Libellus trium illorum voluminum praecursor quibus Erasmicas impietates ac blasphemias redarguit,* Roma (per Antonium Bladum de Asula), 1522. (S. B. M.).

LUCANO.

849. *La hystoria que escriuió en latín el poeta Lucano, trasladada en castellano por Martín Lasso de Oropesa, secretario de la excellente señora Marquesa del Zenete, condessa de Nassou,* Lisboa (Luis Rodríguez), 1541. (B. N. L.).

LUCENA (Juan de) [cf. núm. 958].

850. *Vita beata,* ed. Antonio Paz y Mélia en *Opúsculos literarios de los siglos xiv a xvi,* Madrid, 1892. (*Sociedad de Bibliófilos Españoles,* 1ª serie, t. XXIX).

LUCIANO DE SAMÓSATA [cf. núms. 67, 781, 959, 961, 962, 1285].

851. *Diálogo de Luciano que se dize Icaro Menippo, o Menippo el Bolador,* trad. Juan de Jarava [a continuación de sus *Problemas,* núm. 754], Lovaina (Rutgero Rescio), 1544.

852. *Diálogos de Luciano, no menos ingeniosos que prouechosos, traduzidos de griego en lengua castellana,* Lyon (Sebastián Grypho), 1550. (Bibliothèque Mazarine, París).

853. *Historia verdadera de Luciano traduzida de griego en lengua castellana* [¿por Francisco de Enzinas?], Estrasburgo (Agustín Frisio), 1551.

LUCO (Joan Bernal de), véase DÍAZ DE LUCO.

LUIS DE GRANADA, véase GRANADA.

LUIS DE LEÓN, véase LEÓN.

LUPTON (Joseph Hirst).

854. *Life of Dean Colet,* London (G. Bell & Sons), 1883.

LUXÁN (Pedro de).

855. *Colloquios matrimoniales,* Zaragoza (Viuda de Juan Escarilla), 1589. (B. N. P.).

856. *Colloquios matrimoniales,* s. l. n. a. (Bodl.).

LYELL (James P. R.).

857. *Cardinal Ximenez, statesman, ecclesiastic, soldier and man of letters, with an account of the Complutensian Polyglot Bible,* London (Grafton & Co.), 1914.

LLANEZA (Fr. Maximino), O. P.

858. *Bibliografía de Fr. Luis de Granada,* 4 vols., Salamanca (Tip. de Calatrava), 1926-1929.

LLORCA (Bernardino), S. J.

859. *Die spanische Inquisition und die Alumbrados (1509-1667) nach den Originalakten in Madrid und in anderen Archiven,* Berlin-Bonn (Ferd. Dümmler), 1934. [Hay traducción española, Barcelona (Labor), 1936].

LLORENTE (Juan Antonio).

860. *Histoire critique de l'Inquisition d'Espagne, depuis l'époque de son établis-
sement par Ferdinand IV jusqu'au règne de Ferdinand VII,* trad. Alexis
Pellier, 2ª ed., 4 vols., Paris (Treutel et Wurtz), 1818.

MacFADDEN (William).

861. *Fernando de Texeda: A complete analysis of his work, together with a study
of his stay in England (1621?-1631?),* Belfast (Queen's University), 1933.
[Tesis mecanografiada].

MACÍAS Y GARCÍA (Marcelo).

862. *Poetas religiosos inéditos del siglo xvi, sacados a luz con noticias y aclaraciones por...,* La Coruña (Ferrer), 1890.

MALDONADO (Juan).

863. *El movimiento de España, o sea Historia de la revolución conocida con el
nombre de las Comunidades de Castilla,* trad. José Quevedo, Madrid (P.
E. Aguado), 1840.
864. *Eremitae* [a continuación de VIVES, *Exercitationes linguae latinae,* núm.
1308].
865. *Hispaniola,* Burgos (Juan de Junta), 1535. (B. N. M.).
866. *Opuscula quaedam docta simul et elegantia* [*De senectute christiana; Paradoxa; Ludus chartarum Tridunus et alii quidam; Geniale judicium, sive
Bacchanalia*], Burgos (Juan de Junta), 1549. (B. N. M.; B. U. S.).
867. *Opuscula quaedam* [otra edición de la misma compilación, en que se contiene, después de los *Paradoxa,* el *Pastor bonus*], Burgos (Juan de Junta), 1549. (B. N. M.; B. S. I.).
868. *Quaedam opuscula nunc primum in lucem edita* [*De foelicitate christiana;
Praxis sive de lectione Erasmi; Somnium; Ludus chartarum Triumphus;
Desponsa cauta*], Burgos (Juan de Junta?), 1541. (B. N. M.).

MÂLE (Émile).

869. *L'art religieux de la fin du moyen âge en France,* 4ª ed., Paris (Armand Colin), 1931.

MALUENDA (Pedro de), véase núm. 59.

MANGAN (John Joseph).

870. *Life, character and influence of Desiderius Erasmus of Rotterdam, derived
from a study of his works and correspondence,* 2 vols., New York (Macmillan), 1927.

MANN (Margaret).

871. *Érasme et les débuts de la Réforme française (1517-1536),* Paris (H. Champion), 1934.

MANRIQUE (Ángel).

872. *Cisterciensium seu verius ecclesiasticorum annalium...*, 4 vols., Lyon (Haere-des G. Boissat et L. Anisson), 1642-1659.

MARAÑÓN (Gregorio) [cf. núm. 1211].

873. Prólogo a Alexandra EVERTS, *Visión griega del Greco*, en *Cruz y Raya*, Madrid, núm. 29 (agosto de 1935), págs. 9-18.

MARAVALL (José Antonio).

874. *Carlos V y el pensamiento político del Renacimiento*, Madrid (Instituto de Estudios Políticos), 1960.
875. *Humanismo de las armas de Don Quijote*, Madrid (Instituto de Estudios Políticos), 1948.
876. *La idea de cuerpo místico en España antes de Erasmo*, en *Boletín Informativo del Seminario de Derecho Político de la Universidad de Salamanca*, mayo-octubre de 1956, págs. 29-44.
877. *La utopía político-religiosa de los franciscanos en la Nueva España*, en *Estudios Americanos*, Sevilla, t. I (1948-1949), págs. 199-227.

MARCH (José M.), S. J.

878. *Niñez y juventud de Felipe II. Documentos inéditos sobre su educación civil, literaria y religiosa, y su iniciación al gobierno (1527-1547)*, 2 vols., Madrid (Ministerio de Asuntos Exteriores), 1941-1942.

MARGOLIN (Jean-Claude).

879. *Douze années de bibliographie érasmienne (1950-1961)*, Paris (J. Vrin), 1963.

MARÍA DE SANTO DOMINGO.

880. *Libro de la oración de Sor...*, ed. José Manuel Blecua, Madrid (Hauser y Menet), 1948.

MARÍN MARTÍNEZ (Tomás) [cf. núm. 434].

881. *La biblioteca del Obispo Bernal Díaz de Luco*, en *Hispania Sacra*, Madrid, t. V (1952), págs. 263-326; t. VII (1954), págs. 47-84.

MARINEO SÍCULO (Lucio).

882. *De Hispaniae laudibus*, Burgos (Fadrique de Basilea), 1497. (B. C.).
883. *De rebus Hispaniae memorabilibus*, Alcalá (Miguel de Eguía), 1530. (Bodl.).
884. *Epistolarum familiarium libri decem et septem*, Valladolid (Arnao Guillén de Brocar), 1514. (B. N. M.).

MARKRICH (William L.).

885. *The "Viaje de Turquía". A study of its sources, authorship and historical background*, University of California, 1955. [Tesis mecanografiada; sumario en *B. H.*, t. LVIII (1956), pág. 122, nota 2].

Márquez Villanueva (Francisco).

886. Reseña de *La vie de Lazarillo de Tormes*, introd. de M. Bataillon (núm. 804), en *R. F. E.*, t. XLII (1958-1959), págs. 285-290.

887. *Sebastián de Horozco y el "Lazarillo de Tormes"*, en *R. F. E.*, t. XLI (1957), págs. 253-339.

Martínez Añíbarro (Manuel).

888. *Intento de un diccionario biográfico y bibliográfico de autores de la provincia de Burgos*, Madrid (Manuel Tello), 1889.

Martínez de Cantalapiedra (Martín) [cf. núms. 1033, 1056].

889. *Libri decem hypotyposeon theologicarum*, Salamanca (Juan María Terranova), 1565.

Martins (Mário), S. J.

890. *Uma obra inédita de Jorge de Montemor* [el *Diálogo spiritual*], en *Brotéria*, Lisboa, t. XLIII (1946), págs. 399-408.

Mas (Albert).

891. *Un exemple d'antisémitisme au siècle d'or*, en *B. H.*, t. LXIV bis (1962) [Mélanges offerts à M. Bataillon par les hispanistes français], págs. 166-174.

Matamoros, véase García Matamoros.

Matos (Luís de).

892. *Das relações entre Erasmo e os portugueses*, en *Boletim Internacional de Bibliografia Luso-Brasileira*, Lisboa, t. IV (1963), págs. 241-251.

Mauroy (Fr. Henri), O. M.

893. *Apologia... por iis qui ex patriarcharum, Abrahae videlicet, Isaac et Jacob, reliquiis sati, de Christo Jesu et fide catholica pie ac sancte sentiunt, in Archiepiscopum Toletanum et suos asseclas*, París (Vivant Gaultherot), 1553. (B. N. P.).

Mayáns y Siscar (Gregorio), véase Vives, núm. 1313.

Medina (José Toribio).

894. *La primitiva Inquisición americana (1493-1569). Estudio histórico*, 2 vols., Santiago de Chile (Imp. Gutenberg), 1914.

Mejía, véase Mexía.

Melanchthon (Philippus) [cf. núms. 468, 1121].

895. *Phil. Melanthonis Opera*, ed. K. G. Bretschneider y H. E. Bindseil, Halle in Braunschweig (C. A. Schwetschke), 1834-1860. (*Corpus Reformatorum*, tomos I-XXVIII).

MELE (Eugenio) [cf. núm. 676].

896. *Las poesías latinas de Garcilaso de la Vega y su permanencia en Italia,* en
B. H., t. XXV (1923), págs. 108-148, 361-370; t. XXVI (1924), págs.
35-51.

MELGARES MARÍN (Julio).

897. *Procedimientos de la Inquisición. Persecuciones religiosas, origen y carácter
de la Inquisición, escándalos de los Inquisidores, de los frailes y de los
Papas,* 2 vols., Madrid (L. P. Villaverde), 1886.

MENAVINO (Giovan Antonio).

898. *Trattato de' costumi et vita de' Turchi,* Firenze (L. Torrentino), 1548. (B.
N. P.).

MENDES (João R.).

899. *Do erasmismo de Gil Vicente. No quarto centenário da morte do poeta,* en
Brotéria, Lisboa, t. XXIII (1936), págs. 301-319.

MENÉNDEZ PIDAL (Ramón).

900. *De Cervantes y Lope de Vega,* Buenos Aires (Espasa-Calpe), 1940. (Col.
Austral, núm. 120).
901. *El lenguaje del siglo xvi,* en *Cruz y Raya,* Madrid, núm. 6 (15 de septiembre de 1933), págs. 9-63. [Recogido en *Los romances de América y otros
estudios,* Buenos Aires (Espasa-Calpe), 1939: Col. *Austral,* núm. 55].
902. *Formación del fundamental pensamiento político de Carlos V,* en su libro
Los Reyes Católicos y otros estudios, Madrid (Espasa-Calpe), 1962 (Col.
Austral, núm. 1268), págs. 71-111.
903. *Idea imperial de Carlos V,* Buenos Aires-México (Espasa-Calpe), 1941. (Col.
Austral, núm. 172).

MENÉNDEZ Y PELAYO (Marcelino) [cf. núms. 1167, 1293].

904. *Antología de poetas líricos castellanos desde la formación del idioma hasta
nuestros días,* 13 vols., Madrid (Hernando), 1890-1908. (*Biblioteca clásica*).
905. *Bibliografía hispano-latina clásica,* 2ª ed., 10 vols., Santander (C. S. I. C.),
1950-1953.
906. *Estudios de crítica literaria,* 4ª serie, Madrid, 1907. (*Escr. Cast.,* t. CXXXVI).
907. *Historia de los heterodoxos españoles,* 2ª ed., 7 vols., Madrid (Victoriano
Suárez), 1911-1932.
908. *Orígenes de la novela,* 4 vols., Madrid, 1905-1915. (*N. B. A. E.,* tomos I,
VII, XIV, XXI).

MENESES (Fr. Felipe de), O. P.

909. *Luz del alma christiana contra la ceguedad y ignorancia en lo que pertenesce
a la fe y ley de Dios,* Valladolid (Francisco Fernández de Córdova), 1554.
(B. S. I.).

Mérimée (Henri).

910. *L'art dramatique à Valencia depuis les origines jusqu'au commencement du xviie siècle,* Toulouse (Privat), 1913. *(Bibliothèque méridionale,* 2è série, t. XVI).

Merriman (Roger Bigelow).

911. *The rise of the Spanish Empire in the Old World and in the New,* 4 vols., New York (Macmillan), 1918-1934.

Mersch (Émile), S. J.

912. *La théologie du corps mystique,* 2 vols., Bruxelles (Édition Universelle), 1944. *(Museum Lessianum,* Sect. Theol., 38-39).

Meseguer Fernández (Juan).

913. *El traductor del "Carro de las donas" de Francisco Eximénez, familiar y biógrafo de Adriano VI,* en *Hispania,* Madrid, t. XIX (1959), págs. 230-250.
914. *Nuevos datos sobre los hermanos Valdés,* en *Hispania,* t. XVII (1957), págs. 369-394.

Mesnard (Pierre).

915. *Érasme de Rotterdam, Essai sur le libre arbitre,* traduit pour la première fois en français et présenté par..., Paris-Alger (R. et R. Chaix), 1945.
916. *L'essor de la philosophie politique au seizième siècle,* Paris (Boivin), 1936.
917. *L'expérience politique de Charles-Quint et les enseignements d'Érasme,* en *Les fêtes de la Renaissance,* II. *Fêtes et cérémonies au temps de Charles-Quint,* ed. Jean Jacquot, Paris, 1960, págs. 45-56.

Mexía (Luis), véase Erasmo, núms. 471, 478-483.

Mexía (Pero) [cf. núm. 752].

918. *Coloquios o diálogos nueuamente compuestos..., en los quales se disputan y tratan diuersas cosas de mucha erudición y doctrina,* Sevilla (Domingo de Robertis), 1547.
919. *Coloquios o diálogos..., añedido un excelente tratado de Ysócrates...,* Sevilla (Domingo de Robertis), 1548.
920. *Coloquios del docto y magnifico caballero Pero Mexía,* Sevilla, 1947. *(Bibliófilos Sevillanos,* t. I).
921. *Historia imperial y cesárea,* Sevilla (Juan de León), 1545.
922. *Silva de varia lección,* ed. Justo García Soriano, 2 vols., Madrid, 1933-1934. *(Sociedad de Bibliófilos Españoles,* 2ª serie, tomos X-XI).

Meyer (André).

923. *Étude critique sur les relations d'Érasme et de Luther,* Paris (F. Alcan), 1909.

Michaëlis de Vasconcelos (Carolina).

924. *Notas vicentinas.* I. *Gil Vicente em Bruxelas,* en *Revista da Universidade de Coimbra,* t. I (1912), págs. 205-293.

925. *Notas vicentinas*. IV. *Cultura intelectual e nobreza literária,* en *Revista da Universidade de Coimbra,* t. IX (1925), págs. 5-394.

926. *O Judeu errante em Portugal,* en *Revista Lusitana,* Porto, t. I (1887-1889), págs. 34-44.

927. *Uriel da Costa,* en *Lusitania,* t. I (1924), págs. 5-22.

MICHEL ANGE (Fr.), O. M.

928. *La vie franciscaine en Espagne entre les deux couronnements de Charles-Quint,* en *R. A. B. M.,* t. XXVI (1912), págs. 157-214, 345-404; t. XXVIII (1913), págs. 167-225; t. XXIX (1913), págs. 1-63, 157-216; t. XXXI (1914), págs. 1-62; t. XXXII (1915), págs. 193-253.

MICHELET (Jules).

929. *La Renaissance,* Paris (Hachette), 1879. (*Histoire de France,* t. IX).

MIGUÉLEZ (Manuel F.), O. S. A.

930. *Catálago de los códices españoles de la Biblioteca del Escorial,* I. *Relaciones históricas,* 2 vols., Madrid (Imp. Helénica), 1917-1925.

MILÁN (Luis).

931. *El Cortesano,* Madrid (Sucs. de Rivadeneyra), 1874. (*Colección de libros españoles raros o curiosos,* t. VII).

MINTURNO (Antonio).

932. *Lettere,* Venezia (G. Scoto), 1549.

MIR (Miguel), véanse núms. 822, 991, 1024, 1281.

MIRANDA (José).

933. *El erasmista mexicano Fray Alonso Cabello,* México (Universidad Nacional Autónoma de México), 1958. (*Cuadernos del Instituto de Historia, Serie histórica,* t. II).

934. *Renovación cristiana y erasmismo en México,* en *Historia Mexicana,* t. I (1951-1952), págs. 22-47.

MISCELÁNEA.

935. *Miscelánea Nebrija,* t. I [único], Madrid (C. S. I. C.), 1946 [= *R. F. E.,* t. XXIX (1945)].

MOLES (Fr. Juan Baptista), O. M.

936. *Memoria de la Provincia de San Gabriel de la Orden de los frayles menores de la Observancia,* Madrid (Pedro Madrigal), 1592.

MOLINA (Juan de), véase ERASMO, núms. 532, 533 [y cf. núms. 842, 1014, 1015].

MONTAIGNE (Michel de).

937. *Essais,* ed. Albert Thibaudet, Paris (N. R. F.), 1935. (*Bibliothèque de la Pléiade).*

Montemayor (Jorge de) [cf. núms. 74, 210, 890].

938. *El Cancionero del poeta George de Montemayor*, ed. Ángel González Palencia, Madrid, 1932. (*Sociedad de Bibliófilos Españoles*, 2ª serie, t. IX).

939. *Exposición moral sobre el psalmo* !xλxvj, Alcalá (Juan Brocar), 1548.

940. *Exposición moral del salmo 86*, reimpresión hecha por Francisco López Estrada en *Revista de Bibliografía Nacional*, Madrid, t. V (1944), págs. 499-523.

941. *Las Obras de George de Montemayor*, Amberes (Juan Steelsio), 1554.

942. *Segundo cancionero spiritual*, Amberes (Juan Lacio), 1558. (B. N. L.).

Montera (P. de).

943. "*Spes et fortuna valete*", en *Humanisme et Renaissance*, t. VII (1940), págs. 309-311.

Montesino (Fr. Ambrosio), O. M., véase Biblia, núm. 266 [y cf. núm. 155].

Montesinos (José F.) [cf. núms. 1244, 1246, 1250, 1254, 1278].

944. *Algunas notas sobre el "Diálogo de Mercurio y Carón"*, en R. F. E., t. XVI (1929), págs. 225-266. [Recogido en su libro *Ensayos y estudios de literatura española*, México (Ediciones de Andrea), 1959, págs. 36-74].

Montoliu (Manuel de), véase Juan de Ávila, núm. 765.

Monumenta [cf. núms. 143, 203, 778, 1316].

945. *Monumenta Historica Societatis Jesu*, 85 vols., Madrid-Roma (Institutum Historicum Societatis Jesu), 1894-1960. [En curso de publicación].

946. *Monumenta Ordinis Fratrum Praedicatorum historica. Acta capitulorum generalium O. P.*, t. IV, Roma (ad S. Sabinae), 1901.

Monzón (Francisco de).

947. *Libro primero del Espejo del príncipe christiano*, Lisboa (Luis Rodríguez), 1544. (B. N. M.).

Morales Oliver (Luis).

948. *Arias Montano y la política de Felipe II en Flandes*, Madrid (Ed. Voluntad), 1927.

Morby (Edwin S.).

949. "*Orlando furioso*" y "*El Crótalon*", en R. F. E., t. XXII (1935), págs. 34-43.

Morejón (Diego), véase Erasmo, núms. 473-476.

Morel-Fatio (Alfred) [cf. núms. 399, 432, 803, 804].

950. *Études sur l'Espagne*, Première série, Paris (F. Vieweg), 1888.

951. *Historiographie de Charles-Quint*. Première partie, suivie des *Mémoires* de Charles-Quint, texte portugais et traduction française, Paris (H. Champion), 1913. (*Bibliothèque de l'École des Hautes Études*).

952. *L'espagnol langue universelle*, en *B. H.*, t. XV (1913), págs. 207-225.

953. *Le premier témoignage espagnol sur les interrogatoires de Luther à la Diète de Worms en avril 1521* [la *Relación de lo que passó al Emperador en Bormes con Luthero en 1521*], en *B. H.*, t. XVI (1914), págs. 35-45.

MORENO (Juan José), véase AGUAYO SPENCER, núm. 90.

MORREALE (Margherita).

954. *Carlos V, Rex bonus, felix imperator.* (*Notas sobre los "Diálogos" de Alfonso de Valdés*), Universidad de Valladolid, Facultad de Filosofía y Letras, 1954. (*Estudios y documentos, t. III*).

955. *Comentario de una página de Valdés: el tema de las reliquias*, en *Revista de Literatura*, Madrid, t. XXI (1961), págs. 67-77.

956. *¿Devoción o piedad? Apuntaciones sobre el léxico de Alfonso y Juan de Valdés*, en *Revista Portuguesa de Filologia*, Coimbra, t. VII (1956), págs. 365-388.

957. *El "Diálogo de las cosas ocurridas en Roma" de Alfonso de Valdés. Apostillas formales*, en *Bol. Ac. Esp.*, t. XXXVII (1957), págs. 395-417.

958. *El tratado de Juan de Lucena sobre la felicidad*, en *N. R. F. H.*, t. IX (1955), págs. 1-21.

959. *Imitación de Luciano y sátira social en el IV Canto de "El Crótalon"*, en *B. H.*, t. LIII (1951), págs. 301-317.

960. *La antítesis paulina entre la letra y el espíritu en la traducción y comentario de Juan de Valdés* (*Rom., II, 29 y VII, 6*), en *Estudios Bíblicos*, Madrid, t. XIII (1954), págs. 167-183.

961. *Luciano y "El Crótalon". La visión del más allá*, en *B. H.*, t. LVI (1954), págs. 388-395.

962. *Luciano y las invectivas "antiescolásticas" en "El Scholástico" y en "El Crótalon"*, en *B. H.*, t. LIV (1952), págs. 370-385.

963. *Sentencias y refranes en los "Diálogos" de Alfonso de Valdés*, en *Revista de Literatura*, Madrid, t. XII (1957), págs. 3-14.

MORTIER (Daniel-Antonin), O. P.

964. *Histoire des Maîtres généraux de l'Ordre des Frères Prêcheurs*, 7 vols., Paris (A. Picard), 1903-1914.

MÜNSTER (Sebastian).

965. *Cosmographiae universalis libri VI*, Basilea (apud Henrichum Petri), 1550. (B. N. M.). [Cf. láms. XXIX y XXX].

MUSEO.

966. *Hero y Leandro*, texto griego, ed. Demetrios Ducas, Alcalá (Arnao Guillén de Brocar), 1514. (B. N. M.).

NAVARRO (Mº Martín), véase núm. 75.

NEBRIJA (Elio Antonio de) [cf. núms. 117, 213, 468, 539-541, 815, 935, 982].

967. *Apologia, cum quibusdam sacrae Scripturae locis non vulgariter expositis*, s. l. n. a. [Alcalá? Logroño? 1516?]. (B. N. M.).

968. *Apologia earum rerum quae illi objiciuntur... Ejusdem... Tertia quinqua-gena...*, Granada (Hijos de Nebrija), 1535. (Biblioteca Pública de Toledo).

969. *De litteris hebraicis, cum quibusdam annotationibus in Scripturam sacram* [reedición de la *Repetitio tertia*], Alcalá (Arnao Guillén de Brocar), s. f. [*ca.* 1515].

970. *Epístola del Maestro de Lebrixa al Cardenal...*, en *R. A. B. M.*, t. VIII (1903), págs. 493-496.

971. *Libri minores... [Aurea hymnorum expositio una cum textu..., Orationes ad plenum collectae...; Homiliae diuersorum doctorum in Euangelia quae cantantur dominicis diebus*], Alcalá (Miguel de Eguía), 1526. (Bodl.).

972. *Repetitio tertia, de peregrinarum dictionum accentu*, s. l., 30 de junio de 1506. (Biblioteca de la Facultad de Letras, Madrid).

973. *Tertia quinquagena*, Alcalá (Arnao Guillén de Brocar), 1516.

974. *Tertia quinquagena*, París (Regnault Chaudière), 1520.

975. *Tertia quinquagena*, reimpresa en 1535, con la *Apologia earum rerum... (supra*, núm. 968).

NICOLÁS DE JESÚS MARÍA (Fr.), O. C.

976. *Phrasium mysticae theologiae V. P. F. Joannis a Cruce... elucidatio*, Alcalá (Juan de Orduña), 1631.

NÚÑEZ (Hernán) [cf. núm. 693].

977. *La Historia de Bohemia en romance* [traducida de Eneas Silvio], Sevilla (Juan Varela de Salamanca), 1509. (B. N. M.).

978. *Observationes Fredenandi Pintiani in loca obscura aut depravata Historiae naturalis C. Plinii*, Salamanca (Juan de Junta), 1544. (B. N. M.).

979. *Refranes o proverbios en romance que nueuamente colligió y glossó el Comendador Hernán Núñez*, Salamanca (Juan de Cánova), 1555. (B. N. M.).

NÚÑEZ ALBA (Diego).

980. *Diálogos de la vida del soldado*, ed. Antonio María Fabié, Madrid (Ricardo Fe), 1890. (*Libros de antaño*, t. XIII).

NÚÑEZ DELGADO (Pedro) [cf. núm. 214].

981. *Epigrammata*, s. l. [Sevilla?], 1537. (B. N. M.).

ODRIOZOLA (Antonio).

982. *La caracola del bibliófilo nebrisense. Extracto seco de bibliografía de Nebrija en los siglos xv y xvi*, en la *Revista de Bibliografía Nacional*, Madrid, t. VII (1946), págs. 3-114.

OECHSLIN (Raphael-Louis).

983. *Louis de Grenade ou la rencontre avec Dieu*, Paris (Le Rameau), 1954.

OLMEDA (Fr. Sebastián de), O. P.

984. *Chronica Ordinis Praedicatorum ab initio ejusdem Ordinis usque ad annum 1550 et ultra*, ed. del P. M. Canal, Romae (ad S. Sabinae), 1936.

OMONT (H.).

985. *Un helléniste du xvie siècle. Excellence de l'affinité de la langue grecque avec la française, par Blaset,* en *Revue des Études Grecques,* t. XXX (1917), págs. 161-166.

ONÍS (Federico de) [cf. núm. 818].

986. *Ensayos sobre el sentido de la cultura española,* Madrid (Ediciones de la Residencia de Estudiantes), 1932.

ORCIBAL (Jean).

987. *Le rôle de l'intellect possible chez Jean de la Croix. Ses sources scolastiques et nordiques,* en el vol. *La mystique rhénane, Travaux du Centre d'Études supérieures spécialisé d'histoire des religions de Strasbourg,* Paris (Presses Universitaires de France), 1963, págs. 235-279.

988. *Les traductions du "Spieghel" de H. Herp en italien, portugais et espagnol,* en *Dr. L. Reypens-Album,* Antwerpen (Ruusbroec-Genootschap), 1964, págs. 257-268.

ORTEGA Y GASSET (José).

989. *En el tránsito del cristianismo al racionalismo,* en *Revista de Occidente,* t. XLI (1933), págs. 340-361.

990. *Meditaciones del "Quijote",* Madrid (Ediciones de la Residencia de Estudiantes), 1914.

OSUNA (Fr. Francisco de), O. M. [cf. núms. 928, 1118].

991. *Tercer abecedario,* ed. Miguel MIR, *Escritores místicos españoles,* t. I (*N. B. A. E.,* t. XVI), Madrid, 1911, págs. 319-587.

992. *Quinto abecedario,* Burgos (Juan de Junta), 1544.

PACHECO (Francisco).

993. *Libro de descripción de verdaderos retratos de ilustres y memorables varones* [Sevilla, 1599], ed. en facsímil por José María Asensio, Sevilla (Lit. de Enrique Utrera), 1885.

PACHECO Y DE LEYVA (Enrique).

994. *La política española en Italia. Correspondencia de D. Fernando Marín, Abad de Nájera, con Carlos I.* Tomo I: *1521-1524,* Madrid (Centro de Estudios Históricos), 1919.

PÁEZ DE CASTRO (Juan), véanse núms. 60, 83.

PALADINO (Giuseppe).

995. *Opuscoli e lettere di riformatori italiani del Cinquecento,* 2 vols., Bari (Laterza), 1913. (*Scrittori d'Italia,* tomos LVIII, XCIX).

PALAU Y DULCET (Antonio).

996. *Manual del librero hispano-americano,* 2ª ed., tomos I-XVI, Barcelona (Librería Palau), 1948-1964. [En curso de impresión].

PAQUIER (Jules).

997. *L'humanisme et la Réforme: Jérôme Aléandre, de sa naissance à la fin de son séjour à Brindes (1480-1529)*, Paris (E. Leroux), 1900.

PARIS (Gaston).

998. *Légendes du moyen âge*, Paris (Hachette), 1903.

PARKER (Alexander A.).

999. *Don Quixote and the relativity of truth*, en *The Dublin Review*, t. XLIV (1947), págs. 28-37.

PASTOR (José Francisco).

1000. *Las apologías de la lengua castellana en el Siglo de Oro*, Madrid, 1929. (*Los clásicos olvidados*, t. VIII).

PASTOR (Ludwig von).

1001. *Historia de los Papas desde fines de la Edad Media*, tomos I-XII, trad. Ramón Ruiz Amado, S. J., Barcelona (Gustavo Gili), 1910-1911; tomos XIII-XIV, trad. José Monserrat, S. J., *ibid.*, 1927.

PAX (Nicolás de) [cf. núm. 287].

1002. *Oratio Compluti habita*, Alcalá (Arnao Guillén de Brocar), 1521. (B. C.).

PAZ Y MÉLIA (Antonio) [cf. núms. 89, 850].

1003. *Catálogo abreviado de papeles de Inquisición*, Madrid (Revista de Archivos), 1914.

1004. *El embajador polaco Juan Dantisco en la Corte de Carlos V*, en *Bol. Ac. Esp.*, t. XI (1924), págs. 54-69, 305-320, 427-444, 586-600; t. XII (1925), págs. 73-93.

1005. *Medallas y piedras grabadas que la Marquesa de Cenete legó en su testamento a Don Diego Hurtado de Mendoza, 1535*, en R. A. B. M., t. VII (1902), págs. 310-319.

1006. *Opúsculos literarios de los siglos xiv a xvi...*, Madrid, 1892. (*Sociedad de Bibliófilos Españoles*, 1ª serie, t. XXIX).

1007. *Otro erasmista español: Diego Gracián de Alderete*, en R. A. B. M., t. V (1901), págs. 27-36, 125-139, 608-625.

1008. *Sales españolas, o agudezas del ingenio nacional*, recogidas por..., 2 vols., Madrid, 1890-1902. (*Escr. Cast.*, tomos LXXX y CXXI). [2ª ed., Madrid, 1964: B. A. E., t. CLXXVI].

PEERS (E. Allison).

1009. *Studies of the Spanish mystics*, 2 vols., London (Sheldon Press), 1927-1930.

PEETERS FONTAINAS (Jean).

1010. *Bibliographie des impressions espagnoles des Pays-Bas*, Louvain-Anvers (Musée Plantin-Moretus), 1933.

Pellicer y Saforcada (Juan Antonio).

1011. *Ensayo de una biblioteca de traductores españoles,* Madrid (Antonio de Sancha), 1778.

Peregrinus (A. S.), pseudónimo de Schott (Andrés).

Pereira (Gabriel).

1012. *Évora e o Ultramar: Balthazar Jorge em Diu,* Évora (J. J. Baptista), 1888.

Pérez (Bernardo), véase Pérez de Chinchón.

Pérez (Joseph).

1013. *L'Université d'Alcala en 1520-1521,* en B. H., t. LXIV bis (1962) [Mélanges offerts à M. Bataillon par les hispanistes français], págs. 214-222.

Pérez (Miguel).

1014. *La vida y excellencias y milagros de la sacratissima Virgen María,* trad. [del catalán] por Juan de Molina, Toledo (Miguel de Eguía), 1528. (Library of Congress, Washington).

1015. *La vida y excellencias y milagros...,* Toledo (Juan de Ayala), 1549. (Biblioteca de la Hispanic Society of America, New York).

Pérez de Ayala (Martín).

1016. *De divinis, apostolicis atque ecclesiasticis traditionibus, deque authoritate ac vi earum sacrosancta assertiones seu libri decem,* Colonia (apud Gasparem Gennepeum), s. f. [1548]. (B. N. P.).

1017. *Discurso de la vida del ilustrísimo y reverendísimo señor Don...,* ed. Manuel Serrano y Sanz, *Autobiografías y memorias* (N. B. A. E., t. II), págs. 211-238.

Pérez de Chinchón (Bernardo) [cf. núms. 509-512, 542-551, 567, 576-578].

1018. *Corona de Nuestra Señora* [con las *Meditaciones de San Bernardo,* núm. 567], León (Juan de León), 1528.

1019. *Diálogos christianos contra la secta mahomética y la pertinacia de los judíos,* Valencia (Francisco Díaz Romano), 1535. (S. B. M.).

1020. *Historia de las cosas que han passado en Italia desdel año M.D.XXI... hasta el año XXX...* [traducida de Galleacio Capella], Valencia, 1536.

Pérez de Hita (Ginés).

1021. *Guerras civiles de Granada,* ed. Paula Blanchard-Demouge, 2 vols., Madrid (Junta para la Ampliación de Estudios), 1913-1915.

Pérez Pastor (Cristóbal).

1022. *La imprenta en Medina del Campo,* Madrid (Sucs. de Rivadeneyra), 1895.
1023. *La imprenta en Toledo,* Madrid (Tello), 1887.

Pey Ordeix (Segismundo).

1024. *El Padre Mir e Ignacio de Loyola..., Estudio histórico, con nuevas revela-*

ciones sobre la vida de San Ignacio, Madrid, 1913. (Biblioteca de la Facultad de Filosofía y Letras, Madrid).

1025. *Historia crítica de San Ignacio de Loyola.* Tomo I [único]: *Su juventud,* Madrid (Romo), 1914-1916. (Biblioteca de la Facultad de Filosofía y Letras, Madrid).

PEYTRAUD (Lucien).

1026. *De legationibus Augerii Busbecquii,* Paris, 1897. [Tesis].

PFANDL (Ludwig).

1027. *Das spanische Lutherbild des 16. Jahrhunderts,* en *Historisches Jahrbuch der Görresgesellschaft,* t. L (1930), págs. 464-497; t. LI (1931), págs. 47-85.

PHELAN (John Leddy).

1028. *The millennial kingdom of the Franciscans in the New World: A study of the writings of Gerónimo de Mendieta (1525-1604),* Berkeley-Los Angeles (University of California Press), 1956.

PICCOLOMINI (Enea Silvio), véanse núms. 574, 575, 977.

PIEDRAHITA (Beata de), véase MARÍA DE SANTO DOMINGO.

PINCIANO, véase NÚÑEZ (Hernán).

PINEAU (J.-B.).

1029. *Érasme. Sa pensée religieuse,* Paris (Presses Universitaires de France), 1924.

PINEDA (Fr. Juan de), O. M.

1030. *Los treynta y cinco diálogos familiares de la agricultura christiana,* Salamanca (Pedro de Adurça y Diego López), 1589.

PINTA LLORENTE (Miguel de la), O. S. A. [cf. núms. 406, 816, 1054, 1056].

1031. *Causa criminal contra el biblista Alonso Gudiel, catedrático de la Universidad de Osuna,* Madrid (C. S. I. C.), 1942.
1032. *En torno a hombres y problemas del Renacimiento español,* Madrid (Gráf. Sánchez), 1944.
1033. *Proceso criminal contra el hebraísta salmantino Martín Martínez de Cantalapiedra,* Madrid (C. S. I. C.), 1946.
1034. *Procesos inquisitoriales contra los catedráticos hebraístas de Salamanca. I. Gaspar de Grajal,* Madrid-El Escorial, 1935.

PLANTIN (Christophe) [cf. núms. 1271, 1272].

1035. *Correspondance,* publiée par Max Rooses, 9 vols., Anvers-Gand (J. E. Buschmann), 1883-1918.

PLUTARCO.

1036. *Apothegmas del excelentésimo philósopho y orador Plutarcho Cheroneo,* trad. Diego Gracián de Alderete, Alcalá (Miguel de Eguía), 1533. (B. M.).

1037. *El primero volumen de las Vidas de excellentes varones griegos y romanos pareadas...*, trad. Francisco de Enzinas [y algunas por Diego Gracián de Alderete], Estrasburgo (Agustín Frisio), 1551.

1038. *Las Vidas de dos illustres varones, Cimón griego y Lucio Lucullo romano, puestas al paragón la una y la otra*, trad. anónima, s. l. [Lyon, Sebastián Grypho?], 1547.

1039. *Morales de Plutarco*, trad. Diego Gracián de Alderete, Alcalá (Juan Brocar), 1548. (B. N. M.).

POLIDORO VIRGILIO.

1040. *Libro de Polidoro Vergilio que tracta de la invención y principio de todas las cosas*, trad. Francisco Thámara, Amberes (Martín Nucio), 1550. (B. N. M.).

1041. *Los ocho libros de Polidoro Vergilio de los inuentores de las cosas*, trad. anónima del texto expurgado, Medina del Campo (Vicente de Millis), 1599.

POLMAN (J. Pontien).

1042. *L'élément historique dans la controverse religieuse du xvie siècle*, Gembloux, 1932. (*Thèses de théologie de l'Université Catholique de Louvain*, 2e série, t. XXIII).

POLO (Gil), véase GIL POLO.

PONCE DE LA FUENTE (Constantino) [cf. núm. 94].

1043. *Confessión de un pecador penitente*, seguida de dos meditaciones de Fr. Luis de Granada, Évora (Andrés de Burgos), 1554. (B. N. M.; B. P. E.).

1044. *Doctrina christiana... Parte primera. De los artículos de la fe*, Sevilla (Juan Canalla), 1548. (S. B. M.).

1045. *Doctrina christiana...*, Amberes (Martín Nucio), 1554-1555. (Bodl.).

1046. *Exposición del primer Psalmo de Dauid cuyo principio es Beatus vir, diuidida en seys sermones*, Sevilla [Juan de León?], 1546. (S. B. M.).

1047. *Exposición del primer Psalmo...*, reimpresión de Eduard Boehmer, Bonn (Carlos Georgi), 1881. (S. B. M.).

1048. *Suma de doctrina christiana en que se contiene todo lo principal y necessario que el hombre christiano deue saber y obrar*, Sevilla (Juan Cromberger), 1543. (B. N. P.).

1049. *Suma de doctrina cristiana, Sermón de Nuestro Redentor en el Monte, Catezismo cristiano, Confesión del pecador...*, ed. Luis de Usoz, [Madrid], 1863. (R. A. E., t. XIX).

PONCE DE LEÓN (Fr. Basilio), véase LEÓN.

PORRAS (Antonio de).

1050. *Tratado de la oración*, Alcalá (Juan Brocar), 1552. (Biblioteca del Escorial).

PORRAS BARRENECHEA (Raúl).

1051. *El Inca Garcilaso en Montilla (1561-1614)*, Lima (Editorial San Marcos), 1955.

PREPARATIO MORTIS.

1052. *Tratado muy deuoto y prouechoso llamado Preparatio mortis... el qual copiló... vn religioso de la orden del glorioso padre Sant Francisco* [Fr. Francisco de Evia?], Alcalá (Salzedo), 1558. (B. P. E.). [Cf. *infra*, págs. 571-572, nota 46].

PROCESOS [cf. núms. 20-33, 406, 677, 723, 758, 1031, 1033, 1034, 1329].

1053. *Proceso de la Inquisición de Valladolid al Brocense*, Madrid, 1843. (*Colección de documentos inéditos para la historia de España*, t. II).

1054. *Procesos inquisitoriales contra Francisco Sánchez de las Brozas*, edición y estudio preliminar por Antonio Tovar y Miguel de la Pinta Llorente, Madrid (C. S. I. C.), 1941. [Cf. núm. 723].

1055. *Proceso que la Inquisición de Valladolid hizo a Fr. Luis de León*, 2 vols., Madrid, 1847. (*Colección de documentos inéditos para la historia de España*, tomos X-XI).

1056. *Procesos inquisitoriales de los hebraístas de Salamanca*, publicados por el P. Miguel de la Pinta Llorente en *Archivo Agustiniano*, años 1931-1936.

PROMIS (Vincenzo).

1057. *Il testamento di Mercurino Arborio di Gattinara*, Torino (Stamperia Reale), 1879. (*Miscellanea di storia italiana*, t. XVII).

QUEIRÓS VELOSO (José Maria de).

1058. *D. Sebastião, 1554-1578*, 3ª ed., Lisboa (Empresa Nacional de Publicidade), 1945. [Hay trad. española, por Ramón de Garciasol, Madrid, 1943].

QUEVEDO (Francisco de) [cf. núm. 94].

1059. *El Buscón*, nuevo texto, ed. Américo Castro, Madrid, 1927. (*Clás. Cast.*, t. V).

1060. *Obras*, ed. Luis Astrana Marín, 2 vols. (*Obras en prosa, Obras en verso*), Madrid (Aguilar), 1932.

QUICHERAT (Jules).

1061. *Histoire de Sainte-Barbe*, 3 vols., Paris (Hachette), 1860-1864.

QUINTANILLA (Fr. Pedro de), O. M. [cf. núm. 54].

1062. *Archetypo de virtudes... Fr. Francisco Ximénez de Cisneros*, seguido de: *Archivo complutense*, Palermo (Nicolás Bua), 1653. (B. D.).

QUIÑONES DE LEÓN (Fernando), véase ALCEDO.

QUIROGA (Vasco de), véase AGUAYO SPENCER, núm. 90 [y cf. núms. 1319, 1332-1337].

RABELAIS (François) [cf. núm. 657].

1063. *Oeuvres complètes*, ed. Jean Plattard, 5 vols., Paris (Éditions Fernand Roches), 1929. (*Les textes français*).

RAMÍREZ-ARAUJO (Alejandro).

1064. *El morisco Ricote y la libertad de conciencia,* en *Hispanic Review,* Philadelphia, t. XXIV (1956), págs. 278-289.
1065. *Los "Adagia" de Erasmo en los sermones de Fray Alonso de Cabrera,* en *Hispanófila,* Madrid, 1960, núm. 11, págs. 29-38.

RAMÍREZ PAGÁN (Diego).

1066. *Floresta de varia poesía* [Valencia (Juan Navarro), 1562], ed. Antonio Pérez Gómez, 2 vols., Barcelona (Selecciones Bibliófilas), 1950.

RASSOW (Peter).

1067. *Die Kaiser-Idee Karls V dargestellt an der Politik der Jahre 1528-1540,* Berlin (Emil Ebering), 1932. (*Historische Studien,* Heft 217).

REKERS (Bernard).

1068. *Benito Arias Montano (1527-1598). Studie over een groep spiritualistische humanisten in Spanje en de Nederlanden, op grond van hun briefwisseling,* Groningen, 1961. [Tesis de la Universidad de Amsterdam].
1069. *Epistolario de Benito Arias Montano (1527-1598),* en *Hispanófila,* Madrid, 1960, núm. 9, págs. 25-37.

RELACIÓN.

1070. *Relación verdadera del recibimiento que hizo la ciudad de Segovia a la Magestad de la Reyna... Doña Anna de Austria en su felicíssimo casamiento que en la dicha ciudad se celebró,* Alcalá (Juan Gracián), 1572.

RENAUDET (Augustin) [cf. núm. 704].

1071. *Érasme. Sa pensée religieuse et son action d'après sa correspondance (1518-1521),* Paris (F. Alcan), 1926.
1072. *Érasme et l'Italie,* Genève (Droz), 1954.
1073. *Études érasmiennes (1521-1529),* Paris (Droz), 1939.
1074. *Humanisme et Renaissance* [colección de artículos], Genève (Droz), 1958.
1075. *Préréforme et humanisme à Paris pendant les premières guerres d'Italie (1494-1517),* Paris (E. Champion), 1916.

RESENDE (André de).

1076. *Erasmi encomion,* ed. y trad. portuguesa de Walter de Sousa Medeiros, nota de Arthur Moreira de Sá, en *Revista da Faculdade de Letras,* Lisboa, 3ª série, núm. 4 (1960), págs. 180-209.
1077. *Poemata,* Colonia (G. Grevenbruch), 1613.

REUSCH (Heinrich).

1078. *Die Indices librorum prohibitorum des 16. Jahrhunderts,* Tübingen (Laupp), 1886.

RÉVAH (I. S.) [cf. núm. 145].

1079. *Les sermons de Gil Vicente. En marge d'un opuscule du Prof. Joaquim de Carvalho,* Lisbonne, 1949.

1080. *Un Index espagnol inconnu: celui édicté par l'Inquisition de Séville en no-
      vembre 1551,* en *Studia philologica, Homenaje ofrecido a Dámaso Alon-
      so,* t. III, Madrid (Gredos), 1963, págs. 131-150.
1081. *Un pamphlet contre l'Inquisition d'Antonio Enriquez Gómez: la seconde
      partie de la "Política angélica" (Rouen, 1647),* en *Revue des Études Jui-
      ves,* t. CXXI (1962), págs. 81-168.

REVILLA RICO (Mariano), O. S. A.

1082. *Fr. Luis de León y los estudios bíblicos en el siglo xvi,* en *Revista Española
      de Estudios Bíblicos,* Málaga, año III (1928), núms. 28-29, págs. 25-81.
1083. *La Políglota de Alcalá,* Madrid, 1917. (Separata de *La Ciudad de Dios*).

REYES (Alfonso).

1084. *De un autor censurado en el "Quijote": Antonio de Torquemada,* México
      (Ed. Cultura), 1948. [Recogido en las *Obras completas* de Reyes, t. VI,
      México (Fondo de Cultura Económica), 1957, págs. 345-403].
1085. *Un tema de "La vida es sueño": El hombre y la naturaleza en el monólogo
      de Segismundo,* en *R. F. E.,* t. IV (1917), págs. 1-25, 237-276. [Recogido
      en *Capítulos de literatura española,* 2ª serie, El Colegio de México, 1945,
      págs. 9-88, y en *Obras completas, ed. cit.,* t. VI, págs. 182-248].

RIBEIRO DOS SANTOS (António).

1086. *Memória sobre algumas traduções e edições bíblicas,* en *Memórias de littera-
      tura portuguesa publicadas pela Academia Real das Sciencias de Lisboa,*
      t. VII (1806), págs. 17-59.

RIBER (Lorenzo) [cf. núm. 1312].

1087. *Erasmo en el "Índice paulino", con Lulio, Sabunde y Savonarola,* en *Bol. Ac.
      Esp.,* t. XXXVIII (1958), págs. 249-263.

RIBERA (Juan de).

1088. *Glosa al romance "Triste estaba el Padre Santo",* transcripción de Manuel
      Serrano y Sanz, en *R. A. B. M.,* t. X (1904), págs. 209-211.

RICARD (Robert).

1089. *Études et documents pour l'histoire missionnaire de l'Espagne et du Portu-
      gal,* Louvain (E. Desbarax), 1931.
1090. *L'influence des mystiques du Nord sur les spirituels portugais du xvie et du
      xviie siècle,* en el volumen *La mystique rhénane, Travaux du Centre
      d'Études supérieures spécialisé d'histoire des religions de Strasbourg,* Pa-
      ris (Presses Universitaires de France), 1963, págs. 219-233.
1091. *La conquête spirituelle du Mexique. Essai sur l'apostolat et les méthodes des
      missionnaires des ordres mendiants en Nouvelle-Espagne de 1523-24 à
      1572,* Paris (Institut d'Ethnologie), 1933.
1092. *La conquista espiritual de México,* trad. Ángel María Garibay K., México
      (Editorial Jus), 1947.
1093. *Le thème de Jésus crucifié chez quelques auteurs espagnols du xvie et du
      xviie siècle,* en *B. H.,* t. LVII (1955), págs. 45-55.

1094. *Les Jésuites au Brésil pendant la seconde moitié du xvie siècle (1549-1597)*, en *Revue d'Histoire des Missions*, t. XIV (1937), págs. 321-366, 435-470.
1095. *Les vestiges de la prédication contemporaine dans le "Quijote"*, en *Annali dell'Istituto Universitario Orientale*, Napoli, Sezione Romanza, t. IV (1962), págs. 99-111.

RICART (Domingo).

1096. *Juan de Valdés y el pensamiento religioso europeo en los siglos xvi y xvii*, México (El Colegio de México) y Lawrence, Kansas (University of Kansas Press), 1959.

RICHTER (Aemilius Ludwig).

1097. *Canones et decreta Concilii Tridentini*, Leipzig (B. Tauchnitz), 1853.

RÍO (Martín del).

1098. *Disquisitiones magicae*, ed. de Colonia (P. Henning), 1633.

RITSCHL (Albrecht).

1099. *Die christliche Lehre von Rechtfertigung und Versöhnung*, 3ª ed., Bonn (A. Marcus), 1889.

RIVADENEYRA (Pedro de), S. J.

1100. *Vida del P. Ignacio de Loyola*, B. A. E., t. LX, págs. 9-118.

RIVERA MANESCAU (Saturnino).

1101. *Cristóbal de Villalón. Nuevos datos para su biografía*, en *Revista Castellana*, Valladolid, abril de 1922.

ROCCA (Vicente).

1102. *Hystoria en la qual se trata de la origen y guerras que han tenido los turcos desde su comienço hasta nuestros tiempos...*, *y de las costumbres y vida dellos*, Valencia [Juan Navarro?], 1556. (B. N. P.).

RODRÍGUEZ MARÍN (Francisco) [cf. núms. 383, 387, 390].

1103. *Nuevos datos para las biografías de cien escritores de los siglos xvi y xvii*, Madrid (Revista de Archivos), 1923.

RODRÍGUEZ MOÑINO (Antonio R.).

1104. *Erasmo en tiempo de Cervantes. Comentarios, noticias, y dos textos erasmianos españoles del siglo xvi desconocidos e inéditos*, en *El Criticón*, Madrid, t. I (1934), págs. 5-51.
1105. *La biblioteca de Arias Montano*, en *Revista del Centro de Estudios Extremeños*, Badajoz, t. II (1928), págs. 554-598.

RODRÍGUEZ VILLA (Antonio) [cf. núm. 399].

1106. *El emperador Carlos V y su corte según las cartas de Don Martín de Salinas*, *embajador del infante Don Fernando (1522-1539)*, Madrid, 1903-1905. (Separata del *Bol. Ac. Hist.*, tomos XLII-XLVI).

1107. *Memorias para la historia del asalto y saqueo de Roma en 1527 por el ejército imperial*, Madrid (Imp. de la Biblioteca de Instrucción y Recreo), 1875.

ROERSCH (Alphonse) [cf. núms. 269, 396, 422].

1108. *L'humanisme belge à l'époque de la Renaissance. Études et portraits*, 2e série, Louvain (Librairie Universitaire), 1933.

1109. *Maximilien Transsylvanus, humaniste et secrétaire de Charles-Quint*, en *Académie Royale de Belgique, Bulletins de la Classe des Lettres et des Sciences Morales et Politiques*, 3e série, t. XIV (1928), págs. 94-112.

1110. *Nouvelles indications concernant Maximilien Transsylvanus*, en *Revue Belge de Philologie et d'Histoire*, t. VIII (1928), págs. 871-879.

ROJAS (Fernando de) [cf. núm. 177].

1111. *La Celestina*, ed. Julio Cejador, 2 vols., Madrid, 1913. (*Clás. Cast.*, tomos XX y XXIII).

ROMANCERO [cf. núm. 1088].

1112. *Romancero general*, ed. Agustín Durán, 2 vols., *B. A. E.*, tomos X y XVI.
1113. *Romancero y cancionero sagrados*, ed. Justo de Sancha, *B. A. E.*, t. XXXV.

ROMIER (Lucien).

1114. *Les origines politiques des guerres de religion*, 2 vols., Paris (Perrin et Cie.), 1913-1914.

ROS (Fidèle de), O. F. M.

1115. *Antonio de Guevara, auteur ascétique*, en *Études Franciscaines*, t. L (1938), págs. 306-332, 609-636. [Reimpreso con algunas adiciones en *Archivo Ibero-Americano*, t. VI (1946), págs. 339-404].

1116. *Los místicos del Norte y Fray Luis de Granada*, en *Archivo Ibero-Americano*, t. VII (1947), págs. 5-30, 145-165.

1117. *Un inspirateur de sainte Thérèse: le frère Bernardin de Laredo*, Paris (L. Vrin), 1948.

1118. *Un maître de sainte Thérèse: le Père François d'Osuna*, Paris (Beauchesne), 1936.

ROUANET (Léo), véase CALDERÓN, núm. 307.

RUIZ DE LARRÍNAGA (Juan), O. F. M.

1119. *Fr. Jerónimo de Mendieta, historiador de Nueva España (1525-1604)*, en *Archivo Ibero-Americano*, t. I (1914), págs. 290-300, 488-499; t. II (1914), págs. 387-404; t. IV (1915), págs. 341-373.

RUIZ DE VILLEGAS (Hernán).

1120. *Ferd. Ruizii Villegatis Burgensis quae extant opera, Emmanuelis Martini*

Alonensis decani studio emendata..., Venecia (Giovanni Battista Albrizi), 1734.

Ruiz de Virués (Alonso), O. S. B. [cf. núms. 219, 478-483].

1121. *Philippicae disputationes XX adversus Lutherana dogmata per Philippum Melanchthonem defensa*, Amberes (Joannes Crinitus), 1541.

Ruvio (Fr. Antonio), O. M.

1122. *Assertionum catholicarum adversus Erasmi Roterodami pestilentissimos errores libri novem*, Salamanca (Juan de Cánova), 1568. (B. M.; B. P. E.).

Saavedra Fajardo (Diego).

1123. *República literaria*, ed. Vicente García de Diego, Madrid, 1922. (*Clás. Cast.*, t. XLVI).

Sabbe (Maurice).

1124. *Relations entre Montano et Barrefelt Hiël*, en *Le Compas d'Or*, 1926, núm. 1. [Trad. por María Brey Mariño: *Arias Montano y Barrefelt: Hiël y la teología ortodoxa*, en *Revista del Centro de Estudios Extremeños*, Badajoz, t. VIII (1934), págs. 63-92].

Sainz Rodríguez (Pedro) [cf. núm. 1264].

1125. *Las polémicas sobre la cultura española*, Madrid (Fortanet), 1919.
1126. *San Ignacio de Loyola y Erasmo*, en *Miscelánea de estudios dedicados al Dr. Fernando Ortiz*, t. I (La Habana, 1956), págs. 1305-1315. [Incluido en su libro *Espiritualidad española*, Madrid (Rialp), 1961, págs. 119-142].

Sala Balust (Luis) [cf. núms. 171, 763, 766].

1127. *Ediciones castellanas de las obras del Beato Maestro Ávila*, en la revista *Maestro Ávila*, Montilla, t. I (1946), págs. 48-80.
1128. *El Beato Maestro Juan de Ávila y sus dos redacciones del "Audi, filia"*, Universidad de Salamanca, 1948. [Tesis].
1129. *Hacia una edición crítica del "Epistolario" del Maestro Ávila*, en *Hispania*, Madrid, t. VII (1947), págs. 611-634.
1130. *Los tratados de reforma del P. Maestro Ávila*, en *C. T.*, t. LXXIII (1947), págs. 185-233.

Salinas (Fr. Miguel).

1131. *Libro apologético que defiende la buena y docta pronunciación*, Alcalá (Pedro de Robles y Francisco de Cormellas), 1563.

Saltillo (Marqués del), véase Lasso de la Vega.

San Román (Francisco de B.).

1132. *El testamento del humanista Álvar Gómez de Castro*, en *Bol. Ac. Esp.*, t. XV (1928), págs. 543-566.

SÁNCHEZ (Juan M.).

1133. *Bibliografía aragonesa del siglo xvi,* 2 vols., Madrid (Imp. Clásica Española),
1913-1914.

SÁNCHEZ CANTÓN (Francisco Javier).

1134. *Fuentes literarias para la historia del arte español.* Tomo I: *Siglo xvi,* Madrid (Centro de Estudios Históricos), 1923.

SÁNCHEZ DE LAS BROZAS (Francisco), véase EPICTETO, núm. 451 [y cf. núms.
406, 669, 671, 672, 1053, 1054].

SÁNCHEZ ESCRIBANO (Federico).

1135. *Algunos aspectos de la elaboración de la "Philosophia vulgar",* en *R. F. E.,*
t. XXII (1935), págs. 274-284.
1136. *Apuntes para una edición de la "Philosophia vulgar" de Juan de Mal Lara.*
Contribución al estudio del humanismo en España, University of California, Berkeley, 1933. [Tesis mecanografiada].
1137. *Juan de Mal Lara. Su vida y sus obras,* New York (Hispanic Institute),
1941.
1138. *Los "Adagia" de Erasmo y la "Philosophia vulgar" de Juan de Mal Lara,*
New York (Hispanic Institute), 1944.

SÁNCHEZ MONTES (Juan).

1139. *Franceses, protestantes, turcos. Los españoles ante la política internacional*
de Carlos V, Madrid (C. S. I. C.), 1951.

SANDOVAL (Fr. Prudencio de), O. S. B.

1140. *Crónica del inclito emperador de España Don Alonso VII,* Madrid (Luis
Sánchez), 1600.

SANDOVAL Y ROJAS (Bernardo de).

1141. *Index librorum prohibitorum et expurgatorum,* Madrid (Luis Sánchez).
1612.

SANTA CRUZ DE DUEÑAS (Melchor de).

1142. *Floresta española* [1574], reimpresa en el tomo I de la *Floresta general,* Madrid, 1910. (*Bibliófilos Madrileños,* t. III).
1143. *Floresta española,* Madrid, 1953. (*Sociedad de Bibliófilos Españoles,* 2ª época, t. XXIX).

SANTA MARÍA (Gonzalo de), véase BIBLIA, núm. 265.

SANTARÉM (Vizconde de).

1144. *Quadro elementar das relações políticas e diplomáticas de Portugal com as*
diversas potencias do mundo, 19 vols., Paris-Lisboa (J. P. Aillaud), 1842-
1876.

SANTOFIMIA (Gómez de), véase BIBLIA, núms. 252, 253.

SARAIVA (António José).

1145. *História da cultura em Portugal,* 3 vols., Lisboa (Jornal do Foro), 1952-1962.

SARMIENTO DE ACUÑA (Diego), véase GONDOMAR.

SAULNIER (Verdun L.).

1146. Prólogo a MARGUERITE DE NAVARRE, *Théâtre profane,* Paris (Droz), 1946.

SAVONAROLA (Girolamo), O. P. [cf. núms. 157, 208, 210, 1087, 1150, 1156].

1147. *De simplicitate vitae christianae,* Alcalá (Miguel de Eguía), 1529. (Biblioteca Municipal, Burdeos).
1148. *Devotíssima exposición sobre el psalmo de Miserere mei Deus,* Alcalá (Arnao Guillén de Brocar), 1511.
1149. *Expositio ac meditatio in psalmos Miserere mei Deus, Qui regis Israel, et tres versus psalmi In te Domine speravi* [seguida de unas *Precationes* de Erasmo], Amberes (Juan Steelsio), 1542. (B. N. P.).

SCADUTO (Mario), S. J.

1150. *Laínez e l'Indice del 1519: Lullo, Sabunde, Savonarola, Erasmo,* en *Archivum Historicum Societatis Iesu,* Roma, t. XXIV (1955), págs. 3-32.

SCHÄFER (Ernst).

1151. *Beiträge zur Geschichte des spanischen Protestantismus und der Inquisition im 16. Jahrhundert, nach den Original-Akten in Madrid und Simancas,* 3 vols., Gütersloh (C. Bertelsmann), 1902.
1152. *Índice de la "Colección de documentos inéditos de Indias",* 2 vols., Madrid (Instituto Gonzalo Fernández de Oviedo), 1946-1947.

SCHEVILL (Rudolf) [cf. núms. 382, 386, 389].

1153. *Erasmus and Spain,* en *Hispanic Review,* t. VII (1939), págs. 93-116. [Reseña de la edición original (francesa) del presente libro].
1154. *Erasmus and the fate of a liberalistic movement prior to the Counter Reformation,* en *Hispanic Review,* t. V (1937), págs. 103-123.
1155. *Studies in Cervantes: The question of Heliodorus,* en *Modern Philology,* Chicago, t. IV (1906-1907), págs. 677-704.

SCHNITZER (Joseph).

1156. *Savonarola,* trad. italiana de Ernesto Rutili, 2 vols., Milano (Fratelli Treves), 1931.

SCHOEPPER (Jacopo), véase JUAN DE LA CRUZ, núm. 769.

SCHOTT (Andrés) [con el pseudónimo A. S. PEREGRINUS].

1157. *Hispaniae bibliotheca,* Francfort (apud Claudium Marnium & haeredes Ioan. Aubril), 1608.

SCHUBART (Herta).

1158. *Arias Montano y el monumento al Duque de Alba,* en *Cruz y Raya,* Madrid, núm. 7 (octubre de 1933), págs. 33-75.

SELIG (Karl Ludwig).

1159. *Sulla fortuna spagnola degli "Adagia" di Erasmo,* en *Convivium,* Torino, t. XXV (1957), págs. 88-91.

1160. *Zu Valdés' erasmischen "Diálogo de Mercurio y Carón",* en *Bibliothèque d'Humanisme et Renaissance,* Genève, t. XX (1958), págs. 17-24.

SELKE DE SÁNCHEZ (Ángela).

1161. *Algunos datos nuevos sobre los primeros alumbrados. El edicto de 1525 y su relación con el proceso de Alcaraz,* en *B. H.,* t. LIV (1952), págs. 125-152.

1162. *El caso del Bachiller Antonio de Medrano, iluminado epicúreo del siglo xvi,* en *B. H.,* t. LVIII (1956), págs. 393-420.

1163. *¿Un ateo español en el siglo xvi? Las tentaciones del Doctor Juan López de Illescas,* en *Archivum,* Oviedo, t. VII (1958), págs. 25-47.

1164. *Vida y muerte de Juan López de Celain, alumbrado vizcaíno,* en *B. H.,* t. LXII (1960), págs. 136-162.

SEMPRÚN GURREA (José María).

1165. *Fadrique Furió Ceriol, consejero de príncipes y príncipe de consejeros,* en *Cruz y Raya,* Madrid, núm. 20 (noviembre de 1934), págs. 7-65.

SEPÚLVEDA (Juan Ginés de) [cf. núm. 237].

1166. *De cómo el estado de la milicia no es ageno de la religión christiana,* trad. Antonio Barba, Sevilla (Juan Cromberger), 1541.

1167. *Democrates alter, sive de justis belli causis apud Indos,* ed. y trad. de M. Menéndez y Pelayo, en *Bol. Ac. Hist.,* t. XXI (1892), págs. 257-369.

1168. *Demócrates segundo,* ed. crítica bilingüe por Ángel Losada, Madrid (C. S. I. C.), 1951.

1169. *Opera, cum edita, tum inedita,* ed. por la Real Academia de la Historia, 4 vols., Madrid (Tipografía de la Gazeta), 1780.

1170. *Tratado sobre las justas causas de la guerra contra los indios,* texto y trad., con un estudio de Manuel García Pelayo, México (Fondo de Cultura Económica), 1941.

SERRANO (Luciano), O. S. B.

1171. *Los conversos D. Pablo de Santa María y D. Alonso de Cartagena, obispos de Burgos, gobernantes, diplomáticos y escritores,* Madrid (Escuela de Estudios Hebraicos), 1942.

SERRANO Y SANZ (Manuel) [cf. núms. 89, 696, 1088, 1288, 1295].

1172. *Apuntes para una biblioteca de escritoras españolas,* 2 vols., Madrid (Biblioteca Nacional), 1903-1905.

1173. *Autobiografías y memorias,* coleccionadas e ilustradas por..., Madrid, 1905. (*N. B. A. E.,* t. II).

1174. *El Licenciado Juan de Cervantes y D. Íñigo López de Mendoza, cuarto Duque del Infantado*, en *Bol. Ac. Esp.*, t. XIII (1926), págs. 18-43.

1175. *Francisca Hernánde y el Bachiller Antonio de Medrano. Sus procesos por la Inquisición (1519-1532)*, en *Bol. Ac. Hist.*, t. XLI (1902), págs. 105-138.

1176. *Juan de Vergara y la Inquisición de Toledo*, en *R. A. B. M.*, t. V (1901), págs. 896-912; t. VI (1902), págs. 29-42, 486.

1177. *Libros manuscritos o de mano de la biblioteca del Conde de Gondomar* [catálogo redactado en 1623], en *R. A. B. M.*, t. VIII (1903), págs. 65-68, 222-228, 295-300.

1178. *Pedro Ruiz de Alcaraz, iluminado alcarreño del siglo xvi*, en *R. A. B. M.*, t. VIII (1903), págs. 1-16, 126-139.

SERVET (Miguel) [cf. núm. 170].

1179. *The two treatises of Servetus on the Trinity: On the errors of the Trinity...*, 1531; *Dialogues on the Trinity... On the righteousness of Christ's kingdom, 1532...*, now first translated into English by Earl Morse Wilbur, Cambridge, Mass. (Harvard University Press), 1932. (*Harvard Theological Studies*, t. XVI).

SICROFF (Albert A.).

1180. *Les controverses des Statuts de "pureté de sang" en Espagne du xvᵉ au xviiᵉ siècle*, Paris (Didier), 1960.

SIGÜENZA (Fr. José de) [cf. núm. 1329].

1181. *Historia de la Orden de San Jerónimo*, 2ª ed., Madrid, 1907-1909. (*N. B. A. E.*, tomos VIII y XII).

1182. *Historia del Rey de los reyes*, ed. del P. Luis Villalba Muñoz, 3 vols., El Escorial ("La Ciudad de Dios"), 1916.

1183. *Vida de San Gerónimo, doctor máximo de la Iglesia*, 2ª ed., Madrid (Imp. La Esperanza), 1853.

SIMANCAS (Diego de).

1184. *La vida y cosas notables del señor obispo de Zamora Don...*, escrita por el susodicho, ed. Manuel SERRANO Y SANZ, *Autobiografías y memorias* (*N. B. A. E.*, t. II), Madrid, 1905, págs. 151-210.

SIMAR (Théophile).

1185. *Christophe de Longueil humaniste (1488-1522)*, Louvain (Bureaux du Recueil), 1911.

SIMON (Richard).

1186. *Histoire critique du texte du Nouveau Testament*, Rotterdam (R. Leers), 1669.

SIMONE (Franco).

1187. *Nuovi rapporti tra il Reformismo e l'Umanesimo in Francia all'inizio del Cinquecento*, en *Belfagor*, t. IV (1949), págs. 149-167.

SMITH (Preserved).

1188. *A key to the Colloquies of Erasmus,* Cambridge, Mass. (Harvard University Press), 1927. (*Harvard Theological Studies,* t. XIII).

1189. *Erasmus. A study of his life, ideals and place in history,* New York-London (Harper & Brothers), 1923.

SOLA (José).

1190. *Nota bibliográfica. Códices, estudios, vidas, iconografía y ediciones de las obras del Beato Ávila,* en *Manresa,* t. XVII (1945), págs. 351-388.

SOTO (Fr. Domingo de), O. P. [cf. núm. 220].

1191. *De cavendo iuramentorum abusu,* Salamanca (Andrés de Portonariis), 1551.

1192. *De cómo se ha de evitar el abuso de los juramentos,* Toledo (Juan de Ayala), 1553. [Cf. núm. 314].

1193. *Summa de doctrina christiana,* Toledo (Juan de Ayala), 1554. (S. B. M.).

1194. *Summa de doctrina christiana* [al final del *Enchiridion* de XIMÉNEZ, núm. 1325], Amberes (Martín Nucio), 1554.

SOTO (Fr. Pedro de), O. P. [cf. núm. 325].

1195. *Compendium doctrinae catholicae in usum plebis christianae recte instituendae...,* Ingolstadt (Alexander Weissenhorn), 1549.

SOTOMAYOR (Antonio de).

1196. *Novissimus librorum prohibitorum et expurgandorum Index,* Madrid (Diego Díaz de la Carrera), 1640.

1197. *Index librorum prohibitorum et expurgandorum novissimus,* Madrid (Diego Díaz de la Carrera), 1667.

SOUSA VITERBO (Francisco Marques de).

1198. *A litteratura hespanhola em Portugal,* en *História e Memórias da Academia das Sciencias de Lisboa,* t. XII (1910-1915), parte 2ª [1918], págs. 151-454.

SPITZER (Leo).

1199. *Die Frage der Heuchelei des Cervantes,* en *Zeitschrift für Romanische Philologie,* t. LXVI (1936), págs. 138-178.

STROHL (Henri).

1200. *L'évolution religieuse de Luther jusqu'en 1515,* Strasbourg (Imprimerie Strasbourgeoise), 1922.

SUMA.

1201. *Suma de doctrina christiana* [catecismo del Emperador Fernando]... *agora nueuamente traduzida en romance* por I[uan] M[artín] C[ordero], Amberes (Guillermo Simón), 1558. (B. N. P.).

TALAVERA (Hernando de), véase EXIMENIÇ, núm. 594 [y cf. núm. 611].

TAMAYO DE VARGAS (Tomás).

1202. *Notae in Luitprandi Chronicon*, Madrid (Francisco Martínez), 1635.

TAPIA NUMANTINO (Martín).

1203. *Vergel de música*, Burgo de Osma (Diego Fernández de Córdova), 1570.

TELLE (Émile).

1204. *Érasme de Rotterdam et le septième sacrement. Étude d'évangélisme matrimonial au xvie siècle et contribution à la biographie intellectuelle d'Érasme*, Genève (E. Droz), 1954.

TELLECHEA (José Ignacio).

1205. *Bartolomé Carranza y la restauración católica inglesa (1554-1558)*, en *Anthologica Annua*, Roma, t. XII (1964), págs. 159-282.
1206. *Bartolomé de las Casas y Bartolomé Carranza. Una página amistosa olvidada*, en *Scriptorium Victoriense*, Seminario Diocesano de Vitoria, t. VI (1959), págs. 7-34.
1207. *Biblias publicadas fuera de España secuestradas por la Inquisición de Sevilla en 1552*, en *B. H.*, t. LXIV (1962), págs. 236-247.
1208. *El formulario de visita pastoral de Bartolomé Carranza*, en *Anthologica Annua*, Roma, t. IV (1956), págs. 385-437.
1209. *Españoles en Lovaina en 1551-1558. Primeras noticias sobre el bayanismo*, en *Revista Española de Teología*, Madrid, t. XXIII (1963), págs. 21-45.
1210. *Francisco de Navarra, Arzobispo de Valencia, amigo fiel de Carranza*, en *Estudios Eclesiásticos*, Madrid, t. XXXV (1960) [Miscelánea Antonio Pérez Goyena], págs. 365-376.
1211. *Fray Bartolomé Carranza. Documentos históricos*. Introducción general de.... prólogo de Gregorio Marañón. Tomo I: *Recusación del Inquisidor General Valdés*; tomo II: *Testificaciones de cargo* (Parte primera y Parte segunda), Madrid, 1962-1963. (*Archivo documental español* publicado por la Real Academia de la Historia, tomos XVIII, XIX-1, XIX-2).
1212. *Informaciones genealógicas sobre el Arzobispo Carranza*, en *Príncipe de Viana*, Pamplona, t. XXIII (1962), págs. 195-200.
1213. *Juan Bernal Díaz de Luco y su "Instrucción de perlados"*, en *Scriptorium Victoriense*, Vitoria, t. III (1956), págs. 190-209.
1214. *Juan de Valdés y Bartolomé Carranza*, en *Revista Española de Teología*, Madrid, t. XXI (1961), págs. 289-324.
1215. *La figura ideal del obispo en las obras de Erasmo*, en *Scriptorium Victoriense*, t. II (1955), págs. 201-230.
1216. *Los "Comentarios sobre el catechismo cristiano" de Bartolomé Carranza. Estudio sobre las correcciones autógrafas del autor (1559)*, en *B. H.*, t. LXI (1959), págs. 273-287.
1217. *Los prolegómenos jurídicos del proceso de Carranza. (El clima religioso español en 1559)*, en *Anthologica Annua*, t. VII (1959), págs. 215-336.

TENENTI (Alberto).

1218. *Il senso della morte e l'amore della vita nel Rinascimento*, Torino (Einaudi), 1957.

Teresa de Ávila (Santa) [cf. núms. 235, 312, 366, 1117, 1118].

1219. *Obras,* ed. del P. Silverio de Santa Teresa. Tomo I: *Libro de la vida,* Burgos (El Monte Carmelo), 1915.

Texeda (Fernando de) [cf. núm. 861].

1220. *Carrascón,* segunda vez impreso, ed. Luis de Usoz, [Madrid, 1847]. (*R. A. E.,* t. I).

1221. *Scrutamini scripturas: An exhortation of a Spanish converted monke, collected out of the Spanish authors themselves,* London (Thomas Harper), 1624.

Teza (Emilio).

1222. *Il sacco di Roma.* (*Versi spagnuoli*), en *Archivio della R. Società Romana di Storia Patria,* Roma, t. X (1887), págs. 203-240.

Thámara (Francisco), véase Bohemo, núm. 276; Carion, núms. 316, 317; Erasmo, núms. 459, 460; Polidoro Virgilio, núm. 1040.

Thomson (J. A. K.).

1223. *Erasmus in England,* en *Vorträge 1930-1931* de la Bibliothek Warburg, Leipzig, 1932, págs. 64-82.

Tirso de Molina.

1224. *Comedias escogidas, B. A. E.,* t. V.

Titelmans (Francisco), O. M.

1225. *De fide et moribus Aethiopum christianorum* [a continuación de la *chronica* de Amandus Zierixeensis], Amberes (S. Cocus), 1534. (B. N. M.).

Toffanin (Giuseppe).

1226. *Il Cinquecento,* Milano (F. Vallardi), 1929. (*Storia letteraria d'Italia,* t. VI).
1227. *La fine dell'umanesimo,* Milano (Bocca), 1920.

Tolosa (Fr. Juan de).

1228. *Aranjuez del alma,* Zaragoza (Lorenzo y Diego de Robles), 1589.

Torquemada (Antonio de) [cf. núms. 416, 1084].

1229. *Colloquios satíricos* [Mondoñedo, 1553], en M. Menéndez y Pelayo, *Orígenes de la novela,* t. II (*N. B. A. E.,* t. VII), págs. 485-581.

Torre (Felipe de la).

1230. *Institución de un rey christiano, colegida principalmente de la Santa Escritura y de sagrados Doctores,* Amberes (Martín Nucio), 1556.

Torre y del Cerro (Antonio de la) [cf. núm. 1268].

1231. *La Universidad de Alcalá. Datos para su estudio. Cátedras y catedráticos* desde la inauguración del Colegio de San Ildefonso hasta San Lucas de 1519, en R. A. B. M., t. XX (1909), págs. 412-423; t. XXI (1909), págs. 48-71, 261-285, 405-433.

1232. La Universidad de Alcalá. Estado de la enseñanza según las visitas de cátedras de 1524-25 a 1527-28, en Hom. Pidal, t. III, págs. 361-378.

TORRES NAHARRO (Bartolomé de).

1233. Propaladia, ed. Manuel Cañete, 2 vols., Madrid (Fernando Fe), 1880-1900. (Libros de antaño, tomos IX y X).

1234. Propalladia and other works, ed. Joseph E. Gillet, 4 vols., Bryn Mawr, Pennsylvania, 1943-1961. [El t. IV, "transcribed, edited and completed by Otis H. Green", se publicó en Philadelphia (University of Pennsylvania Press)].

TOVAR (Antonio), véase núm. 1054.

TOYNBEE (Paget).

1235. Dante notes, en Modern Language Review, t. XX (1925), págs. 43-47, 454-460.

TUCÍDIDES.

1236. La historia de Thucydides, que trata de las guerras entre los peloponeses y athenienses, trad. Diego Gracián de Alderete, Salamanca (Juan de Cánova), 1564.

UNAMUNO (Miguel de).

1237. Del sentimiento trágico de la vida, 4ª ed., Madrid (Renacimiento), 1931.

1238. En torno al casticismo [1895], 2ª ed., en Ensayos, t. I, Madrid (Ediciones de la Residencia de Estudiantes), 1916.

1239. Vida de Don Quijote y Sancho, 2ª ed., Madrid (Renacimiento), 1914.

USOZ Y RÍO (Luis de), véase GONZÁLEZ DE MONTES, núm. 675; HISTORIA, núm. 727; PONCE DE LA FUENTE, núm. 1049; TEXEDA, núm. 1220; VALDÉS, núms. 1249, 1257, 1258; VALERA, núm. 1259.

UZTARROZ, véase ANDRÉS, núm. 116.

VACANT (A.), E. MANGENOT, E. AMANN.

1240. Dictionnaire de théologie catholique, tomos I-XIII, Paris (Letouzey), 1902-1935.

VAGANAY (Hugues).

1241. Bibliographie hispanique extra-péninsulaire. Seizième et dix-septième siècles, en R. H., t. XLII (1918), págs. 1-304.

VALDÉS (Alfonso de) [cf. núms. 61, 62, 150, 188, 304, 322, 914, 944, 954-957, 963, 1160, 1331].

1242. Alphonsi Valdesii litteras XL ineditas... [edidit] Eduardus Boehmer, en Homenaje a Menéndez y Pelayo, Madrid, 1899, t. I, págs. 385-412.

1243. *Cartas inéditas de Alfonso de Valdés sobre la Dieta de Augsburgo,* publicadas con una introducción por Giuseppe Bagnatori, en *B. H.,* t. LVII (1955), págs. 353-374.

1244. *Diálogo de las cosas ocurridas en Roma,* ed. José F. Montesinos, Madrid 1928. *(Clás. Cast.,* t. LXXXIX).

1245. [*Diálogo de las cosas ocurridas en Roma*] *Alfonso de Valdés and the sack of Rome: Dialogue of Lactancio and an Archdeacon,* English version with introduction and notes by John E. Longhurst, with the collaboration of Raymond R. MacCurdy, Albuquerque (The University of New Mexico Press), 1952.

1246. *Diálogo de Mercurio y Carón,* ed. José F. Montesinos, Madrid, 1929. *(Clás. Cast.,* t. XCVI).

VALDÉS (Fernando de).

1247. *Cathalogus librorum qui prohibentur mandato... Ferdinandi de Valdés,* Valladolid (Sebastián Ramírez), 1559. (Biblioteca de San Esteban, Salamanca). [Cf. núm. 749].

VALDÉS (Juan de) [cf. núms. 132, 172, 304, 322, 338, 391, 392, 438, 830, 914, 956, 960, 995, 1096, 1214].

1248. *Alfabeto cristiano. Dialogo con Giulia Gonzaga,* ed. Benedetto Croce, Bari (Laterza), 1938. *(Biblioteca di cultura moderna,* t. 311).

1249. *Alfabeto cristiano...* Reimpresión fiel del traslado italiano (1546); añádense ahora dos traduzciones modernas, una en castellano, otra en inglés, ed. Luis de Usoz, Londres, 1861. *(R. A. E.,* t. XV).

1250. *Cartas inéditas de Juan de Valdés al Cardenal Gonzaga,* ed. José F. Montesinos, Madrid, 1931. *(Anejos de la R. F. E.,* t. XIV).

1251. *Diálogo de doctrina cristiana,* reproduction en fac-similé de l'exemplaire de la Bibliothèque Nationale de Lisbonne (édition d'Alcalá de Henares, 1529), avec une introduction et des notes par Marcel Bataillon, Coimbra (Imprensa da Universidade), 1925.

1252. *Diálogo de doctrina cristiana* [reimpresión sin notas "con motivo del cuarto centenario", epílogo de T. Fliedner], Madrid (Librería Nacional y Extranjera), 1929.

1253. *Diálogo de doctrina cristiana,* ed. B. Foster Stockwell, Buenos Aires-México (ed. "La Aurora"), 1946. *(Obras clásicas de la Reforma,* t. XII).

1254. *Diálogo de la lengua,* ed. José F. Montesinos, Madrid, 1928. *(Clás. Cast.,* t. LXXXVI).

1255. *Diálogo de la lengua,* ed. José Moreno Villa, Madrid, 1919. *(Biblioteca Calleja).*

1256. *El Evangelio según San Mateo declarado por Juan de Valdés,* ed. Eduard Boehmer, Madrid (Librería Nacional y Extranjera), 1880.

1257. *La Epístola de San Pablo a los Romanos y la I. a los Corinthios,* ambas traduzidas y comentadas por Juan de Valdés, ed. Luis de Usoz, [Madrid], 1856. *(R. A. E.,* tomos X-XI).

1258. *Ziento y diez consideraziones...,* trad. Luis de Usoz, 2ª ed. revisada, Londres [Madrid], 1863. *(R. A. E.,* t. XVII).

VALERA (Cipriano de).

1259. *Los dos tratados del Papa i de la Misa,* ed. Luis de Usoz, [Madrid], 1851. *(R. A. E.,* t. VI).

VALERIO FLACCO (C).

1260. *Argonautica per Laurentium Balbum Liliensem recognita et accuratissime castigata*, Alcalá (Miguel de Eguía), 1524. (B. C.).

VALERIO MÁXIMO.

1261. *Valerio Máximo... de los notables dichos y hechos de romanos y griegos*, trad. Ugo de Urríes, Alcalá (Miguel de Eguía), 1529. (B. U. S.).

VALTANÁS (Fr. Domingo de), O. P. [cf. núms. 221, 231, 234, 733, 734].

1262. *Apología de la freqüentación de la sacrosanta Eucharistía y comunión*, Sevilla (Martín de Montesdoca), 1558. (Biblioteca de la Hispanic Society of America, New York).

1263. *Apología sobre ciertas materias morales en que hay opinión*, Sevilla (Martín de Montesdoca), 1556. (Biblioteca de la Hispanic Society of America, New York).

1264. *Apología sobre ciertas materias morales en que hay opinión y Apología de la comunión frecuente*, estudio preliminar y edición de Álvaro Huerga, O. P., y Pedro Sainz Rodríguez, Barcelona (Juan Flors), 1963. (*Espirituales españoles*, t. XII).

1265. *Compendio de sentencias morales, y de algunas cosas notables de España*, Sevilla (Martín de Montesdoca), 1555. (B. M.).

1266. *Doctrina christiana*, Sevilla (Martín de Montesdoca), 1555. (B. N. M.).

1267. *Flos sanctorum*, Sevilla (Sebastián de Trujillo), 1558. (B. M.).

VALLEJO (Juan de).

1268. *Memorial de la vida de Fr. Francisco Jiménez de Cisneros*, ed. Antonio de la Torre y del Cerro, Madrid (Bailly-Baillière), 1913.

VALLÉS (Francisco).

1269. *Libro de refranes copilado por el orden del A. B. C.*, Zaragoza (Juana Milián para Miguel de Çapila), 1549.

VAN DURME (Maurice).

1270. *El Cardenal Granvela (1517-1586). Imperio y revolución bajo Carlos V y Felipe II*, Barcelona (Teide), 1957.

1271. *Granvelle et Plantin*, en *Estudios dedicados a Menéndez Pidal*, t. VII, vol. 1 (Madrid, 1957), págs. 225-273.

1272. *Supplément à la correspondance de Christophe Plantin*, Anvers (Nederlandsche Boekhandel), 1955.

VANDER HAEGHEN, véase BIBLIOTHECA ERASMIANA, núms. 269 y 270.

VANEGAS (Alejo), véase VENEGAS.

VASAEUS (Joannes) [cf. núm. 732].

1273. *Index rerum et verborum copiosissimus ex Des. Erasmi Roterodami Chiliadibus per Joannem Vasaeum Brugensem collectus... Item alter Index locorum ex autoribus quibusdam, tum Graecis tum Latinis, quibus Erasmus* quoquo pacto videtur lucis aliquid addidisse, per eundem, Coimbra (Juan de Barrera y Juan Álvarez), 1549. (Biblioteca de Ajuda, Lisboa).

VÁZQUEZ (Fr. Dionisio), O. S. A.

1274. Sermones, ed. del P. Félix G. Olmedo, S. J., Madrid, 1943. (Clás. Cast., t. CXXIII).

VÁZQUEZ NÚÑEZ (Guillermo).

1275. Manual de historia de la Orden de Nuestra Señora de la Merced. Tomo I: 1218-1574, Toledo (Editorial Católica Toledana), 1931.

VEGA (Lope de) [cf. núms. 178, 776, 900].

1276. Comedias escogidas, 4 vols., B. A. E., tomos XXIV, XXXIV, XLI, LII.
1277. Obras sueltas, 21 vols., Madrid (Sancha), 1776-1779.
1278. Poesías líricas, ed. José F. Montesinos, 2 vols., Madrid, 1926-1927. (Clás. Cast., tomos LXVIII, LXXV).

VELA (Gregorio de Santiago), O. S. A.

1279. Ensayo de una biblioteca ibero-americana de la Orden de San Agustín, tomos I-III y V-VIII, Madrid (Imp. del Asilo de Huérfanos) [t. VIII, El Escorial], 1913-1931.

VELÁZQUEZ DE FIGUEROA (V.), véase ALCOCER MARTÍNEZ, núm. 98.

VELLOSILLO (Fernando).

1280. Advertentiae scholasticae in B. Chrysostomum et quatuor Doctores Ecclesiae, Alcalá (Juan Íñiguez de Lequerica), 1585.

VENEGAS (Alejo).

1281. Agonía del tránsito de la muerte, ed. Miguel MIR, Escritores místicos españoles, t. I (N. B. A. E., t. XVI), Madrid, 1911, págs. 105-318.
1282. Primera parte de las diferencias de libros que ay en el universo, Toledo (Juan de Ayala), 1540.

VERGARA (Francisco de) [cf. núm. 267].

1283. D. Basilii Magni conciones novem antehac nusquam excusae... in Latinum sermonem translate, interprete Francisco Vergara, Alcalá (Juan Brocar), 1544. (B. N. M.).
1284. Graecorum characterum, apicum et abbreviationum explicatio cum nonnullis aliis, Alcalá (Miguel de Eguía), 1526. (B. D.).
1285. [Recopilación de textos griegos] Τὰ συνεχόμενα: Λουκιανοῦ Σαμοσατέως Ἰκαρομένιππος ἢ ὑπερνέφελος, etc. [LUCIANO, Icaromenipo, Neptuno y Mercurio; JENOFONTE, Hierón; ISÓCRATES, A Demónico; DEMÓSTENES, Tres Olintíacas; LIBANIO, Declamación de Menelao; GREGORIO NISENO, Sobre el estudio de la teología; Epigramas sobre la vida humana], Alcalá (Miguel de Eguía), 1524. (Bodl.).

VERGARA (Juan de) [cf. núms. 11, 12, 33, 63-66, 188, 829, 1132, 1176].

1286. *Tratado de las ocho qüestiones del templo* [Toledo, 1552], reimpreso por Francisco Cerdá y Rico, *Clarorum Hispanorum opuscula...* (núm. 376), al final [94 págs., numeración independiente].

VERZOSA (Juan de).

1287. *Epístolas*, ed., traducción y notas de José López de Toro, Madrid (C. S. I. C.), 1945. (Col. *Clásicos españoles*, t. II).

VIAJE DE TURQUÍA [cf. núms. 76-80, 151, 158, 182, 189, 191, 196, 655, 885].

1288. *Viaje de Turquía* [atribuido a Cristóbal de VILLALÓN], ed. Manuel Serrano y Sanz, *Autobiografías y memorias* (*N. B. A. E.*, t. II), págs. 1-149.
1289. *Viaje de Turquía*, ed. Antonio G. Solalinde, 2 vols., Madrid (Calpe), 1919. (*Biblioteca universal*, núms. 38-43).

VICENTE (Gil) [cf. núms. 210, 899, 924, 925, 1079].

1290. *Obras*, ed. Mendes dos Remédios, 3 vols., Coimbra (França Amado), 1907-1914.
1291. *Obras completas*, ed. Marques Braga, t. I: *Obras de devaçam*, Coimbra (Imprensa da Universidade), 1933.

VILANOVA (Antonio).

1292. *Erasmo y Cervantes*, Barcelona (C. S. I. C.), 1949.

VILLA (Fr. Benito), véase BIBLIA, núms. 254, 255.

VILLALBA MUÑOZ (Luis), véase SIGÜENZA, núm. 1182.

VILLALÓN (Cristóbal de) [cf. núms. 107-110, 596, 962, 1101].

1293. *El Scholástico*, ed. M. Menéndez y Pelayo, Madrid, 1911. (*Sociedad de Bibliófilos Madrileños*, t. V).
1294. *Grammática castellana*, Amberes (Guillermo Simón), 1558. (B. N. M.).
1295. *Ingeniosa comparación entre lo antiguo y lo presente* [Valladolid, 1539], ed. Manuel Serrano y Sanz, Madrid, 1898. (*Sociedad de Bibliófilos Españoles*, 1ª serie, t. XXXIII).
1296. *La tragedia de Myrrha* [Medina del Campo (Pedro Tovans), 1536], ed. J Rogerio Sánchez, Madrid (Victoriano Suárez), 1926.
1297. *Prouechoso tratado de cambios y contrataciones de mercaderes, y reprouación de vsura*, Valladolid (Francisco Fernández de Córdova), 1546. (B. N. M.).
1298. [*Provechoso tratado de cambios...*] *Una obra de derecho mercantil del siglo XVI de Cristóbal de Villalón*. Reproducción en fotograbado... Universidad de Valladolid, 1945. ["Homenaje... al catedrático de Derecho mercantil... D. José María González de Echavarri y Vivanco. Los capítulos están glosados por discípulos esclarecidos del homenajeado"].

VILLALÓN (Obras atribuidas a Cristóbal de): véase CRÓTALON, núm. 415; DIÁLOGO DE LAS TRANSFORMACIONES, núm. 431; VIAJE DE TURQUÍA, núms. 1288, 1289.

VILLANUEVA (Joaquín Lorenzo).

1299. *De la lección de la Sagrada Escritura en lenguas vulgares,* Valencia (Benito Monfort), 1791.

VILLEY (Pierre).

1300. *Les sources italiennes de "La défense et illustration de la langue françoise" de Joachim du Bellay,* Paris (H. Champion), 1908.

VILLOSLADA (Ricardo G.), véase GARCÍA VILLOSLADA.

VINDEL (Francisco).

1301. *Manual gráfico-descriptivo del bibliófilo hispano-americano (1475-1850)*, 12 vols., Madrid (J. Góngora), 1930-1934.

VIÑAZA (Conde de la) [cf. núm. 823].

1302. *Biblioteca histórica de la filología castellana,* Madrid (M. Tello), 1893.

VIRUÉS (Fr. Alonso de), véase RUIZ DE VIRUÉS.

VITERBO (Francisco Marques de Sousa), véase SOUSA VITERBO.

VITORIA (Fr. Francisco de), O. P. [cf. núms. 111, 230, 233, 241, 647].

1303. *Comentarios a la Secunda Secundae de Santo Tomás,* ed. Vicente Beltrán de Heredia. Tomo I: *De fide et spe;* tomo II: *De caritate et prudentia;* tomos III y IV: *De justitia;* t. V: *De justitia et fortitudine;* t. VI: *De virtute temperantiae...* [etc.], 6 vols., Salamanca (Convento de San Esteban), 1932-1952. (*Biblioteca de teólogos españoles,* tomos II-VI, XVII).
1304. *Relecciones de indios y Del derecho de guerra,* texto latino y versión al español por el Marqués de Olivart, Madrid (Espasa-Calpe), 1928.

VIVES (Juan Luis) [cf. núms. 152, 159, 281, 621, 1316].

1305. *Ad animi exercitationem in Deum commentatiunculae,* Amberes, 1535.
1306. *Comentarios para despertamiento del ánimo en Dios y preparación del ánimo para orar,* trad. Diego Ortega de Burgos, Amberes (Miguel Hillenio), 1537. (B. N. L.).
1307. *Comentarios para despertamiento del ánimo en Dios...,* Burgos (Juan de Junta), 1539. (B. N. M.).
1308. *Exercitationes linguae latinae* [falsa portada: Breda, 1538; cf. *infra,* pág. 645, nota 4].
1309. *Instrucción de la muger christiana,* trad. Juan Justiniano, revisada, Alcalá, 1529. (B. N. M.).
1310. *Instrucción de la muger christiana,* Valladolid (Diego Fernández de Córdova), 1584. (B. N. M.).
1311. *Introducción a la sabiduria,* trad. Diego de Astudillo, *B. A. E.,* t. LXV, págs. 239-260.
1312. *Obras completas,* trad. Lorenzo Riber, 2 vols., Madrid (Aguilar), 1947.
1313. *Opera omnia,* ed. Gregorio Mayáns y Siscar, 8 vols., Valencia (Benito Monfort, 1782. [En el tomo I, la *Vivis vita,* de Mayáns].

VOCHT (Henry de).

1314. *History of the foundation and the rise of the Collegium Trilingue Lova-niense, 1517-1560*, 4 vols., Université de Louvain, 1951-1955. (*Recueil de travaux d'histoire et de philologie*, 3e série, fasc. 42; 4e série, fasc. 4, 5, 10).

1315. *Literae virorum eruditorum ad Franciscum Craneveldium, 1522-1528*, Louvain (Librairie Universitaire), 1928.

1316. *Monumenta humanistica Lovaniensia. Texts and studies about Louvain humanists in the first half of the 16th century: Erasmus, Vives, Dorpius, Clenardus, Goes, Moringus*, Louvain (Librairie Universitaire), 1934. (*Humanistica Lovaniensia*, t. IV).

WADDING (Lucas), O. M.

1317. *Annales Minorum ab origine Ordinis ad annum 1540...*, 25 vols., Roma (R. Bernabò), 1731-1886.

WARDROPPER (Bruce W.).

1318. *Historia de la poesía lírica a lo divino en la cristiandad occidental*, Madrid (Revista de Occidente), 1958.

WARREN (Fintan B.), O. F. M.

1319. *Vasco de Quiroga and his pueblo-hospitals of Santa Fe*, Washington, D. C. (Academy of American Franciscan History), 1963.

WATRIGANT (Henri), S. J.

1320. *La méditation fondamentale avant saint Ignace*, Enghien (Bibliothèque des Exercices), 1907.

WEINREICH (Otto).

1321. [*"Spes et fortuna valete"*], en *Schwäbisches Tageblatt*, Nr. 123 (25 dic. 1948), pág. 5.

WELZIG (Werner).

1322. *Der Begriff christlicher Ritterschaft bei Erasmus von Rotterdam*, en *Forschungen und Fortschritte*, Berlin, 35, III (1961), págs. 76-78.

WESTCOTT-HORT.

1323. *The New Testament in the original Greek*, Text revised by Brooke Foss Westcott and Fenton John Anthony Hort, Cambridge-London (Macmillan), 1881.

WILBUR (Earl Morse), véase SERVET, núm. 1179.

XIMÉNEZ (Fr. Diego), O. P.

1324. *Enchiridion o Manual de doctrina christiana*, Lisboa (Germãc Galharde), 1552. [Según ANSELMO].

1325. *Enchiridion...*, *Sermón de la Magdalena, Exposición del psalmo Miserere*, Amberes (Martín Nucio), 1554.

ZANTA (Léontine).

1326. *La renaissance du stoïcisme au xvie siècle,* Paris (H. Champion), 1914.

ZAPATA (Antonio).

1327. *Novus librorum prohibitorum et expurgatorum Index,* Sevilla (Francisco de Lyra), 1632.

ZARCO CUEVAS (Julián), O. S. A.

1328. *Catálogo de los manuscritos castellanos de la Real Biblioteca del Escorial,* 3 vols., Madrid (Imp. Helénica), 1924-1929.

1329. *El proceso inquisitorial del P. Fr. José de Sigüenza (1591-1592),* en *Religión y Cultura,* t. I (1928), págs. 38-59.

1330. *La escuela poética salmantino-agustiniana a fines del siglo xvi,* en *Archivo Agustiniano,* t. XXXIII (1930), págs. 100-131.

1331. *Testamentos de Alonso y Diego de Valdés,* en *Bol. Ac. Esp.,* t. XIV (1927), págs. 679-685.

ZAVALA (Silvio).

1332. *Ideario de Vasco de Quiroga,* México (El Colegio de México), 1941.

1333. *La "Utopía" de Tomás Moro en la Nueva España y otros estudios,* México (Robredo), 1937.

1334. *Letras de Utopia. (Carta a Don Alfonso Reyes),* en *Cuadernos Americanos,* I (1942), núm. 2, págs. 146-152.

1335. *Nuevas notas en torno a Vasco de Quiroga,* en *Hommage à Jean Sarrailh* (Paris, 1965). [Recogido en el libro *Recuerdo de Vasco de Quiroga,* México (Porrúa), 1965, págs. 117-135].

1336. *Sir Thomas More in the New Spain: An Utopian adventure of the Renaissance,* London (The Hispanic and Luso-Brazilian Councils), 1955. (Col. *Diamante,* t. III).

1337. *Thomas More au Mexique,* en *Annales: Économies, Sociétés, Civilisations,* Paris, t. III (1948), págs. 1-8.

ZUMÁRRAGA (Fr. Juan de), O. M. [cf. núm. 644].

1338. *Dotrina breue muy prouechosa de las cosas que pertenecen a la fe cathólica y a nuestra cristiandad* [México, 1543], reeditada en facsímil por Zeph. Englehardt, O. F. M., New York (United States Catholic Historical Society), 1928.

1339. *Regla christiana breue* [México, 1547], reeditada con introd. y notas por José Almoina, México (Editorial Jus), 1951.

ZÚÑIGA (Diego López), véase LÓPEZ ZÚÑIGA.

ZÚÑIGA (Don Francesillo de).

1340. *Crónica,* ed. Adolfo de Castro, *B. A. E.,* t. XXXVI, págs. 9-54.

ZURITA (Jerónimo) [cf. núm. 60].

1341. *Dictamen acerca de la prohibición de obras literarias por el Santo Oficio* en *R. A. B. M.,* t. VIII (1903), págs. 218-221.

Capítulo I

CISNEROS Y LA PRERREFORMA ESPAÑOLA

I. *La reforma cisneriana. Clero secular. Órdenes monásticas.*
II. *La Universidad de Alcalá de Henares.* III. *Los estudios escriturales. Un independiente: Antonio de Nebrija. La Academia bíblica de Cisneros. La Biblia Poliglota.* IV. *Vulgarización de la Escritura, de los Padres y de los místicos. La sabiduría antigua y la renovación cristiana.* V. *La cristiandad frente al Islam. Expedición de Orán. Esperanzas mesiánicas. Charles de Bovelles en España. Islam y judaísmo en la Península. La Inquisición.* VI. *Profetismo e iluminismo. El misterioso Fray Melchor y Fray Juan de Cazalla. Las "beatas".*

I

EL CARDENAL Jiménez de Cisneros [1] muere en el momento de deponer la carga de la regencia en manos de Carlos de Gante, ocho días después de que Lutero clava sus tesis en la puerta de la Schlosskirche de Wittenberg. Confesor de la reina Isabel desde 1492, casi inmediatamente después provincial de los franciscanos de Castilla, Arzobispo de Toledo y Primado de las Españas desde 1495, Inquisidor General desde 1507, regente del reino en dos ocasiones, este fraile domina tan claramente la vida religiosa española durante los veinte años que preceden al estallido de la Reforma, que no podemos menos de remontarnos hasta él si queremos comprender la actitud de España frente a la revolución protestante.

El movimiento espiritual que nos proponemos estudiar en este libro no nació del acto revolucionario de Lutero. Quizá sea en él donde Prerreforma, Reforma y Contrarreforma manifiestan mejor su unidad profun-

---

[1] La obra fundamental sigue siendo la de Álvar Gómez de Castro, *De rebus gestis a Francisco Ximenio Cisnerio...*, Alcalá, 1569. El manuscrito autógrafo de Álvar Gómez, conservado en la Universidad de Madrid (Biblioteca de Derecho), es casi siempre más completo o más explícito. Lo designamos Álvar Gómez, *Ms.* Hay todavía mucho que espigar en el panegírico de Fray Pedro de Quintanilla, *Archetypo de virtudes, espejo de prelados, el Venerable Padre y Siervo de Dios Fray Francisco Ximénez de Cisneros,* Palermo, 1653, y sobre todo en el apéndice intitulado *Archivo complutense.* La obra descansa en una enorme documentación reunida para la beatificación de Cisneros; pero, escrita en un espíritu hagiográfico y no histórico, sus indicaciones son siempre sospechosas, aun en casos en que tienen base documental. El libro más accesible de Hefele, *Le Cardinal Ximénès* (trad. francesa de Sisson-Crampon), Lyon-Paris, 1856, es todavía útil. La obra de conjunto más reciente es el voluminoso *Cisneros y su siglo,* del redentorista L. Fernández de Retana, Madrid, 1929-1930, 2 vols.—Sobre su personalidad, véase ahora José López de Toro, *Perfiles humanos de Cisneros. (Trayectoria de una biografía).* Discurso de ingreso en la Real Academia de la Historia, Madrid, 1958.

1

da. La España de Cisneros contiene en germen todo lo que desarrollará la de Carlos V y todo lo que se esforzará en salvar la de Felipe II. Pero nos será imposible comprender lo que era esta España mientras nos limitemos a repetir "que la reforma se pedía por todos los buenos y doctos; que la reforma empezó en tiempo de los Reyes Católicos y continuó en todo el siglo xvi; que a ella contribuyó en gran manera la severísima Inquisición; pero que la gloria principal debe recaer en la magnánima Isabel y en Fray Francisco Jiménez de Cisneros".[2]

Emprenderíamos falsa ruta si quisiéramos creer que, gracias a él, los problemas que inundaron a Europa en sangre y fuego no se presentaron en España; si quisiéramos hacer de Cisneros una especie de Savonarola mitrado y casi coronado, que logró extirpar los abusos de la Iglesia española hasta el punto de quitar todo su objeto a la Reforma. Muy pobre concepto de la Reforma es el que ve en ella una simple rebelión contra los "abusos".[3] El más formidable empuje del espíritu evangélico desde la constitución de la Iglesia, empuje preparado por todo el siglo xv, no puede tratarse como fenómeno secundario, simple espuma brotada de esa agitación. En realidad, Cisneros, fundador de la Universidad de Alcalá, inspirador de la Biblia Poliglota, pertenece a la historia de la Prerreforma por toda una obra creadora que lo coloca en primera fila entre los promotores de aquella *philosophia Christi* que va a entusiasmar a Europa, y cuyos destinos en España quisiéramos seguir. Uno de los varios aspectos de esa obra de Cisneros es su actividad reformadora.

Por lo que alcanzamos a saber de ella a través de sus biógrafos, estuvo lejos de ser tan radical como él pudo haberla soñado desde el fondo de su celda. Investido del mando, el fraile se revela hombre de acción hasta en su sentido de los obstáculos y de la necesaria colaboración del tiempo. En más de una de sus empresas, después de un arranque intrépido y sin titubeos, observamos un momento de reposo, y como de oración, en que se resigna a sortear el obstáculo y se pone en manos de Dios para vencerlo. Tal es su conducta con los canónigos de Toledo, cuando recibe el cargo de arzobispo.[4] A los dos delegados que le llevan hasta Aragón la enhorabuena del cabildo, no les oculta sus proyectos de reforma: intenta nada menos que instituir la vida en común para los canónigos y racioneros, y la vida claustral para los oficiantes de la semana; habrá que construir, para ello, alojamientos adecuados junto a la catedral. No bien se propone el plan, cuando ya está dando órdenes al albañil. Pero los canónigos de Toledo son personajes a quienes no se reduce tan fácilmente a la obediencia monástica. Envían a uno de ellos, Albornoz, a protestar a Roma. Cisneros no tarda en averiguar el secreto de esta misión, y se les adelanta. Albornoz es aprehendido, al desembarcar, por los buenos oficios del embajador Gar-

    2 Menéndez y Pelayo, *Historia de los heterodoxos españoles*, 2ª ed., t. IV, Madrid, 1928, pág. 32.
    3 Véase Lucien Febvre, *Une question mal posée. Les origines de la Réforme française et le problème général des causes de la Réforme*, en la *Revue Historique*, Paris, t. CLXI (1929), pág. 25.
    4 Álvar Gómez, *op. cit.*, fols. 16 vº-18 rº.

cilaso de la Vega, y el imprudente canónigo, enemigo del claustro, vuelve a Toledo para quedar encarcelado. No obstante, cuando entra en contacto con el cabildo, el Arzobispo comprende que las resistencias serán fuertes, y decide apelar a la buena voluntad de aquellos hombres. Los invita a someterse a la regla agustiniana, pero, haciendo suyas las palabras de Elías, afirma su deseo de "tratar y arreglar todo con su Iglesia, no en el fuego y las conmociones, sino en el soplo dulcísimo de una brisa ligera, es decir, en la suavidad y la mansedumbre". El edificio construido para los canónigos, que ellos jamás llegaron a habitar, es un testimonio, para la posteridad, de este quijotismo reformador.[5]

Pero hay en Cisneros una fuerza inagotable que se ejercita, según las ocasiones, en luchas contra las voluntades rebeldes, en fundaciones, en construcciones, en cruzadas, en menudas providencias administrativas. Estas últimas, que nos importaría tanto conocer, y que pudieron modificar sensiblemente la faz de sus diócesis, no merecieron, desgraciadamente, la atención de sus primeros biógrafos, y los documentos de que éstos hubieran podido servirse han quedado pulverizados por las injurias del tiempo. Se han encontrado las constituciones promulgadas por los sínodos que Cisneros convocó en Alcalá y Talavera en 1497 y 1498.[6] Contienen las disposiciones ordinarias en este género de documentos, por ejemplo, contra los sacerdotes concubinarios. Pero demuestran, y esto sí que es mucho más raro, una viva preocupación por hacer que la cura de almas no sea una vana palabra. Los sacerdotes debían residir, y debían también frecuentar la confesión lo más posible para celebrar con mayor pureza la misa. Los curas estaban obligados, bajo pena de multa, a explicar cada domingo a los fieles el evangelio del día y a enseñar la doctrina a los niños. Se publicó un catecismo muy rudimentario, junto con las constituciones sinodales. Es imposible saber hasta qué punto se aplicaron éstas. Queda por lo menos un documento en que se revela el pastor atento a llevar la cuenta de sus ovejas: una estadística por parroquias de los toledanos que en 1503 no cumplieron con la pascua.[7]

La aristocracia del clero diocesano seguía reacia a los planes del prelado reformador. Todavía en 1504, pocos meses antes de la muerte de Isabel, Cisneros ve levantarse contra él al cabildo de la catedral a causa de una inspección para la cual ha delegado sus poderes en el provisor Villalpando y en el canónigo Fernando de Fonseca. El cabildo se niega a reconocer su autoridad, y el antiguo nuncio Ortiz los excomulga. Sabiendo que los actos enérgicos no son del desagrado del Arzobispo, sus mandatarios no vacilan en encarcelar a Ortiz, lo mismo que a los canónigos Sepúlveda y Barzana, cabecillas de la resistencia. Pero al cabo, lo mismo que en 1495, Cisneros cede, pues respeta demasiado el orden establecido para atacar las prerrogativas seculares del cabildo.[8]

La hostilidad con que choca, él que se guiaba únicamente por la gloria

[5] E. Lambert, *Tolède*, Paris, 1925, pág. 70.
[6] Fernández de Retana, *op. cit.*, t. I, págs. 272 *ss.*
[7] B. D. (Universidad Central, Madrid), leg. V, n⁰ 466.
[8] Fernández de Retana, *op. cit.*, t. I, págs. 333 *ss.*

de Dios, es testimonio de una grave incompatibilidad entre el grueso del clero y las aspiraciones reformadoras de un pequeño número. El Concilio de Letrán arrojará sobre este contraste, en toda la cristiandad, una luz inquietante. En resumidas cuentas, la mayoría de los clérigos no está ni más ni menos corrompida moralmente que las demás clases sociales. No se distingue ni por sus virtudes de castidad y obediencia ni por su cultura intelectual. Si un Hernando de Talavera o un Cisneros, escogidos como directores de conciencia por una reina excepcional, muestran repugnancia vivísima cuando ésta quiere hacerlos arzobispos,[9] es porque la vida normal de un prelado no se distingue en nada de la de un gran señor. Cisneros, en un principio, se propone observar en el trono arzobispal lo más posible de la pobreza franciscana, pero este gesto parece tan revolucionario, que el Papa tiene que llamarlo a la "decente observancia" de su estado.[10] El clero secular, en masa, ha renegado casi de su magisterio espiritual. Aquí está una de las causas del prodigioso empuje de las órdenes monásticas, y especialmente de las órdenes mendicantes: a los ojos de una sociedad en que la preocupación por la salvación es más viva que nunca, aparecen estos frailes como los verdaderos representantes del ideal cristiano.

Ello no quiere decir que la necesidad de reforma, aun así, deje de ser inmensa. Pero la reforma de las órdenes[11] se presenta de muy distinta manera que la del clero secular. Cisneros, desde el momento en que fue elegido confesor por Isabel, pudo emprender con éxito esa tarea, robustecido como estaba con la autoridad real, y asimismo con los poderes que tenía de Roma. Un breve de Alejandro VI a los Reyes Católicos, de fecha 27 de marzo de 1493, les concede amplias facultades para reformar ciertos monasterios femeninos. Y el 13 de febrero de 1495 queda Cisneros encargado de esa reforma.

¿Se vieron particularmente coronados con el éxito los esfuerzos hechos en este campo? Así parecería, a juzgar por lo que se lee en un panegírico del prelado, escrito, poco antes de la muerte de éste, por el humanista Hernando Alonso de Herrera:

Sonle también en debda las mujeres, por muchas razones: la primera, porque a las monjas de todas las órdenes les mostrastes a vevir más recatadamente, quitándoles la hospedería de religiosísimos ancianos sacerdotes que, aunque no se deshonestaban, daban a las malas lenguas materia de murmurar. La segunda, por haberles edificado en Alcalá, en Toledo, y en otros cabos, asaz monesterios

---

[9] Para Cisneros, véase Wadding, *Annales Minorum*, t. XV, págs. 109 *ss.*, y Álvar Gómez, *op. cit.* Para Hernando de Talavera, véase Fray José de Sigüenza, *Historia de la Orden de San Jerónimo*, reimpresión de la *N. B. A. E.*, t. XIII, pág. 299.

[10] "Grata est Deo et laudabilis cujuslibet status condecens observantia." Breve de 15 de diciembre de 1495, citado por Wadding.

[11] El estudio de la reforma de las órdenes no puede emprenderse aún, como sería necesario, a base de documentos de los archivos monásticos. Los que han permanecido en los conventos no están abiertos al público. Los innumerables legajos provenientes de los monasterios secularizados en el siglo XIX por las leyes de desamortización son todavía innaccesibles: constituyen en el A. H. N. un depósito no catalogado, perteneciente al Ministerio de Hacienda.

con suficiente dote, en cada uno tres repartimientos; hermosa invención para hacer mercedes a toda suerte de hembras, que dentro de una llave vivan vírgines profesas y en otro apartamiento estén viudas, que, ya libres de las fatigas del matrimonio, se quieren retraer al puerto seguro de la oración y templanza. El tercero seno enseñe la dotrina cristiana a las doncellas que aún no están determinadas cuál camino de la letra de Pitágoras seguirán: de casarse, o ser freilas.[12]

Herrera habla en unas pocas palabras de los servicios prestados por el Cardenal a la orden de sus hermanos los franciscanos, "en colegios y monesterios acrecentada", y de los progresos alcanzados en la "vida regular" por el clero de la diócesis de Toledo gracias al ejemplo de su prelado. No habla de una reforma general de las órdenes religiosas. Ninguno de los historiadores modernos parece haber visto la bula mediante la cual, a fines de 1494, autorizó Alejandro VI a los Reyes Católicos a mandar reformar todos los monasterios masculinos y femeninos de sus reinos. Quintanilla la menciona sin dar fecha precisa.[13] Otros breves ulteriores parecen aludir a ciertos poderes concernientes a la reforma de todas las órdenes. Donde se halla claramente atestiguada la acción reformadora de Cisneros es sólo en el seno de la orden franciscana.

Pero aquí mismo se trata menos de reformar que de allanar los caminos a un ejército de reformadores que era ya fuerte y popular. Desde los días mismos de San Francisco de Asís, el franciscanismo se había escindido en dos fracciones: los conventuales, para cuyos monasterios no era ilícito el derecho de propiedad, y que vivían con mayor o menor holgura de sus rentas, y los franciscanos de la estricta observancia, fieles a la regla de pobreza. Mientras que los primeros guardaban celosamente sus posiciones y se iban enriqueciendo, los observantes crecían en número, alentados por la devoción pública, cuyo fervor mantenían. Sus casas eran cada vez más insuficientes, a pesar de que la nobleza rivalizaba en piadoso celo por construirles otras nuevas. Cada vez con mayor insistencia se decían ellos los únicos legítimos ocupantes de los monasterios de la orden. La reforma de Cisneros consistió esencialmente en quitar a los conventuales sus monasterios, por las malas o por las buenas, e instalar en ellos a los observantes.[14]

Es muy natural que haya sido viva la resistencia. Los conventuales solían contar con el apoyo de los grandes que habían enriquecido su casa o convertido su iglesia en panteón de familia, y que no veían con buenos ojos pasar sus fundaciones a manos ajenas, despojadas de sus rentas en favor de un monasterio femenino o de un colegio de la observancia. Los conventuales, en caso de un conflicto serio con Cisneros, tenían sus abogados en Roma. Lorenzo Vaca, abad comendatario del monasterio del Espíritu Santo de Segovia, se escapó de la cárcel en que Cisneros lo tenía encerrado y fue a Roma a hablar con el cardenal Ascanio Sforza, el cual encomendó a Pedro Mártir de Angleria la misión de doblegar al Arzobispo.

---

12 *R. H.*, t. L (1920), pág. 102.
13 Fernández de Retana, *op. cit.*, t. I, pág. 128.
14 Sobre este punto, y sobre la reforma de los franciscanos, véase Wadding, t. X, pág. 108, y Álvar Gómez.

Sabemos, por el humanista, la respuesta indignada que recibió su encomienda.[15]

Pero la solidaridad internacional de los conventuales era todavía una fuerza en el seno de la orden. Ésta podía invocar los acuerdos pactados entre las dos familias bajo los pontificados de Paulo II, Sixto IV e Inocencio VIII. En 1496 el general, Samson, es un claustral, y logra que ciertos representantes de los conventuales, designados por él, tengan en sus manos la reforma de los monasterios de España; muy pronto, so pretexto de que no se hacía caso alguno de esos delegados, consigue del Papa una bula en que se ordena suspender la reforma. Cisneros, estimulado por semejante oposición, hace que la Reina tome cartas en el asunto. Roma le confiere desde luego la misión de reformar personalmente los monasterios en colaboración con los obispos de Catania y Jaén. Pero él no se contenta con esta concesión ridícula, y no ceja en sus demandas mientras no se le otorguen plenos poderes para reducir al orden a quienes pretenden burlar la autoridad ordinaria (23 de junio de 1497). En la imposibilidad de suprimir radicalmente a los conventuales, los esfuerzos de los reformadores se encaminan a llevarlos a la observancia, o bien a circunscribir estrechamente el campo de los irreductibles: el Papa, el 17 de noviembre de 1499, prohibe a los conventuales admitir observantes que hayan abandonado su monasterio para sustraerse a la obediencia de su superior.

La reforma de los franciscanos en España parece haber alcanzado en 1506 toda la extensión de que por entonces era susceptible, pues dos bulas, del 13 y del 16 de junio de este año, confirman a las dos fracciones de la orden en la posesión de sus monasterios, y obligan a las ramas nuevas, como las de los amadeos, recoletos, capuchinos y frailes del Santo Evangelio, a unirse, bien con los conventuales, bien con los observantes. Pero este estatuto definitivo no se hará realidad sino muy lentamente. Algunos meses antes de la muerte de Cisneros, León X tendrá que promulgar una nueva Bula de Concordia. Un franciscano de nuestros días [16] ha podido deplorar, con toda razón, la dureza de la lucha emprendida contra los conventuales "a riesgo de reducirlos a una vida misérrima que a veces acababa por llevarlos a la apostasía". Pero el mismo autor no parece estar muy en lo justo cuando afirma que los conventuales desaparecieron totalmente de España a principios del reinado de Carlos V, puesto que los *Anales* de la orden mencionan, en 1523, un conflicto provocado en la provincia de Castilla por la elección de Fray Pedro de Arteaga como maestro provincial de los conventuales, y por las dificultades que éstos ponían para someter la elección a la confirmación del provincial de la observancia. Sin embargo, tal era la ley impuesta a los conventuales por la Bula de Concordia de 1517, y tal fue la solución que dio a la pugna el superior general de la orden, Fray Francisco de Quiñones.

Entre los dominicos el proceso de reforma parece haber sido prácticamente el mismo que en la orden de San Francisco. La observancia hace

---

[15] P. M. Anglerius, *Opus epistolarum*, Alcalá, 1530, Ep. 143.

[16] P. Michel Ange, *La vie franciscaine en Espagne entre les deux couronnements de Charles-Quint*, en *R. A. B. M.*, t. XXVI (1912), págs. 359-360.

presión sobre los religiosos que no quieren pertenecer a ella y se esfuerza en "disminuir, en la medida de lo posible, los graves abusos de la vida conventual".[17] Gana preponderancia cada vez mayor gracias a la fundación de nuevos monasterios. Torquemada, sin tener un papel comparable al de Cisneros entre los franciscanos, abre para la observancia dominicana las nuevas casas de Granada y de Ávila. En 1496, la inauguración del Colegio de San Gregorio de Valladolid, llamado a rivalizar con San Esteban de Salamanca, es un acontecimiento fecundo en consecuencias para la renovación de la espiritualidad y de los estudios teológicos en el seno de la orden. En 1504 la enseñanza en los monasterios de Ávila, Toledo y Sevilla está en plena organización, y San Gregorio se ha transformado ya en una verdadera facultad de teología. Sin embargo, el triunfo de los observantes no está exento de amarguras: tienen que sufrir el ver absorbida su congregación dentro del conjunto, más vasto, de una "provincia". Fray Sebastián de Olmeda, testigo de esta transformación, da a entender que había no poco de farisaísmo en su celo por la observancia, y que se preocupaban más de la letra que del espíritu.[18] Pero había seguramente otra cosa: si se quiere tener idea exacta del espíritu de la reforma dominicana, no hay que olvidar la dramática historia de Savonarola y de la Congregación de San Marcos de Florencia. El estado de nuestra documentación no nos permite precisar las resonancias inmediatas que ello tuvo en España. Pero estas resonancias están atestiguadas suficientemente por una corriente que volveremos a encontrar aún vigorosa en tiempo de Carlos V.

El movimiento general de reforma no se manifiesta sólo en las órdenes mendicantes. Entre los benedictinos se presenta de manera no esencialmente distinta. Aquí también existe una observancia, cuya regla se trata de hacer prevalecer en los monasterios que aún permanecen al margen de ella. En el caso preciso de Santa María de Nájera, para el cual se dispone de documentación bastante completa,[19] vemos al obispo de Catania, Don Alfonso Carrillo, encargado desde 1487 de la reforma de los monasterios, luchar contra graves dificultades y buscar apoyo en la observancia, que tiene su centro en San Benito de Valladolid. En 1496 se redacta una orde-

17 R. P. Mortier, *Histoire des maîtres généraux de l'Ordre des Frères Prêcheurs*, Paris, 1911, t. V, pág. 7.

18 *Ibid.*, págs. 27, 30, 97 y 119. Sobre la fundación del Colegio de San Gregorio, cf. Fray Joan López, *Tercera parte de la Historia general de Santo Domingo y de su Orden de Predicadores*, Valladolid, 1613, libro II, págs. 388 ss., y la *Historia del Colegio de San Gregorio de Valladolid*, de Fray Gonzalo de Arriaga, publicada por el P. Hoyos, 2 vols., Valladolid, 1928-1931. Sobre la reforma de los dominicos, véase ahora el P. Vicente Beltrán de Heredia, O. P., *Historia de la reforma de la Provincia de España (1450-1550)*, Roma, 1939 (Institutum Historicum F.F. Praedicatorum Romae ad S. Sabinae, Dissert. Histor., Fasc. XI). La *Chronica Ordinis Praedicatorum* de Fray Sebastián de Olmeda ha sido publicada en Roma por el P. M. Canal (1936).

19 *Apud* E. Pacheco y de Leyva, *La política española en Italia, Correspondencia de don Fernando Marín, Abad de Nájera, con Carlos I*, Madrid, 1919, t. I, págs. 25, 26 s., 41, 42, 44, 46 s., 58, 64, 75, 97 s., 109, 111 s., 124, 129. Sobre la decadencia y la reforma de los cistercienses en España, véase M. Bataillon, *Un itinéraire cistercien à travers l'Espagne et le Portugal du xvie siècle*, en los *Mélanges Le Gentil*, Lisboa-Paris, 1949.

nanza de reforma con la ayuda de los benedictinos del monasterio observante de San Juan de Burgos. Del texto de la ordenanza y de una averiguación realizada doce años después resulta evidente que la observancia,
aquí, era quizá más regular, pero de ningún modo más rigurosa que la vida
que pretendía reemplazar; los reformadores mejoran el régimen del monasterio y aligeran los oficios de ciertas superfluidades. Sólo a partir del año
siguiente aparece asociado Cisneros a los esfuerzos del Obispo de Catania,
y estos esfuerzos son durante largo tiempo infructuosos. En 1498, el abad
de San Benito de Valladolid solicita y obtiene de la autoridad real la misión de "reducir a la observancia" los monasterios de Nájera y San Millán
de la Cogolla. En 1502, Nájera resiste todavía a la reforma. En 1503 se
reúne un capítulo general de la observancia en la ciudad de Valladolid,
y se firma un acuerdo entre los abades de Valladolid y de Nájera. En 1506
el abad de Valladolid, confirmado en sus poderes de reformador por Felipe el Hermoso, tiene que chocar con una resistencia vivísima. Ha logrado
hacer entrar a los observantes en Santa María de Nájera; pero los monjes
tienen que vivir, y uno de ellos, encargado de colectar las rentas, diezmos
y granjerías para la nueva comunidad, es aprehendido junto con varios de
sus hermanos por gente protegida del Duque de Nájera.

Sobreviene un tremendo conflicto entre el abad de Valladolid y el abad
de Nájera, el cual protesta contra la intromisión de los observantes de
Valladolid, e invocando el ejemplo de Cluny, se niega a reconocer más
autoridad que la del Papa. Las cuestiones de interés y las cuestiones de
personas, en las que interviene el Duque de Nájera, parecen tener un papel
importante en toda esta querella. En 1510 los observantes, hartos de tanto
batallar, han abandonado Nájera. Se llega a un nuevo acuerdo en 1511
entre el abad de Nájera y la congregación de Valladolid, con el fin de
asegurar una existencia decente a la comunidad claustral que se niega a
entrar en la observancia. Pero en 1513, fecha en la cual se detiene nuestra
documentación, los monjes desposeídos de Santa María protestan una vez
más, quejándose de que el acuerdo no se ha respetado, y mientras tanto
sus sucesores reivindican autoridad sobre ellos y los invitan a hacerse observantes si no se sienten contentos con su precaria situación. En una palabra, aquí tampoco es la reforma monástica ni tan fácil ni tan puramente
edificante como pudiera creerse por la lectura de los panegíricos de Cisneros.

En el caso de los jerónimos,[20] la más joven de las órdenes españolas
poseedoras de bienes y quizá la más floreciente, parece que no hubo escisión en dos bandos rivales. La riqueza de los jerónimos, diligentemente
administrada, había llegado a ser proverbial.[21] En 1499 los Reyes Católicos
les hicieron saber que se les juzgaba demasiado buenos administradores de
sus posesiones temporales, y que era difícil tolerar que los monjes se sus

---

[20] Fray José de Sigüenza, *Historia de la Orden de San Jerónimo*, ed. N. B. A. E.,
t. II, pág. 65.

[21] "La reyna doña Isabel dezía que si quisiessen cercar a Castilla, que la diessen a
los frayles gerónimos" (según Melchor de Santa Cruz, *Floresta española*, t. I de la *Floresta
general*, ed. Bibliófilos Madrileños, Madrid, 1910, pág. 16, nº 68).

trajesen a la vida del claustro para vigilar la buena explotación de sus granjas: se invitaba a la orden a reformarse a sí misma si no quería que otros la reformasen. Hay que leer el relato de Sigüenza, en donde campean una unción, una naturalidad y una dignidad ofendida verdaderamente exquisitas. La orden, dice, estaba pronta a dar satisfacción a todas las admoniciones de los Reyes, a quienes tanto debía, "aunque teniendo haciendas era dificultoso el no mirar por ellas, o se habían de dejar perder, o nosotros acabar; tomar otra manera de vivir y hacernos mendicantes, no podía ser". Los jerónimos, dice Sigüenza, eran naturalmente víctimas de una burda comparación con las órdenes mendicantes.

El capítulo privado de octubre de 1499 se vio, según esta versión, muy apurado para remediar un mal que existía sobre todo en la imaginación de adversarios envidiosos. Se prescribió, no obstante, una averiguación acerca de la situación económica de los conventos, se prohibió a los religiosos vivir en las granjas y se recomendó la mayor austeridad en el régimen de los hospedajes y en las recreaciones que se tomaban a la vista de los seglares; por último, severas prohibiciones pusieron coto a los viajes demasiado frecuentes que los monjes hacían por razones de familia. Así, pues, por inmejorable que fuese la situación bajo la más austera de las reglas, los jerónimos encontraron todavía bastante que reformar en su orden.

Álvar Gómez,[22] atribuyendo a su héroe todo el honor de la reforma de las órdenes, afirma que, gracias a Cisneros, el nivel de la vida monástica en España, durante el siglo siguiente, fue claramente superior al que tenía en los demás países de Europa. No hay razón para poner en tela de juicio esta superioridad, siempre que esto no nos lleve a abrir un abismo entre España y el resto del mundo. La gravedad, la sobriedad, la austeridad españolas han sido otras tantas garantías de vida virtuosa. La milicia innumerable que sin cesar suministraba evangelizadores al Nuevo Mundo[23] constituyó en tiempos de Carlos V y Felipe II la tropa selecta de la Contrarreforma. No obstante, si se quiere comprender el subsiguiente desarrollo del iluminismo y del movimiento erasmiano, esta idea clásica, justa en sus líneas generales, debe completarse con las consideraciones que vienen a continuación. Por una parte, el enorme crecimiento numérico de la observancia franciscana[24] —crecimiento para el cual se hace indispensable en

---

22 Álvar Gómez, *De rebus gestis.*

23 Un estudio científico de su obra ha sido realizado por R. Ricard, *La conquête spirituelle du Mexique,* Paris, 1933 (traducción castellana, *La conquista espiritual de México,* por Ángel María Garibay K., Ed. Jus, México, 1947). Cabe señalar que los famosos "Doce Apóstoles" de México no eran observantes vulgares de la orden franciscana, sino observantes reformados de la Provincia de San Gabriel de Extremadura, perseguida por su radicalismo. Cf. *infra,* Apéndice, pág. 819.

24 Los cuadros estadísticos elaborados por el P. Michel Ange (*art. cit., R. A. B. M.,* t. XXVI, 1912, págs. 377-378, y t. XXVIII, 1913, págs. 185-186) no son muy seguros, como no lo es ninguna estadística retrospectiva. De ellos no se puede sacar sino el orden de magnitud de los números que hay que renunciar a precisar: la población masculina de los monasterios franciscanos en España era de varios millares de frailes; las clarisas eran bastante más numerosas.

1521 la institución de un Comisario General en España— no puede darse sin la incorporación de elementos dudosos. En términos más generales: hay un exceso de clérigos, así regulares como seculares. Y la reforma no ha eliminado a un numeroso proletariado espiritual, obligado a vivir de limosnas o gracias a otros expedientes, y que no siempre ofrece un espectáculo del todo edificante. Por otra parte, en contraste con el materialismo de esta plebe, las tendencias evangélicas que constituyen el vigor de la reforma franciscana o de la reforma dominicana se encarnan en una minoría monástica entregada a la espiritualidad. Esta minoría simpatizará con Erasmo, y aun llegará algunas veces a hacerse sospechosa de luteranismo. Vanguardia del catolicismo, tendrá con la Reforma protestante afinidades profundas que fácilmente pueden quedar olvidadas si nos limitamos a emplear el rótulo de "Contrarreforma".

II

Nada nos autoriza a creer que Cisneros haya considerado el número excesivo de sacerdotes y religiosos como un posible peligro. Pero fue en él preocupación constante el mejorar su calidad. Todos sus esfuerzos de reforma son un testimonio de ello, y mucho más elocuentes aún son las fundaciones mediante las cuales quiso resolver el problema del reclutamiento, de la selección. La creación de la Universidad de Alcalá no fue sino la instalación de un organismo completo de enseñanza eclesiástica: elemental, media y superior. Hace muchos años que se señaló este carácter esencialmente clerical y práctico en un artículo que pasó inadvertido casi por completo.[1] Después, Federico de Onís ha vuelto con fuerza sobre el asunto, subrayando la diferencia fundamental que separa dos instituciones casi contemporáneas: la Universidad de Alcalá y el Collège de France.[2] Pero es todavía tan frecuente el error de considerar la fundación de Cisneros como un triunfo del humanismo, que se hace necesario subrayar una vez más sus relaciones con la obra de restauración eclesiástica y con el renacimiento de la antigüedad cristiana.

Desde su promoción al arzobispado de Toledo, Cisneros había concebido el proyecto de renovar la enseñanza teológica española introduciendo

---

[1] Benito Hernando y Espinosa, *Cisneros y la fundación de la Universidad de Alcalá*, en el *Boletín de la Institución Libre de Enseñanza*, año XXII, 31 de diciembre de 1898.

[2] *El problema de la Universidad española*. Discurso pronunciado en la reapertura de cursos de la Universidad de Oviedo el 1º de octubre de 1912, reimpreso en Federico de Onís, *Ensayos sobre el sentido de la cultura española*, Madrid, 1932. Véase en la pág. 82 de la reimpresión, una nota en que se expresa una especie de arrepentimiento. En 1912 Onís era injusto con Alcalá, se daba muy poca cuenta de la novedad atrevida de su esfuerzo, cerca de diez años antes del Colegio Trilingüe de Lovaina, más de veinte años antes de los Lectores Reales de París. Por cierto que los primeros Lectores Reales tenían que aplicar su ciencia del griego y del hebreo precisamente a la Biblia: de ahí la violenta oposición de la Sorbona. Pero la diferencia subrayada anteriormente por Onís no deja de ser real: en el Collège de France, las lenguas no vivían bajo el mismo techo que la teología dogmática.

en ella el escotismo. Quizá el ejemplo de los dominicos, que encendieron una nueva hoguera de tomismo en San Gregorio de Valladolid, no haya sido ajeno a su determinación. Pero en esos días España está vuelta hacia París.[3] En la Sorbona es donde un joven dominico español, Vitoria, va a respirar la atmósfera de un renacimiento tomista [4] que, sin embargo, aparece mucho más vivamente en Italia, con Cayetano. Cierto fray Pedro lleva a París la noticia de los proyectos de Cisneros. El humanista Robert Gaguin se dirige al punto a Étienne Brûlefer, fraile minorita, retirado por entonces en Maguncia, como al doctor más digno de enseñar en España la sutil teología de Escoto. Gaguin, que ya ha viajado al otro lado de los Pirineos, pondera al franciscano la fecundidad de la tierra, la religión de los españoles y las atenciones que tienen· para con los extranjeros de mérito. En Toledo, ciudad grande, rica y sana, podrá encontrar un ambiente favorable, tanto mejor dispuesto a recibir la doctrina de Duns Escoto cuanto que a su vez el nuevo arzobispo es franciscano.[5] Parece, pues, que se trataba de fundar en Toledo aquella escuela. No se sabe en qué vino a parar este proyecto. Lo más verosímil es que haya quedado absorbido en el plan más vasto, pero de más larga realización, que Cisneros, intrépido constructor, quiso ejecutar en Alcalá de Henares.

Esta población era propiedad de los arzobispos de Toledo, los cuales poseían allí un palacio. Existía en Alcalá desde fines del siglo XIII un colegio, incorporado desde mediados del XV a un monasterio ·franciscano.[6] Pero todo estaba por hacerse si se pensaba en una verdadera universidad. El arquitecto Pedro Gumiel trazó el plano del Colegio de San Ildefonso, centro de la fundación, cuya primera piedra colocó Cisneros el 14 de marzo de 1498: diez años habían de transcurrir para que el edificio de Gumiel fuese habitable, y aun entonces no pasaba de ser una humilde construcción provisional de ladrillo y mampostería; sus primeros ocupantes entran en ella no antes del 26 de julio de 1508, y la enseñanza no parece haber funcionado de modo normal hasta el otoño de 1509. El 22 de enero de 1510 se promulgarán las primeras *Constituciones* de la Universidad.[7]

Los obstáculos materiales eran enormes. El sitio, en un terreno bajo y

3 Véase ahora Ricardo G. Villoslada, S. J., *La Universidad de París durante los estudios de Francisco de Vitoria, 1507-1522*, Roma, 1938 (Analecta Gregoriana, volumen XIV).

4 Véase Renaudet, *Préréforme et humanisme à Paris pendant les premières guerres d'Italie*, Paris, 1916, págs. 656 y 693. A. Getino, *El Maestro Fr. Francisco de Vitoria*, 2ª ed., Madrid, 1930, págs. 28 *ss.*, y V. Beltrán de Heredia, en su introducción al curso de Francisco de Vitoria, *De Justitia*, Salamanca, 1934, págs. XXV-XXXI. Este curso, profesado en Salamanca en 1535-1536, es un comentario de la *Secunda Secundae* de Santo Tomás, parte de la *Summa* que Vitoria había editado en París (1512) en colaboración con su maestro Pierre Crockart. El P. Beltrán de Heredia estudia la huella de las diversas influencias que recibió Vitoria en sus años de aprendizaje.

5 Roberti Gaguini, *Epistolae et orationes*, ed. Louis Thuasne, t. II, París, 1904, págs. 14-20.

6 Cf. Benito Hernando y Espinosa, *art. cit.*

7 Sobre los diez primeros años de la Universidad, véase el minucioso trabajo de A. de la Torre y del Cerro, *La Universidad de Alcalá, Datos para su estudio, Cátedras y catedráticos... hasta San Lucas de 1519*, en R. A. B. M., t. XX (1909), págs. 412-423, y t. XXI (1909), págs. 48-71, 261-285 y 405-433.

pantanoso, era poco salubre. Hubo que hacer, en 1502, grandes obras de desecación para sanear la villa.[8] Por otra parte, había que crear en ésta ciertas industrias necesarias para sus nuevos habitantes: imprenta, tintorería, batanes; también había que construir casas para toda una población artesana y comerciante. Había allí mucho para tentar el espíritu de empresa de ciertos hombres de negocios, y sobre este aspecto de la cuestión se nos abren algunos horizontes con la carta de cierto García de Rueda al Arzobispo.[9] En 1502, este mercader había introducido la imprenta en Alcalá, y a costa suya había impreso Estanislao Polono la gran *Vita Christi* en castellano. El valor comercial de la edición se elevaba a cerca de dos millones de maravedís. En 1505 García de Rueda obtenía privilegio para fomentar la hilandería, la tejeduría, la tintorería, el enfurtido de paños, de manera que muy pronto podría transformarse Alcalá en una nueva Segovia, y poblarse las casas recientemente construidas. La imprenta obtendría los caracteres necesarios para la impresión de todos los libros útiles a la Universidad y funcionaría a su costa, a menos que se tratara de obras que supusiesen una grande inversión de fondos, como la *Vita Christi*. Pedía a Cisneros que le anticipase capitales, por ejemplo, el importe de tres años de los sueldos debidos por el Arzobispo a los trabajadores de su casa, obligándose él a pagar a los mismos trabajadores en las fechas prescritas.

Estas ofertas de servicio nos hacen palpar la complejidad de la obra emprendida en Alcalá, y todas esas dificultades que se esfuman en la gloria de la realización. La creación *ex nihilo* tenía, cuando menos, la ventaja de permitir el libre desenvolvimiento de la nueva institución. Salamanca se había alarmado, y había hecho los mayores esfuerzos por decidir a Cisneros a englobar en la antigua universidad castellana la fundación que proyectaba.[10] Trabajo perdido. No se trataba de completar a Salamanca, ni mucho menos de imitarla para hacerle la competencia. La nueva Universidad estará animada de un espíritu muy distinto. Autónoma en principio, en la medida de lo posible, será gobernada por el rector electivo del Colegio de San Ildefonso, sin la férula disciplinaria de un maestrescuela episcopal. Al lado del rector, la única autoridad superior que puede otorgar la investidura de la ciencia se encarnará en un cancelario, a quien se encomendará, como en París, la colación de los grados. Durante un cuarto de siglo ocupará esta dignidad Pedro de Lerma, doctor por París, abad de Alcalá, que en su vejez habrá de verse desterrado, sospechoso de herejía a causa de su adhesión al erasmismo.

Pero en lo que reside la gran originalidad de Alcalá es en la ausencia de facultad de derecho. Salamanca y Valladolid bastaban, y sobraban,

[8] Fr. Pedro de Quintanilla, *Archetypo de virtudes...*, pág. 135. Siguió habiendo, muy entrado el siglo XVI, unos pantanos que muchas veces hacían mortal la permanencia en Alcalá. Álvar Gómez, en la primera redacción manuscrita del *De rebus gestis*, atribuye a la malaria la prematura muerte del teólogo Juan de Medina, de los humanistas Juan Pérez, Juan Ramírez y Francisco de Vergara, así como de gran número de estudiantes.

[9] Ms. de Cartas a Cisneros, nº 108 (Biblioteca de Derecho).

[10] A. Getino, *El Maestro Fr. Francisco de Vitoria*, op. cit., págs. 57 ss.

para proveer de juristas a toda la monarquía española. Y Cisneros no tiene sino desprecio por los pleitos, hermoso desprecio con que comulgaban por entonces los entusiastas del humanismo profano y los restauradores de la antigüedad sagrada.[11] La teología determinará la orientación toda de su Universidad, será su razón misma de ser. A regañadientes, por decirlo así, hace el Arzobispo un lugarcito para el derecho canónico,[12] y como la facultad de artes, vestíbulo de la teología, es también indispensable preparación para la medicina, esta ciencia necesaria a la república no será tampoco proscrita de Alcalá: se le reservarán dos cátedras, en las cuales alternará Avicena con Hipócrates y Galeno.[13] De la gramática a las artes liberales, y de las artes a la teología, vivificada por el estudio directo de la Biblia: tal es el camino real y derecho que se abre ante los jóvenes que Cisneros quiere ver afluir a Alcalá de todas las diócesis de España, y volver después a estas diócesis para constituir los planteles de una Iglesia más digna de Cristo.

Los destinos futuros de la nueva Universidad se confían a un pequeño enjambre de teólogos, constituido en Salamanca, que el 26 de julio de 1508 toma posesión de la nueva colmena. De allí nacerá el Colegio de San Ildefonso. El 6 de agosto, por delegación del Cardenal fundador, Pedro de Lerma, doctor por la Sorbona, abad de la iglesia de los Santos Justo y Pastor y cancelario electo, nombra, junto con Pedro de Cardeña, canónigo de Toledo, a los cinco primeros miembros del Colegio, y éstos eligen su rector y sus consejeros, que son en adelante los magistrados de la nueva república, y que designan, antes de la fiesta de San Lucas, a otros veinte "colegiales".[14] Es un rasgo muy notable esa estrecha asociación del Colegio con la colegiata de los Santos Justo y Pastor. Cisneros no fue fundador de la colegiata, pero sí su renovador. Al mismo tiempo que el Colegio, Pedro Gumiel había construido la nueva iglesia de los Santos Justo y Pastor, donde el Cardenal tendría su sepulcro. Ambas comunidades se hallaban orgánicamente ligadas, desde el principio, por un

---

11 Álvar Gómez, *De rebus gestis*, fol. 3 vº: "Ergo cum is Seguntiae [Sigüenza] ageret, iam vitae et divitiarum modo constituto, totum sese ad divinarum literarum studium convertit, adhibito etiam Hebraeo praeceptore perdiscendae hebraicae chaldaicaeque linguae desiderio. Nam a civilibus et forensibus studiis adeo natura sua abhorrebat, ut multi serio affirmantem audiverint, quicquid illius disciplinae pectore concepisset, se si fieri posset libenter evomiturum."

12 Un día, en la Universidad, Cisneros manifiesta públicamente su antipatía por los canonistas. La escena es curiosa; el *Ms.* de Álvar Gómez (fols. 165 vº-166 rº) la cuenta y la comenta con mayores detalles que el texto impreso del *De rebus gestis* (fols. 82-83). El autor se cree en la obligación de prevenir las interpretaciones malévolas. Se adivina, tras sus palabras, el recuerdo de Lutero quemando los libros de derecho canónico. Álvar Gómez recalca que el respeto de Cisneros por la autoridad de la Santa Sede estaba por encima de toda sospecha. Pero los estudiantes se precipitaban en tropel hacia las facultades de derecho civil y canónico para llegar por el camino más breve a las carreras que daban honra y dineros. El fundador de Alcalá quiso restaurar el prestigio de la teología y de la filosofía, demasiado olvidadas.

13 Véanse las Constituciones en A. de la Torre y del Cerro, *La Universidad de Alcalá, art. cit., R. A. B. M.*, t. XXI (1909), págs. 49 ss.

14 A. de la Torre y del Cerro, *art. cit., R. A. B. M.*, t. XX (1909), pág. 415.

acta de "confraternidad". Y, en el espíritu de Cisneros, no se detenía en eso su asociación: antes de morir, hizo a la colegiata una donación de veinticinco millones de maravedís para mejorar las prebendas ya existentes y crear otras veintinueve (diecisiete canonjías y doce raciones), a condición de que se concedieran a candidatos elegidos de entre los maestros en teología y los maestros en artes de la Universidad, innovación —inspirada en San Pedro de Lovaina— que dio a la colegiata de Alcalá un carácter único en España, y gracias a la cual cambió después su título por el de iglesia magistral.[15]

Así, pues, la Universidad de Alcalá se preocupa por asegurar, para un grupo selecto de candidatos, algunas de las incontables prebendas de la Iglesia española; y, para que haya cuando menos un lugar en que, a título de ejemplo, los beneficios se otorguen al mérito, las canonjías de la iglesia magistral serán una recompensa siempre presente ante los ojos de los estudiantes. Hay que añadir que una beca de colegial en San Ildefonso constituía ya una prebenda envidiable para un joven que, de las tres carreras lucrativas —"iglesia o mar o casa real"—, elegía la primera. Los miembros del Colegio son graduados en su mayor parte, y muchos son profesores. Al lado de ellos, compartiendo su vida, una veintena de estudiantes lo bastante adinerados para pagar una "porción" anual de 7 500 maravedís, sigue los cursos de artes liberales y de teología que se imparten en el propio Colegio. En realidad, San Ildefonso es la sede de una especie de aristocracia universitaria. Para ella, Cisneros prevé diversas residencias de refugio cuando haya epidemias o tiempos turbulentos, y le asigna como residencia veraniega un antiguo monasterio de canónigos regulares situado en las montañas de Buitrago. Pero su imaginación, inclinada a los planes grandiosos, le representa esta comunidad como el centro o cabeza de una multitud de "colegios de pobres": las primeras constituciones preveían nada menos que dieciocho, seis de ellos de gramática. Hubo necesidad de rebajar la cifra, y las constituciones de 1517 redujeron aquellos números a siete y a dos. Los dos colegios de gramática, puestos bajo la advocación de San Isidoro y de San Eugenio, funcionan a partir de 1514; se han planeado para recibir cada uno a setenta y dos alumnos de latín, doce de los cuales tendrán que iniciarse también en el griego, divididos todos en tres clases: principiantes, medianos y mayores. Los tres regentes son nombrados por el principal, quien a su vez es nombrado por el rector de la Universidad y responsable ante él del buen funcionamiento de su colegio. Los regentes de los medianos y de los mayores reciben paga del Colegio de San Ildefonso para impartir, además de sus clases en el colegio, una enseñanza pública en la Universidad: hay que imaginar estos cursos frecuentados por escolares de buena familia cuyo lugar no estaba en los colegios de pobres, o bien por los novicios de los monasterios a quienes se destinaba a la Facultad de Artes.

El humanismo de los colegios está profundamente impregnado de cris-

15 Álvar Gómez, *De rebus gestis*, fol. 92 v°. Cf. M. Bataillon, *Sur Florián Docampo*, *B. H.*, t. XXV (1923), págs. 37-38.

tianismo. De los dísticos de Miguel Verino o de Catón, pasan los principiantes a los himnos y oraciones de la Iglesia antes de dedicarse a Terencio. Los medianos consagran la primera mitad del año a poetas cristianos como Sedulio y Juvenco. Sólo después viene Virgilio.[16]

El coronamiento de los estudios latinos era, en la Universidad, la cátedra de retórica, que tenía como auditorio normal al personal docente de los colegios de gramática y a ciertos estudiantes o graduados en artes, en teología o en medicina. Esta cátedra estuvo ocupada primeramente por Hernando Alonso de Herrera, en quien se ha podido ver "uno de los primeros *erasmistas* españoles, entendiendo por erasmismo, no precisamente la aceptación de todos y cada uno de los puntos de vista del reciente holandés, sino cierto espíritu de reforma de las instituciones y de la cultura".[17] Era, en verdad, un adversario fogoso de la lógica degenerada de los terministas parisienses. Campeón de la lógica clásica, lanza un ataque contra los métodos de las universidades "que están cabe el Norte, que las más de las veces que disputan es por autoridades"; les opone la "verdadera y cierta manera de disputar, que huele al saber antiguo, en todo y por todo aristotélico y platónico", y que se apoya en el invencible silogismo. Su *Breve disputa de ocho levadas contra Aristótil y sus secuaces* (1517) es uno de los primeros asaltos del humanismo contra la corrupción medieval de las artes liberales.

En 1513 ocurren ciertas deserciones entre los maestros de Alcalá. Herrera es uno de los que se pasan a Salamanca.[18] Pero justamente unos cuantos meses después, Salamanca, cuyo sistema electivo permitía semejantes sorpresas, inflige una sonada derrota al más grande de los humanistas españoles de la época, Antonio de Nebrija, candidato que disputaba la cátedra de prima de gramática.[19] Alcalá se apresura a acogerlo en su cátedra

---

[16] Referido por Jerónimo Zurita, *Dictamen*, etc., *R. A. B. M.*, t. VIII (1903), pág. 219. Por el mismo tiempo John Colet, Deán de San Pablo, organiza en un espíritu idéntico los estudios en la Catedral de Londres. Sus estatutos (cf. Lupton, *Life of Dean Colet*, London, 1883, Appendix A, pág. 279) prescriben el estudio de los buenos autores "suych as have the veray Romayne eliquence joyned withe wisdome specially Cristyn auctours that wrote theyre wisdome with clene and chast laten, other in verse or in prose". Después del *"Institutum Christiani hominis"* which that lernyd Erasmus made at my request and the *Copia* of the same Erasmus", el Deán recomienda otros autores cristianos "as Lactantius, Prudentius and Proba and Sedulius and Juvencus and Baptista Mantuanus".

[17] A. Bonilla, *Un antiaristotélico del Renacimiento: Hernando Alonso de Herrera y su "Breve disputa de ocho levadas contra Aristótil y sus secuaces"*, *R. H.*, t. L (1920), pág. 62; y cf. la reseña que hice de esta publicación en la *R. F. E.*, t. IX (1922), págs. 81-83. Véase el *Ms.* de Álvar Gómez, fols. 163 r°-164 v°.

[18] Alvar Gómez, *op. cit.*, fol. 85 (*Ms.*, fol. 168); A. de la Torre y del Cerro, *art. cit.*, *R. A. B. M.*, t. XXI (1909), pág. 266.

[19] P. Lemus y Rubio, *El Maestro Elio Antonio de Lebrixa*, *R. H.*, t. XXII (1910), pág. 478. Los registros de la Universidad de Salamanca presentan una laguna en 1513. La fecha dada por el Cronicón de Pedro de Torres para la derrota de Nebrija (18 o 19 de julio de 1513) está prácticamente confirmada por las hojas de servicio del Maestro Castillo, que fue preferido a Nebrija. Cuando quiere retirarse, en 1533, Castillo declara haber sido nombrado para la cátedra de prima el 13 de julio de 1513 (A. U. S., *Libros de Claustros*, t. XI, 17 de febrero de 1533, fol. 116 r°).

de retórica, la cual se verá ilustrada por él durante los diez últimos años de su vida. Ya volveremos a hablar del papel desempeñado por este espíritu independiente. Supo, en Alcalá, conformar su enseñanza al espíritu de la casa: seguido siempre por un auditorio numeroso, explicaba autores eminentemente útiles para las tres facultades: la *Historia natural* de Plinio alternaba con textos como los *Moralia* de Aristóteles o el *De doctrina christiana* de San Agustín.[20]

La Facultad de Artes no se distinguía notablemente de las que había en las demás universidades de la época: cuatro maestros recorrían con sus discípulos un ciclo de cuatro años en que entraban la lógica elemental de las *Summulae,* la lógica propiamente dicha, la filosofía natural y la metafísica. Entre los regentes que dieron lustre a esta facultad mientras vivió Cisneros, hay que recordar los nombres de Fray Tomás García (el futuro Santo Tomás de Villanueva)[21] y del Maestro Carranza de Miranda, que desempeñaría importante papel en la querella erasmiana.

Si la Universidad de Alcalá aparecía como innovadora en España, era sobre todo por su Facultad de Teología. En este campo, Salamanca había permanecido fiel a la escolástica fundamental, a Santo Tomás y al Maestro de las Sentencias. Cisneros, como se ha visto, se empeñaba en introducir en España la filosofía de Escoto, que, en los países del Norte, compartía con el tomismo la dignidad de doctrina clásica. El gran pensador franciscano quedó colocado en Alcalá en pie de igualdad perfecta con Santo Tomás. La cátedra de tomismo se dio a Pedro Ciruelo, incansable trabajador, defensor intrépido de la ortodoxia, a quien daban enorme prestigio sus grados conquistados en París. La cátedra de Escoto la tuvo un franciscano, Fray Clemente Ramírez, personaje menos brillante.[22] Pero, además, se había creado una tercera cátedra de teología en favor de la doctrina nominalista: y tal fue seguramente la novedad que más sensación causó en España. Los grandes debates provocados por la doctrina de Guillermo de Occam no habían tenido repercusión alguna en las cátedras de Salamanca. La crítica nominalista había conmovido al catolicismo al consumar el divorcio entre la razón y la fe. Esta crítica había originado dos movimientos inversos, o más bien complementarios, uno de los cuales, de tendencia mística, llevaba a la fe desnuda, mientras que el otro, sutilizando indefinidamente en el campo de la crítica del conocimiento, triunfaba con la escuela terminista. Después de no pocas luchas, la vía moderna, como entonces se decía, reinaba un poco en todas partes; pero, por una especie de paradoja, España, que parecía deber ser una tierra de elección tanto para ese fideísmo como para esa lógica raciocinante, ignoraba oficialmente el nominalismo. Hay que añadir inmediatamente que los españoles, en París, habían tomado parte activa en el movimiento terminista. Si el inglés John Mair (*Johannes Majoris*) aparece como jefe de escuela en el Colegio de Montaigu, es impo-

---

[20] Álvar Gómez, *Ms.,* fol. 185 r°.

[21] A. de la Torre y del Cerro, *art. cit., R. A. B. M.,* t. XXI (1909), págs. 66-67, y P. Gregorio de Santiago Vela, *Ensayo de una biblioteca iberoamericana de la Orden de San Agustín,* Madrid-El Escorial, 1913-1931.

[22] Álvar Gómez, *De rebus gestis,* fol. 81.

sible separar de él a Jerónimo Pardo, que fue quizá su maestro. La *Medulla dialectices* de Pardo, aparecida en 1500, es una verdadera suma lógica según los grandes doctores nominalistas. Y en 1505 vemos a John Mair reeditarla en colaboración con Juan Ortiz. Al lado de este último enseñan en Montaigu otros españoles, castellanos como Antonio y Luis Coronel, o aragoneses como Gaspar Lax, todos los cuales contribuyen activamente a enriquecer la literatura de las *Quaestiones*, de los *Exponibilia*, de los *Insolubilia* y demás manuales de sutileza y de disputa. Añádaseles el valenciano Joan Celaya y el catalán Joan Dolz, y se tendrá una idea de la contribución española al movimiento terminista parisiense.[23] Otro valenciano que no tardará en emprender una vasta ofensiva contra esta sofística bárbara, Juan Luis Vives, pasa en París (1509-1514) años decisivos para su formación de humanista y de filósofo, y podrá decir que el reinado de los sofistas se ha debido en gran parte a los españoles de la Sorbona, "hombres invictos cuyo valor se emplea en guardar la ciudadela de la ignorancia".[24]

Cuando corre el rumor de que Cisneros dota a Alcalá de una enseñanza de "nominales", se ve en ello, al punto, la novedad de mayor éxito de la Universidad naciente. Salamanca se alarma. Su consejo,[25] el 2 de octubre de 1508, debate largamente la cuestión, y, persuadido de que los jóvenes habrán de ser atraídos hacia la nueva escuela teológica por los beneficios que les promete el Cardenal, pero no menos por los nominales, decreta la erección de tres cátedras nominalistas, una de teología, una de filosofía y la otra de lógica, las cuales se ofrecerán respectivamente a los maestros Monforte, Pedro Ciruelo y Miguel Pardo. Sin pérdida de tiempo se envía al Maestro Ortega a invitar a Pardo en Alcalá y a Ciruelo en Zaragoza. Pero éstos, ya comprometidos con el Cardenal, declinan la oferta. El 17 de octubre Ortega rinde cuentas de su misión ante el consejo, y éste decide entonces buscar en París profesores competentes.[26]

La única cátedra nominalista de Alcalá, causa de esta triple creación, se había otorgado al Maestro Gonzalo Gil, hombre de gran erudición y de prodigiosa memoria.[27] Cuando en 1513 sale de Alcalá para trasladarse a Salamanca, lo reemplaza el Maestro Carrasco, a quien volveremos a encontrar en la batalla erasmiana.

¿Qué fue lo que del nominalismo se introdujo entonces en España? ¿Fue lo que tenía de espíritu, o lo que tenía de fósil? ¿No fue puramente la última palabra de aquella "pseudodialéctica" contra la cual se iba a levantar

---

[23] Cf. Renaudet, *Préreforme et humanisme*, págs. 366, 463 *ss.*, 591 *ss.*

[24] Citado por Allen, *Opus epistolarum Erasmi*, t. IV, pág. 270, n. 7.

[25] A. U. S., *Libros de Claustros*, t. IV, fols. 134 r°, 137 r° y 271 r°.

[26] De hecho, la cátedra de teología nominalista, a la que se asigna un salario considerable (ciento cincuenta florines), no se provee hasta 1509. Al principio se habían previsto salarios de ciento treinta florines para las otras dos. Pero no se habla más que de ciento (cantidad que es el salario de los profesores de teología en Alcalá) cuando, el 26 de abril de 1510, se encarga al agustino Fray Alonso de Córdoba de enseñar lógica "in viam nominalium ad modum parisiensem". Finalmente, el 9 de diciembre del mismo año, el Maestro Juan de Oria recibirá la misma cátedra de filosofía nominalista con un sueldo de nueve mil maravedís (menos de treinta y cuatro florines).

[27] Álvar Gómez, *De rebus gestis*, fol. 81.

muy pronto Juan Luis Vives? Si la escuela nominalista no produjo ya ningún pensador original, ¿se ganó mucho reemplazando al Maestro de las Sentencias con Cuestiones sobre el Maestro de las Sentencias, fuesen de Gregorio de Rímini o de Durand de Saint-Pourçain? Sin embargo, no es imposible que el pensamiento de un Durand conservase aún vida suficiente para influir sobre los más interesantes esfuerzos especulativos del siglo xvi español, y que un Gómez Pereira recibiese su huella en Salamanca y un Vives en París.[28]

Sobre todo, la enseñanza teológica y el sentimiento religioso debieron de verse confirmados por el nominalismo en las tendencias fideístas entonces reinantes. Si es cierto que Lutero fue orientado por el occamismo de Biel hacia su doctrina de la gracia y hacia su concepción de la Biblia, autoridad suprema tocante a las verdades irracionales de la revelación,[29] bien pudo darse una influencia semejante en Alcalá sobre no pocos teólogos españoles sospechosos más tarde de tendencias luteranas. De entre los profesores de la Universidad de Salamanca, uno sólo, que sepamos, fue condenado, entre 1520 y 1530, por tendencias de esta naturaleza, y es precisamente Juan de Oria, el primer titular de la cátedra de filosofía nominalista. Así, parece haber una profunda correspondencia entre la acogida que se dispensó al nominalismo y la otra novedad que caracteriza a la escuela teológica de Alcalá: el estudio directo de la Biblia con ayuda de las lenguas originales de los dos Testamentos.

Por encima de los siglos de escolástica, Alcalá volvía a la tradición de los Padres de la Iglesia. Sus fiestas más solemnes eran las de San Jerónimo, San Agustín, San Ambrosio y San Gregorio.[30] El Cardenal tenía apasionado interés por las lenguas antiguas, y las consideraba —el griego al menos— como elemento indispensable de una cultura teológica completa. Ésta es la razón de que los estatutos de Alcalá decreten la erección de una cátedra de griego y prevean otras para el hebreo, el árabe y el siríaco.[31]

Oficialmente, esta disposición se inspira en la decisión del Concilio de Viena (1311-1312) que, a petición de Raimundo Lulio, había instituido la

[28] Es muy verosímil la influencia del pensamiento de Durand sobre Vives y sobre Gómez Pereira, según lo expuso Xavier Zubiri en uno de sus cursos de la Universidad Internacional de Santander (agosto de 1933). Parece que Durand reinó en la enseñanza nominalista de España durante la primera mitad del siglo xvi. En 1536 se proveen tres nuevas cátedras de Santo Tomás, Escoto y "Nominales". Esta última se llama desde entonces "Cátedra de Durando". (A. H. N., Universidad de Alcalá, lib. 397 f, fol. 89 r°; cf. 124 r°, 164 v°, etc.). Más tarde, en 1545 (A. H. N., Univ. de Alcalá, lib. 398 f, fol. 10 r°), se ve aparecer una "Cathedra theologiae Gabrielis". La explicación de esta novedad habrá que buscarla probablemente en los debates cuyo teatro es Salamanca varios años después. Aquí la enseñanza nominalista había tomado como base a Durand y a Gregorio de Rímini. Pero a mediados del siglo se produce una reacción. Durand aparece como más cercano al tomismo que al nominalismo. Se decide entonces enseñar en su lugar a Gabriel Biel o a Marsilio de Inghen. (A. U. S., Libros de Claustros, t. XX, fol. 130 r°, 20 de agosto de 1552).

[29] H. Strohl, L'évolution religieuse de Luther jusqu'en 1515, Strasbourg, 1922, págs. 97-102.

[30] Álvar Gómez, Ms., fol. 233 v°.

[31] A. de la Torre y del Cerro, art. cit., R. A. B. M., t. XXI (1909), pág. 51.

enseñanza de esas lenguas en Roma, París, Oxford, Bolonia y Salamanca. Las lenguas orientales han de enseñarse en Alcalá, dicen las *Constituciones*, "porque algunos religiosos y otras personas, inflamadas del celo de la fe y del amor de Dios, suelen tener el deseo de aprender las lenguas para poder difundir mejor la palabra divina". Si no se presentan oyentes de esta naturaleza, las cátedras en cuestión tendrán que desaparecer. Pero el griego, "fuente y origen de la lengua latina y de las demás ciencias", recibe un tratamiento especial: basta, para justificar su enseñanza, que haya "un número cualquiera de oyentes que puedan con verosimilitud aprovecharse de esta lengua". El soplo del Renacimiento ha pasado por aquí. La joven ciencia bíblica, sobre todo, impone sus exigencias. Ya veremos qué íntimamente ligada se halla esta enseñanza de las lenguas en Alcalá con otra de las empresas de Cisneros: la Biblia Poliglota. En la misma Salamanca, había sido suficiente el impulso profano del helenismo italiano para que la prescripción del Concilio de Viena dejara de ser letra muerta en lo que se refiere al griego. Esta lengua hace allí su aparición a fines del siglo xv [32] con el portugués Ayres Barbosa, discípulo de Policiano, al cual sucederá Hernán Núñez, "el Comendador Griego". Existía ya una cátedra de lenguas semíticas desde hacía mucho. Pero los estatutos exigían un titular que poseyese, además del hebreo, el siríaco y el árabe. Esta condición, que quizá no fue nunca satisfecha, no era ya tal, según parece, hacia principios del siglo xvi, aunque estuvo a punto de serlo en 1511, cuando el Comendador Hernán Núñez disputó la cátedra al converso Alonso de Zamora.[33] Este último manejaba el hebreo como su lengua materna. El Comendador sumaba, al saber gramatical del hebreo, el conocimiento del árabe que había aprendido en Granada. Pero por entonces no supo Salamanca ganarse al uno ni al otro. Alcalá los acoge, como acogerá muy pronto a Nebrija. El 4 de julio de 1512,[34] Alonso de Zamora inaugura la enseñanza del hebreo en la Universidad de Cisneros. El Comendador, antes de recibir la cátedra de griego, desempeñará un gran papel en la preparación de la Biblia Poliglota.

[32] Y no en 1508, como se imprime a menudo según el testimonio de Pedro Chacón (*Historia de la Universidad de Salamanca...*, MDLXIX, ms. 7456 de la B. N. M.). Los *Libros de Claustros* subsisten en el Archivo de la Universidad de Salamanca para el período del 15 de febrero de 1503 al 2 de diciembre de 1511. No se habla de cátedra de griego en 1508. Por el contrario, con fecha 1º de mayo de 1503, Ayres Barbosa figura ya (t. IV, fol. 15 rº) entre los catedráticos que prestan juramento para el año escolar siguiente, y el 10 de septiembre del mismo año (*ibid.*, fol. 29 rº) se le incorpora al colegio de los maestros en artes, formalidad a que tenían que someterse los graduados de otras universidades para poder disfrutar de todas las prerrogativas profesorales. No se puede concluir de esto que Ayres Barbosa fuera un recién llegado. Su discípulo Diego López Zúñiga, en 1519 (*Annotationes contra Erasmum*, Alcalá, 1520, sign. F 3 vº), dice que él introdujo las letras griegas en España "ab annis hinc triginta". Según esto, regresó de Italia hacia 1490. Marineo Sículo, en su *De Hispaniae laudibus*, incunable impreso en Burgos por Fadrique de Basilea en 1497, ofrece un minucioso anuario de la Universidad de Salamanca, que es precioso en vista de la falta de todo registro de Claustros para esta época. Ahí figura Barbosa como maestro de griego.

[33] Acerca de este punto, y de las vicisitudes de la cátedra de lenguas semíticas, véase M. Bataillon, *L'arabe à Salamanque au temps de la Renaissance*, en *Hespéris*, t. XXI (1935), págs. 1-17.

[34] A. H. N., *Universidad de Alcalá*, lib. 1093 f, fol. 11 vº.

Las cátedras de lenguas previstas en Alcalá se desarrollaron al capricho de los proyectos del Cardenal, más bien que de acuerdo con lo prescrito en las *Constituciones*. Si la cátedra de hebreo se proveyó desde muy temprano, según acaba de verse, la enseñanza del árabe, en cambio, no se estableció nunca, a pesar de que la Andalucía morisca ofrecía vasto campo a quienes hubiesen querido servirse de esa lengua "para poder difundir mejor la palabra divina". En cuanto a la cátedra de griego, tuvo comienzos bastante inseguros. No parece haber sido provista antes de 1513. En esta fecha vemos aparecer, entre los profesores, al cretense Demetrios Ducas. Venía de Italia, donde había colaborado en la gran empresa de las ediciones griegas de Aldo Manucio: había publicado en Venecia, bajo la enseña gloriosa del áncora y el delfín, los *Rhetores Graeci* (noviembre de 1508-junio de 1509) y los *Moralia* de Plutarco (marzo de 1509).[35] Esta experiencia y su calidad de griego de nacimiento lo hacían el indicado para dirigir la impresión de los textos griegos de la Poliglota. Cuando se le hizo venir a Alcalá fue seguramente para que revisara el Nuevo Testamento, entonces en prensa. Pero también se le confió la enseñanza del griego. Esta tarea, pagada con doscientos florines anuales, parece haberle causado ciertas decepciones. En primer lugar, había que imprimir textos que pudieran utilizar los estudiantes. Pues bien, Cisneros dejó que él hiciera el anticipo de los costos. No obstante, aparecen las armas del Cardenal en la portada del poemita de Museo, *Hero y Leandro,* y en la de los *Erotemata* de Crisoloras, acabados de imprimir en casa de Arnao Guillén de Brocar el 10 de abril de 1514, con unos hermosos caracteres que imitaban la uncial, fundidos expresamente para el Nuevo Testamento. ¿No hay un poco de amargura en este pequeño post-scriptum a los estudiosos de la Universidad de Alcalá? "Llamado a España por el reverendísimo Cardenal de España para entender en la lengua griega, y habiendo encontrado gran penuria, o por mejor decir, ausencia total de libros griegos, yo he impreso, en la medida de mis fuerzas, algunos textos gramaticales y poéticos con los caracteres que a mano tenía, y os los ofrezco. Sin la ayuda de nadie, ni para los pesados gastos de la impresión, ni para las fatigas de la corrección,[36] solo, y cargado además con una enseñanza cotidiana, copiando y corrigiendo al mismo tiempo, he pasado grandes trabajos para llegar al fin. A vosotros os toca ahora recibir con benevolencia el fruto de mis sudores, de mis vigilias y de mis gastos, y

---

[35] Cf. Ambroise Firmin Didot, *Alde Manuce et l'hellénisme à Venise*, Paris, 1875. Desde los albores de la tipografía griega, cierto Demetrios el Cretense aparece como grabador de los tipos usados para la Gramática de Láscaris (Milán, 1476) y para la *editio princeps* de Homero (Florencia, 1488), pero no se llama Ducas. Sin duda pertenece a otra generación. En efecto, si se tratara del personaje que nos ocupa, sería sorprendente no encontrar huella de su actividad en los días del auge decisivo de la tipografía helénica, entre 1488 y 1508.

[36] Al final de los *Erotemata Chrysolorae*, sign. X 3 vº: μηδενὸς οὔτε ἐν ταῖς μεγάλαις τῆς ἐντυπώσεως δαπάναις, οὔτε ἐν ταῖς ταλαιπωρίαις τῆς διορθώσεως ἐμοὶ συναγωνιζομένου... Las cuentas de la Universidad para el año 1513-1514, encontradas por A. de la Torre y del Cerro, *art. cit.*, t. XXI (1909), pág. 262, confirman las palabras de Ducas. Trescientos reales de su sueldo se entregan al librero impresor Arnao Guillén de Brocar "para en cuenta de ciertos libros grecos que ha de hazer para el dicho Demetrio".

darme por ello el aplauso. Me consideraré pagado si, llenos de celo, os hacéis doctos en la ciencia del griego."

Era preciso todo el atractivo de la novedad para que el maestro cretense y sus discípulos españoles venciesen las dificultades inherentes a las diferencias de su formación mental, y a una pedagogía que proponía a los principiantes una gramática redactada en griego. Para Demetrios Ducas significaba un duro destierro el haber cambiado la Academia Aldina, el hogar más brillante, a la sazón, del humanismo profano, por una universidad castellana en donde todo se orientaba hacia la teología. Mientras las prensas de Aldo terminaban de regalar a la Europa sabia con todas las grandes obras de la literatura helénica, la biblioteca del Colegio de San Ildefonso, insuficientemente provista de gramáticas y de léxicos, era paupérrima en textos griegos.[37] Ducas no quiso establecerse en Alcalá. Una vez concluida la impresión de la Biblia, y muerto el Cardenal, el maestro griego desaparece. Transcurre cierto tiempo antes de que lo sustituya el Comendador Hernán Núñez.[38] Volvemos a encontrar a nuestro cretense en Roma, ocho años después de su salida de Alcalá, y sigue siendo catedrático de griego y editor de libros.[39]

No hay en estos comienzos del helenismo en Alcalá nada que haga pensar en un florecimiento sin dificultades. Se piensa más bien en esa "sabrosa y durable fruta" de que habla San Juan de la Cruz, que "en tierra fría y seca se coge". Si el griego echa aquí ciertas raíces, es sólo por ser la lengua del Nuevo Testamento, de algunos de los Padres y de Aristóteles. El catolicismo tiene necesidad de él para remontarse a sus fuentes metafísicas, así como para descifrar el texto más antiguo de su propia revelación. El

37 Se poseen (A. H. N., *Universidad de Alcalá*, libs. 1090 f, 1091 f y 1092 f) tres inventarios de los bienes de San Ildefonso. El primero (en pergamino) está redactado en abril de 1512; los otros dos, en 1523 y 1526. En el primero, al lado de: *Vocabularium grecum, Cornucopia grecum, Vocabularium grecum Cirili, Suidas grece, Etimologicus magnus grece, Ars greca Urbani, Ars greca Constantini,* se ven figurar únicamente (fol. 34): *Evangelia grece, Apocalipsis et Evangelium Mathei grece, Psalterium grecum;* más adelante (fol. 36 r°): *Chrysostumus super Matheum grece et Chrysostumus in Genesim grece;* fol. 39, *Vite sanctorum grece;* fol. 42, cinco volúmenes que se pueden identificar con los de la edición aldina de Aristóteles; finalmente, fol. 45, *Manli* [= *Manilii*] *astronomicon* y *Arati phenomena latine y grece.* El inventario de 1523 demuestra muy escasas adquisiciones para la década siguiente. No observo, como nuevos textos griegos, sino un *Píndaro* y un *Teócrito.* El de 1526 no presenta, desde este punto de vista, más novedad que la desaparición del *Teócrito.* Conviene añadir que el Comendador Hernán Núñez vivía en Alcalá, de 1514 a 1517, en una casa que pertenecía al Colegio de San Ildefonso (A. H. N., *Universidades,* lib. 745 f, fols. 101, 113 y 234). Había en su casa, al margen de la Universidad, una buena biblioteca helénica.

38 A. de la Torre, *art. cit.,* t. XXI (1909), pág. 422, cita el nombramiento del Comendador (8 de mayo de 1519) y la mención del último pago hecho a Ducas el 13 de mayo de 1518 (se refiere al semestre que va de mayo a octubre de 1517).

39 En octubre de 1526 aparece en Roma (δεξιώτητι Δημητρίου Δουκᾶ τοῦ Κρητός) un volumen intitulado Αἱ θεῖαι λειτουργεῖαι τοῦ ἁγίου Ἰωάννου τοῦ Χρυσοστόμου etc... Ejemplar en la Biblioteca de Salamanca, Sala I, 52-4-15. El 22 de enero de 1527 (cf. Legrand, *Bibliographie hispano-grecque,* 1915, t. I, nº 53) Clemente VII concede privilegio a Ducas —"dilectus filius Demetrius Ducas Cretensis, graecarum literarum in alma urbe nostra Roma publicus professor"— para imprimir el comentario de Alejandro de Afrodisias sobre la *Metafísica* de Aristóteles, traducido al latín por Sepúlveda.

monumento de este helenismo es la Biblia Poliglota. Si el Cardenal Cisneros hubiese vivido unos cuantos años más, tendríamos al lado de ella otra obra no menos monumental: un Aristóteles greco-latino.[40] Alcalá, hasta en su participación en el humanismo, permanece fiel a esta norma de sus *Constituciones* (art. XLV): *Theologica disciplina ceteris scientiis et artibus pro ancillis utitur.*

III

La Biblia Poliglota, gloria de Alcalá en los anales del humanismo, es una de las obras más imponentes que llevó a cabo en esta época la ciencia de los filólogos auxiliada por el arte del impresor. Es, fuera de toda duda, el coronamiento de un esfuerzo colectivo de gran aliento que Cisneros estimuló y dirigió desde sus orígenes. Pero ¿quiere esto decir que ya en 1502, fecha señalada para esos orígenes por un familiar del Arzobispo,[1] hubiera trazado Cisneros el plan definitivo, y reunido a los obreros del voluminoso trabajo que el impresor Brocar llevaría a feliz término quince años más tarde? No nacen con esa majestad académica las grandes obras. Concepción y ejecución, aquí como siempre, debieron progresar a la par, y no sin sorpresas. Pero cuando faltan los elementos para reconstruir este azaroso itinerario, es tentador proyectar sobre la nebulosidad de los orígenes los lineamientos de la obra concluida, y representar la ejecución como un paso lento y seguro de lo ideal a lo real. A esta tentación ha cedido el más reciente historiador de la Poliglota,[2] explotando, sin suficiente crítica, los recuerdos quizá deformados de Juan de Vallejo.

Según este testigo de su vida, Cisneros reunió a su alrededor, en el verano de 1502, a casi todos los sabios cuyos nombres habían de aparecer en la edición: "mandó llamar al egregio varón el maestro Antonio de Lebrixa y al bachiller Diego López de Zúñiga y a Francisco [léase Hernán] Núñez, comendador de la orden de Santiago, personas doctas en la arte griega; y ansimismo a maestre Pablo Coronel y a maestre Alonso, físico, vecino de la noble villa de Alcalá, que eran católicos cristianos, convertidos de judíos, los cuales eran muy doctos en la lengua hebrea y caldea".

Vallejo, y esto no se ha señalado lo bastante, es poco explícito acerca de la tarea confiada a esos hombres: los términos que emplea —"entender

---

[40] El texto griego debía ir acompañado de una especie de Vulgata, que consistía en una de las paráfrasis latinas que corrían por entonces, y de una nueva traducción literal latina (Álvar Gómez, *Ms.*, fol. 80 r°). Vergara, encargado de esta traducción, había puesto manos a la obra a fines de 1514 (Universidad Central, B. D., leg. VII, nº 616. Estado de pago del 31 de abril de 1515, donde Vergara figura con 6 746 maravedís, salario de cuatro meses y cuatro días, a razón de ochenta florines por año). A la muerte del Cardenal, Vergara había traducido la *Física*, el *De anima* y la *Metafísica*. La Biblioteca del Cabildo de Toledo heredó una copia cuidadosísima de esta traducción, que se interrumpe después del libro VII de la *Metafísica*.

[1] Juan de Vallejo, *Memorial de la vida de Fray Francisco Jiménez de Cisneros* (ed. A. de la Torre y del Cerro), Madrid, 1913, pág. 56.

[2] P. Mariano Revilla Rico, *La Políglota de Alcalá*, Madrid, 1917, págs. 5 y 10.

en la tradución de la Bribia"— hacen pensar menos en una edición poliglota que en una revisión del texto de la Vulgata con ayuda de las fuentes hebraicas y griegas. El mismo memorialista [3] nos muestra a Cisneros visitando en 1504 el futuro Colegio de San Ildefonso, informándose acerca de los métodos seguidos por su pequeña Academia bíblica y llevándosela a Toledo, en donde sigue asiduamente sus labores durante casi todo el verano. A este propósito, Vallejo enumera de nuevo a los maestros que colaboran en la santa obra: el nombre de Nebrija ha desaparecido, y el de maestre Zamora se ha añadido al grupo de los hebraizantes. Pero ¿es fidedigna esta relación en todos sus detalles? Nos inclinamos más bien a creer que amalgama recuerdos de una época muy distinta. Ciertamente no se halla desprovista de toda base, puesto que el converso Pablo Coronel entró en efecto al servicio del Arzobispo el 1º de septiembre de 1502.[4] En cuanto a Alfonso de Alcalá, de quien no se sabe nada, y a Alfonso de Zamora, cuya vida es mal conocida hasta 1511-1512, época en que viene a enseñar en Salamanca y en Alcalá, puede admitirse, en rigor, el testimonio de Vallejo. Podemos también admitirlo provisionalmente en lo que concierne a Diego López Zúñiga, pues nada exacto se sabe de él antes de su polémica con Lefèvre d'Étaples y Erasmo (1519-1520), excepto que Ayres Barbosa fue su maestro de griego, y que esto pudo ser antes de 1502.[5]

Pero la presencia del Comendador en Alcalá entre 1502 y 1504 es ya mucho más difícil de creer. Sabemos, por un testimonio contemporáneo,[6] que cuando llegó a Salamanca, en 1511, había pasado largos años en Granada al servicio del Conde de Tendilla. Esta permanencia en Andalucía se halla aparentemente jalonada por los años 1499, 1505 y 1509, puesto que en estas fechas dedica al poderoso señor su primera glosa de las *Trescientas* de Juan de Mena, la refundición de la misma obra y su traducción de la *Historia de Bohemia* de Eneas Silvio Piccolomini.[7] En cuanto a Nebrija, sabemos de buena fuente [8] que vivía entre 1503 y 1504 en Extremadura,

---

3 *Op. cit.*, pág. 69.

4 A. de la Torre y del Cerro, *La Univ. de Alcalá, art. cit.*, t. XXI (1909), pág. 71.

5 Cf. *supra*, pág. 19, nota 32.

6 Lucius Marineus Siculus, *Epistolarum familiarium libri decem et septem*, Valladolid, 1514, lib. XV. Carta de Marineo a Hernán Núñez, sin fecha, pero que por su contenido es posible referir a la época en que el Comendador se encuentra en Salamanca como candidato a la cátedra de lenguas semíticas (cf. *supra*, pág. 19, nota 33). El humanista siciliano dice a Hernán Núñez: "et simul abs te quaesivissem quibus rebus, quibus commodis et honoribus te comes Tendilianus, vir doctus, generosus et sapiens, affecisset; quae tibi munera contulisset; quanti te faceret; *cum praesertim tu illi tot annos tuorum studiorum labores et fructus impenderis atque litterarum immortalia dona consecraveris*, cujus et nunc filium docte sancteque litteris et moribus instituis".

7 Cf. Paul Groussac, *Le Commentateur du "Laberinto", R. H.*, t. XI (1904), pág. 182. En la epístola dedicatoria de *La historia de Bohemia en romance*, Hernán Núñez recuerda los servicios prestados por el Conde de Tendilla en 1499, durante la rebelión de los moros, pero sin precisar si él estaba entonces al lado del Conde; afirma, por el contrario, haber sido testigo de sus heroicos esfuerzos por mantener la paz en el reino de Granada desolado por la peste, en el período de disturbios que coincidió con la muerte de Felipe el Hermoso y el confinamiento de Juana la Loca (1506-1507).

8 A. U. S., *Claustros*, t. IV, fol. 12 vº. El Consejo de la Universidad, en abril de 1503, decide escribir a Nebrija para que lance su candidatura a la cátedra de prima de

al servicio del Gran Maestre de Alcántara, cuyo protegido era desde hacía diecisiete años.

No se pretende negar la existencia de la pequeña Academia bíblica reunida por Cisneros en 1502. El gusto del Arzobispo por las cuestiones escriturales databa de mucho tiempo atrás, puesto que ya en la época en que pertenecía al cabildo de Sigüenza (hacia 1480) había tomado como preceptor a un famoso rabino.[9] La presencia constante en su casa, a partir de 1502, del Maestro Pablo Coronel, el testimonio formal de Nebrija en su *Tertia quinquagena*,[10] todo nos invita, por el contrario, a creer que Cisneros instituyó desde muy temprano en su palacio un centro de estudios bíblicos que tenía a su disposición una biblioteca de manuscritos, y al cual conversos y helenistas aportaban la luz nueva de las lenguas.

Pero los más grandes humanistas de la época, Nebrija y Núñez, no colaboran en esta obra sino tardíamente, hacia 1513, cuando la Poliglota está ya en prensa. Lo cual no quiere decir que hayan permanecido hasta ese año ajenos a las cuestiones bíblicas. Hernán Núñez —lo sabemos por un compañero suyo durante los años que pasó en Granada—[11] se hallaba sumergido, en la Alhambra, en el estudio de San Jerónimo, cuya vida ascética imitaba. Es verosímil que haya comenzado desde entonces a leer la Biblia con ojos de filólogo. En cuanto a Nebrija, él mismo ha dejado de su actividad en materia de crítica bíblica testimonios muy claros, cuya continuidad cronológica puede reconstituirse con cierto rigor si previamente se pone en cuarentena el relato sospechoso de Vallejo. Esta actividad resulta ser anterior al movimiento dirigido por Cisneros, y netamente independiente de él durante largos años, si bien es cierto que busca el apoyo del Cardenal

gramática, y escribir al mismo tiempo "al maestre de Alcántara con quien bibe para que le dé licencia para ello". Su candidatura se lanza el 19 de mayo. Obtiene la cátedra el día 23. Pero el 4 de noviembre firma en Zalamea un acta de renuncia, y el 20 del mismo mes la cátedra se declara vacante de nuevo. El sucesor que se le designa el 16 de enero de 1504 parece haber sido nombrado de manera provisional. El 13 de marzo de 1504, el hijo de Nebrija presenta al Consejo de la Universidad una carta del Maestre de Alcántara, nombrado ya Cardenal Arzobispo de Sevilla, en que se pide que la cátedra se reserve al humanista. "Por respeto al Arzobispo" se la reservan hasta el día de San Juan. Pero él no llega a tomar posesión. (Mismo registro, fols. 15 v⁰, 16 r⁰, 40 v⁰, 47 v⁰, 56 v⁰).

9 Véase el texto de Álvar Gómez citado en la pág. 13, nota 11.

10 La Anotación n⁰ XVII habla de Cisneros, "cui jam pridem investigandae antiquitatis sacrarum litterarum cura vel praecipua incumbit et conquirendorum voluminum ad eam rem non minor diligentia"; y la Anotación XIX habla del examen del texto bíblico que se prosigue "casi cotidianamente" bajo la vigilancia del Cardenal. La *Tertia quinquagena* puede fecharse en 1507 o 1508 a lo sumo (cf. *infra*, pág. 29, nota 33).

11 Hernando Alonso de Herrera, *Breve disputa*, *op. cit.*, *R. H.*, t. L (1920), pág. 155: "quando ambos a dos, él y yo, estáuamos en Granada, estaua él enamorado del ayunar y desuelarse del beatíssimo padre Sant Jerónimo, porque quasi nunca se le quitaba su libro de las manos, y queriendo él trasladar en sí las costumbres santíssimas dél, todas las noches del año, quan luengo es, se le passauan sin cena". La permanencia de Herrera en Granada tiene que ser anterior a 1502. La *Brevis quaedam disputatio de personis* está dedicada al Arzobispo de Sevilla Don Diego Hurtado de Mendoza, que muere el 12 de septiembre de 1502. En la epístola dedicatoria, que parece escrita en Sevilla ("in hac tua splendidissima et nobilissima civitate agens"), alude a su magisterio "en Salamanca, en Granada y en otros lugares", y designa al Conde de Tendilla, hermano del Arzobispo, como su fiel protector: "patronum semper meum" (*ibid.*, págs. 76-78).

cuando se siente en peligro. Tardíamente adscrito al servicio de la Biblia Poliglota, en 1513, Nebrija recobrará muy pronto su libertad. En 1514 sale de las prensas el primer volumen. Entre las poesías latinas y griegas que cantan los loores de la obra, no hay un solo dístico de él. Nebrija encarna, en los umbrales del siglo XVI español, el esfuerzo autónomo del humanismo por restaurar la antigüedad íntegra, profana y sagrada. Merece que se le considere aparte en su obra de humanista cristiano.

En este campo, no solamente es él el precursor del erasmismo español, sino que se anticipa al propio Erasmo. No vamos a hablar aquí una vez más del papel representado por Antonio como instaurador de la cultura latina en su país ni como anunciador de los destinos imperiales de la lengua española.[12] Sólo lo consideramos en cuanto hombre del Renacimiento cristiano. Desde Menéndez y Pelayo,[13] se le define como el introductor en España del "método racional y filosófico de Lorenzo Valla". Es preciso ir más lejos, y buscar en él al heredero de las audacias de Lorenzo Valla en materia de filología sagrada, y quizá también de su actitud crítica frente a las tradiciones de la Iglesia. No es discípulo directo de Valla. Éste había muerto recientemente cuando Nebrija, de edad de diecinueve años, desembarcó en Italia hacia 1460.[14] Por otra parte, nuestro humanista, que nombra a varios de los maestros de su juventud, en particular a Pedro de Osma, su profesor de filosofía moral en la Facultad de Artes de Salamanca, no cita a ningún italiano de quien considere un orgullo llamarse discípulo. Pero no por ello dejó de respirar durante diez años, en Bolonia y en otras partes, la atmósfera de libertad crítica que tanto había contribuido a crear Valla con sus *Anotaciones* al Nuevo Testamento y, sobre todo, con sus ataques a la escolástica aristotelizante, la institución de los votos monásticos y la pretendida donación de Constantino.

Algo de este espíritu pugna por brotar a la luz en España en la época en que Nebrija vuelve a su patria. Entre 1473 y 1486 emprende desde Salamanca, como "desde una fortaleza expugnada", su guerra contra la "barbarie" medieval. Ahora bien, en 1478, su maestro Pedro de Osma suscita un gran escándalo propagando opiniones nuevas en materia de confesión. Como por entonces no existía aún la Inquisición, es el Arzobispo de Toledo quien recibe encargo del Papa para instruir proceso contra Osma

12 Sobre la vida y la obra de Nebrija en general, véanse P. Lemus y Rubio, *El Maestro Elio Antonio de Lebrixa*, R. H., ts. XXII y XXIX (1910 y 1913), algunas brillantes páginas de Menéndez y Pelayo (*Antología de poetas líricos castellanos*, t. VI, págs. CLXXXVII ss.) y un sugestivo artículo de Américo Castro (*Lengua, enseñanza y literatura*, Madrid, 1924, págs. 140 ss.). La *Gramática castellana* de Nebrija se ha reimpreso cuatro veces en nuestros días (reproducción fototípica por E. Walberg, Halle, 1909; ed. González Llubera, Oxford University Press, 1926; ed. Rogerio Sánchez, Madrid, 1931; reproducción del incunable y ed. crítica por Pascual Galindo Romeo y Luis Ortiz Muñoz, Madrid, 1946). Para la bibliografía de sus obras es fundamental Antonio Odriozola, *La caracola del bibliófilo nebrisense. Extracto seco de bibliografía de Nebrija en los siglos XV y XVI*, en la *Revista de Bibliografía Nacional*, Madrid, t. VII (1946), págs. 3-114.

13 *Antología* (véase la nota anterior).

14 Lemus y Rubio (*art. cit., R. H.*, t. XXII, págs. 466-469) reproduce el fragmento autobiográfico puesto por Nebrija en la epístola dedicatoria de su *Vocabulario*, fuente casi única de la biografía de Nebrija antes de 1492.

y sus secuaces por medio de una comisión de teólogos congregada en Alcalá. He aquí las principales proposiciones condenadas: la confesión sacramental no es de institución divina; los pecados mortales se redimen por la contrición sola, sin necesidad de confesión; no hace falta confesar los malos pensamientos, sino que basta la voluntad de rechazarlos. Erasmo y sus discípulos españoles volverán a ideas muy afines a éstas.[15]

En ninguno de sus libros llegó a decir Nebrija lo que pensaba de la condenación de su antiguo maestro. Observemos solamente que lo nombra con elogio, sin ninguna precaución oratoria, en su prefacio autobiográfico al *Diccionario latino-español* (1492) y en la *Apologia* que escribirá cuando a su vez tenga él que vérselas con la Inquisición. En venganza, ridiculizará en su *Epístola a Cisneros* a ciertos teólogos que tomaron parte en el conciliábulo de 1479.[16]

Hacia 1486, Nebrija ha salido de la Universidad para entrar al servicio del Maestre de Alcántara, Don Juan de Zúñiga, gran señor, piadoso y amigo de las letras, que vivía en Zalamea, en el centro de sus "estados", rodeado de sabios de quienes era mecenas. Nos faltan elementos para reconstruir el ambiente del maestrazgo de Alcántara en la última década del siglo xv. Ciertamente no era entonces La Serena (situada sobre el camino que llevaba de Salamanca a Sevilla, puerta del Nuevo Mundo, y al reino de Granada recientemente reconquistado) esa tierra aislada que vino a ser más tarde debido a la creciente centralización de la Península. Entre los hombres que honrarán a Alcalá de Henares, no es Nebrija el único que ha pasado por la pequeña corte de Don Juan de Zúñiga: Hernán Núñez, en su glosa de Juan de Mena, evoca el recuerdo de un paseo nocturno entre Alcántara y Villanueva de la Serena, en compañía de Nebrija, su maestro venerado.[17] Pues bien, allí es donde el gran humanista, sin descuidar la antigüedad romana, de la cual aparecen tan ricos vestigios en esa tierra, se orienta resueltamente hacia la antigüedad cristiana. Y, a juzgar por el giro que toman sus investigaciones bíblicas, nos sentimos tentados a creer que éstas se originaron en sus conversaciones con sabios de origen judío,[18] que por su solo conocimiento del hebreo debieron de darle la solución de ciertos enigmas de la Vulgata. En 1495, al dedicar a la reina Isabel la tercera edición de sus *Introductiones latinae,* alude a sus trabajos arqueológicos sobre las antigüedades de España, de los cuales publicará poco más tarde una "muestra", y anuncia su voluntad de consagrar en seguida todo lo que le queda de vida a las letras sagradas.[19] Más o

[15] Menéndez y Pelayo, *Historia de los heterodoxos españoles,* 2ª ed., t. III, Madrid, 1918, pág. 322, no vacila en llamar a Osma "el primer protestante español".

[16] Los Maestros Betonio y de Santi Spíritus (*R. A. B. M.,* t. VIII, 1903, pág. 495).

[17] Citado por Lemus y Rubio, *art. cit., R. H.,* t. XX (1910), pág. 468, nota.

[18] Sobre la presencia del astrónomo judío Abraham Zacut en Gata y probablemente también en Zalamea, en casa de Don Juan de Zúñiga, cf. Cantera Burgos, *Abraham Zacut,* Madrid, s. f., págs. 27-28, y Joaquim de Carvalho, *Dois inéditos de Abraham Zacuto,* Lisboa, 1927 [Separata da *Revista de Estudos Hebráicos,* vol. I, págs. 13-14].

[19] *R. H.,* t. XX, pág. 470. La *Muestra de las antigüedades de España* parece impresa en Burgos hacia 1499. Además del ejemplar incompleto de la Biblioteca Real de Copenhague, descrito por Haebler (*Bibliografía ibérica del siglo xv,* La Haya-Leipzig,

menos en los mismos términos anunciará Erasmo a John Colet, unos diez años más tarde, su conversión a la ciencia escriturística.[20] Nebrija, Colet, Erasmo, comulgan en un mismo espíritu. A unos cuantos años de distancia, se convierten en servidores de un humanismo cristiano cuyo hechizo deslumbró a Erasmo en París,[21] y del cual impregna Colet los estatutos que da a la escuela de San Pablo de Londres.[22] Es raro que nadie haya señalado todavía la misma tendencia en Nebrija. Sin embargo, aparece a la primera ojeada que se echa sobre la abundante bibliografía de sus ediciones comentadas para uso de las escuelas. La poesía latina clásica se halla representada en ellas casi únicamente[23] por las sátiras de Persio. Aparecen, en cambio, junto con los *Dísticos* morales del seudo-Catón, los *Himnos* litúrgicos, las perícopas de las *Epístolas* canónicas y de las profecías, la *Psychomachia* de Prudencio, el *Paschale* de Sedulio, una colección de opúsculos conocida con el nombre de *Santoral,* que contiene la *Passio Domini* en hexámetros latinos, los *Threni* de Beroaldo sobre la Pasión, unas *Vidas de santos* sacadas de San Jerónimo y, en algunas ediciones, el martirio de Santa Quiteria.[24] Desde este punto de vista, Nebrija hace escuela en España. Ya en 1500 su discípulo Juan Sobrarias publica el *Paschale* anotado en Zaragoza.[25] Hacia 1500 aparece en Salamanca la *Historia apostólica* de Arator, y en 1516 volverá a publicarse con un comentario de Barbosa.[26] Pedro Núñez Delgado, discípulo de Nebrija y continuador de su enseñanza en Sevilla, edita en 1512 los *Parthenica septem* de Battista el Mantuano.[27] La porción más selecta de los clérigos se educa entonces "in

1903, nº 480, se ha descubierto otro según la *Miscelánea Nebrija,* t. I, Madrid, 1946 [= *R. F. E.,* t. XXIX, 1945], pág. 313 (donde se anuncia su publicación).

20 Allen, t. I, pág. 404: "Deinde liber ac toto pectore divinas literas aggrediar, in hiis reliquam omnem aetatem insumpturus" (fines de 1504).

21 Allen, t. I, pág. 163. Erasmo, en carta al obispo de Cambrai Enrique de Bergen, se irrita contra los poetas que se proponen como modelos a Catulo, Tibulo, Propercio y Ovidio, en vez de Ambrosio, Paulino de Nola, Prudencio, Juvenco, Moisés, David y Salomón, "tanquam non sponte sint Christiani" (París, 7 de noviembre de 1496). Poco adelante, hace un elogio ditirámbico del carmelita Battista Spagnuoli, el Mantuano, a quien promete la gloria de su compatriota Virgilio.

22 Cf. *supra,* pág. 15, nota 16.

23 Se podría decir *únicamente,* si no se pensara en el *Terencio* de fecha incierta y en el comentario póstumo sobre Virgilio (Granada, 1545). (P. Lemus y Rubio, *art. cit., R. H.,* t. XXIX, 1913, págs. 96 y 113).

24 *Ibid.,* págs. 14, 42, 46, 48, 97, 99, 103, 110. Los *Libri minores* en uso en las escuelas a fines del siglo xv (*Catalogue... Columbus,* nº 4002) fueron aumentados y anotados por Nebrija (Burgos, 1512. Gallardo, t. III, nº 2651) y tuvieron bajo esta forma gran número de reimpresiones: Alcalá, 1525, 1526, 1528, 1529; Granada, 1534, 1553 (estas dos últimas completadas con el *Institutum hominis christiani* de Erasmo, intitulado *Christiani militis institutum* bajo la influencia del *Enchiridion.* Cf. Marcelino Menéndez y Pelayo, *Bibliografía hispano-latina,* 2ª ed., Santander (C. S. I. C.), 1950-53, t. I, págs. 366-372, y E. Legrand, *op. cit.,* t. I, núms. 51, 55, 57).

25 Para las ediciones de Sobrarias (Zaragoza, 1500 y 1502; Tarragona, 1500; Sevilla, 1504) y las muchas ediciones del *Paschale* comentadas por el propio Nebrija, cf. Odriozola, *art. cit.,* págs. 61-64.

26 Véase Palau, *Manual,* 2ª ed., t. I, pág. 431 b. La edición comentada por Ayres Barbosa (Salamanca, 1516) existe en la B. N. P.

27 Esta edición, que parece desconocida de los bibliófilos, existe en la B. N. M. (R.

hymnis et canticis", pero, hecho capital muy poco señalado, está habituada a comprender lo que canta, se acostumbra a considerar en la liturgia su armadura bíblica, se ve conducida a la Biblia, introducida en el problema de sus relaciones con la tradición de la Iglesia.

En la Biblia misma es en lo que piensa Nebrija cuando habla en 1495 de consagrar el resto de sus días a las letras sagradas. Después de medio siglo de imprenta, la cuestión de la crítica bíblica se planteaba mucho más imperiosamente que en tiempos de Lorenzo Valla. La multiplicación de los textos de toda especie, defectuosos o correctos, en ediciones de millares de ejemplares, hacía ver de manera clarísima la importancia de la crítica verbal. La corrección del texto bíblico estaba a la orden del día. Muy pronto iba Erasmo a imprimir las *Adnotationes* del gran humanista italiano sobre el Nuevo Testamento (1505) y a esbozar, con esa ocasión, el programa de la nueva ciencia escritural. Pero Nebrija se le había adelantado. En 1503, al publicar su comentario de Persio a petición del Gran Maestre de Alcántara, dice hallarse sumergido en ese trabajo "sobre la gramática de las letras sagradas" cuya elaboración lo ocupa desde largo tiempo atrás.[28] Don Juan de Zúñiga, a la sazón arzobispo electo de Sevilla y muy pronto cardenal, moriría el año siguiente (26 de julio de 1504), pocos meses después de su entronización.[29] El humanista era solicitado por la Universidad de Salamanca para que fuese a ocupar la cátedra de prima de gramática. Después de no pocas vacilaciones había renunciado a ella.[30] Pero he aquí que, después de su mecenas Don Juan de Zúñiga, moría la reina Isabel, su protectora (25 de noviembre de 1504). Nebrija dirige entonces una vez más sus miradas a Salamanca. En abril de 1505 está vacante otra cátedra de gramática, y él se presenta como candidato. Barbosa, que también lo era, se esfuma ante él, y el patriarca del humanismo vuelve a ocupar su lugar en la Universidad de donde había salido hacía casi veinte años.[31]

Cuando la corte se traslada a Salamanca[32] para la firma del acuerdo

13.386). Nicolás Antonio, II, 223, describe dos volúmenes publicados por Núñez Delgado, en 1527 y 1530, igualmente en Sevilla. Uno de ellos es una *Aurea hymnorum totius anni expositio* con diversos textos litúrgicos, las *Epístolas* entre ellos; el otro, una *Expositio Threnorum, id est Lamentationum Hieremiae, nec non et novem lectionum quae pro defunctis in Ecclesia decantari solent, una cum acerbissima Christi passione secundum Matthaeum excerpta ex Nicolao de Lyra*. Vindel, *Manual*, t. VI, reproduce la portada de la *Expositio Threnorum* (nº 1950) así como la de una recopilación de *Homilie diversorum authorum*, publicada por Núñez Delgado en 1514, en casa del editor sevillano Cromberger (nº 1949).

28 "Atque in medio cursus fervore illius operis quod de sacrarum litterarum Grammatica jampridem parturiebat", citado por P. Lemus y Rubio, *art. cit., R. H.*, t. XXII (1910), pág. 473.

29 Eubel, *Hierarchia*, t. III, págs. 10 y 211, da el 14 de agosto como fecha de la muerte de Don Juan de Zúñiga; Hazañas, *Maese Rodrigo*, Sevilla, 1909, pág. 63, el 26 de julio. Su solemne entrada en Sevilla había tenido lugar el 13 de mayo.

30 Cf. *supra*, págs. 23-24, nota 8.

31 A. U. S., *Claustros*, t. IV, fols. 128 rº y 129 rº. El 2 de mayo se le asigna la cátedra vacante por la muerte de Pedro de Espinosa.

32 Invierno de 1505 a 1506. Cf. Fernández de Retana, *op. cit.*, t. I, pág. 349.

entre Fernando el Católico y Felipe el Hermoso, Nebrija se encuentra allí y conversa con Cisneros sobre cuestiones bíblicas. Hacia esta época es cuando el Inquisidor General, Fray Diego de Deza, alarmado por las investigaciones de un gramático sobre el texto bíblico, confisca sus papeles. Nebrija recordará este amargo incidente varios años después, cuando Deza está ya incapacitado para hacerle daño.[33] La censura inquisitorial no podía hacer nada contra una obra en preparación. Había sido preciso apelar a la autoridad civil para que Fray Diego le devolviera sus manuscritos. El proceso no había ido muy lejos.

El Inquisidor General, dice Nebrija no sin desprecio, no atendía tanto a condenarlo o absolverlo cuanto a disuadirlo de escribir. Pero, acusado de intromisión en el campo de las letras sagradas, el humanista defiende su causa ante Cisneros, Arzobispo de Toledo, Primado de las Españas. En

[33] Los únicos datos que se poseen acerca de este episodio de su vida se basan en su *Apologia earum rerum quae illi objiciuntur,* y la cronología de este escrito no puede fijarse sino de modo aproximativo. De acuerdo con el prefacio que el autor le añadió al publicarla varios años después, es contemporánea de las persecuciones de que fue objeto de parte del Inquisidor General Fray Diego de Deza ("Apologiam autem hanc scripsimus quo tempore apud quaestorem maximum impietatis accusabamur, quod ignari sacrarum litterarum ausi sumus sola grammaticae artis fiducia incognitum opus attrectare"). Por otra parte, aludiendo poco antes a la confiscación de sus papeles por Deza, llama a este último "el obispo de Palencia que fue después Arzobispo de Sevilla". Nos sentiríamos tentados, de acuerdo con esto, a creer que las persecuciones datan de la época en que Deza era aún obispo de Palencia. Se remontarían, pues, a 1504 cuando más tarde, puesto que Deza no sucede a Don Juan de Zúñiga como Arzobispo de Sevilla hasta fines de ese año. Tal parece ser el razonamiento del autor del ms. 8470 de la B. N. M. (citado por Lemus y Rubio, *art. cit., R. H.,* t. XXII, 1910, pág. 473, n. 2). Pero hay en la *Apologia* otras indicaciones cronológicas que contradicen esa interpretación: en ese escrito Nebrija recuerda a Cisneros que él le ha mostrado las correcciones aportadas por Pedro de Osma al texto de la Vulgata según el manuscrito *pervetustus* de Salamanca, y precisa así el tiempo y el lugar de la entrevista: "Salamanticae cum illic esset curia atque cum rege Ferdinando de exequendis Elisabes Reginae legatis ageres". Se trata evidentemente de los días que Fernando y su corte pasaron en Salamanca, de octubre de 1505 a marzo de 1506, para la firma del acuerdo con Felipe el Hermoso. Yo me inclino a creer que la expresión "Pallantinus episcopus qui postea fuit Archiepiscopus Hispalensis" designa al personaje sin precisar la fecha de su intervención. Si se desecha esta interpretación, hay que admitir, o que el asunto de Nebrija duró varios años y que la confiscación de sus papeles, llevada a cabo entre 1500 y 1504, no condujo antes de 1506 a una acusación en regla (la cual motivó el envío de la *Apologia* a Cisneros), o bien que la *Apologia,* escrita entre 1500 y 1504, fue retocada cuando el autor la publicó. Esta publicación debió de hacerse en 1507 o 1508 cuando más tarde. Como Deza había dejado de ser Inquisidor General a mediados de 1507, Nebrija se apresuró, según parece, a preparar para la impresión su *Tertia quinquagena* (el preámbulo alude a la permanencia de Cisneros en Salamanca "anno superiori") con el fin de ofrecerla al nuevo Cardenal Inquisidor: "Libet itaque —dice el mismo prefacio— ad apologiam illam in qua te judice editicio ac nuncupato criminatoribus meis respondi, addere quinquaginta locos non vulgariter expositos, quos ex impressione propagatos, etc..." La B. N. M. posee dos ediciones sin fecha de la *Apologia,* una de las cuales (R. 2212), intitulada *Apologia cum quibusdam Scripturae locis non vulgariter expositis,* podría muy bien ser la *editio princeps.* El autor del ms. 8470 de la B. N. M. conocía, según parece, una edición de Logroño, 1508 (cf. P. Lemus y Rubio, *art. cit., R. H.,* t. XXII, 1910, pág. 474, n. 1). La *Tertia quinquagena* se reimprimió sola en Alcalá en 1516, y en París, en casa de Regnault Chaudière, en 1520; y, junto con la *Apologia,* en Granada, en 1535.

él invoca a un árbitro de quien le consta que ve con buenos ojos la filología bíblica. La hermosa *Apologia* que entonces le dirige es prácticamente contemporánea de la edición erasmiana de las *Adnotationes* de Lorenzo Valla. Si, como parece, Nebrija la escribió sin tener aún conocimiento de la carta-prefacio de Erasmo, la coincidencia de los dos sabios no deja de ser significativa. En caso contrario, la defensa que hace Nebrija de sí mismo vendría a demostrar de manera impresionante con qué rapidez respondía Salamanca a París.

La *Apologia* es más vehemente que la carta a Christopher Fisher. Pero la sustancia de ambas es extrañamente la misma. En España como en París, la crítica tenía que afirmar sus derechos contra una misma hostilidad conservadora. El método que se impone a todo el que quiere resolver las divergencias que ofrecen los manuscritos de la Vulgata no es, sin embargo, un método revolucionario. Los modernos lo han recibido de los doctores antiguos; es el mismo que recomiendan un San Jerónimo, un San Agustín, y he aquí cómo lo formula Nebrija: "Cada vez que se presenten variantes entre los manuscritos latinos del Nuevo Testamento, debemos remontarnos a los manuscritos griegos; cada vez que haya desacuerdo entre los diversos manuscritos latinos o entre los manuscritos latinos y los manuscritos griegos del Antiguo Testamento, debemos pedir la regla de la verdad a la auténtica fuente hebraica." Esta necesidad de remontarse a las lenguas originales resulta evidente con un simple ejemplo. Ciertos textos impresos de la Vulgata tienen en Marcos, V, 41 "tabitha cumi (puella dico tibi surge)" en lugar de "talitha cumi", confusión debida, sin duda, al relato análogo de los Hechos (IX, 40), donde ciertamente hay que leer *Tabitha (Dorcas)*. El texto griego da en el primer caso ταλιθά y en el segundo Ταβειθά. Sólo los hebraizantes nos ofrecen la clave del enigma enseñándonos que en arameo *Tabitha* es el equivalente del griego *Dorcas* (gacela), pero que *talitha* es el equivalente del latín *puella*. Por lo mismo, *talitha* es lo que hay que leer en Marcos, como lo hacen Remigio y, mucho antes que él, San Jerónimo. Si se rechaza el método que se remonta a las fuentes, se erigirá en norma, en canon, toda deformación del texto que haya sido multiplicada por la imprenta.

Pero ¿qué argumentos son los que oponen los adversarios a este método? No temen afirmar que los manuscritos latinos son más correctos que los hebreos. Y tampoco temen atribuir esta opinión absurda a San Agustín y a San Jerónimo, e interpretar a la inversa el pensamiento de estos doctores, abusando de un error contenido en la glosa del *Decretum* de Graciano.[34] Nebrija pide que se consienta en razonar como se debe un solo instante:

---

[34] Cf. Erasmo, carta a Christopher Fisher: "Porro ut veterum librorum fides de Hebraeis voluminibus examinanda est, ita novorum veritas Graeci sermonis normam desyderat, authore Augustino cujus verba referuntur in Decretis distin. IX. Quo quidem in loco neminem esse tam saxeum arbitror quin miserescat, neminen tam ἀγέλαστον quin rideat, insulsissimum glossema nescio cujus somniantis Hieronymum in epistola ad Desyderium affirmasse Latina exemplaria castigatiora esse Graecis, Graeca Hebraeis". (Allen, *Opus epistolarum*, t. I, pág. 411.)

Si, como lo piensa el comentador del *Decreto*, los hebreos y los griegos han alterado sus propios libros por odio a los cristianos, esto lo han hecho, bien en los pasajes que estaban a nuestro favor y en su contra, bien en los pasajes que estaban a favor de ellos y en contra nuestra, bien en los que eran favorables a las dos partes, o bien en los que no lo eran ni para los unos ni para los otros... Que hayan cambiado algo en los pasajes que los favorecían contra nosotros, o en los que favorecían a los unos y a los otros, o en los que no favorecían ni a los unos ni a los otros, no es creíble, ya que, por el contrario, sabemos que ellos son mucho más diligentes que nosotros en la copia, corrección y revisión de los libros, los hebreos sobre todo, que han sometido a un sistema de números no solamente las palabras, sino cada sílaba y cada letra del Antiguo Testamento, y que, para decirlo con palabras de nuestro Salvador, no omiten ni una tilde ni una iota. Sólo queda, pues, que hayan corrompido y modificado los pasajes que están a nuestro favor y en su contra. Pero ¿cuáles son estos pasajes? Yo no lo sé. Lo que se lee en nuestros manuscritos se lee en los griegos, y se lee también en los hebreos. Ningún texto, en todo caso ningún texto importante, ofrece divergencias. Dada, pues, la identidad de los textos, sobre lo único que recae la controversia es sobre su sentido: por ejemplo, entre latinos y griegos respecto al ácimo y al verdadero pan de la consagración, respecto a la procesión del Espíritu Santo, y entre ellos y los hebreos sobre si Cristo es simplemente hombre o a la vez hombre y Dios, si el Salvador debe venir o si ya ha venido.

En lugar de tratar de fundar el texto sobre la autoridad más antigua y más válida, ¿se va por ventura a hacer un recuento de autoridades? Semejante aritmética carece de valor en las operaciones del espíritu. Y salta a la vista que, cuando se compara una multitud de textos, todos los ejemplares impresos de acuerdo con un mismo arquetipo tienen que contarse como uno solo. De mil impresos errados y un solo manuscrito, bien puede suceder que este último haga que la balanza se incline a su favor: así aquel "Codex pervetustus" de los dos Testamentos que pertenecía a la catedral de Salamanca, y del cual había sacado Pedro de Osma más de seiscientas correcciones al texto de la Vulgata. Nebrija mostró esas correcciones a Cisneros cuando el Cardenal se hallaba en Salamanca con la corte del rey Fernando.

La tradición escriturística en las tres lenguas constituye un todo indisoluble. Y cuando se afirma que el latín se basta a sí mismo, se olvidan las decisiones de la Iglesia que prescriben el estudio del griego y del hebreo.[35] El griego no está completamente descuidado, gracias al portugués Ayres Barbosa, pero el hebreo está en riesgo de caer en el olvido.[36] En el fondo, la hostilidad suscitada por el esfuerzo crítico de un Nebrija se dirige, sobre todo, contra su calidad de humanista, de "gramático". Los teólogos reivindican, con respecto a la Biblia, una especie de monopolio. Sin embargo, ¿quién, si no un gramático, es el indicado para ocuparse de la letra de ese texto? ¿Quién, si no un filólogo, va a darnos luces acerca de los nombres de plantas y de animales que hay en la Biblia?

[35] También Erasmo (*loc. cit.*) menciona el decreto del Concilio de Viena.
[36] Se ve que Nebrija no tenía muy buena opinión de su colega Fray Alonso de Peñafiel, encargado entonces de la cátedra de lenguas semíticas. En su *Epístola al Cardenal* se burlará de su ignorancia del latín.

Pero se objeta aún: de la significación literal, verdadera o falsa, los doctores han sacado ya otros sentidos, unas veces místicos, otras veces morales. Lo que otros han hecho, es asunto de ellos: lo han hecho bajo su responsabilidad, no bajo la mía. Lo que el autor de la Sagrada Escritura, lo que el Espíritu Santo, en los dos Testamentos, ha pronunciado por boca de los profetas y de los apóstoles, he ahí, por lo que a nosotros se refiere, los textos que interpretamos según sus palabras mismas, utilizando excelentes autores que jamás han leído nuestros adversarios, pues prefieren no sé qué Ebrardos, Mamotrectos, Papías, Uguccios [37] y otros, de quienes podría decir el poeta: *nostris nomina duriora terris*.

Queda el argumento del escándalo. Un trabajo como ése de Nebrija no puede escandalizar ni a los doctos ni a los ignorantes, sino únicamente a los ignorantes hipócritas que quieren pasar por doctos. ¿Acaso Cristo temió escandalizar a los fariseos? Antes de terminar, Nebrija toca una vez más la cuestión de la autoridad de los Setenta, pero sin tomar partido. Su único designio es poner en evidencia la necesidad de llegar a la restitución, en su estado primitivo, de una versión única: la Vulgata de San Jerónimo.

Se somete por anticipado a la decisión de la Iglesia. "Pero mientras tanto —concluye—, ¿quién me va a vedar que haga estudios en este campo, que exhorte a los demás a hacer otro tanto, y que consagre a este cuidado hasta mi último aliento? ¿Acaso no vale esto más que el disputar sobre aquella cuestión ridícula: *«si las quididades de Escoto, pasando por los lados de un punto, pueden llenar el vientre de una quimera»*, o que el ocuparse de sofismas como los de los cuernos, del cocodrilo y del montón de Crisipo, o que el disertar acerca de las goteras, la defensa contra el agua de lluvia y otras necedades de esta especie?" Con ello queda netamente inaugurado el debate entre la rutina de las cuestiones escolásticas y la nueva disciplina del humanismo. Dirigiéndose a Cisneros, Nebrija lo conjura a favorecer la resurrección de las lenguas antiguas: "Planta de nuevo aquellas dos antorchas apagadas de nuestra religión que son la lengua griega y la lengua hebrea; ofrece recompensas a quienes se consagren a esta tarea; en cuanto a los estorbadores, arrójalos más lejos que los sármatas, más lejos que los morinos, *los más remotos de los hombres*,[38] más lejos que los garamantes."

Nebrija no se había quedado mano sobre mano; lejos de ello, y en espera de tiempos mejores, había vuelto a emprender el trabajo confiscado por Deza. Ahora bien, en 1507 luce una esperanza nueva para los estudios bíblicos. Deza, comprometido por las crueldades de Lucero en Córdoba, se ve obligado a dimitir, y el propio Cisneros, recientemente elevado a la dignidad de cardenal, es quien le sucede como Inquisidor General. Aquel a quien Nebrija había invocado en vano como árbitro es ahora juez supremo. Entonces es cuando le dedica su *Tertia quinquagena*,[39] conjunto de disertaciones filológicas acerca de cincuenta pasajes de la Biblia, cuyo número

---

[37] Acerca de la importancia de estos autores a fines del siglo xv, cf. Renaudet, *op. cit.*, págs. 28 y 57. Véase una enumeración casi idéntica en una carta de Herman a James Batt (Allen, t. I, pág. 133).

[38] "Extremosque hominum Morinos" (cf. Virgilio, *Aen.*, VIII, 727).

[39] Cf. *supra*, pág. 29, nota 33.

ordinal (*tertia*) era probablemente una alusión discreta al primer trabajo, confiscado por Deza, y al segundo, cuya aparición había estorbado el mismo Inquisidor.

Casi todos los términos sobre los cuales quiere Nebrija hacer brillar la luz de la filología pertenecen a lo que se podría llamar el campo de los *realia* de la Biblia. Unas veces parte de una observación, certera o falsa, de un glosador como Nicolás de Lira, o de autores mucho más oscuros, como aquel Jacobus Constantius cuya *Hecatostys* o "centuria" de observaciones descubrió él mismo un día que escudriñaba, según su costumbre, los rincones de las muchas librerías de Salamanca.[40] Otras veces acude a sus propios recuerdos: hablando del onocrótalo, afirma haber visto en dos ocasiones este pájaro, una vez de cerca en una plaza pública de Bolonia, donde se le exhibía como curiosidad, y otra, de lejos, en su Andalucía natal, a orillas del Guadiana.[41] Su conocimiento de los naturalistas antiguos le permite distinguir dos pájaros que durante largo tiempo había confundido, e identificar el *porphyrio* con el calamón de su tierra, mientras que el *phoenicopterus* no es sino el flamenco, igualmente común en Andalucía. Preguntándose a qué responden, en realidad, *simila* y *similago*, acude a los hebraizantes para saber el sentido de la voz hebrea *soleth*. Es la flor de harina que servía para hacer los panes de la proposición, el acemite de los andaluces, la materia prima del alcuzcuz que tanto gusta a los moriscos y negros,[42] la sémola de los aragoneses. Y Nebrija tiene buen cuidado de informar al lector que de las tres clases de trigo, *robus, silignis* y *trimestre*, sólo el primero, el rubión de los españoles, se presta para tamizar la flor de harina, y especialmente en Andalucía.

¿En qué podía perjudicar a los teólogos este género de observaciones? Su único objeto era hacer que la interpretación de la Biblia se aprovechase de una ciencia que Plinio reputaba ardua, y en la cual, según el testimonio de sus compañeros, él se había hecho maestro: poner cosas para los nombres y nombres para las cosas,[43] nada más inocente, en verdad. Pero desde el punto de vista de un teólogo consecuente, ¿no es esto lo mismo que entregar la Biblia entera, poco a poco, a una crítica puramente profana? Además, ¿no había hecho Nebrija una selección entre las notas? ¿Y acaso esos cincuenta "exploradores"[44] encargados de entrar en contacto con el enemigo daban una idea justa y completa de lo que era el grueso del ejército? Las observaciones de Nebrija sobre la Biblia, con excepción de esa *quinquagena*, permanecieron inéditas. Un año después de su muerte,

---

40 *Tertia quinquagena*, cap. x.

41 *Ibid.*, cap. xxxii: "Ad anae fluminis ripam."

42 *Ibid.*, cap. xlii: "ex qua... Mauri atque Aethiopes qui apud nos degunt suum illum peculiarem cibum concinnant, quem sine honoris praefatione nominare non licet, alcuzcuz appellant".

43 *Ibid.*, cap. xxxv: "Sed quemadmodum Arius Barbosa meus in quodam epigrammate de me testatus est ex verbis Plinii in prooemio Naturalis Historiae, *Arduum est nomina rebus et res nominibus reddere*."

44 Dedicatoria de la *Tertia quinquagena*: "quasi praecursores metatoresque vel potius excubias sive exploratores dimisi ut ex illorum primo cum hostibus concursu captarem auspicia."

el 16 de junio de 1523, Sebastián de Nebrija entró en posesión de los manuscritos paternos que conservaba en depósito el Colegio de San Ildefonso,
y entre los cuales figuran unas *Anotaciones sacre escribture,* así como un
Vocabulario de la sacra escritura enquadernado en pergamino. Sebastián
se comprometía, si alguna vez se publicaban dichos manuscritos, a acudir
a Alcalá para su impresión.[45] Parece fuera de duda que jamás se trató de
ello en el caso de los manuscritos referentes a la Biblia.

Así, pues, son difíciles de precisar los límites del atrevimiento de Nebrija. Es seguro que no ignoraba la obra crítica de Lorenzo Valla, ni la
de Pedro de Osma. Y las afirmaciones contenidas en la *Apologia* constituyen ciertamente el manifiesto de una ciencia que se proclama libre de
toda traba. El hecho es que Cisneros, que sin duda alguna alentó las
indagaciones de Nebrija, se negó a acompañarlo hasta el cabo cuando se
trató de la elaboración de la Biblia Poliglota.

Ha llegado el momento de decir en qué consistió la participación del
gran humanista en esa empresa. De lo expuesto anteriormente se deduce
que no perteneció al núcleo primitivo de la Academia bíblica reunida en
Alcalá en 1502. Si hubiera formado parte de ella, no habría dejado de
aludir a ese hecho en su edición de Persio, donde habla de sus propios trabajos *de sacrarum litterarum grammatice,* o en todo caso en la *Apologia*
que dirige a Cisneros cuando se ve perseguido por Deza. La *Tertia quin-
quagena,* hacia 1508, se refiere ciertamente a las investigaciones sobre "la
antigüedad de las letras sagradas" que dirige el Cardenal, pero los términos en que habla no son los que emplearía un hombre asociado a ellas.

La dedicatoria nos muestra a Nebrija comiendo con el Cardenal, exponiéndole algunas de sus anotaciones y recibiendo sus palabras de aliento.
La escena transcurre en Salamanca en 1506. Quizá en la misma época se
sitúa la conversación evocada por la anotación XXIII, donde el prelado,
tomando en su mano un manuscrito griego, saca al humanista del error
en que se hallaba respecto a *Iona.*[46] Otros pasajes demuestran que no se
mezclaba sino de tarde en tarde con los "hombres doctos en las tres lenguas" reunidos por Cisneros "para sopesar cada palabra de las diferentes
versiones de la Biblia": sólo de oídas sabe lo que ocurre entre ellos.[47]

No obstante, le llega el día de colaborar en la obra bíblica de Alcalá.
Es el momento decisivo en que el examen de las diferentes versiones de la
Biblia está a punto de culminar en la impresión de la Poliglota. Nebrija,
instalado en Alcalá poco antes, tiene que tomar a su cargo una parte importante del trabajo de revisión. Pues bien, no entra en el grupo de los
Complutenses sino para salir de él inmediatamente y para criticar su obra

---

[45] A. H. N., *Universidades,* lib. 3 f, fol. 196. Reproducido paleográficamente con algunas erratas en Lemus y Rubio, *art. cit., R. H.,* t. XXII (1910), págs. 482-483.

[46] Nebrija había interpretado hasta entonces esa palabra como alteración de *Iohana.*

[47] *Tertia quinquagena,* cap. xix: "*Audio* viros trium linguarum peritos, hebraicam
dico graecam et latinam... in discussione illa quae sub praesulis nostri Cardinalis Hispani censura propemodum cotidie fit, in pensitandis interpretum variis translationibus
haesitasse nuper in illud Esaiae, cap. xxviii, Seret git et cyminum sparget." El *audio* lo he
subrayado yo.

a distancia. El significado de esta actitud no se ha esclarecido bien todavía, porque nadie se ha tomado el trabajo de fechar exactamente el texto que nos la revela. Este documento —el único en que Nebrija alude a su intervención en los trabajos de la Poliglota— es una epístola dirigida por él al Cardenal cuando, en los días en que la Biblia está ya imprimiéndose, se toma la resolución de introducir en ella glosarios para las palabras pertenecientes a las lenguas semíticas, es decir, en 1514 o 1515.[48]

El documento debió de enviarse realmente al Cardenal junto con un ejemplar de la *Repetitio tertia de peregrinarum dictionum accentu*.[49] Por lo demás, hay en esta diatriba tanta ironía, que se sospecha que fue escrita

---

[48] "*Epístola del Maestro de Lebrija al Cardenal* quando avisó que en la interpretación de las dicciones de la Biblia no mandasse seguir al Remigio sin que primero viessen su obra" (*R. A. B. M.*, t. VIII, págs. 493-496). El documento no tiene fecha. Lemus y Rubio (*art. cit., R. H.*, t. XXII, 1910, pág. 476) cree que se escribió en Salamanca hacia 1511. El P. Mariano Revilla (*op. cit.*, pág. 35) admite también esa fecha. Sin embargo, es inaceptable para quien examina de cerca el texto mismo de la *Epístola*. Ya una expresión como "lo que sobre esto le dige en Salamanca" parece indicar que Nebrija escribe en otro lugar, y no en Salamanca. Pero las indicaciones de tiempo son más precisas. Nebrija toma la pluma porque le han dicho que el Cardenal "quiere poner en la impressión las interpretaciones de las palabras Hebraicas, i Caldeas, Arábicas i Egipcias". Según eso, la Poliglota parece estar ya en prensa. Ahora bien, el tomo del Nuevo Testamento (t. V), primero en imprimirse, queda concluido el 10 de enero de 1514. Durante los meses siguientes se imprimen sin duda los apéndices de este volumen, en particular las *Interpretationes hebreorum chaldeorum grecorumque nominum Novi Testamenti*. El volumen VI, que se emprendió en seguida, es el del *Vocabularium hebraicum atque chaldaicum totius Veteris Testamenti*, cuyo colofón lleva la fecha de 15 de marzo de 1515 (Revilla, *op. cit.*, págs. 62 y 66). En consecuencia, se siente uno tentado a situar la gestión de Nebrija en 1514 o principios de 1515. Se podría objetar que bien pudo mediar un largo lapso entre la decisión de añadir esos glosarios a la Biblia y su impresión. Pero existen otros indicios que corroboran nuestra hipótesis. El personaje a quien Nebrija llama "el Señor Obispo de Ávila vuestro compañero" es con toda evidencia el franciscano Fray Francisco Ruiz, cuya presencia al lado de Cisneros durante los últimos veinte años de su vida es una especie de prueba tangible de apego a la regla franciscana. Pues bien, Fray Francisco Ruiz no es nombrado obispo de Ávila hasta el 14 de julio de 1514 (Eubel, *Hierarchia*, t. III, pág. 92). Finalmente, Nebrija evoca el recuerdo de su efímera colaboración en la Poliglota en términos que muy difícilmente se pueden referir a otro año que a 1513 (cf. *infra*, nota 50). Todo queda claro en el documento si lo suponemos escrito en 1514 o en 1515.

[49] *Epístola* (pág. 493): "Quise traerle a la memoria lo que sobre esto le dige en Salamanca, i le demostré que avía escrito en una Repetición mía, que hice el año de nuestro Salvador de mil quinientos i siete años. Entonces le pareció bien... Agora se la do para que provea en ello como viere que es menester, i a los Correctores mande que no sigan lo que comúnmente está escrito hasta que vean esto que Yo escriví. *Sed legant et postea despiciant*". De las *Repetitiones* conocidas de Nebrija, sólo hay una que, de acuerdo con su contenido, puede ser la aludida en ese pasaje, y es la *Repetitio tertia;* la Biblioteca de la Facultad de Letras de Madrid posee precisamente un ejemplar en vitela con dedicatoria autógrafa de Nebrija a Cisneros. Pero su *explicit* tiene fecha 30 de junio de 1506 (cf. Lemus y Rubio, *art. cit., R. H.*, t. XXIX, 1913, pág. 106). Si el texto citado se refiere a esta *Repetitio*, hay que admitir una falla de memoria en el autor, que habla de ella como hecha en 1507. Pero tal vez piense en la *Repetitio quinta*, hoy perdida, y de la cual se sabe únicamente la fecha (2 de junio de 1507) gracias a una alusión del ms. 8478 de la B. N. M. (*ibid.*). El opúsculo intitulado *De litteris hebraicis cum quibusdam annotationibus in scripturam sacram* (s. f.) es una reimpresión de la *Repetitio tertia* hecha bajo el cuidado del autor, a causa de que la primera edición se había agotado.

para que circulase entre los maestros y estudiantes de Alcalá. En buena parte, es una regocijada miscelánea de patrañas, atribuidas unas a bufones profesionales y otras a predicadores, tres de ellos dominicos, y los tres catedráticos en la Universidad de Salamanca. Pero estas páginas encierran un contenido histórico que se puede resumir de la manera siguiente. Cuando Nebrija, en el otoño de 1513, sale definitivamente de la Universidad de Salamanca para ir a la de Alcalá,[50] el Cardenal lo suma al número de colaboradores de la Poliglota, cuya impresión ya ha comenzado. Recibe el encargo de revisar el texto de la Vulgata, de la misma manera que los helenistas y los hebraístas han sido encargados respectivamente del texto griego y del texto hebreo. Pero Nebrija no tarda en juzgar inaceptable semejante división del trabajo. Al salir de Salamanca, ha dicho a todo el mundo que se marcha a Alcalá para ocuparse en la corrección de la Vulgata, comúnmente corrompida en todas las Biblias, confrontándola con los textos hebreos, caldeos y griegos. Si no puede recurrir a esas fuentes para corregir los errores de la Vulgata, prefiere retirarse de la empresa y no poner su nombre en una revisión deficiente.

Entonces tiene lugar una explicación entre el humanista y el Cardenal, en presencia del obispo de Ávila, Don Francisco Ruiz. Nebrija explica los motivos de su abstención. Pero Cisneros mantiene la norma que ha dado a todos los colaboradores de la obra: no cambiar nada en las lecciones comúnmente respaldadas por los manuscritos antiguos. Por lo demás, no pretende taparle la boca al sabio anciano. Nebrija, en su carta a Cisneros, escribe: "Entonce Vuestra Señoría me dijo que hiciese aquello mesmo que a los otros había mandado, que no hiciese mudanza alguna de lo que comúnmente se halla en los libros antiguos; mas que si sobre ello a mí otra cosa pareciese, que debía escribir algo para fundamento y prueba de mi intención. A esto yo dije que si algo yo escribiese, de mi rebusco yo hinchiría mucho mayor bodega que todos los otros de su vendimia principal. Desto Vuestra Señoría se rió, y dijo que pensaría ser así, y que todos los otros trabajaban para mí, lo cual todo pasó delante del Señor Obispo de Ávila."

Desde entonces el Obispo de Ávila pregunta cada día a Nebrija si trabaja en su informe. Él responde que sí. Pero no reanuda la colaboración interrumpida, y Cisneros no insiste más. Si alguna vez abandona Nebrija su reserva, es porque ha sabido que se pretende seguir, para el glosario de las voces de origen semítico, la autoridad trasnochada de Remigio. No

50 El texto de la *Epístola* es un poco menos explícito: "Cuando vine de Salamanca, yo degé allí publicado que venía a Alcalá para entender en la emendación del Latín, que está comúnmente corrompido en todas las Biblias latinas, cotejándolo con el Hebraico, Caldaico y Griego." Pero en la vida de Nebrija no hay, que se sepa, sino un solo paso de Salamanca a Alcalá, que es el de 1513. Según el P. Mariano Revilla (*op. cit.*, pág. 34), Nebrija abandonó los trabajos de la Poliglota a principios de 1505, y entonces fue cuando regresó a Salamanca. Pero esta hipótesis no descansa absolutamente más que sobre el testimonio de Vallejo, según el cual Nebrija perteneció a la Academia bíblica de Alcalá desde 1502. Creemos haber demostrado ya la inconsistencia de este testimonio, y establecido que, hasta 1508 por lo menos, Nebrija no tuvo nada que ver con la Academia.

quiere que la gran obra del Cardenal sea el hazmerreír al dar como hebreas palabras indiscutiblemente griegas o latinas. Se permite entonces remitir a Cisneros y a sus colaboradores a lo que ha dicho en 1507 [51] en una lección pública que causó cierto revuelo en Salamanca, y de la cual adjunta un ejemplar en su epístola.

Y esto es lo que yo agora quise notificar a Vuestra Señoría Reverendísima —concluye Nebrija—, por que provea en que estos vuestros correctores de la impresión no dejen cosa de que los ausentes et presentes et los que están por venir puedan hacer burla de nosotros los que aquí nos hallamos en ella. Y esto lo quise dejar testificado, y no en latín, como hasta aquí, mas en lengua castellana, por que tenga más testigos que le avisé dello. Porque hasta aquí hablaba con Vuestra Señoría, y hablando con él hablaba con todos los otros que tienen conocimiento de aquella lengua. Mas veo que aun en ella no me entienden, o que si me entienden lo disimulan, y que no me quieren entender. Y agora ¿quién me quitará a mí que no me aparte con carpinteros y herreros, con sastres y zapateros, para reír con ellos lo que acá pasa entre los hombres que tienen hábito e profesión de letras, y que todo aquello que leyen piensan en todo seso que es ansí como ellos lo entienden y dicen? Et cuando éstos me faltaren, todo será retraerme a un rincón, o en un campo desierto hacer un hoyo, y reyéndolo conmigo solo, o cantando como dice Persio, diga aquello del barbero del Rey Midas: *Auriculas asini quis non habet?* Porque yo no siento otro mayor placer en este mundo que ver unos hombres honrados y puestos en hábito de autoridad y que digan desvaríos de que los niños et aun los bobos se pueden reír.

El incidente, como se ve, no toma ningún cariz trágico. En aquellos dichosos días que preceden a la excomunión de Lutero, los humanistas tienen derecho a reír si juzgan que la ciencia oficial comete un dislate. La autoridad eclesiástica no se siente agraviada por ello, por lo menos cuando está representada por un hombre de la talla de Cisneros. Los contemporáneos transmitieron a la generación siguiente la imagen tranquilizadora del Cardenal deteniéndose, cada vez que se dirigía a la Universidad, frente a la casa habitada por Nebrija, cerca de la imprenta, para charlar con el sabio anciano por la ventana abierta.[52] Pero la indulgencia de Cisneros no debe encubrirnos la profunda divergencia entre sus puntos de vista y los de Nebrija. Y si partimos de esta divergencia podremos comprender el espíritu que reinó en la elaboración de la Biblia Poliglota.

El Cardenal quiere que Nebrija respete la regla que ha impuesto a todos sus colaboradores: no cambiar nada en las lecciones comúnmente respaldadas por los manuscritos antiguos. De la misma manera que el helenista encargado de la revisión del texto griego del Nuevo Testamento tiene que fiarse de los mejores manuscritos griegos, así también el latinista debe establecer el texto de la Vulgata basándose en los mejores manus-

51 O quizá 1506 (véase pág. 35, nota 49).

52 B. D., Ms. intitulado *Memoriales para la historia de Cisneros*, fol. 214 (de mano de Álvar Gómez): "Antonio de Nebrissa moraua par de la imprenta, y siempre que el Cardenal yua al Colegio encaminaua por allí, y estáuase un rrato hablando con él, él en la calle y Antonio en su rexa. Estaua concertado el Cardenal con su muger que entre día no le dexase beuer vino."

critos latinos, sin pretender corregir el texto latino según el texto griego. Ahora bien, precisamente de esta corrección es de lo que Nebrija hace depender su honor de humanista. Y puesto que no se ve libre para llevarla a cabo según sus luces, prefiere permanecer al margen de la gloriosa empresa. De las dos concepciones que aquí se enfrentan, no es muy claro que la del humanista sea la más coherente. ¿Acaso no había fijado él mismo como meta de su trabajo crítico la restitución de la "Vulgata de San Jerónimo"? Y para esta tarea ¿no era acaso el del Cardenal el método más seguro? Los exegetas modernos consideran la Vulgata como un testigo de la Biblia y se aplican a establecer su texto de acuerdo con la tradición latina, sin pedir a los manuscritos hebraicos y griegos otro servicio que el de explicar las lecciones de los manuscritos latinos. Cosa muy diversa es pretender dar un texto latino de la Biblia que refleje con la mayor fidelidad posible los originales hebreos y griegos. Si tal es la meta, más vale hacer caso omiso de la Vulgata e intentar una traducción nueva, con todos sus riesgos y peligros, como lo hace Erasmo, precisamente en 1514, en su edición grecolatina del Nuevo Testamento.

¿Quiere esto decir que Cisneros haya tenido una visión clara de los problemas que suscitaba una edición poliglota de la Biblia y que los haya resuelto de manera estrictamente científica? Nadie se atrevería a afirmarlo. Por lo menos, es difícil creer que el proyecto de semejante edición haya guiado desde el origen los trabajos de su pequeña Academia bíblica. Ni las memorias de Vallejo relativas a los principios de ésta, ni las alusiones de Nebrija en la *Tertia quinquagena* mencionan expresamente este proyecto. Para quien sabe con qué empuje pasaba el Cardenal a los hechos, es tentador suponer que la idea tomó consistencia hacia 1510, poco antes de que el impresor Arnao Guillén de Brocar fuese llamado de Logroño a Alcalá.[53] Durante los años siguientes es cuando Cisneros multiplica sus esfuerzos por hacerse de buenos manuscritos.[54] El 10 de enero de 1514

[53] El primer libro que salió de la imprenta de Brocar en Alcalá es, según parece, el *Tratado de oír Misa* del Tostado (26 de febrero de 1511). Cf. Catalina García, *Ensayo de una tipografía complutense*.

[54] Una carta del Obispo de Málaga a Cisneros, fechada en Salamanca el 20 de noviembre [de 1512], muestra que el Cardenal trataba por esos días de conseguir un manuscrito de Isaías que pertenecía a un colegio: "En el Esaías que del collegio quiere vra. s. hazen difficultad los collegiales diziendo que ouieron prestado no sé qué libros del Tostado por mandado suyo que no se les han buelto en el tiempo que se asentó. Si todavía es servido que este libro se aya, mándelo escreuir. Ca quando no lo quieran dar de voluntad, tomárgelo hemos. En lo demás yo tengo entero recabdo de lo que vra. señoría me mandó y lo llenaré quando de aquí venga plaziendo a Dios". (B. D., Ms. de *Cartas al Cardenal Cisneros*). El Obispo no indica el año. Pero el documento tiene una nota del P. Quintanilla en que dice que es de 1512. En efecto, el contenido de la carta no deja ninguna duda a este respecto: se refiere casi íntegramente a la inspección de que el Obispo estaba entonces encargado por el Rey en la Universidad de Salamanca, y la fecha de esta inspección la confirman los *Claustros* (A. U. S., *Claustros*, t. VI, fol. 46 rº, 10 de septiembre de 1512: "Sobre la posada que se mandó dar al Obispo de Málaga"). En cuanto a los préstamos de manuscritos hechos en la Biblioteca Vaticana, el único dato preciso que poseemos se refiere al año 1513. Se trata de dos manuscritos de los Setenta. "El 27 de agosto de 1513, León X había permitido a Fedro Inghirami que prestara al Cardenal-Arzobispo de Toledo «los libros de los Jueces y de Ruth, los

termina de imprimirse el Nuevo Testamento. En 1514-1515 se pasa a los vocabularios que provocan la *Epístola* de Nebrija. A continuación se prosigue la corrección e impresión del Antiguo Testamento, sin punto de reposo, hasta la conclusión de la obra (10 de julio de 1517).

No hay para qué describir una vez más este monumento del arte tipográfico y de la ciencia escritural.[55] Mucho nos gustaría poder determinar lo que debe a sus diferentes colaboradores, pero los datos precisos que a este respecto se conservan se reducen a muy poca cosa. En las últimas páginas del Nuevo Testamento nos encontramos con un ramillete de versos griegos y latinos cuyos autores deben de haber sido, en su totalidad, colaboradores del volumen. Junto a Demetrios Ducas aparece cierto Νικήτας Φαυστος, evidentemente griego de nación, quizá el tipógrafo que compuso el texto helénico bajo la dirección de Ducas. El Comendador Hernán Núñez se encuentra al lado del toledano Juan de Vergara y del burgalés Bartolomé de Castro.[56] Los tres son latinistas y helenistas. Lo único que es posible conjeturar es que intervinieron más en la corrección de la Vulgata, y que Demetrios Ducas desempeñó un papel preponderante en la del texto griego. Por lo que se refiere a los volúmenes del Antiguo Testamento, no tenemos siquiera indicios comparables a ésos. Los conversos, principalmente Pablo Coronel, se encargaron sin duda alguna de la fijación de los textos hebreos y siríacos. Demetrios Ducas debió de ocuparse en el texto de los Setenta. El único dato preciso que poseemos es una declaración de Vergara durante su proceso: [57] afirma haber hecho la traducción interlineal del texto griego de los Proverbios, de la Sabiduría, del Eclesiástico, del Eclesiastés, de Job y de otros libros. En cuanto a Diego López Zúñiga, considerado generalmente como uno de los autores de la versión interlineal de los Setenta, su participación en la obra es imposible de determinar: jamás aludió a otra cosa que a un cotejo de los manuscritos griegos con los manuscritos latinos más antiguos del Nuevo Testamento.[58]

cuatro libros de los Reyes, el primero y el segundo de los Paralipómenos, los libros de Esdras, de Nehemías, de Tobías, de Judith, de Esther y de Job, los Proverbios de Salomón, el Eclesiastés, la Sabiduría, el Eclesiástico y los dos libros de los Macabeos», todos en griego." Los volúmenes no volvieron a la Vaticana hasta el 23 de agosto de 1519. Cf. J. Paquier, *Jérôme Aléandre*, París, 1900, pág. 122.

55 La Poliglota se describe en gran número de obras bibliográficas, en particular en Catalina García, *Ensayo*, y en Benigno Fernández, *Impresos de Alcalá*. El P. Revilla, *op. cit.*, págs. 49-69, ofrece también una descripción minuciosa. Hay facsímiles en James P. R. Lyell, *Cardinal Ximenes statesman, ecclesiastic, soldier and man of letters, with an account of the Complutensian Polyglot Bible*, London, 1917, y en Fernández de Retana, *op. cit.*, págs. 355-360.

56 Acerca de este personaje, véase A. de la Torre y del Cerro, *art. cit.*, *R. A. B. M.*, t. XXI (1909), pág. 68, y Álvar Gómez, *De rebus gestis*, fol. 86. Bartolomé de Castro salió seguramente de Alcalá para dirigirse a Roma poco después de la conclusión del tomo V de la Poliglota. La Colombina conserva de él un manuscrito (7-1-10) intitulado *Vocabularius uerborum graecorum editus a Magistro Bartholo Castrensi Rome, anno 1516*.

57 A. H. N., *Inquisición*, legajo 223, nº 42, fol. 141. Audiencia del 17 de julio de 1533 por la tarde. Cf. *infra*, pág. 460.

58 "Quantum ad Evangelia attinet, manifestum est, exceptis scriptorum mendis, quae non paucae sunt, ut nos olim ex Graecorum exemplarium cum antiquissimis latinorum codicibus collatione hortatu ac jussu patris Reverendissimi Francisci Cisnerii Cardinalis

La obra está ahí, colectiva, indivisa, pero firmada por un editor responsable: Cisneros. Éste fue, para el caso, mucho más que un mecenas. Su desacuerdo con Nebrija demuestra que dirigió el trabajo según normas estrictas. Quisiéramos indicar aquí las tendencias de esas normas: aparecerán en plena luz si con el *Novum Instrumentum* de Erasmo, impreso en Basilea dos años después, se compara el volumen correspondiente de la Políglota. Y entonces se comprenderá mejor la actitud de reserva casi hostil en que un Nebrija se mantiene frente a la gran empresa de Alcalá.

El *Novum Instrumentum* de 1516 prescinde por completo de la Vulgata. Lo que pretende es devolver todo su honor al texto griego. Éste, sin embargo, no se establece con todo el escrúpulo que sería de desear, pues Erasmo, que no tuvo acceso sino a un manuscrito mutilado del Apocalipsis, no vacila en traducir al griego, de acuerdo con la Vulgata, los versículos que le hacen falta. Al texto va adjunta una nueva traducción latina, que no pretende sustituir a la Vulgata, pero que es profundamente revolucionaria, quiéralo o no, puesto que tiende a hacer vivir las palabras divinas con una nueva vida, como si hubiesen estado durante largo tiempo prisioneras de una traducción venerable, consagrada por el uso secular de la liturgia y de la teología. La nueva versión erasmiana, lejos de apegarse a la Vulgata, retocándola, parece sistemáticamente escrita en otra lengua: se proscribe el vocabulario de fuente judeo-griega, menos por afán de purismo que por hacer hablar a Cristo y a San Pablo el común lenguaje de la *pietas litterata*. El *Novum Instrumentum* se completa con notas que, destinadas a precisar o a discutir el sentido de ciertos pasajes, se complacen a veces en desarrollar los puntos esenciales de la doctrina evangélica. Va acompañado de manifiestos de atrevido evangelismo.[59]

Muy otro es el Nuevo Testamento de Alcalá. Sin más anotaciones que las referencias a pasajes paralelos y unas cuantas notas críticas, ofrece en dos columnas, con igual majestad, el texto griego y la Vulgata. Su correspondencia se establece, palabra por palabra, por medio de unas letras pequeñas que remiten de una columna a la otra. Ningún intento de traducción nueva, sino un religioso respeto por la versión consagrada y por el texto, más venerable aún, que permite captar el pensamiento divino en su riqueza original. La dedicatoria de Cisneros a León X [60] insiste en esta superabundancia "pululante" de los sentidos de la sabiduría divina, sentidos ocultos de entre los cuales el más sabio traductor no podrá dar nunca más que uno solo. El texto griego se presenta magníficamente impreso en caracteres sin ligaduras que tienen la belleza de la uncial.[61] Este texto es la "fuente" en que habrán de venir a beber

Toletani... diligenter annotavimus, in reliquis latina cum graecis optime convenire." *Annotationes Jacobi Lopidis Stunicae contra Jacobum Fabrum Stapulensem*, sign. A 3 (citado por Revilla, *op. cit.*, pág. 170).

[59] Cf. *infra*, págs. 72-74.

[60] El P. Revilla, *op. cit.*, pág. 7, nota 1, reproduce lo esencial de esta dedicatoria.

[61] Sobre estos caracteres, cf. Lyell, *op. cit.*, donde se reproduce el juicio de R. Proctor (*The printing of Greek in the fifteenth century*, 1900): "To Spain belongs the honour of having produced as her first Greek type, what is undoubtedly the finest

los estudiosos que no se contenten con lejanos "arroyuelos", la norma a que todos podrán remitirse en caso de duda sobre una lección errada de una Biblia latina. Es tal el cuidado que se ha puesto en la corrección, que no existen, en todo el volumen, más de unas cincuenta erratas de imprenta.[62] Los Complutenses tuvieron a su disposición manuscritos de todas clases, que no eran de primer orden. El célebre *Vaticanus B* no se hallaba seguramente entre los que la Biblioteca Vaticana prestó al Cardenal Cisneros. Sin embargo, cualesquiera que sean las fallas del texto de Alcalá con respecto a la crítica moderna, ésta lo juzga muy superior al texto erasmiano por el cuidado y escrúpulo que demuestra.[63]

¿Quiere esto decir que se haya inspirado en un espíritu más científico, en una crítica más severa? Es lícito dudar de ello. Chocamos aquí con la cuestión tan debatida de las relaciones del texto griego de Alcalá con la Vulgata. Es posible que la decisión de publicarlos el uno al lado del otro haya obligado a los Complutenses a introducir en el primero correcciones arbitrarias para hacerlo concordar con el segundo. El número de estas correcciones nunca podrá ya determinarse, puesto que no se sabe qué manuscritos griegos tuvieron en sus manos. A pesar de todo, los más ardientes apologistas de la Poliglota se ven obligados a reconocer que, en algunos puntos cuando menos, los Complutenses corrigieron el texto griego del Nuevo Testamento de acuerdo con la Vulgata.[64] Es famoso uno de estos pasajes, el del *comma johanneum*, es decir, el versículo de los tres testigos en el cielo, de la primera Epístola de San Juan. Ninguno de los manuscritos griegos tiene este versículo, que falta igualmente en los manuscritos más venerables de la Vulgata. Es una interpolación tardía, posterior a las grandes controversias suscitadas por el arrianismo. Erasmo, que se había propuesto restituir el texto original del Nuevo Testamento, lo elimina sin vacilaciones. Pero los Complutenses no demuestran la misma libertad con respecto a un versículo incorporado a la tradición desde hacía tantos siglos, y utilizado, además, en las controversias teológicas; lo mantienen, pues, en la Vulgata, y prefieren traducirlo al griego antes que romper la correspondencia entre las dos colum-

Greek fount ever cut, and the only one of which it can be affirmed with certainty that it is based on the writing of a particular manuscript."

[62] Según Scrivener, citado por M. Goguel, *Le texte et les éditions du Nouveau Testament grec*, en la *Revue d'Histoire des Religions*, t. LXXXII (1920), pág. 11.

[63] Goguel, *art. cit.*, págs. 18 *ss.* califica la labor de Erasmo y de Froben de "travail hâtif [qui] reste, tant au point de vue du fond, qu'à celui de la forme, bien au-dessous de celui des collaborateurs de Ximénès". Lamenta "que les circonstances aient fait que le N. T. d'Érasme, bien plus largement répandu que celui d'Alcala, soit devenu la base du texte reçu". "Il résulte des collations de Reuss que l'édition d'Alcala diffère de la première édition d'Érasme en 347 des 1 000 passages types. Dans 117 de ces passages les éditeurs d'Alcala se rencontrent avec les éditeurs modernes; dans 18 sont en désaccord avec la majorité d'entre eux."

[64] El P. Revilla, *op. cit.*, págs. 118 *ss.*, trata de reducir estos puntos lo más posible sin eliminar el *comma johanneum*. Según M. Goguel, "même si cela n'a pas été chez eux un principe comme on le leur a reproché au XVIIIe siècle", los editores de Alcalá, "en bien des cas", parecen ciertamente haber metido mano en el texto griego para conformarlo con la Vulgata.

nas de su edición.[65] Aquí la crítica sin miramientos de un Erasmo o de un Nebrija tendría razón para desaprobar la edición de los sabios de Alcalá, sofrenados por la alta dirección del Primado de las Españas, edición admirable por lo demás, pero cuya deficiencia en este punto no es científicamente defendible.[66] Diríase que el Cardenal presentía el prolongado escándalo que había de suscitar Erasmo al suprimir el *comma johanneum*. Y Nebrija ¿había tocado el asunto de este versículo en sus primeras *Quinquagenae?* No se sabe. Pero no cabe duda de que, en un debate como el del *comma johanneum*, habría estado profundamente de acuerdo con Erasmo.

Así, la gran Biblia de Alcalá sirve a la causa tan cara al humanismo cristiano sin abrazar todos sus atrevimientos; sin embargo, por singular infortunio, no influye sino poco y tardíamente en el movimiento bíblico. Apenas concluida su impresión, muere el Cardenal, sin haber tenido tiempo de solicitar para ella la autorización pontificia con que quería protegerla. La herencia del Arzobispo de Toledo [67] es una presa entregada a los apetitos de la corte flamenca que acaba de desembarcar en España. La Universidad de Alcalá, legataria universal, no puede impedir una requisa ejecutada por orden de Su Majestad. Encontramos en sus registros la huella de un largo desacuerdo con el Rey a propósito de "las biblias y libros que quedaron del Cardenal".[68] La guerra civil de las Co-

---

[65] La corrección, como vergonzosa, no se señala con ninguna nota marginal. Es notable el contraste con otro pasaje (Mateo, VI, 13). Aquí los Complutenses eliminan la doxología ὅτι σοῦ ἐστὶν ἡ βασιλεία καὶ ἡ δύναμις καὶ ἡ δόξα εἰς τοὺς αἰώνας con que concluye la oración dominical. Pero justifican al margen su proceder. Es que en ese lugar pueden invocar contra la tradición manuscrita griega confirmada por San Juan Crisóstomo el hecho de que "nullus latinorum et ex antiquissimis interpretibus sive tractatoribus legatur de his verbis aliquam fecisse mentionem". Los editores modernos rechazan igualmente esa doxología. Al contrario, para el *comma johanneum*, los editores de Alcalá debían tener conocimiento de manuscritos latinos que no contenían semejante versículo, lo cual hacía evidente su carácter de interpolación.

[66] Para juzgarla equitativamente, es bueno recordar que, al volver a agitar la cuestión un profesor del Institut Catholique a fines del siglo pasado, un decreto del Santo Oficio romano (13 de enero de 1897) sostuvo que "no es posible con absoluta certeza negar, ni siquiera poner en duda" que el versículo en litigio "sea texto auténtico de San Juan" (cf. Alfred Loisy, *Mémoires pour servir à l'histoire religieuse de notre temps*, t. I, Paris, 1930, pág. 440). Una traducción católica como la del abate Crampon (*La Sainte Bible*, Paris, 1904) se ve reducida a ponerlo entre corchetes y a indicar en nota: "On ne trouve les mots mis entre crochets dans aucun manuscrit grec antérieur au xve siècle et dans aucun manuscrit de la Vulgate antérieur au viiie siècle".

[67] Acerca de esta cuestión véase Fernández de Retana, *op. cit.*, t. II, pág. 445, y Baumgarten, *Geschichte Karls V*, t. I, Stuttgart, 1885, pág. 83.

[68] A. H. N., *Universidades*, lib. 3 f, fol. 17, 28 de marzo de 1521, "Poder al licenciado Pedro de Ciria y al Maestro Antón Redondo para el embargo de las biblias" (alusión a la "sentencia arbitraria" que ha adjudicado esta parte de la herencia al Colegio de San Ildefonso); fol. 25, 26 de mayo de 1521, "Poder al doctor Bernardino para yr a la corte" ("...para suplicar sobre las biblias y libros que quedaron del Cardenal que es en gloria que Su Majestad está obligado a dar a este collegio"); fol. 159, 13 de febrero de 1523, "Poder al Doctor Vergara y al Maestro Monforte" (se trata todavía de reclamar la ejecución de la sentencia arbitral); fol. 315, 10 de septiembre de 1524, "Poder al Maestro Antonio de Moya... para pedir los maravedís de las biblias a Su

munidades de Castilla estalla en ese momento, destrozando el Colegio de San Ildefonso. El cardenal Adriano de Utrecht, regente en ausencia de Carlos V, pronuncia, es cierto, una sentencia arbitral con respecto a la herencia disputada. Pero en 1523 la Universidad estará todavía pidiendo su ejecución. Estas circunstancias adversas hicieron que el *motu proprio* de Su Santidad, solicitado tardíamente por los albaceas del Cardenal Cisneros, no se otorgase hasta el 22 de marzo de 1520, y que la Poliglota no comenzara a ponerse a la venta antes de 1522.[69] Ya habían aparecido entonces tres ediciones del Nuevo Testamento hechas por Erasmo. Éstas se hallaban en todas las manos, y fácilmente hacían competencia a la monumental Biblia de Alcalá, cuyos seis volúmenes, fruto de larga y costosa preparación, con tirada de unos seiscientos ejemplares, se vendían a seis y medio ducados de oro.[70] La pequeña Academia bíblica que la había elaborado estaba dispersa.[71] Arnao Guillén de Brocar había desaparecido, y no es posible decir qué fue lo que pasó con el admirable material tipográfico utilizado en la Poliglota. Para colmo de desventuras, una parte de los ejemplares naufragó al remitirse a Italia.[72] Es muy explicable que esta maravilla, realizada lejos de los mercados europeos del libro gracias al genio organizador de Cisneros, haya sido todo lo contrario de un éxito de librería. Muy pronto fue inencontrable, pero hubo que esperar la época de Felipe II, de Arias Montano y de Christophe Plantin para que se pensara en reeditarla.

Majestad del Rey nro señor"; fol. 366, 11 de octubre de 1525, "Poder al Maestro Juan Sánchez" (se sigue tratando de reclamar "qualesquier maravedís que Su S. C. C. Majestad sea obligado a dar al dicho colegio por razón de los libros e biblias"). Los términos de estos últimos poderes parecen indicar que en 1523 la Universidad había entrado en posesión de los volúmenes no vendidos, pero que la autoridad real se había apropiado del producto de la venta de las biblias antes de esta fecha.

69 El P. Revilla, *op. cit.*, pág. 43, cree que se puso a la venta ya en 1520. El hecho de que Erasmo, en 1522, no se refiera todavía a ella en su tercera edición del *Novum Instrumentum*, no le parece prueba suficiente de lo contrario. Pero ¿cómo explicar que el ejemplar en vitela destinado al Papa no haya entrado en la Biblioteca Vaticana hasta el 5 de diciembre de 1521 (Goguel, *art. cit.*, pág. 10), y que Hernando Colón, bibliófilo al acecho de novedades, la compre en Alcalá en 1523? (*Catalogue of the Library of Ferdinand Columbus*, reproduced in facsimile... by Archer M. Huntington, New York, 1905, Nº 2134: "...costaron en alcalá de henares al que las embié a comprar 3 ducados a 4 de noviembre de 1523").

70 El número de ejemplares ("usque ad sexcenta volumina vel amplius") se indica en el *motu proprio* de León X; el precio, en una tasa de los albaceas de Cisneros inserta al principio del tomo I, junto con el documento pontificio; precio mínimo si se tienen en cuenta los costos enormes ocasionados por la edición. ¿No lo habrá rebajado el Colegio de San Ildefonso para acelerar la venta? El *Registrum* de Hernando Colón induciría a creerlo (cf. la nota anterior).

71 Cf. *infra*, págs. 157-158.

72 "...se ha extendido y derramado por toda la christiandad de manera que, así por esto como por haberse perdido en la mar una gran multitud dellas llevándolas a Italia, han quedado tan pocas que ya no se hallan sino en poder de personas particulares y a muy subido precio". Carta de Felipe II, enviada al Duque de Alba por Arias Montano en 1568 y publicada por T. González Carvajal en su *Elogio histórico del Doctor Benito Arias Montano*, apud *Memorias de la Real Academia de la Historia*, t. VII (1832), pág. 144.

IV

La crisis religiosa de la época de Carlos V se explica mucho mejor cuando se sabe que el alma española, desde principios del siglo, estaba familiarizada con el Evangelio. Sin embargo, el testimonio de ello no ha de buscarse precisamente en el movimiento de Alcalá, movimiento erudito, condenado, por la altura misma de sus miras, a no ejercer sino una influencia restringida.

La Biblia, cuya letra se preocupaban los filólogos por reintegrar en toda su pureza, se ofrecía entonces por lo común en la pesada ganga medieval de la cuádruple interpretación, literal, alegórica, moral y anagógica. Pero he aquí que la vida de Jesús y su palabra se ponían al alcance de un vasto público, y precisamente en una compilación que la Edad Media moribunda había considerado como eminentemente propia para divulgar las riquezas del Nuevo Testamento: la *Vita Christi* del cartujo Ludolfo de Sajonia. Ésta era ya accesible a los lectores franceses, portugueses y catalanes cuando el franciscano español Fr. Ambrosio Montesino emprendió la tarea de traducirla al castellano. La concluyó en 1501, y la obra se imprimió en Alcalá, de 1502 a 1503, en cuatro gruesos volúmenes costeados por el mercader García de Rueda.[1]

El Cartujano fundía los cuatro Evangelios en uno solo para componer una historia de Cristo. Pero las palabras del libro sagrado, que Montesino, en la tipografía de su versión, cuidaba de hacer resaltar con caracteres más gruesos, no constituían sino una pequeña parte de su obra. La *Vita Christi* enseñaba a leer la historia de Dios entre los hombres, es decir, a meditar sobre ella, a hacer de ella el vehículo del alma hacia Dios. La oración introducía a ella, y ella introducía a la oración. Por otra parte, Ludolfo, en la verbosa paráfrasis con la cual satisfacía las exigencias de la cuádruple interpretación, había tenido la feliz idea de entresacar de los Padres de la Iglesia comentarios penetrantes o sublimes que una secular tradición había juntado a las palabras sagradas con lazo indisoluble. Todo lo que el cristianismo tenía de más venerable se hallaba así preso en la malla desigual de ese enorme libro que ahuyenta al lector moderno por su profusión de oraciones insulsas, en donde está como incrustado el Evangelio, pero que le reserva también, cuando Ludolfo cede la palabra a los Padres, tan hermosas sorpresas.

La influencia ejercida en España por la *Vita Christi* del Cartujano, traducida por Montesino, no está atestiguada sólo por las muchas reimpresiones que se suceden durante medio siglo. Los maestros de la espiritualidad española se vieron impregnados por su peculiar espíritu de piedad. La contemplación a que este libro convidaba llegaba al corazón por la vía de la imaginación: el piadoso lector debía representarse los guijarros de la senda montañosa por donde pasa la Virgen al ir a visitar

---

[1] Véase la descripción en Catalina García, *Tipografía complutense*, nº 1, y en Benigno Fernández, *Impresos de Alcalá en la Biblioteca del Escorial*. Cf. *supra*, pág. 12.

a Santa Isabel, la pobreza ruinosa del establo de Belén, el patíbulo de la cruz, los clavos, la corona de espinas, la esponja empapada de hiel. Allí estaba la imaginería de los retablos para ayudar a las imaginaciones estériles. La misma tendencia triunfaba en la *Vita Christi* del Maestro Francesc Eximeniç adaptada al castellano y adicionada por Fr. Hernando de Talavera.[2] Las canciones y las poesías piadosas tendían al mismo resultado. Y es muy significativo que la poesía devota de esta época deba tanto al Cartujano.[3] El más importante de los poemas del franciscano Fr. Íñigo de Mendoza es un *Vita Christi fecho por coplas;*[4] Montesino mismo, en su *Cancionero,*[5] en el cual adopta más de una vez la forma métrica de Fr. Íñigo, toma evidentemente su inspiración de Ludolfo en sus poesías descriptivas cortadas por meditaciones y oraciones; y el cartujo Juan de Padilla, que publica un gran poema en octavas de arte mayor intitulado *Retablo del cartuxo sobre la vida de nuestro redentor Jesu Christo,*[6] tiene buen cuidado de no omitir en su prefacio, entre sus autoridades, a "Lodulfo Cartuxano, el cual más que otro ninguno compiló muy altamente la vida de Cristo, según fue aprobado en el Concilio de Basilea".

Montesino, diez años después de la publicación de la *Vita Christi* del Cartujano, contribuiría de manera nueva a la vulgarización del Nuevo Testamento revisando, a petición del Rey Católico, la versión castellana de las *Epístolas y Evangelios* litúrgicos.[7] Ya se había impreso en Zaragoza, en 1485, una traducción de los *Evangelios e Epístolas, siquier liciones de los domingos e fiestas solemnes de todo el anyo e de los santos,* y el traductor, detalle notable, era un seglar, Micer Gonzalo de Santa María, "jurista, ciudadano de Zaragoza".[8] Montesino no demuestra indulgencia alguna para con su predecesor, en la epístola dedicatoria que dirige al Rey desde su monasterio toledano de San Juan de los Reyes, el día 20 de mayo de 1512:

La cual obra Vuestra Alteza mandó a mí, su más leal e antiguo predicador y siervo, reformar, restaurar e reducir a la verdadera interpretación e integridad della según el romance de Castilla, porque estaba muy corrompida, confusa y diforme así por la impropiedad e torpedad de los vocablos que tenía como por la confusión y escuridad de las sentencias, la cual en algunos pasos más parecía

---

2 Granada, 1496. Sobre la utilización de la célebre *Vita Christi* del maestro catalán por el predicador Olivier Maillard, véase Renaudet, *op. cit.*, pág. 252.

3 Cf. M. Bataillon, *Chanson pieuse et poésie de dévotion. Fr. Ambrosio Montesino, B. H.,* t. XXVII (1925), págs. 299 ss.

4 Zamora, 1482, hacia 1483, 1492 y 1495; Sevilla, 1506. Reimpreso por Foulché-Delbosc en el tomo I de su *Cancionero castellano del siglo xv*, t. XIX de la *N. B. A. E.*

5 Toledo, 1508. (Otras ediciones de Toledo, 1520, 1527, 1537 y 1547, y de Sevilla, 1537). Reimpreso en la *B. A. E.*, t. XXXV: *Romancero y cancionero sagrados.*

6 Sevilla, 1513, 1516, 1518, 1528, 1530; Alcalá, 1529. Reimpreso por Foulché-Delbosc. Cf. la nota 4 anterior.

7 Toledo, 1512; Sevilla, 1526; Toledo, 1532 y 1535; Sevilla, 1536 y 1540; Amberes, 1544.

8 Reimpresa en Salamanca en 1498 y en nuestros días por Is. Collijn y Erik Staaf (Uppsala-Leipzig, 1908).

escriptura de bárbaros que de fieles, lo cual pudo ser parte por inadvertencia del autor y parte por la negligencia y error de los impresores... Yo he mucho trabajado por la limar, quitándole todos los defectos que tenía con gran vigilancia y diligencia, y si algunos vicios en ella se hallaren de alguna parte o letras, no será a mi causa, mas por error de los que agora la emprimieron o adelante la emprimieren.

Esta corrección, de la cual se sentía Montesino no poco ufano, suplantó a la vieja traducción y se reimprimió repetidas veces hasta 1559, fecha en la cual el más riguroso de todos los Índices prohibió drásticamente las traducciones de la Escritura en lengua vulgar, por parciales que fuesen. Tal medida, adoptada en los años decisivos de la Contrarreforma, dice suficientemente cuál pudo ser la importancia de las *Epístolas y Evangelios* "de la corrección de Fray Ambrosio Montesino". Esta compilación contenía, junto con sermones vulgares, farragosos y complicados, las perícopas litúrgicas de los dos Testamentos para todo el año. El libro se dirigía, pues, a los muchos clérigos que ignoraban el latín y asimismo a los fieles de piedad ilustrada, que de ese modo podían leer y meditar, antes de la misa, el evangelio y la epístola del día. Otros libros litúrgicos estaban traducidos igualmente en lengua vulgar: las *Hores de la setmana sancta* se habían impreso en el año 1494 en valenciano; las *Horas de Nuestra Señora,* en castellano, contaban ya con varias ediciones.[9] Pero en las *Epístolas y Evangelios* era la Biblia misma la que hablaba a los españoles en su lengua materna, sin que la fuerza del lenguaje estuviese atenuada por verbosos comentarios, como sucedía con el evangelio elaborado por el Cartujano. Los sermones estaban separados con toda claridad, de modo que podía el lector prescindir de ellos si no se sentía inclinado a leer aquellas pesadas disertaciones. Los evangelios y las epístolas estaban cortados según el orden de la liturgia, pero cada uno de estos fragmentos emitía un sonido puro. Mientras que el Cartujano, al transmitir las palabras del Nuevo Testamento, inclinaba a las almas a una meditación definida sobre esas palabras, las *Epístolas y Evangelios* dejaban que cada cual respondiese al texto sagrado según su propia fuerza o debilidad. Así, mientras los humanistas cristianos, en Alcalá lo mismo que en París o en Oxford, hacían de la Biblia el objeto de su más elevado y minucioso estudio, mientras descubrían en ella las profundidades de la *philosophia Christi* y soñaban con regenerar a la humanidad gracias a ella, ciertas publicaciones en lengua vulgar preparaban los caminos para una amplia difusión de su influencia en el suelo de España.

No sólo la Biblia recibía los beneficios de este trabajo de vulgarización. Avanzaba escoltada por los primeros doctores que, a partir de San Pablo, habían fundado definitivamente el cristianismo, en particular San Jerónimo y San Agustín. A decir verdad, los traductores españoles de comienzos del siglo XVI no acudieron siempre a las obras esenciales de esos

---

[9] París, 1495, 1499, 1502, 1507, 1509, 1510, 1511; Toledo, 1512.

Padres. Los vemos traducir los *Diálogos* de San Gregorio Magno;[10] de San Jerónimo escogen las *Vitae patrum;*[11] de San Agustín, la compilación apócrifa titulada *Meditaciones, soliloquio y manual.*[12] Este último volumen es de capital importancia, porque vulgariza una religión en la cual el amor propio humano se enseña a tomar una actitud de profunda humildad ante la gracia. El capítulo xv del *Soliloquio* se intitula "Cómo el hombre no puede nada por sí sin la gracia divina". La divulgación de semejantes fórmulas no podía menos de estar preñada de consecuencias en aquella España a la vez nodriza de voluntades indómitas y madre del quietismo: todo el drama de la Contrarreforma española está aquí en germen. El capítulo xxv vuelve a insistir en la impotencia de la voluntad para realizar las buenas obras sin la gracia: "No es del hombre querer lo que puede o poder lo que quiere o saber lo que quiere y puede. Mas de Ti son enderezadas las pisadas humanas de aquellos que confiesan que de Ti y no de sí son enderezados." La predestinación se afirma con fuerza: los elegidos son guardados por la mano omnipotente de Dios a tal punto, que "todas las cosas que hacen se tornan en bien, y aun los mismos pecados que cometen". Por el contrario, el abandono de los condenados hace que "aun sus mismas oraciones se vuelven en pecados". El *Soliloquio* (capítulo xxxi) toma del libro X de las *Confesiones* sus acentos más patéticos para describir esta ardiente búsqueda de Dios que sólo descansa en el encuentro del Dios interior e inefable:

Tarde te amé, oh hermosura tan antigua y tan nueva, tarde te amé y tú estabas de dentro y yo de fuera y aquí te buscaba... Rodeaba todas las cosas buscándote... Pregunté a la tierra si era mi Dios y díjome que no, y todas las cosas que en ella estaban confesaron lo mesmo. Pregunté al mar y a los abismos y a los animales réptiles que en ellos son, y respondiéronme: "No somos tu Dios...", y dije a todas las cosas que están fuera alrededor de mi carne: "Decidme nuevas de mi Dios si algo sabéis", y todas alzaron gran voz y dijeron: "Él nos crió".

San Juan de la Cruz se acordará más tarde de estas páginas para comentar el grito de angustia con que se inicia su *Cántico espiritual.*[13] Antes de él, todos los "alumbrados", todos los espirituales de la España de Carlos V se verán profundamente conmovidos por semejante lenguaje.

[10] Traducción del jerónimo Fray Gonzalo de Ocaña, Sevilla, 1514 y 1532. Existe también un incunable *(El libro del diálogo de Sant Gregorio)* impreso en Tolosa entre 1488 y 1490.

[11] Zaragoza, 1491; Salamanca, 1498. Traducción que se debe, como la primera versión castellana de los *Evangelios y Epístolas,* al jurista de Zaragoza Micer Gonzalo García de Santa María. La vida y la muerte de San Jerónimo se vulgarizan igualmente en una traducción (Burgos, 1490; Zaragoza, hacia 1491, 1492 y 1528).

[12] Valladolid, 1511 y 1515; Alcalá, 1526; Toledo, 1538; Sevilla, 1546; Amberes, 1550. El P. Rivadeneyra, S. J., publicará una traducción nueva en Medina del Campo, en 1553. Nosotros citamos la primera traducción según la edición de Valladolid, 1515. (B. N. P., Rés. C. 1697).

[13] Santa Teresa traerá a colación el mismo texto en el capítulo xl de su *Vida* (ed. del P. Silverio, Burgos, 1915, pág. 362) y en *Las moradas* (Mor. VI, cap. vii, donde parece que duda si lo ha leído en las *Meditaciones* o en las *Confesiones*).

El movimiento místico se anuncia por el buen éxito de los manuales de espiritualidad. Desde 1493, el *Lucero de la vida christiana* de Pedro Ximénez de Prexano disfruta de gran aceptación.[14] En 1500 aparece el *Exercitatorio de la vida espiritual* de García de Cisneros en el monasterio de Montserrat,[15] en el lugar mismo en que San Ignacio de Loyola esbozará su método de *Ejercicios espirituales*. Pero esta literatura que así intenta renovarse posee ya sus clásicos, legados por la Edad Media a los nuevos tiempos. San Buenaventura tiene entre ellos lugar privilegiado, con diversas obras auténticas o apócrifas.[16] Un libro como su *Estímulo de amor* comienza por enseñar a meditar sobre la Pasión según un método rigurosamente ascético; en el coronamiento de la vida espiritual, hace entrever la gloria de la unión transformante y la "embriaguez" del alma en la contemplación.[17] La obra maestra del género, cuya lección de interioridad resulta más accesible a todos, es la *Imitación,* quizá el libro más popular en toda la Europa de la época. Esta obra, atribuida comúnmente a Gersón, se conoce entonces en España con el título de *Contemptus mundi:*[18] circula desde 1493, y sin duda desde antes, en la traducción castellana que se reimprimirá muchas veces antes de ser suplantada en 1536 por la de Fray Luis de Granada. Los súbditos de Isabel, en la época en que triunfa en el Norte de Europa la *devotio moderna*[19] de Windesheim, escuchan con enorme avidez las lecciones de este manual de desprendimiento. Su espiritualidad, hija del claustro, conduce al claustro; pero también puede inducir a los seglares a cerrar el oído a los ruidos del mundo para dialogar con Dios.

[14] Se conocen ediciones de Salamanca, 1493, 1495 (?), 1497, 1499; de Zaragoza, 1494; de Burgos, 1495; de Sevilla, hacia 1496, 1528, 1543.

[15] En los últimos años se ha reavivado el interés por este personaje. Véase el libro de Dom García M. Colombás, *Un reformador benedictino en tiempos de los Reyes Católicos: García Jiménez de Cisneros, abad de Montserrat,* Abadía de Montserrat, 1955; el artículo de Dom Anselmo M. Albareda, *Intorno alla scuola di orazione metodica stabilita a Montserrato dall'abate Garsias Jiménez de Cisneros,* en *Archivum Historicum Societatis Iesu,* t. XXV (1956); y la edición del *Ejercitatorio de la vida espiritual* en la colección "Neblí", Madrid, 1957.

[16] Las *Meditaciones sobre la vida de Nro. Redemptor y Salvador Iesu Christo* atribuidas a San Buenaventura aparecen en castellano a partir de 1512 (Valladolid). El *Soliloquio,* a partir de 1497, en Sevilla (Burgos, 1517; Alcalá, 1525). La *Forma noviciorum* igualmente en Sevilla, 1520. La *Doctrina cordis* en Toledo, 1520 y 1525. El *Espejo de disciplina,* atribuido entonces a San Buenaventura, en Sevilla, 1502. Se ve aparecer asimismo su nombre al final de un *Sol de contemplativos* o *Mystica theologia de San Dionisio* atribuido a Hugues de Baume (Toledo, 1513). El *Estímulo de amor* hace su aparición en 1517 (Burgos; también Logroño, 1529, Baeza, 1551).

[17] *Estímulo de amor,* Burgos, 1517 (B. N. P., Rés. D.6625). Más de una tercera parte del volumen se consagra a la meditación de la Pasión. La tercera parte (fols. LXI y sigs.) trata de las alegrías de la contemplación. Véanse en particular los capítulos II ("Quán glorioso sea, e como se puede mudar hombre en Dios"), IV ("Cómo en breve tiempo puede ser hombre perfecto") y V ("Cómo el ánima es embriaga de Dios en la contemplación").

[18] En Cataluña y en Valencia *Menyspreu del mon* (Barcelona, 1482; Valencia, 1491; Barcelona, 1518). *Contemptus mundi* en castellano: Zaragoza, hacia 1490; Sevilla, 1493; Burgos, 1495; Toledo, 1513 y 1523.

[19] Cf. Albert Hyma, *The Christian Renaissance: A history of the "devotio moderna",* Grand Rapids, Mich., 1924.

Cisneros, por su parte, contribuyó poderosamente a la difusión del ideal contemplativo mandando imprimir en lengua vulgar libros como la *Escalera spiritual* de San Juan Clímaco (Toledo, 1504), el *Libro de la bienaventurada sancta Ángela de Fulgino* seguido de la Regla de Santa Clara y de un *Tractado de la vida spiritual* de San Vicente Ferrer (Toledo, 1510), el *Libro de la gracia espiritual* de Santa Matilde (Toledo, 1510) y las *Epístolas y oraciones* de Santa Catalina de Siena (Alcalá, 1512).[20] En el espíritu del Arzobispo de Toledo, estos libros se destinaban ante todo a los frailes y a las monjas. Pero no podía menos de desear que se difundiesen fuera de los conventos, proponiendo a la admiración de los fieles, si no a su imitación, ejemplos tan sublimes.

Parece muy probable, finalmente, a pesar del silencio de sus principales biógrafos, que el Cardenal alentó la difusión de ciertos opúsculos de Savonarola, cuyo reciente suplicio no había empañado su fama de santidad, sino todo lo contrario. La cosa parece fuera de duda por lo que respecta a la *Devotíssima exposición sobre el Psalmo de Miserere mei Deus*,[21] testamento espiritual del mártir, en el cual, muy poco tiempo después, reconocerá Lutero lo mejor de su pensamiento religioso. Confesión de la miseria humana, llamamiento a la misericordia divina, necesidad de que cada cual sienta nacer en sí un corazón puro, obra de Dios y único presente digno de un Dios indiferente a las ofrendas ceremoniales, todo aquello que será el alma de la vida religiosa en Europa de 1510 a 1560, encuentra en este librito una de sus expresiones más conmovedoras.

Por lo demás, este cristianismo que depende por completo de la gracia no es incompatible con la sabiduría puramente humana de los filósofos antiguos. Savonarola mismo había respirado en Florencia el espíritu de Ficino y de Pico de la Mirándola, empeñados como nadie en llevar a cabo la síntesis de la filosofía griega con la filosofía de Cristo. España, en la escuela del humanismo italiano, busca en la misma vía su renovación espiritual. La imprenta viene a poner al alcance de todos lo que desde hacía medio siglo era privilegio de una porción selecta de letrados y de grandes señores. Vemos entonces difundirse las traducciones de la *Ética* de Aristóteles.[22] Se imprimen el *De officiis* y el *De senectute* de Cicerón, tradu-

---

20 Véanse, sobre estas ediciones, las obras de Catalina García, *Tipografía complutense*, y de Pérez Pastor, *La imprenta en Toledo*. El P. Quintanilla, *Archetypo*, *op. cit.*, págs. 135-142, incluye en su lista de obras impresas en español por orden de Cisneros para ser distribuidas en los conventos, una *Vida de Santo Tomás de Cantorbery* (traducida sin duda de la vida publicada en latín en Salamanca, 1506). Sobre el *Tractado de la vida spiritual* de San Vicente Ferrer, cf. *infra*, pág. 170.

21 Véase M. Bataillon, *Sur la diffusion des œuvres de Savonarole en Espagne et en Portugal (1500-1560)*, en los *Mélanges de philologie, d'histoire et de littérature offerts à M. J. Vianey*, Paris, 1934. A las ediciones de la *Devotíssima exposición* descritas en ese estudio, se pueden añadir dos ediciones anónimas cuya portada reproduce Vindel, *op. cit.*, t. III, núms. 789 y 790. Una de ellas, que es tal vez la *editio princeps* de la versión española, salió en 1511 de las prensas de Arnao Guillén de Brocar y va adornada con las armas de Cisneros. La otra fue impresa por Cromberger en Sevilla, 1518.

22 Según la versión latina de Leonardo d'Arezzo. Del Bachiller de la Torre se imprime una traducción hacia 1490 en Zaragoza, y en Sevilla en 1493. La traducción del Príncipe de Viana, completada con la *Política* y el *Económico*, sale a la luz en Zaragoza, 1509.

cidos por Alonso de Cartagena.[23] Séneca, sobre todo, es muy leído en su España natal a causa de la ingeniosa concisión de sus sentencias y de una doctrina que educa al individuo subordinándolo al propio tiempo a la Providencia divina. Alonso de Cartagena había traducido en lengua vulgar una pequeña colección de tratados que se imprimió cuando menos dos veces antes de 1517.[24] Gracias a Pero Díaz de Toledo, otro traductor de la época de Juan II, se leen ya en español las *Epístolas a Lucilio*[25] y los *Proverbios*[26] extractados de Séneca, sabiduría de manual. La *Consolación* de Boecio, tan gustada por los siglos precedentes, no lo es menos en este ocaso de la Edad Media. Una traducción, derivada de la versión catalana de Ginebreda, impresa por vez primera en Tolosa en 1488, tuvo varias reimpresiones, y en 1518 el libro merecería los honores de una nueva traducción, en verso y en prosa métrica, bastante popular también.[27]

El humanismo español no produce por entonces ningún manual original de sabiduría. La *Vita beata* de Juan de Lucena no es sino una hábil adaptación de Bartolomeo Fazio.[28] A pesar de su título latino, la obra se escribió directamente en castellano, con una pluma a la vez vivaz y erudita. En ella oímos dialogar a tres de los más brillantes ingenios de la época de Juan II: el Marqués de Santillana, Juan de Mena y el obispo de Burgos Alonso de Cartagena. El libro atestigua ya el gusto vivísimo de España por los desfiles más o menos satíricos de las diversas condiciones humanas, género que tendrá su florecimiento en el siglo XVI. No se perdona al clero. El *Speculum humanae vitae* de Rodrigo Sánchez de Arévalo se traduce al español[29] después de una brillante carrera en latín, en francés y en alemán: otro desfile no menos desenfadado de los distintos estados, en que el autor, familiar de Paulo II, consagra un lugar desmesurado a la condición de los soberanos pontífices. Italia sigue siendo la maestra de los humanistas cristianos: Francisco de Madrid, canónigo de Palencia, arcediano de El Alcor, publica con enorme éxito una traducción de Petrarca, *De los remedios contra próspera y adversa fortuna*.[30]

Aristóteles y Boecio, Séneca y Petrarca: la filosofía de todos ellos, por igual, se considera como una preparación para la imitación de Cristo. A Boecio se le tiene por santo y mártir. Se asegura que Séneca mantuvo correspondencia con San Pablo. Cicerón, según su traductor, es uno de

[23] Sevilla, 1501.

[24] *Cinco libros de Séneca* (que comprenden el *De vita beata* y el *De providentia*), Sevilla, 1491; Toledo, 1510; Alcalá, 1530.

[25] *Las Epístolas de Séneca*, Zaragoza, 1496; Toledo, 1502 y 1510; Alcalá, 1529.

[26] *Proverbios de Séneca*, Zamora, 1482; Zaragoza, 1491; Sevilla, 1495, 1500, 1512, 1526, 1535; Toledo, 1500; Medina del Campo, 1552; Amberes, 1552.

[27] Traducción anónima derivada de la de Ginebreda, Sevilla, 1497, 1499 y 1511. Traducción de Fray Alberto de Aguayo, Sevilla, 1518, 1521, 1530; Medina del Campo, 1542. Cf. Menéndez y Pelayo, *Bibliografía hispano-latina clásica, ed. cit.*, t. I, págs. 300-310.

[28] Cf. *Opúsculos literarios de los siglos xiv a xvi*, ed. Paz y Mélia (t. XXIX de las publicaciones de la Sociedad de Bibliófilos Españoles), Madrid, 1892, Introd. La *Vita beata* se imprimió en Zamora, 1483, y en Burgos, 1499 y 1502. Véase Margherita Morreale, *El tratado de Juan de Lucena sobre la felicidad*, en N. R. F. H., t. IX (1955), págs. 1-21.

[29] Zaragoza, 1491 (Gallardo, t. IV, col. 171).

[30] Valladolid, 1510; Sevilla, 1513, 1516, 1524 y 1534; Zaragoza, 1518.

aquellos "elocuentes oradores antiguos, los cuales, aunque no alcanzaron verdadera lumbre de fe, hobieron centella luciente de la razón natural, la cual siguiendo como guiadora, dijeron muchas cosas notables en sustancia y compuestas so muy dulce estilo, y tales que allegadas y sometidas a la fe y a las otras virtudes teologales, excitan el espíritu, animan el corazón y avivan y esfuerzan la voluntad a los actos virtuosos, y recreando el ingenio con la dulce lectura dellas, más pronto y más fuerte se halla para la lección principal de la Sacra Escritura".[31]

La misma observación cabe hacer a propósito de la sabiduría inmemorial de los proverbios. Los españoles tenían un gusto vivísimo por estas condensaciones de la experiencia humana, memorables por su simetría, por sus antítesis o por su solo laconismo, moneda corriente y pulida por un largo uso, pero cuyo relieve resiste maravillosamente al desgaste de los tiempos. El humanismo, lejos de ver con menosprecio la sabiduría anónima al volver los ojos a los grandes filósofos, descubría en la Antigüedad, y aun en las propias páginas de esos filósofos, los timbres de nobleza de los refranes. Ya lo hemos visto utilizar a Séneca como una mina de proverbios. El Marqués de Santillana, discípulo de Petrarca, no había juzgado indecoroso, según parece, coleccionar los *Refranes que dicen las viejas tras el fuego*: glosados por Pero Díaz de Toledo, gozan de éxito enorme en los umbrales del siglo XVI.[32] Pocos libros eran tan populares en España por los días en que Erasmo publicaba en Venecia su tesoro de *Adagios*. Ya veremos cómo el humanista holandés intercala consideraciones cristianas en su comentario de los adagios antiguos. Él, más que ningún otro, descubrió en los proverbios, como en los sabios de la Antigüedad, una especie de cristianismo eterno. Cada vez más los humanistas cristianos se empeñan en extraer del Evangelio una filosofía; pero toda filosofía, para ellos, está coronada por el Evangelio.

V

En Europa, o, por mejor decir, en la cristiandad de entonces, la España de los Reyes Católicos ocupa una posición singular. Al mismo tiempo que

31 Alonso de Cartagena, Introducción al *De senectute*, reproducida en Menéndez y Pelayo, *Bibliografía hispano-latina clásica*, ed. cit., t. II, pág. 315. Cf. Raimundo Lida, *Letras hispánicas*, México (Fondo de Cultura Económica), 1958, pág. 157: "La Italia de Petrarca, de Marsilio Ficino y de Pico della Mirandola había querido cristianizar a Platón y Cicerón, ese Cicerón en cuyo *De natura deorum* creía oír Petrarca [*De sui ipsius et multorum ignorantia*], no la voz de un filósofo pagano, sino la de un apóstol."

32 Sevilla, 1494 y 1499; Salamanca y Toledo, hacia 1500; Sevilla, 1509, 1512, 1515 y 1516. La atribución (tardía) de estos *Refranes* al Marqués de Santillana no parece ya, en 1964, ni segura ni significativa de los gustos del Marqués. Cf. Rafael Lapesa, *La obra literaria del Marqués de Santillana*, Madrid, 1957, págs. 260-263, y Margit Frenk Alatorre, *¿Santillana o Suero de Ribera?*, en *N. R. F. H.*, t. XVI (1962), pág. 437. La atribución pudo haber sido imaginada pensando en los *Proverbios*, o *Centiloquio*, obra de poesía gnómica cuyo autor es ciertamente Santillana. Pero si el interés de éste por los proverbios vulgares es dudoso, la fortuna editorial de los *Refranes que dizen las viejas tras el fuego* es un hecho significativo.

acaba de arrojar al Islam a África, abre un Nuevo Mundo a Cristo. Y esto ocurre en el momento en que la unión de Aragón y Castilla y los venturosos resultados de su política en Italia ponen a la doble monarquía en primer rango entre todas las potencias.

Los hombres en quienes reside la conciencia de la época no pueden menos de volver hacia España miradas llenas de expectación. En efecto, la irremediable decadencia del Papado y del Imperio deja intacta la exigencia ideal de unidad en una cristiandad desgarrada. Y España es una de las fronteras en que la cristiandad lucha contra el Islam. Un Lefèvre d'Étaples, como dos siglos antes un Raimundo Lulio, odia el Corán con el mismo corazón con que ama el Evangelio. La idea de cruzada se espiritualiza en una aspiración al reinado universal de Cristo. Esa idea de cruzada no mueve ya la política de los reyes. Sólo la monarquía española, animada aún por el empuje que acaba de reconquistar a Granada, le hace un lugar dentro de sus preocupaciones. Isabel muere legando a su pueblo un imperativo de acción africana. Después de ella, un político, cuando menos, toma en serio la cruzada, y éste es el Arzobispo de Toledo.[1] Él no quiere que la reciente victoria se detenga en las Columnas de Hércules, sino que aspira a proseguirla con el aniquilamiento del Islam, la reconstrucción de la cristiandad de los primeros siglos, la reconquista de Jerusalén.

A principios de 1506, Cisneros decide a Fernando a solicitar la ayuda de sus dos yernos, Manuel de Portugal y Enrique de Inglaterra, para la gran empresa. Sus líneas generales pueden adivinarse a través de la respuesta que el rey Manuel dio a estas sugerencias.[2] El plan es grandioso: la secta mahometana destruida, y los pueblos todos que viven fuera de la comunidad cristiana, incorporados por fin al rebaño de Dios: *unum ovile et unus pastor!*... Muy pronto, en la exultación de la victoria, Cisneros celebraría la misa ante el Sepulcro del Señor, y, de sus manos, Fernando y sus dos yernos, desbordantes de pura alegría y de felicidad, recibirían arrodillados el cuerpo de Cristo. Se pensaba, pues, en una verdadera cruzada para la conquista de Tierra Santa, y el proyecto no omitía ni los Balcanes ni Egipto. Proyecto condenado por su grandeza misma, pero que había de deslumbrar aún, en el siglo de Luis XIV, la imaginación de un Leibniz.[3] El Rey de Portugal, que se adhiere plenamente al proyecto, cuando menos en espíritu, y que se complace en precisar sus direcciones esenciales, deja entender, sin embargo, que, por su cuenta, él realiza una ruda cruzada: en las Indias busca las preciosas especias, pero también

---

[1] Sobre este aspecto de la política española, véase F. Braudel, *Les Espagnols et l'Afrique du Nord de 1492 à 1577*, en la *Revue Africaine*, 1928, págs. 198 ss.

[2] Cf. Fernández de Retana, *Cisneros y su siglo*, t. I, pág. 514. A las referencias dadas por este autor, hay que agregar Visconde de Santarém, *Quadro elementar*, t. II, págs. 13 y 403. El texto auténtico de la carta está en español, y se conserva en el Escorial. (Cf. P. Miguélez, *Catálogo de los códices españoles de la Biblioteca del Escorial*, I. *Relaciones históricas*. Madrid, 1917. pág. 228.)

[3] Cf. Jean Baruzi, *Leibniz et l'organisation religieuse de la terre*, Paris, 1907. Según Santarém (*op. cit.*, pág. 403), Leibniz cita la carta del Rey de Portugal en su memorial a Luis XIV.

la gloria de Dios. De hecho, se limitó a esta cruzada. Todos los reyes, en fin de cuentas, regatearon su ayuda al gran pensamiento de Cisneros.

Pero precisamente cuando él no puede contar con los demás es cuando su voluntad indomable da toda su medida. Limitando sus miras a Orán, hará allí su cruzada completamente solo, preparando la expedición con el consejo técnico del genovés Girolamo Vianello, y encontrando hombres y dinero en su propio arzobispado. Se apodera, en primer lugar, de Merselquebir. Después desembarca personalmente en África, un día después de la Ascensión de 1509. Tras una victoria en que ve un estupendo milagro, entra en Orán pronunciando la invocación del Salmo 115: "Non nobis, Domine, non nobis, sed nomini tuo da gloriam."

El 25 de mayo está de vuelta en la Península: desde Cartagena, fatigado aún por la travesía, escribe a la Madre Marta, religiosa benedictina a quien supone favorecida por gracias sobrenaturales, una carta, desgraciadamente perdida, encomendándola mucho a su vicario general, Villalpando. En un breve mensaje anuncia a éste la victoria, "que cierto ha sido más por misterio que por fuerza de armas", y le encarga visitar los monasterios para agradecerles los sacrificios y oraciones que han hecho por el feliz éxito de la santa empresa. A su capellán, Fr. Juan de Cazalla, le encarga redactar para Villalpando una relación más detallada de los sucesos. Estos dos últimos documentos se imprimieron inmediatamente en Toledo.[4] Desde aquí se difundiría la nueva por toda la cristiandad, causando en todas partes profunda impresión. Otra relación, dirigida al cabildo de Toledo por el secretario del Cardenal, Jorge de Varacaldo, sería traducida al italiano por Baltasar del Río.[5] Y la "Carta de la victoria de Orán" dirigida por Fernando al papa Julio II[6] tendría la misma fortuna. Pero lo que queremos recordar aquí es, sobre todo, la impresión producida en Francia, en el círculo de Lefèvre d'Étaples, y particularmente en el más eminente de sus discípulos, pues nada demuestra mejor hasta qué punto comulgaban París y Alcalá en el mismo espíritu, en las mismas esperanzas, y cómo la obra de Cisneros está estrechamente ligada con ciertos aspectos de la prerreforma parisiense.

Cuando Charles de Bovelles, el 22 de agosto de 1509, dirige al Car-

4 Cf. Quintanilla, *Archivo complutense*, pág. 22. La carta de Cazalla a Villalpando figura en el *Epistolario español* de la B. A. E., t. LXII, págs. 274-276. Otro eco inmediato de la expedición es la historia versificada de Martín de Herrera, *Istorias de la diuinal vitoria y nueua adquisición de la muy insigne cibdad de Orán...* El ejemplar de la B. N. M. (R. 12652) está desgraciadamente mutilado; no contiene la égloga representada en Alcalá para festejar el acontecimiento, que se encontraba impresa al final del volumen. Hernando Colón (*Registrum*, Nº 3005) poseía de la misma obra una edición curiosamente intitulada *Historia de la conquista de Orán y Jerusalem*, seguida asimismo de la *Égloga de unos pastores*, y anterior al 9 de octubre de 1511, fecha en que se compró ese volumen en Toledo.

5 *Littera de la presa de Orano...* (Cf. *Registrum*, nº 2433. Hernando Colón la compra en Viterbo en octubre de 1515). Ésta es, sin duda, traducción del opúsculo intitulado *Carta de la gran victoria y presa de Orán*, del cual señala Vindel (t. II, nº 439) una edición en Barcelona, 1509.

6 *Copia de letra della victoria de Orano*. (Cf. *Registrum*, nº 2454. Hernando Colón la compra en Roma en diciembre de 1515).

denal una carta exaltada, orientada toda ella hacia la visión de los triunfos que debían completar la victoria de Orán, le recuerda "los días pasados
que ha vivido en su casa".[7] La permanencia de Bovelles en España está
atestiguada por otros documentos además de éste. Una carta que Lefèvre
d'Étaples le escribió durante este viaje permite asignarle la fecha de 1506.[8]
En este momento, aunque todavía muy joven, no era un desconocido: a
los veinte años, en 1501, ya había dedicado a Diego Ramírez de Guzmán,
obispo de Catania, un manual de geometría, y publicado una *Introducción al arte de las oposiciones*.[9] Este librito, empapado de la doctrina
de Nicolás de Cusa, tenía la pretensión de trascender el conocimiento
discursivo, cuyo maestro es Aristóteles, gracias a un conocimiento que
aparece en cambio en un San Pablo o en un Dionisio Areopagita, conocimiento que es silencio, pero silencio positivo, operante, en comparación
con el cual la palabra no es sino privación: mística doctrina, cara a Lefèvre d'Étaples, pero que muy pocos espíritus seguían. Bovelles había
viajado posteriormente por Suiza y Alemania y visitado el monasterio
de Sponheim, donde había conversado con el abad Juan Tritemio: este
gran hombre, sin embargo, lo había decepcionado por su ocultismo y por
sus profecías relativas a la próxima venida de un papa reformador. De
vuelta en París, había publicado, a principios de 1504, una *Introducción
a la metafísica* que, como su otra obra, era una introducción al método
de Nicolás de Cusa. Y en un opúsculo que aparecía al mismo tiempo,
Bovelles trazaba con fervor el retrato del verdadero sabio, cuya ciencia
retraída y secreta llega a la esencia, florece en sabiduría y da el dominio
del Universo.[10]

No podemos sino adivinar las razones que lo atrajeron a España. Su
maestro Lefèvre, a fines de 1505, preparaba una edición de las *Contemplaciones* de Raimundo Lulio, a las cuales añadió el *Diálogo del amigo
y del amado:* entre los discípulos que le ayudaron en la tarea, no vemos
figurar a Bovelles.[11] Éste, que todavía el 8 de mayo de 1505 escribía
desde Bruselas a su maestro, se había embarcado verosímilmente para la
Península en Brujas o en Amberes. El 20 de abril de 1506, Lefèvre le
escribe desde París diciéndole cuánto se alegra de que se encuentre en
casa del Obispo de León. Por otra parte, hemos visto que fue huésped
del Arzobispo de Toledo. Nada tiene de extraño que el discípulo de Nicolás de Cusa se haya sentido atraído por la patria de Raimundo Lulio
y Raimundo de Sabunde. Quizá emprendió su viaje con la esperanza de
comprar o copiar en España manuscritos de estos filósofos. Y parece, sin
que esto pueda precisarse más, que Cisneros le confió ciertas obras de
Lulio que más tarde se publicarían en París.[12]

---

[7] *Epistole complures* reunidas al final del *Liber de intellectu,* París, 1510 [1511].
"Prisci dies quos in tua egi domo."
[8] Cf. Renaudet, *Préréforme, op. cit.,* pág. 495, nota 1.
[9] *Ibid.,* pág. 411.
[10] *Ibid.,* págs. 417-420.
[11] *Ibid.,* pág. 482.
[12] Quintanilla, *Archetypo...,* pág. 142, dice a propósito de la importancia que Cisne-

Pero España misma, la España victoriosa del Islam,[13] y destinada a ponerse a la cabeza de una grande y decisiva cruzada, ofrecía ancho campo a la curiosidad ferviente de un Bovelles. Sea pura coincidencia, sea que ahí haya que buscar la explicación de su viaje, el hecho es que Bovelles se encuentra en la Península en el momento mismo en que Cisneros empeña en su gran proyecto de cruzada toda su imaginación y toda su energía. Fueron, para él, meses de exaltación singular. Ahora bien, cosa curiosa, Bovelles deja en el círculo del Arzobispo de Toledo una impresión de rareza y de locura profética comparable a la que en él mismo dejó Juan Tritemio. Siete años después, Fr. Juan de Cazalla conservaba el recuerdo de las "imaginaciones casi locas"[14] que se escapaban a menudo de su boca: anunciaba, en un plazo de doce años, la reconquista de Jerusalén, una renovación total de la cristiandad y su extensión hasta los confines de la tierra, y una maravillosa reforma de la Iglesia

ros daba a las obras de Lulio: "y en nuestros instrumentos pareze que el Doctor Cárolo Bobillo fue por orden suia a París [a] hazer esta impressión, y por esso en Francia corren más estas obras". Tal vez Quintanilla interpreta mal ciertas alusiones a Lulio contenidas en papeles relativos a Bovelles hoy desaparecidos. En todo caso, las ediciones lulianas de Josse Bade (cf. Renaudet, *op. cit.*, págs. 671-672) parecen deberse a Bernardo Lavinheta, no a Bovelles. Arnao Guillén de Brocar imprimió en Alcalá el *Libellus de amico et amato* (1517). (Ejemplar en el B. M. Otro en la Biblioteca Pública de Guadalajara, Jalisco, donde lo descubrió el Sr. Cornejo Franco encuadernado con un *Evangelistarium* que perteneció a Fr. Juan de Zumárraga). Dos años antes había salido de las prensas de Diego de Gumiel una edición del *Ars inventiva*, dedicada al Cardenal Cisneros. (La B. C. posee un ejemplar íntegro del *Ars inventiva* dedicado por Nicolás de Pax a Cisneros. La edición es de Valencia, 12 de febrero de 1515: véase Biblioteca Colombina, *Catálogo*, t. IV, pág. 355. En la B. D., 144-Zº-4, hay un ejemplar sin portada). En el *Ars* no aparece el nombre de Bovelles. Pero a continuación de los preliminares figuran unos versos del mallorquín Nicolás de Pax, que estuvo en relación con Bovelles (véase el opúsculo publicado por este último con el título de *Responsiones Caroli Bovilli Samarobrini ad novem questiones Nicolai Paxii Majoricensis seu Balearici in arte Lullistarum peritissimi*, París, Josse Bade, 1521-1522. Escrito en 1514). Nicolás de Pax estaba todavía en Alcalá en 1520 (véase su *Oratio... Compluti habita*, Alcalá, 1521, en la B. C., 8-2-32, *Orationes variae*, t. III). El P. Beltrán de Heredia ha publicado en *C. T.*, t. LVII (1938), pág. 579, una carta inédita del Maestro Pedro de Orduña al futuro erasmista Gil López de Béjar (Ocaña, 30 de octubre de 1514); ambos eran complutenses y ambos lulistas, a juzgar por las palabras del primero ("teste magistro nostro in *Arte magna*").

13 Lefèvre d'Étaples escribirá en su comentario de las Epístolas de San Pablo (1512): "Cum certe cogito Bethicum regnum nostro tempore Christo restitutum, animo gestio et glorior laudibus efferre qui tam praeclaram Christo peperit gloriam" (citado por Renaudet, *op. cit.*, pág. 634, nota 4).

14 "Aliqua similia his phantasiis ne dicam deliramentis quae Carolus Bobillus dicere solebat, de reformatione scilicet ecclesie in brevi futura et de multis mirabilibus cito eventuris et quod Hierusalem totusque terre orbis cito esset venturus in cognitionem fidei et in deditionem christianorum et quod viros spirituales apostolicos et mirabiles Deus esset cito excitaturus et missurus ad mirificam reformationem eclesie sue..." (Carta a Cisneros, de noviembre de 1512. Ms. de la B. D. de Madrid, *Cartas al Cardenal Cisneros*, nº 102, fol. 1 vº). Cf. una carta de Fr. Andrés al Cardenal (Lupiana, 20 de agosto de 1512. A. H. N., *Universidades*, lib. 1224 f, fol. 27): "Tandem me interrogat num memoria tenerem sepe a se usurpatum id quod a Carolo Bouillo audisse se diceret tunc quum is Toletum ad te venit: intra duodecim videlicet annos magnam Ecclesiae immutationem futuram". Sobre el interés de estas dos cartas, cf. *infra*, págs. 62 ss.

por hombres espirituales, apostólicos y admirables a quienes la omnipotencia de Dios iba por fin a suscitar.

Bovelles, después de una temporada en Roma, había reanudado en París su estudiosa existencia cuando supo la nueva de la toma de Orán. La carta que escribió a Cisneros el 22 de agosto de 1509[15] es vibrante: le es preciso tomar las palabras de la Biblia para celebrar dignamente esta victoria, y para urgir al Cardenal a llevarla hasta el cabo. Los infieles sometidos son lo mismo que la oveja encontrada, los ciegos de quienes se dijo: *Exi in vias et saepes, et quoscumque repereris debiles caecos et claudos compelle intrare ut impleatur domus mea.* Han llegado los tiempos en que Dios, después de caminar de Oriente a Occidente, debe llevar su luz hacia el Este; con las armas de Cisneros, el Sol de Justicia marcha en sentido inverso al del sol:

Has sabido vencer: tienes que saber aprovechar la victoria. Has tomado en tu mano el arado: no vuelvas atrás tus miradas hasta que los surcos africanos queden llenos de la divina simiente. Has comenzado a hacer violencia al reino de los cielos, pues éste sufre violencia: no cejes, no descanses hasta penetrar en él, por el legítimo favor de Dios, y hasta que tome posesión de él, contigo, el innumerable y glorioso ejército de Cristo. Abre a los adoradores de Cristo el camino por donde, sin peligro, a través de las naciones fieles y obedientes a Dios, sea posible alcanzar y visitar los lugares sacrosantos en donde el Señor fue inmolado. Con ese mismo impulso, haz de suerte que se cumpla la palabra divina: *Erit sepulchrum ejus gloriosum.* ¿Quién impedirá que los Santos Lugares sean purificados y se transformen en la ciudadela de todo espíritu puro, en la morada de los santos, y, según la palabra de Jeremías, en la alegría de toda la Tierra? No hay sino imitar a Josué, a Abías, a Asá, a Josafat, a Ezequías, a Judas Macabeo; después de poner su fe en Dios, después de cifrar en Él toda esperanza de victoria, ¿cuántas veces no pusieron ellos en fuga, con una breve oración, a innumerables enemigos, según nos lo atestigua la santa Escritura?

El 16 de noviembre de 1509, Cisneros responde a su "honorabilísimo y carísimo Bovelles". Pero, dice, todo lo que ha ocurrido en esta toma de Orán hay que atribuirlo no a nosotros, sino al Clementísimo, pues todo en ella es admirable, superior a las fuerzas humanas, superior al genio y al arte militar. El Cardenal encarga a su familiar Gonzalo Gil, a quien Bovelles conoce bien, y que ahora enseña en la Universidad de Alcalá, que le escriba una relación detallada.[16] Aprovecha la ocasión para felicitar, por mediación de su discípulo, al autor del *Quintuplex psalte-*

---

[15] Esta carta y la respuesta de Cisneros forman parte de las *Epistole* publicadas por Bovelles a continuación de su *Liber de intellectu.* Es sorprendente que K. H. Brause (*Die Geschichtsphilosophie des Carolus Bovillus*, Borna-Leipzig, 1916, pág. 85) presente a Bovelles como un hombre que no parece haberse dado cuenta de la formidable crisis de que era testigo. Creo que el autor funda casi toda su disertación sobre una sola obra de Bovelles, la *Aetatum mundi septem supputatio.*

[16] Cf. M. Bataillon, *Sur Florián Docampo, B. H.,* t. XXV (1923), págs. 36-37. Después de la publicación de este artículo, he encontrado una copia de la relación, escrita de puño y letra de Florián Docampo, y que lleva la firma autógrafa de Gonzalo Gil (A. H. N., *Universidades,* lib. 1223 f, fols. 259-264).

rium: el Salterio de Lefèvre está concebido y compuesto tan doctamente, que no hay nada más útil para la inteligencia de los salmos.

Algo tarde, pues contesta desde Amiens, donde no es fácil encontrar correo para España, Bovelles da las gracias al Cardenal (20 de marzo de 1510) por el envío de la relación de Maese Gonzalo Gil. A su vez, quiere comunicarle un triunfo semejante, cuya noticia se ha difundido por Francia: "Quizá lo sabes ya. El Sofí o gran rey de los persas ha encontrado en las santísimas aguas del bautismo un segundo nacimiento: ahora va a combatir contra la feroz nación turca bajo los estandartes de Cristo." Bovelles manda a Cisneros el relato del gran acontecimiento tal como a él le ha llegado, contentándose con traducirlo del francés al latín. Si hay que dar fe a los profetas, han llegado ya los tiempos en que tiene que desaparecer el Islam. Bovelles, durante los días que pasó en Toledo, oyó contar que Cisneros había descubierto, entre los escombros de una vieja iglesia, una vasija en que se veían imágenes de moros derribados por tierra, con una inscripción que decía: "Cuando esto aparezca ante los ojos de los hombres, será inminente la destrucción para aquellos cuyas imágenes se ven aquí contenidas." ¿Sería cierta o falsa esta historia? Cisneros lo sabrá mejor que nadie. Sea lo que fuere, haga Dios que su voluntad se cumpla en la tierra como en los cielos. Haga venir los tiempos cantados por Virgilio: *Jam redit et virgo...* Que la paz sea, y que aparezca en el mundo entero la concordia. Que una sola fe, que un solo Príncipe reinen por fin en todas partes.

La gran espera nacida del triunfo de Orán iba a quedar frustrada. Un nuevo esfuerzo se intentará contra el infiel en 1510, y con él se logrará la toma de Bujía por las tropas de Pedro Navarro. Pero muy pronto España tiene que poner sus soldados al servicio de Julio II, cuyos estados se hallan amenazados, por los mismos días en que se atenta gravemente contra su autoridad en el Concilio de Pisa. Aunque Bernardino de Carvajal se encuentra en primera fila entre los cardenales cismáticos, la empresa es puramente galicana, y los españoles no buscan por ese lado la reforma de la Iglesia. Pero ¿cómo podrían asistir indiferentes a las trágicas vicisitudes de la lucha entre el Papa y Luis XII, y a la convocación del quinto Concilio de Letrán? La inquietud mesiánica, inquietud de la cual es Bovelles ejemplo tan brillante, recorre toda la cristiandad. Nace del sentimiento agudo de una crisis gigantesca, crisis de desarrollo que se traduce en el sueño de una unidad cristiana destinada a englobar al Islam convertido,[17] crisis de conciencia que se expresa en violentas as-

17 En Portugal, la expedición de 1513 contra Azamor excita el entusiasmo popular, cuyo intérprete es Gil Vicente en su *Exhortação da guerra*, curiosa tragicomedia en la cual se oye a Aníbal prometer a los cristianos que, con la ayuda de Dios, volverán a apoderarse de toda el África que les ha sido robada por los musulmanes. Se invita a todos los portugueses a contribuir con sus dineros a la guerra santa: no se olvida al clero. Aquiles quiere que los pastores de la Iglesia vendan sus tazas, empeñen sus breviarios, reemplacen sus vasos preciosos por calabazas y se pongan a régimen de pan y ensalada. Aníbal reprocha a los respetables priores que den lo menos posible de sus rentas a las iglesias y a los pobres: es preciso que entreguen, de la mejor voluntad que puedan, la tercera parte de sus bienes para la conquista de África. Es curiosísimo ver

piraciones de reforma. Estos dos aspectos de la época no son disociables. También Savonarola, en sus vaticinios, había entrevisto una cristiandad renovada interiormente, que convertiría a turcos y a paganos sin ayuda de la espada.[18] Muy pronto encontraremos en España misma este profetismo iluminado.

No cabe duda de que en las efusiones mesiánicas de Bovelles hay mucho de "literatura". Cisneros era hombre que podía contar con triunfos milagrosos, pero no era hombre que los esperase pasivamente. Y era dueño ya de cierta experiencia en cuanto a la conversión de los infieles. España, a raíz de la conquista de Granada, tenía en su propio territorio un fragmento del Islam aún por convertir, puesto que los tiempos no eran ya propicios para aquella pacífica coexistencia de las tres religiones cuyo espectáculo había dado Toledo durante los siglos XII y XIII. Diversos métodos eran posibles para esa conversión.[19] La capitulación de 1491 había garantizado a los vencidos el respeto de sus costumbres y de su religión. El venerable Hernando de Talavera, primer arzobispo de Granada, concibe la idea de ganárselos haciendo resplandecer la superioridad del Evangelio por la palabra y por los hechos.[20] Él mismo da el ejemplo de la predicación. Aprende algunos rudimentos de árabe, a pesar de su avanzada edad: "decía que daría de buena voluntad un ojo por saber la dicha lengua para enseñar [la doctrina cristiana] a la dicha gente, e que también daría una mano, si non por non dejar de celebrar".[21] Por lo menos, quiere que su clero aprenda el árabe. El *Arte* y el *Vocabulista arábigo* de Fr. Pedro de Alcalá son, para la posteridad, un testimonio de ese esfuerzo de evangelización pacífica.[22]

En su ardiente deseo de hacer penetrar las verdades de la fe hasta el corazón de las masas populares que se le han encomendado, no teme parecer revolucionario. Sus sermones evitan la sutileza dogmática para fundarse en el terreno liso y llano de la acción moral. Los entiende lo mismo la simple vejezuela que el más docto letrado; "parecían tan llanos, que algunos decían que departía y no predicaba". Lo que él procura

cómo la sátira anticlerical se mezcla con el sueño popular del triunfo de la fe. (*Obras de Gil Vicente*, ed. Mendes dos Remédios, Coimbra, 1907, t. I, págs. 219-221).

[18] Cf. J. Schnitzer, *Savonarola*, Milano, 1931, t. II, págs. 199 ss.; y págs. 441 ss., acerca de la recrudescencia de profetismo que se produce en 1513.

[19] Sobre las vicisitudes de la política española con respecto a los moriscos, cf. Lea, *The Moriscos of Spain*, Philadelphia, 1901, y del mismo, *A history of the Inquisition of Spain*, New York, 1906, t. III, págs. 316 ss.

[20] Quizá también por el libro. Sin duda bajo su influencia da a la luz cierto fraile jerónimo (*Reprobación del Alcorán*, Sevilla, 1501, B. N. M.) una traducción de la *Improbatio Alcorani*, tratado del dominico Riccoldo de Monte di Croce, impresa en latín el año anterior (Sevilla, 1500, B. M.) y que Lefèvre d'Étaples reeditará en 1509 (cf. Renaudet, *op. cit.*, pág. 519). La portada de la traducción española representa a un fraile predicando ante unos musulmanes (Gallardo, *Ensayo*, t. I, col. 363).

[21] "Breve suma de la santa vida del reverendíssimo y bienaventurado don Fr. Fernando de Talavera" (ms. citado por Amador de los Ríos, *Historia crítica de la literatura española*, t. VII, pág. 358).

[22] Cf. Robert Ricard, *Études et documents pour l'histoire missionnaire de l'Espagne et du Portugal*, Louvain, 1931, págs. 217 y 220 ss.

es atraer el pueblo a la iglesia concediéndole una participación más amplia en la liturgia: reemplaza los responsos con cánticos piadosos apropiados a las lecciones, y consigue de ese modo que los fieles acudan a maitines lo mismo que a misa. Se sirve del teatro religioso para conmover los corazones. No falta quien vea con malos ojos esta invasión de los templos por la lengua vulgar, pero él no hace caso.[23] No obstante, si se gana la confianza de las poblaciones reconquistadas y alcanza conversiones sin provocar resistencia musulmana, el método parece demasiado lento. Todos quieren resultados más decisivos. Cisneros, llamado a colaborar con Talavera, pone en práctica medios completamente diversos. Procura ganarse a la aristocracia morisca, hace presión sobre los alfaquíes, provoca conversiones en masa que suscitan una reacción violenta, quema los libros musulmanes. Una rebelión le da pie para mandar revocar las concesiones hechas en los días de la conquista. Todo musulmán es considerado muy pronto como rebelde; y, tal como había sucedido un siglo antes con los judíos, los conversos constituyen una masa inasimilada de "cristianos nuevos" cuyo cristianismo es, con toda razón, bastante sospechoso.

Entonces, más que nunca, la Inquisición, instituida para vigilar a los cristianos nuevos judaizantes, se hace un organismo esencial de la vida nacional. Cisneros se identifica con el espíritu de la institución en lo que ésta tiene de moderado y al mismo tiempo de tiránico. No se observa en él la obsesión de la "limpieza de sangre". Es probable que haya reprobado las persecuciones del Inquisidor General Deza contra el santo arzobispo Hernando de Talavera y todos los que le rodeaban, acusados de judaísmo sin mucha verosimilitud.[24] Cuando Lucero, el hombre de las hogueras, provoca una rebelión contra la Inquisición y la destitución del Inquisidor General, es Cisneros quien reemplaza a Deza. Aquí también ejerce su voluntad reformadora por la mayor gloria de Dios. Pero vela celosamente por que la Inquisición no sufra menoscabo alguno.[25] Debido a rigores a menudo arbitrarios y manchados de espíritu de lucro, el Santo Oficio se había ganado el odio de los "cristianos nuevos". El elemento marrano, poderoso en el comercio español de Flandes, quiso aprovechar el advenimiento de Carlos de Gante para comprar a los consejeros del joven soberano antes de que entrara en contacto con España, a fin de obtener de él una reforma radical en el procedimiento inquisitorial. Pretendían, nada menos, que se comunicara al acusado el nombre de los testigos que deponían en su contra. Cisneros, Inquisidor General y Regente, dice a Carlos que la paz de sus reinos y su autoridad misma dependen de la Inquisición, y hace fracasar una medida que hubiera infligido a ésta un golpe mortal.[26]

23 Cf. *Breve suma*. Textos citados por Amador de los Ríos, *op. cit.*, t. VII, págs. 359 y 360.

24 Lo que parece probado es que Talavera pertenecía a una familia de origen judío.

25 Cf. Lea, *A history of the Inquisition of Spain*, t. I, pág. 215.

26 Llorente publica, entre los documentos recogidos al fin de su *Histoire de l'Inquisition* (Ap. X, *ed. cit.*, t. IV, págs. 389-412), fragmentos de un anónimo *Regimiento de príncipes*, escrito hacia 1516, y en el cual, gracias a la ficción de una novela política, el

Pero a pesar de la Inquisición, a pesar de su actitud militante contra
el Islam y el judaísmo, el catolicismo español no aparece en el extranjero con los esplendores de aquella pureza sin mancha que tan categóricamente reivindicará en la época de la Contrarreforma. Se ha observado, con mucha razón, que la severidad misma de la represión inquisitorial
es interpretada fuera de España como señal de que los españoles necesitan
violencia para ser cristianos.[27] La malignidad italiana bautiza como
peccadiglio di Spagna la falta de fe en la Trinidad, dogma que tanto
repugnaba a árabes y judíos.

Sin hablar de los conversos agregados por violencia y cuyo catolicismo es de dudosa calidad, la Iglesia de España encierra en su seno,
desde fines del siglo XIV, una proporción notable de elementos venidos
del judaísmo. ¿No es natural que haya sufrido cierta influencia del genio
judío, tan potente en la moral y en la religión? Es extraño que no se
haya concedido todavía a este punto la atención que merece, dado el papel
que los descendientes de los conversos desempeñaron en la vida espiritual
española, desde Alonso de Cartagena [28] hasta Fr. Luis de León. El primero de estos dos escritores, obispo de Burgos,[29] es el propio hijo del
rabino Salemoh Haleví, convertido después de las matanzas de 1391; con
el nombre de Pablo de Santa María, este rabino hizo una carrera magnífica de hombre de iglesia: graduado en la Sorbona, miembro del Consejo
real, fue finalmente regente del reino y legado del Papa. A los ochenta
y un años encuentra todavía fuerzas para escribir un tratado intitulado
Examen de las Santas Escrituras. Nada permite sospechar de la ortodoxia de Pablo de Santa María ni de la de sus hijos.[30] Hay en el episcopado,
en el clero, en las órdenes monásticas, lo mismo que en la nobleza, gran
número de descendientes de judíos que profesan el catolicismo con entera
sinceridad.[31] Sólo con mala fe pueden ser acusados de judaísmo, como lo

buen rey Prudenciano expone los abusos de la Inquisición tales como se los ha revelado
un Inquisidor. Es muy dudoso que esta obra, como sugiere Llorente, se haya redactado a instigación de Cisneros para instrucción del futuro emperador Carlos V antes de
que el Arzobispo de Toledo fuera Inquisidor General.

[27] Cf. A. Farinelli, *Marrano, Storia di un vituperio*, Genève, 1925, y Benedetto
Croce, *España en la vida italiana durante el Renacimiento* (trad. Sánchez Rojas), pág. 85.
Alejandro VI, el papa Borgia, es tenido por marrano. (Cf. Schnitzer, *Savonarola, op. cit.*,
t. I, pág. 133.)

[28] El P. Manuel Alonso, S. J., ha publicado de Alonso de Cartagena, obispo de
Burgos, el *Defensorium unitatis christianae. Tratado en favor de los judíos conversos*,
Madrid, 1943.

[29] Cf. *supra*, págs. 49-51. Véase sobre él y sobre Pablo de Santa María, Amador de
los Ríos, *Historia social, política y religiosa de los judíos de España y Portugal*, Madrid,
1873-1876, t. III, págs. 19 ss., y Lea, *op. cit.*, t. I, págs. 114 ss.

[30] Es importante la obra reciente del P. Luciano Serrano, *Los conversos D. Pablo
de Santa María y D. Alfonso de Cartagena*, Madrid, 1942.

[31] Sobre los casos de judaísmo persistente que se manifestaron en el seno del clero
o de las órdenes, se carece de informes. Sigüenza (*op. cit.*, t. II, págs. 31 ss.) menciona,
sin embargo, las discordias que provocaron entre los jerónimos las tentativas de depuración de 1486. Por otra parte, los partidarios del Estatuto de limpieza de sangre,
adoptado por el cabildo de Toledo en 1547, hablan del escándalo que causó en el siglo
precedente el prior del monasterio de la Sisla, Fr. García Zapata (B. N. M., ms. 11207,

son tantos oscuros habitantes de las juderías en quienes el mosaísmo persiste inextricablemente mezclado en los actos de la vida cotidiana. Pero ¿quién sabe si la inspiración religiosa y moral de los profetas no resurgirá en ellos, floreciendo en inquietudes mesiánicas? ¿Quién sabe si, liberados de las prescripciones minuciosas del Levítico, no acabarán con el lado ceremonial del catolicismo para buscar un comercio directo con el Dios de Isaías? El iluminismo, que será el enemigo íntimo de la ortodoxia española durante todo el siglo XVI, no es monopolio de esos conversos, pero tiene entre ellos algunos de sus más activos propagadores.

VI

Nada más significativo que ver el iluminismo haciendo su aparición entre los franciscanos, algunos de los cuales son de ascendencia judía. En 1512, año crítico, la tiara estuvo a punto de quedar entregada a la ambición del Emperador o quizá de un Carvajal.[1] Julio II se salvó de la

fol. 250 vº). Sigüenza no nombra a este personaje. En cambio, designa como el más activo defensor de los conversos en el seno de la orden a cierto Fr. García de Madrid, del monasterio de San Bartolomé (pág. 34 a). Según el testimonio de los canónigos de Toledo, Fr. García Zapata llevaba su fidelidad al judaísmo hasta el extremo de celebrar en el monasterio la fiesta de los Tabernáculos, y de escamotear la fórmula de la consagración cuando decía misa. Sigüenza ignora todo esto. ¿No habrá echado un púdico velo sobre unos escándalos casi olvidados? ¿O quizá los canónigos se hacían eco de una leyenda forjada por el antisemitismo popular? Sigüenza se niega a dar pormenores (t. II, pág. 39): "tampoco serviría de mayor edificación, y ansí los callaré". Se contenta con afirmar que, sin temor al escándalo, hubo castigos ejemplares, incluso de hoguera y cárcel perpetua. En 1512-1513 el Estatuto de limpieza de sangre no estaba todavía universalmente aceptado en el seno de la orden, según testimonio del propio Sigüenza (t. II, pág. 97 a): entre los elementos conversos que no tomaban ningún partido "auía... muchos hombres doctos y se sentían lastimados, ansí los que estauan en la Orden como fuera (ayúdanse estrañamente, y aúnanse en casos semejantes los deste linage)". El problema de los conversos en las órdenes monásticas, cuya importancia fue subrayada a propósito de los jerónimos por Américo Castro en Lo hispánico y el erasmismo (Rev. de Filología Hispánica, t. IV, 1942, págs. 23-40: cf. Aspectos del vivir hispánico, Santiago de Chile, 1949, págs. 90-114), da lugar a atinadas observaciones de Eugenio Asensio (El erasmismo..., art. cit., pág. 59), que señala, hacia 1510-1511, la carta en que Egidio de Viterbo, general de los agustinos, "censura duramente" al vicario de la Congregación de España por haber querido dar al general una lección de evangelismo y de historia mandándole una defensa de los conversos (carta publicada en G. Signorelli, Il Card. Egidio da Viterbo, Firenze, s. a. [1929], págs. 231-232). "Egidio acababa de prohibir la admisión de éstos dentro de la Orden". Para apreciar la amplitud del problema a través de tres siglos, véase Albert A. Sicroff, Les controverses des Statuts de "pureté de sang" en Espagne du XVᵉ au XVIIᵉ siècle, Paris, 1960. Sicroff, que se refiere en las págs. 67-87 a los jerónimos y al Lumen ad revelationem gentium de Fr. Alonso de Oropesa, prepara ahora la edición de esta obra, aún inédita. Véase también Nicolás López Martínez, Los judaizantes castellanos y la Inquisición en tiempos de Isabel la Católica, Burgos, 1954; Antonio Domínguez Ortiz, La clase social de los conversos en Castilla en la edad moderna, Madrid, 1955 (separata del vol. III de Estudios de Historia Social de España del Instituto Balmes de Sociología); y Julio Caro Baroja, Los judíos en la España moderna y contemporánea, 3 vols., Madrid, 1962.

[1] Pastor, Historia de los Papas (trad. R. Ruiz Amado, S. J.), t. VI, págs. 299 ss.

muerte, pero parece como si su sucesión hubiera quedado abierta. En pleno fracaso del concilio cismático, se abre un concilio ortodoxo en la basílica de Letrán. Castilla, en esos momentos tan graves para la cristiandad, no deja de sentir los escalofríos de la fiebre reformadora y profética. La propaganda de un misterioso iluminado, llamado Fray Melchor, se nos revela gracias a dos informes dirigidos al Cardenal en agosto y noviembre de 1512, cuyos datos convergentes se completan de manera curiosa.[2] El autor del primero, un Fray Andrés, del monasterio de Lupiana, denuncia a Fray Melchor con el miedo visible de comprometer a un viejo amigo a quien designa con palabras encubiertas, de quien ha recibido sus informes acerca del profeta, y que evidentemente escuchó sus vaticinios no sin complacencia. Ahora bien, este amigo, a quien presenta como allegado a Cisneros y perteneciente a una familia de judíos conversos,[3] parece ser precisamente el autor del segundo informe, Fray Juan de Cazalla, el cual denuncia a su vez a Fray Melchor atenuando la gravedad de las acciones de este último, como si quisiera excusarse por denunciarlas tan tarde.[4]

Fr. Juan deja presentir, en este asunto, el papel capital que él y su familia desempeñarán durante cerca de medio siglo en el movimiento iluminista español. Personalmente, este capellán de Cisneros, que muy pronto será obispo *in partibus* de Verisa y sufragáneo del obispo de Ávila Fr. Francisco Ruiz,[5] es una de las figuras notables del franciscanismo español de entonces. Se nos muestra como un vivo lazo de unión entre la España cisneriana y la España erasmizante que va a venir. Tratemos de reconstruir la odisea del profeta, cristiano nuevo y franciscano como él, y cuyas confidencias acogió tan imprudentemente.

Melchor es vástago de una de esas familias de conversos que constituyen la aristocracia mercantil de Burgos y que están en relaciones permanentes con Brujas y Londres. Su padre es hombre de rara santidad.[6] Él

---

[2] A. H. N., *Universidades*, lib. 1224 f, fols. 27-28: Carta al Cardenal sobre la cual escribió un secretario: "Lupiana, 1512, de Fr. Andrea de XX de agosto". B. D., ms. de *Cartas al Cardenal Cisneros*, nº 102: carta autógrafa firmada por "El Maestro de Caçalla", fechada "desta casa de Sant Francisco de Guadalajara". Un secretario del Cardenal escribió en el documento estas palabras: "Guadalajara, 1512, del Maestro de Caçalla de Nouiembre."

[3] "Quidam amicus meus, quem quondam te etiam approbante ac jubente secutus sum, jam pridem vero reliqui, quia mihi in ecclesia non recte videbatur incedere sed mentita religione cupiditati ambitionique servire..." (fol. 27 rº). "Illud vero non tacebo, sive venenata, sive salutaris sit ista doctrina, iis et ab iis eam potissimum porrigi, quantum assequi diligentia potui, qui ad fidem nostram nuper ex judaismo venerunt. Nam ducem ipsum Melchiorem Burgensis quoque mercatoris filium accepimus. Amicum autem meum, quanquam esse ex eo genere constat, etc..." (fol. 28 vº).

[4] "Est et aliud quod conscientia sepe dictabat scribendum dominationi vestrae Reverendissimae, sed quia ridiculum et inane videbatur hactenus omissum est. Nunc illud dicam etsi tale videatur". Nº 102, fol. 1 vº.

[5] Cf. Eubel, *Hierarchia catholica medii et recentioris aevi*, t. III (2ª ed., Münster, 1923), págs. 331 y 92.

[6] Cazalla: "longam fabulam patris sui quem preditum mira sanctimonia fuisse dicebat". Cf. el texto de Fr. Andrés citado *supra*, nota 3.

ha pasado su juventud en la corte de Inglaterra.[7] Aquí es donde Dios lo ha llamado a la penitencia y a las revelaciones. Su vocación ha sido tan irresistible como la de San Francisco de Asís: ha sentido sobre sí una verdadera unción divina. Ha venido a España con la intención de pasar a África, impulsado a la vez por una inspiración de lo alto y por consejos piadosos. Pero le ha parecido que los monasterios ofrecían campo propicio para la propagación del mensaje de que es portador. Ha vestido sucesivamente el hábito de todas las órdenes. Pero ¡ay! en todas partes se ha encontrado con religiosos que no sirven a Dios, sino a su vientre y a sus pasiones. Finalmente, ha encontrado a Sor María de Santo Domingo,[8] célebre "beata" de la tercera orden dominicana, que le ha confirmado en la espera de grandes acontecimientos, tales como la conversión en masa de los sarracenos a la verdadera fe, pues a ella no le cabe duda de que algún día verá bautizarse a cien mil a la vez. Por consejo de Sor María, Melchor se ha hecho franciscano, considerando a esta orden como la más piadosa de todas, pero allí tampoco ha encontrado ni religión ni virtud. Los conventos de los frailes menores son conventículos de demonios, acopio de todos los vicios.[9] Y cuanto más escándalo causan las audaces críticas del novicio, tanto más confirmado se siente él en su misión. Porque Dios le ha dicho: "Tú eres Melchor, a quien desecharán los edificadores, pero que muy pronto será la piedra angular del edificio." [10] Entra en los planes de Dios que él sea reprobado y desechado sin cesar, para que penetre así en todas partes sin detenerse en ninguna, y vaya hasta el cabo de su misión derramando al propio tiempo la semilla de su palabra. El vicario general de la orden lo ha autorizado a viajar de convento en convento, cosa que jamás hacen los novicios. Pero él es el instrumento de Dios, y contra Dios no hay resistencia posible.[11]

7 Cazalla: "et quomodo fuerat enutritus apud regem Anglie". Fr. Andrés: "diu mensae regis Britanniae ministrasse".

8 Cf. *infra*, pág. 69, nota 25.

9 Fr. Andrés: "Deinde mare transiisse ut suos Hispanos lucri faceret, postea caeteras nationes aditurum. Huc cum appulisset, cuncta monachorum coenobia peragrasse, omnium ordinum habitum induisse, quia putaret verbum dei animis deo servientibus citius inhaesurum. Verum cum apud hos homines pluribus in locis aliquandiu moraretur, paucis lucro appositis caeteros reliquisse: quippe quos invenisset non Deo sed ventri cupiditatibusque servire. Iis relictis novissime illum ad fratres se minores tanquam ad religiosiores contulisse. Sed ne in iis quidem ullam religionem aut virtutem invenisse: imo affirmare ipsum Minorum conventus conventicula esse demonum congeriemque vitiorum". Cazalla: "...et quomodo venisset in Hyspaniam animo transeundi in Africam impulsus a Spiritu Dei et de consilio religiosorum; et tandem quomodo hic in Hyspania consuluisset sororem Mariam de Sancto Dominico et de consilio ejus accepisset habitum Sancti Francisci, et quod illa certificasset eum de multis cito futuris et de conversione Sarracenorum ad fidem, et quod una die, ipsa futura presente ac vidente, centum millia illorum essent simul baptissandi..."

10 Cf. Hechos de los Apóst., IV, 11.

11 Fr. Andrés: "Hos cum aperte reprehenderet, ab eis correctionem nouicii indigne ferentibus reprobatum. Neque hoc illi praeter spem aut conscientiam accidisse. Audiuisse enim a Deo se Melchiorem esse, quem reprobaturi essent aedificantes, sed paulo post in caput anguli esse futurum. Itaque libenter eum facere, ut ab omnibus reprobatus atque rejectus omnia discurrat, omnia penetret, nullibi diu moretur, sed disperso semine

Tiene el don de discernir a los hombres habitados por el espíritu de Dios: los escoge, entre mil, para asociarlos a su secreto. Un maravilloso poder de transfiguración le permite adoptar sucesivamente el humilde aspecto de la lechuza o del murciélago, y el ascendiente de una majestad regia. Cuando se le ha oído hablar, cuando se ha visto resplandecer en su rostro una nobleza desconocida, se tiene la impresión de que todos los reyes de la tierra se inclinarían ante él. Algunas veces su conversación da a quienes lo escuchan la revelación repentina de aquel júbilo sobrehumano que se menciona en los salmos. Cuando habla de Dios —y habla de Él incesantemente—, la alegría que invade a Melchor eleva sus miembros, hace que se le ericen los cabellos y la barba, parece desbordarse hasta sobre los objetos inanimados.[12]

Sus profecías recuerdan las de Bovelles, y parecen confirmarlas, precisándolas. El visionario francés asignaba un plazo de doce años para la transformación de la Iglesia. Ya han transcurrido siete. En los cinco años que van a seguir, habrá de llevarse a cabo la gigantesca metamorfosis. El imperio romano tiene que ser destruido; los reyes de España, de Francia, de Europa entera han de morir, y sus reinos deben desaparecer. La silla de San Pedro será derribada; el Papa, todos los obispos, los clérigos todos serán decapitados, con excepción de los hombres que cumplan o secunden la obra renovadora. La Iglesia se trasladará a su antigua sede de Jerusalén, a la tierra prometida que mana leche y miel, donde la humanidad vivirá libre en la virtud y la bienaventuranza. Y todo esto se llevará a cabo sin las armas, sin necesidad de apelar a la fuerza bruta. Los príncipes caerán por sus propias armas. Pero el elegido de Dios que ha aparecido milagrosamente tiene por sostén, no las fuerzas humanas, sino la virtud divina. Dentro de dos años, llevará cinco estandartes a la ciudadela de Sión; y dentro de cinco años, después de haber quedado reducidas a polvo todas las potencias, pondrá cima a su obra. Melchor es ese hombre divino.[13]

ad summa festinet. Denique illum habita nuper a Generali Ordinis Vicario facultate per domos discurrendi et quam vellet habitandi, quod huic soli ante regulae professionem licuerit, quia Deo in eo operanti obsisti non possit, a nobis transitum in Tarraconensem provinciam fecisse, inde mox etiam in Gallias iturum".

12 Fr. Andrés: "...donum a deo illum habere hominum interiora videndi ut, qui habeant spiritum, qui etiam careant, solo visu vel auditu discernat... illi facultatem inesse transfigurandi sese, ut modo noctuae ac vespertilioni sit similis, quo habitus humilitate fallere ignaros possit, modo regiam vultu majestatem ostentet, ut fidem faciat amicis. Nam, cum apud se esset, tantam inter loquendum dignitatem vultus ac prope splendorem profudisse, ut non dubitaret ipse quin illum etsi cuncti affuissent Reges adorassent. Postremo quod re ipsa senserit ac pene manu attrectarit quid jubilum sit, quid jubilatio, quam prius in Psalmis solum audierat. Illum enim ipsum in medio colloquio tanto tamque subito gaudio esse pertusum, tam omnibus membris erectum ut rigorem capilli quoque et barba senserit et animus etiam ad inanimata redundarit".— Cazalla: "...electus adeo, imo et spiritualiter unctus miris jubilis et exultationibus, quas non solum in spiritu sed etiam in corpore continue sentiebat, et quod quoties de deo loqueretur (loquebatur at semper) in ore suo experiebatur sensibiliter illud psalmi: *Quam dulcia faucibus meis eloquia tua, super mel ori meo*" (Ps. CXIX, 103).

13 Fr. Andrés: "Tandem me interrogat num memoria tenerem sepe a se usurpatum

Cazalla —si acaso es él el hombre a quien designa Fr. Andrés— vibra al oír estos vaticinios seductores para su naturaleza ambiciosa. Relaciona con ellos no sólo las profecías de Bovelles, sino también esa otra que corre atribuida a San Francisco: en aquel tiempo, un gran tirano, Federico, surgirá y extenderá su poder por el mundo. Este impío déspota hará sentarse en la silla de San Pedro, contra todo derecho, a un seudopapa perteneciente a la orden de los frailes menores. Los dos juntos harán mucho mal a la Iglesia. El seudopapa relajará la regla de su antigua orden. Pero, después de haberse ensañado crudelísimamente con el pueblo cristiano, estos dos tiranos serán vencidos por el murciélago. La Iglesia será renovada, y hallará la paz bajo un nuevo pontífice. Cazalla, o el amigo de Fr. Andrés, cualquiera que sea su nombre, da así la clave del misterio: el tirano no es otro que Fernando de Aragón; el seudopapa franciscano es Cisneros en persona. La gran laceria de la Iglesia reclama, según él, una ayuda inmediata. En España, esa Iglesia está entregada a inquisidores rapaces y crueles. ¿Acaso no corre el rumor de que a Lucero, el hombre que encendió las hogueras de Córdoba, acaban de recompensarlo con un obispado? [14]

id quod a Carolo Bouillo audisse se diceret tunc quum is Toletum ad te venit: intra duodecim videlicet annos magnam Ecclesiae immutationem futuram. Quod cum ego annuissem, sepe enim ex eo audieram, tum ille petito prius a me et impetrato silentio: meminisse Deum, ait, tandem aliquando populi sui. Impletum esse tempus quod Bovillus tanto ante diuinarat. Septennio ferme elapso repertum esse a se, vel se potius ab illo qui ante quinquennium rem perfecturum se esse promittat. Ex hoc homine se et mutationis tempus et ipsam mutationem didicisse: Ut scilicet deleto funditus Romano imperio, Hispaniae, Galliae ac totius Europae regibus extinctis atque sepultis, regnis sublatis, sede Beati Petri euersa et Romano Pontifice cum omnibus episcopis et clero mactatis, fautoribus tamen ejusque rei ac ministris exceptis, ecclesiam ad sedem antiquam Hierusalem terram promissionis lacte et melle manantem transferatur, ibique in libertate ac foeliciter vivat. Huic tanto conficiendo negocio non exercitum, non arma esse parata, suis enim armis ac viribus ipsos Principes esse casuros. Sed electum a Deo virum subito ac mirabiliter extitisse, qui non humana vi sed divina virtute subnixus hoc biennio quinque vexilla in Arcem Syon sit illaturus, intra quinquennium vero potestatibus universis contritis (ut dictum est) rem universam perfecturus. Eum ipsum qui tantae rei dux et imperator praeficeretur, Hispanum esse natione, divinitus Melchiorem vocari..." Cf. Cazalla: "Is rettulit mihi aliqua similia his phantasiis ne dicam deliramentis que Carolus Bobillus dicere solebat, de reformatione scilicet ecclesie in brevi futura et de multis mirabilibus cito eventuris et quod Hierusalem totusque terre orbis cito esset venturus in cognitionem fidei et in deditionem christianorum et quod viros spirituales apostolicos et mirabiles Deus esset cito excitaturus et missurus ad mirificam reformationem ecclesie sue."

14 Fr. Andrés (fol. 28 r⁰): "Praeter ea vero, quae in homine viderit, signa veritatis habere se ait prophetiam quandam quam Beati Francisci esse constaret, quae cum Melchioris dictis omnino congruere ac de illo scripta esse procul dubio videretur. Haec cum dixisset, chartulam protulit et prophetiam legere et interpretari coepit. Quae illa prophetia continebantur, haec sunt, quantum memoria consequi possum. Fore iis temporibus, ut magnus quidam tyrannus Federicus —quem regem ac gubernatorem nostrum interpretabatur— insurgeret et omnia longe lateque teneret. Ab hoc praeterea impio tyranno quendam de ordine Minorum —quem te, Pater sanctissime, esse demonstrabat— in sede Petri contra jus omne collocandum. Illum tyrannum, hunc Pseudo-papam passim prophetia vocabat. Hos in ecclesia multa mala esse facturos. Pseudo-papam regulam etiam Minorum et praesentem continentiam laxaturum. Sed postquam suo uterque impe-

Fray Andrés dice qué doloroso estupor le causan semejantes palabras, oídas de boca de un amigo. No disimula cuán peligrosa le parece la propaganda de Fr. Melchor. ¿Qué clase de reforma puede ser ésa, que pasa por encima del Concilio? Y en cuanto al traslado de la Iglesia de Europa a Siria, como si Dios no fuese Señor de toda la tierra, muy necio sería quien no comprendiese su intención. Esta fascinación de la Jerusalén terrestre, esta espera de un Mesías denotan un movimiento judaizante. Y, a lo que Fr. Andrés puede saber, entre los conversos es entre quienes mejor acogida tiene Melchor.[15] No es sorprendente que Fr. Juan de Cazalla, converso a su vez, se abstenga de todo comentario sobre este punto cuando decide denunciar a Melchor ante Cisneros. Es asimismo muy comprensible que no diga una sola palabra de la profecía atribuida a San Francisco. Por el contrario, tiene buen cuidado de relacionar las profecías de Melchor y de Bovelles con toda una tradición escrita que incluye a Santa Brígida, Santa Catalina de Siena y San Vicente Ferrer.[16] Y por más reservas que haga con respecto a las revelaciones de Melchor, se abstiene siempre de presentar a éste como loco o impostor: "Hombre, por otra parte, sensato y devoto, de asperísima penitencia e intensísima oración, que, según él, llegaba hasta el éxtasis",[17] Melchor ha dudado alguna vez de su vocación y ha pedido consejo para saber si está engañado o no. Cazalla asegura haberlo puesto en guardia, no sin rudeza, contra los embustes del demonio: la doctrina de Gersón y de otros doctores nos dice cuán sutilmente se transforma en ángel de luz el ángel de Satanás...

Melchor recibe con humildad el reproche de soberbia que hacen a la certidumbre de su vocación. Refiere cómo ésta le ha sido confirmada por muchísimos hombres espirituales en Inglaterra, en España y hasta en

---

rio crudelissime in populo esset grassatus, a vespertilione superandos. Ecclesiam vero renovatam sub novo Pontifice quieturam. Haec et nonnulla alia quum diceret, que brevitatis causa praetereo, rogare me tandem coepit, ne cui audita committerem nisi forte ei quem scirem ea percepturum cum actione gratiarum, et ut deum impensius orarem ne Ecclesiae suae reformationem diutius differret; sed sive vera essent, quae a Melchiore dicerentur, sive falsa (se namque etiam interdum non credere) laboranti et plagas jam sustinere non valenti qua vellet via subveniret. Cum multa indigna pati eam, tum inquisitorum rapinam et saevitiam non ferendam: Luciferum et illum Cordubensem, qui tot hominum milia igni dedisset, Episcopum nunc pro poena, ut esset fama, creatum."

15 Fr. Andrés: "Haec ego omnia cum ex hoc vetere amico audissem, obstupui (fateor), Sanctissime Pater; & quum semel persuaso dissuadere me posse non sperabam, tacitus discessi. Rem ad viros religiosos et plane christianos detuli. Res illis aeque indigna atque mihi visa est, et nisi protinus extinguatur, simplicium mentibus perniciosa.* Nam reformationem Ecclesiae quae non fit collecto Patrum concilio sed disperso atque attrito, desolationem non reformationem putamus. Quorsum autem tendat ista Ecclesiae translatio de Europa in Syriam atque Judaeam stultis etiam ad judicium patet. Quasi Domini non sit terra et plenitudo orbis terrarum et universi qui habitant in eo, et hoc sit positum in rerum necessitate et non potius in apostatarum desyderio..." Acerca del carácter judaizante de esta propaganda, cf. el texto citado *supra*, pág. 62, nota 3.

16 Cazalla: "De quibus loquebatur Brigida, Catherina de Senis, Vincentius et plerique alii scriptores prophetico spiritu."

17 Cazalla: "Vir alias cordatus et devotus asperrimeque penitentie et intentissime orationis, ut ipse aiebat, etiam extatice."

Nápoles.[18] En España no es solamente María de Santo Domingo, la "beata" de Piedrahita, quien corrobora sus revelaciones. En la región de Salamanca, otra religiosa, llamada Francisca, mujer humilde, pero llena del espíritu de Dios, le ha dado muchos testimonios de su vocación, de su elección y de su unción divinas. En Toledo ha consultado a la Madre Marta, la cual, en un éxtasis, ha pronunciado palabras maravillosas a propósito de él. Ha recibido de ella una carta en la cual la religiosa, experta en gracias espirituales, distingue en sus revelaciones lo que es engaño del Demonio y lo que es de Dios.[19]

Esta carta ha quedado en manos de Cazalla, el cual la transmite al Cardenal para esclarecer su juicio. Le envía asimismo ciertos versos de Melchor sobre el Santísimo Sacramento, porque dan alguna idea del ardor de su palabra, de aquella especie de embriaguez que lo poseía cuando hablaba de Dios.[20] Por desgracia, estos testimonios, que nos serían tan preciosos, han desaparecido. Tenemos que contentarnos, para formarnos una idea del misterioso personaje, con los dos testimonios de Fr. Andrés y Fr. Juan de Cazalla; y hasta es posible que estos dos testimonios no sean sino uno solo, si Cazalla resulta ser ese amigo de quien Fr. Andrés tiene sus informes acerca del profeta. Aun en caso de que esta identificación parezca insuficientemente probada, es evidente que el converso Cazalla se expresa de Melchor con admiración apenas velada. Por otra parte, si se hubiera limitado a despedirlo con cajas destempladas en su primera visita, ¿acaso el fraile andariego habría vuelto a ver a Cazalla después de una ausencia de dos meses? ¿Acaso habría dejado en sus manos la carta de la

---

18 Cazalla: "Et a me quem pridie praedicantem et graviter eos qui quocumque vento doctrine vel revelationis movebantur carpentem audierat, consilium et judicium petebat an esset deceptus, tunc ego hominem acriter reprehendi, admonens eum in his futuris a demone dilusum; imo et in jubilis et spiritualibus sentimentis posse futiliter esse deceptum, allegans ei doctrinas Gersonis et aliorum aliquorum doctorum et sanctorum super hac re, et quomodo et quam subtiliter Angelus Sathane se transfigurat in Angelum lucis, praesertim ubi non sit vera humilitas... Ipse ut videbatur humiliter assentiens narravit mihi vitam suam..." Y antes: "...dicens quod ipse fuerat certificatus tum a Deo per revelationem, tum a multis religiosis viris et feminis in Anglia et Hyspania, imo in Neapoli quibus de eisdem rebus facta fuisset revelatio".

19 Sobre María de Santo Domingo, cf. *supra*, pág. 63, e *infra*, pág. 69. Cazalla prosigue: "Narrabat etiam quomodo alia soror que vocatur Francisca, paupercula femina sed spiritu Dei plena que degit in pago quodam prope Salmanticam, multa quoque ei dixisset, de vocatione et electione et unctione ejus a Deo. Et cum videretur mihi hec dicens addere deliramenta deliramentis, eum acrius reprehensum a me abjeci; et ille, profectus ad Generalem, post duos circiter menses hac iterum Aragoniam cum licentia Generalis petens transivit. Et Toleti ut ipse rettulit, sororem Martham consuluit et allocutus est, cujus literas mihi ostendit, quas ipsa ad eum per bachalarium miserat pro responsione predictorum... Ego legi literas Marthe et apud me retinui admiratus prudentiam Marthe quomodo in quibusdam eum laudat, approbat, humiliat, in quibusdam vero eum deceptum asserit. Abiit ille a me acrius reprehensus et usque ad pulverem humiliatus..."

20 Cazalla: "Vir alias, ut dixi, cordatus, devotus, fervidus et magne efficacie in proferendo verbum Dei. Reliquit hic rhimos quosdam de sacramento quos etiam hic mitto, quia in illis apparet quomodo loquebatur ardenter... Litteras Marthe dominationi vestrae Reverendissimae mitto..."

Madre Marta? Cazalla, y otros más sin duda, debieron de experimentar el ascendiente de Fr. Melchor. Pero nos es imposible apreciar la influencia ejercida por éste en el curso de sus peregrinaciones. Apenas si podemos establecer su itinerario en este año de 1512. Procedente del monasterio del Abrojo, cerca de Valladolid, permanece durante cierto tiempo en Guadalajara antes de dirigirse a Andalucía para hablar con el vicario general. A su regreso, dos meses después, se detiene una vez más en Castilla la Nueva, conversa largamente en Toledo con la Madre Marta, y ve una vez más a Cazalla. Muestra entonces al guardián de San Francisco de Guadalajara una licencia del vicario general, con quien tiene que volver a hablar en Aragón. Quizá de allí pasa a Francia.[21] Se aleja llevando consigo, como un tesoro, las revelaciones de la santa visionaria a quien él llama "mi señora Brígida".[22] Y se pierde su rastro... Atraviesa como un meteoro la España espiritual de la Prerreforma. ¡Pero cómo la ilumina al pasar!

Nadie habla todavía de peligro iluminista. No obstante, en ese mismo año es cuando aparece por vez primera el calificativo de "alumbrado" aplicado a un franciscano "alumbrado con las tinieblas de Satanás",[23] nueva piedra de escándalo para la custodia de Toledo. Este religioso, hombre de oración muy por encima de toda sospecha de lubricidad, se siente llamado por Dios a engendrar a un profeta que salvará al mundo. En busca de una virgen sin mancha, capaz de compartir con él su misión, escribe a la célebre Madre Juana de la Cruz. Ésta lo denuncia ante el custodio Fr. Antonio de Pastrana, el cual lo encierra en un calabozo y recurre a la penitencia para librarlo de sus malsanos delirios. Todavía no habla nadie de "conventículos" de alumbrados. España, sin embargo —y Castilla en especial—, se muestra sumamente permeable a una espiritualidad ávida de revelaciones. Fray Andrés presenta a Melchor como

---

21 Cazalla: "...per monasterium hoc transiuit missus ex Monasterio del Abrojo Beticam versus ad Generalem tunc illic commorantem..." Véase la pág. 64, nota 11, para la continuación de sus peregrinaciones, y finalmente esto: "et quod de eo actum sit postea nihil scivi, nec ubi sit, nisi quod ostendit gardiano licentiam Generalis et quod in Aragonia esset eum expectaturus". Cf. Fr. Andrés: "A nobis transitum in Tarraconensem provinciam fecisse, inde mox etiam in Gallias iturum."

22 "Abiit itaque asportans secum revelationes sancte Brigide, quas in magno pretio habebat, et dominam suam Brigitam vocabat." La importancia que se daba por entonces a las profecías de Santa Brígida está atestiguada por un curioso vaticinio de 1519 intitulado *Onus ecclesiae*, obra atribuida al obispo de Chiemsee Bertold Pirstinger (cf. Holzmann und Bohatta, *Deutsches Anonymen Lexicon*, t. III, Weimar, 1905, pág. 235), que gozó de popularidad durante bastante tiempo. El *Onus ecclesiae* es prohibido por los Indices de Lovaina de 1546, 1550 y 1558, por el del Papa Paulo IV (1559) y por el Indice portugués de 1547 (cf. H. Reusch, *Die Indices librorum prohibitorum des 16. Jahrhunderts*, Tübingen, 1886, págs. 38 y 199, y A. Baião, *A censura literária inquisitorial*, en *Academia das Sciencias, Boletim da Segunda Classe*, t. XII, 1917-1918, pág. 481).

23 A. H. N., *Universidades*, lib. 1224 f, fol. 6. Carta del custodio Fr. Antonio de Pastrana al Cardenal Cisneros, fechada en Alcalá, a 27 de agosto. Falta la indicación del año, pero la suple una nota del P. Quintanilla que se ve en el documento. Éste fue publicado por Serrano y Sanz en su estudio sobre *Pedro Ruiz de Alcaraz, iluminado alcarreño del siglo xvi*, en *R. A. B. M.*, t. VIII (1903), pág. 2.

"el jefe" [24] de una secta que busca sobre todo sus adeptos entre los conversos. Cazalla ha oído decir que Melchor escandalizó a ciertos religiosos, pero que algunos, que no oyeron sus locas imaginaciones, quedaron grandemente edificados por su lenguaje y su devoción. Las religiosas contemplativas a quienes este profeta pide que lo confirmen en su misión contribuyen a su vez, desde hace varios años, a mantener una viva exaltación mística. Es "un nuevo género de latría que ahora pulula", como escribe ya en 1509 el cronista Pedro Mártir de Anglería a propósito de la más célebre de todas ellas, Sor María de Santo Domingo.[25] Esta hermana de la tercera orden dominicana, conocida en su tiempo con el sobrenombre de la "Beata de Piedrahita", se hace entonces notable por sus éxtasis, durante los cuales permanece como muerta, tendida con los brazos en cruz. Aunque es una mujer iletrada, tiene fama de igualar a los

---

[24] "Ducem", cf. *supra*, pág. 62, nota 3. Cazalla: "Et quia in aliquibus monasteriis per que ille transierat, reliquit aliquid suarum phantasiarum, et audivi aliquos religiosos de eo schandalizatos, et alios qui phantasias non audierunt maxime edificatos verbo et devotione ejus."

[25] Sobre el caso de la Beata de Piedrahita (cf. *supra*, págs. 63 y 67, e *infra*, págs. 176-177), Pedro Mártir de Anglería arroja bastante luz (*Opus epistolarum*, Epp. 428 y 431, fechadas en Valladolid, 6 y 24 de octubre de 1509, y Ep. 489, de 27 de junio de 1512). (Del *Epistolario* de Pedro Mártir de Anglería existe ahora traducción española, debida a D. José López de Toro, en la nueva *Colección de documentos inéditos para la historia de España*, tomos IX a XII, Madrid, 1953-1957. Las epístolas mencionadas se pueden leer en el t. X, págs. 300 y 304, y en el t. XI, pág. 41.) Después de publicados, incorrectamente por cierto, algunos fragmentos del proceso de la Beata de Piedrahita por el P. Bernardino Llorca, S. J., *Die spanische Inquisition und die Alumbrados (1509-1667)*, Berlin-Bonn, 1934, págs. 8 y 123, el tema ha sido renovado por el P. Beltrán de Heredia, O. P., en sus dos obras, *Historia de la Reforma de la Provincia de España (1450-1550)*, Roma, 1939, págs. 78-142 y 237-268, y *Las corrientes de espiritualidad entre los dominicos de Castilla durante la primera mitad del siglo xvi*, Salamanca, 1941, págs. 10-17. El A. H. N. (*Universidades*, lib. 1224 f, fol. 47) posee por lo menos una carta original —si no autógrafa— de la Beata a Cisneros. La publicó Serrano y Sanz en sus *Apuntes para una biblioteca de escritoras españolas*, t. II, pág. 670. Quintanilla (*Archetypo...*, *op. cit.*, pág. 96) distingue dos "beatas", una en Piedrahita y otra en El Barco de Ávila, y afirma que ambas tuvieron que ver con Cisneros como Inquisidor General y se salvaron de la condena. El P. Beltrán de Heredia, en su citada *Historia de la Reforma de la Provincia de España*, dedica un importante capítulo a "la pseudorreforma intentada por la Beata de Piedrahita y los procesos de esta religiosa", y vuelve a ocuparse del asunto en el primer capítulo ("La invasión savonaroliana") de sus *Corrientes...*, *op. cit.* Sobre las "Características de la espiritualidad dominicana en Castilla durante las primeras décadas del siglo xvi", véase también ahora la contribución del P. Beltrán de Heredia en las *Actas del segundo Congreso de espiritualidad* celebrado en Salamanca en 1956 (Barcelona, Flors, 1963). No hace mucho descubrió José Manuel Blecua un libro de la Beata: *Oración y contemplación de la muy deuota religiosa y gran sierua de Dios soror maría de sancto domingo*, impresión sin año ni lugar dedicada al Cardenal Adriano; Blecua ha reeditado en facsímil esta obra (*Libro de la oración de Sor María de Santo Domingo*, Madrid, 1948), edición avalorada por un estudio del afortunado investigador, con buena bibliografía y reimpresión de las dos cartas conocidas de Sor María. Lorenzo Galíndez de Carvajal, en sus *Anales breves* de los Reyes Católicos, trae otro testimonio acerca del profetismo de la Beata del Barco de Ávila (había hecho saber al rey Fernando "de parte de Dios, que no había de morir hasta que ganase a Jerusalén"). Cayetano Rosell, anotador de los *Anales*, se interesó por "esta muger fatídica" (*B. A. E.*, t. LXX, pág. 563 a).

más sabios teólogos gracias a luces sobrenaturales. Se llama con tal certidumbre compañera y esposa de Cristo, que los dominicos se dividen en dos bandos al discutir el valor de sus revelaciones. El debate se somete al Papa, que encarga a su legado la tarea de examinar el caso de esta mujer con ayuda de los obispos de Burgos y Vich. Cisneros le es muy favorable.[26] La investigación la deja limpia de toda sospecha, y sólo sirve para la glorificación de su santidad y de su ortodoxia. La otra "beata" consultada por Fray Melchor, Sor Francisca, no es conocida por ningún otro testimonio, a no ser que haya que identificarla con Francisca Hernández, que, como ella, hace su aparición en los alrededores de Salamanca,[27] y cuyo papel será tan importante varios años más tarde. Juan de Cazalla habla de ella a Cisneros en términos que hacen pensar en una estrella recién aparecida en el cielo de la Castilla mística. En cuanto a la Madre Marta,[28] benedictina del convento de Santo Domingo el Antiguo de Toledo, Cisneros cree que disfruta de favores milagrosos: su reputación es tan grande, que recibe visitas del Rey y de todos los prelados. La Madre Juana de la Cruz, a quien un profeta cree llamada a dar nacimiento a un nuevo salvador, es otra religiosa contemplativa célebre por sus virtudes y sus milagros; Cisneros la protege y se declara garante de sus éxtasis.[29] De la misma manera ha favorecido a Sor María de Toledo, llamada "la Pobre", religiosa de noble origen, fundadora del convento de clarisas de Santa Isabel de los Reyes, y no menos célebre por su contemplación que por la áspera penitencia a que debe su sobrenombre.[30]

Cisneros tuvo ciertamente para con este "pulular" de místicos, como dice

[26] Pedro Mártir, *Opus,* Ep. 428: "Crepidatus noster Cardinalis Beaticulam fovet; infusam in ea divinam sapientiam arguit."

[27] Francisca Hernández era de Canillas, cerca de Salamanca. Es verdad que no era terciaria; sin embargo, tenía estrecha relación con la tercera orden de San Francisco (Boehmer, *Franzisca Hernández,* págs. 2 y 4). Cazalla, hablando de ella de oídas, pudo creer que lo era.

[28] Cf. *supra,* págs. 67-68. Quintanilla, *op. cit.,* pág. 96. El A. H. N. (*Universidades,* lib. 1224 f, fol. 23) posee una carta firmada por "Marta de la Cruz", fechada en "San Clemente, ocho de enero" (1512) y dirigida al Cardenal. La religiosa escribe al prelado: "Muy desseada tenguo esta venida de Vra. S. para muchas cosas que no escriuo porque son más para entre mí y Vra. S. más que para escreuir por carta." Ella era por entonces priora de San Clemente el Real de Toledo. Cf. el mismo registro, fols. 52 y 64. Entre los documentos reunidos por Quintanilla para el proceso de beatificación de Cisneros (B. D., *Apuntes sobre la beatificación de Cisneros,* t. 2, fols. 27-29) figuraba un "Memorial de la Madre Marta y otras beatas y muerte del S. Cardenal" cuyo título da el índice del manuscrito, pero que desgraciadamente ha sido arrancado.

[29] Quintanilla, *op. cit.,* pág. 95. Acerca de Sor Juana de la Cruz, heroína de la trilogía de Tirso de Molina, *La Santa Juana,* véase Serrano y Sanz, *Apuntes para una biblioteca de escritoras españolas,* Madrid, 1905, t. II, págs. 651 *ss.* Había nacido en 1481, y murió en 1534. El Escorial conserva de ella un tratado místico manuscrito fechado en 1509, y cuyas mutilaciones, así como las notas marginales, demuestran que su ortodoxia cayó bajo graves sospechas (cf. P. Zarco Cuevas, *Catálogo de manuscritos castellanos de la Biblioteca del Escorial,* Madrid, 1926, t. II, pág. 99. Véase en el mismo volumen, pág. 199, la descripción de una Vida manuscrita de esta religiosa).

[30] Quintanilla, *loc. cit.;* y Wadding, *Annales Minorum,* t. XV, año 1507 (a propósito de la muerte de esta religiosa).

Pedro Mártir de Angleria, un prejuicio favorable que contrasta con la desconfianza oficial de la Contrarreforma frente a toda piedad inspirada. Se encuentra a gusto en un tiempo fértil en milagros. Se siente, él mismo, instrumento de un vasto milagro: la renovación y la ampliación de la cristiandad. ¿Quién sabe si no toma por buenas, como la Madre Marta, algunas de las profecías de Fr. Melchor? ¿Y cómo hubiera podido oír con indiferencia tantas voces que se elevaban hacia él como hacia un hombre providencial? El silencio de sus biógrafos sobre este punto no prueba que no haya pensado en la tiara. Jamás la buscó: ¿para qué, entonces, empañar con una sospecha de ambición la memoria del gran prelado franciscano? Observemos únicamente esta coincidencia: algunos ven en él el "seudopapa" que, según una profecía atribuida a San Francisco, tiene que abrir el camino a la renovación de la Iglesia. Fray Andrés rechaza, indignado, esa profecía, pero concluye su carta al Cardenal haciendo votos "por que este santo pontífice llegue a ser *Soberano Pontífice*". Fray Juan de Cazalla se guarda mucho de mencionar la profecía. Sin embargo, su primer movimiento es el de prosternarse "con cuerpo y alma" ante el prelado a quien debe todo, y que, según dice, será muy pronto su *Soberano Pontífice*.[31] Se diría que las esperanzas mesiánicas de los espirituales españoles se concentran en torno a la persona de Cisneros, como lo harán quince años después en torno al emperador Carlos. Este rasgo acaba de delinear el ambiente en que va a germinar y crecer el erasmismo.

---

[31] Fray Andrés: "Utinam te sicut *sanctum Pontificem* videmus, ita *summum* videamus." Cazalla: "Ideo dominationem vestram reverendissimam flexis et anime et corporis genibus oro: ut me perinde utatur ac solet artifex uti opere manuum suarum a se que facto, *et pontifex meus mox futurus summus,* suum sacerdotem licet indignum et praedicatorem licet inutilem non spernat projiciat aut obliviscatur, sed recipiat, purget, illuminet et perficiat, qui sunt pontificis actus."

Capítulo II

PRIMEROS ENCUENTROS DE ERASMO CON ESPAÑA
(1516-1520)

I. *Erasmo invitado por Cisneros. La "philosophia Christi".* II. *"Non placet Hispania". Erasmo y la corte de los Países Bajos.* III. *La corte flamenca en España. Traducción de la "Querela pacis".* IV. *Las "Annotationes" de Zúñiga.* V. *Erasmo y los Lovanienses. Regreso de la corte a los Países Bajos. La gloria de Erasmo en Flandes. Luis Vives.*

I

EN EL año de 1516 encontramos por vez primera el nombre de Erasmo trazado por una pluma española. Su edición del *Novum Instrumentum* no podía dejar indiferente a la España editora de la Biblia Poliglota. Una carta del Abad de Husillos traduce el entusiasmo suscitado por esta publicación en el medio de la catedral de Palencia. Según se ve por ella, Erasmo tenía ya reputación de hombre superior, "de buen teólogo y de ser harto doto en lo griego y hebraico y ser elegante latino". El *Nuevo Testamento* viene a colmar su gloria. Se sabe que el Cardenal Cisneros vio esa edición que se anticipó a la suya, puesto que el *Nuevo Testamento* de Alcalá, aunque impreso en 1514, sigue inédito. Todos quieren que llame a su servicio al sabio extranjero para dar la mayor perfección posible a "esta obra tan solemne de la Sacra Escritura en las lenguas", en particular al Antiguo Testamento, que se está imprimiendo.[1] Veremos cómo Cisneros, cediendo sin

---

[1] A. G. S., *Estado*, leg. 4 (antiguo 3), fol. 41, G. de Bovadilla, Abad de Husillos, al Cardenal Cisneros (Palencia, 26 de noviembre de 1516): "Illmo. y Rmo. Sor. Deseo yo tanto ver del todo salida a luz *esta obra tan solemne de la sacra escritura en las lenguas que se haze por V. Sa. Rma.* y por su mandado, que, aunque no tenga parecer en ello, por el immenso fructo que desto pienso yo que ha de reçebir la iglesia de Dios paréceme que se le haría ofensa no acordar lo que ocurriere para que V. Sa. Rma. salga con el más alto incento que jamás se tentó por la immensidad de la obra. *Ya V. Sa. Rma., según me scriuen, ha visto a Erasmo y su tradución sobrel Nueuo Testamento cotejada con el griego y, aunque yo alcanço asaz poco, tanbién le he algo reuisto.* Y a la verdad, *en todas las partes de buen teólogo y de ser harto doto en lo griego y hebraico y ser elegante latino,* parecido ha a muchos y aun a mí que es excelente persona, *y de otras obras suyas lo sabíamos primero.* Y puesto que en la publicación ha prevenido a V. Sa. Rma., creo que podría ser lo mesmo harta más ayuda para que lo de V. Sa. Rma. salga algo más enucleado; *y a esta causa, y para lo del Testamento Viejo, pareciame que V. Sa. Rma. no devria estar sin tal persona como la de Erasmo,* y con su parecer y corrección hazer la publicación de toda la obra, *y que se devría comprar su presencia por algún tiempo,* que cierto en tanta universalidad, aunque he visto personas singulares, no he visto cosa igual como ésta puesta en obra ni más elimada..."

duda a la opinión de una selecta minoría de letrados españoles, invitó a Erasmo a ir a España, y cómo esta invitación, por diferentes razones, no llegó a ser aceptada. Hay que conceder un instante de atención a esta gloria de Erasmo que, en 1516, llena la cristiandad entera, pues en ese hecho nos encontramos ante un triunfo espiritual sumamente raro.

Pero no lograremos comprenderlo si no hacemos a un lado la imagen demasiado vulgarizada de un Erasmo gran reidor que vendría a deber toda su celebridad al *Elogio de la locura.* Este amable librito es prácticamente la única obra de Erasmo accesible a los lectores modernos, y no vamos a discutir aquí las razones de la posteridad. Pero hacer consistir a todo Erasmo en la *Moria* es lo mismo que hacer consistir una vida laboriosa en la semana de vacaciones que le bastó para escribir esta obrita de pasatiempo. Cuando apareció el *Elogio,* en 1511, ya era célebre Erasmo: no sólo en los Países Bajos, sino también en Francia, en Inglaterra, en Italia, contaba con admiradores, conquistados sucesivamente por la sabiduría de los *Adagios,* por el cristianismo interior del *Enchiridion* y por la elegancia de sus traducciones de Luciano y Eurípides. Si quisiéramos fechar su acceso a la notoriedad universal en el mundo sabio, quizá nos detendríamos en 1508, año de su estancia en Venecia y de la publicación, por Aldo Manucio, de las *Adagiorum chiliades.* Este grueso libro, que no tenía de común con la delgada colección de *Adagia* de 1500 más que el solo título, aseguraba a Erasmo un lugar eminente entre el pequeño número de los humanistas maestros de las dos lenguas y de las dos civilizaciones clásicas. Esta compilación, sobre todo, capaz por sí sola de fundar la gloria de un erudito, dejaba oír en no pocas de sus páginas la voz inimitable de un filósofo. En ella hay glosas que calan mucho más hondo que no pocas obras reputadas por originales: cuando Erasmo se lanzaba libremente a comentar los *Silenos de Alcibíades* [2] o cualquier otro adagio que invita al sabio a descubrir lo esencial por debajo de las apariencias, el lector reconocía aquel mismo cristianismo en espíritu que el *Enchiridion* oponía ya al "judaísmo" de las observancias exteriores. Hacia 1510 su fisonomía, fijada en sus rasgos definitivos, era en todas partes familiar a los humanistas y a los elementos más ilustrados de la Iglesia. Sin embargo, con la publicación de la *Moria,* tan agresiva, bajo el velo de la ironía, contra todo lo que le parecía muerto en el catolicismo, viene a ocupar Erasmo un lugar en la vanguardia de los innovadores.

En 1514, cuando se traslada a Basilea para dirigir los trabajos de su monumental edición de San Jerónimo, llevando consigo importantes notas sobre el Nuevo Testamento, es recibido triunfalmente, a lo largo del Rin, por la joven Alemania del humanismo.[3] ¿Cómo no ver en él a un aliado contra los "Hombres oscuros"? En esos mismos momentos, Martin van Dorp, de Lovaina, inicia la primera de las grandes polémicas que tuvo

---

2 En realidad este *Adagio,* largamente comentado, aparece sólo a partir de la edición de Basilea, 1515, lo mismo que el *Scarabaeus* y las largas glosas sobre el *Dulce bellum inexpertis (Bibliotheca Erasmiana,* I, *Adagia,* pág. 90).

3 Allen, t. II, Ep. 301, línea 45.

que sostener Erasmo.[4] Polémica absolutamente cortés, y aun amistosa, pero que ya deja presentir los combates futuros. La *Moria,* excitadora de risas y de odios, ha alarmado a Dorp. Sobre todo, no ve sin inquietud cómo Erasmo aplica la crítica filológica al Nuevo Testamento, que no es un texto como los demás. Pero los acontecimientos empujan a Erasmo. León X, papa humanista, ha sucedido a Julio II, papa guerrero. Magnífica ocasión para obtener, en beneficio de la "nueva ciencia", todavía sospechosa, la sanción decisiva de una aprobación pontificia. En el curso de un año de labor infatigable, sólo interrumpida por una temporada pasada en Inglaterra, toman nuevo giro las *Annotationes* sobre el Nuevo Testamento gracias a la realización de un proyecto del que Erasmo había hablado a unos pocos confidentes, como Reuchlin.[5] Las *Annotationes* se integran en una edición grecolatina confeccionada con gran rapidez, conclusión apresurada de un trabajo de más de diez años: el texto griego se imprime sin método alguno con la ayuda de correctores demasiado inteligentes, como Gerbell y Ecolampadio, a quienes Erasmo no sabe imponer su propia revisión; la traducción latina es una transacción entre la Vulgata y la que Erasmo había elaborado anteriormente con toda calma en Inglaterra.[6] Pese a todos esos defectos, el *Novum Instrumentum* sería la edición príncipe del Nuevo Testamento griego. El Papa, a quien Erasmo había pensado por un instante dedicar el *San Jerónimo,* recibe el homenaje de esta publicación, mucho más sensacional. El volumen sale de las prensas de Froben en febrero de 1516, acompañado de una significativa *Exhortación al estudio de la filosofía cristiana,* y precedido de una introducción sobre el *Método de la verdadera teología,* el cual se orienta hacia la Escritura volviendo la espalda a la Escolástica. Momento decisivo de la revolución religiosa que se va realizando en los espíritus de la selecta minoría antes de poner en conmoción a pueblos y gobernantes. Este año es también el de la ἀϰμή de Erasmo. En marzo aparece la *Institutio principis christiani,* dedicada al archiduque Carlos, heredero de la monarquía española y ya soberano de los Países Bajos.[7] Durante este tiempo continúan imprimiéndose las *Obras* de San Jerónimo,[8] patrono y modelo del humanismo cristiano, que Erasmo dedica a su mecenas William Warham, arzobispo de Canterbury, y cuyos nueve volúmenes en folio quedan concluidos durante el verano.

El incansable escritor, tan hábil para hacer entrar en su propio juego a los poderosos, alcanza entonces una realeza espiritual de nueva especie, realeza de la pluma, cuya imagen inmortalizaron Quentin Metsys, Holbein y Durero. Pero esta imagen es incompleta. Tras el muro en que se perfila el rostro recogido del hombre que escribe, hay que adivinar el rumor de la imprenta que multiplica el poder de lo escrito por mil o por diez mil, y que obliga al hombre a escribir incesantemente para satisfacer a insaciables lectores. Erasmo escribe. Se repite, como todos aquellos que

4 Allen, t. II, Ep. 304.
5 Allen, t. II, Ep. 300, línea 32.
6 Allen, t. II, Epp. 373, introd., y 384, introd.
7 Allen, t. II, Ep. 393. Cf. *infra,* págs. 79-80.
8 Allen, t. II, Ep. 396.

tienen algo que decir y a quienes los hombres no se cansan de oír. Hace observar, en su respuesta a Dorp,[9] que la irónica *Moria,* bajo apariencias distintas, no dice otra cosa que el *Enchiridion.* Un mismo pensamiento da vida y actualidad a todo cuanto sale de su pluma. ¿Cuál es, pues, la naturaleza de este mensaje tan ávidamente acogido? Se resume en dos palabras: *philosophia Christi.* Ya hablaremos adelante del *Enchiridion,* que, más que cualquier otro libro, popularizó este mensaje en España. Contentémonos por ahora con interrogar la *Paraclesis ad philosophiae christianae studium,*[10] manifiesto que en 1516 huele aún a tinta fresca y que tanto seduce a los letrados compradores del *Novum Instrumentum.*

Por una paradoja que radica en el meollo del humanismo cristiano, lo mismo que en el de todo movimiento intelectual libertador, estas páginas latinas, de título semigriego, interesan a todo hombre. El título que tienen es como un desafío a la escolástica, a esa filosofía raciocinante que se proclama llave de la ciencia de Dios. La verdad más excelsa ha sido traída por Cristo bajo forma muy diversa. Si es cierto que los cristianos son discípulos suyos, lo único que tienen que hacer es acudir a su palabra: ésta puede prescindir muy bien de los comentarios y especulaciones que la oscurecen so pretexto de iluminarla. Es como un alimento tan simple que todos lo pueden tomar. Para saborearlo, basta tener el corazón puro y lleno de fe. Ahora bien, cosa maravillosa, esa misma palabra nos inspira la fe que exige de nosotros. Así, la tarea urgente entre todas es la de hacer resonar la palabra de Dios. Cualquier mujer debería leer los evangelios y las epístolas, y estos libros deberían traducirse a todas las lenguas de la tierra. Sus palabras deberían ser las canciones preferidas del labrador que va a los campos, del tejedor sentado en su taller, de los viajeros en los caminos. Los enemigos jurados de esta vulgarización ilimitada del Evangelio son los teólogos profesionales y los frailes, que se arrogan una especie de monopolio del cristianismo puro. Pero el teólogo digno de este nombre bien puede ser un tejedor o un jornalero: no es el que diserta sabiamente sobre la inteligencia angélica, sino aquel que, limpio de toda impureza, comienza a vivir la vida de los ángeles. La filosofía de Cristo debe ser vivida, no argumentada. Para que el mundo se haga cristiano, no hacen falta sabias especulaciones, de las que nunca llegaron a preocuparse ni Jesucristo ni los apóstoles: lo que hace falta es que las verdades que ellos trajeron al mundo sean recordadas sin cesar por los predicadores en sus sermones, por los maestros en las escuelas, y que inspiren la conducta de los príncipes. Si así fueran las cosas, no se vería sin duda la cristiandad desgarrada por guerras perpetuas, ni los hombres se hallarían lanzados sin reposo y sin escrúpulo en una loca persecución de la riqueza, ni estarían lo profano y lo sagrado entregados a odiosas discusiones: la humanidad sería verdaderamente cristiana, y no tan sólo por el nombre y por las cere-

---

9 Allen, t. II, Ep. 337, línea 91.

10 *Erasmi Opera,* t. V, cols. 137-144. Véase el prefacio de Dámaso Alonso a la reimpresión de la traducción española en Erasmo, *Enquiridion,* págs. 421-430. El texto latino de la *Paraclesis* y de la *Methodus* ha sido reimpreso por Hajo Holborn en Desiderius Erasmus Roterdamus, *Ausgewählte Werke,* München, 1933, págs. 139 ss.

monias. Tomar conciencia de la dignidad de cristiano es una transformación de todo el ser, pero no una violencia hecha contra su naturaleza, puesto que el cristianismo es natural: es una liberación de la naturaleza
oprimida por el pecado. Sería error creer que el cristianismo contradice a
los grandes filósofos que aparecieron antes de Cristo. Ningún filósofo
digno de este nombre enseñó jamás el amor a la riqueza, a los honores, a
los placeres. Los estoicos conocieron el valor absoluto de la virtud. Sócrates, Aristóteles, Diógenes, Epicteto, los epicúreos, todos ellos, cada cual
a su modo, enseñaron la liberación de las pasiones y la pureza de la conciencia. Pero no son más que relámpagos fugaces en comparación con la
luz de Cristo, expresión perfecta de la verdadera sabiduría, que permite
prescindir de los balbuceos anteriores. Que los cristianos, pues, conozcan
la enseñanza de Cristo, que se impregnen de ella con el mismo celo que
los musulmanes muestran por la ley de Mahoma, los judíos por la ley de
Moisés y los religiosos por la regla de su orden. "Escuchad a Éste", dijo
Dios en la nube (Lucas, IX, 35). Los apóstoles fueron los depositarios
de su espíritu. En San Pablo, parece que Jesucristo renace. Escuchémoslos.
Ni Escoto ni Santo Tomás pueden reemplazarlos. No es hacerles ninguna
injuria si comprobamos esto, si exhortamos a todos los teólogos, a todos
los cristianos, a leer los libros sagrados. Cada cual, según sus alcances,
debe penetrarse de ellos, escrutar sus misterios o adorarlos. No existe reliquia más preciosa de Jesús, imagen más perfecta del Cristo que vivió, habló, curó, murió y resucitó. En ninguna parte es tan conmovedora su
presencia.

Poco importa que la *Paraclesis* no sea una expresión completa del pensamiento religioso de Erasmo. Si en ella aparece en agudo relieve la tendencia antiescolástica, en cambio apenas se expresa la tendencia anticeremonial. No obstante, se siente que allí está. Erasmo no puede abordar
seriamente un aspecto cualquiera del cristianismo esencial sin que su concepción de ese cristianismo se halle sobreentendida íntegramente: es menos
una concepción que un movimiento, el movimiento que se desembaraza de todas las cargas acumuladas y las arroja lejos hasta mostrar, desnuda, esa disposición del alma en que consiste el verdadero cristianismo.
Cada vez más, en los años que siguen, insistirá Erasmo en la simplicidad de
la ley de Cristo y en la libertad cristiana. En la segunda edición del
Nuevo Testamento (1519) comentará en este sentido, con gran fuerza persuasiva, el *Jugum meum suave est*.[11] Paráfrasis, opúsculos circunstancia-
les, anotaciones, polémicas, cartas privadas, cualquier ocasión le será buena para destacar la esencia de la ley de gracia, para mostrar cuán olvidada
está, para adornarla con encanto irresistible. Esta predicación por el li-

---

11 Mateo, XI, 30. Sobre la importancia de esta anotación, véase Auguste Humbert, *Les
origines de la théologie moderne*, Paris, 1911, pág. 209, y Preserved Smith, *Erasmus*, pág.
172, nota. Este último sugiere, siguiendo a Denifle, que esa larga disertación, aparecida
en 1519, traiciona quizá la influencia de Lutero. Más exacto sería decir: la influencia
del asunto de Lutero. Lo nuevo, aquí, no es la oposición entre la ley de Cristo y toda
la vegetación parásita que la sofoca, sino una insistencia más vehemente en los abusos y
en la necesidad de remediarlos sin revolución violenta. Cf. *infra*, pág. 125.

bro alcanza un prodigioso éxito entre la porción más escogida de los letrados de Europa, y muy pronto entre las multitudes. ¡Y es que harmoniza su gran sentido de lo eterno humano con un sentimiento tan profundo y tan agudo de lo actual!

II

En mayo de 1517, Erasmo se encuentra en los Países Bajos. Su discípulo Luis Ber le escribe desde Basilea para decirle cuánto se desea su presencia en la ciudad. Froben le aseguraría una pensión anual de cien florines si accediera a ser su huésped. El propio Ber pone toda su fortuna al servicio del gran hombre. Pero los de Basilea saben que Erasmo ha sido invitado con insistentes promesas por el Rey de Francia, por los ingleses, por otros muchos príncipes y por gran número de prelados, uno de ellos el Cardenal de Toledo.[1] Así, pues, Cisneros escribió a Erasmo haciendo aquella invitación que sugería el Abad de Husillos. Y hasta quizá la hizo sin esperar tal consejo. El 26 de febrero de 1517, en carta a Capitón,[2] Erasmo mencionaba ya al Cardenal de Toledo al lado de León X como protector del humanismo. La invitación que recibió de España no era de mera cortesía, puesto que, al cabo de unos pocos meses, fue renovada.

Pero esta insistencia no logra triunfar de su incertidumbre. Desde Lovaina escribe a Tomás Moro, hacia el 10 de julio: "Todavía no he tomado decisión alguna en cuanto a la elección de mi residencia. *España no me seduce;* pues has de saber que el Cardenal de Toledo me llama allá de nuevo. Alemania, con sus estufas y sus caminos infestados de bandidos, no me dice nada tampoco. Aquí, demasiados ladridos y ninguna recompensa: aunque tuviera el mayor deseo de ello, no podría mantenerme aquí demasiado tiempo. En cuanto a Inglaterra, me asustan los motines y me horroriza la servidumbre."[3] Y el 23 de agosto repite, en carta a Beatus Rhenanus: "Cardinalis Toletanus nos invitat; verum non est animus ἱσπανίζειν."[4] ¿Qué es lo que impide a Erasmo "hispanizar"? ¿Qué razones o qué prevenciones se ocultan tras estas tres palabras: *Non placet Hispania?*

Lo único que aquí cabe es hacer conjeturas, interpretar según el humor de Erasmo tal como su correspondencia lo deja aparecer. España es para él lo ignoto, el destierro total. Es otra humanidad. Los españoles de la Corte lo fatigan con sus cortesías molestas e importunas. Vives mismo, ese valenciano tan europeo, con quien ha trabado conocimiento en Bruselas, no es excepción de la regla.[5] España es, a sus ojos de occidental, uno de esos países extraños en que la cristiandad entra en contacto con los semitas rebeldes al cristianismo y se mezcla con ellos. Parece casi como si hubiera, en este ciudadano del mundo, un secreto antisemitismo. Ahora

---

1 Allen, t. II, Ep. 582, línea 9.
2 Allen, t. II, Ep. 541, línea 37.
3 Allen, t. III, Ep. 597, líneas 47-51.
4 Allen, t. III, Ep. 628, línea 53.
5 Allen, t. II, Ep. 545, líneas 15-17, y t. III, Ep. 873, líneas 8-10.

bien, sea que se haya contagiado de esta prevención en Italia,[6] sea que haya tenido que tratar con los mercaderes marranos de Amberes y de Brujas, sea que juzgue *a priori* la situación étnica de España de acuerdo con su historia, la Península ibérica se le muestra como profundamente semitizada. Así escribe a Capitón, rogándole que deje a un lado el Talmud y la Cábala: "Preferiría ver a Cristo emponzoñado por Escoto que por esas boberías. Los judíos abundan en Italia; en España, apenas hay cristianos. Tengo miedo de que la ocasión presente haga que vuelva a levantar su cabeza esa hidra que ya ha sido sofocada." Y a Juan Slechta, a propósito de la situación religiosa de Bohemia: "Estáis atestados de judíos. Es un rasgo que os es común, según parece, con Italia y Alemania en general, pero sobre todo con España."[7]

Como se ve, lejos de atraerle esa España a la que desconoce profundamente, más bien le repugna. Es quizá cosa de instinto. Pero ciertas razones más precisas debían también disuadirle de aceptar la oferta de Cisneros. Si éste le propuso que fuese a Alcalá, como sugería el Abad de Husillos, para dar la última mano al Antiguo Testamento de la Políglota, se concibe su falta de entusiasmo. Erasmo no era hebraizante, o lo era muy apenas. Su libre cristianismo hacía una selección de los libros sagrados y establecía entre ellos una jerarquía. Isaías pesaba mucho más para él que Judit o Ester, de la misma manera que el Evangelio de San Mateo tenía más peso que el Apocalipsis atribuido a San Juan, y las Epístolas de San Pablo a los Romanos y a los Corintios más que la Epístola a los Hebreos.[8] La masa del Antiguo Testamento, tan desigual, tenía que serle desagradable. Sobre todo, la experiencia que había tenido con el Nuevo lo dejaba demasiado insatisfecho para que pensase afrontar una vez más las responsabilidades de editor en campo tan peligroso. No saborea sin cierta reserva la gloria que le ha dado el *Novum Instrumentum*. Aun antes de agotarse la primera edición, ya piensa en la segunda. Siente más que nunca sus dificultades. Comprende ciertamente la necesidad de la crítica verbal. La practica con una maestría igual a la de los mejores filólogos de la época cuando tiene tiempo e instrumentos para ello: allí está el *San Jerónimo* para probarlo. Pero no es ésa su inclinación natural. Muy pronto publica su *Paráfrasis de la Epístola a los Romanos*, y, ante el buen éxito que alcanza, no puede menos de exclamar: "¿Por qué no habré trabajado siempre en este campo? ¡Preferiría hacer seiscientas paráfrasis en lugar de una sola recensión!"[9] Ha nacido para buscar el espíritu bajo la letra, para rejuvenecer los textos esenciales del cristianismo.

Pero la cuestión del viaje a España se le planteaba también de otra manera, a principios del verano de 1517. Era consejero del joven rey Carlos,[10] el cual se disponía por entonces a zarpar rumbo a la Península. El

6 Cf. *supra*, pág. 60.

7 Allen, t. III, Ep. 798, líneas 19-24, y t. IV, Ep. 1039, líneas 44-46.

8 *Ratio verae theologiae* (*Opera*, t. V, col. 92 C-D).

9 Allen, t. III, Ep. 755, líneas 6-7, y Ep. 794, líneas 80-83.

10 Allen, t. II, Ep. 370, línea 18, nota.—Véase ahora Rafael M³ de Hornedo, *Carlos V y Erasmo*, en *Miscelánea Comillas*, t. XXX (1957), págs. 201-247, y Pierre Mesnard,

Gran Canciller Jean Le Sauvage lo estimaba mucho. ¿Iba a permanecer al servicio de este mecenas y hacerse un cortesano hasta obtener un beneficio lo bastante jugoso para asegurarse su independencia? Erasmo, después de ponderarlo todo, no quiso meterse por ese camino. Varios años después, contestando desde Basilea a Guy Morillon, que le cuenta maravillas de su popularidad en España, exclamará: "¿Por qué no me habré dirigido allá, en lugar de haberme marchado a Alemania? ¡He encontrado aquí tales pestes que, si hubiese podido preverlas, antes me habría ido a vivir entre los turcos!" [11] He ahí una ocurrencia que pone todas las cosas en su punto. La idea de establecerse en España parece no haberle seducido más que el marcharse a Turquía. Pero como esta corte flamenca del rey Carlos había de contribuir más tarde a extender la gloria de Erasmo en España, es útil ver qué relaciones mantuvo el Filósofo con ella y por qué no quiso seguirla.

Estas relaciones se remontan a su salida del monasterio de Steyn (1493), puesto que dejó la vida monástica para seguir a Enrique de .Bergen,[12] obispo de Cambrai, canciller del Toisón de Oro, personaje todopoderoso en la corte del joven archiduque Felipe. Pudo abandonar los Países Bajos durante las largas temporadas que pasó en París y en Inglaterra sin perder nunca el contacto con la corte borgoñona. No sólo cultivó la amistad de Enrique de Bergen, sino también la de su hermano Antonio,[13] abad de Saint-Bertin y consejero de Felipe el Hermoso. Adolfo de Veere,[14] muy joven aún, pero llamado a una brillante carrera bajo el reinado de Carlos, recibía sus homenajes. Erasmo contaba entre sus protectores al obispo de Arrás, Nicolás Ruistre,[15] fiel servidor de la casa de Borgoña desde los tiempos de Felipe el Bueno. Como leal súbdito había compuesto un *Panegírico* para felicitar a Felipe el Hermoso por su feliz retorno a Brabante después de su "triunfal viaje a España"; se lo había leído al Príncipe, en presencia del Gran Canciller de Borgoña, el día de Reyes de 1504.[16] Este rasgo de elocuencia latina había atraído sobre él las munificencias de Felipe: no contento con agradecer mediante un regalo de cincuenta libras el ofrecimiento del *Panegírico,* había concedido ese mismo año un importante subsidio "al hermano Erasmo Roterdamense" [17] para que pudiese proseguir su vida estudiosa en Lovaina.

Como se ve, un lazo de fidelidad unía a Erasmo con la dinastía borgoñona cuando el archiduque Carlos, a principios de 1515, tomó en sus manos el gobierno de los Países Bajos. Pero en los diez años que acababan de transcurrir, el hermano Erasmo se había elevado a la gloria. No tuvo

L'expérience politique de Charles-Quint et les enseignements d'Érasme, en *Les fêtes de la Renaissance,* t. II: *Fêtes et cérémonies au temps de Charles-Quint,* ed. J. Jacquot, Paris, 1960, págs. 45-56.

[11] Allen, t. V, Ep. 1431, líneas 33-35.

[12] Allen, t. I, Ep. 49, introd.

[13] Allen, t. I, Ep. 143, introd.

[14] Allen, t. I, Ep. 93, introd.

[15] Allen, t. I, Ep. 177, introd.

[16] Allen, t. I, Ep. 179, introd.

[17] Allen, t. I, Ep. 181, introd.

necesidad de intrigar para ser solicitado por la Corte. Durante la primavera, cuando sale de Basilea para estar una breve temporada en Inglaterra,
pasa por Gante, donde el canciller Le Sauvage lo retiene tres días.[18] Sin
duda fue entonces cuando se le ofreció el cargo de consejero, al cual estaba
asignado un sueldo de 200 florines, rica pensión, pero que, desgraciadamente, los tesoreros del Príncipe dejaron de pagar a menudo a su titular. Erasmo mostró al punto de qué manera entendía sus nuevas funciones, y
emprendió la tarea de componer, para el soberano de quince años, un manualito del príncipe cristiano. La *Institutio*,[19] concebida entonces, salió
un año después de las prensas de Froben. Ya se comprenderá que el príncipe según el corazón de Erasmo dista mucho del de Maquiavelo. Un rey
no merece el nombre de cristiano sino cuando su política está dominada
por la *philosophia Christi*. La monarquía con que sueña el filósofo, monarquía temperada por la aristocracia y la democracia, supone un contrato
tácito entre el príncipe y sus súbditos. El arte de reinar se resuelve en
definitiva en el arte de mantener la justicia en el interior del reino, y de
conservar la paz con las demás naciones.

Erasmo no podía ser "consejero" sino con la pluma en la mano, en el
recogimiento de su gabinete de trabajo. No sería ya él mismo si intervi-
niese en el detalle de los negocios. Un filósofo que se mete a gobernar
puede resultar buen o mal político, pero deja de ser filósofo. Lo que de
él podía esperarse era que trabajase con sus escritos en pro de la reforma
de los espíritus y de los corazones, y que invitase a los reyes al estableci-
miento de una paz sincera y perpetua. Erasmo iba a ser solicitado para
ello de la manera más encarecida. Cuando, en julio de 1516, hizo acto
de presencia en la Corte y ofreció a Carlos la *Institutio*, la política del
gobierno de Bruselas, dirigida por el canciller Le Sauvage y por el Señor
de Chièvres, favorito del joven soberano, se presentaba bajo apariencias
extraordinariamente propias para seducir a Erasmo. Política de paz general, dictada sin duda por intereses momentáneos más que por sentimientos de fraternidad cristiana, pero ante la cual un idealista podía augurarse
a sí mismo la concordia de los cuatro soberanos de quienes dependía entonces la tranquilidad de Occidente: el emperador Maximiliano, Francisco I,
Enrique VIII y Carlos. Noyon y Cambrai se preparan. Inglaterra, a decir
verdad, se mantiene al margen de estos tratados. Maximiliano se opone
con todas sus fuerzas a la reconciliación franco-española. Hace falta un
robusto optimismo para creer en las intenciones pacíficas del vencedor de
Mariñán. Pero estas intenciones son las que postula la política de los consejeros francófilos de Carlos. Erasmo hace como si creyera en ellas. Ya
entreví una edad de oro, y se deja convencer por el Canciller para escribir
en favor de la paz.[20] Tal fue el origen, impuro si se quiere, de la *Querela*

18 Allen, t. II, Ep. 332, línea 2.

19 Allen, t. II, Ep. 393. Cf. L. K. Enthoven, *Über die "Institutio principis christiani"
des Erasmus* (Neue Jahrbücher für das klassische Altertum), 1911.

20 Cf. Élise Constantinescu Bagdat, *La "Querela pacis" d'Érasme*, Paris, 1924, Primera parte, cap. I.

pacis, que no tarda en ser traducida al español, al alemán y al francés, y en la que tantas almas nobles creyeron reconocer, entonces, la verdadera política según el Evangelio.

Ahí tenemos, pues, a Erasmo en la Corte. Es invitado a la mesa del Canciller.[21] Éste le ha ofrecido, hace varios meses, una jugosa prebenda en Courtrai.[22] Se le ha dado a entender que se reserva para él el primer obispado vacante. Se ha pronunciado el nombre de Zaragoza; desgraciadamente su titular aún no ha muerto.[23] Después es un obispado siciliano el que le destinan, sin caer en la cuenta de que este beneficio no figura en la lista de aquellos cuya provisión corresponde al soberano. Erasmo ríe de esa decepción.[24] En el momento en que la Corte se dispone a salir rumbo a España, cuando él vacila acerca de la resolución que podría tomar y demuestra tan poco entusiasmo por aceptar la oferta de Cisneros, bromea con Tomás Moro a propósito de ese obispado que se le brinda: "¡A tal punto le es a esta gente más fácil hacer un obispo que pagar el dinero que ha prometido!" Pero Le Sauvage está tan bien dispuesto para con Erasmo, que no tarda en encontrarle dinero contante y sonante, y le paga de su propio peculio las dos terceras partes de su pensión de consejero; a un ministro tan poderoso no le costará mucho trabajo recuperar sus doscientos florines.[25] Ya en camino hacia la Península, el Canciller manifiesta una vez más a su capellán Pierre Barbier su voluntad de hacer la fortuna del Filósofo: "Una vez en España —dice—, tan pronto como sepa de una vacante, haré por que obtenga cosas mejores de las que hasta hoy ha alcanzado." Y encarga a Barbier que le recuerde allá los cien florines de pensión que falta pagar.[26]

Para Erasmo, el medio más seguro de no ser olvidado era quizá partir a su vez a España. Pero a ello no lo decidió ni el espejismo de la fortuna ni el honor de poner su nombre en la Biblia Políglota. Había visto la Corte desde muy cerca, y razones tenía para desconfiar. Si el primer ministro era Jean Le Sauvage, hombre que apreciaba los valores del espíritu, el favorito era Chièvres, ávido de riquezas y de influencia para sí y para los suyos. Chièvres gustaba mucho de conversar con el ex carmelita Briselot, obispo sufragáneo de Cambrai, que por su intervención acababa de ser nombrado confesor del rey Carlos. Ahora bien, este piadoso e importante personaje no desaprovechaba una sola ocasión para desatarse, *inter pocula,* contra Erasmo y el *Elogio de la locura.*[27] Esta Corte era un palenque en que se enfrentaban las ambiciones de clanes rivales: "Españoles, marranos, chievristas, franceses, imperiales, napolitanos, sicilianos, ¿qué sé yo cuántos más?" Erasmo siente que su lugar no está entre esa rebatiña de

21 Allen, t. II, Ep. 516, líneas 17-18. Carta a Pierre Gilles de 20 de enero de 1517.
22 Allen, t. II, Ep. 436.
23 Allen, t. II, Ep. 443, líneas 18-20.
24 Allen, t. II, Ep. 475, línea 4, nota.
25 Allen, t. III, Ep. 597, líneas 26-31.
26 Allen, t. III, Ep. 621, líneas 31-35. Carta de Barbier, fechada en Saint-Cybardeaux (entre Poitiers y Burdeos), 12 de agosto de 1517.
27 Allen, t. III, Ep. 597, líneas 3-12 y 628, líneas 18-22.

intereses. Prefiere instalarse en Lovaina, donde los teólogos le hacen buena cara, Dorp inclusive. Se instala allí "por completo, es decir, con su biblioteca". Así continuará durante varios meses. Esperará, quizá con un dejo de escepticismo, el efecto de las espléndidas promesas del Canciller.

Por un tiempo, el Collège du Lis le ofrece la atmósfera de paz estudiosa que tanto necesita. Escribe: "Reviso y rehago el *Nuevo Testamento,* violentado hace poco, que no editado, en Basilea; y lo rehago de tal manera, que será un libro nuevo." La *Paráfrasis de la Epístola a los Romanos* se imprime por entonces.[28] Erasmo disfruta de ese momento privilegiado en que la Universidad de Lovaina se abre de par en par al humanismo cristiano, cuando éste no se ha comprometido aún en el asunto de Lutero; bajo su inspiración se organiza el Colegio trilingüe, fecundo semillero de humanistas, que Busleiden acaba de fundar por testamento.[29]

III

Cisneros ha muerto. El Señor de Chièvres da el arzobispado de Toledo a su sobrino Guillermo de Croy, cardenal de veinte años apenas, que hace en Lovaina sus estudios y va a tomar a Vives como maestro.[1] La corte "flamenca" del rey Carlos toma posesión de España como de país conquistado. Nos gustaría saber qué ecos llegaron a Erasmo de ese banquete poco sobrio en que él no tomó parte. Desgraciadamente, no se conserva nada de la correspondencia que recibió de la Corte entre 1517 y 1520. Sus propias cartas muestran el cuidado con que se encomendaba al recuerdo del Canciller y de Marlian, obispo de Tuy. Pedía informes, con visible simpatía, acerca del buen humanista Guy Morillon, joven miembro del gabinete.[2] Su principal corresponsal era Pierre Barbier, capellán de Jean Le Sauvage: hombre ambicioso y ávido de lucro, es poco probable que este Barbier haya descrito a España con aquel don de observación que hace tan preciosas para nosotros las *Epistolae* de un Clénard.[3] ¿Es él quien escribe a Erasmo que en España se ven aún las huellas patentes de la dominación musulmana?[4] No podríamos decirlo. Erasmo, que tuvo con Barbier dificultades de dinero, suele hacerle burlas a propósito de los ducados españoles y las pepitas de oro de Paria,[5] pues Barbier

---

28 Allen, t. III, Ep. 694. Carta a W. Pirckheimer del 2 de noviembre de 1517, líneas 2-7 y 12-20, y Ep. 695, carta a Barbier de la misma fecha, líneas 17-30. Cf. Ep. 641, líneas 8-10.

29 Allen, t. III, Epp. 686, 691, 804 y 805.

1 Allen, t. III, Ep. 647, introd.

2 Allen, t. III, Ep. 695, líneas 45-52; Ep. 752, línea 13; Ep. 794, líneas 85-87; Ep. 803, línea 3.

3 Ha sido editada, comentada y traducida al francés la *Correspondance de Nicolas Clénard* por Alphonse Roersch, 3 vols., Bruxelles, 1940-1941.

4 Allen, t. IV, Ep. 1001, líneas 79-80: "Siquidem in Hispania Sarraceni imperii manifesta vestigia licet hodieque cernere, quorum tyrannidem passa est ea regio." Sobre Pierre Barbier, cf. Allen, t. II, pág. 283.

5 Allen, t. IV, Ep. 1225, líneas 350 y 365-368; cf. t. III, Ep. 913, línea 6, nota.

se creyó llamado a uno de los obispados creados en el Nuevo Mundo. El Filósofo bromea acerca de las "felicitates hispanicae". "Aquí vivíamos —dice— con la idea de que allá se encuentran países enteros donde el suelo no es sino oro puro, pero donde, a diferencia de la India, no hay hormigas guardianas del oro, sino que cada cual es libre para sacar cuanto quiera." [6] Resignémonos a no saber con mayor precisión en qué consistían "las felicidades españolas" para los amigos de Erasmo. La Corte, durante la primera permanencia de Carlos, probablemente no entró en contacto más íntimo con ese país al cual escandalizaba por sus exacciones y por su desprecio de los españoles. No debió de ejercer influencia apreciable en su vida espiritual. No se ve que Morillon se haya relacionado entonces con los humanistas del país, que haya servido de lazo de unión entre ellos y Erasmo. Por otra parte, Jean Le Sauvage muere en Zaragoza el 7 de junio de 1518: esta muerte aniquila las esperanzas episcopales del Filósofo [7] y corta el lazo más fuerte que lo unía con la Corte.[8]

No obstante, es probable que esos años en que España se ve arrastrada vertiginosamente dentro de la órbita de la política borgoñona-flamenca, sean años en que el pensamiento de Erasmo penetra de manera decisiva en todos los centros españoles de la vida intelectual. A juzgar por las quejas en que prorrumpen varios años después los humanistas, cuando ha vuelto a desencadenarse la guerra,[9] la tregua militar con Francia debió de ir acompañada de una intensificación del tráfico comercial, y en particular de la importación de libros a la Península. A este respecto, nos da una preciosa indicación el *Registrum* [10] de Hernando Colón. El hijo del Almirante, a su regreso de América en 1509, se había establecido en Sevilla. Gran lector, bibliófilo apasionado, había comenzado a reunir una biblioteca increíblemente variada, que enriquecería sin cesar durante treinta años mediante continuos viajes a Italia, a los Países Bajos y a Alemania. En cada uno de esos millares de volúmenes y de opúsculos reunidos amorosamente anotaba la fecha, el lugar y el precio de compra, indicaciones todas éstas transcritas en un gran registro que es una maravilla de precisión bibliográfica. Pues bien, Hernando Colón, que vive en España de 1509 a 1512, no compra aquí un solo libro de Erasmo. En Roma es donde adquiere, en septiembre de 1512, la traducción latina de

---

[6] Allen, t. III, Ep. 794, líneas 21-24.

[7] Cf. Allen, t. III, Ep. 886, línea 37: "Meus Cancellarius periit in Hispaniis: unde spei nostrae summa pendebat. Scribit illius sacellanus [Barbier], si tres menses adhuc superfuisset, ampliter prospectum erat Erasmo."

[8] Sobre los aspectos aquí considerados (la Corte flamenca en España; Pierre Barbier presentado a un obispado de Indias; Le Sauvage y el pensamiento erasmiano), véase ahora Manuel Giménez Fernández, *Bartolomé de las Casas*, t. II: *Capellán de S. M. Carlos I, poblador de Cumaná (1517-1523)*, Sevilla, 1960, *passim*, especialmente págs. 33 ss., 182 ss. y 802-803. Y también M. Bataillon, *Plus Oultre: La Cour découvre le Nouveau Monde*, en *Les fêtes de la Renaissance*, t. II, *Fêtes et cérémonies...*, ed. J. Jacquot, *op. cit.*, págs. 13-27.

[9] Cf. *infra*, pág. 159.

[10] *Catalogue of the library of Ferdinand Columbus*, *op. cit.*, núms. 3679, 2466, 2968, 2982 y 2013. Cf. H. Harrisse, *Excerpta Colombiniana*, Paris, 1887.

la *Hécuba* y de la *Ifigenia en Áulide*, y, en noviembre de 1515, el *Elogio de la locura*, los *Adagios* y la *Copia*. En Florencia encuentra, en enero de 1516, el volumen de las *Lucubratiunculae*, cuya pieza principal es el *Enchiridion*. A fines de este año ya está de vuelta en España... Pero hay que llegar hasta el 5 de enero de 1518 para que se le ofrezca ocasión de comprar una nueva obra de Erasmo: la primera edición de la *Institutio principis christiani*. Colón estaba entonces en Valladolid con la Corte.

No debían escasear los compradores para esta mercancía en las universidades y fuera de ellas. Pocas catedrales españolas había cuyo cabildo no contara entre sus miembros a algunos canónigos amigos de la *pietas litterata*: personas de estudio y de ocio, muy tranquilas en sus prebendas, y que, desde allí, simpatizaban en toda independencia con los renovadores de la enseñanza cristiana. Se ha visto antes en qué términos hablaba de Erasmo a Cisneros el Abad de Husillos, portavoz del mundo eclesiástico de Palencia. Pero ya volveremos a encontrarnos con los canónigos de Palencia.[11] En Sevilla, metrópoli del comercio de las Indias Occidentales, es donde se traduce a Erasmo por vez primera en lengua española, y uno de los primeros traductores es precisamente canónigo de la catedral.

El humanismo cristiano había echado aquí profundas raíces. Por el mismo tiempo en que Cisneros fundaba el Colegio de San Ildefonso, un dignatario del cabildo sevillano, el protonotario Rodrigo de Santaella, Arcediano de Reina, había creado con intención análoga su colegio-universidad: según sus planes, esta institución había de transformarse más tarde en "estudio general", pero su núcleo inicial era una facultad de artes liberales, teología y derecho canónico.[12] Espíritu abierto generosamente a todo, Maese Rodrigo se interesaba por las novedades con que el descubrimiento de Colón había enriquecido el conocimiento de la naturaleza y del hombre;[13] tradujo al castellano el libro de Marco Polo.[14] Pero la obra más importante de su vida es una obra de cultura religiosa. Formado en la escuela del humanismo italiano, primeramente en el colegio de Bolonia, después en el curso de lo que él llama su peregrinación siciliana,[15] fue uno de los primeros que en España supieron griego.[16] Su

---

11 Cf. *infra*, pág. 483.

12 J. Hazañas y La Rúa, *Maese Rodrigo* (*1444-1509*), Sevilla, 1909, págs. 32, 49, 50 y 144. Desde 1498, se ve que la municipalidad y el cabildo piensan dotar a Sevilla de una universidad. En 1502, una cédula de los Reyes Católicos autoriza a la ciudad a crearla. En 1503, Maese Rodrigo compra el terreno en que se levanta su colegio. La fundación es aprobada en 1505 por una bula de Julio II. Hazañas (págs. 88-100) hace un análisis completísimo de los estatutos redactados por Maese Rodrigo para su colegio, destinado sólo a los teólogos y a los canonistas. La cátedra fundamental de teología es la de Santo Tomás. Detalle interesante, los estatutos prohiben enseñar la doctrina nominalista y la de Raimundo Lulio, pues quienes las siguen son como esos hombres vanos a quienes se refiere la palabra del Apóstol: "siempre aprendiendo, sin llegar nunca a la ciencia".

13 *Ibid.*, pág. 55.

14 *Ibid.*, pág. 52. Era ya accesible a los lectores portugueses y catalanes.

15 *Ibid.*, pág. 37.

16 *Ibid.*, págs. 156-158. Al final de la edición príncipe del *Vocabularium* (1499). Maese Rodrigo publica una doble traducción, latina y española, de dos cartas de

Vocabularium ecclesiasticum (1499), tantas veces reimpreso en el siglo XVI, abrió a la lengua vulgar, según la expresión de Clemencín, la puerta de las ciencias eclesiásticas.[17] La *Sacerdotalis instructio circa missam* y el *Manual de doctrina necesaria al visitador y a los clérigos* se explican por el mismo esfuerzo de elevar el nivel del clero. Finalmente, había traducido para las monjas de San Clemente *Los sermones de San Bernardo del modo de bien vivir en la religión cristiana,* y había compuesto varios opúsculos filosóficos en lengua vulgar: un *Tratado de la inmortalidad del alma* en forma de diálogo y un *Arte de bien morir.*[18]

Y no es éste un caso brillante pero aislado. En los años que siguen a la muerte de Maese Rodrigo, el cabildo sevillano se muestra más que nunca fiel a esta tradición de alta cultura y de mecenazgo que encarna tan bien el fundador del Colegio de Santa María de Jesús. Desgraciadamente, lo único que podemos hacer es entrever el prestigio de ciertos poderosos canónigos a través de las alabanzas académicas de Pedro Núñez Delgado,[19] heredero de la cátedra de humanidades que durante algún tiempo había ilustrado Antonio de Nebrija: D. Baltasar del Río,[20] obispo de Scala, D. Jerónimo Pinelo,[21] hijo de un genovés amigo de Cristóbal Colón que había sido el primer factor de la Casa de Contratación de las Indias; D. Cristóbal de los Ríos, obispo de Valva y sucesor de Pinelo en la maestrescolía.[22] El puesto de canónigo magistral, cuyo segundo titular había sido Maese Rodrigo, estaba ocupado por Maese Martín Navarro, célebre predicador, traductor de opúsculos de San Bernardo y autor de un *Tratado del santísimo nombre de Jesús,*[23] primer ensayo en un género de espiritualidad escriturística brillantemente renovado a fines del siglo por Fr. Luis de León. Para la historia literaria, la figura más interesante

Juliano el Apóstata y de San Basilio, trabajo que él califica de "primitias meorum in grecis litteris laborum".

[17] *Ibid.,* pág. 35.

[18] *Ibid.,* págs. 45, 51, 87 y 62.

[19] Petri Nuñez Delgado, ... *Epigrammata,* 1537 (B. N. M., R 3522).

[20] Había dirigido a León X un discurso sobre la guerra contra el turco: *"Balthasaris del Ryo pallantini Oratio ad Leonem decimum papam de expeditione contra Turchas ineunda.* Incip.: Nihil impossibile erit vobis. In principio est epistola authoris ad Ferdinandum Regem Aragoniae" (*Registrum* de Hernando Colón, Nº 2568). Este opúsculo, que se acabó de imprimir en Roma el 8 de julio de 1513, fue comprado por el hijo del Almirante ese mismo día. El autor fue consagrado obispo de Scala en 1515. (Cf. Eubel, *Hierarchia,* t. III, pág. 294.) En 1533-1534 preside todavía en Sevilla justas literarias en honor de Santa María Magdalena, San Pablo y Santa Catalina (Gallardo, *Ensayo,* t. I, cols. 1136-1137).

[21] Cf. Hazañas, *op. cit.,* pág. 318. A él dedica Núñez Delgado su edición de los *Himnos;* y habla de él con honor en el prefacio de las *Epístolas* de San Pablo, volumen del cual se señala una edición de 1527, con el escudo de armas de los Pinelo en la portada. Don Jerónimo Pinelo muere el 10 de septiembre de 1520.

[22] Cf. Hazañas, *op. cit.,* pág. 325. Es nombrado obispo de Valva en 1521. (Cf. Eubel, *Hierarchia,* t. III, pág. 326).

[23] Cf. Hazañas, *op. cit.,* págs. 363-364 y 365-367. En ninguna parte hemos podido encontrar la edición del *Tratado del santísimo nombre de Jesús* impreso en Sevilla en 1525 por J. Cromberger. En su defecto, hemos visto una copia en el Ms. 6176 de la B. N. M. (fols. 247 vº-261 vº). Termina: "Acabóse a 24 de Octubre de 1523 años."

en esta selecta minoría eclesiástica de Sevilla es la del traductor de Erasmo, Diego López de Cortegana.[24]

Este anciano había hecho doble carrera de inquisidor y de canónigo. Su experiencia de la justicia inquisitorial le había valido, en 1508, el peligroso honor de suceder al demasiado famoso Lucero; había querido revocar una de sus sentencias y devolver a una de sus víctimas ciertos bienes injustamente confiscados y vendidos en provecho de la Inquisición. Pero si la confiscación había sido inicua, la venta había sido regular. El comprador apeló al Rey, y Cortegana fue destituido.[25] Desde ese momento las letras recibieron el provecho de los ocios que le dejaba su prebenda. Tradujo el *Asno de oro* de Apuleyo como hombre que gozaba ingenuamente, sin ninguna gazmoñería, de la vieja fábula milesia. Pero su pluma era también capaz de tareas más austeras: en 1516 lo vemos corregir y editar una *Crónica* del rey Fernando el Santo, conquistador de Sevilla. En 1520, es él quien vigila, por orden del arzobispo Deza, la impresión del Misal de la diócesis. Tiene entonces sesenta y cinco años. También en 1520 dedica al Duque de Arcos, D. Rodrigo Ponce de León, un volumen de elegantes y fieles traducciones en el cual se halla Erasmo al lado de Eneas Silvio. De este último, ha escogido el *Tratado de la miseria de los cortesanos;* de Erasmo, la *Querella de la paz.*[26]

Hemos visto ya cuál era el alcance político de esta obra en la fecha en que se escribió, es decir, a fines de 1516. Pero Erasmo es un moralista genial, que no puede escribir un libro de circunstancias sobre la guerra y la paz sin ir hasta el fondo mismo de esos temibles problemas. Sin duda alguna, fue el valor humano de la *Querela pacis*, y no su significado momentáneo, lo que sedujo a Diego López de Cortegana. Esta hermosa lección de filosofía cristiana merece retener nuestra atención, tanto más cuanto que es uno de los primeros mensajes de Erasmo que llegaron al gran público español.[27]

Con ese optimismo naturalista que lo emparienta, a través de los siglos, con Jean-Jacques Rousseau, Erasmo quiere que la ley inscrita en lo más hondo de los seres esté en harmonía divinamente preestablecida con la ley de Cristo. El concierto de las esferas celestes, las sociedades animales, nos muestran la paz reinando en la naturaleza aún muy cercana a su creador. En un solo punto traiciona la creación a la voluntad divina, y esto es precisamente en el único animal capaz de elevarse a la noción

---

24 Cf. Hazañas, *op. cit.*, págs. 272-278.

25 Cf. Lea, *A history*, t. I, pág. 208.

26 Cf. *supra*, págs. 80-81, y *Bibliografía*, núm. 574. En el análisis que sigue cito la *Querela pacis* por esta traducción española de López de Cortegana (edición de Alcalá, 1529). El traductor se ciñe bastante al original latino de Erasmo, sin añadirle ni quitarle nada de bulto.

27 No "el primero", como decía yo en la ed. francesa y en la 1ª ed. española. En efecto, Eugenio Asensio descubrió hace poco una edición sevillana de 1516 del *Sermón del niño Jesús* traducido por Diego de Alcocer. (Este Alcocer pudo pertenecer al mismo ambiente que Cortegana, si fue pariente del "Doctor de Alcocer", canónigo de Sevilla fallecido en 1507, cuya hermana fue abuela de Gutierre de Cetina: cf. Hazañas, *op. cit.,* págs. 257-258).—Sobre el *Sermón del niño Jesús*, cf. *infra*, pág. 207. Véase lám. III.

de Dios.[28] No obstante, la sociabilidad está postulada por la naturaleza del hombre. La debilidad de este ser desnudo e inerme lo obliga a entrar en sociedad con sus semejantes. La razón y el lenguaje, esos dos tesoros comunes, deberían ser otros tantos lazos entre los hombres. ¿Qué es, pues, ese demonio de la guerra que los hace destrozarse los unos a los otros? Erasmo pasa en revista la sociedad civil, los príncipes, los sabios, y en todas partes descubre la guerra.[29] Pero donde este clérigo denuncia con mayor insistencia la discordia es en el seno mismo de la Iglesia. Escotistas contra tomistas, nominalistas contra realistas, no otra cosa son las facultades de teología. Sacerdotes contra sacerdotes, canónigos contra obispos, obispos contra obispos; y, para coronarlo todo, los odios entre religiosos de toda especie, las órdenes multiplicándose y subdividiéndose hasta el infinito bajo reglas rivales: dominicos contra minoritas descalzos, benedictinos contra bernardos, franciscanos contra celestinos, observantes contra conventuales. ¡Y eso es lo que se llama la cristiandad! [30]

¡Qué profundamente olvidado está Cristo, aquel cuya enseñanza es toda de paz y de amor! Erasmo, para celebrar al "Príncipe de la Paz", toma de la Biblia acentos que volveremos a escuchar en la España de Carlos V y de Felipe II. Cuando Isaías profetizaba la venida del Mesías, ¿acaso predijo a un sátrapa, a un destructor de ciudades, a un guerrero, a un triunfador? ¡No, seguramente! ¿A quién, pues, nos anunció? Nos anunció a un Príncipe de la Paz. El Salmista dijo hablando de Dios: "Y hecho es en paz su lugar. En paz dijo, no en tiendas ni en reales; porque Príncipe es de Paz." Cuando nació, no se oyó resonar un clamor de tambores y trompetas: los ángeles anunciaron la paz a los hombres de voluntad buena y fraternal. San Pablo, el más elocuente de los heraldos de Cristo, habla unas veces de la Paz de Dios, y otras del Dios de Paz, y prefiere, entre todos los dones del Espíritu Santo, el amor mutuo o caridad.[31]

Se siente que a Erasmo le estorban un poco los pasajes del Antiguo Testamento en que se habla de un "Dios de los ejércitos", de un "Dios de la venganza". "Mucha diferencia hay entre el Dios de los judíos y el Dios de los cristianos —observa—, comoquier que, de su misma natura, un Dios es todo." Puesto que el cristianismo guarda en su herencia los libros de la ley antigua —y se adivina que Erasmo los abandonaría de muy buena gana—, fuerza es interpretarlos espiritualmente: el *ejército* que Dios encabeza no puede ser sino una coalición de las virtudes contra todos los vicios; la única *venganza* digna de Dios es el castigo de los vicios.[32]

Porque el Testamento de Cristo sí que no es ambiguo. Podría resumirse en esta súplica que Él hizo a su Padre, en el umbral de la muerte: "Que todos sean uno: como tú eres en mí, Padre, y yo en ti, que ellos

---

28 *Querela, trad. cit.,* fol. 52 rº.
29 *Ibid.,* fols. 56 rº-59 vº.
30 *Ibid.,* fol. 58 rº.
31 *Ibid.,* fol. 59 vº.
32 *Ibid.,* fol. 60 rº.

también sean uno en nosotros" (Juan, XVII, 21). Que sean *uno*. Cristo no dice "unánimes". Se trata de la más perfecta, de la más inefable unidad. La ley de Cristo se resume en dos mandamientos muy semejantes el uno al otro: amor de Dios y amor mutuo. A esa divina unidad tienden todas las sublimes exhortaciones del Sermón de la Montaña, en ella consiste la sustancia de las parábolas. Él es el Pastor de las ovejas mansas, la cepa cuyos retoños son sus discípulos; a quienes lo siguen, les enseña a vivir sin preocuparse del mañana, como los pájaros y las flores, sin cuidado de los bienes materiales, poniendo en el cielo toda su esperanza y todo su tesoro. Si su discípulo va al altar a hacer una ofrenda estando enemistado con su hermano, deja allí la ofrenda para correr a reconciliarse, y después vuelve al altar. Pedro, todavía semijudío, saca la espada para defenderlo contra sus agresores, pero Él le ordena guardarla de nuevo en su vaina. Nunca acabaría Erasmo de citar los pasajes de los Evangelios que predican a los cristianos el deber imperioso de vivir en paz los unos con los otros si no quieren traicionar la cruz cuya señal multiplican por todas partes, si no quieren profanar el bautismo por el cual han sido incorporados a Cristo, y la eucaristía que es el símbolo de la amistad.[33]

Para mostrar los rasgos del demonio de la guerra, no tiene Erasmo más que hacer historia. Le basta con las guerras recientes, aquellas cuyos actores se mueven aún a los ojos de todos:

Tengo vergüenza cuando me acuerdo que por causas tan vergonzosas y frívolas los príncipes cristianos revuelvan a todo el mundo. El uno, o halla un título viejo y podrido, o lo inventa y finge: como si fuese gran cosa quién administrara el reino, con tanto que aprovechase al provecho de la república. El otro da causas de no sé qué censo que no le han pagado. Otro es enemigo privadamente de aquél porque le tomó su esposa, o porque dijo algún donaire contra él. Y lo que muy peor y más grave de todas las cosas es que hay algunos que con arte de tiranos, porque veen enflaquecer su poder a causa de estar los pueblos en concordia y que con discordia se ha de esforzar, subornan a otros que busquen causas para levantar guerras y discusiones: por que juntamente aparten a los que están en amistad, y con mayor licencia roben y pelen al pueblo desventurado.[34]

Son palabras que van muy lejos.

Pero Erasmo es demasiado buen observador de la naturaleza humana para no sacar de ella otras causas de guerra, fuera de las pasiones de los gobernantes: las pasiones de los pueblos conspiran de manera extraña con las de los reyes. Pone el ejemplo de Francia, expuesta a los apetitos guerreros de sus vecinos, por el solo hecho de que su situación privilegiada suscita la envidia.[35] La especie humana hace gala de un furor destructivo que deja muy atrás el de los animales, puesto que lo multiplican los recursos de la inteligencia y de la vida social. El hombre es el animal

---

33 *Ibid.*, fols. 62 rº-65 vº.
34 *Ibid.*, fol. 67 rº-vº.
35 *Ibid.*, fol. 68 rº.

que ha inventado las armas, que ha inventado el cañón.[36] Sin embargo, el filósofo cristiano vuelve siempre a los malos pastores que llevan a la destrucción a aquellos a quienes deberían moderar por su prudencia. Investigando el origen de las guerras que han ensangrentado los principios del siglo, encuentra invariablemente el capricho de los príncipes. Pero ¿qué decir de los guías espirituales? "Los sacerdotes y pregoneros del sumo sacerdote Cristo nuestro Redemptor tampoco tienen vergüenza desto... Non han vergüenza los profesores de las religiones, non han vergüenza los obispos, non han vergüenza los cardenales y los vicarios de nuestro Redemptor Jesucristo: son auctores y tizones de aquellas cosas que Nuestro Señor tanto maldijo y aborreció." En un conflicto reciente "los pregoneros del Evangelio, conviene a saber los frailes menores y de predicadores, del púlpito sagrado pregonaban la guerra, y a los que de su gana estaban inclinados a la furia, más los encendían. A los ingleses [37] esforzaban contra los franceses y a los franceses contra los ingleses". Se ha visto a obispos y cardenales empujar a la guerra al Papa y a los reyes. A los pretextos históricos no se ha temido agregar la autoridad de los Padres de la Iglesia, la de la Escritura misma. Los consejeros de paz hacen el papel de enemigos de su pueblo y de traidores a su rey. Los prelados siguen a los ejércitos. La guerra es para ellos fuente de dignidad; se ve al papa crear un legado de guerra. La cruz está en el asta de las banderas.[38]

Pero ¿dónde encontrar el remedio? Las alianzas dinásticas y los tratados sirven menos para la paz que para la guerra. "Alímpiense y repurguen las fuentes de donde todos estos males nacen, conviene a saber las malas codicias que paren estos tumultos y discordias." Que los príncipes hagan callar su ambición. Que el gobierno sea paternal y no tiránico. Que los matrimonios reales no afecten en ningún caso a los pueblos: basta, para esto, que un príncipe se case en su propio país, o que los derechos a la sucesión no sigan a los príncipes o a las princesas una vez que han franqueado las fronteras del reino. Que un rey no pueda vender ni enajenar de ninguna manera la menor parte de sus estados. Que un *statu quo* territorial quede finalmente establecido, aceptado por todos, y que sea inviolable por siempre. La ambición deberá emplearse en acrecentar la prosperidad de un reino, no su territorio. En caso de conflicto, que el soberano expulse de su consejo a las personas apasionadas o interesadas en la guerra, y que escuche a los hombres ponderados e independientes.

36 *Ibid.*, fol. 68 vº.

37 Corrijo así el texto de Cortegana, que traduce *Britannos* por "Bretones".

38 *Ibid.*, fols. 70 vº-72 rº. Hay, bajo todas estas invectivas, alusiones a hechos precisos y recientes. Erasmo piensa en las guerras emprendidas por Julio II, en la intervención del Cardenal Schinner en la organización de la Liga Santa, en las banderas que el Papa había dado a los suizos. Un poco más adelante no teme nombrar al papa guerrero, consignando con amargura cómo su política belicosa recibió mayores aplausos que la de su pacífico sucesor. Sobre la parcialidad de Erasmo, tan indulgente con la Francia instigadora del Concilio de Pisa, véanse las notas que Mme. É. Constantinescu Bagdat en su traducción francesa de la *Querela pacis*, 186-192, y sobre su pensamiento político, Pierre Mesnard, *L'essor de la philosophie politique au seizième siècle*, Paris, 1936.

Importa mucho no romper las hostilidades a la ligera, puesto que una vez comenzada la guerra, muy difícilmente llega a terminar. La guerra, "cosa que es de tanto peligro, nunca se debe comenzar sino con acuerdo y consentimiento de todo el pueblo", "y aun algunas veces se ha de comprar la paz". En el momento en que se trata de evitar la guerra es cuando la Iglesia, por su acción pública y por la influencia personal de todos sus ministros, debería pesar con toda su fuerza.[39]

Erasmo contempla, dolorosamente sorprendido, la prisa con que los hombres "en las cosas de la guerra se alanzan de rendón, los ojos cerrados", a su propia desgracia. En las horas de violencia trágica es cuando correspondería a los caudillos temporales y espirituales de los pueblos meditar maduramente. Las destrucciones, las calamidades de toda especie deberían ponerse en la balanza. Los motivos de guerra más justos en apariencia deberían escrutarse hasta hacer ver la injusticia que encubren. Por otra parte, la guerra más justa, la guerra emprendida bajo los mejores auspicios, es de todas maneras un desastre espantoso. Y resulta siempre un mal negocio, puesto que siempre es infinitamente más lo que cuesta que lo que produce de bueno. Por último, que no se invoque el honor: ¿acaso el vengarse es señal de un alma noble? ¿Acaso el abandonar algo de los propios derechos es más degradante que confiar su defensa a una soldadesca mercenaria cuyas exigencias habrá que soportar? [40]

Si la guerra es un mal inherente a la humanidad, se podría admitir, en rigor, que el furor bélico se desencadenara contra los turcos, aunque es muy preferible convertirlos con la persuasión y con el contagio del ejemplo. Pero en el seno de la cristiandad, las diferencias nacionales no deben ya ser causa de discordia, de la misma manera que la calidad de discípulos de Pablo o de Apolo no podía legítimamente dividir a los primeros cristianos de Corinto, hijos todos de Cristo.[41]

Erasmo terminaba con un llamamiento en favor de la concordia, llamamiento dirigido en primer lugar a los príncipes, después a los eclesiásticos, especialmente a los predicadores y a los obispos, en tercer lugar a los magistrados y a los poderosos, y finalmente a todos los cristianos. Con un optimismo tal vez forzado por las circunstancias, demostraba cómo el Papa, el Emperador y los Reyes de Francia, de España y de Inglaterra estaban todos inclinados a la paz, y cómo los pueblos, con excepción de una minoría interesada en la desgracia pública, eran de modo semejante hostiles a la guerra. La buena voluntad, con la ayuda de Cristo, podía triunfar por fin: en vez de que la guerra engendrara la guerra, la benevolencia podía engendrar la benevolencia. Bien podía resplandecer un futuro de tranquilidad, de libertad y de abundancia.

En nuestra época sedienta de paz y obsesionada por la guerra, nos sentimos inclinados a pensar que la filosofía cristiana de Erasmo debió de encontrar prontos oyentes entre el gran público, presentándose por su

39 *Querela*, traducción de Cortegana, fols. 74 r⁰-77 v⁰.
40 *Ibid.*, fols. 80 r⁰-83 v⁰.
41 *Ibid.*, fols. 78 r⁰-79 v⁰.

lado pacifista. Pero la verdad es muy otra. Nos engañaríamos si hiciésemos remontarse el empuje del erasmismo español a la traducción de la *Querela pacis* por Diego López de Cortegana. El anciano canónigo sevillano muere en 1524; si hubiese muerto tres años más tarde, habría podido presenciar el éxito fulminante del *Enchiridion:* detalle significativo, el canónigo de Palencia que tradujo este tratado desconoce a su antecesor, o quizá hace como si lo desconociera.[42] En medio de un hormiguero de traducciones erasmianas, el *Tractado de las querellas de la paz* no se reimprimirá hasta 1529, como si hubiera tenido que aguardar la primera esperanza de una paz duradera con Francia para volver a salir a la luz. No había andado con muy buena suerte en 1520: caer en plena guerra civil, en vísperas de una agresión francesa contra Navarra, ¡qué destino para un librito que predica la paz presentando a Francisco I como el más pacífico de los monarcas! Pero su relativa falta de éxito se debe, no menos que al disfavor de las coyunturas, a la orientación general de los espíritus. Los problemas tienen su hora de madurez. Una gran revisión de los valores religiosos ponía a la orden del día la antítesis de la fe y las obras, de lo interno y lo externo: esto explica la acogida que se dispensó al *Enchiridion*. Varios siglos se necesitaban aún para que el Occidente fuese plenamente sensible al escándalo del belicismo tan sutilmente analizado por Erasmo. Los nacionalismos nacían apenas, al nacer las grandes monarquías modernas. El problema de la paz no se planteaba con urgencia ante la conciencia popular, porque los pueblos no se sentían cogidos por entero en la trampa de la guerra, ya que ésta era aún mero juego de príncipes. El sueño erasmiano de una política según el Evangelio debía conmover tan sólo a aquella porción escogida de clérigos humanistas a que pertenecía Cortegana, y que, apta para concebir una sociedad universal de los espíritus, se elevaba con fruición al ideal mesiánico de una cristiandad unificada y triunfante. Ya hemos visto cómo conmovió a la España de Cisneros este ideal de paz cristiana. Y asimismo lo volveremos a encontrar al servicio de la política imperial de Carlos V. Raros fueron entonces los hombres que, como Erasmo, se entusiasmaron pura y sencillamente por la paz.

IV

Cada vez que España, ávida de renovación espiritual, se abre a una influencia extranjera, esta tierra inconquistable delega a uno o a varios de sus hijos para decir "no" al invasor. No bien había llegado a Alcalá el *Nuevo Testamento* de Erasmo, cuando Diego López Zúñiga se expresaba con desprecio acerca de esta obra recibida en todas partes con un rumor de rendida admiración. Se espantaba de ver en manos de Cisneros un libro tan plagado de groseros errores, que él se ufanaba de revelar al mundo sabio. El Cardenal le había rogado entonces que comunicase al

42 Cf. *infra*, pág. 280, **nota** 2.

propio Erasmo sus críticas: si no eran recibidas como merecían, tiempo habría para publicarlas. Pero Zúñiga no aspiraba a la colaboración pacífica, sino a la gloria de aplastar públicamente al ídolo de la Europa sabia. Una vez muerto Cisneros, nada lo detenía ya, y las mismas prensas de donde había salido la Biblia Poliglota imprimieron en 1519 y 1520 dos opúsculos, el primero de los cuales arremetía contra Lefèvre d'Étaples, traductor de San Pablo, y el segundo contra Erasmo, editor e intérprete del Nuevo Testamento. Estas *Annotationes contra Erasmum Roterodamum in defensionem tralationis Novi Testamenti* abrían una polémica que sería áspera y renacería sin cesar: durante largos años el nombre de "Stunica" iba a ser trazado una y otra vez por la pluma de Erasmo como símbolo del odio encarnizado contra él.[1]

No era Zúñiga un adversario despreciable. Por su participación en los trabajos de la Biblia Poliglota —participación segura, aunque imposible de precisar—, estaba preparado para juzgar el trabajo exegético de Erasmo. Richard Simon dice de él que sabía el griego y el latín por lo menos tan bien como Erasmo.[2] Pero ciertamente cometeríamos una equivocación si nos empeñásemos en verlo como portavoz de la escuela de Alcalá y como una especie de vengador de la ciencia escriturística ultrajada por la precipitación del *Novum Instrumentum* de Basilea. Esta primera edición, cuyas deficiencias era Erasmo el primero en reconocer, podía ser juzgada en España por otras personas calificadas para ello. ¿Por qué guardan silencio Nebrija y el Comendador griego? ¿Por qué el que levanta la voz es un hombre de segunda fila? Sin duda porque los verdaderos maestros de Alcalá consideraban el Nuevo Testamento erasmiano, con sus imperfecciones y todo, una obra digna de admiración y de respeto. Zúñiga, en cambio, no vacila en presentar a Erasmo como un simple aficionado en materia bíblica, como un humanista preocupado únicamente por la fama, y que, no contento con los laureles profanos, busca con su *Novum Instrumentum* la fácil gloria de criticar la traducción que usaba la Iglesia.[3] Con esto queda dicho en qué tono defiende contra él la Vulgata. Sin embargo, la violencia de este libelo científico no es estrictamente personal. Junto con él irrumpe en la república de las letras una "ciencia española" celosa de su gloria, que lanzará aún al mundo más de un orgulloso desafío, antes de la *Ciencia española* de Menéndez y Pelayo.[4] Para ser equitativos, hemos de añadir que Zúñiga deja muy atrás a todos los abogados de esa ciencia española por el ardor de su "jactancia castellana", por la ingenuidad de su desprecio de latino por los hijos del Norte.

---

[1] Sobre esta polémica, y sobre la génesis de las *Annotationes* de Zúñiga, véase Allen, t. IV, págs. 621-622, y Epp. 1128 y 1216. Véase también el prefacio de la *Apologia* con que replicó Erasmo.

[2] Citado por Menéndez y Pelayo, *Heterodoxos, ed. cit.,* t. IV, pág. 57.

[3] Véase el prefacio de las *Annotationes,* del cual cita Allen (t. IV, Ep. 1128, nota 3) un fragmento. Véase también el análisis de Renaudet, *Érasme, sa pensée religieuse et son action... (1518-1521),* Paris, 1926, pág. 83.

[4] Cf. P. Sainz Rodríguez, *Las polémicas sobre la cultura española,* Madrid, 1919.

Muy característica es la larga disertación que le inspiran ciertas líneas de Erasmo sobre la ortografía Σπανία que se encuentra en el texto griego de San Pablo. "Los griegos —había observado el humanista holandés— privan a *España* de la primera sílaba que los españoles suelen añadir al principio de palabras análogas, diciendo por ejemplo *espero* en lugar de *spero, especto* en lugar de *specto*." No hacía falta más para que Zúñiga tomara fogosamente la defensa de su patria ultrajada. Erasmo, el bátavo, a través de sus palabras, deja transparentar su envidia a los españoles, raza intelectualmente superior en razón de sus orígenes romanos. España es un país fecundo, exuberante en todos los productos necesarios para la vida; es un país poderoso, que ocupa el primer lugar entre todos por su valor militar. No pudiendo tratar a los españoles de cobardes o de mendigos, los tacha de ignorantes. Olvida el antiguo esplendor literario de España, la cual dio emperadores a Roma y maestros a la literatura latina. Durante varios siglos, es verdad, el país ha sido desviado de las letras por una lucha incesante contra los enemigos de la fe. Pero he aquí que, en toda España, se levantan universidades; en ellas se aglomeran los estudiantes, y en todas es honrado el humanismo. Cincuenta años hace que el gran Nebrija ha traído a ellas, desde Bolonia, un tesoro de ciencia. Su gramática y su diccionario se han adoptado no sólo en toda España, sino en el mundo entero. Sus innumerables discípulos, desparramados por toda la Península, han renovado los estudios latinos. Treinta años hace que Barbosa, discípulo de Policiano, ha encendido en Salamanca la antorcha del helenismo. España no tiene ya nada que envidiar a Italia. Erasmo parece ignorar esto, él que levanta hasta las nubes a sabe Dios qué helvecios. Zúñiga no lo apabullará con la enumeración de los hombres de que se enorgullece el humanismo español. Únicamente citará al sabio Comendador Hernán Núñez, que enseña griego en Alcalá, ante numeroso auditorio: humanista completo, cuya inteligencia verdaderamente española cuenta con el auxilio de una excelente biblioteca, así manuscrita como impresa, y que suma, a una rara maestría en el griego y el latín, el conocimiento profundo del árabe. Así, pues, se equivoca redondamente al menospreciar a los españoles como si fuesen ignorantes o bárbaros: si por ventura ha visto *espero* en lugar de *spero* o *especto* en lugar de *specto* en la pluma de algún mercader español que haya ido a enriquecerse a los países del Norte, ello no es razón para generalizar y despreciar la ciencia de un país donde Homero, Aristófanes, Demóstenes, Heródoto, Tucídides, en una palabra toda la pléyade de los autores griegos, son en esos días más conocidos que lo fueron en otros tiempos las obras más triviales de la literatura latina.[5] Más adelante celebra Zúñiga en términos elogiosos el mecenazgo de Cisneros y la Biblia Poliglota, y a este propósito proclama ante el mundo sabio el nombre del segoviano Pablo Coronel, autor del léxico hebreo-latino que figura en el *apparatus* del Antiguo Testamento.[6]

[5] *Annotationes*, Alcalá, 1520, fols. f 3 r⁰ ss.
[6] *Ibid.*, fol. i 4 v⁰.

Hay algo conmovedor en el celo con que este complutense llama la atención de Europa sobre el gran impulso del humanismo español, aún ignorado. Sin embargo, no puede menos de fastidiarnos el tono agresivo de sus apologías *pro patria* y lo que en ellas hay de desproporcionado. Los ultrajes a que pretende contestar no existen, en realidad, sino para una enfermiza susceptibilidad nacional. A propósito de *Neapolis* (Hechos de los Apóstoles, XVI, 2), Erasmo había aludido a Nápoles, "ahora en poder de los españoles"; pues bien, Zúñiga ve en ello una solapada insinuación contra los derechos de España a la posesión de ese reino: "¡Qué carretadas de injurias —ὅλας ἁμάξας, como se dice— no merecería aquí este bátavo, iba a decir este sármata! Nápoles..., reino que poseen actualmente los españoles por derecho de herencia y por privilegio de la Santa Sede Apostólica, a quien corresponde primordialmente la fundación de este reino; Nápoles, que, por otra parte, ha sido reconquistada por ellos en una guerra justísima contra injustos poseedores, he aquí que, según sus impudentísimas peroratas, está en poder de ellos, es decir, ocupada sin ningún justo título, a la manera de los tiranos." Este nombre, *bátavo*, acude sin cesar a la pluma de Zúñiga cargado de intenciones injuriosas: añade en algún lugar: *lleno de manteca y de cerveza...*[7]

Sus críticas contenían, por lo demás, cierto número de rectificaciones útiles. Para citar un solo ejemplo, la *Neapolis* de los Hechos de los Apóstoles había sido situada por Erasmo en Caria, de acuerdo con San Jerónimo, pero Zúñiga tenía razón al situarla en Tracia. Del mismo modo, en muchos otros puntos había utilizado Zúñiga los resultados del trabajo realizado en España, así por Nebrija en su *Tertia quinquagena* como por los colaboradores de la Biblia Poliglota. La Biblia de Alcalá seguía inédita, y la *Tertia quinquagena,* cuya más antigua edición conocida se imprimió por los mismos días que el *Novum Instrumentum* de Basilea, no había llegado todavía a manos de Erasmo. Pero por una observación bien fundada (y que Erasmo hubiera admitido con tanto mayor gusto cuanto que, en no pocos lugares, había rectificado su error en la segunda edición, sin esperar las *Annotationes* de Zúñiga), el arrogante español había acumulado varios reproches arbitrarios.[8] En lo que se refería a la fijación del texto, pasaba en silencio la falta más grave que cometió Erasmo al fin del Apocalipsis. En cambio, sentía la necesidad de oponer, a lecciones perfectamente seguras, las de cierto manuscrito rodio de las Epístolas, utilizado por los revisores de la Poliglota y que era, a lo que alcanzamos ahora a juzgar, de valor bastante dudoso. En un punto decisivo el método conservador seguido por los editores de Alcalá se oponía al de Erasmo, que decidió no respetar una interpolación evidente; nos referimos al *comma johanneum:* Zúñiga, con la sola autoridad de un prefacio que se encuentra en la Vulgata al principio de las epístolas canónicas, declaraba perentoriamente que los manuscritos griegos estaban, con toda evidencia,

---

7 *Ibid.,* fol. e 3 vº.

8 Cf. Menéndez y Pelayo, *Heterodoxos,* t. IV, pág. 59, donde se revela una docena de estas minucias.

alterados. El mismo conflicto de método reaparecía en puntos menos graves. A propósito de *gubernationes, genera linguarum, interpretationes sermonum* (I Cor., XII, 28), Erasmo consignaba que en los manuscritos griegos se lee solamente κυβερνήσεις, γένη γλώσσων, y consideraba *interpretationes sermonum* como una interpolación. Zúñiga, invocando los versículos 11 y 30 del mismo capítulo, en los cuales el don de lenguas va seguido del don de interpretación, prefería admitir una alteración del texto griego antes que una inexactitud de la Vulgata.

A menudo, lo que Zúñiga criticaba era la versión latina dada por Erasmo, y allí sí que tenía tela de donde cortar, puesto que esa versión no obedecía a principios bien definidos. Se sabe esto por una confesión del propio Erasmo.[9] Por los días en que se imprimía el *Novum Instrumentum* estaba tan agobiado de trabajo, que había copiado a veces páginas enteras de la Vulgata sin tener tiempo de compararlas con el texto griego. Cuando se apartaba de la lección de la Vulgata no era para escribir sistemáticamente un latín clásico en lugar del latín de la Iglesia: a menudo, es verdad, reemplazaba las palabras de origen judeo-griego por sus equivalentes genuinamente latinos, pero también, no menos a menudo, echaba mano del vocabulario de los Padres de la Iglesia y aun del de un moderno, como Valla. Si se puede distinguir en este trabajo una tendencia fundamental, es sin duda el deseo de despertar la atención de los clérigos, amodorrada por el empleo litúrgico del texto y por la repetición maquinal de su letra inmóvil. Pero a Zúñiga le irritaba ese procedimiento, en el cual veía un ultraje insistente a la majestad del texto canónico, y un desprecio escandaloso de San Jerónimo, su auténtico traductor.

Finalmente, en varias ocasiones se dejaba transparentar en sus *Annotationes* la acusación de herejía. Erasmo había traducido por *filius* (en un versículo de los Hechos, IV, 30) el sustantivo παῖς aplicado a Cristo, mientras que la Vulgata (a la que siguen, por otra parte, los sabios modernos) lo traducía por *puer*, siervo. En su opinión, el título de servidor no podía convenir a Cristo, pues si es cierto que obedeció al Padre según la humanidad de que se revistió, su obediencia de Hijo no tuvo nada de servil. A ese propósito, Zúñiga dejaba a elegir a Erasmo entre la herejía de los apolinaristas y la de los arrianos, pues decir que el nombre de *siervo* no puede convenir a Cristo equivale a poner en tela de juicio su humanidad, y admitir que pudo estar subordinado al Padre en cuanto Hijo es negar la igualdad de las personas de la Trinidad. Le indignaba asimismo·la anotación (Juan, I, 1) en que Erasmo observaba que *Dios*, nombre que conviene a las tres personas, se aplica casi siempre al Padre en la Escritura, y que los apóstoles y los evangelistas no lo aplican al Hijo "salvo en dos o tres pasajes". Observación sospechosa de tendencias arrianas, a la cual Zúñiga oponía diez pasajes del Nuevo Testamento en que, según él, Jesús era llamado claramente Dios.

Todavía no se hablaba de herejía luterana. Zúñiga ignoraba con toda seguridad el fondo del asunto de Lutero en el momento en que publicó

---

[9] *Apologia ad Jac. Stunicam,* en *Opera,* t. IX, cols. 304-305.

sus *Annotationes*. Pero éstas venían a sumarse a las de Lee, desconocidas también para Zúñiga. En esta hora crítica del conflicto entre el humanismo innovador y la teología conservadora, Erasmo se veía acusado de minar la ortodoxia bajo la máscara del sabio.

V

Erasmo supo que se le estaba atacando violentamente en Alcalá mucho antes de tener en sus manos las *Annotationes* y de poder medir la gravedad del nuevo golpe que se asestaba a su reposo. Era el momento en que el joven Emperador acababa de salir de sus reinos españoles para volver a Flandes. Por carta de un amigo flamenco que había permanecido en España (quizá Pierre Barbier, que se quedó al servicio del cardenal regente Adriano) Erasmo tuvo noticia de que otro complutense, Juan de Vergara, llegaría muy pronto a los Países Bajos llevando consigo el inquietante volumen. El Filósofo había salido de Lovaina para presentarse en Calais, donde Carlos tuvo una conversación con Enrique VIII, que regresaba del Campo de la Tela de Oro. Se hallaba todavía con la Corte en Brujas, en los últimos días de julio de 1520, cuando Vergara llegó a esta ciudad.[1] Erasmo fue a verlo en el momento del desembarco, le dijo con qué impaciencia esperaba su venida y le rogó que le entregase aquellas *Annotationes* que uno de los "espinosos sofistas" de la Universidad de Alcalá había publicado contra su *Nuevo Testamento*. ¡Cuál no fue su decepción al saber que Vergara había olvidado el libro en las prisas de la partida! Erasmo se sintió tanto más contrariado cuanto que empezaba a preparar su tercera edición del *Nuevo Testamento* y sospechaba que Zúñiga había ignorado voluntariamente la segunda porque rectificaba no pocos errores de la primera. Vergara le aseguró que esa segunda edición, a pesar de haber aparecido hacía más de un año (marzo de 1519), no había llegado aún a España. Como Zúñiga era amigo suyo, se empeñó en hacer cambiar a Erasmo de opinión con respecto a él: no era un disputador escolástico, sino un humanista experto en el griego y el hebreo, un hombre ilustre a la vez por su nacimiento y por su mérito, de quien podían esperarse, no pinchazos de sofista, sino flechas bien apuntadas. Erasmo quiso saber si el libro tenía aquella virulencia que lo había herido sobre todo en los ataques de Lee: eso era lo que no podía tolerar. Vergara respondió que no faltaba en él cierta libertad, a pesar de su esfuerzo por conservar una relativa moderación, "siendo el autor de lengua tan suelta que a pocos perdonaba". Tal fue, en resumen, la primera conversación de Vergara con Erasmo.[2]

Era difícil augurar, por ella, el nacimiento de una amistad como la que vincularía más tarde a estos dos hombres, a trescientas leguas de dis-

[1] Allen, t. IV, Ep. 1129, nota 1.
[2] Véase en Allen, t. IV, pág. 623 (n. 1, líneas 16-64), la carta en que Vergara le cuenta a Zúñiga esta entrevista.

tancia; la invitación a comer que los reunió varios días después no estableció entre ellos relaciones de confianza.

A Erasmo le pareció el olvido del libro sumamente sospechoso; tenía la convicción de que Vergara sí había traído consigo el libro, pero para dárselo a algún partidario de Lee, o de que cuando menos querían estorbar que viese la diatriba de Zúñiga para impedirle hacer una réplica. El 2 de agosto, de vuelta en Lovaina, escribía a Johann Lang, teólogo de Erfurt: "España tiene un nuevo Lee: un tal Zúñiga ha publicado un libro, bastante virulento según se dice, contra Lefèvre d'Étaples y contra mí. El difunto Cardenal de Toledo había impedido su publicación. Muerto éste, aquél ha lanzado su veneno. Todavía no he visto la obra. Ponen mucho cuidado en que no caiga en mis manos." [3]

La situación de Erasmo no era para inclinarlo a la serenidad ni a la indulgencia. En los tres años que había pasado en Lovaina durante la permanencia de la Corte en España no le habían faltado tormentas. Las pocas alegrías que había podido darle el empuje del humanismo cristiano en el Colegio de las Tres Lenguas [4] habían estado emponzoñadas por la creciente hostilidad de los mantenedores de la teología escolástica. Desde hacía ya mucho tiempo había hecho las paces con Dorp, cuyo ataque contra el *Elogio de la locura* había sido olvidado. Había intentado mostrarse deferente con sus adversarios, solicitando sus críticas (mayo de 1518) antes de encaminarse a Basilea para vigilar su segunda edición del *Nuevo Testamento,* y hasta sometiendo las pruebas a la revisión de Dorp una vez que estuvo de vuelta en Lovaina (septiembre de 1518). Pero precisamente entonces se había visto enredado en una disputa con el teólogo inglés Edward Lee, a quien había conocido el año anterior en el Colegio Trilingüe, y que era adepto ferviente de los estudios helénicos. La controversia se había deslizado rápidamente hasta la extrema violencia; Lee acusaba a Erasmo no sólo de atentar contra la majestad de la Vulgata canónica, sino también de favorecer, al dar su preferencia a ciertas lecciones de los griegos, las más peligrosas herejías, entre ellas la de Arrio.[5]

Erasmo aparece cada vez más como el paladín de un ideal atrevido de libertad religiosa. Después de la *Paraclesis* y de la *Ratio,* la reimpresión del *Enchiridion* le suministra la ocasión de predicar un cristianismo interior que prescinde de los dogmas, de las ceremonias y de las reglas: la carta-prefacio a Paul Volz mantiene muy hábilmente a este cristianismo su carácter de *ideal* al que se conforma más o menos la vida de las sociedades, pero que no por ello reniega de sus exigencias: "Que Cristo —decía Erasmo— siga siendo lo que es, es decir, el Centro alrededor del cual gira cierto número de círculos." Pero los ortodoxos no pueden contentarse con una doctrina que acepta el orden establecido simplemente como un mal

---

[3] Allen, t. IV, Ep. 1128, líneas 2-6.

[4] Sobre los primeros años de este Colegio puede verse el t. I de la obra monumental de Henry de Vocht, *History of the foundation and the rise of the Collegium Trilingue Lovaniense, 1517-1560,* 4 tomos, Louvain, 1951-1955 (Université de Louvain, Recueil de Travaux d'Histoire et de Philologie, 3e série, fasc. 42; 4e série, fasc. 4, 5, 10).

[5] Véase Renaudet, *Érasme, op. cit.,* págs. 74 *ss.*

menor. Para ellos, Erasmo es el impío. Si cae enfermo, se anuncia que ha muerto *sine lux, sine crux, sine Deus*. Lutero, durante este tiempo, interpreta la carta a Paul Volz como una adhesión a sus tesis. La polémica ambigua a que arrastra Jacques Le Masson a Erasmo en 1519 termina una vez más con una paz engañosa entre él y los Lovanienses: una paz que es, cuando mucho, una tregua.[6]

Y es que la lucha en que Erasmo se había enfrascado sobrepasaba ahora con mucho el círculo de las polémicas personales. La revolución religiosa había hecho sus progresos en Alemania; Reforma y Contrarreforma tomaban ya por estos días sus posiciones, y era evidente que, en el enorme conflicto, Erasmo aprobaba a Lutero en lo esencial, de la misma manera que daba razón a Reuchlin atacado por los "Hombres oscuros". Había tomado recientemente la defensa de este último en una carta a Hochstrat, inquisidor de Colonia; en una carta al cardenal arzobispo de Maguncia, Alberto de Brandenburgo, había dicho lo que opinaba del asunto de Lutero, no sin observar que el odio de los dominicos y de los carmelitas contra las buenas letras se había desencadenado mucho antes de que Lutero diera que hablar de sí: el escándalo causado por las tesis de Lutero no había sido otra cosa que la ocasión soñada de poner "en un mismo envoltorio" a Lutero, a Reuchlin y al propio Erasmo. Pero en los mismos días en que se expresaba con esta libertad, el inquisidor Hochstrat se trasladaba a Lovaina, y la Universidad de los Países Bajos pronunciaba la primera condenación de Lutero (7 de noviembre de 1519).[7]

A principios de 1520, Lee daba amplia publicidad a sus *Annotationes* y Erasmo contestaba en primer lugar con una *Apologia* y después con unas *Responsiones* que, de manera bastante inesperada, pusieron fin a la agria controversia.[8] Pero precisamente entonces descubría a Zúñiga, inquietante y envuelto en misterio. No ignora qué fuego alienta entre los Lovanienses: en julio, mientras él se encuentra en Calais, el joven dominico Laurensen se aprovecha de su ausencia para predicar contra el *Elogio de la locura*. Es cierto que la Universidad creyó necesario imponerle silencio. Pero ¿cómo esperar que los teólogos escolásticos lo dejaran en paz, cuando los luteranos parecían empeñados en comprometerlo? La carta, tan cortés, que había escrito a Lutero el 30 de mayo de 1519, se hace pública: llega a manos de León X. Su carta al Cardenal de Maguncia, desviada de su destino por una indiscreción de Ulrico de Hutten, se ha publicado de la misma manera. ¡Magnífica presa para los dominicos y los carmelitas, tan vapuleados en esa carta! El carmelita Nicolás Baechem de Egmont, que aseguraba desde hacía mucho tiempo que Erasmo era el autor de los libros publicados con la firma de Lutero, va a tener entonces excelentes oportunidades para desahogarse en Lovaina, en compañía de Arnouts y de Briselot, compañeros suyos en religión, y de los dominicos Dirks y Styroede, con el apoyo moral de Hochstrat.[9]

6 *Ibid.*, págs. 57-65, y, sobre la epístola a Paul Volz, págs. 44 *ss.*
7 *Ibid.*, págs. 61, 71 y 68.
8 *Ibid.*, págs. 79-81.
9 *Ibid.*, pág. 81. Cf. págs. 66-68.

Erasmo, que está muy lejos de aprobar la violencia del partido luterano, siente que ha llegado la hora de obrar con toda su influencia, no en favor de Lutero, sino de un interés más amplio y más elevado al cual va unida la causa del monje sajón. Le parece que la condenación de Lutero y el triunfo de hombres como Hochstrat y Egmont asestará un golpe mortal a esta gran causa de la *philosophia Christi* a la cual ha consagrado su vida. A principios de septiembre tiene noticia de que va a publicarse la bula *Exsurge Domine*. El día 13 escribe al Papa como hombre que rechaza toda solidaridad con la rebelión de Lutero, pero no sin dar a entender que, en su opinión, el encarnizamiento de los "Hombres oscuros" no tiene menor responsabilidad que la terquedad de Lutero en el presente desgarramiento de la paz cristiana. Parece acariciar la ilusión de que su intervención logrará impedir la publicación y ejecución de la bula, provocando una revisión de todo el proceso. A fines de ese mismo mes tiene que abandonar semejante esperanza cuando el nuncio Jerónimo Aleandro se presenta en Amberes (27 de septiembre) llevando consigo la bula; dos días después, el Emperador ordena su ejecución en el territorio de los Países Bajos.

La posición de Erasmo se hacía cada día más desesperada en Lovaina. La Universidad se adhirió el 7 de octubre a la condena decretada por la bula. El día 8 se llevó a efecto un auto de fe con los libros peligrosos. El 9, Baechem, que predicaba en la Colegiata de San Pedro, interrumpió su sermón para lanzar una invectiva contra Erasmo, a quien había reconocido entre los asistentes, y para denunciar ante la multitud al cómplice de Lutero. El 14, resonaba el púlpito con nuevos clamores contra Erasmo. Éste decidió tres días después quejarse ante el rector Godescalc Rosemont, que convocó a Erasmo y a Baechem a una entrevista de conciliación. La entrevista transcurrió sin amenidad, y además no tuvo efecto alguno: su única conclusión fue que los teólogos conservadores tendrían a Erasmo por aliado e inspirador de Lutero mientras no escribiese en contra de él una refutación en regla.[10]

La Corte se preparaba para salir a Aquisgrán, donde había de verificarse la coronación del Emperador. Durante este tiempo que habían pasado en los Países Bajos, los españoles que la seguían habían podido interesarse apasionadamente en el gran debate que agitaba a los teólogos y a los hombres de estudio, y que comenzaba por esos días a remover a las multitudes. Habían podido darse cuenta del importante papel que en todo ello desempeñaba Erasmo. Tal fue, sin duda alguna, el caso de Vergara, cuyas relaciones con el Maestro parecían haberse iniciado bastante mal. Erasmo, sin embargo, lo invitó a comer poco tiempo después de su primer encuentro, para tratar de saber algo más acerca de las *Annotationes* de Zúñiga y para arrancarle la promesa de que las mandaría traer de España. Hernando Colón, el gran amigo de los libros, quiso trabar conocimiento con el escritor más fecundo e influyente de la época: no contento con comprar todos sus libros en las librerías de Bruselas y de

---

[10] *Ibid.*, págs. 86-90, 93-99.

Gante,[11] hizo una visita, en Lovaina, al ilustre Erasmo. Era el domingo
7 de octubre de 1520, día en que la Universidad declaraba su adhesión
a la bula, víspera de la salida de Carlos V para Lieja y Aquisgrán. A
visitante tan notable, Erasmo ofreció como recuerdo un ejemplar del
Antibárbaro que se había acabado de imprimir en el mes de mayo en la
casa de Froben, y en él puso esta dedicatoria: "Don Ferdinando Colon,
Erasmus Roterodamus dono dedit." El bibliófilo añadió piadosamente:
"Lovanii die Dominica Octobris septima die anni 1520: qui quidem Erasmus duas primas lineas sua propia manu hic scripsit." [12]

Pero no debemos engañarnos en cuanto a la importancia de estos
primeros contactos personales con los españoles: debieron de ser raros, y
Erasmo, seguramente, se mantenía ante ellos en actitud de reserva. Por
esos días no se había esbozado siquiera ninguna de las fervientes amistades con que Erasmo contaría más tarde en España. Si los españoles
llegados con la Corte apreciaron en su verdadero valor al campeón de la
libertad religiosa fue, más que por otra cosa, por la irradiación de su
influencia en los medios ilustrados de las grandes ciudades flamencas.[13]
En Gante, la gloria de Erasmo tiene por heraldo a su viejo amigo Antonio
Clava,[14] miembro del consejo de Flandes, al abad de Saint-Bavon, Livinus
Hugenoys,[15] y al síndico mayor Luis de Flandes, señor de Praet,[16] a quien
el Emperador confiará dentro de poco la importante embajada de Inglaterra. En Amberes, la capital cada día más indiscutida del comercio internacional, el erasmismo reina en el ayuntamiento de la ciudad gracias al

[11] Por el *Registrum* de su biblioteca se ve que uno de sus primeros cuidados, al
llegar a los Países Bajos, fue completar su colección erasmiana, tan pobre todavía. En
un solo día (9 de julio de 1520) compra en Bruselas el *Nuevo Testamento* de 1519
(Nº 316), las *Colloquiorum formulae* (606), la *Apologia ad Jacobum Fabrum* (979), las
traducciones erasmianas de diversos tratados de Plutarco y de Isócrates (976 y 1822),
el catálogo de las obras de Erasmo publicado por Thierry Martens (1092) y, por
último, manjar de espíritus libres y delicados, tres *Adagios* en edición de bolsillo:
Sileni Alcibiadis (975), *Scarabaeus* (977) y *Bellum* (978). Varias semanas después (agosto
de 1520) compra en Gante la traducción erasmiana de la gramática griega de Teodoro Gaza (866), los *Epigrammata Erasmi* (1040), la *Apologia* en respuesta a Lee (1041),
Aliquot epistolae (1042), la *Querela pacis* (1043), el *Suetonio* (1849). Compra al mismo
tiempo las obras de Sinforiano Champier (1047, 1048, 1771), los tratados de Beda y de
Fisher sobre la controversia de las Magdalenas que había suscitado Josse Clichtowe
(1055 y 1098), las *Declamationes syllanae* de Vives (1156), la *Utopia* de Tomás Moro
(1841), la *Appendix epistolarum* de Pirckheimer, Hutten y Lister contra Lee (1164) y el
poema latino, dedicado a Gattinara, compuesto por Grapheus sobre el regreso de Carlos V a sus dominios flamencos (1160). Semejante lista de libros expresa bastante bien
el enriquecimiento espiritual que pudo ser para los españoles de la Corte esta temporada que pasaron en los Países Bajos
[12] Allen, t. IV, Esp. 1147, introd. Este volumen se conserva todavía en la Biblioteca
Colombina de Sevilla.
[13] Sobre la influencia de Erasmo en estas ciudades, véase P. Kalkoff, *Die Anfänge
der Gegenreformation in den Niederlanden*, Halle, 1903-1904, t. I, pág. 56 ss., y t. II,
págs. 17 y 27-31.
[14] Allen, t. I, pág. 389, y t. II, pág. 450. Vives habla con admiración del celo con
que este anciano aprende griego (Allen, t. V, Ep. 1306, línea 68).
[15] Allen, t. IV, pág. 531.
[16] Allen, t. IV, pág. 450.

celo de Pierre Gilles [17] y de Cornelio Schryver,[18] y reina en la escuela con el humanista Nicolás Hertogenbosch.[19]

Pero mientras que la factoría portuguesa tiene su sede en Amberes, donde los marranos portugueses desempeñan un papel primordial, Brujas es la que goza del favor de los negociantes españoles.[20] También aquí, Vergara o Hernando Colón, al llegar de España, respiran al punto una atmósfera erasmiana, sea que tengan que tratar con el Doctor Cranevelt,[21] pensionario de la ciudad, sea que hablen con ciertos sabios canónigos de Saint-Donatien, como Jean Fevyn y Marc Laurin.[22] Para trabar conocimiento con los vecinos más destacados de Brujas, los españoles tienen un introductor inmejorable en la persona de Vives. ¿Y quién mejor que Vives hubiera podido cantarles los loores de Erasmo? [23] Gracias a él ha superado, en Lovaina, la retórica un poco vana del *Christi Jesu triumphus*, fruto de sus años de aprendizaje en París. Sus *Opuscula varia* son dignos de llamar nuestra atención, y no sólo por su elegante latinidad: el tratadito *Contra los seudodialécticos* con que concluye esta compilación tiene todo el valor de una disputa pública. Vives ha hecho ya su elección entre los escolásticos, de quienes fue discípulo brillante, y el humanismo cristiano. Erasmo escribe el prefacio de sus *Declamationes syllanae*. Con ocasión de un reciente viaje a París, durante el cual reanima sus recuerdos de universidad rozándose con el grupo de estudiantes peninsulares, portugueses como Don Francisco de Melo y Don Martinho de Portugal, españoles como Juan Martín Población y Juan de Enzinas, el joven sabio de veintisiete años, introducido por Erasmo en la gloria, disfruta de la acogida más halagadora. También en París han recorrido los espíritus un largo camino en unos cuantos años. Erasmo es allí el tema obligado de todas las conversaciones. ¡Qué alegría el poder escribirle! Por su parte, el anciano maestro, no sin cierta coquetería, profetiza que Vives hará palidecer el nombre de Erasmo; admira su espíritu filosófico, su desprecio de la fortuna unido a dotes que no pueden menos de abrirle una espléndida carrera.[24] Erasmo sonríe al joven filósofo, el cual es ahora preceptor

---

17 Allen, t. I, pág. 413.

18 Cornelius Grapheus o Scribonius. Cf. Allen, t. IV, pág. 225, nota.

19 Allen, t. III, págs. 33-34.

20 J. A. Goris, *Étude sur les colonies marchandes méridionales à Anvers*, Louvain, 1925, págs. 37-59.

21 Allen, t. IV, pág. 349. Véase sobre todo H. de Vocht, *Literae virorum eruditorum ad Franciscum Craneveldium*, Louvain, 1928, págs. 33 ss.

22 Allen, t. IV, pág. 64, y t. I, pág. 432, y H. de Vocht, *op. cit.*, págs. 91-99 y 13.

23 Sobre Vives, véase A. Bonilla, *Luis Vives y la filosofía del Renacimiento*, 2ª ed., en 3 vols., Madrid, 1929, y H. de Vocht, *op. cit.* (Cf. M. Bataillon, *Du nouveau sur J. L. Vivès*, en *B. H.*, t. XXXII, 1930, págs. 97-113).

24 Allen, t. IV, Ep. 1108 (Vives a Erasmo, Brujas, 4 de junio de 1520), líneas 13-63, y Ep. 1107 (Erasmo a Moro, Lovaina, junio de 1520), líneas 6-11. Sobre los portugueses citados en la carta de Vives, cf. M. Bataillon, *Érasme et la Cour de Portugal*, Coimbra, 1927, págs. 11 ss. Tal vez el "Juan de Enzinas" de que aquí se habla sea en realidad Fernando de Enzinas, como supone Allen. También es posible que sea un hermano de Francisco de Enzinas, que se llamaba realmente Juan (cf. los apéndices de Usoz a la *Historia de la muerte de Juan Díaz*, Madrid, 1865, págs. 118 y 169).

del Arzobispo de Toledo. Es probable que se hayan vuelto a ver en Calais en las antesalas imperiales, donde Vives acompaña a Guillermo de
Croy: la presencia de Tomás Moro es un lazo más entre maestro y discípulo.[25] Vergara, al desembarcar en Brujas con Fernando de Valdés para
poner al joven arzobispo al corriente de las cosas de la diócesis, traba
amistad con el filósofo valenciano: [26] bien podemos creer que le haya oído
pronunciar sin ternura el nombre de Zúñiga, y con veneración el de
Erasmo.

---

[25] Allen, t. IV, págs. 296 y 321, nota.

[26] Según Mayáns, *Vivis vita*, págs. 62-63. El Valdés de que se habla aquí no es otro
que el futuro Arzobispo de Sevilla, que se hará famoso, como Inquisidor General, por
la represión del "luteranismo" español.

CAPÍTULO III

TRAS LA CONDENACIÓN DE LUTERO: ERASMO O EL "EVANGELISMO A PESAR DE TODO"

I. La política del "Consilium" y su fracaso. Los españoles en Worms. II. La polémica con López Zúñiga y Sancho Carranza. III. La "Paráfrasis de San Mateo". La Corte imperial, garante de la ortodoxia erasmiana. IV. Erasmo en Basilea: lejos del bullicio. V. El "De libero arbitrio". Situación del evangelismo erasmiano. Sus enemigos. Su fuerza real. VI. Progresos del erasmismo en una España nueva. Alcalá. Los Vergara. Miguel de Eguía, editor de Erasmo.

I

LOS ACONTECIMIENTOS amenazaban con echárseles encima a los mantenedores de la *philosophia Christi*. El Emperador se encontraba en Lovaina, pronto a partir a Alemania, donde se plantearía la cuestión de pasar a los hechos contra Lutero. A su lado, el nuncio Aleandro personificaba la contrarrevolución religiosa decidida a una rigurosa represión. Erasmo, pensando que la bula no prohibía un último esfuerzo en pro de una paz sin victoria entre Roma y el evangelismo, vio un aliado posible en la persona del dominico alemán Juan Faber. Este fraile había gozado del favor de Maximiliano, que lo había nombrado consejero imperial, le había prometido el obispado de Trento y pensaba emplearlo en la fundación de un Colegio Trilingüe en Augsburgo. Al morir Maximiliano, Faber había venido a la corte de su nieto para obtener la confirmación de su nombramiento de consejero y la ejecución de las promesas de su antecesor. Buscaba asimismo en Carlos un apoyo contra los observantes de su orden, hostiles a sus tendencias antiescolásticas. Quizá, si conociésemos mejor la historia interna del dominicanismo durante los cincuenta años que siguen a la muerte de Savonarola, veríamos en Faber un representante eminente de la corriente pietista que siguió siendo muy poderosa entre los frailes predicadores en plena restauración tomista, y que, en diversas ocasiones, se hizo sospechosa de caminar por la ruta de los reformadores. En cuanto al caso de Lutero, Erasmo y él coincidieron en la idea de una solución arbitral cuya parte esencial quedó expuesta en el opúsculo anónimo intitulado *Consilium cuiusdam ex animo cupientis esse consultum et Romani Pontificis dignitati et christianae religionis tranquillitati*. Era evidente ahora que, si se daba a la bula fuerza de ley, la Iglesia quedaba amenazada de cisma. La autoridad del Papa no podía mantenerse, ni salvarse la unidad, sino a condición de evitar todo recurso a la violencia.

Era indispensable asimismo salvar la verdad evangélica y no tratarla como opinión sediciosa. Roma tenía que suspender el efecto de la bula, y aceptar buenamente la opinión de una comisión compuesta de hombres sabios, íntegros y por encima de toda sospecha, que serían designados por el Emperador, el Rey de Inglaterra y el Rey de Hungría. La próxima dieta de Worms podría sancionar el arbitraje de este concilio de nueva especie.[1]

Antes que la Corte saliese de Lovaina, Erasmo se apresuró a recomendar a Juan Faber ante el tesorero Villinger y ante el gran canciller Mercurino Gattinara.[2] Ésta fue, sin duda, la primera carta que escribió al poderoso ministro, que sería para él, en lo sucesivo, un apoyo tan eficaz, y cuyas oficinas se convertirían en uno de los hogares del erasmismo español. "Por todo el conjunto de sus cualidades, por su talento, generosidad y carácter, Gattinara se hallaba a la cabeza del grupo de aquellos grandes maestros que había forjado Margarita para hacer de ellos los gloriosos servidores de su imperial sobrino."[3] Trabajador infatigable, hombre de inteligencia rápida, de palabra incisiva, iba a convertirse varios meses después, a la muerte del Señor de Chièvres, en el director efectivo de la política de Carlos V. Tenía a su lado, entre el personal subalterno de la Cancillería, a un joven español de Cuenca, cuya brillante carrera hemos de seguir: Alfonso de Valdés[4] comenzaba quizá entonces a concebir por Erasmo una admiración que luego se transformaría en culto y en amistad. Pero, simple escribano a la sazón, no pasaba de ser un aprendiz de humanista, y probablemente, si alguna vez se hubiese ofrecido ocasión para ello, no hubiera podido sostener con mucha gallardía una conversación en latín con el gran hombre. Trabajaba bajo la dirección de Maximiliano Transilvano, secretario encargado de las cartas latinas.[5] Se ejercitaba en redactar, para el historiógrafo real Pedro Mártir de Angleria, relatos de los grandes acontecimientos de que él era testigo: la ceremonia de la coronación, el caso de Lutero. A pesar de las fórmulas epistolares

---

[1] Sobre Faber y el Consilium, cf. Allen, t. IV, pág. 357, y Renaudet, Érasme..., págs. 90-93. Existe una edición crítica del Consilium por Wallace K. Ferguson, en Erasmi opuscula, La Haya, 1933, págs. 338 ss.

[2] Allen, t. IV, Epp. 1149 y 1150, Lovaina, 3 y 4 de octubre de 1520. Sobre Gattinara, véase Historia vite et gestorum per dominum Magnum Cancellarium, autobiografía publicada con notas y gran número de documentos por Carlo Bornate, Miscellanea di Storia Italiana, 3ª serie, t. XVII (XLVIII della raccolta), Torino, 1915, págs. 231 ss.

[3] Max Bruchet, Marguerite d'Autriche, Duchesse de Savoie, Lille, 1927, págs. 45-46.

[4] Sobre Alfonso de Valdés, véase Fermín Caballero, Alonso y Juan de Valdés, Madrid, 1875, y la introducción de José F. Montesinos a Alfonso de Valdés, Diálogo de las cosas ocurridas en Roma, Madrid, 1928.

[5] Valdés escribirá más tarde a Transilvano (carta del 12 de marzo de 1527): "Laudas in me rerum copiam et verborum ubertatem; quod certe minime agnosco; sed dum mihi haec tribuis, non me sed te ipsum laudare videris. Quidquid enim eruditionis mihi est, a te accepi. Si quid sum, vel in his possum, tibi semper et ascripsi et ascribo" (F. Caballero, op. cit., pág. 323). Sobre Transilvano, véase Alphonse Roersch, Maximilien Transsylvanus, humaniste et sécretaire de Charles-Quint (Académie Royale de Belgique, Bulletins de la Classe des Lettres et des Sciences Morales et Politiques, 5e série, t. XIV, nº 4. Sesión del 16 de abril de 1928, págs. 94-112), y Nouvelles indications concernant Maximilien Transsylvanus, en la Revue Belge de Philologie et d'Histoire, t. VII (1928). págs. 871-879.

con que se ven adornados en el *Opus epistolarum* del humanista milanés, estos ensayitos historiográficos, concienzudos y un poco secos, no tienen la espontaneidad ni la actualidad que nos gusta encontrar en las cartas verdaderas. Los sentimos compuestos después de los acontecimientos y firmados con fecha anticipada.[6] Por desgracia no tenemos, acerca de este momento decisivo del cisma tal como lo veían los españoles del círculo del Emperador, una documentación comparable a la que constituye, del lado romano, la correspondencia de Aleandro.

Varios días después de la coronación, la Corte se trasladaba a Colonia, donde permanecería hasta el 15 de noviembre. Erasmo se había reunido con ella. En la gran ciudad renana en que Hochstrat ejercía su autoridad, intentó realizar el plan que había concebido juntamente con Faber para arrancar la victoria de manos de los "Hombres oscuros". Tomó parte en una violenta campaña de opinión, fecunda en libelos, y puso ciertamente su mano en los *Acta Academiae Lovaniensis:* en ellos se atacaba personalmente a Aleandro, y no se salvaba ni la misma bula; se daba a entender que ésta no emanaba del Papa, sino de una conspiración del Nuncio con los teologastros de Lovaina. De esta efervescencia salió igualmente el libelo intitulado *Hochstratus ovans,* en que se veía triunfar a Hochstrat por obra y gracia de Aleandro. Al mismo tiempo que prestaba ayuda oculta a los humanistas luteranos para excitar los ánimos contra la bula, Erasmo trabajaba con toda su influencia cerca de los consejeros del Emperador para ganarlos a la solución propuesta en el *Consilium.* Pero, incorregible en sus hábitos de prudencia, dejaba hablar a Faber, menos sospechoso a causa de sus ropas de dominico. Éste fue oído por el Obispo de Lieja y por Gattinara. Erasmo, en conversación con el Elector de Sajonia, trataba de obtener que se obligase a los luteranos a portarse con mayor moderación. Pero no logró impedir una explicación tempestuosa con Aleandro acerca de los rumores que propagaba contra la bula. No se atrevió a negar que decía de ella que era falsa, y explicó "que no estaba obligado a creerla auténtica, puesto que no había visto el original".[7] Se sentía desenmascarado y comprometido. No era hombre que se vendiese; no era tampoco hombre que desafiase a los poderes. Hablaba en términos vagos de hacer un viaje a Roma "por diversas razones, y en particular para trabajar en la Biblioteca Vaticana"; no tenía deseo alguno de refutar a Lutero para obtener el obispado que Aleandro hacía brillar una vez más a sus ojos. Antes que persistir en el callejón sin salida en que se había metido, prefirió abandonar la plaza.

No seguirá al emperador a Worms, aunque se le invita a ello. Esta-

---

[6] P. Martyris Anglerii *Opus epistolarum,* Alcalá de Henares, 1530. Reimpr. en Amsterdam (Elzevir), 1670. Epp. 689 (Bruselas, 31 de agosto de 1520), 699 (Aquisgrán, 25 de octubre de 1520) y 723 (Worms, 13 de mayo de 1521).—Cartas reproducidas en F. Caballero, *op. cit.,* págs. 292-306. (Véase la trad. cit. de Pedro Mártir por López de Toro, t. XII, pp. 65, 93 y 161.)

[7] Sobre la campaña erasmiana en Colonia, cf. Renaudet, *op. cit.,* págs. 99 ss. Los *Acta Academiae Lovaniensis* han sido reimpresos hace algunos años por Ferguson, *Erasmi opuscula.*

blece su campamento de invierno en Lovaina para asistir desde lejos al progreso irrevocable del cisma. Escribe entonces largamente al cardenal Campeggio para justificar la posición que ha tomado desde hace dos años, a riesgo de que se le tenga por luterano. Pero León X responde con cortés frialdad a su carta del mes de septiembre. Es evidente que se le va a emplazar para que reniegue de Lutero. Éste, por cierto, ha quemado ya con gran solemnidad la bula, haciendo así decididamente imposible la política de mansedumbre que Erasmo reclamaba para con él. En el seno de la Corte imperial, Aleandro, cada vez más activo y triunfante, tiene la suprema habilidad de hacer decir a otros lo que él piensa del luteranismo de Erasmo. Éste lo ayuda, excusándose con torpeza en un momento en que no es acusado por nadie. Manda a Worms carta tras carta, mensajero tras mensajero, para que allá se sepa que no ha leído ciertos libros: "En una palabra —escribe Aleandro el 19 de enero—, el buen Erasmo se enreda de tal modo en sus excusas, que el Emperador y muchos otros personajes de los más notables han llegado por sí mismos a sospechar de él que es ciertamente el hombre que ya he descrito, el hombre que estoy seguro que es, aunque aquí me haga el desentendido". Tres semanas después, el Nuncio pone a la Santa Sede en guardia contra los esfuerzos de Erasmo por arrancarle al Papa un nuevo breve aprobatorio de sus escritos:

Hay en ellos muchas cosas peores que en los de Lutero, y estoy pronto a demostrarlo en mil pasajes. Jamás he explicado esto a ninguna persona. Pero he conversado en diversos lugares con importantes personajes, en particular con el Obispo de Tuy, los cuales tienen expresamente a Erasmo por autor de ciertos libros atribuidos a Martín, y de los peores, y estiman que las obras publicadas con su nombre están llenas de los más peligrosos errores.[8]

Por medio de sus amigos, Erasmo recibe informes de que hay quien se empeña en perderlo en la opinión del Emperador. A través de aplazamientos repetidos, se acerca ya la expulsión de Lutero. Erasmo se deja al fin convencer, hacia fines de marzo, de la necesidad de reprobar al heresiarca más claramente de como hasta entonces lo ha hecho. Pero que no vaya a esperarse de él un manifiesto. El maestro del género epistolar prefiere expresarse en largas cartas dirigidas al canciller Gattinara, al cardenal de Sión, Mateo Schinner, al obispo de Tuy, Marlian, al obispo de Lieja, Érard de Lamarck, y a otros muchos, sin omitir a Aleandro;[9] el procedimiento es de una cortesanía discreta, y permite asimismo matizar la defensa según la importancia y las disposiciones presuntas del personaje que habrá de leerla. De todas estas cartas, Erasmo, al publicar varios meses después su compilación de *Epistolae ad diversos* (31 de agosto de 1521), sólo incluye la que mandó a Marlian, junto con otras dos cartas cambiadas durante las semanas siguientes entre este personaje

8 Cf. Renaudet, *op. cit.*, págs. 110-111. Véanse las cartas de Aleandro en Balan, *Monumenta Reformationis Lutheranae*, Ratisbonae, 1884, págs. 40 y 55.

9 Véase Allen, t. IV, Ep. 1195, introd.

y él. Tales documentos son de capital importancia para precisar las relaciones de Erasmo con la Corte imperial en el momento de Worms. Marlian [10] era el más antiguo patrono que tenía entre los personajes allegados al rey Carlos. Este hombre ponderado, desde los días en que la Corte se hallaba en España, le había mandado advertir, por mediación de Barbier, que huyese de las polémicas; después, en Bruselas, le había exhortado a no comprometerse en el caso de Lutero, para tapar la boca a los que sospechaban de él: Marlian recibió de Erasmo una formal promesa que lo tranquilizó. Pero en Worms, si Aleandro dice la verdad, había prestado oído a los rumores que hacían de Lutero y de Erasmo dos cabezas bajo un mismo bonete.

Ya se comprende el cuidado que Erasmo pone en convencerlo de que no defiende la causa de Lutero. Él siempre se ha guardado mucho de hacer un papel de agitador, de propagar opiniones no consagradas. Se pinta a sí mismo acosado por solicitaciones de los luteranos, empujado a pesar suyo dentro del campo herético por los adversarios de Lutero. "Pero ninguna maquinación —dice— ha podido quebrantar mi modo de ver. Reconozco a Cristo. Ignoro a Lutero. Reconozco a la Iglesia romana, y supongo que ésta está plenamente de acuerdo con la Iglesia católica. De ella no habrá de separarme ni siquiera la muerte, a menos que ella se separe claramente de Cristo." Persiste, no obstante, en ver en el caso de Lutero el resultado de pasiones adversas que se exacerban mutuamente. Lutero es el peor enemigo de su propia causa cuando salen de su pluma libelos cada día más violentos; pero la causa del Papa tiene asimismo defensores bastante ineptos: "Lo único que los mueve es el hambre que tienen de Lutero; poco importa que lo prefieran cocido o asado." Aleandro mismo ha obrado con poca diplomacia; ha traicionado las intenciones del Papa, que no tiene otro cuidado que el de atraer al regazo de la Iglesia a los fieles seducidos por la facción luterana. Erasmo lamenta que el Nuncio no haya trabajado en este sentido, en colaboración con él.

Apela a la prudencia, a la benevolencia, a la autoridad de Marlian para disipar las calumnias de que es víctima.

Espúlguense todas las confidencias que yo haya podido hacer a mis amigos, en las cartas más secretas, y algunas veces con mayor libertad de la que hubiera sido menester, pues tal es mi carácter. Espúlguense mis palabras, hasta esas que todos solemos decir *inter pocula*. No se encontrará nada, excepto esto: que yo hubiera preferido que a Lutero se le pusiera en el buen camino en lugar de suprimirlo, cuando aún había esperanzas de que siguiera un rumbo mejor. Ahora mismo preferiría ver apaciguarse este asunto en lugar de ver cómo se exacerba, trastornando al mundo; preferiría que se cuente con lo que venga de malo y de bueno, y no ver sacrificado lo excelente por odio a ciertas cosas que parecen malas. Finalmente, soy partidario de evitar el Escila luterano cuidando al propio tiempo de no caer en el Caribdis de la facción adversa. Si estas ideas parecen dignas de un suplicio, yo confieso mi crimen.[11]

---

[10] Véase Allen, t. II, pág. 241, y IV, Ep. 1114.
[11] Allen, t. IV, Ep. 1195 (Lovaina, 25 de marzo de 1521).

En una palabra, la defensa de Erasmo era bastante firme, bastante digna, bastante fiel a su pasado, salvo que se había creído obligado, una vez más, a negar con palabras encubiertas toda participación en la campaña de libelos anónimos contra la bula.

Marlian acogió muy bien esta carta de Erasmo. Es cierto que su respuesta es quizá más amistosa que sincera. Piensa uno involuntariamente en lo que Aleandro dice de sus conversaciones con el Obispo de Tuy acerca del caso de Erasmo, y se percibe un sonido algo dudoso en las frases con que Marlian se empeña en tranquilizar a Erasmo sobre las disposiciones de Aleandro. La carta impresiona sobre todo por su deseo de ostentar ante Erasmo un liberalismo hermano del suyo:

Yo no apruebo más que tú mismo la acción de otras personas, porque sus remedios son los que han empujado a Lutero a la locura. Hubiera sido preciso, ciertamente, tomarlo de otra manera. En cuanto a mí, no creo haberme quedado mano sobre mano: he compuesto contra Lutero dos discursos, el primero más suave, el otro, posterior a la publicación de sus últimos libros, más severo. Sin embargo, lo que yo quisiera ver condenado no es el hombre, sino la causa, y desearía que el estado y la religión quedasen salvos sin que él tuviera que sufrir.[12]

Erasmo se apresuró a responder al Obispo, apoyándose en su unidad de miras:

Me alegro mucho de que desapruebes como yo a quienes combaten a Lutero con métodos tan necios; perjudican así su propia causa y se traicionan a sí mismos; contribuyen de la peor manera al honor del Papa, cometen una injusticia contra muchos inocentes, y, lo que es peor, provocan a las multitudes a la rebelión. Tú suscribirías más completamente aún mi modo de ver si contemplaras con tus ojos y escucharas con tus oídos las inepcias cotidianas de esta gente.

Sobre la actitud de Aleandro, Erasmo tiene demasiados informes y de fuente demasiado buena para hacerse ilusiones. Pero sus amigos lo han tranquilizado en cuanto a las sospechas que han recaído sobre él a propósito de las publicaciones anónimas. Sólo se trataba, según parece, de la *Oratio pro Martino Luthero*,[13] publicada bajo el seudónimo de Didymus Faventinus, pero Melanchthon no disimula ser su autor. El *Consilium* es menos comprometedor. No obstante, ¡qué precauciones no toma Erasmo para reconocer su solidaridad con Faber!

Me han hablado de la publicación, en Colonia, de cierto *Consilium* cuyo autor opina por una solución que deje al Papa el honor de la clemencia y a Lutero el de la obediencia: no han faltado, al parecer, personas que sospechen que eso proviene de mí. La cosa, a decir verdad, me fue mostrada cuando el Emperador se hallaba en Colonia, pero en manuscrito, y antes de la publicación de los libros que han quitado a Lutero la mayor parte de las simpatías. Se decía que cierto dominico era su autor. Y, si he de ser franco, no me disgustó en ese momento.[14]

12 Allen, t. IV, Ep. 1198 (Worms, 7 de abril de 1521).
13 Cf. *infra*, pág. 439, nota 7.
14 Allen, t. IV, Ep. 1199 (Amberes, 15 de abril de 1521).

Así Erasmo deja entender que, todavía en Colonia, ha acariciado la esperanza de una solución clemente en el caso de Lutero, pero que la situación ha cambiado desde entonces. Nos gustaría saber de la misma manera en qué términos se explica ante Gattinara. A falta de su propia carta al Canciller, Erasmo publicó, poco tiempo antes de su muerte, la respuesta que recibió de él. Esta carta es breve, pero de una benevolencia intacta, y le promete un apoyo sin reservas. Gattinara lo llama "única antorcha de las buenas letras en Germania", alaba "su vida de labor consagrada por entero al ornamento y a la ilustración de la fe ortodoxa"; le asegura que todas las personas de bien lo juzgan de la misma manera. Declara no tener conocimiento de las sospechas que han atemorizado a Erasmo, y que habrán podido nacer, dice, de ciertos libros cuyo estilo recuerda el suyo, pero que no contienen nada de herético.[15] Esto, desde luego, parece ser una alusión al *Consilium*. Si se piensa en la correspondencia que por esos mismos días cambiaron Marlian y Erasmo, si se tienen a la vista los juicios que le mereció a Aleandro la actitud de los consejeros del Emperador, se comprueba que existe una especie de secreto acuerdo entre el pensamiento de Erasmo acerca de la situación y cierta orientación de la política imperial. Este acuerdo se acentuaría muy pronto, transformándose en uno de los más sólidos fundamentos del erasmismo español, y no podía dejar de manifestarse tras la Dieta de Worms. Nada se ha resuelto, en efecto, con la condenación de Lutero. Hay que satisfacer imperiosas exigencias de la conciencia cristiana que despierta. Hay que mantener la unidad política del Imperio a pesar de las diferencias de actitud de los diversos estados ante la revolución luterana. De allí la tenaz resistencia de Gattinara a la presión de Aleandro, en un momento en que el joven Emperador hubiera mostrado de buena gana un ardor ortodoxo sin miramientos para con Lutero. De allí la importancia que el Canciller, con gran escándalo de Aleandro, atribuye a la idea de un concilio.[16]

Es natural que ciertos españoles que estaban presentes en Worms no hayan visto el caso de Lutero de manera tan simplista como los servidores de Carlos que habían permanecido en la Península al lado del regente Adriano. Todavía no se ha sofocado la revolución de las Comunidades cuando, desde Burgos, el Consejo dirige al soberano un llamamiento a la guerra santa contra el heresiarca. Le recuerda la tradición de los Reyes Católicos, que arrojaron a moros y judíos de Castilla sin preocuparse del daño que de ello resultaba para su hacienda, y la tradición de los emperadores de Alemania defensores de la fe:

Suplicamos a Vuestra Majestad que, demás de mandar cumplir en todo lo que Su Sanctidad ha declarado y proveído y mandado contra este Martín Luter

15 Allen, t. IV, Ep. 1197 (Worms, 5 de abril de 1521). Carta publicada muy tardíamente por Erasmo, en 1536. Allen piensa que Erasmo se abstuvo de insertarla en sus recopilaciones porque hacía poca honra a la latinidad del Gran Canciller.

16 Balan, *op. cit.*, pág. 115. Carta de Aleandro (posterior al 4 de marzo): "Il cancellieri sempre ci dice che è impossibile metter fin a questa cosa senza un Concilio, et che fata obstant, et certi proverbii de constellatione che lui sole plus aequo haver alle mani."

hereje y sus favorecedores y secuaces, mande que la belicosa y cristiana gente alemana de vuestro Imperio se levante y mueva poderosamente y con mano armada a prender este hereje y entregarle preso a nuestro muy Sancto Padre con todos sus libros y escripturas heréticas para que Su Sanctidad mande esecutar lo que contra él tiene determinado.

Ya el Consejo, en nombre de Su Majestad, ha publicado en todo el reino una rigurosa prohibición de que "ninguna persona venda ni tenga ni lea ni pedrique los libros deste hereje ni trate de sus errores ni herejías pública ni secretamente".[17]

Pero, durante este tiempo, un Hernando Colón compra libelos como el *Hochstratus ovans*.[18] No son los españoles los últimos en sumarse al movimiento de curiosidad simpática que provoca Lutero el excomulgado. Un testigo anónimo de la Dieta de Worms, autor de la única relación contemporánea que de este gran acontecimiento se conserva en lengua española, describe no sin vivacidad el espectáculo de la puerta del palacio en el momento en que Lutero abandona la asamblea, jubiloso y llevado en triunfo por sus amigos; los criados de los españoles, que esperan la salida de sus amos, gritan a su paso: "¡Al fuego! ¡Al fuego!"[19] Es ésta una vista parcial: no todos los amos reaccionan de manera tan simple como sus criados. Otro testigo ocular, Juan de Vergara, acusado más tarde de luteranismo, dirá que era muy común escuchar, en los comienzos del asunto de Lutero: "Mirad cómo no se han de levantar Luteros", o bien: "Razón tiene Lutero en lo que dice", o si no (palabras que no pueden ser anteriores a la Bücherverbrennung del 20 de diciembre de 1520): "Bien hizo Lutero en quemar los libros de Cánones y Decretos, pues no se usa dellos", y añade, "nadie se escandalizaba entonces desto". El mismo Vergara afirmará no haber comprado nunca libros de Lutero, "estando toda la corte de Su Majestad llena dellos en Alemania". Evocará a Worms en el momento en que Lutero fue allá en persona: "Yendo todo el mundo a verle, *especialmente los españoles,* nunca este declarante quiso dar un paso por le ver."[20]

No pretendemos exagerar el alcance de tales indicaciones. Aleandro, celebrando la ortodoxia del Duque de Alba, dice que le es común con "todos los españoles, excepto los marranos", negociantes de Amberes y de otros lugares, que simpatizan con Lutero porque ven en él al enemigo de la Inquisición. Deplora que la política del Emperador esté dirigida

---

17 13 de abril de 1521. El documento está en Simancas (A. G. S., *Estado,* leg. 8, fols. 1 y 2). Baumgarten, *Geschichte Karls V,* Stuttgart, 1885, t. I, pág. 472, lo analiza a base de la publicación de Bergenroth.

18 Véase el *Catálogo* de su biblioteca (*op. cit.*), Nº 1173.

19 *Relación de lo que pasó al Emperador en Bormes con Luthero en 1521.* Texto publicado por Wrede, *Reichstagsakten,* Gotha, 1896, t. II, pág. 632, y por Morel-Fatio, *Le premier témoignage espagnol sur les interrogatoires de Luther à la diète de Worms en avril 1521,* en B. H., t. XVI (1914), págs. 35-45. Véase también Ludwig Pfandl, *Das spanische Lutherbild des 16. Jahrhunderts,* en *Historisches Jahrbuch der Görresgesellschaft,* Band 50 (1930), págs. 464-497; Band 51 (1931), págs. 47-85.

20 Cf. *infra,* pág. 454.

por tudescos y flamencos y no por los españoles.[21] Hay que tener en cuenta, por otra parte, que para un Vergara, para un Alfonso de Valdés, para otros muchos, el espectáculo de Alemania en los días de la Dieta de Worms no es una lección de antiluteranismo brutal y sin distingos. Es éste un factor que pesa mucho en la formación y en la orientación del erasmismo español.

Los futuros jefes de fila del movimiento adquieren entonces conciencia del problema que se plantea ante la cristiandad. Lutero se mete en un camino por el cual es imposible seguirlo, si se respeta la unidad católica. Pero el espíritu evangélico no puede ser condenado con Lutero; la conservación de la unidad no puede significar un "hasta aquí" en la renovación religiosa que se ha iniciado en todas partes. Esta reivindicación del *evangelismo a pesar de todo* es la que, cada vez más, habrá de encarnar Erasmo. En el plano político, va a tomar cada vez más la forma de un llamamiento al concilio.

La relación del caso de Lutero que Alfonso de Valdés compone para Pedro Mártir[22] es un documento sumamente significativo a este respecto. No hay razón seria para suponer esta relación muy posterior a los acontecimientos. Si la parte fechada en Bruselas se extiende visiblemente mucho más allá de la fecha que lleva, nada se opone, en cambio, a que la parte que cuenta la Dieta de Worms se haya terminado el 13 de mayo de 1521 (no menciona expresamente el edicto de expulsión). No era ya preciso, por esos días, ser gran profeta para anunciar que las medidas de rigor contra Lutero, lejos de ser el fin de la tragedia, como lo creían los ciegos, eran apenas su principio. Se ha dicho ingeniosamente que Valdés hace "la autopsia" del caso de Lutero.[23] Parece que llevó a cabo esta autopsia en la misma ciudad de Worms, tomando las cosas desde su comienzo, y que, para dar a su relato un aire más actual, lo cortó en dos partes, fechando en Bruselas todo lo anterior a la Dieta.

[21] Balan, *op. cit.*, págs. 28-29: "El Duca di Alva in favore di Nostro Signore et della Chiesa si straccia li panni, con tanto fervore ne parla: Et in vero cosi fanno tutti li Spagnuoli, excetto li mercatanti sospetti marani, li quali in Antwers et alibi favoreggiano a Martino, perchè ha detto, che nè heretici nè altri se debbeno abbrusciar, et questo che io scrivo, ancor che è da ridere, tuttavolta è vero che li marani il defendano quantum possunt verbis tantum." Carta escrita hacia el 14 de enero de 1521. *Ibid.*, pág. 225 (15 de mayo de 1521), a propósito de la carta del "Consejo de España" (cf. *supra*, pág. 110, nota 17): "In vero et in Spagna et qui in corte questa Nation se ha mostrata vere catholica; benchè qui non hanno authorità se non tedeschi et fiammenghi." Es evidente que Gattinara, a pesar de sus orígenes italianos, es colocado por Aleandro entre los "flamencos".

[22] Cf. *supra*, págs. 104-105.

[23] L. Pfandl, *art. cit.*, págs. 487 ss., donde este "Autopsie-Bericht" se califica de "knapp, klar, wahr". El autor, no sin discutir los puntos de vista hipercríticos de Bernays sobre estas cartas, se inclina visiblemente a creerlas muy posteriores a los acontecimientos que relatan como muy recientes. Hasta llega a preguntarse si Valdés estaba en Worms con Gattinara, y si no se había quedado en Bruselas durante la Dieta. Estas cartas, en realidad, no tienen de epistolar más que las fórmulas del comienzo y del final. Pero aun suponiendo que Pedro Mártir haya retocado considerablemente una relación suministrada por Valdés, la conclusión de ambas cartas —acerca de la necesidad de un concilio— refleja la opinión de las esferas oficiales.

Este relato es "conciso, claro, verídico". Merece sobre todo retener nuestra atención por los pasajes en que Valdés mismo juzga los hechos, reflejando el pensamiento de Gattinara; al final de cada uno de los fragmentos vuelve, como un *leitmotiv,* la idea del concilio: "Es imposible imaginar hasta dónde se extenderá la presente calamidad, si la prudencia y la piedad del Papa o la feliz fortuna de nuestro Emperador no ponen remedio a estos males con un concilio general." Y, después del cuadro pesimista de Worms, donde los libros de Lutero se venden impunemente en calles y plazas: "Fácil es adivinar lo que ocurrirá una vez que se haya marchado el Emperador. Esta plaga se podría vencer, para el mayor bien de la cristiandad, si el Papa no diera tantas largas para el concilio general, si pusiera la salvación de todos por encima de sus intereses particulares." ¿Punto de vista de "erasmiano hostil a la curia"?[24] Ciertamente, pero también punto de vista conforme al del director de la política imperial, y que explica la próxima aparición de lo que podrá llamarse erasmismo oficial de los allegados a Carlos V. Del naufragio del *Consilium,* esto al menos sobrenadaba.

Por lo demás, si el porvenir reserva aún más de un desquite a la política erasmiana de conciliación, es preciso decir ahora que su fracaso en Worms deja a Erasmo, por lo pronto, en muy mala postura. Tiene que echar mano de toda su habilidad y de todo su prestigio para atravesar indemne este verano de 1521, para conservar su contacto con la Corte, de vuelta ya en los Países Bajos, sin dar motivos de acusación a los organizadores de la represión ortodoxa, y para buscar en seguida, en Basilea, un lugar donde se le permita no ser luterano ni antiluterano. Sus adversarios dirán algún tiempo después que pasó estos años críticos haciéndose el muerto, y que, finalmente, emprendió la fuga. Erasmo tendrá que explicarse públicamente a este respecto en una carta a Marc Laurin que se halla aneja al primer *Catálogo* de sus obras completas (1523). Tiene una buena oportunidad para pintar su brillante situación oficial en el momento en que el Emperador regresa de Worms: vive por entonces en Anderlecht, en las afueras de la capital brabanzona, pero casi no hay día en que no venga a caballo a Bruselas. Frecuenta mucho la Corte, se sienta a la mesa del cardenal Schinner, conversa con los nuncios, Aleandro y Caracciolo. Visita a los embajadores y los recibe en Anderlecht. En agosto, la corte se traslada a Brujas, adonde llega Wolsey para negociar la alianza anglo-española contra Francisco I. Erasmo la sigue. Gusta, por última vez en tierra flamenca, de las dulzuras reunidas del estudio, la amistad y la gloria. Huésped de Laurin, tiene tiempo de sobra para colacionar los antiquísimos manuscritos de la Vulgata que posee la biblioteca de Saint-Donatien. Encuentra nuevo calor en el joven entusiasmo de Vives, ocupado entonces en su edición de la *Ciudad de Dios* de San Agustín. Vuelve a charlar, en el séquito de Wolsey, con varios de sus más antiguos y queridos amigos: Mountjoy, Tunstall, Tomás Moro. Su conversación es solicitada por el rey Cristián de Dinamarca. Los más

---

[24] "Der antikuriale Erasmianer" (Pfandl, *art. cit.,* pág. 484).

importantes personajes de la Corte imperial son invitados a la mesa del deán de Saint-Donatien, y todos rodean a Erasmo de halagos.[25]

Así éste tiene razón para decir que nunca ha estado menos escondido. Pero si tanto se muestra a los ojos de todos, diríase que es para aturdirse a sí mismo, y que una secreta angustia lo corroe. Aleandro ha elegido los Países Bajos como terreno más fácil para emprender la lucha contra la herejía luterana. Su objetivo es particularmente la ciudad de Amberes, donde la audacia de los marranos ha llegado hasta el punto de hacer imprimir a Lutero en español para exportarlo a la Península. El día 13 de julio hace un gran auto de fe con los libros luteranos. Prosiguiendo sus indagaciones en el lugar mismo de los hechos, descubre que "los cartujos y los benedictinos de este país, hombres a quienes el exceso de ocio y de soledad hace siempre melancólicos, están contagiados sobremanera de esta desvergüenza". A principios de septiembre, no oculta sus deseos de hacer un escarmiento "quemando vivos a media docena de luteranos". Tiene una charla con el confesor imperial, Glapion, y logra que se decrete la persecución de ciertos fautores de la herejía. Ya se han iniciado por esos días, sin duda alguna, los procesos de Probst, prior de los agustinos de Amberes, y de Cornelius Grapheus, culpable de haber escrito el prefacio del libro de Pupper y Goch sobre la *Libertad cristiana*. Funcionará una Inquisición en los Países Bajos.[26] ¿Cuál será la situación de Erasmo y de sus amigos, acusados incesantemente por los ortodoxos de ser más luteranos que Lutero? En ese momento es cuando huye Erasmo. Se siente amenazado por un peligro verdaderamente grave, que no son los meros ataques de Egmont o de Laurensen. Ve alborear un nuevo orden de cosas en que la represión de la herejía, demasiado hábil para pensar en perseguirlo a él, tomará al pie de la letra sus protestas de ortodoxia y apelará a su colaboración: se marcha de allí para no verse transformado en inquisidor.

Es difícil, por supuesto, ver perfectamente claro en las deliberaciones de Erasmo en esta encrucijada decisiva de su existencia. ¿Acaso veía muy claro él mismo? La carta a Marc Laurin, publicada dieciocho meses después para "puntualizar", para explicar su reciente conducta con respecto a la ortodoxia y al cisma, se esfuerza en poner muy en claro los motivos que hacen que esa partida no tenga nada de huída ante la ortodoxia amenazante. Erasmo subraya en ella el carácter correcto, casi amistoso, de las relaciones que mantiene entonces con Aleandro. ¿Acaso no había alcanzado, el día mismo de su salida para Basilea, que el Nuncio impusiese silencio a Laurensen, que se estaba desbocando contra él? Por otra parte, esta salida era cosa prevista, preparada desde hacía seis meses: ya la había invocado para obtener que se le pagase con mayor rapidez su pensión de consejero. Lo que, una vez más, lo llamaba a Basilea, era el *Nuevo Testamento*. La tercera edición tomaba, a sus ojos, una importan-

---

[25] Allen, t. V, Ep. 1342, líneas 62-85. Sobre la permanencia en Brujas, cf. t. IV, Ep. 1223, introd., y Renaudet, *op. cit.*, pág. 121.

[26] Sobre estas persecuciones, véase P. Kalkoff, *op. cit.*, t. II, págs. 56 ss., y t. I, págs. 42-46, sobre los "marranos" de Amberes.

cia excepcional: "este asunto no le llegaba menos al corazón que el Milanesado al Rey de Francia".

Sin duda... Pero cuando explica la prolongación indefinida de su permanencia en Basilea, aparecen otros motivos. Glapion, confesor del Emperador Carlos, pone tal insistencia en prometerle los más altos honores, que Erasmo huele una trampa: ya se ve encargado, por el Emperador, de la represión del luteranismo, oficio por el cual siente tan poca vocación. "La espada —agrega, aludiendo sin duda a Hulst, Latomus y Egmont, encargados del proceso contra Probst—, la espada se había puesto en manos de ciertos individuos violentos, de quienes yo no quisiera ser ni colega ni adversario." [27] Diez años después de la carta a Laurin, los años de Basilea son, a su vez, un pasado perfectamente concluido; Erasmo considera desde mayor distancia la gran decisión de 1521, y entonces ya no distingue tantas razones desigualmente decisivas que lo llevaron a aquella ciudad, y que muy pronto acabaron por fijarlo allí. En 1533 escribe en una carta confidencial:

La causa principal de mi partida fue que ciertas personas, en los Países Bajos, habían persuadido al Emperador de que me confiase el negocio de los luteranos: el padre de esta idea era Juan Glapion. A lo que pude entender, se me hacía esto con ánimo benévolo; pero se insistía tanto más en verme asumir este cargo, cuanto que se me tenía por sospechoso, aunque sin razón alguna; así o me hacía verdugo de aquellos con quienes simpatizaba, pensaban ellos, o bien, traicionándome a mí mismo, quedaba cogido en sus redes.

"Me arrepiento de muchas cosas —concluye Erasmo—, pero de esta partida jamás me he arrepentido." [28] Estas palabras no son de un hombre que, al abandonar la Corte, hubiese jurado nunca volver a poner los pies en ella. Expresan la satisfacción retrospectiva de haber permanecido fiel al instinto de libertad a que cedió en ese momento. No fue aquello una ruptura. Lo que Erasmo hizo fue sencillamente poner una distancia entre su flaca persona y el mundo oficial cuyo incienso había respirado y cuyas promesas había acogido tantas veces, desde el año de 1517. Cada vez más y más, se le emplazaba a escoger entre Lutero y la ortodoxia, y él se negaba obstinadamente a escoger. Pero había otra elección que se le imponía, no formulada quizá, y sin embargo mucho más ineluctable, entre la libertad del espíritu y el poder. El ejército del orden

---

[27] Allen, t. V, Ep. 1342, líneas 86-99, 105 ss., 276-286 y 589-590.

[28] Allen, t. X, Ep. 2792, líneas 17-24 (Erasmo a Nicolás Olaus, Friburgo, 19 de abril de 1533): *"Lege solus... Cur abirem praecipua causa fuit quod isthic quidam Caesari persuaserant, ut mihi negotium Lutheranum delegaretur; hujus consilii author erat Joannes Glapion. Sensi id mihi amico animo fieri; sed quoniam habebar suspectus, licet falsissimo, studebant me id muneris conjicere, ut aut carnificem agerem in eos quibus, ut putabant, benevolebam, aut me ipsum prodens haererem illorum retibus. Multorum me poenitet, illius abitus nunquam poenituit..."* A la luz de esta confidencia, es interesante leer cierta carta a Pierre Barbier, capellán del Papa Adriano, escrita hacia el 14 de julio de 1522 y en la cual Erasmo parece excusarse de haber salido de los Países Bajos sin tener con Glapion la charla deseada por éste. (Allen, t. V, Ep. 1302, líneas 19-28.)

establecido lo cercaba hábilmente: no lo amenazaba con las varas del simple soldado, sino que le tendía un bastón de mariscal. Erasmo eligió la libertad.

II

La última publicación de Erasmo en los Países Bajos había sido su *Apologia* contra Diego López Zúñiga. Vergara, al volver de Worms a Bruselas a principios del verano, había sabido que tenía ya en sus manos las *Annotationes* de Zúñiga, y que se ocupaba en contestarlas. Lo había visto casi inmediatamente después en Lovaina, en el momento en que entregaba su *Apologia* a Thierry Martens para que la imprimiese. Había manifestado cierta sorpresa de que Erasmo no hubiera puesto junto a su respuesta el texto mismo de su contradictor, tal como lo había hecho al contestar a Lee. A lo cual Erasmo había respondido secamente: "Zúñiga dio bastante publicidad a sus *Anotaciones,* y no hace falta una segunda edición de ellas." [1]

No obstante, si se había abstenido de reproducir las críticas de Zúñiga, las había examinado, en cambio, una por una, ya sea para mostrar su inanidad o su malevolencia sistemática, ya para reconocer lo que tuvieran de bien fundado. En un largo preámbulo, había puesto de relieve el carácter injurioso del libelo y su intemperante nacionalismo. El "bátavo" devolvía sarcasmo por sarcasmo a aquel nuevo Gerión brotado del suelo de España, monstruo de tres lenguas esta vez, no ya de tres cuerpos.

Ciertamente me alegro —decía— de que *también* en España florezcan las lenguas y las buenas letras, y del genio de Zúñiga en particular espero mucho: tengo esperanzas de que en lo sucesivo haga mejor empleo de este genio, de su saber, de su papel y de sus ocios. Pero mucho me temo que, por culpa suya, no recoja de su ensayo literario la abundante mies de gloria que parece haberse prometido.

Y, antes de comenzar a discutir los detalles, Erasmo reunía como en un ramillete las más violentas invectivas de Zúñiga, enganchadas todas ellas a pretextos tan frágiles, sin olvidar lo de Σπανία ni lo de *Neapolis,* ni su supuesto apolinarismo o arrianismo.[2]

En el cuerpo de su *Apologia,* Erasmo se defendía largamente del reproche de haber querido calumniar a España. ¿Acaso era culpa suya si todos los manuscritos griegos estaban concordes en dar la lección Σπανία? ¿Y en qué podía ser hiriente la observación que había hecho con tal ocasión sobre la pronunciación española? Cada región tiene hábitos fonéticos

---

[1] Véase la carta de Vergara a Zúñiga, Bruselas, 10 de octubre de 1521, publicada por Allen, t. IV, pág. 624, líneas 65-74.

[2] La *Apologia respondens ad ea quae Jacobus Lopis Stunica taxaverat in prima dumtaxat Novi Testamenti aeditione* (Lovaina, Martens, septiembre de 1521) se ha reimpreso muchas veces junto con las otras apologías de Erasmo. Remitimos al tomo IX de Erasmi *Opera,* Leiden, 1706, cols. 283-356.

que le son propios: los franceses suprimen la *s* (delante de una consonante), los ingleses pronuncian la *e* como *i*, los florentinos dicen *chorpus* en lugar de *corpus,* otros *laldo* en lugar. de *laudo.* Erasmo no ha dicho que los españoles "escriben", sino que "pronuncian" *espero* en lugar de *spero,* y este rasgo les es común con sus vecinos de Francia. ¿Es eso tachar a España entera de ignorancia? "¿Acaso todos los españoles son doctos? Además, ¿por qué hablar a ese propósito de pobreza, de pereza o de cobardía? Si España fuera un país poco fértil, ¿acaso habría uno solo, por poco inteligente y honrado que fuese, que le hiciera reproches por ello? ¿Acaso España es la única que no tiene pobres? ¿Acaso tiene tan sólo Cresos y Midas? ¿Acaso no tiene cobardes y perezosos?" ¡Qué extraña manera de honrar a la patria: abrumar de desprecio al resto del mundo! Erasmo profesa las mejores disposiciones para con todos los países, cualesquiera que sean. Pero tiene por España una simpatía particular, tanto porque de ella han salido hombres de grande ciencia como porque los Países Bajos se alegran de tener el mismo soberano que ella. ¿O por ventura Zúñiga querrá negar también esta ventaja a los bátavos? Dichosa España, que puede ufanarse de un Antonio de Nebrija: cuanto más discípulos llegue a tener este sabio, tanto más se regocijará Erasmo. Pero ¿para qué desdeñar y denigrar lo que se ignora? ¿Cómo se atreve Zúñiga a decir que fuera de Italia y de España apenas se encuentra de tarde en tarde algún amigo de las buenas letras, cuando los humanistas abundan prodigiosamente en Francia, en Alemania, en los Países Bajos, en Inglaterra? Sólo en la Universidad de Lovaina son más de un millar, que se aplican al estudio de las buenas letras y han logrado en él frutos maravillosos, hasta el punto de que más de uno habrá de pasar a la posteridad. Y esto a pesar de la hostilidad de los defensores de la escolástica, pues en Lovaina el humanismo no tiene la buena fortuna de disfrutar de situación privilegiada, de protección oficial, como ocurre en la Universidad de Alcalá, la cual, dicho sea de paso, saldría gananciosa con no ser glorificada por semejantes procedimientos. Erasmo, a quien Zúñiga reprende agriamente por citar con elogio a "sabe Dios qué helvecios", no reserva sus simpatías sólo para sus hermanos los bátavos: alaba, cuando lo merecen, a los alemanes, a los suizos, a los franceses, a los ingleses. Ha alabado más de una vez a los españoles, y está convencido de que todos los españoles reprobarán la intemperancia de lenguaje de Zúñiga, si son tales como Zúñiga los pinta; y si no lo son todos, lo son cuando menos muchos de ellos.[3]

Erasmo se negaba a tomar en serio el crimen de lesa majestad que se le imputaba por haber dicho que "Nápoles está hoy en poder de los españoles". ¡Y pensar que aquello daba ocasión para que se le tratara de bátavo, y luego de sármata, como si fuese la misma cosa!

¿Acaso un ocupante lo es forzosamente de manera tiránica y con título injusto? ¿Acaso ocupar un sitio vacío es lo mismo que ocuparlo por tiranía? ¿Acaso el árbol que ocupa cierto lugar lo ocupa injustamente? Mi intención

3 *Ibid.,* cols. 327-328.

no era averiguar con qué derecho poseen los españoles a Nápoles. El hecho es que ellos están allí, de suerte que los demás no tienen modo de reinar en ese lugar.

En cuanto a la observación geográfica de Zúñiga, vale lo que vale. Aquí Erasmo se ha fiado de San Jerónimo; que su contradictor se las arregle con este Doctor de la Iglesia.[4]

Pero precisamente Zúñiga, en todas sus críticas, alardea de ser defensor de San Jerónimo, ultrajado por Erasmo. Ha entendido peor todavía que los "Hombres oscuros" la actitud de Erasmo para con un Doctor a quien dista mucho de despreciar, puesto que le ha consagrado sus vigilias al editar y anotar sus obras completas. San Jerónimo, por muy grande que sea, no es, para la filología sacra que renace, más que un glorioso prodecesor: modelo, desde luego, pero no oráculo infalible. Cuando los teólogos conservadores colman de reproches a Lorenzo Valla, a Lefèvre d'Étaples y a Erasmo por "corregir" el texto sagrado, olvidan que estos filólogos son en ello los continuadores de San Jerónimo. Por otra parte, lo que se discute en general en las *Annotationes* de Zúñiga es la Vulgata del Nuevo Testamento, y ésa es la razón de que las haya intitulado *Annotationes contra Erasmum Roterodamum in defensionem tralationis Novi Testamenti.* Siendo San Jerónimo el traductor de la Vulgata, toda crítica que se haga contra esta traducción se dirige contra el propio santo. Pero hay en esto, según Erasmo, un doble malentendido. En primer lugar, pone en tela de juicio que la Vulgata se deba a San Jerónimo, y, en segundo lugar, él no se ha fijado como tarea el volver la Vulgata a una conformidad más perfecta con el texto griego. El texto llamado canónico está consagrado por el uso de la Iglesia. No corresponde a un filólogo tocarlo. Simplemente, Erasmo se preocupa por establecer el texto y por dar de él una interpretación fiel. Esta nueva traducción no pretende sustituir a la Vulgata, no pretende ser leída en los altares. Sólo se propone a la atención de los sabios, y aspira a un uso puramente privado.[5]

Tan cierto es que Erasmo no pretende en modo alguno hacer innovaciones, que en la tercera edición del *Nuevo Testamento,* a punto de salir en el momento en que responde a Zúñiga, ha restablecido el *comma johanneum* en el propio texto griego. Y esto ¡sobre qué autoridad tan frágil! Ya ha dado abundantes explicaciones acerca de ese problema en su disputa con Lee, el cual clamaba con acentos de tragedia viendo el peligro arriano a propósito de la eliminación del "triple testimonio en el cielo". Con Zúñiga, que le reprocha simplemente el fiarse de manuscritos alterados, será más sobrio. La cuestión es de crítica textual, no de teología. Si los manuscritos griegos de que se ha servido están corrompidos, que se le muestren otros más fehacientes. ¿Qué dice en ese punto aquel *Codex Rhodiensis* de las Epístolas utilizado por los editores de la Políglota, y que Zúñiga pondera tan a menudo? Si el complutense se cuida mucho de invocarlo aquí,

4 *Ibid.*, col. 320.
5 *Ibid.*, cols. 289-290 y 287: "...Per me manere lectionem ecclesiasticam incolumem, et illibatam. Haec tradi in cubiculis legenda, non in templis."

¿no será porque su lección está concorde con la de Erasmo? Erasmo ha hecho que Paolo Bombace, familiar del Papa, le colacione el manuscrito griego más antiguo del Nuevo Testamento que posee la Biblioteca Vaticana: en vano se busca en él el versículo litigioso. Hay más: falta igualmente en los más venerables manuscritos de la Vulgata, como los de Saint-Donatien de Brujas. San Cirilo y San Agustín, en obras de polémica antiarriana, citan la primera epístola de San Juan de una manera que muestra bien que desconocen el versículo del triple testimonio en el cielo. ¿Qué importa, después de esto, que se afirme su autenticidad en el prólogo de las Epístolas canónicas? El único partido posible es rechazar no sólo el versículo, sino "ese prólogo, como un documento espurio".[6] Erasmo, no se sabe por qué, admite la atribución a San Jerónimo de este prefacio, y se irrita de ver al santo Padre defendiendo una interpolación evidente. Sobre el punto esencial, sobre la interpolación misma, no puede tener la menor duda. Pero Erasmo prefiere la paz a los resultados más seguros del método crítico. Ha desafiado a sus contradictores a que le muestren un solo manuscrito griego que contenga el triple testimonio... Y he aquí que se le señala uno en Inglaterra. ¿Qué valor tiene? Erasmo no se preocupa de eso. Ya está cansado de ver cómo lo tratan de arriano por su amor a la filología: él restablece el versículo, "ne cui sit ansa calumniandi".[7]

Semejantes concesiones, irritantes para los puros teólogos escolásticos que veían en ellas una invencible negativa a colocarse en su terreno, eran tal vez más mortificantes aún para un Zúñiga, iniciado en la crítica de los textos. No estaban hechas para temperar el amargor de los epítetos desdeñosos con que Erasmo había condimentado su respuesta. Así se hacía sumamente dificultosa la tarea de Vergara, el cual se había hecho el propósito de apaciguar esta querella. El 10 de octubre, varias semanas antes de que Erasmo saliera de Flandes, enviaba a Zúñiga la *Apologia* que acababa de aparecer, y, después de resumir la historia de sus conversaciones con el gran hombre a propósito de las *Annotationes,* trataba de hacer medir exactamente a su antiguo compañero de Alcalá la talla del adversario a quien había provocado.

Vergara le muestra a Zúñiga un Erasmo dotado de rara penetración de juicio, de una facilidad prodigiosa que puede a veces serle perjudicial induciéndole a publicaciones apresuradas, pero también de una capacidad ilimitada de trabajo. Su gloria no tiene precedente en los siglos modernos. Vergara puede hablar por lo que respecta a los países que conoce: Alemania, los Países Bajos y también Inglaterra, a cuyos hombres más destacados ha tenido oportunidad de conocer en Brujas. En el mundo sabio de todas estas naciones, Erasmo es objeto de un culto entusiasta. El elogio de Erasmo ha llegado a ser un verdadero ritual en las menores publicaciones de los humanistas, y su nombre se imprime en ellas con mayúsculas. Entre los libreros, no hay mejor propaganda para un libro que decir que ha sido revi-

---

[6] Tal será la conclusión de Richard Simon, *Histoire critique du texte du Nouveau Testament,* Rotterdam, 1689, pág. 206. Véase *infra,* pág. 249.

[7] *Erasmi Opera,* t. IX, cols. 351-353.

POLÉMICA CON ZÚÑIGA Y SANCHO CARRANZA 119

sado, corregido o anotado por Erasmo. Erasmo está muy por encima de todas las polémicas. Ejerce una verdadera realeza sobre los sabios y sobre los ignorantes. Al atacarlo, Lee ha dado pruebas de un triste valor: inmediatamente ha visto llover sobre él invectivas y maldiciones. Se diría que, en caso de haberse atrevido a aparecer en público, hubiera sido acribillado a plumazos. "Por mi parte, concluía Vergara, dejando a la censura de hombres más doctos, como tú, el juzgar más a fondo de su erudición, profeso verdadero amor y veneración por el celo infatigable de este anciano, por su pasión increíble de las letras, por su vida y trato, verdaderamente dignos de un sabio." Y se ponía a la entera disposición de Zúñiga para negociar una reconciliación.[8]

Este llamamiento a la concordia, junto con un ejemplar de la *Apologia* de Erasmo, fue dirigido a Roma, donde se encontraba Zúñiga desde hacía cerca de un año. Zúñiga esperaba impacientemente la respuesta de su enemigo, pues Bombace le había mostrado una carta del "bátavo" en que se decía: "El español en cuestión es ese Zúñiga, que se ha desbocado con ardor tan fanfarrón contra mis *Annotationes;* le he contestado de manera bastante civil en una breve *Apologia.*" Muy mal habría conocido Vergara a su amigo si hubiese contado con inclinarlo a un paso conciliatorio al pintarle la gloria de Erasmo y el rumor de indignación provocado por Lee. Lo único que Zúñiga lamentaba era que otras *Annotationes* se hubiesen adelantado a las suyas. Vergara, no bien hubo desembarcado en Flandes, le envió el opúsculo de Lee junto con la respuesta de Erasmo. El ejemplar había llegado a España después de la salida de Zúñiga para Italia. Pero Zúñiga vio otro en Génova, en manos de un gentilhombre humanista que le mostró asimismo la segunda edición del Nuevo Testamento, "lo cual todo fue muy nuevo para mí", confiesa en su respuesta a Vergara; y añade esta frase que lo pinta de pies a cabeza: "porque hasta entonces nunca había visto nada de aquello, ni pensaba que nadie se hubiese adelantado a echar garrocha a ese toro tan bravo antes que yo; porque quisiera yo mucho aquella gloria".[9]

Y cuanto a lo que toca a la *Apología* del señor Erasmo, si yo no me engaño, él me respondió "satis civiliter" no como él entendió, sino según suena en buen romance castellano.[10] No pensaba yo que era él tan inerudito como agora he conocido por esta su *Apología,* en la cual, aunque me confiesa algunos errores, le veo manifiestamente defender otros mayores, paliando en cuanto puede su ignorancia y defendiéndose con su vanilocuencia. Con todo, aunque estaba harto triste, como era razón, por la muerte de nuestro buen pontífice y señor el papa León, no me pude contener de mucha risa leyendo esta *Apología.*

Y porque por ella he conocido que Erasmo me tiene en poco (y tiene muy gran razón, pues que hasta agora no sabía nadie si era yo en el mundo), he acordado de le replicar de tal manera, que le sea forzado tenerme en mucho; porque allende de lo que yo me tengo de mío, tengo aquí muy gran comodidad a causa

[8] Carta ya citada. Allen, t. IV, págs. 624-625, líneas 80-114.
[9] Respuesta de Zúñiga a Vergara (Roma, 9 de enero de 1522). Allen, t. IV, págs. 625-626, líneas 1-22.
[10] Es decir, 'vil, bajamente'. Cf. Juan de Valdés, *Diálogo de la lengua,* Madrid, 1928, pág. 184.

de las librerías griegas que aquí hay, que me hacen mucho al propósito para obruir a ese bárbaro. Y determino de le responder desta manera: mostrar primero cuán indoctamente me respondió en esa su *Apología,* en la cual, inter caetera dedita opera, suprime lo que yo dije y está de molde, y después desto mostrar los errores en que cayó en la segunda edición, que la tercera no se ha visto aquí hasta hoy, ni la hay, y después espulgar aquellos escolios que escribió sobre las epístolas de San Jerónimo, y desto todo se hará un tan buen libro que a Erasmo le retiñan las orejas.

Pero porque éste es poco para lo que él merece, siendo como es tan impío y tan blasfemo, téngole urdido otro libro y aun quizá compuesto, aunque no está publicado, en el cual muestro al Sumo Pontífice, a quien en esto conviene poner la mano, cuán necesario es castigar a ese bátavo y compelerle ad palinodiam, cum inter caetera impiissime ab eo prolata, decem in locis, ut ego ostendo, aperte impugnet primatum Romanae Ecclesiae: unde ansam manifestissimam suae haereseos Luteriani haeretici arripuere. Esto creo yo que le parecerá más áspera canción al honrado Erasmo que no haber escrito contra sus *Annotationes;* por ende, podéisle bien avisar que desde agora se provea, porque no soy yo solo el que le concita estas tragedias, salvo muchos, entre los cuales es un señor desta Corte, eclesiástico y letrado italiano, el cual leyó todas y cuantas obras ha hecho Erasmo no a otro fin sino a espulgarle las impiedades, et ut quasi de foveis proiiceret serpentes, y anotó, según he sabido, más de cien lugares, y puestos en escrito los presentó al Papa León, y el Papa los dio a un cierto letrado desta corte, que yo no he podido saber quién es, y le mandó que escribiese contra ellos. Esto tened por muy cierto que pasa ansí, y que se procederá adelante hasta compeler a Erasmo que venga aquí y haga penitencia y se desdiga,

> *...aut taeda lucebit in illa,*
> *qua stantes ardent qui fixo gutture fumant.*[11]

Zúñiga daba a Vergara nuevas pruebas de la heterodoxia de Erasmo:

Aquí vino, dos meses antes que falleciese Papa León, un teólogo alemán que se llama Ekio [Eck], que es el que tuvo los primeros conflictos contra Luter, y aún está aquí. Y trujo quince librillos en tudesco [12] compuestos agora nuevamente por quince luteristas heréticos que se han conjurado contra la Iglesia Romana, aunque no se osan descubrir. En los tres dellos viene pintado Erasmo con su bonete doctoral, y aquellos tres fundan sus impiedades cada uno sobre un dicho de la *Moria* de Erasmo. De manera que ellos le tienen por de su bando, y por tal le tienen en Roma, y por tal le tenía el Papa León, el cual le diera su pago si viviera, porque de allá de Alemaña era avisado que Erasmo de secreto sentiebat cum Lutero y le emendaba y polía sus libros. Y aunque desto Erasmo se envió a excusar, no se satisfizo el Pontífice, y por eso holgó mucho cuando vido mis *Annotationes* contra Erasmo, y las leyó y las loó, por que veáis si es verdad lo que Erasmo os dijo que le había escrito Bombasio. Bien hace de favorecerse de humos, aunque él verá al fin cuánto le aprovechan.

Zúñiga terminaba su carta anunciando a Vergara la elección de Adriano

---

11 Allen, t. IV, págs. 626-627, líneas 28-72.
12 Se refiere al libelo de los *XV Buntgenossen.* Cf. Allen, t. V, Ep. 1481.

y bendiciendo a Dios por haber dado a la Iglesia, en momento tan crítico, un pastor dotado de tal fama de virtud y santidad.[13]

Con esto se ve el camino que los acontecimientos habían hecho recorrer a Zúñiga desde los días en que preparaba sus *Annotationes* y aplazaba su publicación a instancias de Cisneros. Se veía colocado contra Erasmo como campeón de una erudición a la vez más conservadora y más exacta. Y he aquí que la querella pasaba a un terreno completamente diverso: el de la represión de la herejía luterana. Se había iniciado una guerra en la cual no era lícita la neutralidad. Se trataba de dar a Roma una conclusión para el proceso instruido desde hacía tanto tiempo por los informes secretos de Aleandro; se trataba de arrinconar a Erasmo hasta no dejarle más remedio que hacer una honrosa retractación, y de darle a escoger entre esta humillación pública y la hoguera.

Antes de poder estar advertido de esa amenaza por mediación de Vergara, Erasmo había recibido directamente de Roma varios informes enviados por un amigo bávaro, Jacob Ziegler.[14] Éste se había encontrado con Zúñiga en la mesa de un prelado. Al fin del almuerzo se vino a hablar de Lutero, cuyo caso se resumía diciendo que era un desordenado y un borracho, como tantos otros alemanes. Después le tocó el turno a Erasmo y, en el concierto de alabanzas, desentonó muy pronto la voz rezongona de Zúñiga, el cual leyó una especie de carta o prefacio en que presentaba de manera malévola ciertos pasajes de Erasmo contra el particularismo de las reglas monásticas. El anfitrión, que compartía sin duda el desprecio de Zúñiga por los bárbaros del Norte, estaba de acuerdo con él en considerar al bátavo como hombre peligroso.

Ziegler había visto en más de una ocasión a Zúñiga, que no pasaba inadvertido en Roma. Se le había encomendado un curso en la Sapiencia Romana, donde disertaba sobre la obra de Opiano. Nadie discutía su competencia en materia bíblica. Sin embargo, había en este sacerdote "siniestro y antipático" [15] una malevolencia tan insoportable, que Ziegler estaba cada vez más resuelto a darle una lección. En noviembre había tenido un nuevo encuentro con él, y entonces, en presencia de Bombace, Zúñiga había leído, no ya un prefacio, sino todo un opúsculo en que se empeñaba en demostrar que Erasmo era un compendio de todas las herejías. Lo peor era que se lo había mostrado a León X; y, a pesar de los esfuerzos contrarios de Bombace, habría tenido todas las probabilidades de vencer en la lucha ante el Papa, si éste no hubiese muerto. Nada podía detenerlo en su odiosa campaña; ni la amistosa intervención de Vergara, ni las severas admoniciones de Bombace. A Ziegler y a todos cuantos le reprochan el carácter calumnioso y excesivo de sus ataques, les responde unas veces que Eras-

---

13 Allen, t. IV, págs. 627-628, líneas 100-126.

14 Allen, t. V, Ep. 1260 (Roma, 15 de febrero de 1522), líneas 143 *ss.*

15 "Ater et inamabilis", dice Ziegler (*ibid.*, línea 153). Un poco adelante se hace eco de los rumores que aseguran que a Zúñiga, en España, se le tachó de ateísmo; "en cuanto a mí, dice, siempre lo he considerado como un hebionita", es decir, hombre que no cree en la divinidad de Cristo (*ibid.*, líneas 211-213). Ya hemos dicho (*supra*, pág. 60) que a los españoles se les solía considerar en Italia como rebeldes al dogma de la Trinidad.

mo no tenía que reformar las costumbres públicas a fuerza de alfilerazos, otras que él habrá de poner un freno al libertinaje de Erasmo, otras, en fin, que Erasmo será el instrumento de su propia gloria. A nadie sino a él se ve en las tiendas de los libreros de Roma, donde asalta a todos para hacerles compartir, quiéranlo o no, su rabia antierasmiana.

Ahora bien, por esos días Zúñiga había encontrado un aliado en otro complutense que estaba a la sazón en Roma, Sancho Carranza de Miranda.[16] Retengamos en la memoria este apellido, que se hará ilustre en un sobrino de nuestro teólogo, arzobispo de Toledo acusado de luteranismo, imagen viva de las inquietudes religiosas del siglo XVI español. Agreguemos que el tío mismo, que publica el 1º de marzo de 1522 su *Opúsculo contra algunas Anotaciones de Erasmo,* se transformaría varios años más tarde, arrastrado por el movimiento general de los espíritus, en erasmista decidido. Había, por otra parte, un gran abismo entre la hostilidad sistemática de un Zúñiga y la moderación cortés y hasta respetuosa con que Carranza invitaba a Erasmo a explicarse mejor acerca de ciertos puntos "para tapar la boca a los murmuradores".[17] No obstante, sus objeciones venían a injertarse precisamente en la polémica suscitada por Zúñiga. Se había propuesto insistir en tres de las críticas de su compatriota, que, a su entender, Erasmo había contestado de manera insuficiente. En primer lugar acerca de la cuestión de la divinidad de Cristo en la Escritura: contra Erasmo, que no la había encontrado afirmada sino en poquísimos pasajes, Zúñiga había alardeado de citar diez lugares en que Cristo es llamado Dios. Erasmo había mostrado qué "tergiversaciones" permitirían a un hereje interpretar de manera diferente estos pasajes, y entonces Carranza argumentaba contra este hereje hipotético, al que no distinguía prácticamente del propio Erasmo, demostrando con gran acopio de silogismos que Cristo era llamado Dios, sin lugar a duda, en los textos mencionados. Por

[16] Sobre Carranza, véase la noticia de Allen, t. V, pág. 53, nota. Estudió en París y vivió en Roma bajo el pontificado de Alejandro VI. Predicó el 22 de mayo de 1496 en San Pedro de Roma un sermón *De divino amore.* De vuelta en España, enseñó en Alcalá (fue, desde 1513, miembro del Colegio de San Ildefonso). Aquí tuvo a Sepúlveda por discípulo. En 1520 regresó a Roma en compañía de Álvaro de Albornoz, y visitó, de paso, el colegio de San Clemente en Bolonia. Publicó un tratado *De alterationis modo ac quidditate* (Roma, 1514). Después de su regreso a España, publica un discurso pronunciado ante León X con una defensa de la Inmaculada Concepción (Alcalá, Arnao Guillén de Brocar, 7 de septiembre de 1523). En 1527 interviene en la conferencia de Valladolid en favor de las obras de Erasmo. En 1528 es nombrado Inquisidor de Navarra (A. H. N., *Inquisición,* lib. 319 f, fol. 446 rº). En 1529 toma posesión del cargo de canónigo magistral de la catedral de Sevilla (Hazañas, *op. cit.,* pág. 367). Muere el 6 de julio de 1531 (*ibid.,* pág. 368).

[17] *Sanctii Carranzae a Miranda theologi opusculum in quasdam Erasmi Roterodami Annotationes,* Roma, 1º de marzo de 1522. Véase la epístola dedicatoria a Vergara: "Irritavit enim hominem imperitum et philomathem non reprehensorem, sed sedulum admonitorem quo sincerius ac maturius in illis locis explicaret sententiam ut maledicorum obstrueret ora. Quod ad me attinet, ego veneror Erasmum, amplector hominem utpote omni ex parte literatum, atque hoc maxime nomine illum magnifico quod a te aequo censore et optimo utpote philosopho et theologo non vulgari ac utriusque linguae peritissimo laudetur et in coelum longo eulogio feratur."

otra parte, no le parecía que Erasmo hubiera dejado suficientemente tranquila a la ortodoxia en el caso de aquella anotación de los Hechos de los Apóstoles (cap. IV) en que negaba que el nombre de *servus* conviniese al Hijo. Este pasaje, como se recordará, es el que había dado pie a Zúñiga para levantar contra Erasmo una sospecha de apolinarismo o arrianismo. También en este pasaje la dialéctica de la Escuela, de que tantas veces se había mofado Erasmo, se vengaba de él por el ministerio de Carranza, encadenando magníficos silogismos basados en textos de la Escritura. El tercer punto se refería a la cuestión de si el matrimonio es un sacramento. Erasmo se permitía interrogar en este punto a la tradición eclesiástica, y no la encontraba constante. No era preciso más para motivar una acusación con sugerencias de luteranismo, a pesar de sus muchas declaraciones favorables a la doctrina corriente de los sacramentos.

En conjunto, todo el opúsculo era una lección de teología escolástica que Carranza se enorgullecía de dar a Erasmo, dentro de la mayor amistad y reverencia. Habiendo llegado a su conocimiento la carta que Vergara escribió a Zúñiga al enviarle la respuesta erasmiana, tuvo la idea de dedicar su opúsculo al propio Vergara, con el fin de que este amigo suyo, que era al mismo tiempo admirador de Erasmo, fuese ante el gran hombre el intérprete de sus verdaderos sentimientos. Expresaba en su epístola dedicatoria el deseo de que Vergara pudiera reconciliar a Zúñiga con su adversario, pero no sin dar a entender que el virulento polemista preparaba en Roma un nuevo ataque. Una vez más el embajador de la Universidad de Alcalá en Flandes cumplió su misión, por muy ingrata que fuese. Se disponía ya, con toda la Corte, a regresar a España, cuando transmitió a Basilea el mensaje de Carranza, añadiendo, como leal amigo que era de él, un vivo elogio de su carácter y de su ciencia teológica, y expresando la opinión de que sus críticas no estaban inspiradas por el odio, sino más bien por ese celo desinteresado que anima las discusiones entre sabios. Aprovechaba la ocasión para asegurar a Erasmo su propio apego a la causa de las buenas letras, que era la causa misma de Erasmo. Metido a pesar suyo, desde su infancia, en los caminos más ásperos de la escolástica, se había sentido conquistado por las Musas, y desde ese momento se había propuesto como ideal conciliar con el humanismo la filosofía y la teología. Era superfluo decir las razones que tenía para tomar como guía a Erasmo. Invitaba finalmente al Maestro a no prodigarse en polémicas individuales y a despreciar los ataques de la envidia. Entre éstos no englobaba, ciertamente, las críticas de Carranza, ni siquiera las de Zúñiga, ambos amigos suyos, hombres doctos y bien intencionados. Lo que Vergara trataba de hacer era una observación general, y sobre todo quería que Erasmo quedara perfectamente convencido de su fidelidad absoluta.[18]

Decididamente, las buenas intenciones de estos españoles tenían maneras bastantes raras de manifestarse, y su ciencia estaba sobremanera deseosa de medirse con la de Erasmo. Éste hizo un esfuerzo por contestar cortésmente a Carranza, complaciéndose en reconocer en su nuevo crítico una

18 Allen, t. V, Ep. 1277 (Bruselas, 24 de abril de 1522), líneas 22 *ss.*

laudable moderación. Pero lo que a menudo dominaba por encima de todo era la impaciencia, al pensar en la vanidad majestuosa de aquella teología raciocinante cuyo desconocimiento se le reprochaba. Además, se trataba de tres de las críticas de Zúñiga, que Carranza pretendía presentar con mayor solidez y ponderación. Erasmo no pudo menos de maltratar de la misma manera a ese otro español ávido de hacerse ilustre a expensas suyas. En su conclusión, deseaba que la Universidad de Alcalá, después del doble aborto de Zúñiga y de Carranza, pariese finalmente teólogos auténticos.[19] Ahora bien, acababa apenas de responder a Carranza, cuando recibía la compilación de las *Blasfemias e impiedades* entresacadas por Zúñiga de sus obras.[20]

Este libelo señala un hito en las polémicas que eran desde hacía tiempo el pan cotidiano de Erasmo, y que ya nunca habían de dejarle momento de respiro. No deja de aludir a una compilación del mismo género, elaborada por sus enemigos de Colonia y de Lovaina (hasta nombra a Pfefferkorn). Pero éstos no se habían atrevido a publicarla; Aleandro, a pesar de ser tan poco sospechoso de indulgencia para con Erasmo, los había disuadido de ello. Zúñiga se valía de la anarquía habitual en Roma durante los interregnos pontificios, para publicar, pese a la prohibición del Colegio Cardenalicio, una censura audaz, general, cuyo plan resumía en estas palabras:

Creo haber hecho muchísimo con haber desemboscado antes que nadie tantas serpientes ocultas en las obras de Erasmo, con haber tratado de aplastar sus cabezas, antes que nadie, en la medida de mis fuerzas, y con haber mostrado al lector, sin embozos, que este hombre es no solamente un luterano, sino el portaestandarte y el príncipe de los luteranos: para ello, no he tenido que hacer otra cosa que callarme, pues sus propios escritos lo demuestran con toda evidencia, como se verá por los extractos que siguen.[21]

En efecto, Zúñiga se había limitado a citar frases que, según él, eran reveladoras del luteranismo de Erasmo, haciendo preceder cada una de ellas de un título que indicaba la materia contra la cual se ensañaba este espíritu de blasfemia y de impiedad. No hay ninguna agrupación sistemática: se había limitado a seguir, pluma en mano, el texto de Erasmo. Después de los extractos de las *Annotationes* del Nuevo Testamento, venían los de los *Escolios* sobre las epístolas de San Jerónimo, y finalmente los de las obras diversas: notas sobre las epístolas de San Cipriano, el *Enchiridion*, con el prefacio a Paul Volz, el *Comentario del salmo Beatus vir*, el *Método de la verdadera teología*, la *Epístola a un teólogo*, la *Epístola a Martín Dorp*, los *Silenos de Alcibíades*, la *Lamentación de la paz*, el *Elogio de la locura*.

[19] Esta vez Erasmo añade el texto de las críticas de Carranza a la *Apologia* con que le replica, la cual apareció junto con la *Epístola de esu carnium* (Basilea, 6 de agosto de 1522). Se reproduce en el tomo IX de sus *Opera*.

[20] *Erasmi Roterodami blasphemiae et impietates*, Roma, 1522. El opúsculo llegó a Alemania a fines de mayo (Allen, t. V, Ep. 1289, línea 7; cf. Ep. 1290, línea 1, y Ep. 1291, línea 23).

[21] *Blasphemiae*, fol. A 2 (fin del prefacio al lector).

Era ésta la primera vez que se hacía pasar por la criba, públicamente, toda la obra religiosa de Erasmo, con el propósito de mostrarla radicalmente herética. La reacción ortodoxa, que más tarde triunfaría en Trento, tiene en Zúñiga, sin género de duda, un precursor notable: Beda y los frailes españoles promotores de la conferencia de Valladolid no tuvieron más que seguir sus huellas. Al enviar su librito a Vergara, Zúñiga le decía:

Identificarás sin trabajo el espíritu, la tendencia, la religión de Erasmo. Lo encontrarás claramente de acuerdo con Arrio, con Apolinar, con Joviniano, con los wiclefianos y los husitas, y finalmente con Lutero en persona, pues Erasmo solo es el que, con sus blasfemias, ha levantado, armado, formado a Lutero en la impiedad. Que los hombres del Norte hagan, pues, de Erasmo sus delicias; que lo traten de sol o de luna, y que lo bauticen honor de Germania o Panerasmius, como algunos dicen, con tal de que Italia lo llame impío, con tal de que Roma, reina y maestra del mundo, lo juzgue blasfemo y digno de ser fulminado con la misma sentencia que Lutero el hereje, es decir, declarado enemigo público de la Iglesia romana. Si no se retracta, si no se desdice de sus proposiciones impías, ésa es la solución que habrá de sancionar el Sumo Pontífice tan pronto como llegue: que los erasmistas no tengan la menor duda a este respecto.[22]

Es evidente que las sospechas de arrianismo o de apolinarismo insinuadas en las *Annotationes* de Alcalá han pasado muy a segundo plano. Con más certero sentido de la actualidad, Zúñiga hace consistir esta vez la herejía de Erasmo en sus palabras sobre el culto de los santos, sobre los sacramentos (en particular el matrimonio y la confesión), sobre las indulgencias, los usos y abusos diversos, las ceremonias, los bienes eclesiásticos, las órdenes monásticas, las peregrinaciones y los milagros. Las páginas más pululantes de "serpientes" son aquellos vigorosos y hábiles manifiestos de libertad evangélica escritos por Erasmo en 1518, como para cubrir a Lutero "a un mismo tiempo con su autoridad y con su moderación":[23] carta a Paul Volz para la reimpresión del *Enchiridion,* nota sobre el versículo *Jugum meum suave est* en la segunda edición del *Nuevo Testamento.* Esta última disertación es expresión muy típica del evangelismo erasmiano,[24] y el autor de las *Blasphemiae* ve en ella una tupida trama de impiedades que atacan sucesivamente "las decisiones de la Sorbona, la doctrina cristiana de este tiempo, las constituciones humanas y las ceremonias, el ayuno, las fiestas, los votos, el matrimonio, el sacramento de la penitencia y las horas canónicas, las nuevas constituciones y la costumbre, las censuras, los comisarios, los beneficios y los sermones". El llamamiento a un concilio general con que concluye Erasmo se apunta como una señal complementaria de luteranismo. Simple repertorio de tantas audacias culpables: por el momento se limita Zúñiga a poner los textos a la vista de todos, anunciando que muy pronto publicará, en tres libros, la refutación de los errores. Pero se diría que está impaciente por conquistar esta nueva gloria. Quizá teme

---

22 Carta de Roma, 4 de mayo de 1522 (Allen, t. IV, pág. 630).
23 Lucien Febvre, *Un destin: Martin Luther,* Paris, 1928, pág. 138.
24 Cf. *supra,* pág. 76, nota 11.

también que Adriano, al llegar a Roma, prohiba más eficazmente que los cardenales la publicación de sus diatribas antierasmianas. Lanza un *librillo precursor* [25] de sus refutaciones, en el cual insiste de nuevo en la cuestión del matrimonio, con el designio de demostrar no sólo que el matrimonio es y ha sido siempre un sacramento, sino también, y sobre todo, que Erasmo se encuentra en la fuente misma de la herejía luterana.

Erasmo había respondido ya (el 13 de junio) a las *Blasphemiae et impietates,*[26] y su respuesta estaba en prensa cuando recibió el *Libellus praecursor:* aprovechó de una vez la oportunidad para añadir un postscriptum a su réplica. Ésta no era muy larga. Pero, contemporánea del *De esu carnium,* junto con el cual apareció, es de una importancia comparable con la suya para quien quiera determinar la actitud de Erasmo frente a la revolución luterana en los primeros tiempos de su permanencia en Basilea. Declaraba no querer contestar a Zúñiga. Por otra parte, ¿cómo contestar a una compilación de fragmentos extractados de su obra y calificados sin ninguna diferenciación de blasfemias e impiedades? Toda crítica, para Zúñiga, era blasfemia; deplorar la decadencia o la corrupción del cristianismo equivalía a renegar de él. Según esto, ¡cuántas blasfemias no hay en los libros proféticos del Antiguo Testamento, en los Evangelios, en las Epístolas, en los Padres de la Iglesia! Erasmo se contentaba con volver a tomar varios de los pasajes calificados de blasfematorios, demostrando lo mal que el epíteto se aplicaba a su crítica, empeñada con demasiado ardor quizá en denunciar los abusos, pero cuidadosa de su corrección, jamás revolucionaria hasta el punto de condenar en bloque las instituciones o los órganos corrompidos de la Iglesia.

Pasaba en seguida a una rápida exposición de los puntos sobre los cuales Zúñiga lo tachaba de hereje, pero preocupándose de clasificar las cuestiones en lugar de seguir el orden de los textos entresacados por su adversario de toda su obra. En lo que concierne al culto de los santos, no lo ha condenado en ninguna parte: tan sólo ha censurado la superstición vulgar que no vacila en inventar milagros que contribuyan a la glorificación de sus santos favoritos, que les dirige súplicas que nadie se atrevería a hacer a un hombre honrado, y que los ama con un amor completamente humano. No reprueba los oficios y cantos de la Iglesia. Pero una música del todo profana ha invadido los templos. Es preciso que no se considere como lo esencial del culto divino un estrépito de voces y de órganos del que nada se comprende. En general, Erasmo no es enemigo de las ceremonias, pero ataca ciertamente a quienes se fían de ellas exclusivamente, con desprecio de la verdadera piedad, y juzgan al prójimo según su observancia más bien que según las virtudes y los vicios. Pero Erasmo ha reconocido muchísimas veces las ventajas de las ceremonias, que sirven para dar toda su majestad a la vida de la Iglesia, para llamar la atención

---

25 *Libellus trium illorum voluminum praecursor, quibus Erasmicas impietates ac blasphemias redarguit,* Roma, 1522.

26 *Apologia adversus libellum Stunicae cui titulum fecit Blasphemiae et impietates Erasmi.* Aparecido junto con el *De esu carnium,* Basilea, 6 de agosto de 1522. Véase el tomo IX de Erasmi *Opera.*

sobre las cosas del alma y para introducir a la gente sencilla en los misterios de la verdadera piedad. No condena en bloque las peregrinaciones, sino el error de quienes corren a Roma o a Jerusalén, donde no tienen que hacer cosa alguna, abandonando en su hogar mujer e hijos. No reprueba las *horas* llamadas canónicas, pero sí niega, siguiendo a San Pablo, que lo principal de la piedad consista en rezar salmos que no se entienden. Quiere que se ponga coto a la invasión de la oración verbal y obligatoria, y que se supriman de ella ciertos detalles poco dignos del culto sagrado. Respeta la autoridad de los obispos hasta el punto de enseñar que es preciso escucharlos como a Cristo en persona si su doctrina y su vida son dignas de Cristo, y que, aun en caso contrario, es preciso reverenciar en ellos la dignidad de que están investidos, y tolerar sus abusos, si es imposible enmendarlos, siempre que no impongan impiedades a los fieles. Erasmo está muy lejos de proscribir de la Iglesia los reglamentos sanos y piadosos del episcopado. Sólo quiere que no se multipliquen hasta el exceso las reglas puramente humanas, sin conexión alguna con la piedad evangélica. Tales son los mandamientos de los obispos sobre las fiestas en que no se trabaja, sobre la obligación de comer pescado o legumbres, sobre los casos cuya absolución se reservan y otras cuestiones semejantes. Es preciso poner los mandamientos de Dios por encima de esos otros mandamientos.

Erasmo da muestras en todas partes de su respeto por los sacramentos de la Iglesia. Tan sólo se ha permitido formular una hipótesis acerca del origen de la confesión auricular, pero no sin someterse de antemano al juicio de la Iglesia cuando ésta emita una decisión sobre ese punto. En cuanto al matrimonio, declara en muchos pasajes que lo coloca entre los sacramentos propiamente dichos en la medida en que la Iglesia lo tiene por tal. En efecto, esta cuestión no es muy clara: la opinión de los Padres, de San Jerónimo y de San Agustín, por ejemplo, no está muy de acuerdo con la de los escolásticos.

Erasmo venera la autoridad de los doctores, sobre todo la de aquellos que han unido la santidad a la ciencia. Pero se niega a poner esta autoridad en el mismo plano que la de la Escritura, y en su opinión se puede, sin crimen, no estar siempre de acuerdo con ellos. Acerca de la teología escolástica, se cuida mucho de hacer una condena total: pide tan sólo que se conforme a las fuentes evangélicas esta ciencia que ha degenerado en una sofística de "cuestiones" facticias, y pide que no se conviertan en dogma una serie de opiniones sobre las cuales ni siquiera los escolásticos están de acuerdo.

Erasmo se defiende de la acusación de ser revolucionario. Los abusos que se han introducido, por la complicidad de la costumbre y de los prelados, con gran detrimento de la libertad y del verdadero cristianismo, no deben ser barridos ciertamente de manera brutal, pero sí hay que lograr que los príncipes y los pontífices los corrijan. Erasmo no alimenta hostilidad contra ninguna clase de hombres: a príncipes, papas, obispos, sacerdotes, frailes, a todos se contenta con llamarlos al más noble ideal de su estado. Los frailes parecen sentirse molestos por ello. Su autoridad,

sin duda, no puede prevalecer sobre la de los obispos y sacerdotes, representantes auténticos de Cristo y dispensadores de los sacramentos. Pero al
decir esto, Erasmo no atenta en nada contra la autoridad de los frailes.
¿O acaso no tiene él el derecho de recordar a ciertas personas en qué consiste la verdadera religión, y qué cosas exige el honor de su hábito? Si la
mendicidad no es condenable en sí misma, perjudica muy a menudo a la dignidad de los frailes: el trabajo manual no tendría los mismos inconvenientes.

Se reprocha también a Erasmo su crítica de la guerra. Esta crítica no
llega a la condenación absoluta. La que él detesta es la que, desde hace
un siglo, trae enconados unos contra otros a los príncipes cristianos. "Si
es algo de risa, o si es algo serio, no se sabe. Para el pueblo, en todo caso,
el juego no tiene nada de gracioso." El papel de los sacerdotes y de los
frailes consistiría en obrar en favor de la paz, en lugar de alentar a la
guerra a los príncipes que no tienen necesidad de nadie para ser locos. El
Papa debería ser pacificador y no guerrero, no entrar en ninguna liga, sino,
como padre común, velar equitativamente por todos. En cuanto a la guerra contra los turcos, Erasmo no la condena de modo absoluto, puesto que
expone, en el *Príncipe cristiano*, con qué espíritu debe emprenderse. Por
lo demás, dice, "si los sacerdotes y los teólogos tienen miedo de que nos
veamos completamente libres de guerras, tranquilícense: tienen, y tendrán
siempre, si no me engaño, muchísimo de que sentirse satisfechos".

Por fin, Erasmo se explicaba largamente acerca de una cuestión palpi-
tante, aquella que para la mayor parte de los contemporáneos señalaba la
línea de división entre luteranos y católicos: la cuestión de la autoridad del
Papa. Erasmo confesaba que, comentando a autores ortodoxos, había emitido alguna duda sobre la continuidad que vendría a hacerla depender de
Cristo. Esa autoridad suprema, que parece haber aparecido después de la
época de San Jerónimo, ha ido ensanchando sus atribuciones de tal suerte
que podría, sin gran perjuicio, ceder parte de ellas. En su *Método,* Erasmo
divide el problema en dos puntos: uno, que está fuera de toda duda, es que
el Pontífice romano es el soberano de la Iglesia entera; el otro es el problema de si esta soberanía se funda en la autoridad de Cristo o en el consentimiento universal de los soberanos o de los fieles. Erasmo no quiere intervenir en el debate. Lo que podría decir en pro o en contra de la supremacía pontificia no añadiría nada a la disputa, ni le quitaría nada. Los defensores de Roma han hecho a la causa romana un mal muchísimo mayor
que todas las frases en que Erasmo explica en qué consiste la autoridad de
un papa. Y termina con esta ocurrencia que llega muy lejos, a propósito
de la infalibilidad pontificia: "Si yo supiera que basta con atribuir de palabra algunos poderes al Pontífice romano para que los posea en realidad,
no me contentaría ciertamente con hacerlo ἀναμάρτητος cada vez que ordena una cosa cualquiera, cada vez que pronuncia algo acerca de las costumbres o de la fe, cada vez que nos interpreta la Sagrada Escritura, sino que,
sobre ello, le daría también el don de lenguas, el poder de infundir el
Espíritu Santo por la imposición de las manos, de curar toda suerte de en-

fermedades y de expulsar los demonios con su sola sombra y el solo contacto de sus vestiduras. Pues ¿qué cosa más deseable que tener semejantes pontífices? Acerca de esto, no me extenderé por el momento." Notaba asimismo, aludiendo quizá a Gattinara y a algunos otros consejeros del Emperador: "Si yo encuentro algo que decir de las costumbres de ciertos papas o de sus ministros, esta opinión me es común con aquellos que en el momento actual están emprendiendo el combate, por el Papa, contra los luteranos. Ellos, en efecto, confiesan que muchas cosas necesitan corregirse, y no cesan de reclamar un concilio ecuménico."

Después de reproducir íntegramente el prefacio de Zúñiga, en que éste lo trataba de "portaestandarte de los luteranos", Erasmo se ponía a definir su posición frente a la revolución luterana. Estimando que, en ciertas circunstancias, se sirve mejor al interés de la humanidad abandonando parcialmente la causa de la verdad que trastornándolo todo con una revolución, él había preferido mantenerse por encima de los partidos:

Muchas razones —dice— podían empujarme dentro del campo luterano: de este lado me veía invitado, atraído, arrastrado; del otro era rechazado por hombres odiosos. Y yo veía bien que, si éstos triunfaban en su afán de aplastar a Lutero, lanzarían sus tiros directamente contra mi cabeza y contra las buenas letras, a quienes odian con no menor violencia que al propio Lutero.

No obstante, ha querido permanecer aislado para que no pudiera tachársele de sectario. Ha querido poder servir de mediador. ¿Acaso eso es ser luterano? Pero el argumento por excelencia, que Zúñiga no ha inventado, es que no se encuentra nada en los escritos de Lutero que no pueda leerse asimismo en los de Erasmo. He aquí cómo contesta a eso:

He examinado los artículos que han sido condenados por tres universidades, lo mismo que los que ha condenado la bula de León: entre ellos había muchos en que yo ni siquiera había pensado en toda mi vida; muchos otros, de los cuales no comprendo bien a qué van dirigidos; muchos, de los cuales enseño yo precisamente lo contrario en mis escritos; pero ni uno solo en que esté plenamente de acuerdo con Lutero.

Si Erasmo es el guía de los luteranos, ¿cómo explicar que éstos lo ataquen? Zúñiga, en su *Libellus praecursor,* le arroja a la cara el libelo luterano de los *XV Buntgenossen,* donde se toma como autoridad a Erasmo. Erasmo no ha visto todavía esta diatriba; pero en vano se intentaría comprometer por este expediente a un hombre que se ha negado a enlistarse en el ejército de la revolución religiosa. ¿Acaso es él responsable de las consecuencias que alguien pueda deducir de sus escritos? ¿Y acaso se ignora que la Escritura contiene la simiente de todas las herejías de antaño?

Acepto ser el corifeo de todos los luteranos si, desde el principio, no he tratado de impedir la entrada en semejante camino: atribúyase esto a tontería, a torpeza o a timidez, no importa; en todo caso, lo he hecho con celo. Acepto ser Lutero en persona si alguna vez he pactado una sola palabra con un solo luterano. Yo sabía que no existe bien más querido que los amigos doctos: por lo menos, ninguno existe que haya sido nunca tan grato para mí. A pesar de ello, he preferido conocer el dolor de perderlos que no el ser auxiliar o agente de la revolución. La mayor parte de ellos se han cambiado de amigos en enemigos. Algunos se han propuesto desconocerme, y muy pocos han permanecido fieles a nuestra amistad, siendo así que todos amaban a Erasmo mucho antes de que Lutero diera que hablar de sí mismo en el mundo. Y la mayoría de ellos no son únicamente doctos, sino también personas honradas. ¿Cómo es posible esto, se preguntará, si están de parte de Lutero? Es que están de parte de la doctrina evangélica, y les ha parecido que Lutero tomaba la defensa de esta causa. Y yo pregunto: ¿quién, en el principio, no se hallaba de parte de Lutero? Había evidentemente abusos que el mundo no podía tolerar durante más tiempo: y un amor fatal arrastra a todos hacia la pureza y sencillez de la antigua y sana teología. No son tantos clamores, tantas bulas, tantos edictos, tantas censuras, tantos improperios los que podrán arrancar este amor del corazón de los fieles. A menos que se corten las raíces de donde este mal renace indefinidamente, mucho me temo que un buen día asistamos a un brote más terrible.

Zúñiga había emplazado a Erasmo a probar su ortodoxia con una refutación general de la herejía luterana, en cuyo defecto, "en Roma, donde escribe Zúñiga", públicamente se le proclamaría luterano. Zúñiga, contesta Erasmo, no desaprovecha una sola ocasión de adular a los romanos, a cuya ciudad ha venido a caza de beneficios. ¿Por qué este sabio hebraizante no emprende la refutación que exige de Erasmo, lo cual será para él cosa de juego? ¿Acaso su propio cristianismo es tan evidente?, se mofa el bátavo insinuando contra su adversario español una sospecha de marranismo: [27]

Si yo no he de ser ortodoxo a los ojos de Zúñiga a menos que ataque a Lutero en gruesos libros muy eruditos, tampoco Zúñiga será cristiano a mis ojos a menos que escriba minuciosísimos comentarios sobre la epístola a los hebreos. A él le será mucho más fácil poner manos a la obra que a mí. Pues yo no tengo ni siquiera tiempo para leer tantos libros escritos por Lutero, y, aunque lo tuviera, buen número de ellos están escritos en lengua sajona, y en vano los leería aun en caso de que pudiese leerlos. No faltan quienes escriban contra Lutero, si este mal puede remediarse a fuerza de libros, y esto lo hacen personas mucho mejor preparadas que yo para semejantes lides. En esto, obedeceré primero a Cristo y a mi conciencia, y después a todos los hombres honrados e imparciales. No tengo órdenes que recibir de Zúñiga: tengo otra tarea que cumplir, y más útil, a mi parecer, para la cristiandad.

Una vez más, lanzaba Erasmo un llamamiento a los poderosos en favor de una solución pacífica. ¿Acaso no resplandecía una oportunidad nueva para el arbitraje soñado por él y por Faber en vísperas de la Dieta de Worms, ahora que un hombre del Norte, antiguo preceptor de Carlos V, estaba en el trono de San Pedro?

Confío en que el nuevo Papa, con su buena fe intacta, su santidad erudita, su sagacidad política, pondrá algún término a estas calamidades de la Iglesia, sobre

27 Cf. *supra*, pág. 121, nota 15.

todo con ayuda del emperador Carlos. Éste es tan poderoso que puede hacer casi todo lo que se propone: oremos, pues, por que quiera con firmeza eso que puede. Y puesto que, por su propia naturaleza, está inclinado al bien con gran celo, Cristo, escuchando las oraciones de su Iglesia, le dará el juicio necesario para discernir por sí mismo el bien, o la dicha de seguir los consejos más saludables. En fin, que ambos encomienden los intereses de la religión cristiana a hombres escogidos e incorruptibles, que sepan no abusar del poder de César y no hacer odiosa al universo la autoridad del Papa, sino que defiendan la causa de Cristo con un celo puro; y el interés de Cristo se defiende cada vez que se dejan a un lado las pasiones particulares para pensar en la verdadera piedad. Que obren así, y el mundo entero aplaudirá.

Esta réplica señala el punto culminante de la polémica, pero no le pone fin todavía. Zúñiga, después de la primera *Apologia* de Erasmo, se reía ante el pensamiento de que los "erasmistas" pudiesen creerlo vencido: "Estos hombres desconocen, a lo que veo, la honra española: no nos creen de esa raza a la cual es más fácil arrancar la vida que la gloria." ¿Dicen que Erasmo es un gran sabio? Lo creo ciertamente, exclamaba Zúñiga, hinchado de orgullo; y por esa razón lo he escogido como adversario mío; de otra manera, no le habría hecho el honor de entablar una polémica con él.[28] Poner al gran hombre bajo una acusación, obligarlo a defenderse, era ya un triunfo a medias. Pero ni Adriano VI ni Clemente VII impondrían a Erasmo esa solemne retractación que hubiera sido, para continuar con la metáfora tauromáquica de Zúñiga, la puntilla del toro. Nuestro español plantó todavía algunas banderillas. Como Adriano VI le impuso silencio,[29] esperó su muerte para lanzar un librillo de pocas hojas intitulado *Conclusiones principaliter suspectae et scandalosae quae reperiuntur in libris Erasmi*.[30] Ningún editor quiso hacerse responsable del opúsculo. Lo vendieron, dice Erasmo, "esos rapaces ambulantes que van por Roma pregonando huevos, hongos, almanaques, cancioncillas y otras bagatelas semejantes".[31] Después vinieron, con el mismo carácter semiclandestino, una *Defensa* de la Vulgata [32] y una lista

---

28 Carta a Vergara, Roma, 26 de marzo de 1522: "...nae isti ignorant, ut ego video, Hispanam generositatem, neque nos ex ea gente ortos arbitrantur quibus vita facilius potest extorqueri quam gloria. Erasmum ego eruditum esse non ambigo; ac ni talem credidissem, non tam exiguos ego animos gero ut illum mihi in tanta litteratorum turba antagonistam delegissem. Hoc illi honori esse potest vel maximo, hoc litteraturae non exiguum indicium, quod dignus est a nobis judicatus quo de re litteraria in certamen veniremus". (Allen, t. IV, pág. 628, n. 3, líneas 14-21.)

29 Génébrard, *Chronographia*, Parisiis, 1580, p. 408, al mencionar en 1523 la muerte de Adriano, dice que este Papa, "cum apud eum Erasmus accusaretur, respondit se non bonas litteras persequi, verum impias haereses".

30 Roma, 1522. Allen (t. IV, pág. 622) pone fecha 1523.

31 *Apologia ad Stunicae conclusiones*, 1º de marzo de 1524. Impresa junto con la *Exomologesis*, Basilea, 1524. Reproducida con las demás apologías en *Opera*, t. IX. Las líneas citadas se encuentran en Menéndez y Pelayo, *Heterodoxos, ed. cit.*, t. IV, pág. 69, nota.

32 *Assertio ecclesiasticae translationis Novi Testamenti a soloecismis quos illi Erasmus Roterodamus impegerat*. Todos estos opúsculos son rarísimos. Fuera del ejemplar de la Biblioteca Angélica de Roma que utilizó Menéndez y Pelayo, existe en la Biblio-

de las correcciones puestas por Erasmo en la tercera edición de su *Nuevo Testamento,* y para las cuales había utilizado, sin decirlo, las *Annotationes* de Zúñiga.[33] Las respuestas de Erasmo se hicieron cada vez más breves. Se había preguntado si contestaría o no a las *Conclusiones.* Estaba ya empeñado en otro duelo con Lutero en persona. Como esta vez peleaba con la "hidra", tenía todo derecho de despreciar al "cangrejo". Consagró, no obstante, un día de su vida [34] a una nueva *Apologia* que apareció junto con la *Exomologesis* (marzo de 1524). Zúñiga, por su parte, se cansó tal vez de mostrarse más ortodoxo que el Papa. No evolucionó, como Carranza, hasta convertirse en erasmista. Se conserva un parecer suyo a Clemente VII en que se manifiesta resueltamente hostil a la reunión del Concilio general.[35] Pero renunció a la guerra de libelos con que había esperado conquistar la gloria. Erasmo respondió muy tardíamente a sus últimos ataques. Zúñiga, que había continuado trabajando sobre el Nuevo Testamento y sobre las obras de San Jerónimo con el designio de sorprender las fallas de Erasmo, se abstuvo de publicar las notas críticas que de ese modo había reunido. Cuando murió, a fines de 1531, encargó a sus ejecutores testamentarios que las hiciesen llegar a manos de Erasmo; había alrededor de ochenta notas a propósito de los escolios erasmianos sobre las Epístolas de San Jerónimo y ciento treinta y cinco sobre las anotaciones del *Nuevo Testamento.* Según dijo el cardenal D. Íñigo de Mendoza, obispo de Burgos, que hizo el envío de esos papeles a Erasmo, aquello constituía más volumen que sustancia. Las vivezas de lenguaje tenían esta vez la excusa de permanecer en la sombra discreta de lo inédito... ¡Paz a las cenizas de Zúñiga!

Era —dice el Cardenal a guisa de oración fúnebre— un hombre naturalmente mordaz y vehemente; no era dueño de sí mismo, ni en sus escritos ni en su conversación. Pero nadie carece de defectos, y, dejando a un lado este punto, en casi todos los demás mostró, en su vida y en sus costumbres, una honradez y una pureza de intenciones que dicen mucho de él. Permaneció hasta el final semejante a sí mismo, según lo que he oído decir a los testigos de sus últimos instantes.[36]

teca Nacional de Viena un pequeño volumen que contiene la *Assertio* y las *Conclusiones* (según notas manuscritas de C. A. Wilkens, de las cuales tuve conocimiento gracias al pastor E. Stern, de Estrasburgo).

[33] *Loca quae ex Stunicae Annotationibus, illius suppresso nomine, in tertia editione Novi Testamenti Erasmus emendavit,* Roma, 1523 (según Menéndez y Pelayo, *op. cit.,* t. IV, pág. 70. Allen, t. IV, pág. 622, pone 1524).

[34] "Unius diei operam huic negotio dedi" (Allen, t. V, Ep. 1428, línea 11). La comparación de la hidra y el cangrejo está en una carta de Erasmo a Campeggio del 19 de enero de 1524 (Ep. 1410, líneas 2-4).

[35] Publicado en último lugar en *Concilium Tridentinum,* t. XII, *Tractatuum pars prior,* Friburgi Brisgoviae (Societas Goerresiana), 1930, págs. 52-58. El editor fecha este documento en 1530.

[36] "...Nec miremur si homo natura acer ac vehemens haudquaquam in scriptis aut etiam in colloquiis temperare sibi poterat, quando vitiis nemo sine nascitur, et hoc excepto in reliquis fere omnibus vitae morumque honestate atque innocentia commendatur: nec absimilis fuit exitus uti ex iis qui adfuerunt nobis contigit audire." Carta del Cardenal Íñigo López de Mendoza a Erasmo, Roma, 28 de agosto de 1532 (Allen, t. X,

III

La respuesta de Erasmo a las *Blasphemiae,* con su llamamiento al Papa y al Emperador para una pacificación religiosa, desbordaba del campo de la polémica personal. Era una defensa *pro domo,* un repudio indirecto de Lutero. Pero contribuía asimismo, junto con tantos otros escritos que la enmarcaban, a definir públicamente la posición ideal del evangelismo lejos del bullicio. Esta posición es la de Erasmo en Basilea, huésped de Froben y proveedor infatigable de sus prensas. Es demasiado fácil decir que lo que hace Erasmo es afirmar, gracias a una sagaz diplomacia, su propia seguridad. Lo que salva ante todo es su fe. Diplomacia y llamamiento a la opinión se combinan para promover una causa que no es la suya solamente.

Nada más notable, a este respecto, que su política frente a la Corte imperial, de la cual ha huido para no verse asociado a la represión de la herejía en Flandes. Erasmo no puede servir a Carlos V de esa manera. Pero en Basilea nunca deja de considerarse a su servicio, y si le dedica, el 13 de enero de 1522, su *Paráfrasis del Evangelio según San Mateo,* es para servirle según su conciencia. El cardenal Schinner, al regresar de Worms, le había instado encarecidamente a emprender la paráfrasis de los Evangelios, puesto que ya había terminado la de las Epístolas. Erasmo se había negado, objetando la dificultad de parafrasear esos textos temibles en que alternan doctrina y relato, en que no es ya un apóstol quien habla, sino Dios mismo, y no sin oscuridades que tienen su razón de ser. Frente a ciertas dificultades insuperables, un comentarista puede confesar su derrota: una paráfrasis obliga a no omitir nada y a explicarlo todo. Tales o cuales afirmaciones del Evangelio corren riesgo de parecer sediciosas en nuestro tiempo, tan diferente de la edad evangélica: ¿será preciso que el parafraste ponga en boca de los evangelistas ciertas reservas enderezadas a este tiempo? Si se abordan sucesivamente los cuatro evangelios, ¡cuántas repeticiones no hay que prever! Y, por otra parte, si se emprende la tarea de fundirlos en una narración única, ¿cómo resolver los problemas que plantean sus divergencias sin sacrificar la claridad que es la ley del género? Schinner fue tan persuasivo, que acabó por triunfar de los escrúpulos de Erasmo.[1] Éste, en fin de cuentas, había optado por la paráfrasis independiente del *Evangelio según San Mateo.* Si tenía que repetirse en lo sucesivo, ello era un peligro cuya poca gravedad le constaba: ¿qué otra cosa estaba haciendo desde que se había constituido heraldo de la *philosophia Christi?* Todos tenían hambre insaciable de aquella verdad evangélica transportada a lenguaje erasmiano.

Al dedicar al César esta nueva tentativa, no se dirige a un príncipe cualquiera, y realiza un acto más significativo que si se dirigiera a un

Ep. 2705, líneas 24-29). Sobre estas últimas anotaciones de Zúñiga, véase también la correspondencia de Sepúlveda con Erasmo: Sepulvedae *Opera,* Madrid, 1780, t. III (2ª parte), págs. 77-93, y Allen, t. X, Epp. 2873, 2905, 2938, y t. XI, Ep. 2951.

[1] Allen, t. V, Ep. 1255 (13 de enero de 1522), líneas 25-74.

príncipe de la Iglesia. "César no es un doctor del Evangelio: es su campeón." Es preciso que sepa por qué combate. Carlos, que puede dar ejemplo de piedad a tantos abades u obispos, verá en esta paráfrasis un presente más digno de él que las piedras preciosas, los caballos, los perros de caza o las alfombras orientales que suelen ofrecerse a los soberanos.[2] Así, pues, esta dedicatoria se dirige al joven Emperador considerado como el brazo secular de la ortodoxia en Alemania y en Flandes. Es, para Erasmo, una manera de cumplir sus funciones de consejero, pero de cumplirlas a la luz del sol. Por encima de la cabeza del soberano, su obra se dirige a la opinión pública. Es, no nos quepa duda de ello, una especie de contestación a los luteranos que le reprochan su tibieza, que lo acusan de desertor de la causa del Evangelio. Se atreve a repetir, como el año de 1516 en la *Paraclesis*, que el Evangelio es alimento destinado a todos. No le basta con afirmar en su Epístola dedicatoria al Emperador que ha querido poner el Evangelio al alcance de todos, aun de los más ignorantes; toma pretexto de algunas páginas en blanco que han quedado por llenar en los folios preliminares para insistir en este punto candente escribiendo una epístola al lector en la cual declara: "Si se cree lo que yo digo, el Evangelio será leído por los labradores, por los herreros, por los albañiles, por los tejedores, hasta por las mujeres públicas y sus rufianes, hasta por los turcos, en fin." Son necesarias las traducciones:

¿Qué mal se ve en que los hombres repitan el Evangelio en su lengua materna, la que ellos entienden: los franceses en francés, los ingleses en inglés, los alemanes en su lengua, los indios en la suya? A mí me parece mucho más reprobable, o por mejor decir ridículo, que los ignorantes y las mujeres mascullen en latín sus salmos y su oración dominical como loros, sin entender lo que dicen... ¡Cuántos hombres de cincuenta años ignoran el voto que han pronunciado en el bautismo, y no han tenido nunca la menor idea de lo que significan los artículos del Credo, la oración dominical, los sacramentos de la Iglesia![3]

Esta publicación iba a dar a Erasmo la ocasión de sondear las disposiciones de la Corte imperial con respecto a él. Ya antes de que Froben imprimiese la *Paráfrasis,* Vives se había encargado de tranquilizarlo. Ciertamente, el proceso de Probst, que está ventilándose en Bruselas y para el cual se ha movilizado a Latomus y a Baechem, ofrece a éstos un magnífico pretexto para desahogarse contra Erasmo. No es cosa nueva. Pero hay, en la Corte misma, un grupo de teólogos de la Sorbona que juzgan a Erasmo con mayor indulgencia, y que no le reprochan más que el haberse pronunciado siempre de manera ambigua acerca del asunto de Lutero.[4] ¿Quiénes son estos Parisienses que aceptan a Erasmo sin demasiadas dificultades, con tal que se aplaste a Lutero? Con toda seguridad Vives piensa en el Doctor Luis Coronel y en el Doctor Juan de Quintana, los

---

2 *Ibid.,* líneas 85-106.
3 *Ibid.,* introd.
4 Allen, t. V, Ep. 1256 (Lovaina, 19 de enero de 1522), líneas 10-22.

dos hombres de confianza de Glapion, que ha hecho que se les nombre asesores de Hulst en los procesos de Probst y Grapheus.[5] Piensa también en el propio Glapion, el omnipotente confesor.

El hombre más inquietante de todos los que rodean al soberano sigue siendo Aleandro, que exteriormente guarda a Erasmo su antigua amistad, y que se queja de ser mal correspondido por él. Aleandro hace circular el rumor de que el Duque de Alba está muy mal dispuesto con Erasmo. ¡Y por qué motivo tan extraño! Según él, el filósofo escribió en una carta a Barbier, que había permanecido en España con Adriano: "Los españoles se muestran favorables a Lutero para que se crea que son cristianos." Esto es del todo inverosímil, piensa Vives. Aun suponiendo que Erasmo hubiera soltado esta frasecilla —pensando quizá en los marranos de Amberes—, ¿cómo hubiera podido llegar a oídos del Duque de Alba? Vives no ha visto al Duque, pero ha tenido una conversación con su hijo, Fr. Juan, el dominico, que no hubiera dejado de contarle las escandalosas palabras en caso de haber tenido conocimiento de ellas; en efecto, el hijo del Duque, que también ha bebido la leche de la Sorbona, censura a Erasmo por haber alentado a un librero de Amberes a vender los libros de Lutero sin hacer caso de la bula, y lo tiene por uno de los instigadores de la revolución religiosa, uno de aquellos de quienes Lutero, en Worms, se declaraba solidario. Vives no ha podido sacar del hijo ninguna indicación clara acerca de los sentimientos del padre para con Erasmo.

Pero, de todos modos, éste haría mal si se alarmase por rumores sin consistencia, que le llegan a Basilea agrandados y deformados. De lejos es algo, y de cerca nada. La única precaución que hay que tomar, a juicio de Vives, es escribir a un amigo como Jorge Halewyn para protestar contra las murmuraciones calumniosas, y sobre todo cultivar la amistad del confesor Glapion, "que no tiene menos crédito en la corte que Cristo en persona". Por otra parte, no le costaría nada tener un rasgo amistoso con Aleandro, el cual se queja de que Erasmo, en su polémica con López Zúñiga, haya utilizado, sin mencionarlo, una conjetura que él le había comunicado.[6]

Erasmo toma muy en cuenta las indicaciones de su fiel Vives. Como en esos días Froben está reimprimiendo la *Apologia* contra Zúñiga, devuelve a Aleandro, "prelado sabio en las tres lenguas", la observación que le pertenece.[7] Sobre todo, aprovecha la publicación de la *Paráfrasis del Evangelio según San Mateo* para escribir a Jorge Halewyn. Éste se encarga, junto con Glapion, de presentar la obra al Emperador, quien tiene para ella la mejor acogida.[8] Erasmo imprimió en la segunda edición de su *Paráfrasis* el agradecimiento oficial de Carlos V, redactado y rubricado por Guy Morillon: es un testimonio de favor sin reservas, que con-

5 Kalkoff, *Die Anfänge der Gegenreformation, op. cit.*, t. II, págs. 63-64, y la nota de la pág. 101. Cf. Paul Fredericq, *Corpus documentorum Inquisitionis haereticae pravitatis Neerlandicae*, Gand, 1900, t. IV, págs. 94, 105, 165.

6 Allen, t. V, Ep. 1256, líneas 30-46 y 60-69.

7 Reimpresión de febrero de 1522. Cf. Allen, t. V, Ep. 1256, línea 69, nota.

8 *Ibid.*, Ep. 1269 (Halewyn a Erasmo, Bruselas, 31 de marzo de 1522).

cluye con una promesa de "apoyar todos los esfuerzos que Erasmo pueda hacer por el honor de Cristo y la salvación de la cristiandad".[9] La respuesta de Halewyn nos instruye más explícitamente acerca de los esfuerzos que de él se esperan: pinta a Glapion en las mejores disposiciones hacia Erasmo, pero ansiando que haga acto de presencia en la Corte a fin de consolidar en ella su situación, y deseando asimismo que publique algún manifiesto antiluterano "que venga a poner fin a toda sospecha y a la calumnia de los malévolos".[10]

En las primeras semanas de abril, Erasmo emprendió el camino de Flandes como si quisiese mostrarse en la Corte antes de la salida de ésta para España. Pero no pasó más allá de Schlettstadt, donde la fatiga lo obligó a cuidarse durante algunos días en casa de Beatus Rhenanus. Después de esto, volvió a Basilea.[11] Sabemos ya que el estado de su salud no fue la única causa que lo retuvo en el camino a los Países Bajos, ni quizá la más importante. Tuvo miedo de una trampa. ¿Se vería verdaderamente amenazado de transformarse en inquisidor? ¿Se vería simplemente sentado al lado de Glapion, en algún estrado oficial, sancionando con su presencia el castigo, que ya en ese momento era inevitable, de Nicolás Hertogenbosch y Cornelius Grapheus, dos hombres por quienes él tenía profunda estimación?[12] Esta sola perspectiva era más que suficiente para hacerlo huir. Prefirió entonces, para asegurar su situación en la Corte, el método epistolar que le había dado tan buenos resultados el año precedente, durante la Dieta de Worms. Ante el papel blanco, con la pluma en la mano, se sentía seguro de sí, maniobrando y no ya maniobrado.

Así, pues, su secretario Hilario Bertulph no tardó en salir rumbo a Bruselas con un paquete de cartas persuasivas. En marzo ya había escrito Erasmo a Gattinara, no sin aludir a cierta *vía* en la cual habría que buscar la paz entre la Alemania luterana y Roma. El Canciller, a quien seguramente había engolosinado esta sugestión, quedó un poco decepcionado al ver que no se complementaba con puntos de vista más precisos.[13]

[9] *Ibid.,* Ep. 1270. Esta carta se reimprimió no sólo en la edición de Basilea de 1523, sino también en la de Alcalá de 1525 (cf. *infra,* pág. 164).

[10] Allen, t. V, Ep. 1279, líneas 5-12.

[11] *Ibid.,* Ep. 1273, introd. (pág. 43).

[12] Kalkoff, *op. cit.,* t. II, págs. 70 *ss.* Grapheus tuvo que retractarse solemnemente en la Plaza del Mercado de Bruselas el día 28 de abril de 1522. Erasmo seguía ciertamente con angustia su asunto y el de Nicolás Hertogenbosch. Véanse los términos en que habla de ellos algunos meses después de su condena (Allen, t. V, Ep. 1299, líneas 89-95, a Josse Laurens, 14 de julio de 1522; y Ep. 1302, líneas 83-87, a Pierre Barbier, hacia la misma fecha).

[13] Allen, t. V, Ep. 1281, líneas 2-16, Vives a Erasmo, Brujas, 20 de mayo de 1522, contando la entrega de la carta de Erasmo a Gattinara: "...Quaesivit ex me an quid aliud ad se scripsisses. Negavi aliud me ad eum habere. *Atqui,* inquit, *hae literae aliquid videntur aliud significare.* Respondi me id nescire. *Loquitur hic,* inquit, *de via quadam, nec explicat quae sit.*" Allen, a propósito de *via quadam,* remite a otra carta contemporánea de esta epístola a Gattinara, hoy perdida (Ep. 1267, línea 17, a Estanislao Turzo, 21 de marzo: "Equidem videre mihi videor quibus modis absque tumultu consuli possit religioni Christianae").

Pero la inutilidad del *Consilium* había sido una lección para el prudente Erasmo.

Frente a los teólogos de la Corte, se esfuerza una vez más en rechazar toda solidaridad con Lutero, sin renegar de sí mismo. Entre los personajes más importantes de la casa del Emperador se contaba el obispo de Palencia D. Pedro Ruiz de la Mota,[14] uno de los raros españoles que, venidos a la Corte de los Países Bajos desde la época de Felipe el Hermoso, habían conseguido abrirse paso en ella. Capellán y limosnero de Carlos desde 1511, había logrado conquistar verdadero ascendiente sobre el joven soberano, gracias al cual había recibido el obispado de Badajoz y después el de Palencia. Durante el invierno, Erasmo había concebido serios temores acerca de su benevolencia. Había sospechado que era un partidario de Aleandro, uno de aquellos a quienes el Nuncio, antes de salir a España para reunirse con el nuevo Papa, había catequizado para dejarlo mal parado ante el Emperador.[15] Pero el Obispo de Palencia acababa de enviarle espontáneamente un cordial saludo por mediación de Jorge Halewyn.[16] El Filósofo, después de readquirir de ese modo la confianza, le escribe. En su carta se queja de la triste suerte de los hombres de pluma, inferior a la de los mismos histriones:

El volatinero que baila mal es solamente ridículo: nosotros, si tenemos la desgracia de hacernos desagradables, resultamos al punto herejes. En cuanto a mí, he tratado menos de hacerme agradable que de ser útil a todos. Estaba lográndolo; pero entonces sobrevino esta tragedia del nuevo Evangelio. Iniciada en medio de una simpatía pasmosa y casi universal, sus actos fueron empeorando hasta llegar a un desenlace tumultuoso y colérico. Desde el principio me desagradó, justamente porque yo preveía que había de terminar con una sedición. Y yo no he amado nunca una verdad sediciosa, mucho menos una herejía. Sin embargo, tenéis en los Países Bajos personas que, con desprecio de su propia conciencia, hacen de mí un luterano; sin duda su fin es empujarme, quiera que no, con sus odiosas maquinaciones, al campo de Lutero. Pero ni la muerte ni la vida podrán desprenderme de la comunión de la Iglesia católica. Lo que vale mi luteranismo, los luteranos mismos lo dicen, emprendiendo contra mí un violento asalto de injurias públicas y de hirientes libelos. Pero no admitiré que se me alabe por haberme *separado* de Lutero: prefiero que se me tenga todavía ahora por luterano si alguna vez lo he sido.

Expresa la esperanza de que el nuevo Papa y el Emperador devuelvan muy pronto la paz al mundo cristiano. El único medio, para ello, es "cortar las raíces de donde renace incesantemente el mal". Una de ellas es la saña de la curia romana, cuya avaricia y tiranía han llegado a hacerse intolerables. Y, por otra parte, ciertos reglamentos humanos parecen pesar excesivamente sobre la libertad del pueblo cristiano. "A todo esto la autoridad del César y la integridad del nuevo Pontífice pondrán remedio sin trastornar el mundo." [17]

14 Allen, t. V, Ep. 1273, introd.
15 *Ibid.*, Ep. 1268, líneas 69-70 (a Pirckheimer, 30 de marzo de 1522).
16 *Ibid.*, Ep. 1269, líneas 14-15.
17 *Ibid.*, Ep. 1273, líneas 13-30 y 35-43.

Así Erasmo, sin solidarizarse con Lutero, se niega a aplaudir su condena, y opina que ciertos problemas planteados por él siguen todavía sin resolver. La misma independencia de juicio se transparenta en la carta, muy diferente, que escribe al Doctor Coronel.[18] Lo trata como amigo cuyos sentimientos le son conocidos gracias a amigos comunes, sobre todo Vives, Luis Ber y Guy Morillon. Pero el teólogo español se ha espantado de los atrevimientos de la *Paráfrasis*, y sobre todo de la epístola al lector que figura al principio. Había, en esas cuantas páginas, un acento acerca del cual no se equivocó Alemania. Botzheim la tradujo al alemán y se indignó muchísimo cuando supo que había habido un teólogo de la Sorbona que la censuró. ¿Acaso había que traicionar al Evangelio por pura saña contra Lutero? ¿Acaso Erasmo había de renunciar a su misión "por miedo de algunos de nuestros maestros, sean españoles, judíos o Coroneles"?[19] Pero Erasmo no había esperado el juicio de Botzheim para defender su prefacio, con una especie de negligencia que no excluye la firmeza:

En cuanto a este prefacio —dice al teólogo español—, lo he añadido sin darle ninguna importancia, sólo por complacer al impresor... Vale lo que vale, pero soy yo quien lo ha parido, o, si así lo prefieres, abortado. No hay que execrar ninguna herejía hasta el punto de no atreverse, por odio a ella, a enseñar lo que es justo.[20]

En sus explicaciones a Glapion es sobre todo donde Erasmo se muestra cuidadoso de dar señales de ortodoxia sin comprometer su libertad de pluma. Aquí, lo mismo que en todas las demás cartas que dirige a la Corte, se presenta como víctima de su propia moderación, amenazado en Alemania por los luteranos, atacado en los Países Bajos por algunos ortodoxos furibundos. Pero la preocupación que lo obsesiona, al escribir al confesor de Carlos V, es la de los escritos antiluteranos que se esperan de él. Sin cesar vuelve a ese punto, haciendo protestas de buena voluntad, pero ocultando mal su poco entusiasmo por esta manera de servir: "No soy hombre que sepa callarse —explica—. Había comenzado cierto librito sobre la manera de poner fin a la cuestión luterana, pero la enfermedad ha interrumpido todos mis trabajos. Entre tanto, de palabra o por cartas, he moderado a no pocas personas que eran partidarias deci-

18 Véase la noticia de Allen, t. V, Ep. 1274, introd. El segoviano Luis Núñez Coronel, que tendrá un papel importante en el movimiento erasmiano de España, había comenzado por ser una lumbrera de la teología escolástica. Estudió en París a principios del siglo en compañía de su hermano Antonio. Ambos fueron en Montaigu discípulos de John Mair. Luis entró en la Sorbona en 1504 y recibió aquí el grado de doctor en 1514. En París publicó un *Tractatus syllogismorum* (1508) y un volumen de *Physice perscrutationes* (1511). Carlos V llamó a los hermanos Coronel a su corte cuando regresó a Flandes en 1520, y allí alcanzaron ambos gran reputación como confesores y predicadores. Ya hemos visto (cf. *supra*, págs. 134-135) que Hulst utilizaba los servicios del Doctor Luis Coronel en la Inquisición de Bruselas.

19 Allen, t. V, Ep. 1285 (Constanza, 26 de mayo de 1522), líneas 45-46: "...metu M. N. quorumvis, etiam Hispanorum, Judeorum et Coronellorum".

20 *Ibid.*, Ep. 1274, líneas 19-24.

didas de Lutero." "Mi vena, que tú llamas divina, es bastante miserable. Tal como es, servirá en primer lugar a la gloria de Cristo y en segundo al honor de mi soberano." "Que éste me asegure solamente el ocio y la tranquilidad: yo obraré de tal suerte que Su Majestad no tenga nunca sino motivos para ufanarse de su humilde consejero." Pero el final de la carta deja entender claramente que Erasmo no proyecta hacer una refutación en regla de Lutero: "La primacía del Papa ha sido ya suficientemente defendida por Cayetano, Silvestre y Eck, de manera que mi refuerzo está por demás. No hablemos de Catharinus, que no trata con mucha habilidad esta cuestión. En cuanto a los sacramentos, ya he explicado lo que pienso en los versos que he añadido al librito intitulado *Catón*. Existe sobre el mismo asunto el libro del Rey de Inglaterra, que algunos, en Roma y aquí mismo, creen mío equivocadamente." ¡Lástima, ironizaba Erasmo, que estas sospechas no prosperen en otro país! [21]

Esta pequeña campaña epistolar fue el único esfuerzo que intentó para consolidar su posición en la Corte imperial. Había encargado a Bertulph, su mensajero, que propagara, en términos vagos, el rumor de su próximo regreso a los Países Bajos.[22] Pero se guardó mucho de regresar antes de la partida de Carlos V, y todo nos inclina a creer que estaba resuelto a permanecer lejos por tanto tiempo como Hulst empuñara la "espada" inquisitorial, con Latomus y Egmont por acólitos. En su carta a Glapion, con mucha mayor claridad que en las demás, deja entender que muy gustoso volvería a Brabante para instalarse en la residencia campestre de Anderlecht, a las puertas de Bruselas y a buena distancia de Lovaina; sin embargo, para este regreso pone dos condiciones: que el Emperador le garantice el pago regular de su pensión de consejero, y que imponga silencio a sus enemigos. Insinúa también que la fecundidad de su pluma, en esa hora decisiva en que se trata de escribir sobre el asunto de Lutero, dependerá de la tranquilidad y de los ocios que se le aseguren.[23] Pero se siente que en otros lugares, y no en Brabante, es donde encuentra el clima más favorable para el cumplimiento de su misión histórica. La Corte de Bruselas, después de la partida de Carlos V, representará desde ese momento, en su vida, la vaga esperanza de una pensión a la cual renunciará antes que comprarla con una restricción de su independencia. El gobierno de los Países Bajos, lo mismo que la cancillería imperial, serán sobre todo, para él, poderosas garantías ortodoxas. Aprende el arte de servirse de ellas desde lejos, arte poco maquiavélico en verdad, puesto que sus libros le han ganado tantos y tan fieles amigos en todos los grados de la escala social.

Ya el Emperador se encuentra en Inglaterra. Guy Morillon, que va a reunirse con él, en una carta que escribe desde Brujas al Filósofo, le asegura que todos los grandes personajes de la Corte lo ven con buenos ojos. Sus cartas han obrado maravillas. De ellas han sacado todos en limpio que Erasmo no es luterano, y que nunca lo ha sido. Morillon se

21 *Ibid.*, Ep. 1275, líneas 19-22, 40-42, 68-70, 77-84.
22 *Ibid.*, Ep. 1281 (Vives a Erasmo, Brujas, 20 de mayo de 1522), líneas 23-27.
23 *Ibid.*, Ep. 1275, líneas 49-53 y 67-72.

hace el propósito de pedir a Glapion una comunicación del sensacional mensaje.[24] Algunos días antes, Vives ha visto a Coronel, muy ocupado en sus funciones inquisitoriales, pero desbordante de admiración por Erasmo, "este nuevo Jerónimo, este nuevo Agustín". El teólogo español se encoge de hombros cuando se alude a las personas que acusan a Erasmo de luteranismo. "Éste es asunto concluido, no se habla más de ello. Los imbéciles son quienes creen tales cosas." El obispo de Lieja, Érard de Lamarck, a quien Erasmo había creído ganado por Aleandro, no jura sino por Erasmo, y tiene siempre sus libros en la mano (Vives sabe esto por un español de casa del prelado). El Señor de Praet es otro admirador incondicional, que no cabe en sí de alegría por haberse asociado a la inmortalidad de Erasmo con la publicación de las *Epistolae ad diversos*. Con muchísimo gusto recomendaría a Erasmo ante el Emperador si su recomendación no fuese completamente inútil. El estadista flamenco está en la cumbre del favor de Carlos V: éste acaba de designarlo para la embajada de Londres en el momento en que vuelve a estrecharse la alianza anglo-española contra Francisco I. En cuanto al canciller Gattinara, su simpatía por Erasmo no es un secreto para nadie: hasta el personal subalterno de la Corte la conoce.[25]

IV

Fortificado con estas seguridades, Erasmo puede mantenerse en su posición de árbitro. Puede definir mejor esa vía media de que hablaba con palabras encubiertas a Gattinara, esa reforma que resumía en carta al Obispo de Palencia designando la doble raíz del mal que había que extirpar: abusos de la fiscalidad romana y trabas a la libertad evangélica. No ha venido a Basilea para refugiarse en una neutralidad silenciosa. Nunca en su vida expresó Erasmo su pensamiento bajo más formas. Son años de adaptación y de labor ardiente,[1] de que son testimonio los dos célebres retratos de Holbein: lo mismo el Erasmo en actitud de escribir (imagen viva de la atención y el dominio de sí) que el Erasmo con las manos descansando en un libro, cuya mirada parece escrutar el porvenir con una lucidez preñada de inquietud. Un cuarto de siglo de trabajos está como plasmado en ese libro-símbolo, que el pintor ha intitulado: ΗΡΑΚΛΕΙΟΙ ΠΟΝΟΙ ERASMI. Por estos mismos días redacta un *Catálogo* de sus obras, enriquecido con páginas de autobiografía espiritual, y a cuya pri-

24 *Ibid.*, Ep. 1287 (hacia el 27 de mayo de 1522), líneas 22-25: "Epistolas quibus D. V. declarat nec esse nec unquam fuisse Lutheranum, magnopere videre desidero. Petam a D. Glapione ubi in curiam venero. Omnes hic magnates D. V. multum favere videntur. Non parum profuerit quod D. V. omnibus scripserit."

25 *Ibid.*, Ep. 1281 (Vives a Erasmo, Brujas, 20 de mayo de 1522), líneas 41-54 y 56-68. Sobre las disposiciones del Señor de Praet, véase en especial una carta de Bacchusius a Erasmo, escrita igualmente en Brujas el 27 de mayo (Ep. 1286, líneas 37-38).

1 Esta época de la vida y de la labor de Erasmo ha sido analizada profundamente por A. Renaudet, *Études érasmiennes (1521-1529)*, Paris, 1939.

mera edición agrega la carta a Laurin, verdadera confesión de su debate interior en presencia de los principios del luteranismo. También se esboza en su espíritu el plan de una gran edición de sus obras completas.[2] Pero, infatigablemente, añade a ellas otras nuevas obras. Apologías aceradas, abundantes paráfrasis, monumentales ediciones, opúsculos pequeñitos: todo converge hacia una determinada interpretación del cristianismo que se ha hecho su razón de vivir, y que requiere incesantemente que su pluma alerta la complete, la vulgarice, la defienda, la precise en un nuevo punto. Erasmo no se sobrevive a sí mismo. Sus obras nuevas rivalizan en popularidad con las que ya le han granjeado la gloria.

Sus *Paráfrasis* de los cuatro Evangelios[3] se cuentan entre sus libros predilectos. Jamás se siente Erasmo tan contento como cuando improvisa sobre los temas evangélicos. No le importa repetirse, y tampoco sus lectores se cansan del Evangelio interpretado por él. El *Novum Instrumentum* grecolatino era libro para el mundo de los eruditos y los teólogos. Las *Paráfrasis* se dirigen a todo hombre de mediana cultura que sepa leer un latín accesible. Si se las tradujera en lengua vulgar, fácilmente podrían llegar a manos de los más humildes lectores, de ese público de trabajadores manuales para el cual reivindica Erasmo el derecho de leer el Evangelio. Ninguno se engaña acerca de la osadía de Erasmo en esta materia, ni los teólogos de la Sorbona como Coronel, que ven en esta reivindicación una molesta coincidencia con el programa de Lutero, ni los adeptos de la *philosophia Christi,* como Botzheim, que traducen y difunden ese manifiesto.[4] Los soberanos ortodoxos a quienes van dedicadas las cuatro *Paráfrasis* cubren con su prestigio, quiéranlo o no, esta empresa de vulgarización evangélica. Cuando ofrece la de San Marcos a Francisco I, el 1º de diciembre de 1523, Erasmo puede asentar con satisfacción que el Nuevo Testamento se encuentra en manos de todos, aun en las de los ignorantes, que no pocas veces dan verdadero ejemplo a los profesionales de la ciencia bíblica. Los editores pueden imprimir miles de ejemplares sin alcanzar a saciar la avidez del público. Escríbase lo que se quiera acerca del Evangelio, es ésta una mercancía que se vende hoy. Ahora bien, Erasmo tiene fe sin límites en el poder de la palabra divina: "Una vez tomado este medicamento tan eficaz —escribe al Rey de Francia—, no podrá menos de manifestar sus efectos."[5] Ya en su prefacio a los *Comentarios* de Arnobio sobre los Salmos había dicho al papa Adriano: "No hay una sola parte de la Sagrada Escritura que no tenga acentos eficaces, siempre que no nos tapemos los oídos para impedir que la fuerza de los divinos encantos penetre en nuestras almas."[6]

---

2 El *Catalogus omnium Erasmi lucubrationum,* redactado a petición de Botzheim, se publicó en Basilea en abril de 1523, y la segunda edición, considerablemente aumentada, en septiembre de 1524. Allen, t. I, págs. 1-46, reproduce este texto capital. Respecto a la carta a Laurin, ya citada, cf. Allen, t. V, Ep. 1342 (1º de febrero de 1523).

3 Cf. *infra,* pág. 153, nota 34, y pág. 164.

4 Cf. *supra,* pág. 138.

5 Allen, t. V, Ep. 1400, líneas 335-344.

6 *Ibid.,* Ep. 1304 (1º de agosto de 1522), líneas 392-394.

En esta sola fuerza confía Erasmo para que la paz vuelva a la cristiandad. Nunca le han parecido más vanos los esfuerzos de la dialéctica definidora y disputadora. Realizando su obra de erudito, editando, por ejemplo, las obras de San Hilario, se complace en encontrar un cristianismo sobrio en afirmaciones dogmáticas, exento aún de las sutilezas metafísicas con que va a invadirlo irrevocablemente la herejía de Arrio. ¡Qué lección, si los modernos saben comprenderla!

Lo esencial de nuestra religión es la paz, la unanimidad. Pero ésta no es realizable sino a condición de que limitemos al mínimo las definiciones, y de que, en muchos puntos, dejemos a cada cual su libertad de juicio... Lo propio de la verdadera ciencia teológica es no definir más allá de lo que se da en los textos sagrados, y enseñar con buena fe eso que en ellos se da. En el momento presente multitud de problemas se remiten al Concilio ecuménico: más valdría remitir las cuestiones de este género al tiempo en que, sin espejo interpuesto, sin enigma, veamos a Dios cara a cara.[7]

Pero no basta ya con deplorar en términos generales, como en la época del *Novum Instrumentum,* los excesos de carga dogmática y ceremonial que no dejan ver el cristianismo verdadero. La rebelión contra estos excesos de carga se abre camino con una violencia revolucionaria. Se hace ostentación de un cristianismo radicalmente anticeremonial, sin ningún temor de escandalizar a los católicos de estrecha observancia. En la misma Basilea, a dos pasos de la casa de Erasmo, el Domingo de Ramos de 1522, un círculo de burgueses del que forma parte el cirujano Steinschneider, se sienta a la mesa para comer, ostentosamente, carne de cerdo. Erasmo ve su propio pensamiento erguirse frente a él, cristalizado en un ademán provocador. Él desaprueba el ademán, pero no la idea. Se siente obligado a exponer al Obispo soberano de Basilea sus puntos de vista sobre esta cuestión de las prohibiciones de alimentos en el catolicismo, lo mismo que sobre cierto número de leyes de la Iglesia que tienen, a su juicio, el mismo carácter humano y contingente. Tal es el origen del *De esu carnium.*[8] Volvería a hablar del mismo asunto, un año después, en una curiosísima carta, esta vez confidencial, a Ulrich Zäsi.[9] Erasmo no reclama la abolición de una regla consagrada por siglos de tradición: lo que desea es que aquellos cuyo estómago no puede tolerar bien los ayunos o la abstinencia, puedan liberarse de semejante regla sin causar escándalo. Italia, menos rígidamente supersticiosa que los países del Norte, tolera la venta de carnes blancas en plena cuaresma, y cualquiera puede comprarlas sin que se le señale con el dedo. Basilea está siguiendo el

---

7 *Ibid.,* Ep. 1334 (epístola dedicatoria a Jean Carondelet, arzobispo de Palermo, 5 de enero de 1523), líneas 111 *ss.,* en particular líneas 142-145: "Veteres autem parcissime de rebus divinis philosophabantur; neque quicquam audebant de his pronuntiare, quod non esset aperte proditum his litteris quarum autoritas nobis est sacrosancta." El fragmento arriba traducido corresponde a las líneas 217-219 y 229-234.

8 Allen, t. V, pág. 46, nota.

9 *Ibid.,* Ep. 1353 (Basilea, 23 de marzo de 1523). Larga carta publicada mucho tiempo después de la muerte de Erasmo, en 1574. Véanse en particular las líneas 45-72, 123-127 y 146-148.

mismo camino gracias a que tiene un obispo tan liberal. ¿Por qué obstinarse en una odiosa policía religiosa que no es sino parodia de la verdadera religión? Si a los poderes públicos es a quienes corresponde hacernos piadosos por autoridad de policía, ¿por qué no la emprenden con los verdaderos azotes destructores de la piedad? "Pero en pleno Viernes Santo es lícito beber hasta vomitar, beber hasta caer borracho perdido, y en cambio el enfermo cuya vida peligra no puede comer pollo sin pecado mortal." El mismo farisaísmo tiránico reina en materia de descanso dominical, y con no menor arbitrariedad, puesto que el trabajo que está prohibido a los zapateros y otros artesanos no lo está a los carreteros ni a los marinos. También en esto se necesita mayor tolerancia, y es indispensable reducir el número de los días feriados que, sumándose a los domingos, agobian a los hombres obligados a ganarse la vida trabajando. Por fin, una vez metido en este camino, Erasmo no teme admitir una reforma más atrevida, que, lo mismo que las anteriores, viene a chocar menos contra la religión que contra una farisaica hipocresía: el matrimonio, para los sacerdotes, le parece preferible al concubinato; no se ve por qué ha de estarles prohibido. En este campo de las reglas externas, que dejan intacto el fondo de la religión, toda reforma le parece buena a Erasmo desde el momento que afloja lazos odiosos y que se lleva a efecto por la autoridad eclesiástica misma, sin ser conquistada por sedición. La libertad que reclama tiene una contraparte, que es la integridad del poder de los obispos, y no carece de interés observar que admite y aun desea un control de la imprenta. Claro está que en su espíritu, harto de polémicas, esta censura no debería aplicarse a la expresión serena e impersonal de un pensamiento, sino únicamente a los libelos dirigidos contra un hombre, sobre todo si este hombre se llama Erasmo.

La *Exomologesis* y el *Modus orandi* examinan, dentro del mismo espíritu, dos problemas delicados que conciernen a lo más íntimo de la vida religiosa, y que la revolución luterana acaba de poner en el primer plano de la actualidad: la confesión y la oración. Erasmo, que no quiere suprimir brutalmente la confesión, sino reformarla, no oculta que le cuesta mucho trabajo creerla instituida por Cristo. Se atreve a poner en balanza los argumentos en pro y en contra de la confesión auricular, y enumera una a una, sin paliativos, las fallas de esa institución. Muestra qué esfuerzos serían necesarios, lo mismo en los penitentes que en los confesores, para devolverle su virtud. Toca, a propósito de la "satisfacción", el asunto de las indulgencias, problema ignorado por la Escritura y por los doctores antiguos, pero controvertido hasta el infinito por los modernos; y si no condena totalmente las indulgencias pontificias, sí cree más seguro contar, para la plena remisión de los pecados, "con el amor y la misericordia de Cristo más que con diplomas humanos". El más auténtico de los diplomas es el del Evangelio: *dimissa sunt ei peccata multa, quoniam dilexit multum*.[10]

---

[10] La *Exomologesis* lleva fecha 24 de febrero de 1524. Véase el tomo V de *Erasmi Opera*, ed. cit., cols. 153 C-160 B, y 167 E-F.

La oración se devuelve en el *Modus orandi* a su esencia: es la elevación del alma a Dios. No tiene sino una lejana relación con las fórmulas invariables a las cuales atribuyen los ignorantes un poder mágico, con la repetición mecánica de los padrenuestros y avemarías que se cuentan en el rosario. Las únicas oraciones lo bastante venerables para que se respete su letra son las que provienen de la Escritura, y entre todas el *Pater noster,* cuyas peticiones ha parafraseado Erasmo recientemente:[11] la mayor parte de su nuevo opúsculo sobre la oración se consagra a la invocación de los santos y de la Santísima Virgen. No reprueba él esta práctica, pero muestra que el culto de los santos y de sus imágenes se ha derivado, como un mal menor, del politeísmo pagano. Insiste largamente en las supersticiones que desdoran este culto, y de las cuales sería preciso limpiarlo. Desea que el culto divino mismo, que se compone de himnos, de enseñanzas y de oración, se celebre en una lengua inteligible a todos los fieles; y lo desea, a decir verdad, aunque casi no lo espere.[12]

Pero él ha descubierto una fórmula maravillosamente flexible y atractiva para proponer ante la conciencia cristiana estos problemas que la revolución luterana no resuelve sino al precio de un cisma, y de los cuales, sin embargo, la ortodoxia no puede desentenderse con una brutal negativa a tratar de ellos. En marzo de 1522 dedica al pequeño Erasmius Froben una nueva edición de sus *Coloquios:* el modesto manual escolar de conversación latina se transfigura en un manual de piedad evangélica que a cada nueva reimpresión va enriqueciéndose.[13] La *Piadosa conversación* de dos niños define un ideal de piedad interior que se remite al ejemplo de John Colet. En el verano de ese mismo año, el manual vuelve a enriquecerse: el *Banquete religioso* esbozado en la edición de la primavera cobra esta vez singular amplitud. Replicando, a su modo, al banquete agresivo de Steinschneider y sus amigos, desarrolla en los jardines y en la casa de Froben conversaciones serenas y libres acerca de la perfección evangélica, de las relaciones entre la *philosophia Christi* y la filosofía eterna, y de la cuestión candente de las ceremonias. En cada nueva edición aparecen nuevos diálogos, trayendo a escena interlocutores mitad reales, mitad simbólicos, cuyos nombres eran casi siempre enigmas transparentes para el lector informado. Todos los problemas actuales de la vida religiosa y social se plantean siguiendo el hilo de los acontecimientos o de los recuerdos: superstición, vida monástica, matrimonio, educación, papel de las mujeres. Entre los coloquios añadidos en marzo de 1524, la *Inquisición de la fe* ofrece un excelente ejemplo de la libertad que el diálogo da a Erasmo para agitar las cuestiones más temibles. Aulo (es decir, Erasmo o cualquier ortodoxo) interroga en él a un excomulgado que se llama Barbacio y que se parece a Lutero como un hermano; el interrogatorio se refiere a

---

11 Sobre la *Precatio dominica in septem portiones distributa,* aparecida en 1523, cf. Allen, t. V, Ep. 1393, introd.

12 El *Modus orandi Deum* se publicó en otoño de 1524 (Allen, t. V, Ep. 1502).

13 Sobre los enriquecimientos de los *Coloquios* y sus relaciones con la actualidad, cf. *Bibliotheca Erasmiana: Colloquia,* 3 vols., Gand, 1903-1907, y Preserved Smith, *A key to the Colloquies of Erasmus,* Harvard University Press, 1927.

todos los puntos del Credo. Aulo no saca de Barbacio sino respuestas irreprochablemente cristianas. "Pero —exclama admirado—, puesto que tú estás de acuerdo con nosotros en tantos puntos, y tan difíciles, ¿qué es lo que se opone a que seas por completo de los nuestros?" Y Barbacio le contesta: "Esto es lo que quisiera que tú me digas." E invita a Aulo a comer, como un enfermo que invitara a su médico para prolongar la consulta. El otro acepta sin hacerse mucho de rogar: "¡Que los augurios nos sean propicios!" —"No hables de buenas aves, bromea Barbacio, sino de malos peces...[14] ¿Has olvidado que hoy es viernes?" —"He ahí algo que no se encuentra en nuestro Símbolo", dice Aulo. Y es ése el *mot de la fin*...

V

Pero eso no es más que un juego. En el momento en que este coloquio salió a la luz, Erasmo había escrito ya, o por lo menos esbozado, la *Diatriba sobre el libre albedrío*[1] que dentro de muy poco pondría de manifiesto una irremediable divergencia entre Lutero y él. Erasmo, en Basilea, dominaba el enorme debate gracias a su afán de paz. Pero la vía media en que él buscaba la paz interior y la paz general se le imponía de tal manera por las amenazas que le llegaban de diestra y siniestra, que a menudo hubiera podido preguntarse si se movía según su conciencia o si otros lo movían. Y ambas cosas eran verdaderas. La historia del *De libero arbitrio* nos ofrece una inextricable mezcla de firme juicio y de obediencia a las coacciones externas. Es preciso que nos detengamos en él un poco, porque a causa de este librito, y más todavía a causa de la respuesta luterana del *Siervo arbitrio*,[2] se abrirá un abismo entre Lutero y Erasmo, transformándose éste, de grado o por fuerza, en campeón de un evangelismo católico y garante de su ortodoxia.

La curia romana, a pesar de su descrédito, seguía siendo una máquina temible. Inquietante, mejor dicho. Difícil era saber qué energía y qué consecuencia mostraría en su política de defensa ortodoxa. León X, algunos meses antes de morir, había estado a punto de ceder a la presión de Zúñiga: Erasmo se había visto amenazado, si no de una condenación, sí por lo menos de un emplazamiento a escoger entre Roma y Lutero. Ciertamente, las *Erasmi blasphemiae* habían sido prohibidas por el consistorio que gobernaba a Roma mientras se esperaba la venida de Adriano. No obstante, durante varios años, Zúñiga seguiría siendo un peligro crónico; y, sobre todo, si es cierto que el gobierno romano refrenaba los ataques violentos de Zúñiga, no por ello dejaba de ejercer una presión discreta para obtener que Erasmo repudiara de manera ruidosa a Lutero. Erasmo se pintaba solo para responder diplomáticamente a esta presión diplomática.

---

[14] Es difícil traducir el juego de palabras: "Fiat bonis avibus. —Imo malis piscibus fiet."

[1] Cf. Érasme de Rotterdam, *Essai sur le libre arbitre,* traduit pour la première fois en français et présenté par Pierre Mesnard, Paris-Alger, 1945.

[2] Véase Jean Boisset, *Érasme et Luther. Libre ou serf-arbitre?*, Paris, 1962.

La incertidumbre lo turbaba más que una invitación un poco insistente. Nos engañaríamos si pensáramos que se sintió muy tranquilo durante el breve pontificado de Adriano de Utrecht, compatriota suyo, casi su amigo, uno de los primeros teólogos que saborearon la filosofía cristiana del *Enchiridion*, uno de aquellos que lo habían sostenido después de la publicación del *Nuevo Testamento*. Erasmo le había dedicado, a su advenimiento, una edición de Arnobio,[3] y, en espera de una respuesta a su mensaje, el Filósofo perdía la serenidad. Su imaginación le representaba en Adriano no ya al pacificador a quien había dirigido una invocación tan noble en la dedicatoria, sino al teólogo "escolástico de pies a cabeza",[4] capaz de sacrificar la causa de las buenas letras. Después llega la respuesta del Papa, redactada y rubricada por Heeze; se insta a Erasmo a escribir contra la herejía luterana y a no escurrirse con sus protestas de modestia. Se desea que vaya a Roma...[5]

Erasmo respiraba por fin: ya sabría encontrar fórmulas a la vez moderadas y firmes para rechazar de sí toda solidaridad con la herejía negándose al propio tiempo a entablar una guerra contra ella. Si quería tomar la pluma para escribir un *Anti-Lutero,* se le caía de las manos, pues era del todo evidente que semejante intervención sería no solamente inútil, sino funesta. El mal era demasiado grande para que pudiera remediarse por medio de refutaciones y con una represión sin misericordia.[6] Erasmo se atreve a escribir a su viejo amigo Barbier, capellán de Adriano: "Las acusaciones de Lutero contra la tiranía, la rapacidad, la corrupción de la curia romana, ¡pluguiera a Dios, querido Barbier, que fuesen mentirosas!"[7] No hay pacificación posible sin reforma. Y Erasmo, puesto que se le ha permitido exponer sus puntos de vista, indica al Papa, si no las direcciones de la reforma deseable, sí por lo menos la clase de árbitros independientes y llenos de mansedumbre que es preciso hacer venir de todos los países para determinar estas direcciones.[8] En cuanto a hacer el viaje a Roma, el Filósofo se ve impedido por una razón más poderosa aún que el peligro de su salud. Él es, en el umbral de Alemania, una especie de lazo de unión entre los pueblos contagiados por el cisma y los católicos fieles a Roma. El ascendiente moral que podría conservar en tierra lute-

---

[3] Cf. *supra,* pág. 141.

[4] Allen, t. V, Ep. 1311 (carta a John Fisher, Basilea, 1º de septiembre de 1522), líneas 13-21: "Extrema fabulae pars nunc Romae agitur. Predicatores instigant Stunicam quendam Hispanum, ad insaniam usque gloriosum et impudentem. Res pendet ab hujus Pontificis animo. Is qualis olim fuerit novi, qualis futurus sit in magistratu tanto nescio. Illud unum scio, totus est scholasticus nec admodum aequus bonis litteris. Quam amico animo quamque constanti et scio et memini."

[5] *Ibid.,* Ep. 1324 (Roma, 1º de diciembre de 1522), sobre todo las líneas 65-67 y 110-115.

[6] *Ibid.,* Ep. 1352 (Basilea, 22 de marzo de 1523), líneas 125-129 y 153-154.

[7] *Ibid.,* Ep. 1358 (Basilea, 17 de abril de 1523), líneas 10-12.

[8] *Ibid.,* Ep. 1352. Erasmo exponía sin duda su opinión al final de esta carta, que parece haberse mutilado intencionalmente para su publicación. Véanse las últimas líneas: "Dicet tua sanctitas: *Qui sunt isti fontes, aut quae sunt ista mutanda?* Ad harum rerum expensionem censeo evocandos e singulis regionibus viros incorruptos, graves, mansuetos, gratiosos, sedatos affectibus, quorum sententia..."

rana quedaría reducido a nada si sus escritos, fechados en Roma, estuvieran señalados por una indeleble sospecha.[9] Adriano queda decepcionado; no juzga que esta actitud sea de un luterano, pero difícilmente podía sentirse satisfecho. No responde una sola palabra al programa de arbitraje con el cual Erasmo se dispensa de tomar partido contra Lutero. Hay mucho en este silencio para hacer cavilar a Erasmo.[10]

Por ello, cuando Clemente VII sucede a Adriano, menos de un año después de estas explicaciones, vemos a Erasmo cultivar con mayor celo y diligencia la simpatía del nuevo papa Médicis. Escribe a Bombace diciendo que arde en deseos de ir a Roma: "Me arrastraré hasta allá —dice—, aunque sea medio muerto."[11] ¿Una capitulación? Sea, si así se quiere llamarla. Pero es también que Erasmo siente cómo Alemania se le escapa cada vez más.[12] Lutero ha avanzado muy gran trecho desde la *Cautividad de Babilonia*. Con la *Abrogación de la misa*, se ha metido por un camino que es el mismo de Huss.[13] Desprecia la cordura de Erasmo. Las hábiles seguridades que éste da a los poderosos se interpretan en Alemania como otras tantas traiciones. Se le reprocha mezclar demasiada agua con su vino, amar demasiado la paz.[14] Hutten, espadachín de pluma y de espada, lo arrastra a la más áspera de las polémicas. Muerto Hutten, es Brunfels quien, en su lugar, esgrime las armas contra el viejo Filósofo. Erasmo siente que ha llegado el momento de salvar lo más posible en esta revolución luterana a la cual durante tanto tiempo ha tratado con miramientos porque su derrota hubiera sido la ruina de la *philosophia Christi*: "Estos hombres tienen siempre en la boca el Evangelio, la palabra de Dios, la fe, Cristo, el Espíritu; pero si se observa su conducta, ¡qué lejos está de su lenguaje! ¿Se va a arrojar a los maestros, a los pontífices y a los obispos para tolerar a tiranos más duros, sarnosos como Brunfels, rabiosos como Farel?"[15] La licencia se desencadena. Tal parece que hay un lazo secreto entre la negación luterana del libre albedrío y la violencia de las pasiones de que va acompañada la lucha por la libertad cristiana. Ya en la epístola a Marc Laurin, Erasmo contestaba detenidamente al reproche que se le hacía en Alemania de haber dejado un papel al libre albedrío en su *Paráfrasis de la Epístola a los Romanos*.[16] Esta paráfrasis, anterior al caso de Lutero, está sin embargo impregnada de ese sentimiento de la gracia que

9 *Ibid.*, Ep. 1352, líneas 130-141.

10 *Ibid.*, Ep. 1384 (Erasmo a Zwinglio, Basilea, 31 de agosto de 1523), líneas 25-26: "Scripsi illi privatim prolixam epistolam liberrime. Nihil respondet: vereor ne sit offensus." Cf. carta a Melanchthon del 6 de septiembre de 1524 (Ep. 1496, líneas 55-58) y carta a Pflug del 20 de agosto de 1531 (t. IX, Ep. 2522, línea 140).

11 Allen, t. V, Ep. 1411 (Basilea, 19 de enero de 1524): "De hoc Pontifice mihi mirifice praesagit animus, et adrepam istuc si potero, vel semivivus" (líneas 29-30).

12 *Ibid.*, Ep. 1422 (a Campeggio, Basilea, 21 de febrero de 1524), líneas 39-41: "Mihi nulla est apud Germanos autoritas. Gratiosus aliquando fui, verum ea gratia tota periit postquam coepi *adversari Evangelio:* sic enim loquuntur isti."

13 *Ibid.*, Ep. 1342 (a Laurin, Basilea, 19 de febrero de 1523), líneas 752-754.

14 *Ibid.*, Ep. 1342, líneas 603-605.

15 *Ibid.*, Ep. 1496 (a Melanchthon, Basilea, 6 de septiembre de 1524), líneas 62-65.

16 *Ibid.*, Ep. 1342, líneas 926 ss.

domina al humanismo cristiano. En ella se dice: "Alguna cosa depende de nuestra voluntad y de nuestro esfuerzo: es una parte tan débil que, comparada con la bondad gratuita de Dios, parece no existir siquiera. Nadie es condenado sino por su propia culpa; nadie se salva sino por beneficio de Dios. Dios juzga digno de salvación a quien bien le parece, de tal suerte que el hombre tiene motivo para darle gracias, pero no para quejarse." A los luteranos resueltos les parece que eso es todavía medirle su parte a Dios, cuando Él lo es todo y nosotros nada. Pero este nuevo cristianismo, para escapar del peligro de la confianza farisaica en las obras, se salva de Escila para caer en Caribdis. Si nuestro esfuerzo no ha de cambiar nada en el decreto eterno de Dios, se dirá, sigamos nuestra pendiente. Ya muchos dicen eso. Se presenta una amenaza inmoralista, o cuando menos quietista, que es aún más temible que la amenaza farisea. La antinomia de libertad y fatalidad es más vieja que el cristianismo. Es un abismo insondable en el cual confiesa Erasmo humildemente que se le van los pies. Se atiene a la tradición cristiana que va de Orígenes a Santo Tomás, pasando por San Jerónimo, San Juan Crisóstomo, San Hilario, Arnobio y Escoto. Contra esta tradición, Lutero afirma que el libre albedrío no puede nada. Suponiendo que lo demuestre hasta la evidencia misma, ¿por ventura es lícito vulgarizar en crudas fórmulas una verdad como ésa? Pero ante todo, ¿es de hecho una verdad? Ciertamente no se impone al espíritu de Erasmo.[17] No se ve ningún lazo necesario entre esta tesis extrema y la defensa del Evangelio, que es una lucha común a Erasmo, a Lutero y a muchos otros. En consecuencia, ¿no es servir a la causa del Evangelio el distinguirla de un dogma que puede ser mortal para ella, y decir *no* a Lutero en este solo punto?

Al mismo tiempo que concibe la idea de una defensa pública del libre albedrío,[18] Erasmo se representa las dificultades de semejante empresa. ¿No irá a romper sin provecho los últimos lazos que lo unen a la Alemania estudiosa? ¿Podrá encontrar siquiera un impresor en tierra germánica? ¡Si se tratara al menos de escribir un ingenioso diálogo para reencaminar los espíritus hacia la razón y la concordia! Su demonio se lo dictaría. No le faltaría la inspiración para semejante tarea; tiene entre sus apuntes ciertos diálogos de Eubulo y Trasímaco, que publicaría de muy buena gana si no estuviera seguro de que al punto lapidarían a sus pobres muñecos los furibundos contendientes de ambos bandos.[19] Pero es una demostración de orden teórico, dogmático. ¿Tendrá las fuerzas necesarias para fundar esa demostración, él que predica desde hace tantos años un cristianismo sin dogmas, una religión resumida en la paz y la concordia de las almas? Des-

---

[17] *Ibid.*, Ep. 1342, líneas 941-975.
[18] La anuncia en septiembre de 1523 a Enrique VIII y al Papa (Epp. 1385 y 1386). Cf. Epp. 1408, líneas 21-23; 1411, líneas 23-24; 1415, líneas 54-55, y 1416, línea 24.
[19] Erasmo había anunciado estos *Diálogos* en su *Catalogus lucubrationum* de enero de 1523 (Allen, t. I, pág. 34, líneas 22-29). A fines de 1524, Paul Volz, felicitando a Erasmo por el *De libero arbitrio*, exclamaba: "O si tuus propediem prodeat cum Eubulo Thrasymachus!" Erasmo le contestó: "Thrasymachus et Eubulus non audent proferre caput, utrinque lapidandi si vel prospexerint." (Allen, t. V, Epp. 1525 y 1529.)

pués, un buen día, sin entusiasmo, con clara conciencia de no hallarse en su elemento, pone manos a la obra. En menos de una semana redacta el primer borrador de lo que será el *De libero arbitrio*. Pero ¿acaso este esbozo vale siquiera la pena de que se le dé una redacción definitiva? Erasmo se lo comunica a Luis Ber, y en seguida a Enrique VIII.[20] Dijérase que, a falta de su propia aprobación, solicitaba la de los demás. Sin duda, también, procura cosechar el beneficio moral de este esfuerzo ante las potencias ortodoxas, aplazando al mismo tiempo el momento de afrontar la cólera luterana. Con ello se escuda en una carta al cardenal Campeggio:

Lo que sobre todo me ha impedido hasta ahora escribir volúmenes para atacar a Lutero es la certidumbre de no conseguir ningún resultado, salvo el de reavivar esta agitación. Sin embargo, ya que los príncipes me instan a hacerlo, el Rey de Inglaterra en particular, publicaré contra Lutero un libro acerca del libre albedrío. No quiero decir que espere de él un resultado, pero cuando menos mostrará a los príncipes la verdad de mis protestas, que no querían creer. Mi salud es tal, que me preparo cotidianamente para mi último día: por lo mismo, quisiera menos que nunca correr el riesgo de ofender a Cristo. Tu benevolencia y la sabiduría del Papa actual, a quien todo el mundo alaba a una voz, me dan la esperanza de que vosotros no tomaréis en Roma ninguna decisión adversa a mí.[21]

Pero del lado ortodoxo no se comprendería que aplazase indefinidamente la publicación de este libro, cuya gran razón de ser es que toma partido contra el hereje. Del lado luterano se han escuchado rumores de que prepara un ataque contra Lutero. Éste dirige a Erasmo una solemne advertencia llena de una compasión un poco despectiva por el pobre anciano que fue, con su fervor de humanista, el pionero de la causa evangélica, pero al cual ha negado Dios la inteligencia verdadera del Evangelio y el valor de defenderlo: si no puede ni osa sostener las verdades por las cuales se combate, absténgase mejor de tocarlas, ocúpese de las que están a su alcance. Conténtese con ser espectador en esta tragedia, sin pasarse al enemigo. No se lance a una polémica con Lutero, si quiere ser tratado con comedimiento por Lutero. Esta carta misma, a la cual Erasmo contesta con una amargura contenida y digna,[22] ha recibido tal difusión que, si el libro anunciado no sale a la luz, podrá decirse que Erasmo ha cedido a la intimidación. Lo único que consiga será que los luteranos se encarnicen más contra él; será entonces más que nunca el traidor que trabaja a socapa contra el Reformador sin atreverse a atacarlo cara a cara. La publicación del *De libero arbitrio* es el único medio de cortar por lo sano los rumores injuriosos. Froben se encarga con gusto de imprimirlo, con-

---

20 *Ibid.*, Ep. 1419 (a Luis Ber): "Amice incomparabilis, mitto ad te primam manum nugamenti *De libero arbitrio*. Hic perdidi dies quinque, non sine magno tedio. Sciebam me non versari in mea harena." Cf. Ep. 1430, a Enrique VIII, líneas 12-18. (En esta carta es donde Erasmo se pregunta si hallará impresor en Alemania para un libro contra Lutero.)

21 *Ibid.*, Ep. 1415, líneas 54-61.

22 *Ibid.*, Epp. 1443 y 1445 (8 de mayo de 1524). Véase la introducción de Allen a la Ep. 1443.

trariamente a los temores manifestados en público por Erasmo, y aquel librito, tan importante para el porvenir del evangelismo erasmiano, aparece sin levantar al principio ninguna otra tormenta.[23]

No hay necesidad de analizarlo aquí. Trabajos excelentes[24] han mostrado con qué seguridad toca Erasmo en él el punto central del luteranismo, el punto, también, en el cual el "nuevo Evangelio" es impenetrable para su humanismo cristiano. La importancia del *De libero arbitrio* en la historia del pensamiento cristiano, por otra parte, sería muy débil si no hubiera provocado la formidable réplica del *Siervo arbitrio:* afirmación de un Dios que, apoderándose de Lutero —como en otro tiempo de San Agustín—, le ha hecho medir para siempre su nada. De un Dios de esa índole, Erasmo, que no renuncia jamás a su puesto de hombre, no tiene experiencia personal: no puede concebirlo más que como un límite abstracto en el cual ni el sentido común ni la moral permiten situarse. Su defensa del libre albedrío no es otra cosa que la protesta de la conciencia común contra una negación atrevida, genial si se quiere, pero tan poco susceptible de vulgarización como los teoremas de la ética spinoziana. Erasmo podría repetir una vez más lo que escribía poco tiempo antes, al confesar humildemente que él no pertenecía a la especie de los grandes inspirados:

No puedo ser distinto de lo que soy. Si algún otro ha recibido de Cristo mayores dones de espíritu y está seguro de sí mismo, empléelos para gloria de Cristo. En cuanto a mí, prefiero seguir un camino más humilde, con tal que sea más seguro. No puedo menos de execrar la discordia, no puedo menos de amar la paz y la concordia.[25]

Es tentador considerar este debate del libre albedrío como el punto de divergencia a partir del cual humanismo y Reforma, *philosophia Christi* y justificación por la fe, se separan irrevocablemente después de haberse dado la mano durante tanto tiempo. Pero la realidad es mucho menos simple. El tercer partido erasmiano, con su evangelismo hostil al farisaísmo de las obras, pero amante de la universalidad y de la paz, no desaparece en ese momento, aplastado entre Roma y Wittenberg. Por el contrario, es entonces cuando comienza su papel histórico; bregando necesariamente

23 *Ibid.*, Ep. 1481 (Erasmo a Giberti, Basilea, 2 de septiembre de 1524), líneas 13 *ss.*, en particular 20-21: "Non me fugit quantum tempestatum excitarim in caput meum." Y Ep. 1500 (Melanchthon a Erasmo, Wittenberg, 30 de septiembre de 1524), línea 42: "Quod ad διατριβὴν *De libero arbitrio* attinet, aequissimis animis hic accepta est." (Cf. Ep. 1496, introd., donde Allen cita otro texto de Melanchthon: "Videtur [Erasmus] non contumeliose admodum nos tractasse...")

24 Véase en particular André Meyer, *Étude critique sur les relations d'Érasme et de Luther,* Paris, 1909, págs. 99 *ss.*, y la introducción de Pierre Mesnard a su versión francesa, que recalca la coincidencia de Erasmo con Santo Tomás en esta materia del libre albedrío (cf. *infra,* pág. 187, nota 55). Véase también *supra,* pág. 145, nota 2.

25 Allen, t. V, Ep. 1342 (a Laurin, Basilea, 1º de febrero de 1523), líneas 995-1000. Erasmo agrega un poco adelante (línea 1010): "Praetexunt energiam Spiritus. Saltent igitur bonis avibus inter prophetas, quos afflavit Spiritus Domini. Me nondum corripuit iste Spiritus: ubi corripuerit, fortasse dicar et ipse Saul inter prophetas."

entre Escila y Caribdis, buscará su camino sin romper con la Iglesia oficial, pero sin perder tampoco el contacto con los elementos moderados del luteranismo, hasta las primeras reuniones del Concilio de Trento.

Erasmo sabe que lo amenazan tres ejércitos a la vez, *triplex agmen*.[26] En primer lugar, el de los frailes y los teólogos, que, movilizados contra él desde los días de la *Moria,* y enemigos del humanismo cristiano tanto por lo menos como de la herejía luterana, no renunciarán a meter a Lutero y a Erasmo dentro de un mismo saco. He aquí que los franciscanos de Colonia han lanzado una de esas imágenes que hacen fortuna: "Erasmo ha puesto el huevo: Lutero lo ha empollado." [27] Estos ortodoxos más papistas que el papa no son peligrosos, a decir verdad, sino en la medida en que logran hacerse escuchar de las potencias. Zúñiga, afortunadamente, ha sido reducido al silencio por Clemente VII. Sus dos últimos libelos, impresos clandestinamente, no pueden venderse. Todo el mundo se burla de él en España. Hulst y Egmont acaban de recibir la desaprobación del Emperador y del Papa. El humanismo cristiano triunfa en los Países Bajos a pesar de la rabia impotente de los teólogos. Gritan que Erasmo es hereje, pero nadie se lo cree.[28] Los luteranos son los otros enemigos con quienes Erasmo se resigna a verse luchando. Frente a Lutero, él es quien ha roto las hostilidades con su *De libero arbitrio.* Lucha leal ésta, entre dos adversarios de los cuales sabe cada uno cuánto vale el otro. Detrás de Lutero está, por desgracia, la turba de los energúmenos, aprobados o desaprobados por él: los Brunfels, los Eppendorf; están los fanáticos del "nuevo Evangelio" que no perdonan a Erasmo sus coqueterías con el "Anticristo" de Roma. Pero en Wittenberg hay personas con quienes sigue siendo posible la conversación. Melanchthon tiene, en el fondo, mayor simpatía por un papista de la especie de Erasmo que por demoledores intrépidos del estilo de Zwinglio o de Farel. Conoce desde hace largo tiempo el desacuerdo que existe entre el pensamiento erasmiano y el pensamiento luterano. No se admira cuando Erasmo le confiesa que sus *Loci communes,* "frente dogmático admirablemente ordenado contra la tiranía farisea", le chocan por ciertos dogmas, aquellos precisamente contra los cuales arremete el *De libero arbitrio.* Lejos de sentirse molesto, más bien se alegra por la moderación de este ataque. Desde hacía mucho tiempo deseaba que le saliese a Lutero un adversario sagaz que entablara con él la controversia sobre este punto capital. Erasmo es ese adversario. El teólogo del luteranismo pone mucha insistencia en asegurar a Erasmo que su libro ha sido acogido con calma en Wittenberg.[29] Por último, Erasmo ve apuntar en Italia una ter-

---

[26] *Ibid.,* Ep. 1496 (Erasmo a Melanchthon, Basilea, 6 de septiembre de 1524), línea 168.

[27] *Ibid.,* Ep. 1528 (Erasmo a Caesarius, Basilea, 16 de diciembre de 1524), línea 11: "Ego peperi ovum, Lutherus exclusit. Mirum vero dictum Minoritarum istorum, magnaque et bona pulte dignum...". Cf. *infra,* págs. 252-253, nota 44.

[28] *Ibid.,* Ep. 1466 (Erasmo a Willibald Pirckheimer, Basilea, 21 de julio de 1524), líneas 35-45 y 13-16.

[29] *Ibid.,* Ep. 1496, introd., líneas 37-41 ("Video dogmatum aciem pulchre instructam adversus tyrannidem Pharisaicam") y 67 *ss.;* Ep. 1500, líneas 1-2, 18-20 y 42-43.

cera especie de enemigos: los humanistas puros que le disputan su gloria de sabio, que le oponen a Budé, a quien por cierto desprecian los bárbaros del Norte con una ingenuidad comparable a la del propio Zúñiga. Erasmo sospecha de ellos que son más paganos que las letras paganas [30] cuyos sumos sacerdotes se han constituido. Se llaman ortodoxos a sí mismos, pero visiblemente el Evangelio les molesta; la *philosophia Christi,* tan cara a Erasmo, no tiene para ellos interés alguno. Si a estos enemigos de su fama y de sus obras les atribuye una importancia comparable a la de los ultra-ortodoxos o de los "evangélicos furibundos", no es únicamente por su vanidad de autor. Su fino olfato distingue en el viento hostil que sopla de Roma el perfume de un racionalismo a la antigua cuya influencia aumentará a medida que vaya declinando el humanismo cristiano.

Pero a raíz del *De libero arbitrio,* el evangelismo moderado de Erasmo sigue teniendo ante sí un porvenir bastante risueño, a pesar de las amenazas que lo cercan. Aparece un poco en todas partes como sólida línea de repliegue para las aspiraciones reformadoras que retroceden ante el cisma. ¿Acaso no salva todo lo esencial de la revolución luterana? Ciertos ortodoxos resueltos y clarividentes que admiran a Erasmo, que durante mucho tiempo esperaron de él una actitud claramente anti-luterana, se entristecen al verlo proseguir su obra bajo el manto de la protección papal. Tal es, en 1525, el caso de Hezius, encargado por Roma de imponer discretamente silencio a Egmont y a Dierx. ¿Adónde va la ortodoxia, si reduce a la impotencia a sus más celosos servidores? Ya la Regente, prestando oídos a "consejeros cegados por la avaricia", ha destituido a Hulst de sus funciones de Inquisidor, con lo cual ha asestado un grave golpe a la represión de la herejía en los Países Bajos. ¿Se van a tolerar oficialmente en Erasmo opiniones que se han perseguido en otros? ¡Ay! —escribe Hezius al datario Giberti, patrono de Erasmo en el Vaticano—, "le hemos instado a escribir contra Lutero. Me dicen ahora que escribe sobre la Eucaristía contra Ecolampadio. Pero temo que más valdría disuadirlo de escribir cualquier cosa de hoy en adelante, a no ser que se consideren como santas y puras todas las obras suyas que se pueden leer sobre la confesión o el libre albedrío, sobre el comer de carnes, el valor de las constituciones humanas y otras cosas semejantes".[31] Así, pues, no es sólo el *De*

---

30 *Ibid.,* Ep. 1496, líneas 183-185. (Véase la carta a Haio Hermann del 31 de agosto de 1524, Ep. 1479, líneas 19 *ss.*). Cf. H. Busson, *Les sources et le développement du rationalisme dans la littérature française de la Renaissance,* Paris, 1922, sobre "l'inquiétant contenu dogmatique du cicéronianisme d'un Dolet et de bien d'autres". (La fórmula es de L. Febvre, *L'érasmisme en Espagne,* en la *Revue de Synthèse Historique,* t. XLIV, Paris, 1927, pág. 154.)

31 Balan, *op. cit.,* pág. 562 (Hezius a Giberti, 27 de octubre de 1525): "Animamus hominem ad scribendum contra Lutherum, et jam audio eum contra Oecolampadium de Eucharistia scribere, sed timeo quod longe melius esset eum dehortari ne quicquam ultra scriberet, nisi forte omnia sacra et syncera esse credimus quae vel de confessione, vel de libero arbitrio, vel de esu carnium et potestate seu vi humanarum constitutionum et similibus scripsisse cernitur." Véase en el mismo volumen, p. 552, el largo informe de Hezius a Blosius (Lieja, 26 de octubre de 1525). (Véase en particular pág. 554, sobre la destitución de Hulst.)

esu carnium, sino la *Exomologesis* y hasta el *De libero arbitrio* lo que Hezius considera como sucedáneo peligroso de la herejía. Poco importa que Farel cubra de inmundicias la *Exomologesis* ("insulsissimo et omnibus merdis concacando libello"): este librito admite la confesión después de haberla sometido a tantas críticas, que la arruina. La defensa del libre albedrío está concebida en tales términos, que reduce a nada la idea de mérito.[32] No es extraño que esta literatura erasmiana, peligrosa a los ojos de los ortodoxos, despreciable a los de los revolucionarios, conserve enorme atractivo para una nutrida categoría de lectores, conquistados por una religión de la gracia, hostiles al farisaísmo ceremonial, pero que respetan o temen el orden establecido.

¿Qué hace en Francia Louis de Berquin, amenazado con la hoguera por haber traducido a Lutero, salvado una primera vez por favor real, pero obligado a renegar en público del heresiarca y a prometer solemnemente no divulgar jamás sus libros? Se arroja sobre las obras de Erasmo. La traducción francesa del *Enchiridion* no parece que deba atribuírsele: es de una pluma menos humanista que la suya. Pero Berquin traduce, en cambio, la *Querela pacis,* la *Declamación de las alabanzas del matrimonio,* una *Breve admonición de la manera de orar* que está compuesta de muy curiosa manera con fragmentos de las *Paráfrasis* erasmianas de San Mateo y de San Lucas, junto con un prefacio de Farel, un *Símbolo de los Apóstoles* sacado del coloquio *Inquisitio de fide* y enriquecido con algunas interpolaciones luteranas referentes a la justificación por la fe.[33] El caso de Berquin no es aislado.

Erasmo puede sentir alrededor de sí mismo, hasta los confines de Europa, la presencia de un público fervoroso que lee sus libros, que espera siempre de él libros nuevos. Este público va desde los reyes hasta la más modesta burguesía. Erasmo es mucho más que el consejero del emperador Carlos: es como el consejero común de todos los príncipes en cuanto concierne al gran asunto de la paz cristiana y a la causa del Evangelio. Nada más significativo que la manera como distribuye las dedicatorias de sus últimas *Paráfrasis* del Nuevo Testamento. Después de Carlos V, se dirige a su hermano el archiduque Fernando, en seguida al Rey de Inglaterra, y por último al Rey de Francia. Y cuando, con los Hechos de los Apóstoles, da por concluida esta parte de su obra (puesto que no se preocupa de parafrasear el Apocalipsis), a quien ofrece ese último volumen es al papa Clemente VII.[34] A Zwinglio, que quería evidentemente verlo hecho ciuda-

---

[32] Véanse las "parábolas" finales del *De libero arbitrio* (Erasmi *Opera,* t. IX, col. 1244), sobre todo el texto que citamos en el capítulo siguiente (pág. 187, nota 55). Es, en resumidas cuentas, el desarrollo de la fórmula ya propuesta por Erasmo en su *Paráfrasis de la Epístola a los Romanos:* Nadie se salva sino por la gracia, nadie se condena sino por su culpa.

[33] Margaret Mann, *Érasme et les débuts de la Réforme française (1517-1536),* Paris, 1934, págs. 113 ss.

[34] Allen, t. V, Ep. 1255 (*Mateo,* a Carlos V, 13 de enero de 1522); Ep. 1333 (*Juan,* a Fernando, 5 de enero de 1523); Ep. 1381 (*Lucas,* a Enrique VIII, 23 de agosto de 1523); Ep. 1400 (*Marcos,* a Francisco I, 1º de diciembre de 1523); Ep. 1414 (*Hechos,* a Clemente VII, 31 de enero de 1524).

dano de Zurich, le responde que quiere ser ciudadano del mundo.[35] Cuando escribe al cardenal Campeggio para anunciarle el *De libero arbitrio* y para expresar la esperanza de que Roma se abstenga de medidas hostiles para con él, añade:

Si tomáis semejantes medidas, causaréis con eso mismo un placer inmenso a la facción luterana y una pena enorme a gran número de personajes cuyo favor he conquistado por medio de mis trabajos, sin violentarlo. Entre ellos, cuento a nuestro Carlos y a no pocas personas de su corte, al Rey de Inglaterra, al Rey de Francia, al Rey de Dinamarca, al príncipe Fernando, al Cardenal de Inglaterra, al Arzobispo de Canterbury y a tantos otros príncipes que no nombro, a tantos obispos, a tantos hombres sabios y honorables no solamente en Inglaterra, en Flandes, en Francia y en Alemania, sino hasta en Hungría y en Polonia: todas estas personas creen que deben mucho a mis trabajos, o cuando menos que he merecido bien de los estudios públicos. Sería para ellos gran mortificación si ciertos hombres, animados de odio personal, alcanzaran los fines que persiguen desde hace largo tiempo. Y yo sufriría por su dolor más que por el mío propio.[36]

VI

España no aparece nombrada expresamente en estas líneas en que Erasmo describe, no sin coquetería, pero con sentimiento justo de su fuerza, esa vasta solidaridad cuyo centro es él mismo. Sabe que es muy querido en la corte del Emperador, pero todavía no cuenta a la opinión española. Sin embargo, seis meses después, enumerando de nuevo los apoyos de que dispone, concluye: "Polonia está de mi parte, y ahora ocurre que comienzo a gozar del favor de los españoles."[1] Es que, unos cuantos días antes de la Pascua de ese año de 1524, ha recibido un paquete de cartas enviadas desde la Corte imperial a fines del verano precedente, y que le han traído esta sorpresa: la existencia de un selecto grupo de erasmistas en España. Desgraciadamente, no llegó a publicar las cartas de sus amigos Michel Gilles y Guy Morillon. Pero, por los documentos que se nos han conservado, conocemos a grandes rasgos el tenor de las noticias que le llegaron de la Corte. El Emperador había escrito a su tía, la archiduquesa Margarita, para ordenar el pago de la pensión de Erasmo.[2] Éste tenía la seguridad de la benevolencia de personajes importantes, como el canciller Gattinara, el secretario Jean Lallemand, el Señor de la Roche, el arzobispo de Compostela D. Alonso de Fonseca, el Doctor Coronel. A su conocimiento llegaba la noticia del buen éxito de su doctrina entre el gran público español,

---

[35] *Ibid.*, Ep. 1314 (Basilea, septiembre de 1522): "Habeo summam gratiam pro tuo tueque civitatis in me affectu. Ego mundi civis esse cupio, communis omnium vel peregrinus magis."

[36] *Ibid.*, Ep. 1415 (Basilea, hacia el 8 de febrero de 1524), líneas 61-73: "...Et ego illorum dolore magis dolerem quam meo."

[1] Allen, t. V, Ep. 1488 (a. W. Warham, 4 de septiembre de 1524), líneas 22-23.

[2] *Ibid.*, Ep. 1380 (Valladolid, 22 de agosto de 1523). Cf. Ep. 1432 (a Gérard de la Roche, Basilea, 26 de marzo de 1524), línea 2.

gracias, en particular, a la traducción de la *Querela pacis*. "Me regocijo
mucho —escribe a Morillon— de que ese país me sea favorable. ¿Por qué
no me habré dirigido hacia allá, en lugar de haberme ido a Alemania?
¡Aquí encontré tales pestes que, si hubiese podido preverlas, antes habría
ido a vivir entre los turcos! Pero es culpa del destino..." [3] Vives, el valenciano trasplantado a Brujas, funda grandes esperanzas en una España que
se abre a Erasmo:

Conque también nuestros españoles —escribe a su maestro— se interesan por
tus obras; es la noticia más grata que he recibido desde hace mucho tiempo. Espero que, si se acostumbran a esta lectura y a otras semejantes, se suavicen y se
despojen de ciertas concepciones bárbaras de la vida, concepciones de que están
imbuidos estos espíritus penetrantes, pero ignaros en las humanidades, y que se
transmiten los unos a los otros como de mano en mano.[4]

La influencia de Erasmo en España está, en efecto, en pleno auge. Durante los años de 1522 a 1525 comienzan a agruparse en torno al nombre
de Erasmo todas las fuerzas locales de renovación intelectual y religiosa;
en ese momento es cuando nace el erasmismo español. Los testimonios, a
este respecto, son pocos, pero irrecusables. Y, en parte, se puede reconstruir
la atmósfera en que nace.

España, en esos días en que acaba de pasar por una grave crisis política
y social, es extrañamente permeable a una palabra que halaga sus tendencias universalistas, y que llega de "Alemania", como dicen con cierto
estupor los súbditos españoles del joven emperador cuando hablan de sus
lejanos dominios del otro lado de Francia. Gracias a la represión de la
revolución comunera, el espíritu particularista y xenófobo ha sufrido una
seria derrota en Castilla. Carlos V, al regresar en el verano de 1522 a este
país del que había salido dos años antes cuando estaba hirviendo en desórdenes, llega con el prestigio de un monarca que es el brazo secular de la
Iglesia universal, y que rechaza victoriosamente las incursiones de los fran-

3 *Ibid.*, Ep. 1431 (a Morillon, Basilea, 25 de marzo de 1524), líneas 8-12: "Domino
de la Roche, veteri amico meo ac patrono, nunc scribo. D. Cancellario Mercurino et
Joanni Almano pridem scripsimus. Illustrissima D. Margareta scriptis ad me literis
promittit pensionem si redeam..."; líneas 29-35: "Salutabis mihi amicos Hispanienses,
R. D. Archiepiscopum Toletanum, Doctorem Coronell, D. Guilhelmo le Moyne. Miror
te non meminisse Guilhelmi Vergaire. Gaudeo istam nationem mihi favere. Ad quam
utinam me contulissem, quum me conferrem in Germaniam! in qua tales repperi pestes
ut, si praescissem, citius abiturus fuerim ad Turcas quam huc. Sed haec fatis impu-
tanda."—Erasmo, como se ve, se asombra de que Morillon no le haya hablado de Vergara (a quien nombra Guillermo por error). Esto se debe, sin duda, a que Vergara permaneció apartado de la Corte durante el fin del año 1523 (cf. *infra*, pág. 160).—Ep.
1432 (a Gérard de la Roche, Basilea, 26 de marzo), líneas 11 *ss.*: "Quantus sim osor
belli, quam pacis amans, declarant quum omnes libri mei, tum Pacis undique profligatae
Querimonia, quae jam, ut audio, Hispanice loqui didicit."

4 *Ibid.*, Ep. 1455 (Vives a Erasmo, Brujas, 16 de junio de 1524), líneas 21-26:
"Nihil audivi multis diebus gratius quam opera tua nostris quoque Hispanis esse cordi.
Spero fore ut illis et similibus assuefacti mansuescant, exuantque barbaricas aliquot de
vita opiniones, quibus acuta quidem ingenia, sed ignoratione humanitatis, sunt imbuta:
quas alii aliis velut per manus tradunt."

ceses contra Navarra. Su justicia puede condenar a muerte a los cabecillas de la rebelión y perdonar a la masa de los rebeldes. Después de una entrada triunfal en Palencia, se ha establecido temporalmente en Valladolid para poner en orden los negocios internos. Su Corte se transforma en el centro móvil de la vida nacional. Entre el soberano que se españoliza y sus pueblos de la Península que se van habituando a sus nuevos destinos mundiales, se está realizando en esos momentos, como ya se ha demostrado perfectamente, un pacto en el único campo posible de entendimiento: el dominio del mundo.[5] La temporada que pasa entonces Carlos V en España es la más larga de todo su reinado. Así se comprende que la influencia de Erasmo, poderosa en hombres como Gattinara, y que suscitaba un verdadero culto en un Vergara o un Valdés, y un apasionamiento superficial pero locuaz entre los elementos más mundanos de la Corte imperial, se haya difundido desde esta misma Corte con una autoridad acrecentada en el curso de los últimos siete años. Esa influencia de Erasmo había de sumarse a otras corrientes de erasmismo brotadas de manera más oscura de los centros de la vida eclesiástica e intelectual.

Vergara, no bien desembarca en España, puede escribir a Vives: "Es pasmosa la admiración inspirada por Erasmo a todos los españoles, sabios e ignorantes, hombres de iglesia y seglares." [6] No obstante, una sola traducción,[7] en esta época, es la que vulgariza el pensamiento de Erasmo: la de la *Querela pacis,* y ésta no tiene una demanda muy grande, que haga multiplicarse las ediciones. Es preciso admitir que, durante los años precedentes, Erasmo se conquistó en España un público de lectores entusiastas en la clase más ilustrada, y que, desde allí, su gloria se derramó de boca en boca con ciertas fórmulas fáciles de transmitir, ya sobre la ley de amor y de paz que es lo verdadero del cristianismo, ya sobre las cargas inútiles y las tiranías eclesiásticas que sofocan el cristianismo auténtico. El erasmismo parece hallarse en harmonía preestablecida con ciertas reivindicaciones del espíritu público castellano. Las Cortes reunidas en Valladolid en 1523 solicitan de Carlos V que procure por todos los medios posibles la paz con los príncipes cristianos y que no emprenda guerras sino contra los infieles. Las Cortes, sobre todo, se ven muy preocupadas por los abusos a que da lugar la venta de las bulas de la Cruzada: nada menos que seis artículos se consagran a este punto entre las peticiones de los delegados. Su predicación, según estos artículos, debe confiarse a personas honradas, de buena conciencia e instruidas, que sepan lo que predican. Debe hacerse únicamente en las iglesias catedrales o colegiatas, y encomendarse, en las ciudades de menor importancia, al cura de cada parroquia. Se debe invitar a los fieles con ocasión de las fiestas, y no obligarlos a días de descanso suplementarios para ir a oír sermones de circunstancias. Los comisarios de la Cruzada no deben tener autoridad para sacar un tributo de los fondos que las cofradías

---

[5] Merriman, *The rise of the Spanish Empire,* t. III, New York, 1925, pág. 134.

[6] Valladolid, 6 de septiembre de 1522: "Mirum quam est apud Hispanos omnes in admiratione, doctos, indoctos, sacros, profanos." Bonilla, *Clarorum Hispaniensium epistolae ineditae,* Paris, 1901 (separata de la *R. H.,* t. VIII), pág. 76.

[7] Cf., sin embargo, *supra,* pág. 86, nota 27.

locales constituyen con objeto de organizar corridas de toros y distribuciones de beneficencia. Por último, es preciso que el dinero de las bulas vaya realmente a su destino oficial: lucha contra los infieles, defensa de las plazas de África. Pero contra el principio mismo de las bulas, observémoslo bien, no se alza la menor objeción. Entre los capítulos de las Cortes hay también unos párrafos en que se expresa el deseo de que se obligue a los prelados a la residencia, y que a sus ausencias correspondan ciertas incautaciones de sus rentas en beneficio de las fábricas; de que la justicia eclesiástica no exija derechos más elevados que los de la justicia secular; de que un espíritu verdaderamente justiciero inspire a los tribunales de la Inquisición, demasiado a menudo sedientos de lucro, y que éstos no vivan ya de los bienes confiscados. Tales reclamaciones son, en términos generales, las que habían formulado ya las Cortes de 1520. No son un eco de los *Centum gravamina* de Alemania. Continúan un esfuerzo, ya antiguo, de resistencia de la sociedad civil a las exacciones de los clérigos.[8]

Pero si el erasmismo encuentra terreno favorable entre la burguesía urbana cuyos portavoces son los procuradores a Cortes, es en otras partes donde tiene sus núcleos, en la porción más selecta de los clérigos mismos, en particular en las Universidades. Salamanca, probablemente, no fue ajena a ello. Ya en 1522, el Maestro Juan de Oria, que desempeñaba la cátedra de Biblia, había escandalizado a los dominicos de San Esteban con ciertas proposiciones atrevidas que le valieron, hacia 1525, un proceso ante la Inquisición de Valladolid. No sólo se le privó de su cátedra, sino que se le condenó con una prohibición general de enseñar teología o artes liberales, y se le encerró en el monasterio de San Pedro de Cardeña, en las inmediaciones de Burgos.[9]

Donde el erasmismo cosecha sus mejores triunfos es sobre todo en Alcalá. El espíritu de su fundación predisponía a esta universidad nueva a entusiasmarse por la *philosophia Christi*. Cuando Carlos V regresa a España, Alcalá está en plena crisis. El Colegio de San Ildefonso, con su rector a la cabeza, había tomado el partido de las libertades castellanas a pesar de la oposición de una minoría legalista compuesta sobre todo de andaluces.[10] Esta casa, hija del arzobispado de Toledo, había aclamado al Obispo de Zamora elevado al trono de Primado de las Españas por los comuneros. Derrotada la rebelión, el Comendador griego Hernán Núñez, grave-

8 *Cortes de los antiguos reinos de León y de Castilla*, publicadas por la Real Academia de la Historia, Madrid, 1882, t. IV, págs. 367 ss. (artículos 10-15); cf. págs. 322 y 324.

9 Esperabé, *Historia de la Universidad de Salamanca*, Salamanca, 1917, t. II, págs. 379-380. Cf. *supra*, pág. 18, e *infra*, págs. 339-340. — La B. C. posee un ejemplar incompleto de un *Tractatus de immortalitate animae* (Salamanca, 1518), escrito por Juan de Oria y dedicado por él a Don Alonso de Fonseca, arzobispo de Compostela y futuro arzobispo de Toledo (véase el *Catálogo de la Biblioteca Colombina*, Sevilla-Madrid, 1888-1948, t. V, pág. 246). Sobre las fórmulas que se le reprochaban a propósito de la Trinidad, cf. la reciente nota del P. Beltrán de Heredia en *C. T.*, 1962.

10 Sobre la división del Colegio de San Ildefonso entre castellanos y andaluces, véase Joseph Pérez, *L'Université d'Alcala en 1520-1521*, en *B. H.*, t. LXIV bis, 1962 (*Mélanges offerts à M. Bataillon par les hispanistes français*), págs. 214-222.

mente comprometido, había tenido que salir de allí.[11] Por otra parte, la
Universidad acababa de perder al gran Nebrija: había decidido erigirle un
espléndido sepulcro en su capilla y conmemorar cada año su muerte.[12] Era
preciso proveer sin tardanza las dos cátedras, la de griego y la de latín. Ya
se habían entablado negociaciones para arrancar de Salamanca al Comendador Griego, que había buscado allí refugio, y a Hernando Alonso de
Herrera, autor de la *Disputa contra Aristótil y sus secuaces*.[13] Pero nada
se había conseguido con ellas. Entonces los complutenses sondearon a Juan
de Vergara, que, desembarcado apenas en la Península, había venido a
buscar en Alcalá un poco de descanso. Pero Vergara no aceptó; sugirió,
en cambio, para la cátedra de retórica el nombre de Luis Vives, encargán-
dose él de transmitirle las ofertas de la Universidad. Vives no aceptó tampoco: no tenía amor por la enseñanza, y además había encontrado en Brujas su verdadera patria.[14] Alcalá tuvo que contentarse con un humanista
mucho menos conocido, el bachiller Juan Ramírez de Toledo. Si este Ramírez no llegó a publicar casi nada, dejó por lo menos de sí mismo en sus
discípulos el recuerdo de un educador excepcional, de un catedrático lleno
de saber de cariz socrático, que les enseñaba a reflexionar sobre el hombre
y a permanecer en contacto con la naturaleza.[15] En cuanto a la cátedra de

11 M. Bataillon, *Sur Florián Docampo*, en *B. H.*, t. XXV (1923), págs. 39-45, y *Anales
complutenses* (Ms. 7899 de la B. N. M. La parte que narra la rebelión de la Universidad
de Alcalá, y en particular el papel desempeñado por el Comendador griego, no tiene
numeradas las páginas).

12 A. H. N., *Universidad de Alcalá*, lib. 3 f, fol. 112 rº: deliberación del 5 de julio
de 1522. Nebrija ha muerto el día 2. El Colegio decide darle por sepultura "la capilla de
la Rexa que está junto al altar de Sant Francisco, que se llama la capilla de Santiago, la
qual es luego después de la rexa de la capilla principal del enterramiento del Rᵐᵒ Cardenal que es en gloria". Se decide erigir a Nebrija un suntuoso sepulcro y no enterrar
a nadie más en la capilla. Si la Universidad se traslada a algún otro lugar, se llevará consigo los restos del gran humanista.

13 *Ibid.*, fol. 114 rº, 14 de julio de 1522: poder al rector y consiliarios para asignar
salario al Comendador Hernán Núñez y al Maestro Hernando de Herrera. En el verso
del mismo folio se precisa que estos dos maestros residen en Salamanca y que se trata de
hacerlos regresar a Alcalá. — Desde Salamanca escribe el Comendador Griego a Vergara,
el 20 de marzo de 1523 (Bonilla, *Clarorum Hispaniensium epistolae ineditae, op. cit.*,
páginas 44-49).

14 *Ibid.*, págs. 73-74 (carta de Vergara a Vives, Valladolid, 6 de septiembre de 1522)
y 86-87 (mensaje de la Universidad a Vives). Sobre las disposiciones de Vives, véase M.
Bataillon, *Du nouveau sur J. L. Vivès, art. cit.*, págs. 100-102.

15 El 10 de junio de 1523 toma posesión de la clase de retórica y poesía, sin que se
le otorgue la cátedra magistral (A. H. N., *Universidad de Alcalá*, lib. 3 f, fol. 195). No
se sabe gran cosa de él, fuera del homenaje que le rinde su discípulo Álvar Gómez (*Ms.
cit.*). Nos dice que su elocuencia era (según la fórmula de Luis de la Cadena) un río de
leche. Habla con admiración de su carácter, de sus virtudes, de su talento de educador:
"Alebat domi ingenuos adolescentes, eosque mirifice instituebat. Multa ego eum dicentem
audivi, quae non secus atque priscorum sapientium apophtegmata apud me recondebam."
Este hombre feo, de rostro socrático, dormía en el duro suelo. Álvar Gómez lo muestra,
durante un paseo por las riberas del Henares, tirándose en la hierba para recobrar sus
fuerzas, y evocando el mito de Anteo. Había escrito diálogos y tratados, en particular
sobre lo económico, de los cuales no queda nada. El único testimonio impreso de su
actividad es un glosario latino-español de los diálogos de Juan Luis Vives (cf. *infra*,
pág. 645, nota 4).

griego, su titular fue Francisco de Vergara, que antes había sido sólo el suplente de Hernán Núñez.[16]

El humanismo, bajo la dirección de maestros jóvenes, toma en Alcalá un rumbo resueltamente erasmiano. El navarro Miguel de Eguía sucede a Arnao Guillén de Brocar como impresor de la Universidad. Uno de los primeros libros que edita es un voluminoso comentario sobre los Salmos, en cuyas páginas iniciales Francisco de Vergara celebra en versos latinos los poemas de David.[17] La edición crítica de Valerio Flacco publicada el año siguiente por Lorenzo Balbo de Lillo es un curioso monumento de esta hora decisiva para Alcalá. Es obra de un buen discípulo del Comendador Hernán Núñez y de un admirador de Erasmo. Está dedicada a Pedro de Lerma, y contiene, al final, versos de Constantino de la Fuente en honor de Balbo.[18] Más interesantes aún son las primeras producciones griegas de las prensas de Miguel de Eguía. La única que ha llegado hasta nosotros es una pequeña crestomatía que Francisco de Vergara manda imprimir a su costa, con un prefacio que nos explica las dificultades de aquel momento. La guerra con Francia ha cegado la fuente de importación de libros. La producción nacional languidece, paralizada por la indolencia y la avaricia. Como no ha habido nadie que suceda a Cisneros en el mecenazgo que ejercía, es imposible encontrar editor dispuesto a anticipar los costos de impresión de libros en griego, y hasta de libros en latín cuya venta sería fácil.[19] En ese mismo año de 1524, Francisco de Vergara pu-

16 Francisco de Vergara aparece en los registros de cuentas a partir del año 1521-1522 (A. H. N., *Universidad de Alcalá*, lib. 815 f, fol. 13. En enero de 1522 se le paga su salario desde el 20 de julio hasta la fiesta de San Lucas del año anterior).

17 *Erudita in Daviticos Psalmos expositio*, Alcalá, 1523. Ejemplar en el British Museum. Cf. Catalina García, *op. cit.*, que menciona un ejemplar incompleto en la biblioteca de la parroquia de Villanueva de Alcorón (provincia de Guadalajara). Este comentario se reimprimió a fines del siglo: *Commentaria in Psalmos Davidicos prisci cujusdam auctoris incogniti in duos divisa tomos*, Lyon, 1582, 2 vols. en folio. Ejemplar en la Biblioteca Provincial de Segovia. En las cuentas de la Universidad de Alcalá (A. H. N., *Universidades*, lib. 814 f, fol. 163 rº) se encuentra, con fecha 19 de junio de 1526, un pago de tres ducados al mayordomo de la imprenta por dos libros entregados a la biblioteca: "el uno es una glosa sobre el Salterio que en esta universidad se enprimió".

18 C. Valerii Flacci... *Argonautica per Laurentium Balbum Liliensem recognita et accuratissime castigata*, Alcalá (Miguel de Eguía), 20 de noviembre de 1524. En la epístola a Pedro de Lerma, Lorenzo Balbo, después de hacer un encendido elogio de su maestro Hernán Núñez, enumera los grandes hombres que han tenido que sufrir los ataques de la crítica, y cierra la lista con Erasmo ("omnibus disciplinis admirandus"), "cui velut Hydrae capita, detractores subinde repullulant". Los versos latinos de "Constantinus Fontius" están antes del colofón.

19 El único ejemplar conocido (que perteneció a Ingram Bywater) se encuentra en la Bodleiana de Oxford. Terminado de imprimir en junio de 1524, este pequeño volumen contiene los textos griegos siguientes, sin nota alguna: Luciano, *Icaromenipo* y *Diálogo de Neptuno y Mercurio;* Jenofonte, *Hierón;* Isócrates, *Discurso parenético a Demónico;* Demóstenes, *Tres Olintiacas;* Libanio, *Declamación de Menelao;* Gregorio de Nisa, *Disertación sobre la teología;* al último unos *Epigramas* sobre la vida humana. Se encontrará una descripción minuciosa en Legrand, *Bibliographie hispano-grecque*, t. I, nº 48.— Francisco de Vergara dice en su epístola dedicatoria a la Universidad que publica este libro para remediar una necesidad urgente "dum compositis christianorum principum rebus, lautiores epulas alicunde ad nos convehi liberum sit. Sumus enim in eo orbe, ubi

blica un nuevo libro que simboliza mejor que ningún otro las tendencias erasmizantes de Alcalá: una edición griega de las *Epístolas*.[20] Si un solo ejemplar de éstas se nos hubiese conservado, pocos testimonios habría más conmovedores del esfuerzo que hacían entonces ciertos españoles para mantener viva, contra viento y marea, la llama del humanismo cristiano.

Desde ese momento los humanistas de Alcalá reconocerán a Erasmo por maestro. Zúñiga y Sancho Carranza han quedado lejos. Juan de Vergara no vacila en escribir a Zúñiga que el efecto de las *Blasphemiae* ha sido desastroso para la fama que le habían dado las *Annotationes*. A pesar del afecto que sigue teniendo por el incorregible polemista, no se siente con fuerzas para defenderlo contra los admiradores de Erasmo.[21] ¿Acaso no es él, en esta España cada vez más erasmizante, el hombre que ha conversado con el Filósofo en Lovaina, que ha comido a su mesa en Brujas? Cierto es que sus conversaciones no tuvieron toda la soltura de una amistad plena de confianza: la sombra siniestra de Zúñiga pesaba sobre ellas. Pero Vergara, acusado más tarde de ser amigo de Erasmo, reivindicará el honor de haberse acercado a él, y deplorará que estas relaciones directas hayan sido tan superficiales. Y es que, en el intervalo, Erasmo habrá alcanzado en España una importancia capital, que no tenía todavía en 1520 o en 1521; habrá llegado a ser el alma de una revolución religiosa española. En el momento en que comienza esta revolución, Vergara es un vivo lazo de unión entre los medios erasmizantes de la Corte y los de Alcalá. A principios de 1523 se encomienda al propio Vergara la misión de hablar ante la Corte en nombre de la Universidad, que estaba en pleito con la corona a causa de la herencia del cardenal Cisneros.[22] Regresa a Alcalá durante el otoño, y puede pasar el invierno en estudioso retiro. Pero el arzobispado de Toledo, que seguía vacante desde la muerte del Cardenal de Croy, se ha entregado finalmente a Don Alonso de Fonseca (31 de diciembre de 1523), arzobispo de Compostela, prelado cortesano en quien Erasmo encuentra un apoyo precioso. El nuevo primado, que quiere a un humanista por secretario, llama a Vergara. Éste, durante cuatro meses, responde con cartas evasivas, pues quiere conservar su libertad. Pero el Arzobispo insiste en tener una conversación con él, y una carta del Rey lo llama a Burgos, donde reside la Corte desde la primavera. Queda cogido. Los poderosos poseen encantos irresistibles: la persuasión está en sus labios como antaño en los de Pericles. Una situación aceptable y grandes promesas atan una vez más a Vergara a aquella corte de la cual había huido lo más posible

omnes artes tam mechanice quam etiam (quod maximopere dolendum est) liberales, gentis inertia atque avaritia in tantum frigent, ut (omissa interim reliquorum artificum rusticitate), vix typographus aliquis inveniatur qui non dico grecum sed latinum codicem, etiam ex iis qui probe venales futuri essent, sua pecunia formis velit propagare".

[20] En un inventario de libros prohibidos que se conservaban hacia 1635 "en las cámaras del secreto de la Inquisición de Valencia", observamos este título: "Franciscus Vergara Epístolas en griego Alcalá 1524 8º" (A. H. N., *Inquisición*, leg. 4517 (1), fol. 110 vº).

[21] Vergara a Zúñiga, Valladolid, 7 de mayo de 1523 (Allen, t. IV, pág. 631, líneas 17-27. Carta publicada antes por Bonilla, *Clarorum Hispaniensium epistolae*, pág. 19).

[22] A. H. N., *Universidad de Alcalá*, lib. 3 f, fol. 159, poder al Doctor Vergara y al Maestro Monforte, 13 de febrero de 1523.

desde su regreso a la Península.[23] Carlos V se traslada a fines de 1524 a Castilla la Nueva.[24] En Madrid, la Corte está a dos pasos de Alcalá. Cortesanos y estudiosos a porfía entonan un verdadero coro de alabanzas que se levanta en ese momento de España hacia el hombre de Basilea.

Los flamencos de la Corte imperial se quedan pasmados de aquello. En Amberes, el mercader Erasmo Schets recibe los ecos de esa admiración a través de varios amigos, en particular Francisco de Vaylle, comerciante cuyo nombre traiciona su origen español[25] (marrano tal vez), pero ciudadano de Amberes, donde más tarde ocupará el cargo de *aman* (teniente de alcalde). Vaylle escribe a Schets que todo cuanto vale algo en España, así por la nobleza como por la ciencia, está consagrado a la gloria de Erasmo: si el gran hombre visitase la Península, todo el mundo se lanzaría a su encuentro. No se contentan con celebrarlo: tienen sus obras, no quieren más libros que los suyos, todos se impregnan de ellos. Se sienten, con esa lectura, "iluminados por el espíritu divino"; las conciencias quedan reconfortadas. La palabra de Dios, comentada por Erasmo, llega hasta las almas y las pacifica como ningún otro autor ha sabido hacerlo antes de él. O sea que todos se lanzan sobre sus paráfrasis de los Evangelios y de las Epístolas, y desean que, antes de morir, comente también los Salmos.[26]

Este testimonio es extraordinariamente precioso porque nos revela, en la porción más selecta de los españoles, la existencia de un fervor evangélico análogo al que animó, en Francia, a las personas del círculo de la princesa Margarita o del obispo de Meaux, Briçonnet. Pero —diferencia notable entre los dos países— el evangelismo francés tiene a un Lefèvre d'Étaples, cuya acción es independiente de la de Erasmo y difiere sensiblemente de ella; Meaux tiene sus hombres eruditos en la Biblia, menos atraídos por Erasmo que por Farel; la Reina de Navarra, a quien Claude Chansonnette dedica su traducción de la *Exomologesis,* acoge este presente con frialdad, por parecerle sin duda que el evangelismo erasmiano peca

---

23 Carta de Vergara a Florián Docampo, Burgos, 1º de julio de 1524 (Bonilla, *op. cit.,* pág. 59).

24 Según Foronda y Aguilera, *Estancias y viajes del Emperador Carlos V* [Madrid, 1914], reside en Madrid y en El Pardo del 13 de noviembre de 1524 al 4 de abril de 1525. Después permanece en Toledo o en sus alrededores hasta febrero de 1526.

25 Cf. M. Bataillon, *Érasme et la cour de Portugal,* Coimbra, 1927 (separata del *Arquivo de História e Bibliographia,* vol. II, pág. 263), pág. 6.

26 Allen, t. VI, Ep. 1541 (Schets a Erasmo, Amberes, 30 de enero de 1525), líneas 40-45: "Ceterum hoc adhuc non valeo preterire, quod ex Hispania plerique designavere amici. Eorum unus est Franciscus de Vaylle, ultra fratrem michi carus. Scribunt singuli quis rumor, que gloria fame illic de te spargatur, certo non exigue nec quidem immerito. Nam sic fere omnes illius nationis homines, magnates, docti ac illustres te glorificantur, ut si contingeret te adyre oras suas, ad medium iter recepturi te forent occursuri. Nil doctrine, nil scripturarum apud hos jam legitur nec habetur in precio preter libros tuos. Ayunt eorum lectionibus in Dei spiritum vere illuminari conscientiasque suas consolari, te unicum in orbe hominem appellant qui solus plusquam antea quisquam discretissimis scriptis doctrinam divinam in consolationem et requiem piarum mentium novisti refundere, nichil exclamantes nec sperantes quin te, priusquam moriaris, Davitica carmina explanaturum. Sic nam testatur michi Franciscus de Vaylle, vir non male doctus teque non mediocre amans, ac alii pleryque amici."

por prudencia humana. Berquin se alía con el erasmismo para escapar de la barrera de fuego que la ortodoxia opone al luteranismo, y hasta cuando traduce a Erasmo mezcla en lo que escribe algo de Lutero.[27] El evangelismo español, en cambio, en la medida en que depende de fuentes extranjeras, toma su alimento casi exclusivamente de Erasmo. En todo caso, lo adopta como guía, como si su mezcla de osadía y de prudencia, de ironía y de fervor, le cuadrase perfectamente.

Esta palabra, "fervor", a la cual es preciso volver por cierto, puede sorprender, pues estamos muy acostumbrados a considerar la religión de Erasmo como fríamente racional. El catolicismo ha visto en ella, con irritación, la crítica de sus disciplinas tradicionales y de la devoción de la gente sencilla. El protestantismo se ha encarnizado en descubrir, tras su paulinismo, un sentimiento insuficiente de la gracia. Todos han execrado en él al gran reidor, discípulo de Luciano. Pero nos expondríamos a no entender nada de su influencia si nos empeñáramos en ver en su ironía la explicación de su buen éxito. Por muy pobre que pueda parecer a protestantes o a católicos, hay en Erasmo un cristianismo interior que cautivó entonces a millares de hombres y de mujeres, haciéndoles cercanas, íntimas, las fórmulas más sublimes de los Evangelios y de San Pablo. El testimonio de Francisco de Vaylle está plenamente confirmado por el estudio de los libros que los erasmistas españoles juzgaron conveniente difundir. En efecto, en los días mismos en que el triunfo de Pavía anuncia la paz y la reapertura del "camino francés" a los intercambios de toda especie, el impresor de la Universidad de Alcalá se indigna a su vez de la esterilidad de las prensas españolas, esterilidad deplorada el año anterior por Francisco de Vergara. Eguía se dirige "a hombres ilustres por su ciencia y su experiencia" y pregunta qué libros serán los más útiles para los amigos de las buenas letras y para todos los cristianos. La minoría así consultada responde con el nombre de Erasmo. Los benévolos consejeros de Eguía hacen que imprima ante todo el *Enchiridion,* el cual debió de aparecer, junto con la *Paraclesis* y el *Christiani hominis institutum,* en mayo o junio de 1525.[28] Casi inmediatamente después, en junio, publica Eguía la segunda de sus producciones erasmianas, un volumen que contiene asimismo tres obras: el *De copia,* el *De ratione studii* y el *De componendis epistolis.*[29]

27 Cf. Margaret Mann, *op. cit.,* en particular las págs. 104 ss., 88, 113 ss.

28 En la ed. francesa y en la 1ª ed. española, decía yo que, "como ocurre a menudo con los libros de gran éxito, no subsiste un solo ejemplar conocido" de este volumen. Pero entre tanto me he enterado de que hay uno en la B. P. E.: cf. *Livros impressos no século XVI existentes na Biblioteca Pública e Arquivo Distrital de Évora,* II, *Tipografia espanhola* (separata de *A Cidade de Évora,* 1955-1956), pág. 49. No he visto aún esta edición. Sé que incluye la *Paraclesis* y el *Institutum* porque así lo dice la portada, reproducida en facsímil en el citado catálogo. (El *Institutum,* una de las obras publicadas en *Opuscula aliquot Erasmo Roterdamo castigatore,* Lovanii, Th. Martens, 1514, es una adaptación en verso latino, por Erasmo, de un opúsculo escrito en inglés por John Colet.) En cuanto a la fecha de esta ed. latina del *Enchiridion* (mayo o junio de 1525), la deduzco de lo que dice Eguía en el prefacio al volumen que se menciona a continuación en el texto. Véase la lámina IV.

29 El pasaje más importante del prefacio de Eguía a este volumen puede verse en Bonilla, *Erasmo en España,* R. H., t. XVII (1907), pág. 515. Cf. *Bibliografía,* núm. 500.

Hacia esa misma época, aprovecha el pretexto de la visita del nuevo Arzobispo de Toledo a su buena ciudad de Alcalá para dedicarle una edición de la *Precatio dominica,* seguida de la *Paraphrasis in tertium Psalmum.* El volumen se enriquece, mientras se está imprimiendo, con el *De libero arbitrio,* para hacer evidente ante los lectores honrados la loca desvergüenza de los calumniadores de Erasmo: éstos lo acusan de impiedad luterana, pero, si bien se ve, odian las buenas letras más que a Lutero. Eguía adorna la portada del libro con el escudo de Fonseca, y se dirige al protector de la Universidad en una epístola que es un curioso documento. Como más tarde Rabelais en el prólogo del Libro Tercero, se compara con Diógenes, haciendo rodar su tonel "pour entre ce peuple tant fervent et occupé n'estre veu seul cessateur et ocieux". Entre sus conciudadanos afanados en los preparativos de la "entrada" del prelado, él hace sudar sus prensas para componer con papel y tinta un modesto regalo de bienvenida:

¡Plugiera al cielo —exclama— que las imprentas fuesen entre nosotros lo bastante fecundas para que un editor se hiciera ridículo al dedicar a grandes personajes las obras ajenas, simplemente porque él las imprime! Pero, a causa de no sé qué fatalidad, los talleres tipográficos de España están acaparados permanentemente por coplas vulgares y hasta obscenas, por versos ineptos o por libros de menor valor aún.

Eguía, que toma muy en serio su papel de impresor universitario, quiere ofrecer a Fonseca una muestra de los libros provechosos que su casa publicará si el Arzobispo le concede su apoyo. ¿Qué autor mejor indicado que aquel que ha reconciliado la erudición y la piedad durante tanto tiempo divorciadas? ¿Y qué presente más digno de un prelado que estos muestrarios, de los dos Testamentos? ¡Ojalá logren inducir a Fonseca a leer las demás obras de Erasmo!

Entonces —concluye Eguía— dirás que te he ofrecido los tesoros de Creso. Por otra parte, quizá, si nuestros esfuerzos son agradables a Tu Grandeza, tu ciudad de Alcalá dará a luz otros libros excelentes bajo tus auspicios y por nuestro cuidado, a fin de que no seamos ya tributarios del extranjero, y que los doctos no esperen ya los libros como si fueran riquezas de las Indias.[30]

Erasmo es el hombre en quien se ve entonces, mejor que en ningún

[30] El volumen tiene fecha 1525 y debe de ser contemporáneo del precedente (cf. *Bibliografía,* núm. 566). El prefacio empieza: "Diogenem aiunt, propugnantibus urbem civibus et pro se quisque, ut fit, satagentibus, ne in communi tumultu solus cessare videretur, dolium suum coepisse sursum deorsum magno nisu volutare." Citemos el pasaje más importante: "Nunc quum nescio quo Hispaniae nostrae fato accidit ut in typographicis officinis vulgares cantiunculae, nonnunquam etiam obscoenae, et inepti rhythmuli, aut his etiam indoctiores libri assidue operas exerceant, non omnino absurde facere visus sum si tibi selecti quippiam cuderem quod speciminis vice esse queat eorum quae aspirante R. D. T. favore domus nostra posset emittere." Y el final: "Forsitan autem, si amplitudini tuae conatus nostri placuerint, ejus auspiciis et nostra opera Complutum tua optimos libros emittet, ne eos semper peregre invectos velut indicas merces expectent eruditi. Vale praesul dignissime et nos respice."

otro, el nuevo poder del libro. Nada tiene de extraño que lo encontremos íntimamente vinculado con un esfuerzo que realiza la imprenta española por elevarse a una función de alta cultura. Pero a quien quiere comprender la naturaleza de su influencia en España, le parecerá muy significativo que Miguel de Eguía, al proseguir su campaña de ediciones erasmianas bajo el patrocinio de Fonseca, elija ahora las *Paráfrasis* del Nuevo Testamento: las de los cuatro Evangelios aparecen sucesivamente entre el 30 de junio y el 24 de noviembre.[31] Sabemos (por la segunda edición del *De copia*) que tras ellas siguió la *Paráfrasis* de las Epístolas,[32] volumen cuyo éxito fue tal que todos sus ejemplares han perecido por el uso. La *Paráfrasis de San Mateo* sale a la luz precedida ostentosamente de su epístola dedicatoria al Emperador, de la elogiosa respuesta del soberano y de la *Exhortatio ad studium evangelicae lectionis;* está dedicada por el impresor al Arzobispo de Toledo en términos que dicen muchísimo sobre el favor de que disfruta Erasmo en los medios oficiales. Eguía presenta al prelado como lector asiduo de Erasmo. Como el Emperador ha invitado al gran hombre a venir a España, Fonseca se ha apresurado a tenderle un puente de oro para el caso de que venga.[33]

Esta serie de reimpresiones de Erasmo hechas en 1525 en Alcalá de Henares constituye la primera manifestación en masa del erasmismo español. Destinadas a un público que lee latín, vienen a satisfacer aquella avidez espiritual de la minoría erasmizante que Schets describe con elocuencia en su mal latín de mercader, de acuerdo con los informes de su amigo Francisco de Vaylle. No se ven figurar entre ellas los *Coloquios,* ni el *Elogio de la locura*. En cambio, las *Paráfrasis* ocupan lugar de honor, y el *Enchiridion* les abre el camino. Este solo hecho bastaría para ponernos en actitud de desconfianza ante una interpretación del erasmismo según la cual la "heguemonía" intelectual de Erasmo, "sólo comparable a la de Voltaire", vendría a fundarse "sobre todo" en el contenido satírico y negativo de su obra.[34] En España, cuando menos, es una acción positiva, "edificante", la que le vemos ejercer sobre las almas. Acción tremendamente sospechosa a los ojos de un teólogo ortodoxo por el solo hecho de que se la siente como una "iluminación", de que es una piadosa

[31] *Mateo,* 30 de junio; *Marcos,* s. f. (pero el prefacio de Miguel de Eguía comienza: "Ecce post Matthaeum ordine suo venit Marcus..."); *Lucas,* 30 de septiembre; *Juan,* 24 de noviembre.

[32] El prefacio de la primera edición española del *De copia* (junio de 1525) decía: "Mox etiam ejusdem Paraphrases in Evangelium et Sacras Epistolas *accipietis,* quae modo sunt in praelis." La de la segunda (octubre de 1529) dice: "...Enchiridion, Paraphrases in Evangelia ac Sacras Epistolas librosque Copiae verborum ac rerum proximis diebus *accepistis."* (Cf. Bonilla, *Erasmo en España,* págs. 516 y 518.)

[33] Véase el título completo, *Epístola nuncupatoria...,* etc., en la *Bibliografía,* núm. 560. Citemos el comienzo del prefacio a Fonseca: "Paraphrases Erasmi in Evangelia modo a nobis excusas R. D. T. offero, quum ea sit quae pietati Evangelicae prospiciat, et ipsi Erasmo non mediocriter faveat, quod ex frequenti libellorum ejus lectione satis constat, item eo quod imperatore Carolo nuper ad Hispaniam Erasmum invitante, R. D. T. sponte amplam illi conditionem, si huc venisset, pollicebatur..." (Citamos por el ejemplar de la Biblioteca de la Universidad de Salamanca.)

[34] Menéndez y Pelayo, *Heterodoxos,* t. IV, págs. 43-44.

semi-embriaguez, y de que, contagiosa por esencia, esta piedad completamente interior tiende a minar las formas usuales de la devoción. Pero acción favorecida, además, por poderosas influencias. En esta misma primavera de 1525 en que Miguel de Eguía reimprime el *Enchiridion* en latín, Erasmo sabe ya por sus amigos que el libro está traducido en lengua española, y que su impresión ha chocado con la censura de un dominico que denuncia dos de sus pasajes como heréticos. Pues bien —señal de los tiempos—, es Luis Coronel en persona, el *Doctor parisiensis,* colaborador hasta hacía poco tiempo de Hulst en la Inquisición de los Países Bajos y ahora secretario del Inquisidor General Don Alonso Manrique, quien toma la defensa del *Enchiridion* calumniado.[35] Así el evangelismo, que va creciendo desde la época de Cisneros, llega a su florecimiento sin sufrir demasiado por la atmósfera nueva que crea la condenación de Lutero. Está cerca el momento en que el Inquisidor General en persona cubra con su autoridad la traducción española del *Enchiridion*. Este libro, levantado hasta las nubes por la minoría, rápidamente acogido por un público cada vez más vasto, va a realizar en España una verdadera revolución espiritual, agudizada aún más por la guerra entre el Emperador y el Papa.

---

35 Allen, t. VI, Ep. 1581 (Erasmo a Beda, Basilea, 15 de junio de 1525), líneas 763 ss.: "Enchiridion primum aeditum est Lovanii ante annos viginti duos. Florebat id temporis illic Adrianus, ejus Academiae princeps. Legit eum librum ac probavit. Neque quisquam exortus est qui quicquam reprehenderet in eo libro, nisi quod nuper apud Hispanos, quum quidam Hispanice versum cuperent excudere, obstitit nescio quis Dominicanus, proferens duo loca, alterum in quo viderer negare ignem Purgatorii, alterum in quo scripsissem monachismum non esse pietatem. Ad utrumque elegantissime respondit Ludovicus Coronellus. Responsio est apud me."

Capítulo IV

ILUMINISMO Y ERASMISMO
EL *ENCHIRIDION*

I. *El iluminismo en Castilla la Nueva: recogimiento y dejamiento. II. Aspectos sociales del movimiento: las "beatas"; los franciscanos reformados; los "cristianos nuevos"; los grandes señores. Relaciones con la revolución religiosa europea. Primeras infiltraciones erasmianas. III. El "Enchiridion" traducido al español: manual de cristianismo en espíritu. IV. Metamorfosis del iluminismo en erasmismo. María Cazalla. Rodrigo de Bivar. El caso de Ignacio de Loyola. V. Maldonado, testigo de la revolución erasmiana. Efervescencia monástica. El benedictino Virués, abogado y crítico de Erasmo. Escaramuza en Palencia entre un fraile y el traductor del "Enchiridion".*

I

Para comprender el carácter del erasmismo español y para poder explicar lo brusco de su auge, es indispensable verlo sumergido en el seno de un movimiento espiritual más vasto, que la Inquisición trata por esos días de contener con un dique: el de los "alumbrados, dejados o perfectos". Semejante método puede parecer peligroso, y lo es efectivamente, puesto que este movimiento no nos es conocido sino de manera fragmentaria. No obstante, cuando se lo estudia en sus fuentes, es decir, en los documentos de la Inquisición, se ve al erasmismo mezclado con el iluminismo de modo tan inextricable, que se comprende la necesidad de esta incursión por regiones mal exploradas. El riesgo, por otra parte, es menor de lo que parece, puesto que el *iluminismo* se hace a su vez mucho más comprensible cuando se lo estudia en relación con el movimiento erasmiano. Las tendencias de los alumbrados ofrecen analogías evidentes con las de la gran revolución religiosa que conmueve por entonces a Europa, tendencias que de manera tan engañosa suelen resumirse con términos como *protestantismo* o *reforma*. No se puede despachar el problema declarando que las afirmaciones de los "alumbrados" coinciden en ciertos puntos con las de los protestantes, mostrando que el "iluminismo español", nacido antes que Lutero publicara sus noventa y cinco tesis, es una doctrina distinta e independiente del "protestantismo".[1] También el "protestantismo" tiene orígenes anteriores al 31 de octubre de 1517.

[1] Bernardino Llorca, S. J., *Die spanische Inquisition und die Alumbrados*, Berlin-Bonn, 1934, págs. 29 y 121.

La verdad es que no podemos reducir estos movimientos a doctrinas. Para quien lee el Edicto inquisitorial [2] promulgado en 1525 contra los alumbrados del reino de Toledo, es evidente que las cuarenta y ocho proposiciones que allí se condenan no son otros tantos artículos de un credo confesado por todos los adeptos de una secta; examinando los procesos que dieron lugar al Edicto, es posible observar que esas "proposiciones" son en realidad "frases" atribuidas a tal o cual persona determinada. Entre todas estas frases la Inquisición percibe, ciertamente, alguna unidad de tendencia. Por otra parte, registra el rumor público que acusa a los alumbrados de formar *conventículos* y de distinguirse del común de los fieles. Pero los documentos no revelan la existencia de capillas en que se entrara por una especie de iniciación. El iluminismo español es, en sentido amplio, un cristianismo interiorizado, un sentimiento vivo de la gracia. Se expresa con mayor precisión en ciertos métodos o en ciertas fórmulas cuyo valor se discute entre alumbrados, y que, en cierta medida, definen tendencias rivales. Eduard Boehmer, hace ya bastante tiempo, distinguió entre estas tendencias la del *recogimiento* y la del *dejamiento*.[3] No estará mal que, para penetrar bien el pensamiento de los alumbrados, empecemos por seguir a Boehmer en esta división, a reserva de demostrar posteriormente que ambas corrientes, en la realidad, mezclan sus aguas.

El *recogimiento* es la espiritualidad que florece entonces entre los franciscanos reformados de Castilla la Nueva. Es un florecimiento del misticismo alentado por Cisneros, que encontrará su expresión más rica y matizada en el *Tercer abecedario espiritual* de Fr. Francisco de Osuna.[4] Es un método por el cual el alma busca a Dios en su propio seno, en un desprendimiento tan total del mundo, que deja a un lado el pensamiento de toda cosa creada, y hasta todo pensamiento discursivo. Lo que tiene de atrevido, en una época en que la *Vita Christi* del Cartujano se suele considerar como la última palabra de la contemplación, consiste en decir que la evocación de la santísima Humanidad de Cristo no es un medio de unirse a Dios. De la misma manera que "los apóstoles estaban detenidos en el amor de la sacra Humanidad, la cual era menester que les quitasen para que así volasen a mayores cosas deseando la venida del Espíritu Santo", así también "conviene a los que se quieren allegar a la alta e pura contemplación, dejar las criaturas e la sacra Humanidad para subir

---

2 Este importante documento, que no parece haber conocido el P. Llorca al escribir el libro citado en la nota anterior, ha llegado hasta nosotros gracias a una colección manuscrita de instrucciones inquisitoriales recopilada verosímilmente en el siglo XVII (A. H. N., *Inquisición*, lib. 1299, fols. 551 r⁰-556 v⁰). Ha sido publicado por el P. Vicente Beltrán de Heredia en *Rev. Española de Teología*, t. X (1950), págs. 105-130, y comentado por Ángela Selke de Sánchez, *Algunos datos nuevos sobre los primeros alumbrados. El edicto de 1525 y su relación con el proceso de Alcaraz*, B. H., t. LIV (1952), págs. 125-152.

3 Eduard Boehmer, *Franzisca Hernández und Frai Franzisco Ortiz*, Leipzig, 1865, pág. 20.

4 Citamos el *Tercer abecedario* de Osuna por la reimpresión de Miguel Mir, *Escritores místicos españoles*, Madrid, 1911 (N. B. A. E., t. XVI). Sobre el autor, la obra fundamental es ahora la del P. Fidèle de Ros, *Un maître de sainte Thérèse: le Père François d'Osuna*, Paris, 1937.

más alto y recebir más por entero la comunicación de las cosas puramente espirituales".[5] Esta espiritualidad se apoya en las enseñanzas de San Bernardo y de Gersón; es una disciplina del alma que tiende a prepararla para "la amistad e comunicación de Dios".[6] Es preciso desembarazar el corazón, "y en tal manera se debe desembarazar, que dél se vacie y eche fuera todo lo criado, para que el señor dello sólo more dentro en él".[7] Todo el tratado de Osuna es una guía minuciosa que conduce a ese resultado final a través de una purificación de las pasiones y de los deseos.

Pero ¿debe llegar este gran despojamiento hasta el punto de rechazar la dulzura de los éxtasis, de los arrobamientos y de otros favores espirituales, como si éstos fueran un lazo que retuviera al alma cautiva del amor de sí misma? Osuna no lo cree así. El deseo de "la divina dulcedumbre" no aleja de Dios, todo lo contrario, siempre que el alma favorecida con alguna gracia no se detenga en ella curiosamente, sino que se abra con absoluta sencillez al don del Señor y se entregue a él: Dios está por encima de los gozos que otorga a quienes lo buscan.[8]

Osuna muestra cómo el conocimiento de Dios a que conduce el recogimiento es un conocimiento amoroso del alma purificada por las virtudes morales, alumbrada por las virtudes teologales, perfeccionada por los dones del Espíritu Santo y las bienaventuranzas evangélicas; "teología mística, que quiere decir escondida", muy diferente de la teología escolástica; oración mental a la cual no bastan la lectura y la palabra; arte de amor; unión: el recogimiento merece todos estos nombres y muchos otros.[9] El corazón es lo que importa, mucho más que las manos, que la cabeza, que los ojos o los pies: las ceremonias exteriores no son nada sin las disposiciones íntimas.[10] Por otra parte, para quien llega a cierto grado de la vida espiritual, los gemidos de amor que salen de los labios vienen a la vez del corazón, y de una fuente mucho más misteriosa. Es, como dice San Pablo, el Espíritu Santo, que ora en nosotros con gemidos inenarrables. Es necesaria, aquí, una preparación: "ca debes saber que Dios sea como el polido tornero, que no pone sus sotiles herramientas sino en lo que primero está labrado de azuela; y por esto no infunde la fe, que es virtud teológica, sino a los que tienen fe de suyo, aunque ésta, en comparación de la que Él infunde, valga muy poco".[11] Osuna hace verdaderos derroches de ingenio para sugerir la parte preponderante de la gracia divina en la vida espiritual más elevada, sin negar el valor del esfuerzo humano. Este esfuerzo desempeña un papel sobre todo negativo: "el recogimiento no hace otra cosa sino vaciarnos de nosotros mesmos, para que Dios se extienda más en el corazón".[12] Su suprema recompensa es un estado de

---

5 Osuna (*N. B. A. E.*, t. XVI), pág. 322 a.
6 *Ibid.*, pág. 323 a.
7 *Ibid.*, pág. 364 a.
8 *Ibid.*, págs. 374-375.
9 *Ibid.*, págs. 378-380 ss.
10 *Ibid.*, pág. 415.
11 *Ibid.*, pág. 450 a.
12 *Ibid.*, pág. 534 b.

quietud, un estado de "no pensar nada" que el seudo-Dionisio simboliza en la "divina tiniebla". Pero, atención: "este *no pensar nada* es pensarlo todo"; esta ausencia de pensamiento resume en realidad todo pensamiento posible, "pues que entonces pensamos sin discurso en Aquel que todo lo es por eminencia maravillosa".[13]

Esta mística del *recogimiento* no ha caído aún bajo la censura inquisitorial. La profesan religiosos demasiado penetrados de toda la tradición cristiana para que quepa la posibilidad de una incauta inclinación por la pendiente quietista. Los alumbrados que predican el *dejamiento* parecen obrar con menos prudencia. A medida que su propaganda va inquietando más y más a la Inquisición, los "recogidos" se preocupan cada vez más por distinguirse de ellos, y por presentar a los "dejados" como innovadores. Gracias a las declaraciones de Nicolás de Enbid y del clérigo Olivares, de Pastrana,[14] se entrevé por lo menos cómo esta espiritualidad más atrevida tiende, hacia 1523, a suplantar el recogimiento entre los alumbrados de una pequeña ciudad castellana. Olivares, Enbid y otros varios habían sido iniciados por Fr. Francisco de Osuna, Fr. Francisco Ortiz y Fr. Cristóbal de Tendilla en la oración de recogimiento. Este método consistía esencialmente en impedir que los sentidos se derramasen al exterior, y en rechazar todo pensamiento, para llegar a un estado de quietud en que el alma, sin pensar ya ni en sí misma ni en Dios, se unía sin embargo a Él. Los maestros franciscanos habían enseñado a los espirituales de Pastrana a arrodillarse primero durante un instante y a sentarse después en un rincón, cerrando los ojos para recogerse mejor. Pero esta manera de hacer oración, dice Olivares, no gozaba de la aprobación de la "beata" Isabel de la Cruz ni del alumbrado seglar Pedro Ruiz de Alcaraz, cuya influencia se iba acrecentando en la región, y que enseñaban el "dejamiento" o abandono completo a Dios.

Ya en 1522 ciertos franciscanos de Cifuentes, discípulos de Alcaraz y de Isabel, Fr. Diego de Barreda en particular, habían conseguido cuando menos un adepto decidido en Pastrana: se llamaba Francisco Jiménez de Santo Domingo. En 1523, Alcaraz en persona había venido a Pastrana, y había sido acogido como gran siervo de Dios en diversas casas, sobre todo en la de Jiménez, en la de Gaspar de Vedoya y en la de Alonso López Sebastián.[15] En todas partes, Alcaraz fundamentaba sus palabras en la Biblia, principalmente en San Pablo. Como Ortiz estaba a la sazón en la ciudad, "recogimiento" y "dejamiento" habían podido enfrentarse en largas discusiones. Un testigo muestra al franciscano Ortiz y al seglar Alcaraz discutiendo sobre la mejor manera de servir a Dios: "Adujeron, dice, autoridades de la Sagrada Escritura, y me pareció que Ortiz hacía muchas concesiones a su interlocutor."[16] Es lástima que no conozcamos al menos la sustancia de semejante plática. Lo que de ella se nos dice basta

13 *Ibid.*, pág. 567 a.
14 Boehmer, *op. cit.*, págs. 17-18.
15 Manuel Serrano y Sanz, *Pedro Ruiz de Alcaraz, iluminado alcarreño del siglo xvi,* en *R. A. B. M.*, t. VIII (1903), pág. 7.
16 Boehmer, *op. cit.*, págs. 18-19.

para demostrar que "recogidos" y "dejados" no están en desacuerdo violento. Pero nos gustaría saber con mayor precisión a qué puntos se referían sus discusiones. Sólo podemos adivinarlo en parte por las declaraciones de los procesos y por ciertas páginas polémicas del *Tercer abecedario.*

Acabamos de ver que Alcaraz e Isabel de la Cruz son hostiles a un método de oración que recomienda a sus adeptos cerrar los ojos para recogerse. El principal reproche que tienen contra esta práctica parece ser el del escándalo. La práctica se ejercita en público, en la iglesia, y los que quieren entregarse a ella sin ostentación tienen que abrir los ojos cada vez que alguien pasa cerca de ellos. Es el mismo vicio de ostentación que Alcaraz reprueba en los arrobamientos de los franciscanos de La Salceda y de sus discípulos de Pastrana. Reprocha particularmente a Fray Cristóbal de Tendilla el mostrar en su persona "cosas para admiración".[17] Quizá sea éste uno de los principales puntos de divergencia entre "recogidos" y "dejados".

Los espirituales que desconfiaban de los arrobamientos invocaban en su contra el juicio de San Vicente Ferrer. Éste, en el *Tratado de la vida espiritual,* pone en guardia contra las visiones y otras maravillas sospechosas, y compara los arrobamientos con "rabiamientos". El *Tratado,* como se recordará, se había traducido y vulgarizado ya en 1510 por orden de Cisneros, junto con el libro de Santa Ángela de Foligno;[18] pero los capítulos XI y XIII, donde se reprueban los arrobamientos, se habían suprimido en esta traducción, elaborada sin duda en medios franciscanos favorables, como el Cardenal mismo, a la espiritualidad visionaria de la Madre Marta o de la Beata de Piedrahita. Fray Francisco de Osuna, tomando la defensa de los arrobamientos y aludiendo, sin nombrarlo, a San Vicente Ferrer, no vacila en opinar que el libro de este santo ha sido interpolado por algunos enemigos de la devoción. Y, como para replicar al *Tercer abecedario,* veremos aparecer muy pronto una traducción nueva, íntegra esta vez, del *Tratado de la vida espiritual,* "porque, observa el traductor, quien antiguamente en lengua castellana le puso dejó de poner algunos capítulos que están en latín de mucho provecho".[19]

Parece como si, al acentuarse el "pulular" de místicos y al chocar la "unión divina" con la competencia victoriosa del "dejamiento", se hubiera agudizado de nuevo el debate hacia 1525. "Aunque en nuestros tiempos —dice Osuna— haya muchas personas visitadas de Dios con abundancia de gracia, también hay muchos tan ajenos della, que viendo en otros por algunas señales exteriores lo que no ven en sí, tiénenlos por locos y engañados o endemoniados, y *el menor mal que otros les atribuyen es la hipocresía...*" Estas últimas palabras parecen responder precisamente a los "dejados". Osuna dice además: "Los que ni por sanctidad, pues no la tie-

17 Serrano y Sanz, *art. cit.,* pág. 15.
18 Véase *supra,* pág. 49. Y sobre el eco de la doctrina de San Vicente en Santa Teresa, el *Libro de la vida* de la Santa, ed. del P. Silverio, pág. 155.
19 Sobre este punto véanse los estudios del P. Michel Ange acerca de Osuna: *La vie franciscaine en Espagne entre les deux couronnements de Charles-Quint ou Le premier Commissaire général des provinces franciscaines des Indes Occidentales...,* en la *R. A. B. M.,* t. XXIX (1913), págs. 24-25, nota. Cf. *supra,* pág. 49, e *infra,* pág. 284.

nen, ni por letras, pues no las saben, no pueden conocer los movimientos que suelen tener las personas devotas, luego dan mala sentencia en lo que no son jueces, y dicen que ninguno sancto hizo cosas semejantes, como si ellos tuvieran conversación con todos los sanctos mientras vivieron en este mundo. Aunque no se escrebieron todas las cosas que los sanctos tuvieron, bien sabemos que Sancto Domingo e Sant Francisco e muchos de sus compañeros tuvieron cosas que no pudieron encubrir sin dar voces e gritos y tener otros movimientos no acostumbrados; y pues que ellos los tuvieron, no es mucho que agora los tengan otras personas devotas." [20]

Es difícil no pensar en estas líneas cuando se lee, en las declaraciones de Alcaraz, una reprobación de los éxtasis públicos de Fray Cristóbal de Tendilla, de Fray Juan de Olmillos y de sus discípulos de Pastrana. Ni Alcaraz ni Isabel de la Cruz, representantes típicos del "dejamiento", tienen esta clase de éxtasis, de palabras o de visiones sobrenaturales en que abundaban la Madre Marta o la Beata de Piedrahita, de las cuales no está exenta Francisca Hernández, y que cultivan ciertos franciscanos dados a la oración de recogimiento. La tendencia de los "dejados" se caracteriza por una gran desconfianza hacia toda manifestación llamativa de amor divino. Las gracias sobrenaturales que una espiritualidad ambiciosa se complace en publicar, las tienen ellos por engaños del demonio, y aun sospechan que son pura comedia.

Lo cual no quiere decir que los "dejados" vean con repugnancia la idea de una milagrosa acción de Dios en el hombre. Por el contrario, semejante acción nada tiene de insólito a sus ojos. No se reviste de apariencias anormales. Es el milagro cotidiano del amor. En efecto, el amor de Dios, para quien sabe comprenderlo, no es sólo la culminación de la vida espiritual, sino también su principio. Es divino por su fuente lo mismo que por su objeto. Dios es el único que puede infundir en los hombres un amor digno de Él. Tal es, sin duda, el sentido de la impresionante fórmula atribuida a Alcaraz: "El amor de Dios en el hombre es Dios." Melchor Cano [21] verá más tarde en esto, y muy certeramente, la quintaesencia del iluminismo. Es un punto sobre el cual "recogidos" y "dejados" podían, seguramente, ponerse de acuerdo sin mucho trabajo. Osuna, en el *Tercer abecedario*, celebra el maravilloso poder del amor por el cual Dios, que es indivisible, reside en el alma de todos los que aman a su Hijo.[22] Fray Francisco Ortiz, en uno de los sermones que predica durante la cuaresma de 1524 en Burgos, ante la Corte imperial, llega a decir que Cristo está más perfectamente presente en el alma de los justos que en el Santísimo Sacramento del altar. Esta última proposición se incluirá el año siguiente en el

---

20 Osuna, *op. cit.*, págs. 370 b-371 a.

21 Fermín Caballero, *Vida del Illmo. Melchor Cano*, Madrid, 1871, pág. 550. Cano altera el nombre de Alcaraz ("Alcazar, alumbrado del reyno de Toledo"). Cf. el *Edicto* de 1525, proposición 4: "Que el amor de Dios en el hombre es Dios"; y Serrano y Sanz, *art. cit.*, pág. 9. Véanse ahora, sobre los antecedentes medievales de esta fórmula y las controversias que suscita en los siglos xv y xvi, las preciosas indicaciones de E. Asensio, *El erasmismo, art. cit.*, pág. 77.

22 Osuna, *op. cit.*, pág. 493 a.

Edicto contra los alumbrados.[23] No bien la lanza el fraile, produce un escándalo en el convento de los franciscanos de Burgos, pero encuentra un defensor en la persona de Fray Gil López,[24] discípulo, como Ortiz, de Francisca Hernández, y futuro predicador imperial.

De esta importancia primordial que se concede al amor se desprende una ética atrevida, muy desconcertante para los devotos timoratos. Lo esencial es "dejarse al amor de Dios", pues este amor "ordena la persona en tal manera que no puede pecar mortal ni venialmente".[25] Ocioso es subrayar el peligroso carácter de esta creencia en la impecabilidad que el amor da a los espirituales. Francisca Hernández, cuya castidad no estaba por encima de toda sospecha, tenía fama, entre sus adictos, de haber alcanzado tal grado de santidad que ya no le era necesaria la continencia.[26] ¿Será esta doctrina de la impecabilidad, como dice Boehmer, una falsa interpretación de la libertad evangélica? Es posible. Viene a relacionarse claramente con un sistema moral emparentado con el siervo arbitrio de Lutero. Alcaraz, según un alumbrado de Pastrana, decía que todas nuestras buenas obras proceden de Dios, y que el hombre no puede hacer nada por sí, fuera de someterse a Dios y reconocer su nada: claro está que este mismo conocimiento es un don de Dios. Decía también "que entonces se usaba mejor de la libertad del libre arbitrio cuando se subjetaba a Dios, pues sin Él no podía bien escoger".[27] Pero sería craso error creer que esta fe en el abandono a Dios disimule un puro y simple abandono a sí mismo y, en fin de cuentas, un "laxismo" moral. Si por azar se le reprocha a una alumbrada una especie de glorificación del acto de la carne realizado en el matrimonio,[28] si Francisca Hernández queda convicta de haber llegado con algunos de sus fieles a extremas libertades de contacto,[29] por lo general no se observa en este movimiento iluminista de Castilla la turbia mezcla de sensualidad y misticismo que caracterizará, medio siglo después, a los alumbrados de Llerena. La Inquisición reprocha a los alumbrados del arzobispado de Toledo palabras "que parecían desviarse de nuestra santa fe católica e de la común observancia", pero no los censura por apartarse de la moral común; los acusa de que "se juntaban e fazían conventículos particulares secreta e públicamente", pero no dice que estas reuniones dieran lugar a secretas orgías.[30]

23 Boehmer, *op. cit.*, pág. 31. Cf. el *Edicto* de 1525, prop. 4: "Que más enteramente venía Dios en el ánima del hombre que estava en la ostia."

24 Gil López de Béjar, antes de figurar entre los alumbrados erasmizantes, había pasado por la escuela luliana, como lo deja ver claramente una carta dirigida a él, en 1514, por su íntimo amigo el ferviente lulista Pedro de Orduña (documento publicado por el P. Vicente Beltrán de Heredia: cf. *supra*, pág. 55, final de la nota 12).

25 *Edicto*, prop. 9.

26 Boehmer, *op. cit.*, pág. 28.

27 Serrano y Sanz, *art. cit.*, pág. 10.

28 Cf. *infra*, pág. 178.

29 Cf. Llorca, *op. cit.*, págs. 130-131.

30 El P. Getino confunde grupos muy diferentes y da pruebas de raro desprecio por la cronología cuando, refiriéndose a la época de las persecuciones contra Luis de Granada (hacia 1559), escribe: "Levantáronse por aquel entonces unas sectas secretas de espirituales, llamados *los alumbrados de Toledo y Llerena*, que so pretexto de ma-

El dejamiento que profesa Alcaraz no es en manera alguna abandono a la inclinación natural: por el contrario, enseñaba "que debía el hombre siempre andar contra sí venciendo nuestras pasiones, porque la naturaleza viciosamente nos inclina". A alguien que le pregunta de qué manera debe servir a Dios, le responde: *"Mortificate membra vestra,* que no habéis menester agora otra cosa."[31] Parece más bien que el iluminismo de los "dejados" o "perfectos" se caracteriza por una especie de radicalismo moral, que se inspira en el Sermón de la Montaña para juzgar a base de sus máximas (que ellos toman como "preceptos") el formalismo que sirve de moral a la mayor parte de los hombres. Entre las proposiciones condenadas en el Edicto de 1525 figura esta palabra de Cristo: "Que en ninguna manera se había de jurar."[32]

Pero si el iluminismo invocaba la inspiración divina era sobre todo para ir en contra del formalismo religioso. A decir verdad, las "voluntades" humanas contra las cuales lanzaban mayor número de dardos eran los mil actos interesados de la rutina devota. De allí la asociación que los alumbrados hacían, en sus críticas, entre dos palabras en apariencia contradictorias: los devotos son hombres "llenos de voluntad y ataduras".[33] Como no saben "dejarse al amor de Dios", creen servirlo multiplicando las señales de la cruz y las genuflexiones, tomando agua bendita, golpeándose el pecho, besando la tierra al *incarnatus est.* Lo esencial de la misa consiste para ellos en levantarse, sentarse o arrodillarse, es decir, en "jugar con el cuerpo".[34] Se entregan al culto de las imágenes y a la adoración de la cruz, cosas que los alumbrados rechazan como idolátricas.[35] La oración misma, acto por excelencia del culto en espíritu, está llena de "ataduras".[36] ¿Por qué orar en la iglesia mejor que en cualquier otra parte? ¿Por qué orar con tales o cuales palabras y no con otras? ¿Por qué orar vocalmente? ¿Por qué fastidiar a Dios con peticiones particulares? ¿Por qué ha de decir uno a sus amigos: "rogad al Señor por mí"? Dios tiene cuidado de todos nosotros, y sabe lo que nos conviene. En verdad, no hay más que una sola oración, que resume todas las demás: *Fiat voluntas tua.*

Si a estas tendencias se añade una gran libertad de juicio con respecto a la vida monástica, las bulas de indulgencia, las excomuniones, los ayunos y abstinencias ("ataduras" mortales para la libertad del alma) y la confesión auricular; si se piensa que el evangelismo decidido de ciertos alumbrados llega hasta el grado de hacer buenamente a un lado la doctrina de los santos, pretendiendo no conocer más que la Sagrada Escritura,[37] se comprenderá que la Inquisición se haya alarmado de la propaganda de los "alum-

yor perfección se entregaban a vicios nefandos en el seno de un comunismo sigiloso." (Citado por Fr. Maximino Llaneza, *Bibliografía de Fray Luis de Granada,* Salamanca, 1926-1929, t. IV, pág. 24.)

31 Serrano y Sanz, *art. cit.,* págs. 10 y 7.
32 *Edicto,* prop. 35.
33 *Ibid.,* prop. 19.
34 *Ibid.,* prop. 14.
35 *Ibid.,* props. 15 a 18 y 24.
36 *Ibid.,* props. 20 a 22.
37 *Ibid.,* props. 30, 28, 27, 8 y 24.

brados o dejados", y que el Edicto que denuncia esta propaganda encuentre en algunas de sus proposiciones cierto sabor luterano.

Después de lo dicho, nos podríamos ver tentados a considerar el "dejamiento" como una corriente netamente heterodoxa, más que semi-protestante, y a oponerle el "recogimiento" como una forma de espiritualidad ortodoxa que va más allá de las formas usuales de la piedad católica, pero sin negarlas. No es fácil en esta época, sin embargo, trazar una frontera divisoria entre catolicismo y protestantismo, o, como se dice por entonces, luteranismo. No hay que olvidar que el "recogimiento" se nos muestra sobre todo a través del *Tercer abecedario,* es decir, a través de un libro bastante voluminoso, en el cual sus tendencias espirituales tienen lugar de sobra para desarrollarse y formularse cerrando el camino a las interpretaciones desfavorables de la ortodoxia suspicaz; libro, por otra parte, dos años posterior al Edicto y que, como es natural, evita las fórmulas condenadas. El "dejamiento", por el contrario, nos es conocido gracias al Edicto mismo y gracias también a uno de los procesos que dieron ocasión para él: el de Pedro Ruiz de Alcaraz. Las proposiciones incriminadas, en las que nos vemos obligados a buscar la expresión del pensamiento de los "dejados", son las puntas más atrevidas de una propaganda oral, frases entresacadas de un sermón, paradojas lanzadas en la conversación familiar. Ya hemos visto cómo Fr. Francisco Ortiz, al defender en Pastrana el "recogimiento", da la razón ampliamente al maestro de los "dejados", y cómo entre las fórmulas condenadas en 1525 hay por lo menos una que es de él. Estas observaciones deben impedirnos abrir un abismo infranqueable entre las dos tendencias.

La iluminación a que aspira el "dejamiento" tiene un carácter menos excepcional que los arrobamientos o las revelaciones de los "recogidos". Uno de los temas de la predicación de Cazalla a los fieles de Pastrana es que cualquier hombre puede ser "alumbrado". Pero esto no basta para señalar una oposición clara entre dos espiritualidades de las cuales una florece sobre todo en el claustro o entre las "beatas", mientras la otra es más laica, y también más desembarazada de todo ascetismo y de toda armadura ceremonial. Cazalla es fraile, lo mismo que Ortiz y que Osuna. Isabel de la Cruz es religiosa tercera, lo mismo que María de Santo Domingo. Aunque no estén de acuerdo en cuanto a la mejor manera de hacer oración, ciertamente coinciden en reconocer la superioridad de la oración mental. Su actitud para con las ceremonias y las obras tiene que diferir sobre todo por matices individuales que dependen del humor más que de un propósito doctrinal. El seglar Alcaraz, ante la Inquisición, somete sus afirmaciones a la ortodoxia, como lo hará finalmente Ortiz.[38] Osuna no vacila en escribir que los religiosos mendicantes que no se entregan a la oración mental son ladrones de limosnas.[39] Por lo demás, él está muy lejos de considerar esta elevada vía espiritual como exclusiva de los religiosos, o incompatible con el estado de matrimonio. Dirige su enseñanza, de manera

---

38 Serrano y Sanz, *art. cit.,* pág. 126. Cf. Boehmer, *op. cit.,* pág. 170.
39 Osuna, *op. cit.,* pág. 465 a.

expresa, a las personas que viven en el siglo. Él ha visto personalmente cómo ciertos comerciantes, a quienes su gran fortuna y el cuidado de sus negocios parecerían *a priori* apartar de la contemplación, llegaron muy lejos en el camino del recogimiento del alma.[40]

El dejamiento, ya lo hemos dicho, no es la negación de todo esfuerzo ascético, puesto que adopta como fórmula el *mortificate membra vestra*. El recogimiento, por su parte, se basa en un ascetismo moderado y humano. Osuna, sin duda, considera las penitencias y asperezas como la condición necesaria de toda vida espiritual digna de este nombre.[41] Pero ve en ellas algo así como un régimen que cada contemplativo tiene que adaptar a su uso. Recuerda que, a juicio de los teólogos lo mismo que a juicio de los médicos, el ayuno sin discernimiento es más perjudicial que un ligero exceso de alimento.[42] Los perfumes, dice en otra parte,[43] deben rechazarse lo mismo que los malos olores; pero si hay que escoger entre las dos cosas, más vale un buen olor que uno malo, pues si el primero es peligroso porque puede hacerse causa de deleite, el segundo provoca en el hombre limpio "una manera de indignación, y así es más inquietado".

Estamos demasiado acostumbrados a considerar Reforma y Contrarreforma como dos escuelas de sombrío pesimismo, dominada la una por la inhumana predestinación, y afanada la otra en mantener carne y espíritu en la obediencia al precio de una ascesis sin misericordia. Se explica, así, que nos cueste cierto trabajo llegar a la comprensión de ese momento en que ambas están aún mezcladas y comulgan en un sentimiento optimista de la gracia. Tal es, no obstante, la fuerza que anima por entonces al gran movimiento de renovación religiosa a través de Europa entera. No sólo en la doctrina de Lutero tiene la libertad cristiana dos fases, una exterior y negativa —liberación del temor servil y de las coacciones eclesiásticas— y otra interior y positiva —fe del alma regenerada en un poder divino del que ella es participante—:[44] también en España muestra el iluminismo esa mezcla de libertad con respecto a las ceremonias y de confianza en un Dios que da la paz y la alegría. También aquí las diferencias que se notan entre "recogidos" y "dejados" son menores que su común oposición a la piedad sierva y amarga. El ascetismo se humaniza porque se siente la gracia como una marea que va subiendo, pronta a llenar las almas que se han vaciado de amor propio. El cuerpo no es enemigo demasiado temible para que sea tratado con crueldad.

Por otra parte, el sufrimiento aparece como señal de una insuficiente conformidad con Dios. Mucho nos gustaría saber qué cosa exactamente entienden los alumbrados cuando dicen que "en la bienaventuranza hay fe".[45] Sospechamos que para ellos la bienaventuranza es la señal suprema

---

[40] *Ibid.*, págs. 401-402 y 484 b.
[41] *Ibid.*, pág. 523 a-b.
[42] *Ibid.*, pág. 487.
[43] *Ibid.*, pág. 486 a-b.
[44] Cf. A. Ritschl, *Die christliche Lehre von der Rechtfertigung und Versöhnung*, 3ª ed., Bonn, 1889.
[45] *Edicto*, prop. 39.

de la fe. "Recogidos" y "dejados" dan unánimemente la espalda a la devoción triste, inquieta, que evoca con todo detenimiento los sufrimientos del Crucificado para llorar por ellos. Los "dejados" no quieren que se derramen lágrimas a causa de la Pasión: se regocijan el Jueves Santo lo mismo que el Domingo de Resurrección.[46] Osuna mismo, a pesar del cuidado minucioso que tiene en no oponer la oración de recogimiento a la contemplación de la humanidad dolorosa de Jesús, no deja de señalar con gran nitidez el contraste que hay entre la tristeza de que ésta se alimenta y la alegría que conviene a aquélla: "Lo que he conocido en esta vía del recogimiento es que aprovechan poco en ella los hombres que son naturalmente tristes; y los que de sí mesmos son alegres y ordenan su alegría a Dios aprovechan mucho, y en el ejercicio de la sacra Pasión es al revés." [47]

"Quitar el temor y poner seguridad": tal es, a juicio de un teólogo español,[48] uno de los rasgos gracias a los cuales el iluminismo se emparienta con el luteranismo. Es impresionante la exactitud de este juicio cuando nos encontramos por azar ante una expresión algo espontánea de la piedad de los "alumbrados", por ejemplo, cierta carta devota escrita a Petronila de Lucena por su hermano el humanista Castillo, la cual está como bañada de alegre confianza en un Dios que se instala en el alma como un "buen huésped" para colmarla de beneficios, que "obra en nosotros obras de vida eterna", que es "nuestra vida, nuestro mantenimiento, nuestro Dios, nuestro Señor".[49] Comparada con otro documento de la misma naturaleza, dirigido por la Beata de Piedrahita al Cardenal Cisneros,[50] esta carta nos hace medir el camino que recorre en una quincena de años el iluminismo: el alma que busca a Dios se detiene cada vez menos en gemir por su propia indignidad, se complace cada vez menos en la evocación del Crucificado, se siente cada vez menos desterrada en la vida terrestre. La promesa de la iluminación divina se propaga ahora como una buena nueva; libera a las almas de sus pobres "temorcillos". Nada más comunicativo que semejante fe. Ciertamente, no es fácil decir hasta qué profundidades afecta a la sociedad española en el momento en que la Inquisición ve, estupefacta, sus progresos. Pero el movimiento presenta curiosas características sociales que vale la pena señalar.

II

La más palpable de todas es el papel capital que en él desempeñan algunas mujeres. Éstas, por otra parte, complican singularmente el estudio del movimiento, pues constituyen centros de atracción más o menos riva-

---

[46] *Ibid.*, prop. 22.
[47] Osuna, *op. cit.*, pág. 478 b.
[48] Melchor Cano. Cf. Fermín Caballero, *op. cit.*, pág. 614.
[49] Citada en la Introducción de Juan de Valdés, *Diálogo de doctrina cristiana*, Coimbra, 1925, págs. 37-38.
[50] Cf. *supra*, pág. 69, nota 25.

les. Como la Beata de Piedrahita hacia 1509, estas mujeres tienen fama
de estar alumbradas por el Espíritu Santo; si no tienen éxtasis como aquélla, todos admiran la profundidad con que comentan la Escritura sin saber
latín ni teología; estas "siervas de Dios" llevan a cabo verdaderas curaciones espirituales, cuyo secreto parece residir en la sencillez familiar con
que enseñan el amor de Dios. Algunas de ellas causan también su poco
de escándalo por la atracción que ejercen entre todo un mundillo de eclesiásticos y religiosos.[1] En Salamanca, hacia 1519, y en Valladolid, varios
años después, la habitación de la beata Francisca Hernández es asiduamente frecuentada por clérigos mozos, en particular por Bernardino Tovar,
hermano del Doctor Juan de Vergara, por el franciscano Fray Gil López
y por el Bachiller Antonio de Medrano.[2] Pero aquí no se trata ya de
visitas como las que recibía la Beata de Piedrahita, la cual acogía a los
espirituales que llegaban de todas partes para consultarla (recordemos a
Fray Melchor): Sor María besaba a todos sus visitantes con la mayor sencillez del mundo, sin recatarse; Francisca tiene sus familiares, y admite a
Medrano a una intimidad muy vecina del concubinato. Se les denuncia
a la Inquisición en 1519, y se les condena a vivir separados.[3] Pero a Francisca Hernández, ya lo hemos visto, la consideran "sus devotos" demasiado
perfecta para que puedan dañarle tamañas libertades.

Francisca viene entonces a residir en Valladolid, durante un año y
medio, en casa del Licenciado Bernardino, y después en la de Pedro Cazalla. Medrano no respeta la sentencia que lo obliga a vivir a cinco leguas
cuando menos de la ciudad en que vive Francisca. Se abstiene de conversar con ella, pero le dice la misa, y ella cocina para él. Un día que el
Obispo Cazalla se encuentra invitado a almorzar en casa del Licenciado
Bernardino en compañía de Francisca, el propio Tovar, Villarreal y Cueto, Medrano se acerca a la puerta de la sala y dice al Obispo: "Hágamela
comer Vuestra Reverendísima a mi hija." Esto da ocasión a ciertos sarcasmos sobre las censuras y excomuniones eclesiásticas. El que se burla de
ellas con mayor desenfado es Tovar.[4]

El mismo Bernardino Tovar es muy adicto a Francisca. El Doctor
Vergara, al partir a Flandes en 1520, había intentado en vano separarlo
de ella. A su regreso, en 1522, lo encuentra instalado en una aldea de
los alrededores de Valladolid, donde lo tiene cogido la hechicera. Esta
vez logra llevarse consigo a su hermano a Alcalá.[5] La ruptura no es toda-

---

[1] Sobre las beatas y sus "devotos", fenómeno que perdura en el siglo XVII, véase
Covarrubias, *Tesoro de la lengua castellana*, s. v. DEVOTO: "Devotos de las beatas y monia-
les, los que acuden a consolarlas y animarlas con pláticas espirituales: esto se devió usar
con más pureza y santidad en la primitiva Iglesia de lo que agora se usa."

[2] Sobre Medrano, véase Ángela Selke de Sánchez, *El caso del bachiller Antonio de
Medrano, iluminado epicúreo del siglo xvi*, en *B. H.*, t. LVIII (1956), págs. 393-420.

[3] Cf. Serrano y Sanz, *Francisca Hernández y el Bachiller Antonio de Medrano. Sus
procesos por la Inquisición (1519 a 1532)*, *Bol. Ac. Hist.*, t. XLI, págs. 105 ss. Sobre la Beata
de Piedrahita, cf. Llorca, *op. cit.*, pág. 126, nº 41.

[4] *Proceso de Juan de Vergara*, fol. 66 rº.

[5] M. Serrano y Sanz, *Juan de Vergara y la Inquisición de Toledo*, en *R. A. B. M.*,
t. VI (1902), pág. 477.

vía desunión. Desde lejos, Tovar le envía sus recuerdos haciendo que vayan a verla sacerdotes que son amigos o discípulos suyos: Villafaña y Olivares, de Pastrana; Santo Domingo y Gumiel, de Toledo. Pero se va apartando cada vez más de Francisca.[6] Ésta, en 1523, ha encontrado, por otra parte, un nuevo "devoto" de especie más fervorosa y más fiel en la persona de Ortiz, que arrostrará la persecución por ella.

La acción de Isabel de la Cruz es menos amplia y también menos turbia, pero quizá más profunda. Religiosa de la tercera orden franciscana, vive en Guadalajara, su ciudad natal, en la parroquia de Santo Tomás, y enseña a bordar a las hijas de los principales.[7] En 1519, Isabel es denunciada en compañía de Pedro Ruiz de Alcaraz, que por cierto se confiesa a grandes voces discípulo suyo en materia espiritual. Pero la maledicente Mari Núñez —Mala Núñez, como la llamaba el provincial de los franciscanos— la acusa de herejía, no precisamente de libertad de costumbres. Ella es también quien enseña el "dejamiento" a Fray Diego de Barreda, maestro de los alumbrados de Pastrana.[8] A través de Alcaraz y de los Cazalla, Isabel es la principal inspiradora de los "dejados" de Castilla la Nueva. Su proceso, desgraciadamente, se ha perdido, y carecemos de detalles sobre su influencia.

Mejor informados estamos acerca de María Cazalla, gran admiradora de Isabel,[9] que hace a su lado, y luego como sucesora de ella, un papel bastante influyente en la vida religiosa de Guadalajara y de los alrededores. Hermana del obispo Fr. Juan de Cazalla, antiguo capellán de Cisneros, María está casada con un importante burgués de la ciudad, Lope de Rueda; es madre de varios hijos. Atormentada por un gran deseo de perfección, sigue durante cierto tiempo la inspiración de la beata Mari Núñez, que vive en casa de ella, y que le aconseja huir de los deleites carnales en el matrimonio; su vida conyugal pasa entonces por días bastante tormentosos. Después aprende a respetar mejor la voluntad de Dios y llega a considerar el acto del matrimonio sin escrúpulo alguno, como un acto en que se halla más cerca de Dios que si estuviera en la oración más elevada del mundo.[10]

María Cazalla ejerce, en compañía de su hermano el Obispo, un verdadero apostolado por la predicación íntima. La encontramos a su lado en Pastrana en 1522, en los momentos en que el evangelio del dejamiento se difunde por estos lugares. Huésped de la viuda Cereceda, hace de su aposento un lugar de reuniones piadosas en que las damas aprenden la verdadera manera de servir a Dios. Una de las oyentes resume así un sermoncito que alguna vez le oyó: "Bien creo yo, hermanas, que todas vosotras querríais ir al paraíso; pues bien, amad a Dios y guardad sus man-

---

6 *Proceso de Juan de Vergara*, fols. 61 v° y 62 v°.

7 Serrano y Sanz, *Pedro Ruiz de Alcaraz*, art. cit., págs. 9-10.

8 *Ibid.*, pág. 8.

9 Melgares Marín, *Procedimientos de la Inquisición*, t. II, págs. 10 (donde se dice que Pedro Ruiz de Alcaraz y María Cazalla concedían a Isabel "mayor autoridad que a San Pablo y que a todos los santos") y 110 (María confía sus hijas a Isabel).

10 *Ibid.*, págs. 11 y 133-134.

damientos." Después de lo cual, María toma un libro escrito en romance y lee una epístola de San Pablo.[11] De vuelta en Guadalajara, difunde la buena palabra en los palacios de la aristocracia y hace sentir su atractivo hasta entre los clérigos de Alcalá: Tovar se hace uno de sus "devotos", como antes lo había sido de Francisca Hernández.[12]

Al lado de esta importancia del elemento femenino, cabe señalar en el movimiento iluminista contactos múltiples con las órdenes mendicantes, y en particular con el franciscanismo reformado. La Beata de Piedrahita, que pertenecía a la orden tercera de Santo Domingo, atraía ya, según se ha visto, a los franciscanos. Isabel de la Cruz es tercera de San Francisco. Franciscanos son Fr. Francisco Ortiz y el obispo Fr. Juan de Cazalla. Franciscano Osuna, maestro del recogimiento. Ya hemos visto el papel desempeñado en Pastrana por ciertos franciscanos del monasterio de Cifuentes; y cuando el "dejamiento" invade la región de Escalona, el terreno ha sido abonado previamente por dos alumbrados franciscanos, Fr. Francisco de Ocaña y el guardián del monasterio, Fr. Juan de Olmillos, cuyos éxtasis, sermones y atrevimientos proféticos arman gran revuelo.[13] Ciertamente, lo que faltó fue que el iluminismo estuviera patrocinado oficialmente por los superiores de la Orden. El capítulo provincial celebrado en 1524 en el monasterio toledano de San Juan de los Reyes se espanta de los progresos de esta herejía contra la cual la Inquisición ha comenzado a enderezar sus persecuciones; el padre general, Fr. Francisco de Quiñones, da orden de tratar sin misericordia estas iluminaciones imaginarias con las tinieblas del calabozo. El provincial Fr. Andrés de Écija se traslada a Escalona y fuerza a Fr. Juan de Olmillos a renunciar a sus éxtasis públicos. Encarcela a Isabel de la Cruz y manda que le quiten el hábito de tercera.[14] Ortiz, por permanecer fiel a la sospechosísima Francisca, se ve abrumado de humillaciones y de persecuciones por sus superiores. A pesar de todo, es incontestable que la reforma franciscana, por su afán mismo de crear núcleos de vida espiritual, ha preparado el terreno para una fermentación mística como el iluminismo. Cuando Mari Núñez calumnia a Isabel de la Cruz, un franciscano le demuestra su indignación diciéndole que toda la orden de San Francisco tomará la defensa de Isabel.[15] Semejantes palabras tienen, cuando menos, valor de indicio.

No menos notable es la participación de los "cristianos nuevos" en el movimiento iluminista. Ya hemos dejado entrever la importancia de este elemento en la vida religiosa de España al hablar de Fr. Melchor y de Fr. Juan de Cazalla. Ahora vemos cómo este último difunde el evangelio iluminista con la colaboración de su hermana María. El hermano de ambos, Pedro, casado con Leonor de Vibero, y que ocupa lugar prominente

---

[11] Probablemente en las *Epístolas y Evangelios* (cf. *supra*, págs. 45-46). Melgares Marín, *op. cit.*, t. II, págs. 6-8.

[12] *Ibid.*, págs. 28 y 18.

[13] Serrano y Sanz, *Pedro Ruiz de Alcaraz, art. cit.*, págs. 4-6.

[14] Wadding, *Annales Minorum*, t. XVI, págs. 189 y 206; P. Michel Ange, *art. cit.*, *R. A. B. M.*, t. XXIX (1913), pág. 203, nota 1.

[15] P. Michel Ange, *loc. cit.*, pág. 201, nota 1.

entre la burguesía de Valladolid por el elevado cargo que tiene de funcionario de la real hacienda, da a Francisca Hernández hospitalidad permanente.[16] Los Ortiz son también conversos, naturales de Toledo. Fr. Francisco, hijo de Sancho Ortiz y de Inés Yáñez, es, lo mismo que los Cazalla, de origen judío por el lado paterno y por el lado materno.[17] Otros Ortiz, igualmente de Toledo e igualmente "confesos", están mezclados en el movimiento iluminista: el Maestro Gutierre Ortiz, miembro del Colegio, y el Licenciado Miguel Ortiz, cura de la capilla de San Pedro, asisten a las lecciones de griego del alumbrado Juan del Castillo, y se sabe que Juan López de Celaín habla con este Castillo y con los dos Ortiz para tratar de convertirlos en "apóstoles".[18] Beteta, amigo de ellos y sacerdote de Toledo, perseguido por iluminismo, "de todos cuatro costados viene de confesos".[19] Su padre es un joyero originario de Cuenca. Bernardino Tovar y los Vergara son también de ascendencia judía,[20] cuando menos en parte. A Isabel de la Cruz se la considera como conversa.[21] Alcaraz, hijo de un panadero de Guadalajara, procede de una familia de conversos.[22]

No es ciertamente mera casualidad el que todos los alumbrados cuyos orígenes familiares nos son conocidos pertenezcan a familias de cristianos nuevos.[23] El erasmista Juan Maldonado, aludiendo varios años después

16 Bochmer, *op. cit.*, pág. 7.

17 *Ibid.*, pág. 87.

18 *Proceso de Luis de Beteta*, fols. 36 v°, 37 r°, 63 v° y 65 v°. Sobre los apóstoles de Medina de Rioseco, cf. *infra*, págs. 183-184.

19 *Ibid.*, fol. 35 r°.

20 Durante el proceso de Vergara, en 1533, los Inquisidores le ahorraron el interrogatorio sobre su genealogía. En consecuencia, su proceso no nos instruye acerca de este punto. Schott (*Hispaniae Bibliotheca*, Frankfurt, 1608, pág. 552) dice que Vergara era oriundo de una familia güelfa de Cortona a quien los gibelinos obligaron a desterrarse. El abuelo de Juan se había establecido en la ciudad mercantil de Medina del Campo. Su padre se instaló en Toledo, donde contrajo matrimonio. Tal vez los hermanos Vergara sean cristianos nuevos sólo por el lado materno. Pero en 1547, en la época del gran debate sobre el *Estatuto de limpieza de sangre*, los defensores del estatuto declaran categóricamente: "Item el Dr. Vergara, uno de los que contradijeron el dicho estatuto, canónigo desta Santa Iglesia, es *confeso descendiente de judíos.*" (B. N. M., Ms. 11207, fols. 251-258.)

21 Serrano y Sanz, *Pedro Ruiz de Alcaraz*, art. cit., págs. 9-10.

22 *Ibid.*, págs. 5-6.

23 Juan López de Celaín parece haber sido cristiano viejo (cf. *infra*, pág. 436, nota 8). En cuanto a Juan del Castillo, cuyo papel fue también importantísimo, se puede observar, como un indicio, que el apellido Castillo aparece entre los mercaderes de Burgos y de Amberes, ciudades abundantes en marranos (cf. *Proceso de Juan de Vergara*, fol. 62 r°; J. A. Goris, *Étude sur les colonies marchandes méridionales d'Anvers de 1488 à 1567*, Louvain, 1925, págs. 612 y 614). Cabe preguntar si había muchas familias de la burguesía española que estuviesen exentas de sangre judía. Los Valdés, de Cuenca, cuya genealogía en línea materna tampoco es conocida, son infamados por Baldassare Castiglione por ser de ascendencia judía. Bien es verdad que esto lo hace en una violenta polémica (*Riposta* a Alfonso de Valdés, citada por Menéndez y Pelayo, *Juan Boscán*, t. XIII de la *Antología de poetas líricos castellanos*, Madrid, 1927, pág. 88). Por otra parte, era muy frecuente —según observa E. Asensio, *El erasmismo...*, art. cit., pág. 69, nota 1— que los italianos tacharan de "marranos" a todos los españoles. Cf. *supra*, pág. 60. Asensio juzga, pues, deleznable el argumento en que se funda la sospecha de que los Valdés fuesen cristianos nuevos, y dice que pertenecían casi seguramente a los cristianos

a este movimiento, registra el rumor general de que los alumbrados del reino de Toledo son conversos en su mayor parte.[24] El hecho se explica probablemente por razones múltiples. Desarraigados del judaísmo, estos hombres constituyen en el seno del cristianismo un elemento mal asimilado, un fermento de inquietud religiosa. Se ha podido decir, a propósito de la metafísica de Spinoza y de Uriel da Costa, que la misión del "marrano" es buscar a Dios.[25] Esta consideración es válida también, sin duda, para los alumbrados del reino de Toledo. Pero es preciso tal vez tener en cuenta la situación social de estos conversos. Son familias que a menudo se han especializado en el manejo del dinero, y que constituyen el elemento más activo de la burguesía española. Ya sea a causa de su inclinación más ardiente a las ocupaciones intelectuales, ya a causa de su poderío económico, ellas proporcionan al clero, según parece, un contingente desproporcionado con su importancia numérica en el seno de la sociedad española. Y en todos los países, la revolución religiosa encuentra sus servidores más influyentes precisamente en la burguesía y en la porción más escogida del clero. Los cristianos nuevos de España aspiran tanto más ardientemente a la libertad religiosa cuanto que se sienten amenazados en sus personas y más todavía en sus haciendas por la Inquisición, en la cual ven ante todo una máquina montada para hacer presión sobre ellos. Un día que Pedro Cazalla ha sido convocado por los Inquisidores, los cuales andan viendo cómo despojarlo de su oficio de pagador de la gente de guerra, se encierra en una habitación en compañía de su mujer y de Francisca Hernández para gritar su cólera contra la Inquisición, contra el Emperador y la Emperatriz que la sostienen, contra la reina Isabel que la dejó como funesto don a España, y contra todos los andrajosos que viven de ella.[26]

inmemoriales. —En todo caso, nosotros no pretendemos demostrar aquí que *todos* los alumbrados hayan sido confesos, sino sólo mostrar que muchos lo fueron.

24 Ioannis Maldonati *Quaedam opuscula*, Burgos, 1541, fol. e 1 r⁰. El pasaje se cita íntegramente en Juan de Valdés, *Diálogo de doctrina cristiana*, Coimbra, 1925, págs. 41-42. Pertenece al tratado *De foelicitate christiana*, escrito en 1534. "Fertur eorum plaerosque Tyrones ac Proselytos fuisse", dice Maldonado. (En las ediciones anteriores, daba yo como "afirmación categórica" de Maldonado lo que no es sino un rumor registrado por él; me lo reprochó con toda razón E. Asensio, *art. cit.*, pág. 67, nota 2.)

25 Carolina Michaëlis de Vasconcelos, *Uriel da Costa*, en *Lusitania*, t. I, 1924, pág. 11 (la autora del artículo comenta la introducción de Carl Gebhart a las *Schriften des Uriel da Costa*, Curis Societatis Spinozanae, 1922).

26 Esta escena tan curiosa es referida por Mari Ramírez, criada de Francisca, en una declaración del 22 de septiembre de 1530 que se nos conserva en el *Proceso de Beteta*, fol. 20 v⁰: "Llamó a su mujer a un aposento en que estava la dicha Francisca Hernández a una sala aparte para que los de su casa no le oyesen e allí dixo a la dicha su mujer que no teníamos Rey sino un bobo, e que el diablo avía traydo a la Emperatriz a Castilla, que era una bívora como su abuela la qual avía traydo esta mala ventura de Inquisición a Castilla e que ella la sustentava. Que pluguiese a Dios que viniese de Francia guerras o que duraran las Comunidades para que destruiran la Inquisición, que los tenía echado a perder a todos e que, si no obiera hecho aquella casa en Valladolid, que se fuera a bivir a Portugal, que los [aquí falta una palabra] sustentavan la Inquisición, que todos los que en ella entendían eran unos handrajosos..." "Quando le llamaron los Inquisidores, escondieron toda la plata e lo mejor de su hazienda e se servían con plata de barro; ...de allí adelante siempre lo tenían escondido." En la misma de-

Se apresura a esconder su vajilla de plata por precaución. Sin embargo, no se denuncia a Pedro como judaizante. Este hombre rico, poco inclinado a la limosna, enemigo de las indulgencias y de todo cuanto sirve para sacar dinero, era un alumbrado a su modo. Sabía que "entre él y Dios no había más de un hilo".

Por último, faltaría en este bosquejo del iluminismo un rasgo esencial si dejáramos de señalar su influencia en ciertos aristócratas (y de la más alta nobleza española). Los conversos no son quizá ajenos a ello. Cuando se estudian sus genealogías en los procesos de Inquisición, se queda uno asombrado de ver a tantos miembros de esas familias marranas al servicio de los grandes, especialmente en calidad de administradores, mayordomos o secretarios. Es como una simbiosis que une a los manejadores hereditarios del dinero y a los detentadores hereditarios de la fortuna territorial. De los tíos maternos de Cazalla, tres están al servicio del Conde de Palma, uno de ellos como contador y otro como mayordomo.[27] El padre de Fr. Francisco Ortiz es mayordomo del embajador Rojas, y su hermano mayor, secretario del Almirante de Castilla D. Fadrique Enríquez.[28] Alcaraz es, de 1519 a 1523, contador del Marqués de Priego.

El caso de Alcaraz es particularmente notable, pues llega a gozar de grandísimo ascendiente sobre el anciano Marqués de Villena, D. Diego López Pacheco, quien lo admite en 1523 como criado en su palacio ducal de Escalona. Pero los servicios que Don Diego reconoce son de orden espiritual, y por ellos asigna a Alcaraz un salario anual de 35 000 maravedís.[29] Las predicaciones laicas de este criado del Marqués de Villena tienen por fieles oyentes al propio marqués y a la marquesa, a su capellán Sebastián Gutiérrez, a las dueñas de la marquesa, a ciertos pajes, como Marquina[30] y Juan de Valdés, hermano mellizo del secretario de la Cancillería Imperial, y a gente principal de la ciudad, como el gobernador Antonio de Baeza.[31]

Pero no es Escalona la única ciudad de Castilla en que el palacio de un gran señor se muestra hospitalario con el iluminismo. Éste florece también en Guadalajara, a la sombra de la mansión poco menos que real

posición es donde Mari Ramírez denuncia las ideas religiosas de Pedro Cazalla: éste se alababa de no confesar sus malos pensamientos, diciendo que para eso le bastaba con una confesión general. "No avía menester más de mirar arriba, que entre él y Dios no avía más de un hilo... Lo dezía él por tenerse por muy justo..." También decía Cazalla "que no era menester dar limosna, que la voluntad sola Dios recibía, que no el dinero... Los perdones... indulgencias... no era sino para sacar dineros."

27 Melgares Marín, *Procedimientos de la Inquisición*, t. II, pág. 33. La *Crónica* burlesca de Francesillo de Zúñiga (*B. A. E.*, t. XXXVI, pág. 33 a) alude a un Cazalla "oficial de contadores por el Duque de Béjar".

28 Boehmer, *art. cit.*, pág. 87.

29 Serrano y Sanz, *Pedro Ruiz de Alcaraz, art. cit.*, pág. 6.

30 ¿No será este Marquina el mismo que unos quince años más tarde se encuentra en la embajada imperial de Roma y sirve de intermediario a San Ignacio para la correspondencia de la naciente Compañía de Jesús con España, el mismo que, ya canónigo de Cuenca, en 1561, edifica en esta ciudad el Colegio de los Jesuitas? (*Monum. Hist. S. J., Epistolae mixtae*, t. I, pág. 388, y *Epistolae P. Nadal*, t. I, *passim*).

31 Serrano y Sanz, *Pedro Ruiz de Alcaraz, art. cit.*, pág. 7.

de los Mendoza, Duques del Infantado.[32] María Cazalla va a conversar a menudo con la duquesa y entra en otros palacios de la aristocracia local.[33] El tercer duque, poco antes de morir, había admitido en su casa a Petronila de Lucena, hermana de Juan del Castillo e impregnada por éste de piedad alumbrada.[34] Ese gran señor deja recuerdo de hombre accesible a las ideas de Lutero sobre la salvación.[35] Entre el personal de su capilla, Isabel de la Cruz, maestra de los alumbrados de Guadalajara, cuenta con varios discípulos.[36]

El Almirante de Castilla, Don Fadrique Enríquez, que ocupa tan prominente lugar en la sociedad española de la época como hombre de Estado y como protector de las letras,[37] no queda menos seducido que su cuñado el Marqués de Villena por la piedad interior de los alumbrados. En 1525 llama a Medina de Rioseco al sacerdote Juan López de Celaín y concibe junto con él un plan de evangelización de sus estados.[38] Encar-

[32] Cf. Francisco Layna Serrano, *Historia de Guadalajara y sus Mendozas en los siglos xv y xvi*, Madrid (C. S. I. C.), 1942-43, aunque en las 2 000 páginas de esta voluminosísima obra, en tres tomos, no se estudia muy a fondo la significación cultural de los Mendozas de Guadalajara.

[33] Melgares Marín, *Procedimientos*, t. II, pág. 28.

[34] Véase John E. Longhurst, *The "alumbrados" of Toledo: Juan del Castillo and the Lucenas*, en *Archiv für Reformationsgeschichte*, t. XLV (1954), págs. 233-253.

[35] Véase en el *Proceso de Petronila de Lucena*, fol. 11, el extracto de una deposición de Diego Hernández (4 de abril de 1532): "Después la llevaron al Duque del Infantadgo defuncto que envió por ella para su Maldonada, y dende a ocho días que ella fue fallesció. E fue su hermano Lucena e un licenciado su pariente y otros por ella quando supieron la muerte del Duque y entonces me dixo Lucena en Santiago que era el Duque gentil e que creía que estaba en lo de la salvación general con lo de Luctero e que no desconformava en sentirlo, y no sé si me dixo que su hermana era mujer de grand marco e que si el Duque viviera que hablara con ella, que privara mucho con él porque le diera de sentir grand cosa." Sobre el casamiento tardío del tercer Duque del Infantado D. Diego Hurtado de Mendoza (1461-1531) con la Maldonada, véanse las curiosas noticias de Serrano y Sanz, *El Licenciado Juan de Cervantes y D. Íñigo López de Mendoza, cuarto Duque del Infantado*, en el *Bol. Ac. Esp.* t. XIII (1926), pág. 18.

[36] Cf. *Proceso de Rodrigo de Bivar* "cantor del Duque del Infantado", sobre todo fol. 4 vº, declaración de Alonso del Castillo, capellán del Duque (1º de marzo de 1525).

[37] Cf. Menéndez y Pelayo, *Antología*, t. XIII: *Boscán*, Madrid, 1927, pág. 251.

[38] Acerca de este episodio del iluminismo la fuente más completa es el *Proceso de Beteta*. La deposición de Juan del Castillo que aquí se encuentra reproducida es del 11 de enero de 1535, y en ella se lee "que no se acuerda bien del tiempo, syno que cree que abía ocho o nueve años" (fol. 26 vº). Al declarar sobre los mismos hechos Francisca Hernández, en julio y octubre de 1530, había dicho que se remontaban a unos cinco años atrás. Las declaraciones de Francisca se reproducen también en el *Proceso de Juan de Vergara*, doc. cit. (véase en particular el fol. 67 rº). En su curioso librito, *El Padre Mir e Ignacio de Loyola*, Madrid, 1913, pág. 195, Pey Ordeix publica un texto importantísimo cuyo original no he podido hallar, pero que debe encontrarse en alguno de los procesos inquisitoriales examinados por él. Es un fragmento de una carta escrita por Juan López de Celaín al Almirante (Toledo, 30 de julio de 1525): "Por esto, si V. S. quisiera tomar la vandera de Dios y en ella seguir con la gracia y fuerzas que ese mismo Dios le diere, seré yo el trompeta y el pífaro, y aunque por mi maldad arto astroso: y así todos los llamados acudirán a la bandera y desta manera podrá V. S. ser principio de la reformación de la verdadera christiandad. Y si a V. S. le sirviese a Nuestro Señor por su bondad a emplear lo que le resta de su vida en esto y a mí me quisiera hazer merced de llamarme para que le syrva siquiera de estropajo, de solo V. S.

gado de reclutar algunos clérigos a quienes el Marqués pagará un salario de 20 000 maravedís anuales, López recluta efectivamente a varios en Toledo y Alcalá. El Maestro Juan del Castillo lo sigue a Medina de Rioseco. Entre los alumbrados atraídos al lado del Almirante por esta tentativa de apostolado figuran[39] Diego López de Husillos, Beteta, Villafaña, el impresor Miguel de Eguía, cierto canónigo de Palencia,[40] un joven dominico llamado Fr. Tomás de Guzmán,[41] ya conocido como predicador, y quizá un mercader de Burgos llamado Diego del Castillo.[42] Se indica asimismo que otras tres personas fueron sondeadas, a saber: Miguel y Gutierre Ortiz, toledanos, y Fr. Francisco Ortiz. El Almirante aloja durante algún tiempo a López de Celaín y a los hombres por él reclutados en una casa de campo que posee en los alrededores de Medina. En fin de cuentas no lleva a cabo su proyecto. Pero éste ha sido público y notorio; la opinión ha tenido tiempo de ocuparse de los "apóstoles" del Almirante.

Está averiguado que la difusión del evangelio iluminista fue alentada por el favor que le concedían algunos de los más poderosos señores de Castilla. Éstos, a su vez, se ven favorecidos con una inmunidad de hecho que los pone muy por encima de las persecuciones inquisitoriales. Se persigue y se condena a Alcaraz sin que en su proceso se implique para nada al Marqués de Villena, principal mecenas de su apostolado: la Inquisición no atenta contra la honra de éste sino de manera indirecta, decidiendo que su antiguo protegido aparezca sobre el cadalso en Escalona misma, igual que en las demás ciudades en que ha predicado, para ser azotado y oír la sentencia que lo condena a prisión perpetua.[43] El anciano Marqués morirá poco después de esta afrenta. En cuanto al Almirante,

está tal obra. Recibirá mi alma las mercedes que en toda su vida deseó y así lo ofrezco todo a Nuestro Señor para que aga en todo su santa voluntad." —Sobre el asunto de los "apóstoles del Almirante", véase ahora Ángela Selke de Sánchez, *Vida y muerte de Juan López de Celaín, alumbrado vizcaíno*, en *B. H.*, t. LXII (1960), págs. 136-162.

[39] *Proceso de Beteta*, fols. 26 v⁰ ss. y 37 r⁰ ss.; *Proceso de Vergara*, fols. 62 r⁰ y 67 r⁰.

[40] El nombre de este canónigo parece ser Pero Hernández según las declaraciones de Francisca (*Proceso de Vergara*, fol. 62 r⁰).

[41] Castillo lo designa (*Proceso de Beteta*, fol. 27 v⁰) como "mancevo, muy gentil pedricador". Varios años después se le confiaría la cátedra de Sentencias (primer año) en el Colegio de San Gregorio de Valladolid (véanse las actas del Capítulo general de Roma, 1530, en el t. IX de los *Monumenta Ordinis... Fratrum Praedicatorum Historica. —Acta capitulorum generalium O. P.*, t. IV, Roma, 1901, pág. 237). Sermones suyos se encontrarán en 1559 entre los papeles del Arzobispo Carranza confiscados por el Santo Oficio (Menéndez y Pelayo, *Heterodoxos, ed. cit.*, t. V, pág. 60, nota). Sobre su papel como primer prior del monasterio de Ocaña, fundado en pobreza por los dominicos (1529), cf. P. V. Beltrán de Heredia, *Historia de la Reforma, op. cit.*, págs. 166-167. Hay referencias elogiosas a su carácter en las cartas del Comendador mayor de Castilla Don Juan de Zúñiga y de Doña Estefanía de Requeséns su esposa a la Condesa de Palamós (José M. March, S. J., *Niñez y juventud de Felipe II*, t. II, Madrid, 1942, págs. 138, 142, 231 y 238).

[42] Francisca Hernández declara categóricamente que también él quería ser apóstol. Estaba, dice, muy unido con Tovar, Juan López y Diego López, y proporcionó a este último una mula y dineros "para yr y venir con estos mensages a Tovar" (*Proceso de Vergara*, fol. 62 r⁰). Sobre las relaciones de este comerciante con Tovar y Vergara, cf. *infra*, págs. 438-439, nota 6.

[43] Serrano y Sanz, *Pedro Ruiz de Alcaraz, art. cit.*, pág. 128.

sobrevive unos diez años a su cuñado, y no se ve que sus simpatías por los alumbrados se hayan enfriado por la muerte de López de Celaín en la hoguera. En sus últimos años, recibe la visita de Isabel de la Cruz, condenada más tarde a cárcel perpetua, y procura atraer a su palacio a Fr. Francisco Ortiz, que prolonga voluntariamente su retiro en el monasterio de Tordelaguna después de haber purgado en él su pena de reclusión.[44]

El iluminismo, hacia 1525, según lo que acabamos de ver, podrá ser cualquier cosa, menos una aberración espiritual o una doctrina esotérica para uso de unos pocos círculos de iniciados. Es un movimiento complejo y bastante vigoroso, análogo a los movimientos de renovación religiosa que se producen en todas partes, y no sólo en Alemania. Maldonado, en el mismo pasaje en que habla del papel de los cristianos nuevos en el iluminismo, deja escapar la hipótesis de que fue una "chispa luterana" que habría causado "un gran incendio" si no hubiera sido apagada rápidamente por los Inquisidores. Es preciso entender este luteranismo en sentido muy lato. La solidaridad del iluminismo con la revolución religiosa europea es algo que no deja lugar a la más pequeña duda. Pero su parentesco está, sobre todo, en sus orígenes comunes.

Tanto el iluminismo como la revolución religiosa tienen sus raíces en la *devotio moderna* de la última Edad Media; el iluminismo continúa la espiritualidad que floreció bajo el patrocinio de Cisneros. Una beata tercera como Isabel de la Cruz, un seglar como Alcaraz, se alimentan de literatura mística como un Fr. Francisco de Osuna. Alcaraz conoce a San Jerónimo, a San Agustín y a San Juan Clímaco, a San Bernardo y a San Buenaventura, a Santa Ángela de Foligno y a Santa Catalina de Siena; conoce a Gersón, lo cual no quiere decir únicamente que haya leído la *Imitación,* atribuida por lo común en esa época al doctor parisiense, pues el *De probatione spirituum,* tratado clásico por entonces entre los espirituales, fue traducido al español por un discípulo de Alcaraz, seglar como él, el gobernador de la plaza de Escalona, Antonio de Baeza.[45] Así, pues, el iluminismo es heredero de toda una tradición de interioridad, y ésta constituye buena parte de su riqueza positiva.

Por lo demás, en su oposición a las devociones puramente exteriores, en su propaganda por un cristianismo más digno de Cristo, lo sostiene, indiscutiblemente, la espera de una gran reforma de la Iglesia. El estado de espíritu mesiánico que ya hemos visto manifestarse en 1512 resurge hacia 1523 entre ciertos franciscanos de Escalona: Fr. Francisco de Ocaña, en su ansia de reforma, llega a decir que los que gobiernan la Iglesia

---

44 *Proceso de Beteta,* Toledo, 13 de noviembre de 1538. Examinación de Isabel de la Cruz reconciliada: "Quando estuvo aquí la Corte la otra vez avrá cinco años poco más o menos, yendo esta testigo a casa del Almirante e estando esperándole en una sala suya pasó por la dicha sala el dicho Veteta e dixo a esta testigo: qué hazéis aquí señora? e esta testigo le dixo que yva a negociar con el señor Almirante." — *Epístolas familiares* de Fr. Francisco Ortiz, en *Epistolario español* de Ochoa (B. A. E., t. XIII), págs. 265 b-269 b. Las cartas son de diciembre de 1535.

45 Serrano y Sanz, *Pedro Ruiz de Alcaraz,* art. cit., págs. 9-10. Sobre las lecturas de Alcaraz, cf. P. Michel Ange, *La vie franciscaine...,* art. cit., R. A. B. M., t. XXIX (1913), pág. 25, nota.

deben ser arrojados "como puercos". Profetiza la victoria de Carlos V, la caída de Francisco I, y ya se ve investido, junto con el guardián Fr. Juan de Olmillos, de una alta misión reformadora: el piadoso Marqués de Villena irá a sentar a uno de los dos en la silla de San Pedro. ¡Francisca Hernández, la gran inspirada, presidirá la revisión de la Biblia! ¿Delirios de enfermos? Sin duda; pero que expresan las inquietudes de la época.[46]

A veces, esta inquietud se traduce en elogios a Lutero. Francisca Hernández declara haber oído a Tovar darle plenamente la razón a Lutero en la cuestión de las indulgencias;[47] Juan y Diego López, según ella, consideran a Lutero como un gran siervo de Dios, y sus "escrituras" como "muy santas y católicas y buenas"; Francisca cree haber oído que querían marcharse de España para estar con Lutero.[48] Es posible que haya habido en este mundillo de alumbrados uno o dos luteranos decididos, capaces de proclamarse tales hasta el martirio: Juan López de Celaín es, entre los alumbrados de la época, uno de los poquísimos a quienes la Inquisición condenó a la hoguera.[49] Parece que, en la mayor parte de ellos, el elogio de Lutero era algo así como una manera atrevida de proclamar la necesidad de reforma, y que no conocían al reformador sino de oídas, pues sus escritos les eran prácticamente desconocidos.[50]

Por el contrario, desde 1523 se distingue en el iluminismo español una influencia apreciable de los libros de Erasmo. La influencia no pasa todavía más allá de los medios letrados, puesto que esos libros, con excepción de sólo dos, no están traducidos en lengua vulgar: así, la influencia no se observa en un autodidacto como Alcaraz, pero en cambio es ya muy clara en el Obispo Cazalla, franciscano teñido de humanismo, que consulta al Doctor Juan de Vergara sobre la antigüedad de la lengua griega, y que está al corriente de las críticas lanzadas por Lefèvre d'Étaples a propósito de los tres matrimonios de Santa Ana y de la Magdalena única.[51] Cuando Cazalla predica a los alumbrados de Pastrana que no hay consejos en el Evangelio, sino sólo preceptos, uno de los oyentes, el Bachiller Olivares,[52] reconoce en eso, y no sin razón, el pensamiento del *Enchiridion*, según el cual las palabras del Sermón de la Montaña se dirigen a todo verdadero cristiano. Olivares recuerda, de las palabras del mismo

---

46 Serrano y Sanz, *art. cit.*, pág. 4.

47 Llorca, *op. cit.*, pág. 132.

48 *Proceso de Juan de Vergara*, fol. 62 r⁰.

49 Llorca, *op. cit.*, pág. 34, discute la cuestión de si para sofocar el iluminismo, en esta época, llegó a haber sentencias de muerte. Saca como conclusión que ninguno de los procesos conservados tiene semejante desenlace; sin embargo, subraya estas palabras clarísimas del proceso de Beteta: "después de presos y castigados y *relaxados algunos dellos*". Sobre López de Celaín, Alonso Garzón y Juan del Castillo, los tres condenados a la hoguera, véase *infra*, págs. 435-437 y 480.

50 En cuanto a Tovar, cf. la defensa de Juan de Vergara en su *Proceso*, fol. 259 r⁰. Véase *infra*, págs. 453-454.

51 Bonilla, *Clarorum Hispaniensium epistolae ineditae* (Separata de la *R. H.*, t. VIII), Paris, 1901, págs. 60-62. — Melgares Marín, *Procedimientos*, t. II, pág. 122. Cf., sobre un reflejo de estas mismas controversias en la conversación de Pedro Cazalla, el *Proceso de Vergara*, fol. 61 v⁰.

52 Boehmer, *op. cit.*, pág. 22.

predicador, esta otra proposición, tan erasmiana: lo que se venera en la Cruz no es un pedazo de madera, sino el Crucificado. Hacia el mismo tiempo, Fray Juan de Cazalla manifiesta públicamente su erasmismo defendiendo una de las obras más sospechosas de Erasmo. Fr. Francisco Ortiz había predicado en Alcalá un sermón en que exaltaba el estado de virginidad, y, aludiendo a las ironías de la *Moria* contra los frailes, había dicho que con esa sal se hervía la olla del infierno. Los erasmistas de Alcalá protestaron con indignación. Cazalla escribió a Ortiz una carta llena de reproches. Ortiz contestó reivindicando el derecho de criticar los excesos de Erasmo y de aprobar lo que tenía de bueno.[53]

La anécdota es instructiva porque demuestra que Fr. Francisco Ortiz, a pesar de sus invectivas contra la *Moria,* distaba mucho de ser un erasmófobo. No era hombre que se ofuscara por lo del *Monachatus non est pietas,* él que, en su defensa, se indignará contra las personas que no quieren que Francisca Hernández sea una santa simplemente porque no es religiosa, como si el estado monástico fuera la única vía de perfección.[54] Por otra parte, ya hemos visto que Fr. Francisco de Osuna se niega de modo semejante a establecer un lazo necesario entre el recogimiento y la vida claustral. Y, aunque es cierto que el *Tercer abecedario* no tiene muchos otros puntos de contacto con el pensamiento religioso de Erasmo, se puede distinguir en él, con todo, una reminiscencia posible del *De libero arbitrio* en un punto delicado como es la conciliación de la utilidad de las obras con la impotencia del hombre para salvarse por sus méritos.[55]

---

53 *Ibid.,* pág. 29. Los dos hombres tenían otro motivo de pleito: lo sabemos por el humanista Martín Laso de Oropesa, que, muchacho a la sazón de catorce o quince años, estaba al servicio del Obispo Cazalla. Este último había censurado severamente las relaciones de Ortiz con Francisca Hernández. Oropesa llevó personalmente a Ortiz la carta de Cazalla que consumó la ruptura (cf. *Proceso de María Cazalla,* fol. 132 rᵒ).

54 Boehmer, *op. cit.,* pág. 102.

55 *Tercer abecedario, ed. cit.,* pág. 539 b: "Lo que no pueden hacer muchos méritos hace el Espíritu Sancto... Por que no digas que obramos por demás, pues que solas nuestras obras no bastan para nos justificar, has de saber que las obras de virtud no justifican al hombre, mas aparéjanlo a la justificación de Dios que ha de recibir para ser salvo; porque *así como del sol viene lumbre y calor, así de Dios viene la justificación y gloria; empero para recibir la lumbre del sol menester es abrir los ojos,* y no por esto la recebimos, sino porque el sol la infunde; mas abriendo los ojos los aparejamos para la recebir, y así por el bien obrar nos aparejamos a ser justificados. *Si alguno estando al sol no quiere abrir los ojos, suya es la culpa si no ve,* y así será tuya si no te aparejas humilmente con buenas obras para ser justificado del sol de justicia, Cristo..." He ahí un pasaje que recuerda extrañamente las ingeniosas "parábolas" de Erasmo al final del *De libero arbitrio (Opera,* Leiden, 1706, t. IX, col. 1244 D): "Conabimur et parabolis exprimere quod dicimus. Oculus hominis quamvis sanus nihil videt in tenebris, excaecatus ne in luce quidem: *et tamen infusa luce, potest occludere qui sanos habet oculos,* potest et oculos avertere, ut desinat videre, quod videre poterat. Plus autem debet qui oculos habebat excaecatos vitio quopiam. Primum debet conditori, deinde medico. Ante peccatum utcunque sanus erat oculus, peccato vitiatur oculus. Quid hic sibi potest arrogare qui videt? *Est tamen quod sibi imputet, si prudens claudat aut avertat oculos...*" La coincidencia de idea y de expresión puede explicarse tanto por una influencia de Erasmo en Osuna como por la utilización de una fuente común a ambos, que podría ser Santo Tomás *(Summa contra gentiles,* libro III, cap. 159).

La espiritualidad iluminada está de acuerdo con Erasmo también en un punto capital: vuelve la espalda a la meditación de los sufrimientos del Crucificado. "Jesús —dice Erasmo en sus anotaciones del *Nuevo Testamento*—[56] ha querido que su muerte sea gloriosa y no lúgubre; no ha querido que la lloremos, sino que la adoremos, pues Él la eligió espontáneamente por la salvación del mundo entero. . ." "Si Cristo —dice en otro lugar— ha querido que nos aflijamos por su muerte a la manera del vulgo, ¿por qué, cuando iba cargando la cruz, reprendió a las hijas de Jerusalén?" Palabras que la Sorbona censurará muy pronto como impías, del mismo modo que la Inquisición reprueba la tendencia correspondiente entre los alumbrados.

Por lo demás, se descubre bastante bien la deuda de los alumbrados de España con el *Nuevo Testamento* de Erasmo y con sus *Paráfrasis*. La lectura y el comentario de la Sagrada Escritura tienen importancia central en la vida religiosa de los grupos de alumbrados, lo mismo que en la de las jóvenes comunidades luteranas. Urban Rieger, en 1522, habla de una señora de Augsburgo que diserta sobre la ley y el Evangelio según la Epístola a los Romanos mucho más doctamente que cualquiera de los teólogos profesionales de la vieja escuela. Y, a este propósito, alaba a Erasmo, que embocó la trompeta para despertar al mundo entero a la filosofía de Cristo. Margarita Peutinger, a quien alude probablemente Rieger en ese pasaje, leía los Evangelios en la traducción latina de Erasmo, ayudándose con la traducción usual en lengua vulgar.[57] María Cazalla, como ya hemos visto, se contenta con leer a las mujeres de Pastrana la traducción española de las Epístolas. Pero quienes apoyan sus predicaciones en el texto sagrado —como Juan López de Pastrana y el Obispo Cazalla [58]— difícilmente pueden desconocer los trabajos de Erasmo. El Obispo, después de predicar al pueblo de Pastrana dos sermones por día, el segundo de los cuales es una lectura comentada de la Biblia, se decide, ante el escándalo que provoca, a reemplazar esos sermones de la tarde por una reunión privada en la cual explica el texto griego del Nuevo Testamento:[59] lo que utiliza es probablemente el *Novum Instrumentum* de Erasmo. En términos generales, es posible sospechar una influencia erasmiana allí donde el griego hace su aparición junto con la piedad iluminista. Es lo que ocurre en Toledo, donde Juan del Castillo se instala en 1525, llevado desde Sevilla por su protector el Inquisidor General Manrique,[60] y da un cur-

---

[56] Lucas, cap. XXIII. En sus *Declarationes* en respuesta a las censuras de la Sorbona (*Opera*, Leiden, 1706, t. IX, cols. 825 F-826 B), Erasmo hablará expresamente contra las representaciones populares de los misterios de la Pasión, que arrancan lágrimas y sollozos a las mujeres, y contra los sermones o cuadros y estatuas que despliegan ante los sentidos los dolores de un Cristo espantosamente martirizado. La verdadera imitación de la Pasión, dice (col. 824 F), consiste en mortificar las pasiones que combaten contra el espíritu, y no en llorar por Cristo como por un objeto digno de lástima.

[57] Allen, t. V, Ep. 1253, líneas 24 *ss*.

[58] Boehmer, *op. cit.*, pág. 22.

[59] Serrano y Sanz, *Pedro Ruiz de Alcaraz, art. cit.*, pág. 16.

[60] La protección que Manrique daba a Castillo era bien conocida de los humanistas. Al dedicar Vives su *De pacificatione* al Inquisidor General en 1529, habla en estos tér-

so de griego; sus principales oyentes son sacerdotes, a dos de los cuales, por lo menos, se señala como discípulos de Francisca Hernández: uno de ellos es el cura de San Pedro, Miguel Ortiz; y el otro, el Licenciado Cristóbal Gumiel.[61]

Ahora bien, el erasmismo de los alumbrados de España tenía que acentuarse necesariamente en 1525 por causas análogas a las que impulsaron a Berquin, en esos días, a utilizar los libros de Erasmo. Las persecuciones lanzadas contra algunos de ellos, en particular Alcaraz, Isabel de la Cruz y Vedoya, habían puesto de manifiesto ciertas analogías entre la herejía

minos de su bondad para con los estudiosos: "Quam quum habent omnes compertam, tum nulli testari possunt melius quam qui quotidie experiuntur, Ludovicus Coronellus theologus, Joannes Martinus Poblatio medicus, Antonius Davalus et Joannes Castellus philosophi, et alii quos esset longum admodum connumerare." Coronel y Población son conocidos por otros lados. En cuanto a "Davalus", vuelve a ser mencionado por Vives al final de la dedicatoria de su *In pseudo-dialecticos* (1519). Mayáns (*Vivis vita*, pág. 74) lo identifica con cierto Antonio Rodríguez Dávalos que tradujo los *Dichos y hechos notables* de Alfonso V de Aragón según Eneas Silvio (Amberes, 1554). Es probablemente el "Bachiller Daval", miembro del Colegio Trilingüe de Alcalá, que será aprehendido por la Inquisición, como Juan del Castillo, en 1533 (cf. *infra*, pág. 479, nota 13). El *Proceso de Beteta* nos proporciona algunas indicaciones sobre la primera época de Castillo. Recibió las órdenes sacerdotales en Toledo, y aquí mismo obtuvo el grado de maestro en teología, "por rescripto". Quienes le dieron este grado fueron Coronel, el Maestro Gonzalo Gil y el Doctor Quintana (para este último, Beteta es menos categórico). A propósito de una discusión con Juan del Castillo sobre si un pecado mortal hace perder la fe (cf. *infra*, págs. 525-526), Beteta expresa la opinión de que su amigo Castillo no justificaba por su ciencia teológica el alto grado que se le había dado (fols. 36 vº y 38 rº-vº).

61 *Proceso de Beteta*, fol. 37 rº: "Quando vino el Sr. Arzobispo de Sevilla, Inquisidor General, a esta ciudad [sin duda en la primavera de 1525, cuando la Corte se traslada a Toledo],... vino con él el dicho Maestro Castillo, que fue quando traxeron aquí algunos de los niños que enseñaba en Sevilla el dicho Maestro Castillo e vino con ellos... dezía el dicho Mº Castillo cómo predicaba al Señor Arçobispo e le tenía buena voluntad." *Ibid.*, fol. 36 vº: "...le conosció este declarante al dicho Maestro Juan del Castillo leyendo griego en el collegio del Maestrescuela desta ciudad [se trata del colegio de Santa Catalina, núcleo de la futura Universidad, fundado en 1485 por el maestrescuela Francisco Álvarez de Toledo] e le oyó griego dél obra de tres meses, enseñando la gramática o principios de la lengua griega... fue quando estuvo el Emperador Nº Sº en esta cibdad la primera vez... Preguntado quién eran los oyentes que tenía de griego el dicho Mº Juan del Castillo dixo que el Licenciado Miguel Ortís cura que agora es de la capilla de San Pedro e el Licenciado Gumiel e el maestro Gutierre Ortís que está en el Colegio desta cibdad e es hermano de otro doctor Ortís de Alcalá e que de los otros oyentes no se acuerda, e quando oían griego estos que dicho tiene eran sacerdotes de misa." Medrano es el que, sometido a tortura en 1530 por la Inquisición de Toledo, confiesa que creía a Francisca "alumbrada por el Espíritu Santo" y designa como discípulos de esta mujer a Valderrama, Tovar, Diego de Villarreal, Muñoz, Cabrera, *Gumiel, el licenciado Ortiz cura de San Pedro*, Sayavedra y su hermano (cf. Serrano y Sanz, *Francisca Hernández y el Bachiller Antonio de Medrano*, *art. cit.*). Es interesante notar que Vergara utilizará, varios años después a Gumiel como intermediario para corromper a un escribano de la Inquisición de Toledo, y que Miguel Ortiz, cura de la capilla de San Pedro, será uno de los abogados de Vergara, perseguido a su vez, ante esta misma Inquisición (*Proceso de Vergara, doc. cit.*, fols. 251, 255 y 136 rº). Este "licenciado Ortiz de Toledo" aparece además entre los alumbrados que Francisca denuncia en 1530 por haber oído alabanzas de ellos en labios de Miguel de Eguía (*Proceso de María Cazalla*, fol. 14 vº).

luterana y su manera de juzgar las obras de devoción. Hacia el 1º de febrero de 1525, Carlos V recibió aviso de que tres galeras venecianas cargadas de libros de Lutero habían anclado en un puerto del reino de Granada: el corregidor del lugar había atajado el peligro apoderándose del cargamento y aprehendiendo capitanes y tripulaciones.[62] El 2 de abril, el Inquisidor General promulgaba en Madrid un edicto en que se renovaba la prohibición absoluta de leer los libros de Lutero y sus secuaces.[63] El 23 de septiembre aparecía en Toledo su Edicto contra los "alumbrados, dejados o perfectos", en que se condenaban como erróneas, blasfematorias, heréticas o locas cuarenta y ocho proposiciones, algunas de las cuales se comparaban con los errores de los begardos o se juzgaban de sabor luterano.[64] Nada de raro tiene que el evangelio anticeremonial de esos hombres a quienes se bautiza como *alumbrados* procurara entonces apoyarse en los libros de Erasmo, ninguno de los cuales está condenado, sino que, por el contrario, disfrutan de una amplia protección oficial, y algunos de los cuales son perfectos manuales de cristianismo interior. El *Enchiridion*, traducido en lengua vulgar, va a ser su libro de cabecera: por ese mismo hecho el iluminismo se transformará en un movimiento más vasto e infinitamente menos fácil de coger en las mallas de la red inquisitorial.

III

La traducción castellana del *Enchiridion*[1] se remonta sin duda a 1524: ya en la primavera de 1525 Erasmo había tenido conocimiento de un incidente provocado en España por cierto dominico que había lanzado un grito de alarma al saber que ese libro temible iba a ponerse en manos del gran público.[2] La versión francesa del *Enchiridion* atribuida a Berquin no había visto aún la luz. Pero, traducido ya al inglés (1518), al checo (1519), al alemán (1520) y al holandés (1523), este *Manual* demostraba

[62] Carta de Don Martín de Salinas al Archiduque Fernando, Madrid, 8 de febrero de 1525, *ap.* A. Rodríguez Villa, *El Emperador Carlos V y su Corte (1522-1539)*, separata del *Bol. Ac. Hist.*, 1903-1905, pág. 255 (cf. en la pág. 191 otra carta de junio de 1524: ciertos libros de Lutero, enviados de Flandes a Valencia, han sido confiscados en San Sebastián).

[63] En el *Proceso de Vergara* (fol. 3 rº) el fiscal alega "los editos que se han leydo y publicado por el dicho Santo Officio en esta cibdad y arçobispado de Toledo contra Lutero y sus libros e obras y sequaces desde el año de 1521 a esta parte, en especial del edito que el Rmo Sor Arçobispo de Sevilla Inquisidor General dio en Madrid en doze días del mes de abril de mil y quinientos veynte y cinco años y se leyó y publicó el dicho mes y año en las iglesias de San Ginés, Santo Domingo, San Nyculás, San Martín y San Miguel de la dicha villa de Madrid estando la Corte de Su Majestad allí..."

[64] Cf. *supra*, pág. 167, nota 2.

[1] Esta traducción se reimprimió en el tomo XVI de los *Anejos de la Revista de Filología Española*: Erasmo, *El Enquiridion o Manual del caballero cristiano*, edición de Dámaso Alonso, prólogo de Marcel Bataillon, y la *Paráclesis o Exhortación al estudio de las letras divinas*, edición y prólogo de Dámaso Alonso (traducciones españolas del siglo XVI), Madrid, 1932. Designamos esta edición con la abreviatura *Enquir.*

[2] Allen, t. VI, Ep. 1581, líneas 763-772. (Cf. *supra*, pág. 165, nota 35.)

estar maravillosamente adaptado a los tiempos nuevos.[3] En vano se asombraba Erasmo de los ataques de que su libro era objeto, después de haber aparecido algún tiempo antes en Lovaina, sin levantar ninguna tormenta, y de haber merecido la aprobación de Adriano de Utrecht. Avanzado en relación con el siglo, el *Enchiridion* había sido comprendido por el siglo una quincena de años después de su aparición, por los días en que estallaba la revolución luterana. Erasmo había tenido que reconocer su candente actualidad cuando agregó a las ediciones incesantemente multiplicadas esa carta-prefacio a Paul Volz que a muchos parecía más inquietante que el libro mismo.

El *Enchiridion* había encontrado su traductor entre los canónigos de Palencia, medio favorable a Erasmo desde los tiempos de Cisneros. Ese traductor no era otro que el Arcediano del Alcor, Alonso Fernández de Madrid, hermano y sucesor de Francisco, a quien se debía la traducción del *De remediis* de Petrarca. De muchacho, había tenido por maestro de moral y de religión al apóstol de Granada, Fr. Hernando de Talavera. En 1524 estaba ya muy cerca de los cincuenta años, y ejercía en Palencia una influencia profunda por la predicación. Buen humanista, además, se entregaba cuidadosamente a la corrección de los libros litúrgicos y era capaz de restituir, si la ocasión se presentaba, un pasaje alterado de San Jerónimo.[4]

Había traducido el *Enchiridion* en una agradable prosa, fácil y familiar, prosa de predicador empeñado ante todo en ser comprendido y en persuadir; colaborando a su modo con el autor, sin traicionarlo jamás, había sabido atenuar el efecto de las fórmulas más atrevidas, y glosar el contenido de las frases cuya brevedad podía originar un enigma para los espíritus simples. Nuestro Arcediano tiene el arte de no sacrificar nada: ciertamente, suele suprimir aquí o allá una frase embarazosa; prefiere añadir a cada instante ciertos toques que matizan el pensamiento, o que lo comentan; cuando una imagen le parece hermosa y fuerte, no vacila en detener sobre ella, un poco morosamente, la atención de su lector. En una palabra, adapta, transmuta; hace suyo ese pensamiento. Las alusiones mitológicas se desprenden entonces de él como hojas muertas. Los adagios se reemplazan, como por ensalmo, por los refranes del terruño.[5] Los españoles de gusto delicado saborearán esta traducción como una de las obras maestras de su literatura, y hay que reconocer que pocos libros huelen menos a traducción.

Forma y contenido, todo destinaba a este *Enquiridion* al buen éxito. Pero ese buen éxito fue tal, que ningún libro religioso lo había tenido semejante desde la introducción de la imprenta en España. Este enorme entusiasmo no se explicaría sin las circunstancias exteriores de la publicación. El libro, ya lo hemos visto, no estaba impreso todavía cuando un

3 Cf. Vander Haeghen, Vanden Berghe y Arnold, *Bibliotheca Erasmiana; Enchiridion Militis Christiani,* Gand, 1912.

4 *Enquir.,* págs. 18 ss.

5 Dámaso Alonso estudia finamente los procedimientos de traducción del Arcediano en *Enquir.,* págs. 473 ss.

dominico español denunciaba su peligro: señalaba como heréticos dos pasajes, el famoso *Monachatus non est pietas* y algunas líneas de la Regla XX que parecen negar toda realidad material al fuego del purgatorio. Es posible que este ataque haya hecho que el Arcediano modificase ambos pasajes dándoles la forma prudente que tienen en su traducción.[6] Ésta tuvo un efecto mucho más importante. El dominico hostil no era otro que el confesor de Carlos V, Fr. García de Loaysa;[7] los protectores de Erasmo en la Corte le impusieron silencio. El *Enquiridion* encontró un abogado en la persona del Doctor Luis Coronel, secretario del Inquisidor General. Coronel respondió, con su mejor pluma, a la doble acusación, y los erasmistas de la corte se apresuraron a enviar esa respuesta a su maestro. El libro apareció con la aprobación inquisitorial, sin duda en la primera mitad de 1526.[8] La edición se agotó inmediatamente. En el verano era preciso hacer una segunda tirada, para la cual el Arcediano compuso una hermosa epístola dedicatoria dirigida al Inquisidor General, Arzobispo de Sevilla.

El libro quedaba así colocado bajo el patrocinio de Don Alonso Manrique, personaje poderoso por las funciones de que estaba revestido, pero importante también por sus lazos familiares: era hijo del Gran Maestre de Santiago, Don Rodrigo Manrique, y hermano de Jorge Manrique, el "muy generoso caballero y católico filósofo",[9] cuyas *Coplas* resonaban gravemente en la memoria de todos. Y, siempre bajo la protección del Inquisidor General a quien se dirigía, Alonso Fernández de Madrid ampliaba atrevidamente el problema planteado por una traducción como la suya; lo que él reclamaba era la difusión en lengua vulgar de la Escritura misma, y esto con argumentos y exhortaciones procedentes de la *Paraclesis* y sobre todo del prefacio puesto por Erasmo a su *Paráfrasis de San Mateo*.[10] Cuatro años apenas habían pasado desde el tiempo en que este prefacio, recién aparecido, espantaba al Doctor Luis Coronel.

---

[6] *Enquir.*, págs. 376 y 410.

[7] Escribiendo a la Sorbona el 12 de noviembre de 1527 (Allen, t. VII, Ep. 1902, líneas 86-87), Erasmo dice en términos un tanto vagos: "Primum orsi sunt tragoediam in aula Caesaris: is impetus facile coercitus est." Pero escribiendo por los mismos días a un amigo (*ibid.*, Ep. 1903, líneas 11-14), es más explícito: "primus in Erasmum impetus factus est per quendam qui est Caesari a confessionibus, sanctitatis opinione suspiciendus. Is aulicorum procerum et Caesaris autoritate utcunque cohibitus est".

[8] Sobre la fecha de la primera edición, cf. *Enquir.*, págs. 40, nota 6, y 508.

[9] *Enquir.*, págs. 102-103, donde se encontrará una noticia sobre Don Alonso Manrique.

[10] Véanse los textos citados en *Enquir.*, págs. 94, nota 1, 95, nota 7, y 97, nota 1. Desde hacía mucho era verosímil que la traducción castellana de la *Paraclesis* había circulado en España, junto con la del *Enchiridion*, ya durante el primer tercio del siglo XVI. No se conocían, sin embargo, ediciones anteriores a 1550 que demostraran esa difusión conjunta. Y he aquí que Eugenio Asensio, el incomparable descubridor de libros raros, se ha anotado en 1965 un nuevo triunfo encontrando en la Zentralbibliothek de Zürich (WE 711) una edición de 1529 del *Enquiridio* seguido de *una exortación que se intitula Paraclesis*. La portada, de la cual nos ha facilitado generosamente la fotocopia que aquí reproducimos (lám. VI), muestra sin lugar a dudas, por su tipografía y sus orlas. que esta edición salió de las prensas de Miguel de Eguía, ya sea de su oficina de Alcalá, como el *Enquiridio* sin año [B. N. M. y B. M.] y el de 1527 [B. M.] (láms. 3 y 4 de *Enquir.*, tras la pág. 508), ya de su oficina de Logroño, como la *Declaración del Pater*

¿Qué dice a los españoles este libro "visto y aprobado por el muy Ilustre y Reverendísimo Señor Don Alonso Manrique, Arzobispo de Sevilla, Inquisidor General en estos reinos, y por los señores del Consejo de su majestad de la Sancta Inquisición"? [11]

A las almas que sufren oscuramente por una religión y una ética desecadas por la rutina, que aspiran a verse llevadas más allá de las prácticas devotas y del egoísmo decente, les habla en ese tono íntimo, familiar, que llega hasta lo más secreto del alma. Multiplica las comparaciones tomadas de la vida del cuerpo para despertar en el hombre el presentimiento de una vida más preciosa:

Vees también... a tu prójimo padecer mil desventuras, y con tal que tu hacienda esté en salvo, en lo demás ni tienes compasión dél ni se te da un maravedí. ¿Qué me dirás que es la causa porque esto no lo siente tu alma? A la fe, hermano: porque está muerta. ¿Cómo muerta? Porque no tiene en sí a su verdadera vida, que es Dios. Ca donde Dios está, allí mora la caridad, pues el mesmo Dios es caridad. Porque, de otra manera, si tú eres miembro vivo de Cristo, dime, ¿cómo puede alguna otra parte deste cuerpo (como es el prójimo, que es también miembro) tener dolor, sin que tú también te duelas ni aun lo sientas? [12]

Así, de la manera más sencilla del mundo, la estupenda metáfora paulina se instala en el espíritu del lector, le dice cómo está presente en él, y ya ahora, ese divino socorro al cual no consiguen acercarlo las devociones prolijas. ¡Ánimo! "Cierto no desmayarás si miras cuán presente y cuán a la mano tienes el socorro de Dios... Si Dios es por nos, ¿quién contra nos?" [13] San Pablo es quien habla, y sin embargo, lo que oímos aquí no es su lenguaje abrupto, su oscuridad rayada de relámpagos; es un amigo persuasivo que ofrece talismanes invencibles contra la miseria espiritual. La gracia de Dios no es un favor excepcional e inaccesible: Cristo es la cabeza de ese cuerpo cuyos miembros somos todos nosotros. Su fuerza y su gracia descenderán sobre ti. "De tuyo, claro está que no eres sino muy flaco y para poco. Pero de parte de Cristo, *que mora en ti y te da vida verdadera como tu cabeza,* no hay cosa que no puedas." [14]

Suavemente, Erasmo invita a cada uno a sentir nacer en sí mismo un hombre nuevo. Después lo confirma y lo arma contra el pecado siempre amenazante. El caballero cristiano cuya imagen ideal traza dispone de dos

---

Noster de 1528 [S. B. M.] (láms. XII y V del presente libro). El volumen, sin colofón, está completo con sus 148 folios. La *Paraclesis* comienza en el fol. 139 r°. Un cotejo del preámbulo y de la primera página con el texto publicado por D. Alonso (*Enquir.*, págs. 447 y 449) hace ver que se trata de la misma traducción; pero las variantes de 1529 permiten corregir erratas u omisiones de palabras debidas al impresor de Amberes, 1555 (y tal vez al de Sevilla, 1550). La edición de 1529, como la del *Enquiridio* solo sin año y la de 1527, lleva al verso de la portada el escudo del Cardenal D. Alonso Manrique, Inquisidor General, cuya aprobación se menciona en el recto.

11 Según dice el título, *Enquir.*, pág. 91.

12 *Enquir.*, pág. 121 (el paréntesis es adición del traductor).

13 *Enquir.*, pág. 124.

14 *Enquir.*, págs. 124-125. Las palabras en cursiva son adición del traductor.

armas fortísimas:[15] la oración y el conocimiento de la ley divina. La oración es el lenguaje en que se habla a Dios. Pero es preciso que la oración no sea "floja" y "sin espíritu":

Tú, por ventura, cuando oras solamente tienes ojo a cuántos salmos mal rezados has pasado por la boca, y piensas que en el mucho parlar está puesta toda[16] la virtud de la oración. Y éste es un vicio principalmente de aquellos que aún son como niños principiantes en la letra sin levantarse ni crecer a la madureza del espíritu. Mas oye lo que en este caso nos enseña Cristo por Sant Mateo: "Cuando oráredes no curéis de multiplicar muchas palabras, como hacen las gentes que no conocen a Dios, que piensan ser oídos por su mucho hablar. No queráis vosotros parecer a éstos, pues sabe vuestro Padre celestial lo que habéis menester antes que se lo pidáis." Y Sant Pablo tiene en más cinco palabras bien sentidas y que salgan del corazón que diez mil pronunciadas así solamente por la lengua. No hablaba Moisén palabra por la boca, y decíale Dios: "¿Qué me quieres para que me llames tan recio?" A dar a entender que no el ruido de los labrios, mas el deseo ardiente de las entrañas es el que toca las orejas de Dios más adentro que ningunos alaridos recios por acá defuera.[17]

Así, pues, oración que es impulso del corazón antes de expresarse en palabras, y que será tanto mejor escuchada cuanto más se acompañe de actos de caridad.

En cuanto a la ciencia de la palabra divina, es nuestro alimento espiritual y nuestro confortamiento: el maná celestial, el agua viva oculta bajo la roca de la letra. "Créeme tú a mí, hermano mío muy amado, que ninguna tentación [hay], por muy recia y grave que sea..., a la cual no deseche y rechace el ardiente estudio de las letras sagradas..."[18] No será malo que el "caballero novel" se prepare para este estudio leyendo los "poetas y filósofos gentiles" que sean "honestos y limpios" en sus pensamientos y en su estilo.[19] Entre los filósofos, los platónicos presentan grandes analogías con las figuras de los Profetas y del Evangelio. "Mas peligrosa cosa es saberlos." Importa sobre todo que los preliminares de nuestro estudio no se transformen en su término. La sabiduría divina nos espera en los libros sagrados, y, si sabemos acercarnos a ellos con reverencia, con corazón humilde, ¡qué iluminación recibiremos! "Luego sentirás una divina inflamación, una nueva alegría, una maravillosa mudanza, *una consolación increíble, una afición muy de otra manera que antes, con deseo de una reformación nunca pensada.*"[20]

Entre los comentadores de la Sagrada Escritura, escoge a aquellos que mejor saben elevarse de la letra al espíritu: San Pablo tuvo continuadores dignos de él en Orígenes, Ambrosio, Jerónimo, Agustín. "Digo esto porque veo algunos destos nuevos teólogos insistir y arrimarse a la letra más

15 *Enquir.*, pág. 127.
16 Palabra añadida por el traductor.
17 *Enquir.*, págs. 128-129.
18 *Enquir.*, págs. 129-130.
19 *Enquir.*, págs. 132-133.
20 *Enquir.*, págs. 136-137. Las palabras en cursiva son adición del traductor.

de lo que es menester, y gastar su tiempo más en argumentos sotiles y ingeniosos que en sacar a luz los misterios provechosos que están escondidos. Como si no hobiera dicho verdad Sant Pablo que nuestra ley es espiritual." [21] Pero todos se pierden en "las sotilezas del Escoto", y muchos que quizá nunca en su vida han leído la Sagrada Escritura se tienen ya por perfectísimos y cumplidos teólogos. Sin embargo, lo que de veras nos alimenta es la Sagrada Escritura, si sabemos llegar hasta su íntima sustancia. "Mejor te sabrá y mejor provecho te terná el entendimiento de un versico, si, quebrada la cáscara, sacares el meollo de dentro y rumiares bien en él, que si todo el psalterio cantases de boca, solamente atendiendo a la letra." [22]

El cristiano acostumbrado a la meditación de la Biblia caminará cubierto con invulnerable armadura, como ese jinete que Alberto Durero grabó con rasgos tan precisos, resplandeciente de fuerza y de fe, y que cabalga con la visera levantada sin ver a la Muerte ni al Diablo que están a sus lados.[23]

El *Enquiridion* no tiende a otra cosa que a hacer presentir ese estado de inquebrantable seguridad: es, en manos del caballero novel, un "arma pequeña y muy manual, como una daga o puñal" que le bastará para no estar nunca desprevenido.

Ya desde estos capítulos preliminares, el librito se insinúa maravillosamente en el alma, la desprende sin esfuerzo de la rutina devota, la limpia de pretensión y de timidez, la invita a sentirse participante de una fuerza y de una sabiduría que la sobrepasan infinitamente. Sí, toda la sabiduría humana está detrás de nosotros, llevada a la cumbre por Cristo crucificado, que le da su verdadero sentido. El viejo oráculo griego "conócete a ti mismo" es verdaderamente la respuesta divina a nuestras inquietudes.[24] Ya se sugiere aquí que el hombre tiene que medir su pequeñez. Pero ¿cómo conocerse a sí mismo? El hombre aprende a conocerse reconociéndose en la imagen que los filósofos han trazado de él. Y por eso Erasmo eleva a su *miles christianus*, por encima de las necesidades urgentes de la acción, hasta la consideración de una naturaleza humana dividida, en la cual hay que poner orden. Según Platón, el alma racional tiene su sede en la cabeza: es preciso que, desde lo alto de su atalaya, gobierne al alma afectiva que tiene su sede a la altura del corazón, y, por medio de la afectiva, a la concupiscible, ligada con las vísceras del vientre. Los

---

[21] *Enquir.*, págs. 137-138.

[22] *Enquir.*, pág. 139.

[23] *Enquir.*, págs. 143 ss. El traductor desarrolla abundantemente el simbolismo de la armadura deteniéndose en cada una de sus partes. Insiste en la humildad de la victoria que con ella se consigue: el hombre reconoce el poco valor de sus fuerzas y de sus armas propias y pone toda su confianza en las que ha recibido de Dios. Sobre la formación del nuevo ideal del *Miles Christi* a fines del siglo xv, véase el valioso estudio de Franco Simone, *Nuovi rapporti tra il Reformismo e l'Umanesimo in Francia all'inizio del Cinquecento* (Belfagor, fasc. 2, 1949, págs. 149-167). Y cf. también Werner Welzig, *Der Begriff christlicher Ritterschaft bei Erasmus von Rotterdam*, en *Forschungen und Fortschritte*, Berlin, 35, III (1961), págs. 76-78.

[24] *Enquir.*, pág. 155.

afectos, alojados entre los más bajos apetitos y la porción inmortal de nosotros mismos, ofrecen a esta última dos preciosos "esecutores", la ira y la fortaleza.[25] Se puede disputar acerca de la línea de conducta más hábil con respecto a las pasiones. ¿Hay que extirparlas, según quieren los estoicos, o bien, con los peripatéticos, utilizarlas como "espuelas y incitamientos para la virtud"? [26] Erasmo no toma aquí ningún partido. Pero de todo ello saca en limpio dos cosas: "la una, que es necesario tener hombre bien conocidas las pasiones y inclinaciones de su ánimo; la otra, que no hay ninguna destas aficiones tan recia ni tan forzosa que no se pueda refrenar o traerse a que sea virtud". Y, esbozando una clasificación de los temperamentos, con su dotación respectiva de virtudes y vicios, muestra con ejemplos cómo se puede sacar partido de cada uno de ellos.[27]

Por lo demás, esta ojeada sobre la naturaleza humana no tendrá todo su verdadero valor si no se traduce a lenguaje cristiano: sólo con esta condición el conocimiento de nuestra humana naturaleza nos dará luces sobre las fórmulas de la divina sabiduría. Ahora bien, en el lenguaje de San Pablo la razón se llama "unas veces espíritu; otras, hombre interior, y otras, ley del alma"; la inclinación o vicio contrario a la razón se llama "a veces, carne; a veces, cuerpo; a veces, hombre exterior, y otras veces, ley de los miembros".[28] Y Orígenes, desarrollando la doctrina de San Pablo, distingue tres partes en el hombre: espíritu, alma y carne.[29] "El espíritu nos hace divinos; la carne, bestias; el ánima... nos hace hombres... El espíritu nos hace buenos; la carne, malos; el ánima, ni buenos ni malos".[30] Ya entrevemos en este análisis del hombre el fundamento de una jerarquía de nuestras obras. Éstas no son siempre tan virtuosas como parecen: la castidad, para quienes no conocen las tentaciones de la carne, no es ni virtud ni vicio.[31] Si las inspira el interés, o simplemente el deseo de aprobación, entonces las obras surgen de la carne, no del espíritu: hasta la oración, hasta el ayuno pueden ser carnales, de esa manera. El amor conyugal puede ser carnal o espiritual, según que sea egoísta o que se dirija a lo más noble del ser amado.

Pero esta oposición de la carne y del espíritu es el tema mismo del *Enquiridion,* el punto en torno al cual va a ordenar Erasmo todo su concepto de la esencia del cristianismo. En vano se afana por distinguir hasta veintidós "reglas generales del verdadero cristianismo". En todas o en casi todas las páginas aflora la verdad central; y el meollo del libro se encuentra en la regla quinta, que enseña a tener en poco "las cosas visibles" y a levantarse a las invisibles: admirable manifiesto del cristianismo interior, cuyos ecos resonarán durante largo tiempo en España, y que contrasta poderosamente, por su abundancia y su plenitud, con la inconsistencia de casi todas

25 *Enquir.,* págs. 161-164.
26 *Enquir.,* págs. 165-166.
27 *Enquir.,* págs. 166-171.
28 *Enquir.,* pág. 174.
29 *Enquir.,* pág. 184.
30 *Enquir.,* pág. 187.
31 *Enquir.,* pág. 190.

las demás "reglas". La cuarta y la sexta, sin embargo, la escoltan de modo apretado y sólido. Pero es que éstas exponen dos aspectos esenciales de la religión en espíritu.

El tema de la cuarta es "que el fin de todas nuestras obras, oraciones y devociones ha de ser sólo Jesucristo". Que sea necesario cultivar las virtudes, aborrecer los vicios, es la evidencia misma. Pero hay que saber orientarse en cuanto a las cosas moralmente indiferentes.[32] ¿Qué cosa mejor que el estudio para ayudarnos a vivir bien? Sin embargo, también es preciso que hagamos buen uso de ese estudio. Amar el saber por sí mismo es hacer como un hombre que intenta subir una escalera y se sienta en el primer peldaño. Si tú te clavas en el estudio en lugar de hacerlo servir a la ciencia y al amor de Cristo, todo tu saber es vano: vuelve al precepto primero, conócete a ti mismo, toma tu propia medida. "Más vale saber poco y amar a Jesucristo mucho, que mucho saber y amarle poco."[33] Y lo que es verdad de la ciencia, lo es con mucha mayor razón de los objetos menos elevados en la jerarquía de las cosas indiferentes: salud, fuerza, don de agradar, autoridad, gloria, nacimiento, dinero. Si el dinero no te estorba para hacer bien; si, por el contrario, está en tus manos como en las de un tesorero de Dios y fluye incesantemente hacia los pobres, entonces muy bien. Pero si no, arrójalo al mar como hizo Crates el filósofo tebano: "Más vale que lo dejes tú perder, que no que ello te eche a perder a ti, apartándote del camino de Jesucristo."[34]

Es preciso ir más allá, y juzgar por su intención cristiana las prácticas devotas que parecen no necesitar justificación:

Item, ayunas. Buena obra es ésa, a lo que parece de fuera. Mas ¿a qué fin tira esa tu abstinencia? *Si es porque lo manda la Iglesia, bien haces. Mas si es por* cobdicia de ahorrar el gasto, o porque quieres ser tenido por santo, ya tu ayuno va enlodado y el ojo *de la intención* no le tienes sano... Como vemos que muchos son devotos de ciertos santos a quien ellos más honran y celebran con unas ciertas ceremonias. Y uno hay que tiene por devoción de saludar cada día a Sant Cristóbal, pero esto no así como quiera, sino teniendo por fuerza delante su imagen. Mas ¿por qué fin, si piensas? Porque tiene creído que con hacer aquello está ya seguro aquel día de muerte desastrada. Otro adora a otro santo llamado Sant Roque. Y esto, ¿por qué? No por más de porque cree que aquél le ha de escapar de pestilencia. Otro reza sus ciertas oraciones a Santa Bárbara y a Sant Jorge, *sin saber lo que se dice,* por no venir a manos de sus enemigos *que aborrece.* Otro tiene por devoción de ayunar a Santa Apolonia, porque no le duela la muela. Otro visita el bulto de Job ordinariamente, porque *andando en sus vicios,* no se le pegue cualque lepra. Hay otros tratantes que prometen de dar a los pobres cierta parte de la ganancia, *no con otra ninguna caridad sino* porque su mercadería no se pierda por la mar. Otros encienden su candelica a Sant Jerón o a Sant Antón, porque les depare lo perdido.[35]

[32] *Enquir.,* pág. 218.
[33] *Enquir.,* pág. 221.
[34] *Enquir.,* pág. 222.
[35] *Enquir.,* págs. 224-227. Las palabras en cursiva son adición del traductor.

En una palabra, tenemos santos para todos los usos, y no sólo eso, sino que esos santos no son los mismos en todos los países: los franceses piden a San Pablo las mercedes que los flamencos piden a San Antonio. Así la devoción a los santos degenera en grosero paganismo.[36]

No se pretende con ello criticar la veneración de los santos, que, a través de ellos, se dirige a Dios mismo. No se pretende siquiera criticar a las personas simples, que veneran supersticiosamente a los santos: los culpables son lo mercaderes que, "siguiendo su propio interese y por ganar en su mercadería", les presentan tales supersticiones como la última palabra del cristianismo.

Yo terné por bueno que pidan salud a Sant Roque, su abogado, si la salud y la vida la ofrecen toda a Jesucristo. Verdad es que ternía por mejor que no se curasen de otra petición, sino que, con aborrecimiento de los vicios, les acrecentase Dios cada día el amor de las virtudes; y que el morir o el vivir lo remitan y dejen en mano de Dios, diciendo con Sant Pablo: "Ahora vivamos, ahora muramos, para gloria del Señor vivimos, y para le glorificar también morimos". Y aun ternía por oración más perfecta que deseasen ser sueltos ya deste cuerpo y unidos con Jesucristo *en el cielo;* y que también con esto en cualquier enfermedad o pérdida o otros tales reveses de la fortuna *tuviesen conformidad con Dios, tan verdadera, que* el padecer fuese su gloria y lo aceptasen con mucha alegría, viendo que eran habidos por dinos desta manera de conformarse como miembros con Cristo nuestra cabeza.[37]

Como se ve, sin aplastar con una condena brutal la ignorancia y el materialismo religioso, Erasmo, siguiendo a San Pablo, muestra a los cristianos una vía más alta. Levantarse de la carne al espíritu, de lo visible a lo inteligible: tal es la regla quinta a la cual el *Enquiridion* reduce todo lo esencial del cristianismo. Sócrates presintió esta conversión del alma a lo eterno, cuando hacía depender la vida de ultratumba de una preparación para la muerte que nos libera de nuestra prisión terrena.[38] Esta *meditatio mortis* tiene otros nombres en el Nuevo Testamento: es la cruz a la cual Cristo nos convida..., la muerte que, según San Pablo, debemos sufrir en unión con Jesucristo, nuestra cabeza. Consiste esencialmente en un movimiento del pensar que no se detiene nunca en las cosas visibles, sino que se desprende de ellas sin cesar para elevarse hacia Dios: "Ruegas a Dios que llueva, por que no se sequen tus panes. Pídele, y con más deseo, el agua de su gracia, por que la mies de la virtud jamás se pierda en tu alma." [39]

Todos los libros sagrados deben leerse según este método que busca el espíritu bajo la letra. El método se aplica también a los poetas y a ciertos filósofos, como Platón. Pero "sobre todo están muy llenas de misterio las Escrituras Sacras *del Testamento Viejo y Nuevo,* que son en esto semejantes a aquellas figuras que le dicen los Silenos de Alcibíades, *de quien en*

---

[36] *Enquir.,* pág. 228.
[37] *Enquir.,* pág. 230.
[38] *Enquir.,* pág. 235.
[39] *Enquir.,* pág. 238.

otro libro más largamente tratamos, las cuales so una cobertura vil y a sabiendas desfrazada encerraban otra cosa cuasi divina".[40] El relato del Génesis, tomado a la letra, no es más que una fábula análoga a la de Prometeo. El Antiguo Testamento, más aún que el Nuevo, requiere una interpretación alegórica. Ésta no debe ser puramente personal: para no extraviarse, ha de tener conocimiento de los "avisos" dados por los grandes doctores místicos, Dionisio Areopagita, San Agustín

y Sant Pablo asimismo, que después de Cristo fue el primero que descubrió algunas fuentes y mineros de las alegorías y misterios. A quien siguiendo Orígenes, es cierto en esta parte de Teología el más principal de todos. Mas esta teología alegórica o mística, los teólogos deste nuestro tiempo, o no la tienen en mucho o la tratan muy tibiamente; los cuales en la agudeza del disputar, verdad es que se igualan y aun echan el pie delante a los dotores antiguos, mas en la manera del declarar los misterios no llegan a cuenta con ninguno de aquéllos, ni hay entre ellos comparación. Y esto, a mi parecer, viene de dos causas principales: la una, que no puede tratarse sino muy fríamente el misterio donde no se ponen algunas fuerzas de elocuencia para esprimirlo, quiero decir, si no se guisa con algún sabor de buena gracia en el hablar y en el escribir, en lo cual los antiguos tuvieron muy conocida ventaja, y nosotros no alcanzamos allá con gran parte; y la otra, que contentándose los de agora con sólo Aristótiles, echan fuera del juego a los platónicos y pitagóricos, a quien Sant Augustín tiene en más que a otros, así porque las más de sus sentencias son conformes a nuestra religión cristiana como porque su manera de decir figurativa (como habemos dicho) y llena de alegorías se llega muy cerca a la de la Santa Escritura.[41]

Esta oposición del espíritu a la letra o a la carne es la norma para la interpretación de las Escrituras, y es al mismo tiempo la más profunda doctrina de los dos testamentos, la enseñanza fundamental de un Isaías entre los profetas, de un San Pablo entre los apóstoles, y finalmente la enseñanza de Cristo. A su luz es como debemos juzgar nuestro propio cristianismo, y apreciar el valor de los sacramentos; las misas que dice el sacerdote, las que oye el fiel, el bautismo, son otros tantos cuerpos sin alma si perdemos de vista su sentido. El culto de los santos y de la Virgen consiste, según el espíritu, en reverenciar y en imitar sus virtudes: pero si quieres que te sepulten amortajado con el hábito de San Francisco, "ten por cierto que si cuando eras vivo no procuraste de seguir las costumbres semejantes a las suyas, que no te aprovechará mucho después desta vida llevar vestidura semejante a la suya". ¿Cuáles son las verdaderas reliquias de San Pablo? ¿Unos pedacitos de huesos conservados en un relicario, o bien su espíritu que resplandece en las Epístolas? Los verdaderos milagros ¿son las curaciones obradas por las reliquias corporales, o bien las curas de almas obradas por la doctrina? La imagen verdadera de Cristo ¿es la de su humanidad, o bien su doctrina derramada en el Nuevo Testamento? ¿Qué cosa vale más: tener uno en su casa una astilla de la cruz o tener en el fondo del corazón

---

40 *Enquir.,* pág. 239. Las palabras en cursiva son adición del traductor, que había leído los *Adagios.* Sobre el adagio *Sileni Alcibiadis,* cf. *infra,* págs. 309-310.

41 *Enquir.,* pág. 245.

todo el misterio de la Cruz? Cristo mismo dijo a sus apóstoles: "Cúmpleos que yo me vaya; y si yo no me fuere, no verná a vosotros el Espíritu Santo." Es que su humanidad era para ellos un estorbo: cuando no están apegados a ella, son ya dueños de toda su fortaleza y de toda su ciencia. Escuchemos a San Pablo: "Aunque conocimos a Cristo según la carne, ya agora no le conocemos." [2]

Y en unas páginas amargas, que durante largos años darían el tono a la reforma de la fe en España, Erasmo, por medio de su intérprete, el Arcediano del Alcor, mostraba con elocuencia al lector cómo esta digresión aparente era en realidad lo esencial de su libro:

Paréceme que gasto más tiempo y palabras en disputar esto de lo que era razón queriendo sólo dar reglas de bien vivir. Más hágolo con tanta diligencia no sin gran causa, porque he visto por esperiencia que este error *de estimar las cosas exteriores y literales más que las interiores y espirituales* es una común pestilencia que anda entre todos los cristianos. La cual tanto es más dañosa cuanto más cerca anda, al parecer, de santidad y devoción. Ca no hay vicios ningunos tan peligrosos como los que quieren parecer virtudes. Porque allende del peligro en que ponen aun a los buenos, que se pueden presto engañar y caer en ellos, tienen otro mal: que ningunos vicios son tan dificultosos de corregir ni emendarse, a causa que el pueblo sin discreción piensa que toda la religión cristiana se destruye cuando estas semejantes devociones exteriores en cierta manera se reprehenden; y también porque reclama luego todo el mundo, y ladran unos vocingleros predicadores que de buena gana les predican estas cosas, teniendo por ventura más respeto a su interese proprio que a la gloria de Jesucristo. Cuya superstición grosera y santidad no verdadera me hace tantas veces protestar que yo no solamente no reprehendo los ejercicios de los simples ni las corporales cerimonias de los cristianos, especialmente las que por autoridad de la Iglesia están aprobadas, porque son algunas veces indicios y muestras de devoción y otras veces ayudan y aparejan a ella, pero aún digo más, que puesto caso que estas cosas sean en alguna manera más necesarias a los principiantes que no han entrado tanto por este camino y son como niños recientes en la dotrina y espíritu de Jesucristo, hasta que crezcan y se hagan varones perfetos, pero que todavía no cumple que los perfetos las desechen tampoco ni desprecien, por que a ejemplo suyo no se escandalicen los más flacos. Así que yo apruebo lo que haces, con tanto que el fin y la intención cuanto a lo primero no sea viciosa; y demás desto con tanto que no hagas hincapié ni te detengas en el escalón que está puesto para subir más arriba a cosas más apropriadas a tu salud. Mas querer servir y honrar a Jesucristo con cosas visibles, por sólo el bien que hay en ellas, y poner aquí la cumbre de la religión, y estar por esto muy ufanos y contentos de sí mismos, y condenar a los que no lo hacen así y estar tan satisfechos con ellas y tan asidos sin querer pasar adelante dellas en toda su vida, y (por acabar en pocas palabras) quererse apartar de Jesucristo haciendo tanto caso solamente de estas cosas que no se ordenaron a otro fin más de para ayudar algo al que quiere seguir a Cristo, esto es a mi parecer arredrarse de la ley que Cristo nos mandó en el Evangelio, que es toda espiritual, y cuasi dar consigo en un judaísmo, lo cual por ventura no es menos peligroso que, estando sano deste mal, enfermar de otros grandes y manifiestos vicios. Harto mortal enfermedad es la de los vicios; pero yo a estotra tengo por más incurable.

[42] *Enquir.*, págs. 249-257.

¡Cuánto trabajo puso en todas sus epístolas aquel ecelente libertador y mantenedor del espíritu, Sant Pablo, por apartar a los judíos de la confianza que tenían en las obras exteriores y traerlos a que aprovechasen en las cosas que son espirituales! Y vedes aquí vuelto a esto mesmo *cuasi todo* el vulgo *o gente común* de los cristianos. ¿Qué dije el vulgo? *Pluguiese a Dios que no pasase adelante.* Ya lo sufriríamos por ventura que el vulgo lo hiciese, si no viésemos una buena parte de los sacerdotes y maestros y muchos rebaños de aquellos que en los nombres y hábito exterior demuestran vida espiritual, estar revueltos cuasi todos y ocupados en este error. Pues si la sal pierde su sabor, ¿con qué se salarán los que están sin ella? [43]

Aquí se colocaba un retrato de esos malos clérigos (sacerdotes, teólogos o religiosos): supersticiosos y tiránicos, sin caridad e irascibles, odiosos, maledicentes, disputadores, pendencieros, tercos, completamente incapaces aun de las virtudes a que llegaba la sabiduría pagana, y demasiado hinchados de su mérito para dignarse aprender, "están con hambre viva para cosas de deleites y con hastío perpetuo para oír las palabras de Dios". Con la mayor facilidad se creen dispensados de tener todas aquellas virtudes que son fruto de una elevada vida espiritual. "No soy rufián —contestan—, no soy ladrón, no soy sacrílego, guardo mi regla que prometí." Es la satisfacción del fariseo. Un publicano, el último de los seglares, vale cien veces más si se humilla y procura enmendarse con la ayuda de Dios.[44]

Erasmo insistía sin cansarse en la ley del Espíritu tal como la explicó San Pablo, en los frutos de Caridad que son la manifestación auténtica del Espíritu, y en comparación de los cuales las observancias externas no son nada. Una vez más, recordaba que las prácticas, quizá necesarias, no bastan ciertamente, y, por último, reunía como en un haz los textos más ásperos de la Escritura en que Dios mismo rechaza un culto sin fe y sin amor: "¿Para qué quiero yo, dice él por Esaías, la muchedumbre de vuestros sacrificios? Lleno estoy y no los he menester." Y unos versículos se encadenan con otros para probar que Dios, que es espíritu, quiere un culto en espíritu. Y a todas las faltas interiores se oponen grotescamente las obras exteriores: arrodillarse en un templo visible, y en el templo del corazón levantarse contra Dios; abstenerse de alimento, y manchar el alma con alimentos inmundos; adornar una capilla, mientras el santuario interior está profanado por las abominaciones de Egipto; bendecir exteriormente cantando los salmos, y maldecir dentro del alma; ir con el cuerpo a Jerusalén, cuando uno lleva en el alma a Sodoma, Egipto y Babilonia. "Tú tienes creído que con una bula sellada con cera o con una blanquilla que ofreciste o una estación que anduviste, son ya del todo lavadas tus culpas, sin tener muy verdadera contrición ni arrepentimiento dellas." No. Interior es la llaga: interior debe ser el remedio. Hay que corregir esta perversión del gusto que hace aborrecer lo dulce y apetecer lo amargo. Hay que aprender a amar a Dios, y para amarlo y conocerlo bien, no ser como esos cristianos de

---

43 *Enquir.*, págs. 257-259. Las palabras en cursiva son adiciones o amplificaciones del traductor.

44 *Enquir.*, págs. 259-262.

quienes habla San Pablo, que ciertamente "tienen celo de Dios, mas no segund ciencia".[45]

Verdaderamente, la reforma interior que predica Erasmo es mucho menos una reforma de las costumbres que una reforma mental. Y por ello, después de la Regla V, que exhorta infatigablemente al cristiano a levantarse de la letra al espíritu, la Regla VI establece "que el cristiano debe desechar todas opiniones y juicios vulgares y falsos". Aquí, Erasmo alaba a Platón por haber demostrado "que ningún hombre puede firme y constantemente conservar en sí la virtud, si no tiene, muy fundado y raigado en su entendimiento", un conocimiento seguro y determinado de lo que es bueno o malo, honesto o deshonesto. La importancia que Erasmo y los mejores de sus contemporáneos conceden a la educación, tiene en esa regla su justificación teórica. No pide para los hombres una acumulación de saber, sino una "buena crianza del todo cristiana, *la cual creciese en ellos con la edad, enseñándoles siempre consejos y dotrinas que los hiciesen de verdad hábiles y capaces de Jesucristo, para que desde estonces se ensayasen a vivir como miembros suyos*".[46] Pero esta tendencia *ética* de la educación no debe disimularnos que es formación del discernimiento. Sócrates —reprendido en esto por Aristóteles, es cierto— "dice... que no es otra cosa virtud sino una ciencia o verdadero conocimiento de las cosas, cuáles se deben huir, cuáles se deben desear. No porque no sabía Sócrates la diferencia que hay entre conocer lo bueno y amarlo", sino porque quería sólo poner en plena evidencia la importancia capital del conocimiento en la práctica del bien. Si la opinión verdadera estuviese en el hombre "y como manjar se le hobiese ya convertido en sustancia del ánima", no le sería posible detenerse en el vicio.

Pero ¿qué cosa es esta "opinión verdadera"? Más fácil es ver en primer lugar qué cosa no es. Escuchemos al traductor: "En esta sexta regla —subraya— hay un muy notable capítulo del proprio juicio y parecer que ha de tener y seguir en todas las cosas quien quisiere vivir como verdadero cristiano..."[47] Este "proprio juicio", que es el guía verdadero, se opone al "juicio común de la gente";[48] por él, la tiranía de la costumbre se quebranta, la autoridad de la mayoría y la de la gente de consideración deja ver su inanidad.

Se oye repetir: "Esto que yo hago, veo que no hay nadie que no lo haga; por este camino anduvieron mis antepasados; deste parecer es fulano tan gran letrado y tan sabio, y fulano tan gran teólogo y predicador; así veo que viven los grandes, y esto así lo usan siempre los reyes; esto mesmo acostumbran los perlados y no hacen menos los papas. Pues éstos sé que no son de la gente del vulgo." Son "del vulgo", contesta Erasmo, todos aquellos que viven en este mundo como en la caverna imaginada por Platón, todos aquellos que se hacen esclavos de sus apetitos o

---

45 *Enquir.*, págs. 267-289.
46 *Enquir.*, pág. 294. Adición del traductor.
47 *Enquir.*, pág. 108.
48 *Enquir.*, pág. 297.

inclinaciones, y tienen por verdaderas las vanas imágenes de las cosas, porque no habiendo visto nunca más que sombras, no piensan que haya nada más allá.[49] En lugar de modelar los preceptos de conducta sobre la práctica común, es preciso juzgar esta práctica de acuerdo con los preceptos de Cristo.

Habrá que resignarse, por tanto, a ser minoría. Porque decir que "el juicio común de la gente nunca jamás fue ni es regla muy cierta", es todavía decir muy poco:

Sólo esto basta para tener una cosa por sospechosa: ver que agrada y contenta a muchos. Pequeñuelo rebaño es y será siempre el de aquellos que en su corazón tienen la simplicidad y llaneza, la pobreza espiritual y desprecio y la verdad de Jesucristo. Pequeñuelo es por cierto este rebaño, mas bienaventurado, pues a sólo él se le debe el reino de los cielos. Estrecho es el camino de la virtud cristiana y muy pocos van por él, mas no hay otro que nos lleve a la vida.[50]

Al enumerar una por una las falsas opiniones, los espejismos del nacimiento y de la riqueza, del placer y del amor, del poder y de la honra, al subrayar a cada instante lo que la enseñanza de Cristo tiene de escandaloso, de paradójico para el buen sentido vulgar, Erasmo exclamaba: "¿Vees agora cómo en Cristo se mueven y trastruecan todas las cosas...?"[51] E intentaba dar una especie de resumen de las opiniones que "debe tener el cristiano en las cosas según la ley de Jesucristo".[52] Aquí también se apoyaba en la gran imagen de San Pablo: "Todos... entre nosotros somos miembros unos de otros, y como miembros ayuntados hacemos un cuerpo. De este cuerpo la cabeza es Jesucristo, y la cabeza de Jesucristo es Dios."[53] Así, pues, el verdadero cristianismo es en primer lugar negación de todas las discordias que enfrentan a los individuos, a las categorías, a los órdenes, a las clases, a las naciones. Todo egoísmo, todo cálculo, toda restricción a la ley de amor son incompatibles con él. No importa saber lo que permiten las leyes humanas, en las cuales está inscrito el abominable talión. La ley de Cristo está en el Sermón de la Montaña: esta ley llega a ordenar que no se resista al mal con el mal, y ordena presentar la otra mejilla. ¿No puedes soportarlo? "Dirás tú luego: «No dice a mí ese sobrescrito, porque no habla ahí Cristo conmigo, sino díjolo a sus apóstoles y allá lo había con los que querían o habían de ser perfectos. *No se usa por acá, sino que a un traidor dos alevosos.*» ¿No oyes lo que dize: «Porque seáis hijos de vuestro Padre que está en los cielos»? Si tú no quieres ser hijo de Dios, en tal caso no te toca a ti esta ley."[54]

Pero la pretendida sabiduría humana no se rinde tan fácilmente. "Dirásme tú: ¿A dó irían a parar las cosas si con mi mansedumbre de-

49 *Enquir.*, págs. 297-298.
50 *Enquir.*, pág. 299.
51 *Enquir.*, pág. 313.
52 *Enquir.*, págs. 322 ss.
53 *Enquir.*, pág. 325.
54 *Enquir.*, pág. 332.

masiada hiciese yo crecer la desvergüenza ajena, y sufriendo la injuria pasada diese ocasión a que de nuevo me hiciesen otra, y siendo miel, como dicen, me comiesen moscas?" No está prohibido evitar el mal. Pero si no puedes escabullirte del riesgo, el único camino cristiano que se te abre es desarmar al malo a fuerza de generosidad. Si fracasas, "sea del mal lo menos: peque él, si quisiere, y no entrambos".[55]

La ley de amor no admite excepción; se aplica a todos, a los seglares como a los clérigos, a los gobernantes como a los superiores espirituales: la autoridad debe ejercitarse sin violencia, en virtud de una superioridad moral, y no fundarse en la fuerza ni en una majestad que impone a los súbditos el más supersticioso respeto.[56] El mundo está lejos de este ideal: obispos y papas aceptan que se les llame con "vocablos ambiciosos de potestad y señorío", y los teólogos se dejan llamar "maestros". *Papa* y *abad,* que son nombres de amor, puesto que significan *padre,* se toman en sentido muy diverso.[57] Nuestra desgracia "nos ha venido porque habemos querido meter un mundo en el cristianismo"; en lugar de reformar el mundo según la regla de la Escritura, nuestros doctores, "adulterando la palabra de Dios, como dice Sant Pablo, quieren torcer la Escritura Divina hasta conformarla con las costumbres del tiempo". Debemos ser conscientes de este antagonismo: la doctrina de Cristo es locura según el mundo. Esta "locura tan cuerda" es la que hemos de abrazar. Inútil, para esto, andar haciendo papel de filósofos cínicos, tronando contra los errores del mundo, denigrándolo todo y ladrando contra todo. Por el contrario, hay que hacerse todo para todos, como aconseja San Pablo, humanizarse "según todas las cualidades y diferencias de todos por ganarlos para Cristo a todos". La predicación tiene que predicar más que nada con el ejemplo. Debe ser indulgente con las debilidades e inquebrantable en la verdad.[58]

Las dieciséis reglas siguientes, que se refieren a la lucha contra el pecado en general, tienen algo de esquemático y seco: debían de retener muchísimo menos la atención del lector que esa otra parte central del libro en que el alma religiosa en dificultades consigo misma veía surgir la gran pregunta: *¿Qué es el cristianismo?* Hasta los "remedios particulares contra los vicios", todos esos preceptos de higiene moral que Erasmo expone para concluir, y de los cuales, tiempo después, se aprovecharía abundantemente cierto catecismo, aparecen sobre todo como corolarios de las tres reglas fundamentales. Erasmo mismo invita a tomarlos así. No ha pretendido dar un cuerpo completo de preceptos, sino definir un método, una actitud espiritual que permita a cada cual luchar contra los vicios que más directamente lo amenacen.

Así hemos llegado a la conclusión de este libro, escrito en los albores del siglo por un flamenco desconocido, y en el cual millares de españoles encontraban ahora respuesta a sus más profundas inquietudes. En

---

55 *Enquir.,* pág. 334.
56 *Enquir.,* págs. 335-342.
57 *Enquir.,* págs. 342-343.
58 *Enquir.,* págs. 351-353.

esta conclusión misma, ¿cuántos de ellos debían creerse personalmente aludidos? He deseado, escribía Erasmo, prevenir el celo mal entendido de los que, viendo a un alma en el camino del arrepentimiento, se deshacen en importunidades, en amenazas, en halagos, para encerrarla en su monasterio, "como si no pudiese ninguno ser cristiano sin andar vestido de su cogulla o hábito". Aquí venía el famoso *Monachatus non est pietas*, que el Arcediano del Alcor diluye un tanto para quitar a la fórmula su vivacidad agresiva: "Yo te digo, hermano, que *lo principal de la religión verdadera, que es la cristiana, no consiste en meterte fraile,* pues sabes que el hábito, como dicen, no hace al monje. En la verdad, aquélla es una cierta manera de vivir que a unos les arma y a otros no, según la condición, inclinación y complisión de cada uno." [59]

El mejor estímulo del alma cristiana es el ejemplo vivo de aquellos que viven ya según Cristo. A falta de este sostén, el espíritu de Cristo está ahí, en las Escrituras Santas. Y a través de ese laberinto que son los libros sagrados, siempre el mismo hilo conductor, San Pablo, a quien hay que leer y releer sin cesar, "y aun, si pudiere ser", saberlo "de coro". Erasmo está lleno de él, pues trabaja en comentar las Epístolas, y, al descansar por algunos días de ese trabajo para escribir el *Enchiridion,* no ha abandonado a San Pablo, ya que también aquí se ha propuesto "señalar... como con el dedo un camino breve o atajo para llegar más presto a Jesucristo".

El libro termina con una oración que el traductor amplifica con celo ferviente, evocando por última vez la imagen del cuerpo místico formado por Cristo y sus fieles:

Plega a Él, de donde yo confío procede tu buen propósito, tenga por bien de favorecer estos tus santos principios o, por mejor decir, esta obra que él ha comenzado a obrar en ti; haciendo él mesmo una tal mudanza en tu ánima, la lleve adelante y la perfecione de manera que crezcas prestamente en virtudes evangélicas, *enjerido en él por gracia y unido con amor, y así, mediante su Santo Espíritu, seas miembro, no tierno ni flaco, en este su cuerpo místico, que ha de ser finalmente perfetísimo, siendo todo compuesto de miembros ya recios y perfetos en su proporción, conformes en las fuerzas y espiritual vigor con la cabeza de todos, que es Jesucristo, hijo de Dios Nuestro Señor. Al cual sea gloria por siempre jamás. Amén.*[60]

---

[59] *Enquir.,* pág. 409.

[60] Como complemento a la bibliografía de la traducción castellana del *Enquiridion* elaborada por Dámaso Alonso para acompañar su reimpresión de 1932, Francisco López Estrada dio a conocer *Una edición desconocida del "Enquiridion" (Valencia, 1528, por Costilla),* en *R. A. B. M.,* t. LVIII (1952), págs. 449-463. Se trata de un ejemplar que él descubrió en la Biblioteca de la Universidad de Sevilla (168/5). Por el cotejo de variantes con la reimpresión moderna, y por las láminas que acompañan el artículo de López Estrada, se ve que la edición de Jorge Costilla es distinta de la impresa, también en Valencia y en 1528, por Juan Joffre, de la que existe ejemplar en la B. N. V. Además, en la edición castellana de Costilla, según reza la misma portada, va "añadido aora de nuevo un sermón precioso, dulce y breve en loor del matrimonio, recogido y puesto en la misma lengua por el bachiller Juan de Molina": otra novedad dada a conocer por López Estrada (*infra,* pág. 281, nota 10). Véase también *supra,* pág. 192, nota 10.

IV

El Erasmo que surge de este libro es, si se nos permite el anacronismo, asombrosamente *pietista*. Sorprenderá a más de un lector. Si comparamos el análisis que antecede con el capítulo que un estudioso del pensamiento de Erasmo consagra a su "cristianismo" según el *Enchiridion*,[1] nos encontraremos en presencia de dos interpretaciones sensiblemente distintas. Es muy cierto que "Erasmo es un Proteo".[2] ¿Confesaré, sin embargo, que apenas acierto a comprender que alguien pueda escrutar atentamente el cristianismo del *Enchiridion* sin notar en él la importancia de la metáfora paulina: todos somos miembros de un cuerpo cuya cabeza es Cristo? La metáfora, sin duda, aparece destacada más explícitamente, en todas las ocasiones, por obra del traductor español. Pero aparece y reaparece desde el principio hasta el fin, como un *leitmotiv*. Todo el mundo está de acuerdo en considerar que este *Manual* se escribió en el entusiasmo de un descubrimiento aún fresco de San Pablo bajo la dirección de John Colet. Así, pues, ¿acaso no pudo San Pablo prestar a Erasmo otro servicio que el puramente negativo de abrirle los ojos para ver el nuevo "judaísmo" de las obras, y desbrozarle el terreno para una *filosofía* cristiana de nombre solamente, para una especie de deísmo? Es posible que Erasmo reduzca a San Pablo a un pequeño número de fórmulas compatibles con la sabiduría de Sócrates y de los estoicos. Pero, evidentemente, ha extractado de su lectura cierta fórmula de la gracia, de una divina renovación del hombre por el amor, amor dado y recibido todo de una vez, principio de toda buena acción y fundamento de la fraternidad humana. La grandiosa imagen del cuerpo místico que tanto le embelesa al escribir el *Enchiridion* expresa un auténtico sentimiento religioso, a menos que se considere la mayor parte de la espiritualidad protestante como extraña al campo de la religión.

¿Es sincero este sentimiento? ¿Es "el verdadero Erasmo"[3] quien se expresa en el *Enchiridion?* Afortunadamente, no tenemos que contestar

---

[1] J. B. Pineau, *Érasme; sa pensée religieuse*, Paris, 1924, cap. VI.

[2] *Ibid.*, pág. 110.

[3] Pineau (*op. cit.*, pág. 109, nota) cita estas palabras de H. Bremond (*Thomas More*, Paris, 1904, cap. II): "L'Érasme que Thomas More a connu ou cru connaître, l'Érasme qu'il a aimé, en ce qui concerne les choses de la foi, n'a rien de Luther, rien de Bayle, rien de Voltaire, rien de Renan. Est-ce le véritable Érasme? Il ne m'appartient pas de le rechercher ici". Pineau trata de contestar, "avec le secours des textes érasmiens", esa "question redoutable" propuesta por H. Bremond. Procura "surprendre le secret" del *Enchiridion*. Pero, pese a la desconfiada ingeniosidad con que lo escruta, no sé si se acerca más a ese secreto que los miles de lectores que, en el siglo XVI, tomaron la piedad del *Enchiridion* por auténtica piedad. Cuando en esta piedad ve asomar el sentimiento de la gracia, Pineau se apresura a mirar a otro lado, temeroso de equivocarse: "La grâce est-elle si nécessaire à un homme pour qui la vertu est rationnelle, riante et souverainement utile!" (pág. 121). Pero toda la cuestión está en eso. Si los contemporáneos no pusieron en duda ese sentimiento de la gracia, es seguramente porque no lo creían incompatible con el "racionalismo" a que Pineau quiere reducir, en resumidas cuentas, el pensamiento religioso de Erasmo.

a esta pregunta, que es insoluble o poco menos. Bástenos saber que este Erasmo fue el de los erasmistas de España —y asimismo el Erasmo de Francia y de Inglaterra—; que millares de lectores se sintieron agitados por sus fórmulas, convertidos por ellas al culto de San Pablo. No debemos vacilar, pues, en decir que Erasmo se confunde con el autor de la *Imitación* en el favor de la minoría piadosa. Encontramos asociados sus nombres. Es muy significativo, por ejemplo, ver un opúsculo erasmiano de la misma vena "pietista" servir de apéndice al *Contemptus mundi* en varias ediciones españolas contemporáneas del enorme éxito del *Enquiridion*.[4] Erasmo había compuesto el *Sermón del niño Jesús* para que lo leyese un escolar londinense en una fiesta de la Escuela de San Pablo fundada recientemente por Colet. Es una obra mucho más pequeña e insípida que nuestro *Manual*. Pero enseña, como él, "el renacimiento por la fe". Su última frase es la evocación del cuerpo místico de Jesús, cuyos miembros son los fieles.

[4] Una de ellas impresa en 1526 en Toledo por Miguel de Eguía (véanse las láminas VIII y IX). Este rarísimo volumen perteneció a Don José María Andrade, de cuyas manos pasó a las de Don Joaquín García Icazbalceta. Don Joaquín García Pimentel, heredero de la biblioteca de Icazbalceta, tuvo la gentileza de llamar mi atención sobre ese ejemplar, y, además, de confrontar buen número de pasajes y de enviarme excelentes fotografías ejecutadas por el erudito Don Jorge Conway. La traducción impresa en Toledo en 1526 parece idéntica a la que imprimirá Nucio en 1555 en Amberes, como apéndice al *Enchiridion*. El *Manual* de Palau (t. VII, núm. 127.363) registra una edición sin fecha ni lugar de impresión cuyo título es algo diferente: "*Contemptus mundi. Libro de remedar a Christo y del menosprecio de todas las vanidades del mundo. Sermón del niño Jesu compuesto por Erasmo Roterodamo* (hacia 1510), 4º, 98 hs., edición sin lugar ni fecha. Sospechamos fue perseguida por la Inquisición, porque el único ejemplar que hemos visto en comercio lo anunció Rosenthal, falto del tratado de Erasmo, y con 88 hojas, por 120 marcos. Por cierto que el citado librero alemán califica la traducción de catalana (*sic*)". La fecha hipotética "hacia 1510" no se basa quizá en argumentos muy sólidos. Observemos, en todo caso, que el texto latino de la *Concio de puero Jesu* no parece haberse impreso antes de 1511 (Allen, t. I, Ep. 175, introd.). Por otra parte, el P. Henri Watrigant (*La méditation fondamentale avant saint Ignace*, Enghien, 1907, pág. 46) describe sumariamente un ejemplar cuyas últimas páginas fueron arrancadas por la censura, y cuyo título no difiere sino por variantes ínfimas del que indica Palau, pero que, a juzgar por la filigrana, "pudo" imprimirse en Barcelona hacia 1520. ¿Será éste el ejemplar Rosenthal? No es imposible. Pero trátese de una o de dos ediciones sin fecha (la fecha figuraba tal vez en el colofón, que desapareció junto con las últimas páginas), son desde luego ediciones distintas de la de Toledo, 11 de agosto de 1526 (ésta, minuciosamente examinada por el Sr. García Pimentel, no tiene filigrana). Mientras no haya mayor información, lo natural es pensar que las ediciones sin fecha se remontan también a la década 1525-1535, época de la gran fama de Erasmo en España. En 1946 descubrí en la B. P. E. (S. N. E 31. C 4) otra edición fechada de la misma obra. El ejemplar, encuadernado con el *Tratado llamado el Desseoso* (ed. castellana de Toledo, 1536), está incompleto, pero tiene la portada intacta, y se lee sin dificultad el nombre de Erasmo, a pesar de haber sido tachado por la censura. La separación de líneas es como sigue: ¶ Contemptus mun||di. Fecho por Juan || Gerson Chanciller || de Paris. ¶ Sermon del || niño Jesu: com||puesto por Erasmo || Roterodamo Do||ctor en la san-||cta Theo||logia. || 1528. Falta el colofón, donde debía figurar el nombre del impresor, que es a todas luces Miguel de Eguía, pues son suyas las orlas de la portada, iguales a las de la *Declaración del Pater Noster* impresa en Logroño en 1528 (cf. lámina XII).—A todas estas ediciones debe añadirse ahora la primera, de Sevilla, 1516, con el nombre del traductor (Diego de Alcocer). Cf. *supra*, pág. 86, nota 27.

Por lo demás, este cristianismo paulino del *Enquiridion* desempeña quizá en la vida espiritual de España, hacia 1525, un papel comparable al que había desempeñado veinticinco años antes en la vida interior de Erasmo. La piedad de Windesheim, allá como aquí, está superada. El alma religiosa procura unirse a Dios en un sentimiento nuevo de confianza y de libertad.

Imaginémonos a nuestros "alumbrados del reino de Toledo" leyendo la Regla XVII del *Enquiridion:* "El más eficaz remedio para todas las tentaciones —dice Erasmo— es la Cruz y Pasión de Jesucristo." Pero ¡atención! Este beneficio de la cruz es un misterio que muy a menudo se entiende mal: no se llega a él por la devoción vulgar de los que "cada día rezan de costumbre y así de boca las horas de la cruz, o leen la historia de la Pasión del Señor, o adoran la imagen o la señal de la mesma cruz, o con mil signos de ella se signan por todas partes, y se persinan todo el cuerpo de pies a cabeza, cercándose de cruces por todas partes, o tienen guardada en su casa una reliquia del *lignum crucis*". Tampoco se llega a él con la piedad de los que "traen a la memoria a ciertas horas la Pasión de Cristo, no para más de haberle lástima como a un buen hombre que padeció todo aquello sin culpa ninguna... y así, con una afición toda humana se duelen de esta manera". No está ahí el verdadero fruto de este árbol de vida. "Aunque estas tales devociones a principio aprovechen y sean como leche para las ánimas de los imperfetos, que son cuasi niños, mas tú encima de la palma has de subir para coger los frutos verdaderos de ella. Los cuales principalmente consisten en que nosotros, pues somos miembros de Cristo, trabajemos por conformarnos con él, que es nuestra cabeza, en mortificar las afeciones, que son, como dice Sant Pablo, nuestros miembros sobre la tierra. Y este tan precioso fruto no solamente no se nos debe hacer amargo, mas muy agradable y aplacible si el espíritu de Jesucristo mora en nosotros".[5]

Nuestros españoles se maravillan sin duda de leer en letras de molde una expresión tan adecuada del sentimiento que los aleja de esos tristes "lloraduelos",[6] empeñados en suspirar por sus pecados y por la Pasión. Pasar de los falsos placeres a estas lágrimas de dolor arrancadas por el sufrimiento del Hombre-Dios es poquísima cosa frente a la transformación del alma que es el verdadero beneficio de Jesucristo. La sangre del Crucificado circula por este gran cuerpo místico del que cada hombre se siente miembro ínfimo. Una alegría divina pacifica el alma, le comunica un poder tanto más irresistible cuanto mayor conciencia tiene el hombre de su pequeñez. Así regenerada, el alma juzga por su valor no sólo los actos de la devoción popular, sino los mil y mil prejuicios de que se alimenta una vida moral mediocre, calculadora y timorata como la piedad que la acompaña. Comprende entonces que la más elevada verdad moral es revolucionaria. El Sermón de la Montaña causa escándalo eternamente, y se hacen grandes esfuerzos por demostrar que las palabras

5 *Enquir.*, págs. 368-369.
6 Cf. las proposiciones 7 y 22 del *Edicto* contra los **alumbrados**.

más imperativas de Cristo "son consejos y no preceptos". Los alumbrados encuentran con alegría en Erasmo la afirmación de que la sabiduría de Cristo, en lo que tiene de más contrario a la costumbre, se dirige a todo aquel que quiere ser miembro de Cristo, no a unos pocos de quienes se exigiría una perfección inaccesible al común de los mortales. La perfección cristiana es para todos la misma, igualmente inalcanzable para la sola flaqueza humana, igualmente fácil con la divina ayuda. Todo verdadero cristiano sabe que es pecador; pero se cuida mucho de buscar el descanso en un compromiso entre el pecado y la ley divina. El perdón celestial concedido a los pecados no es un reconocimiento del pecado como inevitable y un si es no es legítimo: es una purificación y una fuerza nueva para el cumplimiento de la ley divina, la cual subsiste intacta por los siglos de los siglos.

Ningún libro mejor que el *Enquiridion* podía satisfacer esta necesidad de renovación religiosa y moral que se iba abriendo paso en el iluminismo. Por su moderación matizada, parecía adelantarse a las recriminaciones ortodoxas con que chocaba, desde el asunto de Lutero, cualquier reivindicación del cristianismo en espírtiu. Estaba profundamente de acuerdo con lo esencial de la predicación iluminista cuyo camino pretendía obstruir el Edicto de 1525, pero difería lo bastante de las fórmulas típicas de aquella predicación para escapar del golpe de este edicto. Además, era un libro; y, arrojado en un medio saturado de inquietud religiosa, debía provocar en él una asombrosa cristalización. El libro opera de una manera muy diferente que la propaganda oral. El libro permanece, resiste a las deformaciones, ofrece a las meditaciones una base amplia y sólida. Profusamente difundido por la imprenta, su poder se ejerce mucho más acá y mucho más allá de los círculos reducidos a quienes llega la palabra. Reflexión solitaria sobre el libro, pero comunidad de pensamiento creada entre los lectores de un mismo libro: así es como tenemos que representarnos los efectos del *Enquiridion* a partir del momento en que se hace popular. El iluminismo español, al adoptarlo como libro de cabecera, deja de ser un movimiento puramente local, alimentado, es cierto, en la Biblia y en los místicos, pero suspendido de las fórmulas y de las personas de ciertos autodidactos inspirados. Con ese libro, toda la revolución religiosa se presenta ante el iluminismo de España formulada en un lenguaje europeo, a un mismo tiempo familiar a los humanistas y accesible a todos los espíritus. La documentación de que disponemos, mutilada y todo, nos permite comprobar esta evolución del iluminismo español bajo la influencia de Erasmo.

El caso de María Cazalla es particularmente claro, pues es ella una mujer que ha tomado parte activa en la propaganda iluminista antes de 1524, en íntima conexión con su hermano el Obispo, el cual, ya en esos días, añade a su iluminismo un erasmismo decidido. Pero María no es "latina"; no puede leer a Erasmo en el texto. Los testimonios recogidos contra ella en 1525,[7] a raíz de la persecución que se desata contra Isa-

7 Melgares Marín, *Procedimientos,* t. II, págs. 6-10.

bel de la Cruz y Alcaraz, nos la muestran comentando las *Epístolas y Evangelios,* pero sin citar jamás a Erasmo. Por el contrario, en 1532, un nuevo testigo la denuncia;[8] es éste un clérigo llamado Diego Hernández, que estuvo, más o menos a partir de 1527, en relaciones bastante asiduas con ella: Hernández pinta a María Cazalla tan erasmiana como su hermano, citando sin cesar las palabras del *Enquiridion* acerca del culto en espíritu. Ella dice de sí misma que no puede sentirse satisfecha de ninguna cosa creada, de nada que sea visible. El cristianismo, tal como ella lo ve practicar a su alrededor, le parece un cúmulo de "ceremonias judaicas" incesantemente acrecentado con invenciones nuevas y contra el cual viene protestando Erasmo desde hace mucho, aunque sin fruto alguno. Esta mujer frecuenta los sacramentos y va a misa porque la gente cree que sin eso nadie es verdadero cristiano. Pero ni la comunión ni la confesión pueden satisfacerla. Cuando acaba de confesarse con Fray Espinosa, se queja de que el fraile sea incapaz de comprenderla, y pide, bromeando, que ese mal rato se le cuente en perdón de sus pecados. A menudo, en misa, siente un deseo vehemente de estar en otra parte: "¡Qué ceguedad es ésta —suele exclamar— de las gentes que te determinan lugares donde estés, siendo infinito; que te buscan en un templo de cantos, y en sí propios, que son templos vivos, no te hallan ni te buscan!" Los ornamentos y los incensarios, cosas por las que tanto se preocupan religiosos y religiosas cuando se celebra una fiesta, la hacen sonreír amargamente. Si algunas de sus amigas van a misa cada día y se confiesan a menudo, ella las llama "miseras o papamisas",[9] y les dice que mejor harían si se quedaran hilando en su casa. "No debe caber Dios, dice, en casa de la mujer de Don Alonso, ni ella piensa que haya Dios más que en la iglesia de San Ginés." Hace poco caso de las imágenes, convencida como está de que Dios quiere que se le adore en espíritu y en verdad. Los sermones no son de su gusto sino cuando el predicador es "devoto de Erasmo": entonces, no se contenta con oírlos, sino que los repite por las casas de Guadalajara. Si compra una bula, para hacer como los demás, la muestra a alguien diciendo: "¡Mirad qué traigo de cristiandad comprada!" Se ríe de su criada, que quiere a toda costa que le compren la bula "de su soldada". Comparte la aversión erasmiana de su hermano por la filosofía disputadora de las escuelas: "Creo, dice, que en estos argumentos y sofismas... es donde se pierde el Niño Jesús." Ve en la propagación de la doctrina de Erasmo el único modo de remediar una corrupción general, que la espanta por sus hijas. ¿Cómo casarlas, si cuantos las solicitan lo hacen únicamente por su dinero? Sería prostituirlas. Y en cuanto a hacerlas monjas... Su amigo el franciscano Fr. Gil López la disuade de esta idea: "¡Antes putas!", dice enérgicamente.[10] Por otra parte, las muchachas no tienen vocación

---

8 *Ibid.,* págs. 18 *ss.*

9 *Ibid.,* pág. 27.

10 Entre las proposiciones del franciscano francés Jean Vitrier (muy admirado por Erasmo), a quien la Sorbona condenó en 1498, se lee la siguiente: "Art. II. Il vaudrait mieux prendre sa fille par la main et la mener au bourdeau que de la mettre en reli-

para el estado monástico, del cual repite su madre a cada instante que todo en él es "carne y ceremonias".

María ejerce, desde Guadalajara, su atracción sobre los clérigos erasmizantes de Alcalá, más o menos como Francisca Hernández, unos diez años antes, atraía al grupito de clérigos de Salamanca. Pero sin menoscabo de la honestidad. Bernardino Tovar, "devoto" de Francisca en otro tiempo, y ahora de María, es quien le manda teólogos que están de vacaciones para que ella les dé lecciones de libertad cristiana. Diego Hernández —según admite él mismo— no se hace de rogar para frecuentar su casa, "pues como María me preguntó si había leído a Erasmo y cosas por el estilo, más me holgaba con ella que con las demás". Juan del Castillo es otro de sus familiares. En casa de María se habla con la mayor libertad no solamente de Erasmo, sino de Lutero y del Papa. Un día, Castillo alaba la conducta del Emperador (sin duda con ocasión del conflicto con Clemente VII); María toma irónicamente la defensa del Papa, "diciendo ser un gran Señor que dispensaba los misterios y gracias de Dios, y piedra sobre donde todo está fundado". Expresa a menudo, estando llena de San Pablo, el deseo de ser anatematizada o sacrificada por sus hermanos: Castillo y Diego Hernández se divierten entonces en lanzarle el anatema en griego.[11]

El humanismo da al fervor de los alumbrados un vigor y una libertad nuevos; los pone al mismo nivel de todo el vasto movimiento europeo. Un buen día de 1530, en la Dieta de Augsburgo, Melanchthon oirá hablar con admiración de un libro escrito por cierta dama española apasionada por el Evangelio: [12] este libro, salvo error, sale de Guadalajara, núcleo de iluminismo convertido por la influencia de Alcalá en núcleo de humanismo cristiano: es fruto de una colaboración entre la joven Duquesa del Infantado y el Obispo Cazalla, su maestro.[13]

gion non réformée". (Du Plessis d'Argentré, *Collectio judiciorum de novis erroribus*, Paris, 1728-1736, vol. I, 2ª parte, págs. 340-341.)

[11] *Ibid.*, pág. 30.

[12] Véase una carta de Andrés Osiander a Linck y Schleupner (Augsburgo, 5 de julio de 1530): "Est in Hispania mulier quaedam evangelii studiosa quae libellum edidit dignum qui publicaretur. Itaque ab episcopo quodam versus in latinam linguam excusus est. Philippo promisit quidam eum se ei exhibiturum; quod si fiet vel descriptum ad vos mittam." (*Corp. Reform.*, ed. Bretschneider, Halle, 1835, t. II, pág. 164.) Boehmer, que cita este texto (*Franzisca Hernández, op. cit.*, pág. 52), piensa que *quidam* designa a Fr. Juan de Quintana o a Fr. Gil López de Béjar, o bien, con mayor verosimilitud, a Alfonso de Valdés, entonces íntimamente relacionado con Melanchthon.

[13] Véase la declaración de Diego Hernández en el *Proceso de María Cazalla* (fol. 18 rº). Reproduzco, rectificándola, la transcripción en estilo directo de Melgares Marín (*Procedimientos*, t. II, pág. 30), desfigurada por la omisión de una palabra y por lo defectuoso de la puntuación: "*De* la condesa, que ahora es duquesa, decía: «¡Oh, qué lástima de mujer! Después que se le murió el obispo, estos hombres con que ha topado le han ahogado todo el buen espíritu que el difunto le dejó; ahora ha compuesto un libro, que me ha enseñado, y no me ha parecido bien, siendo lo peor que quiere titularlo al obispo mi hermano, porque dice lo ha escrito con ideas y palabras de éste, que moriría de pena si lo viese». Ruégoos, pues, que le pidáis dicho libro y lo examinéis, para quitárselo si os parece malo." Comparando estos informes con los que contiene la carta de Osiander, nos sentimos inclinados a formular la hipótesis siguiente. La joven

El proceso de Rodrigo de Bivar es otro documento que permite captar en lo vivo la erasmización del movimiento iluminista de Castilla la Nueva. Este músico, cantor del Duque del Infantado, es señalado en 1525 como uno de los que escuchan asiduamente a Isabel de la Cruz y como adepto de la oración mental. En los años siguientes, sin dejar de ser fiel a sus primeros maestros espirituales, se hace amigo íntimo del impresor Miguel de Eguía, apóstol del iluminismo erasmizante. Le gusta congregar en su casa algunos amigos para leer con ellos la Escritura. Cada cual contribuye con sus luces: se lee un texto de Job o del Nuevo Testamento y se cotejan con la Vulgata las versiones y los comentarios de los modernos, en particular de Erasmo, que enriquece "como contrapunto" la melodía de las palabras sagradas.[14]

Veremos cómo Juan de Valdés, oyente de Alcaraz en Escalona, llega a ser en Alcalá el más típico representante del erasmismo español. Veremos cómo el anciano Marqués de Villena, mecenas del "dejado" Alcaraz y del "recogido" Osuna, afirma en voz alta su simpatía por Erasmo y acepta el homenaje del *Diálogo* de Valdés. Aquí quisiéramos considerar a un testigo inesperado de esta metamorfosis del iluminismo: Ignacio de Loyola en persona. Que haya merecido o no el mote de "alumbrado", poco nos importa. Lo cierto es que fue tenido por alumbrado en la hora decisiva que estudiamos, y que, por ese mismo hecho, apareció como solidario de la revolución religiosa cuyo símbolo en España era a la sazón Erasmo.

Según sus propios recuerdos, recogidos por el P. Luis Gonçalves, Íñigo era estudiante en Alcalá de Henares en el momento en que el *Enquiridion* estaba haciendo furor, y muchísimas personas, entre ellas su propio confesor, un sacerdote portugués llamado Miona, le aconsejaban que lo adoptase como manual. El piadoso memorialista añade, es verdad, que él se negó, prevenido como estaba por los predicadores que reprobaban esa obra: según Gonçalves, Íñigo respondió a quienes tal le aconsejaban que no faltaban libros de autores indiscutidos, y que él quería atenerse a ellos. Pero la tradición de los jesuitas es un poco turbia a este respecto. Rivadeneyra (que relaciona la anécdota con los años en que Íñigo se

Duquesa del Infantado, en la época en que su marido no había heredado todavía el título ducal y en que ella era aún simple condesa, fue discípula del Obispo Fr. Juan de Cazalla. Recogió sus enseñanzas en un libro; su maestro se tomó el trabajo de traducirlo al latín, y en esta forma se imprimió. Después de la muerte del Obispo, pensó publicar su libro en español, dedicándolo a la memoria del difunto.

14 Cf. *supra*, pág. 183, nota 36. La declaración de Alonso del Castillo (1º de marzo de 1525) cita a Bivar entre los discípulos de Isabel y nos da cuenta de que, para él, la oración mental está primero que la oración vocal, así como el espíritu está primero que la carne. Bivar, interrogado en 1539 acerca de las "juntas de alumbrados" que se hacían en su casa unos diez años antes, las resume con estas palabras: "Se juntavan 4 ó 5 personas y leían una lectión de Job o del Evangelio y sobre aquélla vían la traslación de Sant Gerónimo e a Juan Fabro e a Herasmo que era como contrapunto sobre todo" (fol. 22 vº). Este "Juan Fabro" es probablemente *Jacques* Lefèvre d'Étaples, autor de célebres comentarios sobre el Nuevo Testamento (*Epistolae Divi Pauli*, París, 1517; *Commentarii initiatorii in quatuor Evangelia*, Meaux, 1522).

hallaba en Barcelona) admite que el fundador de la Compañía trató de leer el *Enquiridion* obedeciendo el consejo de su confesor, pero que abandonó su lectura al darse cuenta de que "se le comenzaba a entibiar su fervor y a enfriársele la devoción".[15]

Es muy posible que Íñigo haya leído este célebre libro sin encontrar en él el alimento más apropiado a la devoción que lo animaba. Pero es más que probable que lo leyó. De haber tenido un sentido ortodoxo lo bastante infalible para dar la razón a los predicadores antierasmianos y creer equivocado al Inquisidor General que aprobaba el libro, ¿hubiera escogido por confesor a este Maestro Miona[16] que aconsejaba semejante lectura, y a quien se señala, por otra parte, como amigo y discípulo de Bernardino Tovar, alma del grupo erasmizante de Alcalá? Además, ¿es cosa segura que no haya aprovechado nada del *Enquiridion?* Íñigo utilizará, a su modo, el *Monachatus non est pietas,* fundando una orden muy diferente de las demás, que causará escándalo ante todo por su orga-

---

[15] Rivadaneyra, *Vida del Padre Ignacio de Loyola,* en *B. A. E.,* t. LX, pág. 30 a-b. La anécdota recogida por Gonçalves de boca del propio San Ignacio tiene todos los visos de autenticidad. Pero su significado no es tan adverso al *Enchiridion* como a primera vista parece. "Lhe aconselhavão... que *lesse pollo Enchiridion"* quiere decir, en el portugués del memorialista, que aconsejaban al santo que tomase el *Manual* de Erasmo como su lectura predilecta, como su devocionario. Esto es lo que Íñigo no quiso hacer, permaneciendo fiel a su "Gerçonzito" (o sea la *Imitación*), a cuyo propósito menciona Gonçalves lo del *Enchiridion.* La versión de Rivadeneyra es menos fidedigna. Parece hábil elaboración de los datos de Gonçalves, con localización barcelonesa que les quita importancia religiosa, pues en Barcelona Íñigo estudia gramática, y lo que él quiere —como también sus consejeros— es utilizar a Erasmo como modelo de latinidad. El apoyo que esta versión parecía tener en el *Cronicón* de Polanco resulta dudoso o nulo después de publicada por los jesuitas la primitiva redacción española del relato de Polanco, donde no hay rastro de la anécdota (idéntica a la contada por Rivadeneyra) que aparece en el *Cronicón* latino. Es de notar que tampoco existe en la redacción española otra anécdota famosa del *Cronicón,* la del encuentro de Íñigo con Vives. Las dos anécdotas añadidas al *Cronicón* latino hacen juego. Ambas se presentan como pruebas de la infalibilidad del sentido ortodoxo del fundador, como explicaciones de la prohibición (tardía, como veremos *infra,* pág. 716) de los libros de Erasmo y Vives en la Compañía. (Cf. *Monum. Hist. S. J.,* vol. 66, *Fontes narrativi de S. Ignatio...,* Roma, 1943, págs. 170, 179 y 585, y mi reseña en *B. H.,* t. XLIX, 1947, págs. 99-100.)

[16] *Proceso de Juan de Vergara,* fol. 44 rº. Miona entrará mucho más tarde, en 1545, en la Compañía de Jesús. Pero en 1536 Íñigo le escribe todavía "como hijo a padre espiritual" (cf. *Enquir.,* págs. 75, nota 3, y 76, nota 2). Tal vez no sea el único caso en que se ve a un hombre mezclado en su juventud en el movimiento de libertad religiosa, someterse veinte años después a la ortodoxa disciplina de la Compañía de Jesús. Al lado de Miona aparece cierto Torres, igualmente discípulo de Tovar y todavía más amigo de él que Miona, porque era ya helenista y latinista consumado (*Proceso de Juan de Vergara,* fol. 44 rº: "y Torres el que fue a París al tanto andava con el Maestro Miona y con el Tovar a la pareja yguala, con Tovar más que con el Maestro Miona, de que ya era griego y gran latino"). Era, por otra parte, vice-rector del Colegio Trilingüe. Cuando se marchó a París en compañía de Miona, su salida fue sospechosa para la Inquisición. Ésta encargó a Jerónimo Ruiz de abrir las cartas que Torres mandaba de Francia a sus amigos de Alcalá (*ibid.,* fol. 149 rº). Ahora bien, este Torres parece que no es sino el Doctor Miguel de Torres, quien, después de haber visto algún tiempo con malos ojos a los "iñiguistas", entró en la Compañía de Jesús, donde tuvo un papel importante. (Cf. Astráin, *Historia de la Compañía de Jesús en la Asistencia de España,* t. I, Madrid, 1902, pág. 209.) Cf. también *supra,* pág. 182, nota 30.

nización completamente seglar, no obligada al coro ni a la clausura.[17] Estudiante en Alcalá, preludia ya su actividad de fundador con un apostolado espontáneo y seglar que no tarda en atraer sobre él sospechas de iluminismo. Por los mismos días en que Juan López de Celaín y el impresor Eguía tratan de reclutar apóstoles para los estados del Almirante, Íñigo y unos cuantos estudiantes pobres se hacen a su vez apóstoles, reparten limosnas gracias a la liberalidad de Diego de Eguía, hermano del impresor, y difunden una enseñanza religiosa que es mucho más moral que dogmática. Recomiendan la confesión y la comunión semanal. Pero habitúan a sus catecúmenos a la práctica del examen de conciencia y a la disciplina de los sentidos y de las "potencias" del alma; lo esencial de su enseñanza se refiere a los mandamientos de Dios y a los pecados mortales. En dos ocasiones, en 1526 y en 1527, son sometidos a interrogatorio en Alcalá. Quedan limpios de sospechas de iluminismo, pero se les prohibe enseñar antes de haber cursado tres años de estudios en la Universidad.

El arzobispo de Toledo, Fonseca, mecenas del erasmismo, ha tomado a Íñigo bajo su protección y le manda venir a Salamanca. Apenas llega, junto con su fiel compañero Calixto, ambos llaman de nuevo la atención por sus extrañas ropas de peregrinos astrosos y por el carácter inspirado de su apostolado. El subprior del monasterio dominicano de San Esteban somete a Íñigo a un apretado interrogatorio para saber si siguen una doctrina aprendida o si obedecen al "Espíritu Santo". Íñigo no oculta que su enseñanza es de esta última especie. Y, como se niega a entrar en mayores explicaciones, el fraile le hace observar la gravedad de su reticencia "en este tiempo en que hay tantos errores de Erasmo y muchos otros que tienen engañado al mundo".[18] Cualquiera que sea, en resumidas cuentas, la influencia ejercida por el movimiento erasmiano en la actividad de Íñigo de Loyola, semejante observación es muy reveladora de la importancia alcanzada por Erasmo en la vida religiosa de España en 1526, cuando aparece la traducción del *Enchiridion*.[19]

17 Sobre el gran debate suscitado en tiempos de Paulo IV a propósito de la "oración en el coro" en la Compañía, cf. *infra*, pág. 703.

18 Sobre todo esto, véanse los textos reunidos en el tomo I de los *Scripta de Sancto Ignatio* en los *Monumenta Hist. S. J.* (Madrid, 1904), en particular los recuerdos de Íñigo recogidos por el Padre Luis Gonçalves (págs. 60 ss.) y los procesos de Íñigo en Alcalá (págs. 598 ss.).

19 Sobre los debatidos problemas de los contactos de Íñigo de Loyola con el ambiente alumbrado y erasmizante de España, y de la relación entre la espiritualidad ignaciana y la erasmiana, véanse los siguientes estudios: Ricardo García Villoslada, S. I., *San Ignacio de Loyola y Erasmo de Rotterdam*, en *Estudios Eclesiásticos*, t. XVI (1942), págs. 399-419; Joseph de Guibert, S. I., *La spiritualité de la Compagnie de Jésus*, Roma, 1953 (Bibliotheca Instituti Historici Societatis Iesu, vol. IV); V. Beltrán de Heredia, O. P., *Estancia de San Ignacio de Loyola en San Esteban de Salamanca*, en *C. T.*, t. LXXXIII (1956), págs. 507-528; Pedro Sainz Rodríguez, *San Ignacio de Loyola y Erasmo*, en *Miscelánea de estudios dedicados al Dr. Fernando Ortiz*, t. I, La Habana, 1956, págs. 1305-1315 (trabajo incluido después por el autor en sus estudios sobre *Espiritualidad española*, Madrid, 1961, págs. 119-142); y, finalmente, Miquel Batllori, S. I., *Sobre l'humanisme a Barcelona durant els estudis de Sant Ignasi (1524-1526): Nebrija i Erasme*, en *Qua-*

V

Tenemos sobre esta revolución un testimonio de primer orden en una carta del clérigo humanista Juan Maldonado, quien ocupaba en Burgos una situación importante en la administración de la diócesis. Burgos no era ciudad de universidad; pero, centro del obispado más importante de España,[1] era también uno de los mayores mercados del país: exportadora de lanas, su jurisdicción comercial se extendía por el sur hasta Segovia, tenía una salida hacia la costa cantábrica, desde San Vicente de la Barquera hasta Castro Urdiales, y, por su colonia de Brujas, en parte marrana, estaba en relaciones permanentes con Flandes y con Inglaterra.[2]

Maldonado está establecido desde hace largos años en este nudo vital de Castilla la Vieja. Miembro de una familia de Salamanca y nacido en la diócesis de Cuenca[3] hacia 1485, ha tenido a Nebrija por maestro en la universidad salmantina. A los veinte años ha recibido también las lecciones de Christophe de Longueil, adolescente prodigio llegado a la corte de Felipe el Hermoso con el embajador Andrea de Burgo.[4] Después de recibir las órdenes sacerdotales, se establece en Burgos gracias al favor del obispo Don Juan de Fonseca, que hará de él uno de los examinadores de la diócesis.[5] Maldonado no limita su actividad de latinista a calibrar el saber de los candidatos al sacerdocio. Tiene en la ciudad otro

derni Ibero-Americani, Torino, núms. 19-20, diciembre de 1956, págs. 219-232 (trabajo reimpreso, con el título de Humanisme i erasmisme a Barcelona, 1524-1526, en el libro del P. Batllori, Vuit segles de cultura catalana a Europa, Barcelona, 1958, págs. 56-71).

1 Según Maldonado en su Pastor bonus (1529) (Joannis Maldonati Opuscula, Burgos, 1549, fol. 107 rº): "Tres episcopatus Hispaniae vel maximi non aequant frequentiam clericorum Burgensis."

2 Cf. Klein, La Mesta (trad. C. Muñoz), Madrid, 1936, págs. 50-51. Recordemos los orígenes burgaleses del misterioso Fray Melchor y su juventud pasada en Inglaterra. Otros dos comerciantes burgaleses nos ayudan a entrever el papel desempeñado por el comercio de Burgos en la vida espiritual de España: Álvaro de Castro, establecido en Londres, desde donde mantiene correspondencia con Erasmo Schets, es uno de los más queridos amigos de Luis Vives (Allen, t. VI, Ep. 1590, línea 11 nota). Diego del Castillo, alumbrado que tuvo que ver en el asunto de los "apóstoles" del Almirante, está en relaciones con Tovar, que suele recurrir a él para que se le manden libros de los Países Bajos (Proceso de Vergara, fols. 15 rº y 62 rº).

3 Ioannis Maldonati Opuscula, Burgos, 1549, fol. A 2 vº: "Ego quamvis Salmantica oriundus, in tua tamen sum patria dioecesique natus: ubi ubera materna suxi, initiatusque sum" (el autor se dirige al obispo de Cuenca Don Miguel Muñoz).

4 Ibid., fol. 36 vº: "Duos modo referam mihi familiarissimos, et quibus sum usus aliquando praeceptoribus, Antonium Nebrissensem et Christophorum Longolium..."; fol. 37 rº: "Longolius tanto flagrabat studio litterarum ut mihi, qui cum eo adolescenti in Hispania familiariter, antequam secretis Philippi regis ascriberetur, vixi, eundem ardorem immitterat..." La partida de Longueil a España se sitúa en 1505 según Th. Simar, Christophe de Longueil humaniste (1488-1522), Louvain, 1911, pág. 8.

5 Ioannis Maldonati Hispaniola, Burgos, 1535, pág. 5: "Vicesimum enim quintum annum agens Maldonatus Burgos venit ubi et ad hanc diem vitam degit." En el Pastor bonus (fol. d 8 rº), escrito en 1529, dice haber desempeñado durante algunos años funciones de examinador, y habla un poco adelante (fol. e 1 rº) del tropel que se precipitó hacia esas funciones después de la muerte de Fonseca (12 de noviembre de 1524).

mecenas en la persona de Don Diego Osorio,[6] Corregidor de Córdoba, gentilhombre afecto a las humanidades. Compila para él un florilegio de Plinio, Tito Livio y otros autores clásicos.

Durante el invierno de 1519 a 1520 la ciudad de Burgos es abandonada por sus habitantes a causa de una epidemia, y entonces Don Diego brinda a Maldonado la hospitalidad de su castillo de Vallegera: el humanista consagra sus vigilias a la lectura de Plauto y Apuleyo, y compone una comedia latina que intitula *Hispaniola*. La obra justifica su nombre por cierto afán de lograr una atmósfera española. Muestra algún parentesco con la *Celestina* por el tranquilo impudor de ciertos diálogos, pero no alcanza la complejidad ni la profundidad de la célebre tragicomedia. La *Hispaniola* es comedia pura, basada toda en el diálogo y el movimiento. En una acción episódica[7] aparece un fraile que, tras predicar la virtud, se deja inducir a tentación por un malvado bromista disfrazado de muchacha velada, y, atraído a una trampa, paga su liviandad con un castigo terrible. No concedamos demasiada importancia a estas escenas. Guardémonos bien, sobre todo, de tomarlas por una manifestación precoz del erasmismo de Maldonado. En realidad, estos incidentes hacen pensar en un *fabliau* de la Edad Media, y de ningún modo en los *Coloquios* de Erasmo. Se relacionan con una tradición ininterrumpida de sátira anticlerical y antimonástica cuyo más célebre representante en España es el Arcipreste de Hita: juego de clérigos sin consecuencias para la ortodoxia católica. Maldonado, sacerdote secular, no tiene ninguna necesidad de haber leído a Erasmo para ridiculizar a los frailes.

Por otra parte, cuando la influencia de Erasmo viene a desencadenarse revolucionariamente, el erasmismo de Maldonado se manifiesta en una forma bastante particular. Se regocija, es cierto, al presenciar el gran éxito de Erasmo, pero no es, visiblemente, de esos españoles que se sienten iluminados con su lectura. Humanista ávido de laureles, aspira sobre todo a la gloria de pintar el acontecimiento, y aprovecha esa ocasión para insinuarse en el favor del gran hombre. Ya a propósito de la rebelión de los comuneros, ha demostrado su gusto por la historia humanística de los sucesos contemporáneos escribiendo su *De motu Hispaniae*.[8] En 1526 decide convertirse, para beneficio de Erasmo, en el historiógrafo de la revolución erasmiana.[9]

6 Véase la dedicatoria de la *Hispaniola*, a Diego Osorio.

7 *Hispaniola*, fols. 78 ss.

8 Ms. del Escorial. Impreso en Roma en 1572. Traducido al español por Don José Quevedo, bibliotecario del Escorial: *El movimiento de España, o sea Historia de la revolución conocida con el nombre de las Comunidades de Castilla*, escrita en latín por el Presbítero D. Juan Maldonado..., Madrid, 1840. Como algunas veces se ha puesto en duda que este Maldonado sea nuestro autor (*Diccionario enciclopédico hispano-americano*, Barcelona, 1893, s. v. "Maldonado, Juan"), observemos que él mismo nos informa acerca de este punto en uno de los escolios de la *Hispaniola* (pág. 2): "Per Communitates. Sic appellant Hispani popularem factionem: qualem vidimus eo anno commoventem totam ferme Hispaniam in bella civilia adversus magistratus et nobilitatem. Quam rem Maldonatus septem libris exposuit."

9 Allen, t. VI, Ep. 1742 (Burgos, 1º de septiembre de 1526). Menéndez y Pelayo,

Le muestra a España dividida en varios partidos. Un primer grupo, en el cual se coloca evidentemente a sí mismo, está formado por los amigos de las Musas: todos han consagrado culto al restaurador de las buenas letras, al vencedor de la impostura, al príncipe de los sabios. A este grupo pertenecen no sólo los humanistas profesionales, sino también los teólogos cultos, instruidos en la verdadera tradición cristiana. Erasmo es rey de las escuelas, rey por la voluntad unánime de los estudiosos.

Una segunda categoría, la de los escolásticos, se apacienta de sutilezas y se complace en una vana ostentación de ciencia verbal. Son los enemigos jurados de Erasmo, sus detractores infatigables, porque ven claramente que toda su obra es la condenación de la de ellos. Por eso espulgan sus escritos para descubrir una ponzoña heterodoxa.

La tercera actitud es la de la masa popular, la de la gente sin cultura. Aquí, el testimonio de Maldonado es particularmente precioso, porque se refiere a hombres y mujeres cuyo pensamiento no deja huella escrita: "Éstos —le dice a Erasmo—, sin conocerte en modo alguno, traen tu nombre sin cesar en su boca, cantan en alta voz tus méritos, tienen de ellos una idea todavía más elevada." ¿Cómo no ha de ser Erasmo el centro de la atención general, cuando cada día se escuchan discusiones a propósito de él entre los doctos o los que se creen tales, cuando suscita tan grandes alabanzas y tan graves ataques, cuando los niños de las escuelas no hablan más que de él?

Pero hay todavía una cuarta especie de hombres, si es que se puede dar este nombre a individuos empeñados en despojarse de las apariencias de la humanidad: los frailes. Éstos trabajan con todas sus fuerzas en contra de Erasmo, pero hasta ahora sin fruto: sus maquinaciones se vuelven contra ellos mismos. Por otra parte, Maldonado distingue entre frailes y frailes. Pone aparte una variedad a la cual pertenecen, sin duda, buen número de dominicos y de franciscanos observantes, que no juzgaban de otra manera que Erasmo a sus hermanos indignos o incultos. Son, dice Maldonado, "personas que se recomiendan sin duda alguna por una ciencia poco común, y cuya vida es dignísima de alabanza, puesto que obran realmente de la manera que anuncia su rostro y su hábito". Tomados cada uno por separado, se muestran grandes admiradores de Erasmo. Pero no bien se encuentran entre sus hermanos, les cuesta algún trabajo olvidar la cogulla que llevan, hablan con palabras diferentes y se dejan arrastrar con la mayor facilidad, tanto más cuanto que sienten el daño que ha causado Erasmo al prestigio y a la prosperidad de su orden: se hacen compañeros de lucha contra el peligro común. Hay aquí, según dice Maldonado, elementos que Erasmo podría atraer fácilmente a su causa: a esos combatientes a más no poder, que no aciertan a odiar lo que desde el fondo del corazón aprueban, él podría ganárselos fácilmente

Heterodoxos, t. IV, pág. 88, nota, supuso sin razón válida que 1526 era una errata de imprenta por 1527. El autógrafo de Maldonado, tomado como base por Allen, dice claramente MDXXVI. Se conoce hoy, por otra parte, la respuesta de Erasmo a esa carta (Allen, t. VII, Ep. 1805). Está fechada en Basilea el 30 de marzo de 1527.

con sólo mostrarse un poco amable, con sólo distinguir cuidadosamente, en las polémicas, entre los religiosos dignos de este nombre, dignos de los fundadores de sus órdenes, y los vulgares frailes pendencieros.

Pero los que únicamente aspiran a que el pueblo los llame *maestros*, los que hacen consistir la sabiduría en silogismos, ésos son enemigos irreductibles y poderosos. No solamente son los maestros en los monasterios, sino que gozan de gran prestigio fuera de ellos. Han tomado como especialidad la de confesar a las señoras principales. Estos sutiles disputadores pretenden ser los únicos capaces de discernir los casos de conciencia. "Desde el último remendón hasta el Emperador, nadie es lo bastante cristiano a sus ojos si no tiene a algún fraile por *padre espiritual*, como dicen", y las mujeres cuentan detalles poco edificantes sobre las libertades de tocamiento que se permiten con ellas esos impúdicos "filosofastros". Erasmo, que ha hecho caer la luz sobre sus imposturas, es perseguido por ellos con odio infatigable. No se contentan con intrigar ante las autoridades, ante los mismos obispos, para lograr que se prohiba la venta de los libros de Erasmo. En cierto momento han creído ganar terreno, añade Maldonado (aludiendo sin duda alguna a los primeros ataques contra el *Enquiridion* y a la intervención de Coronel), pero la Inquisición ha prohibido las calumnias contra los escritos erasmianos. Entonces los religiosos han puesto a mal tiempo buena cara. Han resuelto proteger al menos contra el contagio erasmiano a sus nobles hijas de confesión y a los monasterios de mujeres, que son en España tan numerosos y tan ricos. Como hay oposición evidente entre su hipocresía y los libros de Erasmo "que abren camino tan fácil hacia la bienaventuranza y la inteligencia de la doctrina de Cristo", han querido persuadir a las señoras y a las religiosas de que huyan de todo aquel que pronuncie en su presencia el nombre de Erasmo. ¡Trabajo perdido! Lo que han conseguido es que ellas se llenen de curiosidad por el fruto vedado. ¿Por qué este odio de los frailes contra Erasmo?, se preguntan ellas. Y no tienen más que un pensamiento: hacer que les expliquen a Erasmo a hurtadillas.

En estos días todos se lanzan sobre los libros de Erasmo, por muy superficiales que sean sus conocimientos de latín. La masa que apenas sabe leer en su lengua materna también quiere tenerlos. Las mujeres mismas, sin exceptuar a las que viven enclaustradas, quieren saber qué hay en ellos. Ha llegado el momento en que los doctos tienen que traducirlos para uso de los ignorantes. Ya ha aparecido en español el *Enquiridion*, y los impresores lanzan al mercado miles de ejemplares de esta obra sin alcanzar a saciar al público. También corren de mano en mano algunos de los *Coloquios* traducidos al castellano...

Maldonado insiste, en su conclusión, sobre lo útil que sería que Erasmo ganara para su causa a la minoría selecta de los religiosos. Es preciso hablar de nuevo de la actitud de los frailes en presencia de la revolución erasmiana, porque esto es de importancia capital para comprender el desarrollo ulterior del erasmismo español. Lo que sabemos

por otras fuentes confirma la distinción establecida entre una minoría
escogida de religiosos que, de modo más o menos abierto, simpatizan con
Erasmo, y una masa violentamente hostil. La contraofensiva monástica,
aquí como en otras partes, procedía de las dos grandes órdenes mendicantes. Después del fracaso de Fr. García de Loaysa en su intento de obstruir
el camino al *Enquiridion,* una nueva oleada de asalto había partido de
Salamanca, donde la agitación provocada por los franciscanos había sido
reprimida con grandes trabajos gracias a la intervención de los prelados
y de la Corte.[10]

Hacia el mismo tiempo, en 1525 sin duda,[11] cuando Miguel de Eguía
estaba emprendiendo su campaña de ediciones erasmianas, el guardián
del convento franciscano de Alcalá se había puesto a defender la institución monástica amenazada por aquella corriente. Había atacado desde el púlpito la doctrina del escritor y su persona misma, y había prometido continuar en una serie de sermones. Los erasmistas de la Universidad
de Alcalá habían intentado, infructuosamente, apartarlo de este camino
que llevaba a la guerra y al escándalo. Algunos —entre ellos Tovar, probablemente[12]— habían apelado entonces a un benedictino amigo suyo,
rogándole que interviniera ante el guardián, gestión que no sería sospechosa, viniendo de un monje.

Este benedictino pertenecía al monasterio de Burgos y se llamaba Fr.
Alonso Ruiz de Virués.[13] No se hizo de rogar para escribir a su cofrade
franciscano una carta elocuente, de velada ironía. La carta llegó a su
destino; pero tal vez no se tomaron las precauciones suficientes para protegerla contra posibles indiscreciones. No había pasado un mes de cuando fue escrita, y ya volvía la carta, de mano en mano y de copia en

10 Según Erasmo, bien informado por sus amigos de España (Allen, t. VII, Ep. 1902,
líneas 87-89, y sobre todo Ep. 1903, líneas 14-17): "Ab hoc scopulo repercussus, aestus
vehementius erupit Salamantae per Franciscanos γυμνόποδας. Res est acta palam miro
tumultu, ut aegre cohibitus sit ab Archiepiscopis et proceribus aulae." Carvajal, en su
Dulcoratio (París, 1530), fol. 78, confirma la intervención de los franciscanos de Salamanca. Según él, el libro de anotaciones que Erasmo atribuía a Lee y que consideraba
como la base misma del cuaderno discutido más tarde en Valladolid, era en realidad
obra de Fr. Francisco Castillo y Fr. Francisco de Meneses, fraile, este último, muy esti-
mado por Nebrija (cf. Carvajal, *Apologia,* Salamanca, 1528, fol. 24 vº).

11 Acerca de este episodio debemos nuestros informes sobre todo a la carta de Virués al guardián de los franciscanos de Alcalá, y a los comentarios que Virués le agregó
al publicarla como prefacio a su traducción española de los *Coloquios* (cf. *Bibliografía,* núm. 478). Desgraciadamente, la edición no tiene fecha, pero puede situarse con
toda probabilidad en 1529. Ahora bien, allí se dice que esa polémica se remonta a unos
cuatro o cinco años. Por otra parte, refiriéndose en junio de 1527 a la misma Epístola
al guardián de Alcalá, dice Virués: "Scripseram olim" (Allen, t. VII, Ep. 1838, línea
40). Por último, la Epístola misma da un *terminus a quo,* pues en ella menciona Virués
el *De libero arbitrio,* que con seguridad no se leyó en España antes de principios de
1525. Así, la fecha 1525 es sumamente probable.

12 Acerca de la amistad que unía a Tovar y Virués, véase una carta de este último
a Juan de Vergara (Burgos, 9 de octubre de 1526), publicada por Allen, t. VII, pág.
499, línea 3: "Bernardinus Tovar, vir certe pro suo quodam mentis ingenuo candore
et morum haut vulgari probitate singulari amicitie necessitudine mihi devinctus."

13 Era de Olmedo; de allí el apellido *Ulmetanus* que adopta en sus escritos latinos.

copia, a su punto de partida; finalmente, iba a tener los honores de la impresión y a llegar a manos de Erasmo en una traducción latina hecha por Luis Vives.[14]

En efecto, Virués había escrito en español esta carta, en la cual se toca la cuestión del conflicto entre Erasmo y los religiosos con rara elevación de miras.

Erasmo —decía—, según muestran sus obras y el testimonio de los que le conocen, es hombre muy ingenuo y libre en sus costumbres y doctrina; es hombre que se precia solamente de ser cristiano, y parécele que sobre este título ninguno otro hay ni puede haber que más honroso sea.

De ahí su hostilidad contra las órdenes monásticas, o más exactamente, contra su particularismo, que muy a menudo se antepone a la gloria de Cristo y hace olvidar a los frailes la caridad evangélica. No habría conflicto, ni de los frailes entre sí ni entre los frailes y Erasmo, si todos pusieran el nombre de buen cristiano por encima de todo, si predicaran este solo nombre, si sólo buscaran su gloria.

Yo creo que como la bienaventuranza de todos los hombres consiste en tornar, por ser glorioso e beatífico, a aquella fuente y principio de donde según el ser natural emanaron, así ninguno de los que religiosos nos llamamos puede gozar de la bienaventuranza que en este mundo los perfectos poseen, hasta que las reglas en que vivimos nos tornen a aquella fuente de pureza evangélica de donde emanaron. Entonces habrán hecho Augustino, Benedicto, Francisco, Dominico, etc., en nosotros lo que quisieron hacer, cuando nos hubieren hecho perfectos cristianos, de lo cual están muy lejos gran parte del vulgo de nuestras religiones, que sin levantar el pensamiento a aquel fin para que fueron hechas, se detienen e hacen asiento en solas las cerimonias *quae circa victum et convictum,* para sola la honestidad exterior, nos fueron dadas. —Bien sé que me voy de rienda, más perdóneme Vuestra Reverencia, que como la mayor parte del descontentamiento en este caso tengo de mí, *loquor in amaritudine animae meae.*

Exaltando sobriamente la ciencia de Erasmo, la fama de que gozaba entre los príncipes seculares y eclesiásticos, mostraba el peligro de las polémicas lanzadas contra "el más insigne hombre" del siglo, y manifestaba el temor de que, lejos de salvar a las instituciones monásticas, fuesen fatales para ellas. Los Padres de la Iglesia sabían que las cosas santas no deben ser objeto de pleitos mezquinos. Los filósofos de la Antigüedad sabían por qué la imagen de Harpócrates se levantaba en el umbral de los templos con un dedo en los labios:

14 Allen, t. VII, Ep. 1847, líneas 136-140 (Luis Vives a Erasmo, Brujas, 20 de julio de 1527): "Simul misit mihi Aluarus Hispanicam epistolam Viruesii ad Minoritam quendam magnae in Hispania autoritatis ac nominis. Ea epistola circunfertur per Hispaniam et legitur cum maxima omnium approbatione; est elegantissime scripta nostra lingua. Eam ego in Latinam converti, tantum intelligi ut abs te posset." Virués escribía a Erasmo (Valladolid, 19 de junio de 1527, Allen, t. VII, Ep. 1838, línea 45): "Exscripta sunt exemplaria plus mille; tandem typis excussa transcribentium laborem levavit."

Todos tuvieron por cierto que entonces los grandes y espirituales misterios son más acatados e tenidos en mucho, cuando menos son tratados del pueblo y menos andan en lenguas de vulgares. Y a este propósito creo yo que como Cristo quisiese que su Evangelio fuese general doctrina para todos los estados y condiciones y edades de hombres, y que de todos fuese leído y con mucha familiaridad frecuentado, los grandes misterios que en él hay los cerró y escureció con palabras místicas, de tal manera que traídos entre las manos no puedan ser vistos sino de solos aquellos *quibus ipse tradiderit clavem scientiae*, sin lo cual cuantos silogismos y formalidades se aprenden en las escuelas, aprovechan muy poco. Deste principio podrá Vuestra Reverencia conocer que las religiones, cuanto más acatadas quisiéremos que sean o por cosa más divina tenidas, tanto menos debemos dar ocasión a que nuestras cosas vengan en disputa, porque algunas cosas reverencia el pueblo en nosotros por divinas que si puestas en disputa se allegasen, al cabo se hallarían ser menos que humanas; e aunque no sean malas, pero es bien que no se ponga en plática lo poco que valen, porque por ellas no se venga a pensar que son tales todas las demás.

De nada sirve alegar que Erasmo es quien ha comenzado. Cuando verdaderamente deseamos la honra de una persona, lo cuerdo suele consistir en dejar pasar, sin hacerles caso, las primeras injurias de que esa persona es víctima. Además, una de dos: "Las religiones, si no son de Dios, no miente Erasmo, e si lo son, no bastará su dotrina a las ofender." Pero él jamás ha tenido esta intención. La sátira de Erasmo, un poco exagerada siempre, castiga los defectos de todos los estados: mide siempre el paso que media entre lo que son y lo que pretenden ser. Lo único que cabe hacer es darle las gracias por ello. ¿Y cómo se quiere que los papas, los cardenales, los reyes y los señores acepten sus críticas si no las aceptan los religiosos, que son las "heces del mundo"?

Ciertamente yo temo que este señorío que sobre todo el mundo habemos cobrado tanto le queremos encumbrar que, subiendo la obra de nuestra presunción más de lo que sufren los cimientos de nuestra virtud, demos con todo junto en tierra e se comiencen las gentes a desengañar en muchas cosas para con nosotros.

El benedictino respondía decididamente de la ortodoxia de Erasmo contra quienes lo acusaban de luteranismo. Remitía al guardián de Alcalá al *De libero arbitrio*, y lo invitaba a leer

los *Adagios*, que es obra casi sobre fuerzas humanas; las *Anotaciones del Nuevo Testamento;* las ilustraciones y escolios en las *Obras de Sant Jerónimo*, e sobre todo los *Parafrases del Testamento Nuevo*, obra tan divina e tan necesaria en la Iglesia que no creo que sin especial instinto del Espíritu Santo le vino tan sancto propósito. Estas y otras muchas obras grandes e pequeñas vea Vuestra Paternidad, e cuanto mejor que yo las entenderá, tanto más estimará al autor y dará gracias a Dios que tal espíritu le dio. No niego yo que en alguna obra de las que ha hecho se hallen cosas que se deban contar *inter delicta juventutis*, pero en esto miremos que es hombre, suframos en él lo que en todos los hombres que escribieron, por muy sanctos e sabios que fuesen, queramos o no habemos de sufrir, e no demandemos a Erasmo lo que hasta hoy ninguno, fuera de los autores de la Sagrada Escritura, ha podido hacer.

Tal era la conclusión de Virués. Nos cuesta trabajo comprender cómo un hombre que manifestaba adhesión tan plena a Erasmo, que inmediatamente después tomaba su defensa en Burgos (contra el dominico Fr. Pedro de Vitoria),[15] que comentaba públicamente el *Enquiridion* y alababa a Erasmo desde el púlpito,[16] pudo, por esos mismos días, irritarlo con unas críticas formuladas con suma discreción. Y, sin embargo, tal es la historia de las misteriosas *Collationes ad Erasmum*.[17] El benedictino, a lo que es posible saber, había puesto por escrito ciertas observaciones limpias de toda intención polémica, sobre unos pasajes que a Erasmo le convendría explicar para hacer más fuerte su causa. Virués había tenido cuidado de enviárselas al gran hombre por vía muy segura, para que sus enemigos no pudiesen explotarlas. Su celo erasmiano fue efectivamente tan sincero, que las *Collationes* (salvo una de ellas, publicada después de la muerte de Erasmo) quedaron inéditas, en contraste con la carta al guardián de Alcalá, que Virués mismo se encargó de publicar.[18]

Pero Erasmo desconocía aún esta carta. Y, además, ¡era tan difícil desde lejos distinguir los amigos exigentes de los adversarios hábiles! Si este benedictino estaba convencido de la ortodoxia de Erasmo, ¿por qué le pe-

---

[15] Sobre los ataques de Fray Pedro contra Erasmo, véanse las cartas ya citadas de éste (Allen, t. VII, Ep. 1902, líneas 89 *ss.*): "Tandem extitit Petrus a Victoria, Dominicanus, qui Burgis concionatur, habet fratrem in vestro collegio. Is tantum excitauit tumultum ut se jactarent nec Caesaris nec praesulum aedictis obtemperaturos; illo fretus, *oportet obedire Deo magis quam hominibus.*" (Cf. Ep. 1903, líneas 17 *ss.*). La intervención de Virués en este caso sólo se conoce por una alusión de Vives en carta a Erasmo fechada en Brujas, 13 de junio de 1527 (Allen, t. VII, Ep. 1836, líneas 20 *ss.*): "Adjeci quoque epistolam quam Maldonadus Latine scripsit cuidam Osorio de congressu Viruesii et Victoriani: tute ex ipsis epistolis omnia cognosces. Est huic Victoriano frater germanus, sed dissimilis admodum, Franciscus a Victoria, itidem Dominicanus, Parisiensis Theologus..." Es verosímil que estos incidentes de Burgos se sitúen a principios de 1527, o quizá a fines de 1526, después de la primera carta de Maldonado a Erasmo (1º de septiembre de 1526).

[16] Allen, t. VII, Ep. 1814 (Vergara a Erasmo, Valladolid, 24 de abril de 1527), líneas 58 *ss.*: "Alfonsum istum monachum esse Benedictinum, Burgis agere solitum (quae urbs itinere quatridui Compluto distat, commertiis mercatorum apud Belgas vestros insignis), virum probum, theologum minime vulgarem, ad haec nominis tui apprime studiosum; qui *Enchiridion* tuum publice in sua civitate praelegens ac frequentibus ad populum concionibus honorificam tui mentionem faciens, offensiones non leves ea causa subierit ac in turbas tumultusque inciderit quam gravissimas."

[17] Redactadas sin duda en 1525, le llegaron a Erasmo en marzo de 1526. Éste reaccionó al punto escribiendo a Vergara (Basilea, 29 de marzo). Cf. pág. 223, nota 20.

[18] En las ediciones anteriores, fiado de Menéndez y Pelayo, decía yo que las *Collationes* desaparecieron "sin dejar huellas". E. Asensio, *El erasmismo*, art. *cit.*, págs. 41-42, observa con razón que la más personal de las *Collationes*, la intitulada *De monastica professione*, figura en las *Philippicae disputationes* de Virués (Amberes, 1541), págs. 273-293. En ella sostenía el benedictino que los tres votos monásticos son la cumbre de la perfección evangélica. Confesaba, sin embargo (pág. 292), que la versión que imprimía era más sobria que la que había dirigido a Erasmo dieciséis años antes, aunque no añadía nada esencial al texto primitivo.

día que la probara? ¿Por qué no volvía simplemente su pluma contra los calumniadores españoles? Virués, valiéndose de sus relaciones con Bernardino Tovar, había creído adecuado saludar a Erasmo en nombre de Vergara y de sus hermanos. Semejante introducción despertaba reminiscencias desagradables. ¿Acaso Zúñiga no era también otro amigo de Vergara? ¿Acaso no había recibido éste la dedicatoria del *Opusculum* de Carranza? Ciertamente, España erasmizaba cada vez más. Carranza mismo se había convertido ahora por entero a las ideas de Erasmo: noticia que le daba no únicamente Virués, sino también el secretario imperial Felipe Nicola. Pero Erasmo tiene miedo de los amigos que lo comprometen. Responde a Nicola: "Saluda a Carranza de mi parte con amistad y reverencia, y dile bondadosamente que me ame tanto como quiera, pero que cante con mayor moderación mis alabanzas, a causa de las lenguas maléficas." [19] Se abstiene, por lo pronto, de escribir a Virués. A Vergara es a quien escribe para acusar recibo de las *Collationes*. Lo hace en tono cortés, expresando el deseo de evitar nuevas discusiones. Pero son quizá demasiado secas las felicitaciones que manda a la Universidad de Alcalá y a España entera, "cuyo encomio ha leído con mucho placer en el librito de Virués".[20]

Su susceptibilidad se explica por los ataques que en esos mismos días le están llegando de París y de Lovaina. El segundo proceso de Berquin va acompañado de una violenta ofensiva de Beda contra su obra, y los Lovanienses, sintiéndose apoyados por el presidente del Parlamento de Mechlin, Josse Laurens, por Hezius y por el datario Giberti, hacen caso omiso del reciente edicto de Carlos V en su favor.[21] Cuando Erasmo recapitula todas las hostilidades que lo asedian, no olvida "al monje español que le ha dirigido un libro lleno de alabanzas, pero sembrado de dardos acerados".[22] El malentendido tendrá que esperar todavía largos meses para disiparse, a pesar de que Vergara se apresura a invitar a Virués a que tranquilice al viejo luchador agobiado de polémicas,[23] a pesar de que el propio Virués escribe a Erasmo en términos capaces "de aplacar el furor de Áyax".[24] Pero es de todos modos un malentendido. Virués representa, entre los religiosos españoles, un elemento fiel a Erasmo, sin reserva alguna, y, si pide una nueva explicación de éste, es que la cree posible sin que Erasmo cante ninguna palinodia.

El grueso de las tropas monásticas está animado de sentimientos com-

---

19 Allen, t. VI, Ep. 1701, líneas 27 ss.: "Sanctius Caranza mihi copiose praedicatus est ab Alphonso Ulmetano: proinde quum me tam diligenter invitas ad hominis omnibus dotibus ornatissimi amicitiam, nae tu plane, quod aiunt, ἵππον εἰς τὸν πέδιον... Caranzam meo nomine salutabis et amanter et reverenter, blandeque monebis hominem, amet quam volet effuse, sed praedicet parcius, ob linguas fascinatrices."

20 Allen, t. VI, Ep. 1684 (Basilea, 29 de marzo de 1526), líneas 6 ss.: "Academiae Complutensi majorem in modum gratulor, vel toti potius Hispaniae: cujus encomium in Alfonsi libello legi libenter." Desgraciadamente, esta carta no se conoce más que en una copia incompleta que sólo da el final.

21 Allen, t. VI, Ep. 1717.

22 *Ibid.*, línea 41.

23 Allen, t. VI (Append. XVIII), págs. 495-496.

24 Allen, t. VII, Ep. 1838, línea 9. Cf. t. VI, Ep. 1786, líneas 18 y 29. Todavía el 30

pletamente distintos. A los que indica Maldonado —y que se resumen en un instinto de defensa de su prestigio y de sus intereses amenazados—, hay que añadir probablemente un feroz misoneísmo y una oscura xenofobia, que encuentran apoyo en el espíritu "cristiano viejo" de las masas, fieles a todas sus costumbres, supersticiosas o no. Esta asociación es la que se había manifestado recientemente en la lucha de las Comunidades de Castilla contra el gobierno extranjero de Carlos V. Maldonado, en su *De motu Hispaniae*, destaca el papel desempeñado en esa revolución por los clérigos y los frailes, de quienes nos dice que "corrían de aquí para allá, recomendaban en todas partes el partido de los populares, lo ensalzaban y predicaban, y castigaban a los perezosos e indecisos con tanto rigor como a los blasfemos e impíos".[25] No nos sorprendamos de encontrar frailes comuneros entre los defensores de las creencias hereditarias contra la invasión erasmiana.

En Palencia,[26] un franciscano llamado Fr. Juan de San Vicente ejercita contra Erasmo las dotes de orador popular que ya ha empleado contra los flamencos de la Corte durante la revolución de las Comunidades. Elige para esto el día de San Antonino (2 de septiembre), gran fiesta en el lugar, y, desde el púlpito, denuncia ante el pueblo congregado en la catedral las herejías que pululan en los libros del holandés y que han comenzado a invadir a España. Lanza un desafío a los erasmófilos en el lugar mismo en que el *Enquiridion* ha hallado su traductor; antes de bajar del púlpito, prende sus conclusiones, con un alfiler, en el paño que lo cubre. Al otro día, ninguna voz se levanta, en un principio, para discutirlas: son demasiado imprecisas, y, por otra parte, los clérigos calificados para sostener una discusión teológica son raros fuera de los frailes. Sin embargo, el Arcediano del Alcor se encuentra entre los asistentes, y cuando ve al franciscano sacar un papel con la transcripción de treinta artículos sospechosos tomados del *Enquiridion*, de la carta a Paul Volz y de la *Paraclesis*,[27] y

de marzo de 1527, en una extensa carta a Tomás Moro, Erasmo exhala su rencor a propósito de Virués, que le parece personaje bufonesco por su manera de combinar ataques y elogios (t. VII, Ep. 1804, líneas 260-277).

[25] *El movimiento de España*, trad. cit., pág. 245.

[26] Carta del Arcediano del Alcor al Doctor Luis Coronel, Palencia, 10 de septiembre [de 1526] (Allen, t. VI, pág. 497).

[27] Parece que Erasmo tuvo comunicación de estos artículos por sus amigos españoles (tal vez por Coronel, a quien el Arcediano había mandado copia de ellos junto con la carta mencionada en la nota anterior). En una carta del 5 de septiembre de 1528 a Martín Lipsio (Allen, t. VII, Ep. 2045, líneas 213-233), que es como un florilegio de las necedades de sus adversarios, se mofa de treinta artículos sacados de sus obras por un franciscano español, y los ejemplos que da pertenecen precisamente al *Enchiridion* y a la *Paraclesis*... Este franciscano, de quien dice que tiene fama de ciencia y santidad, interpreta "veram germanamque theologiam" como si Erasmo hubiera querido hacer de la herética Alemania la patria de la verdadera teología. Descubre montanismo en la afirmación del *Enchiridion*, de que es completamente inútil hacerse enterrar con el hábito de San Francisco si no se han imitado sus virtudes. Opone un texto de San Pablo (I Timoth., 2: "mulier autem in silentio discat cum omni subjectione") a la tesis de la *Paraclesis* de que las mujeres deberían leer los Evangelios y las Epístolas. Cf. Ep. 1985, líneas 10 ss.

comentarlos sin respeto alguno por el verdadero pensamiento de Erasmo, se decide a tomar la palabra. No para entablar una controversia teológica, sino para mostrar al fraile sus disparates y para establecer varios hechos: el examen del *Enquiridion,* ordenado por el Inquisidor General antes de la impresión de la traducción española, el permiso que ha dado para esa impresión, la presencia de su escudo de armas en la portada del libro. Así el Arcediano reduce al franciscano a silencio, y hace que las risas queden de su parte. Pero no por ello deja Fray Juan de proseguir su campaña contra Erasmo. Goza de favor en las casas de los nobles de la región; no vacila en decir que el Arzobispo de Sevilla y el Consejo de la Inquisición han cometido un error al aprobar el *Enquiridion.* El traductor se alegra, en cierto sentido, de este encarnizamiento, pues nunca se lee tanto a Erasmo en Palencia como desde la fiesta de San Antonino. No obstante, informa a su amigo Coronel de estos acontecimientos, para que el Inquisidor General castigue como conviene la audacia del frailecillo y lo obligue al menos a una retractación pública en ese mismo púlpito desde el cual ha proferido sus calumnias.

Esta escaramuza es exactamente contemporánea de la relación de Maldonado, a la que ilustra con un ejemplo preciso.[28] Muy pronto, en Burgos, los clamores de Pedro de Vitoria amotinarán a la plebe contra el hereje bátavo protegido por la Corte. El momento es crítico. Al acercarse el otoño de 1526, el éxito del *Enquiridion* desencadena en el interior de España una especie de guerra espiritual que enfrenta a la mayoría de los frailes con una gran minoría erasmizante seguida por el público de los semiletrados. El movimiento, además de tener una amplitud mucho mayor que la fermentación iluminista que motivó el Edicto de 1525, cuenta con la aprobación oficial de la Inquisición. Los acontecimientos se agravan y su ritmo se acelera. Antes de que pase un año, la Inquisición se verá obligada a someter el conflicto a un arbitraje. Y, mientras tanto, una victoria fulminante de los imperiales contra el Papa habrá llevado hasta el paroxismo la fe de la minoría selecta de España en una reforma religiosa impuesta por el Emperador.

---

28 Véase el incidente análogo que Diego Gracián de Alderete cuenta a Juan de Valdés en carta de 23 de diciembre de 1527 (Allen, t. VI, pág. 497, Append. XVIII, nº 3, introd.). Un franciscano truena desde el púlpito contra Erasmo, en un lugar cerca de Palencia. Anuncia un terrible castigo para los lectores del *Cherrión* o *Chicharrón* (título que huele ya a quemado). Cuenta que se ha abiero la tierra para tragarse al Arcediano del Alcor, traductor de ese abominable libro. Pero el fraile tiene entre sus oyentes a un comisario de la Cruzada que se echa a reír al escuchar tal cosa. "Es muy cierto, confirma, que la tierra se lo tragó para apartarlo de los frailes, pésima ralea de hombres. Pero lo vomitó en Palencia, donde lo vi ayer sano y salvo."

CAPÍTULO V

EL AÑO DEL SACO DE ROMA
LA CONFERENCIA DE VALLADOLID
(1527)

I. *Mesianismo imperial a raíz de la victoria de Pavía. La Cancillería de Carlos V: su política antirromana; sus relaciones con Erasmo. El peligro turco y las Cortes de Valladolid. II. Los frailes españoles contra Erasmo. Elaboración de un cuaderno de proposiciones erasmianas sospechosas de herejía. Atmósfera creada por la noticia del saco de Roma. III. La conferencia teológica de Valladolid. Fuerzas presentes en ella. Discusión del primer capítulo del cuaderno: Erasmo y la Trinidad. IV. Prosecución de los debates: la divinidad de Cristo; la divinidad del Espíritu Santo; la inquisición de la herejía. V. Suspensión de la conferencia. Victoria de los partidarios de Erasmo. Su consolidación por el estado mayor erasmiano en Palencia y en Burgos. La carta imperial del 13 de diciembre, garante de la ortodoxia de Erasmo.*

I

No ES POSIBLE evocar aquí en toda su amplitud la gran crisis europea que va desde la victoria de Pavía hasta el saco de Roma, pasando por los triunfos turcos de Mohacz y de Buda. Pero sí hay que decir cómo reaccionan ante estos acontecimientos decisivos los españoles cautivados por el evangelismo erasmiano. Motivos políticos y motivos religiosos se asocian entonces en un sueño complejo de hegemonía española, de unidad cristiana y de reforma general. Ya antes de la victoria de Pavía, según hemos visto, se expresaba este mesianismo en Escalona, en el círculo del Marqués de Villena, a través de los atrevidos vaticinios de un franciscano.[1] A raíz de la victoria, la misión providencial del Emperador es afirmada oficialmente por su cancillería. La relación de la batalla que Valdés hace imprimir

---

[1] Cf. *supra,* págs. 185-186. Sobre la mentalidad "mesianista" o, mejor dicho, la conciencia española de la misión providencial del Emperador, hay algunos textos interesantes en Juan Sánchez Montes, *Franceses, protestantes, turcos. Los españoles ante la política internacional de Carlos V,* Madrid, 1951. Al mismo tema ha dedicado José Antonio Maravall una parte de los análisis contenidos en su libro *Carlos V y el pensamiento político del Renacimiento,* Madrid, 1960. En su artículo *Formación del fundamental pensamiento político de Carlos V* (en *Los Reyes Católicos y otros estudios,* Madrid, 1962 [col. Austral, núm. 1268], págs. 71-111), D. Ramón Menéndez Pidal acentúa la relación de la doctrina política del Emperador con la de los Reyes Católicos, distinguiéndola de la política de Gattinara.

por orden del Consejo, y que sin duda redactó él mismo,[2] termina con este arranque profético:

Parece que Dios milagrosamente ha dado esta vitoria al Emperador para que pueda no solamente defender la cristiandad y resistir a la potencia del turco, si osare acometerla; mas asosegadas estas guerras ceviles (que así se deben llamar, pues son entre cristianos), ir a buscar los turcos y moros en sus tierras, y ensalzando nuestra sancta fe católica, como sus pasados hicieron, cobrar el imperio de Constantinopla y la casa sancta de Jerusalem que por nuestros pecados tiene ocupada. Para que como de muchos está profetizado, debajo deste cristianísimo príncipe todo el mundo reciba nuestra sancta fe católica, y se cumplan las palabras de nuestro Redemptor: *Fiet unum ovile et unus pastor.*

Como se ve, los servidores de Carlos no esperaron a Hernando de Acuña para soñar con

la edad gloriosa en que promete el cielo
una grey y un pastor sólo en el suelo,

y con la hegemonía expresada por el famoso verso

un Monarca, un Imperio y una Espada.

Esta aspiración se mantiene y se exalta en el curso del año 1526, cuando se forma la Liga de Cognac entre los enemigos del Emperador, cuando el Papa busca apoyo para sus ambiciones italianas en el afán de desquite de Francisco I, y cuando el turco, alentado por las embajadas francesas, lanza una terrible ofensiva contra Hungría. Luis Vives, atento desde Londres o desde Brujas al progreso de los acontecimientos, se irrita al conocer las maniobras que preparan nuevas carnicerías.[3] No vacila en señalar al Papa como responsable de esas maquinaciones, que proceden —dice Vives— no de Satanás, sino "de los propios sucesores de Cristo, maestro y heraldo de paz".[4] Hace entonces, en su diálogo *De Europae dissidiis et bello Turcico*,[5] una sombría pintura de las disensiones entre cristianos, sin olvidar a los teólogos, luteranos o frailes. Muestra cómo en Italia está la chispa de la discordia de la política europea. Pero no cree en la solución fácil que consistiría en dejar Italia a los italianos: éstos se hallan divididos por odios tan mortales, que por sí mismos serían capaces de ir a solicitar alianzas al

2 Fermín Caballero reprodujo en facsímil este valioso pliego suelto como apéndice a su libro *Alonso y Juan de Valdés, op. cit.*

3 Véanse las cartas publicadas por H. de Vocht en *Literae virorum eruditorum ad Franciscum Craneveldium (1522-1528)*, Louvain, 1928, y nuestro artículo del *B. H.* a propósito de esta publicación (cf. *supra*, pág. 101, nota 23).

4 De Vocht, *op. cit.*, Ep. 193, líneas 19-21. El pasaje está redactado en griego, como ocurre a menudo en la correspondencia de Vives cuando quiere expresar un pensamiento atrevido: es una manera de lenguaje cifrado.

5 *Opera*, Valencia, 1782, t. VI, págs. 452 ss. Adolfo Bonilla y San Martín, *Luis Vives y la filosofía del Renacimiento*, 2ª ed., Madrid, 1929, t. II, págs. 322 ss., ofrece un análisis de este opúsculo.

otro lado de los montes. La paz entre los cristianos es una exigencia imperiosa: sólo esta paz permitirá hacer frente al turco. Ahora bien, en carta a su amigo Fevyn da a entender que él no concibe la paz sino después de una providencial victoria imperial:

> Se dice que gran número de enemigos se han conjurado contra Carlos. Pero ése es el destino de Carlos: no poder vencer sino enemigos en gran número, para que su victoria sea más sonada. Son, en realidad, decretos de Dios para hacer ver a los hombres qué débiles son nuestras fuerzas contra su poder.[6]

En virtud de esta mística en que paz y guerra se entremezclan de modo tan extraño, el Emperador aparece ante sus fieles como el instrumento de una voluntad divina, más fuerte que todos los obstáculos y que el mismo Papa. La política imperial, a medida que se va haciendo más decididamente antirromana, adopta por su cuenta la idea del Concilio y acaricia la idea de rehacer la unidad cristiana por medio de una decisión justiciera que el Emperador victorioso sabrá imponer lo mismo al Papa que a los luteranos. No debe sorprendernos que los erasmistas de la Corte crean ver en ella una solución hermana del *Consilium* rechazado en los días de la Dieta de Worms, y que se crean discípulos de Erasmo hasta en su adhesión fervorosa a esta política.

No se puede decir que Erasmo dé alas a semejante ilusión. Su carta a Francisco I del 16 de junio de 1526, y sobre todo el breve juicio que escribe sobre la situación europea en el coloquio *Puerpera*,[7] demuestran perfectamente que no sigue a Carlos V en su sueño de hegemonía universal: considera de mucho mayor precio la paz entre los príncipes cristianos que la victoria imperial. Busca la protección de Carlos V por la misma razón que la de Francisco I: para que se imponga silencio a los Latomus de Lovaina lo mismo que a los Bedas de la Sorbona. No olvida, sin embargo, que sigue siendo consejero del Emperador. Después de la publicación del *Hyperaspistes I*, le vemos hacer una tentativa para obtener el pago de su pensión. Si no recibe dinero de Carlos V, al menos conseguirá de él un testimonio de satisfacción y una promesa de imponer silencio a sus enemigos católicos.[8] Pero esta carta imperial tardará meses en llegarle desde la remota Granada. Cuando Erasmo vuelve a la carga en carta al Canciller para que se le proteja contra los ataques de los ortodoxos de Lovaina, y se planta con ademán de campeón de la verdadera fe contra el luteranismo, alega asimismo su calidad de servidor imperial, y da a entender que esta calidad influye mucho en la hostilidad que se

---

6 De Vocht, *op. cit.*, Ep. 193, líneas 27-31.

7 Allen, t. VI, Ep. 1722, particularmente las líneas 17-18: "Quanquam autem nonnullis pax ista severis, ne dicam iniquis, conditionibus videtur coiisse..." — *Colloquia* (Basilea, 1526): "Carolus molitur novam totius orbis monarchiam" (texto que se corregirá a partir de 1529 en: "Carolus molitur monarchiae proferre pomoeria"). Erasmo se explicará acerca de estos dos puntos (los cuales han dado pie para ataques de Carvajal) en una carta a Alfonso de Valdés, de 21 de marzo de 1529 (Allen, t. VIII, Ep. 2126, líneas 9-20).

8 Allen, t. VI, Ep. 1731 (Granada, 4 de agosto de 1526).

desencadena contra él en la Sorbona.[9] La razón de ello es que Erasmo no tiene, entre las personas que rodean al Emperador, apoyo más sólido que el Gran Canciller, Gattinara, y su secretario Valdés, es decir, los servidores más convencidos de la política antifrancesa y antirromana.

Nunca hasta este momento había sido tan poderoso Gattinara. Después del Tratado de Madrid, ha roto abiertamente con el francófilo Lannoy. Viendo sombrío el porvenir, desaprobando la política de acercamiento con Francia, ha hablado de retirarse a sus tierras de Italia. Pero la desvergüenza de Francisco I y la formación de la Liga han justificado tan rápidamente su pesimismo, que el Emperador le ha rogado que continúe en la Corte. El viejo estadista piamontés accede a los ruegos. Bromea, a propósito de ello, con ese humor que añade gran encanto a sus virtudes de valentía y de abnegación: "Si hubiera nacido muchacha, dice, habría cedido de tan buena gana a los ruegos, que no hubiera guardado mucho tiempo mi doncellez." [10] ¿Qué le importa que Lannoy se quede también en la Corte junto al soberano? Gattinara triunfa: su política es la única que los enemigos de Carlos V hacen posible. Logra hábilmente que los grandes dignatarios españoles se interesen por ella; hace que ingresen en el Consejo el Duque de Alba, el Duque de Béjar, el arzobispo de Toledo, Fonseca, Gabriel Esteban Merino, obispo de Jaén y arzobispo de Bari, y por último, el dominico Fr. García de Loaysa, obispo de Osma y confesor del Emperador.[11]

En Granada, durante el verano de 1526, Gattinara capitanea atrevidamente la contraofensiva diplomática contra la Liga.[12] A la *Apología* francesa que disculpa a Francisco I de haber violado el Tratado de Madrid —"colmo de impudencia y necedad", a juicio de Vives [13]— replica contrastando la grandeza de alma de Carlos V y la marrullería de Francisco I. Al breve pontificio del 23 de junio responde con una diatriba escrita sin sombra de indulgencia, comunicada primero al nuncio Castiglione y después al Papa, en pleno consistorio, y difundida después profusamente por

9 Ya en su carta a Gattinara del 29 de abril (Allen, t. VI, Ep. 1700, línea 30) no vacilaba en decir: "et pro Luthero pugnat quisquis nunc impugnat Erasmum". En la del 3 de septiembre (*ibid.*, Ep. 1747, línea 57) vuelve a hablar de este tema y dice a propósito de los sorbónicos: "Nam hos habeo etiam ob id infensiores quod Caesareanus sum."

10 Palabras recogidas por el embajador de Polonia, Dantisco (*Acta Tomiciana*, t. VIII, págs. 307-309, carta al rey Segismundo, Toledo, 23 de febrero de 1526; y pág. 348, al mismo, Granada, 12 de octubre de 1526). Juan Dantisco (Johannes Dantiscus, Johann Flaxbinder de Dantzig) es un testigo precioso para nosotros, porque Gattinara y Valdés son sus mejores amigos en la Corte. Su correspondencia diplomática de 1519 a 1530 está publicada en la gran compilación de los *Acta Tomiciana* (doce volúmenes en folio aparecidos en Poznan de 1855 a 1906). Los tomos I a IX fueron utilizados, no sin algunas equivocaciones, por A. Paz y Mélia, *El embajador polaco Juan Dantisco en la corte de Carlos V* (*Bol. Ac. Esp.*, tomos XI y XII, 1924-1925. El autor no lleva su estudio más allá de 1527).

11 Juan Dantisco al rey Segismundo, *Acta Tomiciana*, t. VIII, pág. 336.

12 Este momento de la política imperial con respecto a Roma ha sido estudiado con mucha penetración por Baumgarten, *Geschichte Karls V*, t. II, págs. 625 ss.

13 En De Vocht, *op. cit.*, pág. 533.

las prensas de Alcalá y de Maguncia.[14] El César, después de recordar los servicios prestados por él a la Santa Sede, se quejaba de que tan mal supiera apreciar el Papa sus deberes de pastor de la Iglesia universal, y de que empleara contra él el oro cosechado para la guerra contra los infieles, oro cuya mayor parte había suministrado España misma. No temía evocar a este propósito los *Centum gravamina* de la nación alemana. Invitaba finalmente al Pontífice a deponer las armas, que no le sentaban, y él se comprometía a hacer lo propio. Si no se prestaba oídos a este lenguaje pacífico, el Emperador estaba pronto a defender su derecho por cualquier medio. Desde ahora apelaba de las injustas acusaciones del Papa al Concilio general.[15]

Pues bien, en el momento mismo en que la Cancillería de Carlos V se aventura por este camino, el Canciller no tiene más dulce solaz que leer las obras de Erasmo. Se diría que descubre una profunda analogía entre la lucha que él está capitaneando y la del anciano filósofo obligado a hacer frente a un mismo tiempo a los papistas intransigentes y a los luteranos irreductibles. En carta a Erasmo, lo felicita de tener de su parte un tercer partido: el de los hombres cuya alabanza importa. Y le muestra, en Carlos V, una fuerza capaz de realizar las miras de ese tercer partido: "Siempre he deseado la desaparición de la facción luterana, pero en condiciones tales que se la extirpe completamente y se corrijan también los otros males: es lo que sucederá, según espero, bajo los auspicios de nuestro César".[16]

Para la redacción de todos estos mensajes, diplomáticos o privados, Gattinara recurre [17] a la colaboración del secretario Alfonso de Valdés, admi-

[14] Sobre estas ediciones, cf. Boehmer, *Spanish reformers*, t. I, págs. 85-86. Yo he creído reconocer la escritura de Valdés en un documento conservado en Simancas (*Estado*, leg. 1553, fol. 529) que se refiere, según parece, a la edición de Alcalá. Es un memorial de gastos presentado al Canciller, en el cual se puede leer: "Costaron de imprimir los libros del papa 400 reales. He recivido de los que se vendieron 168. Hame de paguar su S. la resta, que son 232. Sy más se cobra dellos, será para su S." Otro documento de Simancas (*Memoriales de la Cámara*, Miguel de Eguía) demuestra que el editor Eguía recibió orden de imprimir con mucha urgencia (dejando suspendidos todos los trabajos comenzados) las Apologías del Emperador contra el Rey de Francia y la Liga.

[15] Cf. *Acta Tomiciana*, t. VII, pág. 357. Paz y Mélia, *El embajador polaco Juan Dantisco...*, art. cit., *Bol. Ac. Esp.*, t. XI (1924), pág. 433, traduce *centum gravamina* por "cien impuestos".

[16] Allen, t. VI, Ep. 1757, carta de Granada, 1º de octubre de 1526. El P. V. Beltrán de Heredia (*C. T.*, t. LVII, Salamanca, 1938, pág. 578), cita, de un documento inédito de Simancas (*Estado*, 14, fol. 38), "un interesante capítulo de carta que a 21 de septiembre de 1526 escribía a Carlos V desde Alcalá, adonde había ido de visitador, el Obispo de Ávila don Francisco Ruiz, compañero de Cisneros". Son notables estas líneas del "intrépido franciscano": "Parésceme que se apropinqua el tiempo para que V. Mt. pueda emplear en servicio de Dios y reformación de su Iglesia los sanctos propósitos y deseos que el año pasado estando en Toledo y hablando con V. Mt. le conocí tener. Y aunque los medios para ello parezcan peligrosos y sangrientos, no nos debemos maravillar, porque, para arrancar de raíz tan grand benyno y ponzoña como al presente reina en la Iglesia de Dios, necesarios son semejantes cauterios; y muy difícil será introducirse la sancta y buena reformación que V. Mt. desea en ella si primero no cayese esta máquina de maldad que agora tanto reina."

[17] Aunque muchas veces es él mismo quien escribe. Gasparo Contarini, embajador de Venecia ante Carlos V en 1525, describe con admiración la actividad de este gran trabajador que es Gattinara: "scrive quasi ogni cosa, che occorre, di sua mano" (*Rela-*

rador ferviente de su política, noble ejemplar de esos españoles que sienten su conciencia "alumbrada" por los escritos de Erasmo y tienen por él verdadero culto. Valdés ha medrado desde los tiempos de Worms. Al principio simple escribiente, después secretario archivista, ha sido nombrado recientemente secretario para la correspondencia latina: sucede a Felipe Nicola que está enfermo y ha tenido que ser despedido de su cargo a consecuencia de una tentativa de suicidio.[18] En cierto sentido, su erasmismo ardiente no hace más que continuar una tradición iniciada en la Cancillería por Maximiliano Transilvano y por Nicola. Pero sobrepasa a sus predecesores por su ardor verdaderamente religioso. Su amigo Pedro Juan Olivar dice de él que es "más erasmista que Erasmo".[19] Entusiasmo político y fervor evangélico se le mezclan en un sentimiento puritano. Transilvano manda hacer en algún taller de Bruselas unos tapices destinados a embellecer las habitaciones fortuitas que Valdés ocupa y abandona de acuerdo con los cambios de residencia del soberano. Pero si nuestro Secretario acepta este lujo "de ostentación más que pagana", es sólo para dar gusto a su hermano Diego, eclesiástico en busca de prebendas. ¡Qué desapegado está él de esas cosas! ¡Y con cuánta mayor impaciencia espera de Bruselas las obras de Erasmo que Transilvano ha mandado encuadernar para él![20]

Espontáneamente se ha constituido en abogado de Erasmo en las oficinas del Emperador.[21] Aunque sus esfuerzos por conseguir que se le pague la pensión son infructuosos, redacta en nombre del Emperador o del Canciller testimonios de ortodoxia y promesas de protección incondicional que ayudan muchísimo a Erasmo en su lucha contra los intransigentes de Lovaina.[22] A comienzos de 1527, Gattinara recibe del Filósofo un llamado de

zioni degli Ambasciatori Veneti, raccolte... da Eug. Alberi, serie 1ª, vol. II, Firenze, 1840, página 55).

18 Véanse los documentos publicados por Fermín Caballero, op. cit., págs. 309 y 320. La real cédula que encarga a Valdés de la correspondencia latina (18 de febrero de 1526) se refiere en términos vagos a la salida de Nicola. Dantisco es quien nos informa con mayor precisión acerca de esto (Acta Tomiciana, t. VIII, pág. 301, Dantisco al rey Segismundo, Toledo, 10 de enero de 1526): "iste bonus secretarius [Philippus Nicola] corruptus [correptus?] cordiaca passione sibi ipsi mortem asciscere voluit cum forpice [forcipe?] qua vulnera duo in collo, inoffenso tamen gutture, sibi inflixerat, ex quo furore sanus evasit, sed officium suum apud Caesarem amisit".

19 Allen, t. VI, Ep. 1791, línea 34. Carta desgraciadamente incompleta, de Pedro Juan Olivar a Erasmo, escrita el 13 de marzo de 1527. El valenciano Olivar, como su paisano Vives, había vivido durante algunas temporadas en Inglaterra y en los Países Bajos. (Véase la noticia de Allen, t. VI, pág. 472, y De Vocht, op. cit., pág. 222, donde se encuentra una carta de él a Cranevelt, fechada en Bruselas el 13 de enero de 1524). Olivar mismo nos hace saber (Allen, t. VI, Ep. 1791, líneas 16-17) que había tenido ocasión de verse con Erasmo, sin mantener relaciones con él. Quizá haya que situar esta entrevista en Brujas, en 1522.

20 Fermín Caballero, op. cit., pág. 324 (Valdés a Transilvano, Valladolid, 12 de marzo de 1527).

21 Ya el 15 de diciembre de 1525 le escribe Transilvano desde Bruselas: "Hoc tamen non possum nisi summis laudibus efferre, quod fulgidi radiantisque sideris instar Erasmi Roterdami rerum curam et patrocinium susceperis." Sobre la naturaleza de este patrocinium, véase la nota siguiente.

22 La minuta del mensaje imperial del 4 de agosto de 1526 está escrita de puño y

auxilio. Valdés se apresura a componer en nombre del Canciller un mensaje a los Lovanienses, cuya pauta, por no decir las palabras mismas, ha proporcionado Erasmo; en ese documento se da fe de la gloria excepcional de Erasmo en España.[23] Con ayuda de las circunstancias, este expediente servirá más que todas las prohibiciones anteriores del Emperador y de la Regente para acallar en Lovaina las polémicas antierasmianas. Por esos días Gattinara y su fiel Valdés dirigen a Erasmo una curiosa invitación, bastante reveladora de los lazos que unen su erasmismo con sus preocupaciones políticas: se han puesto a hojear el *De monarchia* de Dante, tratado que adquiere nueva actualidad a causa del conflicto entre el Emperador y el Papa. Una edición de ese opúsculo serviría a la causa imperial. Pero el manuscrito, demasiado defectuoso, tendría que ser revisado por un filólogo: ¿y quién mejor calificado que Erasmo? Sin embargo, con una deferencia que lo honra tanto como a su ilustre corresponsal, Gattinara le deja que juzgue de la oportunidad de esa edición.[24]

En realidad, Erasmo no llegó a ocuparse del asunto. Muy pronto el saco de Roma iba a modificar tan profundamente la situación, que la Cancillería, meses después, quizá hubiera juzgado a su vez inoportuna la publicación del *De monarchia*. Pero este aspecto fugaz de las relaciones de Erasmo y Gattinara nos sirve para comprender mejor el momento agudo del erasmismo español. Hay un período de varios años durante los cuales el erasmismo, para la porción más escogida de intelectuales de la Corte, es una atmósfera ideológica que permite conciliar el celo antirromano con el afán de ortodoxia y el fervor evangélico. Este espíritu choca con la ironía desdeñosa de los italianos del cuerpo diplomático: Baldassare Castiglione, nuncio del Papa, Andrea Navagero, embajador de Venecia, Alessandro Andrea de Nápoles, no pierden ocasión de mofarse de ese Erasmo a quien los españoles han convertido en su ídolo. Benedetto Tagliacarne, preceptor de los infantes de Francia que han permanecido como rehenes en la Península, despotrica a más y mejor contra el bátavo.[25] En todo esto vemos enfrentarse, desde luego, dos concepciones diversas del humanismo. Pero parece también que se percibe una secreta oposición entre dos concepciones del porvenir europeo.

Ahora bien, el porvenir que conciben los imperiales supone una victoria rápida sobre el Papa. Aun antes de que éste haya tomado la iniciativa del duelo diplomático que llena todo el verano de 1526, Carlos V, recién llegado a Granada, deja plena libertad de acción a Ugo de Moncada para ponerse de acuerdo con el Cardenal Colonna, el cual se compromete

letra de Valdés (Allen, t. VI, Ep. 1731, introd.). Ya el año anterior había intervenido seguramente en la redacción de algunas cartas a las cuales alude Gattinara (Allen, t. VI, Ep. 1643, líneas 15-17) en estos términos: "Quae tam de pensione tua quam contra detractores tuos petebas, ea tibi facillime Caesar concessit. Cum his habebis litteras quas ob id scribi jussit." (Carta a Erasmo, Toledo, 28 de ocubre de 1525.)

[23] Allen, t. VI, Ep. 1747, líneas 118 ss., y Ep. 1784 a, con su introducción.

[24] Allen, t. VI, Ep. 1790 a. Cf. *B. H.*, t. XXVI (1924), pág. 33, y las *Dante Notes* de Paget Toynbee en *Modern Language Review*, t. XX (1925), págs. 43-47.

[25] Allen, t. VI, Ep. 1791 (Olivar a Erasmo, 13 de marzo de 1527).

a "arrojar al Papa de Roma".[26] El ataque de sorpresa del 20 de septiembre contra la Ciudad Eterna es un aviso cuya gravedad no llega a percibir por completo Clemente VII, pero del cual hace responsable al Emperador.[27] El Papa multiplica sus preparativos de guerra y, en represalia, ordena saquear las tierras de los partidarios de los Colonna: corre el rumor de que las tropas pontificias han cometido atrocidades peores que las de los turcos en Hungría.[28] El Emperador se prepara para un gran esfuerzo militar que requiere la ayuda moral y económica de sus súbditos castellanos. Cuando llega a Granada la noticia del desastre de Mohacz y la muerte del Rey de Hungría, Carlos decide reunir las Cortes en Valladolid. La guerra contra el infiel será la justificación de los subsidios que va a pedir a sus pueblos; pero éstos no ignoran que su dinero servirá ante todo para jugar en Italia una partida cuya apuesta es Roma. Vives resume el 31 de diciembre la situación italiana, tal como se ve desde Brujas, con estas palabras:

> Se dice que el Papa quiere arrebatarnos Nápoles, pero el Emperador tiene en Italia fuerzas imponentes, tanto en soldados alemanes como en soldados españoles, que superan a todos los demás en valor. Así es que *peligra aquél,* y se piensa que perderá *la Ciudad Santa.*[29]

En pleno invierno, bajo la lluvia y la nieve, la Corte atraviesa Andalucía y ambas Castillas a marchas forzadas,[30] mientras el ejército de Borbón se reúne con los lansquenetes de Frundsberg alucinados por los tesoros de Roma. El Emperador no ha esperado a llegar a Valladolid para convocar a los tres brazos del reino. Estas Cortes que congrega a principios del año 1527 [31] no se parecen a las demás que ha convocado desde su advenimiento al trono. Sin querer restaurar la antigua asamblea plenaria de los delegados de las ciudades, del clero y de la nobleza, ha resuelto llamar, antes que a los procuradores de las ciudades, a representantes de la Iglesia y de la aristocracia, para exponerles el peligro creado por la victoria del turco. Antes del 25 de enero, fecha fijada por el Emperador, los grandes señores y los prelados que no pueden acudir a la invitación imperial mandan sus excusas. He aquí lo que el Obispo de Cuenca, enfermo, escribe a Carlos V:

[26] Rodríguez Villa, *Memorias para la historia del asalto y saqueo de Roma,* Madrid, 1875, pág. 15.

[27] *Ibid.,* pág. 37. Carta del secretario Pérez al Emperador, Roma, 22 de octubre de 1526: "El Papa tiene en su escarçela una carta que don Hugo escribió a Vespasiano [Coluna] antes de la venida aquí a Roma, en que diz que le requiríe que viniese con él a esta ciudad, porque así era la voluntad de V. M. que se viniese a Roma contra el Papa."

[28] *Ibid.,* pág. 47. Alonso Sánchez al Virrey de Nápoles, Venecia, 4 de diciembre de 1526.

[29] De Vocht, *op. cit.,* págs. 566-567. Una vez más Vives recurre al griego para escribir en clave las palabras que subrayamos en la traducción: κινδυνεύει ἐκεῖνος, y Ἱερὸν Πτολίετρον (*sic*).

[30] El emperador sale de Granada el 10 de diciembre y llega a Valladolid el 24 de enero de 1527. Cf. Dantisco a la reina Bona, Valladolid, 12 de abril de 1527 (*Acta Tomiciana,* t. IX, pág. 133).

[31] Cf. Merriman, *The rise of the Spanish Empire,* t. III, New York, 1925, pág. 161.

Sabe Nuestro Señor que quisiera yo hallarme en la congregación de Valladolid, porque creo que en ella se tractarán materias muy importantes a la República cristiana. No ha placido a Nuestro Señor darme fuerzas y salud para el trabajo del camino... En la congregación dos materias se me ofrecen que se deben tractar: la una la defensión de la tierra de los cristianos que tan aparejado y presto tiene el peligro; la otra que las cosas de Roma se reformen, así en la vida de los que allí residen como en el gobierno de las iglesias. Vuestra Majestad es el primer príncipe cristiano, y a quien incumbe en todo proveer con obra y con consejo. Plega a Nuestro Señor, cuya es la causa, de darle en todo tanta lumbre para lo conocer, y tanta fuerza para lo ejecutar, cuanta dio a Constantino y Teodosio emperadores, y para esto conservar su vida...[32]

Con esto se ve qué solemne era la expectativa que reinaba antes de reunirse la asamblea, la "congregación", como la llama el clero, el cual ha perdido la costumbre de verse invitado a las Cortes. Pero el Emperador no tenía intención alguna de consultar a los tres estamentos acerca de la reforma de la Iglesia ni acerca de la defensión de la cristiandad. Lo que pretendía era obtener subsidios, cosa que no podía lograr sin hacer figurar en primer término el temible peligro turco. En la sesión inaugural,[33] el secretario Francisco de los Cobos lee una especie de discurso de la Corona, exponiendo dentro de este espíritu la situación. No deja pasar en silencio el conflicto con la Liga, la ofensiva de los enemigos contra Milán, la amenaza lanzada por el Papa contra Nápoles. Pero no es eso lo más grave. El turco está en Buda. Y como hay peligro de que Hungría parezca demasiado lejana a los españoles, les propone esta alternativa: o esperar un desembarco repentino del turco en España, o llevar la guerra a su propio terreno buscando apoyo en las poblaciones tiranizadas por él, y, paso a paso, hacerlo retroceder hasta liberar la Tierra Santa.[34]

Al día siguiente, sin más espera, se pasó al terreno práctico. Se congregó a las órdenes monásticas poseedoras de bienes,[35] benedictinos, cartujos, bernardos y jerónimos, representados en Valladolid por el superior general y por cierto número de priores de cada orden. Invitados a contribuir a los gastos de la guerra, los monjes, con respetuosa firmeza, se defendieron hablando de su misión propia, que era la de orar por la victoria. Los jerónimos, a pesar de su reputación de riqueza, se declararon incapaces de suministrar dinero sin verse reducidos a una miseria peligrosa para la observancia de su regla. En caso de extrema necesidad, podrían vender los cálices y las cruces de sus iglesias, y finalmente arriesgar sus

[32] A. G. S., *Estado*, leg. 11 (antiguo núm. 15), fol. 102. Carta fechada en Cuenca a 23 de enero de 1527. El mismo día, desde Medinaceli, el Duque de Medinaceli se excusa de no poder responder al llamamiento del Rey por estar gravemente enfermo (mismo legajo, fol. 104).

[33] Celebrada el 11 de febrero, aunque la convocatoria inicial se había hecho para el 25 de enero (cf. Francisco de Laiglesia, *Discurso de recepción leído ante la Real Academia de la Historia*, Madrid, 1909, pág. 46). Después de esta convocatoria llegó noticia de la toma y saqueo de Buda.

[34] Laiglesia, *op. cit.*, págs. 50-56.

[35] Acerca de la actitud de las órdenes religiosas, véase, además de Merriman, *op. cit.*, el P. Sigüenza, *Hist. de la Orden de San Jerónimo*, N. B. A. E., t. XII, págs. 118 ss.

vidas. Pero para ello era necesario que la guerra fuese claramente contra el turco, puesto que los príncipes cristianos habían hecho la paz entre sí y con el Papa.

El clero secular, representado por sus prelados, tampoco mostró entusiasmo en "desembolsar dineros que habrían de gastarse contra cristianos, y principalmente contra el Soberano Pontífice, pues en el estado presente de las cosas se veía muy bien en contra de quién iba a emplearse ese dinero so pretexto de los turcos".[36]

Todas las presiones para obtener contribuciones inmediatas fueron en vano, excepto en el caso de la orden de San Benito, que ofreció 12 000 doblones, y en el de las órdenes militares, que accedieron a dar el quinto de su pensión.[37] Los nobles declararon que si el Emperador tomaba parte personalmente en la guerra, sus vidas y sus bienes estaban al servicio de Su Majestad, pero se negaron a dejarse considerar como unos villanos pecheros. En cuanto a los delegados de las ciudades, invocaron la pobreza del país, desangrado a causa de los tributos de 1525, y recordaron sus peticiones no satisfechas. Carlos V, profundamente decepcionado, clausuró estas cortes que habían resultado una prolongada humillación para la autoridad regia. El 13 de abril, víspera del Domingo de Ramos, despidió a los delegados y se retiró a su vez al monasterio del Abrojo, no lejos de Valladolid, para pasar en él la Semana Santa.

Se esperan acontecimientos terribles. Ya el Duque de Borbón ha hecho saber al Papa (6 de abril) que no es dueño de detener el avance de sus tropas, a menos que le suministre 150 000 ducados para pagar los meses atrasados de sueldo.[38] La Corte, sin darse exacta cuenta de la situación, sabe que el ejército de Borbón está en marcha, y sospecha que no tardará en correr sangre en Italia. Pues bien, éste es el momento que Gattinara escoge, no sin misterio, para ir a descansar en sus posesiones del Piamonte. ¿Es eso una semi-desgracia, como piensan algunos?[39] Pero el anciano Canciller no hace más que realizar un antiguo proyecto, y, por otra parte, declara a todo el mundo que la paz no será hecha por otra mano que la suya. Un astrólogo le ha dicho, cuando se estaban reuniendo las Cortes, que la paz sería concertada en Italia por un hombre jovial: "Ese hombre jovial soy yo", repuso Gattinara.[40] El 12 de marzo, su fiel Alfonso de Valdés escribe a Transilvano:

Nos hallamos en la mayor perturbación: el César tiene en Italia fuerzas enormes, pero no sé yo de dónde saldrá dinero para mantenerlas; además, las mismas

---

[36] Andrea Navagero alla Signorìa, Valladolid, 8 de marzo de 1527. Carta publicada por Carlo Bornate en la *Miscellanea di Storia Italiana*, 3ª serie, XVII (t. XLVIII della raccolta), Torino, 1915, pág. 525, entre los apéndices de su edición de las memorias de Gattinara (*op. cit.*). El relato del propio Gattinara confirma el fracaso de las Cortes (cf. también Dantisco: "natus est ridiculus mus", *Acta Tomiciana*, t. IX, pág. 136).

[37] Merriman, *op. cit.*, t. III, pág. 162.

[38] Rodríguez Villa, *Memorias, op. cit.*, pág. 88.

[39] Cf. Baumgarten, *op. cit.*, t. II, pág. 634, que utiliza en particular los informes de Martín de Salinas, embajador del Archiduque Fernando.

[40] Carta de Navagero citada *supra*, nota 36.

piedras se revuelven contra los nuestros; el Virrey [de Nápoles] y el Cardenal Colonna no se avienen; los soldados españoles murmuran contra Borbón y empiezan a alborotarse todos; los potentados de Italia temen las armas del César, y sus pueblos miran con horror la crueldad de los nuestros; tú mismo podrás juzgar lo que podemos esperar de Italia en tan difíciles circunstancias.

Aunque me sospecho lo que ha de ocurrir en esta nuestra congregación de españoles [las Cortes], callaré, no obstante, por ahora; escribiré el resultado final, que Dios quiera sea dichoso. Esperamos que la Emperatriz dé a luz para el mes de mayo. El Canciller prepara un viaje y asegura que, con el correspondiente permiso del César, lo hará para primeros de abril. ¿Qué fin se propone en esto? Creo que no conviene decirlo por escrito. Permaneceré al lado del César para atender tanto a mis negocios cuanto a los del Canciller.[41]

II

En esa misma carta, Valdés alude a "la tragedia suscitada entre nosotros por la desvergüenza de los frailes", y acerca de ella envía informes a Erasmo. La agitación antierasmiana ha tomado, desde hace varios meses, proporciones tales, que la Inquisición, asustada cada día por nuevos incidentes, se decide a poner orden en el asunto.[1] Don Alonso Manrique aprovecha ese momento en que los superiores de las órdenes monásticas se encuentran reunidos en Valladolid con ocasión de las Cortes. Hacia el 1º de marzo,[2] los convoca ante la Suprema para reiterarles las prohibiciones ya promulgadas de atacar a Erasmo en público. Tendrán que dejar de acusar de impiedad a un hombre que ha recibido de la Santa Sede los más halagüeños testimonios: esa campaña, inspirada visiblemente por el odio más que por el celo de la fe, tendrá que terminar. Si hay en las obras de Erasmo errores o afirmaciones peligrosas, no les corresponde a ellos juzgarlo; señálenlas y sométanlas al Consejo de la Inquisición, el cual tomará las medidas convenientes.

Pero los frailes no desaprovechan tan buena ocasión para entablar pleito contra Erasmo. Ya no son ahora, contestan, aquellos días en que era preciso tratar con miramiento a ese hombre poderoso por la pluma, para impedir que se pasase con armas y bagajes al campo de la herejía. El influjo de sus libros resulta tan pernicioso para la Iglesia, que ellos han tenido que combatirlo: tras de obedecer, al principio, los edictos que protegen a Erasmo, ahora, frente a la gravedad del mal, han "antepuesto la autoridad divina a la autoridad humana". Se ve aparecer aquí una fórmula que irritará más de una vez a los erasmistas de España; en efecto, en el

---

[41] Fermín Caballero, *Alonso y Juan Valdés*, pág. 324. [En este y otros casos me he servido de la traducción castellana del propio Fermín Caballero, con ligeros retoques. —T.]

[1] El relato más completo que conservamos de estos acontecimientos es el que Juan de Vergara hizo a Erasmo en carta de 24 de abril de 1527 (Allen, t. VII, Ep. 1814). Erasmo, por conducto de Vives, recibió otras relaciones hoy perdidas, en particular la de Virués (Allen, t. VII, Ep. 1836, línea 18, y Ep. 1847, línea 62).

[2] Allen, t. VII, Ep. 1814, líneas 135 ss.

momento más agudo de la crisis, los erasmistas tienen los poderes de su parte, y contra los poderes constituidos es contra quienes se levanta el ejército de los frailes como una fuerza revolucionaria movilizada en nombre del interés superior de la Iglesia y de Dios. Los portavoces de las órdenes monásticas españolas reclaman el examen de las obras de Erasmo por una comisión compuesta de teólogos graves y doctos, que no escasean en sus conventos. Y quieren que la lectura de esos libros se prohiba provisionalmente, como, según ellos, se ha prohibido en París, en espera de una decisión definitiva.

El Consejo de la Inquisición no se deja intimidar ni por los discursos ni por las griterías de unos cuantos violentos —οὐ λέγειν δεινοί, ἀλλὰ σιγᾶν ἀδύνατοι—, y mantiene firmemente su prejuicio favorable a Erasmo. Este autor no está condenado como herético. Tiene de su parte no solamente a gran número de sabios cuya ortodoxia está fuera de toda sospecha, sino testimonios recibidos de los papas León y Adriano. El *Enquiridion,* acusado de impiedad por los religiosos, se ha difundido en España con la garantía de la Inquisición. La lectura de los libros de Erasmo debe tolerarse mientras no se haya demostrado su peligro. Si los religiosos descubren en ellos proposiciones extrañas y malsonantes, que las anoten y clasifiquen: el Consejo de la Inquisición se encargará de tomar las medidas que exige la salvación de la Iglesia de España. Pero, entre tanto, los superiores de las órdenes religiosas deben observar la mayor moderación e imponer a sus súbditos la misma actitud.

Durante las semanas siguientes, reina febril actividad en los monasterios. Es una verdadera cacería de lo herético a través de las obras de Erasmo. Se han repartido el trabajo para poder realizarlo en poco tiempo con la mayor eficacia posible. Están todos tan afanados, que los penitentes que afluyen al confesionario en ese tiempo de cuaresma son despedidos a sus casas con la magnífica excusa de la tarea urgente que hay que cumplir: se trata de poner a cierto hereje en la incapacidad de perjudicar. Por lo demás, no tienen empacho en llamarlo por su nombre. Corre el rumor de que toda la obra de Erasmo va a echarse a la hoguera. No denuncian ya los libros del holandés en el púlpito, pero en las librerías espían con el mayor disimulo a los compradores de aquellos libros funestos, para asustarlos anunciándoles la condena que se acerca.

El 28 de marzo [3] los representantes de las órdenes, concluido ya su trabajo, son convocados ante el Consejo de la Inquisición reunido en asamblea plenaria bajo la presidencia del Inquisidor General Manrique, asistido de dos consejeros privados del Emperador. Se invita a cada cual a leer los textos incriminados. Se escucha en primer lugar la lista de un dominico, y en seguida la de un franciscano. Pero con el orador de los benedictinos cambia la nota.[4] Jerónimo Ruiz de Virués (el propio her-

---

[3] *Ibid.*, líneas 223 *ss.*

[4] Vergara (*ibid.*, línea 379) observa que benedictinos, bernardos, cistercienses y jerónimos son menos hostiles a Erasmo que los frailes de las órdenes mendicantes. Su interpretación de este hecho —interpretación completamente materialista— es que, como las órdenes dueñas de bienes no viven de la liberalidad pública, no se sienten amenazadas

mano de Alonso) declara que habla en nombre de una orden muy poco dispuesta a calumniar a ese hombre tan docto, que ha prestado eminentes servicios a la piedad cristiana. Su discurso es, no sólo un elogio de Erasmo, sino también una reprobación de sus adversarios, una justificación de los ataques del Filósofo contra cierta ignorante plebe monástica. La asamblea recibe sus palabras con señales de asentimiento bastante claras. El agustino que toma la palabra a continuación no aduce ninguna proposición sospechosa, y habla de Erasmo en los términos más elogiosos: es Fr. Dionisio Vázquez,[5] hombre conocido por su elocuencia y su audacia, que sigue al Emperador para predicar en su capilla. El último de los oradores es un trinitario que lee cierto número de artículos entresacados de los libros de Erasmo. Pero se hace tarde, y al Consejo le parece que se pierde un tiempo precioso en leer listas que se van repitiendo unas a otras. Después de ordenar que se junten todas en una sola, evitando las repeticiones, se levanta la sesión: los frailes salen de ella mucho menos triunfantes de como habían entrado.

Quince días después queda terminado el cuaderno de las proposiciones sospechosas. Se sacan copias destinadas a los teólogos de Alcalá y de Salamanca que habrán de examinarlas, y que se reunirán en Valladolid el Jueves de la Ascensión. El 12 de abril y los días siguientes, el Inquisidor General manda convocatorias imperativas [6] a los maestros y doctores, llamándolos a la asamblea. Ésta no tendrá poderes de tribunal, sino los de una simple comisión de estudio: su misión consistirá en seleccionar en el cuaderno las proposiciones realmente discutibles, dudosas en cuanto a su contenido o en cuanto al sentido que les da Erasmo. El residuo que se obtenga se someterá a Roma, y también a Erasmo, para que pueda dar sus explicaciones. Sólo entonces podrá tomarse una decisión con conocimiento de causa.

Vergara, explicando a Erasmo la génesis de esta importante medida, hace hincapié en las ventajas del procedimiento seguido por una Inquisición llena de sabiduría. Erasmo, es cierto, no está sujeto a la Inquisición

tan gravemente por los progresos del espíritu erasmiano. Tampoco hay que olvidar que esas órdenes no tienen las mismas tradiciones de lucha contra la herejía.

[5] A las referencias dadas por Allen, *ibid.*, línea 243, nota, hay que añadir el P. Gregorio de Santiago Vela, *Ensayo de una biblioteca ibero-americana de la Orden de San Agustín*, t. VIII, El Escorial, 1931, págs. 103-106. Nacido hacia 1480 en Toledo, muerto en 1539, Dionisio Vázquez es una de las grandes figuras de su orden, de la cual fue vicario general en 1518. Su fama de predicador era inmensa, tanto en la corte de León X como en las de Fernando el Católico y Carlos V. Su colega Ramírez, catedrático de retórica en la Universidad de Alcalá, decía de él que era el único gran orador que había conocido. Vázquez pasará a Alcalá el año de 1532, fecha en que se le ofrece la cátedra de Biblia fundada no hace mucho (cf. *infra*, pág. 344, notas 21 y 22). Acerca de su amistad con el alumbrado Beteta, véase el proceso de este último (*Proceso de Beteta*, fols. 65 vº y 67 vº). En 1943 se incluyó en la colección *Clásicos Castellanos* (t. 123) un tomo de *Sermones* inéditos de Fr. Dionisio Vázquez, al cuidado del P. Félix G. Olmedo, S. I.

[6] Cf. el registro de la correspondencia de la Suprema (A. H. N., *Inquisición*, lib. 319 f, fols. 371 rº ss.). El Consejo escribe asimismo a las universidades o cabildos a que pertenecen estos teólogos para que no reciban menoscabo en sus salarios o prebendas durante el tiempo que pasen en Valladolid en el servicio encargado.

española. Pero la cuestión que se plantea de manera tan urgente es la de si sus libros pueden leerse o no en España.[7] A Erasmo se le pide que defienda su causa. Es ésta una política más liberal que la de la Sorbona, que condena las obras sin oír a su autor. Pero Vergara teme, visiblemente, que la defensa de Erasmo sea de tono demasiado vivo. Sabe que algunos se han apresurado ya a remitirle el cuaderno de los frailes. ¿Irá a contestar inmediatamente, o bien esperará a que los teólogos hayan juzgado las proposiciones que contiene? Por la manera como Vergara hace esta pregunta, se siente que él preferiría lo segundo. En todo caso, exhorta a Erasmo a tomar en cuenta la mentalidad española, tan exigente en materia de gravedad: mientras más moderada y grave sea su apología, mejor servirá Erasmo a su propia causa y a la de sus amigos.[8]

La causa erasmiana es aquí muy fuerte. El Emperador mismo no disimula que le es favorable.[9] Su cancillería hace gestiones activas en pro de Erasmo.[10] Éste, gracias a Vergara, tiene de su parte al Arzobispo de Toledo. Fonseca está infinitamente agradecido con su secretario por haberle revelado los libros de Erasmo: hace que se los lean cuando tiene algún tiempo libre; no pierde ocasión de hablar en favor del autor al Emperador Carlos. Sueña con recibir a Erasmo en España: le construiría un puente de oro para atraerlo a Alcalá. Un arzobispo de Toledo es el más poderoso príncipe de la Iglesia después del Papa. Erasmo, a quien Cisneros tenía en tan gran estima, a quien veneraba tanto el joven Cardenal de Croy, puede contar absolutamente con la devoción de su sucesor. Fonseca está entregado en cuerpo y alma a la causa del humanismo cristiano: ha fundado dos colegios, en Compostela y en Salamanca, y todos están seguros de que no tardará en hacer otro tanto en Alcalá.[11] Pero Erasmo, gracias a Coronel, puede tener la seguridad de un apoyo mucho más importante aún.[12] ¡El Inquisidor General Manrique, la máquina toda de la Inquisición están de su parte! Bien puede alabarse de ver cómo avoca ésta el asunto suscitado por los frailes, pues ella se guía, no por las decisiones de la Sorbona, sino por las aprobaciones que ha recibido del Emperador y de los papas.

Pero los erasmistas desean que su maestro contribuya a lograr la victoria. Coronel, Valdés y Vergara están concordes desde el primer momento en aconsejarle una gestión respetuosa ante Manrique. Y Olivar, que le ha transmitido este consejo, se asombra de que el Maestro no cultive con mayor diligencia la amistad de Coronel, a quien tanto debe.[13] Vergara quiere que haga asimismo un esfuerzo por el lado de Roma: Erasmo fortificaría considerablemente su posición si obtuviera de la Santa Sede, como podría obtenerla sin duda alguna, una aprobación general de su doctrina

---

7 Allen, t. VII, Ep. 1814, líneas 272-282.
8 *Ibid.*, líneas 285-294.
9 *Ibid.*, línea 306.
10 *Ibid.*, líneas 482 ss.
11 *Ibid.*, líneas 457-479.
12 *Ibid.*, líneas 297-306 y 488.
13 Allen, t. VI, Ep. 1791, líneas 21-26.

y de sus escritos.[14] Vergara, hay que decirlo, exagera adrede el crédito de que goza el Filósofo en el Vaticano. Gattinara, antes de salir de la Corte, escribe al secretario Pérez, agente del Emperador en Roma, para que consiga un breve pontificio que permita al Inquisidor General imponer silencio a los que encabezan la campaña contra las obras de Erasmo.[15] Clemente VII, como veremos,[16] respondió a esta solicitud con un breve bastante anodino que no tuvo influencia alguna sobre la batalla entablada en España en torno a Erasmo. El documento llegó a Valladolid en el mes de agosto: entre el momento en que se pidió y el momento en que se otorgó, la conferencia teológica reunida para examinar el cuaderno de los frailes había tenido tiempo para reunirse y para aplazarse *sine die,* y sobre la Santa Sede se había abatido una desastrosa tormenta: el saqueo de Roma por las tropas imperiales.

Catástrofe esperada confusamente, cuya noticia camina hacia Valladolid, a lo largo de ese mes de mayo de 1527, precedida y escoltada de mil falsos rumores, creando una atmósfera tempestuosa y revolucionaria.[17] Es preciso tener muy en cuenta estas circunstancias críticas si se quiere medir el alcance de los debates que surgieron en España en torno al pensamiento religioso de Erasmo. El Jueves de la Ascensión, fecha prevista para la reunión de los teólogos, caía en 30 de mayo. El día 10 de este mes la reunión se aplazaba hasta el 15 de junio, "por algunas justas causas"[18] que el Inquisidor General no precisó. Pero el 15 de junio[19] los teólogos convocados no se encuentran todavía en su totalidad en Valladolid. La inauguración solemne de sus trabajos no tendrá lugar hasta el día 27. Ahora bien, el día 15 es cuando llegan informaciones detalladas de Roma, en las que se cuenta el saqueo de la ciudad, las atrocidades cometidas, el cautiverio del Papa en el Castillo de Sant'Angelo.[20]

Estas noticias causan profunda emoción. Ni los grandes ni los prelados ocultan su disgusto ante el Emperador, en particular el Arzobispo de Toledo y el Duque de Alba. El Emperador no puede hacer otra cosa que

14 Allen, t. VII, Ep. 1814, líneas 320-325.

15 Rodríguez Villa, *Memorias, op. cit.,* pág. 228.

16 Cf. *infra,* pág. 264.

17 Las revelaciones del Doctor Torralba, médico con ribetes de hechicero, son un curioso testimonio de este fenómeno de sugestión colectiva. Su espíritu familiar —el ángel Ezequiel— le revela "la entrada de Borbón en Roma y la prisión del Papa", y, como él se niega a dar crédito, el ángel lo transporta mágicamente al teatro de los hechos. Rodríguez Villa (*op. cit.,* págs. 453 ss.) da algunos extractos del proceso del Doctor ante la Inquisición de Cuenca (1528-1531). No se ve por estos extractos que Torralba haya pretendido tener la revelación de *la muerte* del Duque de Borbón. Este detalle, mencionado por Cervantes (*Quijote,* II, XLI), es un adorno ulterior de la leyenda.

18 Registro de correspondencia de la Suprema (A. H. N., *Inquisición,* lib. 319 f, fol. 375 rº: Manrique a la Universidad de Salamanca).

19 Dantisco, en carta del día 17 a la reina Bona (*Acta Tomiciana,* t. IX, pág. 217), escribe: "Sunt hic 15 doctores theologi vocati, qui decernere debent, si opera Erasmi Roterodami hic legi debeant nec ne."

20 Informe de Navagero, Valladolid, 17 de junio de 1527, citado por Pastor, *Historia de los Papas* (trad. R. Ruiz Amado, S. J.), t. IX, págs. 363-364, nota 3.

desaprobar los excesos victoriosos de sus generales. Los regocijos preparados para festejar el nacimiento del príncipe Felipe se aplazan en señal de duelo. Aun entre los humanistas erasmianos más convencidos de la misión providencial de Carlos V se nota cierta incomodidad ante esa victoria tan temible. Valdés, escribiendo a Erasmo el 20 de junio, termina su carta con estas simples palabras: "De la toma de Roma no te escribiré nada. Sin embargo, me gustaría saber qué crees que debemos hacer nosotros en presencia de este gran acontecimiento, tan inesperado, y las consecuencias que esperas de él." [21] El secretario refleja, sin duda, la indecisión de su soberano. Refrenado por su situación oficial, no se atreve a abandonarse a la gran utopía de una restauración de la cristiandad gracias a la victoria imperial, como lo hace con mayor libertad un Luis Vives. Éste escribía el día 13 a Erasmo, expresando la esperanza de un triunfo contra los frailes españoles, la esperanza de un milagro de Cristo por la salvación de la cristiandad, y añadía —en griego, para hacer más confidenciales unas palabras cuya gravedad no dejaba de comprender—:

Cristo ha concedido a nuestro tiempo la más hermosa oportunidad para esta salvación, por las victorias tan brillantes del Emperador, y gracias al cautiverio del Papa. Pero me gustaría verte escribir sobre tu propio asunto al Arzobispo de Sevilla, Inquisidor General, y sobre los asuntos públicos al Emperador.[22]

Así, en el momento en que el pensamiento de Erasmo va a ser objeto de gran debate en Valladolid, sus discípulos españoles se vuelven hacia él en busca de un oráculo que oriente a la cristiandad en la encrucijada. El Emperador vacila. La suerte de Roma es una grave incógnita. Fácil es comprender cómo se apasiona la opinión por un proceso teológico que es capital para la demarcación de la ortodoxia. El anciano Marqués de Villena, cuyo palacio de Escalona fue, varios años antes, una de las cunas del iluminismo, escribe a Valdés diciendo cuánto lamenta no encontrarse allí para defender con todas sus fuerzas a Erasmo contra las calumnias de los frailes.[23] Un viento de revolución religiosa parece recorrer toda Castilla, despertando comparaciones con Alemania aun en un espíritu tan poco sospechoso de pusilanimidad como el embajador Dantisco:

Ayer, fiesta de la Trinidad —escribe a la reina Bona—, vi al Emperador dirigiéndose a oír misa a la iglesia que está cerca de mi casa; el Duque de Béjar estaba

---

21 Allen, t. VII, Ep. 1839, líneas 110-112.

22 Allen, t. VII, Ep. 1836, líneas 66-70. Ese mismo día (13 de junio) escribe Vives a Cranevelt (De Vocht, *op. cit.*, Ep. 237, líneas 8-17): "Plane, mi Craneveldj, ἅπαντα τῶν παθῶν ἐστι μεστά, et in nostro [el Emperador] nunc demum est opus maximo et praestantissimo consilio ad regendum hunc rerum successum. Quod nisi habeat, quid profuit concussum esse mundum tantis bellis: si uno homine turbulento semoto [puesto el Papa fuera de combate], fortassis substituatur ej aliquis impotentior? quod vehementer metuo ne fiat, ut est quorumdam superstitio. Quod si haec occasio praeterlabatur e manibus absque meliore statu rerum, fieri aliter non potest, quin res in peius quottidie ruant."

23 Allen, t. VII, Ep. 1839, líneas 114-124 (Valdés a Erasmo. Valladolid, 20 de junio de 1527).

a la derecha del Emperador y el Arzobispo [de Toledo] a su izquierda, siendo así que de ordinario este último tiene la precedencia. Temo mucho que el azote que parte de Alemania llegue hasta aquí, y que asistamos a los hermosos comienzos de la cosa. Se discute de todos lados. Hay aquí quince doctores en teología convocados para decidir si las obras de Erasmo de Rotterdam deben leerse o no en España. El *Enchiridion militis christiani....*, traducido al español sin oposición de los obispos e impreso en España, es leído por todos y en todas partes. Y en ese libro hay muchas cosas contra las ceremonias. De ahí, todo lo demás se seguirá poco a poco.[24]

III

La lista de los miembros de la Asamblea que se reunió el 27 de junio no parece haber sido completa y definitiva desde el momento de la primera convocatoria. A mediados de abril, los catedráticos de Salamanca llamados a tomar parte en ella [1] eran Fr. Francisco de Vitoria,[2] Fr. Alonso de Córdoba [3] y los maestros Oropesa,[4] Silíceo [5] y Frías.[6] Estos dos últimos faltaron después, no se sabe por qué causa. En cambio, el 14 de mayo el Inquisidor

[24] *Acta Tomiciana*, t. IX, pág. 217. El nombre del Duque de Béjar está deformado, en esta publicación al menos, en "ducem de *Lesera*". En otra página de la misma correspondencia se halla *Bezerra* (t. VIII, pág. 336, texto aducido *supra*, pág. 229). Pero se trata evidentemente del Duque de Béjar, conocido entonces por la viveza de sus sentimientos antirromanos. Según la *Crónica de Don Francesillo de Zúñiga*, en el momento de la llegada del Cardenal Salviati a Toledo (octubre de 1525), por los días en que todavía no ha estallado el conflicto entre el Papa y el Emperador, el Duque de Béjar se indigna de que este último se deje besar por el legado; a lo cual contesta Carlos V: "Más fiero era Judas y besó a Jesucristo" (*B. A. E.*, t. XXXVI, pág. 37 b).

[1] Correspondencia de la Suprema (A. H. N., *Inquisición*, lib. 319 f. fols. 371-372).

[2] Vitoria ocupaba desde 1526 la cátedra de prima de teología, que ilustraría hasta su muerte. Sus votos han sido publicados, en lo esencial, por Luis G. Alonso Getino, *op. cit.*, págs. 98-101.

[3] Teólogo de formación parisiense, quizá había sido llamado por Cisneros a Alcalá en 1508. Pero él se estableció en Salamanca, al mismo tiempo que entraba en la orden de San Agustín; obtuvo en 1510 la cátedra de lógica de Nominales (cf. *supra*, pág. 17, nota 26). En 1527 ocupaba, al parecer, otra cátedra de teología nominalista, la de "Gregorio de Arimino". Ocupará en seguida, desde 1530 hasta su muerte (1541?), la de filosofía moral (cf. Esperabé, *op. cit.*, t. II, pág. 341, y Gregorio de Santiago Vela, *op. cit.*, t. II, págs. 77-87).

[4] Bernardino Vázquez de Oropesa había dejado en 1522 la cátedra de Santo Tomás para ocupar la de teología nominalista. En 1527, según parece, tenía la de Biblia. Pasó en 1528 a la de vísperas de teología, que conservó hasta su muerte (1532) (cf. Esperabé, *op. cit.*, pág. 350).

[5] Juan Martínez Guijeño, o de Pedernales, había latinizado su nombre en *Siliceus*. Estudió en París, donde publicó en 1514 una *Arithmetica* que se reimprimió varias veces (cf. Nicolás Antonio, t. I, pág. 737). Era catedrático de filosofía natural. Después será preceptor del príncipe heredero (el futuro Felipe II) y Cardenal-arzobispo de Toledo (cf. *infra*, págs. 699-700, nota 2, y Esperabé, *op. cit.*, pág. 350).

[6] Martín de Frías, que había ocupado a comienzos del siglo la cátedra de Biblia, era titular de la de vísperas de teología. Pero tal vez ya no enseñaba, por haber alcanzado su jubilación. Muere el 24 de octubre de 1528 (Esperabé, *op. cit.*, pág. 350).

General reforzaba la delegación salmanticense convocando al Maestro Margalho,[7] teólogo de nacionalidad portuguesa, y no menos entusiasta que sus colegas en su oposición a Erasmo. Los Complutenses, en conjunto, representaban la tendencia contraria. Desde la primera hora habían sido designados el Maestro Ciruelo,[8] el Dr. Sancho Carranza de Miranda y el Dr. Pedro de Lerma, abad de la Magistral y cancelario de la Universidad de Alcalá. El 30 de mayo Carrasco recibía a su vez la convocatoria. Posteriormente, en fecha que ignoramos, la recibieron también el Dr. de la Fuente y los maestros Zuria y Matatiguí.[9]

Los registros de correspondencia del Consejo Supremo de la Inquisición no contienen ninguna huella de convocatorias dirigidas a la Universidad de Valladolid. Sin duda, Manrique había planeado primitivamente una comisión compuesta sólo de teólogos de Salamanca y Alcalá: sólo de estas dos universidades habla Vergara en la larga carta del 24 de abril, en que explica a Erasmo la génesis del pequeño concilio. Pero la de Valladolid, en fin de cuentas, quedó representada bastante bien. Su cancelario, Don Alonso Enríquez,[10] abad de Valladolid, sobrino del Almirante de

7 Pedro Margalho o Margallo era doctor por la Sorbona, según Nicolás Antonio, t. II, pág. 213. Había salido del Colegio de Santa Cruz de Valladolid en 1518 para ir al Colegio de San Bartolomé de Salamanca. Al parecer, ocupaba la cátedra de filosofía moral, que dejó en 1529 o 30 para regresar a Portugal, adonde Juan III lo llamó para hacerlo miembro de su consejo. En la misma fecha que a Margalho, se nombró al Licenciado Póveda, canónigo de la catedral de Zamora, que finalmente no participó en la conferencia (A. H. N., *Inquisición*, lib. 319 f, fol. 388).

8 Pedro Ciruelo, nacido en Daroca (Aragón), se había doctorado en París. Desde 1510 era profesor de la Universidad de Alcalá (cf. *supra*, pág. 16), donde ocupaba la cátedra de teología de Santo Tomás. Era sobre todo matemático y astrólogo. Sus obras más conocidas son, en latín, el *Cursus quattuor mathematicarum artium liberalium* (Alcalá, 1516), y en español el *Confesionario* (Alcalá, 1524), los *Apotelesmata astrologiae christianae* (Alcalá, 1521) y la *Reprobación de las supersticiones y hechizerías* (Salamanca, 1541). Véase también *infra*, pág. 812, nota 22.

9 Miguel Carrasco había sucedido a Ciruelo, en 1524, en la cátedra de Santo Tomás. Fernando de Matatiguí había sido nombrado ese mismo año catedrático de filosofía escotista: tenía fama de ser mal profesor (A. de la Torre y del Cerro, *La Universidad de Alcalá, Estado de la enseñanza según las visitas de cátedra del 1524-25 a 1527-28*, en *Homenaje a Menéndez Pidal*, Madrid, 1925, t. III, págs. 362 *ss.*). No parece que Zuria y el Dr. de la Fuente tuviesen encomendada por entonces alguna cátedra. Pertenecían al Colegio de San Ildefonso y a la Magistral. Muy poco es lo que se sabe acerca de estos cuatro personajes. Sin embargo, el proceso entablado contra el Colegio de San Ildefonso por dos de sus miembros lesionados por la Comunidad en 1521, demuestra que Pedro de Lerma, Ciruelo, Carrasco, Matatiguí y Juan de la Fuente eran "comuneros", lo mismo que el Comendador griego, Florián Docampo y Balbás (A. G. S., *Consejo Real*, leg. 542. Véanse las respuestas de los diversos testigos a la pregunta 47).

10 En 1523 recibía el primer grado de su bachillerato en teología y sostenía su *Alphonsina* sobre el tema siguiente: "An commune sit intellectui divino, angelico et humano omnia intelligere posse" (22 de mayo de 1523). Esta proeza universitaria fue objeto de lujosa publicación dedicada al Almirante, para la cual el laureado tuvo la colaboración de Francisco de Vargas, presidente de aquel acto. Los elogios de Vargas y los versos latinos que siguen huelen muchísimo a adulación. Un ejemplar de este libro, impreso por Arnao Guillén de Brocar (III. Kal. Septembris [1523]), se conserva en la B. N. M. (U. 10.530). El miércoles 31 de enero de 1526, desde mediodía hasta las 8 ó 9 de la noche, presenta en Alcalá el "tercer principio de teología", lo cual le vale el gra-

Castilla, ocupó por derecho de nacimiento un lugar prominente en la asamblea, aunque apenas acababa de salir de las aulas de la Facultad de Teología de Alcalá. Este aristócrata, como buen complutense, es erasmista. Alcaraz,[11] profesor de la Universidad de Valladolid, lo es igualmente. No se puede decir lo mismo de los demás teólogos de la ciudad que tomaron asiento en esta "congregación": Arrieta,[12] Prexano,[13] el dominico Astudillo,[14]

do de "bachiller formado" en esta materia. Es ya Abad de Valladolid, título que va unido al de cancelario de la Universidad de esta ciudad. Pedro de Lerma preside el acto. Asisten los profesores Carrasco, Juan de Medina y Fernando de Matatiguí, lo mismo que algunos nobles: Don Rodrigo Manrique y Don Diego de Fonseca (A. H. N., *Universidad de Alcalá*, lib. 397 f, *Libro de actos y grados, 1523-1547*, fol. 14). Como cancelario de la Universidad, Enríquez tuvo un conflicto con ella en 1548; quería ampliar su jurisdicción con detrimento de la del rector. El tribunal de Rota, árbitro en el conflicto, pronunció sentencia adversa a Enríquez en 1550 (*Libro de Bezerro* de la Universidad publicado por M. Alcocer Martínez, *Historia de la Universidad de Valladolid*, t. I, Valladolid, 1918, págs. 109-110). Acerca de las *Defensiones pro Erasmo* de Enríquez (1532), de la dedicatoria de la *Historia ethiópica* de Heliodoro (1554) y de las persecuciones inquisitoriales de que fue víctima (1565), cf. *infra*, págs. 418-421, 621 y 727. El Abad de Valladolid murió a principios de enero de 1577 (*Libro de Bezerro, op. cit.*, pág. 123).

11 Según las anotaciones de Alcocer al *Libro de Bezerro* de la Universidad, Antonio de Alcaraz ocupa en el momento de su muerte (1540 ó 1541) una cátedra de filosofía (*op. cit.*, págs. 63, n. 2, y 34, n. 1: en esta última nota se lee *Alcalá* en vez de *Alcaraz*). Es rector durante el año escolar 1533-1534 (*ibid.*, pág. 321). Lo había sido de la Sorbona en 1519 (cf. R. G. Villoslada, S. J., *La Universidad de París durante los estudios de Francisco de Vitoria*, Roma, 1938, págs. 394, 406 y 436).

12 Juan de Arrieta, navarro, nacido en Motrico hacia 1490, morirá en agosto de 1550. Ingresó en el Colegio de Santa Cruz el 10 de febrero de 1518, y ese mismo año fue nombrado catedrático de teología en la Universidad. Fue titular de la canonjía magistral de Murcia (cf. Alcocer, *op. cit.*, t. VI, pág. 13) y más tarde visitador del arzobispado de Sevilla. En su juventud había pertenecido al grupo lulista de Pedro de Orduña, quien lo cita en carta a Fr. Gil López de Béjar (documento de 1514 publicado por el P. V. Beltrán de Heredia: cf. *supra*, pág. 55, final de la nota 12).

13 La personalidad de Prexano merece tal vez que se la saque del olvido. En la época de la fundación de la Universidad de Alcalá aparece un Maestro Prexano entre los profesores que dependían de la casa del Cardenal, con mismo salario que el Doctor de la Fuente y el Bachiller Fernando de Herrera (B. D., *Alcalá*, legajo III, fols. 452-453). No podría decirse con certeza si es el mismo que luego fue catedrático en Valladolid. En todo caso, las notas recogidas por Páez de Castro acerca de la revolución comunera comprenden una lista de doscientos cincuenta y ocho "comuneros", entre los cuales figura, en Valladolid, cierto "maestro de Prexano, catedrático" (Escorial, Ms. &-III-10, fols. 213-214). A él, según parece, es a quien alude Guevara en sus *Epístolas familiares* como a un erudito que sabe siríaco y que es aburrido cuando predica (*B. A. E.*, t. XIII, págs. 85 a y 87 b). En 1523 es rector de la Universidad de Valladolid (según Alcocer, *op. cit.*, pág. 321). Muere en abril de 1542, siendo titular de la cátedra de prima de teología, en la cual la enseñanza tenía como base la *Summa* de Santo Tomás (*ibid.*, pág. 18). Alcocer (*op. cit.*, t. VI, pág. 114) lo llama Fernando de Prejano.

14 Sobre Fr. Diego de Astudillo, cf. Arriaga-Hoyos, *Historia del Colegio de San Gregorio de Valladolid*, t. I, Valladolid, 1928, pág. 288. Era una de las lumbreras del colegio dominico de San Gregorio. El gran Vitoria decía de él: "más sabe que yo, pero no vende tan bien sus cosas". Unía la ciencia de la Escritura a la escolástica tomista. Se posee de él un Comentario sobre la *Física* y el *De generatione* de Aristóteles (Valladolid, Nicolás Tyerri, 1532), en cuya publicación intervino Luis de Granada (B. N. P., Rés. m. R. 63). Murió el 26 de enero de 1536.

catedrático del Colegio de San Gregorio, y cierto Maestro Vitoria [15] que pertenecía al Colegio de Santa Cruz.

El Inquisidor General había llamado asimismo a su propio secretario (el Dr. Coronel), al Obispo Cabrero [16] y al Dr. Miguel Gómez,[17] erasmistas todos, y a un tal Pero Chico.[18] Finalmente, había hecho entrar en la asamblea a ciertos predicadores de fama, unos favorables a Erasmo, como Fr. Alonso de Virués y Fr. Gil López de Béjar, predicador de la capilla imperial, y otros hostiles, como Fr. Francisco Castillo,[19] gloria de los franciscanos de Salamanca, Fr. Antonio de Guevara, predicador y cronista del Emperador, y Fr. Juan de Salamanca.[20] A estos veintiséis miembros vino a agre-

15 No parece que se trate de un pariente de Fr. Francisco de Vitoria. Éste tenía un hermano dominico como él, que se había hecho notable por sus sermones antierasmianos. Erasmo, bien informado por sus amigos españoles, lo llama *Petrus*. ¿Será un error? Tal es la opinión del P. Getino (*Fr. Francisco de Vitoria, op. cit.*, pág. 93, nota 2), que no conoce del gran Vitoria más que un hermano que perteneciera a la orden de Santo Domingo, y cuyo nombre era Diego (*ibid.*, pág. 9). Sin embargo, conviene observar que en 1545, Poncio Cogordan, en carta a Ignacio de Loyola, le habla del gran Vitoria de Salamanca y de "su hermano en Valladolid, predicador del Pryncipe". Ahora bien, Fr. Diego de Vitoria había muerto en 1539 (*Monumenta Hist. S. J., Epistolae mixtae*, t. I, Madrid, 1898, pág. 186). Pero suponiendo que Vitoria haya tenido dos hermanos dominicos, uno de ellos llamado Pedro, no se podría identificar a este último con el "Maestro Vitoria del Colegio del Cardenal" que intervino en los debates de Valladolid. En efecto, el Colegio del Cardenal no es el Colegio dominicano de San Gregorio (como equivocadamente cree Allen, t. VII, Ep. 1836, línea 21, nota), sino el Colegio de Santa Cruz, fundado por el "Gran Cardenal" Don Pedro González de Mendoza. Un fraile de la orden de Santo Domingo no hubiera podido pertenecer a un colegio seglar. Pedro de Vitoria, colegial de Santa Cruz, era un teólogo del clero secular, que fue rector de la Universidad de Valladolid en 1532-1533 y de nuevo en 1539-1540. Murió en 1540, siendo titular de la cátedra de lógica (Alcocer, *op. cit.*, págs. 320-321).

16 Diego Cabrero era un sacerdote de la diócesis de Orihuela cuando fue consagrado, en 1512, obispo de Pulati (Albania) (cf. Eubel, *Hierarchia*, t. III, Monasterii, 1910, pág. 294). En 1528 recibirá el obispado de Huesca, pero morirá sin haber tomado posesión de él (Gams, *Series episcoporum*, pág. 37). Marineo Sículo, en su *De rebus Hispaniae memorabilibus*, Alcalá, 1530, fol. 171 r⁰, lo llama "Caprerum episcopum Oscensem, concionatorem egregium".

17 Muy poco es lo que se sabe de este personaje. Alfonso de Valdés, al enumerar a los erasmistas decididos de la asamblea (cf. *infra*, pág. 247), habla de "cierto teólogo de Bolonia, no menos elocuente que sabio". Como no menciona a Miguel Gómez, cabe preguntar si se refiere a él al hablar en esos términos; quizá Gómez se había doctorado en Bolonia. Tenía una prebenda en Coria, según las actas de la asamblea, y sabemos, por una carta que Vergara le escribe desde Burgos el 5 de febrero de 1528, que anduvo solicitando otros beneficios dependientes del arzobispado de Toledo (Stadtbibliothek de Hamburgo, *Codex Hispan.* 17, fol. 763; documento cuya copia debo a la amabilidad de José F. Montesinos).

18 Este Pero Chico aparece en una lista de los teólogos reunidos en Valladolid, y las *Actas* de la asamblea nos dicen que votó el 2 de julio, el 18 de julio y el 6 de agosto (*R. A. B. M.*, t. VI, 1902, págs. 61, 63 y 64). No se conserva ninguno de sus votos.

19 Uno de los españoles por quienes Clénard, varios años más tarde, sentirá la más ferviente admiración (Clenardi *Epistolarum libri II*, Amberes, 1566, pág. 241). No sólo poseía la ciencia del teólogo, sino también una sólida cultura grecolatina. Véase *infra*, Apéndice, pág. 822, nota 60.

20 Cf. René Costes, *Antonio de Guevara, Sa vie*, Bordeaux, 1925. Tanto Guevara como Fr. Juan de Salamanca se habían señalado el año anterior en la predicación forzada de los moriscos de Valencia.

garse a última hora, tal vez para complacer a la Emperatriz, Don Estevan de Almeida,[21] portugués como ella, y que pertenecía a su casa. Entre los miembros de la asamblea, Almeida sólo cede en nobleza a Don Alonso Enríquez; en el orden de precedencia, votará inmediatamente después de él, pero con espíritu muy distinto.

La composición de la asamblea no quedó siquiera definitivamente establecida una vez que empezó sus trabajos. Todavía ingresó otro portugués que se hallaba de paso en Valladolid: Diogo de Gouvêa, principal del Colegio de Santa Bárbara y doctor por la Sorbona.[22] El vicario provincial de la Orden de la Merced[23] participó en los debates en condiciones análogas, pero con tanta indulgencia por Erasmo como severidad demostraba Gouvêa. Juan de Quintana, otro doctor por la Sorbona, futuro confesor de Carlos V, también entró tardíamente en la asamblea: no votó antes de la séptima sesión.[24]

No creemos arriesgado pensar que Manrique, al hacer que engrosara el cuerpo de esta congregación, veía en ello una oportunidad de que sus trabajos se prolongaran por algún tiempo, y que dosificó con bastante habilidad las fuerzas en litigio para que el resultado final fuese incierto. Esta dosificación era cosa fácil; no se trataba de discutir, como en una asamblea parlamentaria, ni de agrupar una mayoría con miras a una decisión determinada, sino sólo de registrar los votos de los teólogos, que previamente tenían formada su opinión. Antes de la apertura solemne de las sesiones, dice Valdés,[25] se ve a los dominicos y a los franciscanos reconciliados, olvidados de sus viejas rencillas para aplastar a Erasmo; frente a ellos está el benedictino Virués, fiel a Erasmo a pesar de la mala acogida que tuvieron sus *Collationes septem*. Desde luego, son posibles algunas

21 Cf. M. Bataillon, *Les Portugais contre Érasme à l'assemblée théologique de Valladolid* (Separata de la *Miscelânea de estudos em honra de D. Carolina Michaëlis de Vasconcellos*), Coimbra, 1930, pág. 14.

22 *Ibid.*, pág. 5.

23 Según las *Actas* auténticas de la asamblea, no aparece en ésta hasta el 9 de julio. Vota el 16 (*R. A. B. M.*, t. VI, 1902, pág. 63). Sus votos escritos, difíciles de descifrar, demuestran que su nombre es "el Maestro Samunde". Cf. Fr. Guillermo Vázquez Núñez, *Manual de historia de la Orden de Nuestra Señora de la Merced*, Toledo, 1931, t. I, págs. 433-434.

24 El 11 de julio (*Actas*, pág. 63). Firma sus votos "Johannes Quintana Doctor theologus". Era "Doctor Parisinus", pues había hecho sus estudios en la Sorbona por los días en que Aleandro fundaba la enseñanza del griego en París, es decir, hacia 1510 (Laemmer, *Monumenta Vaticana*, Friburgi, 1861, pág. 91; cf. Renaudet, *Préréforme et humanisme*, *op. cit.*, págs. 509 ss., y Villoslada, *op. cit.*, págs. 207, 413 y 429). En compañía de Luis Coronel había sido asesor de Hulst en el proceso de Probst (1522) (cf. *supra*, pág. 135, n. 5). Sucederá muy pronto a Fr. García de Loaysa como confesor de Carlos V. Menéndez y Pelayo (*Heterodoxos*, t. IV, pág. 314) lo llama "el franciscano" Fr. Juan de Quintana. Quizá entró en la orden de San Francisco poco antes de ser confesor del soberano. Si hubiera sido fraile en 1527, habría firmado sus votos "Fr. Johannes Quintana". Todavía en 1528, Carvajal, al enumerar a los franciscanos españoles que honran a su orden, no lo menciona (*Apologia monasticae religionis*, Salamanca, 1528, fol. 24 v°). Aleandro, en 1531 (Laemmer, *op. cit.*, pág. 91), lo menciona como confesor de Su Majestad, pero no dice que sea fraile.

25 Allen, t. VII, Ep. 1839, líneas 100-102.

sorpresas. El gran dominico Francisco de Vitoria, considerado por Vives como decidido admirador de Erasmo,[26] a quien había defendido en más de una ocasión en París, en plena Facultad de Teología, condenará con firme moderación los pasajes incriminados. En términos generales, los teólogos emiten los juicios que eran de esperarse de ellos. Dominicos y franciscanos forman un bloque antierasmiano bastante homogéneo, del cual se separa atrevidamente Fray Gil, el predicador de la Corte. Entre los teólogos que profesan en las universidades, el grupo de los Complutenses se destaca por sus simpatías erasmianas.

Defienden a Erasmo, o mejor dicho, la verdad cristiana —escribe Valdés a Transilvano— todos los teólogos de Alcalá, menos uno, más bien astrónomo que teólogo, que es el gingolfísimo Ciruelo (me parece que lo conoces); los otros siete[27] (entre los que se encuentra aquel Carranza, calumniador en otro tiempo de Erasmo, ahora su valeroso defensor) lo protegen con denuedo. Además, Luis Coronel, el más excelente de los teólogos, el Obispo Cabrero, hombre instruido, celebérrimo predicador y de grande autoridad entre todos los cortesanos; a éstos debe añadirse cierto teólogo de Bolonia,[28] no menos elocuente que sabio, y tu amigo Alcaraz, que ha alcanzado un gran nombre por sus letras e ingenio; y tenemos también tres monjes, entre los que figura en primer lugar aquel Olmedano,[29] cuyo librito enviaste tú a Erasmo; los cuales, aventajando a los demás en erudición y piedad, no pueden menos de favorecer a las buenas letras y a la sincera religión.

Valdés, como se ve, cuenta con toda precisión catorce voces abiertamente favorables a Erasmo, o sea la mitad de la asamblea, cuyo número de votantes osciló entre veintisiete y treinta. Su cálculo de las fuerzas erasmianas es de impecable exactitud.

Las sesiones se llevaron a cabo en el palacio en que se alojaba el Inquisidor General. Se inauguraron solemnemente con una misa del Espíritu Santo, en la que ofició el Obispo Cabrero. En la tarde de ese mismo día, Manrique inició las labores con un gran discurso acerca de las materias en que iba a ocuparse la conferencia. Tenía a su alrededor a los miembros del Consejo de la Inquisición, al Inquisidor de Valladolid, al secretario real Don Ugo de Urríes, señor de Ayerbe, a los procuradores generales ante los Consejos de la Inquisición de Castilla y de Aragón, y al relator de estos mismos Consejos. Los teólogos juraron sobre un misal "hablar y votar como Dios y su conciencia les dictasen", y también "guardar el secreto sobre lo que se dijera y tratara en esta católica congregación". Después de lo cual se abordó el primer capítulo del cuaderno de proposiciones erasmianas, cuyo contenido fue expuesto por el Doctor Pedro de Lerma, cancelario de la Universidad de Alcalá.

26 Allen, t. VII, Ep. 1836, línea 25.
27 Para contar ocho teólogos de Alcalá, Valdés tiene que considerar a Don Alonso Enríquez como miembro de ese grupo: a él pertenecía, en efecto, por su formación.
28 Tal vez el Doctor Miguel Gómez (cf. *supra*, pág. 245, nota 17).
29 Fr. Alonso de Virués, llamado *Ulmetanus* (de Olmedo). Los otros dos monjes favorables a Erasmo son evidentemente Fr. Gil López y el provincial de la Merced.

El archivo inquisitorial ha conservado las actas de las veintiuna sesiones de la asamblea, que se reunió regularmente todos los martes, jueves y sábados, del 27 de junio al 13 de agosto.[30] En estas actas, redactadas por el secretario Juan García, figuran los nombres de los teólogos que votaron en cada sesión. Cada cual redactaba su voto y se lo entregaba al secretario al final, cuando, después que todos habían opinado sobre un capítulo, se pasaba al siguiente. Poseemos votos autógrafos, o firmados al menos, de todos los teólogos que tomaron la palabra en la conferencia,[31] con la única excepción del Maestro Pero Chico, cuya identidad es misteriosa. El expediente de la conferencia contiene hasta un texto auténtico del cuaderno sometido al examen de sus miembros: una copia manuscrita del todo semejante a las que ellos tenían en sus manos.

Así, pues, nada más fácil hoy que reconstruir lo que se dijo en esta asamblea, ver en qué terreno se atacaba a Erasmo y en qué espíritu se le defendía. El cuaderno, que Erasmo reprodujo con extraordinaria honradez en su *Apologia ad monachos hispanos*,[32] estaba concebido con un poco más de método que el catálogo de las *Erasmi blasphemiae* elaborado en otro tiempo por Zúñiga. Al paso que Zúñiga señalaba las proposiciones heréticas de Erasmo obra por obra, siguiendo el orden de los textos, los frailes pasaban en revista los principales puntos de dogma y disciplina: la Trinidad, la divinidad de Cristo, la divinidad del Espíritu Santo, la inquisición de la herejía, los sacramentos (bautismo, confesión, eucaristía, orden sacerdotal, matrimonio), la autoridad de la Escritura, la teología dogmática, la autoridad de los Santos Padres, el culto de la Virgen, la autoridad de los papas y concilios, las ceremonias, los ayunos y abstinencias, el celibato, la escolástica, las indulgencias, el culto de los santos (imágenes, reliquias y peregrinaciones), el derecho de propiedad de los bienes temporales, el libre albedrío, las penas del infierno, y bajo cada uno de estos rótulos presentaban textos sospechosos entresacados de la obra de Erasmo. Los frailes españoles, que no eran los primeros en atacar su ortodoxia, se sirvieron con toda seguridad de las "anotaciones" de sus predecesores, principalmente de Lee y de Zúñiga. Hasta

30 Excepto el jueves 25 de julio, fiesta de Santiago. Véase el texto de las *Actas* (*R. A. B. M.*, t. VI, 1902, págs. 61-65).

31 Designaremos cada uno de estos votos escritos con el nombre del teólogo que lo emite, seguido del número del capítulo a que se refiere (III designa a la vez los capítulos III y IV, que se examinaron a un mismo tiempo). Cierto número de votos que se emitieron oralmente no han dejado huella escrita, bien porque algunos documentos se hayan extraviado, o bien porque algunos teólogos no hayan cumplido la promesa hecha en el momento de la repentina clausura de los trabajos de la conferencia. Los votos que faltan en el expediente son *Astudillo III, Carranza II y III, Carrasco II y III, Coronel III, Fr. Gil López, Oropesa III, Quintana III, Fr. Francisco de Vitoria III, Fr. Alonso de Virués II y III, Zuria II*. Tampoco hay huella del único voto emitido por el Licenciado Polanco el 6 de julio. Tal vez no era válido este voto por asistir Polanco a los debates en calidad de miembro del Consejo de la Inquisición y no como teólogo.

32 Véase el tomo IX de sus *Opera*, Leiden, 1703-1706. Este elenco de proposiciones incriminadas ha sido reimpreso por el P. Miguel de la Pinta Llorente en su librito *En torno a hombres y problemas del Renacimiento español*, Madrid, 1944, págs. 87-101.

se llegó a sospechar que Lee, embajador por entonces de Enrique VIII en la corte de Valladolid, les facilitó la tarea poniendo a su disposición la colección que él tenía de "anotaciones" erasmianas, colección manuscrita mucho más completa que la que había publicado, y que tomaba en cuenta todos los libros aparecidos desde aquella fecha.[33] Erasmo estaba completamente convencido de esto: le parecía imposible que los *vientres,* como él dice, hubiesen leído todos aquellos libros que citaban.[34] En esto mostraba un injusto desprecio por sus adversarios. Un Francisco de Vitoria y un Castillo eran muy capaces de haberlo leído todo.

El primer capítulo del cuaderno, *Contra sacrosanctam Trinitatem,* pretendía mostrar a Erasmo "tomando la defensa de los manuscritos alterados, injuriando a San Jerónimo y poniéndose de parte de los arrianos". Muchos crímenes en pocas líneas, puesto que el texto culpable de tantas audacias era la nota del *Novum Instrumentum* relativa al *comma johanneum.* Era uno de aquellos textos que Lee había denunciado ya en sus *Annotationes* de 1520. Como se recordará,[35] Erasmo había eliminado del texto griego de la primera Epístola de San Juan el versículo del triple testimonio en el cielo. Su edición, por lo demás tan discutible, era, en este punto, irreprochable. El prefacio de las epístolas canónicas, atribuido tradicionalmente a San Jerónimo, reprueba, es verdad, las versiones en que falta ese triple testimonio. Pero esto, lejos de establecer la autenticidad del versículo, obligaría por el contrario a rechazar la atribución del prefacio a San Jerónimo, aunque se admita que éste sea el editor de la Vulgata del Nuevo Testamento en su conjunto. Richard Simon dirá muy bien:

Si Erasmo, que había leído varios ejemplares griegos y latinos del Nuevo Testamento, y que, además, había consultado los libros manuscritos de San Jerónimo, se hubiera aplicado a examinar con cuidado el Prólogo sobre las epístolas canónicas que se atribuye a este Padre, más bien habría tomado el partido de rechazar el Prólogo como una pieza apócrifa que el de hacer pasar a San Jerónimo por falsario.[36]

Pero Erasmo, menos avezado a la crítica que Richard Simon, cree encontrar a San Jerónimo en desacuerdo con la tradición más segura y en desacuerdo consigo mismo: se irrita contra el fundador de la filología sagrada y lo maltrata sin demostrar para con él mayores consideraciones que las que podría tener con un colega sorprendido en flagrante delito de incoherencia.[37] Un poco más adelante, Erasmo formulaba esta conclusión, en que los frailes españoles, al igual que Lee, pretendían ver una defensa de los arrianos:

33 Allen, t. VI, Ep. 1744, línea 125, nota, y t. VII, Ep. 1814, línea 284.
34 Allen, t. VII, Ep. 1903, líneas 28-29.
35 Cf. *supra,* págs. 41-42.
36 *Histoire critique du texte du Nouveau Testament,* Rotterdam, 1689, pág. 206.
37 "Scilicet Hieronymus saepenumero violentus est, parum pudens, saepe varius parumque sibi constans."

Quizá deberíamos esforzarnos, por medio de estudios piadosos, en llegar a una identificación con Dios en vez de estar disputando, en estudios curiosos, sobre la manera como el Hijo difiere del Padre o el Espíritu Santo difiere de ambos. En cuanto a mí, no veo el medio de enseñar por otra vía que la de los razonamientos aquellos puntos que niegan los arrianos. Además, dada la oscuridad de todo este pasaje, no puede servir en absoluto para refutar a los herejes.[38]

La connivencia de Erasmo con los herejes salta a la vista, según los frailes, si se confronta con estas líneas una frase del *Modus orandi:* "Tal vez una buena parte de la religión cristiana consiste en venerarlo todo en las cosas divinas, pero no afirmar nada fuera de lo que se expresa en la Sagrada Escritura." [39] En efecto, si se elimina el texto decisivo contra los arrianos, el arrianismo no puede refutarse más que por la teología raciocinante, y ya no por los solos textos de la Escritura; y si, por otra parte, Erasmo rechaza como "curiosas" las controversias relativas a las personas de la Trinidad, si finalmente se inclina hacia una piedad que venera los misterios divinos, pero que se niega a afirmar otra cosa que lo que dice expresamente la Escritura, entonces es claro que deja a la herejía "de pie e irrefutable". Por si fuera poco, se descubren en su *Apología contra Lee* gran número de expresiones impropias acerca del Padre y del Hijo, reveladoras de su indiferencia con respecto al dogma de la Trinidad.

En cuanto al *comma johanneum,* Erasmo había renunciado desde hacía mucho tiempo a hacerse comprender de los tradicionalistas, y había adoptado una posición de repliegue. Fortificado por la lección del *Vaticanus B* en su certeza de que el versículo no pertenecía al texto griego primitivo, había vuelto a colocarlo, no obstante, en su tercera edición, con apoyo en un manuscrito griego muy reciente encontrado en Inglaterra. Pero no se dejaba llamar a engaño: "Sospecho, decía, que este manuscrito ha sido corregido para conformarlo a los nuestros", es decir, a la Vulgata. Él restablecía el versículo dudoso "para quitar todo asidero a la calumnia".[40]

Pero en la asamblea de Valladolid los ortodoxos no se colocan en el terreno resbaladizo de la comparación de manuscritos. Ciertamente, el Doctor Diogo de Gouvêa no vacila en afirmar, con alguna audacia, que Cisneros, para la preparación de la Poliglota, llegó a reunir tres o cuatro manuscritos griegos que tenían el versículo en litigio. Pero él no se preocupa, en el fondo, de crítica textual. Todos los teólogos adversarios de

---

[38] "Fortasse praestiterat hoc piis studiis agere, uti nos idem reddamur cum Deo, quam curiosis studiis decertare quomodo differat a Patre Filius aut ab utroque Spiritus Sanctus. Certe ego, quod negant Arriani, non video posse doceri nisi ratiocinatione. Postremo cum totus hic locus sit obscurus, non potest admodum valere ad revincendos haereticos."

[39] "Fortassis haec est bona pars christianae religionis in rebus divinis venerari omnia, nihil autem affirmare praeter id quod in sacris litteris expressum est." (*Opera,* Leiden, 1703, t. V, col. 115. Cf. el texto citado *supra,* pág. 142).

[40] Cf. *supra,* págs. 117-118, y Westcott y Hort, *The New Testament in the original Greek,* Cambridge-London, 1881, Appendix, pág. 104.

Erasmo se refieren al "canon" como a una base inconmovible, y en nombre del texto canónico declaran alterados los manuscritos a los cuales Erasmo había dado preferencia. Erasmo ha sido culpable de suprimir un versículo de una epístola canónica. Y no menos culpable ha sido al restablecerlo con considerandos que dejan caer una duda sobre su autenticidad. Acerca de la gravedad de esa culpa, se expresan con severidad variable, de acuerdo con su temperamento y el rigor de su ortodoxia. Algunos juzgan su procedimiento peligroso, escandaloso o temerario; otros no vacilan en tenerlo por poco católico (Quintana), bastante sospechoso de herejía (Prexano) y hasta francamente herético (Margalho). Gouvêa, con mayor energía, dice que hay que quemar como herejes a cuantos se obstinen en suprimir este versículo del canon, y quiere que se quemen asimismo todos los textos que no contienen el triple testimonio.[41] Los más ponderados, como Francisco de Vitoria, están de acuerdo con sus cofrades en pedir que se suprima o corrija ese pasaje, que deja sumido en la duda al lector.

Algunos erasmistas no rechazarían esta conclusión moderada.[42] Pero en el campo de los novadores, todo el mundo estima que Erasmo no atenta de ningún modo contra el sagrado canon al consignar que un versículo falta en el texto griego. De ese modo cumple con su oficio de filólogo. A Fray Gil le parece que, con semejantes indagaciones, Erasmo merece alabanza más bien que reproche. Y el Provincial de la Merced piensa que es cuerdo, en estas materias, creer a Erasmo, que ha visto los manuscritos, y no a Lee o a otros como él, que no los han visto. Virués y el Obispo Cabrero reivindican con particular precisión la independencia de la crítica textual con respecto al texto aceptado por la Iglesia. Cabrero llega incluso a decir que, apoyándose Erasmo sólidamente en siete manuscritos sin contar el *Vaticanus,* y en la tradición de la Iglesia en la época de Cirilo y Agustín, hubiera debido, o podido, hacer caso omiso del único manuscrito a base del cual restableció el versículo en su tercera edición. El obispo y el benedictino insisten, en términos análogos, en que la Iglesia no ha definido jamás el canon de la Biblia sobre ese punto: si algunos papas, en sus cartas, han citado el triple testimonio en el cielo, no por eso hay que creer que hayan querido definir de paso "lo que los concilios jamás han definido hasta el día de hoy, a pesar de las ocasiones que para ello se han ofrecido".[43] En todo caso, sería locura querer juzgar la ortodoxia de Erasmo por un problema de crítica textual, cuando se sabe, según observa Miguel Gómez, que más de una vez ha afirmado su fe en la Trinidad. Erasmo, agrega Don Alonso Enríquez, ha respondido victoriosamente a las imputaciones de Lee y de Zúñiga, y siempre se someterá a la creencia ortodoxa. Por lo demás, si en una edición erudita (y que ha recibido la aprobación del Papa) sigue la lección de los manuscritos griegos más seguros, no procede

---

[41] M. Bataillon, *Les Portugais, art. cit.,* pág. 9.

[42] Puesto que Erasmo ha restablecido el versículo, dice Fr. Gil López, se le podría pedir que afirme explícitamente que es parte integrante del texto.

[43] *Virués I.*

de la misma manera, observa Alcaraz, en las *Paráfrasis* destinadas al gran público, pues en ellas hace aparecer el triple testimonio sin suscitar la menor duda a su respecto.

Las injurias a San Jerónimo, punto secundario en este capítulo de los ataques *Contra sacrosanctam Trinitatem,* no ponen frente a frente de manera tan clara a los dos partidos. Los erasmistas convienen sin grandes dificultades en que hay ahí una lamentable irreverencia. Pero, como dice el Provincial de la Merced, "ista debacchatio haud heresis est". Algunos, como Carrasco, Miguel Gómez y el Doctor Zuria, ponen las cosas en su punto observando que estas pocas palabras molestas pesan demasiado poco frente a la edición monumental de las obras de San Jerónimo llevada a cabo por Erasmo, el cual venera al Santo Padre, sigue sus huellas y lo ha llenado de alabanzas que sobrepasan con mucho a sus irreverencias. Los defensores de la ortodoxia toman más por lo trágico la "debacchatio". Ésta es "temeraria", dice Prexano; "falsa y escandalosa", añade el Maestro Pedro de Vitoria. Margalho exclama: "Caveat ne in Deum detorqueatur convicium". Pero Diogo de Gouvêa es quien da señales de mayor indignación: devolviendo las injurias a la persona misma de Erasmo, le reprocha su violencia, los desórdenes de la vida que llevaba en otro tiempo en París, señala con índice de fuego las variaciones de este hombre "que es móvil, voluble, quejumbroso, y que bajo sus fórmulas optativas —*optarem ego...*, *velim ego...*, *utinam ita fieret...* y otras que se pueden encontrar en sus obras— siembra tanta ponzoña". En seguida, interpelando al Inquisidor General, Gouvêa lo conjura a oponerse a una propaganda tan perniciosa, si no quiere ver muy pronto a España presa de grandes discordias. Para hacer sentir la gravedad del peligro, cuenta que Fray Avenia, en una conversación reciente, le ha citado estas palabras de Fray Hemundo, sabio fraile alemán de su orden: "Erasmo ha puesto los huevos y Lutero los ha empollado. Plega a Dios que se ahoguen los pollitos y se quiebren los huevos." [44] El voto escrito de Gouvêa

---

[44] En *Les Portugais contre Érasme, art. cit.,* pág. 11, identificaba yo a *Hemundus* con el carmelita Nicolás Baechem de Egmont, encarnizado enemigo de Erasmo. En la primera edición (francesa) de este libro creí preferible leer *Avem*ᵃ en vez de *Avenia,* y pensé que quien se hacía eco del dicho famoso era el franciscano Fr. Ave María, a la sazón enviado de Francisco I en España para las negociaciones de paz (cf. Rodríguez Villa, *El Emperador Carlos V y su corte, según las cartas de D. Martín de Salinas, embajador del Infante D. Fernando, 1522-1539,* Madrid, 1903-1905, pág. 365). Hemundus sería, pues, un franciscano alemán, resultando que Erasmo estaba bien informado cuando atribuía a los franciscanos de Colonia la paternidad de la tan machacada acusación: "Erasmus peperit ovum, Lutherus exclusit" (Allen, t. V, Ep. 1528, línea 11, nota: carta a Caesarius de 16 de diciembre de 1524). Ahora sospecho que Gouvêa recogió el malicioso chiste por conducto de los cistercienses: el Abad Edmundo (Ornot de Pichange, borgoñón que a un portugués podía muy bien parecer "alemán"), cuadragésimo quinto abad de Morimundo (1517-1551), fue quien nombró prior de Calatrava a Fr. Nicolás Avenius, último prior mandado desde Borgoña, ya que, muerto Avenius (1552), Carlos V y Felipe II reivindican el derecho de elegir un prior español. (Cf. Ángel Manrique, *Cisterciensium annalium,* t. I, Lyon, 1642, pág. 527, y M. Bataillon, *Un itinéraire cistercien à travers l'Espagne et le Portugal du xvie siècle,* en *Mélanges d'études portugaises offerts à M. Georges Le Gentil,* Paris, 1949, pág. 52, nota 1.) Gouvêa encontra-

evoca, por su aspereza, incidentes que seguramente rompieron más de una vez la monotonía de las sesiones. Nos podemos imaginar muy bien a los ortodoxos aprobando con vehemencia, al Inquisidor General llamando al orden al orador, a los erasmistas encogiéndose de hombros. A la salida se reunía un grupo a hacer comentarios chuscos en casa de Valdés, y éste escribía a Transilvano: "Aunque las sesiones son secretas, la mayor parte de lo que se trata llega a mis oídos. ¡Y hay que oír las ineptísimas sicofancias de los Hombres oscuros, sus pueriles sentencias, sus cuentos de viejas!" [45]

En cuanto a la imposibilidad de refutar la negación arriana de la unidad de esencia como no sea por la vía dialéctica, los teólogos están prácticamente de acuerdo, si bien a algunos de ellos les parece bastante peligrosa esta disociación de las pruebas escriturísticas y de la argumentación. Erasmo tiene razón si se trata sólo de la unidad de esencia. Pero entendida de modo general de todas las negaciones arrianas, su frase sonaría escandalosamente. Gouvêa y Don Estevam de Almeida insisten en esto, y a Francisco de Vitoria le parece tanto más lamentable la frase cuanto que Erasmo ha llegado a decir, en otro lugar, que cree en el artículo de la Trinidad a causa de la autoridad de la Iglesia: o sea que no parece conceder a los testimonios de la Escritura el mismo valor probatorio que les daban en otro tiempo los Padres, y difundir ese estado de espíritu es peligroso para la fe. Vitoria es, por otra parte, de todos los teólogos reunidos en Valladolid, el que mejor señala en qué sentido puede tacharse a Erasmo de indulgencia por el arrianismo. En el fondo, lo que estaba en juego era el dogma todo, por encima de la escolástica. ¿Que Erasmo criticaba las sutilezas de las escuelas? Pero éstas encontraban pocos defensores decididos, fuera de unos cuantos catedráticos como Arrieta o Alonso de Córdoba. Un Gouvêa se indignaba, ciertamente, de ver las viejas disciplinas sacrificadas en aras de "estudios piadosos" —en realidad del todo profanos— sobre los cuales la *Ratio verae theologiae* arrojaba una luz inquietante. Pero muchos de ellos, como Carranza, sin duda habrían admitido de buena gana que la escolástica cediera terreno a una formación menos "sutil" y más enderezada a desarrollar el amor de Dios. Solo, tal vez, con Oropesa, Fr. Francisco de Vitoria parece verdaderamente cuidadoso de precisar la actitud de Erasmo frente a las seculares controversias sobre el dogma de la Trinidad. Es muy importante distinguir

ría a Avenius en Valladolid.—Curiosas variantes de la acusadora metáfora de los huevos se encuentran en las márgenes del retrato de Erasmo de un ejemplar de los grabados de Philippe Galle, *Virorum doctorum de disciplinis benemerentium effigies XLIIII*, Amberes, 1572: "Ubi innuit Erasmus, irruit Lutherus"; "Erasmus haereticorum fons"; "Erasmus oua fouit, Lutherus exclusit"; y más abajo, este epigrama:

> *Quaeritur Erasmus dum sese vertit ad omnes*
> *Sitne Roma tuus, sitne Luthere tuus?*
> *Cujus sit generis merito dubitatur Erasmus*
> *Sed desiderium nullius esse puto.*

(Es de notar que en este ejemplar, conservado entre los Reservados de la B. P. E., el retrato de Erasmo es el único que lleva notas marginales manuscritas.)

[45] Carta del 1º de agosto de 1527 (F. Caballero, *Alonso y Juan de Valdés*, pág. 337).

entre las disputas escolásticas modernas y las discusiones por medio de las cuales definieron los Padres antiguamente el dogma. Ahora bien, pregunta Vitoria, ¿acaso Erasmo considera con el debido respeto esas discusiones antiguas?

Erasmo, a propósito del capítulo primero de la Epístola a los Hebreos, dice que la hipóstasis y el homoousios son cosas que no merecían que la paz del mundo se destrozara lamentablemente a causa de ellas. Y sobre esto vuelve en términos más fuertes en su *Apología* contra Lee, a propósito del mismo pasaje. Parece, pues, que su opinión sobre ese punto llega hasta reprobar la lucha emprendida por la Iglesia y los Padres contra los arrianos, estimando que más valía tolerar la opinión de los arrianos que destrozar por ese motivo la paz de la Iglesia. Ciertamente, yo no querría dar esta interpretación al pensamiento de Erasmo, que es católico, pero no se puede negar que ha dado mucho pie a sus lectores para interpretarlo así.

¿Acaso no había escrito Erasmo: "Tal vez una buena parte de la religión cristiana consiste en venerarlo todo en las cosas divinas, pero no afirmar nada fuera de lo que se expresa en la Sagrada Escritura"? Todo el mundo comprendía muy bien que semejante concepción del cristianismo era la fuente misma de todas las herejías. Pero ¡cuidado!, protestan los erasmistas: esta concepción no es la de Erasmo. Sabido es que, en más de una circunstancia (en el asunto de Lutero, para no ir más lejos), él ha admitido las definiciones de la Iglesia. Para quien lea íntegramente el pasaje incriminado, es evidente que Erasmo recurre en él a una fórmula extrema sin hacerla suya al pie de la letra. Además, observan el Doctor Pedro de Lerma y el Arcediano de la Fuente,[46] el texto del *Modus orandi* se ha modificado en este punto en la segunda edición,[47] pero no sin oscuridad, y sería conveniente invitar a Erasmo a suprimir el pasaje en caso de que reimprima ese opúsculo. Algunos de los ortodoxos intransigentes [48] admiten sin dificultad que la frase incriminada no expresa el pensamiento de Erasmo: Ciruelo la juzga herética en sí misma, sin concluir de allí nada contra Erasmo, ese varón tan docto. Y Quintana no rechazaría la siguiente interpretación, sugerida por Sancho Carranza: que lo que Erasmo pide es que nadie afirme nada "con su propia autoridad". Pero otros no quieren oír explicaciones. Es ésa una proposición herética, ya condenada, atenuada solamente —Gouvêa está de acuerdo en ello— por uno de esos *fortassis* que Erasmo gusta tanto de prodigar. Fr. Alonso de Córdoba y Fr. Juan de Salamanca se niegan a tomar en consideración las adiciones de 1525.[49] Fr. Francisco de Vitoria, una vez más, sin demostrar excesiva indulgencia (juzga "molesta y temeraria" esta proposición), se muestra cuidadoso de comprender lo mismo que de condenar o de excusar:

---

46 Seguidos por Fr. Gil López.
47 Sin duda la edición publicada por Froben en marzo de 1525 (cf. Allen, t. V, Ep. 1502, introd.).
48 En particular Oropesa.
49 Fr. Juan de Salamanca afirma: "Dico illud esse Erasmi dogma".

Erasmo acaba de decir que sólo el Padre es llamado verdadero Dios en el Evangelio, y que el Espíritu Santo no ha sido llamado siquiera Dios por San Hilario ni por los que le precedieron. Así, pues, a pesar de lo que añadió en su segunda edición, puede parecer que Erasmo, sin rechazar desde luego la tradición presente de la Iglesia, en virtud de la cual creemos y predicamos tantas verdades que no se dicen expresamente en la Escritura, pone sin embargo más en alto la religión de los antiguos, quienes, según él, no se atrevían a afirmar nada que no se dijese claramente en la Escritura, y en particular acerca del Espíritu Santo. Por consiguiente, el pasaje es escabroso y peligroso para los lectores.

Sin detenerse en las expresiones impropias entresacadas de la *Apología contra Lee* y condenadas unánimemente por todos,[50] Vitoria saca hábilmente de todo una conclusión media, equidistante entre las acusaciones y las apologías apasionadas:

Es muy posible que todas esas frases que se reprochan a Erasmo sean entendidas por él en el sentido más católico; y esto es creíble. Pero de ello no se puede esperar nada bueno para la consolidación de la fe, y pueden perjudicar en gran manera a la fe de los flacos, de los irreflexivos o de los jóvenes. En efecto, al leerlas, pueden verse llevados a dudas diversas, y a decirse que las verdades de la fe no están quizá tan bien establecidas como hasta entonces lo habían creído. No hay que perder de vista el escándalo dado así a los humildes, y es preciso evitar que semejantes asuntos anden de boca en boca, lo cual no es posible sino a condición de suprimir o corregir esas frases de Erasmo y otras parecidas. Y yo creo que Erasmo mismo no me tomará a mal el haberlo dicho.[51]

IV

Cinco sesiones fueron necesarias para oír todos los votos acerca del primer capítulo del cuaderno; hasta el 8 de julio no se pasó al segundo: *Contra Christi divinitatem, dignitatem et gloriam.* Fr. Francisco de Vitoria fue el encargado de exponer los textos sospechosos.

---

50 Un Ciruelo sólo las encuentra lamentables "in hac nostra eruditiore aetate". Para el juicio de Gouvêa, véase nuestro estudio *Les Portugais, art. cit.,* pág. 14.

51 Vitoria se expresó con más severidad en sus cursos de la Universidad de Salamanca. Sin acusar positivamente a Erasmo de herejía, llegó a tratarlo de "autor peligroso" y "fautor de herejías" (Curso sobre la Primera Parte de la *Summa,* publicado por el P. V. Beltrán de Heredia, *Los manuscritos del Maestro Vitoria,* Madrid-Valencia, 1928, pág. 43; Curso sobre la Secunda Secundae, citado por el mismo P. Beltrán en su prólogo a Francisco de Vitoria, *De justitia,* Salamanca, 1934, págs. xxx-xxxi). En estas condiciones, causa extrañeza la frase de "erasmismo mitigado" aplicada por el mismo P. Beltrán de Heredia a ciertos aspectos del pensamiento de Vitoria (*Las corrientes de espiritualidad, op. cit.,* pág. 49; cf. mi reseña en *B. H.,* t. XLVI (1944), pág. 270, donde indico la posible influencia de Cayetano en ideas que parecen erasmianas. La relación del pensamiento de Vitoria con el de Cayetano ya había sido apuntada por G. M. Bertini, *Influencia de algunos renacentistas italianos en el pensamiento de Francisco de Vitoria,* Conferencias, Universidad de Salamanca, 1933, págs. 34 *ss.*). Últimamente, y sin referencia al erasmismo, ha vuelto el P. Beltrán de Heredia a ocuparse de la *Orientación humanística de la teología vitoriana* en un folleto publicado por el Instituto Francisco de Vitoria, Madrid, 1947.

Se trataba aquí, una vez más, de la página del *Modus orandi* en que Erasmo oponía, al dogmatismo tajante de las épocas subsiguientes, un cristianismo primitivo casi sin dogmas. Considerad, decía, el trabajo que se toma San Hilario para demostrar que el Hijo es verdadero Dios, "siendo así que sólo el Padre es llamado verdadero Dios en el Evangelio".[1] Ya en las *Anotaciones* del Nuevo Testamento, un versículo del Cuarto Evangelio (XVII, 3: ἵνα γιγνώσκωσιν σὲ τὸν μόνον ἀληθινὸν θεόν — *te qui solus verus es Deus*) había sugerido a Erasmo la observación siguiente: "Este pasaje entre otros ha dado a los arrianos ocasión de errar, diciendo que sólo el Padre era verdadera y propiamente Dios. ¿Acaso querían decir —cosa que no niegan nuestros teólogos— que Él solo es el principio de la divinidad del Hijo? En todo caso, esta palabra *solo* no se ha puesto aquí para excluir al Hijo, sino para distinguir al verdadero Dios de los dioses paganos".[2] Fundándose en estas palabras, Zúñiga había entablado su guerra contra Erasmo, alardeando de encontrar en el Nuevo Testamento diez pasajes en que Cristo es llamado claramente Dios. Pero Erasmo no se había dado por vencido, y, en la *Apologia ad Jac. Stunicam,* había indicado otras tantas "tergiversaciones" mediante las cuales un hereje decidido podría rechazar las interpretaciones de Zúñiga. Uno de estos subterfugios parecía particularmente escandaloso a los frailes españoles. Era el de suponer que en el versículo de la Epístola a los Romanos (IX, 5): *ex quibus est Christus secundum carnem, qui est super omnia Deus benedictus in saecula amen,* las cinco últimas palabras constituyen un epifonema sobreañadido, una doxología como las muchas que se encuentran en el Nuevo Testamento. Si se pusiera un signo de puntuación entre *super omnia* y *Deus,* el texto no diría que Cristo es Dios.[3] Y Erasmo llegaba incluso a sugerir (sin hacer suya esa opinión) la hipótesis de una interpolación: *nisi forte haec particula sit adjecta.* Tales eran, según los frailes, los principales atentados de Erasmo contra la divinidad de Cristo. Otros consistían en escribir *In principio erat Sermo,* en lugar de *Verbum;* en llamar a José *vitricus Christi;* en decir de manera atrevida, a propósito de la Epístola a los Romanos (VIII, 3: *in similitudinem carnis peccati*): "*Quod Christus nocentis personam assumpsit, hypocrisis quaedam erat*", y por último, en plantear el problema de la perfectibilidad de Cristo a propósito del Evangelio de San Lucas: *Et Jesus proficiebat.*[4]

Acerca de este último punto, los frailes habían aislado de su contexto, con bastante perfidia, algunas palabras de Erasmo ("Christus per gradus quosdam profecit sapientia et gratia"). El ortodoxísimo Don Estevam de Almeida debe reconocer que Erasmo no afirma esto, sino que lo lanza como tema de discusión. Y el Maestro Pedro de Vitoria hace una observa-

---

1 "Quum solus Pater dictus sit in Evangelio *verus Deus.*" *Opera,* Leiden, 1703, t. V, col. 115.

2 *Opera,* t. VI, cols. 405-406.

3 *Apologia ad Jac. Stunicam, Opera,* t. IX, col. 310. Sobre el interés de esta observación crítica, sugerida como por broma, véase nuestro estudio *Les Portugais contre Érasme, art. cit.,* pág. 18, nota 3.

4 Sobre estos diversos puntos véase el artículo citado en la nota anterior, págs. 20-21.

ción semejante. Pero no es aquí donde se concentran los esfuerzos de los acusadores y defensores de Erasmo. Los atrevimientos de vocabulario, como *sermo, vitricus, hypocrisis,* no se comentan tampoco demasiado tiempo. Los más malévolos, como Arrieta, Castillo, Alonso de Córdoba, los consideran indecentes, escandalosos u ofensivos de las orejas pías. Los erasmistas ardientes no hallan nada que objetar. Un Pedro de Lerma cree oportuno explicar que *persona* se toma en el sentido de "máscara", y que *hypocrisis* no tiene nada de peyorativo. Los más tibios, el Arcediano de la Fuente, el Doctor Matatiguí, ven en estas sorprendentes expresiones de Erasmo un abuso de ingenio o de erudición: son novedades de que más valdría abstenerse. Y ortodoxos como Don Estevam de Almeida, Margalho, el Maestro Pedro de Vitoria, no las juzgan con mucha mayor severidad.

Donde los dos campos se enfrentan es a propósito de las "tergiversaciones" y de: *Quum solus Pater dictus sit in Evangelio verus Deus.* Sin duda, esta última proposición es verdadera literalmente, tomada en el sentido más estrecho, y marcando el acento sobre la expresa designación de *verus Deus.* Los moderados de ambos partidos bien podrían ponerse de acuerdo en este punto. La división empieza en cuanto se discute la intención y el alcance de semejantes palabras. Al paso que Coronel muy difícilmente alcanza a ver en ellas un peligro, al paso que el Obispo Cabrero y Fray Gil López se indignan de que alguien pueda ver allí un ultraje a la divinidad de Cristo y contestan a los censores de Erasmo declarando "falso y calumnioso" este título del cuaderno que se discute, Don Estevam de Almeida estima, por el contrario, que Erasmo demuestra en la frase en cuestión una singular complacencia por la herejía arriana, y que con la mayor facilidad podría pasarse de esta proposición admisible: *"Verus Deus", en el Evangelio, no se dice más que del Padre,* a esta otra, claramente herética: *sólo el Padre es verdadero Dios,* "pues todo parece de la misma harina". Francisco de Vitoria va más lejos: está convencido de que Erasmo no entiende *"in Evangelio"* en sentido estrecho, refiriéndose únicamente a los cuatro Evangelios, sino que piensa en todo el Nuevo Testamento, y entonces su proposición es falsa y herética; "en fin, tómela o no en sentido católico, es, en el lugar en que aparece, escandalosa y peligrosa para la fe de los lectores, y hay que suprimirla del todo".

Las *tergiversationes* en respuesta a los diez pasajes alegados por Zúñiga se relacionaban muy estrechamente con esta cuestión de la *appellatio* divina. El que Erasmo sugiriese interpretaciones heréticas sin hacerlas suyas era un artificio particularmente irritante para el dogmatismo ortodoxo, y que sólo erasmistas decididos podían excusar. El Abad de Alcalá, Pedro de Lerma, convencido como está de la ortodoxia de Erasmo,[5] concluye que será conveniente rogar al autor que las suprima en las ediciones futuras de sus *Apologías,* a fin de evitar cualquier sospecha de arrianismo; por lo demás, añade, "la herejía arriana se encuentra de tal manera apa-

---

[5] Observa que Erasmo mismo proclamó la debilidad de ciertas "tergiversaciones" en su respuesta a Carranza.

ciguada y extinguida en la Iglesia de Dios, que no hay en nuestros días error más olvidado que ése". También a Alcaraz le parece lamentable que Erasmo no haya tenido cuidado de refutar esas interpretaciones, que él juzga tendenciosas. Pero los conservadores, Castillo, Quintana, Prexano, Oropesa, insisten vigorosamente en el escándalo de esas "tergiversaciones" temerarias y heréticas y en la necesidad de suprimirlas. Son a tal punto escandalosas y perniciosas, en opinión de Ciruelo, que los erasmistas mismos deploran que su maestro se haya servido de ellas; las observaciones sobre el versículo de la Epístola a los Romanos (IX, 5) constituyen un atentado gratuito contra el texto de la Escritura, y un delito caracterizado de herejía. Don Estevam de Almeida y Fr. Francisco de Vitoria se muestran muy sorprendidos de ver cómo Erasmo quita sistemáticamente toda fuerza probatoria a los argumentos de los ortodoxos contra los arrianos. Tendencia sumamente peligrosa, pro-arriana e intolerable.

El peligro arriano, como ya se ha visto, no es tomado en serio por los erasmistas, aunque sean tan ponderados como Pedro de Lerma. En consecuencia, llevan el debate lo más cerca posible de los textos, para lavar a Erasmo de la sospecha de herejía, demostrando que él no tiene por válidas esas condenables *tergiversationes*. Erasmo ha reconocido que algunos de los pasajes de Zúñiga encierran una *appellatio* divina bastante clara, y que otros permiten que de ellos se concluya la divinidad de Cristo. El valor peyorativo de la palabra *tergiversatio* indica suficientemente, según el Obispo Cabrero, cuál es la verdadera posición de Erasmo. Y el Doctor Coronel, después de recordar que es muy corriente en la Sorbona responder a las objeciones poniéndose en el lugar de un disputador que adopta una tesis extrema, invoca la reciente edición de las *Apologías* para demostrar cuánto empeño tiene Erasmo en evitar el escándalo: ha suprimido las palabras que más se le reprochaban, en particular la famosa restricción *nisi forte haec particula sit adjecta*. Erasmo, que ha comprobado por sí mismo la concordancia de todos los manuscritos en ese versículo, no ha pensado nunca en mutilar el canon del Nuevo Testamento, como hacen ciertos herejes. Pero ha tomado en cuenta la facilidad con que los hombres se escandalizan. Pues, por lo que se refiere a Dios, estas tergiversaciones "no lo afectan ni pueden escandalizarlo".[6]

El capítulo de las proposiciones *Contra Spiritus Sancti divinitatem* se comenzó a examinar el 27 de julio. Pero como los trabajos de la asamblea amenazaban con durar meses, se decidió marchar a paso redoblado. A este tercer capítulo del cuaderno se reunió el cuarto, *Contra sanctam haereticorum Inquisitionem*. Sobre los dos capítulos juntos el franciscano Castillo quedó encargado de hacer una exposición preliminar, y se invitó a los teólogos a expresar sus votos. A propósito de la Trinidad, el crimen de Erasmo consistía en su prefacio a las *Obras* de San Hilario, escrito de inspiración análoga a la del *Modus orandi*. Ya hemos visto[7] cómo el hombre de Basilea, por los días en que se negaba todavía a romper lanzas

---

6 Esta última observación es de Matatiguí.
7 Cf. *supra*, pág. 142.

LA DIVINIDAD DEL ESPÍRITU SANTO

259

contra Lutero, se había complacido en el estudio de un cristianismo primitivo, rico en inspiración divina y sobrio en afirmaciones tajantes; Erasmo había querido hacer brillar esta luz de paz a los ojos de los modernos, levantados unos contra otros a causa de su intransigente dogmatismo.

"San Hilario —se decía en las *proposiciones* extractadas por los frailes— no se atreve a afirmar nada con respecto al Espíritu Santo, fuera de que es Espíritu de Dios, y aun esto no se atrevería a decirlo si no lo hubiese leído en San Pablo." "En ningún lugar escribe San Hilario que sea necesario adorar al Espíritu Santo, en ninguna parte le atribuye el nombre de Dios." Si en la Sagrada Escritura "el sobrenombre de Dios se atribuye algunas veces al Hijo, jamás se atribuye abiertamente al Espíritu Santo". "El Padre es llamado Dios muy a menudo, el Hijo algunas veces, el Espíritu Santo nunca." "Pero nosotros hemos hecho tales progresos de audacia, que no tememos dictar al Hijo la manera como debía honrar a su madre; nos atrevemos a llamar *Dios* al Espíritu Santo, cosa a que no se atrevieron los antiguos." [8]

Si el nombre de Dios se aplica o no al Espíritu Santo en la Escritura, en San Hilario o, de modo general, en los Padres más antiguos, ello era, al parecer, una cuestión de hecho. No podemos menos de pensar en las *Provinciales* [9] y en las proposiciones condenadas por la bula *Unigenitus.* M. Arnaud dice "que ha leído con toda atención el libro de Jansenio y no ha encontrado en él las proposiciones condenadas por el difunto papa". Para confundirlo, basta darle referencias precisas. De modo semejante, si Erasmo se ha equivocado, hay que demostrarle su error sacando a luz los textos que él no ha tenido en cuenta. Los erasmistas de la asamblea, con la mayor naturalidad, plantean esta "cuestión de hecho". Si en San Hilario, dice Alcaraz, se encuentra un pasaje que debilite la aserción de Erasmo, entonces éste habrá expresado una opinión falsa, pero no contraria a la divinidad del Espíritu Santo. Alcaraz no ha encontrado tal pasaje. Otra cosa sería decir que San Hilario no admitía la divinidad del Espíritu Santo. Pero Erasmo no dice semejante cosa. En vano se busca, en los votos de sus adversarios españoles, una refutación de Erasmo fundada en textos precisos de San Hilario: Castillo se contenta con invocar en términos vagos el *De Trinitate,* libro II, y cierta carta "ad plebem Arrianos detestantem" a la cual se refiere también Arrieta. Como Margalho y los demás abogados de la estricta ortodoxia, insiste sobre todo en la fe trinitaria de los Padres más antiguos y en la injuria que Erasmo les hace al suponer que no se atrevían a afirmar la divinidad del Espíritu Santo.

Pero el esfuerzo de los ortodoxos se concentra sobre todo en la cuestión de la divinidad del Espíritu Santo en la Escritura. Si muchos se contentan con juzgar la afirmación de Erasmo escandalosa, errónea, herética o más especialmente arriana, algunos aducen contra ella textos del Nuevo

---

[8] El prefacio de los *Hilarii Opera,* larga epístola a Juan Carondelet, se incluye en el *Opus Epistolarum* de Allen, t. V, Ep. 1334. Los pasajes incriminados están en las líneas 355-358, 413-415, 423-424 y 442-446.

[9] Sobre todo en el comienzo de la primera carta.

Testamento. El que se menciona con mayor frecuencia, el que parece más convincente, es el pasaje de los Hechos (V, 3-4) en que Pedro dice a Ananías, después de que éste ha engañado a los Apóstoles: "Has mentido al Espíritu Santo...", y un poco adelante: "No has mentido a los hombres, sino a Dios". ¿Es cosa clara que sacar de allí la identidad de los términos *Espíritu Santo* y *Dios* es una acrobacia verbal que permitiría extender con el mismo derecho a los *Apóstoles* esta identidad? Pero el razonamiento silogístico es tomado muy en serio en esta asamblea de teólogos. Un erasmizante como el Arcediano de la Fuente admite que, entre los textos invocados contra Erasmo, hay uno que de veras cuenta: sin duda el de los Hechos de los Apóstoles. Castillo da algunas otras referencias, en particular a textos de San Pablo,[10] igualmente aducidos por Fr. Alonso de Córdoba, donde el hombre es llamado "templo de Dios" en que mora "el Espíritu de Dios". A pesar de todo, ya se comprende que los erasmistas decididos se niegan a leer ahí (o en el versículo de los Hechos) la afirmación expresa de que el Espíritu Santo *es* Dios. Para ellos, la *aperta appellatio* es el verdadero objeto de todo el debate: el hecho mismo de que se pueda probar con la Escritura el dogma de la Trinidad es algo que ellos no piensan negar. Lerma completa, a su modo, el pensamiento de Erasmo distinguiendo dos actitudes en el cristianismo primitivo: una estrictamente respetuosa de la Sagrada Escritura hasta el punto de no atreverse a llamar *Dios* al Espíritu Santo, y la otra más confiada en las consecuencias que de la Sagrada Escritura ha sacado el celo piadoso de los hombres. Así es como los Padres de Nicea, los autores del *Te Deum* y de los símbolos y San Hilario mismo prolongan en cierto sentido la Escritura. Pero es necesario llegar a los símbolos para encontrar explícitamente afirmada la divinidad del Espíritu Santo. Entre las colectas, observaba Erasmo en el *Modus orandi*, no hay oraciones dirigidas al Espíritu Santo: otro punto de hecho sobre el cual es imposible acusarlo de herejía; además, según hace observar Alcaraz, el *Rationale divinorum officiorum* le da aquí la razón. Pero a los ortodoxos más exigentes [11] les parece escandalosa la explicación que Erasmo da de ese hecho, a saber, que los antiguos no se atrevían a afirmar nada en cuanto a la divinidad del Espíritu Santo.

Los tres primeros capítulos del cuaderno giraban indefinidamente en torno al pensamiento de Erasmo sin hallarlo en desacuerdo formal con los dogmas fundamentales, pero descubriendo mil indicios de su poco respeto por la afirmación teológica de estos dogmas. ¿Había, en el seno de la asamblea, un solo teólogo dispuesto a hacer de Erasmo un arriano, en toda la fuerza del término? Nada menos seguro que esto. Los más hostiles no vacilan en llamar arriana tal o cual "proposición" entresacada de sus libros. Pero se irritan más bien de descubrir en él un fautor desinteresado de la herejía arriana y de tantas otras herejías, una especie de "abogado oficioso" del error. Erasmo no niega dogma alguno; es más bien la nega-

---

[10] I Cor., III, 16, y VI, 19.

[11] En particular a Don Estevam de Almeida. Cf. M. Bataillon, *Les Portugais, art. cit.*, pág. 23, nota 2.

ción viva del dogmatismo. Así, pues, al llegar al capítulo cuarto de las proposiciones sospechosas —*contra sanctam haereticorum Inquisitionem*— los teólogos de Valladolid tocan un punto esencial para definir los peligros que Erasmo hace correr a la ortodoxia. Pero su modo de expresarse es tan poco tajante, que en vano se ha buscado en sus libros una reprobación categórica de la represión de la herejía.

Tres textos son los incriminados. En primer lugar, un pasaje de la *Paráfrasis de San Mateo* (XIII, 24-30). A propósito de la parábola de la cizaña, Erasmo había dicho:

Los siervos que quieren segar la cizaña antes de tiempo son aquellos que piensan que los falsos apóstoles y los heresiarcas deben ser eliminados por la espada y los suplicios. Pero el dueño del campo no quiere que se les destruya, sino que se les tolere, pues quizá se enmienden, y de cizaña que eran se tornen trigo. Si no se enmiendan, déjese a su juez el cuidado de castigarlos un día. El tiempo de la siega es la consumación de los siglos; los segadores son los ángeles. Mientras tanto, hay que tolerar a los malos mezclados con los buenos, puesto que habría más daño en suprimirlos que en soportarlos.[12]

Esta doctrina de tolerancia es sumamente sospechosa en un momento en que la Iglesia está extirpando la herejía luterana. Don Estevam de Almeida declara que es preciso atender a la salvación de las almas, y no vacila en afirmar que la defensa de la fe es comparable con la defensa del Estado:

A todos ha parecido ciertamente que era una causa santa resistir a la Comunidad en estos reinos, aunque fuese probable que muchos inocentes perecerían, y se ha combatido justamente a los revolucionarios que entonces perturbaban el Estado. *A fortiori*, si queremos triunfar de los heresiarcas y de sus favorecedores, que se esfuerzan en desviar a las almas del gobierno espiritual, sería preciso no tolerarlos nunca, aunque fuese probable la muerte corporal.[13]

Pero los erasmistas hacen observar que el sentido que Erasmo da a la parábola de la cizaña no es en modo alguno forzado, ni nuevo. No hace más que seguir, aquí, a San Agustín y a San Jerónimo. Don Estevam mismo tiene que reconocerlo. Sólo los intransigentes como Fr. Alonso de Córdoba o Prexano declaran sin atenuaciones que esa paráfrasis es peligrosa y hasta herética.

Este mismo volumen de la *Paráfrasis de San Mateo* encerraba, en otro sentido, un nuevo pasaje igualmente atrevido y que no tenía el apoyo de la palabra divina. Se encontraba en aquel prefacio "Al piadoso lector" que había alarmado al Doctor Coronel en el momento de la publicación del libro. Erasmo sugería en ese pasaje la idea de hacer que los jóvenes confirmasen la profesión de fe que sus padrinos habían hecho en nombre de ellos el día del bautismo. Pero ¿qué hacer, preguntaba, si un joven

---

[12] Cf. *Opera*, Leiden, 1703-1706, t. VII, col. 80.
[13] Cf. *Les Portugais, art. cit.*, pág. 22, nota 4.

no profesa entonces los artículos del credo? Y respondía así a esta grave objeción: "Es necesario intentarlo todo para impedirle salir de su fe primera. Pero si no se puede alcanzar esto, tal vez sea conveniente no forzarlo, sino abandonarlo a su propio juicio hasta que llegue al reconocimiento de su yerro." Esta tesis de la no-violencia ofrecía una molesta analogía con cierto error de Juan Huss condenado en el Concilio de Constanza. Raros son en Valladolid los teólogos que en este punto apoyan a Erasmo sin reserva. Los que toman su defensa de un modo más atrevido observan, como Cabrero, que se trata de una simple sugerencia propuesta al examen de la Iglesia. Enríquez llega incluso a decir que esta sugerencia no es tan impracticable: es posible interpretarla aplicada al plazo que siempre se ha dejado a los herejes para que lleguen al arrepentimiento,[14] y podría bastar, dice, con apartar a ese joven de la Comunión. En general, a los erasmistas —Alcaraz, Miguel Gómez, Lerma, el Arcediano de la Fuente, Matatiguí, Zuria— no les parece defendible la solución de liberalismo extremo que su maestro propone con un prudente "tal vez": *fortassis expediet illum non cogi sed suo relinqui animo*. Y Gómez llega a observar que Erasmo la rechaza en su respuesta a Beda. Pero en el campo adverso nadie vacila en imputársela de plano a Erasmo y en calificarla severamente. Opinión errónea y que huele a herejía, dice Arrieta; herética, fulmina Castillo. Y Ciruelo opina que la idea de este examen sobre la fe contiene, bajo apariencias de piedad, una triple ponzoña sumamente peligrosa.

Los frailes habían añadido al mismo capítulo un texto del coloquio *Inquisitio de fide,* en que Erasmo pone en boca del excomulgado Barbacio estas palabras desdeñosas sobre los rayos de la excomunión: "Hieren, pero sus golpes son vanos... Sólo en la mano de Dios está el rayo que hiere el alma." Frase herética, declara Prexano; después cambia de idea y precisa su voto: "si se la toma absolutamente, tal como está". Es que, en efecto, puesta en boca de un hereje, no permite concluir nada contra la ortodoxia de Erasmo. Ciruelo, que también la deplora, no quiere creer que Erasmo esté tan alejado del general sentimiento católico que quiera negar a los prelados y jueces eclesiásticos el poder espiritual en virtud del cual excomulgan y absuelven. No obstante, ¿acaso la intención misma de la *Inquisitio de fide* no es el mostrarnos a un excomulgado que profesa todas las verdades esenciales del cristianismo? Todo esto es ambiguo, concluye Castillo, "pero jugar con las cosas de nuestra fe como lo hace Erasmo en los *Coloquios* me parece impío". Los teólogos reunidos en Valladolid se ven conducidos de ese modo a someter a proceso no ya la ortodoxia de Erasmo, sino el género mismo de los coloquios satíricos en materia religiosa. Muchos de los frailes, haciendo un juego de palabras, invocan el adagio antiguo cristianizado por San Pablo: *Corrumpunt bonos mores colloquia prava*. Fr. Antonio de Guevara, Fr. Juan de Salamanca y Fr. Alonso de Córdoba están de acuerdo en reclamar que los *Coloquios* se

---

[14] Piensa sin duda en el "término de gracia" previsto por el procedimiento inquisitorial (cf. Lea, *A history of the Inquisition of Spain*, t. II, págs. 457 ss.).

retiren de la circulación. Margalho quiere ver a su autor llevado ante la justicia inquisitorial. A Ciruelo le parece "que deberían prohibirse del todo, o que al menos sólo deberían permitirse a los teólogos doctos". Por lo demás, entre los mismos erasmistas raros son los que se limitan a decir que Erasmo es irreprochable, puesto que no se le puede tener por responsable de las palabras que presta a sus personajes, en virtud de las exigencias del género.[15] La gravedad española se siente ofendida al ver cómo el chiste invade el campo sagrado. Alcaraz y el Arcediano de la Fuente se muestran visiblemente contrariados. El Abad de Alcalá, sin llegar al extremo de pedir la prohibición de los *Coloquios,* quiere no obstante que se haga en ellos gran número de cortes: "Vellem tamen multa ex *Colloquiis* Erasmi esse resecta."

Ya se ven apuntar aquí, más nítidamente que en los debates precedentes, las consecuencias prácticas que sin duda hubieran emanado de la conferencia de Valladolid en caso de haber llegado a su término. Pero estos votos se redactan en el momento preciso en que sus trabajos concluyen bruscamente. El martes 13 de agosto, después de que algunos de los teólogos hubieron entregado sus votos por escrito o prometido entregarlos, el Inquisidor General "les hizo un grande razonamiento por causa de la sospecha de la pestilencia, diciendo, entre otras cosas, cuánto le pesaba que no pudiese continuar la católica congregación hasta dar conclusión en este negocio". A lo cual siguió un largo cambio de opiniones entre Manrique y los teólogos congregados. Decidieron separarse por el momento: cada cual estudiaría por su cuenta las "proposiciones" incriminadas en espera de una nueva convocatoria. Los miembros de la asamblea manifestaron el deseo de llegar a una conclusión lo más pronto posible. Y al día siguiente, vigilia de la Asunción, Manrique salió para el monasterio del Abrojo.[16]

V

Se admite generalmente, desde Sandoval acá, que el Inquisidor General quiso echar tierra al asunto de Erasmo: "Tuvo manera como la congregación se deshiciese y no hablasen más en aquel negocio."[1] Sin embargo, no es cosa tan segura que Manrique haya decretado entonces el aplazamiento con el plan oculto de una clausura definitiva. El estado sanitario de Valladolid era inquietante. El Emperador acababa de decidir su partida. La Emperatriz cayó enferma ese mismo martes en que los teólogos se dispersaron. La epidemia invadió buen número de casas de grandes señores. Y se ignoraba todavía a qué ciudad se trasladaría la Corte: "No hay lugar de Castilla en que no mueran de peste, aunque en todos poco;

[15] Los erasmistas que así argumentan son el Obispo Cabrero, Don Alonso Enríquez y el Doctor Miguel Gómez.

[16] Según las *Actas* (R. A. B. M., t. VI, 1902, págs. 64-65).

[1] Citado por Menéndez y Pelayo, *Heterodoxos,* t. IV, pág. 100.

mas en fin, es peste", escribe el embajador de Portugal.[2] Así, pues, la "pestilencia" invocada por Manrique en su discurso de clausura no era puro pretexto.

Además, nada nos autoriza a creer que haya querido poner término a los debates de Valladolid porque el breve recibido del Papa le daba en lo sucesivo autoridad suficiente para imponer silencio a los erasmófobos.[3] Conocemos ahora el texto de este breve,[4] y parece que Roma, en aquella coyuntura, no respondió sino a medias a los deseos del gobierno español. Si la cancillería de Valladolid había esperado alcanzar del Papa un aplastante testimonio de ortodoxia en favor de Erasmo, quedó sin duda decepcionada. En efecto, el breve no toma expresamente en consideración más que los libros en que Erasmo contesta a Lutero, y aun a propósito de ellos no se compromete: encarga al Inquisidor General que decida, con la ayuda de cuatro doctos teólogos españoles, si han de ser o no lectura permitida. Verdad es que invitaba a Manrique a prohibir en adelante a los predicadores cualesquiera palabras descomedidas para "este varón elocuente y docto, para este gran trabajador" que se llama Erasmo. Pero semejante homenaje no añadía nada a los que Erasmo había recibido de los papas precedentes. El breve pontificio, fechado en el Castillo de Sant'Angelo, donde Clemente VII se hallaba aún semiprisionero, no pesó demasiado en las decisiones de la España oficial con respecto al Filósofo.

Tratemos de comprender por qué los debates de Valladolid, proseguidos asiduamente durante seis semanas, pudieron permanecer indefinidamente suspendidos tras de haber sido aplazados por causas completamente fortuitas. El mundo humano tiene su inercia. Instituidos en el seno de una agitación violenta, estos debates habían durado en virtud de la velocidad adquirida. Todos comprendían muy bien su gravedad. Eran dos interpretaciones del cristianismo que se ponían frente a frente. Uno de los teólogos ortodoxos de la asamblea había causado sensación al decir que no creía en el mismo Cristo que Erasmo.[5] Pero ponerse a juzgar y

[2] Arquivo da Torre do Tombo (Lisboa), *Corpo chronologico*, parte 1ª, maço 37, docum. 44. Antonio d'Azevedo Coutinho al Rey de Portugal, Valladolid, 13-14 de agosto de 1527. Cf. una carta de Martín de Salinas al Archiduque Fernando (Valencia, 31 de agosto de 1527) en *Bol. Ac. Hist.*, t. XLIV, pág. 147.

[3] Así lo insinúa J. J. Mangan, *Life, character and influence of Des. Erasmus*, t. II, New York, 1927, pág. 286. Ya Menéndez y Pelayo (*Heterodoxos*, t. IV, págs. 104-105) había señalado el poco alcance del breve papal. Véase también sobre esto Baumgarten, *Geschichte Karls V*, t. II, pág. 631.

[4] Allen lo publicó en su *Opus Epistolarum*, t. VII, Ep. 1846, a base de unas copias conservadas en el Archivo del Vaticano. Tiene fecha 16 de julio de 1527. El secretario Pérez había escrito desde Roma el 1º de julio: "El breve para poner silencio que allá no se hable contra las obras de Erasmo, me ha dicho el Sanctiquatro que me le dará remitido al Arçobispo de Sevilla; en habiéndole le enviaré". Sin embargo, hasta el 1º de agosto no puede mandar una copia a Alfonso de Valdés (cf. A. Rodríguez Villa, *Memorias, op. cit.*, págs. 236 y 253).

[5] No he leído esta frase en ninguno de los votos que se conservan, pero la refiere Carvajal en su *Dulcoratio* (París, 1530), fol. 4 vº: "Hi duo [Lutherus et Erasmus] aliique eorum satellites, Christum optimum maximum novis quibusdam libertatis lineamentis depingunt, quem ne agnosces quidem. Adeo alius est ut quidam vir theologicissimus

distinguir con más o menos matices aquel polvillo de "proposiciones" aisladas de su contexto era tarea más que suficiente para enfriar los entusiasmos de los dos campos que se habían enfrentado con esperanza de una victoria decisiva. La asamblea se movía sin avanzar un solo paso. En este proceso —proceso de tendencias, si los hay— se obstinaban todos en discutir sobre acusaciones precisas de herejía. De ahí tantas repeticiones, tantas horas perdidas en discutir sobre las mismas páginas incriminadas bajo múltiples conceptos. Ahora bien, si de casualidad vemos a un erasmista de espíritu excepcionalmente libre, como el Obispo Cabrero, indignarse contra el método seguido, denunciar la mala fe de los frailes que lanzan acusaciones contra frases truncas,[6] la generalidad de la asamblea, formada en la enseñanza escolástica, encuentra perfectamente natural argumentar sobre textos como ésos. Al lado de los partidarios irreductibles hay, en ambos campos, hombres de buena fe que se esfuerzan en aclarar esas "proposiciones" a base de su contexto y de los demás escritos de Erasmo. Teólogos celosos de la paz de la Iglesia como lo eran todos, fácilmente se hubieran puesto de acuerdo para llegar a una solución media. Un Vitoria no desea la condenación formal de ciertos libros, ni siquiera de ciertas frases de Erasmo, como tampoco la desea un Pedro de Lerma. Pero con simpatías desiguales para la totalidad de su obra, nos los podemos imaginar muy bien redactando juntos una lista de pasajes capaces de alarmar la fe común, y aun podríamos verlos poniéndose de acuerdo para hacer cortes feroces en los *Coloquios,* hasta reducir el libro a su primer destino escolar de *Colloquiorum formulae.* Fácil es concebir que, para la elaboración de semejante transacción, no haya habido ni entre los partidarios ni entre los adversarios el mismo celo apasionado que había obligado a Manrique a reunir esta "congregación".

Así, pues, España vivirá en un *statu quo.* Victoria, en un sentido, para los partidarios de Erasmo, puesto que lo que se tiene por sedicioso es la propaganda antierasmiana. Pero victoria que ellos sienten frágil, de la cual, por supuesto, no quieren abusar. Sin duda, ha corrido el rumor —hasta Brujas ha llegado— de que, no contentos con defender a Erasmo, atacan a los mantenedores de la escolástica, y de que han pedido que se espulguen las obras de Santo Tomás y de Escoto de la misma manera que se examinan las del hombre de Basilea. Vives, en carta a Vergara, se muestra naturalmente incrédulo con relación a semejante rumor;[7] la noticia huele

juxta ac christianissimus, coram frequentissima synodo theologorum Vallisoleti qui ad Erasmicos errores confutandos congregati sunt, fassus sit ingenue se non credere *Christo* cui credit Erasmus". Erasmo, comentando este pasaje en una carta a Pero Mexía (Allen, t. VIII, Ep. 2300, líneas 85-86), dice que supo de esta invectiva por uno de sus amigos españoles, y añade que a su autor lo habían juzgado los doctos "pro insano monacho, ut erat revera". Si en efecto se trata de un fraile, tal vez haya que identificarlo con el franciscano Castillo; bien pudo pronunciar esa frase en su exposición del 27 de julio sobre los capítulos III y IV del cuaderno.

6 *Cabrero III.*

7 Cf. Allen, t. VI, pág. 502 (carta de Vives a Juan de Vergara, Brujas, 14 de agosto de 1527). El origen de este rumor tal vez se halle en algún libelo erasmiano como la *Epístola de un celoso de Erasmo* que tanto indigna a Carvajal (*Apologia monasticae*

demasiado a pasquín. En realidad, los erasmistas clarividentes no consideran el porvenir del pensamiento erasmiano con un optimismo sin mezcla de duda. Virués, aun antes de que la campaña de los frailes hubiese inquietado a la Inquisición, sugería a Erasmo la idea de una apología general de sus escritos para asegurar su circulación póstuma: "en efecto —decía—, como tú bien sabes, por mucho tiempo que vivas, dejarás finalmente la tierra, y las órdenes monásticas no morirán nunca".[8] Vergara mismo, durante la vela de armas de Valladolid, no pensaba sin inquietud en aquella miríada de enemigos que se renovarían incesantemente cuando el Maestro hubiese muerto, y temblaba por la posteridad espiritual de Erasmo, por sus libros. Un buen padre de familia —le escribía— debe pensar en el porvenir de sus hijos. Los teólogos de los siglos precedentes, que pertenecían a una orden monástica, han encontrado en esta orden defensores naturales y decididos de sus doctrinas. Pero ¿cómo sostener solo la lucha contra todas esas falanges conjuradas, "sobre todo cuando lo que está en juego en el debate no son las intenciones segundas o los conceptos objetivos, sino la pitanza misma"?[9]

Es preciso aprovechar el momento favorable para obrar, pero para obrar con prudencia, si se quiere asegurar el porvenir. No hay exageración alguna en decir que Valdés, Vergara, Virués y algunos otros se han constituido espontáneamente en una especie de estado mayor del erasmismo español: ellos manejan a los poderosos españoles, que los escuchan siempre, y ellos aconsejan a Erasmo, atentos a reparar sus equivocaciones. Nada más significativo que un pequeño incidente[10] ocurrido en vísperas de los debates de Valladolid. El domingo de la fiesta de la Santísima Trinidad, Valdés y Virués conversan acerca de la mejor manera de defender a Erasmo. Los interrumpe un correo que trae cartas de Basilea. Ahora bien, la más voluminosa lleva estas señas: "Clarissimo viro domino Joanni Maldonato sive Alfonso Valdesio." Valdés frunce el ceño. Ignora hasta la existencia de ese ilustre varón a quien Erasmo escribe tan largamente, cuando él mismo no es honrado más que con un breve billete y Virués recibe una carta de tono bastante agresivo. Virués, que vive en Burgos desde hace varios años, sabe quién es Maldonado: éste, el año anterior, le había dado a leer la larga carta que había escrito a Erasmo. Sin titubear, Valdés abre el pliego destinado al burgalés. ¡Y cómo se felicita de haberlo hecho! Erasmo ha tenido la imprudencia de enviar a ese desconocido copia de las últimas cartas que ha recibido del Emperador y del Gran Canciller: ahora bien, este buen anciano, escribiendo a Erasmo con la libertad de una correspondencia amistosa, se había expresado sin

religionis, Salamanca, 1528, fol. 34 r°). Carvajal censura a este "celoso" anónimo por decir que se podrían descubrir herejías en la obra de San Jerónimo lo mismo que en la de Erasmo, y por tratar sin miramientos a Escoto y a los demás doctores de la Iglesia. Cf. infra, págs. 323-324.

[8] Allen, t. VI, Ep. 1786 (Burgos, 23 de febrero de 1527), líneas 42-43.

[9] Allen, t. VII, Ep. 1814 (Valladolid, 24 de abril de 1527), líneas 337-378.

[10] Conocido por una carta de Valdés a Erasmo (Valladolid, 20 de junio de 1527), Allen, t. VII, Ep. 1839, líneas 1-15 y 80-96.

grandes precauciones a propósito del Papa. El momento era como hecho a propósito para dar a semejantes documentos una publicidad indiscreta. La carta de Erasmo a Maldonado estaba llena de juicios atrevidísimos. Le confiaba verdaderos secretos personales, como la explicación de su partida a Basilea, en los días en que se había sentido amenazado, en los Países Bajos, de las funciones de Inquisidor contra la herejía luterana. Valdés creía asimismo leer, entre líneas, alusiones descomedidas a Virués. Quizá, en resumidas cuentas, sin tener claramente conciencia de ello, experimenta cierto despecho al ver cómo Erasmo manifiesta sus secretos a ese desconocido con mayor libertad que a los amigos más fieles que tiene en la Corte. En una palabra, confisca la carta, contentándose con transmitir a Maldonado el saludo de Erasmo. Después explicará al gran hombre lo que ha hecho, y por qué ha procedido de esa manera. He ahí una camarilla secreta de nueva especie. Valdés —*erasmicior Erasmo*— vela cuando el buen Erasmo dormita.

Después de la dispersión de la conferencia de Valladolid hay, sin duda, un compás de espera. Carlos V se ha trasladado a Palencia con su consejo privado. Se aísla lo más posible para sustraerse al peligro de la epidemia. No recibe a nadie. Los embajadores se alojan en la vecina aldea de Paredes. Una parte de los consejeros imperiales está en Becerril, otra fracción de la Corte en Dueñas, otra en Torquemada. Valdés vive en Cubillas.[11] Estos pueblecitos de la Tierra de Campos carecen seguramente de las comodidades que exigen los cortesanos. Pero para los intelectuales de la Corte, para el mundillo de los secretarios, un intermedio rústico no carece de encantos. Sobre todo, se sienten en vacaciones. La política imperial, indecisa en aquella encrucijada, pasa por días de soñolienta interinidad. Se habla ya del regreso de Gattinara. Mientras tanto, los negocios corrientes son despachados por Don Juan Manuel. Las oficinas no trabajan. La vida política se concentra en Palencia, en el círculo inmediato del soberano.[12] El partido francófilo, por su parte, se aprovecha de las circunstancias para minar la influencia de Gattinara. Valdés, inquieto por los rumores que llegan a sus oídos, sale de mala gana de Cubillas y se dirige a Palencia. La ciudad no le agrada. No encuentra alojamiento. Pero no es eso todo. El 10 de septiembre escribe a Dantisco, el embajador de Polonia que se aburre en Paredes: "Todas estas cosas no son más que maquinaciones desvergonzadísimas, armadas especialmente

11 Carta de Dantisco al rey Segismundo (Burgos, 15 de noviembre de 1527), *Acta Tomiciana*, t. IX, pág. 330. Cf. E. Boehmer, *Alfonsi Valdesii litteras XL ineditas...*, en *Homenaje a Menéndez y Pelayo*, t. I, Madrid, 1899, pág. 390.

12 Baumgarten (*Geschichte Karls V*, t. II, pág. 634) observa la pasividad con que Carlos V, durante todo el año de 1527, dejó desarrollarse los acontecimientos de Italia, y se pregunta si esta pasividad se explica por un estado de decaimiento físico del soberano o bien por la división de sus consejeros más influyentes. Acerca de esta atmósfera de vacaciones que rodea a la Corte en Palencia, véanse las cartas de Diego Gracián de Alderete (cf. *infra*, pág. 268, nota 14), fol. 4 vº, carta al secretario Alfonso Ribera, y sobre todo fol. 6 rº, carta a Pedro Plaza: "...Adeo ocium liberrimum, quod hic contingit, arridet, non Arabum divitiis permutaturus. Interim negotiorum sarcina nobis incumbit, nam cum Magnus Chancellarius absit, hujus obeunda munia ad nos Caesar relegat".

contra mi querido anciano. ¡Tanto ha podido la ignorancia, tanto ha podido la cogulla!" Y dos días después se felicita por haber venido:

Ciertamente mi venida a este lugar era más que necesaria. Si yo tuviera la elocuencia de Erasmo, mucho me gustaría describirte toda esta tragedia; pero quizá te lo explicaré más cómodamente de viva voz. Todos se ocupan de la paz. Los nuestros creen estar casi en el final de sus tareas. Pero si he de decir lo que pienso de esto, los franceses, mucho más astutos que nuestros hombres, se burlan de lo lindo de nosotros para que, engañados con la esperanza de la paz, no arreglemos los asuntos de Italia y ellos, entre tanto, jueguen con mayor facilidad su juego. Yo creo que, de nuestra parte, los hombres que tú sabes darán prisa al negocio para llevarlo a fin, de ser posible, antes del regreso de nuestro querido anciano.

Valdés tiene la convicción de que los negociadores franceses están muy lejos de las intenciones pacíficas de que hacen gala. Además, se cuidan mucho de firmar los preliminares de paz que acaban de esbozar aprovechando la ausencia de Gattinara. Salen de Palencia para ir a sometérselos a Francisco I. Cuando el buen anciano regresa a la Corte, a principios de octubre, encuentra la situación intacta después de mucho tiempo perdido, sí, pero ganado para el enemigo. Y el Emperador lo recibe con los brazos abiertos.[13]

El estado mayor erasmiano, en Palencia, tuvo naturalmente su cuartel general en casa del traductor del *Enchiridion*. La morada del Arcediano debía de ser una de las más agradables de la ciudad, puesto que le fue asignada a Don Juan Manuel. Este veterano de la política acababa de tomar a su servicio a un secretario no menos aficionado a Erasmo que su huésped. Diego Gracián de Alderete,[14] sin tener, desde luego, la talla de Valdés, va-

---

[13] Véanse las cartas de Valdés a Dantisco en *Homenaje a Menéndez y Pelayo*, t. I, Madrid, 1899, págs. 390, 391-392, 393 y 395. Cuando Valdés (pág. 390) se lamenta: "hoc praestat inscitia, hoc praestat cuculla", piensa tal vez en el confesor Fray García de Loaysa. Era notoria la enemistad del Gran Canciller y del confesor. Don Francesillo de Zúñiga hace una maligna alusión a ella en su *Crónica* ("porque se quieren mucho", *B. A. E.*, t. XXXVI, pág. 49 b). Dantisco, por su parte, bromea a costa del confesor imperial en una carta a Alfonso de Valdés; le cuenta que Fray García, cuando era general de su Orden, tuvo por manceba a cierta Doña María de la Torre que gozaba de fama de santidad, pero que dio dos hijos al fraile. Dantisco da a entender que el confesor tenía razones análogas para interesarse por una parienta suya a quien había casado con gran pompa en Burgos (F. Caballero, *op. cit.*, pág. 409, donde hay que leer *Generalis* y no *Senecalis*).

[14] Sobre Gracián, véase la excelente noticia de Allen, t. VII, pág. 265. Las epístolas latinas de este humanista nos hacen penetrar en la intimidad del grupo erasmista de la Corte y nos dan a conocer bastantes detalles biográficos de su autor. La colección manuscrita de estas cartas, conservada en la Biblioteca del Duque de Alba (Palacio de Liria, Madrid), ha sido dañada desgraciadamente por un incendio. Sirvió de base para el estudio de Antonio Paz y Mélia, *Otro erasmista español: Diego Gracián de Alderete, R. A. B. M.*, t. V (1901). Gracián enumera los señores a quienes ha servido y que han engañado sus esperanzas, en una diatriba en latín intitulada *Speravi* (A. Bonilla, *Clarorum Hispaniensium epistolae*, págs. 95-104). Acerca de su matrimonio con Juana Dantisco, hija natural del embajador Dantisco y de la española Isabel Delgada, hay curiosas cartas de él (1537-1538) en las colecciones de cartas a Dantisco conservadas en Cracovia (Czartoryskich

lía mucho por sus talentos de redactor polígloto y de calígrafo. Hijo del Armero Mayor de los Reyes Católicos, había estudiado en París y en Lovaina; había estado durante algún tiempo al servicio de Maximiliano Transilvano, unas temporadas en Malinas y otras en la casa de campo de Houthem. Se había arrancado, no sin lamentarlo, de las delicias de la vida de castillo en Brabante, para venir a buscar fortuna en la Corte del Emperador. Después de una experiencia desdichada al servicio del Marqués de Elche, se había sumado a los servidores de Don Juan Manuel. Su conocimiento de las lenguas extranjeras lo hacía no menos útil que su fuerte cultura latina y griega ante un patrón admirado. Éste, dotado de un raro don de palabra, ponía en el manejo de la lengua castellana esa gravedad que es su ornamento supremo. Pero sabía también, por una larga práctica, el francés, el italiano y el latín, aunque sin pronunciarlos ciertamente de una manera correcta. Gracián, bajo su dirección, redactaba casi diariamente misivas, cifradas o no, en estas diversas lenguas. En las horas de ocio, de ordinario después de las comidas, hacía para Don Juan Manuel piadosas lecturas latinas. Ponían a contribución la biblioteca del Arcediano. Cuando la Corte salió para Burgos, Don Juan Manuel se llevó varios libros prestados por el buen huésped de Palencia: gran parte de la *Imitación* se leyó en el curso del viaje, en las posadas en que se iban alojando. Después seguiría la versión erasmiana del Nuevo Testamento. A menudo abrían el libro de los Salmos. El viejo estadista, dice Gracián, parece complacerse en la literatura sagrada: dedicaría a ella más tiempo si los negocios del siglo no fuesen tan tiránicos.[15] Es uno de esos ancianos que, como Gattinara, como el Marqués de Villena, hacen suyo el entusiasmo de las jóvenes generaciones por Erasmo, y que quisieran poner su crédito al servicio del gran escritor.[16]

Como se ve, la Corte erasmiza más que nunca. La disolución de la asamblea de Valladolid es, si no una victoria definitiva para los erasmistas, sí al menos un fracaso para sus adversarios. De esa manera es como se la interpreta fuera de España. Goclen nota en Lovaina sus felices efectos. Ya se anunciaba una campaña en el Colegio Trilingüe. Las calumnias venidas del terreno escolástico encontraban oídos atentos cerca del Arzobispo de Palermo, que no manifestaba demasiada propensión a las novedades, y que de mil amores suprimiría, si pudiese, el arte de la imprenta, para curar al

Muzeum, Ms. 243, págs. 281-283) y en Upsala (Bibl. Univ., Ms. H. 154, hacia el fin). En cuanto a su obra de traductor, cf. *infra*, págs. 623-624.

15 Véase el Manuscrito de Alba, Cartas al Doctor Fabricio, Valladolid, 1º de agosto de 1527 (fol. 3 rº); al Consejero Alfonso Ribera (fol. 4 vº); al Arcediano del Alcor, Burgos, 23 de octubre [de 1527] (fols. 6 vº-7 rº).

16 Véase Allen, t. VII, Ep. 1970 (Basilea, 15 de marzo de 1528), carta en que Erasmo, escribiendo a Gracián, da las gracias a Don Juan Manuel por sus ofrecimientos de servicios. —A Don Juan Manuel no le asustaría la orientación antimonástica de Erasmo, pues, siendo privado de Felipe el Hermoso, le aconsejaba la supresión de la Orden de San Jerónimo, "que era una gente ociosa, que ganavan la vida cantando, que con los muchos bienes y riqueza que en ella avía, podía hazer un rico maestrazgo, dar de comer a muchos cavalleros con las encomiendas..." (Sigüenza, *Historia de la Orden...*, *op. cit.*, t. II, página 87 b).

mundo enfermo. Pero ha bastado la victoria ganada por la causa erasmiana en España para que la ofensiva preparada contra ella en el Colegio lovaniense no se lleve a efecto.[17] Lo que ahora tienen que hacer Valdés y sus amigos es consolidar esta ventaja, y conseguir que los libros de Erasmo, lavados de la sospecha de herejía, se declaren de utilidad pública. Es preciso ante todo que el Maestro, cuya pluma es tan ágil en trazar mensajes, tan hábil para adular sirviendo al mismo tiempo a sus más entrañables ideas, mantenga y refuerce con diligencias personales el haz de amistades españolas que lo ha sostenido ya tan eficazmente.

Hacia el 1º de septiembre, antes que la suspensión de los debates de Valladolid haya podido conocerse en Basilea, Erasmo hace un serio esfuerzo epistolar del lado de España. A esa Corte que no hacía mucho le rogaba tan insistentemente que escribiese contra Lutero, puede anunciar la nueva publicación con que se enriquecen sus hojas de servicios: acaba de aparecer la segunda parte del *Hyperaspistes*. Días antes, el 26 de agosto, había escrito al Inquisidor General Manrique a propósito de la batalla emprendida contra él por los frailes.[18] Recordaba no solamente la carta de Granada, en que Carlos V le prometía protección contra sus detractores, sino también las pruebas de estima recibidas del Papa. Recordaba asimismo sus obras antiluteranas, inclusive el *Hyperaspistes*. ¿Cómo es posible que sus enemigos hagan alarde de obediencia y de lealtad a la Iglesia, cuando hieren por la espalda al campeón de la causa católica? Ellos no le perdonan sus advertencias sin hiel, que ha prodigado a los monarcas, a los pontífices y a los obispos por igual, sin que a éstos les haya causado ninguna contrariedad. Erasmo denunciaba una vez más, junto con el odio de los religiosos, la acción subterránea de Lee: de Lee, o, mejor dicho, de la tabla de materias de sus anotaciones antierasmianas, es de donde los frailes han sacado esa sarta de injurias que han bautizado con el nombre de "artículos" para someterlos a la asamblea de Valladolid. Expresa su agradecimiento al Inquisidor General por el cuidado que toma en poner dique a los furores de esos "avispones", pero al mismo tiempo lamenta que no se les haya hablado simplemente en términos como éstos: Las agitaciones del mundo presente son ya más que suficientes para que se quiera hacer brotar otras nuevas por calumnias y sospechas; el número de personas que profesan abiertamente opiniones heréticas es más que suficiente para que se trate de deformar calumniosamente palabras irreprochables o ambiguas. Además, es un abuso exigir de Erasmo que no haya el menor error en toda esa masa de escritos que es su obra, ya que jamás han satisfecho semejante condición ni San Jerónimo, ni San Cipriano, ni San Agustín, ni, sin duda, ninguno de los antiguos Padres. Finalmente, dada la presente batalla contra Lutero, en la cual Erasmo está metido por completo, dado también que el César prepara el Concilio general, esta campaña resulta fuera de lugar en la hora presente. Pero ya que se ha dado autorización a los frailes para

---

[17] Goclen a Erasmo, Lovaina, 7 de noviembre de 1527 (Allen, t. VII, Ep. 1899, líneas 86-99).

[18] Allen, t. VII, Ep. 1864.

exponer de cabo a cabo sus acusaciones contra Erasmo, que se exija de ellos, al menos, una prueba de que han leído sus libros y no únicamente frases entresacadas por sus calumniadores; que se les obligue a contestar a los argumentos presentados en las apologías de Erasmo, en caso de que vuelvan a lanzar acusaciones a las cuales él ya ha replicado. Que no transformen una averiguación en una invectiva injuriosa. Una vez que se hayan formulado artículos dignos de este nombre, Erasmo suplica al Inquisidor General que se los haga remitir. Él sabrá contestar a todo. Si no se juzga satisfactoria su respuesta, acepta por anticipado la sentencia de Manrique. A fin de esclarecer su juicio, Erasmo envía, para completar el conjunto de sus antiguas apologías contra Lee, Zúñiga y Carranza, un ejemplar de sus recientes *Supputationes* en respuesta a Beda, y llama la atención sobre la cuarta edición revisada de sus *Annotationes* al Nuevo Testamento. En un curioso post-scriptum afirma su deseo de no ser la causa involuntaria de una revolución religiosa en España:

Si, como me escriben mis amigos, los odios de los unos han llegado a desencadenarse a tal punto en ese país, y si, al revés, el celo de los otros es a tal punto ferviente, temo que pueda surgir allá algún disturbio: y yo no quisiera que esto sucediera por causa mía, aunque en ello no tenga yo culpa ninguna. Preferiría que la tempestad se apaciguase a costa mía, si no puede serlo de otro modo...

¿Coquetería? ¿O bien habilidad de viejo polemista a pesar suyo? Tal vez; pero también, sentimiento vivo de la importancia que ha alcanzado en España su nombre como símbolo de libertad religiosa. En esa lejana península a la cual se ha negado a seguir al Emperador Carlos, sus escritos han suscitado una adhesión entusiasta, y esta revolución espiritual choca contra temibles poderes. Gran partida es la que allá se juega.

Al mismo tiempo que a Manrique, escribe a Valdés. Varios días después escribe también a los dos Vergara, a Coronel, al Arzobispo de Toledo, a Gattinara, al Emperador mismo.[19] Agrega a este voluminoso correo un largo borrador de su respuesta a los frailes, que dirige a Manrique.[20] Las cartas escritas a Valdés y a Coronel están hoy perdidas.[21] Entre las que se nos han conservado, hay una cuya importancia fue grande a causa de su carácter oficial y de la respuesta que obtuvo: la carta al Emperador Carlos. Ya volveremos a ella. La más cordial y, sin duda, la menos oficial de todo el paquete era[22] la que respondía a la larga carta escrita por Juan de Vergara cuando los preliminares de la conferencia teológica de Valladolid. A pesar de que expresaba las mismas ideas y adoptaba la misma actitud que en las misivas destinadas a personajes más poderosos, Erasmo exponía en esa carta con mayor confianza sus opiniones acerca de la situación española. Decía con mayor libertad lo que pensaba de los πτωχοτύραννοι, cuya auda-

---

[19] Allen, t. VII, Epp. 1872, 1873, 1874, 1875 y 1876.
[20] *Gustus responsionis ad articulos a monachis notatos,* documento publicado por Allen, t. VII, Ep. 1877.
[21] Allen, t. VII, Ep. 1907, línea 3, y Ep. 1904, línea 5.
[22] Allen, t. VII, Ep. 1875.

cia rechaza todas las autoridades humanas so pretexto de que "hay que obedecer a Dios antes que a los hombres". Esta bonita divisa apostólica les es común con los luteranos. "Y en verdad, añade Erasmo, estos padres sirven religiosamente a Dios: pero a imitación de aquellos de quienes San Pablo escribe que tienen por Dios a su vientre." La campaña que hacen contra él es colocada por Erasmo dentro de su marco europeo: simple episodio, en el fondo, de la guerra que se le ha declarado desde hace once años, y que, en los demás países, ha concluido con la derrota de los frailes. Pero España tendrá demasiado que hacer para defender contra ellos su tranquilidad, pues "los españoles están dotados de un natural violento y fogoso". Y ¿quién sabe hasta dónde pueden llegar las reacciones provocadas por la desvergüenza de los γαστρόδουλοι? "Toda la tormenta luterana ha nacido de comienzos menos graves para crecer hasta el punto en que hoy la vemos." Ahora bien, Erasmo tiene tal horror de todos esos desórdenes, que preferiría que se hiciera la paz a costa suya antes de ser causa involuntaria de una nueva revolución religiosa. Ciertamente, si se quiere restablecer la paz en la Iglesia, será necesario poner freno a ese factor de efervescencia que son las órdenes mendicantes, sometiéndolas a la autoridad del ordinario. Pero Erasmo, por lo que a él toca, está absolutamente dispuesto a mostrarse conciliador. No quiere que en sus libros quede nada contrario a la piedad cristiana.[23] Respondiendo a las preocupaciones que manifestaba Vergara, se felicita, a pesar del cansancio que experimenta por tantas polémicas, de estar todavía vivo para contestar a ataques que, de haber sobrevenido después de su muerte, hubieran sido más funestos a su fama y a la causa de los estudios. Por lo demás, demuestra gran desapego en lo que toca a la gloria póstuma: "¿Mi memoria y mis escritos? Cristo velará por ellos." Pero el error más craso sería creer que se complace en ser, durante su vida misma, ídolo de las multitudes. Sin temor de mostrarse duro con quienes vulgarizan sus obras, dice paladinamente: "En cuanto a los que en tu patria imprimen mis libros traducidos al español, yo me pregunto si me aman o me odian: lo cierto es que atraen contra mí una temible hostilidad. De esa manera es como nació en París un grave incidente." Pero Erasmo sabe también adular al grupo selecto de españoles que abrazan con tanta generosidad su causa. Se felicita de ver cómo las lenguas y las letras florecen en ese suelo que es una de las más fecundas patrias de la literatura latina, y esto en un momento en que Alemania, presa de la revolución religiosa, deserta del humanismo. Alaba el celo ilustrado del episcopado que tiene su digna cabeza en el Arzobispo de Toledo. Da las gracias al prelado por su benevolencia, aunque declina al propio tiempo la invitación tan honrosa que le ha hecho. España está demasiado lejos para un anciano de salud precaria, y que ya no es bueno para nada, excepto para morir en la brecha, allí donde la oficina de Froben le suminis-

---

23 *Ibid.*, líneas 150-159. Para una expurgación de sus obras, Erasmo prefiere habérselas con la Inquisición de España que con Roma: teme en Roma no únicamente a los frailes que hacen temblar a los papas, no únicamente a algunas víboras ortodoxas cuya influencia es enorme, sino también el ambiente de ciceronianismo paganizante, fatal para el humanismo cristiano.

tra los medios de obrar. Alaba calurosamente a Vergara y a sus hermanos: a Francisco, de quien ha recibido una carta en griego, tan ingeniosa y tan elegante; a Bernardino Tovar, que se desvive tanto por él. Volviendo sobre la imagen de Francisco, que le pintaba a España presa de un nuevo Gerión cuyos tres cuerpos —el sofístico, el seudoteológico y el leguleyo [24]— tienen una sola alma: el odio de Erasmo, saluda a un Gerión de feliz augurio en esos tres hermanos tan brillantemente dotados, y que, a su vez, no tienen sino un alma, ἐν τῷ τοῦ Ἐράσμου ἐρᾶν.

Dentro del mismo mes de octubre, Erasmo volverá a tomar la pluma para agradecer mejor a Francisco de Vergara su hermosa epístola griega: tejerá elegantes coronas en honor de los humanistas españoles que lo comprenden tan bien, y cuyo erasmismo, quizá un poco demasiado ardiente, compensa ampliamente la hostilidad de un Zúñiga o de un ejército de frailes. Con admirable adivinación psicológica, define su propio camino en los términos más apropiados para seducir al grupo selecto de españoles. Este camino no es el de los ciceronianos de Italia: a la elegancia ciceroniana, prefiere "una forma más densa, más apretada, más nerviosa, menos relamida y más varonil". Sobre todo, desconfía de la mentalidad pagana que se esconde en el fondo de ese nuevo culto literario. Pone "una sola oda de Prudencio que cante a Cristo, por encima de una carretada entera de versos de Pontano". Pero un peligro más trágico amenaza al humanismo en la tierra de los revolucionarios del "nuevo evangelio" que comprometen las buenas letras con sus excesos de lenguaje y que, más afanados en criticar que en edificar, abrigan su impiedad tras la filología. No será posible vencer a los nuevos Geriones sino por un perpetuo cuidado de instruir, por la cortesía de las maneras y por el espíritu de concordia.[25]

Y al mismo tiempo que busca apoyo en el grupo selecto de intelectuales, trata de interesar a los prelados y a los aristócratas españoles en su obra de sabio, se esfuerza en suscitar mecenas entre ellos. Anuncia la próxima terminación de su monumental edición de San Agustín, para la cual solicita ayuda monetaria. El Obispo de Jaén y Arzobispo de Bari, Esteban Gabriel de Merino, se toma inmediatamente el trabajo de averiguar qué hacen esos señores de la Corte y en particular el Arzobispo de Toledo, porque si se ha abierto una suscripción, él contribuirá gustosamente con su óbolo.[26]

Valdés podrá muy pronto dar a conocer a Erasmo los felices resultados del esfuerzo epistolar que ha realizado del lado de España.[27] Pero la irregularidad de los correos hace que el gran número de cartas salidas de Ba-

---

24 *Ibid.* Compárense, con las Epp. 1875 (líneas 199-203) y 1876 (líneas 19-20), las líneas 109-111 de la Ep. 1885: "Quam pulchre depinxit istum prodigiosum Geryonem e sophista, pseudo-theologo et leguleio conflatum."

25 Allen, t. VII, Ep. 1885, *passim.* En particular, líneas 121-184.

26 Allen, t. VII, Ep. 1907, línea 7, nota, donde se cita una carta de Gracián al Arcediano del Alcor (Burgos, 23 de octubre [de 1527]), que resume una carta, hoy perdida, de Erasmo a Alfonso de Valdés (Basilea, 17 de septiembre). Valdés comunicó seguramente al Arzobispo Merino una copia de este mismo documento, como se ve por la respuesta de Merino a Valdés (F. Caballero, *Alonso y Juan de Valdés*, pág. 350).

27 Allen, t. VII, Ep. 1907 (Burgos, 23 de noviembre de 1527), líneas 1-9.

silea a fines de agosto no llegue a Burgos hasta mediados de noviembre y, mientras tanto, el 23 de octubre, Valdés ha recibido una carta fechada el 17 de septiembre, en la cual el Maestro da noticias inquietantes para la política de tregua que es por esos días la de los erasmistas españoles. Erasmo anuncia su respuesta a los frailes; no espera, para darle forma definitiva, sino algunos datos precisos acerca de los jefes del movimiento dirigido contra él.[28] El estado mayor erasmiano tiene que intervenir para evitar que la guerra torne a encenderse en mala coyuntura. En efecto, los frailes no han depuesto las armas. Los más inteligentes prosiguen su campaña antierasmiana dondequiera que encuentran terreno favorable, pero usando de grande moderación cuando se hallan en presencia de amigos de Erasmo. Si por ventura Maldonado conversa con cierto dominico muy sabio que ha desempeñado un papel preponderante en la asamblea de Valladolid, el fraile le jura al humanista, con la mano en el pecho, que tiene a Erasmo por cristiano verdadero y católico, y que su obra podría ser sumamente saludable si en ella se tachara solamente una decena de líneas. Pero algunos instantes después, encontrándose en círculos favorables a los frailes, o bien entre religiosas o señoras nobles, condena a la hoguera todos los libros de Erasmo.[29] Los erasmistas fanáticos no se contentan tampoco con una victoria ambigua. El burgalés Don Diego Osorio aprovecha la presencia de la Corte para hacer presión sobre el Inquisidor General y sobre el Primado. Deplora que hayan escuchado en Valladolid a los enemigos de Erasmo, y desea que, ya que se ha puesto públicamente a éste en el banquillo de los acusados, se le conceda ahora una pública reparación en España: sus calumniadores, convictos de haberse dejado guiar por el odio, deberán ser castigados con toda la solemnidad deseable, para advertir a los cristianos sinceros y crédulos que es preciso, en adelante, no fiarse de la apariencia ni del hábito.[30]

Pero el estado mayor erasmiano ve de otro modo la situación. Valdés desconfía de personas como Maldonado y otros partidarios "cuyo celo imprudente es más perjudicial que útil a la causa". Le dice a Erasmo que puede ser peligroso para él contestar largas cartas a esos informadores oficiosos, seres insignificantes que no tienen acceso ante los grandes señores. No es necesario que se fatigue en escribir, como acaba de hacerlo, a todos sus amigos de España. Bastan breves recados si escribe largamente a uno solo de ellos: a Valdés, a Virués, a Coronel o a Juan de Vergara.[31] En cuanto a la conducta que conviene observar con relación a los textos denunciados por los frailes, Valdés se la traza al Maestro después de conversar

---

28 *Ibid.* Véanse las notas de las líneas 3 y 7.

29 Allen, t. VII, Ep. 1908 (Burgos, 29 de noviembre de 1527), líneas 21-43. El dominico a quien Maldonado no quiere nombrar es, según toda probabilidad, Fr. Francisco de Vitoria en persona. No se ve a quién más podrían convenir las expresiones de Maldonado: "Virum sane doctum et a quo tota tuorum aemulorum factio potissimum pendebat". En todo caso, no podría ser Pedro de Vitoria, como supone Allen (línea 21, nota), dado caso que Pedro no era dominico, sino teólogo del clero secular (véase lo dicho *supra*, pág. 245, nota 15).

30 Misma carta de Maldonado a Erasmo, Ep. 1908, líneas 66-76.

31 Allen, t. VII, Ep. 1907, líneas 38-49.

largamente sobre el asunto con el Inquisidor General. Manrique desea que ciertos pasajes se expliquen "propter infirmos", de manera que quede claro el pensamiento de Erasmo, cuya ortodoxia no se pone en tela de juicio. Valdés le ha asegurado que Erasmo se prestará a ello de muy buena gana, con tal que no se lastime su honor, contra el cual no tolerarán el menor atentado sus amigos españoles. Éstos estudiarán con Coronel, que acaba de llegar a Burgos, una solución respetuosa para la autoridad del Maestro y que corte de raíz cualquier desorden. Pero para facilitar la solución pacífica, importa mucho que Erasmo no dé ninguna publicidad a su respuesta a los frailes: como el cuaderno de las proposiciones no se ha impreso ni puesto a la venta, daría prueba de moderación no imprimiendo su *Apologia* y enviándosela a Manrique bajo el sello del secreto. Por otra parte, esta apología tendrá tanto mayor alcance cuanto más cuidadosamente evite las alusiones personales. Erasmo no tiene nada que hacer con esos nombres que pide a sus corresponsales de España. No sería bueno aumentar la irritación de sus enemigos, que son poderosos:

Casi todo el mundo los odia, pero todo el mundo los trata con respeto a causa de esa impudente audacia que les hace atreverse a todo en sus sermones, despreciando la autoridad de los príncipes, despreciando las decisiones del Consejo. Tales son los efectos de la cogulla y de la ingenuidad del pueblo cristiano.[32]

Pero la distancia hacía muy difícil una acción concertada entre Erasmo y sus amigos españoles. Los consejos de Valdés partieron hacia Basilea cuando ya los talleres de Froben habían acabado de imprimir la *Apologia* de Erasmo. Era una impresión no destinada a la publicidad, si hemos de creer las seguridades que dio Erasmo al Inquisidor General al enviársela: para no acudir a los servicios de varios copistas, un solo oficial había impreso la decena de ejemplares que le harían falta a Manrique para instrucción de los árbitros que había escogido...[33] Nadie, sin duda, se engañó con esta explicación. No es imposible que Erasmo, como escribirá él mismo un poco después, al entregar la *Apologia* al público,[34] le haya rogado a Froben mantener en reserva toda la edición salvo aquella decena de ejemplares destinados al autor. Pero, ya fuese por el desorden que la muerte de Juan Froben produjo en la casa, ya por cualquier otra razón, la obra circuló; cuando Erasmo supo que la iba a publicar un impresor de Colonia sin ninguna garantía de autenticidad, se decidió a dejar aparecer la edición de Basilea. Era una *Apologia* más, que no agregaba gran cosa a las precedentes.

Esta apología no había de suscitar en España nuevas controversias,[35] lo

[32] *Ibid.*, líneas 10-34.

[33] Allen, t. VII, Ep. 1888 (Erasmo a Manrique, Basilea, 15 de octubre de 1527).

[34] Allen, t. VII, Ep. 1967 (Erasmo a Manrique, Basilea, 14 de marzo de 1528), líneas 25-44.

[35] Menéndez y Pelayo, *Heterodoxos*, t. IV, pág. 104, habla de una traducción española de la *Apologia*, realizada o al menos editada, "según toda probabilidad", por Alfonso de Valdés. La hipótesis no descansa en nada sólido. A decir verdad, se conoce una traducción manuscrita de la *Apologia*, reproducida por Usoz (Francisco de Enzinas, *Dos infor-*

cual no deja de ser curioso. ¿Cómo es que no se encontró un Castillo o un Margalho para recoger el guante y mantener el punto de vista de la ortodoxia suspicaz en alguna *Antapologia?* Debemos creer que los poderes públicos, ayudados por una fracción importante de la opinión, obligaron con mano firme a la obediencia de los edictos que prohibían los libelos antierasmistas. Parece asimismo que las pasiones, en ambos campos, no habían podido mantenerse por mucho tiempo en el diapasón de violencia a que habían llegado en 1527. Las agitaciones de masas se apaciguaban. La lucha continuaba, pero tomando otro sesgo. La propaganda a través del libro se iba haciendo de día en día más activa. Nada más fácil que utilizar en su favor la semivictoria de Valladolid. Erasmo no se dirigía nunca en vano a sus fieles de España. Puesto que se había transformado en el ídolo de la Europa ilustrada y piadosa, no tenía que hacer derroches de habilidad para mantener una especie de emulación de celo entre sus protectores. Ahora bien, su causa acababa de ganar una victoria en Francia. No había dejado de dar parte a sus amigos españoles [36] del favor con que Francisco I lo había honrado en esta ocasión, lo cual era dar al traste con la maniobra de los frailes, que tan listos habían estado en anunciar la prohibición sorbónica de los libros de Erasmo. Los *Coloquios* mismos habían sido impresos recientemente por Simon Colines. Además, si la Sorbona sometía a examen los libros de Erasmo,[37] el Rey prohibía la venta de las *Annotationes* antierasmianas de Beda. Más aún: un sabio de la

maziones, Reformistas Antiguos Españoles, t. XII, Madrid, 1886, Apéndice I) según un manuscrito del British Museum. Pero en vano se busca en la correspondencia de Valdés la supuesta carta que le escribió desde Burgos el 23 de noviembre de 1527 Vicente Navarra, y en la cual le decía éste a propósito de la *Apologia:* "Sé que estás imprimiendo muchos ejemplares." Parece que aquí Menéndez y Pelayo fue víctima de una nota mal tomada de F. Caballero, *Alonso y Juan de Valdés*, pág. 397. En efecto, aquí se encuentra ciertamente la frase citada, en la traducción de una carta de Vicente Navarra a Valdés. Pero esta carta está fechada en Barcelona a 25 de octubre de 1528, y la traducción comete un grave dislate. El texto latino dice: "scio te plura exempla *comprimere"*, que podría traducirse: "sé que tienes guardados varios ejemplares". Y, en efecto, de acuerdo con las cartas escritas por Valdés a Erasmo a propósito de la *Apologia*, fácil es imaginar que el Secretario guardara bajo llave los ejemplares recibidos de Basilea. No se concibe que haya querido difundir esa *Apologia*, y mucho menos traducida al español. Nada hubiera sido más contrario a la política de apaciguamiento que él preconizaba.

[36] Carta a Juan de Vergara (Basilea, 2 de septiembre de 1527), Allen, t. VII, Ep. 1875, líneas 84-110.

[37] Acerca de este examen, véanse los detalles dados por Diogo de Gouvêa, de regreso en París, en una carta al Rey de Portugal fechada a 18 de septiembre de 1527 (cf. M. Bataillon, *Erasme et la Cour de Portugal*, pág. 24, nota 3). De las *Annotationes* de Beda se habían escogido no menos de ochenta proposiciones sospechosas, tomadas de las *Paráfrasis* del Nuevo Testamento. Ahora se estaban revisando con el mismo objeto las *Annotationes*, el *Enchiridion*, el *Modus orandi* y el *Encomium matrimonii* (la *Determinatio* se votaría el 17 de diciembre; cf. *infra*, pág. 416, nota 3). Erasmo hubo de enterarse de ello, y por eso escribió el 29 de noviembre su extensa carta a Vitoria ("Theologo cuidam Hispano Sorbonico", Allen, t. VII, Ep. 1909) y el 30 de noviembre su carta al Cardenal de Lorena (Ep. 1911). La carta a Vitoria no lleva traza de haberse remitido a España, sino que se difundió entre la gente sorbónica, a la cual se dirige en realidad a través de Vitoria: es evidente que el "Collegium" que a cada paso se menciona es la Sorbona (cf. *B. H.*, t. XLVI, 1944, pág. 270).

corte del Rey volvía la acusación de herejía contra el propio Beda en un librito que contenía *Doce artículos de infidelidad del Maestro Noel Beda con sus refutaciones,* y el soberano concedía gran importancia a esta respuesta, sometiéndola a la Facultad para que examinase la ortodoxia de Beda. Berquin, traductor francés de Erasmo, había sido salvado de la hoguera por la intervención de varias personas reales y, con audacia que había de costarle caro, dejaba el papel de acusado para tomar el de acusador. A estas noticias, muy bien escogidas para estimular la devoción de Vergara y de Valdés, Erasmo agregaba copia de la carta dirigida por Francisco I a la Sorbona [38] a propósito de los *Doce artículos.*

El estado mayor erasmiano cogió al vuelo la flecha que le lanzaba Erasmo. Era preciso responder a la carta que éste había dirigido al Emperador el 2 de septiembre, carta tan acertada en sus afirmaciones de celo antiluterano y en su discreta protesta contra el proceso a que fueron sometidas sus obras ante la Inquisición. Alfonso de Valdés redactó e hizo firmar al soberano una respuesta [39] destinada a tener enorme resonancia en España:

Honrado, devoto e amado nuestro: En dos maneras nos habemos holgado con tu carta: lo uno por ser tuya, e lo otro porque entendimos por ella comenzar ya a desfacerse la secta luterana. Lo primero debes tú al singular amor que te tenemos. E lo otro te debemos a ti, no solamente nos, mas aun toda la república cristiana; pues por ti solo ha alcanzado lo que por emperadores, pontífices, príncipes, universidades, y por tantos e tan señalados varones fasta agora no había podido alcanzar; por lo cual conocemos que ni entre los hombres inmortal fama, ni entre los sanctos perpetua gloria te puede faltar, e por esta tu felicidad entrañablemente contigo nos holgamos. Resta que, pues con tanta felicidad has tomado esta empresa, procures con todas tus fuerzas de llegarla fasta el cabo, pues por nuestra parte nunca habemos de faltar a tu sanctísimo esfuerzo con todo nuestro favor e ayuda.

Lo que escribes de lo que acá se ha tractado sobre tus obras, leímos de mala gana; porque parece que en alguna manera te desconfías del amor e voluntad que te tenemos, como si en nuestra presencia se hobiese de determinar cosa ninguna contra Erasmo, de cuya cristiana intención estamos muy ciertos. De lo que consentimos buscar en tus libros, ningún peligro hay, sino que si en ellos se hallare algún humano descuido, tú mismo, amigablemente amonestado, lo emiendes o lo declares, de manera que no dejes causa de escándalo a los simples e con esto fagas tus obras inmortales e cierres la boca a tus murmuradores; pero si no se hallare cosa que de razón merezca ser caluniada, ¿no ves cuánta gloria tú e tu dotrina habréis alcanzado? Queremos, pues, que tengas buen corazón e te persuadas que de tu honra e fama jamás dejaremos de tener muy entera cuenta.

Por el bien de la república haber yo hecho, todo lo que en nuestra mano ha seído, no hay por qué ninguno lo deba dubdar. Lo que al presente hacemos y de aquí adelante pensamos hacer, más queremos que la obra lo declare. Una cosa

---

[38] Véase Allen, t. VII, Ep. 1902, introd. La copia conservada en Simancas se añadía seguramente a la carta (hoy perdida) que Erasmo había escrito a Valdés el 28 de agosto (cf. Allen, t. VII, Ep. 1907, introd.) y que debía contener las mismas noticias que la carta a Vergara del 2 de septiembre (Ep. 1875).

[39] Allen, t. VII, Ep. 1920.

te pedimos: que en tus oraciones no dejes de encomendar nuestras obras a Jesucristo todopoderoso.

Fecha en Burgos, a catorce de deciembre en el año del Señor de mil y quinientos y veinte y siete. Y de nuestro imperio, nono.

CARLOS

Por orden de la Majestad Cesárea,
ALFONSO DE VALDÉS.

Basta leer esta carta para sospechar que se redactó con el pensamiento puesto en el público español por lo menos tanto como en el destinatario. Erasmo, cosa rara, no la publicó nunca en las recopilaciones de correspondencia que dio a la imprenta durante su vida, y la omisión es tanto más notable cuanto que incluyó, en el *Opus epistolarum* de 1529, su propia carta del 2 de septiembre a la que Carlos V respondió de esa manera. Por el contrario, estos dos documentos dieron muy pronto la vuelta a toda España. El propio día en que se despachaba la carta imperial, Diego Gracián de Alderete prometía una copia al Arcediano del Alcor.[40] La imprenta acudió pronto en ayuda de los copistas oficiosos. Algunos meses después, las traducciones de Erasmo se multiplicaban, y nuestras dos cartas, traducidas al español, se reproducían por millares de ejemplares, anexas a sus libros más discutidos, cuya ortodoxia parecían garantizar.[41]

El hecho es de capital importancia para la difusión del erasmismo en España. La conferencia de Valladolid no había concluido. Pero, gracias a Valdés, el testimonio imperial estaba allí para suplirla. Más de una vez los lectores de Erasmo, denunciados a la Inquisición, defenderán a su autor preferido diciendo que sus escritos han sido examinados por una comisión de teólogos que, reunida expresamente en Valladolid, nada herético ha encontrado en ellos; y algunos no dejarán de invocar las cartas cambiadas entre Erasmo y el Emperador.[42]

---

40 Véase la noticia de Allen acerca de la carta imperial.

41 Se las encuentra juntas a partir de 1528 en casi todas las ediciones conocidas del *Enquiridion* y de los *Coloquios* traducidos al castellano. Las únicas excepciones son, en cuanto al *Enquiridion*, la ed. de Valencia (Juan Joffre), 1528, y la de Lisboa, 1541, copia de la de Valencia, y en cuanto a los *Coloquios*, la reimpresión valenciana (1528) del *Mempsigamos* traducido por Diego Morejón, y el pliego suelto (1528) que contenía el *Procus et puella* traducido por el protonotario Luis Mexía (con todo, hay que notar que este pliego suelto, impreso en el mismo taller tipográfico que la recopilacioncita de *Tres coloquios*, estaba destinado quizá a encuadernarse con ella, y en los *Tres coloquios* sí figuran la carta de Erasmo y la respuesta imperial). Es curioso que estas cartas no aparezcan en las demás obras de Erasmo traducidas al español. Probablemente el *Enquiridion* y los *Coloquios* fueron patrocinados de manera más especial por el estado mayor erasmiano, y una vez que el estado mayor decidió publicar las cartas de Erasmo y el Emperador, los editores sucesivos juzgaron conveniente seguirlas reproduciendo hasta mediados del siglo.

42 Véanse en *Enquir.*, pág. 47, nota 2, unos textos tomados de los procesos de Diego de Uceda, María Cazalla y Miguel Mezquita. Este último dice que no podía tolerar que alguien tuviera a Erasmo por hereje: "y esta voluntad fue porque vi una letra traduzida que dezían la escriuió al Emperador y rey nro Sr en que dezía que peleava por Jhu Xpo y que tenía muy al baxo las eregías de Lutero" (A. H. N., *Inquisición de Valencia*, leg. 531, nº 38, fol. 6 vº).

Capítulo VI

LA INVASIÓN ERASMIANA
TRADUCCIONES CASTELLANAS DE ERASMO
(1527-1532)

I. *Programa de traducciones propuesto por Erasmo a sus discípulos españoles*. II. *Las obras devotas: el "Sermón sobre la misericordia de Dios"; el "Comentario del Pater Noster"; las Paráfrasis de los salmos "Beatus vir" y "Cum invocarem".* III. *Los coloquios sueltos: el "Coloquio intitulado Institución del matrimonio cristiano". "El pretendiente y la doncella". Un tríptico: "La piedad infantil", "Los ancianos" y "Los funerales".* IV. *La recopilación de "Coloquios familiares" traducidos por Fr. Alonso de Virués: "La parturienta", "La piedad infantil", "El matrimonio", "El abad y la erudita", "Los votos temerarios", "Los franciscanos", "El cartujo y el soldado", "El banquete religioso". La recopilación de Sevilla (1529) y su fortuna.* V. *Los "Silenos de Alcibíades", "La lengua". Singular libertad de España en materia de traducciones de Erasmo.*

I

A partir de 1527, año decisivo, los libros de Erasmo disfrutaron en España de una popularidad, de una difusión en lengua vulgar cuya analogía se buscaría en vano en cualquier otro país de Europa. Conviene insistir en esto. Enumerar las traducciones que surgen sin tregua desde 1527 hasta 1531, y dar cuenta de las ediciones que se multiplican más o menos hasta 1535 sin topar con el menor obstáculo, no sería aún suficiente. Estas traducciones tienen que ser objeto de un examen atento si queremos comprender dentro de qué espíritu trabajaron los erasmistas españoles para vulgarizar los escritos de su maestro.

Sabemos que la facilidad misma con que España se abría a esta influencia era motivo de preocupación para algunos de ellos, y no de los menos fieles a su causa. No se ha entablado todavía la batalla en Valladolid, y ya un Vergara, un Virués, sugieren a Erasmo que borre ciertos atrevimientos para hacer sus libros más susceptibles de difusión ilimitada, y al mismo tiempo le piden que haga concesiones al elemento ilustrado del monaquismo español.[1] Pero Erasmo no ve sin un poco de impaciencia el celo de esos lejanos amigos que vienen a molestar su libertad. ¿Qué quiere con él esa España, cuya porción más escogida erasmiza no sin escrú-

---

[1] Cf. *supra*, pag. 266.

pulos ortodoxos, y donde un ejército de frailes se levanta contra él? Es entonces cuando escribe cierta frase egoísta, involuntariamente cruel, a propósito de "los que traducen sus libros al español".[2] El Arcediano del Alcor se siente lastimado. Escribe al gran hombre para reivindicar la responsabilidad y el honor de haber traducido el *Enchiridion*.[3] Se felicita de haber ganado así para Erasmo una popularidad universal:

En la corte del Emperador, en las ciudades, en las iglesias, en los conventos, aun en las posadas y caminos, todo el mundo tiene el *Enchiridion* de Erasmo en español. Hasta entonces lo leía en latín una minoría de latinistas, y aun éstos no lo entendían por completo. Ahora lo leen en español personas de toda especie, y los que nunca antes habían oído hablar de Erasmo, han sabido ahora de su existencia por este simple libro.

Tal es, al menos en sustancia, la defensa del Arcediano; pues su carta, enviada a Burgos para que fuera encaminada a Basilea por los correos de la Cancillería imperial, tuvo que sufrir un trato imprevisto, revelador de la vigilancia que ejercía el estado mayor erasmiano sobre las relaciones de los erasmistas españoles con su maestro. A Valdés le pareció esta carta demasiado larga: temió que el destinatario, "agobiado de santísimas ocupaciones", la arrojara al cesto sin leerla. Encargó a Diego Gracián de Alderete que pusiera lo esencial de aquella carta en forma de extracto. Y Gracián, hábil calígrafo, imitó a maravilla la escritura del Arcediano, a quien, por lo demás, no se ocultó este bien intencionado engaño. Se conserva el "pseudógrafo" [4] que recibió Erasmo, y al cual respondió. Gracián, en su resumen, tuvo buen cuidado de no omitir una recomendación del Arcediano a propósito de la *Exomologesis*: el piadoso canónigo deseaba, para las ediciones venideras, una conclusión más claramente favorable a la confesión auricular. Con ese complemento, el libro, que había merecido la aprobación de los buenos y doctos, satisfaría "aun a los lectores ignorantes y hostiles". Por lo que se ve, amiga o enemiga, España tenía exigencias inquisitoriales en sus relaciones con Erasmo. Enemiga, entresacaba de sus escritos proposiciones heréticas. Amiga, le rogaba que fuese más expresamente ortodoxo, para poder utilizar mejor sus escritos.

2 En una carta a Coronel hoy perdida. Cf. Allen, t. VII, Ep. 1904, líneas 10-15: "Est tamen locus quidam in illis qui meum animum movit. *Qui libros*, inquit, *meos Hispanice vertunt, an mei studio id faciant nescio: certe magnam mihi conflant invidiam*. Ego hactenus nullum librum tuum Hispanum factum vidi praeter unum Enchiridion militis christiani, a me, ut omnes dicunt, non infeliciter versum" (carta del Arcediano a Erasmo, Palencia, 13 de noviembre de 1527). Cf. también Ep. 1875, línea 55 (carta de Erasmo a Juan de Vergara, Basilea, 2 de septiembre de 1527, analizada *supra*, págs. 271-273).

3 Cf. la nota anterior. Es interesante observar que el Arcediano no sabe de otras obras de Erasmo traducidas al español. Sin duda la *Querela pacis* traducida por López de Cortegana no había tenido mucha resonancia. El *Sermón del niño Jesús*, impreso ya en 1516 y agregado más tarde a la traducción española del *Contemptus mundi*, había podido pasar inadvertido para los letrados.

4 Allen, t. VII, Ep. 1904 (véase la introducción a propósito de la curiosa historia de esta carta).

A Erasmo poco le costaba una apología más. Era la época en que escribía al frente de su *Apologia ad monachos hispanos,* en la epístola dedicatoria a Manrique: "Est apologia ante apologiam, nec ullus est apologiarum modus aut finis".[5] Él estaría encantado de añadir una conclusión tranquilizadora a la *Exomologesis* o a cualquier otro de sus libros. "Pero ¿de qué servirá semejante apéndice si no se lee, o si se lee con un propósito calumnioso?" En este sentido es como contesta al Arcediano.[6] Aspira de todo corazón a llegar a ser un autor edificante que a nadie perturbe. No duda del celo piadoso que ha impulsado a su corresponsal a traducir el *Enchiridion.* Pero por lo que toca a la reacción provocada de tal modo entre los frailes, ¿no está el Arcediano de acuerdo con él, en el fondo? ¿Acaso no es él quien ha escrito a un amigo estas líneas tan justas, de las cuales Erasmo ha tenido conocimiento por una casualidad: "Ciertos hombres, que han depositado su esperanza de victoria en la maledicencia, no quieren que Erasmo sea leído en lengua vulgar porque temen que se descubra la vaciedad de los discursos que ellos dicen dentro de un círculo de amigos y ante gente ignorante"?[7] ¿Qué hacer? Erasmo no rechaza la gloria que le llega desde la remota España, aunque venga escoltada de odio; no regatea al Arcediano su agradecimiento, ya que el triunfo del *Enquiridion* representa una victoria de la piedad. Pero, cansado de polémicas siempre renacientes en torno a su obra, quiere trazar a sus admiradores de España un programa de traducciones propio para serenar los espíritus. Pues ¿no le ha llegado la noticia de que se están imprimiendo allá los *Coloquios* y la *Lingua*?[8] Tiene conciencia, ciertamente, de no haber puesto nada impío en esos libros. Pero cada cosa en su lugar y su tiempo. Muchos de sus escritos se dirigen a un público letrado y no están hechos para traducirse. Hay otros que, por el contrario, tienen un valor de edificación y no tocan ningún tema espinoso. Tales son el tratado *De immensa Dei misericordia,* la *Institutio matrimonii christiani,* las *Paráfrasis,* los *Comentarios sobre cuatro salmos.* Tal vez se acuerde Erasmo de los informes transmitidos no hace mucho por Schets acerca del fervor con que España acoge sus *Paráfrasis* del Nuevo Testamento y reclama una paráfrasis semejante del Salterio. En todo caso, si enumera estas obras como aptas para traducirse al español, no lo hace al azar, pues en ese momento, hablando sobre el mismo asunto en carta a Virués,[9] designa exactamente las mismas, añadiendo sólo una alusión al *Encomium matrimonii,* pero más bien, a lo que parece, para disuadirlo de traducir este tratado.[10]

5 Allen, t. VII, Ep. 1967, líneas 3-5.

6 Allen, t. VII, Ep. 1969, líneas 58-59.

7 *Ibid.,* líneas 39-44.

8 Acerca de la cronología de las primeras traducciones de estas obras, cf. *infra,* págs. 287, 294-295 y 311.

9 Allen, t. VII, Ep. 1968, líneas 62-65.

10 "Declamationem in laudem Matrimonii lusimus in exemplum generis deliberativi." (Sobre la génesis de este opúsculo cf. el *Catalogus lucubrationum,* Allen, t. I, pág. 18, líneas 7 ss.) Erasmo responde aquí a una sugestión o a una observación hecha por Virués en su carta del 13 de diciembre de 1527, actualmente perdida. Según parece, el *Encomium matrimonii* no llegó a traducirse al castellano (cf. *infra,* pág. 287); pero en

II

España no se conformó muy dócilmente a las indicaciones del Maestro. Se aficionó, es cierto, a sus obras devotas, pero no retrocedió ante los *Coloquios* ni ante la *Lingua*. Ya veremos gracias a qué trabajo de filtración y de adaptación pudieron estas obras tan discutidas disfrutar de una popularidad más o menos duradera, pero intensa. Hay que examinar ante todo las traducciones que vulgarizaron la piedad erasmiana bajo sus formas menos inquietantes.

Las *Paráfrasis* del Nuevo Testamento no parecen haberse traducido nunca al español. La *Institutio christiani matrimonii* tampoco.[1] De las obras señaladas por Erasmo al celo de sus traductores, éstos se fijaron en los *Comentarios de los salmos* y en el *Sermón de la infinita misericordia de Dios*. Y la traducción de esta última obra no se debió siquiera a sugerencia del autor. Cuando Erasmo escribía al Arcediano y a Virués las cartas citadas poco antes, ya estaba circulando en España desde hacía varios meses. Su publicación puede fecharse aproximadamente en diciembre de 1527.[2]

El traductor, a quien ningún indicio permite identificar,[3] hizo una

cambio, fue utilizado por el Bachiller Juan de Molina en su *Sermón en loor del matrimonio*, obrita publicada por él junto con una reimpresión valenciana del *Enquiridion* en español (cf. *supra*, pág. 205, nota 60). La reimprimió con un comentario Francisco López Estrada, *Textos para el estudio de la espiritualidad renacentista: el opúsculo "Sermón en loor del matrimonio" de Juan de Molina (Valencia, por Jorge Costilla, 1528)*, en *R. A. B. M.*, t. LXI (1955), págs. 489-530, con una lámina. Molina combina dos fuentes: el *Encomium* de Erasmo y el *Speculum vitae humanae* de Rodrigo Sánchez de Arévalo. —El pensamiento de Erasmo acerca del matrimonio y del celibato ha sido estudiado a fondo por Émile Telle, *Érasme de Rotterdam et le septième sacrement. Étude d'évangelisme matrimonial au xvie siècle et contribution à la biographie intellectuelle d'Érasme*, Genève (E. Droz), 1954.

1 El índice de 1559, que prohibe esta obra en latín, no la menciona en lengua vulgar.

2 Según el proceso de Diego de Uceda (A. H. N., *Inquisición de Toledo*, leg. 112, núm. 74). Uceda, conversando en una posada con el Arcipreste de Arjona, hacia el 13 de febrero de 1528, le pondera a su interlocutor tres libros de Erasmo que han sido "impresos y aprobados". El acusado precisa, en su respuesta a los testigos, que se refiere a "un tratado que se llama *Imensa misericordia Dei*, y otro de unos *Colloquios* y otro que se llama *Enchiridion*". Las dos primeras obras aparecieron seguramente entre noviembre de 1527 —fecha en que el Arcediano del Alcor desconoce cualquier otra traducción fuera de la del *Enchiridion*— y principios de febrero de 1528. Sobre las declaraciones de Uceda véase *infra*, pág. 433.

3 Miguel de Eguía dice al Arzobispo de Toledo al dedicarle el volumen en que reimprime juntas esta traducción y la de la *Precatio Dominica*: "Vuestra Señoría vea quán digno sea de loor el Autor que las compuso, y quánto deuamos *al que las trasladó*". Estas palabras, tomadas literalmente, indicarían que el traductor de las dos obras es el mismo. Por otra parte, el método de traducción es idéntico. Se caracteriza por una fidelidad que se empeña en destacar todo el contenido de los textos, y por un afán de elegancia y de vigor expresivo que lo lleva a menudo a acumular sinónimos para traducir una sola palabra latina (sobre estas "parejas sinónimas", cf. Menéndez Pidal, *El lenguaje del siglo xvi*, en *Cruz y Raya*, 15 de septiembre de 1933, págs. 33 y 42, y Rafael Lapesa, *Historia de la lengua española*, 3ª ed., Madrid, 1955, págs. 179, 185 y 204-205).

versión notablemente fiel de este piadoso sermón, leído por Erasmo en la Misericordia de Basilea en 1524. Aquí sí que ninguna precaución era necesaria. Durante todo el fin del siglo, la Inquisición, que prohibía esta obra en romance, no encontraría nada que expurgar en su texto latino. Además, en el momento de su publicación original, el librito había pasado por la censura del Obispo de Basilea, Cristóbal de Utenheim, el cual, queriendo que nada en él pudiera chocar ni a los luteranos ni a los conservadores, había pedido la supresión de ciertas frases del final.[4] En esa obrita se exaltaba la misericordia divina contra los dos grandes males que amenazan al hombre: la excesiva confianza en sí mismo, y la desesperación. La miserable flaqueza del animal humano se pintaba en sus páginas con los sombríos colores de Plinio.[5] Pero, para celebrar la gracia, Erasmo ponía a contribución todo el lirismo de los Salmos, toda la fuerza persuasiva de los Evangelios; y sabía traer a cuento a San Pablo para fustigar el farisaísmo de los hombres que depositan su confianza en sus buenas obras.[6] La última parte mostraba en la misericordia para con los hombres el medio por excelencia de ganar la misericordia divina, el sacrificio agradable entre todos a Dios. Esta homilía un poco difusa bordeaba, como se ve, el gran debate de la fe y de las obras, pero evitaba meterse dentro de él; por su exaltación de las obras de caridad, y por su vivo sentimiento de la gracia, se emparentaba con la meditación de Savonarola sobre el *Miserere,* y se ligaba con la más ferviente piedad de la Prerreforma.

Miguel de Eguía reimprimió el *Sermón* antes de finalizar el año 1528, reuniéndolo con la *Declaración del Pater Noster.* La *Precatio Dominica* de Erasmo, traducida ya al alemán en 1523, al inglés en 1524, al checo en 1526,[7] acababa, en efecto, de tentar a la vez a dos traductores españoles. La traducción reproducida por Eguía, debida quizá a la misma pluma que el *Sermón,* iba acompañada de un prefacio elogiosísimo para el Erasmo comentador del Nuevo Testamento: en ese prefacio se invitaba a los lectores a reflexionar con el autor sobre la oración dominical en lugar de desgranar innumerables padrenuestros en el rosario, con los solos labios. Pero la otra traducción, en cuyo encabezamiento no aparece

4 Cf. Allen, t. V, Ep. 1464, líneas 10-18.

5 Edición de Logroño, 1528, fol. g 1 v⁰. Hay que añadir el *Sermón* de Erasmo a la lista de los libros que contribuyeron a vulgarizar en España esta visión pesimista del hombre desarmado y desnudo entre las demás criaturas, tema destinado a gran fortuna literaria hasta llegar al monólogo de Segismundo en *La vida es sueño* (cf. Alfonso Reyes, *Un tema de "La vida es sueño",* R. F. E., t. IV (1917), págs. 1-25 y 237-276; recogido en *Capítulos de literatura española,* 2ª serie, El Colegio de México, México, 1945, págs. 9-88). La *Agonía* de Venegas, que debe no poco a Erasmo (cf. *infra,* págs. 565-566), utiliza asimismo esta visión, pero haciendo de ella un argumento en favor de la vocación celestial del hombre (N. B. A. E., t. XVI, pág. 192).

6 *Ed. cit.,* fol. g 7 r⁰.

7 Allen, t. V, Ep. 1393, introd. Hay que rectificar la fecha dada por Allen para la traducción española y sus indicaciones relativas a una traducción francesa. Acerca de esto último, véase Margaret Mann, *Érasme et les débuts de la Réforme française, op. cit.,* pág. 133: la *Brefve admonition de la manière de prier* no es ni el *Modus orandi* ni la *Precatio Dominica,* sino una compilación de dos extractos de las *Paráfrasis* erasmianas de los Evangelios.

siquiera el nombre de Erasmo, es mucho más interesante a los ojos del historiador, pues revela un rumbo más discreto del erasmismo en la literatura española de edificación.

En julio de 1528 aparece en León una pequeña recopilación de obras devotas traducidas en lengua vulgar por un canónigo de la catedral: las *Meditaciones de San Bernardo* dan su título a todo el volumen.[8] Pero éste contiene además el *Tratado de la vida espiritual* de San Vicente Ferrer, presentado por vez primera a los devotos españoles sin mutilaciones, es decir, con su crítica de los éxtasis.[9] Al lado de estos libros clásicos de la espiritualidad medieval, nuestro canónigo no juzga fuera de lugar la paráfrasis erasmiana del *Pater Noster*. Pero, temiendo quizá inquietar a su público, prefiere no mencionar al autor: lo designa simplemente como "un doctor muy famoso". Además, el traductor tampoco ha puesto su nombre. Solamente cabe conjeturar que este canónigo de León es el Maestro Bernardo Pérez,[10] poco después canónigo de Gandía y de Valencia. Eclesiás-

---

[8] Al leer la descripción de este curiosísimo volumen en el *Catálogo* de la Biblioteca Colombina, Sevilla, 1888, t. I, pág. 235, me había llamado mucho la atención el título siguiente: "la oración del Señor que llamamos *Pater Noster* partido en siete partes ansí como él está en siete peticiones para cada día la suya". Este título parecía calcado exactamente del de la *Precatio* erasmiana. Por otra parte, el autor era designado, con palabras encubiertas, como "un doctor muy famoso". De ahí a suponer que ese doctor fuese Erasmo en persona, no había más que un paso. Mi amigo Don Juan Mª Aguilar, profesor de la Universidad de Sevilla, tuvo la bondad de encargarse de verificar mi hipótesis. Reciba aquí la expresión de mi agradecimiento. Ocho pasajes confrontados con los correspondientes de la *Declaración del Pater Noster*, impresa en Logroño en diciembre de 1528, permiten ver que nos hallamos ante dos traducciones de la *Precatio* de Erasmo, tan diferentes como pueden serlo dos versiones de una misma obra.

[9] Cf. *supra*, págs. 49 y 170.

[10] En el prefacio de su traducción de los *Silenos* (1529), declara haber traducido anteriormente otro opúsculo de Erasmo: "una glosa suya sobre la oración del Pater Noster". De las dos versiones anónimas que poseemos de la glosa sobre el *Pater*, es seguramente la del canónigo de León la que más recuerda el estilo y el método de traducción de Bernardo Pérez: se observa en ella el mismo gusto de la brevedad, la misma libertad, y hasta descuido, que en los *Silenos* y en el *Apercibimiento de la muerte*. Otros indicios vienen a hacer más probable la identificación del canónigo de León con el maestro Bernardo Pérez. Éste es valenciano, y terminará su carrera eclesiástica como chantre de la catedral de Valencia (J. P. Fuster, *Biblioteca valenciana*, t. I, págs. 99-100). Ahora bien, en el mismo volumen impreso en León en 1528 figura un tratado del gran espiritual valenciano San Vicente Ferrer, y sobre todo una *Corona de Nuestra Señora* compuesta por nuestro canónigo, que dice a propósito de ella: "la qual sola imprimieron en Valencia sin mi voluntad, porque tenía determinado de mudar algo en ella, como después lo mudé". Es plausible admitir que nuestro personaje tenía ciertos intereses en Valencia, y que una permuta de beneficios le permitió, poco después de 1528, acercarse a su país de origen. Bernardo Pérez no añade a su nombre ningún título cuando publica su traducción de los *Silenos* (Valencia, 1529). Pero se nombra "canónigo de Gandía" al frente de muchos libros publicados por él alrededor de 1535: *Diálogos christianos contra la secta mahomética y la pertinacia de los judíos: compuestos por el maestro Bernardo Pérez de Chinchón, canónigo de Gandía, Valencia* (Francisco Díaz Romano), 6 de mayo de 1535; *Historia de las cosas que han passado en Italia desdel año M.D.XXI... hasta el año XXX...* (traducida de Galleacio Capella), Valencia, 10 de marzo de 1536. Acerca de estas obras, y de Bernardo Pérez, véase Bonilla, *Erasmo en España, art. cit.*, págs. 466 ss. La edición de 1535 de los *Diálogos christianos*, desconocida por Bonilla, existe en la Staats-Bibliothek de Munich (4º Asc., 680.2). Del *Antial-*

tico de la misma familia espiritual que Diego López de Cortegana y Alonso Fernández de Madrid, comparte con ellos la responsabilidad de haber traducido a Erasmo al castellano. La *Precatio Dominica* fue su prueba de suficiencia. Era un escrito de la misma época y de la misma vena que el *Sermón sobre la misericordia:* Erasmo había compuesto este cántico al Dios de gracia con un sentimiento de humildad y de confianza sin límites; el viejo virtuoso de la paráfrasis se había sobrepujado a sí mismo para hacer brillar, a la luz de la oración evangélica por excelencia, todas las modalidades fundamentales del espíritu cristiano. Esta meditación escrita en Basilea, cuando Erasmo se negaba desesperadamente a optar entre cristiandad universal y Alemania luterana, encontraba en España un eco inesperado.

Finalmente, el pietismo del Maestro iba a hablar también a los españoles, según el deseo que él había formulado expresamente, en sus paráfrasis de los primeros *Salmos.* En 1531, un traductor anónimo [11] respondió a este deseo traduciendo los comentarios de los salmos *Beatus vir* y *Cum invocarem:* eligió éstos para comenzar, prefiriéndolos a los comentarios de los salmos segundo y tercero, a causa de la mayor riqueza de su sustancia moral, y de su eminente utilidad para "la enmienda de nuestras vidas". El *Beatus vir,* sobre todo, exponía toda la ética cristiana a propósito del problema de la felicidad. Hacía consistir la dicha del hombre en la verdadera piedad que lo une a Dios por el amor, y explicaba la diferencia que hay entre la ley divina y las leyes humanas, entre la letra y el espíritu. Erasmo, que escribía estas páginas por los días en que editaba el *Nuevo Testamento,* exaltaba en ellas la meditación de la Escritura, y, no contento con proponerla como ideal a los hombres sabios en las "tres lenguas", quería que fuese accesible a todos. El traductor español destacó, en notas margi-

corano de Bernardo Pérez, libro anterior a los *Diálogos,* Bonilla no conoce más que una reimpresión de Salamanca, 1595: el British Museum posee una edición de Valencia (Juan Joffre), 1532, que seguramente es la primera. En la *Historia de las cosas que han passado en Italia,* el traductor añadió al breve relato del saco de Roma algunas anotaciones marginales muy significativas. En ellas se revela Bernardo Pérez, en pocas palabras, de acuerdo con Valdés o Vives acerca de tan grave acontecimiento (Rodríguez Villa, *Memorias, op. cit.,* págs. 477-478. Cf. *supra,* pág. 241). Finalmente, existe un *Espejo de la vida humana* publicado a fines del siglo bajo el nombre de Bernardo Pérez de Chinchón (Granada, 1587; Alcalá, 1589 y 1590; Sevilla, 1612, 1623 y 1656), pero no se puede afirmar que se trate del mismo autor.

11 Bonilla (*Erasmo en España, art. cit.,* págs. 469-471) está convencido de que este traductor es el Arcediano del Alcor: la traducción, como la del *Enchiridion,* está dedicada al Inquisidor General Manrique por un traductor que conserva el anonimato; éste obedece al mismo método de libertad; se encuentra en su prefacio una fórmula de modestia ya empleada en el del *Enchiridion* ("lo menos mal que yo pude y supe"); finalmente, dice que fue animado a este trabajo "por parte del mesmo Erasmo", y se sabe que Erasmo, en su carta al Arcediano (Allen, t. VII, Ep. 1969, línea 29), había señalado a la atención de los traductores españoles sus "Commentariolos in quatuor Psalmos". Todo ello hace muy plausible la atribución de esta versión al Arcediano, o por lo menos a alguno de sus amigos. Observemos, en efecto, que el traductor dice que fue animado a este trabajo *"por parte* del mesmo Erasmo", y no *"por* el mesmo Erasmo". Dámaso Alonso (*Enquir.,* pág. 444, nota 1) observa, además, que Erasmo había dirigido la misma exhortación a Virués (Allen, t. VII, Ep. 1898, línea 62).

nales, los pensamientos más importantes del comentario erasmiano. Pensando, por ejemplo, en la lucha entablada en su propio país entre el erasmismo y los frailes, subraya: "Los cristianos fingidos persiguen a los cristianos verdaderos."

III

Pero el erasmismo español no se contentaba con los opúsculos devotos del Maestro. Éste no estaba mal informado cuando hablaba al Arcediano de los *Coloquios* que comenzaban a circular impresos. Y ya se comprende que la noticia le haya parecido inquietante. Ninguna de sus obras, a partir de la edición aumentada de 1522,[1] había irritado más a los ortodoxos. En cuanto se imprimieron los primeros agregados que hizo Erasmo, Nicolás de Egmont descubrió en ellos no menor número de herejías que en la *Moria*. Los retoques introducidos entonces habían resultado una defensa poco eficaz, puesto que, en uno solo de esos retoques, los teólogos de París encontraron no menos de cuatro pasajes condenables.[2] La recopilación había ido aumentando año tras año, recibida con aplauso cada vez mayor, hasta llegar al *Colloquiorum opus* de 1526, que mereció la fulminación de la Sorbona. La censura parisiense señalaba tan gran número de pasajes, que su conclusión práctica no podía ser más que la prohibición total del libro: la Sorbona, que había pedido en vano al Parlamento la condenación de los *Coloquios,* iba a obtener [3] cuando menos que la Universidad prohibiese a los regentes el empleo escolar "de un libro contaminado de los errores de los aerianos, wiclefianos, jovinianistas, lamperianos, valdenses, begardos y luteranos"... Los frailes españoles, en su cuaderno de proposiciones erasmianas sospechosas, habían incluido buen número de textos sacados de los *Coloquios.* Y, aunque la asamblea de Valladolid no examinó más que uno de ellos, se había visto que en su seno iba esbozándose un movimiento desfavorable a este libro, aun entre los teólogos partidarios de Erasmo.[4] ¿Qué habría ocurrido si los *Coloquios* hubieran estado vulgarizados por la traducción?

Pero la avidez del público español triunfó de la prudencia de Erasmo y del estado mayor erasmiano. Ya en 1526 Maldonado, desde Burgos, se refería a ciertas traducciones que corrían de mano en mano, traducciones

---

[1] Sobre la evolución de la recopilación de los *Coloquios,* véanse las obras citadas *supra,* pág. 144, nota 13. Remitiremos al lector, cada vez que sea necesario, a la versión española reimpresa en el tomo II de los *Orígenes de la novela* de Menéndez y Pelayo (*N. B. A. E.,* t. XXI), aunque esta reimpresión se hizo tomando como base un texto sumamente defectuoso (cf. *infra,* págs. 294, nota 1, 305, nota 12, y 308, nota 19). Nosotros preparamos una edición de las mejores versiones españolas de los *Coloquios* para la serie de publicaciones de la *Nueva Revista de Filología Hispánica,* que edita El Colegio de México.

[2] *Bibliotheca Erasmiana, Colloquia,* t. I, pág. 119. Se trata de un pasaje de la *Pietas puerilis.*

[3] En julio de 1528 (*ibid.,* t. I, pág. 159).

[4] Cf. *supra,* págs. 262-263.

manuscritas [5] debidas indudablemente al benedictino Virués, y de las cuales volveremos a hablar. La primera tentativa impresa de que se tiene conocimiento es la de Diego Morejón sobre el coloquio *Mempsigamos*.[6] Apareció en Medina del Campo, en los últimos meses de 1527. Morejón, latinista mediano y escritor poco ducho, fue juzgado sin indulgencia por los erasmistas de la Corte: Gracián sometió su traducción a una crítica implacable.[7] Pero el público fue menos exigente. Sin esperar la edición revisada y "enmendada por un discípulo de Erasmo",[8] el impresor Juan Joffre, de Valencia, la reprodujo tal cual en la primavera de 1528. Su título es muy significativo: *Colloquio de Erasmo intitulado Institución del matrimonio christiano*.[9] En efecto, la elección de Morejón no se explica sólo por el encanto de esta pequeña comedia burguesa, que había de granjearle una popularidad europea. La cuestión misma del matrimonio era lo que suscitaba tan vivo interés. Esta cuestión se conectaba con la del celibato eclesiástico y monástico, y en cierto modo era complementaria de ella. La Alemania luterana secularizaba a la clase de los clérigos. En todas partes se iba esbozando un movimiento análogo. Vives, esposo ejemplar de Margarita Valdaura y autor de la *Institutio foeminae christianae*, era en Brujas, en pleno país católico, un representante eminente del nuevo grupo selecto de teólogos casados. La secularización de la piedad a que tendía el *Enchiridion* había de tener como contraparte una defensa e ilustración del estado de matrimonio. Erasmo se había dado cuenta de la importancia social de la cuestión. Siguiendo el ejemplo de Vives, había dedicado a la Reina de Inglaterra, Catalina de Aragón, su tratado del *Matrimonio cristiano*. Esta *Institutio* misma es la que hubiera querido ver traducida al español. Morejón no ignoraba su existencia, y una de sus observaciones parece hecha para explicar por qué no se realizó el deseo de Erasmo: "A muchos, dice, suele poner enojo y hastío la escriptura que va muy en seso; y más son los que se deleitan con el color de la flor que con el gusto de la fructa." A falta de la *Institutio*, a falta del *Encomium matrimonii*, el coloquio *Mempsigamos* trata a su manera de ese estado de matrimonio al cual pertenece la mayor parte de la cristiandad: "Sacramento muy usado

---

[5] Allen, t. VI, Ep. 1742, línea 176: "Dialogi enim nonnulli ex Colloquiis Hispani facti volitant per manus virorum foeminarumque" (1º de septiembre de 1526).

[6] Tal vez el primer traductor del *Mempsigamos* sea también el autor de la compilacioncita de poemas devotos intitulada *La visitación de Nuestra Señora a Santa Ysabel con la vida de Santana trobada por Diego de Morejón*, Valencia (Juan Joffre), 1520 (Vindel, *op. cit.*, t. V, núm. 1824).

[7] En una carta latina al Doctor Fabricio (Ms. del Duque de Alba, fols. 9 vº-11 rº), fechada en Burgos "Postrid. Cal. Decemb.", es decir, el 2 de diciembre [de 1527] (el año puede suplirse de acuerdo con las cartas vecinas de la colección, que por lo general respeta el orden cronológico). El lugar de impresión nos es revelado por el "discípulo de Erasmo" que reeditó la traducción de Morejón con muchos retoques ("quán mal trasladado estava quando en Medina del Campo se imprimió").

[8] Véase *Bibliografía*, núm. 475.

[9] A falta de la edición de Medina (1527), conocemos esta reimpresión publicada en Valencia (21 de abril de 1528). La Staats-Bibliothek de Munich conserva un ejemplar, por desgracia incompleto, de esta edición (véase *Bibliografía*, núm. 474), que Bonilla no había identificado por carecer de datos precisos (*Erasmo en España, art. cit.*, págs. 433-434).

y necesario —dice Morejón—, y primero que otro alguno para propagación del linaje humano, en la pura inocencia de nuestros primeros padres, y antes que traspasasen el divino mandamiento, por el mesmo Dios en el paraíso establecido y ordenado." [10] Palabras en verdad elocuentes.

Al hacer dialogar a Eulalia y Xantipa, dos mujeres de las cuales una se queja del matrimonio y la otra está contenta con su suerte, Erasmo había rejuvenecido con espíritu de comprensión y cordura el problema de la vida de una pareja. Estando excluido el divorcio por decisión inapelable de Jesucristo mismo, había que tomar el matrimonio tal como existe, es decir, a veces mediano, a veces malo, y hacerlo bueno a fuerza de mutua buena voluntad. Tal es el sentido de las encantadoras historietas que Eulalia narra a Xantipa. La moral erasmiana cuenta más con la indulgencia que con la severidad. Admite, sin duda, para la mujer el deber de obediencia y sujeción, pero también admite para el marido un deber correlativo de protección y respeto. La hipótesis de que arranca para fundar la felicidad conyugal es que los males que la estorban son siempre males que se comparten. "Con mutua caridad", según explica Morejón, "el buen marido hace buena la mujer y la buena mujer hace bueno el marido".

A ciertas lectoras les pareció, no obstante, que el *Coloquio* no mantenía igual la balanza entre maridos y mujeres, y que, según él, las mujeres tenían que lograr la concordia sólo a costa suya. El anónimo discípulo de Erasmo que retocó la traducción, y que no se muestra menos decidido que Morejón en favor del estado de matrimonio (el cual, decía, "o yo me engaño, o es el más seguro que el hombre puede en este mundo tomar"), se cree en el deber de defender ante las mujeres la causa de su maestro. "Cuando dos amigos riñen, el que los quiere poner en paz suele acudir al más prudente, dándole a entender cómo a él toca suplir con su prudencia las faltas del otro." Así, pues, si Erasmo espera de las mujeres mayor comprensión y delicadeza, si les pide que tomen la iniciativa del buen entendimiento, es que tiene mejor opinión de ellas que del otro sexo. La propaganda erasmiana se insinúa así en el favor de las españolas presentando el *Mempsigamos*, manual de sabiduría para la humanidad casada, impregnado del más delicado feminismo.

A la cuestión del matrimonio se refiere también el *Diálogo del pretendiente y la doncella*,[11] uno de los primeros que circularon en librillos de pocas páginas, más atractivos para el apetito de los lectores que los volúmenes gruesos. El protonotario Luis Mexía lo tradujo en hermoso lenguaje para el "muy noble y virtuoso señor Misser Nicolao Becharini", padre de varias "doncellas santa y virtuosamente criadas". Mexía no siente la necesidad de defender este coloquio contra el reproche de indecencia que se le ha hecho en alguna ocasión. En el fondo, lo más chocante aquí para un lector católico no es la naturalidad con que Pánfilo y María se ponen a hablar del "débito conyugal". Es, más bien, cierta ironía sobre el es-

---

[10] El intérprete al lector, edición de Valencia, 1528, fol. a 1 v°.
[11] Véase *Bibliografía*, núm. 471.

tado de virginidad, tesoro precioso del cual no se puede hacer mejor uso que perderlo. Pero el traductor no ha querido poner en plena luz más que la "maravillosa doctrina" que se encuentra en esas páginas acerca del gran sacramento del matrimonio y de todo lo que importa considerar antes de contraerlo. Se podría resumir muy bien esta doctrina diciendo que si la pérdida de la virginidad no es cosa trágica, la unión de dos seres es cosa seria. A través del fino diálogo amoroso de Pánfilo y María, el porvenir de la pareja se va esbozando. María cederá a la ley de la especie, cuyo defensor persuasivo se hace Pánfilo, pero esto no será sin haber considerado lo que ella arriesga: el enajenamiento de su libertad, la vida estrecha de un matrimonio sin fortuna, las pruebas de la educación de los hijos, la crueldad de la viudez posible...

Los traductores españoles se proponen extraer del *Colloquiorum opus* una doctrina de vida más completa. Ya a principios del año 1528, el público español podía gozar de *Tres coloquios* [12] "muy útiles y necesarios para que todo fiel cristiano sepa concertar su vida en servicio de Dios desde su niñez hasta el tiempo de la muerte, y aparejarse a morir como católico cristiano". Los tres cuadros de que se compone este tríptico son la *Pietas puerilis*, el *Senile colloquium* y el *Funus*: "el un coloquio enseña la niñez, el otro pone ejercicios a la edad perfecta, el otro avisa y despierta para la muerte: y todos nos son necesarios para bien vivir y bien morir; porque, como dice Séneca, la mayor parte de la vida se debe gastar en aprender a bien vivir, y toda para saber bien morir". Austero preámbulo para un librito cuyo contenido nada tiene de ascético. El ideal que se desprende de las páginas de estos *Tres coloquios* es el de una vida piadosa sin que se la arranque del siglo.

El panel central del tríptico, el *Coloquio de los ancianos*, propone a las meditaciones del lector varias existencias entre las cuales la elección de Erasmo y de sus discípulos no es dudosa. Glición, admirablemente conservado por la vida seglar y por la práctica de la sabiduría, ofrece a los ojos de sus antiguos condiscípulos la imagen de un hombre honrado y de un hombre feliz. Casado joven con una mujer de su condición, a la que primero eligió y amó después, al contrario de tanta gente, disfrutó con ella de ocho años de dicha conyugal. Cuatro hijos le quedan de esta unión. Ejerce un cargo público, en el cual se hace útil a los demás. El estudio es su mayor placer. Ajeno a todas las disputas, sembrador de paz en toda coyuntura, bien guardado contra las pasiones, tiende siempre hacia la fuente de la tranquilidad y de la alegría, que es la concordia con Dios. Prescinde de los médicos y no tiene miedo a la muerte. Frente a Glición, para quien el matrimonio ha sido camino de la sabiduría, Erasmo presenta a

---

2 Véase *Bibliografía*, núm. 477. Diego de Uceda, aprehendido en febrero de 1528 en Córdoba, y que salió de Burgos en enero, cita ya, entre las traducciones de Erasmo que ha leído, un volumen que contiene "unos colloquios", y las alusiones que hace demuestran que uno de ellos era la *Pietas puerilis* ("habla en uno dellos de cómo hemos de sentir de las cosas sagradas. En especial dize: de cómo nos hemos de confesar, y de cómo la principal parte de la confesyón consiste en la ánima"). Hay muchas probabilidades de que se refiera a nuestra compilación.

Polígamo, arruinado por ocho matrimonios sucesivos y por la carga de una innumerable prole que vive de su pequeña fortuna y del trabajo de sus manos. El tercer anciano, Eusebio, ha encontrado una felicidad algo egoísta en la seguridad de una buena prebenda: carrera desacreditada, sospechosa de relajamiento en la observancia del celibato eclesiástico, y más amiga de los bienes temporales que del cultivo del espíritu. ¿Qué le importa esto a Eusebio? Hombre bien educado, gracias a los estudios médicos y teológicos que hizo en Padua, aconseja a sus amigos cada vez que hay ocasión, predica de tiempo en tiempo según sus luces, y llega de ese modo a una especie de sabiduría, puesto que no busca otros beneficios que el que le da para vivir. La existencia menos cuerda de todas es la de Pánfilo, espíritu aventurero, extrañamente zarandeado del negocio al monasterio y del monasterio al negocio. Esta existencia era ciertamente menos inverosímil para los lectores del siglo XVI que para los modernos.[13] Pero Erasmo se ha complacido en multiplicar los avatares monásticos de Pánfilo. Canónigo regular en Irlanda, cartujo en Escocia, benedictino y después bernardo en Francia, brigitino, peregrino en Tierra Santa, soldado del ejército de Julio II, atraído finalmente por la vida errante de las órdenes mendicantes, todas estas experiencias son para él otras tantas decepciones. Es evidente que Erasmo, aquí, no es un puro moralista. La sátira toca las candentes cuestiones de la reforma monástica, de la inutilidad de las peregrinaciones, del escándalo de las guerras "santas o más que santas". La vida fracasada de Pánfilo plantea de mil maneras el problema de la reforma de la fe.

Este mismo problema es el que domina en los otros dos diálogos agrupados con el *Colloquium senile* para formar un completo "memorial" [14] de la vida humana. En la *Pietas puerilis,* que el traductor intitula *Amor de niños en Dios,* vemos a un piadoso escolar que responde a las preguntas de un compañero menos devoto (el pequeño Erasmius Froben, sin duda), pero vemos también al gran Erasmo proponer una imagen de la verdadera piedad, y esta imagen es tan cara para él, que la coloca bajo el patrocinio del venerado John Colet. En las páginas de este diálogo se define la religión como "una honra limpia y puro acatamiento que se debe a Dios, y guarda y observación de sus mandamientos". Culto pródigo en homenajes, y que no se olvida, por otra parte, ni de los santos ni de Nuestra Señora. El pequeño Gaspar tiene devoción particular por San Pablo, San Cipriano, San Jerónimo y Santa Inés: la "suerte", que hace bien las cosas, le ha dado estos ilustres patronos y no ciertos otros santos de la devoción popular... La oración acompaña todos los actos de su vida cotidiana. Su piedad ha hecho que los frailes lo consideren un precioso candidato, pero él ha resuelto no

---

13 Un curioso ejemplo de estas existencias aventureras es la vida del jurisconsulto borgoñón Celse Hugues Descousu, que fue perseguido por la Inquisición de Toledo como luterano por haber colgado sus hábitos de franciscano y contraído legítimo matrimonio con una toledana después de haber vivido maritalmente con una barcelonesa (A. H. N., *Inquisición de Toledo,* leg. 110, núm. 22, *Proceso de Hugo de Celso*). Cf. M. Bataillon, *Vagabondages de Celse Hugues Descousu,* en *Bibliothèque d'Humanisme et Renaissance,* Paris, t. III (1943), págs. 190-213.

14 *Tres coloquios.* Prólogo al lector.

meterse en este camino ni en el del matrimonio antes de cumplir veinti-
ocho años y de poder conocerse a sí mismo. Sigue sus humanidades sin
preocuparse de si lo conducirán a la medicina, al derecho civil, al derecho
canónico o a la teología. Esta última ciencia lo atrae. Ciertos teólogos, a
decir verdad, le desagradan. Pero él se atiene a la Escritura y al Credo sin
buscar nada más allá de lo que allí está dicho. Deja las discusiones dogmáticas para los teólogos, que tanto se complacen en ellas. Y, para la
práctica, todo lo que está recibido por el pueblo cristiano le parece bueno
para guardarse, con tal que no esté en contradicción con la Escritura, pues
es preciso no escandalizar a nadie. Erasmo, como se ve, pasa como sobre
ascuas por el tema de las prácticas devotas. Su joven escolar no tiene la
superstición del ayuno: ha leído a San Jerónimo, y sabe que estos rigores
no están hechos para una edad demasiado tierna. Pero se detiene largamente en la misa. Ésta le da a Gaspar, con la Epístola y el Evangelio, un
punto de partida para oraciones en que el pensamiento tiene mayor parte
que el rumor de los labios, y le permite meditar sobre el misterio de la
redención, sobre ese sacrificio que el sacerdote conmemora y por el cual
los cristianos son miembros fraternales de un gran cuerpo místico. Los
salmos sostienen su meditación, sin que se crea obligado a leerlos si le viene
algún pensamiento que sacie mejor su alma. Del mismo modo, escucha con
fervor los sermones si el predicador sabe conmover. Pero si el sermón es
malo, la lectura de los Padres de la Iglesia lo reemplaza ventajosamente.

El mayor atrevimiento de este coloquio es el pasaje relativo a la confesión.[15] Erasmo retocó varias veces el texto para llegar a expresar su pensamiento poniéndolo al mismo tiempo a salvo de las recriminaciones ortodoxas. "La principal confesión", para el piadoso Gaspar, consiste en
"confesarse a Cristo": "Delante dél declaro y en gran manera lloro mis pecados, derramo lágrimas, doy voces, aborrezco a mí mesmo, suplícole me dé
su misericordia, y no ceso fasta que siento que del todo es limpiado el
deseo e afición de pecar y sacado y desarraigado de lo más secreto e interior del ánima, y que haya sucedido reposo y alegría, que es señal y argumento que Dios me ha perdonado mis pecados." Esta confesión bastaría a
Erasmo —o, mejor dicho, a Gaspar— si la autoridad y la tradición de la
Iglesia no exigiera otra. Pero la confesión auricular existe. Cristo, "autor
de todo bien", es seguramente su autor. Saber si Él en persona la ha
instituido, es punto que más vale abandonar a las disputas de los teólogos. En la práctica, Gaspar se confiesa con el sacerdote cuando tiene que
comulgar. Y lo hace con pocas palabras, limitándose a los pecados bien
caracterizados; no considera pecados las faltas contra las constituciones
humanas, a menos que vayan agravadas de desprecio y hostilidad, pues
no cree que haya pecado mortal donde no hay malicia. La gran dificultad
es encontrar un confesor respetuoso del secreto de la confesión, y sobre
todo evitar a los confesores ignorantes e impúdicos que preguntan a los
penitentes detalles que más valdría callar.

15 Véase *N. B. A. E.*, t. XXI, pág. 155, recopilación que en este coloquio coincide
con el texto de los *Tres coloquios*.

Ya veremos qué eco encontró inmediatamente en España esta teoría de la confesión.[16] Disociaba, según el constante método erasmiano, el espíritu y la letra; el alma del sacramento expresa una relación esencial entre el hombre y Dios: el sacerdote no tiene allí parte ninguna; en cuanto a la envoltura institucional, todo su valor reside en la autoridad secular de la Iglesia: tiene la importancia que la Iglesia le otorga, y podrá cambiar si la Iglesia quiere que cambie.

El coloquio de los *Funerales* alumbraba con luz más cruda el contraste de las ceremonias y de la piedad verdadera. Renovaba, dentro del espíritu del humanismo crítico, un gran tema de la literatura ascética. En él enseña Erasmo la reconfortante doctrina de que la muerte es menos temible en la realidad que en la imaginación. Lo que importa sobre todo es sacudir los terrores imaginarios. Y en cuanto a los sufrimientos reales de la agonía, son suavizados en gran medida por la resignación a la voluntad divina. La muerte misma, en cuanto separación del alma y del cuerpo, debe estar exenta de dolor, o bien acompañada de sensaciones sumamente oscuras, pues "naturaleza adormece e pasma todas las partes sensibles". El miedo común a la muerte le parece a Erasmo una disposición providencial destinada a proteger a la humanidad contra el suicidio, al que está tan inclinada, y al cual, sin este freno, se arrojaría por los más fútiles motivos.

La muerte que propone como ejemplo está impregnada de sabiduría cristiana y estoica. No la embarazan cuidados temporales; Cornelio Moncio ha dictado desde hace muchos años un testamento que transmite su fortuna a sus herederos naturales, fiándose de ellos para distribuirla más liberalmente de lo que él ha hecho. Su médico lo deja morir en paz, asistido de sus parientes y de dos íntimos amigos. El cura de su parroquia le administra los últimos sacramentos, y cuando después se pone a hablarle del sepelio, de las campanas, de los treintanarios, de las bulas, de la participación en los méritos, su feligrés le ruega cortésmente que haga por él lo que exige la costumbre de la Iglesia y lo que no se podría omitir sin escándalo: pone su fe en los méritos de Cristo, con la esperanza de que, si es miembro vivo de ese gran cuerpo, le aprovecharán las oraciones y los méritos de la Iglesia católica.

Hace que le lean páginas de la Biblia que respiran la esperanza en la vida eterna, y el moribundo parece vivir las palabras sagradas. El final del Cuarto Evangelio le trae una especie de suprema iluminación. Quiere hablar todavía a los suyos de su porvenir, inspirarles ánimos, exhortarlos a la caridad y a la concordia. Después, velado por uno solo de ellos, espera la muerte escuchando lecturas bíblicas. Cuando llega el instante supremo, pide una vela y un crucifijo, y sus últimas palabras son una invocación al Crucificado, que es su luz y su salvación:

Levantados los ojos al cielo dijo: "Señor Jesucristo, recibe mi ánima." E luego cerró los ojos como para dormir, e juntamente con un soplo pequeño dio el ánima, que dijieras haberse dormido e no espirado.

16 Cf. *infra*, págs. 433-434.

Por si este cuadro no fuese bastante elocuente, y por si las ceremonias no estuviesen ya suficientemente condenadas por su omisión, Erasmo quiso hacerlo preceder de otro que le sirviese de contraste. Jorge de Mallorca es un hombre de guerra que ha sabido enriquecerse saqueando el país amigo lo mismo que el enemigo, y sobre todo defraudando el tesoro por medio de falsos estados de cuentas. Alrededor de su lecho de muerte tiene gran número de médicos cuyos diagnósticos se contradicen, y a los cuales habrá que dejar hacer la autopsia de su cadáver. Pero son sobre todo los auxilios espirituales los que se acumulan tumultuosamente a su cabecera. Y lo que se oye son disputas desvergonzadas, ante todo entre el franciscano que ha llegado primero para oírlo en confesión, y el cura que rehusa los sacramentos si no se confiesa con él, y en seguida entre las cuatro principales órdenes mendicantes y los trinitarios llegados a última hora. Finalmente, los dominicos y franciscanos coaligados se deshacen de los agustinos y carmelitas, que no obstante tendrán su parte en el fúnebre festín.

Afortunadamente, los bienes de Jorge bastan para todos los apetitos que andan rondándolos. Le hacen dictar un testamento en que dispone no sólo de sus bienes, sino también de su familia: la viuda entrará en un beaterio; el hijo mayor irá a ordenarse de sacerdote en Roma con dispensa del Papa, y dirá en San Juan de Letrán misas por el eterno descanso del alma de su padre. El menor será fraile, las hijas monjas. Todos los bienes del difunto irán a parar a las órdenes monásticas. Se reglamenta minuciosamente la pompa fúnebre del antiguo soldado, sin que se olvide, detrás del ataúd, el caballo de armas encapillado de luto. Sus restos descansarán en una rica tumba, con su estatua yacente armada de punta en blanco. Pero su corazón y sus vísceras descansarán en otros santuarios.

Tomadas estas disposiciones, se acerca la agonía. Una bula pontificia, que debería tranquilizar al moribundo, en realidad lo hunde en inquietudes, porque se descubre en ella un vicio de forma; es preciso que Fray Vincente, el dominico que lo asiste, le prometa formalmente su lugar en el paraíso. Después de una nueva confesión, ponen al moribundo en una estera de juncos rociada de ceniza, y lo visten con el hábito franciscano. Toma en la mano el crucifijo y la vela que le servirán de escudo y espada en el combate supremo. La muerte tardará todavía tres horas. Él la espera en esta devota disposición, entre Fray Vincente y Fray Bernardino, que vociferan a sus oídos la reconfortante seguridad de que su alma será defendida por San Francisco y Santo Domingo, y que lo obligan a volver la cabeza a derecha y a izquierda, en señal de comunión espiritual con las dos grandes órdenes cuyos méritos no pueden dejar de salvarlo.

Este cuadro, no nos quepa duda, es de trazos recargados, de la misma manera que la muerte serena de Cornelio Moncio está sistemáticamente idealizada: pero sus elementos todos se han tomado de la práctica devota de la época. Y, con agresiva nitidez, esta devoción que hace las veces de piedad verdadera se presenta como el negocio por excelencia de las órdenes mendicantes, que le deben su ascendiente sobre las almas al mismo tiempo que pingües ganancias temporales. Erasmo tiene tan clara conciencia de su atrevimiento, que hace que Marcolfo, uno de los interlocutores del *Funus*, exprese el temor de que semejante relato, si se divulga, irrite seriamente a "las moxcardas"; a lo cual responde Fedro:

Ninguna cosa hay de peligro. Mayormente si son buenas las cosas que cuento, también a ellos conviene que estas cosas las sepa el pueblo; e si no, cuantos entre ellos son buenos me darán las gracias porque las dije; porque, por temor de la vergüenza, dejarán de hacer semejantes cosas, e los simples temerán de caer en semejante error.[17] Hay entre estos frailes algunos prudentes e siervos de Dios, que cada día se me quejan diciendo que por la superstición y maldad de pocos toda la orden es aborrecida de los buenos.

No es ésta una concesión diplomática. Sin duda alguna, Erasmo tuvo de su parte, en la campaña por el culto en espíritu, contra las ceremonias invasoras, a cierto número de frailes necesariamente sospechosos a sus hermanos en religión. ¿Acaso no bebió lo mejor de su cristianismo espiritualizado de labios de un gran franciscano, Jean Vitrier? Erasmo no tuvo más ardientes aliados en España que un Fr. Juan de Cazalla, un Fr. Dionisio Vázquez o un Fr. Alonso de Virués.

IV

A este último estaba reservado dar al público español la más amplia compilación de *Coloquios* que circuló por entonces en lengua vulgar, y hacer suyo el pensamiento de Erasmo hasta el punto de comentarlo y prolongarlo a su gusto. Así, pues, esta compilación merece una atención muy particular. Por Maldonado se sabe que, ya en 1526, los burgaleses y las burgalesas se pasaban de mano en mano ciertos *Coloquios* traducidos al español. Virués, predicador y director de conciencia de mucho renombre en Burgos, nos cuenta que los había traducido él "a instancia de diversas personas que me demandaban cada uno el que más le contentaba", y que, por entonces, no tenía la idea de reunirlos en volumen. Pero, en el espacio de dos o tres años, Erasmo había conquistado a España. La erasmofilia del público estaba haciéndose insaciable. Para responder a nuevas solicitaciones se decidió a publicar los *Coloquios familiares*. Esta publicación, sin fecha, puede situarse en 1529, por los días en que el editor sevillano Cromberger, después de conseguir una copia mutilada y defectuosa de las traducciones de nuestro benedictino, componía a su vez un tomo de once coloquios, destinado a un éxito considerable.[1] En efecto, la

---

[17] Cf. las palabras del benedictino Virués citadas *supra*, pág. 221: "...algunas cosas reverencia el pueblo en nosotros por divinas que si puestas en disputa se allegasen, al cabo se hallarían ser menos que humanas", etc.

[1] Véase *Bibliografía*, núms. 478 y 479. La recopilación de Cromberger se termina de imprimir en Sevilla el 28 de septiembre de 1529. Para los coloquios *De votis temere susceptis, Militis et Carthusiani, Convivium religiosum, Abbas et erudita, Puerpera* y Πτωχοπλούσιοι, es decir, para los seis coloquios de su recopilación de los cuales no

compilación de Cromberger es la que, a pesar de sus incorrecciones, iba a ser reproducida por los editores españoles durante los varios años en que la Inquisición dejó circular estos atrevidos diálogos.

El volumen de los *Coloquios familiares* publicado por Virués en persona es mucho más instructivo para quien trate de comprender con qué espíritu trabajaban los intérpretes españoles de Erasmo. En ese libro no aparece el nombre del benedictino. Pero la identidad del traductor no podía ser un secreto para los lectores que estaban al corriente de la querella erasmiana. En efecto, en su prefacio reproducía, contando toda la historia, su carta al guardián de los franciscanos de Alcalá, pareciéndole ésta la mejor introducción posible al volumen. El gesto era casi provocativo por lo que atañe a los frailes que habían pretendido obstruir el camino del erasmismo. Además, Virués encontraba acentos nuevos para celebrar la grandeza de la misión que había tocado en suerte a los libros de Erasmo, y especialmente a los *Coloquios*.

Dice que los fieles se alejan del púlpito porque los predicadores son, o demasiado eruditos, o demasiado ignorantes, que tratan de deslumbrar a su auditorio con una teología sutil, o bien divertirlo con cuentos de mujeres. Los fieles buscan ávidamente los libros que ponen a su alcance los divinos misterios, demasiado deslumbrantes para nuestros flacos entendimientos si no se interponen algunas nubes de palabras y comparaciones humanas. Ahora bien, tales libros no abundan en España. Se cumple la palabra del Profeta: *Parvuli petierunt panem, et non erat qui frangeret eis.* Pero el Evangelio ha dicho "que al que importunare llamando abrille han, e al que demandando, dalle han". Los editores sacan partido de algunos viejos libros ya traducidos a lengua española.[2] Sobre todo, ponen a contribución los libros de Erasmo, hombre providencial que ha trabajado más que ningún otro en el apacentamiento de la Iglesia, hambrienta de doctrina evangélica:

> E no solamente me parece —dice Virués— que nos ha repartido esta vianda, mas aun la ha guisado de tantas maneras que no haya ninguno, por mucho hastío que tenga, que no la pueda comer. Guisó todo el Testamento en diversas maneras, en translaciones, en anotaciones, en parafrases, guisóla a pedazos en diversas obras guiadas por diversos caminos e a diversos propósitos para satisfacer a todos los apetitos, por que ninguno de los que en el batismo prometimos guardar la regla evangélica se pueda escusar de lella e sabella.

circulaba todavía ninguna otra versión, utiliza la de Fr. Alonso de Virués, pero según una copia muy defectuosa. Es evidente que si la recopilación de Virués hubiera aparecido con bastante anterioridad a la suya, el impresor sevillano lo habría sabido y la habría tomado como base. Por otra parte, si Virués hubiera tenido tiempo de ver la recopilación publicada por Cromberger antes de imprimir la suya, no habría dejado de protestar por las groseras erratas que desfiguraban su traducción en la edición de Sevilla. Por lo mismo, es probable que también la compilación de Virués se haya impreso en el verano de 1529 o a principios de otoño. Esta hipótesis viene a quedar confirmada en términos generales por una frase del prefacio en que Virués dice haber escrito la carta al guardián de los franciscanos de Alcalá "avrá quatro o cinco años" (cf. *supra*, pág. 219).

2 Los "libros en romance viejos" a que Virués se refiere son sin duda obras como

Pero los *Coloquios* se insinúan con una eficacia particular, puesto que, en este libro extraordinariamente variado —al menos en los diálogos que tienen significación doctrinal—, Erasmo "se transforma en diversas personas, en diversos estados, condiciones e maneras de vivir, para poder hablar con todos e hacerse, con Sant Pablo, todas las cosas, para ganar, si ser pudiere, a todos".

Los diálogos traducidos por Virués son ocho: el *Puerperio*, el *Exercicio pueril*, el *Matrimonio*, el *Combite religioso*, la *Peregrinación o Romería*, el *Cartuxano*, el *Franciscano*, el *Abad y la muger sabia*. No los da como los únicos que merecen el honor de la traducción. Además, completa el volumen con otros tres coloquios traducidos por erasmistas diferentes: *El pretendiente y la doncella, Los ancianos y Los funerales*.[3] La selección de Virués, que no aspira a ser sistemática, sino que sólo se presenta como fruto de sugestiones variadas, es así una serie de once coloquios que cubre todo el campo de las condiciones humanas: toma al hombre en sus primeros vagidos y lo conduce hasta la tumba. El ordenamiento de la compilación no es fortuito: reproduce, ampliándolo, el que tenían los *Tres coloquios*.

De este breviario que se dirige a todos, religiosos o seglares, burgueses o soldados, jóvenes o viejos, hombres o mujeres, omitiremos los diálogos que ya nos son conocidos: quedan seis coloquios cuyo interés es grandísimo, y cuya traducción constituye, desde ciertos puntos de vista, una obra original. Virués advierte honradamente al lector que ha puesto en ellos mucho de suyo: no sólo ha tratado los textos con toda la libertad necesaria para que la obra fuese en español "tan graciosa, clara y elegante" como en latín, sino que ha agregado párrafos bastante largos "por juntar con lo que Erasmo dice algo de lo que [yo] sentía". Y si distingue escrupulosamente por medio de un artificio tipográfico sus modestas adiciones de lo que es del gran hombre, se ufana no obstante de que no harán la obra menos digna de leerse. Para nosotros, que en el presente estudio tratamos sobre todo de ver cómo reaccionó España a la influencia de Erasmo, nada hay más precioso que esos párrafos de Virués. Por otra parte, éste compuso para cada coloquio una pequeña introducción

el *Contemptus mundi*, los *Soliloquios* de San Agustín, las *Epístolas y Evangelios*, la *Vita Christi* del Cartujano (cf. *supra*, págs. 44-48).

[3] La traducción del *Procus et puella* aparece firmada por el protonotario Luis Mexía. Ya la conocemos (cf. *supra*, págs. 288-289). Pero nada induce a creer que sea también Mexía el traductor del *Colloquium senile* y del *Funus*. Las traducciones de estos diálogos, que se encuentran a continuación de los traducidos por Virués, son distintas de las que figuran en el pequeño volumen de los *Tres coloquios*. Sin embargo, parece que en el *Funus* se utilizó y refundió la traducción de los *Tres coloquios*. Es difícil reconstruir completamente la génesis de las compilaciones de Virués y Cromberger, porque sin duda las precedieron pliegos sueltos que contenían coloquios separados, y de los cuales no conocemos más que una parte. En el volumen de Cromberger, la traducción del *Colloquium senile* es la misma que en la de los *Tres coloquios*. Por el contrario, la del *Funus* es totalmente diferente. Pero ofrece un breve prefacio hecho con fragmentos del *De colloquiorum utilitate* (diatriba añadida por Erasmo a la edición de junio de 1526), y el "argumento" que precede al *Funus* en la compilación de Virués está tomado de la misma fuente.

que, casi siempre, destaca con viva luz el interés del asunto tratado para el público español.

Este público, no lo olvidemos, está en gran parte formado por mujeres. Ya se ha visto en páginas anteriores la interpretación feminista que un traductor español quiso dar del *Mempsigamos*. Virués, que tradujo este mismo coloquio sin llevarlo por esa dirección, tuvo no obstante el cuidado de ganar para Erasmo a las mujeres que lo leían; o, mejor dicho, reconoció al momento la curiosidad simpática que atraía hacia Erasmo a tantas lectoras españolas. Sin hablar de María Cazalla ni de Isabel Vergara, muchas señoras de Burgos —Ana Osorio entre ellas, probablemente— debieron copiar con sus manos diversos coloquios traducidos por el benedictino, o, en todo caso, tuvieron que ser las primeras en leerlos. El *Puerperio* es uno de esos que fácilmente podemos representarnos en forma de cuaderno manuscrito circulando entre las "burgalesas de pro". Hay en este coloquio, junto con sabias sentencias sobre la maternidad y un tratadito sobre las relaciones del alma y el cuerpo, todo un debate sobre los méritos respectivos del hombre y de la mujer. ¡Con qué victoriosa agilidad defiende Sofía el honor de su sexo! Su pobre interlocutor hace el ridículo cuando, metido ya en aprietos, invoca en favor de la supremacía masculina la dignidad de defensores de la patria:

—¿De quién la defendéis?
—De los enemigos, cuando acometen a destruilla.
—¿Quiénes son esos que la acometen, hombres o mujeres?
—Hombres.
—Luego quieres decir que el mal que hacen unos hombres deshacen otros; e las fuerzas que hacen los unos resisten los otros. ¿Parécete ésa muy grande alabanza de los varones, sembrar el mundo de tantos males que los hayan después de curar con derramamiento de sangre humana y perdimiento de las vidas e aun de las almas? ¡Cuánto mejor os podíades alabar si viviésedes todos en santa paz e sosiego que ni hubiese defensa ni ofensa de la república!

Y también:

¡Como si todos los que van a la guerra fuesen por defensa de la república, e no por cobdicias e intereses tan viles, que les hacen poner por tres blancas de salario la vida! Y el fin que allá los lleva, muchos dellos lo muestran bien por las obras, que como vilmente, más por interese que por esfuerzo, se determinaron a dejar sus mujeres e hijos, así feamente después huyen al tiempo del peligro: Cuanto más que, cuando queramos hablar de los más valientes, ninguno hay de vosotros que, si hubiese una sola vez esperimentado qué peligro e qué afrenta es el parir, no quisiese más entrar diez veces en la batalla que pasar por lo que tantas veces nosotras pasamos, de lo cual se coge que es menester más esfuerzo para no perder el ánimo en nuestros peligros que en los vuestros; en las guerras no viene siempre el hecho a las manos, e cuando viene, no peligran todos los que se hallan en el ejército. Los tales como tú pónenlos en medio de las batallas; pero otros están en lugares más seguros: unos en la retaguardia, otros en guarda de la munición; en fin, muchos se escapan huyendo o dándose a prisión; pero a nosotras cada vez nos conviene entrar en campo con la muerte.

No menos adulador para el amor propio femenino es el coloquio *Abbas et erudita:* en él la sabia Magdalia defiende la causa de las letras y de la piedad contra un jovial abad de la orden de San Benito para quien la felicidad consiste "en el dormir y comer, y en libertad de hacer el hombre en lo demás lo que quisiere, en tener dineros, honras, dinidades y otras cosas tales". Pero en este diálogo, Virués se permitió largas adiciones al texto erasmiano, aunque respetando su tono y su espíritu. Tal vez no tenía él muy buena opinión de los abades de su orden. No sintió la necesidad de suprimir las pocas palabras que, en el coloquio de Erasmo, designaban a Antronio como benedictino. Lejos de eso, añade de su propia cabeza buen número de cuerdas sentencias sobre los deberes de un abad, sobre la paternidad espiritual, sobre la verdadera espiritualidad, y nos muestra a Magdalia mejor informada que Antronio acerca de la regla benedictina, la cual exige de los abades la ciencia de la Escritura. La "erudita" tiene en su biblioteca la Regla de San Benito y la considera, no como un reglamento interior para el solo uso de los monasterios, sino como una enseñanza válida para todos los cristianos.

Otra adición de Virués es más curiosa todavía, pues es reveladora de la importancia alcanzada por las mujeres españolas en el movimiento religioso. Erasmo había puesto en boca de Antronio una broma a propósito de las mujeres que se convierten con la mayor naturalidad en predicadoras a fuerza de oír una y otra vez a los predicadores. En ese pasaje, Virués se ingenia para hacer que Magdalia defienda la causa de las mujeres y de sus abogados o médicos espirituales. El problema concierne en primerísimo lugar a la nobleza y a la alta burguesía. La "erudita" hace la apología de esos directores de conciencia a quienes se ve entrar sin cesar en las casas de los ricos. Ha dicho que los directores espirituales dan "de balde" sus consejos; Antronio observa maliciosamente: "No sé si los dan de balde, mas veo que nunca llegan sino a hombres ricos y mujeres ricas." Magdalia se indigna:

¡Cuán junta anduvo siempre la malicia con la ignorancia!, exclama. ¿Tú no vees que es escrito que no han menester los sanos al médico, sino los enfermos? ¿No sabes que Nuestro Señor Jesucristo, que esto enseñó, porque conversaba con los negociadores, cambiadores, arrendadores e publicanos, fue reprehendido muchas veces de los fariseos cuyo oficio tú querrías agora tomar? Los ricos son los que corren peligro de las ánimas, así por la muchedumbre de los tráfagos y negocios que las riquezas traen consigo, como porque son cebo de muchos males, porque, como dicen, todo es posible al dinero; y no solamente en las costumbres, mas aun en la fe corren peligro los ricos, no para perdella, ni para dejar de ser cristianos, pero porque el oficio de la perfeta fe es, no solamente creer las verdades y promesas divinas, mas aún hacer qu'el espíritu se fíe totalmente de Dios e haga aquello que manda el profeta: *Jacta cogitatum tuum in Domino, et ipse te enutriet.* Y esta confianza enflaquece tanto en los ricos e poderosos, cuanto ellos fiaren en sus riquezas e poderío.

Semejante aseveración tiene un alcance general. Nos da luces acerca de la mentalidad de un hombre nuevo: el burgués, que "quiere alcanzar su meta por sus propias fuerzas y no se preocupa más de la divina Providencia".[4] La observación de Virués es tanto más preciosa cuanto que él se encuentra en Burgos, una de las ciudadelas de la burguesía mercantil española, y más especialmente marrana. Nuestro benedictino se asomó seguramente con cierta inquietud a estas almas liberadas del Dios de Israel, pero tal vez imperfectamente convertidas al Evangelio.

Las señoras ricas tienen también necesidad, según Virués, de que alguien acuda en auxilio de su fe, y los predicadores pueden entrar en sus casas con menos riesgo que en las de las mujeres pobres y solas, puesto que ellas viven rodeadas de esos numerosos testigos que son sus criados y sus familiares. Magdalia no niega los excesos a que puede deslizarse la amistad entre teólogos y mujeres, y los reprueba. Pero las hablillas que suscita esta amistad son, a su juicio, una prueba que deben arrostrar los verdaderos cristianos. ¿Acaso Cristo no fue censurado por los fariseos? ¿Y acaso San Jerónimo no permaneció fiel, pese a la calumnia, a la amistad de Paula, de Eustoquia y de Marcela? Ceder a los calumniadores es lo mismo que abandonar la partida al demonio, el cual, para apartarnos de una buena obra, dirige sus golpes "contra la cosa más preciosa que el hombre tiene, que es la honra".

¿Tal vez Virués cambió de opinión? ¿Tal vez el caso de Francisca Hernández y de Francisco Ortiz, que causó gran escándalo en la primavera de 1529,[5] contribuyó a modificar sus ideas? Es imposible decirlo. El caso es que las consideraciones finales de Magdalia desaparecen en el texto de los *Coloquios* que el benedictino preparó personalmente para la impresión.[6] Una conclusión diametralmente opuesta las reemplaza:

No niego que lo que reprueba la mayor parte de los que lo veen es más sano dejallo, siquiera por el mal ejemplo que con causa o sin ella se recibe: Pues el apóstol Sant Pablo no solamente de los males, mas de toda cosa que tenga especie de mal nos manda guardar.

Y en el argumento que precede al *Coloquio,* se lee esta declaración:

Lo que añadí de la conversación de las mujeres con los eclesiásticos, especialmente frailes, no lo escrebí porque yo la apruebe, que *nunca me parecieron bien ni parecerán las entradas e salidas de algunos dellos;* pero como esto no sea ligero de remediar, aconsejo cómo me parece que se debe de usar.

---

[4] B. Groethuysen, *La formación de la conciencia burguesa en Francia durante el siglo xviii,* trad. José Gaos, México (Fondo de Cultura Económica), 1943, pág. 319.

[5] Cf. Boehmer, *op. cit.,* págs. 76 ss. El 6 de abril pronuncia Ortiz el sermón en que se indigna por la aprehensión de Francisca y que le vale el ser aprehendido a su vez. Cf. *infra,* págs. 434-435.

[6] Es el único caso en que esta versión es más breve que la de la copia utilizada por Cromberger. Véase el texto de la *N. B. A. E.,* t. XXI. La adición de Virués va desde el último tercio de la col. 212 a (Ant.—"Algunas no sería mucho que fuéssedes ya predicadoras") hasta la mitad de la col. 213 b. En el texto publicado bajo el cuidado de Virués se suprimen las 28 últimas líneas del largo discurso de Magdalia (col. 213 a-b, desde "por lo qual los varones sabios e santos...") y se reemplazan por la conclusión, mucho más breve, cuya parte esencial reproducimos.

Es difícil no ver en las palabras que subrayo una alusión al caso Ortiz-Hernández. Sea lo que fuere, y cualesquiera que hayan sido, desde este punto de vista, las variaciones de su pensamiento, el solo hecho de que Fr. Alonso de Virués haya querido, en este punto, añadir algo a Erasmo, basta para atestiguar el interés de la cuestión para los españoles, a los cuales se dirige.

Virués no teme los problemas candentes. Traduciendo el coloquio *De votis temere susceptis,* no vacila en intercalar una discusión sobre el valor de las indulgencias:

Las buldas no sacan del infierno al que allá está, ni al que merece estallo; solamente serven de que, viviendo nosotros bien, nos ayudan a satisfacer a la justicia divina, haciéndonos parcioneros de los méritos de los santos, porque aunque para esto baste ser cristianos y miembros de Jesucristo (por lo cual, estando en gracia, gozamos de la vida e de los otros bienes de que goza todo el cuerpo), pero con todo esto somos hechos más especialmente parcioneros por la especial aplicación del Pontífice romano, a quien Cristo dejó sus veces para esto e para las otras cosas necesarias a la Iglesia.

Con esto queda dicho cuánto se engaña y cuán gravemente peca el que compra una indulgencia con la persuasión de que lo ha de dispensar de las buenas obras.[7]

Otro problema que pone Virués bajo una viva luz en su compilación de *Coloquios* es el problema mismo de la vida monástica. Está en el meollo de la doctrina erasmiana. Estaba en el meollo del debate cuyo objeto en España era Erasmo desde que se había propagado el *Monachatus non est pietas* del *Enchiridion.* Que un monje pudiera, en este capítulo, conceder la razón a Erasmo, Virués lo había demostrado públicamente con su carta al guardián de los franciscanos de Alcalá. De lo que ahora se trataba era de que los *Coloquios* mismos hablasen en favor de la imparcialidad y de la amplitud de espíritu de su autor. Y esto es lo que Virués tuvo la habilidad de hacer al traducir el coloquio del *Franciscano* y el del *Cartuxano.* "Aunque en diversos lugares de sus obras —observa el traductor— parezca Erasmo hablar mal de las religiones", en estos dos diálogos por lo menos demuestra que no es hostil a la vida monástica, "si los religiosos, mirando para qué sirve todo aquello, usaren bien dellos" [= los "religiosos ejercicios"]. A decir verdad, en lo que se refiere a las órdenes mendicantes, él no cree que Erasmo apruebe "este andar vagueando los frailes tan espesos por el mundo, pero, ya que andan, su intención es enseñalles lo que deben hacer y de qué ha de servir su continuo discurrir de unas partes a otras".

Tal es el tema del *Franciscano,* donde se ve a dos frailes triunfar de la hostilidad de un mal huésped a fuerza de verdadera humildad, paciencia y delicadeza. El cura de la aldea es compañero del mesonero cuando se trata de beber, y éste tiene por él un afectuoso desprecio. Los piadosos y sabios vagabundos, imitadores de aquellos vagabundos celestiales

---

7 Cf. *N. B. A. E.,* t. XXI, cols. 171 b-172 a.

que fueron Cristo y los apóstoles, justificarán su paso cumpliendo la misión apostólica que el pastor descuida: pero prestan otro servicio a la religión destruyendo los prejuicios populares sobre su hábito, que inspira unas veces un respeto supersticioso, y otras una instintiva hostilidad. Este hábito, dicen los frailes, es sencillamente razonable, cómodo, apropiado a la profesión de los frailes, los cuales, antiguamente, "no eran sino unos seglares que se determinaban e apartaban a vivir más limpia e puramente que los otros". Como todo hábito, depende de la costumbre. El espíritu evangélico no puede atribuirle otro mérito que el de ser decente y apropiado al que lo lleva. En cuanto a la diversidad de los trajes monásticos, se explica por la historia y la geografía de las órdenes. San Benito no inventó un vestido nuevo: adoptó para sí mismo y para sus discípulos el más sencillo y grosero que en su tiempo se usaba entre los seglares. Igualmente, San Francisco se vistió con el traje de los campesinos y pastores de su país. Estas simples indicaciones bastan para dar su verdadero valor a las supersticiones que corren acerca del origen revelado de esos hábitos y de sus propiedades milagrosas. "—Según veo, concluye el mesonero, ¿vosotros no sois más santos que nosotros, si no viviérdes mejor? —Antes somos peores, contesta uno de los frailes, porque viviendo mal escandalizamos a los simples."

Virués no quiso añadir nada a este coloquio, estimando que Erasmo había dicho perfectamente lo que había que decir. Pero en el *Cartuxano* se permitió una digresión muy interesante, porque en ella se ve cómo un monje fiel a su vocación podía prolongar el pensamiento de Erasmo en una justificación del ritualismo monástico. En la medida en que el diálogo consiste en justificar la vida del claustro como género singular de vida, no requiere comentario alguno. El Cartujo tiene ancho campo para exaltar la cordura de esa vida silenciosa, cuyos compañeros son los libros más elocuentes del mundo, y en donde toda la tierra se acerca hasta él en su soledad si le da la gana de contemplar un mapa-mundi leyendo a los autores que hablan de los países lejanos. A su hermano el Soldado le demuestra que la locura militar es, desde todos los puntos de vista, más funesta que la locura del claustro.

Pero hay un punto sobre el cual el Soldado parece formular una crítica más grave, y una crítica en que se puede ver un reflejo muy fiel del *Monachatus non est pietas*. Le reprocha a su hermano el "judaísmo" ceremonial de la vida monástica:

—Ponéis toda vuestra confianza y felicidad en vestir de. tal manera, comer tales viandas, en rezar tal número a tales tiempos, y en otras ceremonias semejantes; e tanta cuenta hacéis de esto, que os descuidáis del estudio y ejercicio de la piadad evangélica.

—No me meto en juzgar qué facen los otros; pero yo en ninguna desas cosas me fío, sino en Jesucristo y en la pureza de la conciencia, con que se alcanza el cumplimiento de sus promesas.

—Pues si destas cosas cerimoniales no te fías cuanto al negocio de tu salvación, ¿para qué las guardas?

Aquí Erasmo, por boca del Cartujo, responde a su manera, en cuanto monje desprendido de la institución monástica: "Para vivir en paz con mis hermanos, y para no escandalizar a nadie en modo alguno." Ya se comprende que Virués encuentre la respuesta un poco breve. En su traducción, el Cartujo habla con palabras diferentes. Invoca en primer lugar la necesidad de una regla para la vida en común, necesidad tan primordial "que, como Sant Augustín dice, aun una gavilla de ladrones por los montes, ni una nao de cosarios por la mar", no podría sostenerse sin una manera de ley y de orden. Su hermano el Soldado le pregunta por qué guarda estas leyes exteriores y ceremoniales:

Las guardo —contesta— por lo que tú guardas muchas leyes de tu ciudad que no son refrenamiento de vicios, sino compostura de buena policía, e por lo que guardabas en tu bandera muchas cosas por las cuales no eras más fuerte, pero convenía al concierto de todos los que debajo dellas os juntábades que así se hiciese, o para concierto del caracol que facéis.

Pero no es eso todo:

Algunos de estos ejercicios esteriores e ceremoniosos, tomados moderadamente, aunque ellos no son la sustancial perfeción e piedad evangélica, ayudan mucho a conseguilla, a lo menos a los principiantes, ca menester es, como Sant Pablo dice, que haya primero compostura y mortificación en lo esterior, que él llama la parte animal, que en lo interior, que es la parte spiritual; e si no, se dio en balde el cuerpo al alma. Así como no es hombre el que no tiene cuerpo y ánima, así no puede ser perfeto el que no se sirviere de los ejercicios corporales para la perfeción de su ánima. E así como en nuestra generación se forma el cuerpo primero qu'el alma, así en nuestra regeneración es menester que se reforme el cuerpo para alcanzar la verdadera reformación del alma, a la cual exhortaba e convidaba Sant Pablo que procurasen de llegar los Gálatas, diciéndoles: *Filioli mei quos adhuc parturio, donec formetur Christus in vobis.* Veis aquí cómo no solamente tenemos razón, mas aun obligación, a la guarda destas cosas...

Y, en última instancia, aunque un alma hubiese llegado a la más alta perfección, la observancia de las ceremonias le seguiría siendo necesaria para no escandalizar a los flacos. En este punto, Virués se reúne con Erasmo, ¡pero después de qué vueltas! En su camino se ha encontrado con el papel del cuerpo en la vida espiritual, esa idea de la cual saca San Ignacio tan gran partido, y que formularán magníficamente, cada uno a su manera, un Descartes y un Pascal.

Ésta es, además, una de las raras páginas en que Virués injerta en el pensamiento de Erasmo una doctrina que difiere no poco de ella. En general, sus glosas y digresiones no se desvían prácticamente de la línea erasmiana. Sólo acentúan, atenúan, son simples inflexiones a las que el propio Erasmo está habituado por el obstinado esfuerzo que pone en expresar su pensamiento sin chocar de frente con la ortodoxia: Virués habla, por boca de Erasmo, *ex abundantia cordis.* Pero en ninguna parte bordó más profusamente sobre los temas del Maestro que en el *Convivium religiosum,* coloquio no menos notable por su contenido que por sus dimensiones, y en el cual se inclinaba él a ver la obra maestra de Erasmo. Es la pieza fundamental de la recopilación. Este *Banquete* tenía muchas razones para agradar a los hombres del Renacimiento. Por la harmonía que reina en él, desde el principio hasta el fin, en las palabras de los invitados, aparecía como una elevada lección de sociabilidad y de conducta espiritual; en esas páginas se esfuerza el autor, dice Virués, en "mostrar a los hombres cómo podrían entre sí conversar e vivir aplaciblemente sin perjuicio de otros y sin daño de sus conciencias".

Del solo escenario ya emanaba un gran encanto. Erasmo lo había compuesto pensando en la hermosa casa de su amigo Froben,[8] en sus pórticos, en sus jardines. El impresor había hecho de ella una morada cómoda y adornada, apropiada a una vida piadosa, pero no sombría. Los frescos de las galerías y de las salas desplegaban ante la mirada de los huéspedes mil imágenes de Cristo, de su vida, de sus parábolas, escenas del Antiguo Testamento al lado de las del Nuevo, del cual eran anuncio; la mitología y la historia aparecían también dando lecciones de moral; imágenes del mundo entero, representaciones de plantas y de animales satisfacían la curiosidad del visitante. Las sentencias bíblicas se dirigían a él en las tres lenguas sabias; los adagios, en latín y griego; las paredes hablaban mucho en esta tranquila morada, perfumada toda de plantas aromáticas, que los jardines producían a manos llenas. Por lo demás, ninguna ostentación en su lujo burgués, que prescinde de los mármoles ahí donde basta el estuco, y que se afana menos por la pura belleza que por la utilidad del cuerpo y del alma. La abundancia y la comodidad de este alojamiento se empeñaban en no contradecir el ideal cristiano: el excedente de sus bienes se derramaba por los alrededores. Su amplia hospitalidad huía del fasto y de las vanidades: en vez de perfumes, de espejos o de mondadientes, los invitados se llevaban como recuerdo "una escribanía con sus plumas e aderezo", un reloj, una lámpara, y, mejor todavía, los Proverbios, el Evangelio de San Mateo, las Epístolas de San Pablo. Todos los detalles de este convite evocaban cierto tono de vida bastante nuevo para la España a la vez ascética y fastuosa: una especie de pietismo burgués, que es la atmósfera ideal de la riqueza edificada por el trabajo, y una como ética de esta riqueza, que quiere ser conciliable con los preceptos evangélicos de despreocupación. Es cierto que Cristo dijo: "Buscad primeramente el reino de Dios, e todas otras cosas os serán accesorias." Pero no dijo "buscad *únicamente*". Hay que escoger, sin duda, entre Dios y Mamón. Pero Mamón no es dueño de las almas sino cuando éstas son esclavas de sus bienes. Todo está en orden si las cosas se hallan al servicio del hombre y el hombre al servicio de Dios.[9] Así, la casa de Eusebio y las palabras de sus invitados predicaban en España la doctrina destinada a ser la armadura espiritual de las potencias burguesas mercantiles del Norte.

Trabajo perdido, sin duda. Pero el *Combite religioso* era rico en otras

8 Cf. Preserved Smith, *A key to the Colloquies of Erasmus,* pág. 11.
9 Cf. *N. B. A. E.,* t. XXI, cols. 197 a-198 b.

enseñanzas. Al público español, ya abierto a la idea de que la verdadera piedad es independiente del ascetismo monástico, le mostraba unos seglares piadosos y sabios que, reunidos para un *Symposium* de filosofía cristiana, comentaban los versículos de la Biblia con aquella misma facilidad luminosa y plena de unción que extasiaba a los contemporáneos en las paráfrasis de Erasmo. Se abordaban mil cuestiones morales y religiosas, que invitaban al traductor a decir su palabra. ¡A menudo es Erasmo tan elíptico cuando vuelve sobre un tema tratado ya varias veces! Virués quiere desplegar el contenido de este pensamiento, hacerlo accesible al pueblo de su país, mostrar su concordancia con la tradición más elevada de la Iglesia. ¿Se trata de los malos reyes a quienes la Escritura llama "hipócritas"? Entonces explica largamente por qué la realeza es una como máscara trágica en un príncipe arbitrario, ávido, belicoso por vanagloria: una vez concluida la farsa del mundo, y después de despojarse cada cual de su disfraz, Dios no reconocerá a esos reyes de alma baja...[10] ¿Se trata de la vanidad de los ricos que embellecen iglesias y monasterios para convertirlos en panteones de familia? Entonces Virués, sin dejar de respetar el pensamiento de Erasmo —que los pobres, templos vivos de Dios, deben ser los primeros beneficiarios de la caridad de los ricos—, habla con precaución de los nobles donadores por quienes los santuarios de España rivalizan en esplendor. No ve inconveniente en "que el príncipe tenga mejor sepultura que el grande, ni el grande que el caballero, ni el caballero que el ciudadano", siempre que estas magnificencias póstumas no pretendan compensar una vida de rapiña, y ocupar lugar en el número de las limosnas con que se compra el cielo. Puede ser que la vanidad no sea el único motivo de los donadores; es verdad que a ésta se debe "lo más de lo que agora se hace", pero a menudo interviene un "religioso motivo, como acaece donde por falta de edificios padece menoscabo el culto divino y la devoción de los creyentes, que por estas cosas exteriores han de ser llevados a las interiores". Entonces, es una obra buena y piadosa el contribuir a la restauración de los templos cuando sea necesario.[11]

Aquí, una vez más, domina la gran antítesis del culto exterior y del culto en espíritu, antítesis que se presenta con la mayor naturalidad a propósito de los textos bíblicos que glosan los invitados. El versículo de los Proverbios: *Facere misericordiam et judicium magis placet Domino quam victimae*, evoca la grandiosa cólera del Dios de Isaías contra los holocaustos ofrecidos sin amor por adoradores llenos de iniquidad. El propio Jesucristo fue amigo de los publicanos y no de los fariseos. Ahora bien, las ceremonias del catolicismo corresponden a los sacrificios de la antigua ley: prescripciones sobre la comida o el vestido, ayunos, ofrendas a la iglesia,

10 *Ibid.*, col. 185 b. La adición de Virués comienza hacia la mitad de la col. 185 a ("Antes que passes adelante") y llega hasta la mitad de la 186 a ("sin que nadie les pueda ir a la mano"). Cf. *infra*, pág. 799, nota 105.

11 *Ibid.*, págs. 195-196. La adición de Virués va desde la parte inferior de la col. 195 b ("De los sepulcros e capillas dezirte he lo que siento") hasta la parte inferior de la col. 196 a ("lo que en la restauración de los templos con esta necessidad e moderación se hiziere").

horas canónicas, fiestas de guardar, todo eso es obligatorio; nada de todo eso, por sí mismo, es agradable a Dios.[12]

Pero todo conduce de nuevo a los interlocutores a la cuestión central. Erasmo la vuelve a tratar de otra manera, a propósito de la sabiduría verdaderamente divina de algunos paganos anteriores a Jesús. El humanista cristiano encuentra una conformidad tan maravillosa entre la *philosophia Christi* y la más elevada filosofía antigua, de Sócrates a Cicerón, que no puede disuadirse de que la inspiración divina desborda del campo de las letras sagradas. Virués no vacila en admitir, con él, que Cicerón y Plutarco resplandecen más de gracia divina que los razonadores escolásticos de la Edad Media.

Hace, no obstante, algunas reservas acerca de esta entusiasta canonización de la filosofía profana. En las hermosas palabras con que el Catón del *De senectute* saluda la muerte cercana, una frase al menos le parece incompatible con el espíritu cristiano: "Nec me vixisse poenitet, quoniam ita vixi ut frustra me natum non existimem". Erasmo, que ciertamente descubría en ella una seguridad poco cristiana, admiraba sin embargo una rara elevación del sentimiento moral. Virués, en su traducción, precisa con mayor cuidado lo que impedirá que un verdadero cristiano pronuncie esas palabras:

Si malo fuere, no las podrá decir con verdad, e si bueno, no osará, sabiendo que cuando haya hecho todo lo que debe, quedará por siervo sin provecho, y tanto más desto conocerá cuanto más fuere aprovechado en la verdadera cristiandad, que es escurecer totalmente la gloria humana para que resplandezca en nosotros la gloria de Dios.

Igualmente, el *San Sócrates, ruega por nosotros* con que Nefalio se siente tentado a expresar su respeto y veneración por la grande alma de Sócrates, pierde, al pasar a la traducción española, lo que pudiera tener de molesto para la ortodoxia.[13]

Pero la muerte de Sócrates, lo mismo para Virués que para Erasmo, tiene que avergonzar, con mucho, a gran número de cristianos. En el momento de beber la cicuta, el sabio no hizo gala de sus obras. No quiso depositar en ellas su confianza. Puso su esperanza en la bondad de Dios, a quien, por lo menos, se había esforzado en agradar.

¡Oh, cuántos cristianos vemos morir —exclama Nefalio— no con aquel ardor e verdadera confianza que Sócrates moría, antes con mucha tibieza, haciendo más cuenta de lo que en este mundo dejan que [de] lo que en el otro han de hallar!

[12] Esto falta en el texto de la *N. B. A. E.*, como en todas las ediciones derivadas de la compilación de Cromberger, que presenta aquí una larguísima laguna (el empalme correspondiente a las páginas que faltan se halla hacia la mitad de la col. 186 b).

[13] *Ibid.*, cols. 191 a y 192 a. El Nefalio del coloquio latino decía: "Vix mihi tempero quin dicam *Sancte Socrates, ora pro nobis*". En la traducción española, esto se transforma en: "Con dificultad me atiento de no creer determinadamente que Sócrates esté en el número de los santos que en ley de natura sirvieron a Dios; ca no se deve dudar que uvo algunos ante del advenimiento de Christo, cuyos nombres no sabemos".

Aquí también es muy significativa la manera como prolonga Virués el pensamiento de Erasmo: Mueren, dice,

fiándose en las cosas que no debrían en tanto tenerse, como son treintanarios, misas del Conde, oraciones peculiares e de humanas invenciones por [no] las llamar supersticiones, aunque son fundadas en obras pías e religiosas, debiendo de estar la verdadera confianza puesta principalmente donde Sócrates la puso, que es haber conformado su voluntad con la de Dios; o, si otra más cierta autoridad queremos, donde Sant Pablo la ponía cuando dice: *Bonum certamen certavi, etc.*, que quiere decir: "Yo he peleado bien, he guardado fidelidad a mi príncipe, y desta manera he pasado el curso de mi vida, por lo cual espero que me está guardada corona de vencimiento, etc." Sobre esta confianza hacen muy buen asiento las misas e plegarias hechas libremente e sin algunas niñerías que con ellas se han mezclado. Las cuales no son dinas de varones sabios, cuanto más de ánimos cristianos, pues que ni en razón ni en autoridad de la Iglesia se pueden fundar, sino en sola invención de hombres idiotas y vanos, e aun por ventura codiciosos. Ca esta dolencia ni a las cosas humanas ni a las divinas perdona, que todo lo saca de sus quicios e propia integridad.[14]

Fácil es ver en qué consiste el cambio de acento: no hay nada, en las adiciones de Virués, que no pudiera suscribir Erasmo, ni siquiera nada que no haya expresado él en otro lugar. Apenas si el traductor se muestra un poco menos resuelto a esfumar las fronteras entre la más elevada sabiduría pagana y el cristianismo. La reprobación de las ceremonias supersticiosas y sin alma, lejos de atenuarse, se hace más explícita en su pluma. En cambio, las ceremonias consagradas por el uso universal de la Iglesia, y sostenidas por un auténtico sentimiento religioso, se ponen fuera de cuestión de manera más expresa. Aquí, igualmente, es apenas un cambio de acento. También Erasmo, en este coloquio, tiene cuidado de poner los sacramentos en lugar aparte. Pero para Virués "los sacramentos de Jesucristo" son los medios por los cuales "somos encorporados en la Iglesia", y, no contento con enumerarlos brevemente, explica su sentido; se indigna, con mayor vehemencia que Erasmo, contra los cristianos que los reciben, desde el bautismo hasta la extrema unción, sin que su alma se haga mejor, contra los que aplazan la penitencia para última hora; y evoca la muerte de uno de esos cristianos "de superficie" en términos que recuerdan el *Funus:*

Todas estas cosas —concluye, subrayando singularmente la oposición indicada por Erasmo—, aunque sean muy bien hechas, especialmente los sacramentos e antiguas costumbres de la Iglesia, pero hay otras más interiores, sin las cuales éstas no nos pueden dar verdadera alegría del espíritu ni confianza de bien morir. Éstas son: fe, esperanza y caridad. Fe, que de ninguna cosa nos fiemos sino de Cristo. Esperanza, para que levante nuestro ánimo a desealle. Caridad, con que a Dios e al prójimo amemos. Destas tres cosas dan testimonio, y en ellas tienen eficacia, los sacramentos e ritos eclesiásticos, las cuales, si se poseyeren en la vida, darán verdadera seguridad a nuestras ánimas al tiempo de la muerte; pero si éstas falta-

---

[14] *Ibid.* La adición de Virués abarca las seis últimas líneas de la col. 192 a y las diez primeras de la 192 b. Es más larga en la compilación publicada por el propio Virués.

ren, aquellas mesmas cerimonias que nos dan confianza de bien morir nos serán después desta vida testimonio de muerte perpetua.[15]

La antítesis erasmiana del culto en espíritu y de las ceremonias se corona, en el *Convivium religiosum*, con una doctrina moderada de libertad evangélica, que Virués hace suya sin reticencia: "Omnia mihi licent, sed non omnia expediunt", dice San Pablo, invocado aquí por Erasmo. Todas las carnes son lícitas a los ojos de la religión verdadera. No hay unas puras y otras impuras.[16] Pero a los judíos y a los gentiles que acaban de abrazar el cristianismo y que todavía no han sacudido por completo el yugo de su antigua ley, esta libertad evangélica les causa escándalo. Por eso San Pablo admite que, en la práctica, la libertad se limite espontáneamente por caridad, por consideración al prójimo. Sin embargo, tales concesiones no deben perjudicar a la integridad de la doctrina; no se justifican sino en cuanto le abren paso. La libertad es la verdadera ley del cristiano en materia de alimentación. Erasmo no amplía el debate, no sugiere el fácil paso de las prescripciones alimenticias a todas las demás prescripciones rituales. Ni siquiera concluye nada del pasado al presente. Su comentario del versículo de San Pablo no alude, aparentemente, más que al cristianismo de los primeros tiempos. El lector, sin duda, generalizará por sí mismo, en estos tiempos de revolución religiosa en que Lutero ha hecho de la *libertad cristiana* un problema candente. Pero, en la mesa de Eusebio, una alta serenidad permite hablar de todos los temas. Es posible elevarse hasta las más vertiginosas cimas de la vida cristiana, y concebir para ciertas almas una libertad que no es sólo negativa —liberación de las ceremonias—, sino positiva: soberanía regia de los perfectos, guiados por el espíritu divino.[17]

Tal es la interpretación espiritual que Erasmo hace del versículo de los Proverbios, *Sicut divisionem aquarum, ita cor regis in manu Domini:*

Por el rey, puede ser que se da aquí entender el varón perfeto, el cual, después de haber sojuzgado todas las afeciones e resabios carnales, que Sant Pablo llama mortificar el hombre esterior, comienza a vivir en libertad guiado por el solo movimiento de Dios... Este tal converná que de los menos perfetos sea como varón real acatado e que no se metan en juzgar temerariamente de sus cosas, aunque parezca en algo descuidarse de aquella devoción e composición esterior con que los flacos suelen subir a la virtud. Antes cuando en tales cosas algo faltare, deben los que dello se ofendieren decir lo que Sant Pablo dice...: "El Señor le ha alzado e tomado para sí. Siervo ajeno es; ya no me conviene juzgalle, que a su Señor dará razón si cae o está firme"... "El varón espiritual todas las cosas juzga e de ninguna es juzgado".

Doctrina atrevida, denunciada por la Sorbona como pariente de la de los begardos. ¿Habrá sentido Virués que era demasiado audaz vulgarizarla en la España de su tiempo, cuando la Inquisición perseguía a los "alum-

---

[15] *Ibid.*, cols. 192 b-194 a.
[16] Sobre la génesis de este coloquio, cf. *supra*, págs. 142 y 144.
[17] Sobre estos dos aspectos de la libertad cristiana, cf. *supra*, pág. 175.

brados, dejados o perfectos"? En la mayoría de las ediciones, su versión de este *Coloquio* presenta una extensa laguna [18] en el lugar de los comentarios de Timoteo sobre la realeza espiritual, y de Teófilo sobre los sacrificios no agradables a Dios. Pero la torpeza de la concordancia entre lo que precede y lo que sigue haría creer más bien que la copia utilizada para la edición de Sevilla, base de casi todas las demás, fue mutilada por algún inquisidor oficioso. Virués no suprimió nada de eso en la edición cuya iniciativa tomó él personalmente. Y, sin embargo, no ignoraba que era cosa grave evocar, en un libro impreso en lengua vulgar, a ese "varón perfecto", a ese "varón espiritual" guiado por el solo impulso de Dios. Y por ello, sin duda, se cree en el deber de glosar la fórmula erasmiana:

No que él no se mueva, pero porque habiendo casi conquistado el reino de su cuerpo e poseyéndole pacíficamente, en ninguna de sus afeciones halla rebeldía que le estorbe de seguir el interior movimiento de la ley de Dios. Por lo cual no solamente sobre sí, pero aun sobre todas las cosas deste mundo tiene aquel señorío que Dios mandó al hombre tener cuando en el principio del Génesis le dijo: "Sojuzgad la tierra y enseñoreáos de los peces de la mar, de los animales de la tierra e de las aves del cielo." Lo cual hacen aquellos que todas las menosprecian. Ca aquel verdaderamente sojuzga e posee a todo el mundo cuyo ánimo de ninguna cosa mundanal es poseído ni sojuzgado.

Así los *Coloquios*, gracias a la colaboración del traductor con el autor, venían a enlazarse con las más íntimas preocupaciones religiosas de la España previamente sometida a la acción del iluminismo. Por otra parte, estos diálogos tan variados contribuían más que ningún otro libro de Erasmo a ensanchar los horizontes espirituales del gran público de la Península. Desde luego, Virués no daba más que una selección de esos diálogos. No veía la necesidad de traducir los coloquios cuyo interés es puramente pedagógico. Juzgaba peligroso traducir algunos otros, "porque cosas hay que están bien en latín para los latinos y no lo están en romance para el labrador e para la vejezuela que lo podrían leer o oír cuando otro lo leyese". En su compilación no se encontrarán diálogos consagrados íntegramente a cuestiones candentes, como el culto de los santos y de las reliquias, los ayunos y las constituciones humanas: ni el *Naufragium*, ni la *Peregrinatio religionis ergo*, ni la Ἰχθυοφαγία tienen los honores de la traducción en España. Pero ya, en estos once coloquios, a los cuales no tardará en sumarse el *De los nombres y las cosas*,[19] ¡qué riqueza de juicios religiosos, morales y sociales! Sobre todo ¡qué enseñanzas de humana reflexión sobre las condiciones humanas! ¡qué lecciones de sociabilidad y de tolerancia! El siglo XVI no produjo, antes de los *Ensayos* de Montaigne, libro más rico

18 Cf. *supra*, pág. 305, nota 12.
19 El coloquio *De los nombres y obras* aparece por vez primera como apéndice del *Enquiridion* en la edición de Zaragoza, 1528 (que reproduce asimismo la versión revisada del *Mempsigamos*). En 1530, Coci, al reimprimir en Zaragoza los *Coloquios* publicados por Cromberger el año anterior, lo utiliza para completar la docena. La colección así constituida se reproduce sin cambios en la edición de 1532, que sirvió de base a la de los *Orígenes de la novela* (cf. *supra*, pág. 286, nota 1).

en *humanidad,* en todos los sentidos de la palabra. Pero mientras la Sorbona lo sometía a la más severa censura, una porción selecta de letrados y de religiosos españoles trabajaba en ponerlo al alcance de su pueblo. La recopilación española de los *Coloquios,* publicada por Cromberger en Sevilla en 1529, se reimprime en 1530 en Toledo por Cosme Damián [20] y en Zaragoza por Jorge Coci,[21] y en 1532 por un editor que podría ser Juan de Ayala, de Toledo.[22] Todavía durante tres o cuatro años después de esta última fecha, la Inquisición no pone obstáculo alguno a su difusión. Los copistas ayudan a los impresores en esta tarea.[23] Nos hallamos aquí en presencia de la acometida más audaz que el erasmismo español llegó a lanzar en sus años de propaganda intensa. El repliegue que seguirá muy pronto, en lo que se refiere a los *Coloquios,* no debe hacernos olvidar que España es el único país católico en que este libro se puso con toda largueza a disposición del gran público.

V

Para acabar de medir la audacia de esta acometida, nos falta estudiar las traducciones de los *Silenos* y de la *Lengua,* dos libritos de la misma vena, en que el humanismo de Erasmo trata los problemas religiosos como por juego, partiendo de reflexiones familiares y profanas. En 1529, el Maestro Bernardo Pérez, que había traducido ya la *Declaración del Pater Noster,* dio a la publicidad en Valencia su traducción de los *Silenos de Alcibíades.*[1] Este ingenioso ensayo circulaba desde hacía mucho tiempo desprendido del tesoro de los *Adagios.*[2]

Alcibíades, en el *Banquete* platónico, compara la rústica corteza del gran Sócrates con aquellas cajas que mostraban por fuera el rostro de Si-

---

20 Véase *Bibliografía,* núm. 480.

21 Véase *Bibliografía,* núm. 481.

22 Véase *Bibliografía,* núm. 482, y Bonilla, *Erasmo en España,* art. cit., págs. 455-458. Todas las consideraciones de Bonilla sobre los antecedentes de la edición de 1532 y sobre "el traductor" de los doce coloquios que comprende caen por tierra ante una seria confrontación de las ediciones conocidas. La de 1532 es simple reproducción de la de 1529, con la adición del coloquio *De los nombres y obras.* En cuanto al prefacio que sirve de punto de partida a las hipótesis de Bonilla, copia simplemente el que aparece en la compilación de *Tres coloquios* publicada en 1528. Cromberger, en 1529, se contentó con quitar la palabra "tres" y poner "onze", y los editores siguientes "doze".

23 Palau y Dulcet, *Manual,* t. V, nº 80.354, menciona una copia manuscrita fechada en 1535, la cual figuraba en la Biblioteca Estrada.

1 Véase *Bibliografía,* núm. 576. Cf. *Adagia,* Chil. III, Cent. III, Ad. 1. No es imposible que la edición s. l. n. a., de la cual se conserva un ejemplar en la Biblioteca Nacional de Viena, sea anterior a todas las demás, y que se haya publicado en 1528 en León. Merecería, sin duda, que se la examinara comparándola con el volumen que comprende la *Declaración del Pater Noster* a continuación de las *Meditaciones de San Bernardo.* En uno y otro caso el traductor se mantiene anónimo. Al comienzo de los *Silenos,* hace esta declaración: "La obra y el autor y el intérprete se ponen a la obediencia y corrección de la sancta y cathólica yglesia, con cuya reverencia y acatamiento esto sale a luz para que ella y Jesu Christo nuestro Redemptor y Maestro sean glorificados."

2 Cf. *supra,* pág. 100, nota 11.

leno, pero en las cuales se guardaban, como dice el autor del *Gargantúa*, "las finas drogas, pedrerías y otras cosas preciosas". La imagen, que se había hecho proverbial entre los sabios, sirve aquí de punto de partida a Erasmo. Otros filósofos —Diógenes, Epicteto— ocultaron su sabiduría bajo los harapos. Pero Erasmo, como se adivinará, se eleva hasta Cristo, imagen de la suprema sabiduría que arroja de sí todas las pompas y se reviste de las apariencias más humildes; San Juan Bautista y los Apóstoles son también Silenos a su modo. Los relatos del Antiguo Testamento, las parábolas del Nuevo, exigen asimismo que saltemos por encima de las apariencias para sorprender un divino secreto. Pero, de modo inverso, hay que saber despojar de sus oropeles las falsas grandezas, descubrir al tirano bajo los atributos de la realeza, al hombre de guerra o al hombre de negocios bajo los ornamentos episcopales, al hombre sensual y lleno de pasiones bajo la vestimenta del fraile, el bandidaje bajo el nombre de "justa guerra", la preparación de la guerra bajo el hermoso nombre de paz; finalmente, hay que dar con la Iglesia verdadera (a saber, el pueblo de los fieles) tras la jerarquía eclesiástica.

Aquí Erasmo, indignado por el espectáculo del pontificado de Julio II, llegaba muy lejos en sus sarcasmos contra los cardenales y los papas que escarnecen la pobreza evangélica. El Maestro Bernardo Pérez se cree en el deber de suprimir uno de sus dardos más crueles,[3] y también suprime una frasecita un poco dura a propósito de los que hablan del patrimonio de San Pedro, "siendo así que San Pedro se glorió de no tener ninguno". También, al final, Bernardo Pérez omite un pasaje bastante largo acerca de la incompatibilidad que existe entre el verdadero sacerdocio y los títulos de grandeza temporal.[4] Pero estas supresiones no mitigan el atrevimiento del ensayo erasmiano, que sigue siendo, en la traducción española, una vigorosa requisitoria contra la deformación de la autoridad apostólica por el afán de poderío y una crítica severa del poder temporal ejercido por los príncipes de la Iglesia. Hay, como desquite, una adición del piadoso canónigo que nos da el tono del sentimiento religioso subyacente en toda la propaganda erasmista: "¿Quieres saber —preguntaba Erasmo— cuáles son las riquezas de un verdadero soberano pontífice? Óyelo del sucesor del príncipe de los pontífices: *Ni tengo plata ni oro; mas lo que tengo te doy: en el nombre de Jesús, levántate y anda*."[5] Al llegar aquí, Bernardo Pérez no puede contener esta efusión:

¡Oh bienaventuradas riquezas, que sin estruendo de médicos ni receptas de boticarios, sin propiedades de yerbas, con sola la palabra levantan a los hombres

---

3 Las líneas no traducidas son las siguientes: "Atque haec adeo videntur recta, ut in ipsis Pontificum diplomatibus inseratur hujusmodi elogium: *Quoniam ille Cardinalis tot equos, tot purpuratos alens domi, vehementer ornat Ecclesiam Dei, concedimus illi quartam Episcopi dignitatem*. Et in ornamentum Ecclesiae jubentur Episcopi, Sacerdotes et Clerici purpura sericisque vestiri. O miram Ecclesiae dignitatem! Quid superest, posteaquam etiam vocabula honesti perdidimus?"

4 Desde: "Quod si sacerdotes rem aequa aestimarent via..." hasta: "Sed quo me sermonis cursus abripuit..."

5 Cf. Hechos de los Apóst., III, 6.

tollidos! ¿Quién duda sino que también agora aquella misma virtud tiene el nombre de Iesu, si hubiese tales vasos en que se confiase el ungüento precioso del Evangelio? No está abreviada la mano del Señor, si nosotros alargásemos nuestra esperanza y abriésemos la puerta de verdadera fe, y, desnudos de la confianza de nuestras fuerzas, nos pusiésemos del todo en la confianza de Dios. Que como Josué detuvo el sol, así el que de veras sirviese a Dios, cuanto Dios ha criado ternía sujeto, y con sola la palabra pararía el cielo.[6]

Atenuación de las críticas contra la Iglesia jerárquica y los frailes, exaltación del sentimiento de la gracia que renueva los corazones: tales son, decididamente, los dos aspectos complementarios de la metamorfosis que sufre el pensamiento de Erasmo en tierra española.

Quizá también a Bernardo Pérez le fue deudora España de la traducción de la *Lingua,* que parece haber salido a la luz en Valencia, en 1531.[7] Este ensayo, dedicado en 1525 a Cristóbal de Schydlowietz,[8] es, lo mismo que el *Elogio de la locura,* una obrita de entretenimiento en medio de trabajos más austeros. Obrita un poco indigesta, pero sustanciosa, que a veces hace presentir a Montaigne por el arte de encadenar, sin plan bien definido, anécdotas y reflexiones. El traductor destacó su orden aparente con una división en tres partes. Bienes y males de la lengua se demostraban abundantemente, primero por medio de anécdotas sacadas de la antigüedad profana, y después por medio de autoridades de la Sagrada Escritura. Una tercera parte mostraba los remedios apropiados a los males de este temible órgano. Erasmo, claro está, traía a colación las querellas religiosas, y decía, por ejemplo:

Mucho le pesaba a San Pablo de oír que los Corintios decían, unos "yo soy de Sant Pablo", "yo de Apolo", "yo de Cefas", "yo de Jesucristo". Qué hiciera si en este tiempo oyera la confusión de lenguas de los hombres que dicen: "yo soy teólogo de París", "yo, de Colonia", "yo soy scotista", "yo tomista", "yo canonista", "yo real", "yo nominal", "yo luterano", "yo carolstadiano", "yo evangélico", "yo papista", y vergüenza he de decir lo demás.[9]

En un pasaje que el traductor señalaba al margen como "doctrina erásmica", hacía Erasmo esta exhortación: "En lugar de discordias haya

6 *Silenos,* Amberes, 1555, fol. 15 vº.

7 Se ha visto (cf. *supra,* pág. 281) que ya en 1528 le habían llegado a Erasmo rumores de una traducción española de la *Lingua.* Pero la más antigua edición conocida de esta traducción es la de Valencia, 1531, que Gallardo vio, a juzgar por sus notas manuscritas (cf. Menéndez y Pelayo, *Heterodoxos,* t. IV, pág. 86). La atribución a Bernardo Pérez, sugerida por Menéndez y Pelayo (*ibid.*) y por Bonilla (*Erasmo en España,* art. cit., pág. 477), se hace verosímil por ciertas analogías de método entre esta traducción y la de los *Silenos,* así como por la frase del prefacio en que el traductor promete al Vicario General del arzobispado de Valencia publicar otras obras que contribuyan a la cristianización de los moriscos. En 1532, Bernardo Pérez publica su *Antialcorano,* y en 1535 sus *Diálogos christianos contra la secta mahomética* (cf. *supra,* págs. 284-285, nota 10).

8 Allen, t. VI, Ep. 1593. Dantisco, en carta a Schydlowietz (Valladolid, 6 de mayo de 1527), le habla de la sensación causada por esta dedicatoria entre los humanistas españoles de la Corte (*Acta Tomiciana,* t. IX, pág. 163).

9 *La Lengua de Erasmo nuevamente romançada,* s. l., 1533, fol. 72 vº.

habla pacífica, por vituperios haya psalmos e himnos, en lugar de riñas haya cantares spirituales, en lugar de consejas locas sea la habla de doctrina".[10]

El traductor, quienquiera que fuese, era con seguridad hombre hábil. Como escribía en el reino de Valencia, había tenido el cuidado de dedicar su obra a Guillén Desprats, Vicario General e Inquisidor del Arzobispado, y le había rogado que la examinase para que, segura con su aprobación, no tuviera nada que temer de la calumnia. Todo su prefacio, elocuente y penetrado de humanismo, era un largo elogio de la unión en el universo y, sobre todo, en ese microcosmos que es el hombre. Mostraba en la lengua, "faraute de la razón", el lazo por excelencia, la condición de toda ciencia y de toda vida social. Pero ¡ay! la división de las lenguas había roto la unidad... Habían sobrevenido las enemistades, la oposición de lo *mío* y lo *tuyo*, del amo y el siervo, de los nobles y los plebeyos. Había sido preciso que Dios enviase a la tierra un nuevo verbo divino: el Evangelio. Pero al cabo de algunos siglos, los hombres han olvidado esa lengua de Dios. Oyen estas palabras: Fe, Esperanza, Caridad, Templanza..., Misericordia, Paz..., Concordia..., Unidad..., Reino de los Cielos, y ya no las entienden. A este triste estado de cosas nuestro español buscaba un remedio, y se afanaba en restablecer la unión y la belleza creadas por Dios, restauradas por Cristo, cuando se encontró con la *Lingua* de Erasmo: lengua santa, lengua de oro, lengua de amor, digna de un autor cuyo nombre mismo quiere decir amor.

En una breve advertencia al lector, se excusa de haber tomado algunas libertades con el texto. No oculta que ha modificado los pasajes en que Erasmo maltrata a los frailes: bien sabe que esas críticas están inspiradas por el celo y no por la malignidad, que apuntan contra los errores, no contra los hombres ni contra el hábito que éstos llevan; pero él quiere conducir a los frailes a amar a Erasmo por su doctrina, no a odiarlo por sus censuras. En efecto, si se confronta la traducción con el original, se observa que gran número de pullas se han suavizado o incluso han desaparecido por completo. Los nombres de las dos grandes órdenes mendicantes se han suprimido a menudo. La palabra *monachi* se ha traducido por *eclesiásticos,* y se han tomado precauciones para no ofender a los "buenos y santos religiosos". De la misma manera se atenúa una alusión a la ebriedad de Julio II.[11] La ortodoxia de Erasmo, en varias ocasiones, se acentúa celosamente: las palabras "Non damno confessionem" quedan transformadas, bajo la pluma del traductor, en "Tengo yo por muy santa la confesión. Querría que cada día nos confesásemos".[12] Y si Erasmo alude a la propaganda de los franciscanos para que se amortaje a todo el mundo con el hábito de su orden, el traductor omite decir de qué orden se trata, y comenta:

10 *Ibid.,* fol. 74 rº.
11 Erasmo había escrito: "Rex enim ut erat militari libertate, dixit illum ebriosum, *id quod nemo Romae nesciebat esse verum*". El traductor se dejó en el tintero las palabras que hemos puesto en cursiva.
12 *La Lengua,* ed. cit., fol. 26 vº.

No digo yo allí que es malo morir en el hábito de algún santo: buena y santa devoción es cuando sale de humilde y santo corazón. Lo que reprehendo es la superstición de muchos que aún en el artículo de la muerte no hacen lo que Dios quiere para su salvación y se piensan que por morir en el hábito se van derechos a paraíso. No creo yo que enseñen otra cosa los buenos religiosos.[13]

Y la adicioncita se señala al margen, como destacando "la intención de Erasmo en esto".

Las notas marginales que facilitan la lectura de este ensayo un poco compacto son además, para el traductor, un medio cómodo de subrayar su ortodoxia. ¿Se trata en algún lugar de esos hombres que se hinchan de Platón, de Aristóteles y de Averroes, y que "llaman a Moisén hechicero..., los profetas noveleros... y a los apóstoles rústicos idiotas"? Una nota advierte al lector que "éstos son los locos filósofos italianos y gentílicos", es decir, paganizantes.[14] Todo aquello que, de cerca o de lejos, es aplicable a los herejes, se interpreta como dicho "contra Lutero". Hasta un pasaje que se dirige claramente contra los escolásticos altercadores se señala como lanzado "contra herejes y falsas doctrinas de luteranos".[15] En verdad, Erasmo se había engañado al alarmarse de que la *Lingua* pudiera traducirse al español: el traductor no tuvo que hacer gran esfuerzo de adaptación para que este libro gozara en España de una popularidad que no tenía en ninguna otra parte, sin que la Inquisición diera la menor señal de inquietud. Tres ediciones aparecieron en 1533, y otras en 1535, en 1542, en 1544, en 1550, en 1551...[16]

Es imposible comprender la fuerte corriente de libertad religiosa que atraviesa a la España de Carlos V y Felipe II si antes no se ha medido la potencia de la ola erasmiana que se vuelca sobre el país entre 1527 y 1533. El erasmismo español es primeramente, durante esos años decisivos, una acción militante llevada a cabo por una minoría, acción de la cual vamos a tratar de fijar algunos aspectos; es también una impregnación del mundo de los letrados y de los humanistas por el pensamiento religioso de Erasmo; es, por último, una amplia vulgarización de este pensamiento por las traducciones. La difusión de las obras latinas de Erasmo es fenómeno difícil de registrar materialmente, puesto que las ediciones que entonces se leían en España eran, en su gran mayoría, de importación extranjera. No obstante, podemos adivinar lo que pudo hacer para la difusión de las ediciones latinas un Gaspar Trechsel, cuando vemos cómo este librero de Lyon obtuvo de la Cancillería imperial, por recomendación de Erasmo, una licencia de importación válida para tres meses, y por cierto en un mo-

---

[13] *Ibid.*, fol. 49.

[14] *Ibid.*, fol. 39 rº.

[15] *Ibid.*, fol. 35 vº.

[16] Véase *Bibliografía*, núms. 543-551. Otra obra atrevida de Erasmo que se tradujo al español, pero de la cual no se conoce ningún ejemplar, es la *Exomologesis* o *Modus confitendi*. Se imprimió antes de 1547, pues la prohíbe el índice manuscrito portugués de esa fecha ("Modus confitendi Arasmi em latim e em limgoajem"); figura también en el Índice impreso de Toledo, 1551 ("Confissionario o manera de confessar en romance de Erasmo"). Véase *infra*, pág. 502, nota 6.

mento en que España está todavía oficialmente en guerra con Francia.[17] Y además sabemos que los intelectuales españoles, en su admiración rendida y exclusiva por Erasmo, estaban alerta espiando sus libros mucho antes de que hubiesen aparecido; que esperaban impacientes el tratado de la *Predicación* prometido desde hacía mucho tiempo; que reclamaban del viejo virtuoso de la paráfrasis aquel comentario del Salterio para el cual les había abierto el apetito con sus disertaciones sobre los cuatro primeros salmos.[18] El *Ciceronianus*, tan discutido en Francia por el descomedimiento con que trata a Budé, tenía mucho éxito en la Península, aunque en él no figurara siquiera el nombre de Vives (omisión que el sabio de Brujas aceptaba, es cierto, con noble serenidad); la reimpresión de este tratado en Alcalá, en diciembre de 1529,[19] parecía anunciar un tiempo en que las ediciones importadas no bastarían ya a los erasmistas españoles.

Pero mucho más notable aún es la penetración de las ideas erasmianas en el gran público, entre los españoles de todas clases que saben leer y que tienen gusto por lecturas que no sean meras novelas. El lugar que tiene Erasmo entre sus lecturas predilectas se puede medir, materialmente, por la abundancia de las traducciones castellanas: algunas de sus ediciones debieron de perderse por completo, y muchas otras están actualmente representadas por ejemplares únicos, pero, aun así mutiladas, forman una masa imponente. Es una paradoja histórica la floración de traducciones de Erasmo en el país de la Inquisición, en esa España donde la censura de los libros sería, unas cuantas décadas después, más severa que en ningún otro lugar. Para comprender esto hay que tener en cuenta seguramente las coyunturas que, hacia 1527, aseguraron a las ideas erasmianas la protección oficial de los poderosos de la corte de Carlos V, del Primado y de varios obispos españoles, y por último, la del Inquisidor General en persona. La dedicatoria del *Enquiridion*, aceptada por Manrique, la carta

---

17 Erasmo escribe a Alfonso de Valdés (Basilea, 21 de marzo de 1529): "Quod bibliopolae mea causa sic ades ex animo, gratiam habeo, mi Valdesi, maximam: quod beneficium uti perficias, te plurimum rogo. Queruntur tempus trium mensium esse perquam angustum. Iter longum est, nec satis tutum; priusquam merces suas perferant, praeterit dies, ac periclitantur. Nondum est manifestum bellum, et si esset, tamen studia digna sunt aliquo privilegio, nec ab his quicquam est metuendum. Germani sunt origine, nec aliud agunt quam ut parent unde liberos et uxores alant. Scripsi eadem de re D. Mercurino cancellario: cui reddes epistolam si tibi videbitur expedire". Y Valdés contesta de Barcelona, en el verano: "Quos mihi bibliopolas commendas, non vidi; si venerint, dabo operam ut intelligant quantum illis prosit Erasmi commendatio". (Allen, t. VIII, Ep. 2126, líneas 231-240, y Ep. 2198, líneas 44-46.) ¿Quiénes son estos libreros cuyo tráfico facilita Erasmo en España? No pienso que se trate, como supone Allen, del representante de Froben. Los detalles que da Erasmo hacen pensar en mercaderes de una nación que está en guerra con España, pero alemanes de origen, que han obtenido la derogación temporal de una prohibición general de importar. Ahora bien, por una carta de Morillon (Zaragoza, 6 de enero de 1529, Allen, t. VIII, Ep. 2083, línea 1) sabemos que hacía poco había llegado de Lyon a la Península Gaspar Treschsel, portador de misivas de Erasmo para sus amigos. Parece que se le puede identificar sin vacilaciones con el librero recomendado por Erasmo a la Cancillería.

18 Allen, t. VIII, Ep. 2083, líneas 16-21 (carta de Morillon citada en la nota anterior).

19 Véase *Bibliografía*, núm. 467. Sobre las reacciones de los amigos de Budé y la de Vives, véase Allen, t. VII, Ep. 2021, introd., y Ep. 2061, líneas 13-17.

imperial del 13 de diciembre de 1527 agregada como aprobación general a ciertos libros atrevidos, por ejemplo a los *Coloquios,* ayudaron poderosamente al éxito de esta literatura. Pero es preciso ir más lejos. Una comparación, por sumaria que sea, con la situación de los libros de Erasmo en Francia, muestra cómo la institución inquisitorial misma favoreció durante un tiempo la libre difusión de esos libros en España.

En Francia, la lucha contra la herejía está acaudillada, en el plan doctrinal, por la Sorbona, conservadora de la estricta ortodoxia. Sus censuras, desde luego, no equivalen a edictos de prohibición. Pero no pueden dejar de inhibir en gran medida la difusión de las obras censuradas. En todo caso, fácilmente se comprende que los libros de Erasmo no hayan tenido muchos traductores en Francia después que Berquin fue ejecutado en la hoguera y que la Sorbona publicó la *Determinatio.* En España, la Inquisición, órgano judicial y policial competente para todo cuanto atañe a la fe, confía a teólogos escogidos por ella el examen de los libros sospechosos. Ella es la que tiene obligación de denunciar a los fieles los libros prohibidos y de velar por que su prohibición sea efectiva. Todo libro que ella no haya vedado expresamente circula con plena libertad. Ahora bien, si el personal inquisitorial tiene instrucciones formales para recoger los libros de "Lutero y sus secuaces", no tiene ninguna que se refiera a las obras de Erasmo hasta 1535, y este estado de cosas persistirá, modificado apenas por ligeras restricciones, durante largos años todavía.

La máquina inquisitorial, por su organización centralizada, por el secreto de sus procedimientos, por su numerosa burocracia que vive de las confiscaciones de bienes y de las multas, es infinitamente temible para las personas. Los libros le interesan sobre todo en la medida en que su autor cae bajo la jurisdicción de ella. Fundada para imponer el catolicismo a los cristianos nuevos, persigue todos los delitos contra la fe, y en particular el iluminismo. Pero todavía durante mucho tiempo perseguirá a los erasmistas como *alumbrados* o como *luteranos* —categorías de herejes designadas con todas sus letras por el Edicto de la fe—, sin tomar medidas radicales contra los libros de Erasmo, ni siquiera contra sus traducciones castellanas.

Capítulo VII

ASPECTOS DEL ERASMISMO
LA *DOCTRINA CRISTIANA* DE JUAN DE VALDÉS

I. *"Fronda" antimonástica. La "Apología" de la vida monástica por Fr. Luis de Carvajal.* II. *Reforma eclesiástica. El "Buen pastor" de Maldonado.* III. *El movimiento de Alcalá. Renovación de la fe. El "Diálogo de doctrina cristiana" de Juan de Valdés.* IV. *Examen del "Diálogo" por los teólogos de Alcalá.*

I

EL ASPECTO más conocido del movimiento erasmiano en España es una especie de "Fronda" antimonástica. Digamos más bien, para respetar el color local, una lucha de guerrillas entre los intelectuales admiradores de Erasmo y los frailes defensores de la tradición. Aquello fue, según, la comparación de un sabio dominico español, "una especie de guerra de la Independencia, en la que hubo muchos afrancesados y de los más cultos, y hubo sus masas populares arengadas por frailes, que arrojaron al invasor apoyado por el Príncipe de la Paz e Inquisidor General de la Fe". [1] Tal vez no habría que llevar demasiado lejos el paralelo. El erasmismo tuvo religiosos sabios y piadosos entre sus más celosos propagandistas. Entre ellos, tal vez, tuvo su eco más prolongado. Y, por otra parte, el obstáculo con que chocó en su conquista de España no fue tanto la rebelión de las masas cuanto el funcionamiento del organismo inquisitorial, que se apoyaba, es cierto, en el sentimiento "cristiano viejo" del pueblo iletrado. Pero los frailes y los teólogos dieron a tiempo la voz de alarma. Denunciaron a Erasmo ante los auditorios populares, lanzaron desde el púlpito sus desafíos, impacientes de medir su dialéctica con la del adversario. En Palencia, como ya hemos visto, el Arcediano del Alcor recoge el guante y el altercado termina con la confusión de Fr. Juan de San Vicente. Pero en otros lugares los predicadores tradicionalistas oponen resistencia eficaz a la propaganda erasmiana. En Valencia, por ejemplo, el Maestro Joan de Celaya encabeza la lucha con su autoridad de doctor por la Sorbona y de comentador de Aristóteles "por las tres vías de Santo Tomás, Reales y Nominales". Truena desde el púlpito contra aquel a quien llama unas veces, con severidad, "el hereje", y otras, con desprecio, "el gramático". Siempre encuentra algún nuevo error que denunciar en los escritos de Erasmo. Y el buen pueblo se bebe sus palabras. Con semejante régimen, ironiza Pedro

[1] Luis G. Alonso Getino, *El Maestro Fr. Francisco de Vitoria, su vida, su doctrina e influencia,* Madrid, 1930, pág. 89.

Juan Olivar, los carniceros y los artesanos de Valencia se están haciendo muy fuertes en Escoto y en Durando. Pero es amarga esta ironía. Olivar había soñado en convertir a Valencia al humanismo, y siente toda su debilidad frente al majestuoso *Doctor Parisiensis*. El prestigio de este título le vale a Celaya reinar sobre la Universidad o "Studi General". Los jurados tienen los mejores deseos de dar a Olivar una cátedra de griego y de latín, pero Celaya y los demás "sofistas" se encargan de quitarle toda esperanza.[2]

Nuestros humanistas tienen que contentarse con victorias más fáciles y efímeras. Cuando Miguel Mai va a pasar unos días en Barcelona al salir para su embajada ante el Papa, los erasmistas de la localidad lo rodean antes de su embarco. Visita el monasterio de la Murta en compañía de Vicente Navarra y de cierto Rafael. El prior, después de misa, les hace los honores de la casa. En la biblioteca se anima la conversación a propósito de unos venerables manuscritos de la Biblia. Viendo que el jerónimo muestra santo horror por el libro impreso, los visitantes le preguntan insidiosamente si el monasterio posee el *Nuevo Testamento* de Erasmo. Se regocijan con la indignación del monje: "¿Ignoráis —les dice— que ese heresiarca ha sido condenado en Burgos por una santa congregación y se escapó, buscando su salvación en la fuga, que de otro modo hubieran quemado los Santos Padres al luterano?" Nuestros erasmistas ríen a socapa. El criado de Mai rectifica a media voz: "Valladolid", y Navarra lo reprende, como si el criado hubiera querido tomar la defensa del "monstruo". En seguida Rafael se complace malignamente en citarle al prior una frase que Gattinara suele repetir: "Quien dice mal

2 Véanse en F. Caballero, *Alonso y Juan de Valdés*, págs. 371-372 y 394, dos cartas de Olivar a Alfonso de Valdés fechadas el 1º de septiembre y el 16 de octubre [de 1528]. La primera está particularmente desfigurada por erratas de imprenta. Restablecemos aquí el pasaje que nos interesa de acuerdo con el original conservado en Simancas: "Cura hujus Gymnasii demandata est Joanni Celaye, non aliud quam quod sit doctor Parisiensis; hiis nominibus inescatur plebs, ita inducitur tyrannis. Sed homo bellus non patitur homines bonae frugis quicquam bonarum literarum profiteri. Erasmum in frigidissimis concionibus haereticum vocat et grammaticum. Vulgus adeo pendet ab ore concionantis, ut evangelium putet quicquid ille nugatus fuerit. Doctos viros solemus appellare non vulgares, at ille nihil magis est quam vulgaris. Similes habent labra lactucas. In hac urbe fabri et laniones sapiunt. Nulli magis versati in Scoto et Durando. Jam nusquam invenies tantum supercilium, nusquam tantam superstitionem, quantam in hac urbe. Coss. et Senatui Valentino placet ut profitear literas graecas et latinas; salarium statuunt sexaginta aureorum, solus iste rabula, ut est maxime autoritatis, continuo adversatur." — Sobre las obras de Celaya, véase Legrand, *Bibliographie hispano-grecque*, núms. 32, 34, 36, 44 y 47. Son Exposiciones sobre los *Praedicabilia* de Porfirio, y principalmente sobre Aristóteles (*Física, De caelo et mundo, De generatione et corruptione, Praedicamenta, Ética*), publicadas en París de 1516 a 1523. Celaya había enseñado en el Colegio de Santa Bárbara. (Cf. J. Quicherat, *Histoire de Sainte-Barbe*, París, 1860, t. I, págs. 115-122.) Véase también Biblioteca Colombina, *Catálogo*, t. II, págs. 72-77, donde se describe un rarísimo comentario de Celaya sobre el cuarto libro del Maestro de las Sentencias, impreso en Valencia por Juan Joffre en junio de 1528, y dedicado al Gran Canciller Gattinara. — Olivar, en su carta a Valdés del 16 de octubre [de 1528], alude a unos comentarios que prepara Celaya "in Primum Sententiarum, in quibus carpit Erasmum, quod dixerit in *Enchiridio* deum non posse facere malum". (F. Caballero, *op. cit.*, pág. 394).

de Erasmo o no ha visto sus libros o no lo entiende." Mai explica lo que fue la asamblea de Valladolid. Por fin Navarra, no sin insolencia, da al buen padre una lección de crítica textual. Pero ya es la hora del almuerzo y los cómplices se despiden riéndose...[3] Una vez más, el humanismo lanza contra los "hombres oscuros" la flecha del parto, y huye...

Estos relatos de escaramuzas de que siempre salen victoriosos, nos muestran a los humanistas deleitándose en el contraste de su ágil ciencia, armada de exactitud y de ironía, con una ignorancia que se irrita pesadamente. Quizá se negaron a reconocer, en las filas de sus adversarios, la fuerza nueva que representaban ciertos religiosos, no menos impregnados de humanismo que ellos, pero resueltos a defender contra ellos la institución monástica, la escolástica y todo aquello que Erasmo ponía en peligro. Y esa fuerza es la que triunfaría, unas décadas más tarde, contra el libre humanismo cristiano, no sin apropiarse gran parte de su herencia.

En esto consiste el gran interés de la defensa del monaquismo lanzada desde Salamanca, en 1528, por Fr. Luis de Carvajal.[4] Franciscano, miembro de una ilustre familia española, Carvajal había estudiado en la Sorbona gracias a la liberalidad de Don Lorenzo Suárez de Figueroa, marqués de Priego y conde de Feria,[5] cuya viuda protegerá años más tarde a Juan de Ávila y a Luis de Granada, y a cuyos hijos Lorenzo y Antonio, uno dominico y otro jesuita, dedicará Granada su *Libro de la oración*. Los maestros de Fr. Luis de Carvajal habían sido, naturalmente, los teólogos de su orden, Étienne Formon, Pierre Cornu. Pero él no ha permanecido ajeno a las novedades del siglo: durante un tiempo, ha sido admirador de Erasmo y amigo de Vives. Finalmente, Josse Clichtowe ha sido el modelo que le ha enseñado a unir la cultura escolástica con la erudición patrística y el conocimiento de las lenguas antiguas.[6] Tal es el ideal que preconiza, oponiéndolo al punto de vista de Erasmo, en su *Apología por las órdenes religiosas*.

Al defender la institución monástica atacada, tuvo conciencia de estar defendiendo la ortodoxia misma. Su defensa, pese a sus puntos flacos, tiene el mérito de saber ahondar en las razones que enfrentan a Erasmo con los religiosos, y que hacen de los religiosos el baluarte natural de la ortodoxia contra el erasmismo. En este sentido, su interés histórico es su-

[3] Véase en Fermín Caballero, *op. cit.*, págs. 395-397, una carta de Vicente Navarra a Alfonso de Valdés, fechada en Barcelona, a 25 de octubre de 1528. Navarra estaba al servicio de Don Pedro Folch de Cardona, arzobispo de Tarragona (cf. *ibid.*, pág. 399: "Archiepiscopus noster"). El Rafael mencionado en esta carta es quizá uno de los barceloneses que firman como testigos el testamento de Gattinara (cf. *infra*, pág. 411, nota 24): "Raphael Joannes Miles Barchinonae et scriba mandati".

[4] *Apologia monasticae religionis diluens nugas Erasmi, a Ludovico Carvajalo minorita edita*, Salamanca, 1528.

[5] Cf. Francisco Fernández de Bethencourt, *Historia genealógica y heráldica de la monarquía española*, Madrid, 1905, t. VI, págs. 174 ss.

[6] Acerca de los estudios de Carvajal, y de sus maestros, véase la epístola dedicatoria de la *Apologia* a Don Lorenzo Suárez de Figueroa, y diversos pasajes del libro, sobre todo el fol. 24 r°. Sobre Clichtowe, "Parisiensis scolae facile princeps", véase el fol. 29 v°.

perior, con mucho, al de las *Blasphemiae* de Zúñiga o al del cuaderno de proposiciones discutido en Valladolid. Los ataques de Erasmo contra los frailes cubren un campo lo bastante vasto para permitir que se enfrenten dos concepciones de la vida religiosa.

¿Qué es esa barbarie de que Erasmo acusa a los frailes "enemigos de las buenas letras"? No es un antagonismo entre cultura e incultura, sino más bien entre dos culturas diferentes. Carvajal no las cree necesariamente enemigas; Clichtowe le ha enseñado cómo hay que conciliarlas. Pero existe entre ellas una jerarquía que Erasmo no quiere reconocer. Las buenas letras, según el humanista, son la poesía, la retórica, la historia sagrada y profana, las tres lenguas. Las malas letras son indudablemente aquellas que él ignora: lógica, física, metafísica, ética, derecho canónico y teología escolástica. Y aquí Carvajal parangona física y poesía, metafísica e historia, lógica y retórica, ética o derecho canónico y ciencia de las lenguas, para demostrar que en las disciplinas tradicionales de la Iglesia católica está el camino de la certidumbre, mientras que las del humanismo no ofrecen sino oropeles de apariencia y de error, y para concluir afirmando la soberanía de la teología escolástica.[7] Su réplica al humanismo cristiano no es ciertamente la de un hombre que lo haya comprendido en toda su hondura antes de rechazarlo. Da muestras de sincero apego a la tradición medieval y de sentido muy perspicaz del partido que la teología podría sacar flexibilizándose con los juegos de la retórica y con una iniciación en las lenguas. No sin habilidad, Carvajal contesta al epigrama erasmiano: *grossi ventres stivae potius nati quam litteris,* redactando el catálogo de los religiosos que han ilustrado las letras sagradas;[8] no vacila siquiera en incluir a San Agustín y a San Jerónimo en esta cohorte de sabios, con objeto de hacer más brillante su defensa e ilustración de la institución monástica, depositaria de la tradición teológica. Para defender a los doctores más recientes, invoca el testimonio de Pico de la Mirándola, y hasta el del mismo Cicerón, y habla en contra de un humanismo superficial, incapaz de comprender la fuerza del pensamiento bajo una forma bárbara.[9] Pero aquí su crítica parece ciertamente dar golpes en

---

7 *Apologia,* fols. 27-29.

8 Este catálogo (fols. 23 r⁰-24 v⁰) es interesante sobre todo por la enumeración de los contemporáneos que constituyen, según Carvajal, la honra y prez de sus órdenes. Entre los españoles, pone en lugar especialísimo a Francisco de Vitoria, Francisco Castillo y Alonso de Castro. Habla con admiración del franciscano Francisco de Meneses, eminente escotista que al propio tiempo es humanista tan excelente, que Nebrija no publicaba nada sin consultarle. Este Meneses, al parecer, no dejó más obra que un manualito de acentuación y prosodia (Nicolás Antonio cita una edición de París, 1527, intitulada *Difficilium accentuum compendium.* Nosotros hemos visto en la Biblioteca de la Universidad de Salamanca la reimpresión de este opúsculo, intitulada *Brevis ac dilucida accentuum collectio, quae Summula prosodiaca vocatur,* Salamanca, 1546. Cf. Gallardo, *Ensayo,* t. III, col. 776).

9 *Apologia,* fol. 25 r⁰. Se refiere a la controversia entre Pico de la Mirándola y Hermolao Bárbaro: "Videbatur Pico illi rhetoricissimo ac praeclaro theologo nihil obstare barbariem verae eruditioni subque rudibus verbis rudeque concinnatis dici posse praeclaras sententias. Huic adstipulatur illud Ciceronis in Tusculanis: Saepe (inquit) est etiam sub pallio sordido sapientia."

falso. Iría más bien contra los *rhetores* italianos que contra Erasmo, pues éste reprocha a la escolástica no tanto su desagradable lenguaje cuanto su arbitraria dialéctica, mortal para el sentimiento auténticamente religioso.

Además, Carvajal nos da a menudo la impresión de esgrimir su espada, no contra el verdadero Erasmo, sino contra una sombra suya deformada y gesticulante. Veámosle blandir el acero contra el *Monachatus non est pietas*. Ante este *non est pietas*, el buen alumno de la Sorbona sonríe de lástima. Según eso, ¿ignora Erasmo que una definición negativa no es válida? [10] Si supiera razonar silogísticamente, su conclusión sería más bien ésta: "Monachatus ergo pietas est, quod si pietas non est, monachatus non est", del mismo modo que en la Facultad de Artes se dice: "Si homo est, animal est; si animal non est, homo non est", concluyendo, de la negación de la mayor, la de la menor. En efecto, la piedad es un concepto "que comprende el monaquismo, el sacerdocio, el episcopado, la comunión, el perdón de las injurias, la confesión de los pecados, en una palabra, todo lo que pertenece al cristiano".[11] Como se ve, nuestro lógico no es demasiado exigente consigo mismo.

Carvajal abusa asimismo de vulgares argumentos *ad hominem*. Erasmo, dice, ha sido canónigo regular de San Agustín. En aquel tiempo, el estado monástico era una vida piadosa a sus ojos. Pero le ha bastado arrojar lejos de sí la cogulla para que todo cambie. Lutero, observa además nuestro franciscano, no tuvo que dar más que un solo paso para saltar del peligroso *Monachatus non est pietas* al blasfematorio *Monachatus est impietas;* así es que Alemania ha tenido muchísima razón en decir que Erasmo puso los huevos y Lutero los empolló.[12] Todo esto no es más que polémica, y de no muy buena estofa. Pero, afortunadamente, hay otra cosa en esta *Apología*. Hay una calurosa y hábil defensa de la institución monástica contra las críticas erasmianas. Carvajal, al comienzo de su librito, establece como puede el origen divino de la vida religiosa.[13] Pero invoca también las razones humanas del auge de las órdenes mendicantes en la Edad Media (y Erasmo era demasiado buen historiador para no percibir esas razones). Erasmo mismo es quien muestra cómo la cura de almas pasó de los obispos a los párrocos, de los párrocos a los sacerdotes itinerantes y de éstos finalmente a los frailes mendicantes. Así, pues, si a causa de la decadencia del clero secular la dirección espiritual de la cristiandad descansa en fin de cuentas sobre los frailes, ¿por qué tratar a éstos de parásitos? ¿Por ventura habrá que invitarlos a remendar zapatos, a ejemplo de San Pablo? Carvajal contesta con el mismo San Pablo: *Si seminamus spiritualia, cur non meremus temporalia?*

Si Erasmo supiera el esfuerzo que hacemos, predicando, confesando, visitando a los enfermos, cantando maitines y todas las demás horas, huyendo de los lazos

---

[10] *Apologia*, fol. 6 r⁰.
[11] *Ibid.*, fol. 15 r⁰.
[12] *Ibid.*, fols. 6 r⁰ y 13 v⁰. Véase *supra*, págs. 252-253, nota 44.
[13] *Ibid.*, fols. 4 v⁰-5 r⁰.

del mundo, llevando, en una palabra, la vida que conviene a religiosos, no nos exhortaría a remendar calzado, como si viviéramos en la ociosidad.

La regla de vida de los mendicantes es un escándalo para Erasmo: abandonar los propios bienes y ponerse a solicitar los bienes de los demás le parece cosa muy poco cuerda; y en seguida juzga esta mendicidad poco honrada, y perjudicial para los intereses de los verdaderos pobres. Sin embargo, ¿no es un hermoso espectáculo el que da el pueblo caritativo dando de comer a los frailes por amor de Jesucristo? Si la caridad pública se enfriara, entonces los frailes se harían zapateros o ejercerían oficios aún menos decorosos. ¿Es eso deseable? "¿Qué mal hacemos al pueblo?, pregunta nuestro franciscano. Éste nos da un mendrugo de pan, aquél un trozo de tocino, el de más allá una jarra de vino." No por ello se hacen más pobres. Dios les devuelve ciento por uno. Y en cuanto a los "mendicantes ricos" que cuentan en sus filas hijos de condes, de marqueses, de reyes y de emperadores, Erasmo sería más equitativo con ellos si supiera qué cosa es "acercarse a un avaro para pedirle limosna, soportar negativas injuriosas, atravesar media ciudad llevando ora una carga de pan, ora un pellejo de vino, ora un saco lleno de carne de puerco o cebollas u otras legumbres groseras".[14]

Pero Erasmo no sabe nada, no siente nada de todo esto. No siente la hermosura de la castidad voluntaria ni la de la pobreza voluntaria. No pierde ocasión de hacer burlas sobre el voto de castidad en el *Encomium matrimonii*, en el coloquio *Scorti et adolescentis*, en la *Exomologesis*, donde acoge la absurda fábula de las doscientas monjas desvirgadas por su confesor. Se pone decididamente de parte del matrimonio de los sacerdotes, so pretexto de que así se evitarían muchos pecados. Pero ¿quién imitaría entonces la castidad de Cristo? ¿Dónde estaría el refugio de la pureza? ¿Quién tendría autoridad para denostar la lujuria? [15]

Erasmo no comprende tampoco la vida de oración regulada por la liturgia. Los monjes, según él, no saben más que "rebuznar en el coro como asnos". Es extraño que la tierra no se trague a ese blasfemo, para quien las alabanzas a Dios no son sino rebuznos. Llega uno a preguntarse si Erasmo cree en un Dios que oye a los hombres y los recompensa. En verdad, eso no es, en su pluma, una simple ocurrencia: es la expresión de una hostilidad deliberada contra las horas canónicas. Erasmo quiere dejar la oración al libre arbitrio de cada cual, y reprocha abiertamente a la Iglesia el haber reglamentado las horas y contado los salmos y las antífonas.[16] Carvajal no ignora que ahí toca el más profundo abismo que separa a Erasmo del monaquismo: la cuestión de las ceremonias.

"Nuestros rabinos, dice desdeñosamente el autor de las *Paráfrasis*, se aferran a ceremonias de las cuales está ausente la vida." De ese modo, no contento con despreciar en conjunto las ceremonias, se atreve a juzgar de las intenciones de quienes piadosamente las guardan.

14 *Ibid.*, fols. 21 r⁰-22 v⁰.
15 *Ibid.*, fols. 30 r⁰-31 v⁰.
16 *Ibid.*, fol. 16 r⁰-v⁰.

¿Quién te ha dicho, Erasmo, que nosotros nos fiamos de las ceremonias? Y aun en caso de que nos fiásemos de las ceremonias, ¿en dónde estaría el mal? No tienen vida, dice. ¡Cómo! ¿No tiene vida aquello que Cristo instituyó para nuestra salvación? San Pablo desea servir a Dios no sólo en espíritu, sino también en la carne. Luego las obras de la carne, que son estas manifestaciones exteriores, no están privadas de vida, puesto que por ellas se sirve a Dios. Estoy de acuerdo en que las ceremonias que anunciaban a Cristo terminaron después de su venida, y por eso es por lo que San Pablo reprende a los judíos. Pero las ceremonias de la Iglesia son santísimas, casi diré necesarias para la salvación: si no tienen ninguna vida, entonces se seguiría que Cristo instituyó en vano los siete sacramentos, los cuales son verdaderas ceremonias.

Carvajal no niega que la armadura ceremonial es un rasgo común al cristianismo, al judaísmo y aun a los cultos paganos. Así como las ceremonias de los judíos terminaron con la venida de Cristo, de quien eran anuncio, así también las nuestras terminarán con la gloria que nos prometen. Pero nosotros no somos ángeles. Tenemos necesidad todavía de signos que nos guíen a Dios. ¿Acaso se atreverá Erasmo a entrar en lucha con la Iglesia y con Cristo? Por desgracia, no se atreve a nada. Distingue sutilmente entre los que hacen buen uso de las ceremonias y los que depositan en ellas su confianza, descuidando lo que hace al hombre verdaderamente piadoso. ¿Y por qué las ceremonias, que sirven para adorar a Dios, no habrían de hacer al hombre verdaderamente piadoso? Carvajal sabe bien que las ceremonias son preciosísimas, "siempre que el mérito de la Pasión de Cristo se añada a ellas", pero se indigna contra esa antítesis del culto en espíritu y del culto ceremonial que es la enseñanza erasmiana por excelencia, y, como él dice, la "nueva teología" según Erasmo. Acusa atrevidamente a su paulinismo de ser un contrasentido sobre San Pablo, puesto que el Apóstol no condenó más que las ceremonias de los judíos.

En cuanto a mí, concluye el fraile con vehemencia, afirmaré incansablemente que, según la doctrina de San Pablo, las ceremonias hacen a los hombres verdaderamente piadosos, contra todo lo que pueda decir Erasmo. Tú mismo, Erasmo, ¿en qué tienes fe? Si confiase yo al papel lo que sospecho, quizá acertaría. ¡Ojalá mintiera Lutero cuando te trata de ateo! En cuanto a nosotros, tenemos fe en las ceremonias y en las demás obras que cumplimos por la gloria de Cristo.[17]

Como se ve, Carvajal supo formular muy bien el debate entre el iluminismo paulino, cuyo maestro es Erasmo, y los religiosos que interpretan a San Pablo a la luz de la tradición eclesiástica. En el prefacio declara que se limitará a la defensa de las órdenes monásticas, remitiendo, para lo que ataña a las cuestiones doctrinales, a los que tan bien las han tratado, Zúñiga, Lee, Latomus, Beda, Couturier y otros. Al limitarse así, ha apuntado con mayor tino que los redactores del cuaderno discutido en Valladolid. Éstos, queriendo cargar a Erasmo con todas

17 *Ibid.*, fols. 25 rº-27 rº.

las herejías, habían formulado unas vagas acusaciones de arrianismo en las cuales había malgastado su tiempo la asamblea. Carvajal ataca más eficazmente el pensamiento de Erasmo presentándolo como un iluminismo que se diluye en ateísmo, como un luteranismo más peligroso que el de Lutero: "Lutero desencadena francamente su cólera. Erasmo se agazapa en la sombra. El uno, feroz como el león, no tiene miedo de nadie; el otro, con la astucia de la serpiente, se oculta un tiempo para echar con mayor seguridad su veneno." El león ya está vencido. La serpiente no lo está todavía.[18]

Para comprender bien esta *Apología,* es preciso situarla en el medio de las disputas españolas cuyo objeto era el pensamiento de Erasmo. Carvajal acusa a Erasmo de haber desencadenado en el seno de la Iglesia, que no carecía de enemigos exteriores, una verdadera guerra civil, *et plus quam civilia bella...* Denuncia con amargura la erasmolatría que pulula en la iglesia de España. La carta de Virués al guardián de los franciscanos de Alcalá había sido superada, recientemente, por un libelo cuyo autor era un obispo y que se intitulaba de manera significativa *Epístola de un celoso de Erasmo.*[19] Su autor, dice Carvajal, no hubiera podido tomar como divisa la frase de Aristóteles *Amicus Plato sed magis amica veritas.* Se muestra "celoso" de Erasmo hasta en el error, hasta en la mentira. Comparte su hostilidad para con los religiosos, su desprecio por Escoto y otros escolásticos. Se atreve a decir que se podrían extraer herejías de los escritos de San Jerónimo si se les aplicara el mismo método que a los de Erasmo: "¡Cómo! —replica indignado Carvajal—, ¿com-

18 *Ibid.,* fol. 15 vº.

19 *Ibid.,* fol. 34 rº-vº. Es, en efecto, un opúsculo distinto del de Virués, puesto que éste incluye su carta al guardián de los franciscanos de Alcalá en su prefacio a los *Coloquios* (cf. *supra,* pág. 295) para evitar que la confundan con la otra de que aquí se habla: "Quise también ponella aquí para deshazer un engaño que algunos han recibido: porque no soy tan ambicioso de gloria mundana que quiera usurpar la honrra agena que algunos me han dado atribuyéndome a mí otra carta que después de esta mía escriuió una persona de mucha sabiduría y autoridad al mesmo propósito que yo ésta escreuí; e como la gente supiessen que yo avía escrito una, pensavan que era aquélla. De aquí sucedió que, como Fray Luys de Carvajal de la orden de Sant Francisco, en un librillo que escriuió contra Erasmo (bueno o malo júzguenlo los otros), haga mención de una carta escrita en favor de Erasmo e diga algunas descortesías contra el que la escriuió, muchos an pensado que lo dize por la mía: al qual yo no quiero dar otra respuesta sino ponella aquí donde sea vista de todos". Alfonso de Valdés, en carta a Erasmo, da las indicaciones siguientes acerca del autor y de la fecha: "Epistolam anonymam, quam dicis Carvajalum ad scribendum in te excitasse, aedidit episcopus quidam, ut tui nominis amantissimus, ita et mihi amicissimus: sed per annum antequam Caruajali libellus exiret" (Allen, t. VIII, Ep. 2198, líneas 27-30). La *Epístola de un celoso de Erasmo* tiene que ser, pues, contemporánea de la conferencia de Valladolid. ¿Será efectivamente Esteban Gabriel Merino su autor, según la hipótesis formulada por Allen? Lo que puede hacernos dudar es el título de *Episcopus* con que Valdés lo designa. Merino llevaba el título de Arzobispo de Bari (con que firma las cartas invocadas por Allen), prefiriéndolo a su título de Obispo de Jaén. El autor de la epístola anónima es, con mayor verosimilitud, Cabrero, obispo de Huesca, ardiente defensor de Erasmo en la conferencia de Valladolid. Valdés (F. Caballero, *op. cit.,* pág. 337) lo llama "Episcopus Cabrerus vir eruditus, celeberrimusque concionator ac magne auctoritatis apud omnes aulicos".

parar a Erasmo con San Jerónimo, tan ardiente en extirpar la herejía? ¡No nos faltaba otra cosa sino poner a Erasmo en el mismo pedestal que a San Pablo!" Hay además, en la situación presente, algo más grave aún: la protección oficiosa de que disfruta el erasmismo. Se siente que nuestro franciscano, mejor informado sobre el asunto que el prior de la Murta de Barcelona, pasa sobre este terreno como sobre ascuas. Exclama:

¡Lejos de nosotros Erasmo y sus secuaces! Que vaya a reunirse con los bátavos sus hermanos. Nosotros, los españoles, tenemos una fe pura y robusta que los chistes y habilidades de Erasmo no son capaces de corromper. Por eso nuestro piadosísimo Emperador, escuchando el consejo de Su Ilustrísima Señoría Don Alonso Manrique, Arzobispo de Sevilla e Inquisidor General, ha prescrito que se examinen los escritos de Erasmo para determinar lo falso y lo verdadero de las ideas que contienen. Esto es cosa ya hecha en parte. La continuación no tardará.

Era difícil presentar más hábilmente los debates interrumpidos de Valladolid. Carvajal abusa asimismo de una frase del Arzobispo de Toledo, cuyos verdaderos sentimientos no puede ignorar. El prelado había contestado a quienes le hablaban de las herejías de Erasmo: "Si Erasmo es hereje, que lo quemen." Nuestro franciscano finge tomar esto a la letra, como anuncio de un castigo ejemplar, y se extasía con esta frase "dignísima de un primado de las Españas".[20] Hace flechas de cualquier pedazo de palo.

Habiendo resuelto entrar en el campo de batalla para defender la vida religiosa ultrajada, Carvajal se esfuerza por todos los medios en arruinar la veneración de que los españoles rodean el nombre de Erasmo. Denuncia, en ese ídolo, a un monstruo de orgullo y malignidad. El lema *Cedo nulli* que lleva su sello, con la efigie del dios Término, es la expresión insolente de un soberbio que no se inclina ni ante un Budé, un Reuchlin, un Clichtowe, un Pico de la Mirándola o un Policiano, ni ante un Agustín, un Ambrosio o un Jerónimo.[21] ¿En qué consiste, pues, esa

20 *Apologia*, fol. 18 rº.

21 *Ibid.*, fols. 10 vº-12 vº. En el momento mismo en que Carvajal publicaba su *Apologia*, Erasmo había dado sus explicaciones acerca del dios Término y del lema *Concedo nulli* en una epístola dirigida a Alfonso de Valdés y publicada inmediatamente por el autor junto con la *Interpretatio in Psalmum LXXXV* (Basilea, agosto de 1528). Cf. Allen, t. VII, Ep. 2018. Declaraba haber adoptado este símbolo como recuerdo del término irrevocable de la muerte. "Quienes me conocen de cerca por haber vivido en mi intimidad —observaba— me atribuirán todas las faltas del mundo antes que la arrogancia; reconocerán que el lema socrático «sólo sé una cosa, que no sé nada» conviene mejor a mi carácter que el *Concedo nulli*. Pero admitamos que se me suponga tan insolente que me prefiera a todos: ¿se me va a creer tan necio que lo proclame en un emblema?" Sin embargo, no es imposible que Erasmo, en su fuero interno, haya simbolizado también por el dios Término cierta fidelidad inquebrantable a sí mismo, fidelidad que le hizo, hasta el fin, salvar su libertad espiritual entre ortodoxos y luteranos. Hay un eco español de esta polémica (a propósito del lema *Nec Jovi cedo*) en la *Relación verdadera del recibimiento que hizo la ciudad de Segovia a la Magestad de la Reyna... Doña Anna de Austria en su felicíssimo casamiento que en la dicha ciudad se celebró*, Alcalá (Juan Gracián), 1572, fol. X 3 vº. Es de notar que el autor de la *Relación* no trata a Erasmo con severidad.

superioridad que fascina a tantos, y los atrae al borde del abismo? ¿Acaso en la fecundidad de su pluma? Pero ésta no puede compararse con la de San Jerónimo, San Agustín, San Juan Crisóstomo, Santo Tomás o el Tostado. ¿Acaso en la pureza de su latín? Pero Erasmo no tiene empacho en forjar neologismos "en su yunque bátavo". Abusa de esas palabras sacadas del griego que reprueba Horacio. Un Policiano, un Nebrija se le igualan fácilmente, si es que no lo dejan atrás. Apenas se levanta al nivel de un Lorenzo Valla, su modelo. ¡Y qué lejos se queda de los clásicos, de un Suetonio, de un Varrón o de un Séneca! Su locuacidad no tiene nada de la verdadera elocuencia. A veces, su latín fluye con muy suave murmullo, pero es un arroyito que jamás se acercará a la majestad del río. ¿Cómo esos sabios a medias que reverencian a Erasmo pueden pensar en parangonarlo con Cicerón? ¿Que se leen sus libros porque son ingeniosos? Entonces, que se lea mejor a Terencio y a Plauto. ¿Que lo que en él se admira es su helenismo? Budé y muchos otros lo sobrepasan en esta materia. El gran hombre del día aparece demasiado pequeño cuando se le compara con un auténtico gigante, como Pico de la Mirándola. Éste no se contentaba con saber bien el latín, más o menos igual el griego, y con tener conocimientos de hebreo: poseía perfectamente todas estas lenguas y a ellas agregaba el siríaco y el árabe. Erasmo, hinchado de su gramática y de su retórica, desprecia las siete artes liberales: Pico de la Mirándola se había formado en esta disciplina. Él sí que era un gran teólogo, al paso que Erasmo, como muy bien saben los hombres del oficio, cojea a menudo en ese terreno.[22]

En verdad, la superioridad de Erasmo no brilla sino en la injuria: "No perdona ni a los doctores en teología, a quienes llama asnos a boca llena, ni a los religiosos, a quienes trata de fariseos y de sicofantes, ni a los grandes y los reyes, a quienes presenta como tiranos. No perdona siquiera al César". Aquí, nuestro franciscano parece dirigirse a Carlos V en persona, y apuntar contra los Gattinara y los Valdés, al mismo tiempo que contra Erasmo, a quien ellos tratan como buen imperial y de quien parecen esperar siempre oráculos. Carvajal estaba todavía en París cuando Francisco I volvió del cautiverio. Asegura que el Rey de Francia regresaba decidido a respetar el tratado de Madrid, pero que pensó violarlo a partir del momento en que recibió de Erasmo cierta carta de felicitación en que las cláusulas de ese tratado se presentaban como inicuas a juicio de "algunos". Ya en el coloquio *Puerpera*, escrito algunos meses antes, el consejero Erasmo había juzgado la política de su señor calificándola de tentativa para establecer una *nueva* monarquía universal. ¿Se le creería? Carvajal admitiría gustoso la superioridad de Valdés en materia de celo imperialista. Pero, francamente, ese calificativo de *nueva* le parece un ultraje a la majestad del César. "La monarquía del César, que parece nueva a Erasmo, está fundada sobre el derecho natural y el derecho divino." Nuestro "sofista", hábil en solicitar las citas, invoca a Aristóteles, que da a la monarquía la preferencia sobre la democracia y la aristocracia.

---

[22] *Apologia,* fol. 8 rº.

Invoca también a Cristo, que dijo: *Dad al César lo que es del César, y a Dios lo que es de Dios,* "como si el imperio del mundo entero estuviese dividido entre el César y Dios". Pero todo eso es pura acrobacia verbal. Carvajal no considera en modo alguno al Rey de Francia sometido por derecho divino a la hegemonía del Emperador. Ruega, como es natural, por que el piadosísimo Carlos y el cristianísimo Francisco se reconcilien finalmente y reine en el mundo la paz evangélica. El único afán que guía su pluma es denigrar a Erasmo, presentar su anhelo de imparcialidad como una falta de lealtad y un dar alientos al espíritu de venganza. Según el franciscano, los horrores de la última guerra, el mismo saco de Roma, serían imputables a Erasmo y a otros "aduladores de reyes".[23]

La *Apologia* de Carvajal tenía que irritar violentamente a los erasmistas españoles, tanto por la argumentación pertinente y hábil en pro del monacato, como por el encarnizamiento de mala fe contra su ídolo. Su primer movimiento, al aparecer el libro, fue ponerlo en picota, en plena plaza del mercado.[24] Erasmo se reirá al conocer esta hazaña de sus discípulos. "Es una respuesta más rápida que los razonamientos", dirá.[25] Sin embargo, también hubo razonamientos. Dos respuestas cuando menos se compusieron en España y se sometieron a la aprobación del estado mayor erasmiano. Una era erudita, pero demasiado agresiva; la otra agresiva y menos sólida. Alfonso de Valdés juzgó preferible no publicar ninguna de las dos para no irritar a los franciscanos, que, al parecer, habían retirado espontáneamente el libro del comercio, temerosos de las represalias. Valdés aconsejaba a Erasmo tratar aquella diatriba con el desprecio, y no contestarla.[26] Pero su consejo llegó demasiado tarde a Basilea. En los primeros meses de 1529, la *Apologia* se reimprimía en París gracias a un tal Juan de Zafra, con dedicatoria al Cardenal Quiñones, general de la Orden. Ésta fue la edición que primero leyó Erasmo, antes de recibir la de Salamanca, enviada por Valdés junto con sus consejos de prudencia. Pronto a la réplica, había redactado sin pérdida de tiempo su *Respuesta al libelo de un calenturiento;* Froben se había apre-

23 *Ibid.,* fols. 8 rº-9 vº. Véase la carta de Erasmo a Alfonso de Valdés (Allen, t. VIII, Ep. 2126, líneas 5-40) de fecha 21 de marzo de 1529. En ella demuestra Erasmo lo infundado de los reproches de Carvajal en esta materia, y observa que ese pasaje se había modificado en la edición de la *Apologia* impresa en París, para que su imperialismo furibundo no disgustara al público francés. No he visto esa edición parisiense. Es sin duda la que Wilkens consultó en 1886 en la Biblioteca Imperial y Real de Viena, según se ve por sus notas, que amablemente me comunicó el pastor E. Stern, de Estrasburgo: lleva fecha de 1529, pero no lugar de impresión ni marca de impresor. Tiene 60 páginas en 12º. Fue mandada imprimir por cierto Juan de Zafra (Johannes Zafranus) a petición del Cardenal Quiñones (Franciscus de Angelis), general de los franciscanos. Erasmo, por consideración a los imperiales, creyó conveniente modificar el pasaje incriminado del coloquio *Puerpera* (cf. *supra,* pág. 228, nota 7).

24 Allen, t. VIII, Ep. 2163 (Alfonso de Valdés a Erasmo, Barcelona, 15 de mayo de 1529), líneas 125-128.

25 Allen, t. VIII, Ep. 2126 (21 de marzo de 1529), línea 106: "Risi librum in crucem actum. Istis rationibus vincentur citius quam rationibus".

26 Allen, t. VIII, Ep. 2198 (Alfonso de Valdés a Erasmo, Barcelona, julio de 1529), líneas 6-15 (cf. *infra,* págs. 492-493).

surado a imprimirla para que llegara a Francfort junto con las demás novedades lanzadas para la feria de primavera.[27]

Una vez más, Erasmo había cedido al demonio de la polémica. Había tratado sin comedimiento esa apología "bufonesca" del monaquismo, echando sobre su autor, como traje de colorines, el feo apodo de Pantálabo[28] e identificándolo además, equivocadamente, con un franciscano a quien había recibido varios años antes en su mesa.[29] Sobre un punto, al menos, daba satisfacción a sus amigos españoles que tanto se afanaban en conciliarle a los mejores de los religiosos: se quejaba mucho de que se le representara como enemigo de todos los frailes, sin distinción de buenos y malos, de piadosos y supersticiosos. Carvajal respondió a su vez con una *Edulcoración de las cosas amargas de la respuesta erasmiana.*[30] Herido en carne viva por el apodo de Pantálabo, ponía por las nubes la nobleza de su familia con orgullo poco franciscano.[31] Por lo demás, nada esencial añadía a su primera *Apología:* porque hacer de Cristo un Abad y de sus apóstoles unos religiosos, o, lo que es más, incluir entre los monjes al Emperador y a los grandes señores dignatarios de las órdenes de Santiago, Calatrava y Alcántara, no eran argumentos demasiado serios. Erasmo no juzgó indicado volver a la carga contra él.[32] Se contentó con reclamar que se persiguiera al impresor clandestino de la *Dulcoratio.*[33] Carvajal había tomado su lugar en aquel mundo de enemigos que asediaban las paredes de su celda, en Friburgo lo mismo que en Basilea: un mundo en que los erasmistas demasiado celosos también tenían su papel. En París, después del asunto de Berquin, un libelista

27 Allen, t. VIII, Ep. 2126, líneas 1 ss. Acerca de la edición parisiense de la *Apologia* véase la nota 23 de la pág. anterior. La *Responsio ad cujusdam febricitantis libellum,* que se puede ver en el t. X de Erasmi *Opera* (edición de Leiden), debe su título a esta confesión de Carvajal en el prefacio de la *Apologia:* "Nullum librum consulere vacavit ob febrem improbam quae me quarto die summe defatigabat."

28 Cf. Horacio, *Sat.,* I, VIII, 10-11: "Hoc miserae plebi stabat commune sepulcrum / Pantolabo scurrae Nomentanoque nepoti."

29 Allen, t. VIII, Ep. 2126, líneas 60 ss., y Ep. 2198, líneas 16 ss., en que Valdés desengaña a Erasmo acerca de esto.

30 *Dulcoratio amarulentiarum Erasmicae responsionis ad Apologiam Fratris Lodovici Caruaiali, ab eodem Lodovico edita,* París (Simon Coline), 1530. No he podido ver la edición sin indicación de lugar ni de impresor a que se refiere Erasmo en su carta a Manrique (cf. *infra,* nota 33).

31 *Dulcoratio,* fol. 7 r⁰: "Enimvero mea familia per totam fere Hispaniam sparsa est: et ubicumque Caruaiali sunt, sive Betiae [Baeza], sive Ubetae [Úbeda], sive Turrejulio [Torrijos?], sive Castris Celicis [Castrogeriz?], sive Placentiae [Plasencia], praecipuis Hispaniae civitatibus, nobiliores sunt quam ut Pantalabo mancipio sint comparandi; habentque oppida et castra, nedum propria sepulchra, quibus recondi possunt; neque indigebam ipse Pantalabi commune sepulchro. Sed forsan qui apud Hispanos habentur in pretio, apud Batavos vilescunt homines clarissimos".

32 No obstante, Erasmo contestó a la *Dulcoratio* de manera rápida e indirecta en una carta visiblemente destinada a la impresión, y que por lo demás no tardó en imprimirse en las *Epistolae floridae* (Basilea, septiembre de 1531). Se la puede leer en Allen, t. VIII, Ep. 2300 (Erasmo a Pero Mexía, Friburgo, 30 de marzo de 1530). Véanse en particular las líneas 77 ss.

33 Allen, t. VIII, Ep. 2301, líneas 21 ss. (Erasmo a Manrique, Friburgo, 31 de marzo de 1530).

anónimo había desencadenado, sin quererlo, a la Sorbona contra él. Y en España —sin hablar de las traducciones de sus libros—, la agresiva *Epístola de un celoso de Erasmo* excitaba la cólera de los frailes españoles y les hacía escoger a Carvajal como abogado...[34]

Diríase que el anciano, en su cansancio, se asombra de ver volver contra él las flechas que ha lanzado a los cuatro vientos del cielo sin apuntar a nadie en particular. Para explicarse la hostilidad de que es víctima, tiene que hacer entrar en la cuenta a aquellos que, por todas partes, vulgarizan su pensamiento y se arman de él contra los escolásticos y los frailes. Ojo clarividente del gran escritor arrastrado a pesar suyo a polémicas mortales para su reposo. Si Erasmo tuvo que sostener personalmente esa guerra de libelos y de *Apologías,* que llena un volumen entero de sus obras completas, en todo ello no hemos de ver sino episodios brillantes de una guerra mucho más difusa, que sus amigos lanzaron en todas partes contra sus adversarios. Guerra mucho más decisiva para el porvenir de Europa. Nunca subrayaremos lo bastante hasta qué punto el espíritu de la Contrarreforma española resultó moldeado por las discusiones en torno al pensamiento de Erasmo.

II

Los erasmistas ejercieron sobre la renovación de la Iglesia en España, durante la época de Carlos V, una acción generalmente más ignorada. La reforma eclesiástica que sin ruido se llevó a cabo entonces es, hasta cierto punto, obra de ellos. Gran número de prelados habían recibido el sello del humanismo: las ideas de Erasmo no les asustaban. No vacilaron en rodearse de colaboradores erasmizantes que aspiraban a hacer a los sacerdotes más dignos de su misión, sin modificar profundamente la institución del sacerdocio católico. Quizá las constituciones sinodales elaboradas por entonces en los sínodos diocesanos podrían dejarnos ver algo de esta tendencia, si poseyéramos su colección completa. Pero no es cosa segura que nos dieran demasiados informes. En efecto, se promulgaban desde hacía mucho tiempo medidas rigurosas, por ejemplo a propósito de los sacerdotes concubinarios, y el hecho mismo de que estas prescripciones se fuesen repitiendo de sínodo en sínodo prueba que no bastaba promulgarlas para remediar el mal. La reforma consistió, sobre todo, en un reclutamiento más cuidadoso de los sacerdotes y en un ejercicio más concienzudo de la autoridad episcopal. Poseemos, por suerte, un curioso tratado de Juan Maldonado intitulado *El buen pastor,* en que el eclesiástico erasmista expone muy por menudo la corrupción de las costumbres eclesiásticas, para trazar un programa de regeneración. Lo escribió a fines de 1529, en

---

[34] Allen, t. VIII, Ep. 2126, líneas 130-134. Hemos citado antes (pág. 323, nota 19) un pasaje de la respuesta de Alfonso de Valdés. El secretario agrega: "Ne credas eam Epistolam fraterculum ad scribendum in te provocasse; sed quum novus ex Lutetia veniret, velletque apud nos famam venari et mundo innotescere, quid aliud magnificentius facere potuit quam scribere in Erasmum?" (Ep. 2198, líneas 30-34).

homenaje a Don Íñigo López de Mendoza, nombrado obispo de Burgos.[1]
En el invierno anterior, cuando la Corte se hallaba en esta ciudad, el
Conde de Miranda, hermano del nuevo prelado, había elegido a Maldonado como preceptor de su hijo.[2] Como es natural, nuestro humanista
espera, en recompensa de los servicios prestados al sobrino, un buen puesto
entre los colaboradores del tío. Tiene ya un pie en la administración
diocesana, pues ejerce por interinazgo las funciones de examinador.[3] Su
manera de enumerar las condiciones requeridas para ser buen provisor
de obispado, sin omitir la edad óptima (más cerca de los cuarenta años
que de los treinta), nos hace sospechar que él cree poderlas satisfacer
personalmente bastante bien.[4] Pero si no del todo desinteresado, sí es un
testigo bien situado, que conoce por dentro el mundillo eclesiástico de
que habla. Escribe su libro en latín, sin temor de escandalizar a los ignorantes, y su calidad de sacerdote aparta de sus críticas toda sospecha de
pasión anticlerical.

No olvida en ellas a los prelados. Éstos llevan generalmente una vida
fastuosa, sin más afanes que el lucro y el placer. Maldonado ha conocido, en el palacio episcopal de Burgos, al magnífico señor Don Juan
Fonseca antes de que reformara su vida y redimiera, con las buenas acciones de sus últimos años, los escándalos y exacciones que al principio
lo habían hecho tan impopular. Favorito del rey Don Fernando, no había abandonado la Corte sino para tener él su propia corte. Era, en su
obispado, un gran señor preocupado de acrecentar su fortuna, de manejar mucho dinero, de construir edificios soberbios.[5] En él y en otros
parecidos a él piensa nuestro autor cuando describe la jornada de un
obispo:

Se levantan tarde, y al punto acuden los familiares, los aduladores, los bufones, y en seguida los mayordomos, los secretarios, los denunciadores. Se parlotea,
se cuchichea, ya del alza de la tasa de las multas, ya de las rentas y de los

1 *Pastor bonus*. Cf. *Bibliografía*, núm. 867. Este tratado, que figura en el volumen
de *Opuscula* de Maldonado impreso en Burgos (J. de Junta) en 1549, tiene su fecha al
final: "Vale, Burgis, Nonis decembris, Anno vicesimo nono supra millesimum [quingen-
tesimum]." Don Íñigo López de Mendoza y Zúñiga se encontraba en Inglaterra como
embajador de Carlos V cuando recibió su nombramiento de obispo de Burgos, el 2 de
marzo de 1529. Sobre la familia de este prelado y sobre su muerte (1535) pueden verse
extensas noticias en José M. March, S. J., *Niñez y juventud de Felipe II*, Madrid, 1941,
t. I, pág. 83, y t. II, pág. 249. Hermanos de Don Íñigo eran Don Francisco de Zúñiga,
Conde de Miranda, y Don Juan de Zúñiga y Avellaneda, Comendador mayor de Castilla, a quien se dedicó una traducción de la *Praeparatio ad mortem* de Erasmo (cf.
infra, pág. 563).

2 *Pastor bonus*, fol. e 1 rº. Maldonado compuso su *Paraenesis ad politiores literas
adversus grammaticorum vulgum* para el joven Gutierre de Cárdenas, hijo de Don
Francisco de Zúñiga, conde de Miranda. No he podido ver ningún ejemplar de este
rarísimo opúsculo, impreso sin duda en 1528 o 1529.

3 *Pastor bonus*, fols. d VIII rº, e 1 rº.

4 *Ibid.*, fol. d II vº. Según los datos autobiográficos de las notas de la *Hispaniola*
(utilizados por Allen, t. VI, pág. 393), Maldonado tenía más de veinticuatro años en
1518, de manera que a fines de 1529 tenía más de treinta y cinco.

5 *Pastor bonus*, fols. f v vº-vi rº.

diezmos, que hay que arrendar a mayor precio este año, ya de la carestía del trigo, de la adjudicación más ventajosa de las tasas y del medio de aumentarlas. Cuando se cansan de estos asuntos, o más bien cuando se acerca el mediodía, dicen misa apresuradamente, y hasta, las más de las veces, la dicen en horas prohibidas, declarando que va a ser mediodía. Después se sirve un suntuoso almuerzo, y si por ventura alguna cosa funciona mal, se injuria al maestresala, al mayordomo y al despensero, se les llena de reproches, y para quitarles las ganas de incurrir otra vez en su falta, el amo no les dirige la palabra durante varios días. Después del almuerzo, se divierten con los chistes de los bufones o de parásitos ineptos. Que un obispo engorde en su corte gente de esta calaña es cosa que dice suficientemente que el amor de Dios es el último de sus afanes, y que no tiene cuidado de sus ovejas. Finalmente, bostezos reiterados dan la señal para que se despida toda la caterva. Después de la siesta, montan a caballo, se pasean, van a visitar a damas nobles. Allí, en el fuego de la conversación, se zahieren las costumbres de todos, no se respeta condición alguna. Se lanzan frases muy poco decentes. Cuando está muy avanzada la noche, hay que volver a casa. La cena transcurre más o menos como el almuerzo, ¡y pluguiera al cielo que no la siguiesen torpezas más graves! [6]

Si tal es la vida del prelado, toda la administración de la diócesis descansa sobre aquellos en quienes él delega su autoridad. En primer lugar el provisor, que lo reemplaza durante sus ausencias, y que administra justicia en su nombre. Maldonado insiste circunstanciadamente —quizá sin designios ocultos— en el cuidado con que deben ser elegidos los provisores, en la independencia que conviene asegurarles por medio de alguna honorable prebenda, en el peligro que hay en reclutarlos de entre los universitarios famélicos, de entre los abogados sin conciencia o hasta del seno del cabildo de la catedral. Porque ¿cómo podrá un canónigo, nombrado provisor en su propia ciudad, desembarazarse de toda esa malla que forman a su alrededor los lazos de amistad, de parentesco, de clientela, sin hablar de los intereses? ¿Cómo podrá administrar justicia de modo imparcial? Maldonado habla, con palabras encubiertas, de escándalos recientes sobre los cuales más vale tender el púdico velo del silencio.[7]

Los examinadores, que vienen inmediatamente después del provisor en la jerarquía diocesana, tienen sobre sí la pesada responsabilidad de la admisión a las órdenes y de la colación de las prebendas. Desgraciadamente, no siempre son hombres íntegros. En la época de Fonseca, ciertos examinadores que gozaban del favor del obispo se dejaron cohechar y admitieron como ordenandos a unos jóvenes de ignorancia escandalosa. Fonseca tuvo el valor de publicar la infamia de sus colaboradores, y los condenó a perpetuo destierro. Pero ¡ay! la remuneración que dan los candidatos a sus examinadores ha entrado de tal manera en las costumbres, que hasta se ha descubierto que se pueden hacer economías en sus

[6] *Ibid.*, fol. g II rº-vº. Es interesante, en relación con el ideal propuesto al nuevo obispo de Burgos por el discípulo burgalés de Erasmo, el estudio de José Ignacio Tellechea, *La figura ideal del obispo en las obras de Erasmo*, en *Scriptorium Victoriense* del Seminario Diocesano de Vitoria, t. II (1955), págs. 201-230.

[7] *Pastor bonus*, fols. d II vº-III vº.

honorarios: se nombra examinadores a los que solicitan el puesto sin pretender ningún salario fuera de las sumas que se ingenian en sacar en el ejercicio de su cargo. A principios del siglo, la diócesis se contentaba con un examinador bien pagado; ahora que ya no se les paga salario, parece que no son suficientes tres, y casos se han dado de que haya cuatro.[8]

Los notarios o escribanos del tribunal eclesiástico se han multiplicado de manera semejante. Antes de Fonseca, bastaba con uno solo, con dos a lo sumo. Ahora, los negocios de leguleyos son tan prósperos, que a duras penas bastan cuatro. También éstos se pagan a sí mismos: el fisco episcopal les deja la cuarta parte de las sumas que obligan a pagar a los litigantes y a los clérigos que han merecido multas. Ya se comprende que hagan presión sobre los acusados, que prolonguen indefinidamente los procesos para vender caro una intervención decisiva. Maldonado ha tenido experiencia de esto en un proceso cuyo objeto era un beneficio no muy rico, y en el cual su derecho había quedado probado más que suficientemente. El escribano encontraba siempre razones nuevas para no dar por concluido el asunto. El juez respondía a las reclamaciones del quejoso diciendo que la escribanía se hallaba sobrecargada de quehaceres. Al fin, por consejo de un amigo, Maldonado puso como al descuido unas monedas en la mano del escribano, que se hizo un poco de rogar para tomarlas, pero el asunto terminó en tres horas. Se ha visto no hace mucho el caso de un cura de la montaña que, después de haber litigado durante tres meses para asegurarse la posesión de su curato, se enfureció cuando le presentaron la nota de las costas, y mandó al diablo su beneficio, su sotana y esa justicia de ladrones, jurando a voz en cuello que saldría a alistarse en el ejército de Italia al día siguiente por la madrugada: prefería hacer frente a la batalla y al fuego de los cañones que no comprar tan caro un beneficio en que viviría mezquinamente.[9]

Los "denunciadores fiscales" son los representantes del ministerio público, y lo hacen odioso, pues infaman a menudo a los sacerdotes más honorables y cierran los ojos a los crímenes de los peores. Lo que es más grave, tienen agentes a sueldo en cada ciudad, en cada aldea, para espiar a los eclesiásticos y amontonar acusaciones calumniosas por los más fútiles pretextos. La calumnia se va convirtiendo en un oficio bastante lucrativo, desde que una ley reciente atribuye al denunciante la tercera parte de la multa a que se condene al culpable. Cualquier pretexto es bueno para arrestar a un sacerdote, y se acumulan sobre su cabeza tantos cargos que, si logra probar la falsedad de algunos, quedarán siempre los suficientes para que se le condene a una pena pecuniaria.[10]

Los "procuradores" o abogados llevan al colmo los males de la justicia episcopal, porque multiplican los procesos a su antojo, dilatándolos para su provecho y para ruina de los litigantes. Y una ley reciente prohíbe prescindir de sus servicios defendiendo uno su propia causa.[11]

8 *Ibid.*, fols. d IV vº-VIII vº.
9 *Ibid.*, fols. e II vº-IV vº.
10 *Ibid.*, fols. e IV vº-v rº.
11 *Ibid.*, fol. e VI vº.

Toda esta máquina judicial se ha montado, no para la represión de los delitos, sino para su explotación. Ésta es la que Maldonado critica sobre todo, porque los vicios de la organización episcopal interesan primordialmente al obispo. De modo más general, los clérigos constituyen una categoría de ovejas que están sometidas directamente a su autoridad.[12] El *Pastor bonus* traza un cuadro bastante sombrío de ese mundo eclesiástico.

Los canónigos de la catedral dan el tono a los demás cabildos de la diócesis, y cada vez más al clero todo. Ahora bien, salvo rarísimas excepciones, a nadie se nombra ya canónigo o arcediano en premio de sus virtudes. Todo es asunto de favor, de intriga, de dinero. Se sabe de antemano cuánto cuesta una canonjía, un arcedianato o una abadía. Un hijo de familia que amenace tomar el mal camino es enviado a Roma con una suma suficiente para comprar en la Curia algún cargo de secretario o consejero, o de oidor. Cultiva los favores de un cardenal y se inicia en los misterios de la caza de beneficios. Durante este tiempo sus parientes, en España, se quedan al acecho de las prebendas más pingües, y no bien muere uno de sus titulares, le despachan un correo que le lleve la noticia. Si un competidor parece tener más probabilidades, queda el recurso de comprar su desistimiento ofreciéndole una pensión anual igual a la renta del beneficio. Una vez rescatada esta pensión, la prebenda no debe ya nada a nadie: nuestro hombre es un personaje en la Iglesia; un paje le lleva la cola; se sienta en los lugares más honrosos del coro y no dice misa nunca; si cede a alguna flaqueza de la carne, puede tener hijos impunemente; cuando muera, la campana mayor de la catedral doblará en sus funerales. Otro método clásico de caza de beneficios consiste en entablar un proceso, bajo cualquier pretexto fútil, contra el sacerdote, de edad avanzada, cuya plaza se codicia. Éste parte en su mula ricamente enjaezada, corre a Roma, moviliza abogados. Muere durante el curso del proceso, y es cosa de juego recoger su sucesión por poco que el aspirante sepa aprovechar las ocasiones, sobre todo si cuenta con un protector en la Corte.

Fuera de algunos hijos de la alta nobleza y de unos pocos hombres muy instruidos que deben su puesto al mérito, escasísimo es el número de dignatarios de las catedrales que han llegado de modo diverso a su situación. Si alguna vez, de casualidad, se mezclan con ellos algunos hombres sabios, entonces se considera a éstos como testigos peligrosos de la ignorancia general. Ellos son los parias del cabildo: dicen misa todos los días, quedan absorbidos enteramente por el servicio del coro y del altar; de ese modo no tienen tiempo de proponer a sus colegas cuestiones indiscretas sobre la liturgia o los Evangelios.[13]

El clero parroquial es innumerable, particularmente en la diócesis de Burgos, que cuenta más sacerdotes por sí sola que tres de los mayores obispados de España. Son tantos los que reciben las órdenes, que las

---

[12] *Ibid.*, fol. c III r°.
[13] *Ibid.*, fols. c III v°-VI r°.

parroquias, con sus rentas y sus diezmos, apenas los pueden alimentar precariamente. Sucede que, en una aldea de veinte habitantes, cuatro sacerdotes se dividen el curato, en virtud de la detestable costumbre que hace fragmentar esos beneficios llamados "patrimoniales" y escoger sus titulares de entre los naturales del lugar. Este proletariado eclesiástico es, por fuerza, miserable. No brilla ni por su ciencia ni por sus virtudes. Los jefes de familia consagran al sacerdocio a los segundones, a los hijos a quienes juzgan incapaces para otra cosa. La ignorancia es tal entre estos sacerdotes, que no entienden siquiera el latín litúrgico. ¿Cómo pedirles que comenten una epístola o un evangelio? En cuanto a su conducta, es alentada, desgraciadamente, por la justicia episcopal, puesto que los desórdenes de esos curas son la fuente más abundante de sus ingresos:

Si por ventura un cura de aldea se ha sentado en la taberna, si allí se ha mezclado en los juegos y se ha embriagado, lo arrastran ante el tribunal; si ha pescado en el río, estando prohibido; si lo sorprenden con una ballesta, acechando los pájaros, lo persiguen de la misma manera. Si mantiene en su casa una barragana y tiene hijos, lo citan en justicia como por un crimen capital. Pero sólo lo condenan a una multa. Él la paga, y regresa a su casa con audacia redoblada, puesto que no le han intimado ninguna prohibición de hacer hijos; lo único que ha aprendido es cuánto le costará cada dos años su manceba, si quiere conservarla a perpetuidad. Que fornique y frecuente las mujeres de mala vida; que jure y blasfeme; que juegue y despilfarre en una hora una fortuna, que sea rufián o usurero,[14] que sea sacrílego, que sea de una crasa ignorancia —y de aquí es de donde proviene toda la inmoralidad del clero—: no lo juzgarán con dureza, siempre que deje dinero en manos de los denunciadores y en el fisco.[15]

En fin, para colmar el malestar y la desmoralización de que adolece el clero secular, los frailes rivalizan con los sacerdotes, ¡y de qué manera!

Invaden el campo de los pastores, siegan lo que no han sembrado, presumen de inocentes corderos y se portan como lobos voraces, aparentan estar castrados por amor de Cristo y sobrepasan en lubricidad a todos los galanes.

Maldonado insiste en que no es su intento condenar en conjunto la institución monástica. Hay órdenes llenas de santidad en que a cualquiera le consta que los sabios abundan y dan ejemplo de todas las virtudes. Hasta entre los frailes mendicantes que recorren el mundo de dos en dos hay algunos que asisten a los enfermos y visitan a los pobres. Pero hay otros religiosos que matan porque les han quitado una mujer, que se enredan en amores ilícitos, que roban doncellas, que se hacen

14 Maldonado (*ibid.*, fol. c VIII vº) se indigna de que la usura haya sido rehabilitada por los cristianos, en lugar de haber sido exterminada juntamente con los judíos, y ve en esta evolución una consecuencia de la inseguridad que las guerras continuas causan al comercio. A juzgar por sus palabras, los sacerdotes acomodados no perdían ocasión de practicar este inmoral negocio.

15 *Pastor bonus*, fols. c VI vº-VII rº.

culpables de adulterios. Ahora bien, el clero secular se ha descargado de muy buena gana, en los religiosos, del fardo de las confesiones. Están ya a punto de conquistar el monopolio, y "casi no hay mujer rica que no se postre suplicante y llorosa a los pies de un fraile para confesar sus pecados". Se ufanan de ser muy superiores a los sacerdotes seculares en ciencia teológica, porque abundan en argucias aristotélicas, en dilemas bicornutos; se envanecen de estar preparados especialmente para la dirección de las conciencias. Los conflictos entre religiosos y clérigos diocesanos estallan escandalosamente con ocasión de ciertos funerales. Erasmo no ha inventado nada. Maldonado ha sido testigo de una verdadera batalla motivada por el entierro de un burgués que había legado sus despojos a un monasterio:

> Los frailes, informados de que su penitente ha expirado, salen, con la cruz a la cabeza, so pretexto de que los sacerdotes se hacen esperar, y se disponen a hacer el entierro según las reglas. Pero el clero parroquial, a quien corresponde esa presa, sabe que los frailes han salido con su cruz. Sólo que les está prohibido sacarla de los umbrales del monasterio. Los clérigos se precipitan con furor contra la cruz y contra los frailes. A éstos no les estorba de ninguna manera su cogulla, y combaten valientemente. Llueven los golpes en ambos bandos. La cruz yace por tierra o sirve de venablo, porque, después de utilizar los puños, todos recurren a las armas que hallan a mano. El desorden llega a tal extremo, que los alguaciles son impotentes contra él. Los vicarios del obispado, cuya autoridad hubiera tenido mayor peso, se quedan en casa como es su costumbre en este género de desórdenes, quizá por miedo de los frailes, cuya cólera es implacable y su odio sin medida, quizá porque les convienen esas riñas en que se meten los clérigos, pues en ellas ven una fuente de utilidades abundantes y fáciles.[16]

La desmoralización del clero contribuye, con su ejemplo, a la de la sociedad entera. De uno a otro extremo de la escala social, los seglares pueden encontrar en la conducta de los hombres de Iglesia una excusa para sus desórdenes. Los nobles y los poderosos reconocen sus propias pasiones en los clérigos ante quienes se arrodillan para confesar sus pecados, sean maestros en teología, simples sacerdotes o religiosos. Ven cómo los canónigos y los arcedianos exigen inexorablemente los diezmos, cómo venden el trigo de la Iglesia más caro que los usureros sin entrañas, atentos tan sólo a enriquecerse y a dejar pingües fortunas a sus herederos. Ven cómo pasan en sus mulas bien enjaezadas, rodeados de una escolta de servidores. Estos hombres, salidos en su mayor parte del pueblo, tienen por el pueblo un soberano desprecio. Se arrogan singulares privilegios. Hay, en los campanarios de las catedrales, campanas más gordas y venerables que las demás, que no tienen que doblar más que para los funerales de un abad, de un canónigo o de un arcediano, como si su majestuoso sonido debiera rescatar sólo la simonía y el concubinato. Las cruces procesionales se adornan, para el entierro de los sacerdotes, con una manga de seda: los seglares no tienen derecho a este honor.

¿Acaso nos vamos a maravillar si los nobles, que están obligados a servir al Rey a costa propia y con las armas en la mano, que tienen grandes necesidades de dinero para alimentar y vestir a su familia y a sus muchos criados, que tienen también hijos menores a quienes deben asegurar una situación decorosa, recurren a cualquier medio para vivir opulentamente, y buscan para sus hijos matrimonios ricos? ¿Acaso se les va a culpar de un crimen, cuando toman como modelo a la aristocracia del clero? [17] Por un razonamiento semejante, los magistrados municipales excusan sus cohechos y sus prevaricaciones con los ejemplos que les dan los eclesiásticos.

La rapacidad de los sacerdotes parece ofrecer una justificación a la rapacidad de los agentes de la autoridad y de los simples particulares, comerciantes, usureros, artesanos.[18] En consecuencia, ¡qué espectáculo ofrece a los ojos de Maldonado ese mundo en compendio que es el obispado de Burgos! Pillaje de los soldados; exacciones de los recaudadores de impuestos; acaparamiento de granos, cuyos precios se encargan de mantener elevados los arrendatarios de los diezmos; escandalosas fortunas de los prósperos mercaderes importadores de productos exóticos, que trafican en las plazas de Flandes, Inglaterra o Alemania, que tienen la vanidad de ennoblecer a sus hijos y de mandar esculpir escudos de armas nuevecitos en suntuosas capillas; engañifas de toda naturaleza en la cómplice media luz de las trastiendas en que se venden los brocados de oro, las sedas, los damascos, los paños o las telas; sisas de los sastres, zapateros, merceros, carniceros, panaderos y taberneros; avaricia sórdida y tramposa de esos matrimonios de tenderos unidos por su afán desorbitado de lucro; supercherías de los médicos para prolongar indefinidamente las enfermedades; medicinas adulteradas que llenan los tarros de los boticarios; trampas inicuas de los chalanes; imposturas de los corredores de toda clase que se interponen entre compradores y vendedores, so pretexto de hacer las transacciones más fáciles y seguras...[19]

El cuadro es sombrío. Sin duda no está exento de retórica. En él se adivina la influencia de la *Moria*, de la diatriba moral en que se pasan en revista todas las categorías de hombres. En él se presiente, por otra parte, la amarga elocuencia del *Guzmán de Alfarache*. Y, sin embargo, abundan los rasgos precisos que hacen vivir ante nosotros la gran ciudad mercantil que es Burgos, con toda la porción de España que la rodea: desde los magnates del negocio internacional hasta los campesinos oprimidos y hasta los artesanos reducidos, por la decadencia de sus oficios, a la mendicidad o al suicidio.

Pero la razón de ser de este cuadro es el clero que se apiña en primer plano, desde los majestuosos canónigos de pingües rentas y de ricos

---

[17] *Ibid.*, fols. e VIII vᵒ-f I vᵒ.
[18] *Ibid.*, fol. f II rᵒ-vᵒ.
[19] *Ibid.*, fols. b III rᵒ-VI vᵒ.

parientes hasta el párroco de la montaña a quien las exacciones de la justicia episcopal hacen arrojar lejos la sotana y descubrir en sí mismo vocación de soldado. Para nuestro sacerdote moralista, todo este mundo está abandonado a sus malos instintos, víctima de la omnipotencia del dinero, privado de un clero digno de este nombre, que obedezca a una autoridad espiritual. Un buen obispo, en el curso de sus visitas pastorales, vería el mal en sus múltiples manifestaciones. La solicitud de que diera pruebas con sus ovejas no tardaría en hacer reflexionar a quienes las explotan. La sociedad civil se conduciría mejor. Pero donde podría obrar sobre todo un buen pastor sería en el terreno eclesiástico. Sin arrogarse sobre los religiosos una autoridad que éstos reconocen sólo a los superiores de sus órdenes, podría castigarlos severamente, puesto que ellos salen de sus asilos de vida solitaria para mezclarse en la actividad del siglo, para litigar, para vender, para comprar. Cuando la acción de los frailes fuera de los claustros es ocasión de escándalo, y hasta de batallas en la vía pública, él tiene el derecho y el deber de llevarlos a su redil, a fuerza de palos si es preciso.[20] También los canónigos pretenden no depender más que de la jurisdicción del Papa; pero si el obispo está a la altura de su misión, si es enérgico, tendrán forzosamente que inclinarse ante él.[21] En cuanto a la masa del clero diocesano, hará mucho por elevarlo a una vida más digna si reduce su número y vigila mejor su reclutamiento. Sería oportuno obtener licencia del Papa para prohibir la fragmentación excesiva de los beneficios "patrimoniales", y en todo caso convendría asignar a cada curato de aldea una renta suficiente para que permita vivir al cura.[22] Es necesario que el obispo escoja con sumo cuidado a los subordinados en quienes delega su autoridad, y de modo muy particular a los examinadores, de quienes dependen la ordenación y la designación de los sacerdotes. También tiene que vigilar personalmente la administración de su justicia, y cuidar "que sus perros no se conviertan en lobos". Si él no dejara de tener mano firme, su tribunal podría moralizar al clero en lugar de desmoralizarlo. En fin, el ejemplo de sus virtudes obraría inmediatamente en torno suyo, y poco a poco en todo el clero: el clero caza cuando el obispo es cazador; el clero juega cuando el obispo es jugador. Bajo un obispo entregado a sus deberes, "los sacerdotes se reforman y se esfuerzan en imitarlo, abandonan a sus mancebas, exigen poco de los arrendatarios de los diezmos, huyen de los procesos, se cuidan menos de asegurar a sus hijos, mediante dinero, la sucesión de su beneficio... Cuando la cabeza está sana, el cuerpo renace a la salud".[23]

Descontado lo que es mera literatura, queda, en el *Pastor bonus*, una pintura nada despreciable de la vida eclesiástica española. Se entrevé, gracias a este opúsculo, cuánto quedaba todavía por reformar en las costumbres después de los esfuerzos llevados a cabo en la época de Isabel y de

20 *Ibid.*, fol. b VIII rº-vº.
21 *Ibid.*, fol. c VI rº.
22 *Ibid.*, fols. c VIII vº-d 1 rº.
23 *Ibid.*, fols. b VII vº-VIII rº.

Cisneros. El testimonio de Maldonado es tanto menos sospechoso cuanto que sus conceptos reformadores no son de radicalismo extremo. Un seglar como Alfonso de Valdés,[24] cuando se pone a pintar a un buen obispo, pierde contacto con la Iglesia real y se refugia en su utopía puritana de sencillez evangélica, de perfección interior. El buen obispo según Maldonado no debe perder de vista el espíritu de Cristo [25] en la administración de su diócesis y en su vida privada. Pero una vez que ha cumplido su oficio con vigilancia, ya no le está prohibido ningún pasatiempo honesto. No está obligado a la santidad. Su conversación debe huir hasta de la sospecha de hipocresía y evitar todo lo que parezca sombrío e inhumano.[26] Al nuevo obispo de Burgos, Maldonado no le propone como ideal la pobreza de la Iglesia primitiva. Puede tener sus caballos y sus perros, puede cazar, siempre que no aplaste los sembrados y que haga el bien a los campesinos que encuentre en el camino. Puede tener una corte tan numerosa como quiera. Puede conformarse al uso de los grandes señores españoles; puede pensionar, lo mismo en los campos que en la ciudad, a toda una clientela de hidalgos pobres y dignos,[27] a quienes la miseria hace correr demasiado a menudo a la guerra sin que tengan el alma feroz e impía de los soldados. Este ideal del "buen pastor" está en harmonía con el ideal de reforma eclesiástica de Maldonado: su ambición no es desmesurada; le bastaría con remediar los abusos más visibles.

Los erasmistas españoles, cada cual en su lugar y según su propio temperamento, debieron de trabajar por difundir el ideal de una Iglesia más digna de Cristo. Poco tiempo después de la elevación de Don Íñigo López de Mendoza al obispado de Burgos, Don Luis Núñez Cabeza de Vaca era nombrado obispo de Salamanca. Pidió entonces al Arcediano del Alcor que le contase la *Vida de Fray Hernando de Talavera,* el gran arzobispo de Granada que había sido protector y maestro de su juventud: vida de asceta, vida de apóstol, toda resplandeciente de santidad, vida de buen pastor que parece contada por la *Leyenda dorada,* y cuyos testigos viven todavía. El Arcediano lo evoca con piedad ferviente, que contrasta con la manera de Maldonado, observador sin ilusiones. Más que una biografía, es el retrato moral de un santo, un elogio de sus virtudes.[28] Pero hay, natural-

---

24 Cf. *infra*, pág. 398.

25 *Pastor bonus*, fol. g v vº.

26 *Ibid.*, fol. g III rº.

27 *Ibid.*, fol. g IV vº; "tacita penuria laborantes", dice Maldonado, con palabras que hacen pensar en el amo de Lazarillo.

28 Véase la *Vida de Fray Fernando de Talavera, primer Arzobispo de Granada,* por don Alonso Fernández de Madrid, Arcediano del Alcor, Canónigo de Palencia. Edición, prólogo y notas del P. Félix G. Olmedo, S. J., Madrid, 1931. Esta biografía plantea bastantes problemas, y desgraciadamente el P. Olmedo no los resuelve todos. Pero algo al menos queda bien establecido: 1º El Arcediano es autor de una *Vida* de Fray Hernando de Talavera que figura, como apéndice, en los manuscritos de la *Silva Palentina* del mismo Arcediano. 2º Esta vida es, con variantes, la misma que Andrés de Burgos, impresor de Évora, reprodujo en 1557. Ahora bien, esta edición contiene una epístola dedicatoria dirigida a cierto "Don Luis, Obispo de Salamanca", que no puede ser otro que Don Luis Cabeza de Vaca. Éste fue nombrado obispo de Salamanca en 1530, y permaneció allí hasta 1536, año en que se le trasladó al obispado de Palen-

mente, más de un punto de contacto entre la acción real de Talavera y la que Maldonado propone a su buen pastor, o la que Alfonso de Valdés presta a su buen obispo. El biógrafo no puede menos de estigmatizar, de paso, los abusos que Fray Hernando había perseguido incesantemente, pero que siguen, por desgracia, siempre vivos. Cuando habla del efecto desmoralizador producido en el clero por las "exacciones y extorsiones" de la justicia eclesiástica, sus amargas advertencias confirman, rasgo por rasgo, las críticas del *Pastor bonus*.[29]

España no vio surgir ningún nuevo Talavera. Pero parece como si, durante esos años en que se desvanece el espejismo de una reforma general impuesta por el Emperador, la porción más escogida de la Iglesia de España hubiera visto cada vez mejor la importancia de las reformas locales que podían poner por obra los obispos. Carecemos de datos precisos acerca de la obra llevada a cabo entonces en sus diócesis por hombres como Fonseca, Manrique o Merino. Pero, al menos, poseemos las constituciones sinodales elaboradas en Coria algunos años después por iniciativa de Don Francisco de Bobadilla y Mendoza.[30] Este prelado, conocido en su juventud con el título de Arcediano de Toledo, ilustre más tarde con el de Cardenal de Burgos, es una de las grandes figuras del humanismo aristocrático en España. Notable por su precocidad en la Universidad de Salamanca, discípulo predilecto del Comendador Griego, Erasmo lo considera, cuando apenas cuenta veinte años, como uno de sus mejores apoyos en España. En 1531 traba amistad en los Países Bajos con Vives, que le dedica su *De ratione dicendi*. Obispo de Coria a la edad de veinticinco años, lleva a su diócesis las aspiraciones reformadoras de la minoría erasmiana. Las *Constituciones*[31] que hará sancionar por el sínodo de 1537 son notables

cia. A instancias suyas, seguramente, reunió el Arcediano sus recuerdos relativos a Talavera. Por consiguiente, hay que situar en 1530, o poco después, la redacción de esta biografía y quizá también una primera edición, hoy perdida, que en ese caso reimprimió simplemente Andrés de Burgos.

[29] *Ed. cit.*, pág. 76: "Bien es que los delitos sean castigados, porque así conviene a la república, pero a mi parescer otros castigos se hallan en los sacros cánones más apropiados a las culpas que las penas pecuniarias, con que los oficiales que antaño traían ropa sin pelo, las tengan hogaño sobradas y forradas. Digo, pues, que de tales exacciones y extorsiones era este siervo de Dios tan enemigo, que no solamente no les consentía ni holgaba de oír semejantes acusaciones, mas aun creer cosa mal hecha de alguno no quería, si no fuese cierta y probada."

[30] Sobre este personaje, véase Allen, t. VII, pág. 23, nota; Ch. Graux, *Essai sur les origines du fonds grec de l'Escurial*, Paris, 1880 (*Bibliothèque de l'École des Hautes-Études, Sciences philologiques et historiques*, t. LXVI), págs. 43 ss., y la epístola dedicatoria de las *Observationes Fredenandi Pintiani... in loca obscura aut depravata Historiae Naturalis C. Plinii*, Salamanca, 1544. Ignoro en qué fecha tomó el prelado el nombre de Mendoza como primer apellido, llamándose Don Francisco de Mendoza y Bobadilla. Las *Observationes* del Comendador Griego, lo mismo que el volumen de *Constituciones* citado en la nota siguiente, lo llaman Don Francisco de Bobadilla. Yo lo nombro así para no confundirlo con Don Francisco de Mendoza, hermano de Don Diego Hurtado de Mendoza y obispo de Jaén (1538-1543).

[31] *Constituciones y actos de la sancta synodo del obispado de Coria*: hechas por el Reverendíssimo Sr. D. Francisco de Bouadilla, Obispo del dicho Obispado de Coria: Arcediano de Toledo, del Consejo de sus Majestades, en el año de MDXXXVII. — No

por más de un motivo. Si se contentaran con fijar a los clérigos reglas de
decencia y de buena conducta, con prohibir que les ayuden a misa sus hijos
bastardos, su originalidad no sería grande.[32] Pero hay varios aspectos
en que demuestran una preocupación nada común. Ordenan, por ejemplo,
que no sean admitidos al sacerdocio sino hombres de buena conducta y
bien preparados para su ministerio. Someten a rigurosa vigilancia del obispo la predicación de las indulgencias. Aligeran el procedimiento y el fis-
calismo de la justicia episcopal. No olvidan la "bolsa de los pobres" en
la aplicación de las penas pecuniarias. Para evitar la multiplicación arbitraria de los días feriados, establecen un calendario de fiestas. Ponen orden
en los escándalos del derecho de asilo. Finalmente, invitan al clero a combatir a los curanderos que abusan de la credulidad milagrera, a reaccionar
contra ciertas devociones supersticiosas, como las misas llamadas "parejas",
celebradas por tres sacerdotes simultáneamente, o bien las misas que exigen un número determinado de velas.

Don Francisco de Bobadilla fue un obispo de corte. No parece que
haya dado ejemplo de residencia. Tampoco se atrevería nadie a afirmar
que obligó con mano firme a que se aplicaran las reglas promulgadas por
el sínodo. El interés de éstas consiste, para nosotros, en que expresan las
tendencias reformadoras que por esos días iban ganando terreno en la
Iglesia de España.

III

Pero el erasmismo —nunca se insistirá en esto lo bastante— fue algo muy
distinto de un simple movimiento de protesta contra los "abusos" de un
clero indigno y de unos frailes ignorantes. Fue un movimiento positivo
de renovación espiritual, un esfuerzo de cultura intelectual dominado por
un ideal de piedad. A partir de la conferencia de Valladolid, el humanismo
cristiano cuyo maestro era Erasmo estuvo impulsado por una oleada de
optimismo reformador. La Inquisición no estaba todavía en acecho contra los clérigos aficionados al estudio del griego. Se tenía confianza en las
fuerzas renovadoras en pleno auge, siempre que no entrasen en abierto conflicto con la ortodoxia. Se ve entonces cómo a un Juan de Oria, conde-

he podido ver de este libro más que los análisis y extractos que aparecen, según una
reimpresión de Salamanca, 1572, en V. Barrantes, *Aparato bibliográfico para la historia
de Extremadura*, Madrid, 1875, t. I, págs. 468-482.
[32] Véanse en particular las *Constituciones synodales del Obispado de Calahorra...*
compiladas y añadidas... por D. Joan Bernal de Luco, obispo de dicho Obispado...
con acuerdo del Synodo que por su mandado se celebró en la ciudad de Logroño, anno
de 1553 (Lyon, 1555). En el capítulo *De vita et honestate clericorum* (fols. 34 vº ss.) se
encuentran disposiciones que se remontan a 1410 prohibiendo a los clérigos portar armas, excepto cuando van de viaje, así como frecuentar tabernas, y dedicarse al canto, al
baile, al juego, a los negocios, etc... Las *Constituciones* nuevas de la época de Bernal
de Luco son más rigurosas, y sobre todo más minuciosas. En las de 1539 (fol. 11 vº)
aparece la prohibición siguiente: "Que ningún hijo bastardo de clérigo ayude en público
a missa ni a los officios divinos a su padre."

nado varios años antes, se le concede una medida de clemencia.[1] Sin duda se había ganado a los benedictinos de San Pedro de Cardeña, en cuyo monasterio cumplía su condena. A principios de 1528, el Inquisidor General Manrique levanta, en provecho de ellos, la prohibición de enseñar a que se había condenado al antiguo maestro de Salamanca. Su cautiverio se amplía a una legua a la redonda del monasterio, y se le concede licencia para que acompañe a los monjes a sus casas de campo. La libertad religiosa derrama entonces su semilla, alentada por una indulgente autoridad que, treinta años más tarde, otro Inquisidor General juzgará débil y culpable.[2]

Alcalá de Henares sigue siendo el núcleo principal de un humanismo empeñado en la renovación de la fe. El papel que hicieron en Valladolid los Complutenses es un aspecto significativo, pero un aspecto tan sólo, de lo que se puede llamar el movimiento de Alcalá. Los grandes debates de la época tenían allí su eco. Las adquisiciones de la biblioteca entre 1523 y 1526 nos la muestran recibiendo libros de Erasmo y de Lefèvre d'Étaples, lo mismo que ciertas obras de controversia antiluterana.[3] Un expediente de visitas de cátedras del otoño de 1527 nos revela que el proceso que había quedado pendiente en Valladolid continuaba alimentando la enseñanza del Maestro Carrasco, catedrático de teología tomista. El religioso Fray Pedro de Alcalá, asistente a su cátedra, responde a las preguntas de los inspectores "que Santo Tomás ha días que está perdido, y que de San Lucas acá ha leído [el regente] cuatro o cinco lecciones, y en éstas ha leído proposiciones de Erasmo más que de Santo Tomás".[4] Fray Pedro, por lo demás, está bastante satisfecho de su maestro. Se le reprocha sobre todo a Carrasco la intermitencia de su enseñanza, que se debe a las frecuentes misiones de que le encarga la Universidad.

El fermento del humanismo cristiano se mezcla íntimamente aquí con la vida de un gran colegio de teólogos, y penetra en la Facultad de Artes y en los colegios de gramática que son los satélites de San Ildefonso. De ahí su eficacia, sin duda desproporcionada con su trascendencia aparente.

---

[1] Cf. *supra*, pág. 157. Sobre esta medida de clemencia, véase un registro de *Provisiones* de los Inquisidores Generales (1517-1528 y 1539-1562) (A. H. N., *Inquisición*, lib. 245 f, fols. 99 vº-100 rº). Está fechado en Burgos, a 15 de enero de 1528.

[2] Cf. *infra*, págs. 707-709.

[3] De acuerdo con la comparación de dos inventarios conservados en el A. H. N., *Universidad de Alcalá*, libs. 1091 f y 1092 f. Entre los libros nuevos se señalan, en el 1er plúteo: *Epistolae Erasmi* (cf. sobre la adquisición de este volumen, que es sin duda el de *Epistolae ad diversos* de 1521, las cuentas del año 1526, A. H. N., *Universidad de Alcalá*, lib. 814 f, fol. 161. Estas mismas cuentas, fol. 161 vº, comprueban el pago que se hace el 16 de agosto de 1526 de "un Testamento nuevo de Erasmo con las Anotaciones de Erasmo para la librería"); en el 2º plúteo: *Commentaria Fabri in Evangelia, Paraphrasis Erasmi super Epistolis Pauli et Evangeliis, Clitopeus* [Clichtowe] *contra Luterium;* en el 4º plúteo: *De primatu Petri contra Lucterum;* en el 8º plúteo: una *Disputatio contra Martinum Luterium.*

[4] A. H. N., *Universidad de Alcalá*, lib. 1222 f, fol. 262 vº. Este curioso documento me ha sido señalado amablemente por Don Antonio de la Torre y del Cerro, a quien se debe un estudio de conjunto sobre los informes de inspección de esta época: *La Universidad de Alcalá, Estado de la enseñanza según las visitas de cátedras de 1524-25 a 1527-28*, en *Homenaje a Menéndez Pidal*, Madrid, 1925, t. III, págs. 360-378.

No nos imaginemos multitudes en torno a la cátedra donde Francisco de Vergara enseña griego. En el otoño de 1525 no contaba más de doce oyentes.[5] Dos años después no tiene sino unos veinte. Las prensas de Miguel de Eguía, que trabajan activamente por la vulgarización de los libros de Erasmo, y que han impreso varios textos de explicación, profanos y sagrados, para uso de los jóvenes helenistas, no han hecho nada para remediar la falta de gramáticas de que tanto se quejan: no les han suministrado más que un *Alfabeto* [6] de pocas páginas en que los principiantes aprenden al mismo tiempo a leer griego y a orar en griego, pues esta "cartilla" del perfecto humanista contiene el Pater, el Ave María, la Salve Regina, el Credo, y finalmente —con traducción latina interlineal— hermosas sentencias sacadas del Sermón de la Montaña, en particular las Bienaventuranzas.

La indigencia de la producción impresa no debe hacernos deducir una inercia espiritual. Juan de Vergara, escribiendo a Vives en abril de 1527, habla del valor de los humanistas españoles, que según él es muy superior al ruido que hacen en el mundo: los compara con el citaredo Aspendio, que cantaba en su interior, y también con los Silenos de Alcibíades; y explica su aparente esterilidad por dos causas inherentes al medio humano de España: la carencia de mecenazgos y el excesivo afán de llegar a la perfección.[7] Vives el europeo, cuando lee en Brujas esta defensa de la ciencia española, la acoge con cierto escepticismo: a pesar de todo su deseo de juzgar favorablemente a España, él sostiene que hay una relación necesaria entre la abundancia de los libros y la de la erudición. Así, contesta:

Jamás creeré que exista allá una multitud de hombres de estudio, mientras no me digan que hay en España una docena de impresores que editan y difunden los mejores autores, pues tal es el método que ha permitido a las demás naciones limpiarse de la barbarie.[8]

Parece, en efecto, que la difusión del humanismo no tiene en España el carácter de movimiento de conjunto que toma en los países del Norte. Por eso, precisamente, es tan notable el ardor de un centro como Alcalá. Erasmo se maravilla cuando recibe de Francisco de Vergara una larga car-

[5] Según el estudio citado en la nota anterior, págs. 376-377. El inventario de los bienes de la Universidad redactado en 1526 (A. H. N., *Universidad de Alcalá*, lib. 1092 f, fols. 155 r⁰-163 r⁰) incluye una lista de "libros del Collegio de los frayles de Sant Pedro y Sant Pablo", en la cual hay un *In Thimeo Plato*, una *grammatica Aldi* y un *Vocabularium graecum*, lo cual demuestra que se estudiaba griego en este colegio monástico.

[6] *Graecorum characterum, apicum et abbreviationum explicatio cum nonnullis aliis*, per Franciscum Vergara Professorem Compluten[sem] (colofón: Compluti apud Michaelem de Eguia. An. MDXXVI, XV Octobris). Hay un ejemplar de esta obra en la Biblioteca de Derecho de la Universidad de Madrid. El *Cathalogus* de los libros prohibidos por la Inquisición en 1559 (pág. 32) incluye: "Oratio dominica, cum aliis quibusdam precatiunculis, graece, latina versione e regione posita, quibus adjunctum est Alphabetum graecum." Tal vez sea una reimpresión tardía del mismo opúsculo.

[7] *Ap.* Bonilla, *Clarorum Hispaniensium epistolae ineditae, op. cit.*, págs. 78-79.

[8] *Ibid.*, págs. 91-92.

ta en griego, a la vez erudita, amable e ingeniosa. Se apresura a comunicarla a sus amigos del Colegio Trilingüe de Lovaina para enardecerlos de emulación. Ya no hay que llamar *Complutum,* dice, sino Πάμπλουτον, a la Universidad hija de Cisneros.[9] Descontemos en estos cumplidos la parte que corresponde a la cortesía. De todos modos es claro que Erasmo supo apreciar, desde tan lejos, el raro valor de esos hermanos Vergara en quienes el espíritu de Alcalá se encarna y resplandece. Juan es el representante de ese espíritu al lado del Arzobispo Fonseca; Francisco es el joven maestro sobre quien descansa en parte el porvenir del helenismo español; Bernardino Tovar es el infatigable propagandista del culto en espíritu entre los letrados de Alcalá y Guadalajara. Y he aquí que a esos tres hombres excepcionales, entregados en cuerpo y alma a la gloria de Erasmo, hay que sumarles su hermana Isabel: conquistada, como tantas otras mujeres, por los primeros libros de Erasmo traducidos al español, aprende latín para leer otros en su texto original.[10] Aun durante las ausencias de Juan, la casa de los Vergara es una especie de academia de humanismo evangélico más libre que la Universidad, y que tiene su propia biblioteca, para la cual Tovar manda traer las novedades de la ciencia de la Escritura sin preocuparse mucho si vienen de Alemania o de algún otro lugar.[11]

En 1528, la permanencia de la Corte en Madrid viene, como en 1525, a dar vida más intensa al movimiento de Alcalá. Francisco de Vergara, que acaba de reponerse de una enfermedad, pasa junto a su hermano Juan el tiempo de su convalecencia.[12] Encuentra o descubre en Madrid a varios humanistas que comparten su culto por Erasmo, como el médico Suárez y el joven Diego Gracián de Alderete, que ha dejado el servicio de Don Juan Manuel por el de Don Francisco de Mendoza, obispo de Zamora y presidente del consejo de la Emperatriz.[13] Al igual que los Vergara, los Valdés constituyen un lazo vivo entre la Corte y la ciudad universitaria: Alfonso sigue siendo el secretario preferido de Gattinara, y su hermano gemelo, Juan, ha llegado a Alcalá para hacer su aprendizaje de humanismo. El cuaderno de las cartas latinas de Diego Gracián, aunque mutilado en nuestros días, nos informa sobre estas idas y venidas entre Madrid y Alcalá.[14] Nos transmiten las historietas con que se deleitaban nuestros erasmistas, y que tenían invariablemente a los frailes por héroes y por vícti-

---

9 Allen, t. VII, Ep. 1876 (Basilea, 2 de septiembre de 1527).

10 Allen, t. VII, Ep. 2004 (Madrid, 29 de junio de 1528), líneas 52-55.

11 Cf. *Proceso de Juan de Vergara*, fol. 276 r°. Vergara explica en su defensa que su hermano Tovar se ocupaba en enriquecer su biblioteca durante el período (1524-1529) en que no pudo poner los pies en Alcalá.

12 Allen, t. VII, Ep. 2004, líneas 47-49.

13 Cartas latinas de Gracián, *Ms. cit.,* fol. 14 r°: carta a Juan Rodríguez (Mantuae Carpetanorum, Id. Martiis, 1528): "Post discessum tuum hinc, inii amicitiam cum Doctore Soareo et Francisco a Vergara, graecarum literarum professore: a quibus miris blandiciis ad mutuam benevolentiam inuitor". Acerca de Suárez, cf. Allen, t. VII, Ep. 2029 (Basilea, 26 de agosto de 1528), línea 63: "Madriti medicus quidam nomine Xuares, utriusque literaturae peritissimus, nobis favet."

14 Cf. Juan de Valdés, *Diálogo, op. cit.,* Introd., págs. 48-60.

mas.[15] Nos queda así algo de las alegres conversaciones de esos hombres en sus horas de ocio. No es más que la leve espuma de una fermentación espiritual que sin eso seguiría ignorada, o, mejor dicho, se manifestaría tan sólo por algunas creaciones duraderas.

De este fervor humanista nace el Colegio Trilingüe de Alcalá,[16] dos años antes que el Collège de France. Carecemos desgraciadamente de documentación precisa sobre los orígenes de esta institución. Se suele decir que es obra del aragonés Mateo Pascual; pero podría creerse más bien que se debe a la iniciativa de todo el Colegio de San Ildefonso, cuyo rector era entonces Pascual, y que si a éste se atribuye el honor es una simple manera de fechar la fundación. El año del rectorado de Pascual va de la fiesta de San Lucas de 1528 a la de 1529. El nuevo colegio, puesto bajo la advocación de San Jerónimo, patrono del humanismo cristiano, concedía doce becas para retórica, doce para griego y seis para hebreo. Era la consolidación definitiva de la enseñanza de las lenguas, enseñanza que las *Constituciones* de Cisneros habían instituido de manera un tanto precaria. El ejemplo de Lovaina, donde el colegio de Busleiden acaudillaba el buen combate por el remozamiento de los estudios teológicos, había inspirado ciertamente a los hombres de Alcalá, del mismo modo que había de inspirar a Francisco I en la institución de los Lectores Reales.

Es lícito suponer que el Colegio Trilingüe vino a reforzar el atractivo que ejercía Alcalá sobre los jóvenes que se destinaban a la Iglesia, y que su espíritu deja mayor o menor huella en los que por entonces hacían en la Universidad sus estudios de Artes y de Teología. Entre 1527 y 1531 observamos en el registro de los grados[17] nombres destinados a tener resonancia en la Iglesia de España: Juan Gil, Luis de la Cadena, Antonio de Porras, Martín de Ayala. En la promoción de los bachilleres en artes de 1531 figura Diego Laínez, futuro General de la Compañía de Jesús, al lado de Agustín Cazalla, que terminará en la hoguera en Valladolid.[18] El nuevo espíritu se afirma hasta en las solemnidades oficiales. El día de San Lucas de 1530, el discurso de reingreso está a cargo de Lope Alonso de Herrera, cuyo padre se había señalado ya por un libelo contra los errores de los gramáticos, de los lógicos y de los filósofos. Gallardo quiso ver en el discurso de Lope "una diatriba paradojal contra las ciencias, por el estilo de Juan Jacobo Rousseau". Pero un crítico más reciente distingue en él el espíritu del *Elogio de la locura*, y esta comparación es más instructiva.[19] Erasmo es hijo de la época

15 Se las puede ver en el estudio de A. Paz y Mélia, *Otro erasmista español, Diego Gracián de Alderete*, R. A. B. M., t. V (1901), págs. 27-36, 125-139, 608-625.

16 B. Hernando y Espinosa, *Cisneros y la fundación de la Universidad de Alcalá*, art. cit. El autor sigue aquí a Álvar Gómez. No he podido encontrar ninguna huella documental de la fundación del Colegio Trilingüe.

17 A. H. N., *Universidad de Alcalá*, lib. 397 f, *Libro de actos y grados, 1523-1544*.

18 *Ibid.*, lista cosida en el fol. 45.

19 Bonilla, *Un antiaristotélico del Renacimiento*, art. cit., págs. 69-70. Discutiendo la opinión de Gallardo (*Ensayo*, t. III, cols. 198-199), cita estas frases del discurso de Lope Alonso: "Sapientia bonam habet stultitiae et insaniae partem", y esta pulla contra

que exaltó la "docta ignorancia": [20] Lope Alonso de Herrera se arrima a él cuando desdeña la ciencia arrogante de los doctores y exalta una ciencia más interior de las cosas divinas.

En esta crisis en que saltan de sus quicios las disciplinas tradicionales de la teología escolástica y de las artes liberales, vienen a instalarse dos disciplinas nuevas: el estudio de las lenguas y el de la Biblia, cuya llave son las lenguas. Y aquí radica la aportación cultural del movimiento al que Erasmo ligó su nombre. La fundación del Colegio Trilingüe no tarda en completarse con la de una cátedra de Biblia. A principios de 1532 los Complutenses se asombran de no tener en la Universidad una cátedra que existe en Salamanca. Temen que, en el exterior, se pueda creer que Alcalá se despreocupa de la Biblia.[21] Entonces confían esta nueva enseñanza a Fr. Dionisio Vázquez, el gran predicador agustino que se había distinguido en 1527 por su resuelta intervención en favor de Erasmo.[22] Ahora sí existe una cátedra en que el estudio de la Biblia no se encuentra subordinado a preocupaciones dogmáticas. Más tarde, tendrá oyentes como Arias Montano y Fray Luis de León.

Pero estas instituciones ricas de porvenir no nos dan todavía la nota original del movimiento complutense en sus años decisivos. El movimiento de Alcalá no alcanza su verdadera significación si no se le ve en su complejidad, a la vez universitaria y exterior a la Universidad, y si no se

los frailes: "quorum cum sit in reges, in primores, in tribunalia, in magistratus, in urbes, in rura, in viros (addidissem et in foeminas, nisi quia timore impedior) summum jus, possunt tamen singuli dicere cum propheta: Quoniam non cognovi literaturam, introivi in potentias Domini (Ps. LXX, 15-16)".

20 Cf. Ortega y Gasset, *En el tránsito del cristianismo al racionalismo,* en *Revista de Occidente,* t. XLI (1933), pág. 356.

21 La deliberación en que se creaba la cátedra de Biblia se llevó a cabo el 20 de enero de 1532, bajo la presidencia del rector Pedro Alexandro. La ha publicado, de acuerdo con un documento del A. H. N. (*Universidad de Alcalá,* lib. IV f, fol. 278), el P. Vicente Beltrán de Heredia (*C. T.,* t. XVIII, 1918, págs. 143-144), y luego la ha reproducido el P. Fernández Retana (*op. cit.,* t. I, pág. 497). Es de notar que el Colegio Mayor de la Universidad, unos cinco años después de la muerte de Fr. Dionisio Vázquez, "quiso hazer un Colegio para Doctores que studiassen la Scriptura Sagrada, y que el Dr Medina dixo que mejor sería hazer un Colegio desta Compañía" (según noticias comunicadas por Araoz a San Ignacio, de Valladolid, el 29 de junio de 1545. *Monum. Hist. S. J., Epistolae mixtae,* t. I, pág. 228).

22 Vázquez era entonces un personaje bastante prominente, y así Guevara podía burlarse de sus ambiciones episcopales (*Epístolas familiares, B. A. E.,* t. XIII, pág. 90 b: "Nuevas de la corte son que la Emperatriz querría que viniese el Emperador; las damas se querrían casar, los negociantes despachar, el Duque de Béjar vivir, Antonio de Fonseca remozar, Don Rodrigo de Borja heredar, y *aun Fray Dionisio obispar*". La fecha de esta epístola, a juzgar por varias de sus alusiones, está evidentemente equivocada. Hay que leer sin duda "De Medina del Campo a 12 de março de 1532 años" y no "1523"). Sin embargo, Fray Dionisio rechazó, al parecer, los obispados de México y Palencia (cf. P. Gregorio de Santiago Vela, *Ensayo de una biblioteca ibero-americana de la Orden de San Agustín,* t. VIII, El Escorial, 1931, pág. 103). Se alaba su gran cultura teológica y patrística, así como su conocimiento de lenguas. Era, a juicio de Juan Ramírez, el más grande orador de sus días, el predicador preferido de la Corte. Nadie le igualaba en sacar de la Escritura sentidos nuevos, capaces de rivalizar con los sentidos encontrados por los antiguos Padres (Álvar Gómez, *De rebus gestis,* Compluti, 1569, fol. 223 v°). (Cf. *supra,* pág. 238, nota 5.)

recuerda que significó iluminación de las almas y no únicamente cultura del espíritu. Bernardino Tovar, alma de la conspiración iluminista entre 1525 y 1530, no lo representa menos que su hermano Francisco de Vergara, catedrático de griego en la Universidad. Quizá el carácter del movimiento, más espiritual que intelectual, explique esta pobreza de su producción erudita, pobreza que, desde lejos, inquietaba a Juan Luis Vives. Su más alta expresión es sin duda un libro en lengua vulgar, compuesto al margen de la Universidad, el *Diálogo de doctrina cristiana* de Juan de Valdés.[23]

El que Alcalá haya visto brotar el genio religioso de este "alumbrado aristócrata" [24] destinado a conquistar muy pronto a la alta nobleza de Nápoles, es un hecho que merece atención. Confirma todo lo que ya sabemos acerca de la continuidad del movimiento erasmista con el movimiento de los alumbrados. Nacido en la abrupta Cuenca, formado en la reflexión religiosa por las prédicas de Alcaraz en el castillo de Escalona, Juan de Valdés es dos veces hijo de esa Castilla la Nueva tan fuertemente semitizada por moros y judíos. Cuando tiene unos veinticinco años, se siente atraído por la Universidad de Alcalá. Francisco de Vergara lo inicia en la lengua griega. Abandona los libros de caballerías que habían alimentado sus ensueños ociosos, para sumergirse en el texto original del Nuevo Testamento. Su vocación de escritor despierta en medio de humanistas ebrios de griego y apasionados por Erasmo. Su culto por San Pablo no se puede comparar más que con su gusto por los cuentos alegres: en el cenáculo erasmiano en que cada cual busca afanosamente los mejores chistes de frailes, se le tiene a él por el mejor cazador de ese jabalí.[25] Pero él permanece fiel a los recuerdos de Escalona. Si la portada de su primer libro no lleva nombre de autor, se lee en cambio el de Don Diego López Pacheco: al viejo Marqués de Villena está dedicado el *Diálogo de doctrina cristiana,* que salió el 14 de enero de 1529 de las prensas de Miguel de Eguía.

23 Véase nuestra reproducción en facsímil con introducción y notas (Coimbra, 1925). A esta edición remitimos con el título abreviado *Diálogo.* El texto se ha reimpreso en Madrid (1929) bajo el cuidado de Teodoro Fliedner, y en Buenos Aires (1946) bajo el de B. Foster Stockwell. De la introducción se ha publicado una traducción española, no revisada por el autor, en el número especial de la revista mexicana *Luminar* (t. VII, núms. 1-2, México, 1945), dedicado a *Los hermanos Juan y Alfonso de Valdés.*

24 La expresión —"aristokratischer Alumbrado"— es de Eberhard Gothein en *Staat und Gesellschaft im Zeitalter der Gegenreformation* (reimpreso en E. Gothein, *Schriften,* München-Leipzig, 1924, t. II, pág. 127). Debe entenderse, sobre todo, del temperamento de nuestro hombre. Por lo demás, Valdés pertenecía por su padre, regidor hereditario de Cuenca, a una de las más importantes familias del lugar. De su madre nadie habla (F. Caballero, *op. cit.,* pág. 66). Quizá era hija de cristianos nuevos, lo cual explicaría el que Castiglione haya echado en cara a los Valdés su escasa limpieza de sangre (cf. sin embargo *supra,* págs. 180-181, nota 23).

25 Cf. *Diálogo,* Introd., cap. II. En cuanto a los estudios helénicos de Juan (*ibid.,* págs. 58-59), hay que tener en cuenta también las *Epístolas en griego* publicadas por Francisco de Vergara en 1524. Probablemente Valdés aprendió esta lengua en San Pablo y no en Luciano.

La forma que en él se adopta es la del coloquio erasmiano, puesta ya tan honrosamente por Alfonso de Valdés al servicio de la causa imperial. La obra de Juan es más austera, porque, como su título lo anuncia, es un catecismo. Tiene, sin embargo, el encanto de una conversación entre dos personajes vivos, sentados junto a una fuente bajo la sombra de un jardín conventual de Granada. Se representa una especie de comedia entre dos interlocutores, a quienes se podría creer, a causa de sus nombres, escapados de un coloquio de Erasmo. Antronio es un sacerdote ignorante, Eusebio un religioso sabio y piadoso que ha trabado conocimiento con él casualmente, oyéndolo catequizar —y bastante mal— a los niños de su parroquia. Pero, por una razón que es fácil de adivinar, la enseñanza de las verdades fundamentales se confía en este diálogo a un tercer personaje, éste histórico, y cuya muerte era sumamente reciente. El arzobispo de Granada Fray Pedro de Alba [26] es quien da a Antronio y a Eusebio una inolvidable lección de catecismo en el jardín del monasterio en que toma algunos días de descanso. Valdés no ha elegido este nombre al azar. Sabe que Fray Pedro ha sido discípulo y familiar del gran Hernando de Talavera antes de ser su sucesor; sabe que él acaba de fundar un colegio en Granada.[27] Pero, por lo demás, lo que Valdés hace expresar al Arzobispo es su propio pensamiento, en términos que volverá a emplear, casi a la letra, en una obra más tardía.[28] ¿Qué mejor fianza para nuestro autor que la santa memoria de ese prelado? Valdés se cubre así con doble máscara, identificándose por una parte con el monje Eusebio y, por otra, encargando a Fray Pedro de expresar las ideas a que él es más afecto.

La ironía erasmiana se nos muestra, en este diálogo, severamente refrenada. Es raro que el Valdés aficionado a las historietas antimonásticas deje adivinar su presencia oculta. Es él quien sonríe bajo la cogulla de Eusebio cuando éste habla de un hermano lego de su convento para quien la diferencia entre cristianos y moros consiste en que los primeros se abstienen de carne en cuaresma. Y al oír esto Antronio se mofa del pobre fraile idiota, que debía ser "más aficionado al torrezno que al libro".[29] Antronio, el cura ignorante, es a su vez un desecho de la vida religiosa: cuenta ingenuamente cómo se hizo fraile en su temprana juventud, cómo recibió las órdenes sin saber latín, sólo porque "tenía buena voz", y cómo finalmente colgó los hábitos a consecuencia de "un desconcierto".[30] El *Monachatus non est pietas* no está, pues, ausente de este libro, pero casi siempre está sobreentendido. Los votos se ponen en su verdadero lugar: son simples medios para guardar más seguramente "el voto del baptismo".[31]

---

[26] *Diálogo*, Introd., pág. 96. Sobre Fr. Pedro de Alba, véase Sigüenza, *Historia de la Orden de San Jerónimo*, N. B. A. E., t. XII, págs. 333-337.

[27] *Diálogo*, notas 62 y 82.

[28] El *Alfabeto cristiano*. Cf. las notas 5, 25, 26, 29, 34, 35, 36, 43, 47, 51, 58 del *Diálogo*.

[29] *Diálogo*, fol. v vº.

[30] *Ibid.*, fol. xcvii vº.

[31] *Ibid.*, fol. vii vº.

Se alude a los que se creen "más que cristianos" en virtud de "no sé qué cerimonias y devociones", a predicadores que tergiversan la palabra divina o que cuentan en el púlpito falsos milagros para servir a sus diabólicos intereses [32] (puesto que los tales no tienen otro dios que su vientre); en ese pasaje se reconoce a los γαστρόδουλοι estigmatizados por Erasmo. Pero las partes burlonas o apasionadas son excepcionales en nuestro *Diálogo*, verdadero catecismo en que domina la unción.

Su plan no tiene nada de imprevisto: el Credo, los diez mandamientos de Dios, los siete pecados capitales, las cuatro virtudes cardinales, las tres virtudes teologales, los siete dones del Espíritu Santo, los cinco mandamientos de la Iglesia, el Pater Noster, un resumen de la Biblia, algunas consideraciones sobre la instrucción de los niños y la cultura religiosa de los adultos, y finalmente el Sermón de la Montaña en una traducción nueva según el texto griego: tal es el sumario del *Diálogo*. Sin embargo, es algo más que un catecismo común y corriente. Desde las primeras réplicas del Arzobispo, el cristianismo en espíritu se expresa con autoridad en sus páginas.

El principal interés del comentario del Credo es que está tomado casi textualmente del coloquio erasmiano *Inquisitio de fide*.[33] En éste había puesto Erasmo, como se sabe, una intención bastante atrevida: supone que un ortodoxo somete a examen la fe de un luterano interrogándolo sobre el contenido del símbolo, y que este excomulgado comenta cada uno de los artículos como podría hacerlo el doctor más ortodoxo. Lo cual equivalía a insinuar que el cisma luterano dejaba subsistir un acuerdo profundo sobre las creencias fundamentales. Pero ya se ve que el comentario pierde todo su veneno desde el momento que se pone en boca de un arzobispo. Valdés no piensa —como no lo pensaba Erasmo— disputar sobre el misterio de la Trinidad. Ni siquiera trata de hacer entrever, en los orígenes, una época en que los discípulos de Cristo no sentían la necesidad de tener un dogma formulado: apenas si alude a este tema espinoso cuando habla del "Credo o Símbolo que decimos de los Apóstoles".[34] La revolución religiosa del siglo XVI, si se desvía de la metafísica alejandrina y medieval, no ve todavía muy. bien cómo una argumentación histórica permitiría sacudirla. Esta revolución se adhiere apasionadamente al dogma de la Redención, al misterio de la Cruz tal como lo formuló San Pablo, y esto, junto con la predicación moral de Cristo, le basta para definir cierta manera de vivir el cristianismo, desde las profundidades íntimas de la conciencia hasta el detalle de la acción. La utilización de Erasmo no impide a Valdés conservar su libertad en este comentario del Credo. Elimina sistemáticamente las digresiones históricas o críticas [35] de su modelo, sus pullas atrevidas contra el culto de las reliquias o el particularismo de los frailes.[36] Acentúa sobre todo, desde estas páginas consagradas

32 *Ibid.*, fols. XLI r⁰ y XXXIV r⁰.
33 *Ibid.*, Introd., págs. 97-99. Cf. *supra*, págs. 144-145.
34 *Ibid.*, fol. VIII r⁰.
35 *Ibid.*, nota 17.
36 *Ibid.*, nota 20.

a la exposición del dogma, la importancia de la fe justificante,[37] ese misterioso resorte de la ética cristiana. Aquí está el meollo del cristianismo valdesiano. Trátese de los mandamientos de Dios, de los pecados o de las virtudes, el comentario del *Diálogo* volverá siempre, con significativa insistencia, a lo que Valdés considera como raíz de la vida religiosa.

El quinto mandamiento ordena al hombre: "No matarás." ¿Quiere esto decir que se cumple perfectamente si uno no comete asesinato? Tal es la interpretación de los fariseos, para quienes la moral consiste en la observancia de cierto número de preceptos. Pero Cristo nos advierte: "Si vuestra justicia no fuere mayor que la de los fariseos e letrados, no entraréis en el reino de Dios." Y compara con el criminal al hombre que se encoleriza contra su prójimo.[38] La ética cristiana exige, no el cumplimiento de actos determinados o el respeto de prohibiciones precisas, sino cierto estado de alma que Valdés, a falta de palabra más satisfactoria, llama perfección.[39] Poco a poco todos los mandamientos, si se espiritualiza su sentido como Cristo invita a hacerlo a sus discípulos en el Sermón de la Montaña, se agrupan en una sola exigencia de amor infinito. A un doctor de la Ley que pregunta cuál es el mandamiento supremo, Jesús le responde: "Amarás a tu Señor Dios de todo tu corazón y con toda tu ánima y con toda tu voluntad, y éste es el primero y mayor mandamiento en la Ley. Pero el segundo semejante es a éste: Amarás a tu prójimo como a ti mismo. Y añade luego: Destos dos mandamientos pende toda la Ley y los Profetas." Valdés, empleando a este propósito un dilema clásico, muestra al alma obligada a escoger entre el amor de Dios y el amor propio. "En esto no hay medio": el hombre "ha de amar a sí mismo, y por su provecho y interese todas las cosas, o ha de amar a Dios, y en Dios y para gloria de Dios todas las cosas". El alma convertida al amor divino se siente levantada por una grande alegría. Comprende la verdad de "lo que dijo Jesucristo Nuestro Señor: que su yugo es apacible y su carga liviana". Mide el amor de Dios que está en ella por el entusiasmo alegre que la empuja al cumplimiento de la ley divina. Y si se somete lealmente a esta prueba, se siente aún a buena distancia de la perfección del amor: "Siempre hallaréis, por muy bueno que a vuestro parecer seáis, que os falta algo, y aun mucho; y cuando os pareciere que no os falta nada, tened por cierto que os falta todo." [40] Así, aquello que Valdés llama, con el ingenuo

[37] *Ibid.*, notas 15 y 21.
[38] *Ibid.*, fol. xxix vº.
[39] Véase en especial el fol. xxii vº. Valdés, sin llegar a formularlo, sintió fuertemente el contraste entre las dos morales que Bergson llama moral cerrada y moral abierta: "La morale de l'Évangile est essentiellement celle de l'âme ouverte" (*Les deux sources de la morale et de la religion*, Paris, 1932, págs. 56-57).
[40] *Diálogo*, fols. xxxvii vº-xxxix rº y la nota 37, sobre el dilema: amor propio o amor de Dios. A los textos citados en dicha nota, conviene añadir éste, tomado del comentario de Erasmo sobre el Salmo I (*Beatus vir*): "Cierto es que el coraçón del hombre de su natural es assí compuesto que le es forçado amar alguna cosa, y no es possible estar sin algún amor; pero sepa de quales son las cosas que ama, tal se torna" (*Exposición y sermón sobre dos Psalmos*, s. l. n. i., 1531, fol. cii rº. Cf. *Opera*, Leiden, 1703, t. V, col. 180 F).

Antronio, la moral de los "perfectos", es un movimiento sin término hacia una perfección jamás alcanzada.

Antronio representa, en el *Diálogo*, la resistencia del grueso buen sentido a una ética tan enemiga de las satisfacciones fáciles. Representa también a la Iglesia, en la medida en que se adapta al paso del "mundo tal como anda", considerando la sublime doctrina del Sermón de la Montaña como cosa reservada a una minoría de "perfectos", fuera de la cual no está prohibido intitularse cristiano. De acuerdo con esta concepción del cristianismo, Cristo completa la ley estrictamente obligatoria con *consejos* cuya observancia es facultativa. Precisamente por eso, todo el mundo juzgaba revolucionarios a los alumbrados discípulos de Alcaraz y al Obispo Cazalla cuando sostenían que no existen consejos en el Evangelio, sino que todo en él es mandamiento. Esta doctrina impregnada de evangelismo radical se denunciaba como coincidente con la enseñanza de Erasmo en el *Enquiridion*.[41] No se puede decir que se la haya condenado oficialmente, pero sí era bastante sospechosa. El Edicto de 1525 contra los alumbrados no la transcribe en forma general entre las cuarenta y ocho proposiciones que denuncia: sin embargo, la proposición XXXV, "Que en ninguna manera se había de jurar", calificada de errónea y de herética, es precisamente uno de esos preceptos del Sermón de la Montaña en que los alumbrados querían ver mandamientos y no simples consejos. Renunciar al juramento era una revolución para la sociedad civil y religiosa.[42] Para el evangelismo puro era una revolución necesaria, porque Cristo condena claramente esta práctica y exige una veracidad absoluta, que pueda prescindir de las ceremonias. Valdés no ve salvación para la sociedad fuera del camino trazado por los sublimes "consejos": "Yo así creo que son consejos, y aun tales, que sin ellos no se puede guardar perfectamente la paz y tranquilidad cristiana."[43] Las enseñanzas de Alcaraz y de Erasmo han tomado nuevo vigor gracias a la meditación del Sermón de la Montaña, que Valdés se empeñó en traducir fielmente según el original griego para que fuera el coronamiento de su *Doctrina*.

El catecismo se eleva aquí a una especie de sublimidad. Valdés no se siente muy a gusto en la moral codificada, en los catálogos de pecados y virtudes. Si mantiene la distinción venerable de los diez mandamientos, tiene cuidado de hacer notar que el primero comprende a todos los demás. Resuelve no enumerar las diversas especies de hombres que pecan contra el primer mandamiento: "Toparéis por ahí mil confesionarios que

---

[41] Cf. *supra*, pág. 186, y *Diálogo*, nota 39.

[42] Ya se sabe la importancia que esta renuncia tiene para los cuáqueros, cuyo parentesco espiritual con los alumbrados españoles es evidente, y cuya relación con Valdés ha sido estudiada por D. Ricart (cf. *infra*, pág. 361, nota 103). La doctrina ortodoxa del catolicismo en materia de juramentos se expone en el *De cavendo iuramentorum abusu* de Fr. Domingo de Soto, Salamanca, 1551, especialmente en el capítulo II. Hemos visto la edición española unida al *Tratado de la victoria de sí mismo* [de Fr. Battista de Crema] traducido de toscano por Fr. Melchor Cano, Toledo (Juan de Ayala), 1553.

[43] *Diálogo*, fol. XLII vᵒ, y nota 39.

os lo digan, especialmente uno de un Maestro Ciruelo", dice nuestro erasmista con imperceptible sonrisa.[44] Tampoco se hace el ánimo a catalogar las obras de misericordia.[45] Si se resigna —contra su gusto[46]— a tratar de los siete pecados capitales uno después de otro, rechaza toda la casuística de las *circunstancias* [47] que agravan o atenúan el pecado. Estas distinciones proceden de un espíritu de escrúpulo o de regateo: repugnan a la generosidad, a la libertad cristiana del alma que aspira a la perfección. Sólo la intención califica verdaderamente al pecado y traza a grandes rasgos la frontera entre pecadores por flaqueza y pecadores por infidelidad.[48] El espíritu lo es todo. Valdés no se detiene jamás en la letra de un precepto. Imitando el método que le enseña Cristo y que Erasmo no se cansa de ilustrar con innumerables aplicaciones, se eleva de toda ley formulada a la búsqueda de una perfección íntima: "No ternás dios nuevo ni adorarás dios ajeno" conduce a detestar la idolatría interior y a concebir el más elevado amor de Dios. "No tomarás el nombre de tu señor Dios en vano" es la prohibición absoluta de jurar. "Sanctificar las fiestas" no es el supersticioso descanso dominical de esos aldeanos que creen que Dios les manda granizo si alguno de ellos ha sembrado nabos en domingo, no: santificar el domingo significa buscar en ese día una santidad más alta. "No matarás" es "amarás a tu prójimo como a ti mismo"; "no hurtarás" es "sé pobre de spíritu",[49] y así en los demás casos. Antonio queda aturdido ante semejante moral. Pero cada vez que resiste a exigencias que le parecen dirigidas sólo a los "perfectos", el Arzobispo contesta: "A la fee sí, para los perfectos son estas cosas, conviene a saber, para los cristianos y no para los infieles." [50] Cristiandad y búsqueda de la perfección son dos términos sinónimos. Los dos mandamientos supremos de Cristo se resuelven finalmente en uno solo: [51] "Sed perfectos como mi Padre celestial es perfecto."

Nada hay, hasta aquí, que Valdés no encuentre formulado, y con insistencia, en el *Enchiridion* de Erasmo. Si esta doctrina de perfección cristiana toma en el *Diálogo* un acento nuevo, es que aquí está misteriosamente ligada con una doctrina de la nada del hombre entregado a sus propias fuerzas, y con una gran insistencia en la gracia, que trae la solución de la antinomia. Es claro que en Erasmo hay algo que ocupa el lugar de la gracia. Es el sentimiento que todo cristiano, una vez que ha gustado la dulzura del Evangelio, experimenta de hallarse incorporado a Cristo, de ser miembro de un gran cuerpo cuya cabeza es Cristo. Esta hermosa imagen, cuyos contornos repasa siempre con complacencia el traductor español del *Enchiridion,* es, junto con la oposición del espíritu y

44 *Ibid.,* fol. XXII vº.
45 *Ibid.,* fol. L vº.
46 *Ibid.,* fol. XLII rº.
47 *Ibid.,* fol. XLIX rº.
48 *Ibid.,* fol. XLIX vº, y nota 40.
49 *Ibid.,* fols. XXI rº, XXIV vº, XXVII rº, XXX rº, XXXII vº.
50 *Ibid.,* fol. XXI vº.
51 Valdés se esfuerza en demostrar por lo menos que son inseparables (fol. XLI rº).

la carne, el gran descubrimiento que Erasmo ha hecho en San Pablo. Da un sentido divino a su ideal de fraternidad humana. Establece un canal entre el hombre y Dios. El hombre, por más que siga sintiéndose libre, se siente también participante de una fuerza infinita. La buena nueva de su liberación lo sustrae a la tiranía de la carne sin dejarle tiempo de medir esta tiranía. La perfección hacia la cual es levantado no tiene, por debajo de ella, un abismo de pecado que cause vértigo.

Valdés, quizá porque Alcaraz lo había acostumbrado a decir *no* a su propia voluntad, ha descubierto en San Pablo una cosa muy diferente. En él, como en María Cazalla, resuena con fuerza el grito angustiado: "No hago el bien que amo, y odio el mal que hago." [52] Cuando comenta el *Pater* —siguiendo no ya a Erasmo, como cuando comenta el Credo, sino fiándose sólo de la inspiración divina[53]—, da al *fiat voluntas tua* el sentido de una oposición absoluta entre la voluntad de Dios y la pobre voluntad individual:

Padre Eterno, puesto caso que mi sentible carne se sienta, no curéis sino haced lo que hacéis; dadme el castigo que quisierdes; cumplid vuestra voluntad e no la mía, la cual en ninguna manera quiero que se cumpla, pues siempre es contraria a la vuestra, la cual sola es buena, así como sólo Vos sois bueno, y la mía es siempre mala, aun cuando me parece muy buena.[54]

Con este vivo sentido del pecado ha leído Valdés la Epístola a los Romanos: "No hay justo, ni uno solo." [55] La humanidad no se divide en buenos y malos, en santos y pecadores. El justo es el pecador justificado por la misericordia divina, porque es débil pero tiene fe: *Simul peccator et justus*.[56] Los justos no son tales porque respeten la *Ley:* "La *Ley* no hace más que dar el conocimiento del pecado." [57]

"Yo no conocí el peçado sino por la Ley." [58] Estas palabras de San Pablo sirven aquí de hilo conductor a toda la interpretación de los mandamientos; es y seguirá siendo el eje mismo de la enseñanza valdesiana sobre la oposición de la Ley y el Evangelio. Expresa en pocas palabras que el sentimiento de la obligación y el sentimiento del pecado son inseparables: como el anverso y el reverso de la conciencia moral. A esta aseveración San Pablo superpone, al parecer, un pensamiento más pesimista: el de que la Ley multiplica el pecado provocando un instinto profundo de desobediencia. Pero Valdés no ahonda por ese lado. La Ley, según él, nos hace conocer el pecado, en la medida en que ella significa un despertar de la conciencia. Cuando Dios dice *Non habebis deos alienos,*

---

[52] Melgares Marín, *Procedimientos, op. cit.,* t. II, pág. 41 (cf. Rom., VII, 15).

[53] "Como Dios me la diere a entender" (fol. LXXV vᵒ).

[54] *Diálogo,* fol. LXXVIII rᵒ-vᵒ.

[55] Rom., III, 10.

[56] La fórmula es de Lutero en su Comentario de la Epístola a los Romanos (J. Ficker, *Luthers Vorlesung über den Römerbrief, 1515-16,* Leipzig, 1908, II, 108, 12).

[57] Rom., III, 20.

[58] Rom., VII, 7.

parece que a cada uno de nosotros dice: ¡Oh hombre pecador! Sábete que con tus fuerzas ni tus ejercicios jamás podrás venir a tanta perfición que no adores dioses ajenos, porque, puesto caso que no adores exteriormente estatuas, en tu corazón empero amas más las criaturas que a Mí.[59]

Tal es, al menos, el sentido del Decálogo cuando ha sido superado gracias al Evangelio:

Dice Sant Pablo que la Ley se dio para que mostrase el pecado, quiere decir, para que nos mostrase cómo en muchas cosas cada día pecamos, porque del pecado de nuestro primer padre cobramos esta mala inclinación de ser aparejados para mal. Esta mala inclinación no la conocimos hasta que vino la Ley, la cual nos la mostró, e nos mostró asimesmo el bien. Pero no era bastante para darnos fuerzas para obrarlo; solamente ganábamos con ella que nos daba a conocer nuestra miseria, poquedad e mala inclinación, para que con este conocimiento nos humillásemos delante de Dios y nos conociésemos por pecadores. Y así dice Sant Pablo que no conociera la concupiscencia si no le dijera la Ley: No cobdiciarás. Veis aquí el oficio de la Ley. Después, venido Jesucristo, danos espíritu con que obremos aquello que la Ley nos muestra que es bueno, y de aquí nos viene que conocemos que lo que por nuestras fuerzas y industria no pudíamos hacer, mediante el favor de Jesucristo podamos cumplir, y así conocemos por experiencia cómo nosotros por nuestra propia naturaleza no podemos hacer cosa perfectamente buena, y que por el favor de Jesucristo podamos hacer y cumplir todo lo que conocemos ser bueno. Y así, desconfiando totalmente de nuestras propias fuerzas, aprendemos a confiar enteramente en el favor y gracia divinal... De lo dicho podéis colegir la diferencia que hay entre la Ley y el Evangelio.[60]

Así, de modo más explícito que en Erasmo, se invita al alma a confesar su propia nada y a poner toda su fe en una intervención sobrenatural que, de esta nada, hará una plenitud. El Evangelio, coronamiento supremo de la vida espiritual, no es una región de moralidad sublime adonde el alma se eleva con sus propias alas en virtud de un poder divino que se le haya dado de una vez por todas. Es la buena nueva de la Redención, la seguridad de que el auxilio divino no faltará a quien lo invoque desde el fondo del alma. La perfección a que Cristo llama a los hombres es infinita, pero Él es quien los alza hasta ella. Vida moral y vida religiosa se confunden para el cristiano.

Si Antronio es rebelde a las exigencias de la pura moral evangélica, es que no concibe el carácter divino de la más alta vida moral. Los mandamientos, en su tenor literal, eran perfectamente claros para él. Y helos aquí transmutados en otras tantas exigencias infinitas que el alma no tiene el poder de satisfacer. Más aún, el alma no tendrá posibilidad de satisfacerlas si antes no es consciente de su radical impotencia. Esta paradoja es el nudo del cristianismo según San Pablo y según Valdés. Pero Dios deshace el nudo: "Solamente el varón spiritual" guarda los mandamientos. ¿Qué quiere decir esto? Antronio está acostumbrado a

---

59 *Diálogo*, fol. XX vᵒ.
60 *Ibid.*, fols. XXXVI vᵒ-XXXVII vᵒ.

llamar espirituales a los hombres separados del mundo por votos de pobreza, obediencia y castidad. El varón espiritual de que habla Valdés es "el que gusta e siente las cosas spirituales y en ellas se deleita y descansa, y de las corporales y exteriores ningún caso hace, antes las menosprecia como cosas inferiores a él, y, en fin, el que tiene puesto en Dios todo su amor, e lo vivifica e conserva la gracia del Spíritu Sancto".[61] El Espíritu Santo es la fuente única de toda vida espiritual. No es sorprendente que la culminación del primer catecismo valdesiano, como de la doctrina valdesiana ulterior, sea la doctrina de las virtudes teologales y de los dones del Espíritu Santo.

Después de esforzarse, sin provecho, ayudado de buen número de autoridades bíblicas, en distinguir los siete dones que enumera la tradición de la Iglesia, el buen Arzobispo concluye en un arranque de fervor:

Veis aquí lo que yo sé de los dones del Espíritu Santo, y allende desto sé dellos otra cosa más provechosa, esto es, que vale más gustarlos y sentirlos en el ánima, que no platicarlos ni decirlos con la lengua. ¡Oh, válame Dios, y cuán grande dulzura y qué maravilloso gozo debe sentir el ánima cuando conoce en alguna manera en sí estas tan ricas joyas o parte dellas, dadas de mano de su esposo Jesucristo! ¡Qué alegría, qué contentamiento, qué descanso! ¡Cómo se hallará rica y bienaventurada con tan verdaderas riquezas, y cómo terná por basura estas cosas que los amadores del mundo tienen por riquezas! ¡Con cuánto señorío las poseerá! ¡Con cuánta liberalidad las repartirá! Tengo yo por muy averiguado que el que no goza destas riquezas spirituales no puede, como debe, menospreciar las corporales ni ser señor dellas. Cuando esto pienso, no tengo en mucho los trabajos, las fatigas, los tormentos, las afrentas, los martirios que dicen que los santos mártires pasaron. Pues sin dubda ternían adornadas sus ánimas con estos tan ricos joyeles, los cuales sentían y conocían que eran una manera de empresa o prenda de la vida eterna, y, allende desto, porque los llevaba al martirio el amor, el cual dice [el Sabio] que es fuerte como la muerte.[62]

Este amor es a su vez un don del cielo. Es la más sublime de las virtudes teologales, según San Pablo.[63] Valdés dirá más tarde que la fe, la esperanza y la caridad son los más eminentes entre los dones del Espíritu Santo. Ya esta fórmula audaz está como sobreentendida en su catecismo.[64] Y ya estas virtudes parecen el objeto predilecto de sus meditaciones religiosas. Afirma vigorosamente la unidad de todas ellas.[65] "Están tan conjunctas e ayuntadas entre sí, que la una nace de la otra, e así tengo por muy averiguado que el que perfetamente tuviere la una, las terná todas tres." La fe puede ser de dos especies: fe-creencia o fe-confianza. La primera nos hace creer un relato de cosas que no hemos

---

61 Ibid., fol. xxxiii r⁰-v⁰. Ya hemos visto (supra, págs. 307-308) que esta noción de "varón espiritual" no estaba ausente del pensamiento religioso de Erasmo, el cual la expone hermosamente en el Convivium religiosum. Pero en Erasmo no tiene la importancia central que tiene en Valdés.

62 Ibid., fols. LIX v⁰-LX r⁰.

63 I Cor., XIII, 13.

64 Cf. Diálogo, Introd., pág. 135.

65 Ibid., fol. LII v⁰; cf. nota 41.

visto; esta fe "pué[de]la tener un ladrón y un desuellacaras, aunque imperfecta": también puede estar *muerta*. La segunda es la fe *viva* que nos hace creer en la palabra de Dios y depositar en Dios una confianza absoluta.[66] Ya se ve cuán emparentada está con la *esperanza*. Para distinguir ambas virtudes, Valdés necesita recurrir a una comparación ingeniosa de la que resulta que la esperanza tiene por objeto la salvación y la bienaventuranza eterna; y la fe, la ayuda divina que nos conduce a esa salvación y a esa bienaventuranza.[67] Pero, sobre todo, esta fe viva está tan penetrada de amor, que es la fuente de las obras de *caridad*. Es como un fuego vivo en el corazón de los fieles, un fuego que no puede menos de difundir en torno su calor. La caridad, amor de Dios y del prójimo, es, pues, el resplandor visible de la fe. Es la señal de reconocimiento que Cristo ha dado a los suyos. San Pablo la pone por encima de la fe y de la esperanza porque ella les da el sello de autenticidad.[68]

Este amor, inseparable de la fe, es el que hace fácil la perfección, a primera vista inaccesible, que el Evangelio exige del hombre. Pertenece, en efecto, a una región espiritual que es divina lo mismo que humana. Se podría decir que es el lugar de los intercambios entre el alma y Dios. El hombre no obedece verdaderamente la ley divina si no tiene esta caridad, que es amor perfecto de Dios. Valdés insiste en ello a propósito de los mandamientos, y establece que este amor es una gracia que hay que pedir a Dios en perpetua oración.[69] Así como la perfección moral es un movimiento interminable hacia la perfección, así el amor y la fe que la sostienen son una aspiración insaciable a más amor y a más fe. La oración, en su pureza, es un simple acudir a la ayuda divina. El alma, despertada a la vida religiosa, se siente siempre insuficiente: su oración más significativa es la del padre que pide la salud de su hijo poseso: "¡Señor, yo creo; mas Tú ayuda y favorece a mi incredulidad y poca fe!"[70]

Este catecismo, en el fondo, apunta ya, como apuntará el *Alfabeto*, a "enseñar la verdadera vía para adquirir la luz del Espíritu Santo".[71] Si no estampa con todas sus letras esta intención, es que olería a iluminismo. Pero la religión que aquí se expresa está totalmente suspendida de la gracia. No sería preciso empujarla mucho para llevarla a una doctrina del siervo arbitrio. Y, entre líneas, se puede leer una doctrina de la justificación por la fe. ¿Por qué Valdés no formula estas doctrinas? ¿Prudencia, quizá? Pero más aún voluntad de vivir el cristianismo sin enredarse en querellas doctrinales.[72] Su palabra clave es *experiencia*.[73] La nada del

---

66 *Ibid.*, fol. LIII r⁰; cf. nota 42.

67 *Ibid.*, fol. LII v⁰ y nota 47.

68 *Ibid.*, fols. LII v⁰ y LIV v⁰.

69 *Ibid.*, fols. XXVIII v⁰ y XXX v⁰. Introd., pág. 130.

70 Marc., IX, 24. Véase *Diálogo*, fol. LXXXIII r⁰ y nota 58.

71 *Alphabeto christiano, che insegna la vera via d'acquistare il lume dello Spirito Santo*, tal es el título de la edición italiana de 1546.

72 Cf. *Diálogo*, Introd., pág. 136.

73 Sin duda hay que guardarse mucho de traducir esto por "experiencia religiosa". "Experiencia de fe entera" (fol. XXIV), "experiencia de amor" (fol. XXXIX r⁰) son pruebas, intentos, pero que llevan a una especie de revelación interior de la dependencia

hombre, la omnipotencia de Dios, la fuerza —amor o caridad— que el alma recibe de Dios para tender a un ideal de perfección que es propiamente divino, todas éstas son cosas que se experimentan. No se trata de enseñarlas dogmáticamente, sino de inclinar a las almas a tener experiencia de ellas a su vez, a sobrepasar el farisaico contentamiento de sí mismo para conocer la más pura alegría espiritual.

Pero esta religión ¿supone acaso un culto? Parece que prescindiría fácilmente de él. "Tenemos ya el tiempo que dijo Jesucristo que vernía, cuando los verdaderos adoradores habían de adorar a su Eterno Padre en espíritu y en verdad." [74] Dondequiera que dos o tres personas se reúnen en su nombre, Jesús está presente en su conversación y la ilumina.[75] Pero la Iglesia existe, con sus sacramentos, sus ritos, sus costumbres. ¿El culto en espíritu y en verdad se opondría a todo esto? El ideal cristiano que Erasmo resume en dos palabras: *pax et unanimitas,* ¿no exige acaso más bien que el culto en espíritu se instale en el centro del culto exterior para darle un sentido y señalarle sus límites? Así es como Valdés lo entiende. La "reforma", pues, en el sentido ordinario del término, tiene un lugar en su enseñanza religiosa; pero sobre todo la reforma de los abusos evidentes llevada a cabo por cada prelado en su diócesis. Así como el buen Arzobispo de Granada velará por que ninguno reciba de sus manos las órdenes sacerdotales sin ser digno de ellas,[76] así también perseguirá la superstición de los ensalmadores que ponen la religión al servicio de sus hechicerías.[77] Pero la autoridad del prelado no basta a todo. El descanso dominical, en toda la cristiandad, se guarda a la letra: pero el espíritu está ausente. Los que se abstienen religiosamente de trabajo en domingo ofenden a Dios, ese mismo día, con la mayor naturalidad del mundo. La acción del clero puede aquí también ejercerse útilmente, y Fray Pedro de Alba se ufana de que se comienza a poner remedio a tales abusos en su arzobispado. Sin embargo, cuando dice que "estas cosas tienen necesidad de remedio general", cuando siente "el poco cuidado que hay en poner este remedio",[78] es claro que Valdés piensa en el Concilio, y se puede suponer que vería con buenos ojos una reforma de las observancias externas según consideraciones análogas a las que Erasmo exponía al Obispo de Basilea en su *De interdicto esu carnium.*[79] Pero no es más que una discreta alusión.

En efecto, si Valdés se inclina a prescindir del culto exterior, prescinde igualmente de una reforma radical de este mismo culto. ¿Para qué, cuando basta tan poca cosa para cumplir con la Iglesia? Ante todo, es preciso hacer una distinción entre lo que ésta exige y las innumerables

---

del alma respecto de Dios (cf., en el *Alfabeto,* la "experiencia" de la libertad cristiana. Texto citado en *Diálogo,* Introd., pág. 113, nota 1).

[74] *Diálogo,* fols. LXXV vº-LXXVI rº.

[75] *Ibid.,* fol. IV rº.

[76] *Ibid.,* fol. XCVII vº.

[77] *Ibid.,* fol. XXIV vº. Cf. *supra,* págs. 338-339, las *Constituciones synodales* de Coria.

[78] *Ibid.,* fol. XXVI rº.

[79] Cf. *supra,* págs. 142-143.

devociones facultativas —oraciones a los santos, ayunos, romerías— que se han añadido para satisfacer una piedad cegada por la idea de mérito. Según Valdés, existe una devoción que basta: amar a Dios sobre todas las cosas y al prójimo como a uno mismo. Todas las devociones no valen nada sin ésa. Y si ésa se practica, las demás son accesorias.[80]

Quedan los mandamientos de la Iglesia. Valdés no los discute, aunque no les concede a todos la misma reverencia en su fuero interno. En cada uno de ellos busca la intención, la significación espiritual. ¿Cuántos fieles hay que comprendan como se debe la obligación de oír misa los domingos y fiestas de guardar? Muchos están, en la misa, presentes con el cuerpo, pero ausentes en espíritu, y "se están parlando en cosas que aun para detrás de sus fuegos no son honestas". Algunos —y esto apenas si es mejor que lo otro— ensartan salmo sobre salmo, padrenuestro sobre padrenuestro, sin dar descanso a su rosario ni levantar la nariz de su libro. Ignoran u olvidan el sacrificio de la misa. Éste representa un misterio cuyo sentido hay que tener siempre en la memoria. La epístola y el evangelio son tan ricos de sustancia, que muy bien pueden ocupar el espíritu todo un día: pero es preciso que el espíritu se aplique a encontrarla.[81] La confesión no es obligatoria más que una vez al año, antes de Pascua; fuera de esto, no hay que hacer uso de ella sino cuando uno se siente en estado de pecado mortal, es decir, lo menos a menudo que sea posible, jamás si se puede. Es preciso que a la confesión no nos lleve otra cosa que el dolor de haber ofendido a Dios. Los que acuden a ella por costumbre, o porque le atribuyen una virtud santificante, sin experimentar contrición, desvían a este sacramento de su verdadero uso.[82] También la comunión es obligatoria una sola vez dentro del año. Pero este sacramento "ayuda maravillosamente al ánima que puramente lo recibe a vencer del todo los deseos de pecar". Así, pues, es saludable recibirla a menudo, pero sin que se crea uno obligado a confesión previa si no se siente culpable de pecado mortal.[83] Los ayunos deben guardarse en los días prescritos, pero sin olvidar la tradición de los Padres del desierto, para quienes el ayuno era una continua abstinencia de todo manjar refinado, y que comían con parsimonia el alimento más fácil de encontrar, fuese carne o pescado. Los fieles que toman el ayuno tal como la Iglesia lo ha instituido, no abusarán de él supersticiosamente, y se persuadirán de que el ayuno principal del cristiano debe ser abstinencia de pecados y de vicios.[84] Finalmente, de la obligación de pagar diezmos y primicias no hay nada que decir, pues el clero vela por que los fieles no falten a esta obligación: sólo que los sacerdotes deberían acordarse de que ellos tienen, en cambio, la obligación de repartir entre sus feligreses el pan de la doctrina.[85]

En el *Diálogo* está como sobreentendida una doble carta de la Iglesia,

---

80 *Diálogo*, fols. LXXIII Vᵒ-LXXIV rᵒ.
81 *Diálogo*, fols. LX Vᵒ-LXII rᵒ.
82 *Ibid.*, fols. LXIII rᵒ ss.
83 *Ibid.*, fols. LXVI rᵒ s.
84 *Ibid.*, fols. LXVII rᵒ s.
85 *Ibid.*, fols. LXVIII Vᵒ s.

con derechos que están en equilibrio con los deberes, o, si así se prefiere, con deberes recíprocos del clero para con los fieles. —Misa y sermón, muy bien; pero que el predicador predique verdaderamente el Evangelio. —Confesión y eucaristía, sí: pero que los confesores no desfiguren la confesión presentándola como acto meritorio en sí mismo, como complemento necesario de la comunión; sobre todo, que no siembren en el alma de sus penitentes gérmenes de pecados con sus preguntas torpes. Su papel es el de tranquilizar y absolver, no el de inquietar. —Ayuno, ciertamente: pero no los ayunos multiplicados supersticiosamente por la devoción monástica. —Diezmos: pero justificados por la enseñanza de la doctrina. De la misma manera, las rentas de los beneficios, en que tantos eclesiásticos ven el medio de "sostener su honra", se justifican sólo por el servicio de Dios y de los pobres.[86] La Iglesia, según Valdés, necesita sacerdotes ilustrados y hombres libres: hombres y no muchachos. No llama a éstos a la comunión sino cuando están en edad de apreciar el bien que significa. No se afana en sujetarlos al ayuno, porque tiene cuidado de su salud, pero sobre todo porque no quiere inculcarles una idea falsa de la piedad.[87]

En fin de cuentas, los mandamientos de la Iglesia permanecen, pero reducidos a un papel bastante borroso en la vida religiosa. El común de los fieles ve en ellos lo esencial de la religión y de buena gana los pondría por encima de los mandamientos de Dios, en los cuales se encierra la moral. Para Valdés, moral y religión ocupan un mismo lugar en los mandamientos de Dios: allí está el campo de la obligación más alta, la que exige la adhesión de todo el ser, la que pide del cristiano no sólo obediencia, sino también amor. Los mandamientos de la Iglesia deslindan el terreno de la autoridad exterior, con la cual cumple el cristiano una vez que ha ejecutado sus prescripciones, aunque sea contra su voluntad. La Iglesia no juzga más que de lo exterior: se puede guardar de mala gana la abstinencia de carne en cuaresma, se puede ir a misa de mala gana, y no por ello deja uno de cumplir con la Iglesia. Dios, en cambio, ve el interior, y lo que Él pide es más bien la pureza de intención: hay constituciones frágiles para las cuales el pescado es dañoso, y puede suceder que se tenga que escoger entre la misa y un deber más sagrado. Pero nadie será agradable a Dios si ama a su prójimo pesándole de que Dios se lo mande.[88]

El acto esencial de la vida religiosa, según Valdés, es la oración, entendida como un acto privado y esencialmente interior: las oraciones no son fórmulas mágicas calculadas para producir cierto efecto. No se puede decir que sepa orar el que se atiene exclusivamente a fórmulas ya hechas, el que confía más en el ruido y multitud de los rezos que en "el ardiente deseo del ánima". En otras palabras, si los libros de oraciones y los rosarios no se condenan, sí se hace ver cómo su empleo es muy independiente

---

86 *Ibid.*, fols. LXII vº, LXVI vº, LXVII vº, LXIX rº, LXXI vº.

87 *Ibid.*, fols. LXVI vº y LXVIII rº.

88 *Ibid.*, fol. LXII rº-vº. Valdés (fol. LXXX rº) observa una curiosa manifestación de esta religión falsa y sin amor: conoce a personas que quitan del padrenuestro el *dimitte nobis* cuando están enemistados con alguien y no quieren perdonarlo, lo cual no obsta para que se crean llenos de santidad y sabiduría.

del valor de la oración.[89] La oración verdadera de los cristianos es sobria en palabras y rica en sentido. El Pater Noster es la oración por excelencia, no sólo a causa de su origen evangélico, sino porque sus divinas palabras piden, en términos generales, aquello que conviene a la gloria de Dios y a la salvación del alma. Encierran una riqueza espiritual cuyo equivalente no puede ver Valdés ni en el Ave María ni en la Salve Regina.[90] El alma aprende, al pronunciarlas, a negar su propia voluntad, en cuanto es contraria a la de Dios; pide a Dios el pan espiritual de la gracia sin el cual no podría tener el hombre una "entera e firme conformidad" con la voluntad divina, ni cumplir los mandamientos.[91] Así entendida, la oración es una manera de meditación. Es una purificación interior por la cual el alma se libera del amor propio y del farisaísmo, confiesa su nada y se entrega en manos de Dios, único que puede iluminarla.

Aquí llegamos a lo que hace las veces de mística en la religión valdesiana. El *Diálogo* rechaza deliberadamente ciertos métodos contemplativos que apelan a la imaginación. No es muy explícito a propósito de ellos. Pero fácilmente se adivina de qué se trata. Los alumbrados, como se sabe, se negaban a ver la cima de la vida interior en la evocación intensa de la pasión de Cristo.[92] Este género de "imaginaciones" es, sin duda, el que rechaza Valdés cuando dice que dejan el alma, en fin de cuentas, "muy fría y seca".[93] Pero no se ve que esta crítica de la meditación imaginativa abra el camino hacia una doctrina propiamente mística. En las páginas de un fraile como Osuna, lo que se discute es si la humanidad de Cristo, en la medida en que está relacionada con las cosas creadas, no sería una traba en la búsqueda de una contemplación más alta y más pura: la razón de ello es que Osuna guía al alma hacia un recogimiento exento de todo pensamiento distinto, hacia una ausencia de pensamiento en que todo pensar se halla incluido virtualmente.[94] La "contemplación", tal como Valdés la entiende, está mucho más cerca de la reflexión y mucho menos separada de la acción. No es la suprema razón de ser de una vida encerrada en el claustro, sino más bien un replegarse sobre sí mismo, necesario en toda la vida. Su materia es la "ley de Dios".[95] Su punto de partida es la lectura. Erasmo, que tanto hizo para enseñar a sus contemporáneos a leer los libros sagrados, es aquí el maestro de Valdés. En su *Enchiridion*, en

[89] *Ibid.,* fol. LXXIV vº.

[90] *Ibid.,* fol. LXXXIII rº-vº. Cf. Introd., pág. 109, y lo dicho allí sobre la irritación de Valdés frente a la devoción mariana, a la sed de milagros que premien a los rezadores del avemaría. No había identificado yo en 1925 el libro de milagros de Nuestra Señora a que alude Valdés. Es casi seguramente el de Miguel Pérez, traducido del catalán al castellano por Juan de Molina: *La vida y excellencias y milagros de la Sacratissima Virgen María.* Se conserva una edición "agora nuevamente corregida..." (Miguel de Eguía, Toledo, 1526) en la Colección Rosenwald de la Library of Congress de Washington; otra de Toledo, 1549, está en la Hispanic Society of America, de Nueva York.

[91] *Diálogo,* fols. LXXVIII rº-LXXIX rº. Cf. Introd., pág. 135.

[92] Cf. *supra,* págs. 175-176.

[93] *Diálogo,* fol. XCV vº, y nota 64. Cf. Introd., pág. 152.

[94] "Este no pensar nada es pensarlo todo." Cf. *supra,* págs. 168-169.

[95] *Diálogo,* fol. XCV rº.

sus *Anotaciones,* en sus *Paráfrasis,* en sus *Coloquios* mismos (pensemos en la *Pietas puerilis* o en el *Convivium religiosum),* no se cansa de hacer resonar las palabras divinas y de despertar con ellas toda una dormida riqueza de armónicos humanos. El negocio por excelencia no es tanto saber qué *quieren decir* esas palabras, sino oír qué *dicen* ahora y aquí, sentirse uno mismo aludido por ellas. La lectura entendida de ese modo es la búsqueda en una iluminación interior en que se encuentra una ayuda divina. Viene a transformarse, de manera casi espontánea, en oración y contemplación. Cuando se ha cerrado el libro, queda uno "con un nuevo deseo de Dios y con una nueva afición a la virtud".[96]

Semejante meditación sobre un libro es cosa bastante nueva en esa España de los alumbrados en que la vida espiritual se ha multiplicado hasta entonces sobre todo por la propaganda oral. Ha llegado ya la edad del libro. Las personas que leen se van haciendo legión. Valdés les sugiere una decena de volúmenes, todos ellos traducidos del latín al castellano, y dignos de alimentar sus meditaciones solitarias. Su lista es sumamente significativa. Son las *Epístolas, evangelios y sermones del año,* la *Vita Christi* del Cartujano, los *Morales sobre Job* de San Gregorio, las *Epístolas* de San Jerónimo y "algunas cositas que hay de Sant Augustín". Y también —al lado de la *Imitación*— el *Enquiridion* de Erasmo, su *Explicación del Pater Noster,* su *Sermón del niño Jesús* y algunos de sus *Coloquios.*[97]

Muchos se asombrarán tal vez de que, en este país en que el traductor del *Enchiridion* se había hecho eco de los manifiestos de Erasmo por la vulgarización de la Escritura,[98] el público estuviera reducido todavía a traducciones envejecidas y fragmentarias del Nuevo Testamento. Valdés recomienda las *Epístolas y Evangelios* sin ocultar que le gustan muy poco los sermones que embarazan el volumen, y que la versión misma de las perícopas sagradas está muy lejos de satisfacerle. España no muestra mucha prisa en traducir en lengua vulgar el conjunto de los libros santos. Se diría que le bastan textos selectos. Aun en materia de traducciones parciales, no se conoce ninguna versión nueva impresa en esta época, salvo un *Psalterio de David* publicado en Lisboa a fines de 1529 por Gómez de Santofimia.[99] De una versión manuscrita del Evangelio según San Mateo, sólo el último folio se conserva entre los papeles de Alfonso de Valdés.

96 *Ibid.,* fols. xcvi v°-xcvii r°. Cf. nota 77, e Introd., págs. 152-154.
97 *Ibid.,* fol. xcvi r°, y notas 65 a 75.
98 Cf. *supra,* pág. 192.
99 Una edición sin fecha, pero impresa sin duda en Lisboa en 1529, se describe en R. Diosdado Caballero, *De prima typographiae hispanicae aetate specimen,* Romae, 1793, y en A. Ribeiro dos Santos, *Memória sobre algumas traducções e edições bíblicas (Mem. de lit. port. publ. pela Academia Real das Sciencias de Lisboa,* t. VII, Lisboa, 1806, páginas 35-36). Yo he descubierto una reimpresión de esta obra (por Germán Galharde, Lixbona, 15 de diciembre de 1535) en la Staats-Bibliothek de Munich (8º B. Lat. F. Hisp., 170). Reproduce el privilegio del Rey de Portugal (Lisboa, 13 de septiembre de 1529) al traductor Gómez de Santofimia, y al final, después del colofón, se encuentra una carta del nuncio Don Martinho de Portugal (Lisboa, 10 de noviembre de 1529) en que se conceden cuarenta días de indulgencia a los fieles que recen ese salterio castellano —detalle interesante, si se toma en cuenta que Don Martinho de Portugal era ferviente erasmista (cf. M. Bataillon, *Érasme et la cour de Portugal,* Coimbra, 1927, págs. 10 *ss.).*

Con esto se comprenderá el gran interés de la traducción personal que Juan de Valdés intentó del Sermón de la Montaña, como a título de ejemplo. Siguió, a ojos vistas, el *Novum Instrumentum* de Erasmo, texto griego y versión latina.[100] Como el propio Erasmo, nuestro erasmista tiende a rejuvenecer el Evangelio y a hacerlo renacer en toda su frescura. No es ya el castellano abrupto y arcaico de las *Epístolas y Evangelios*. No son ya los versículos de la Vulgata convertidos en hábito, como la liturgia en que se injieren. A fuerza de repetir *Beati pacifici* o *Bienaventurados los pacíficos* olvidamos lo que estas palabras quieren decir. Pero en la edición erasmiana o en la traducción de Valdés, las bienaventuranzas dejan de ser una fórmula mágica generadora de bienaventuranza: convidan al alma a meditar sobre la felicidad según Dios. El texto griego nos despierta: Μαϰάϱιοι οἱ εἰϱηνοποιοί, *¡Afortunados los hacedores de paz!* Y Valdés traduce: "¡Bienaventurados son los que ponen en paz a sus prójimos!"[101]

En fin, la Biblia, tomada como un mensaje indivisible, está representada en el *Diálogo* por un "compendio de la Sagrada Escriptura". Allí resume Valdés en pocas páginas toda la historia sagrada sin más pretensión que la de poner en orden las cosas que todos saben "de oírlas en sermones".[102] Señala su sentido profundo, el que no perciben los predicadores amigos de la anécdota o del simbolismo sutil: drama del pecado y de la redención, contraste de la antigua y de la nueva Ley, tales son las grandes lecciones de la historia de un pueblo siempre rebelde, pero que jamás pudo cansar la paciencia divina. ¡Qué aliento para los hombres, si éstos quisieran ponerse en manos de Dios con confianza absoluta! Así, el catecismo valdesiano vuelve siempre a sus temas fundamentales: invitación a la fe; promesa de gracia, confirmada por toda la historia del pueblo

---

100 *Diálogo*, Introd., págs. 191-194.

101 *Ibid.*, fol. cii vº. Un legajo del A. G. S. (*Estado*, leg. 604, antiguo 1553, fol. 519) contiene, entre ciertos papeles provenientes de Alfonso de Valdés, un folio único de una traducción castellana del Evangelio según San Mateo: es, a todas luces, la última hoja de un manuscrito en que se traducía íntegramente este evangelio, porque va de la mitad del versículo 63 del capítulo XXVII hasta el final, y concluye con este *explicit: Fin del Evangelio de Sant Mattheo*. Se distinguen claramente en este escrito dos manos, la segunda de las cuales retocó la traducción hecha por la primera. Como la traducción era muy literal, el que la revisó parece haber querido hacerla más elegante, pero también, en ciertos casos, más conforme al texto griego de Erasmo (por ejemplo, al comienzo del versículo 9 del capítulo XXVIII agrega "como fuessen a hazérselo saber", frase que corresponde visiblemente a ἐποϱεύοντο ἀπαγγεῖλαι τοῖς μαθηταῖς αὐτοῦ, palabras que faltan en la Vulgata). En un artículo del *Homenaje a Ramón Menéndez Pidal*, Madrid, 1925, t. I, pág. 413, nota 1, había emitido yo la hipótesis de que el primer traductor era Juan de Valdés, y el corrector su hermano Alfonso. Después, José F. Montesinos publicó un autógrafo de Juan (*Cartas inéditas de Juan de Valdés al Cardenal Gonzaga*, Anejo XIV de la *Revista de Filología Española*, Madrid, 1931, pág. 101), y por mi parte pude obtener, gracias a la amabilidad de Fernand Braudel, una fotografía del documento de Simancas. Resulta del examen de las escrituras que la primera mano no es la de Juan. En cambio, Alfonso de Valdés sí parece haber retocado la traducción: la letra de las correcciones es muy parecida a la de las cartas autógrafas de Valdés a Dantisco que se conservan en un manuscrito de la Universidad de Upsala (H. 154), y de las cuales hemos conseguido fotocopias gracias a la gentileza del Prof. E. G. Wahlgren.

102 *Diálogo*, fol. xcii rº.

elegido; exigencia de perfección que el Sermón de la Montaña hace resonar, para concluir, como un llamamiento subyugador, no como un código cargado de amenazas...[103]

IV

Este *Diálogo* era el primer ensayo de uno de los más auténticos genios religiosos del siglo. Pero lo que se expresaba a través de él era también el movimiento de Alcalá, era todo el iluminismo erasmizante. Tovar, es cierto, desaprobará su publicación: el libro, según él, no había sido madurado.[1] Pero ¿no es Tovar el representante típico de esa cultura española que su hermano comparaba con el citaredo Aspendio porque "cantaba para adentro", y que, como no llegaba a expresarse por el libro, no se comunicaba más que en un círculo restringido, de alma a alma? En la forma que tenía, el libro de Juan de Valdés era capaz de llevar lejos de Alcalá, a toda la Península, el ideal religioso elaborado al calor de pequeños cenáculos espirituales. Al Doctor Sancho Carranza de Miranda, nombrado recientemente Inquisidor en su Navarra natal, le pareció tan bueno, que compró varios ejemplares para difundir el libro por su tierra.[2]

Pero allí estaba, alerta, una ortodoxia más puntillosa. Algún Ciruelo sintió la ponzoña iluminista, o bien algún fraile a quien no había engañado el religioso disfraz de Eusebio. Según el método consagrado, se extrajeron seguramente del libro ciertas proposiciones malsonantes y se las denunció a la Inquisición. No sabemos cuáles fueron las frases que dieron pie a la sospecha. Pero al menos tenemos una indicación de María Cazalla. Alguien le había enviado el *Diálogo* desde Alcalá, y ella lo leyó como un buen libro hasta el día en que oyó al franciscano Fr. Pedro de Vitoria denunciarlo en un sermón: lo arrinconó entonces "en el suelo de un arca" prohibiendo a sus hijas que lo leyesen. Ahora bien, hablando de este asunto

---

[103] El estudio más detenido de la religión valdesiana es ahora el de Fr. Domingo de Santa Teresa, O. C. D., *Juan de Valdés, 1498 (?)-1541. Su pensamiento religioso y las corrientes espirituales de su tiempo*, Roma (Analecta Gregoriana, vol. LXXXV), 1957. Sobre su influencia —especialmente póstuma—, es muy útil el libro de Domingo Ricart, *Juan de Valdés y el pensamiento religioso europeo en los siglos xvi y xvii*, El Colegio de México, 1958. Merece agregarse a la bibliografía de Fr. Domingo de Santa Teresa el penetrante estudio de vocabulario espiritual realizado por Margherita Morreale en su artículo *¿Devoción o piedad? Apuntaciones sobre el léxico de Alfonso y Juan de Valdés*, en la *Revista Portuguesa de Filología*, t. VII (1956), págs. 365-388. En el libro de Edmondo Cione, *Juan de Valdés, la sua vita e il suo pensiero religioso*, 2ª ed. riveduta ed aggiornata, Napoli, 1963, podrá encontrarse (págs. 110-209) una abundante bibliografía analítica y crítica.

[1] Melgares Marín, *op. cit.*, t. II, pág. 55. Deposición de María Cazalla: "Acuérdome que el bachiller Tovar reprendió a Valdés por haber éste publicado el libro tan aceleradamente sin corregirlo." Vergara mismo, en el curso de su proceso (*Proceso*, fol. 203 r°, 17 de julio de 1533), afirma que le hizo severos reproches a Valdés: "este declarante le avía reprendido ásperamente el meterse en materias que no avía estudiado".

[2] *Proceso de Juan de Vergara*, fols. 203 v° y 284 (declaraciones de Juan de Vergara en el curso de su proceso); cf. *Diálogo*, Introd., págs. 65-66.

ante los Inquisidores, dirá que su admiración por el *Diálogo* no era sin reservas: le parecía que "en él pudieron decirse mejor y sin escándalo algunas cosas, como, por ejemplo, aquellas tocantes a diezmos, primicias y confesión".[3] Una de las opiniones escandalosas del libro era, sin duda alguna, que convenía confesarse sólo cuando uno se sintiera en pecado mortal —exceptuando la confesión obligatoria de Pascua Florida—, y que no era necesario creerse obligado a confesarse antes de cada comunión. El sastre García Vargas, cuyo testimonio inclinó a los Inquisidores a interrogar a María sobre el libro de Valdés, declaraba que, "hablando con María Cazalla acerca del libro de la *Doctrina cristiana,* le dijo que le parecía bueno, pero que ella no se llegaría al sacramento de la Eucaristía sin confesar antes".[4]

Sea como haya sido, el *Diálogo* fue denunciado a la Suprema,[5] que adoptó en este caso un procedimiento comparable al que se había aplicado a los escritos de Erasmo. Pero el asunto era menos grave. Se confió el examen del libro a una comisión de teólogos de Alcalá [6] cuando el cuerpo del delito salía de las prensas de Miguel de Eguía. Se puede admitir, por otra parte, que la Suprema no ignoraba el nombre del autor; sabía que, al poner su suerte en manos de los Complutenses, no le hacía correr muy gran peligro. La comisión se reunía en el aposento de Mateo Pascual, rector de San Ildefonso en ese año de 1529. Conocemos los nombres de unos diez doctores que formaban parte de ella. Ciruelo, enemigo de las novedades, no había sido nombrado. En cambio, se ve allí el nombre del Canciller Pedro de Lerma, conocido por sus simpatías erasmianas. Hernán Vázquez, hermano de Fray Dionisio, y sin duda erasmizante como él, parece haberse hecho abogado del libro de Valdés. Se sentía un poco solidario del autor, puesto que éste le había sometido su obra manuscrita. En ella había hecho algunas supresiones. Pero tal como estaba impresa, él no encontraba nada que no se pudiera excusar o glosar en sentido favorable. Nuestros teólogos se reunieron varias veces, aunque no todos fueron muy asiduos a las sesiones. Evidentemente, ninguno de ellos tomaba el asunto por lo trágico. El Doctor Juan de Medina se dirigió al autor en persona para pedirle explicaciones acerca de varias proposiciones del *Diálogo*: Valdés le juró que él las tomaba en el sentido más ortodoxo.

Desde el exterior, se ejercían ciertas presiones oficiosas. Juan de Vergara intervino con el prestigio inherente a su calidad de secretario del Arzobispo, protector de la Universidad. No disimuló a sus antiguos colegas de San Ildefonso el interés que tenía por el autor del *Diálogo,* e insistió

---

3 Melgares Marín, *op. cit.,* t. II, págs. 54-56.

4 *Ibid.,* pág. 32. Cf. *Diálogo,* fol. LXVI vº.

5 Este tema ha sido estudiado otra vez por John E. Longhurst, *Erasmus and the Spanish Inquisition: the case of Juan de Valdés,* Albuquerque, 1950 (University of New Mexico Publ. in History, Nº 1).

6 Conocemos el asunto por los testimonios de dos miembros de la comisión, el canónigo Alonso Sánchez y el Doctor Juan de Medina, llamados posteriormente a declarar en los procesos de Mateo Pascual y de Juan de Valdés, y cuyas declaraciones, afortunadamente, se transcriben en el *Proceso de Juan de Vergara* (fols. 181 rº-182 vº. Véase *Diálogo,* Introd., págs. 67-71, donde citamos este documento en notas).

en que no se sacara de él una lista de proposiciones sospechosas: en lugar de calificar *more theologico* los pasajes molestos, más valía modificarlos en vista de una nueva edición. Confirmó esta opinión el Doctor Sancho Carranza, que se presentó ante la comisión como portavoz del Inquisidor General en persona. Admirador del *Diálogo de doctrina cristiana* desde el primer momento, estimaba que algunos ligeros retoques bastarían para hacerlo irreprochable. Y había tenido en realidad muy poco trabajo en persuadir de ello al Inquisidor General, puesto que el Doctor Coronel, secretario de Manrique, veía las cosas de la misma manera. La conclusión de los teólogos de Alcalá debía ser, por consiguiente, lo que en realidad fue: un informe de los más benignos, considerado por la Suprema como una opinión favorable, y que no dio lugar a ninguna disposición prohibitoria.

Este asunto nos da la medida del poder de que disponía el erasmismo en 1529. Este año es un recodo. La conspiración erasmiana maniobra hábilmente, y además a plena luz, fiel a su ideal de renovación religiosa sin revolución. Al parecer, se defiende sin trabajo contra los que denuncian en ella el veneno luterano o iluminista, robustecida como está con el apoyo de la Cancillería imperial, del Inquisidor General y del Primado. Pero la rueda de la fortuna está dando vueltas. El Emperador se dispone a salir de España. Ya, como si la potente imantación de su corte dejara de hacerse sentir, los erasmistas que el año 1527 había visto agrupados casi todos en Valladolid, se encuentran dispersos por la Península. El 15 de mayo, Alfonso de Valdés escribe desde Barcelona a Erasmo: [7]

He transmitido tu saludo a los amigos, a saber, al Canciller, a Juan Dantisco, embajador de Polonia, y a otros que he visto aquí, muy fieles a tu persona. Todos los otros amigos están dispersos: Virués en Valladolid, Diego de la Cadena en Burgos, Carranza en Sevilla, Coronel y Vergara en Toledo, Morillon en Zaragoza,[8] Oliver en Valencia; todos en buena salud, a lo que alcanzo a saber.

Esta dispersión sirve, sin duda, para propagar el erasmismo, pero también contribuye a hacerle perder un poco de su intensidad militante. Sobre todo, el proceso de los alumbrados no termina, como se podría creer, con la condena de Isabel de la Cruz y de Alcaraz: entra en nueva fase, sumamente peligrosa para el erasmismo, con el arresto de Francisca Hernández y de Fr. Francisco Ortiz.

---

[7] Allen, t. VIII, Ep. 2163, líneas 138-143.

[8] Conviene señalar a los investigadores la existencia de un grupo de erasmistas en Zaragoza. Guy Morillon es quien habla de él en una carta a Erasmo (Zaragoza, 6 de enero de 1529, Allen, t. VIII, Ep. 2083): "Sunt hic multi Erasmo addictissimi. Inter quos dominus Michael don Lope, advocatus regius, vir primariae auctoritatis non modo inter jurisconsultos, sed etiam inter eos quibus commissum est negocium fidei, ita tibi patrocinatur adversus istos scarabeos qui impatientissime ferunt opera tua in Hispanum idioma transferri, ut dignus omnino sit quem tuis literis honores." Sobre Micer Miguel Don Lope sólo hemos encontrado otra alusión elogiosa de Páez de Castro, que, al pasar por Zaragoza antes de embarcarse a Italia, había recibido ciertos presentes de él (cf. Uztarroz y Dormer, *op. cit.*, pág. 525).

Capítulo VIII

EL ERASMISMO AL SERVICIO DE LA POLÍTICA IMPERIAL
LOS *DIÁLOGOS* DE ALFONSO DE VALDÉS
(1527-1532)

I. *La responsabilidad del Saco de Roma, a cuenta de Dios.* II.
El "Diálogo de las cosas ocurridas en Roma". III. *Su difusión.*
Desavenencias con el nuncio Baldassare Castiglione. IV. *El*
"Diálogo de Mercurio y Carón". V. *Nuevas experiencias eu-*
ropeas: Bolonia. La Dieta de Augsburgo. La ortodoxia en los
Países Bajos. VI. *La "Defensa" de Erasmo por Alonso Enríquez*
y la "Antapología" de Sepúlveda. VII. *Ratisbona y Viena.*
Muerte de Alfonso de Valdés.

I

EL DÍA EN que se supo en Valladolid la toma y saqueo de Roma, el secretario Valdés recibía en su mesa a varios amigos. Los unos comentaban la noticia con satisfacción, los otros con horror. Rogaron al dueño
de la casa que dijera su opinión sobre el gran acontecimiento. Él prometió hacerlo por escrito, porque la materia era demasiado difícil para
que fuera lícito pronunciar sobre ella un juicio improvisado.[1] La reserva
del Secretario imperial refleja la incertidumbre del dueño de la hora. Carlos, que desde hace muchos meses acusa al Papa de traicionar su misión
y le urge a convocar el Concilio, tiene ahora al Papa en sus manos. Puede
dictarle condiciones de paz. Lope de Soria, uno de sus agentes en Italia,
le escribe desde Génova el 25 de mayo:

> Si le pareciese que la Iglesia de Dios no está como debe y que la grandeza
> que tiene de estado temporal le da atrevimiento para solevar pueblos y convocar
> príncipes para hacer guerras, pienso que sin pecado puedo acordar a Vuestra
> Majestad que no lo sería reformarla, de suerte que tuviese por bien de atender
> a lo espiritual y dejar lo temporal a César, pues de derecho lo de Dios debe
> ser de Dios y lo de César de César.[2]

Bartolomeo Gattinara, el 8 de junio, le escribe que todos esperan en
Roma su decisión, "es decir, saber cómo quiere Vuestra Majestad que
se gobierne la ciudad de Roma, y si en esta ciudad ha de haber alguna
especie de sede apostólica o no". Pero añade:

[1] Valdés a Erasmo, Barcelona, 15 de mayo de 1529 (Allen, t. VIII, Ep. 2163, líneas
67-73).
[2] Rodríguez Villa, *Memorias...*, *op. cit.*, pág. 166.

No dejaré de mencionar la opinión de ciertos criados de Vuestra Majestad que dicen que no se debería suprimir del todo la sede apostólica de Roma, porque en ese caso el Rey de Francia creará un patriarca en su reino y negará obediencia a la dicha sede apostólica, y otro tanto harán el Rey de Inglaterra y los demás príncipes cristianos. Los dichos criados de Vuestra Majestad opinan que habrá que mantener la dicha sede apostólica en tal estado de sumisión, que Vuestra Majestad pueda siempre disponer de ella y darle órdenes.[3]

El Emperador seguía perplejo, como poseído de estupor.[4] Y cada día que pasaba hacía más inconcebible una solución radical como sería la supresión del poder temporal del Papa y la convocatoria inmediata de un Concilio. Las atrocidades cometidas en Roma escandalizaban a Europa. La opinión favorable al prestigio de la Santa Sede encontraba por fin terreno propicio para su propaganda.[5] El descrédito del papado, sin cesar creciente desde principios del siglo, y cuya gravedad había podido medirse en el jubileo de 1525,[6] había llegado a su punto extremo: el desprecio se convertía repentinamente en lástima, y se iba haciendo posible un renacimiento del respeto. No son sólo los enemigos de Carlos quienes se conmueven, sino hasta un príncipe neutral y amigo como el Rey de Portugal, su cuñado. A su embajador António d'Azevedo, que le transmite las noticias que han llegado a Valladolid acerca de los acontecimientos de Roma, se apresura a pedirle mayores detalles.[7] ¿En qué consistieron las manifestaciones de pena del Emperador? ¿Desaprobó o no la conducta de sus generales? Y el clero de Castilla ¿manifestó acaso su pesar e hizo alguna diligencia ante el soberano? ¿Qué se sabe de las intenciones de éste con respecto al Papa? En cuanto a la corte de Roma, ¿continúa despachando los negocios, o su actividad queda totalmente suspendida? ¿Convoca el Emperador con mayor frecuencia a su consejo? ¿Quiénes son los personajes más influyentes que participan en él, y en qué se ocupan? ¿Qué reacción se ha podido observar del lado de Francia y de Inglaterra?

El gobierno imperial, hacia el cual convergen todas las miradas, no parece tener mucha prisa en arreglar sus diferencias con Roma por medio de una acción demasiado decisiva. Quiere ganar tiempo, y antes que nada hacer digerir a la cristiandad las graves noticias que acaban de alarmarla. Es necesario finalmente tomar posición, presentar al mundo la versión española de los acontecimientos. El canciller Gattinara, no bien recibe, en Mónaco, la noticia del saco de Roma, escribe una carta al Emperador instándole a adoptar una actitud clara frente a Europa: tiene que escoger entre dos cosas: o dar la razón a sus generales y afir-

---

3 *Ibid.*, pág. 193.

4 Sobre la inercia del Emperador en estas graves circunstancias, cf. Pastor, *Historia de los Papas*, t. IX, pág. 362, y Baumgarten, *Geschichte Karls V*, t. II, pág. 634.

5 Véase el mensaje de los cardenales franceses analizado en Rodríguez Villa, *op. cit.*, pág. 277.

6 Cf. Pastor, *Historia de los Papas*, t. X, págs. 271-272.

7 Arquivo da Torre do Tombo, *Corpo chron.*, Parte 1ª, maço 37, doc. 21 (carta fechada en Coimbra, a 19 de julio de 1527).

mar a grandes voces que se ha visto obligado a tomar las armas contra un "pseudopontífice" funesto para la paz cristiana, sistemáticamente reacio al Concilio reclamado por la opinión, o bien declinar toda responsabilidad, lamentar oficialmente lo que ha sucedido y expresar sus mejores deseos por el restablecimiento de la paz universal, sometiéndose de antemano al juicio del Concilio general, único que puede acabar con tantos conflictos temporales y religiosos.[8] El gobierno imperial se decide por la segunda solución.

Alfonso de Valdés es quien, en los últimos días de julio, redacta el mensaje de Carlos V a los príncipes cristianos.[9] El Emperador recordaba los servicios prestados por él a la paz y a la Santa Sede: la libertad devuelta al Rey de Francia después de Pavía, su negativa a escuchar los agravios de Alemania contra Roma; y, oponiendo la política de Clemente VII a la de sus predecesores, hacía recaer la responsabilidad de la culpa en los consejeros malintencionados del Papa. Después de una ojeada histórica de los sucesos a partir de la formación de la Liga, llegaba al asalto de Roma. Acusaba de paso a sus enemigos de haber exagerado sus horrores. Pero, sobre todo, lo desaprobaba formalmente:

Aunque veemos esto haber sido fecho más por justo juicio de Dios que por fuerzas ni voluntad de hombres, y que ese mismo Dios en quien de verdad habemos puesto toda nuestra esperanza, quiso tomar venganza de los agravios que contra razón se nos hacían, sin que para ello [interviniese] de nuestra parte consentimiento ni voluntad alguna, habemos sentido tanta pena y dolor del desacato hecho a la Sede apostólica, que verdaderamente quisiéramos mucho más no vencer que quedar con tal victoria vencedor.

8 Según la autobiografía de Gattinara, *Historia vite...* (ed. Carlo Bornate), *op. cit.*, pág. 348. El Canciller dice que ha mandado estos consejos al Emperador "antes de salir de Mónaco". Ahora bien, el 21 de junio fue cuando se embarcó, según una carta de Cornelius Duplicius Scepperus, que lo acompañaba en su viaje (Biblioteca de la Universidad de Upsala, Ms. H.154; Epistolae ad Johannem Dantiscum; carta fechada en Génova, a 27 de junio de 1527). Esta carta expresa muy bien la incertidumbre en que se hallaba el Canciller en cuanto a las disposiciones del Emperador: "Hic omnia dubia et intranquilla. Ingens adhaec penuria annonae. *Italia tota Caesarem osit.* Cancellarius mandatum expectat a Caesare. Exercitus Caesaris adhuc est ubi prius. Vice rex ubique male audit. Rex Angliae dicitur parare exercitum. Cancelarius, ut satis intellexi, vellet Franciscum Sfortiam restitui. Sed nescio quid fiet; non admodum mihi videtur fieri posse. Nihil tamen possumus scire quid futurum sit priusquam literas habeamus a Caesare. Ab his enim res omnes nostrae dependent." (Las palabras en cursiva están en clave en el original.)

9 Se pueden consultar fácilmente dos versiones españoles que no difieren más que en pequeños detalles: en Rodríguez Villa, *Memorias, op. cit.*, pág. 254, la minuta de la carta mandada al Rey de Portugal (2 de agosto); en Alfonso de Valdés, *Diálogo de Mercurio y Carón* (ed. Montesinos), pág. 87, el texto enviado al Rey de Inglaterra (de la misma fecha). Los *Acta Tomiciana*, t. IX, pág. 240, ofrecen el texto latino mandado al Rey de Polonia (31 de julio). Sobre el papel de Valdés, véase Karl Brandi, *Kaiser Karl V, Werden und Schicksal einer Persönlichkeit und eines Weltreiches*, München, 1937, págs. 223 ss., y Ramón Menéndez Pidal, *La idea imperial de Carlos V*, Buenos Aires-México, 1941, págs. 23 ss., que rebate los conceptos expuestos por Rassow y Brandi acerca del papel decisivo de Gattinara en la formación de la idea imperial de Carlos V.

Finalmente, en términos vagos, expresaba la esperanza de que el acontecimiento redundara en gloria de Dios, gracias a la pacificación general
y a la curación de los males que aquejaban a la cristiandad.

Poner el acontecimiento en la cuenta de Dios no era un hallazgo de
Valdés. Era un lugar común entre los imperiales persuadidos de la misión providencial de su señor. Valdés encontraba la idea incorporada
a la narración misma de los hechos en los informes recibidos de Roma
por la Cancillería: "Todos tienen por cierto —escribía más explícitamente
Bartolomeo Gattinara—, que esto ha sucedido por juicio de Dios, porque
la Corte romana vivía en gran tiranía y desorden." [10] Pero Valdés ponía
todo su calor de convicción en defender, ante los diplomáticos acreditados
en Valladolid, la tesis de la no responsabilidad imperial. Por otra parte,
como partidario decidido de la reforma de la Iglesia, quiere que Roma
no haya sido castigada en vano; prepara los caminos para el Concilio.
Cuando la carta del Emperador a los príncipes cristianos se envía a la
embajada de Polonia, Valdés va a ver personalmente al embajador Dantisco para explicarle que, con palabras encubiertas, se alude al Concilio
en la conclusión del mensaje. No le oculta que el Emperador, impedido
para proponer a la Santa Sede este remedio heroico, desearía que el Rey
de Polonia y los demás príncipes cristianos tomaran la iniciativa de una
propuesta tan necesaria.[11]

Por lo demás, varios días después escribió Carlos de su puño y letra
al Papa [12] expresándole firmemente su deseo de paz universal y de reforma. Invitaba a Clemente VII a convocar un Concilio para destruir las
herejías, reducir a los infieles y restaurar la Santa Iglesia. Le daba su
real palabra de no tolerar que se planteara en este Concilio la cuestión
de la deposición o suspensión del Papa. No era comprometerse demasiado con el prisionero del Castillo de Sant'Angelo.

10 Rodríguez Villa, *Memorias, op. cit.*, pág. 186.

11 *Acta Tomiciana*, t. IX, pág. 257. Dantisco al rey Segismundo, Valladolid, 17 de
agosto de 1527: "Fuit etiam alia causa, cur idem secretarius ad me venerat, quandoquidem per alias ambages mecum de iis turbis Italicis multa colloquebatur, pleraque de
concilio futuro, quod summopere necessarium fore aiebat, insinuans, et tandem plane
elocutus est, me Caesari rem gratissimam facturum, si literis meis Mti Vrae Sermae
persuaderem ut ad concilium generale instituendum afficeretur. Et hoc Caesar in literis
suis ad Mtem Vram Sermam *publicam causam* obscure appellat, ne ipse primus videatur,
cum partis censetur esse adversae, qui cupiat ut fiat concilium; vellet enim, ut certe
suspicor, Caesar, ut id a Mte Vra Serma et aliis christiani principibus et regibus, quibus
ad eum modum etiam scribitur, ut proponeretur atque postularetur. Et quamvis hoc
potissimum tempore plurimum expediret, ut fieret concilium, Mtas tamen vestra Serma,
quid desuper agendum sit, pro sua incomparabili prudentia apud se bene perpendet et
nihil quod ex re erit, omittet." El embajador de Portugal, al transmitir a Juan III la
carta de Carlos V, subraya la importancia concedida al Concilio por el gobierno imperial: "Nã sei o que se fara, porque como toda a tença do emperador he que se faça
concilio e agora vierã aqui frades de Alemanha e enucios do imperio pedindo que aja
concilio, que se perde toda Alemanha com os errores de Leuterio, y o papa seja desta
determinaçam tam apartado, nã sei como se poderá acordar". Arquivo da Torre do
Tombo, *Corpo chron.*, Parte 1ª, maço 37, doc. 44 (carta de Valladolid, 14 de agosto de
1527).

12 Pastor, *Historia de los Papas*, t. IX, págs. 366-367.

II

Valdés no olvidaba la promesa hecha a sus amigos. Fuera de la rigidez de las fórmulas diplomáticas, trataba de expresar su interpretación de los acontecimientos tal como tomaba forma en su conciencia de cristiano y de imperial, a medida que se iba enterando de todo por los minuciosos informes llegados de Roma. Nunca el pensamiento religioso, moral y político del erasmismo de España se abrió paso con mayor resolución. Valdés no piensa un solo minuto en escribir en latín, como el maestro que ha alimentado su espíritu. Latinista cuando es preciso, no sin torpezas,[1] prefiere, para traducir las ideas que le son más entrañables, los recursos del romance materno. Además, si toma la pluma es para sus amigos de España, para todos sus compatriotas capaces de elevarse al cristianismo en espíritu.[2] Los fariseos se cubren el rostro y hacen correr las noticias gritando la palabra "sacrilegio". Quiñones, general de los franciscanos, ha llegado a Valladolid: se ha atrevido a decir al Emperador que si no se conduce como debe para con el Papa, será imposible llamarlo ya Emperador, y habrá que llamarlo más bien "capitán de Lutero".[3] Los timoratos no se atreven a ver en estos grandes males la promesa de un gran bien. Para contestar a sus jeremiadas, se esboza en el espíritu de Valdés un coloquio satírico más áspero que los de Erasmo. Tiene sobre su mesa, entre otros despachos venidos de Roma, las cartas de Francisco de Salazar.[4] Todos los horrores del saqueo están allí, con todo su patetismo. Sin embargo, Valdés no lee sin secreta ironía los informes, tan evocadores, de ese eclesiástico imperial, de ese espíritu positivo, incapaz de olvidar, en medio de la desolación romana, los beneficios vacantes de Sigüenza. Le parece ver cómo Salazar se aprovecha del primer apaciguamiento para ir a importunar al Datario en el Castillo de Sant'Angelo y derramar algunas lágrimas por la miseria del Papa y de los cardenales, no sin reconocer *in petto* que tienen lo que se han buscado, y haciendo votos por que la Iglesia salga reformada de esa prueba. El muñeco se anima: este precioso informador se transforma en el interlocutor que Valdés necesita. El dato inicial del *Diálogo de las cosas ocurridas en Roma* se abre en su espíritu.[5]

[1] Los italianos "se burlan de su latinidad", según una carta del Obispo de Osma al Comendador mayor de León (Roma, 27 de junio de 1530) citada por F. Caballero, *op. cit.*, pág. 442.

[2] Véase el prefacio *Al lector,* al comienzo del *Diálogo.*

[3] Según una carta de Navagero (27 de julio de 1527) citada por Pastor, *op. cit.*, t. IX, pág. 365, nota 2.

[4] Cf. Rodríguez Villa, *op. cit.*, págs. 142 y 151. La fecha 19 de mayo que tiene la segunda carta está a todas luces equivocada. Según la pág. 162, este documento es posterior al lunes de Pentecostés, es decir, al 10 de junio. Tal vez haya que leer "19 de junio".

[5] *Ibid.*, pág. 162. Cf. Alfonso de Valdés, *Diálogo de las cosas ocurridas en Roma* (ed. José F. Montesinos), *Clás. Cast.*, Madrid, 1928, págs. 53, 216 y 218. Los cotejos hechos por Montesinos demuestran claramente el papel que tuvo la relación de Salazar en la génesis del *Diálogo.*

Un joven señor de la corte ve pasar por la plaza de Valladolid a un personaje extrañamente ataviado a la soldadesca: vacila en reconocer en él al Arcediano del Viso, que fue en Roma su mejor amigo. Pero ¡sí! ¡es el Arcediano!

¿Quién os pudiera conocer de la manera que venís? Solíades traer vuestras ropas, unas más luengas que otras, arrastrando por el suelo, vuestro bonete y hábito eclesiástico, vuestros mozos y mula reverenda; véoos agora a pie, solo, y un sayo corto, una capa frisada, sin pelo; esa espada tan larga, ese bonete de soldado... Pues allende desto, con esa barba tan larga y esa cabeza sin ninguna señal de corona, ¿quién os podiera conocer? [6]

El Arcediano ha tenido que cambiar de vestido para salvarse de las brutalidades del ejército victorioso, pues "ya no hay hombre en Roma que ose parecer en hábito eclesiástico por las calles". Ha vivido la tragedia de la Ciudad Eterna —"la más recia cosa que nunca hombres vieron"— y se asombra de que la Corte de España muestre por todo ello tan poco interés. Rebosa indignación contra los que han causado mayores males a la Iglesia de Dios que el que turcos o paganos se hubieran atrevido a hacer. Para hablar sin testigos, el Arcediano y su amigo Lactancio entran en la iglesia de San Francisco; y después de dejar a su interlocutor lanzar invectivas contra el Emperador con apasionada elocuencia, el joven señor con quien se identifica Valdés se pone a demostrarle por menudo las dos tesis que hemos visto resumidas en la carta de Carlos V a los príncipes cristianos:

Lo primero que haré será mostraros cómo el Emperador ninguna culpa tiene en lo que en Roma se ha hecho. Y lo segundo, cómo todo lo que ha acaecido ha seído por manifiesto juicio de Dios, para castigar aquella ciudad, donde con grande inominia de la religión cristiana reinaban todos los vicios que la malicia de los hombres podía inventar, y con aquel castigo despertar el pueblo cristiano, para que, remediados los males que padece, abramos los ojos e vivamos como cristianos, pues tanto nos preciamos deste nombre. [7]

Si el Emperador no es responsable de la catástrofe romana, ¿quién lo es? Lactancio no incurre en la ingenuidad de descargar la culpa en el ejército. El crimen de los crímenes no es la violencia o la avidez de la soldadesca, sino la iniciativa misma de romper la paz. Y Valdés no vacila en echar esta responsabilidad en hombros del Papa,[8] aunque en su mayor parte la descarga sobre sus funestos consejeros. Sí, el vicario de Cristo se ha manchado con ese gran crimen que es la guerra en sí misma, como si la guerra no fuera un escándalo para el cristianismo y para la simple naturaleza humana. Lactancio se acuerda de la *Querela pacis* de Erasmo cuando compara en este punto al hombre con las demás criaturas; pero

[6] Alfonso de Valdés, *Diálogo, ed. cit.*, págs. 77-78.

[7] *Ibid.*, pág. 84.

[8] *Ibid.*, pág. 89: "y seyendo ésta tan gran verdad que aun el mismo Papa lo confiessa, ¿paréceos ahora a vos que era esto hazer lo que devía un vicario de Jesucristo?"

exalta la vocación divina del hombre con una elocuencia más concentrada:

A todos los animales dio la natura armas para que se pudiesen defender y con que podiesen ofender; a sólo el hombre, como a una cosa venida del cielo, adonde hay suma concordia, como a una cosa que acá había de representar la imagen de Dios, dejó desarmado. No quiso que hiciese guerra; quiso que entre los hombres hobiese tanta concordia como en el cielo entre los ángeles. ¡E que agora seamos venidos a tan gran estremo de ceguedad, que más brutos que los mismos brutos animales, más bestias que las mesmas bestias, nos matemos unos con otros! Las bestias viven en paz, y nosotros, peores que bestias, vivimos en guerra.[9]

Pero ¿qué decir de un vicario de Cristo que hace la guerra?

¿Dónde halláis vos que mandó Jesucristo a los suyos que hiciesen guerra? Leed toda la doctrina evangélica, leed todas las epístolas canónicas: no hallaréis sino paz, concordia y unidad, amor y caridad. Cuando Jesucristo nació no tañeron alarma, mas cantaron los ángeles: *Gloria in excelsis Deo, et in terra pax hominibus bonae voluntatis!* Paz nos dio cuando nació y paz cuando iba al martirio de la cruz. ¿Cuántas veces amonestó a los suyos esta paz y caridad? Y aún no contento con esto, rogaba al Padre que los suyos fuesen entre sí una misma cosa, como Él con su Padre. ¿Podríase pedir mayor conformidad? Pues aún más quiso: que los que su doctrina siguiesen no se diferenciasen de los otros en vestidos, ni aun en diferencias de manjares, ni aun en ayunos, ni en ninguna otra cosa esterior, sino en obras de caridad. Pues el que ésta no tiene, ¿cómo será cristiano? E si no [es] cristiano, ¿cómo [será] Vicario de Jesucristo?[10]

La doctrina de paz, cuya expresión toma Valdés de su maestro Erasmo,[11] condena de manera aplastante el monstruoso escándalo de un papa guerrero. Pero nuestro español, hombre de cancillería, no se contenta con hacer sonar el oro de las palabras evangélicas, sino que busca en el desenvolvimiento mismo del conflicto algo con que abrumar mejor al Papa y justificar al Emperador. Evoca la Lombardía dichosa y el mundo disfrutando de los beneficios de la paz: el esplendor de las ciudades, las casas de campo sonrientes en los jardines, los campesinos cosechando sus mieses y apacentando sus rebaños, los ciudadanos entregados a sus negocios, y los pobres favorecidos por la prosperidad general. En seguida, todo esto entregado al saqueo, al crimen, a la violación, por el vicario de Jesucristo, que eligió, para atacar al Emperador, el momento en que el turco se encuentra a las puertas del Imperio, cual si quisiera entregar Hungría a los infieles. Larga, minuciosamente, como para responder por anticipado al relato que hará el Arcediano de las atrocidades del saco de mayo, Lactancio refiere las atrocidades cometidas en el otoño por los

---

[9] *Ibid.*, pág. 92.
[10] *Ibid.*, págs. 93-94.
[11] Cf. *Querela pacis,* caps. XXI y XXII de la traducción de Mme Constantinescu Bagdat, *op. cit.* Véase *supra*, págs. 86 *ss.*

soldados del Papa contra los partidarios de los Colonna, en represalia del primer pillaje de Roma: una noble doncella colgada por los pies, completamente desnuda, y partida en dos, viva, con una alabarda; las mujeres preñadas a quienes abrían los vientres a la vista de sus maridos, y los niños que éstas llevaban, puestos a asar...[12]

Valdés plantea con la mayor desenvoltura la cuestión de los derechos y deberes del Papa en materia de política europea. Porque el debate es precisamente entre el Emperador y el Papa. Lactancio deja a un lado, como con un encogerse de hombros, la tesis a que se aferrará el diplomático Castiglione, según la cual el Papa tomó las armas, no contra Carlos V, sino contra su ejército, cuyo desenfreno y extorsiones eran intolerables. "Pues si contra el ejército era, y el ejército se ha vengado, contesta Lactancio brutalmente al Arcediano, ¿por qué echáis la culpa al Emperador?"[13] De la misma manera, si acusa —como lo hace la carta a los príncipes cristianos— a los consejeros del Papa, no por ello descarga de responsabilidad al propio Papa: tenían culpa

los que lo ponían en ello, y también él, que tenía cabe sí ruin gente. ¿Pensáis vos que delante de Dios se escusará un príncipe echando la culpa a los de su consejo? No, no. Pues le dio Dios juicio, escoja buenas personas que estén en su consejo, e consejarle han bien. E si las toma o las quiere tener malas, suya sea la culpa: e si no tiene juicio para escoger personas, deje el señorío.[14]

El fondo del debate no es otro que la significación del papado. Es claro que el Papa está en la tierra para continuar a Cristo, para encarnar el espíritu evangélico. De ninguna manera se le podría comparar con un jefe de estado, y por ello más le valdría dejarse despojar de todas sus posesiones, que no defenderlas con las armas en la mano. La Iglesia, para el Arcediano, y para el común del clero católico, es el gobierno pontificio, el colegio de los cardenales, los estados en que es soberano el Papa. Pero "el señorío y auctoridad de la Iglesia más consiste en hombres que no en gobernación de ciudades". La Iglesia es, en verdad, la comunidad de los cristianos. "Luego el que es causa de la muerte de un hombre más despoja la Iglesia de Jesucristo que no el que quita al Romano Pontífice su señorío temporal." El Papa guerrero es más culpable para con la Iglesia que el Emperador, que lo reduce a impotencia. Lactancio, por lo demás, no tiene empacho en pronunciarse sobre el principio mismo del poder temporal:

Si es necesario y provechoso que los Sumos Pontífices tengan señorío temporal o no, véanlo ellos. Cierto, a mi parecer, más libremente podrían entender en las cosas espirituales si no se ocupasen en las temporales. Y aun... yo os prometo que cuando el Papa quisiese vivir como Vicario de Jesucristo, no sola-

12 Alfonso de Valdés, *Diálogo*, págs. 96-98.
13 *Ibid.*, pág. 113. Cf. Rodríguez Villa, *op. cit.*, pág. 437 (donde se resume la argumentación de Castiglione).
14 *Diálogo*, págs. 89-90.

mente no le quitaría nadie sus tierras, mas le darían muchas más. Y veamos: ¿cómo tiene él lo que tiene, sino desta manera?[15]

Pero no basta con mostrar que el Emperador tiene razón contra el Papa infiel a su misión divina. Si, en vez de considerar en él al vicario de Cristo, se quiere considerar en Clemente VII a un príncipe italiano como los demás, su responsabilidad no es menos evidente. Su culpabilidad en la formación de la Liga es clara. La iniciativa de las hostilidades le corresponde también a él. La cuestión del ducado de Milán no era excusa válida. El Emperador, que se lo había dado al Duque Francisco Sforza para demostrar sus intenciones conciliadoras, se lo ha quitado con el mejor derecho del mundo cuando este príncipe, rebelándose contra su señor natural, ha hecho causa común con la Liga. El Papa no tenía por qué mezclarse en la cuestión. El Emperador ha ofrecido arreglarla admitiendo que Sforza se disculpe ante él, ha prometido devolverle el ducado si demuestra su inocencia, y, en caso contrario, dárselo al Duque de Borbón, uno de los príncipes designados primitivamente por Clemente VII para recibir la investidura. El Papa ha querido la guerra porque pensaba expulsar al Emperador no solamente del Milanesado, sino también del reino de Nápoles.[16] En el momento en que el ejército imperial irrumpió en Roma, dio al traste con los audaces proyectos de una nueva Liga en que entraba también el Rey de Inglaterra,[17] y que tendía no sólo a despojar de Nápoles y Sicilia al Emperador, sino también a excomulgarlo y a acosarlo con una guerra sin cuartel hasta conseguir la anulación del tratado de Madrid.

Valdés, como se ve, no quiere dejar ningún yerro de parte del Emperador. El Papa ha violado la tregua firmada con Hugo de Moncada[18] después del golpe de sorpresa de los Colonna contra Roma. En cambio, nadie tiene derecho a decir que Carlos haya violado la tregua firmada en marzo por Lannoy: él ratificó esta tregua, a pesar de que le resultaba tan desastrosa. Pero mientras los correos llevaban el texto del acuerdo a Valladolid y regresaban a Roma con la ratificación, el ejército, no pagado, proseguía su marcha, y llegaba a Roma antes que la ratificación.[19] Lactancio no quiere tampoco dejar decir a los partidarios del Papa que Roma fue tomada por una banda de herejes y de infieles:

Cuanto a los alemanes, no os consta a vos que sean luteranos, ni aun es de creer, pues los envió el rey don Hernando, hermano del Emperador, que persigue a los luteranos. Antes, vosotros recebistes en vuestro ejército los luteranos que se vinieron huyendo de Alemaña, y con ellos hicistes guerra al Emperador. Pues cuanto a los españoles e italianos, que vos llamáis infieles, si el mal vivir queréis decir que es infidelidad, ¿qué más infieles que vosotros? ¿Dónde se hallaron más vicios, ni aun tantos, ni tan públicos, ni tan sin castigo como en

15 *Ibid.*, págs. 99-101.
16 *Ibid.*, págs. 106-107.
17 *Ibid.*, pág. 122.
18 *Ibid.*, pág. 118.
19 *Ibid.*, págs. 119-120.

aquella corte romana? ¿Quién nunca hizo tantas crueldades y abominaciones como el ejército del papa en tierras de coloneses? [20]

El Arcediano se rinde: el Emperador es inocente de las desventuras de Roma. En todos los encadenamientos humanos que conducen a la catástrofe, de Roma han venido siempre las iniciativas funestas. Se presiente ya que no será menos completa la victoria de Lactancio en la segunda charla, en la cual procura interpretar esta catástrofe como un castigo del cielo. Desde el principio, se establece como un hecho la corrupción de la corte de Roma. El Arcediano confiesa que esta ciudad, que hubiera debido dar ejemplo de virtudes al mundo, estaba

llena de vicios, de tráfagos, de engaños y de manifiestas bellaquerías. Aquel vender de oficios, de beneficios, de bulas, de indulgencias, de dispensaciones, tan sin vergüenza que verdaderamente parecía una irrisión de la fe cristiana, y que los ministros de la Iglesia no tenían cuidado sino de inventar maneras para sacar dineros. Empeñó el Papa ciertos apóstoles que había de oro, y después hizo una imposición que se pagase en la expedición de las bulas *pro redemptione Apostolorum*.[21]

Contra la ignominia de este "tráfago" han surgido grandes protestas desde comienzos del siglo, como otras tantas advertencias de Dios. Fueron, en primer lugar, las críticas elocuentes, sabias y moderadas de Erasmo. Pero no tuvieron ningún fruto, y entonces Dios "permitió que se levantase aquel Fray Martín Luter" que, no contento con insultar a Roma, ha desviado de su obediencia a la mayor parte de Alemania, causando así un golpe tremendo a la tesorería romana. Ha caído en la herejía, es cierto; pero ¿acaso habría caído en semejantes extremos si Roma hubiera tenido en cuenta sus justas advertencias, en vez de exasperarlo con la excomunión? No se quiso congregar en ese momento el Concilio porque dar satisfacción a los *Centum gravamina* de la nación alemana equivalía a reducir "al hospital" al Papa y a todo el clero. El primer agravio de Alemania era, en efecto, el escándalo de las rentas eclesiásticas desviadas de su destino y empleadas en alimentar la guerra, el vicio o el lujo, en vez de alimentar a los pobres; el escándalo también de las dispensas que se venden, dando entre los cristianos un privilegio a la riqueza.[22] Lactancio se indigna de que se hagan depender así del dinero las cosas santas, con el desprecio más absoluto de la pobreza evangélica:

Yo he estado y estoy muchas veces tan atónito, que no sé qué decirme... Al baptismo, dineros; a la confirmación, dineros; al matrimonio, dineros; a las sacras órdenes, dineros; para confesar, dineros; para comulgar, dineros. No os darán la estrema unción sino por dineros, no tañerán campanas sino por dineros, no os enterrarán en la iglesia sino por dineros, no oiréis misa en tiempo

20 *Ibid.*, págs. 124-125.
21 *Ibid.*, págs. 129-130.
22 *Ibid.*, págs. 131-133.

de entredicho sino por dineros; de manera que parece estar el paraíso cerrado a los que no tienen dineros.

¿Es eso lo que Cristo ha querido?

El rico se casa con su prima o parienta, y el pobre no, aunque le vaya la vida en ello; el rico come carne en cuaresma, y el pobre no, aunque le cueste el pescado los ojos de la cara; el rico alcanza ocho carretadas de indulgencias, y el pobre no, porque no tiene con qué pagallas, y desta manera hallaréis otras infinitas cosas. Y no falta quien os diga que es menester allegar hacienda para servir a Dios, para fundar iglesias y monesterios, para hacer decir muchas misas y muchos trentenarios, para comprar muchas hachas que ardan sobre vuestra sepultura.

Lactancio no acierta a comprender cómo esta glorificación del dinero puede conciliarse con el desprecio de las riquezas que enseña Cristo. Pero el Arcediano no se preocupa por ello: "¡Aosadas que yo nunca rompa mi cabeza pensando en esas cosas de que no se me puede seguir ningún provecho!"[23]

Los otros agravios de Alemania eran las inmunidades fiscales de los eclesiásticos, exasperantes para los demás, puesto que el clero es rico; el exceso de las fiestas de guardar, en que se ofende a los santos más de lo que se les honra, en que es lícito darse a todos los vicios, pero ilícito remendar un zapato para ganarse el pan: fiestas cuya razón de ser es la limosna de los fieles, más abundante en esos días; por último, el celibato de los sacerdotes, que tiene por reverso el concubinato, y que engendra tantos escándalos que más valdría que hubiera libertad para casarse.[24]

"¿Y de eso pesaros hía a vosotros?", pregunta Lactancio. El Arcediano no concibe sacerdotes casados: sería para ellos una servidumbre, una degradación, una causa de corrupción; como los bienes que poseen no son transmisibles por herencia, serían capaces de despojar a la Iglesia por sus hijos. Pero ¿qué peor esclavitud, qué peor oprobio que los de los clérigos concubinarios? ¿Y acaso no se puede concebir que los sacerdotes dignos del Evangelio hagan que sus hijos aprendan un oficio que les asegure una honrada subsistencia? El Arcediano tiene razones más profundas para no querer cambiar de estado:

—Mirad, señor (aquí todo puede pasar): si yo me casase, sería menester que viviese con mi mujer, mala o buena, fea o hermosa, todos los días de mi vida o de la suya; agora, si la que tengo no me contenta esta noche, déjola mañana y tomo otra. Allende desto, si no quiero tener mujer propia, cuantas mujeres hay en el mundo hermosas son mías, o, por mejor decir, en el lugar donde estoy. Mantenéislas vosotros y gozamos nosotros dellas.

—¿Y el ánima? —pregunta Lactancio.

—Dejáos deso, que Dios es misericordioso. Yo rezo mis Horas y me confieso a Dios cuando me acuesto y cuando me levanto; no tomo a nadie lo suyo, no

23 *Ibid.*, págs. 134-135.
24 *Ibid.*, págs. 135-137.

doy a logro, no salteo camino, no mato a ninguno, ayuno todos los días que me manda la Iglesia, no se me pasa día que no oigo misa. ¿No os parece que basta esto para ser cristiano? Esotro de las mujeres..., a la fin nosotros somos hombres, y Dios es misericordioso.[25]

Lactancio tiene buena oportunidad para expresar su desprecio por esta cínica prudencia, a la cual tantos sacerdotes sacrifican su dignidad de hombres. Por otra parte, que se cuiden: se han negado a toda reforma, ateniéndose al orden establecido, que les parece tan antiguo como la Iglesia; no han querido ver que ciertas constituciones eclesiásticas deben desaparecer del mismo modo que caducaron ciertas prescripciones judaicas aún válidas en la época de los Apóstoles. Pero después de Erasmo y de Lutero, he aquí una nueva advertencia que Dios les envía: la Iglesia ha sido herida en su cabeza. Dios ha permitido la sorpresa de los Colonna y de Don Hugo contra Roma, y finalmente, como nadie ha entendido la lección, ha herido al Papa con un golpe más rudo.[26]

Por este camino introduce Valdés a su lector a la más total apología de los actos cometidos por el ejército imperial. Estos excesos, condenados por la piedad ortodoxa como sacrilegios, no piensa el Secretario ni un momento en negarlos, o en insinuar, como en la carta a los príncipes cristianos, que los han exagerado los enemigos del Emperador. En un solo punto lo vemos cuidadoso de paliar una profanación. Se trata del Santísimo Sacramento echado por el suelo:

—¡Válame Dios! —exclama Lactancio—. Y eso, ¿vísteslo vos?
—No, pero ansí lo decían todos.
—Lo que yo he oído decir es que un soldado tomó una custodia de oro y dejó el Sacramento en el altar, entre los corporales, y no lo echó en el suelo, como vos decís.[27]

Probablemente el Secretario imperial, acerca de este punto preciso, interpretó a su manera los textos, o eligió aquellos que mejor convenían a su tesis. Pero, en conjunto, acepta sin paliativo los hechos, tales como los presentan los testigos cuyas relaciones ha leído. Encarga al Arcediano de exponerlos cruda, apasionadamente, en el tono de un testigo que ha sido también víctima de ellos. Y, por boca del piadoso e inflexible Lactancio, se esfuerza en demostrar cómo cada uno de los horrores del saqueo es el castigo preciso, necesario, providencial, de una de las vergüenzas que manchaban a Roma.

Todo el orden de los acontecimientos, desde el comienzo del asalto, lleva las huellas de una voluntad más que humana. Y, desde luego, la

---

25 *Ibid.*, págs. 138-140.
26 *Ibid.*, pág. 143.
27 *Ibid.*, págs. 201-202. Es posible que Valdés se refiera a un hecho contado en uno de los informes que utilizaba. Pero la carta de Salazar, que parece haber tenido tan a la vista, es menos explícita y deja suponer que los soldados no respetaron las hostias: "y en las iglesias, después de robadas y saqueadas, y tomadas las custodias, no se halla el Sacramento" (Rodríguez Villa, *op. cit.*, págs. 146-147).

muerte del Duque de Borbón. Castiglione veía en esta muerte una señal clara de la cólera divina contra el ejército cuyo jefe era él. Valdés lee en ella de otra manera las intenciones de Dios. Borbón, que entraba en Roma con sus tropas para contener su violencia, cayó a fin de que esta violencia se desencadenara.[28] La facilidad con que los imperiales penetraron en la ciudad fue cosa de milagro. ¡Cómo!, se indigna el Arcediano: ¿un milagro por esta soldadesca incrédula? No, responde Lactancio, un milagro para castigar los crímenes de Roma.[29] La catástrofe, como siempre sucede, no escogió por sus nombres a las víctimas. La casa del secretario imperial Pérez no fue más respetada que las otras, lo cual muestra bien que los asaltantes no ejecutaban una orden del Emperador. Los buenos pagaron junto con los malos: el piadoso Valdés les promete en recompensa la gloria en el otro mundo...[30] Y el diálogo prosigue su demostración según un ritmo erasmiano por excelencia,[31] pasando siempre, como por juego, de lo material a lo espiritual, de lo exterior a lo interior, oponiendo, a cada una de las atrocidades impías de la calle, los sacrilegios menos visibles de los cuales son castigo.

El Arcediano se defiende mal ante esta argumentación que choca contra sus hábitos de espíritu. Después de prorrumpir en gritos de horror a la idea de comer carne el Viernes Santo, consiente en reconocer que pecar así contra un mandamiento de la Iglesia es menos grave que violar un mandamiento de Dios, con una simple fornicación por ejemplo, y muestra deseos de saber "la causa por que nos parece más grave pecar contra las constituciones humanas que contra la ley divina". A Valdés no le interesa averiguar los orígenes de esta aberración, ni denunciar a quienes son responsables de ella. Le basta con haber hecho medir la distancia que media entre la ley de Dios y las constituciones humanas.[32]

¿Por qué maravillarse de que Dios haya permitido que unos cristianos fuesen vendidos contra rescate por los soldados asaltantes, en la ciudad "donde no solamente se solían vender y rescatar hombres, mas aun ánimas"? La alusión a las indulgencias es tan audazmente "luterana", que

---

[28] Alfonso de Valdés, *Diálogo*, págs. 145-150. Dantisco (*Acta Tomiciana*, t. IX, pág. 257), basado en el testimonio del propio Castiglione, cuenta una conversación entre el Nuncio y el Emperador a propósito de la responsabilidad de Borbón en el saco de Roma. Felicitándose Carlos V de que no se pueda echar la culpa a Borbón, puesto que lo han arrastrado sus tropas, Castiglione contesta "se de hac culpa non posse decernere, sed id jam Deum justo judicio judicasse, indicando qua morte interiisset". El confesor de Carlos V, Fr. García de Loaysa, obispo de Osma, no vacilará en respaldar la tesis de Valdés: *"Mató Dios a Borbón para vengarse sin estorbo de las maldades de Roma,* y ansí sospecho que da sueño a V. M. para que por manos del tirano infiel castigue sin dificultad los males de todo el pueblo christiano" (carta de 1532, en que reprocha al Emperador su inercia frente al peligro turco. G. Heine, *Cartas al Emperador Carlos V, escritas en los años de 1530-1532 por su confesor,* Berlín, 1848, pág. 155).

[29] *Diálogo*, págs. 148-149.

[30] *Ibid.*, pág. 156.

[31] Tan erasmiano, que es difícil asignar a esta parte una fuente precisa en la obra de Erasmo. Valdés hace pensar lo mismo en la Regla V del *Enchiridion* que en el Adagio de los *Silenos de Alcibíades*.

[32] *Ibid.*, págs. 154-155.

Valdés la vela con un sobreentendido: Lactancio no se lo explica al Arcediano sino hablándole en secreto al oído.[33] Precaución rara en el juego de transposiciones a que se entrega con tanta animación. Que un obispo alemán haya sido vendido en pública subasta, u otros jugados a los dados, es imagen impresionante de la cólera divina resuelta a castigar el tráfico de los beneficios, que es tráfico de almas.[34] Es un espectáculo escandaloso, ciertamente, ver a un reitre y a un soldado español cabalgando a través de Roma disfrazados de cardenales, llevando el primero un cuero de vino en el arzón de la silla, y el otro una cortesana en las ancas del caballo. Pero ¿no es más repugnante todavía un cardenal de peor conducta que la de un soldadote?[35]

Los atentados cometidos contra las cosas, el pillaje de las riquezas se juzgan con perfecta sangre fría. Si el ejército victorioso ha sacado por la fuerza a la ciudad capturada unos quince millones de ducados, esta pérdida sólo es tal para Roma. Los soldados son como labradores que van a sembrar a través del mundo todo ese dinero que durante mucho tiempo ha ido a juntarse en Roma, como en un resumidero, de todas las partes del mundo.[36] Es doloroso que hayan saqueado el Vaticano, que sus espléndidas salas se hayan usado como establos. Pero ¿por qué habían de ahorrarse las penas de la catástrofe al lugar de donde brotaba todo el mal? Todo el mundo se indigna recordando las riquezas de las iglesias robadas, siendo así que este robo fue el justo castigo de una superstición. ¡Pues qué! ¿Acaso Dios tiene necesidad de nuestras riquezas? Los pobres son templos vivos de Dios. Hay una iglesia dondequiera que dos o tres cristianos se reúnen en su nombre. El mundo es el primer templo de Dios. Un alma es el más precioso de los templos. En efecto, Dios, que es invisible, quiere homenajes invisibles: los templos de piedra y sus ornamentos sólo vienen en segundo lugar.[37] ¡La basílica de San Pedro —claman todos entre gemidos— se ha convertido en caballeriza! Trivial espectáculo de guerra. Pero un alma en que se alojan todos los vicios es templo más indignamente profanado que una basílica en que se alojen caballos.[38] Se indignan de que se hayan quemado los registros de la Curia: pero ése es el castigo celestial para el vergonzoso tráfico de leguleyos que viven de la colación de beneficios.[39] Los mismos cadáveres, asegura el Arcediano, han sido desenterrados por los buscadores de tesoros. —Vosotros os habíais hecho pagar por enterrarlos, contesta Lactancio, y podíais soportar muy bien su hedor...[40]

El saqueo de las iglesias no respetó las reliquias: arrancadas de sus preciosos relicarios de plata y oro, se las arrojó en la mayor confusión

33 *Ibid.*, pág. 157.
34 *Ibid.*, págs. 162-163.
35 *Ibid.*, pág. 160.
36 *Ibid.*, págs. 165-166.
37 *Ibid.*, págs. 166-173.
38 *Ibid.*, págs. 174-178.
39 *Ibid.*, págs. 179-183.
40 *Ibid.*, págs. 185-186.

a los cementerios, y algunas fueron a dar a casa de los funcionarios imperiales. El Arcediano vio un cesto lleno de ellas en casa de Juan de Urbina. Pero Lactancio no lo deja proseguir. ¿Acaso es ése el colmo de las atrocidades? Así como las violaciones de las iglesias son un mal mucho menor que las violaciones cometidas en tantas religiosas y doncellas, así también los atentados contra los despojos de los muertos no cuentan al lado de los asesinatos de los vivos. ¿Qué ha sucedido con las cuatro mil personas muertas en estado de pecado mortal? En cambio, el saqueo de las reliquias no puede nada contra almas que gozan ya de la bienaventuranza.

Ciertamente hay algo de penoso en semejante desencadenamiento de irreverencia. Pero Dios lo ha permitido para castigar las mentiras con que se sostiene el culto de las reliquias. La cabeza de Santa Ana está en Düren, en Alemania. Pero también está en Lyon de Francia. . .

Claro está que lo uno o lo otro es mentira, si no quieren decir que Nuestra Señora tuvo dos madres o Santa Ana dos cabezas. . . Pues desta manera hallaréis infinitas reliquias por el mundo y se perdería muy poco en que no las hobiese. Pluguiese a Dios que en ello se pusiese remedio. El prepucio de Nuestro Señor yo lo he visto en Roma y en Burgos, y también en Nuestra Señora de Anversia, y la cabeza de Sanct Joan Baptista en Roma y en Amians de Francia. Pues apóstoles, si los quisiésemos contar, aunque no fueron sino doce y el uno no se halla y el otro está en las Indias, más hallaremos de veinte y cuatro en diversos lugares del mundo. Los clavos de la cruz scribe Eusebio que fueron tres, y el uno echó Santa Helena, madre del Emperador Constantino, en el mar Adriático para amansar la tempestad, y el otro hizo fundir en almete para su hijo, y del otro hizo un freno para su caballo, y agora hay uno en Roma, otro en Milán y otro en Colonia, y otro en París, y otro en León y otros infinitos. Pues de palo de la cruz dígoos de verdad que si todo lo que dicen que hay della en la cristiandad se juntase, bastaría para cargar una carreta. Dientes que mudaba Nuestro Señor cuando era niño, pasan de quinientos los que hoy se muestran solamente en Francia. Pues leche de Nuestra Señora, cabellos de la Madalena, muelas de Sant Cristóbal, no tienen cuento. Y allende de la incertenidad que en esto hay, es una vergüenza muy grande ver lo que en algunas partes dan a entender a la gente. El otro día, en un monesterio muy antiguo me mostraron la tabla de las reliquias que tenían, y vi entre otras cosas que decía: "Un pedazo del torrente de Cedrón." Pregunté si era del agua o de las piedras de aquel arroyo lo que tenían; dijéronme que no me burlase de sus reliquias. Había otro capítulo que decía: "De la tierra donde apareció el ángel a los pastores", y no les osé preguntar qué entendían por aquello. Si os quisiese decir otras cosas más ridículas e impías que suelen decir que tienen, como del ala del ángel Sanct Gabriel, como de la penitencia de la Madalena, huelgo de la mula y del buey, de la sombra del bordón de señor Santiago, de las plumas del Spíritu Sancto, del jubón de la Trinidad y otras infinitas cosas a éstas semejantes, sería para haceros morir de risa. Solamente os diré que pocos días ha que en una iglesia colegial me mostraron una costilla de Sanct Salvador. Si hubo otro Salvador sino Jesucristo, y si él dejó acá alguna costilla o no, véanlo ellos.[41]

41 *Ibid.*, págs. 186-191. Cf. Margherita Morreale, *Comentario de una página de Valdés: el tema de las reliquias*, en *Rev. de Literatura*, t. XXI (1961), págs. 67-77.

Se creería estar leyendo a Erasmo,[42] pero a un Erasmo menos precavido, de inspiración más áspera. Lactancio no vacila en contar que, en su país, un visitador episcopal vio en cierta iglesia una imagen milagrosa de Nuestra Señora que, colocada en un altar frente al Santísimo Sacramento, atraía tal devoción, que todos los fieles, al entrar en la iglesia, volvían la espalda al Santísimo Sacramento para arrodillarse ante ella: este honrado teólogo sintió tan cruelmente la ignominia que se hacía a Jesucristo, que quitó de allí la imagen y la hizo pedazos. El pueblo quiso hacerle sufrir la misma suerte, pero Dios lo sacó de sus manos. A pesar de la presión del clero local, que juzgaba al visitador digno de la hoguera, el obispo, no sin reprobar el desacato, aprobó el sentimiento que lo había determinado.[43]

La anécdota es todo un símbolo. En opinión de Valdés, Dios ha querido, por medio de los acontecimientos de Roma, abrir los ojos de la cristiandad engañada por el culto de las imágenes y reliquias. La idolatría de las reliquias puestas en relicarios de oro es una detestable manera de honrar a los santos. Y, sin embargo, se presenta a los ignorantes como un atajo fácil que dispensa de seguir el camino real de la salvación, el cual consiste en amar a Cristo sobre todas las cosas y en poner en él toda nuestra esperanza.[44] Esta perversión del espíritu cristiano es obra de aquellos a quienes Erasmo llama γαστρόδουλοι y a quienes Lactancio designa muy claramente como "gente supersticiosa, que tienen en más sus vientres que la gloria de Jesucristo".[45] Ni siquiera el ultraje al Santísimo Sacramento (hecho cuya autenticidad pone Valdés en tela de juicio) deja de ser utilizado por él, pese a todo, para los fines de su tesis, transponiéndolo para señalar un crimen que clama el castigo de la cólera divina. La hostia arrancada de la custodia por la brutalidad de un soldado es una impiedad digna de castigo. Pero pensemos en todas las hostias que cada día son arrojadas al muladar por sacerdotes cuya alma está podrida de vicios:

El sacerdote que levantándose de dormir con su manceba, no quiero decir peor, se va a decir misa, el que tiene el beneficio habido por simonía, el que tiene el rancor pestilencial contra su prójimo, el que mal o bien anda allegando riquezas, y obstinado en estos y otros vicios, aun muy peores que éstos, se va cadaldía a recebir aquel Sanctísimo Sacramento, ¿no os parece que aquello es echarlo peor que en un muy hediente muladar?[46]

Lactancio no se sorprende de que al Arcediano le desazone semejante lenguaje. Valdés escandaliza con plena conciencia la piedad vulgar, por-

[42] Tal vez se acuerde Valdés del coloquio *Peregrinatio religionis ergo*, en el cual se inspirará después Calvino al escribir su *Tratado de las reliquias*. Renueva el tema con una rica experiencia de las supersticiones, y sobre todo con un sentido españolísimo de la hipérbole. Se piensa, al leerlo, en Erasmo, pero también en Quevedo.

[43] *Diálogo*, pág. 200.

[44] *Ibid.*, pág. 194.

[45] *Ibid.*, pág. 199.

[46] *Ibid.*, pág. 203.

que, no contento con demostrar la inocencia del Emperador en los acontecimientos de Roma, ve en estos acontecimientos una ocasión admirable de sacudir la devoción maquinal que reina en el mundo, y de llevar a los cristianos, según la enseñanza fundamental de Erasmo, de las cosas exteriores al culto en espíritu. Se reconocerá fácilmente la inspiración del *Enchiridion* y de la *Moria* en estas páginas en que la demostración valdesiana, llegada a su punto culminante, abandona la discusión de los hechos para dejar hablar al espíritu que lo anima:

Tenéis muy gran razón de maravillaros, porque a la verdad es muy gran lástima de ver las falsas opiniones en que está puesto el vulgo y cuán lejos estamos todos de ser cristianos, y cuán contrarias son nuestras obras a la doctrina de Jesucristo, y cuán cargados estamos de supersticiones; y a mi ver todo procede de una pestilencial avaricia y de una pestífera ambición que reina agora entre cristianos mucho más que en ningún tiempo reinó. ¿Para qué pensáis vos que da el otro a entender que una imagen de madera va a sacar cautivos y que cuando vuelve vuelve toda sudando, sino para atraer el simple vulgo a que ofrezcan a aquella imagen cosas de que él después se puede aprovechar? Y no tiene temor de Dios de engañar así la gente. ¡Como si Nuestra Señora, para sacar un cativo, hobiese menester llevar consigo una imagen de madera! Y seyendo una cosa ridícula, créelo el vulgo por la auctoridad de los que lo dicen. Y desta manera os dan otros a entender que si hacéis decir tantas misas con tantas candelas a la Segunda Angustia, hallaréis lo que perdiéredes o perdistes. ¡Pecador de mí! ¿No sabéis que en aquella superstición no puede dejar de entrevenir obra del diablo? Pues interveniendo, ¿no valdría más que perdiésedes cuanto tenéis en el mundo, antes que permitir que en cosa tan sancta se entremeta cosa tan perniciosa? En esta misma cuenta entran las nóminas que traéis al cuello, para no morir en fuego ni en agua, ni a manos de enemigos, y encantos, o ensalmos que llama el vulgo, hechos a hombres y a bestias. No sé d'ónde nos ha venido tanta ceguedad en la cristiandad que casi habemos caído en una manera de gentilidad. El que quiere honrar un sancto, debría trabajar de seguir sus sanctas virtudes, y agora, en lugar desto, corremos toros en su día, allende de otras liviandades que se hacen, y decimos que tenemos por devoción de matar cuatro toros el día de Sanct Bartolomé, y si no se los matamos, habemos miedo que nos apedreará las viñas. ¿Qué mayor gentilidad queréis que ésta? ¿Qué se me da más tener por devoción matar cuatro toros el día de Sanct Bartolomé que de sacrificar cuatro toros a Sanct Bartolomé? No me parece mal que el vulgo se recree con correr toros; pero paréceme qu'es pernicioso que en ello piense hacer servicio a Dios o a sus sanctos, porque, a la verdad, de matar toros a sacrificar toros, yo no sé que haya diferencia. ¿Queréis ver otra semejante gentilidad, no menos clara que ésta? Mirad cómo habemos repartido entre nuestros santos los oficios que tenían los dioses de los gentiles. En lugar de dios Mars, han succedido Sanctiago y Sanct Jorge; en lugar de Neptuno, Sanct Elmo; en lugar de Baco, Sanct Martín; en lugar de Éolo, Sancta Bárbola; en lugar de Venus, la Madalena. El cargo de Esculapio habemos repartido entre muchos: Sanct Cosme y Sanct Damián tienen cargo de las enfermedades comunes; Sanct Roque y Sanct Sebastián, de la pestilencia; Sancta Lucía, de los ojos; Sancta Polonia, de los dientes; Sancta Águeda, de las tetas; y por otra parte, Sanct Antonio y Sanct Aloy, de las bestias; Sanct Simón y Judas, de los falsos testimonios; Sanct Blas, de los que esternudan. No sé yo de qué sirven estas invenciones y este repartir de oficios sino para que del todo parezcamos gentiles y quitemos a Jesucristo el amor que en Él solo debríamos tener, vezándonos a pedir a otros lo que a la verdad Él solo nos puede dar. Y de aquí viene que piensan otros, porque rezan un montón de salmos o manadas de rosarios, otros porque traen un hábito de la Merced, otros porque no comen carne los miércoles, otros porque se visten de azul o naranjado, que ya no les falta nada para ser muy buenos cristianos, teniendo por otra parte su invidia y su rencor y su avaricia y su ambición y otros vicios semejantes, tan enteros, como si nunca oyesen decir qué cosa es ser cristiano...[47]

Ya estamos muy lejos del Saco de Roma. Sin embargo, estamos en el meollo del asunto. Es tan íntima en el espíritu de Valdés la asociación entre la reforma erasmiana de la fe y la misión providencialmente otorgada a Carlos V, que un fragmento como éste no es digresión en el *Diálogo*. Define el espíritu de la reforma que ha de ser el coronamiento de la victoria. Porque si Dios se ha servido de los ejércitos imperiales para castigar a Roma de manera tan ejemplar, no basta que el Emperador manifieste su pesar por todos esos actos que él no ha querido; no basta tampoco que acepte una vez más la voluntad de Dios y muestre ante el enorme acontecimiento ese semblante dueño de sí que admira Lactancio.[48] El Arcediano mismo es quien saca la conclusión práctica del debate, demostrando a qué grado lo han vencido los puntos de vista de su interlocutor:

A la fe, menester ha [el Emperador] muy buen consejo, porque si él desta vez reforma la Iglesia, pues todos ya conocen cuánto es menester, allende del servicio que hará a Dios, alcanzará en este mundo la mayor fama y gloria que nunca príncipe alcanzó, y decirse ha hasta la fin del mundo que Jesucristo formó la Iglesia y el Emperador Carlos Quinto la restauró. Y si esto no hace, aunque lo hecho haya seído sin su voluntad y él haya tenido y tenga la mejor intención del mundo, no se podrá escusar que no quede muy mal concepto dél en los ánimos de la gente, y no sé lo que se dirá después de sus días, ni la cuenta que dará a Dios de haber dejado y no saber usar de una tan grande oportunidad como agora tiene para hacer a Dios un servicio muy señalado y un incomparable bien a toda la república cristiana.[49]

Son casi los mismos términos que empleaba Vives al primer anuncio del Saco de Roma y del cautiverio del Papa. Valdés, en la medida en que se identifica con Lactancio, se muestra más reservado. Tiene fe en el espíritu cristiano del Emperador, en la cordura de sus consejeros. Y cuando va a comenzar a exponer lo que, en su opinión, debería hacer el Emperador, Lactancio se ve interrumpido por el portero del convento, que viene a cerrar la iglesia. Dice entonces que reanudará la conversación al día siguiente.

Pero Valdés no escribirá esta reanudación. Ya veremos cómo y por

47 *Ibid.*, págs. 204-207.
48 *Ibid.*, pág. 221.
49 *Ibid.*, pág. 222. Cf. *supra*, pág. 241.

qué su impulso se rompe, o en todo caso se doblega. Nos vemos reducidos a adivinar entre las líneas del *Diálogo de Lactancio y el Arcediano* algunos rasgos de esta reforma que Valdés espera del Emperador. Su libro es, sobre todo, una afilada crítica. A lo largo de su requisitoria contra la corrupción romana y contra las supersticiones castigadas por un azote del cielo, se entrevé no obstante, por momentos, en qué sentido se holgaría Valdés de ver reformar a la Iglesia. Su posición recuerda singularmente la del *De interdicto esu carnium* en lo que atañe al celibato del clero. Lo poco que dice de las prohibiciones alimenticias basta para convencernos de que sigue a Erasmo también en este punto.[50] En materia de colación de los beneficios, parece inclinado a extender considerablemente los poderes de los obispos.[51] Adivinamos que él suprimiría radicalmente toda jurisdicción eclesiástica, y que, aun en materia civil, se quedaría con una especie de justicia ideal, menos afanada en respetar la propiedad y los derechos adquiridos que en recompensar la virtud o en confiar las riquezas a quien mejor sepa usarlas. Es un "mundo renovado" lo que él forja en idea, y, a la sonrisa escéptica que el Arcediano opone a su utopía, contesta con un impulso de fe ingenua en el Emperador Carlos.[52] Muy probablemente, en el momento en que acaba de escribir el *Diálogo de Lactancio y el Arcediano* no tiene en la cabeza todo un plan de reforma concreta. La "reforma" es uno de los aspectos esenciales del sueño irénico que justifica, para él, la política imperial. El cristianismo evangélico, cuyo apóstol más persuasivo es para él Erasmo, se le aparece, naturalmente, como el alma misma de esa reforma. Esta coincidencia profunda le basta. ¿Cómo no había de juzgar solemne el instante en que el Emperador se ve colocado providencialmente frente a una empresa de tal magnitud?[53]

III

Como ya se habrá visto, el diálogo en que Alfonso de Valdés expresa tan vigorosamente su fe en la misión de su señor es una obra de circunstancias, con todas las limitaciones, con toda la fuerza también, que

[50] *Ibid.*, págs. 138 y 154. Cf. *supra*, págs. 142-143.

[51] *Ibid.*, pág. 182.

[52] *Ibid.*, pág. 183.

[53] Véase Margherita Morreale, *Carlos V, "rex bonus, felix imperator"*. (*Notas sobre los Diálogos de Alfonso de Valdés*), Facultad de Filosofía y Letras de la Universidad de Valladolid, 1954 (Estudios y Documentos, núm. 3). Véanse también, de la misma autora, los siguientes artículos: *El "Diálogo de las cosas ocurridas en Roma" de Alfonso de Valdés. Apostillas formales*, en *Bol. Ac. Esp.*, t. XXXVII (1957), págs. 395-417; *Sentencias y refranes en los Diálogos de Alfonso de Valdés*, en *Revista de Literatura*, Madrid, t. XII (1957), núms. 23/24, págs. 3-14; y el señalado *supra*, pág. 361, nota 103. Cf., por último, *Alfonso de Valdés and the Sack of Rome: Dialogue of Lactancio and an Archdeacon*, English version with introd. and notes by John E. Longhurst, with the collaboration of Raymond R. MacCurdy, The University of New Mexico Press, Albuquerque, 1952.

esta calidad le confiere. Nos lo imaginamos escrito en pocos días, tal vez en Valladolid, hacia el mes de julio,[1] tal vez a fines de agosto, en la paz aldeana de Cubillas, donde Valdés pasó algunas semanas de ocio feliz antes de volver a sumergirse en la áspera lucha que ardía en Palencia en torno al Emperador indeciso. En muy poco tiempo el *Diálogo* da la vuelta a la Cancillería, y, a medida que recorre su camino, la censura de esa inquisición inmanente que, según Unamuno, lleva en sí misma la sociedad española,[2] va limando algunos atrevimientos. Valdés, después de darlo a leer a su colega Jean Lallemand, lo somete al juicio de Don Juan Manuel, político cargado de años y experiencia, que sugiere dos retoques. A principios de octubre, el Canciller Gattinara llega a Palencia, donde sigue la Corte, y entonces a él le toca leer el ensayo de su fiel secretario. El Doctor Coronel, en su calidad de teólogo, no lo lee menos de dos veces, e invita a Valdés a corregir ciertas frases "que, aunque no fuesen impías, podían ser de algunos caluniadas". Pero, así revisado, leído y aprobado por los mejores Complutenses —Pedro de Lerma, Carranza de Miranda, Carrasco— y por hombres como Virués, Fr. Diego de la Cadena, Fr. Íñigo Carrillo, el Obispo Cabrero, no tarda en gozar de una difusión bastante amplia.[3] Si el autor resiste a quienes le aconsejan imprimirlo, en cambio no se muestra muy avaro de su piadoso libro. Antes que la Corte salga de Palencia a Burgos, y antes que Gattinara esté de regreso, circulan las copias.[4] Alfonso podrá escribir más tarde a Erasmo,[5] sin exagerar ni un ápice, que en poco tiempo, sin ayuda de la imprenta, su *Diálogo* se difundió por casi toda España. La obra se imprimiría tiempo después, pero más tarde sería prohibida formalmente. Sin embargo, sería un error olvidar su difusión inmediata. Gracias a Valdés, el Saco de Roma

---

[1] Es la opinión de Montesinos (*ed. cit.*, pág. 55).

[2] *En torno al casticismo* (*Ensayos*, t. I, Madrid, 1916, pág. 185).

[3] Carta de Valdés a Castiglione (F. Caballero, *op. cit.*, pág. 363). El fraile consultado por Valdés se llamaba *Fr. Íñigo* y no *Fr. Juan Carrillo*, como escribe Caballero. No sabemos de él ninguna otra cosa. Debemos este informe a la gentileza de Giuseppe Prezzolini. Nos escribe a este propósito: "Tanto il Serassi, quanto il MS. dell'Archivio di Torino, dove si trova un'altra copia della lettera del Valdés e di quella del Castiglione (questa leggermente differente) danno come nome del Carrillo nel testo spagnolo l'abbreviazione In. e in quello italiano Innico. Perchè tanto il Caballero, quanto l'Usoz, nel ristampare la lettera scrivono Juan?" Véase ahora Baldassare Castiglione e Giovanni della Casa, *Opere*, a cura di G. Prezzolini, Milano (Rizzoli), 1937, págs. 480 y 841-858. Prezzolini da, con la traducción italiana de la carta de Valdés, la extensa contestación de Castiglione en texto revisado por el Ms. de Turín, acompañando ambas con un estudio y muchas notas (cf. mi reseña en *B. H.*, t. XLII, 1940, págs. 332-333).

[4] Diego Gracián de Alderete, que tenía una hermosa letra, hizo una copia que prestó a cierto Juan Fernández (cf. *infra*, pág. 717, nota 10). En carta a Pedro Plaza, que se lo pide, le promete mandárselo copiar cuando Valdés lo haya retocado (Ms. cit. del Duque de Alba, fol. 6 r°. La carta no tiene fecha, pero de su contenido se desprende que se escribió en los días que la Corte pasó en Palencia, y antes del regreso de Gattinara).

[5] Allen, t. VIII, Ep. 2163 (Barcelona, 15 de mayo de 1529), líneas 85-88; Hernando Colón mandó copiar el *Diálogo* para su biblioteca de Sevilla, en diciembre de 1528 (N° 4181 del *Registrum*).

fue, para los españoles de esta época, algo más que un espantoso escándalo del que todos se apartaban con horror: los medios cultos, atentos a los destinos del mundo cristiano, tuvieron del acontecimiento una imagen bastante fiel, trazada según las mejores fuentes, cuidadosa de no borrar sus rasgos dramáticos, y que evocaba hasta el silencio de las campanas, hasta los siniestros gritos de "Ammazza!" que lanzaban los soldados al perseguir a sacerdotes y religiosos. Este acontecimiento, conocido así en todos sus detalles, fue aceptado por los españoles más instruidos como señal clara de una voluntad celestial, como anuncio de una renovación cristiana que acabaría con los yerros de Roma para volver a implantar el espíritu del Evangelio.

Alrededor de ellos, en las calles y en los palacios, los súbditos de Carlos V cantaban entonces un romance que evocaba el luto de Roma y echaba la culpa de todo al Papa:

> Triste estaba el Padre Santo, — lleno de angustia y de pena,
> en Sant Ángel, su castillo, — de pechos sobre una almena,
> la cabeza sin tiara, — de sudor y polvo llena,
> viendo a la reina del mundo — en poder de gente ajena.
> Los tan famosos romanos — puestos so yugo y melena;
> los cardenales atados, — los obispos en cadena;
> las reliquias de los santos — sembradas por el arena;
> el vestimento de Cristo, — el pie de la Madalena,
> el prepucio y Vera Cruz — hallada por Santa Elena,
> las iglesias violadas — sin dejar cruz ni patena.
> El clamor de las matronas — los siete montes atruena,
> viendo sus hijos vendidos, — sus hijas en mala estrena.
> Cónsules y senadores — de quejas hacen su cena,
> por faltalles un Horacio, — como en tiempo de Prosena.
> La gran soberbia de Roma — hora España la refrena:
> por la culpa del pastor — el ganado se condena.
> Agora pagan los triunfos — de Venecia y Cartagena,
> pues la nave de Sant Pedro — quebrada lleva el antena,
> el gobernalle quitado, — la aguja se desgobierna;
> gran agua coge la bomba, — menester tiene carena,
> por la culpa del piloto — que la rige y la gobierna...[6]

Pero día a día iba desvaneciéndose la esperanza de ese gran resurgimiento cristiano que Valdés había presentado en su alma de leal servidor "alumbrado" por el evangelismo. La gran "ocasión" había pasado. Lan-

---

6 B. A. E., t. XVI, pág. 162 (núm. 1155 del *Romancero general* de Durán). Citamos la versión más breve, la que corría a mediados del siglo, cuando se compiló el *Cancionero de romances* de Amberes. La glosa mencionada por Durán no fue la única, indudablemente. La *Crónica* de Don Francesillo de Zúñiga (*B. A. E.*, t. XXXVI, pág. 48 b) atribuye una al Príncipe de Orange en persona. Véase la publicada por Foulché-Delbosc, *Les cancionerillos de Prague, R. H.*, t. LXI (1924), págs. 333 y 575-578. Sobre estos ecos poéticos del Saco de Roma, cf. E. Teza, *Il sacco di Roma (Versi spagnuoli) (Archivio della R. Società Romana di Storia Patria*, X, 1887) y la glosa de Juan de Ribera transcrita por Serrano y Sanz en *R. A. B. M.*, t. X (1904), pág. 209.

noy, que nunca había compartido este sueño, enviaba desde Gaeta los informes más pesimistas.[7] La victoria de Roma no había puesto fin a la indisciplina y a las exigencias del ejército. La Liga era temible. La paz con el Papa era deseable, pero ¡qué difícil! Se veía cada vez mejor que un papa era un prisionero estorboso. Todavía en octubre, muchos en España se negaban a creer en la liberación de Clemente VII. Pero Gattinara mismo había de pronunciarse por esta solución, acomodándose a los acuerdos firmados en Roma después de la muerte de Lannoy.[8] Los negociadores imperiales en Roma dejaban a Clemente VII el cuidado de convocar el Concilio general para la reforma de la Iglesia, la extirpación de la herejía luterana y la prosecución de la guerra turca.[9] La reconciliación del Papa y el Emperador hacía reaparecer en primer término los astutos regateos de la política italiana. De esa manera la misión providencial de Carlos V se resolvía en un espejismo. El Saco de Roma no había señalado el comienzo de una era nueva. Venía a ser un episodio escandaloso de las guerras de Italia, un mal recuerdo que todos se esforzaban en borrar.

Los "papistas" de la Corte, según decía Valdés, no veían sin indignación cómo el *Diálogo de Lactancio y el Arcediano* pasaba de mano en mano, y su descontento cristalizaba, como es muy natural, entre los allegados al Nuncio. En abril de 1528,[10] en el momento en que la Corte se disponía a salir de Madrid para dirigirse a los reinos de la corona de Aragón, el conde Baldassare Castiglione había encargado a su secretario, messer Gabriel, de cierta diligencia ante Valdés a propósito de su libelo antirromano. Alfonso le había mandado decir que no se preocupara; que él estaba dejando dormir el manuscrito, sin hacerle retoque alguno, puesto que no tenía ninguna intención de publicarlo. No obstante, las copias seguían circulando, y cada vez en mayor número. Valdés acusará más tarde a su colega Jean Lallemand[11] de haber sido entonces el alma de

---

[7] Rodríguez Villa, *op. cit.*, pág. 265 (Gaeta, 18 de agosto de 1527).

[8] Pastor, *op. cit.*, t. IX, págs. 373, nota 5, y 374.

[9] *Ibid.*, pág. 374.

[10] Sobre estos hechos, nuestra fuente es una carta de Valdés a Castiglione, publicada por F. Caballero, *op. cit.*, págs. 361-363. No tiene fecha. Pero según sus primeras palabras, "Antes que desta villa partiésemos para Valencia", se puede conjeturar que se escribió en Madrid en agosto o septiembre de 1528. La Corte, que salió de Madrid el 22 de abril, regresó a esta ciudad el 3 de agosto después de haber permanecido en Valencia del 3 al 19 de mayo. El Emperador se queda en Madrid o en el Pardo del 3 de agosto al 9 de octubre (cf. Foronda y Aguilera, *op. cit.*).

[11] Allen, t. VII, Ep. 2163, líneas 90-98. El A. G. S. (*Estado*, leg. 41, antiguo E 77, doc. 84) conserva un cuaderno intitulado *Relación del proceso que es entre el fiscal de su Magt contra el secreta⁰ Juan Alemán con sus cargos e descargos que sobrello ambas partes hizieron*. Valdés es uno de los principales testigos de cargo, y Lallemand lo recusa alegando que es enemigo suyo. El XIV⁰ cargo de la acusación es "que siendo como es secretario de Su Majestad [Alemán] descubrió al gran chanciller e a Valdés cierta quexa quel nuncio del Papa avía dado a su Magt del dicho Valdés sobre un Diálogo". El cuarto testigo invocado por Lallemand para probar la enemistad de Valdés para con él declara haber oído decir al secretario Antonio Pernín "quel dicho Valdés dezía que tenía mucha quexa del dicho Secretario [Alemán] a causa que avía mostrado un Diálogo quel dicho Valdés avía fecho después del Saco de Roma e quel

una conspiración tramada contra su *Diálogo*. Pero ninguna intriga era necesaria para que el diplomático romano concibiera el proyecto de hacer prohibir una obra tan atrevidamente hostil al papado. Cuando, después de algunos meses de ausencia, la Corte regresó a Madrid, Valdés supo que messer Gabriel y Olivar estaban tratando de conseguir el texto del *Diálogo*, y adivinó muy bien para qué lo querían. No tardó en tener noticia de la queja contra su libro depositada en manos del Emperador: el Nuncio lo acusaba de atentar en muchos pasajes contra la fe, y llamaba particularmente la atención sobre el capítulo de las imágenes y reliquias.

Valdés escribió a Castiglione una carta indignada.[12] Sintiendo muy limpia su conciencia, reprochaba al Nuncio el condenar así su libro sin haberlo leído, y el manchar con una acusación de herejía la honra de un hombre de quien él aceptaba demostraciones del mayor respeto:

> Si Vuestra Señoría se queja de mí que meto mucho la mano en hablar contra el Papa, digo que la materia me forzó a ello, y que quiriendo excusar al Emperador no podía dejar de acusar al Papa, de la dignidad del cual hablo con tanta religión y acatamiento como cualquier bueno y fiel cristiano es obligado a hablar; y la culpa que se puede atribuir a la persona procuro cuanto puedo de apartarla dél y echarla sobre sus ministros. Y si todo esto no satisface, yo confieso haber excedido en esto algo, y que por servir a Vuestra Señoría estoy aparejado para enmendarlo, pues ya no se puede encubrir. Pero si Vuestra Señoría quiere decir que en aquel Diálogo hay alguna cosa contraria a la religión cristiana y a las determinaciones de la Iglesia, porque esto tocaría demasiadamente mi honra, le suplico lo mire primero muy bien, porque estoy aquí para mantener lo que he escrito.

Valdés enumeraba aquí a los personajes de consideración y a las autoridades teológicas cuya opinión había sido favorable al *Diálogo*, o que hasta habían aconsejado su impresión. Pero el asunto se estaba ya tramitando: el Emperador lo sometió a su consejo. En él se oyeron voces hostiles a Valdés, en particular la del pérfido Lallemand, que, después de acusar a su colega, se apresuró a ir a contarle la sesión cambiando por completo su propio papel. Su Majestad —le dijo— se había sentido lastimado por el *Diálogo* en su devoción a las imágenes; pero Monsieur de Lachaux y Monsieur de Praet habían tomado la defensa del libro.[13]

Como el Emperador no ordenaba la prosecución del asunto, Castiglio-

---

dicho Valdés avía ydo al Presidente e al Arçobispo de Sevilla e allá avía dicho mucho mal del dicho secretario".

12 Carta ya citada (F. Caballero, *op. cit.*, pág. 361). Traducida al inglés entre los apéndices de John E. Longhurst, *Alfonso de Valdés...*, *op. cit.*, págs. 101-117.

13 Según la *Relación del proceso... contra el secretario Juan Alemán*, cargo XIII: "Aº de Valdés dize questando agora su magᵗ en Madrid en san Gerónimo, Juan Alemán dixo a este testigo cómo se avían quexado a su Magᵗ sobre un Diálogo que avía fecho sobre lo de Roma e que su magᵗ avía propuesto la quexa en consejo e hablando en la materia los del consejo lo avían agravado e también su Magᵗ porque es muy deboto de ymágines, e el dicho Juan Alemán avía sostenido e respondido por este testigo diziendo que pornía su persona por la suya, e que otra vez hablándole Juan Alemán en la mesma materia le dixo que Mosior de Laxao avía hablado en favor deste testigo e tanbién el

ne lo llevó ante el Inquisidor General; [14] empujado o no por el traidor Lallemand, pedía la pena del fuego para aquel *Diálogo* que amenazaba convertir a España a las ideas luteranas. Pero Manrique declaró que, después de leer la obra, no encontraba en ella nada que mereciera la hoguera y que, por el contrario, había hallado muchas páginas piadosas y sabias. Entonces se adujo el peligro de desviar al vulgo del respeto debido al Papa, a los obispos y al clero en general. El Inquisidor contestó que escribir contra las costumbres del Papa y del clero no era motivo suficiente para un proceso de herejía. Y cuando, como postrer recurso, se invocó la pura y simple legislación civil, que castiga a los autores de libelos difamatorios, Manrique envió al Nuncio ante el Obispo de Compostela, presidente del Consejo de Castilla, único competente en materia civil. Allí acabó el asunto por no haber lugar. Pero para Valdés había sido una lección de prudencia.

IV

El año ocupado por estas escaramuzas es el mismo en que Valdés escribió la mayor parte de su obra maestra, el *Diálogo de Mercurio y Carón*. Pero acerca de este segundo ensayo literario guardó una reserva tan estricta que en vano se busca, en sus cartas, la menor confidencia relativa a su composición. Sin embargo, la obra es una defensa no menos ardiente que el *Lactancio* de la política imperial. Sabemos, por un documento irrefragable, que Alfonso de Valdés es su autor.[1] Pero sólo de su contenido podemos sacar indicaciones acerca de su génesis.

De las dos partes que forman el *Diálogo*, la primera se concibió evidentemente como completa en sí misma. Sólo a ella se aplica el proemio al lector,[2] en que Valdés declara con todas sus letras, desde el principio: "La causa principal que me movió a scribir este diálogo fue deseo de manifestar la justicia del Emperador y la iniquidad de aquellos que lo desafiaron." El desafío de que aquí se trata es la declaración de guerra que los reyes de armas de Francisco I y Enrique VIII notificaron al Emperador en Burgos, el 22 de enero de 1528. La primera parte del *Diálogo de Mercurio y Carón*, cuya redacción primitiva se nos ha conservado en un solo manuscrito, debió de escribirse inmediatamente después de este teatral "desafío". Ya estaba escrita sin duda antes del 20 de febrero, fecha en que la Corte salió de Burgos a Castilla la Nueva.[3]

señor de Praet como onbre fundado en cosas semejantes pero quél hera el que lo avía defendido." Sobre la doblez de Lallemand, véase una carta de Valdés a Maximiliano Transilvano, Zaragoza, 22 de abril de 1529 (F. Caballero, *op. cit.*, pág. 433).

[14] Sobre esta fase y las que siguen, véase una carta de Valdés a Erasmo escrita en Barcelona el 15 de mayo de 1529 (Allen, t. VIII, Ep. 2163, líneas 96-110).

[1] Cf. M. Bataillon, *Alonso de Valdés auteur du "Diálogo de Mercurio y Carón"*, en *Hom. Pidal*, Madrid, 1925, t. I, págs. 403 *ss*.

[2] La observación es de Montesinos, en su edición del *Diálogo*: Alfonso de Valdés, *Diálogo de Mercurio y Carón*, col. *Clás. Cast.*, Madrid, 1929, pág. VIII.

[3] Cf. Foronda y Aguilera, *Estancias y viajes*. Me parece difícil admitir, con Mon-

En los meses siguientes, los acontecimientos incitaron a Valdés a volver a trabajar en su diálogo, dándole una continuación. El Emperador había acusado a Francisco I de haber obrado "ruinmente y vilmente" violando las obligaciones del Tratado de Madrid. El Rey de Francia respondía a Carlos que había "mentido por la gorja" si pretendía que él hubiera faltado a su honor de caballero (marzo de 1527).[4] Parecía inevitable un duelo. Pero muy pronto los trámites de los leguleyos se sobreponían a los ademanes heroicos. En agosto, Francisco I se negaba a recibir al rey de armas del Emperador. La guerra continuaba sin que se entreviera para ella ninguna salida. Fue entonces, sin duda, a fines del verano o en el otoño, cuando Valdés reanimó a Mercurio y a Caronte para una nueva charla. En los primeros meses de 1529 había de refundir aún su libro, al menos su primera parte.[5]

Así, pues, tenemos aquí también una obra de circunstancias, un libro diplomático hermano del *Diálogo de Lactancio y el Arcediano*, pero que ofrece mayor madurez, debida a la experiencia adquirida lo mismo que a su más larga y más secreta gestación. Por otra parte, este nuevo coloquio a la manera de Erasmo se distingue de su predecesor por la riqueza del pensamiento moral y político que en él se injiere sin buscar una ligazón demasiado apretada con el relato de los hechos. Los acontecimientos de Roma y los que los habían preparado llenaban íntegramente el *Lactancio;* ellos constituían la única materia de las reflexiones de Valdés en aquel primer diálogo. Diverso es el caso del *Mercurio.* Cuando Francia e Inglaterra desgarran solemnemente una paz rota desde hace mucho tiempo, dando la razón a los pesimistas pronósticos que el Secretario formulaba desde Palencia,[6] su pensamiento, nutrido de Erasmo y de Luciano, le sugiere un artificio más complejo que la simple discusión de los acontecimientos por dos contemporáneos. Se acuerda de aquel *Charon*[7] en que su maestro, mezclando la ironía de la *Moria* con la amargura de la *Querela pacis*, pone en boca del barquero infernal una especie de Elogio de la guerra. A su vez, imagina un diálogo a la orilla del río de los muertos; nos muestra a Caronte desesperado por haber comprado una galera nueva en el momento en que corre el rumor de que se ha firmado la paz en España, y a Mercurio que lo reconforta con la noticia de la declaración

tesinos (*ed. cit.*, pág. IX), que la redacción del *Diálogo* no se comenzó hasta el verano de 1528. Las dos partes de la obra responden a dos situaciones políticas claramente distintas: la de enero y la de agosto-septiembre. Su carácter de actualidad impide creer en un serio retardo de su redacción con respecto a los acontecimientos que los motivaron y a los cuales se refieren.

4 Véase el cartel de desafío en F. Caballero, *op. cit.*, pág. 328.

5 Cf. *infra*, pág. 403.

6 Cf. *supra*, págs. 267-268.

7 Véase acerca de esto nuestro artículo *Alonso de Valdés auteur du "Diálogo de Mercurio y Carón"*, págs. 409-441. José F. Montesinos, *Algunas notas sobre el "Diálogo de Mercurio y Carón"*, en *R. F. E.*, t. XVI (1929), págs. 239 ss., demuestra lo que Valdés debe por igual a Luciano y a Pontano. Quizá se acordó también del diálogo de Vives *De Europae dissidiis et bello Turcico* (1526), en que aparecen Minos, Tiresias, la sombra de Escipión, Basilio Colax y Polipragmón, el cual hace la historia de las rivalidades europeas desde principios del siglo (cf. Bonilla, *Luis Vives*, 2ª ed., t. II, pág. 322).

de guerra solemnemente notificada en Burgos. El mensajero de los dioses ensarta toda la historia de la reyerta francoespañola a partir del advenimiento de Carlos V. Pero, con el fin de aligerar la monotonía de esta exposición política, obtiene de Caronte el permiso de interrogar a las almas que pasen por allí, ya sea para embarcarse en la galera infernal, ya para subir la montaña prometida a los bienaventurados. Y éstos serán otros tantos interludios morales en que el pensamiento de Valdés podrá correr a rienda suelta, sin quedar desmañadamente aferrado a la historia de un pleito diplomático que no ofrecía la misma sustancia moral y religiosa que la tragedia romana.

El relato, que es la razón de ser de este nuevo "libro blanco", se parece muy poco, por su tenor lo mismo que por su hechura, a las apasionadas exposiciones que se encuentran en el *Lactancio*. Es difícil imaginar por qué algunos lo han considerado como una especie de repetición del primero.[8] Los acontecimientos de Roma no ocupan aquí sino un lugar muy borroso: [9] si Valdés los evoca, es únicamente para volver sobre ciertos puntos delicados,[10] para insistir en ideas que le son especialmente caras, valido del artificio mitológico.[11] Por otra parte, este recurrir a la libre fantasía es algo bastante excepcional en la defensa política de Mercurio. Del conjunto de esta defensa no hay que decir aquí gran cosa, excepto que es un modelo del género. Documentos auténticos presentados con la explicación que conviene, pruebas de la premeditación francesa e inglesa, virtuosa indignación contra la falta de palabra de Francisco I, discusiones teóricas sobre el valor de la palabra empeñada bajo el imperio de la violencia: ningún ingrediente falta. Todo esto es de un hombre de cancillería que conoce su oficio.

No obstante, es posible distinguir algo más que simple habilidad y talento, y que difícilmente se habría podido encontrar en la defensa de la parte adversa, si algún Guillaume du Bellay [12] hubiese querido hacerse

8 Cf. Manuel Carrasco, *Alfonso et Juan de Valdés*, Genève, 1880, págs. 42-43, nota. El autor está convencido de que el *Diálogo de Mercurio y Carón* no es de Alfonso, sino de su hermano Juan, pues no acierta a comprender "que le même auteur ait composé un second ouvrage sur les mêmes questions qu'il avait traitées dans le premier".

9 *Mercurio*, ed. cit., pág. 65: "Si tú no lo has por enojo —dice Mercurio a Caronte—, dexemos lo del Papa para otro día."

10 *Ibid.*, pág. 76. Lo que se intenta precisar es que los alemanes que saquearon a Roma no eran luteranos, aunque los animase el rencor común a sus compatriotas contra la Santa Sede, sorda a las quejas alemanas.

11 *Ibid.*, págs. 78-82. Mercurio se encontraba en Roma en el momento del saqueo, y San Pedro, que ha bajado muy a propósito del cielo, es quien le ha comentado el asombroso espectáculo de que era testigo. Esta ficción permite a Valdés poner en boca de San Pedro su propia interpretación de los hechos, en unas pocas páginas llenas de elocuencia. Por desgracia, el santo apóstol, en lo relativo a la necesidad de la reforma, es tan reservado como Valdés (pág. 82). Éste discurre un ardid ingenioso para sugerir que el Duque de Borbón, muerto en el asalto, ha subido derecho al cielo: Caronte no lo ha pasado en su barca (pág. 77).

12 Cf. V. L. Bourrilly, *Guillaume du Bellay, Seigneur de Langey (1491-1543)*, Paris, 1905, pág. 250. "La plume de Langey —dirá Carlos V al saber su muerte— m'a trop plus fait la guerre que toute lance bardée de France." Por lo demás, sólo varios años después, a partir de la Dieta de Ratisbona (1532), utilizará Francisco I la pluma de Langey

abogado del Rey de Francia: un respeto rayano en culto por la persona del soberano cuya política defiende Valdés. Este sentimiento aparece con fuerza conmovedora cada vez que Carlos entra en escena para responder personalmente a los reyes de armas del adversario, oponiendo, a una destemplanza insolente, el más regio, el más sereno dominio de sí.[13] Es algo muy diferente del simple respeto debido a la función real. El objeto del culto de Valdés es un alma de rey excepcionalmente adecuada a su función, una de las más altas encarnaciones de la nobleza humana. En este nivel, la defensa política no desdice de los intermedios morales de que está tapizado el *Diálogo*. En ellos, como veremos, la cuestión del gobierno de los pueblos está en primer plano: se ve a menudo asomar un pensamiento político —el mismo de la *Institutio principis christiani*—, cuyo tema fundamental es que el príncipe reina para servir al pueblo, no para servirse de él.[14] Ahora bien, no cabe duda de que Valdés, al oponer a Carlos V con su rival de Francia o con el omnipotente Cardenal Wolsey, quiso levantar, frente a voluntades tiránicamente arbitrarias, una voluntad verdaderamente regia en su afán de lograr el bien de todos. Ya volveremos a hablar de esta utopía de la realeza perfecta, en que se ha visto, no sin razón, el coronamiento de la obra. Tratemos de mostrar de qué manera el *Diálogo*, concebido primero como pieza esencialmente crítica, se eleva hacia la afirmación de un alto ideal.

Siguiendo un plan muy deliberado, la primera parte hace aparecer a la orilla del río infernal a doce almas, de las cuales sólo dos encuentran el camino del cielo. Un mal predicador, un mal consejero, un duque, un obispo, un cardenal, una monja sin vocación, un rey de los gálatas, un consejero del Rey de Francia, un hipócrita y un teólogo van tomando lugar, uno en pos de otro, en la barca de Caronte. Pero un hombre casado, de condición media, sube con paso firme hacia la morada de los bienaventurados, por haber vivido según Cristo. Había cierto atrevimiento en afirmar así un ideal laico de perfección cristiana: Valdés se ha dado cuenta de esto muy bien, puesto que se cree en la obligación de mencionar en un par de líneas, por afán de equidad, a un fraile de San Francisco cuya muerte ejemplar, iluminada de alegría, daba verdaderos deseos de morir. Oigamos cómo se explica él mismo acerca de esto en el proemio:

Escuséme diciendo que mi intención había sido honrar aquellos estados que tenían más necesidad de ser favorecidos, como es el estado del matrimonio, que

contra Carlos V. La Colombina posee una *Deffance du roi trescrestien* a propósito del frustrado duelo entre los dos soberanos, así como la traducción latina de esta misma defensa de Francisco I (Biblioteca Colombina, *Catálogo*, t. I, pág. 257). Pero nada indica que esta diatriba se deba a la pluma del Señor de Langey.

13 Véase en particular *Mercurio*, ed. cit., págs. 171 y 229-232. Montesinos (*Algunas notas, art. cit.*, págs. 231-232) subraya muy atinadamente este aspecto del *Diálogo*. Demuestra, con unas citas de Fernández de Oviedo y de Contarini, que cronistas y diplomáticos extranjeros sentían también el ascendiente de esa dignidad soberana que emanaba del Emperador.

14 Cf. Montesinos, *Algunas notas, art. cit.*, págs. 244 ss.

al parecer de algunos está fuera de la perfeción cristiana, y el de los frailes, que en este nuestro siglo está tan calumniado; y a esta causa, poniendo un casado que subía al cielo, hice mención de un fraile de San Francisco que había llevado aquel camino, de manera que a mi parecer ninguna razón ternán los otros estados de quejarse de mí ni decir que quise favorecer mi partido, pues ni yo soy fraile ni casado.[15]

Que eso se haya escrito *cum grano salis* es la evidencia misma, y ya veremos cómo el "casado" que Valdés pone en escena es, si no un retrato del autor, sí al menos un personaje muy semejante al hombre que él se esforzaba en ser. En todo caso, su primer designio fue pasar revista a los diferentes "estados" de la sociedad para distribuirles imparcialmente sus críticas, según la tradición medieval de las *Danzas de la muerte*, renovada por un sentimiento religioso en que fe e ironía van de la mano.

El espíritu que anima esta crítica sin miramientos se expresa con elocuencia, desde el comienzo de la obra, a través del gran discurso en que Mercurio cuenta sus peregrinaciones por el mundo. Elocuencia chispeante y amarga, hija de la elocuencia de Luciano, afín a la vena de la *Moria*.[16] A Mercurio no le ha costado mucho trabajo verificar la frase desengañada de Alastor acerca del pueblo cristiano: "Si tú buscas ese pueblo por las señales que Cristo les dejó, jamás lo hallarás",[17] le había dicho el gigante. Es que la cristiandad juega al cristianismo, pero permanece ajena al espíritu de Cristo.

Donde Cristo mandó no tener respecto sino a las cosas celestiales, estaban [los pueblos] comúnmente capuzados en las terrenas; donde Cristo mandó que en Él solo pusiesen toda su confianza, hallé que unos la ponen en vestidos, otros en diferencias de manjares, otros en cuentas, otros en peregrinaciones, otros en candelas de cera, otros en edificar iglesias y monesterios, otros en hablar, otros en callar, otros en rezar, otros en disciplinarse, otros en ayunar, y otros en andar descalzos, y en todos ellos vi apenas una centella de caridad.[18]

Abrazar la doctrina de Cristo es locura a los ojos de una humanidad dominada por el gusto de las riquezas, del poderío, de la lujuria; que jura y falta a la palabra empeñada; cuyos miembros se matan unos a otros por cuestiones de precedencia; cuya actividad toda tiende al sucio tráfico de los leguleyos o a la guerra; que, en una palabra, vuelve la espalda al ideal de paz y de amor que Cristo le ha propuesto:[19]

¡Oh cristianos, cristianos! —exclama Mercurio—. ¿Ésta es la honra que hacéis a Jesucristo? ¿Éste es el galardón que le dais por haber derramado su sangre

---

[15] *Mercurio, ed. cit.*, pág. 4.
[16] Montesinos, *Algunas notas, art. cit.*, pág. 240, remite al X⁰ *Diálogo de los muertos*. Los cotejos que hace no dejan lugar a duda en cuanto a la utilización de Luciano por Valdés.
[17] *Mercurio, ed. cit.*, págs. 14-15.
[18] *Ibid.*, págs. 15-16.
[19] *Ibid.*, págs. 16-18.

por vosotros? ¿No tenéis vergüenza de llamaros cristianos, viviendo peor que alárabes y que brutos animales?[20]

Pero Mercurio quiere examinar más de cerca su vida religiosa. Ciertos hábitos monásticos cubren tan poca santidad, que parecen ser un disfraz. Las iglesias están llenas de banderas y de escudos, de lanzas y de yelmos, como si fuesen templos dedicados al dios Marte. Sepulcros suntuosos se levantan en las capillas, mientras que a los pobres se les entierra fuera del camposanto. Las imágenes milagrosas están rodeadas de multitud de exvotos estrafalarios u obscenos, sin que nunca se vea conmemorado el milagro de los milagros, que es la liberación de la esclavitud de los vicios.[21] Se paga por entrar en ciertas iglesias. Se paga para recibir la hostia consagrada...

"¿Cómo?, digo yo, ¿no deja Jesucristo entrar en sus templos sino por dineros?" Quisiéronme echar mano, diciendo que blasfemaba; yo escapéme fuyendo. Pregunté cómo vivían los sacerdotes de Jesucristo, y mostráronme unos sentados al fuego, con sus mancebas y hijos, y otros revolviendo guerras y discordias entre sus prójimos y hermanos. Entonces dije yo: "¿Y cómo? ¿Los ministros de Jesucristo, auctor de paz, andan revolviendo discordias?" Pregunté dónde estaba la cabeza de la religión cristiana, y sabido que en Roma, me fui para allá, y como llegué estuve tres días atapadas las narices del incomportable hedor que de aquella Roma salía, en tanta manera, que no pudiendo allí más parar, me pasé en España, donde hallé hombres que de noche andaban a matar ánimas por las calles con deshonestísimas palabras.[22] Fuime a un reino nuevamente por los cristianos conquistado,[23] y diéronme dellos mil quejas los nuevamente convertidos, diciendo que dellos habían aprendido a hurtar, a robar, a pleitear y a trampear. Hobe compasión de los unos y de los otros, y harto de ver tanta ceguedad, tanta maldad y tantas abominaciones, no quise más morar entre tal gente, y maravillándome de los incomprensibles juicios de Dios, que tales cosas sufre, me torné a ejercitar mi oficio.[24]

Toda esta visión al estilo del *Micromégas* nos prepara para comprender mejor el sentido de los interrogatorios que siguen. Las almas que vienen de ese mundo, cristiano sólo de nombre, son interrogadas por un Mercurio singularmente enterado de la doctrina evangélica. Es cierto que hay algo de esto en Pontano, a quien Valdés parece deber la idea misma de tales interrogatorios.[25] El Caronte del humanista italiano, al interrogar a una sombra piadosa, se preocupa por saber si alguna vez ha cedido a la superstición. Pero la pregunta tiene algo de abstracto: nos evoca, bajo el ropaje incorruptible y transparente de su latín clásico,

20 *Ibid.*, págs. 19-20.
21 *Ibid.*, págs. 20-21.
22 Parece que a Valdés le impresionó muy particularmente esta manifestación de inmoralidad pública, pues vuelve a hablar de ella en otro lugar del *Diálogo de Mercurio y Carón* (*ibid.*, pág. 221, líneas 24-26).
23 *Mercurio*, pág. 22, línea 23. Parece que Valdés alude aquí al reino de Granada.
24 *Ibid.*, págs. 22-23.
25 Montesinos, *Algunas notas, art. cit.*, pág. 241, nota 5.

un tiempo en que el humanismo gozaba de la libertad religiosa sin que ésta estuviese en el primer plano de las inquietudes europeas. Valdés, en cambio, se instala en el meollo de estas inquietudes y toma por guía la doctrina de Erasmo sobre el cristianismo en espíritu, tan olvidado por los mismos que más ostensiblemente hacen profesión de cristianismo. Los muertos y los dioses, en su *Diálogo*, hablan un lenguaje terriblemente actual.

Lo que impresiona, en la mayor parte de las almas que vienen a pedir paso, no es tanto la cínica inconsciencia con que exponen su conducta cuanto su soberbia seguridad de haber rescatado las peores inmoralidades a fuerza de prácticas devotas. El consejero no concibe cómo puede estar condenado:

Cata que yo era cristiano y recebí siendo niño el baptismo y después la confirmación: confesábame y comulgábame tres o cuatro veces en el año, guardaba todas las fiestas, ayunaba todos los días que manda la Iglesia, y aun otros muchos por mi devoción, y las vigilias de Nuestra Señora a pan y agua; oía cada día mi misa y hacía decir muchas a mi costa, rezaba ordinariamente las horas canónicas y otras muchas devociones, fui muchas veces en romería y tuve muchas novenas en casas de gran devoción, rezaba en las cuentas que bendijo el Papa Hadriano, daba limosnas a pobres, casé muchas huérfanas, edifiqué tres monesterios y hice infinitas otras buenas obras. Allende desto tomé una bula del Papa en que me absolvía *a culpa* y *a pena, in articulo mortis*. Traía siempre un hábito de la Merced, al tiempo de mi muerte tomé una candela en la mano de las del Papa Hadriano,[26] enterréme en hábito de Sant Francisco, allende de infinitas mandas pías que en mi testamento dejé. ¿Y que con todo esto haya yo agora de venir al infierno? Aína me harías perder la paciencia.[27]

El duque se había dejado convencer de que rezando la "oración del conde" no moriría en pecado mortal y no podía ir al infierno. Por lo que atañe al purgatorio, tenía diez o doce bulas del papa que lo preservaban contra él: no podía imaginar que se le escapara el paraíso. Tam-

---

[26] El P. Beltrán de Heredia, en su reseña de este libro (*C. T.*, t. LVII, 1938, pág. 581), explica así esta referencia a una concesión pontificia "especialísima y con frecuencia mal interpretada": "El cardenal Adriano, recibida en 1522 la noticia de su elevación al pontificado estando en Vitoria, la primera gracia que concedió fue a instancia del general dominicano García de Loaisa, y consistía en ciertas indulgencias para los cofrades del Rosario que lo rezasen en la capilla de aquella advocación en la iglesia de Santo Domingo de dicha ciudad. Por la misma concesión otorgaba indulgencia plenaria *in articulo mortis* a quienes, habiendo rezado el Rosario alguna vez en aquella capilla, tuviesen al morir en sus manos la vela bendecida de la misma cofradía, gracia que despertó extraordinaria devoción en el pueblo... (cf. *Bullarium Ord. Praed.*, t. 4º, pág. 412)". En cuanto a las indulgencias concedidas por Adriano VI "a los que rezaren en ciertos rosarios o cuentas por él bendezidos" —objeto de otra devoción aludida por Alfonso de Valdés algunas líneas antes—, vienen expresamente mencionadas, a propósito de análogas indulgencias concedidas por Paulo III, en un documento de puño y letra del Beato Le Fèvre, S. J. (*Monumenta Hist. S. J., Fabri Monumenta*, págs. 167-169). Así se fomentó la devoción del Rosario, que más tarde había de levantar tan estupendas capillas, entre otras las maravillas del barroco mexicano (templos dominicanos de Puebla y Oaxaca).

[27] *Mercurio*, ed. cit., pág. 42.

bién él era un gran fundador de monasterios y un gran benefactor de los frailes.[28] El rey de los gálatas, tan indigno de la realeza, rezaba sus horas de Nuestra Señora sin entender una sola palabra. Se atenía a las bulas y confesionarios, a las indulgencias y perdones que los papas le habían concedido, y de manera accesoria también a la misericordia de Dios.[29] El sacerdote hipócrita añadía a las prácticas devotas de los clérigos una buena cantidad de mortificaciones ascéticas que le daban fama de santidad. Ignora que los mandamientos de la Iglesia no son fines, sino medios de la perfección cristiana. Mercurio se encarga de explicárselo.[30]

Después que las devociones exteriores han quedado reducidas de ese modo a su categoría de simples signos, que no son nada sin la caridad; después que el cristianismo verdadero se ha definido como una íntima disposición del alma, no debemos sorprendernos de que Valdés, para hacer aparecer a un cristiano digno de este nombre, haya escogido a alguien ajeno al estado clerical. Mejor que en un cardenal que se burla del gobierno de la Iglesia,[31] mejor que en un sacerdote hipócrita cuya caridad se concilia con su odio y cuyo ascetismo transige con las flaquezas secretas de la carne,[32] mejor que en un teólogo hábil para los silogismos sofísticos, que ha leído a Escoto, a Santo Tomás, a Nicolás de Lira, a Durando y a otros doctores semejantes, y sobre todo a Aristóteles, pero que ignora profundamente las enseñanzas de San Pablo, de los Evangelios y de los Padres antiguos,[33] el ideal cristiano se encarna en este seglar que ha acabado por entrar en el camino del matrimonio.[34] Durante su primera juventud conoció el contagio del vicio, aunque su naturaleza lo desviara de él. Hacia los veinte años comenzó a reflexionar en el cristianismo, sintió la vanidad de la ambición y se echó a reír "de algunas supersticiones que veía hacer entre cristianos". Pero el cambio decisivo que transformó su vida debía venir más tarde:

Cuando entré en los veinte y cinco años, comencé a considerar conmigo mesmo la vida que tenía y cuán mal empleaba el conocimiento que Dios me había dado, y hice este argumento, diciendo: O esta doctrina cristiana es verdadera o no; si es verdadera, ¿no es grandísima necedad mía vivir como vivo, contrario a ella? Si es falsa, ¿para qué me quiero poner en guardar tantas cerimonias y constituciones como guardan los cristianos? *Luego me alumbró Dios el entendimiento,* y conociendo ser verdadera la doctrina cristiana, me determiné de dejar todas las otras supersticiones y los vicios, y ponerme a seguirla según debía y mis flacas fuerzas bastasen, aunque para ello no me faltaron, de parientes y amigos, infinitas contrariedades; unos decían que me tornaba loco, y otros que me quería tornar fraile, y no faltaba quien se burlase de mí. Sufríalo yo todo con paciencia por amor de Jesucristo.

28 *Ibid.*, págs. 60-61.
29 *Ibid.*, págs. 111-113.
30 *Ibid.*, págs. 132 y 136-139.
31 *Ibid.*, pág. 85.
32 *Ibid.*, págs. 133-134.
33 *Ibid.*, pág. 144.
34 *Ibid.*, págs. 148 ss.

Así nos sugiere Valdés que el descubrimiento del verdadero cristianismo es una elección del creyente por Cristo lo mismo que un descubrimiento de Cristo por el creyente. Y una de las primeras señales de la transformación de este ser por Dios es que la sabiduría vulgar lo tiene por loco.

El claustro no ha sido para él más que una tentación pasajera. Él había tenido la ilusión de que la desnudez monástica sería un gran remedio para la ambición. Un religioso amigo suyo, con quien él se confesaba, vino a desengañarlo. Renunció, pues, al hábito de fraile, contentándose con frecuentar a los religiosos "en quien veía resplandecer la imagen de Jesucristo". Tampoco lo atrajo el estado sacerdotal, porque se sentía indigno de "tratar tan a menudo aquel Santísimo Sacramento", y porque le repugnaban las largas horas del breviario, "pareciéndome, dice, que gastaría mucho mejor mi tiempo en procurar de entender lo que los otros rezaban y no entendían, que no en ensartar psalmos y oraciones sin estar atento a ello ni entenderlos". Si renunció, pues, a hacerse sacerdote fue en parte por vocación meditativa. Y también por horror a las intrigas que dan acceso a los beneficios.

Casado, feliz en su matrimonio, vive como cristiano piadoso, pero no devoto. Va a misa los días de fiesta, "y también los otros días cuando no tenía que hacer". Cuando se siente bien, ayuna en los días prescritos por la Iglesia, y además todas las veces que experimenta la necesidad de ayunar por la salud de su cuerpo o de su alma. Se confiesa cada día a Dios, y a un sacerdote cuando quiere comulgar o cuando su conciencia le reprocha haber ofendido a Dios: pero no deja de confesarse una vez al año "por cumplir el mandamiento de la Iglesia". No frecuenta las peregrinaciones, y tampoco anda tras los jubileos e indulgencias, porque, como él dice, "siempre me holgué de ir más por el camino real que de buscar atajos". Su vida es una oración continua: en todo lugar y en todo tiempo procura enderezar sus obras y sus palabras a la gloria de Jesucristo, y esto lo tiene él por oración. Lo que pide a Dios es su perdón y su gracia, pues se siente "el mayor pecador del mundo"; y en cuanto a los bienes temporales, le pide sólo que se los dé o se los quite según que Él lo vea conveniente para su propio servicio o para la salvación de su alma.

Piedad singularmente erasmiana, cuyos rasgos esenciales están ya en la *Confabulatio pia*.[35] Pero piedad, también, paralela de la de los alumbrados del reino de Toledo,[36] y que podría tomar como divisa el "dejamiento" a Dios. El sombrío cuadro del mundo cristiano que traza Mercurio al comienzo encierra un solo rinconcito de luz: un puñado de hombres —*happy few*— sigue la verdadera doctrina de Cristo. Pero si son pocos, "es la más excelente cosa del mundo ver con cuánta alegría y con cuánto contentamiento viven entre los otros". La más pura filosofía, en comparación con sus virtudes, parece imperfecta. Mercurio, que pasó algunos días entre ellos, se creyó transportado "entre los ángeles". Pero, "en diversas maneras perseguidos, no osan parecer entre los otros ni declarar las

---

35 Cf. Montesinos, *Algunas notas, art. cit.*, pág. 263.

36 E. Gothein, *Ignatius von Loyola und die Gegenreformation*, Halle, 1895, pág. 55.

verdades que Dios les ha manifestado; mas por eso no dejan de rogar continuamente a Jesucristo que aparte del mundo tanta ceguedad, viviendo siempre con más alegría cuando más cerca de sí veen la persecución".[37]

La censura inquisitorial, años después, creerá descubrir en estas líneas una apología de los alumbrados.[38] ¿Pensaba Valdés, al escribirlas, en ciertos cenáculos evangélicos donde recibió fraternal acogida, en Valladolid o en Toledo, en Alcalá o en Palencia? ¿Pensaba en los múltiples centros esparcidos a lo largo de Europa, donde la *philosophia Christi* alumbraba a las almas de elección? Imposible decirlo. Él parece referirse, ciertamente, a una experiencia personal. Sin duda, su personaje es un casado, mientras que Valdés nunca tomó mujer. Pero si insiste en su proemio en esta diferencia, ¿no es justamente porque puso en su *Diálogo* mucho de sí mismo? Es muy significativo que no considere incompatible con la vida de la corte ese alto ideal de virtud cristiana que encarna en su héroe anónimo. Porque este perfecto cristiano ha vivido en la corte de un príncipe "hasta que se casó": tuvo la buena fortuna de vivir bajo un príncipe tan virtuoso, que suscitaba en torno suyo una especie de emulación de virtud. Ciertamente, más de un lazo venía a entorpecer su camino, pero él sabía sacar provecho de ellos para confirmarse en el buen camino. "Las cosas que tocaban a mi oficio ejercitaba como aquel que pensaba ser puesto en él, no para que me aprovechase a mí, sino para hacer bien a todos, y desta manera me parecía tener un cierto señorío sobre cuantos andaban en la corte, y aun sobre el mesmo príncipe." ¿Se habrá visto alguna vez el leal secretario en este espejo, revestido del prestigio que le daban, en plena juventud, la confianza de Gattinara y su fidelidad a la causa imperial? No nos atreveríamos a afirmarlo. Pero Valdés se parece como un hermano a ese buen servidor del mejor de los príncipes, inclusive en la manera de emplear sus ocios.[39]

Para dar a su héroe una muerte digna de su vida, Valdés tomó de la segunda parte del *Funus* erasmiano los acentos de una sobria piedad. Así como nunca fue en pos de más jubileos e indulgencias que la fidelidad a la doctrina de Cristo, pues siempre prefirió a los atajos el camino real, así también este verdadero cristiano, en su última hora, no se preocupa de los dobles de campanas, de la pompa de los funerales, de las misas de difuntos ni de las demás ceremonias. Y no sólo eso, sino que el personaje valdesiano llega a demostrar con respecto a todos estos ritos más impaciencia que el de Erasmo. Es más abrupto en su discurso al cura de su parroquia:

Yo le dije: "Padre, por amor de Dios que no me fatiguéis agora con estas cosas. Yo lo remito todo a vos, que lo hagáis como mejor os pareciere, porque

---

[37] *Mercurio*, ed. cit., págs. 23-24.

[38] Véase (*ibid.*, pág. 271) la censura del Doctor Vélez. El documento es de 1531, y ya veremos que por ese mismo tiempo un erasmista como Vergara será acusado de iluminismo.

[39] *Mercurio*, pág. 154, línea 26, y pág. 155, línea 7. Sobre los estudiosos ocios de Valdés, cf. M. Bataillon, *Alonso de Valdés*, art. cit., pág. 413, nota 1.

FRANCISCVS SIMENIVS, CARDINALIS HISPANIÆ.

Cernere te cælo demissum numen ab alto,
Lector, Simenij dum conspicis ora putato:
Edi qui VARIIS *curauit* BIBLIA LINGVIS;
Quo merito illius volat omnem fama per orbem.

LÁMINA I
El Cardenal Francisco Jiménez de Cisneros.
Del retrato de la Galería de Parma.
Grabado por Philippe Galle.

DES. ERASMVS ROTERODAMVS.

Quis tibi Erasme bonos studiorum mille labores
Detrahat? atque tuos quis neget esse sales?
Ætas at nostros tua si contingeret annos,
Scripsisses multa & rectius & breuius.

LÁMINA II
Erasmo de Rotterdam.
Grabado por Philippe Galle.

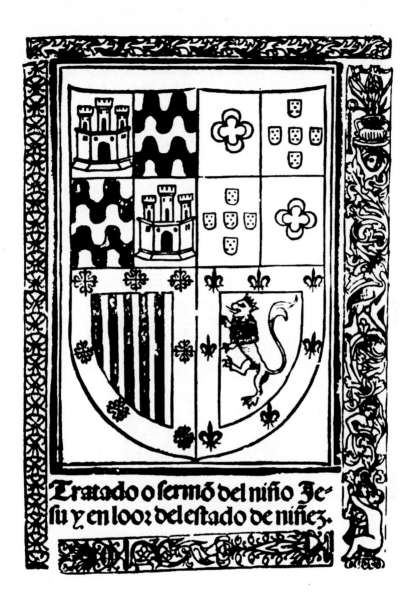

Tratado o sermõ del niño Jesu y en loo: del estado de niñez.

LÁMINA III

Tratado o sermón del niño Jesu (Sevilla, 1516).

Primera impresión conocida de una traducción de Erasmo.

Foto cortesía de Eugenio Asensio.

ENCHIRIDION

MILITIS CHRISTIANI SALV
BERRIMIS PRAECEPTIS
REFERTVM, AVTORE
DES. ERAS. ROTERO.

PARACLESIS, id eft, Adhortatio ad
fanctiffimum, ac faluberrimum Chriftianę
philofophię ftudium. Eodē autore.

CHRISTIANI HOMINIS
INSTITVTVM, Eiufdem.

Compluti in edibus Michaelis de Eguia,
Anno, M.D.XXV.

LÁMINA IV
Enchiridion militis christiani, texto latino.
Alcalá (Miguel de Eguía), mayo o junio de 1525.— Biblioteca Pública de Évora.

ℂℭon priuilegio imperial.

LÁMINA V

Escudo del Arzobispo Fonseca.

Portada de la *Declaración del Pater Noster,*
Logroño, 1528 (cf. lám. XII).— Staats-Bibliothek, Munich.

Valencia 1803

LÁMINA VI

Enquiridio... Item vna exortación que se intitula Paraclesis.
Alcalá? Logroño? (Miguel de Eguía), 1529. — Centralbibliothek, Zürich.
Foto cortesía de Eugenio Asensio.

LÁMINA VII

Escudo del Inquisidor general Manrique.

En el *Enquiridio*, ed. Miguel de Eguía, 1529 (cf. lám. VI).

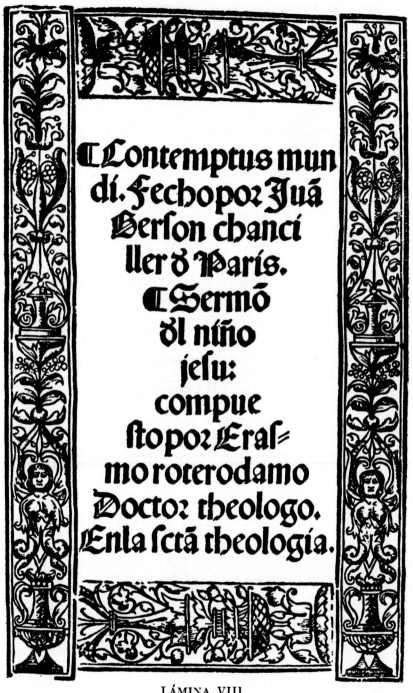

¶ Contemptus mun
di. Fecho por Juã
Gerson chanci
ller d' Paris.
¶ Sermõ
dl niño
jesu:
compue
sto por Eras=
mo roterodamo
Doctor theologo.
En la sctã theologia.

LÁMINA VIII

Contemptus mundi, seguido del *Sermón del niño Jesu* de Erasmo.
Toledo (Miguel de Eguía), 11 de agosto de 1526.
Biblioteca que fue de Joaquín García Pimentel. — Foto Jorge Conway.

¶El tratado: o sermon no me
nos dulce que prouechoso: llamado del niño Jesu y en
loor del estado dela niñez christiana. Compuesto en la
tin porel famoso y gran doctor Erasmo Roterodamo
para que lo predicasse: o pronunciasse vn niño alos o-
tros del estudio enla ciudad de Londres: sacado des-
pues en romance. = *El Suprascripto erasmo es A...*

¶El niño que faze el
sermõ desde el pulpito dize aora asi.
Damnatg̃ m̃...
m̃ria en lo
expurgator

Jendo yo niño: z ha-
uiendo de hablar entre niños del ynefa
ble niño Jesu: no quiero dessear para bi
en dezir: aquella eloquencia del Tulio:
que con breue z vano deleyte halague y
enlabie los oydos delos presentes. Porque es cierto
que quanto esta apartada la sabiduria delos de Jhesu
christo dela sabiduria delos del mundo: que enla ver
dad esta muy lexos vna de otra: tanto conuiene que la
eloquencia christiana sea diuersa z agena dela eloquẽ
cia del mundo. Mas otra cosa querria: y es que cõ ar
dientes desseos juntamente comigo pidiesedes a aql
soberano padre ôl muy buen Jesu. Del qual como de
vna fuente mana la summa de todos los bienes: y el
qual solo haze discretas las lenguas delos niños con
la abundante gracia del spiritu sancto: y que suele ma
nifestar su perfecto loor fasta ponerlo enla boca delos
que maman nos concediesse: que assi como toda nuestra vida no es razon que sea sino vn traslado deste Je-

n iij

LÁMINA IX

El *Sermón del niño Jesu,* a continuación del *Contemptus mundi.*
Foto Jorge Conway (cf. lám. VIII).

des o lo declares de manera que no deres caufa de efcan
da lo alos fimples/y con efto bagas tus obras inmortales
y cierres la boca a tus murmuradores:pero fi no fe balla
re cofa q̃ de razon merezca fer calunniada no ves quanta
gloria tu y tu doctrina aureys alcáçado.Queremos pues
que tẽgas buen coraçon/y te perfuadas que de tu bonrra
y fama jamas õraremos de tener muy entera cuẽta.Por
el bien dela republica auer yo becho todo lo que en nuef=
tra mano a feydo no ay porque ninguno lo deua dubdar.
Lo que al prefente bazemos y de aqui a delãte penfamos
bazer:mas queremos que la obra lo declare.Una cofa te
pedimos que en tus oraciones no deres de encomendar
nueftras obras a Jefu chrifto todo poderofo. fecha en
Burgos a catorze de Deziembre enel Año del feñor de
mil y quiniẽtos y veynte y fiete. Y de nro imperio Mono.
⟨ Enel fobre efcripto.
⟨ Al borrado deuoto y amado nueftro Defide
rio Erafmo Roterodano del nueftro confejo.

EPISTOLA ERASMI ADCAESAREM.

T fateor me tuæ Maieftati plurimã debere
gratiam Cæfar inuictiffime quũ priuatim
meo,tum publice ftudiorũ nomine,quod
me fuofauore benigniter fubleuare nõ eft
grauata, itavehementer optarim,vt ifta tua
virtus, quæ potentiffimos reges domat fu
bigitq̃,parem habeat vel autoritatem vel fe
licitatem in domandis quorũdã improborum tumultibus.
Ego põtificũ, ac principum, fed præcipue tuæ Maieftatis præ
fidio fretus, lutheranam factionẽ:quæ vtinã non tam late pa=
teret, totam in me concitaui,magno fane capitis mei difcrimi
ne.Cuius rei fi quis fidem requirat,teftabif Lutheri feruũ arbi
triũ,quod in me fcripfit,teftabuntur hyperafpiftæ libri duo.

LÁMINA X
Carta de Erasmo a Carlos V, y respuesta del Emperador.
(2 de sept., 14 de dic. de 1527). Traducción y texto latino.

quibus illi refpondeo. Núc quũ Lutherana res incipit inclina
ri,idɡ ex parte mea opera,meoɡ periculo,cooriũtur ifthic qui
dã fimulato religionis prætextu , vétris tyránidifɡ fuæ nego=
cium agétes,Nos enim pro Chrifto pugnamus non pro có=
modis hominum, et Hifpaniam tot alioqui nominibus feli
ciffimam, incompofitis tumultibus reddunt irrequietam. Ex
iftiufmodi præludiis videmus aliquando grauiffimas oriri
tempeftates. Certe lutheranum hoc negocium ex multo leuio
ribus caufis ortum eft. Quod ad me pertinet,nó definam vfɡ
ad extremum halitum chriftianæ pietatis caufam tueri. Tuæ
vero Maieftatis ac pietatis fuerit, conftanter ac perpetuo faue=
re iis,qui fynceriter ac fortiter propugnát Ecclefiam dei . Sub
chrifti tuifɡ fignis milito, fub iifdé moriar, fed æquiore mo=
riar animo,fi prius videre liceat tua predentia,tua fapiétia, tua
felicitate,tranquillitaté redditam tum Ecclefiæ, tum vniuerfo
populo chriftiáo. Quod vt p te nobis largiatur chriftus Opti
mus Maximns orare non defino. Qui tuam Maieftatem fer=
uare dignetur,femperɡ in melius prouehere. Datum Bafilex.
poftr. Cal. Septéber. Anno Domini. M.D.XXVII.
       A tergo.
℃ Inuitiffimo Monarchæ Carolo regi
Catholico romanorũ imperatori electo.

RESPONSIO CESARIS AD ERASMVM
℃ CAROLVS Diuina clementia Romanorum
Imperator ,defignatus Auguftus. etẽ.

Onorabilis deuote dilecte,fuerũt nobis tuæ
literæ duplici nomine iucũdiffimæ , & qiïa
tuæ erant,& quod ex his intellexim⁹ Luthe
ronorũ infaniá iclinari. Quorũ alterũ debef
tu quidé fingulari nřæ erga te bñuolétiæ, al
terũ veronan tam nos tibi debemus,quam
vniuerfa refpub. Chriftiana : quũ perte ynũ
id affequuta fit,qđ per Cæfares,Pontifices, Principes, Acade=

LÁMINA XI
Carta de Erasmo a Carlos V, y respuesta del Emperador.
Al final, del coloquio *Uxor mempsigamos*. — Biblioteca de la Universidad de Gante.

¶ **Declaracion del**
pa er noſter/diuidida en ſiete peticio
nes/ q̃ enel ſe contienen. para poder ſe
rezar los ſiete dias dela ſemana/cada
dia la ſuya/cōpueſta en latin por el ece
lente y famoſo Dotor Eraſmo Rotero
damo. y aora nueuamente ſacada al
caſtellano/ eneſte año d̃.M.D.xxviij.

¶ **Item el ſermon dela gran**
deza y muchedumbre delas miſericor
dias d̃ Dios nueſtro Señor. por el meſ
mo.D.Eraſmo Roterodamo. Dirigi
dos al muy Illuſtre Principe y Re
uerendiſſimo Señor Don Alonſo de
Fonſeca/Arçobiſpo de Toledo/Pri
mado delas Eſpañas. Impreſſos enla
muy Cōſtãte Noble y Leal cibdad de
Logroño/en caſa d̃ Miguel d̃ Eguia/
enel meſ d̃ Diziēbre.De.M.D.xxviij.

LÁMINA XII

Declaración del Pater noster, seguida del *Sermón de la misericordia de Dios.*
Logroño (Miguel de Eguía), diciembre de 1528. — Staats-Bibliothek, Munich.

Sermon de Eraf.dela mifericozdia de dios.

¶ Sermon de Deſiderío

Eraſmo Roterodamo varon dotiſſimo/de=
la grádeza y muchedumbze delas mi=
ſericozdias de Dios nueſtro Se=
ñoz.Hecho en Baſilea enel
templo o boſpital lla=
mado dela miſe
ricozdia.
Enel
Año de.M.D.xxiiij.

Ozqueeldia
de oy hauemos acozda
do de hablar dela gran=
deza delas miſecozdias
de nſo Señoz / ſin cuya
ayuda y ſocozro ningu=
na coſa buena puede o=
bzar eſta nueſtra huma
na flaq̃za/ poz tanto her
manos y hermanas muy amados é Jeſu chziſto/
todos juntaméte y con yguales deſſeos pidamos
de todo cozaçon a eſſe meſmo Señoz / nos quiera
fauozecer con ſu miſericozdia/la qual en tal mane
ra temple eſte ozgano de mi lengua/y lcuáte y af=
ſecione vueſtros cozaçones / que aſſi como poz la
miſericozdia del Señoz/plaziédo a el/ yzemos to=
o iiij

¶ Pzos
pone.

LÁMINA XIII
Sermón de la misericordia de Dios, a continuación de la
Declaración del Pater noster.
Logroño, 1528 (cf. lám. XII).

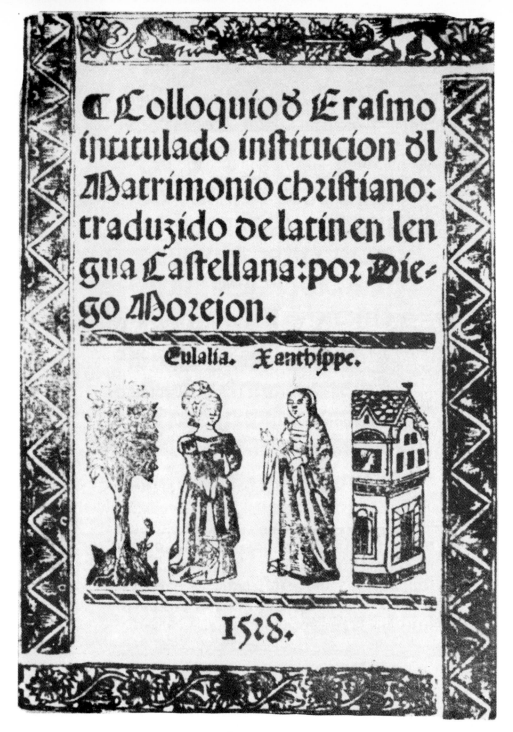

¶ Colloquio d Erasmo
intitulado institucion dl
Matrimonio christiano:
traduzido de latin en len
gua Castellana: por Die-
go Morejon.

Eulalia.   Xanthippe.

1528.

LÁMINA XIV
Primera edición conocida del coloquio *Uxor mempsigamos*.
traducción española.
Reimpresión de Valencia (Juan Joffre), 21 de abril de 1528.
Staats-Bibliothek, Munich.

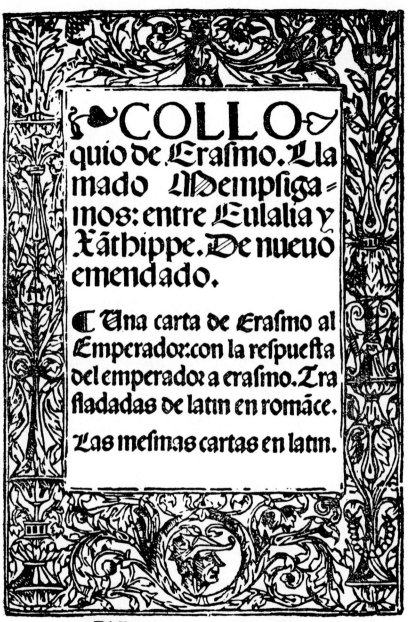

COLLO
quio de Erasmo. Lla
mado Uxempsiga=
mos: entre Eulalia y
Xáthippe. De nueuo
emendado.

❡ Una carta de Erasmo al
Emperador: con la respuesta
del emperador a erasmo. Tra
sladadas de latin en romáce.

Las mesmas cartas en latin.

Año de. 1528.

LÁMINA XV
Traducción revisada del coloquio *Uxor mempsigamos* (s. l., 1528).
Biblioteca de la Universidad de Gante.

LÁMINA XVI

La Lengua de Erasmo (s. l., 1535).

Nueva tirada de la edición s. l., 1533.—Staats-Bibliothek, Munich.

La lengua
de Erasmo nueua-
mente romança-
da por muy
elegante
estilo.

M . D . xlij.

LÁMINA XVII
La Lengua de Erasmo (s. l., 1542).
Edición salida de la misma imprenta anónima que la de 1535.
Staats-Bibliothek, Munich.

D·ALPHON
SI HENRIQVEZ PRO
DES.ERASMO ROTERO
DAMO DEFENSIO.

AVD ITA MVL
to poſt tempore, ǭ ea quæ
de Matrimonio in lucem
edidimus, cómentatus fuiſ
ſem, cœpi cū amicis aliquot
conſilium meum cómunicare, idǿ, Romæ,
ubi multorum ſtudia in ea potiſſimū quæ
ſtione, quam excutiendā ſuſceperamus, ſer
uebant. Porrò quum in Theologū quendā
hominē, ut poſtea cognoui, minime tardū,
mediocris eruditionis & nominis non obſ
curi incidiſſem, feciſſémque periculū, prin
cipio quidé de eius ingenio, deinde utram
quæſtionis eius partem defenderet, poſt
multa alia quæ tum forte reſpondebat, cœ
pit

LÁMINA XVIII

Defensa de Erasmo por don Alonso Enríquez.
A continuación de su *De matrimonio reginae Angliae*,
Nápoles (Juan Sulsbach de Haguenau), marzo de 1532.— British Museum.

LÁMINA XIX
Alfonso de Valdés.
Medalla grabada por Christoph Weiditz.— Foto Georg Habich

FRIDERICVS FVRIVS.

Doctiloquos inter, Furi, non ultime Iberos,
Hesperidum per te succrevit gloria regno;
Dum magni Senecæ vestigia magna sequutus,
Magnus es in REGIS *(fatis melioribus) aulâ.*

LÁMINA XX
Fadrique Furió Ceriol.
Grabado por Philippe Galle.

Libro del Apare

jo que se deue hazer pa
ra bien morir.
1535.

LÁMINA XXI

La *Preparación para la muerte*.

Traducción dedicada a Don Juan de Zúñiga y Avellaneda.

Burgos (Juan de Junta), 10 de abril de 1536. — Staats-Bibliothek, Munich.

C Tratado de
la oron: y forma que todo chris
tiano deue seguir: compuesto
por Erasmo rotherodamo:
nueuamente traduzido:.

LÁMINA XXII
Tratado de la oración (Modus orandi).
Sevilla (Andrés de Burgos), 1o. de diciembre de 1546.
Staats-Bibliothek, Munich.

MARTINVS NAVARRVS AB ASPILCVETA.
His etiam merito Doctor Martine tabellis
Conspiceris genij ob regia dona tui:
Rex cuius ingenio, rex codice juris vtroque;
Hispano regi jure Nauarre, places.

LÁMINA XXIII
El Doctor Navarro Martín de Azpilcueta.
Grabado por Philippe Galle.

LVDOVICVS VIVES, VALENTINVS.

Splenduit in terra gelidam quæ reſpicit Arcton
Natum fœlici ſydus in Heſperia:
Illius ac totum radij effulſere per Orbem
Viues doctrina & quos tulit & pietas.

LÁMINA XXIV

Juan Luis Vives.

Grabado por Philippe Galle.

LÁMINA XXV
El Doctor Andrés Laguna
Retrato que aparece en su traducción de Dioscórides (Salamanca, 1563).
Ejemplar de la Bibliothèque Nationale, París.

DOCTRINA ET PIETATE CLARIS
SIMO VIRO, D. IACOBO FERDI
NANDI A LACVNA, INSIGNI
DOCTORI MEDICO:QVI DVM
INDVSTRIA ET OPIBVS SVIS,
IVGITER STVDERET SECOVIEN
SIBVS FERRE MANVS AVXILIA
TRICES, INVIDA TANDEM MOR
TE INTERCEPTVS, CONCESSIT
FATIS VII IDVS MAIAS, 1541:
ANDREAS LACVNA FILIVS, MI
LES SANCTI PETRI, AC MEDICVS
IVLII III PONT·MAX· EX ITALIA
ET GERMANIA REDVX, IN DE
GENTISSIMO PATRI IAM VITA
FVNCTO, SIBI QVE MORITVRO
AC SVIS POSVIT·ANNO·1557·

LÁMINA XXVI
Sepulcro del Doctor Laguna y de su padre.
Iglesia de San Miguel, Segovia.

LÁMINA XXVII
Empresa del Doctor Laguna en su sepulcro.
Iglesia de San Miguel, Segovia.

BENEDICTVS ARIAS MONTANVS.

Hiſpalin illuſtras patriam, MONTANE, ſecunda
   Doctrinæ fama, & fertilis eloquij.
Surgit Jdumææ per te noua gloria linguæ,
   Vatibus & ſacris lux rediuiua datur.
Macte bonis animi, vir magne, & poſtera ſæcla
   Munere victuro demereare Pater.

LÁMINA XXVIII
Benito Arias Montano.
Grabado por Philippe Galle.

menclaturā sciens omitto
quos ipse nosti, ~~& ta quo~~
~~rum numero tu ob uerias~~
~~eruditionem qui mulieres~~
~~dixere, uel inter antelig~~
~~nanos referam tibi cum~~
~~Bene ualo uir ornatiss.~~ Ca
len. Augusti, anno à Chri
sto seruatore nato M. D.
X L I X ~~Basilea.~~

~~SEBASTIANUS MUN~~
~~sterus ad lectorem~~

Quē eximius uir,
moratus do
~~mi~~nus, Bonifaci
us Amerbachi⁹
almi Roto
rodami nobis ~~effigie~~ ā no
bilissimo ~~huius~~ tempo~~ris~~
pictore ~~nempe~~ Holbei
~~nio coloribus ad uiuū ex~~ber
ne ~~feliciter pictam~~ cō
my~~ni~~~~ot, exemplum~~
~~uam~~ utcunq~ ~~impum,~~
in gratiā ~~tui stu~~ ~~ioforū~~
appo~~ni~~ ~~libuit,~~ ~~eā~~ non

LÁMINA XXIX
Erasmo y Sebastián Münster censurados por la Inquisición.
Ejemplar de la *Cosmographia* de Münster (Basilea, 1550)
conservado en la Biblioteca Nacional de Madrid.

abundet. Ad hæc auiũ infinitã copiã
ludes, faltusʻ suppeditãt. Proinde n
gant aliam inueniri regionem. quæ ſi
li ſpacio tantum oppidorũ cõtineat n
diocri quidẽ magnitudine, ſed increɐ
bili politia. In domeſticæ ſuppellecti.
nitore, palmam uri cõcedunt Holãd
negociatores, quibus pleraque pars o
bis eſt peragrata. Mediocriter erudit
rum, nuſquam gentium frequentior r
merus. Hæc Eraſmus.

De Comitatu Louanienſi.

Comitatus Louaniẽſis fuit olim ma
gni nominis, habuitʻ ſub ſe bonã Bɾ
bantiæ partem, cui & comites Ardẽſɐ
prɐfuiſſe referunĩ. Tandem uero hi c
mites relicto ueteri titulo uſurparunt ɐ
tulum Brabantiæ, ut ſuprã in Lotharɨ
giæ deſcriptione indicauimus. De du
catibus Iuliacẽſi, Cliuenſi, Montenſi &
Geldrenſi infrã faciam mentionem, ub
ad Germaniɐ peruenero deſcriptionĩ

De Britannia.

FVit Britannia aliquandiu ſub regibus Galliæ, deinde paruit ducibus Normandiæ &

LÁMINA XXX
"Erasmo... Sancho Panza... y su amigo Don Quijote".
Retrato de Erasmo censurado por la Inquisición
en la *Cosmographia* de Münster (cf. lám. XXIX).

Es del obpo de Mexico frai Joã Zumarraga

LÁMINA XXXI
La *Utopía* de Tomás Moro.
Ejemplar que perteneció a fray Juan de Zumárraga.

In ecclia volo q̃nq̃ ver
ba sensu meo loqui: vt
alios instruaz. Paul9
p̃ me cor. riiij. caplĕ.

Doctrina cristia-
na: mas cierta y v̄dadera pa gẽte sin erudi
ció y letras: ẽ q̃ se cõtiene el catecismo o in
formació pa indios cõ todo lo principal y
necessario q̃ el xp̃iano deue saber y obrar.
¶ Impressa en Mexico por mãdado del Reuertissimo señor Dõ fray Juan Cumarraga: primer Obpo de Mexico.

LÁMINA XXXII
Doctrina cristiana en que se utiliza la *Suma* de Constantino.
Publicada por orden de Zumárraga (México, 1545-46).

yo en solo Jesucristo tengo mi confianza. Solamente os ruego que vengáis a darme la extrema unción." Díjome que si él no me hobiera confesado me toviera
por gentil o pagano, pues tan poco caso hacía de lo que los otros tenían por
principal. Yo le satisfice lo mejor que supe, y a la fin se fue medio murmurando.[40]

Le preguntan si quiere revestirse del hábito franciscano para morir:

Hermanos —contesta—, ya sabéis cuánto me guardé siempre de engañar a ninguno; ¿para qué queréis que me ponga agora en engañar a Dios? Si he vivido
como San Francisco, por muy cierto tengo que Jesucristo me dará el cielo como
a San Francisco, y si mi vida no ha sido semejante a la suya, ¿qué me aprovechará dejar acá este cuerpo cubierto con hábito semejante al suyo?

Muere escuchando algunos pasajes de la Escritura que enardecen su
deseo de comparecer ante Dios. Cuando se siente escapar ya de la cárcel
de su cuerpo, exclama: "Jesucristo, recibe esta mi ánima pecadora".[41]

El *Diálogo de Mercurio y Carón* recuerda, por algunas de sus escenas
y por su arquitectura general, las *Danzas de la muerte* y las tres *Barcas*
de Gil Vicente, pero da un alcance religioso absolutamente nuevo a este
género de sátira medieval, del cual es prolongación. Gil Vicente había
renovado hacía poco su espíritu, no solamente su forma, insistiendo con
fuerza en la salvación por la sangre de Cristo: en la *Barca da Glória*, el
Demonio y los Ángeles se disputan las almas, y el debate permanece indeciso hasta que el Resucitado distribuye a los pecadores "los remos de sus
llagas".[42] Valdés no contradice, por supuesto, esa religión de la gracia.
Pero derrama por todo su diálogo satírico la fe completamente saturada de
humanismo cuyo maestro es en ese tiempo Erasmo: hace que sus piadosos
personajes prediquen una alta sabiduría cristiana, como para mostrar en
ella el camino de la salvación y de la bienaventuranza.

Toda la segunda parte del *Mercurio y Carón*, por cierto más breve que
la primera, es como el florecimiento de este optimismo religioso que aso-
maba a la superficie en el episodio del "casado". Aquí también, la última
palabra se dejará a la humanidad común que vive bajo la ley del matrimonio. El episodio de la casada, en la segunda parte, es gemelo del episodio del casado en la primera. Esa mujer tiene algo de la buena esposa
que Erasmo pone en escena en el coloquio *Mempsigamos*.[43] Lo mismo que
a ella, le ha tocado en suerte un mal marido a quien ha sabido hacer
bueno. Pero esta mujer fuerte, a la vez culta y piadosa, ¿no es asimismo
una figura muy española, hermana de María Cazalla, de Isabel de Vergara
y de Ana Osorio? Sabe suficiente latín para hacerse asidua lectora de la
Biblia, y puede enseñar a sus compañeras "aquello que Dios a ella le
había enseñado". Sabe abandonarse a la voluntad de Dios, en vez de im-
portunarlo con oraciones. Destierra implacablemente de su casa toda su-

40 *Mercurio*, pág. 158.
41 *Ibid.*, págs. 159-160.
42 *Obras de Gil Vicente* (ed. Mendes dos Remédios), t. III, Coimbra, 1914, pág. 108.
43 Cf. *supra*, pág. 288.

perstición, toda hipocresía. Valdés nos la muestra en un principio igualmente alejada del matrimonio y del claustro. Por último, decide abandonar el celibato y seguir el camino "más seguro" del matrimonio, considerando "cosa dificultosa guardar, como se debe guardar, la virginidad".[44]

Las almas elegidas del *Diálogo de Mercurio y Carón* nos orientan constantemente a un ideal de santidad seglar. No escasean entre ellas, sin duda, los hombres de iglesia, pero son de una especie bastante rara. Se ve hasta un buen cardenal: había deseado ardientemente la púrpura, y aun la había comprado muy caro para trabajar en la reforma de la Iglesia, y al cabo de un mes dice adiós a Roma, a la púrpura y al consistorio para retirarse a un monasterio del cual era abad.[45] Valdés pinta también el retrato de un obispo en quien resume su ideal de un poder espiritual consciente de todos los deberes de su misión didáctica y moralizadora: funda colegios para la mejor selección de los sacerdotes, hace respetar la moral en la calle y en los libros,[46] organiza la asistencia, reprime el vagabundaje (medida que regenera de inmediato las órdenes mendicantes, porque los frailes, encontrando su sustento en el interior de los monasterios, no saldrán de ellos más que para predicar o confesar). Este buen prelado se preocupa, ciertamente, de reparar y adornar las iglesias; pero no vacila en hacer servir sus tesoros para fines caritativos, y en particular para dotar doncellas, impidiéndoles hacerse monjas sin tener vocación.[47] Nos hace pensar en Fr. Hernando de Talavera y en Fr. Pedro de Alba.

No menos desembarazada de espíritu clerical es la religión del buen fraile. Fiel a la regla que libremente ha aceptado, no concede sin embargo demasiada importancia al hecho de andar vestido de tal o cual color, de ir calzado o descalzo, de traer camisa de lana o de lienzo. Para no ser "molesto a ninguno", ejerce un oficio manual, lo cual lo salva a la vez de la mendicidad, de la hipocresía y de la superstición. Este hombre de espíritu verdaderamente evangélico, que pertenecía a una casta que le prohibía el trabajo, se ha hecho religioso para entrar en la ley común. No se nos dice a qué orden se afilió. ¿Qué importa? En ese fraile no hay el menor prejuicio de grupo: no se asombra de ver que la ambición y otros vicios florecen entre sus hermanos de religión, los cuales "son hombres como los otros".[48]

En cuanto al buen predicador, tan inquietante a los ojos de Menéndez y Pelayo por su fe en la inspiración individual, Montesinos observa acertadamente[49] el carácter del todo laico y autónomo de su predicación. ¿Ha-

---

44 *Mercurio*, ed. *cit.*, pág. 263, líneas 25 *ss.* Gracias a la censura del Doctor Vélez (*ibid.*, págs. 272-273) sabemos que el texto de Valdés sufrió aquí un retoque. Al principio había escrito de la virginidad "que causa grandes enfermedades en el cuerpo, y mayores y más recias en el ánima, y aun quasi incurables". Este juicio, demasiado hostil al estado de virginidad, y señalado por esa causa en la censura de Vélez, desapareció en el texto definitivo.

45 *Ibid.*, pág. 247.

46 Cf. *infra*, págs. 614-615.

47 *Mercurio*, págs. 221-225.

48 *Ibid.*, págs. 253-257.

49 *Ibid.*, pág. XIII: "si bien sacerdote, se conduce propiamente como laico". Su calidad

brá pensado aquí Valdés en Pedro Ruiz de Alcaraz, cuyas prédicas había oído unos cuantos años antes su hermano Juan en el palacio ducal de Escalona? La cosa no es imposible: no nos dice expresamente que su predicador haya recibido las órdenes sacerdotales. En su juventud se puso no solamente a aprender, sino a experimentar la doctrina cristiana, pareciéndole que allí estaba el único verdadero camino y que todo el resto era vanidad. Ha sabido mezclar tan íntimamente estudio y oración, pidiendo a Dios continuamente su gracia y no fiando en las fuerzas de su ingenio, que la Escritura se ha iluminado para él: muy pronto ha llegado a confundir a más de un teólogo encanecido en las sutilezas escolásticas. Consciente del deber que le impone su vocación, siembra la palabra de Dios primero en un círculo de amigos, después desde el púlpito. Algunos le reprochan que no es teólogo, pero a él no se le da nada. En lugar de rezar al principio el Ave María, como hacen los predicadores, invita a sus oyentes a invocar la gracia divina, "porque mucho más se edifica el ánima cuando ella mesma se levanta a suplicar una cosa a Dios, de que conoce tener necesidad, que no cuando le dicen palabras que las más veces el mesmo que las dice no las entiende". ¿Desprecia, según eso, la oración vocal? No. Advertido quizá por el Edicto que condena a los alumbrados, la tiene "por muy sancta y necesaria", pero tiene "por muy mejor la mental". La elocuencia de este inspirado predicador toma como punto de partida el evangelio y la epístola del día. Su meta, a la cual llega de mil maneras, es la reforma de la fe y de la conducta, y se esfuerza incesantemente en adecuar reproches y exhortaciones a las necesidades particulares del auditorio. "Los príncipes, perlados y justicias" oyen también su palabra; él los reprende primero en particular, y después en público si se obstinan en su egoísmo despreocupado del bien general. Concepción atrevida, revolucionaria: quizá Valdés no quiso disociar expresamente la predicación del sacerdocio, pero en ella vio sin duda una vocación aparte y una función esencial. No nos oculta que este predicador según sus deseos ha sido abrumado de persecuciones por los profesionales de la santidad, encarnizados contra todo cristiano cuya perfección verdadera es para ellos un vivo reproche: "Luego aquéllos como lobos se levantan contra él y lo persiguen, interpretándole mal sus palabras y levantándole que dijo lo que nunca pensó, lo acusan y procuran de condemnar por hereje." [50] Aquí también creerá la censura inquisitorial sorprender una apología de los "alumbrados" perseguidos por la autoridad ortodoxa.[51] Sean cuales fueren los modelos vivos a quienes Valdés se refiere, lo cierto es que exalta una perfección religiosa enteramente independiente de la estructura de la Iglesia jerárquica. No rechaza esa estructura: la aprovecha. En algunos casos, prescinde de ella. No es éste el rasgo menos impresionante del ideal cristiano que Valdés quiso esbozar en una media docena de retratos desigualmente perfilados.

de sacerdote va implicada, sin duda, en el hecho de que predica libremente en el púlpito. No se menciona de ninguna otra manera.

[50] *Ibid.*, págs. 234-241.
[51] *Ibid.*, págs. 271-272.

Entre estos retratos hay uno que la crítica ha destacado como excepcional y como la expresión más honda del pensamiento político de Alfonso de Valdés. Es el del buen rey, en quien se ha podido ver la antítesis del Príncipe que Maquiavelo creaba por esos mismos días.[52] Y ciertamente, la moral, el espíritu cristiano rara vez han entrado en tan estrecha alianza con el arte de gobernar. Menéndez y Pelayo consideraba los aforismos de que está hecho el testamento del rey Polidoro como la obra maestra de Valdés, y creía encontrar un eco de esas páginas en los consejos que Don Quijote da a Sancho cuando éste va a gobernar su ínsula. "Cierto que ni los documentos de Valdés ni los de Cervantes traspasan los límites del vulgar y recto juicio, y que muchos de ellos proceden de Aristóteles, Séneca, Plutarco, Epicteto y otros moralistas antiguos, o de las Sagradas Escrituras, o de proverbios del vulgo." [53] Se ha demostrado, posteriormente, que Valdés toma sus prudentes y piadosas máximas de una fuente más cercana: la *Institutio principis christiani* de Erasmo. [54] Lo cierto es que supo hacer resonar esas máximas en una prosa castellana que parece hecha para formular sentencias, y que gracias a ellas remata con elegante austeridad la novelita autobiográfica del buen rey.

Tal es, en efecto, la forma que dio Valdés a su utopía de un príncipe cristiano, y que hace concentrarse en ella la atención como en un trozo de brillo excepcional:[55] el diálogo permanece en suspenso todo el tiempo que dura la confesión general de Polidoro. Este rey no sería valdesiano si no hubiese sido tocado por la gracia. Como San Pablo, alcanza una virtud tanto más elevada cuanto más malhechor ha sido antes de su conversión. Ha comenzado por los furores de la ambición. Se ha dejado coger en el lazo de guerras interminables, que lo distraían del gobierno de sus súbditos y que no engendraban en su alma otra cosa que el descontento de sí mismo. Pero un día —dramático llamamiento que Valdés ha querido dejar rodeado de misterio— uno de sus criados, a quien él conoce apenas, entra en su cámara mientras él se pasea solo, lo toma de los hombros y lo sacude diciéndole: "Torna, torna en ti, Polidoro." Y ante el silencio del rey, que vacila entre la cólera y el asombro, el portador del enigmático mensaje prosigue: "Veamos, ¿tú no sabes que eres pastor y no señor, y que has de dar cuenta de estas ovejas al señor del ganado, que es Dios?" Sale entonces el criado, y el rey, en la soledad, siente que esas palabras despiertan en su alma un largo examen de conciencia: descubre cuán mal pastor ha sido, y cómo sin cesar ha perdido sus ovejas para adquirir otras nuevas: "Mala señal es cuando el pastor quiere más ovejas de las que el señor le quiere encomendar; señal es que se quiere aprovechar dellas y que las quiere, no para gobernarlas, mas para ordeñarlas." Después de una noche que pasa espantándose de su funesta locura, se dirige a su capilla para la misa matinal, y arrodillado, invoca entre lágrimas la misericordia y la gra-

---

[52] Cf. Menéndez y Pelayo, *Heterodoxos*, t. IV, pág. 198, y Baumgarten, *Geschichte Karls V*, t. II, pág. 645.

[53] *Heterodoxos*, t. IV, pág. 199.

[54] Montesinos, *Algunas notas, art. cit.*, págs. 249 ss.

[55] *Mercurio*, ed. *cit.*, págs. 185-210.

cia divinas. Se levanta de esta oración rebosante de una alegría desconocida. Una vida nueva comienza para él.

La conversión del soberano arrastra, poco a poco, la reforma de todo el Estado. Hay una renovación entre los cortesanos que lo rodean. Se llama a todos los delegados del poder a rendir cuentas: se recompensa a los buenos sin que éstos tengan que pedirlo, y se destierra a los malos a una isla deshabitada. También los beneficios eclesiásticos se distribuyen según el mérito. Si alguien los solicita, es juzgado inhábil por ese solo hecho. Es particularmente difícil poner en los obispados a hombres dignos, porque las apariencias de virtud son a menudo engañosas. Pero Polidoro obtiene del Papa poderes discrecionales para destituir y reemplazar a los prelados que se revelan inferiores a su misión, "y con esto —dice el rey— y con tres o cuatro que desterré en las islas despobladas, no había hombre que no procurase de hacer lo que debía". Se reforma la justicia de tal suerte que ya no existen los procesos interminables. Se castiga a los abogados cuando aceptan la defensa de causas manifiestamente injustas. El soberano tiene siempre abierta su sala de audiencias. Visita cada cierto tiempo sus estados, decidiendo trabajos de utilidad pública, ejerciendo su beneficencia por dondequiera que pasa. Vela tanto por que los cortesanos no hagan ningún daño a las poblaciones visitadas, que su corte parece un convento de frailes virtuosos. Se ha declarado la guerra a la ociosidad. Se obliga a los nobles a educar a sus hijos en el trabajo manual al mismo tiempo que en las artes liberales: los propios hijos del rey ponen la muestra.

¡Asombrosa fuerza del ejemplo! Es maravilloso ver cómo florecen en este reino la religión y la piedad cristianas. Al cabo de unos años, los tribunales ya no tienen casi nada que hacer. La emulación del bien es tal, que se comienza "a sentir aquella bienaventuranza de que gozan los sanctos en el cielo". Afluyen los extranjeros. Se construyen ciudades nuevas. Gran número de provincias, no sólo cristianas, sino también moriscas y turcas, ruegan a Polidoro que las acepte como vasallas. Los infieles piden espontáneamente el bautismo. Pagan de muy buena gana un tributo que no se les exige por la fuerza. Así, sin derramamiento de sangre, la cristiandad ensancha sus límites. Y en medio de este triunfo ilimitado de la virtud se anuncia la muerte al buen rey cargado de años y de méritos. Entonces consuela a sus amigos, los invita a regocijarse con él por la liberación cuya hora está sonando, y transmite la carga del poder a su hijo, junto con sus últimos consejos.

De estos célebres consejos, y de la conducta toda de Polidoro, ¿qué concepción del gobierno de los hombres se ve desprenderse poco a poco? Las preocupaciones de nuestra época nos hacen particularmente sensibles a uno de los rasgos fundamentales de la política valdesiana: esta política está dominada por lo que hoy se llama la mística de la paz. No se atreve a negar categóricamente la guerra contra el infiel, último reducto de la pasión guerrera en el alma cristiana. La acepta en la medida en que. es defensiva, pero no sin advertir que "debajo deste hacer guerra a los infieles va encubierta gran ponzoña". La conversión pacífica por el resplandecimiento de las virtudes cristianas es la única conversión digna de Cristo.[56] La negación de la locura guerrera es el punto de partida del cambio fundamental que se opera en Polidoro: gracias a ella se hace consciente de su misión pacífica de "pastor de hombres". Erasmo suministró a Valdés la regla de las justas relaciones entre gobernante y gobernados: "Acuérdate que no se hizo la república por el rey, mas el rey por la república. Muchas repúblicas hemos visto florecer sin príncipe, mas no príncipe sin república." [57] Por la manera como guarda esta regla es como un príncipe se revela rey o tirano. Y Valdés no deja de señalar la sanción a que se expone el príncipe que viola semejante regla: "Cata que hay pacto entre el príncipe y el pueblo; que si tú no haces lo que debes con tus súbditos, tampoco son ellos obligados a hacer lo que deben contigo." [58]

Menéndez y Pelayo se burló mucho [59] de los que quisieron hacer de Valdés, enemigo de la tiranía, un precursor de la Convención del 93. Desde luego en vano se buscaría en el *Diálogo de Mercurio y Carón* la afirmación de la soberanía popular. El estado ideal según Valdés es una monarquía patriarcal, que se esfuerza en respetar al trabajador y en no abusar de los contribuyentes. Es una monarquía autoritaria cuando sea preciso. Pero es todo lo contrario de un absolutismo no regulado sino por el capricho: "El buen príncipe es imagen de Dios, como dice Plutarco, y el malo figura y ministro del diablo. Si quieres ser tenido por buen príncipe, procura de ser muy semejante a Dios, no haciendo cosa que Él no haría." [60] No es poco exigir. Pero ya hemos visto que Polidoro no se transforma en buen rey sino el día en que Dios comienza a iluminar su camino. Monarquía templada, si se quiere, por la virtud, o, mejor dicho, dirigida por la gracia divina. No despotismo ilustrado a la manera del siglo XVIII, sino realeza iluminada. El "pacto" que lo une a sus súbditos no es lo que funda su autoridad: ese pacto expresa, y no más, la reciprocidad necesaria de los buenos y de los malos procedimientos entre el príncipe y el pueblo. Lo cierto es que la autoridad se legitima por el bien del pueblo, y por él solo.

Tal es este *Diálogo de Mercurio y Carón*, alegato diplomático, utopía política, llamamiento lanzado a la humanidad para que, cansada por fin de jugar al cristianismo, oiga la voz de Cristo y acuda a ella, como Polidoro. Erasmo expresa a menudo su desesperación en presencia del mundo tal como va: no ve qué pueda salvarlo en esta confusión furiosa, salvo una intervención de Cristo —*deus ex machina*— que inspire a los príncipes pensamientos pacíficos. Valdés, situado en el núcleo mismo de esta confusión, despertado sin duda del sueño mesiánico de pacificación y de reforma generales que el Saco de Roma le ha hecho concebir, pero conservando

---

56 *Ibid.*, págs. 206-207.

57 *Ibid.*, pág. 200, líneas 19-22.

58 *Ibid.*, pág. 203, líneas 8-12 y 15-18. Sobre la importancia de estas ideas en el *Diálogo* y sus fuentes erasmianas, cf. Montesinos, *Algunas notas, art. cit.*, págs. 246-247, y la *Institutio principis christiani* (Erasmi *Opera, ed. cit.*, t. IV, cols. 441, 448, 451 y 465).

59 *Heterodoxos*, t. IV, pág. 201.

60 *Mercurio, ed. cit.*, pág. 202, líneas 26-30.

una fe intacta en la pureza de las intenciones de su señor, se complace en prolongar la amarga fantasía del *Charon* de Erasmo en esta obra doble, apasionada y serena a un mismo tiempo. La requisitoria contra Francisco I traidor a su palabra nos deja en suspenso frente a una situación política sin salida. Caronte puede regocijarse: el combate singular de los dos soberanos no se llevará a cabo. Hay magníficas matanzas en perspectiva... Pero los interrogatorios de las almas, después de habernos sugerido al principio un mundo de cinismo y ceguera, dejan pasar finalmente grandes oleadas luminosas de esperanza.

Valdés parece haber trabajado, refundido y retocado largamente este *Diálogo*,[61] que no se dejaba imponer una conclusión con la misma facilidad que el de Lactancio y el Arcediano. De la segunda parte no poseemos más que la redacción definitiva, y por mera casualidad podemos sorprender en ella una corrección de prudencia.[62] El cotejo de los dos textos que conocemos del libro primero nos muestra al secretario imperial suprimiendo pasajes enteros, tales como el episodio, bastante débil en verdad, de la monja sin vocación, o bien un cuento gratuitamente agresivo contra los frailes.[63] Suprime, por razones puramente estéticas, unas palabras llenas de realismo burlesco que acentuaban con cierta pesadez el aspecto repugnante de Caronte.[64] La transformación que sufre el episodio del consejero francés es particularmente instructiva, porque Valdés agrega rasgos que apuntan con toda evidencia a su enemigo Jean Lallemand, perseguido por prevaricación a fines de 1528, y porque uno de los pasajes añadidos, confrontado con una carta a Dantisco, permite afirmar que a principios de 1529 el *Mercurio y Carón* estaba todavía en el caballete.[65] Por esos mismos días, sin duda, compuso Valdés la segunda parte, relativa al duelo fracasado entre Francisco I y Carlos V. Ya había escrito una relación latina de los mismos sucesos, pero esta diatriba —escribe a Dantisco— no está impresa aún, "pues el César ha querido verla y todavía no ha manifestado su decisión a este respecto. Yo me callo, pues sé que no sacaré de todo esto más que malevolencia".[66] El destino de Valdés, apóstol de la paz, pero entre-

61 Como obra de arte lo enfoca K. L. Selig, *Zu Valdés' erasmischen "Diálogo de Mercurio y Carón"*, en *Bibliothèque d'Humanisme et Renaissance*, t. XX (1958), págs. 17-24.
62 Cf. *supra*, pág. 398, nota 44.
63 *Mercurio, ed. cit.*, págs. 94-95 y 11-12.
64 *Ibid.*, pág. 86.
65 *Ibid.*, págs. 119, línea 9, a 121, línea 21; págs. 123, línea 24, a 125, línea 4. En particular, pág. 124, líneas 28 ss.: "de suerte que por maravilla veemos castigar tales cosas, quanto que yo no lo he oído, salvo 'de un Turino que hizo matar Alexandro Severo con humo a las narices". Cf. *Acta Tomiciana*, t. XI, pág. 15, Valdés a Dantisco, Toledo, 16 de enero de 1529: "Legebam nuper vitam Alexandri Severi imperatoris, in eaque inveni Turinum quendam fumi venditorem fumo necatum, cujus Turini vita in sceleribus Lalemanti conferas, nihil vidisti similius...", etc. Se conserva en Simancas, entre los papeles provenientes de la Cancillería (*Estado*, leg. 604, antiguo 1553, fols. 560-564), una traducción castellana de los quince primeros capítulos de la vida de Alejandro Severo, trabajo que parece ser obra de Alfonso de Valdés. Observemos que la alusión al mismo emperador que se encuentra en otro lugar de la primera parte (*ed. cit.*, página 106, línea 20) es también un retoque posterior a la redacción primitiva.
66 *Acta Tomiciana*, t. IX, pág. 16 (carta citada en la nota anterior): "Quod de

gado en cuerpo y alma a la política imperial tal como la había orientado Gattinara, lo había convertido en el apologista apasionado de la guerra contra el Papa y contra el Rey de Francia. La reconciliación total de Carlos V con Clemente VII, la evolución diplomática que se coronará muy pronto con la paz de las Damas vinieron a quitar a sus *Diálogos* gran parte de su actualidad. En todo caso, no estaban ya en harmonía con la política gubernamental. La osadía del pensamiento religioso que les da excepcional interés quedaba un poco en el aire, privada de su mejor punto de apoyo. "Más erasmistas que Erasmo", como su autor, debían plegarse a las precauciones que se imponían al erasmismo. El fiel Secretario no tardará en seguir, contra toda su voluntad,[67] a Carlos V a Italia; confiará a su hermano Diego, canónigo de la catedral de Murcia, varios manuscritos, en particular el del *Mercurio y Carón*, cuya publicación no parecía por entonces posible.[68] Cómo los dos diálogos de Alfonso podrán imprimirse posteriormente sin que se prohiban de modo formal en España hasta 1559, es un punto bastante misterioso. O quizá sea éste un rayo de luz sobre las décadas siguientes: la hipótesis más probable es que fueron exhumados entre 1541 y 1545, con ocasión de una nueva campaña antifrancesa y antirromana de la diplomacia imperial. Ya volveremos sobre esto.[69]

V

Ya en el mes de septiembre de 1528, Carlos V había tomado en secreto la resolución de trasladarse personalmente a Italia, de hacer allí la guerra hasta alcanzar completa victoria sobre los franceses y de imponer la paz

Gallis excussum est, en tibi mitto, quod vero ego scripsi, neque typographo adhuc commissum est, voluit enim Caesar rem videre, neque adhuc quid sibi decretum sit, aperuit; ego autem sileo, nihil hinc praeter invidiam venaturus. Meus dialogus dormit, etc..." Dantisco responde a Valdés (Valladolid, 1º de febrero de 1529): "Dialogum tuum mihi velim mitti; hic rumor est Almirantum, ut vocant, ejus esse auctorem. Illa etiam quae latine de hoc certamine seu monomachia jam pene obliterata conscripsisti ob veritatem historiae, et actum illum ultimum cum feciali Cesaris in Gallia habitum, mihi da cum primis. Non possum satis mirari cur tipis non excudantur, cum vernacula vestra adeo omnia ad longum sunt expressa, neque scio cur Cesar haec videre debeat aut possit, nisi vestro Osmensi interprete. Scilicet hoc superis labor est" (F. Caballero, *op. cit.*, página 409). La respuesta de Valdés (*Homenaje a Menéndez y Pelayo*, Madrid, 1899, t. I, pág. 400), fechada en Toledo, a 14 de febrero de 1529, demuestra que el diálogo que pide Dantisco es el de Lactancio y el Arcediano. Vindel (*op. cit.*, t. VIII, núm. 2403) reproduce la portada de una *Relación de lo que ha passado sobre el desafío particular entre el emperador y el rey de Francia* (1528), que se presenta, adornada con el águila imperial, como publicación oficial de la Cancillería.

67 Allen, t. VIII, Ep. 2163, líneas 21 ss. "Si mihi per meos liceret alicubi manerem. Italiam Italis quam libentissime relinquerem..." (Valdés a Erasmo, Barcelona, 15 de mayo de 1529).

68 Según la censura del Doctor Vélez (*Mercurio, ed. cit.*, pág. 274). Montesinos (*ibid.*, pág. IX, nota 1) rechaza con razón mi hipótesis de que el *Mercurio* dejado al canónigo Diego de Valdés pudiera ser un texto impreso.

69 Cf. *infra*, pág. 500.

española.[1] Esta política suponía una sensacional reconciliación con el Papa y una colaboración íntima con él para la convocatoria del Concilio que pusiera fin al cisma. No encontraba, sin embargo, adhesión muy entusiasta en el círculo del Gran Canciller. En agosto llega de Roma, como mensajero de paz, el general de los franciscanos, Quiñones; el Papa lo ha hecho cardenal. La Corte regresa de Zaragoza. Dantisco, que vuelve a Madrid en compañía de Gattinara, se hace eco de los sentimientos poco favorables que acogen al "español barbitaheño" a quien hay que entregar solemnemente el capelo.[2] ¿Cómo es posible que la Corte de España pase sin más ni más a tener relaciones amistosas con Clemente VII? Cuando Quiñones regresa para la embajada de Roma, se marcha acompañado del erasmista Miguel Mai, cuya correspondencia traiciona un vivo desprecio por el Papa y una profunda tristeza de ver que las presentes coyunturas no permiten ya aniquilar su poderío político.[3]

Pero hay que tomar partido. Clemente VII y Carlos V se necesitan uno a otro. A lo que tienden las negociaciones, coronadas con el tratado de Barcelona, es a una alianza defensiva y, si es posible, ofensiva. A través de todos esos regateos no se olvida la cuestión del Concilio. Micer Mai se ufana de recordársela al Papa.[4] Pero ¡qué lejos está todo de las esperanzas mesiánicas que el "providencial" Saco de Roma había despertado entre los imperiales! A principios de agosto de 1529, mientras se firma en Cambrai la paz con Francia, Carlos V navega rumbo a Italia. El viaje que había proyectado el verano anterior ha cambiado un poco de significado.[5] No se trata ya de ir a ganar victorias militares, sino de celebrar pompas simbólicas: el Papa lo va a coronar Emperador. Carlos

[1] Peter Rassow, *Die Kaiser-Idee Karls V dargestellt an der Politik der Jahre 1528-1540*, Berlin, 1932, cap. 1.

[2] *Acta Tomiciana*, t. X, pág. 398 (carta al rey Segismundo, fechada en Madrid, a 12 de noviembre de 1528): "Venit etiam interea, quando in itinere fuimus, missus a Pontifice ad Caesarem Generalis ordinis S. Francisci, aenobarbus et Hispanus... Postero die [el 30 de agosto, día siguiente a la llegada a Madrid], quae fuit dominica, exivi mane cum Illmo Dno Marchione Brandeburgensi et Dno Epo Oscensi Cabrero ad S. Hieronymum, visitavimus Dnum Cancellarium, qui nobis retulit quomodo huic generali Franciscano pileus cardinalitius dari debet, quod non omnimodo omnibus placet".

[3] Cf. *supra*, pág. 317; Pastor, *op. cit.*, t. X, págs. 5-6; Marqués de Alcedo, *Le Cardinal Quiñones et la Sainte Ligue*, Bayonne, 1910, págs. 140 ss. Véase en particular la carta citada, pág. 166, nota (según P. de Gayangos, *Calendar*): "Aunque de un semejante de Su Santidad no se aya de hablar sino con acatamiento, maxime con V. M. Cesárea, por otra parte su imperial servicio me astringe a hablar clara y abiertamente: y es decir a V. M. que este hombre es muy bajo en gran manera... Otro tiempo a malas se havían dél muchas cosas, pero agora no conviene porque se desesperaría, y déveseles todo acatamiento, a lo menos en compensa de lo pasado, porque otramente pienso que sería servicio de Dios reducirlos a la spiritualidad". (Informe de Miguel Mai al Emperador, 11 de mayo de 1529).

[4] En el mismo informe del 11 de mayo. Cf. Pastor, *op. cit.*, t. X, pág. 18, nota 1.

[5] P. Rassow, *op. cit.*, pág. 15: "Im Herbst 1528 musste sie eine Kriegsfahrt werden, später ein Triumphzug". Se conserva en un pliego suelto de cuatro hojas el mensaje de despedida en que Carlos V explica a sus súbditos españoles su partida a Italia: *Caroli Caesaris Augustissimi ad Hispanos de ejus discessu oratio* (Biblioteca Colombina, Catálogo, t. II, pág. 37).

desembarca el día 12 de agosto, como un triunfador, en Génova. Gattinara, que ha encarnado durante tanto tiempo la hostilidad a Roma y a
Francia, recibe al día siguiente el capelo cardenalicio.[6] Alfonso de Valdés
es uno de los miembros del séquito. Ha partido de mala gana a Italia,
como tantos otros fieles del Emperador.[7] Si acaso tuvo tiempo de hojear
los manuscritos de sus diálogos antes de confiárselos a su hermano Diego,
debió de encontrarles un sabor añejo:

> ¿qué fueron sino verduras
> de las eras?

Para un español de su generación, que había comenzado su recorrido
de Europa en la coronación de Aquisgrán y en la Dieta de Worms, asistir
a la coronación de Bolonia equivalía casi a descubrir un mundo nuevo.
Imagínense los sentimientos de nuestro Secretario imperial, que alimenta
un verdadero culto por "el César", cuando éste besa los pies de Clemente VII en medio de un estrépito ensordecedor de cañones, tambores y
campanas. El espectáculo dado por Carlos en esta primera entrevista
solemne derrama a lo lejos el asombro entre los humanistas. Claude
Chansonnette expresa el temor de que, "en este punto y en otros más
importantes, los eclesiásticos españoles, completamente moldeados en ceremonias, abusen de la bondad natural de este príncipe".[8] Pero Carlos
no tiene necesidad de ser amonestado por el Cardenal Quiñones o por su
confesor Fr. García de Loaysa para entrar en su nuevo papel. Posee el
suficiente sentido de la majestad para prestarse al ceremonial romano con
aquella espontaneidad, aquella desenvoltura que se vio en él en la misa
de la coronación. Cuando, al salir de la iglesia, sostuvo el estribo al Papa
antes de montar él a caballo, al mostrar así su deferencia para con la
autoridad espiritual, pareció consagrar su propia autoridad temporal como
la más elevada de todas.[9]

Así, pues, nuestros imperiales respiran el aire de la corte pontificia.
Es un cambio completo de ambiente. Ciertamente no pueden permanecer insensibles a los prestigios de la Italia artista y erudita. Bolonia ha
tomado, para recibirlos, un rostro de ciudad antigua; se ha adornado con
arcos de triunfo espléndidamente decorados con estatuas, medallones y
pinturas, con gran copia de inscripciones latinas. Pero ellos, hombres
modelados en el humanismo cristiano, se ven transportados a una sucursal de Padua, a uno de los centros del renacimiento aristotélico. Reina
aquí una filosofía más alejada de la *philosophia Christi* que de la escolástica medieval. Cuando oían cómo los italianos de la Corte, en Valla-

6 Pastor, *op. cit.*, t. X, pág. 30.

7 A la carta de Valdés citada *supra*, pág. 404, nota 67, añádase la que escribió a
Dantisco, Toledo, 16 de enero de 1529 (*Acta Tomiciana*, t. XI, pág. 15): "Caesar in ea
sentencia perstat, ut proximo vere ad Italiam transeat, idque refragantibus ac repugnan-
tibus suis fere omnibus".

8 Chansonnette a Erasmo, 7 de diciembre de 1529 (Allen, t. VIII, Ep. 2240, líneas
17-19).

9 Sobre las ceremonias de la coronación, véase Pastor, *op. cit.*, t. X, págs. 41 *ss.*

dolid, hablaban desdeñosamente de Erasmo, cómo le oponían a Pontano, cómo alababan de dientes afuera el artificio lucianesco de la *Moria*,[10] estos erasmistas ingenuos podían creer en una conspiración de envidia contra la primera cabeza pensante de Europa. En Bolonia, tienen que habituarse a una nueva tabla de valores, según la cual Erasmo no es más que un humanista entre muchos otros.[11] Traban conocimiento con algunos compatriotas italianizados desde hace mucho. Cuando el Emperador desembarca en Génova y recibe el saludo que lleva Quiñones en nombre del Papa, el Cardenal trae en su séquito dos españoles cuyos nombres no pueden dejar indiferentes a los erasmistas: uno es Zúñiga, más sabio que nunca, pero ya en su ocaso, y el otro Juan Ginés de Sepúlveda, en la fuerza de la edad. Éste es uno de los raros sabios peninsulares mencionados en el *Ciceronianus*: Erasmo cita a este cordobés (a quien él supone portugués) como joven de gran porvenir, según lo hace augurar su libro *De fato*. Cosa extraña, Sepúlveda no se muestra extraordinariamente agradecido por semejante honor. Cosa más extraña aún, él no ha leído todavía el *Ciceronianus*. El libro en que Erasmo hace la crítica del humanismo italiano tiene tiempo de reimprimirse en España antes de llamar la atención de Italia.[12]

Sepúlveda es un caso de asimilación espiritual inverso al de Marineo Sículo. El siciliano naturalizado español reconocía sin titubear la supremacía erasmiana: "ser Erasmo" era, a sus ojos, la más alta gloria que se

---

[10] Olivar a Erasmo, Valladolid, 13 de marzo de 1527 (Allen, t. VI, Ep. 1791, líneas 37-48). Cf. *supra*, pág. 232.

[11] Sobre este aspecto del humanismo italiano, cf. Toffanin, *Il Cinquecento* (t. VI de la *Storia letteraria d'Italia*), Milano, 1929, págs. 29-34.

[12] Sobre todos estos particulares véase Sepúlveda, *Opera*, Madrid, 1780, t. IV *(Antapologia)*, págs. 549-555, y t. III (2ª parte, *Epistolae*), págs. 105-107. El escrito de Sepúlveda a que aquí nos referimos es una carta sin fecha a Alfonso de Valdés. De su confrontación con la *Antopologia* resulta que ha de situarse entre el desembarco de la Corte en Génova y la coronación de Bolonia. Entresaquemos estas líneas tan significativas: "Erasmi tui *Ciceronianum* tandem aliquando nactus cupidissime perlegi: accenderat enim meam cupiditatem ejus operis videndi non solum commendatio tua... sed etiam longioris temporis exspectatio. Jam quo magis homines nostri, id est, Hispani, quam Itali Erasmi eruditionem et facundiam demirantur, hoc ejus scripta tardius ad hos, quam ad illos perferuntur. Ita factum est, ut prius in Hispania *Ciceronianus* consenesceret, jam iterum, ut video, regeneratus, quam plane primos in Italia vagitus ederet..." "...Libellum libenter perlegi; non quidem quod ea gloria magnopere fruerer, quam nostrorum quidam, qui Erasmi scriptis utcumque celebrari, optabilius quam inaurari putant, mihi fuerant ex honorifico testimonio polliciti, qui *Ginesium Romae nuper edito libello praeclaram spem de se praebuisse*, in eodem *Ciceroniano* testatur: nam hujusmodi testimonium, praesertim tanti viri, etsi non est omnino contemnendum, friget tamen in causa hominis hac aetate, in senium scilicet vergente, et cujus exstant non pauca opera ab ipso vel elucubrata, vel ex Graecis philosophis conversa, ex quibus quid jam esset, non quid esset futurus, aestimari debuit, praesertim ab eo, qui, cum libet, vel ex unica edita epistola judicium facere solet..." Sobre Sepúlveda, véase Nicolás Antonio, t. I, págs. 700-704. Hay interesantes datos acerca de sus obras al fin del Ms. 18-15 de la B. A. H. *(Cartas de Erasmo)*. Sobre el autor, véase el pequeño volumen de Aubrey F.-G. Bell, *Juan Ginés de Sepúlveda*, Oxford, 1924 (t. IX de *Hispanic Notes and Monographs, Spanish Series*), y la preciosa noticia de Morel-Fatio en su *Historiographie de Charles-Quint*, Paris, 1913, págs. 42-72, sobre Sepúlveda cronista.

pudiera concebir, y la erasmofobia le parecía una especie de aberración.[13] Si Erasmo deja bastante frío a Sepúlveda, es que éste ha sido conquistado por Italia. Sin duda, no es una conquista comparable a la de un Longueil, hombre del Norte que ha dado la espalda a su patria. Nuestro humanista cordobés se siente romano por derecho de nacimiento. Pero desde que llega, a los veinticinco años, a ocupar un lugar en el Colegio de San Clemente de Bolonia, su vida se ha orientado de manera muy diversa que la de sus antiguos condiscípulos de Alcalá. Es discípulo de Pomponazzi por los días en que éste publica su famoso tratado *De la inmortalidad del alma* (1516). Se inicia en la filosofía de Aristóteles, a quien ahora se lee en el texto original. Aquella gran obra que, según los planes de Cisneros, había de ocupar a los sabios de Alcalá después de la terminación de la Biblia Poliglota, apenas había sido tocada un poco por Vergara: abandonada por los Complutenses, se realiza en Italia. Sepúlveda es uno de los principales artesanos de esa obra, alentado por el mecenazgo de Alberto Pío, príncipe de Carpi, del joven Ercole Gonzaga y del Papa en persona.[14] Entra, como metafísico y como historiador de la filosofía, en la batalla contra el luteranismo, con su *De fato et libero arbitrio adversus Lutherum* (1526). Hablando sobre un tema ya abordado por Erasmo, se refiere a éste no sin comedimiento, pero también sin disimular que su defensa del libre albedrío le parece incompleta y algo tímida: sigue con demasiada docilidad a Lutero en el terreno puramente escriturístico en que el hereje quiere confinarse, y descuida el punto de vista de la naturaleza y el de la razón. En el fondo, Sepúlveda no está lejos de compartir el antierasmismo de su patrono Alberto Pío. En el debate que hace enfrentarse al humanismo con la teología desde los días de Lorenzo Valla, se niega a cargar todos los yerros del lado de los "Hombres oscuros". Sostiene que el estudio apasionado de las lenguas antiguas ha preparado el camino del luteranismo al arruinar las *graviores disciplinae*.[15] En eso está nuestro aristotélico de acuerdo con un Carvajal, y

---

13 L. Marinei Siculi, *De rebus Hispaniae memorabilibus*, Alcalá, 1530, fol. 170 r°. Cuenta la disputa que tuvieron en la mesa del Emperador un italiano y un alemán acerca de cuáles eran los más grandes escritores de Europa. Marineo, encargado de dirimir la contienda, da la palma a Erasmo, ¡y en qué términos! "...Si mihi optio daretur et fieri posset, Erasmus esse mallem quam alius quisquam quantumlibet foelicissimus... Quicumque igitur non amat Erasmum, qui non colit et veneratur, nimirum vel est indoctus, vel invidus, vel improbus, vel supersticiosus, et scelerum suorum conscius, illisque merito comparandus, qui Christum perperam detulerunt".

14 Ya en los días en que era simple "colegial" en San Clemente de Bolonia había compuesto un libro hoy perdido: *Errata Petri Alcyonii in interpretatione Aristotelis*. Después habían venido sus traducciones de los *Parva Naturalia* (Bolonia, 1522, dedicada al Cardenal de Médicis, futuro Clemente VII, y a Alberto Pío, príncipe de Carpi), del *De generatione et interitu* (Roma, 1523, dedicada al Papa Adriano VI), del *De mundo* (Roma, 1523, dedicada a Ercole Gonzaga), de los comentarios de Alejandro de Afrodisias sobre la *Metafísica* (Roma, 1527). Cf. Legrand, *Bibliographie hispano-grecque*, y el Ms. 18-1-15 de la B. A. H.

15 Véase el *De fato* en el t. IV de sus *Opera, ed. cit.*, sobre todo el libro I, cap. III, donde sostiene "quodmirum cuipiam fortasse videbitur, studium eloquentiae humaniorumque litterarum Germanis hanc perniciosam pestem invexisse" (está hablando del lu-

prepara también, a su modo, la restauración dogmática de Trento. Se ve apuntar en él una defensa e ilustración de la escolástica, de la dialéctica, de todo aquello que el espíritu erasmiano había despreciado como logomaquia pura.

Su experiencia política es, lo mismo que su orientación espiritual, completamente opuesta a la de un Alfonso de Valdés. Sepúlveda ha vivido el duelo entre Carlos V y Clemente VII no como imperial, sino como romano; ha visto desde su ventana, en 1526, cómo los soldados de Moncada se derramaban por la Ciudad Eterna; y ha tenido que refugiarse en el Castillo de Sant'Angelo junto con el Príncipe de Carpi durante el saco de 1527.[16]

No comparte ni el pacifismo extremo de Erasmo ni el mesianismo de los imperiales, para los cuales el triunfo del Emperador sobre todos sus enemigos debería ser el comienzo de una edad de oro. Erasmo había llevado su condenación de la guerra al extremo de reprobar la cruzada contra los infieles. Hasta entonces el peligro turco había sido sobre todo, en la pluma de Valdés, un argumento contra la política de división europea practicada por Francisco I y Clemente VII, y quizá pretexto para obtener de las Cortes españolas los subsidios que requería la victoria decisiva en Italia. Los humanistas no han sido tocados todavía por el llamamiento que el mismo Lutero acaba de lanzar para la guerra contra el turco. Erasmo no ha publicado todavía su *Consultatio de bello turcico,* en que aceptará, a su vez, la idea de esa guerra, aunque no sin reconocer que la cruzada es impopular porque ha servido durante mucho tiempo para una estafa gigantesca.[17] Pues bien, Sepúlveda, cuando Carlos V desembarca en Génova, dirige a éste una arenga exhortándolo a llevar sus armas contra los turcos que amenazan a Viena. De paso recrimina la tesis sacrílega según la cual la "tolerancia cristiana" prohibe combatir por el hierro a esos "azotes de Dios". Estima que Cristo mismo, al decir que su reino no es de este mundo, reconoció con la mayor claridad la existencia de un mundo en que la fuerza contesta a la fuerza, y en que el precepto de no resistir al mal no tiene aplicación alguna.

Fácil es imaginarse a Sepúlveda sirviendo de trujamán entre los españoles del séquito imperial y ese mundo nuevo en que se ven arrojados. Hernando Colón, que no ha vuelto a Italia desde el advenimiento de Carlos V, no pierde tan magnífica ocasión de enriquecer su biblioteca: en Venecia, la ciudad de los libros, comprará de una sola vez todas las obras del averroísta Nifo. Pero antes que nada hace una visita al humanista andaluz de Bolonia, que lo obsequia con su tratado antiluterano y

---

teranismo), y el cap. 1 del mismo libro, donde se refiere a la manera como Erasmo ha defendido el libre albedrío contra Lutero: "scienter... quidem et peracute, sed justo tamen modestius, ne dicam parcius et timidius". "Nunc cum sententiam suam testimoniis duntaxat Sacrarum litterarum confirmare contentus, dum satis religioni sic factum iri, quid natura rerum humanaque ratio poscat omiserit..."

16 Morel-Fatio, *op. cit.,* pág. 43.

17 Sobre esta evolución, cf. Allen, t. VIII, Ep. 2279, líneas 1-2, nota, y Ep. 2285, introd. y líneas 72 *ss.*

con su discurso sobre la guerra contra los turcos.[18] El secretario Valdés
ha trabado conocimiento con Sepúlveda desde el momento mismo en que
la Corte desembarca en Génova. Después han vuelto a verse en Piacenza.
Erasmo parece ser, en sus conversaciones, la piedra de toque que les revela
sus divergencias de miras.[19]

Pero Carlos no tarda en tomar el camino de Alemania, donde se requiere su presencia a causa del peligro turco, cada vez más cercano, y
también a causa del "negocio de la fe". La Dieta convocada en Augsburgo va a ser su primer contacto con la Alemania luterana desde el
dramático encuentro de Worms, cuyo recuerdo evoca. El Emperador, al
negociar con los protestantes, trata de preparar los caminos para el Concilio ecuménico, después de lograr que Clemente VII admita la idea de
ese Concilio. ¿Se llegará finalmente a una transacción, sueño de los erasmistas? ¿Consagrará Erasmo a ella las fuerzas que le quedan?

Los españoles se habían formado una idea altísima de su autoridad
espiritual. Bastante significativos son los términos en que el Arzobispo
de Toledo escribía a Erasmo en 1528, en un momento en que el cisma
luterano parecía consolidarse. Si le instaba a entrar en la lid, no era ya,
como hacía Glapion en 1522, para obligarlo a tomar posición públicamente. A su juicio, Erasmo era el único hombre que, por su independ-
dencia, por su desinterés, podía mostrar a Alemania el camino derecho
sin atraerse sospechas de servilismo para con los poderosos o de complacencia para con los abusos que habían desatado la revolución luterana.
Era preciso, en efecto, según el Primado de las Españas, que la herejía y
la corrupción eclesiástica fuesen reprobadas a un mismo tiempo, para el
mayor bien de ambos partidos: si los herejes volvían a la razón, y los ortodoxos a una razón más grande, si se restablecía la paz entre los príncipes, entonces la cristiandad podría reformarse por fin en el orden.[20]

En vísperas de la Dieta de Augsburgo, el crédito de Erasmo sigue
siendo grande, si no del lado protestante, al menos del lado católico. El
nuncio Lorenzo Campeggio acude a él para preguntarle cómo ve la situación.[21] La Corte imperial se encuentra en Innsbruck, tanteando el estado
de cosas, acogiendo con cierto optimismo cuanto rumor permita augurar
un retroceso de la herejía.[22] Gattinara, clavado en el lecho por la disen-
tería, se preocupa también de recoger la opinión sincera del solitario de
Friburgo, garantizándole el secreto.[23] Tres días después, desgraciadamente, Valdés y Cornelio Schepper quedan sumergidos en la consternación

18 Catálogo de Hernando Colón, núms. 4213 y 4214. El 11 de enero recibe el hijo
del Almirante estos dos volúmenes de manos de su autor. Los diecisiete últimos números del Registrum (4215 a 4231) son obras de Nifo compradas en Venecia el 21 de
enero de 1530.

19 Cf. Antapologia (Opera, t. IV, págs. 555 ss.).

20 Allen, t. VII, Ep. 2003 (Madrid, 29 de junio de 1528), líneas 58-79.

21 Allen, t. VIII, Ep. 2328 (Erasmo a Campeggio, Friburgo, 24 de junio de 1530),
en particular línea 62 y la nota.

22 Laemmer, op. cit. (Campegius Salviato, Oeniponti, xxix Maii 1530), págs. 35-36.

23 Allen, t. VIII, Ep. 2336 (Schepper a Erasmo, Augsburgo, 28 de junio de 1528),
líneas 19-25.

por la muerte del Gran Canciller.[24] Nadie podrá actuar en Augsburgo, para una solución de razón, con la autoridad que hubiera tenido el anciano desaparecido. Por otra parte, ¿acaso se mantenía intacta esta autoridad ante los luteranos, desde que se le había nombrado cardenal? ¿Acaso Carlos V no se habría desentendido de sus consejos en caso de que Gattinara hubiese admitido concesiones sustanciales a los reformadores? Preguntas, todas éstas, imposibles de contestar.[25]

Erasmo no vendrá a la Dieta. ¿De que serviría su presencia, salvo para que ambos partidos escuchen, de sus labios, unas verdades que no conducen a nada? Mucho tiempo hace que los ortodoxos han oído lo que piensa de ellos. Acaba de hablar sin ambages a los que se dicen evangélicos, con ocasión de sus desavenencias con Geldenhauer. Las cartas confidenciales que escribe a Campeggio o a Melanchthon traicionan un profundo pesimismo. Sólo Dios, según él, podría desatar esta tragedia, mudando los corazones. A Él le pide que quiera servirse del emperador piadoso y omnipotente como instrumento de su misericordia. Ésta sería la única esperanza de solución pacífica. Y si se recurre a la fuerza, hay que prever una guerra tan terrible, que el remedio será peor que la enfermedad. En último análisis, si Erasmo tuviera que escoger de varios males el menor, se inclinaría por la conservación del *statu quo*.[26]

No obstante, hubo en Augsburgo ciertos albores de buena voluntad mutua y de comprensión entre Melanchthon y los españoles del séquito del Emperador. Valdés, mucho menos circunspecto que Schepper, se dejó convencer de que no había en ello ninguna dificultad seria, y de que, en resumidas cuentas, lo único que hacía falta era encontrar fórmulas de acuerdo acerca de la comunión bajo las dos especies, del matrimonio de los sacerdotes y de la abrogación de la misa privada. El Emperador, guiándose por su informe y utilizando su intervención, invitó a Melanchthon a exponer brevemente los puntos litigiosos para pasar de ellos a un examen desapasionado. Hasta pudo parecer un instante que se podría evitar un debate doctrinal de gran magnitud. Sin embargo, Melanchthon

24 El testamento de Gattinara ha sido publicado por Vincenzo Promis, *Il testamento di Mercurino Arborio di Gattinara (Miscellanea di Storia Italiana,* t. XVII, Torino, 1879, págs. 61 ss.). Se había redactado en Barcelona el 23 de julio de 1529. Véanse en particular (pág. 89) las disposiciones en que se expresa el agradecimiento de Gattinara a su secretario Alfonso de Valdés. Le hace un legado de doscientos cincuenta ducados de oro y lo confirma en el cargo de recaudador del sello del reino de Nápoles, que Valdés ejerce en común con Pedro García. Valdés es uno de los testigos que firman el testamento (pág. 116). A él se le encarga (pág. 100) hacer un inventario de los bienes del Canciller y de dirigir el orden de sus funerales. El propio Valdés es quien legaliza la confirmación del testamento firmada por Carlos V en Augsburgo el 31 de octubre de 1530.

25 P. Rassow, *op. cit.,* págs. 58-59, piensa que Gattinara nunca logró desprender a Carlos V de su estrecha unión con el Papa. Véase, sin embargo, *infra,* pág. 412, nota 27, la opinión de Schepper recogida por Melanchthon.

26 Véase en particular Allen, t. VIII, Ep. 2328, líneas 66-82, y t. IX, Ep. 2371, líneas 10-22 (carta a Pirckheimer, en que Erasmo pasa revista a los consejeros eclesiásticos del Emperador, en su mayoría papistas incondicionales y adversos a la tesis erasmiana de conciliación).

tuvo que redactar la Confesión luterana, aunque sin perder por ello su contacto con Valdés, y, a pesar de sus esfuerzos por llegar a un entendimiento, vio con inquietud que sus fórmulas parecían demasiado intransigentes en los círculos imperiales. Y, no obstante, todavía después de la lectura pública de la Confesión, los directores de conciencia de Carlos V no veían con malos ojos al conciliador.

El fraile confesor del César —escribe Osiander— mantiene relaciones amistosas con Felipe. Aprueba abiertamente nuestra doctrina sobre la justificación y las buenas obras, y maldice a estos asnos alemanes que rebuznan contra nosotros por ese motivo y provocan sin razón la discordia. En cuanto al predicador del César, es mucho más favorable aún: aprueba toda nuestra doctrina y nos dice que no perdamos el ánimo.

Parece, sin embargo, que si Fr. Juan de Quintana y Fr. Gil López de Béjar concedieron mucho a Melanchthon en sus conversaciones privadas con él, no le hicieron, en cambio, concesiones públicas capaces de alarmar a Campeggio, puesto que éste no habla de tal cosa en sus informes a Roma. Un mes después de la gran sesión del 25 de junio, durante la cual se pudo leer la Confesión de Wittenberg dentro de una atmósfera de pasajero optimismo, no se había llegado todavía a ningún acuerdo positivo.[27] A juicio de un observador clarividente como el embajador

---

[27] Sobre todo esto véase Theod. Kolde, art. *Augsburger Bekenntnis*, en Herzog-Hauck, *Real Enzyklopädie für protestantische Theologie und Kirche*, 3. Auflage, t. II, pág. 245, y sobre todo la correspondencia de Melanchthon (*Corpus Reformatorum*, II: *Phil. Melanchthonis Opera*, ed. Bretschneider, Halle, 1835, t. II), col. 104, Jonas a Myconius, 14 de junio de 1530. Sobre las disposiciones irénicas del Gran Canciller que acaba de morir (cols. 118-119, Melanchthon a Lutero, 19 de junio): "Cornelius [Scepperus] inquit, se spem habuisse pacis aliquam vivo Mercurino. Hoc exstincto neminem esse in aula affirmat, qui auctoritate valeat qui pacis auctor sit: sed ludit suo more, ac videtur singulari diligentia cavere, ne veniat in suspicionem nostrae amicitiae. Ideo nihil nos adjuvat. Est alius quidam Hispanus Secretarius [Valdesius] qui benigne pollicetur et jam cum Caesare et Campegio de mea sententia contulit. Sed tota res ἐν γούνασι θεοῦ". — El papel de Valdés está confirmado por la carta de los delegados de Nuremberg al Senado de su ciudad (21 de junio, *ibid.*, col. 122). Según este informe, muy optimista, Valdés presentó la tesis de Melanchthon al Emperador y éste le encargó que se la expusiera al Legado, el cual, dice el mismo informe, no demostró intransigencia sino en el asunto de la misa privada. Pero Bretschneider estima que esta negociación oficiosa por conducto de Valdés no tuvo mucho alcance, ya que el Doctor Brücken y el Elector eran hostiles a arreglos de esa especie en vísperas de publicar la confesión de los reformados. Sobre las posibilidades que tenía la propia Confesión de ser aceptada, Valdés no se hizo muchas ilusiones. Melanchthon escribe a Camerarius el 26 de junio, después de la solemne entrega de este documento: "...Valdesius Secretarius Caesaris vidit, antequam exhibuimus, ac plane putavit πικρότερον esse quam ut ferre possent adversarii" (*ibid.*, col. 140). En cuanto a Schepper, sigue ironizando, y dice a los reformados que si tuvieran dinero comprarían a los italianos la religión que han escogido; estima que el César, rodeado como está ahora de cardenales y obispos, no admitirá más religión que la papista (*ibid.*, col. 156, carta de Jonas a Lutero, de fines de junio). — La carta de Osiander a Linck y Schleupner, de la cual citamos un pasaje acerca de las disposiciones favorables del confesor y del predicador de Carlos V, es del 4 de julio (*ibid.*, col. 163). — Giuseppe Bagnatori, *Cartas inéditas de Alfonso de Valdés sobre la Dieta de Augsburgo*, en *B. H.*, t. LVII (1955), págs. 353-374, publica siete importantes

Dantisco, una de las raras señales a que hubiera podido aferrarse la esperanza era el buen entendimiento entre Valdés y Melanchthon: "Si del lado imperial —dice— trataran este asunto hombres sabios y piadosos del estilo de Valdés, podría llegarse a un resultado, pero una golondrina no hace el verano." [28]

Parece que esta reflexión un poco amarga nos da la justa medida de la acción ejercida en Augsburgo por los erasmistas y en particular por Alfonso de Valdés. Esta acción no llegó demasiado lejos, aunque la Reina de Hungría hizo algunos tímidos esfuerzos en el mismo sentido ante su hermano Carlos, y aunque la nobleza española, consultada por éste, le aconsejaba obrar sin violencia si se trataba únicamente de "ordenaciones humanas y exteriores" que no atentaran contra los artículos de la fe. Cuando mucho, se puede distinguir la influencia persistente del Canciller desaparecido y de sus colaboradores en la adhesión que Carlos V muestra a la idea del Concilio a través de las repetidas decepciones de Augsburgo. Esta idea estaba anclada profundamente en los medios imperiales. Vives, al dedicar a Carlos V su tratado *De concordia et discordia* (1º de julio de 1529), le había dirigido un urgente llamado en favor del Concilio general.[29] En 1531, Fr. Juan de Quintana asombrará a Aleandro [30] por su convicción de que allí estaba el único remedio posible. En realidad, ésa era la solución a que el Emperador se había remitido cuando sopesaba los riesgos de una acción bélica contra la Alemania protestante.

Pero ¿podría inspirarse el Concilio en el ideal de transacción tan caro al tercer partido de los humanistas? Suponiendo que todos se pusieran de acuerdo en cuanto a los principios, ¿no era demasiado tarde para rehacer la unidad, en un momento en que los luteranos eran ya una iglesia con un sistema ceremonial nuevo? Felipe Nicola, que piensa en volver a prestar sus servicios en la Cancillería, escribe a sus amigos de la Corte para pedirles noticias de la Dieta, y les somete sus melancólicas reflexiones sobre la vanidad de las reformas religiosas:

¿De qué sirven tantos cambios en las ceremonias? ¿De qué sirve suprimir las misas, rechazar los ayunos, abrogar las confesiones, siendo así que en el tiempo en que estas cosas no existían, los hombres no descansaron hasta verlas establecidas? Admitamos que todo esto desaparezca, que los sacerdotes no tengan ya nada que hacer, que los monasterios sean derruidos. Entonces, sin duda, se oirá a los hombres quejarse de que el culto de la divinidad sea tan raquítico y tan deficiente, de que los templos estén tan solitarios. Los paganos, se dirá, que adoraban dioses, o mejor dicho, infames demonios, tenían toda clase de sacerdo-

cartas escritas por Valdés al Cardenal de Ravenna (Accolti) durante la Dieta, entre el 12 de julio y el 24 de septiembre de 1530. La última expresa con acento personalísimo la posición de retirada y la actitud desengañada que el Secretario ha adoptado desde la muerte de Gattinara, sin renunciar a decir su opinión.

[28] *Acta Tomiciana*, t. XII, pág. 208 (Dantisco al rey Segismundo, Augsburgo, 30 de julio de 1530).

[29] Cf. Bonilla, *Luis Vives*, t. I, pág. 242.

[30] Laemmer, *op. cit.*, pág. 93 (carta de Aleandro a Sanga, Bruselas, 30 de diciembre de 1531).

tes, de vestales, de cofradías, de colegios, de pontífices, de reyes de sacrificios: los reyes mismos participaban en el culto, sus manos tocaban todos los días los altares. ¿Cómo es que ahora el culto del único verdadero Dios está tan miserable, tan empequeñecido, tan descuidado? Ya ha llegado el momento de comprender que los defectos no están en las cosas, sino en nosotros. Lo que ayer parecía bien, hoy parece mal; lo que hoy parece mal, parecerá bien algún día. Alemania, que llevaba el culto de Cristo casi hasta la superstición, hoy casi parece dispuesta a rechazar la religión, como si los ritos de nuestro tiempo fueran comparables con los de las épocas en que se inmolaban a los dioses bestias y hombres...

¿De qué sirve cambiar? *Quid praestat?* [31] Erasmo hubiera aprobado esta sabiduría desengañada, que ve la acción anulada necesariamente por la reacción, como el flujo por el reflujo...

Después del fracaso de Augsburgo y de la coronación del Archiduque Fernando como Rey de Romanos, la Corte imperial pasa un año en los Países Bajos, donde acaba de morir Margarita. Año de espera. Granvela da sus primeros pasos de ministro. A su lado, Valdés, en compañía de Schepper, del joven Gonzalo Pérez,[32] del embajador Dantisco, disfruta todavía de ese aire de libertad que se respiraba en la Cancillería en la época de Gattinara. La nueva regente, María de Hungría, es amiga de los humanistas cristianos. Erasmo le ha dedicado recientemente su tratado de la *Viuda cristiana*.[33] Su secretario, Nicolás Olah, es erasmista ferviente.[34] Desde Gante, desde Bruselas, los espíritus libres de la Corte mantienen relaciones amistosas con Vives y Laurin en Brujas y con los hombres del Colegio Trilingüe en Lovaina.[35]

Pero nos engañaríamos mucho si creyésemos que el espíritu nuevo triunfa aquí sin obstáculos. Parece que el Colegio Trilingüe atraviesa una crisis y que el humanismo se está haciendo sospechoso en Lovaina al manifestar tendencias irénicas en materia religiosa. Sin duda, no es ésta la razón que hace partir a Clénard. Si él se decide a seguir a Hernando Colón a España en compañía de Juan Vaseo, es que lo mueve la esperanza de aprender árabe.[36] Pero la partida de Juan de Campen sí tiene

[31] Biblioteca de la Univ. de Upsala, Ms. H.154, Felipe Nicola a Dantisco, carta fechada en Cremona, a 21 de agosto de 1530: "Quid praestat toties mutare cerimonias, sacrificia tollere, respuere jejunia, confessiones abrogare, etc... Discamus tandem intelligere, esse haec vitia non rerum naturae, sed nostra. Quae paulo ante placebant, nunc displicent, quae nunc displicent, aliquando placebunt..."

[32] En el mismo Ms. de Upsala citado en la nota anterior hay un divertido billete de Gonzalo Pérez a Dantisco (Bruselas, 1º de julio de 1531). En Gante, el joven secretario había pedido un caballo al embajador de Polonia: le suplica ahora que no diga nada de ello a Valdés.

[33] Allen, t. VIII, Ep. 2100.

[34] Véase su correspondencia con Erasmo en Allen, ts. VIII a XI, *passim*, y una carta del danés Jacobus Jasparus a Erasmo (Bruselas, 19 de noviembre de 1531), *ibid.*, t. IX, Ep. 2570, líneas 30-34.

[35] Sobre las relaciones de Dantisco con los humanistas de Lovaina en 1531, véase De Vocht, *Monum. humanistica Lovaniensia*, Louvain, 1934, t. IV, págs. 420-423.

[36] Chauvin et Roersch, *Étude sur la vie et les travaux de Nicolas Clénard*, Bruxelles, 1900, pág. 23. Véase también la carta de Clénard a Hernando Colón reproducida y traducida por Roersch, *L'humanisme belge*, Louvain, 1933, págs. 101 y 145.

por origen un incidente en que estalla el contraste entre el espíritu conservador de las autoridades locales y el liberalismo de la Corte cosmopolita que acompaña a Carlos V. Este sabio hebraísta adivina en Melanchthon un espíritu hermano del suyo; sueña en una entrevista con él, seguro de que en dos o tres días de conversaciones íntimas lograrán que la causa de la pacificación haga más progresos que los que hizo en Augsburgo durante meses de agrios debates.[37] Pues bien, cuando trata de publicar su *Paráfrasis de los Salmos*, choca contra la mala voluntad del arzobispo de Palermo, Juan Carondelet, que reserva todos sus favores para los Titelmans y otros frailes enemigos de Erasmo. Dantisco, que intercede ante el prelado durante un banquete oficial, se gana esta seca respuesta: "Sat commentariorum in Psalmos". Dantisco insiste, y entonces el Arzobispo se digna prometerle un privilegio para una tirada limitada a quinientos ejemplares. El embajador, indignado, contesta que hará imprimir a su costa, en algún otro lugar, el libro de Campen, y con una tirada no de quinientos, sino de cinco mil ejemplares.[38] En efecto, al año siguiente Campen irá a Nuremberg a vigilar la impresión de su *Paráfrasis*.[39] Ésta será la primera etapa de las peregrinaciones que lo arrastrarán de Alemania a Polonia y a Italia; morirá en Friburgo sin haber vuelto a ver nunca los Países Bajos.

En noviembre de 1531, la reacción ortodoxa es bastante poderosa en Lovaina, pues los dominicos logran que se prohiba la lectura de las obras de Erasmo bajo pena de excomunión, aunque se trate de personas que disfruten de dispensas pontificias. Rescio y Goclen quedan consternados. Su discípulo, el portugués André de Resende, que ha perpetrado un *Elogio de Erasmo*,[40] se despide de ellos para ir a buscar fortuna en la Corte de los Países Bajos, donde se respira mayor libertad. El embajador de su país, Pedro de Mascarenhas, lo toma a su servicio como profesor de la-

37 Véanse las cartas de Campen a Dantisco publicadas por F. Hipler, *Beiträge zur Geschichte der Renaissance und des Humanismus aus dem Briefwechsel des Johannes Dantiscus*, en *Zeitschrift für die Geschichte und Alterthumskunde Ermlands*, t. IX (1887-1890), pág. 475: se encomienda a los buenos recuerdos de Valdés y de Schepper; pág. 485: "Proficisci in Galliam propemodum certum est. Si tamen putarem Spiram venturum Philippum, profectionem differrem; valde cuperem posse cum illo colloqui; biduo aut triduo sperarem nos duos plus boni facturos in sedandis iis tumultibus quam factum est tot mensibus furiosis quorundam clamoribus Augustae. Nec dubito quin Philippus ipse tam cuperet convenire me, quam ego illum. Sum enim nomine illi non minus notus quam ipse mihi". Chauvin y Roersch (*op. cit.*, pág. 22) observan que también Clénard parece haber soñado en un acercamiento con Melanchthon (en 1539 hablará de ir a Italia y Alemania "ut... quendam in Germania pericliter privato colloquio").

38 Allen, t. IX, Ep. 2570, líneas 85-103 (carta del danés Jacobus Jasparus a Erasmo, Bruselas, 19 de noviembre de 1531).

39 Hipler, *art. cit.*, pág. 493. Véanse en ese mismo lugar las cartas escritas por Campen desde Bolonia y otras ciudades de Italia. Campen morirá en Friburgo, el 7 de septiembre de 1538. Cf. la noticia de Allen, t. V, pág. 13, nota.

40 La primera edición (Basilea, 1531) se intitula *Carmen eruditum et elegans... adversus stolidos politioris literaturae oblatratores*. La segunda (Colonia, 1600) se llama *Erasmi Encomion*. Véase ahora la ed. y traducción de Walter de Sousa Medeiros y José Pereira da Costa, con nota de A. Moreira de Sá, en la *Revista da Faculdade de Letras* de Lisboa, 3ª serie, núm. 4, 1960, págs. 180-209.

tín y griego.[41] Nos lo podemos imaginar organizando la parte literaria de las fiestas que este diplomático ofrece a toda la Corte con ocasión del nacimiento del Príncipe de Portugal. Para alegrar el fin de un banquete se ha escogido, sin ningún mal pensamiento, el *Jubileu de amores* de Gil Vicente, farsa hispano-portuguesa en que el tráfico de las indulgencias se representa como el negocio más pingüe de Roma. Para colmo de irreverencia, uno de los personajes más cínicos de la pieza aparece en escena con un roquete de obispo y, en la cabeza, un birrete de cardenal, que se ha pedido prestado, sin decir con qué intención, en casa del legado de Su Santidad. La sala ríe a carcajadas. Este *jubileo* causa verdaderamente un júbilo general...[42]

VI

Pero hay allí un espectador por lo menos cuyo corazón sangra: es Aleandro, que transmite a Roma sus impresiones sobre ese escandaloso espectáculo. Le parece hallarse en plena Sajonia, escuchando a Lutero, o incluso en medio de los horrores del Saco de Roma.[1] Ha regresado no hace mucho tiempo como nuncio a la Corte de Carlos V en los Países Bajos. Los erasmistas lo han visto llegar con una desconfianza muy natural. Este sabio es "italiano de pies a cabeza";[2] despliega, en este terreno tan difícil, toda su diplomacia para propalar la idea de que el tercer partido erasmiano está condenado a un fracaso irremediable. Se guarda mucho de pronunciar una sola palabra hostil a propósito del hombre de Friburgo. Le basta con comprobar la situación peligrosa de la idea que éste representa después del fracaso de Augsburgo, y ahora que la Sorbona ha dado amplia publicidad a su *Determinatio* contra las obras de Erasmo.[3] El reciente triunfo de los ortodoxos de Lovaina es probablemente el contragolpe de la ofensiva lanzada por los doctores parisienses. Aleandro presiente ya el crepúsculo del erasmismo al oír hablar a cierto gran señor humanista, cuyas palabras se apresura a referir en una de las cartas que escribe a su amigo Sanga:

[41] Allen, t. IX, Ep. 2570, líneas 40-45 (carta ya citada de Jasparus, 19 de noviembre de 1531).

[42] Laemmer, *op. cit.*, pág. 92: carta de Aleandro a Sanga, Bruselas, 26 de diciembre de 1531. Este documento ha sido sabiamente comentado por Carolina Michaëlis de Vasconcelos en la primera de sus *Notas vicentinas: Gil Vicente em Bruxelas* (*Revista da Universidade de Coimbra*, t. I, 1912, págs. 205-293). También Resende alude a esta representación de Gil Vicente en su *Genethliacon Principis Lusitani*, Bolonia, 1533. Texto citado por la señora Michaëlis, *art. cit.*, pág. 215.

[1] Laemmer, *op. cit.*, pág. 92 (carta citada en la nota anterior): "...a me veramente crepaua il cuore, parendomi esser in meggia Saxonia, ad udir Luther, over esser nelle pene dil sacco di Roma".

[2] "Italus per omnia." La expresión es de Campen en una carta a Dantisco (Lovaina, 19 de noviembre de 1531). Hipler, *art. cit.*, pág. 489.

[3] La *Determinatio* databa del 17 de diciembre de 1527. La primera edición fechada es de 7 de julio de 1531. Cf. Allen, t. VII, Ep. 1902, introd.

Hay personas en esta Corte, y personas no carentes de autoridad, que no tienen otro pensamiento que favorecer la secta protestante. La abominan de palabra, pero la sirven de hecho. Y como no pueden hablar libremente de Lutero porque ya está condenado, exaltan a Erasmo y lo hacen adorar en España, donde no pocos de sus libros están traducidos al español, quiero decir sus libros peligrosos. Esto ha llegado a tal punto que, tratando el Inquisidor de condenar sus obras, diversas intervenciones le impidieron conseguirlo. Hoy que Erasmo está condenado en París, dichas personas se sienten perplejas, porque bien ven que la Iglesia universal seguirá la sentencia parisiense en esta materia.

Y Aleandro comenta:

Ya se lo había dicho yo a Erasmo, hace once años, y en este mismo país. Lo había invitado a cambiar ciertos pasajes de sus escritos y a atenuar algunos otros, porque sin ello podía darse por seguro que tales pasajes serían condenados, después de su muerte o aun durante su vida. Esto es lo que comienza a realizarse ante nuestros ojos. En efecto, la sentencia parisiense, en materia de fe, no viene a ser más que un preludio de la condenación que en seguida pronuncia la Iglesia universal. Y bien sabido es que la Santa Sede apostólica, si no fuera por el temor de provocar a Erasmo a hacer algo peor, habría condenado ya muchas de sus opiniones, a pesar del apoyo que le daban nuestros mismos personajes, algunos de los cuales toman aires de santidad para recibir elogios de él en una carta, lo cual es renegar de Cristo por un honor muy deleznable.[4]

No es de sorprender que la estrella de Erasmo palidezca. Desalentado y enfermo, en el momento de la Dieta de Augsburgo, no ha sabido hacer otra cosa que pronunciarse confidencialmente por el *statu quo*. No ha hablado claro en favor de una paz sin victoria entre Roma y Wittenberg. Sus previsiones han sido justas, puesto que el *statu quo* se ha conservado. Pero los humanistas que habían compartido su ideal irénico, ¿no deberán considerar ahora a Melanchthon como el heredero de aquel ideal? Por otra parte, es evidente que la censura de la Sorbona debía de sacudir rudamente a los que habían proclamado la ortodoxia de Erasmo, en particular a los españoles que habían explotado en favor de esta tesis la conclusión ambigua de los debates de Valladolid. Esta censura era muchísimo más grave que la que ya había caído sobre los *Coloquios*, pues que se enderezaba, no ya contra diálogos llenos de elocuencia satírica, sino contra las *Anotaciones* y las *Paráfrasis* del Nuevo Testamento, es decir, contra textos en que el pensamiento de Erasmo debía expresarse sin ambigüedades.

La "sentencia parisiense", como dice Aleandro, pesa muy netamente sobre dos obras que salieron a luz a principios de 1532 en Italia, donde se dejaron oír dos voces españolas, una en favor de Erasmo, la otra en contra. Italia se abría tardíamente a Erasmo, gracias a aquella fusión de valores europeos que había sido posible por la vuelta de la paz entre España y Francia. Emilio de Emiliis había traducido al toscano el *Enchi-*

4 Laemmer, *op. cit.*, pág. 94 (carta de Aleandro a Sanga, Bruselas, 30 de diciembre de 1531).

ridion. Su traducción se imprimía en 1531, después de circular manuscrita durante dos años.[5] También en 1531, los italianos llegados a los Países Bajos en el séquito del Cardenal Campeggio, legado en la Corte de Carlos V, descubrían las obras de Erasmo con un placer mezclado de inquietud. Preguntaban si no había herejías dentro de ellas, pero las compraban para enviarlas a su país.[6] Por lo demás, nada tiene de sorprendente que sean los españoles quienes vuelvan a abrir en tierra italiana el interminable debate en torno a Erasmo. Asistimos, en este momento, a una asombrosa emigración del grupo más selecto de españoles hacia Italia, entre las dos temporadas que pasa Carlos V en Bolonia. Garcilaso de la Vega se traslada allí, al servicio del virrey de Nápoles.[7] Juan de Valdés, que ha salido de Alcalá, reaparece de manera inesperada entre los camareros de Clemente VII, asombroso testimonio de la reconciliación hispano-romana.[8] Sus antiguos compañeros, Mateo Pascual y Juan del Castillo,[9] se reúnen con él en la Ciudad Eterna, momentáneamente más hospitalaria que España a los humanistas sospechosos de tendencias protestantes.

Don Alonso Enríquez, cuyo prestigio en la asamblea de Valladolid no se ha olvidado, viene a Roma para resolver alguna dificultad tocante a sus beneficios, con la intención de volver en seguida al lado del Emperador. Son los días en que el divorcio inglés ha entrado en una fase desesperada. El noble Abad de Valladolid se cree en el deber, para con su soberano, para con la reina Catalina, para con su tío el Almirante de Castilla, de publicar un breve tratado sobre esta cuestión que ha hecho correr ya tanta tinta. Pues bien, un día que conversa en una iglesia de Roma con cierto teólogo, éste se pronuncia violentamente contra Erasmo, tachando de herejía su doctrina, no sólo sobre el matrimonio, sino sobre todos los sacramentos. Enríquez no quiere entablar disputa en semejante lugar. Pero concibe la idea de componer una Apología de Erasmo, y su proyecto toma cuerpo cuando la *Determinatio* de la Sorbona llega de París. En ese momento, un incidente, acerca del cual no es muy explícito, viene a impedir que salga en Roma el fruto de sus ocios romanos. Su presencia en la Ciudad Eterna da lugar a un verdadero motín. El Cardenal Loaysa y Miguel Mai le intiman, en nombre del Emperador, la orden de partir. Entonces se traslada a Nápoles, donde hace imprimir en marzo de 1532 su *De matrimonio Reginae Angliae* y su *Defensa de Erasmo*, junto con una *Epístola* a Carlos V que nos permite reconstruir la historia de este volumen.[10]

5 Allen, t. VIII, Ep. 2154.

6 Allen, t. IX, Ep. 2570, líneas 48-50.

7 Véase E. Mele, *Las poesías latinas de Garcilaso de la Vega y su permanencia en Italia*, en *B. H.*, t. XXV (1923), págs. 108 ss. Es interesante observar que, entre sus amigos de Nápoles, dos por lo menos, Seripando y Galeota (cf. *ibid.*, pág. 134), figuraron entre los italianos afectos a conciliar el catolicismo con concepciones cuasi-protestantes de la justificación.

8 Cf. Montesinos en su introducción a Juan de Valdés, *Diálogo de la lengua*, col. *Clás. Cast.*, Madrid, 1928, pág. XXI.

9 Cf. *infra*, págs. 475-480.

10 D. Alphonsi Henriquez *ad invictiss. Caesarem Carolum Quintum Epistola dedi-*

El fin declarado de la *Defensio* es probar que "la doctrina de Erasmo no tiene nada de común con las herejías de Martín Lutero". Respira una fe sin reservas en la ortodoxia de Erasmo y en la grandeza de su papel. Dice, por ejemplo:

Me atreveré a afirmar que desde el tiempo de los Apóstoles, o, para hablar en términos que se ganen el asentimiento general, desde la época de los Santos Doctores de la Iglesia, nadie ha prestado más servicios a la cristiandad que Erasmo, a quien todos los hombres de bien deben desear larga vida, en nombre de la Iglesia entera.[11]

Por lo demás, su defensa no tiene nada de un panegírico vago y general. Es, desde el principio hasta el fin, un examen de los textos en que los adversarios de Erasmo pretendían ver la prueba de su luteranismo. Para demostrar que tales textos nada tienen de heterodoxo, Enríquez se contenta a menudo con destacar su carácter adogmático: Erasmo no afirma, no niega, cuando sugiere, cuando narra, cuando discute, cuando hace hablar a un personaje de sus *Coloquios*. Pero, en muchas ocasiones, el teólogo español tiene que poner en juego todo su ingenio para defender a su cliente.

No podemos seguirlo en sus respuestas, que se refieren a multitud de cuestiones de muy diversa índole, y para las cuales utiliza, por otra parte, las propias respuestas de Erasmo a Lee, a Zúñiga o a otros detractores. En vano buscaríamos en ellas un orden riguroso. Después de las acusaciones relativas al matrimonio, se tratan las que atañen a los demás sacramentos. Pero en seguida la *Defensio* pasa en revista puntos sumamente variados, que van desde la represión de la herejía hasta cuestiones dogmáticas más graves, problemas de atribución suscitados por la Epístola a los Hebreos o el Apocalipsis, cuestiones de las ceremonias, de los ayunos, del celibato, de la autoridad de los doctores escolásticos. Sin hacer alusión alguna a los debates de 1527, la defensa sigue de modo curioso el cuaderno de proposiciones de los frailes españoles, salvo que expresamente se desentiende de las acusaciones de herejía relativas a la Trinidad, a la divinidad de Cristo y a la divinidad del Espíritu Santo, es decir, los capítulos mismos que se examinaron tan largamente en Valladolid, y acerca de los cuales la ortodoxia de Erasmo es bastante evidente para que valga

---

catoria. Ejusdem de Matrimonio Reginae Angliae liber unus. Ejusdem Defensionum pro Erasmo Roterodamo contra varias Theologorum Parrhisiensium annotationes, liber unus. Ubi docetur Erasmi doctrinam cum Martini Lutheri haeresibus nihil commune habere. (Colofón): Impressum Neapoli in officina egregii viri Ioannis Sulsbacchii Hagenovensis Germani, V Nonarum Martii, Anno M.D.XXXII. Regnante Augustissimo Caesare Carolo ejus nominis Quinto. En 4º, 6 fols. s. num. + 89 fols. + 1 fol. de erratas. Paulo IV puso la *Defensio* en el Índice en 1558 con el título siguiente: *Alphonsi Henriquez Defensio pro Erasmo contra Edoardum Laeum et contra facultatem theologicam universitatis parisiensis* (Reusch, *Die Indices librorum prohibitorum des 16. Jahrhunderts*, Tübingen, 1886, pág. 178). Quizá se había reimpreso con este título. El volumen publicado en Nápoles es rarísimo. El British Museum posee un ejemplar completo, y la Staats-Bibliothek de Munich uno mutilado (sin la *Defensio*).

11 *Defensio*, fol. 29 rº.

la pena demostrarla. Parece, pues, que Alonso Enríquez vuelve a tomar el debate en el punto en que los teólogos españoles lo habían dejado, como si Erasmo no hubiera tenido el cuidado de responder personalmente al cuaderno de los frailes.

Uno de los fragmentos más elaborados de su *Defensio* es, fuera de duda, el examen de los textos incriminados por los frailes en su capítulo *Contra christianitatem, concilia et Patres orthodoxos.*[12] Un pasaje de la *Spongia*, en particular, planteaba de manera urgente la cuestión de la actitud de Erasmo frente a Lutero:

> Hutten, escribía Erasmo, afirma que es preciso arrostrar la muerte por la libertad evangélica. A mí tampoco me arredraría la muerte, si alguna necesidad me convidara a ello, pero no estoy dispuesto aún a arrostrarla por Lutero y por las paradojas de Lutero, pues aquí no se trata de los artículos de la fe, sino de si el primado del Pontífice Romano viene de Cristo, si el colegio de los cardenales es miembro indispensable de la Iglesia, si la confesión fue instituida por Cristo, si los obispos, mediante sus constituciones, pueden obligar a un pecado mortal, si el libre albedrío importa para la salvación, si sólo la fe contribuye a la salvación, si alguna buena obra puede atribuirse al hombre, si la misa puede considerarse en alguna manera como un sacrificio. Por estas cuestiones, que son temas ordinarios de debates escolásticos, yo no me atrevería a arrancar la vida a un hombre, si fuera juez, ni tampoco a arriesgar mi propia vida.

Para justificar este pasaje, Enríquez se veía obligado a proceder a distinciones sutiles sobre el valor de la expresión "artículos de fe". En seguida pasaba en revista las cuestiones enumeradas allí por Erasmo —al menos aquellas que él no había abordado en páginas anteriores, o en su *De matrimonio*— con el fin de demostrar que, en todos esos puntos, la opinión de Erasmo no podía condenarse, mientras que la de Lutero no podía menos de serlo. Y aquí también, ya se tratara de la importancia del libre albedrío para la salvación, ya de las buenas obras, ya de la fe suficiente, se necesitaban nuevos distingos para demostrar que ésas eran cuestiones ambiguas sobre las cuales Erasmo tenía pleno derecho de examinar con tolerancia tesis que él no aceptaba por suyas. Si nuestro apologista tiene que recurrir a verdaderos derroches de dialéctica, es que se echa a cuestas la tarea de mostrar a Erasmo ortodoxo frente a Lutero hereje, siendo así que el verdadero crimen de Erasmo es el de desinteresarse profundamente de las controversias dogmáticas suscitadas por Lutero. Por lo demás, Don Alonso Enríquez une, a su habilidad de disputador, un estimable conocimiento de los Padres y de los Concilios. Con una modestia que lo honra, rinde homenaje a su maestro el Doctor Juan de Medina: a él atribuye todo cuanto su *Defensio* pueda contener de bueno.[13]

Enríquez se excusa de no haber contestado a todas las acusaciones de herejía de la *Determinatio* sorbónica, y nos dice por qué no lo ha hecho.

---

12 *Ibid.*, fols. 61 *ss.*
13 *Ibid.*, fol. 86 rº.

Cuando ésta llegó a Roma, alguien le prestó un ejemplar por una noche solamente: así es que no tuvo tiempo de hacer un examen serio de ella. Sería más exacto decir que no contesta casi nada a los teólogos de París. Tal vez alude a su censura únicamente para dar alguna actualidad a una defensa compuesta en 1527, en el momento de la disolución de la asamblea de Valladolid. La *Defensio*, en 1532, aparece más como un ejercicio académico que como una respuesta eficaz a la amenaza presente. Valía la pena exhumarla, porque vuelve a llamar nuestra atención sobre el Abad de Valladolid, ese gran señor eclesiástico caído en olvido completo, pero que, por su importancia social, por su fidelidad al ideal erasmiano de su juventud, contribuyó quizá más de lo que se piensa a mantener en la España de Carlos V un ambiente de libertad religiosa. Su obra alcanzaría más tarde los honores del Índice. En el momento mismo, parece que no tuvo ninguna resonancia. No se encuentra en la correspondencia de Erasmo alusión alguna a Enríquez, ni al volumen publicado por él en Nápoles, ni al entonces oscuro Lucretius Oesiander que pone remate a ese volumen con un elogio del autor en forma de epístola a Erasmo.[14]

Muy distinta fue la suerte de la *Antapologia* de Sepúlveda. Escrita contra Erasmo, o al menos como homenaje a la memoria de uno de sus más terribles enemigos, tuvo el resultado inesperado de iniciar una correspondencia cortés entre Sepúlveda y Erasmo. Era éste el epílogo de una vieja querella. Desde 1525, Alberto Pío venía inquietando a Erasmo por el afán que ponía en comparar su pensamiento con el de Lutero.[15] La publicación de la *Responsio paraenetica*, a principios de 1529, había sido entre ellos una declaración de guerra abierta. Erasmo había contestado brutalmente al mismo tiempo que respondía a Carvajal. El Príncipe de Carpi había emprendido entonces una vasta compilación de los errores de Erasmo, considerados siempre como variedades de los errores luteranos. Había muerto antes de concluir la impresión. El libro, sin embargo, apareció en marzo de 1531 en casa de Josse Bade, y causó bastante revuelo. A reforzar su efecto había contribuido, en el mes de julio,

14 *Ibid.*, fol. 87 vº. Esta carta ha sido publicada por Allen, t. IX, Ep. 2614, con gran copia de datos sobre el autor. Lucretius Oesiander es Juan Alberto Widmanstetter (1506-1557), que más tarde, con el nombre de Widmestadius, llegó a ser notable orientalista, editor del Nuevo Testamento en siríaco. A raíz de la muerte de San Ignacio se publicó en Ingolstadt (1556) un encomio de la Compañía de Jesús dedicado al hijo de Juan Alberto por su tío Felipe Jacobo Widmanstetter, que acababa de entrar en la Compañía. Pero resulta de una carta de Canisio a Laínez que el redactor de la epístola tan honrosa para los jesuitas fue el propio Juan Alberto, no su hermano Felipe Jacobo (cf. *Monum. Hist. S. J., Fontes narrativi, op. cit.*, págs. 780 *ss.*, donde se puede leer la epístola *De Societatis Jesu initiis*). Algunos años antes, en 1551, el Abad de Valladolid Don Alonso Enríquez había actuado de abogado o por lo menos medianero de los jesuitas en su contienda con el Arzobispo de Toledo, Silíceo (*Monum. Hist. S. J., Epistolae mixtae*, t. II, pág. 622).

15 Sobre Alberto Pío, Príncipe de Carpi, y los antierasmianos de Italia, véase el capítulo IV de Aug. Renaudet, *Érasme et l'Italie*, Genève (E. Droz), 1954. Sobre los altercados de Erasmo con el Príncipe, cf. Allen, t. VI, Ep. 1634, introd., y *Bibliotheca Erasmiana, Admonitio-Apologia*, 153-217.

la primera edición —amplísimamente difundida— de la *Determinatio* de la Sorbona, pues ésta concordaba en muchos puntos con la invectiva del Príncipe de Carpi. El libro del Príncipe era una suma del antierasmismo. Entre todas las obras del género, había de ser escogida en España para contrarrestar, traducida al castellano, la influencia creciente de los libros de Erasmo.[16] Éste pisoteó a su enemigo muerto en una respuesta rebosante de odio, cuyo tono puede percibirse en su solo título: *Apología contra las rapsodias de recriminaciones calumniosas de Alberto Pío, anteriormente Príncipe de Carpi, el cual, en su ancianidad, encontrándose en artículo de muerte y siendo inepto para esta tarea más que para ninguna otra, fue sobornado por hombres mal inspirados para representar tan innoble comedia.* Entonces Sepúlveda entró en liza, haciendo aparecer casi simultáneamente en Roma y en París su *Antapologia pro Alberto Pio in Erasmum*.[17]

El libro de Sepúlveda es ciertamente, como pretende serlo, una defensa del Príncipe de Carpi, y no una diatriba en contra de Erasmo. Se trata a éste con respeto, y casi se diría que con condescendencia. El humanista andaluz adopta, en efecto, una posición de árbitro imparcial entre Erasmo y sus denigradores italianos. Erasmo, al escoger a Alberto Pío

16 *Libro del muy Illustre y doctissimo Señor Alberto Pio Conde de Carpi: que trata de muchas costumbres y estatutos de la Iglesia y de nra religion Christiana mostrando su autoridad y antiguedad: contra las blasphemias de Lutero y algunos dichos de Erasmo Rotherodamo. Traduzido de Latin en Castellano, para vtilidad de muchos hôbres sabios: que por carecer de lengua Latina son priuados de doctrina tan fiel y prouechosa.* Según el colofón, la obra acabóse de imprimir en castellano en la villa de Alcalá de Henares en casa de Miguel de Eguía, el 1º de enero de 1536. Eugenio Asensio (*El erasmismo...*, art. cit., págs. 79-80), descubridor de un ejemplar de esta traducción en la B. N. L., la describe cuidadosamente y ofrece algunos extractos. (En las ediciones anteriores del presente libro, yo había tenido que contentarme con los datos incompletos de Nicolás Antonio, t. II, pág. 338: "Anonymus alius vertit ex Latino: *Lo que escribió Alberto Pío Conde de Carpi contra Erasmo*; ad D. Joannem Tellez Giron Comitem de Ureña. Compluti, 1536, in-fol."). Según puede verse, la traducción no fue inmediata, como pensaba Menéndez y Pelayo, *Heterodoxos*, t. IV, pág. 108. La prohibición inquisitorial, por el contrario, no se hizo esperar. Ya el 6 de septiembre de 1536 ordenaba la Suprema a Hubago, Inquisidor de Aragón, que mandara confiscar todos los ejemplares de ese libro que él ha señalado como peligroso. Y, lo mismo que en el caso de los *Coloquios* de Erasmo (cf. *infra*, pág. 501), se justifica la prohibición diciendo que el libro no está bien traducido. Otra carta de la Suprema a los Inquisidores de Navarra (18 de septiembre de 1536) nos revela que el traductor era un fraile dominico, y que en vano había pedido privilegio al Consejo de Aragón para poder imprimir y vender su libro en los reinos aragoneses de la Península (A. H. N., *Inquisición*, lib. 322 f, fols. 58 rº y 69 rº).

17 La edición de Roma (A. Bladus) tiene fecha de 1532; la de París (Augereau) dice 22 de marzo de 1532. Menéndez y Pelayo, *Heterodoxos*, t. IV, pág. 109, nota 1, afirma que la edición romana es reimpresión de la de París, con retoques que suavizan ciertos pasajes. Pero ¿no será esto una mala interpretación de la carta de 1º de abril de 1532 enviada por Sepúlveda a Erasmo junto con un ejemplar de la *Antapologia* (cf. *ibid.*, pág. 113, nota 1)? Lo que parece es que Sepúlveda alude a unas correcciones manuscritas que ha puesto en este solo ejemplar (véase la carta en Sepúlveda, *Opera*, t. III, 2ª parte, págs. 77-78. Nótese, sobre todo, la palabra *lituris*, que designa claramente "tachaduras". Véase también la frase *"Antapologiam... Romae jam pridem excusam"*, que parece indicar que la edición romana es anterior a la de París).

como víctima, parece haber olvidado que Italia no erasmiza con el mismo celo que los países del Norte o que la generalidad de España. Alberto Pío es un representante, entre muchos otros, de cierto antierasmismo italiano contra el cual Sepúlveda afirma haber roto muchas lanzas.[18] Nuestro español italianizado está habituado a oír decir que Erasmo es ajeno a la filosofía, que no se interesa en las cuestiones de física, que prefiere utilizar su ciencia de helenista en traducir los cuentos de Luciano mejor que en colaborar en la gran tarea de interpretar a Aristóteles. En teología se le considera como poco seguro. En materia literaria se le concede amplitud de lecturas, vivacidad, fecundidad, pero se le reprocha que muy raras veces se levanta por encima del estilo familiar, que le faltan elocuencia y gravedad ciceronianas, que trata de agradar o divertir a los lectores por la ocurrencia ingeniosa más que por la idea o las cualidades del discurso.

Sepúlveda, que ha protestado muchas veces contra este desprecio injustificado, protesta ahora contra el tratamiento injusto infligido por Erasmo al Príncipe de Carpi. Muestra cómo su mecenas desaparecido fue el compañero de estudios de Aldo Manucio, de Trifón de Bizancio y de Marco Musuro, de Pomponazzi y de Juan Montesdoca. Su formación fue la de un filósofo: se acercó más tarde a San Agustín, a San Jerónimo, a los otros Padres de los primeros siglos, sin despreciar por ello a Santo Tomás, a Escoto y a los demás doctores escolásticos que armaron a la teología con los recursos de la filosofía. A un hombre como éste no le hacían falta mercenarios para escribir sus libros. Sepúlveda da explicaciones sobre su colaboración antigua con él. Disipa el malentendido creado por los informadores de Erasmo a propósito del último libro de Alberto Pío, redactado en París sin más ayuda que la de un joven secretario italiano que escribía al dictado del Príncipe. Después de rendir homenaje a otro amigo difunto, Zúñiga,[19] que dio pruebas evidentes de su nobleza de carácter y de su amor a la verdad con el legado de sus últimas *Anotaciones* a su antiguo adversario, Sepúlveda examina los principales puntos de la *Apología* de Erasmo para sostener lo bien fundado de ciertas críticas de Alberto Pío.

Le parece que Erasmo hace mal en defender la *Moria*,[20] obra que escandalizará siempre por sus pullas contra las cosas más santas: más valdría hacer una retractación honrosa. La institución monástica[21] es otro punto sobre el cual se defiende mal Erasmo. En vano se declara amigo de los buenos religiosos; si reconoce la superioridad de la vida monástica sobre la vida seglar es sólo o regañadientes. Si no acusa a los frailes de libertinaje, denuncia en su vida mendicante un género de parasitismo, y pasa siempre en silencio los servicios espirituales que prestan. Ataca el formalismo de la regla para exaltar el espíritu, el cual, según él, demasiado a menudo está ausente de la observancia. Pero pinta siempre a

---

18 *Antapologia* (*Opera*, t. IV), págs. 549 *ss.*
19 *Ibid.*, pág. 564.
20 *Ibid.*, pág. 566.
21 *Ibid.*, pág. 568.

los religiosos apegados exclusivamente a supersticiones judaicas. Y si reconoce que existen entre ellos hombres sabios y de una espiritualidad auténtica, da a entender que han alcanzado esta perfección *a pesar* de las trabas de la institución monástica. En ningún lugar se ha pronunciado por la supresión brutal de los conventos, pero, pensando en sus juicios bien conocidos acerca del monacato, que es "una red", o que "no es piedad", ¿acaso no tenía Alberto Pío buen fundamento para interpretar cierto voto de Erasmo por la limitación del monaquismo como tendiente a suprimirlo en fin de cuentas?

En lo que atañe al culto de los santos,[22] Sepúlveda no puede menos de confirmar una vez más el juicio de Alberto Pío. Para formarse una opinión, ha leído los *Coloquios,* que no conocía; confiesa haberse divertido mucho con el *Funus,* el *Naufragium,* la *Peregrinatio.* Erasmo es un ironista más sabroso que Luciano, pero su espíritu es el mismo: aun en los personajes graves con quienes él se identifica más o menos —el Adolfo del *Naufragium,* por ejemplo— no es difícil descubrir cierto desprecio por la invocación de los santos y de la Virgen. Su hostilidad contra los votos [23] es igualmente clara. En vano se esfuerza en poner el acento sobre los votos inútiles o los votos vulgares de los peregrinos; en última instancia, siempre viene a considerar una manifestación de piedad como más pura si no es resultado de un voto, y su argumentación va dirigida lo mismo contra los votos monásticos que contra los votos o promesas que suelen hacer los cristianos piadosos.

Queda finalmente la cuestión tan grave de las ceremonias.[24] También aquí pretende Erasmo distinguir, y no rechazar más que las ceremonias supersticiosas en que tantos hombres ponen su confianza. ¿Por qué, pues, observa la *Methodus* que el Nuevo Testamento no contiene un solo precepto relativo a las ceremonias? Es muy cierto que Erasmo insiste en poner aparte los sacramentos. Pero este afán de ortodoxia está en contradicción con sus tendencias íntimas. Y cierto tratado suyo —el *De esu carnium*— habla mucho de sus verdaderos sentimientos: en quienes comen tocino en cuaresma no encuentra de reprobable más que la bravata y el escándalo; admite que se les reprenda, no que se les trate de herejes. Erasmo invoca siempre a San Pablo, como si San Pablo hubiera podido condenar ceremonias cristianas que no existían aún. Es preciso que reconozca que las observancias exteriores son una parte necesaria de toda religión y que existen siempre en ellas, aunque algunas, como el islamismo, las reduzcan a poca cosa.

Dejando a un lado las cuestiones particulares de las fiestas, del canto, de los cirios, del adorno de los templos, que entran todas en la cuestión más vasta de las ceremonias, Sepúlveda aborda el temible problema de la relación entre erasmismo y luteranismo.[25] Erasmo difícilmente se escapa de la acusación de haber preparado, con sus chistes y sus recri-

[22] *Ibid.,* pág. 573.
[23] *Ibid.,* pág. 579.
[24] *Ibid.,* pág. 583.
[25] *Ibid.,* pág. 589.

minaciones sobre ciertos asuntos, las negaciones luteranas. De nada le sirve protestar de la pureza de sus intenciones; es muy natural que sean sospechosas, y que se interpreten sus escritos antiluteranos como manifestaciones de arrepentimiento. La conclusión general de Sepúlveda es que Erasmo, en vez de saltar lleno de ira contra las críticas de Alberto Pío, hubiera obrado más cristianamente corrigiendo sus escritos en los puntos que causan escándalo. San Agustín dio en esta materia un precioso ejemplo con sus *Retractationes*. El juicio del Príncipe de Carpi acaba de ser confirmado, en su conjunto, por la publicación de las censuras de la Sorbona, que no son de aquellas que Erasmo puede despreciar como inspiradas por la pasión.

De este modo el veredicto de Sepúlveda, filósofo de formación italiana, estaba de acuerdo en muchos puntos con el de Carvajal, teólogo de formación parisiense. Con mayor cortesía, dejaba suspendida sobre la obra de Erasmo la misma amenaza de condenación o de expurgación. Pero Carvajal escribía en los días inmediatamente posteriores a la infructuosa conferencia de Valladolid, mientras que Sepúlveda podía referirse a la *Determinatio* de la Sorbona como a una primera lista expurgatoria emanada de una alta autoridad.

La ortodoxia apretaba el cerco en torno a Erasmo. Éste sintió que la lucha estaba haciéndose desigual, y se contentó con oponer de ahí en adelante a las amenazas una resistencia firme, huyendo de polémicas violentas. Respondió a la Sorbona con una *Explicación* [26] de los pasajes censurados de sus obras. No contestó públicamente a la *Antapologia*. Sepúlveda, en una carta que acompañaba el envío de su libro, había confesado que éste no estaba exento de pasión, pues había sufrido la influencia del medio italiano en que lo había escrito. Erasmo se valió de ello para cortar por lo sano la discusión, con un acuse de recibo cortés y digno: "Comprendo que has obedecido a las pasiones de ciertos hombres. Sin embargo, tu alma era digna de servir sólo a las Musas y a Cristo. Del intercambio de semejantes libelos yo no veo qué pueda salir, como no sean discordias, y de éstas ya tiene bastantes el mundo." [27] El anciano que, todavía en 1531, se mostraba escéptico en cuanto a la utilidad de una *Retractatio*,[28] dejaba entender en una carta al Cardenal Cayetano que se ocupaba asiduamente en la revisión de sus obras.[29] Sepúlveda cogió con entusiasmo la rama de olivo que Erasmo le tendía. Las *Anotaciones* legadas por Zúñiga fueron el punto de partida de una correspondencia puramente científica entre los dos hombres, sobre el texto griego del Nuevo Testamento.[30] A principios de 1536, pocos meses antes de la muerte de Erasmo, Sepúlveda le hacía aún cierta consulta sobre la interpretación de un pasaje de San Marcos.

[26] *Declarationes* (*Opera*, t. IX, cols. 814 *ss.*).
[27] Sepúlveda, *Opera*, t. III (2ª parte), págs. 77 y 79.
[28] En una larga carta a Nic. Malarius, Friburgo, 28 de marzo de 1531 (Allen, t. IX, Ep. 2466, líneas 165 *ss.*).
[29] Sepúlveda, *Opera*, t. III (2ª parte), pág. 80.
[30] *Ibid.*, págs. 81-97.

VII

Si la declinación de Erasmo estuvo exenta de polémicas con los españoles, el gran hombre vio cómo se relajaban, y cómo se rompían después, sus lazos más sólidos con España, en particular sus amistades entre los hombres que rodeaban a Carlos V. Ya en 1531, durante la permanencia de la Corte en los Países Bajos, se irritaba un poco al sentirla desprendida de él. En una carta dulcemente irónica mostraba al Emperador descansando de sus peregrinaciones después de la coronación de Bolonia, pasando su vida en la caza, e impenetrable en sus designios.[1] Hacia el mismo tiempo había tenido serias dudas acerca de la fidelidad de los sentimientos de Valdés para con él. Erasmo disimuló prudentemente el nombre del personaje que, según sus sospechas, lo había malquistado con el Secretario. Después nombró reservadamente a Aleandro. Lo cierto es que Erasmo había creído notar en Valdés una cautela, una reserva tanto más inquietantes cuanto más contrastaban con su actitud pasada.[2] El español disipó lo mejor que pudo las sospechas del anciano. El distanciamiento imaginario dejó su lugar a un reavivamiento de amistad. Valdés había manifestado la esperanza de ir a visitar a Erasmo si el servicio del Emperador lo dejaba en libertad para hacerlo: ya el sabio se preocupaba de alojarlo en su nueva casa.[3] Pero cuando, a principios de 1532, la Corte salió para Ratisbona, Valdés no había pasado por Friburgo.

De nuevo era llamado Carlos V a Alemania por el "negocio de la fe" y por el peligro turco. Erasmo no apareció en la Corte para esta Dieta, como no había aparecido para la de Augsburgo. Se hubiera encontrado en Ratisbona no sólo con Valdés, sino también con Fray Alonso de Virués,

1 Allen, t. IX, Ep. 2516, líneas 11-23 (Friburgo, 5 de agosto de 1531). La carta, como descubrió Allen en el borrador autógrafo, está dirigida a Botzheim (cuyo nombre sustituyó Erasmo, al publicar la carta, por el fingido de Questenbergius). En el mismo tono escribirá Erasmo a su tocayo Erasmus Schets, el 23 de abril de 1534: "Et interim Caesar venatur in Hispania" (Allen, t. X, Ep. 2924, línea 14).

2 Ya en 1530, Erasmo se había alarmado del silencio de Valdés (en billete dirigido a Schepper el 6 de junio, Allen, t. VIII, Ep. 2327: "Rogo fac sciam quid acciderit Alfonso Valdesio. Tot menses non scribit verbum. Aut egrotat, aut ablegatus est, aut totus alius in me factus est." En realidad se habían extraviado varias cartas escritas desde Augsburgo por Valdés; cf. Sepúlveda, *Opera*, t. III, 2ª parte, pág. 119). En marzo de 1531 le escribía aludiendo a diatribas antierasmianas que, según cree, ha oído el Secretario de boca de un enemigo a quien no quiere nombrar: "Ex illius nigri colloquio, de quo te litteris admonueram, quid audieris facile divino, nec tamen arbitror hinc quicquam tuae in me benevolentiae decessisse" (Allen, t. IX, Ep. 2469, líneas 22-24). Por fin, el 29 de agosto, ya tranquilizado, aclaraba el enigma: "Porro, nigri nomine, quandoquidem hoc scire cupio, notavi Aleandrum" (*ibid.*, Ep. 2528, línea 15. El nombre de Aleandro, disimulado en todas las ediciones anteriores con "N.", ha sido restablecido por Allen en vista del manuscrito autógrafo de la carta). (Cf. t. X, Ep. 2639, línea 51, carta inédita de Aleandro fechada en Ratisbona, a 1º de abril de 1532, en que el italiano se sincera de las sospechas de Erasmo y le confiesa que se enteró de ellas por "un amigo común", el cual bien pudo ser Valdés).

3 Estamos adivinando la carta de Valdés a través de la respuesta de Erasmo, fechada el 29 de agosto. Véase la nota anterior.

a quien había enviado, algunos meses antes, una larga y afectuosa carta con motivo de la muerte de su hermano Jerónimo, benedictino y predicador como él.[4] Virués, arrancado de su retiro de Salamanca por la voluntad de Carlos V, ha sido nombrado predicador de la Corte, pero él no se ufana de convertir luteranos. Quisiera al menos, por medio de sus sermones, preservar del contagio herético a los españoles que en el séquito del Emperador han llegado a Alemania.[5]

El error toma formas tan nuevas, que se creería —dice Aleandro— estar en el fin del mundo. No se habla en Ratisbona más que de un libro intitulado *De Trinitatis erroribus,* que acaba de publicar cierto Miguel Serveto o Revés, natural de Aragón. El Doctor Quintana, confesor de Su Majestad, ha tratado al autor, hombre de veintiséis años apenas. Reconoce, en su crítica del dogma trinitario, su espíritu penetrante y dialéctico; pero la elegancia de la forma y la erudición escriturística de que está lleno el libro le parecen revelar una colaboración alemana. Servet ha sido acólito de Ecolampadio en Basilea.

Erasmo se apresura a notificar que no hay nada de común entre este nuevo hereje y él: En cierto momento, Servet quiso someterle su obra, pero él se negó a oírlo. ¿Quizá el anciano, acusado desde hacía tanto tiempo de simpatías retrospectivas por el arrianismo, tuvo un movimiento de retroceso al ver a un verdadero antitrinitario buscar apoyo en él? ¿O habrá adivinado en el aragonés a uno de aquellos alumbrados españoles que se apoderaban de sus ideas para aderezarlas a su manera? El hecho de que Servet haya buscado la aprobación de Erasmo es sumamente curioso. Él es quizá uno de los muchos españoles que fueron despertados por Erasmo a la reflexión religiosa. En todo caso, es imposible que Servet no haya llegado a conocer sus observaciones de exegeta sobre el *comma johanneum* y sobre otros textos de la Escritura. Y en cuanto al pensamiento religioso del aragonés en esta época, se expresa, más completamente que en sus discusiones sobre la Trinidad, en el tratadito consagrado a la justificación, al reinado de Cristo, a la relación entre la Ley y el Evangelio y a la caridad. Pues bien, allí se ve un cuidado de conciliar a Lutero con el catolicismo, de salvar las obras en la justificación por la fe, que se relaciona de modo extraño con la concepción valdesiana de la unidad de las virtudes teologales y de la fe viva, engendradora de obras. Pero Servet no hace más que pasar como un meteoro en el horizonte de los españoles que acompañan a Carlos V. La Inquisición de Zaragoza, a quien ellos dan aviso, no se apoderará jamás de este genio errante.[6]

---

4 Allen, t. IX, Ep. 2523.

5 Virués a Erasmo, Ratisbona, 15 de abril de 1532 (*ibid.,* t. X, Ep. 2641, línea 30).

6 Cf. M. Bataillon, *Honneur et Inquisition, Michel Servet poursuivi par l'Inquisition espagnole,* en *B. H.,* t. XXVII (1925), págs. 5 ss. Sobre el escándalo provocado en Ratisbona por el *De Trinitatis erroribus,* la fuente es una carta de Aleandro a Sanga (Laemmer, *op. cit.,* pág. 109). Los tratados de juventud de Servet se han hecho más accesibles gracias a la traducción inglesa de Earl Morse Wilbur, *The two treatises of Servetus on the Trinity (Harvard Theological Studies,* t. XVI), Harvard University Press, 1932. En lo que atañe a la actitud de Servet para con Erasmo, el inolvidable Alex-

Virués, desde Ratisbona, escribe a Erasmo una carta que el destinatario califica de "amistosa, pero no exenta de amenazas".[7] Esta carta es el único documento que nos da luces acerca de la situación moral de Erasmo en los círculos imperiales en 1532. El predicador no le oculta que los grandes personajes de la Corte formulan acerca de él "juicios diversos", por no decir algo peor, pues en dos años que hace que el Emperador se encuentra en Alemania para atender a los asuntos de la fe, él no ha hecho ningún esfuerzo por ir a saludarlo, y no ha aportado su ayuda para la defensa de la Iglesia en las conferencias doctrinales. Por otra parte, Virués estima que, dado el estado de las cosas, la solución no es tanto asunto de ciencia cuanto de negociación: de lo que hay necesidad es de "esa humana transacción que trae el apaciguamiento después de la guerra". Y espera que, si el Emperador no puede triunfar de la obstinación que en uno y otro partido impide la vuelta a la unidad, encuentre algún arreglo pacífico y, al precio de concesiones que no comprometan lo esencial de la fe, evite una guerra fratricida.

La gran preocupación del momento es unir todas las fuerzas contra el peligro turco. Es la preocupación que se refleja en las cartas que Valdés envía a su amigo Dantisco, que ha regresado a Polonia.[8] La guerra turca, esta vez, es algo más que un tema propuesto a discusión. El Emperador, para asegurarse la ayuda de la Alemania católica, se compromete en Ratisbona a obtener que la indicción del Concilio general tenga lugar en un plazo de seis meses, y su reunión en un plazo de un año: si esto no se consigue, se convocará una nueva dieta para deliberar acerca de la conducta que haya que seguir. Alemania realiza un esfuerzo militar inesperado: Viena es el centro de una movilización gigantesca. Llegan tropas de Italia y de la misma España. Esta última nación, que tan remisa se había mostrado a raíz de Mohacz para pagar a unos soldados de quienes no se sabía si combatirían al Papa o a los infieles, ha mandado ahora ocho mil hombres, y no regatea ya los subsidios. La nobleza toma parte en esta cruzada al lado de su soberano. La musa del Romancero se despierta para celebrarla.[9] A principios de septiembre, el Emperador se traslada a Viena para

ander Gordon nos escribía, señalándonos la única referencia a Erasmo que había podido observar en la *Christianismi restitutio* (pág. 695): "As a rule, when Servetus points out what he deems erroneous in an author whom he names, he uses (I am sorry to say) strongly contemptuous language. The contrast in this case is worth noting."

[7] Allen, t. X, Ep. 2644, líneas 16-20. Carta de Erasmo a Goclen (Friburgo, 3 de mayo de 1532): "Ipse scripsit ad me ex aula amice, sed (quod est monachorum proprium) non absque minis." En cuanto a la carta misma de Virués, cf. *supra*, nota 5.

[8] Biblioteca de la Universidad de Upsala, Ms. H.154. Cartas fechadas en Ratisbona, 8 de agosto y 3 de septiembre de 1532, y en Passau, 11 de septiembre de 1532.

[9] Véanse en particular, en el *Romancero general* de Durán (*B. A. E.*, t. XVI), los núms. 1150 y 1152. En el núm. 1150 me había parecido ver alusiones a Paulo III y a la cruzada por la reconquista de la "Casa Santa", que lo harían contemporáneo de la expedición de Túnez. Mis investigaciones recientes me convencen de que se compuso en 1538 (de hecho, es el único de los romances aludidos que pertenece al cuarto decenio del siglo XVI): refleja exactamente las esperanzas despertadas entre los cristianos por la efímera liga entre Carlos V, el Papa y los venecianos, y la tregua con Francisco I, euforia que cesa con la victoria naval de los turcos en la Prevesa (28 de septiembre de 1538);

tomar el mando del ejército. Algunos estiman que el enemigo se batirá hábilmente en retirada después de saquear el país. Valdés, suspendido de la esperanza de acontecimientos decisivos, se niega a creerlo.[10] Sin embargo, esto es lo que ocurre. Todos aquellos preparativos dignos de Jerjes, como dice Cornelio Schepper, se han hecho para nada.[11] Carlos V no se detiene mucho tiempo en Viena, rodeado de una corte imponente y abigarrada, en que italianos y españoles pululan al lado de nobles de Alemania y los Países Bajos. Nuevas negociaciones lo llaman a Italia.

Mientras se dispone a partir, dejando a su hermano Fernando el manejo de los asuntos alemanes y el mando de la lucha contra el turco, sobreviene una epidemia en la ciudad. Alfonso de Valdés cae enfermo la noche del 29 al 30 de septiembre, y muere el 6 de octubre.[12] Carlos V pierde un servidor incomparable, y el erasmismo su campeón más ardiente. La medalla grabada por Christoph Weiditz [13] fija para nosotros los rasgos de su madurez, tan cercana de la muerte. Mentón reforzado por una barba cuadrada, cortada como la del soberano, boca grande, más amarga que desdeñosa, fuerte modelado de la nariz y los pómulos, gravedad de la mirada, todo este rostro respira el sentimiento del deber y una rectitud tal vez demasiado segura de sí misma. En él reconocemos al hombre que se felicita de la desgracia de Lallemand o de la muerte de Castiglione y descubre en esos acontecimientos, sin titubear, la prueba de que Dios está con él.[14] Es

en todo caso, impresionan en esos romances las enumeraciones de grandes señores españoles que participan en la cruzada. Valdés dice en su carta del 8 de agosto a Dantisco: "Venit ex Hispania usque Dux Metinae Celi, Comes Sancti Stephani, veniunt comites Beneventi, Dux Begiaris, Marchio Astoricae, Comes Montisregalis nepos Archiepiscopi Toletani, et alii quamplures proceres ac nobiles totius Hispaniae."

10 En su carta del 3 de septiembre (ya publicada por Boehmer, *Alphonsi Valdesii litterae, art. cit.*, pág. 408).

11 Bibl. de la Univ. de Upsala, Ms. H.154, carta de Cornelio Schepper a Dantisco (Viena, 30 de septiembre de 1532): "Parturiunt montes, nascetur ridiculus mus. Nam ille xerxeus apparatus... dissolutus est."

12 *Ibid.*: "Laboratur autem peste Viennae. Hac nocte incidit in febrem calidam acrem Valdesius noster, apud quem hodie mane fui." — El testamento de Valdés, fechado en Viena, a 5 de octubre de 1532, ha sido publicado por el P. Zarco Cuevas, *Testamentos de Alonso y Diego de Valdés*, en el *Bol. Ac. Esp.*, t. XIV (1927), pág. 679.

13 Weiditz había hecho un viaje a España, de donde regresó con unos dibujos de trajes: cf. Theodor Hampe, *Das Trachtenbuch des Christoph Weiditz von seiner Reise nach Spanien, 1529*, Berlin-Leipzig (De Gruyter), 1927. Desgraciadamente, la medalla que grabó de Alfonso de Valdés no se conoce sino por un ejemplar en plomo. Fue publicada por Georg Habich, *Studien zur deutschen Renaissance Medaille*, IV, en *Jahrbuch der Königlichen Preussischen Kunstsammlungen*, t. XXXIV (1913), pág. 17. La fotografía que aquí se reproduce me la proporcionó G. Habich por mediación de José F. Montesinos, el cual me había llamado la atención sobre este precioso documento. A ambos expreso mi más viva gratitud. Dado el parecido entre los dos gemelos (cf. *infra*, fin de la nota 16), esta medalla suple también la falta de todo documento iconográfico relativo a Juan de Valdés.

14 Alfonso de Valdés a Dantisco (Toledo, 14 de febrero de 1529): "Vides quam aequissimus fuerit optimus Deus mei dialogi vindex, qui Lalemantum in carcerem trusit et Nuntium pontificis repentina morte rapuit ut ne rebus quidem suis disponere quiverit. Haec sunt Dei judicia, sic solent poenas dare qui peccantes in Spiritum sanctum contradicunt veritati." (E. Boehmer, *Alphonsi Valdesii litterae, art. cit.*, pág. 400.)

también el hombre que escribió defensas del Emperador e invectivas contra el Papa y el Rey de Francia. Rostro que resume toda la seriedad de ese erasmismo español del cual, muchas veces, no se ha visto más que la ironía. En el reverso de la medalla se ve una ara en que flamea la Fe, levantada sobre cuatro pilares muy a plomo por encima de un mar agitado; la llama sube recta a pesar del esfuerzo de los cuatro vientos del cielo. Y el lema dice: *Fides immota manet*.[15]

Pero lo que abandona la tierra no es sólo una conciencia, un carácter. Con esa muerte, y con la de Gattinara, pasa a la historia todo un momento de la política y la cultura españolas. Cornelio Schepper, cuya presencia en Viena ha reconfortado los últimos días de Valdés, no tarda en reincorporarse a la Corte en Mantua, con la esperanza de suceder a su amigo. Pero, así como se ha suprimido en 1530 la dignidad de Gran Canciller, se suprime ahora el cargo de secretario para la correspondencia latina. También Juan de Valdés había esperado obtener un puesto en memoria de su hermano gemelo. Pero en vano viene a la Corte, precedido por una recomendación de Miguel Mai al Comendador mayor de León, Don Francisco de los Cobos, que comparte con Granvela la dirección de los negocios. Cobos ha dado ya a su mayordomo, el mediocre Idiáquez, lo único disponible en la sucesión del Secretario difunto: el departamento de asuntos napolitanos. A principios de 1533 Juan de Valdés se dispone a salir de Bolonia para volver a ocupar su puesto en Roma, en la corte de Clemente VII.[16] Erasmo consagra a la memoria de Alfonso, en diversas cartas, algunas palabras de sentimiento. "Era —dice— un gran hombre, pero que habría

15 Este lema, que se lee sobre la filacteria que cubre la parte superior de las columnas del ara de la Fe, podría ser versión "a lo divino" de la frase de Virgilio, *Mens immota manet* (*Aen.*, IV, 449, donde se aplica a la firmeza de ánimo de Eneas que resiste a los ruegos de Dido y su hermana como un fuerte roble resiste a la violencia de los vientos sin dejarse desarraigar).

16 Bibl. de la Univ. de Upsala, Ms. H.154, carta de Schepper a Dantisco (Innsbruck, 30 de noviembre de 1532): "Interim decessit ad coelos noster Valdesius, a me visitatus in media peste. Ego aegre secutus sum Caesarem Mantuam... Interim egi apud Caesarem si videretur majestati ipsius dignus Cornelius qui succederet in locum Secretarii latini pro Valdesio, permissa interim cura Neapolitanarum rerum cuidam Diacques, homini qui neque literas neque natare. Versatus vero est apud Cobos fuitque apud eum loco praefecti domus ipsius. Respondit se non velle amplius habere secretarium latinum." (Sobre el cargo de Valdés dado a Idiáquez, cf. una carta de Martín de Salinas al secretario Castillejo, Valladolid, 20 de junio de 1533, en Rodríguez Villa, *El Emperador Carlos V...*, pág. 532).—A. G. S., *Estado*, leg. 319 (antiguo E 587), fol. 164, Micer Mai al Comendador mayor de León, Roma, 16 de octubre de 1532: "Dizen nos que el Sº Valdés stava peligroso de pestilentia. Suplica a v. s. que si algo fuere dél, que se acuerde de aprovechar en lo que podrá a este hermano que es aquí hombre bien docto y bueno" (y no *cuerdo*, como lee F. Caballero, *op. cit.*, pág. 48). *Ibid.*, fol. 86, del mismo al mismo, sin fecha: "A Johan de Valdés dixe lo que v. s. me mandó, y bésale las manos por su benignidad. Él va allá [sin duda a Bolonia]. Suplico a v. s. que le favoresca como a persona que es mui bien calificada y tiene tan buenas partes y mejores quel otro que murió."—J. F. Montesinos, *Cartas inéditas de Juan de Valdés...*, *op. cit.*, pág. 94, Juan de Valdés a Dantisco (Bolonia, 12 de enero de 1533): carta latina en que ruega a Dantisco que la amistad que tenía con Alfonso la tenga ahora con su hermano gemelo, "cui natura eadem faciei lineamenta, eundemque vocis sonitum est elargita". Y al final (línea 38): "me apud Summum Pontificem futurum scito".

llegado a ser grandísimo si hubiera vivido." Hermosa fórmula. Erasmo hubiera podido consagrarle una oración fúnebre más sentida y más llena de gratitud; quizá la hizo en una carta que no ha llegado hasta nosotros. Aunque su anciano corazón estaba ya seco para efusiones, debió de sentir muy bien la irreparable pérdida que sufría.[17]

Por lo demás, durante la nueva temporada en Bolonia con que concluye, como había comenzado, esta peregrinación de la Corte imperial a través de Europa, vemos acentuarse la renovación del personal y de la orientación política. "La *liga por la defensa de Italia* que se firmó allí en 1533 era la unificación federativa de Italia, cuyas bases se habían echado en 1529."[18] La alianza romana se convierte en la base de una hegemonía que el Papa tendrá que soportar lo mismo que los demás príncipes italianos. Si Carlos continúa dando sus instrucciones al Papa cuando lo juzga bueno, le manda al menos como embajador al devotísimo Conde de Cifuentes, en sustitución del erasmista Miguel Mai.[19] Se diría que dispone los asuntos de Italia para hacer de este país el centro de gravedad de su imperio. Corre el rumor de que después de una breve temporada en España regresará durante el otoño con la Emperatriz y establecerá su capital en Nápoles. Schepper, que se hace eco de este rumor,[20] va a despedirse a su vez del Emperador para marchar a su primera embajada en Turquía. Cuando Carlos V regresa a Barcelona en abril de 1533, después de poco menos de cuatro años de ausencia, no queda ya a su lado ninguno de los ministros y secretarios que habían ligado a la idea imperial el sueño de una reforma religiosa inspirada en Erasmo.

---

[17] Allen, t. X, Ep. 2800, líneas 26-27 (Erasmo a Abel Closterus, Friburgo, 25 de abril de 1533): "In Anglia periit Guilhelmus Waramus, Arch. Cant.; Viennae in comitatu Caesaris Alphonsus Valdesius, jam magnus, sed futurus, si vixisset, maximus..." Cf. *infra*, pág. 491, nota 22.

[18] P. Rassow, *op. cit.*, pág. 105.

[19] Observemos, sin embargo, que el erasmista Esteban Gabriel Merino, ya Cardenal, contrarrestaba la acción de Cifuentes en Roma; cf. Pastor, *op. cit.*, t. X, pág. 159.—Sobre el Conde de Cifuentes, cf. *infra*, pág. 470, nota 28. Mandó publicar, traducidas al español, las cartas que había recibido del Emperador durante su embajada en Roma: *Cartas escriptas al muy Illustre señor Don Fernando de Silva, Conde de Cifuentes... embaxador... en Roma, romanzadas por Hieronymo Ruiz*, Zaragoza, 1537 (Vindel, *op. cit.*, t. VIII, núm. 2619).

[20] Bibl. de la Univ. de Upsala, Ms. H.154, carta de Schepper a Dantisco (Viena, 18 de marzo de 1533): "Fama est Caesaream majestatem autumno futuro stabilitis rebus Hispaniarum, trajecturam in regnum Neapolitanum una cum Imperatrice et ibidem sedem Imperii posituram."—Cf. una carta de Campen a Dantisco, Venecia, 4 de febrero de 1535: "Speratur hoc proximo vere cum conjuge sua venturus in Neapolim, impetravit enim ab Hispanis ut novem illi annis abesse cum illa liceat" (Hipler, *op. cit.*, pág. 517).

CAPÍTULO IX

PERSECUCIÓN DE LOS ERASMISTAS

I. *Persecuciones aisladas: Diego de Uceda. Reapertura del proceso del iluminismo.* II. *El proceso de Juan de Vergara. Fase subterránea.* III. *La aprehensión. Dilaciones del procedimiento.* IV. *La defensa.* V. *De nuevo el procedimiento. La condena y la reclusión.* VI. *Proceso de María Cazalla.* VII. *Otras persecuciones: Tovar, Miguel de Eguía, Mateo Pascual, Juan del Castillo, Fray Alonso de Virués, Pedro de Lerma, los Valdés.* VIII. *Extensión de la "conjura" erasmiana. Procesos de erasmistas aislados: Miguel Mezquita; el médico López de Illescas. Cambio de atmósfera. Palinodia de Juan Maldonado. La represión inquisitorial.*

I

LA TORMENTA tardó varios años en gestarse y en estallar sobre la cabeza de los erasmistas españoles. El comienzo de las persecuciones decisivas coincide, en términos generales, con la partida de la Corte para la coronación de Bolonia, y las persecuciones mismas se escalonan en un período de diez años más o menos. Pero, repitámoslo, éstas no fueron resultado de una condena lanzada por la Inquisición contra el pensamiento de Erasmo. Para hacer peligrosa la posición de los erasmistas no hacía falta, por otra parte, semejante condena. Cada uno de ellos estaba a merced de una denuncia por iluminismo o por luteranismo, pues no era difícil recoger alguna palabra imprudente dicha por ellos y hacerla coincidir con esas herejías ya condenadas, inscritas con todas sus letras en el Edicto de la fe entre los delitos cuyos reos debían ser denunciados al Santo Oficio. Es seguro que más de un español experimentó esto en carne propia a partir de 1526, año en que el pensamiento de Erasmo se hizo bruscamente popular. En el estado de mutilación en que se encuentran en nuestros días los archivos inquisitoriales, el proceso de Uceda, en 1528, es el único ejemplo que se puede citar de persecuciones aisladas contra un erasmista demasiado entusiasta, antes de la reapertura del proceso contra los alumbrados.

El cordobés Diego de Uceda [1] es un hijo de su siglo. Había entrado muy joven al servicio de Don Fernando de Córdoba, clavero de la orden de Ca-

---

[1] A H. N., *Inquisición de Toledo*, leg. 112, núm. 74, *Proceso de Diego de Uceda*. Hay un breve análisis de este proceso en Lea, *op. cit.*, t. III, pág. 415, y un estudio detallado en John E. Longhurst, *Luther and the Spanish Inquisition: The case of Diego de Uceda*, Albuquerque, N. M., 1953. (University of New Mexico Publications in History, Nº 5).

latrava, y se crió en los dominios del Maestrazgo. Hacia los veinticinco años descubre a Erasmo. Lee el *Enquiridion,* y repite las cosas que recuerda de este libro con obstinada convicción, hasta el grado de escandalizar un poco a los demás criados del clavero y al capellán de este personaje.[2] En 1527 va a la Corte, no se sabe por qué causa. Cuando sale de Burgos para regresar a Andalucía, a comienzos de 1528, su entusiasmo erasmiano se ha enardecido con la lectura de los libritos que están haciendo furor: en las posadas, durante la velada, hace recaer la conversación sobre su autor favorito y mezcla en sus palabras, con gran imprudencia, el nombre de Lutero. En Cerezo, poco antes de Somosierra, critica el culto de las imágenes y habla con escepticismo de los milagros. El 11 de febrero, cierto Rodrigo Durán, cuyas palabras son confirmadas por su criado Juan Vizcaíno, denuncia esas impertinencias de Uceda a la Inquisición de Toledo. Mientras tanto, Uceda prosigue su viaje, franquea el puerto de Despeñaperros y, dos leguas antes de llegar a Bailén, tiene como compañero de jornada en la venta de Guadarrama al Arcipreste de Arjona, Garci Álvarez. Este eclesiástico habla del diluvio y cita la *Biblia scholastica* de Pedro Comestor. Pero no ha leído a Erasmo. Entonces Uceda le menciona orgullosamente tres libros del Doctor moderno: el *Enchiridion,* que es San Pablo puro, el *De immensa Dei misericordia* y los *Tres coloquios,* especialmente el de Gaspar y Erasmillo, donde se explican tan bien los deberes religiosos y se demuestra cómo lo esencial de la confesión es un acto interior del alma. Excelentes libros, en verdad, con los que el Arcipreste se holgará, y que han sido aprobados por cierta asamblea de teólogos reunida expresamente para ello en Valladolid.

Pero la denuncia recibida en Toledo tuvo un efecto inmediato. No bien llega a Córdoba, Diego de Uceda es aprehendido. El 27 de febrero de 1528 tiene que dar sus explicaciones, en la sala de audiencias del Santo Oficio, acerca de las opiniones "luteranas" que se le achacan en materia de confesión, de imágenes y de milagros. Reconoce que lo esencial de la confesión, para él, consiste en "gemir y conocerse el hombre por pecador dentro en el ánima", pero que, además, es necesaria la confesión auricular para cumplir con la Iglesia. En las imágenes santas no ve otra cosa que signos que despiertan en el alma ciertos sentimientos. En materia de milagros, ante la imposibilidad de saber a qué atenerse sobre ciertos prodigios como los que se atribuyen a Nuestra Señora de Guadalupe,[3] prefiere desentenderse de lo que no sea "el milagro del cuerpo de Jesucristo". De nada le sirve notar que las dos primeras opiniones están en los libros de Erasmo aprobados por el Inquisidor General, y que desconoce en absoluto las tesis de Lutero: el arresto se mantiene. Se le traslada de Córdoba a la prisión de Toledo. Pasan meses durante los cuales se recogen testimonios, se hace que el Arcipreste de Arjona precise su declaración y se averigua si Uceda ha comulgado y se ha confesado en efecto, tal como él declara. El 11 de no-

---

[2] Véase la declaración del mayordomo Francisco de Ayala.

[3] Confiesa asimismo, en su interrogatorio del 21 de abril, que no cree en el milagro de la casulla de San Ildefonso.

viembre de 1528 se queja en vano de las dilaciones de la justicia inquisitorial; se esfuerza por referir sus ideas en materia de confesión, no ya a los *Coloquios* de Erasmo, sino a un libro mucho más antiguo, en el cual asegura haber aprendido a leer: el *Luzero de la vida christiana* del Obispo de Coria.[4] La Inquisición recurre finalmente al medio supremo de arrancar la confesión: la tortura. En el potro, Uceda "confiesa" haber negado la confesión vocal. Pero cuando se trata de ratificar esta declaración, dice que ha mentido para escapar de la tortura. En fin de cuentas, la presunción de luteranismo que pesaba sobre él no se confirma. Abjurará *de vehementi* en el auto de fe celebrado en Toledo el 22 de julio de 1529, después de pagar con diecisiete meses de prisión secreta una "vehemente" sospecha de herejía en que incurrió por haber cantado en voz demasiado alta las alabanzas de Erasmo.

El auto de fe en que compareció Diego de Uceda es el mismo en que Alcaraz e Isabel de la Cruz fueron azotados y oyeron su condena a prisión perpetua. Pero, por lo demás, no hay ningún lazo entre su proceso y el de ellos: lo que pesa sobre Uceda es una acusación de luteranismo y no de iluminismo. Puede parecer, en esta fecha, como si el proceso de los alumbrados de Castilla la Nueva, iniciado en 1524, fuera a quedar cerrado con la condena de los dos principales maestros del movimiento. Para dar a esta conclusión toda la resonancia deseable, la Inquisición ordena que el espectáculo justiciero se repita en todas las ciudades en que "dogmatizaron" Isabel de la Cruz y Alcaraz. El iluminismo había evolucionado durante estos años decisivos que ellos habían pasado en la cárcel. Pero los hombres a quienes Isabel de la Cruz y Alcaraz habían despertado a una vida religiosa más profunda, guardaban para ellos un recuerdo fiel. La impresión causada por su suplicio debió de ser intensa. El día en que se llevó a cabo en Guadalajara, Rodrigo de Bivar, cantor del palacio del Infantado, que anteriormente había frecuentado la casa de Isabel, rogó a sus hijos y criados que no asistieran.[5]

Pues bien, en ese mismo momento se preparaba un segundo proceso mucho más vasto, y fatal para los alumbrados que habían erasmizado en libertad desde 1525. Estas nuevas persecuciones iban a tener su apoyo en las denuncias de Francisca Hernández, cuyo encarcelamiento había conmovido vivamente a la España de los espirituales algunos meses antes. Detenida en Valladolid a fines de marzo, había llegado a la cárcel de la Inquisición de Toledo durante la noche de Pascua. Fray Francisco Ortiz, que tenía por esta mujer verdadero culto, había sabido con inmenso dolor

4 Se trata de Pedro Ximénez de Prexano. Cf. *supra*, pág. 48, nota 14. Uceda remite a los capítulos c y siguientes, sobre la confesión, y en especial al capítulo cvi, "que habla de la pulsación ynterior del ánimo". El capítulo se titula en efecto "De la pulsación interior, y cómo el que está en pecado mortal se levanta y sale dél por virtud del sacramento de la penitencia y de la absolución sacramental." Esta *pulsatio* es obra de Dios, que llama a la puerta del alma para invitarla al bien. Es muy significativo ver el cristianismo crítico de Erasmo asimilado por los erasmistas españoles al cristianismo interior de la Prerreforma.

5 Cf. *supra*, pág. 212, y *Proceso de Rodrigo de Bivar*, A. H. N., *Inquisición de Toledo*, leg. 213, núm. 3, fol. 8.

las persecuciones renacientes de que ella era víctima, y a las cuales, seguramente, no era ajena su intimidad espiritual. Predicando el 6 de abril en San Juan de los Reyes, había denostado esta prisión como un gran pecado que Dios le ordenaba denunciar: inmediatamente fue puesto a su vez en la cárcel.[6] Por desgracia, el proceso de Francisca Hernández se ha perdido. Pero de acuerdo con algunos otros procesos a que dieron lugar sus declaraciones, se puede al menos entrever el papel decisivo que éstas representaron.

Entre el momento en que es encarcelada y el momento en que acusa a una multitud de personas, pasa más de un año. En el intervalo se ha producido un hecho capital, sobre el cual, desgraciadamente, no tenemos más que indicios: el proceso de Juan López de Celaín[7] y su muerte en la ho-

6 Boehmer, *Franzisca Hernández*, op. cit., págs. 70 y 76-80. Sobre el efecto producido, véase una de las cartas latinas de Diego Gracián de Alderete (Ms. citado, fol. 26 r°). Gracián, escribiendo desde Toledo el 15 de mayo a Don Diego de Córdoba, resume de esta manera el asunto: "Salmanticae orta est prophetissa quaedam, nomine Francisca Ferdinandez, quae omnes vitae actiones spiritu quodam divino terminabat: non secus atque olim philosophi aliquot, fato cuncta metiebantur; quorum frivolas opiniones Cicero in aureo illo libello *De fato* irridet. Hanc medusam sequuti sunt plerique homines et sacerdotes non parvae auctoritatis, ex eo genere, quos illuminatos vocant, qui sibi in hac re plurimum sapere videbantur. Venit Valleoletum, ubi in domo cujusdam privatae foeminae est detenta. Huc illi, qui ejus dogmate erant infecti, assidue veniebant, obsequium et reverentiam illi exhibituri. Hoc ubi rescisset Archiepiscopus Hispalensis qui de rebus fidei apud Hispanos supremum cognitorem agit, foeminam in aulam Imperatricis evocavit, evocatam indicta causa in carcerem conjecit, conjectam noluit vinculis absolvere. Tulit hoc animo iniquissimo monachus quidam, nomine Ortiz qui Toleti velut alterum numen colebatur. Is non potuit dissimulare dolorem, quem ex foeminae casu conceperat, in publica concione quam in templo Divi Joannis Regum habuit, illius causam agere voluit. Itaque post publica illa verba, quae in concione haberi solent, ad hunc modum est loquutus. Non mirum est, inquit, si Deus nobiscum solita misericordia non utatur: nam quod plectimur, peccata nostra meruerunt, et praecipue unum quoddam, cui nisi obviam ieritis, non est quod speretis vel precibus, vel votis pluvias elicere. Capta est, inquit, hodie ab Inquisitoribus sanctissima foemina Christi famula Francisca Ferdinandez. Hic monachi qui aderant, Chit, etc... nutibus silentium concionanti innuerunt..." (El fin del relato es ilegible, pues la parte inferior de la página quedó dañada en un incendio.)

7 La importancia de este proceso parece haber escapado a todos los investigadores, excepto a S. Pey Ordeix, quien por desgracia lo desfiguró identificando sin ninguna prueba a Juan López con San Ignacio. En su *Historia crítica de San Ignacio de Loyola*, t. I, *Su juventud*, Madrid, 1914-1916 (pág. 195, nota), pretende sostener, mientras no se demuestre lo contrario, que López de Celaín fue quemado en efigie y no en persona, y que el reo huyó y continuó su carrera con el nombre de Ignacio. Se comprende que vea en esto "el secreto fundamental de la vida ignaciana". Pero no aduce prueba documental de la huída de Juan López, ni en esta obra ni tampoco en *El Padre Mir e Ignacio de Loyola*, Madrid, 1913, donde afirma (pág. 202): "en el camino se escapó, como también escaparon Diego López y Villafaña. Por una gran extrañeza este hecho nos ha sido conservado en un documento extravagante y en sitio donde los jesuitas pesquisidores de escritos no podían sospecharlo. Seguramente los Inquisidores olían la futura devastación de sus archivos y se sangraron en salud". Por desgracia, tenemos todo derecho para sospechar, no de la buena fe de Pey Ordeix, sino de su sentido crítico. Los procesos de Ignacio de Loyola en 1526-1527 son conocidos; demuestran hasta la evidencia que el acusado no tiene nada que ver con Juan López, cuya actividad está atestiguada en la misma época por gran número de documentos. Véase ahora el artículo de Ángela Selke de Sánchez, *Vida y muerte de Juan López de Celaín, alumbrado vizcaíno*, en B. H., t. LXII (1960), págs. 136-162, que derrama luz nueva sobre el caso.

guera. Este sacerdote, discípulo de Isabel de la Cruz,[8] había hecho ruido por su empresa de apostolado en Medina de Rioseco.[9] Pero es evidente que había atraído de nuevo la atención en Granada, adonde se le había llamado para ocupar un puesto de confianza en el arzobispado,[10] y precisamente en la Inquisición de Granada se habían depositado acusaciones contra él, sin duda en el curso del año 1529. Poco es lo que sabemos de este proceso. Parece que irritó al personal de la Inquisición con un escándalo de corrupción de carcelero.[11] Por otra parte, parece que Juan López defendió su causa sin consentir en denunciar a ninguno de sus presuntos "cómplices", puesto que en ningún proceso conexo se encuentran acusaciones fundadas en sus palabras.[12] Su caso debió parecer de gravedad excepcional: se le condenó a la hoguera. Varios testimonios recogidos por la Inquisición a principios de septiembre de 1530 hablan de él diciendo que ha sido quemado poco tiempo antes en Granada.[13]

Ahora bien, precisamente de fines de julio de 1530 data la primera de-

8 Había nacido en Guipúzcoa en 1488, según Ángela Selke (art. cit., pág. 139), la cual cree "que Juan López fue uno de los raros cristianos viejos entre el gran número de conversos que constituyen las filas del iluminismo español".—El capellán del Duque del Infantado, Alonso del Castillo, a cuyo servicio estuvo Juan López, lo nombra entre los que frecuentan la casa de Isabel de la Cruz (Proceso de Rodrigo de Bivar, fol. 4 vº. Cf. fol. 12, carta autógrafa de Bivar, Guadalajara, 15 de septiembre de 1530: "...Juan López el qual yo conoscí criado de Castillo, capellán que Dios aya del Duque mi Señor"). Esto fue "hacia 1523" (Ángela Selke, art. cit., pág. 139).

9 Cf. supra, págs. 183-184.

10 En su carta a los Inquisidores de 15 de septiembre de 1530, Bivar cuenta una conversación oída dos años antes en la mesa de Miguel de Eguía, en cuya casa se hospedaba cada vez que iba a Alcalá. Juan López, que asistía a la comida, contó una disputa habida entre ciertos teólogos de Granada y un judío a quien no pudieron "convertir con autoridades de la Sagrada Escritura ni con buenas razones". Posteriormente, en 1539, Bivar explicará que había tenido deseos de volver a ver a Juan López, sabiendo que le había ido bien desde su salida de Castilla la Nueva y que "avía sido provisor en Granada". Por otra parte, Pey Ordeix (cf. Historia crítica, pág. 206) parece haber visto un documento en que a Juan López se le llama "Capellán de Reyes de Córdoba o de Granada" (cf. Proceso de Beteta, fol. 47 vº, sobre Juan López, capellán de Granada). Según esto, debía tener una prebenda de la Capilla Real de Granada. Además, la fórmula empleada por Bivar ("avía sido provisor en Granada") a propósito de su encuentro con él en casa de Miguel de Eguía en 1528, nos hace creer que había sido nombrado provisor por el Arzobispo Fray Pedro de Alba, y que la muerte de este prelado (21 de junio de 1528) le había hecho perder su puesto.

11 Proceso de Juan de Vergara, fol. 3 vº (instancia del fiscal Diego de Angulo a los Inquisidores de Toledo, 1º de diciembre de 1530): "...y se a visto poco ay en Granada se corrompió por tres vezes un moço de cárçel en lo de Juan López de Celaín".

12 Ángela Selke (art. cit., pág. 152) ha descubierto que López sí "declaró algunos cónplices con quien... avía tratado y comunicado" su libro De la verdadera paz del ánima, en el cual exponía una doctrina audazmente luterana.

13 Proceso de Rodrigo de Bivar, fols. 8 vº y 9 rº: "que fue quemado agora en la Inquisición de Granada". Confirmado por el Proceso de Beteta, fol. 37 rº: "...en compañía de Juan López clérigo que quemaron en Granada" (interrogatorio del 11 de enero de 1535). Diego López de Husillos parece haber sido perseguido junto con López de Celaín, pero condenado a una pena menos severa: "Item dixo que conosció a Diego López clérigo que es del linaje de los Husillos desta ciudad. Al qual ha oído decir que penitenciaron en Granada" (ibid., fol. 48 rº). La sentencia se ejecutó el 24 de junio de 1530 (Ángela Selke, art. cit., pág. 155).

nuncia de Francisca Hernández contra ciertos "luteranos"; [14] y en septiembre el campo de sus delaciones alcanza una amplitud singular. Todo ello transcurre como si la Suprema, puesta en alerta por el proceso de Juan López contra los progresos de un luteranismo oculto, hubiese instado a los Inquisidores de Toledo a arrancar a toda costa informes de Francisca Hernández y de su criada Mari Ramírez, encarcelada con ella.

Los primeros "luteranos" contra quienes ella habla son Bernardino Tovar, sospechoso desde fines de 1529, y su hermano el Doctor Vergara. Seguramente Francisca no tardó en comprender que el método era excelente para ganarse la clemencia de sus jueces: no se detuvo en camino tan bueno. Denunció con los Vergara a su hermana Isabel, denunció a su antiguo huésped de Valladolid, Pedro Cazalla, así como a su hermana María y a su hermano el Obispo, al impresor Miguel de Eguía, a los sacerdotes Juan López de Celaín, Diego López de Husillos y Villafaña, al clérigo humanista Juan del Castillo, al comerciante burgalés Diego del Castillo, a la flamenca Ana del Valle.[15] Asegura que sabe ciertas cosas del asunto de los apóstoles del Almirante.[16] Sus declaraciones, confirmadas por otros, convencieron a ciertos Inquisidores de que se encontraban frente a una vasta conspiración "luterana" tramada desde hacía muchos años, y en la cual Tovar había tenido un papel capital. En 1532, a raíz del proceso de Alonso Garzón, condenado a la hoguera como Juan López, las declaraciones del clérigo Diego Hernández reforzaron la convicción de que existía en Castilla una "facción luterana" cuyos principales inspiradores eran Tovar y Juan del Castillo.[17] El luteranismo de que se habla debe entenderse en un sentido amplísimo. Se trata, como ya hemos visto, del evangelismo iluminado que tomaba nuevo auge valido de la libre propagación de los libros de Erasmo. La Inquisición no lo tomó por lo trágico. El número de reos relajados por ella al brazo secular parece haber sido pequeñísimo: Juan López, Garzón y Castillo son los únicos, que sepamos, que perecieron en la hoguera. Pero la máquina inquisitorial funcionó sin descanso durante años, encarcelando, torturando y condenando a penas de severidad diversa. De los muchos procesos que se juntan esta vez en un vasto proceso múltiple, muy pocos son los que han llegado hasta nosotros. El de Tovar, que iluminaría con luz muy reveladora todas estas persecuciones contra un movimiento cuya alma fue él, es desgraciadamente uno de los que han desaparecido. Tenemos, para suplirlo en cierta medida, el de Juan de Vergara. Éste merece un análisis atento.

---

[14] Por lo menos contra Vergara (cf. *Proceso de Juan de Vergara*, fol. 7 r°, 27 de julio de 1530). Véanse las declaraciones siguientes y las de Mari Ramírez (fols. 7 v°-11), y sobre todo los extractos mucho más completos de la declaración hecha por Francisca el 22 de septiembre de 1530 (fol. 61 r°).

[15] Véase la lista (*ibid.*, fols. 70 v°-71 r°). Invitada por el Consejo de la Inquisición, en 1532, a recapitular sus denuncias anteriores, Francisca enumerará a no menos de dieciséis personas contra quienes ha declarado. Sobre la "flamenca" Ana del Valle, cf. fol. 62 r°, y sobre el mercader Diego del Castillo, fol. 66 r°, e *infra*, pág. 438.

[16] Véase en particular el fol. 67 r°. Y cf. fol. 80 v° (deposición de Mari Ramírez).

[17] *Ibid.*, fols. 44 r° ss. Diego Hernández habla de la "quema de Garçón".

II

El documento más antiguo de la acusación contra Vergara [1] es la declaración de Francisca Hernández de fecha 27 de julio de 1530. Después de acusar a su antiguo "devoto" Bernardino Tovar de compartir las opiniones de los alumbrados y de simpatizar con el luteranismo, Francisca agrega que el Doctor Vergara es tan luterano como su hermano, que posee varios escritos de Lutero y que sigue al heresiarca en todos los puntos, salvo que él no rechaza la confesión. Los dos hermanos se mofan de las bulas de indulgencia.[2] En sus ulteriores declaraciones, les atribuye chistes a propósito de dos santas superfluas, la Santa Inquisición y la Santa Cruzada. Vergara, según ella, suele decir unas palabras que parecen eco de la campaña de Lutero contra las indulgencias predicadas por Tetzel: "¡Que me hagan a mí entender, exclamaba haciendo ademán de contar dinero, que en dando el sonido del real salga el ánima de purgatorio!" El iluminismo de ambos se manifiesta sobre todo en su desprecio por la oración vocal.[3]

Ya en el mes de agosto sabe Vergara que se le acecha; él está atento. No ignora que Tovar, interrogado por los Inquisidores de Toledo en el invierno anterior, está amenazado de encarcelamiento.[4] Por otra parte, la Inquisición hace más rigurosa la prohibición de los libros de Lutero y de su secta. El 17 de agosto llama la atención sobre ciertos libros no sospechosos en apariencia, pero que contienen glosas o adiciones luteranas: se prescribe que en los edictos del Santo Oficio, a continuación de los delitos de herejía que deben denunciarse, "se añada quien algo supiere destos libros o de la doctrina de Lutero o sus secuaces y también de los alumbrados y dejados".[5] Muy bien sabe Vergara que más de un libro herético se ha colado entre las remesas que el comerciante burgalés Diego del Castillo ha hecho que le manden los libreros de Flandes para su biblioteca de Alcalá.[6] El 29 de agosto hace llegar a la Suprema, por mediación del

1 Gran parte de la documentación ha sido publicada ahora por John E. Longhurst, *Alumbrados, erasmistas y luteranos en el proceso de Juan de Vergara*, en los *Cuadernos de Historia de España* del Instituto de Historia de España de la Facultad de Filosofía y Letras de Buenos Aires, fascículos XXVII y XXVIII (1958), XXIX-XXX (1959), XXXI-XXXII (1960), XXXV-XXXVI (1962) y XXXVII-XXXVIII (1963).

2 *Proceso de Juan de Vergara*, fol. 7 r⁰.

3 *Ibid.*, fol. 7 v⁰ (16 de agosto y 22 de septiembre de 1530).

4 *Ibid.*, fol. 15 r⁰. Interrogatorio de Tovar, 10 de diciembre de 1529. Le preguntan si tiene un Ecolampadio. Él contesta "que no le tiene, pero que sabe que en la librería del Dr. Vergara su hermano está, e que allí a leydo muy poco en él, e que está en su posada". *Ibid.*, fol. 269 r⁰, Vergara dice: "El bachiller Tovar mi hermano fue preso por el mes de septiembre del año de treinta."

5 A. H. N., *Inquisición*, lib. 320, fol. 343 r⁰. Carta del Consejo a las diversas Inquisiciones. Ya el 13 de junio había llamado la atención sobre "los herrores nuevamente ynbentados en Alemaña" que sin duda se iban introduciendo por medio de muchos libros cuyos autores no eran conocidos en España como herejes. Ordenaba que se obligara a los libreros a mandar listas de las obras de derecho, artes y teología que poseyeran en sus tiendas (*ibid.*, fol. 321 v⁰).

6 *Proceso*, fol. 15 r⁰. Interrogatorio de Tovar (9 de octubre de 1533): "Como el doc-

Obispo de Orense, cinco volúmenes comprometedores, en particular el comentario de Ecolampadio sobre Isaías, el de François Lambert d'Avignon sobre los doce Profetas y las *Anotaciones* de Bugenhagen sobre San Pablo.[7]

Algunos días después lo denuncia Fr. Bernardino de Flores, canónigo de la orden de San Agustín y cura de Pinto, por una conversación que han tenido recientemente los dos frente al Arzobispo de Toledo. Denuncia significativa: Fray Bernardino, fogoso comunero diez años antes, encarna el espíritu "castellano viejo" y xenófobo, tan hostil a las novedades críticas como a la invasión del lujo flamenco o al absolutismo imperial. Este amigo de las "libertades castellanas" no muestra gran amor por cierta "libertad de entendimiento" inclinada a criticar a los santos Doctores y a reír en las barbas de los frailes.[8] La discusión se había trabado a propósito de las nuevas traducciones de la Escritura hechas de acuerdo con los textos hebreos o griegos. Fray Bernardino defendía la Vulgata. Vergara, campeón de las lenguas, citó entonces los errores que la ignorancia del griego hizo cometer a San Agustín en sus *Quinquagenae,* donde explica los Salmos sin ton ni son. Estas escandalosas palabras le recordaron al fraile libertades de lenguaje semejantes con que el Comendador Griego causaba recelos en los días en que ambos militaban juntos en el campo de la Comunidad; por eso le replicó a Vergara que "aquella palabra no era de él sino de un maestro suyo que se llamaba el Comendador Hernán Núñez". La dispu-

tor Vergara estava absente de allí, este declarante tenía cargo de sus libros... Este declarante escrivió a Burgos a un Diego del Castillo que tenía alguna inteligencia en Flandes que, porque acá en aquella sazón no venían libros syno con mucha dificultad, que embiase a Flandes, pues tenía allá conocidos, para que le conprasen ciertos libros de doctores cathólicos..."

[7] *Ibid.,* fol. 1 vº. Los otros dos volúmenes son más difíciles de identificar: "otro libro desenquadernado que comiença Didimi Faventini en que ay otros quadernos de otros autores —otro libro enquadernado en pergamino que le falta el principio y comiença didisti idque duabus". Pero el libro "que comiença Didimi Faventini" puede identificarse sin vacilación con el librito de Melanchthon en respuesta a Radinus: *Didymi Faventini adversus Thomam Placentinum Oratio pro Martino Luthero theologo,* Wittenberg, 1521 (cf. Lauchert, *Die italienischen literarischen Gegner Luthers,* Freiburg, 1912, págs. 185 *ss.*).

[8] *Proceso,* fols. 12-14. Véase en particular el fol. 13 rº-vº: "dixo que tiene al dicho doctor por persona de entendimiento más libre de lo que es menester". Sobre el papel de Fr. Bernardino en la revolución comunera en Toledo, véase la defensa de Vergara, *ibid.,* fol. 272 rº-vº: "E no ha muchos días que delante de algunas personas se jactava de cómo predicando en esta cibdad avía induzido a la comunidad que fuessen a combatir el Castillo de Sant Servand que estava por el Rey, trayéndoles para ello aquella autoridad del Evangelio: Ite in castellum quod contra vos est." Por otra parte, en el proceso emprendido en el Colegio de San Ildefonso de Alcalá por Cueto y Licona, miembros del colegio perjudicados por sus camaradas comuneros, se ve a "Fray Bernaldino" entre los colegiales que van, en el séquito del rector Hontañón, a saludar al Obispo de Zamora después de su entrada en Alcalá (A. G. S., *Consejo Real,* leg. 542. Testigo número 3, Bernaldino de Danio, respuesta a la pregunta núm. 5, y testigo núm. 20, Lope Gómez, respuesta a la pregunta núm. 47). Otras deposiciones de este último proceso nombran entre los comuneros de Alcalá a "el doctor Bernaldino": parece que es el mismo personaje. Además, existe en el Archivo de Simancas (A. G. S., *Patronato Real,* leg. 2, nº 2) una carta autógrafa de Fr. Bernardino de Flores a la Junta general de los comuneros, escrita de Palencia en octubre de 1520, en la cual aparece como uno de los más activos agitadores durante las Comunidades.

ta se enconó a tal punto, que el Arzobispo tuvo que imponerles silencio. Fray Bernardino se cree obligado a denunciar a Vergara, que ya en otras conversaciones lo ha escandalizado haciendo hincapié en las divergencias de la Vulgata y de los Setenta en los Salmos y en los libros sapienciales.

Pero esto no sería nada. El proceso de Tovar va tomando mal cariz. Vergara asiste, impotente, a la aprehensión de su hermano. Ulcerado por la deshonra que recae sobre él, aprovecha su paso por Toledo con la corte de la Emperatriz para quejarse amargamente al Inquisidor Mexía y para hacer intervenir al Arzobispo.[9] ¿Sabría que ya estaba planteada la cuestión de su propio encarcelamiento como consecuencia de la entrega de los libros sospechosos y de la declaración de Fr. Bernardino de Flores? Ciertamente, los obispos de Orense y de Mondoñedo, miembros de la Suprema, prescriben no encarcelar a Vergara sin que antes se les dé parte a ellos. Pero afirman su propósito de dejar que la justicia siga su curso, "toque a quien tocare", dando a entender que ha solicitado su intervención el secretario del Primado.[10] En el curso del mes de octubre —amenaza precisa—, se encarga al Doctor Carrasco y al Maestro Jerónimo Ruiz de un registro en la casa de Vergara: él ha tenido que entregar las llaves para que se examine su archivo de secretario del Arzobispo. Esta requisa no parece tener más resultado que el descubrimiento de dos libros sospechosos.[11]

Mientras tanto siguen acumulándose los testimonios contra Vergara, y esta vez es ciertamente su erasmismo lo que se le echa en cara, y no un vago "luteranismo". Fr. Francisco Ortiz, fiel hasta en la prisión a su amistad con Francisca Hernández, precisa en este sentido el testimonio de la beata.[12] Ortiz había tenido en cierta ocasión una disputa con Vergara sobre el valor de las bulas, sin concebir contra su interlocutor ninguna sospecha de herejía. Francisca fue quien despertó en él esta sospecha, la cual le ha parecido confirmada por otra conversación en que oyó a Vergara alabar a Erasmo porque decía que el rezo de las horas canónicas debía supeditarse a las necesidades del estudio.[13] El celo erasmista de Vergara y

9 *Proceso*, fol. 269 r° (defensa de Vergara): "Pocos días después, conviene a saber, en principio del mes de octubre [de 1530], yo vine a esta cibdad con el Arzobispo mi señor que venía con la Emperatriz nuestra Señora de camino por aquí para Ocaña, y hablé al Sr. Licenciado Mexía, agraviándome mucho de la prisión del dicho Tovar, e a la verdad con harta pena e alteración, porque era aquélla la primera herida que avía recebido en la honra e teníala muy fresca. Assí mesmo el Arçobispo mi Señor, creyendo hazerme merced en ello, y también por lo que toca a su oficio y obligación, habló largo al dicho Sr. Licenciado a la salida desta cibdad sobre la materia, e segund después supe, algo ásperamente."

10 *Ibid.*, fol. 2. Carta de los obispos de Orense y de Mondoñedo a los Inquisidores de Toledo, Madrid, 17 de septiembre de 1530.

11 *Ibid.*, fol. 4 r°. En su instancia al tribunal, 1° de diciembre de 1530, el fiscal Diego Ortiz de Angulo pide que se lleven al tribunal "los dos libros tocantes a Lutero y sus sequaces que el Dr. Carrasco y M° Jerónymo Ruyz hallaron en las arcas del dicho Dr. Vergara... al tiempo que vuestras mercedes les embiaron las llaves por el mes de Octubre próximo passado para entregar las escripturas tocantes al Señor Arçobispo de Toledo que estavan en las dichas arcas..."

12 *Ibid.*, fol. 11 ter.

13 Cf. *infra*, págs. 577 (*Modus orandi*) y 584 (crítica de Azpilcueta).

de sus hermanos es desgraciadamente notorio: Erasmo lo ha reconocido
en términos calurosos en una carta de la cual Ortiz ha visto copia en manos de Fr. Dionisio Vázquez. La aversión de los Vergara por la oración
vocal y reglamentada se denuncia en la declaración de otro testigo, el cura
de San Martín de Valdeiglesias.[14] Un día que éste pasea con Tovar por
los viñedos que han dado fama a su parroquia, se asombra al oír decir a su
compañero que el rezo de las horas canónicas en el breviario fue inventado
para los clérigos villanos, y que antiguamente los sacerdotes no rezaban,
sino que hacían de la Escritura su estudio continuo. "¿Pues luego un clérigo dejando de rezar no peca?", pregunta el cura. "¡Pues mirá qué
dubda!", contesta Tovar... Y le cita la enseñanza de Erasmo recogida en
Flandes por Vergara.

El testimonio del Doctor Pedro Ortiz [15] debía de pesar mucho más en
la balanza del Santo Oficio, puesto que llevaba consigo el juicio de la Sorbona acerca de la ortodoxia de Erasmo. Su autoridad sobrepasaba, en
efecto, los límites de la Península. Catedrático de Biblia en la Universidad
de Salamanca, acababa de pasar varios años en Francia. Había sido protegido de los Briçonnet, pero en seguida se había apartado de su evangelismo.
Él, que más tarde se haría gran amigo de la Compañía naciente, había
llamado la atención del Inquisidor dominicano de París sobre la actividad
de Íñigo de Loyola. Intervino en las conferencias de la Sorbona para el
examen de las obras de Erasmo, y cooperó en la represión del "luteranismo" en Francia. Conocía, sin duda, a Lefèvre d'Étaples, a quien muy
pronto tratará de hacer volver al redil de la Iglesia romana con ayuda de
Jerónimo Aleandro.[16] Era, en suma, un teólogo ilustrado, muy familiarizado con el mundo de los clérigos que se movían en la frontera aún incierta de la ortodoxia. Llamado al lecho de su padre gravemente enfermo,
había llegado a España desde París durante la cuaresma de 1529, justamente a tiempo para presenciar el encarcelamiento de Francisca Hernández,
seguido muy pronto del de su hermano Fr. Francisco. La Corte estaba en
Toledo: aquí es donde había hablado con Vergara sobre cuestiones candentes. Habían tenido un altercado vivísimo al llegar al punto de si la
confesión auricular era *de jure divino*. Vergara, siguiendo a Erasmo, sostenía que no. Ortiz le decía que ésta era una opinión condenada en el
Concilio de Constanza. Reanudaron la discusión otro día, y Vergara acabó
por rendirse cuando se le mostró que ése era uno de los errores condenados en el proceso de Pedro de Osma. En 1530 los dos hombres se habían
vuelto a ver en Madrid: Vergara trajo a cuento la cuestión de las horas
canónicas y logró que Ortiz confesara que la obligación de rezarlas no era

---

[14] Hernando de Lunar, "clérigo presbítero, cura de Sant Martín de Valdeiglesias y
secretario del cabildo de la Sta. Yglesia de Toledo". Toledo, 28 de octubre de 1530
(*Proceso*, fol. 16 rº).

[15] *Ibid.*, fol. 16 vº. Declaración del 4 de noviembre de 1530. Pedro era hermano de
Fr. Francisco Ortiz. En 1529 recibe la cátedra de Biblia en Salamanca (cf. Esperabé,
op. cit., t. II, pág. 297). Sobre su permanencia en Francia, véase el proceso de Fray
Francisco, analizado por Boehmer, *Franzisca Hernández*, págs. 67 *ss.*

[16] Véase la carta de Aleandro a Sanga, Bruselas, 30 de diciembre de 1531, en Laemmer, *op. cit.*, pág. 95.

absoluta para un sacerdote solicitado de manera urgente por una obra de caridad; pasando a la cuestión de las indulgencias, habían estado ambos de acuerdo en que su predicación daba lugar a gran número de abusos, pero que era preciso no destruir la fe del pueblo en ellas, pues son fuente de obras santas y camino que lleva a la penitencia.

Como se ve, Ortiz estaba muy lejos de presentar a Vergara como un "luterano". En cambio, lo muestra apegado al pensamiento de Erasmo sin reserva, sin prudencia. Cierto día, en una discusión, Vergara llega a decir que no se han encontrado errores en Erasmo. Ortiz le objeta entonces los del *De interdicto esu carnium,* que no son defendibles. El celo erasmiano de Vergara lo arrastra a expresarse sin respeto acerca de las censuras de la Sorbona contra su autor predilecto. Pero precisamente estas censuras son las que confieren a la denuncia del Doctor Pedro Ortiz un interés excepcional a los ojos de los Inquisidores de Toledo, los cuales convierten durante un momento el interrogatorio del testigo en consulta teológica. Se sienten muy felices al oír decir a Ortiz que ciertos libros de Erasmo deberían prohibirse en absoluto, como el *De esu carnium* y el *Encomium matrimonii,* y que otros, como los *Coloquios,* necesitarían ser expurgados. Ortiz redacta un cuadro sumario de los muchos errores erasmianos contra los cuales el público español, por culpable negligencia, no ha sido puesto en guardia todavía. Los errores se refieren a los ritos y ceremonias de la Iglesia (punto sobre el cual se ha explicado Erasmo más prudentemente en los últimos tiempos, pero sin retractarse de sus afirmaciones de antaño); los ayunos y otras prescripciones eclesiásticas; la continencia y los consejos evangélicos; las órdenes religiosas; el culto de los santos; las oraciones rezadas en latín por los ignorantes; la traducción de la Escritura en lengua vulgar y su difusión entre la gente sin cultura; la devoción popular que se detiene en las tristezas de la muerte de Cristo en vez de exaltar su gloria; la libre confirmación de las promesas del bautismo por los muchachos llegados a la edad de discernimiento; la ignorancia en que dice estuvo Nuestra Señora de la divinidad de su Hijo hasta el momento de su Pasión. De este modo trata la Inquisición de remediar una grave laguna en los textos en que se apoya para defender la ortodoxia: si nada concluyó Valladolid, la Sorbona ha hablado, y un eco de sus censuras resuena en el secreto de una sala de audiencias, para justificar las persecuciones iniciadas contra los erasmistas.[17]

Por otra parte, hay en el caso de Vergara algo tan grave, por lo menos, como la libertad de sus opiniones religiosas, y es la audacia con que se burla del secreto de la justicia inquisitorial. La integridad del personal de la Inquisición no siempre estaba a toda prueba. Debía naturalmente doblegarse en favor de un personaje poderoso como era el secretario del Primado. No bien se encarcela a Tovar, ya un escribano del tribunal de Toledo, el Bachiller Hermosilla, encuentra el modo de hacer llegar a Vergara informes sobre este encarcelamiento y sobre las declaraciones de

---

[17] La *Determinatio* de la Sorbona en que se condenaban ciertas obras de Erasmo no parece haber sido conocida del público antes de 1531. Cf. *supra,* págs. 416-417.

Francisca Hernández. El intermediario a quien ha recurrido, el Licenciado Gumiel, deja entender al Secretario que le será fácil comprar los secretos del Santo Oficio. Se le suministra, en efecto, la lista de los testigos que han declarado contra Tovar; se le informa de las denuncias de Fr. Bernardino de Flores y del Doctor Pedro Ortiz, que le atañen a él personalmente. A cambio de todo esto se le sacan unos cuarenta ducados. Vergara, que sabe contar, juzga más ventajoso tratar a destajo con Hermosilla, y le ofrece recompensar sus servicios con una gratificación anual de quince mil maravedís. Pero el escribano prevaricador "no confía de palabras": quiere como garantía un beneficio que cubra la suma prometida. Vergara teme, y con mucha razón, que renunciar a un beneficio en favor de Hermosilla parezca sumamente sospechoso. Pero ¿por qué no hacer la colación a nombre del oficioso Licenciado Gumiel? Y entonces viene una comedia en la cual Vergara engaña a sus informantes con la complicidad del mismísimo Arzobispo: el prelado firma un diploma en que se confiere a Gumiel un beneficio simple que Vergara poseía en San Ginés de Madrid, pero cuidando que la colación sea inválida, puesto que el poseedor no ha hecho ni renuncia ni resignación. Con esta farsa simoníaca se desembaraza Vergara de las pretensiones importunas de Hermosilla sin defraudarlo en el pago, pues le da sus quince mil maravedís, siendo así que el beneficio no valía diez mil.[18]

Vergara tiene, por otra parte, amigos capaces de violar gratuitamente por él el secreto del procedimiento inquisitorial. El Bachiller Francisco Gutiérrez, que lo ha tenido ya espontáneamente al corriente de su testificación en el proceso de Tovar, no deja de avisarle cuando, a fines de noviembre, se le llama de nuevo a declarar.[19] El fiscal Diego de Angulo no ignora que, al atacar a Vergara, tiene que habérselas con alguien muy fuerte. Sospecha, cuando menos, de qué procedimientos de información se está valiendo. El 1º de diciembre de 1530 dirige a los Inquisidores Mexía y Vaguer una larga instancia en que trata de poner bajo acusación al Secretario: Juan de Vergara, según esta instancia, dispone de poderosos medios de corrupción, o en todo caso de seducción, y no ignora nada de lo que ocurre en la cárcel y en las audiencias del Santo Oficio. Hace poco, justamente, un carcelero de la Inquisición de Granada ha estorbado con su venalidad el curso del proceso instruido contra Juan López de Celaín: importa, pues, recordar a todo el personal la obligación capital del secreto, y hacer que todos los empleados presten juramento de nuevo.[20]

A pesar de todo, el caso de Vergara no hace grandes progresos durante el año 1531. Todavía no está maduro. El Doctor Coronel ha muerto.[21] Pero el erasmismo sigue fuerte con la protección de los Arzobispos de Se-

---

18 Sobre toda esta historia, véanse las confesiones de Vergara, *Proceso*, fols. 251-255. Sobre el Licenciado Gumiel, cf. *supra*, pág. 189.

19 *Ibid.*, fol. 40 vº. Interrogatorio de Francisco Gutiérrez (29 de noviembre de 1530).

20 *Ibid.*, fol. 3 rº-vº. Cf. *supra*, pág. 436, nota 11.

21 Probablemente hacia el 1º de marzo de 1531. Cf. carta del Arzobispo de Toledo al Emperador, Ocaña, 7 de marzo de 1531: "...El Doctor Coronel falleció, y muy religiosa y cathólicamente...." (A. G. S., *Estado*, leg. 13, fol. 114).

villa [22] y de Toledo. El 19 de abril se mandan "calificar" los errores de Vergara por una comisión compuesta de dos dominicos y dos franciscanos. Todas las "proposiciones" atribuidas a nuestro humanista por los testigos se juzgan heréticas o blasfematorias. Los calificadores no vacilan en hacerle compartir "todas las opiniones de Lutero, salvo en materia de confesión".[23] Para Vergara es quizá mejor que haya un exceso tan manifiesto en semejante apreciación. En todo caso, contra la opinión de Vaguer, que encuentra suficientes para justificar su prisión los cargos que pesan sobre él, la Suprema ordena diferir el encarcelamiento hasta que se saquen nuevos datos a Francisca Hernández, a su criada Mari Ramírez y al impresor Eguía, aprehendido no hace mucho.[24] En vano se ha encomendado a Fr. Juan de Quintana que recoja en Bruselas el testimonio de Fr. Gil López de Béjar: el predicador de Su Majestad no compromete mucho a Vergara cuando revela que el Secretario reprobaba los graves abusos de las indulgencias en términos que hubieran podido dar asidero a la calumnia.[25]

Lentamente el proceso de los alumbrados erasmianos se va haciendo bola de nieve. María Cazalla está ya tras las rejas. Se discute el caso de los Valdés. El asunto del *Diálogo de doctrina cristiana* de Juan de Valdés se trae a cuento para poner en claro las complacencias de que ha gozado ese libro: la intervención de Vergara se comprueba con los testimonios del Doctor Alonso Sánchez, canónigo de Sant Yuste de Alcalá, y del Doctor Juan de Medina. Mateo Pascual queda también comprometido. Después siguen las denuncias sistemáticas de Diego Hernández, que activan las persecuciones contra Juan del Castillo y agravan la sospecha de luteranismo que pesa sobre Vergara.[26] Pero el proceso de Vergara parece haber entrado

[22] Sin embargo, Manrique había perdido temporalmente la dirección efectiva de la justicia inquisitorial. Estaba en desgracia en Sevilla desde diciembre de 1529 (cf. Lea, *op. cit.*, t. I, pág. 305). Desde esta fecha hasta el regreso de Carlos V a la Península, en 1533, la Inquisición estuvo dirigida por la Suprema, según lo demuestran los registros de correspondencia (A. H. N., *Inquisición*, libs. 320 y 321).

[23] *Proceso*, fol. 20 r⁰.

[24] *Ibid.*, fol. 22. La opinión de Vaguer está escrita en Ávila, el 28 de agosto de 1531. La del Consejo, en Medina del Campo, el 8 de noviembre. Pedro Vaguer, de Jaca, había sido colegial del Mayor de Oviedo y provisor de Salamanca. Llegó a ser en 1541 obispo de Alguer en Cerdeña y asistió a la segunda reunión del Concilio de Trento. Murió en 1566. Estando con la corte en Alemania en 1541, tomó al Beato Pierre Le Fèvre, S. J., como confesor (cf. *Monum. Hist. S. J., Fabri Monumenta*, págs. 87 y 89-90).

[25] *Proceso*, fol. 48 r⁰. Fray Gil declara el 5 de enero de 1532. No confirma el testimonio de Francisca Hernández, que lo había nombrado como cotestigo de las palabras citadas por ella. Sin embargo, declara en términos generales, y sin poder precisar nada, que ha oído a Vergara "alabar algunas cosas de Lutero".

[26] Cf. *infra*, pág. 475. Pero será sobre todo en sus declaraciones del 2 de junio de 1533 (*Proceso*, fols. 46-47) donde Diego Hernández dará amplitud nueva a sus denuncias. Se decidirá, una vez aprehendido Castillo, a dar una larga lista de los que componen la "Cohors sive factio lutheranorum" tal como él la conoce por sus conversaciones con Juan del Castillo. El Doctor Vergara figura en ella con el calificativo de "fino lutherano endiosado". Los mismos términos se aplican a Tovar y a Juan de Valdés. Isabel de Vergara es calificada de "lutherana casera endiosadilla". En el lenguaje un tanto estrafalario de Diego Hernández, "endiosado" parece tener su sentido primitivo de "absorbido en Dios", pero con un matiz peyorativo que lo hace casi sinónimo de "alumbrado". Para el empleo de "endiosado" en el lenguaje místico, véase el *Cántico espiri-*

en profundo sueño. Las proposiciones atribuidas al Secretario se han dado a calificar de nuevo, en Valladolid, a teólogos de los Colegios de Santa Cruz y San Gregorio. Con excepción de las palabras dichas sobre San Agustín, que son "temerarias, erróneas y blasfemas contra el santo, y escandalosas", y de la comprobación de las divergencias entre la Vulgata y los textos griegos o hebraicos, que no tiene "nada reprehensible", todas sus proposiciones se han juzgado atrevidamente heréticas.[27] ¿Qué esperaba el tribunal para encarcelar a Vergara y juzgarlo? No se sabe. Un hombre poderoso, sobre todo un hombre hábil como él, no era fácil de arrojar a un calabozo. La calificación formal de herejía no tuvo consecuencia durante un año. Pero todo cambió de aspecto en algunas semanas, cuando se cogió a Vergara en flagrante delito de ultraje a la justicia inquisitorial.

III

En la primavera de 1533, en el momento en que el Emperador se embarcaba en Génova para regresar a España, hacía unos tres años que Vergara luchaba por ganar el proceso de Tovar. No sin audacia, hacía eliminar a ciertos magistrados de la Inquisición de Toledo, y obtenía de la Suprema la seguridad de que los jueces recusados no intervendrían en el proceso. Hasta había llegado a aconsejar a su hermano la recusación de un miembro de la Suprema.[1] Pero lo más grave era que, prestando a Tovar servicios de abogado defensor, lo hacía sin respetar las reglas establecidas para las relaciones entre acusado y defensa. Desde hacía dos años estaba en correspondencia secreta con su cliente, en las barbas de los Inquisidores. Un día el prisionero, al recibir de él un par de guantes envuelto en una hoja grande de papel blanco, había creído observar que la mitad de la hoja no estaba absolutamente virgen. La idea de que aquello fuese una

---

tual de San Juan de la Cruz, texto crítico de Dom Chevallier, Paris-Bruges (Desclée), 1930, Commentaire, 18, 5 b (cf. 17, 3 a y 17, 3 d, donde se encuentra "endiosar" y "endiosamiento"). La palabra es nueva para Vergara, que observa en su defensa (fol. 280 r⁰-v⁰): "...ni yo sé qué quiere dezir *endiosado,* sino que parece contrario de endiablado, y este nombre dévele sonar bien a este testigo, pues su contrario le suena mal. Si quiere dezir beato y santón, mal concierta con el comer y bever y jugar y lo demás de los bellacos que me impone en el capítulo primero".

27 *Proceso,* fols. 29 r⁰ ss. Esta calificación tiene fecha de 6 de mayo de 1532. Entre los teólogos notables que la firman figuran Fernando de Prexano, Pedro de Vitoria y Diego de Astudillo. La sigue (fols. 35 r⁰-39 v⁰) un examen de las mismas proposiciones por otros dos dominicos, Fr. Miguel de San Sebastián, prior del monasterio de Vitoria, y Fr. Juan de Ochoa.

1 *Ibid.,* fol. 97 v⁰. Carta interceptada el 11 de abril de 1533: "Quanto a la recusación de A. y B. digo que yo tengo por cierto *quod et sine recusatione* ellos no entenderán en este negocio..." "Agora viniendo por Madrid el Mindoniense certificó al Arçobispo que éstos no entenderían en el negocio... *itaque* parésceme que no los devéys a éstos recusar, pues siendo el efecto el mismo, se ahorra el odio *recusationis.* Al Mindoniense deuéys recusar *omnino* llamándole por su nombre el señor Licenciado Suárez, obispo de Mondoñedo: dígolo porque es ya obispo de Badajoz días ha..." A. y B. parecen designar a Jerónimo Ruiz y a Alonso Mexía. Cf. fol. 98 v⁰.

carta le pareció loca al principio. Pero al día siguiente pidió un brasero para calentarse y oscureció al fuego la pálida escritura. Respondió a su hermano por medio de la misma tinta —jugo de granada o de naranja—, utilizando el papel que cubría la ollita de miel rosada destinada a su merienda o a su colación. Después, los frascos de dulces o de aceitunas, los menudos regalos de toda clase que venían a suavizar el cautiverio de Tovar, los libros que entraban en su celda o que salían de ella, todo iba acompañado de cartas invisibles, más atrevidas y precisas a medida que esta correspondencia duraba sin que se violara su secreto.[2]

Pero durante la Semana Santa de 1533, alguien da aviso. Vergara se alarma al saber que unas recientes instrucciones prohiben llevar cosa alguna a los detenidos. Manda, para informarse, a su mensajero ordinario, que es su capellán Hernán Ramírez. El Inquisidor Yáñez confirma secamente la noticia; pero su colega Vaguer aclara que esto no va contra Tovar, y consiente en hacer una excepción por él: bastará con entregar al despensero de la prisión las cosas que se le lleven, indicando bien quién es el destinatario.[3] La trampa era demasiado grosera. Vergara, acostumbrado a burlarse del Santo Oficio, no vio que los papeles se trocaban por fin. Le comunicó a Tovar estas nuevas dificultades, al mismo tiempo que ciertas diligencias hechas para su proceso, en una carta secreta que sirvió de envoltura a unas pasas. El despensero, según las instrucciones especiales de Vaguer, expuso al fuego la hoja blanca, y apareció la escritura. Al punto se llevó el documento a los Inquisidores. Era el Viernes Santo, 11 de abril. A la sospecha de herejía que arrojaban sobre Vergara los testimonios recogidos desde hacía tres años, venía a añadirse ahora la prueba irrecusable de sus esfuerzos por actuar sobre la justicia inquisitorial y penetrar su secreto. Pero quisieron dejarlo meterse hasta el cuello. Otras cinco cartas a Tovar se confiscan y se revelan el 19 de abril, el 3, el 5, el 11 y el 17 de mayo. Gracias a esas cartas, sobre todo, podemos nosotros representarnos el estado de las persecuciones contra el iluminismo erasmizante en este momento crítico. Ya volveremos sobre ello.[4]

Vergara era una presa magnífica: era preciso no comprometer su captura con prisas desmañadas. Después de interceptar su carta del 11 de abril, los Inquisidores de Toledo dieron parte al Consejo Supremo, el cual dejó a su arbitrio el modo como había que proceder con respecto a Tovar, Vergara y Hernán Ramírez. El 21, en presencia de la nueva carta sorprendida el 19, Vaguer y Yáñez deliberan si hay que detener a Vergara. No tienen ninguna duda sobre la necesidad de esta aprehensión pero temen ofender al Arzobispo en la persona de su secretario. Ahora bien, unos pocos días después el Prelado tiene que salir de Toledo para ir a reunirse con el Emperador en Cataluña. Si se espera a que él haya salido, se evitará el ruido que no dejaría de producir una aprehensión llevada a cabo en las habitaciones del Primado, "mayormente estando Su Señoría tan des-

2 *Ibid.*, fols. 109 vº-112 rº. Explicaciones de Tovar, 7 de julio de 1533.
3 *Ibid.*, fol. 97 vº. Carta interceptada el 11 de abril de 1533.
4 Cf. *infra*, págs. 475 ss.

contento dellos" [= de los Inquisidores]. Por otra parte, habrá que tener mucho cuidado en no coger los papeles del amo al mismo tiempo que los del secretario. Yáñez expresa incluso la opinión de que, sin pérdida de tiempo, se consulte de nuevo al Consejo, puesto que éste ha ordenado, dos años hace, diferir el encarcelamiento, y ha guardado en sus oficinas las piezas de la instrucción. Temen mucho una maniobra en falso...[5]

El 23 de abril se manda llevar a Tovar para una audiencia, pero se le interroga sobre cualquier cosa, menos sobre su correspondencia secreta con Vergara. Se trata, en realidad, de registrar su celda sin que él esté allí. Se recogen de entre las páginas de sus libros algunas cartas o notas personales poco comprometedoras. Estos libros son un Nuevo Testamento en griego, una *Cornucopia*, un Alciato, un Séneca, un comentario sobre Santo Tomás. Para completar la sobria decoración de la celda un instante vacía, dos objetos acusadores: "una lima de comer muy atada e colgada de un clavo" en la pared desnuda, y un cestillo con plumas de gallina. Finalmente, puro adorno que el escribano hace constar por si encerrara también alguna secreta malicia, "un ramo de almendro florido", traído de algún cigarral para anunciar la Pascua Florida al prisionero.[6] Los solos accesorios de un cuadro están aquí como para hacernos sentir más vivamente el misterio que rodea a un personaje que fue de gran influencia. Nos dan por lo menos —como en un retrato de Holbein o de Metsys— el ambiente familiar de los pensamientos del humanista recluido.

Tovar no tenía ya nada que hacer con las plumas y la lima. Ninguna carta de Vergara llegaba hasta él. La del 19 de abril había sido enviada a la Suprema por una persona segura. Pero los Inquisidores dejaron todavía a Vergara, cada vez más angustiado por no recibir contestación, tiempo de escribir otras cuatro.[7] Para no ponerlo sobre aviso, no se había inquietado a Hernán Ramírez; éste era quien continuaba llevando a la cárcel los mensajes secretos. Seguros ahora de la aprobación del Consejo, los Inquisidores no esperaban más que la partida del Arzobispo. Vergara, el 11 de mayo, escribe a Tovar que esa partida se ha fijado para el día siguiente, y que él, a su vez, seguirá a su amo tan pronto como tenga noticias del prisionero. Ha llegado el momento de actuar. El 17 de mayo Vergara envía su última carta, interceptada como las otras. El mismo día, el fiscal denuncia a Vergara como "fautor y defensor de herejes, impedidor del Sancto Oficio, infamador e injuriador e corrompedor de los ministros y oficiales e personas que entienden en la ejecución dél"; y, recordando los cargos de herejía que pesan sobre él, invocando los atentados de Vergara contra la jurisdicción inquisitorial en la diócesis de Toledo, reprochándole haber alimentado en casa de su amo sentimientos hostiles al Santo Oficio, reclama su encarcelamiento.[8]

El 20 de mayo, los Inquisidores convocan por vez primera al Secretario y lo someten a estrecho interrogatorio. Le hacen preguntas acerca de

---

5 *Proceso*, fols. 99 r⁰-102 r⁰.
6 *Ibid.*, fol. 102 v⁰.
7 *Ibid.*, fols. 118 r⁰-120 v⁰.
8 *Ibid.*, fol. 96 r⁰.

todos los puntos tratados en sus cartas a Tovar, y él, seguro como está de su secreto, lo niega todo con audacia. No confiesa sino cuando le revelan que se ha interceptado la correspondencia. Pero ha "perjurado" abundantemente en este interrogatorio, de modo que se le puede tratar al menos como sospechoso. Se decide examinar inmediatamente sus papeles. Tendrá que considerarse como prisionero en Toledo: si sale de la ciudad sin permiso, se expondrá a una multa de quinientos ducados de oro. Se le autoriza, sin embargo, por petición suya, a pasearse en los cigarrales de los alrededores.[9] No se ordena su encarcelamiento inmediato hasta el 23 de junio, después de un nuevo interrogatorio en que se niega a dar el menor detalle acerca de su correspondencia con Tovar. De nada le sirve indignarse contra "la injusta prisión" y declarar que apela de ella al Consejo de la Inquisición: por fin está a merced de los Inquisidores de Toledo, tratado con las consideraciones exteriores debidas a un personaje tan importante, pero con una inflexible malevolencia.[10]

Su primer movimiento es debatirse para escapar de sus jueces, para guardar el contacto con sus apoyos del exterior. Deposita en la Suprema su principal esperanza. De ahí la insistencia con que formula verbalmente su apelación y pide que ésta se transmita a los Señores del Consejo. Un día después de su encarcelamiento pide ya, para redactar esa apelación, papel y recado de escribir. Pero se lo niegan. Al cabo de tres días consigue una hoja, una sola, para presentar su protesta a los Inquisidores. Aunque se muestra pronto a reconocer su error en este y otros puntos, trata de justificar, con ayuda de Santo Tomás y Cayetano, el sistema de negación obstinada a que ha recurrido en el fatal interrogatorio del 20 de mayo. Persiste en creer que su intromisión en el proceso de Tovar no merecía la afrenta con que se le ha castigado. Y si se le ha detenido sobre la palabra de ciertos testigos, "éstos no pueden ser sino de cualesque palabras, como en estos tiempos es uso y costumbre". "Y pues yo no soy idiota —añade—, y pudiera dar razón de mí que por ventura satisficiera, primero debiera ser examinado cerca de las tales palabras que se procediera a deshonrarme." Se ha tratado —dice— con mayores consideraciones a acusados que tenían "menos honra que perder", y así es como el Bachiller Villarreal pudo permanecer en libertad mientras se ventilaba su proceso. Vergara está tan seguro de la benevolencia del Consejo Supremo, que se niega a creer que le hayan detenido con el permiso de estos Señores, a no ser que hayan sido engañados, o que hayan impuesto, para su aprehensión, alguna condición que no se ha cumplido.[11]

Los Inquisidores contestan que en el encarcelamiento de Vergara no hay materia de apelación, pero, por consideración al Consejo, acceden a transmitir la protesta. Saben, además, que a falta del acusado, su señor el Arzobispo de Toledo trabajará en la Corte por él. No bien recibe la noticia de la aprehensión de su secretario, en Alcalá, el prelado encarga al Doctor Bivel de negociar con los Inquisidores su libertad provisional

9 *Ibid.*, fols. 113 rº-117 vº.
10 *Ibid.*, fols. 121 rº-123 vº.
11 *Ibid.*, fols. 123 vº y 124-125.

mediante fianza de cincuenta mil ducados, o al menos su traslado, de la prisión del Santo Oficio, a los locales de "la claustra" de la catedral, o bien a alguna casa particular.[12] Vanas diligencias. Vergara, interrogado acerca de las fuentes de información que tiene sobre los procesos que se ventilan, se niega obstinadamente a soltar los nombres del Licenciado Gumiel y del Bachiller Hermosilla, pretextando haber recibido sus informes bajo el sigilo de la confesión, aunque fuera de la confesión sacramental. Esta actitud permite presentar a Vergara ante el Consejo como un peligroso "impedidor del Sancto Oficio".[13] Y el mantenimiento de su prisión se impone, tanto más cuanto que, el 12 de julio, el fiscal entrega su acusación escrita.[14]

Ésta se basa principalmente en las declaraciones de Francisca Hernández; denuncia a Vergara no sólo como impedidor de la justicia inquisitorial y fautor de los herejes, sino también como hereje a su vez, luterano, alumbrado, culpable de una excesiva amistad con Erasmo, a quien defiende tenazmente contra los doctores de la Sorbona. En las audiencias del 15 de julio y de los días siguientes, Vergara tiene que explicarse acerca de los veintidós capítulos de la acusación.[15] De nada le sirve protestar en seguida contra los rigores nuevos de su reclusión —pues se han clavado las ventanas de su celda y se ha reforzado la puerta con una reja—; de nada le sirve tampoco reiterar su apelación y poner en duda la buena fe de los Inquisidores que aseguran haberla transmitido:[16] cada vez se hace más claro que nadie intervendrá desde lo alto para detener el curso del proceso. El Inquisidor General Manrique se contenta con recomendar a Vergara a sus jueces para que lo traten bien y lo juzguen rápidamente.[17] El Consejo les ordena comunicar a Vergara el texto de la acusación y las demás piezas necesarias para su defensa, orden que se ejecuta, sin prisas, el 22 de septiembre.[18] Este mismo día toma el Consejo, por fin, una decisión explícita: se dejará que el proceso siga su curso ante los Inquisidores de Toledo "no obstante las apelaciones interpuestas por el Doctor Vergara".[19]

El prisionero mide entonces su impotencia y se irrita. El procedimiento triunfa, con inexorables dilaciones. Vergara pierde a veces la paciencia. Algunos de los requerimientos con que recuerda a los Inquisidores su existencia están trazados con un movimiento rápido y como

12 Carta fechada en Alcalá, a 25 de junio de 1533, no foliada, intercalada en el proceso después del fol. 227. Al final del proceso (después del fol. 377) se encuentra intercalada otra carta dirigida ese mismo día por Fonseca al Licenciado Peña, Vicario General.

13 *Proceso*, fol. 128 rº-vº. Interrogatorios del 27 y del 28 de junio.

14 *Ibid.*, fols. 134-136.

15 *Ibid.*, fols. 137 rº-142 vº. Utilizamos ocasionalmente estas declaraciones verbales del acusado, pero no creemos útil analizarlas, puesto que Vergara se explicó más a fondo en su defensa escrita.

16 *Ibid.*, fols. 144 rº-145 vº. Audiencias del 19 y 29 de julio, a petición del acusado.

17 *Ibid.*, fol. 155 rº. Carta de Monzón, 6 de agosto. Serrano y Sanz, *Juan de Vergara*, *art. cit.*, pág. 35, la publica atribuyéndosela equivocadamente a Fonseca.

18 *Ibid.*, fols. 161 rº-162. La orden del Consejo era del 19 de agosto.

19 *Ibid.*, fol. 172 rº. Decisión tomada en respuesta a una protesta de Vergara, del 15 de septiembre.

colérico que deforma su elegante escritura de humanista.[20] En una ocasión en que el Inquisidor contesta a sus peticiones de libros "que los que estaban presos por herejes no les habían de dar todos los libros que pidiesen", "estuvo por decille que mentía y que era mejor cristiano que no el Inquisidor". Se atreve a hacer esta confesión, con vehemencia, algunos días después, ante el fiscal en persona. Añade este desplante: "que el Alcorán que yo pida para mi defensa me lo han de dar". Y al oír que el fiscal alega la pureza de intenciones del Inquisidor: "No le basta a un juez ser buen hombre —replica—, sino que no sea necio." [21]

Se le ha hecho esperar los libros que reclama, invocando la necesidad de un examen minucioso para cerciorarse de que no contienen ningún mensaje oculto. Sobre todo, se le hace esperar la "publicación de los testigos", sin la cual no puede redactar su defensa. Él la reclama desde el 26 de septiembre, fecha en que se le ha notificado el rechazo de su apelación. La publicación de los testigos se retarda en primer lugar a causa de las formalidades de ratificación. ¡Viven tan lejos algunos de los testigos! Fr. Gil López de Béjar está con la Corte en Monzón, el Doctor Pedro Ortiz está en Roma. El Consejo manda que se haga la "publicación" sin esperar a que todos los testigos la hayan ratificado. Bastaría, pues, transcribirle al acusado, con las supresiones de costumbre, los testimonios recogidos contra él. ¡A los Inquisidores les ha faltado tiempo! [22]

Un día, llevado a audiencia, Vergara pierde los estribos: "Aquí —exclama— las causas son inmortales y nunca se acaban, y así será conmigo. Y ya que se empiece a sacar la publicación, por me molestar quitaréis en ella de aquí y pornéis allí y mudaréis de allí y pornéis allí. . ." Y al decir esto, agrega el notario que consigna este movimiento de "ímpetu y soberbia", "el dicho Doctor hacía meneos con las manos".[23]

Por fin, el 8 de noviembre,[24] se comunica la "publicación" a Vergara, el cual puede contestarla sumariamente y tomar copia de ella. El Arzobispo de Toledo hace, quince días después, una nueva diligencia ante los Inquisidores para pedirles que compensen las dilaciones anteriores con una conclusión rápida. Vuelve a la carga el 7 de diciembre, a la vez ante el Consejo y ante los jueces, expresando la esperanza de "que para Navidad a lo más tarde esté fuera el Doctor".[25] ¡Qué lejos andaba en sus cálculos! La defensa de Vergara estaba concluida el 15 de diciembre, y ya el 16 podía entregar copia de ella a su abogado. Pero la causa se complicaba sin cesar con nuevos incidentes, en que la Inqui-

---

[20] Véase en particular el fol. 174 (2 de octubre de 1533).

[21] *Ibid.*, fol. 183 r⁰. Declaraciones de Gaspar Martínez, encargado de la vigilancia de los prisioneros (Toledo, 4 de noviembre de 1533).

[22] *Ibid.*, fols. 173 r⁰ (26 de septiembre), 176 r⁰ (instrucciones del Consejo, 15 de octubre) y 180 r⁰ (24 de octubre).

[23] *Ibid.*, fol. 184 (audiencia del 4 de noviembre de 1533).

[24] *Ibid.*, fol. 193 v⁰.

[25] *Ibid.*, carta del 23 de noviembre, intercalada entre los fols. 210 y 211. Fols. 229 y 230, cartas de 7 de diciembre a los Inquisidores de Toledo, y de 8 de diciembre al Consejo.

sición no perseguía propiamente la represión de la herejía, sino que vengaba los atentados hechos a su jurisdicción. En primer lugar había sido el incidente Jerónimo Ruiz: Vergara, no contento con poner trabas a la acción de este auxiliar del Santo Oficio en la instrucción del proceso de Tovar, había intentado difamarlo, según parecía.[26] Y ahora era el incidente Gumiel. Vergara había pronunciado imprudentemente su nombre en un interrogatorio, y la Inquisición lo había llamado para hacerle algunas preguntas.[27] Después de provocar una doble serie de declaraciones de Vergara y de Gumiel, el tribunal, convencido de que aquélla era una pista importante, había conseguido que el Consejo diese orden a Vergara de romper el sigilo de la confesión que hasta entonces había invocado. El 2 de marzo se decidió a hablar y a revelar la venalidad de Hermosilla.[28]

En el momento en que el proceso llega a este recodo decisivo, el Arzobispo Fonseca acaba de morir, dejando privado a su secretario de apoyo tan valioso. El día siguiente a su muerte (5 de febrero), sin dar parte al Consejo, que se había negado siempre a autorizar esta medida, los Inquisidores ordenan el secuestro de los bienes de Vergara.[29]

IV

El 6 de marzo el acusado entrega al tribunal su defensa,[1] apostillada por sus amigos los Doctores Carrasco y Balbás, que atestiguan su ortodoxia. Estas cincuenta y nueve páginas, escritas íntegramente de su puño y letra, están llenas de vida y de energía. No nos atrevemos a decir que en ellas

26 *Ibid.*, fols. 149 r°-150 v° (memorial de Jerónimo Ruiz, 4 de agosto de 1533).

27 *Ibid.*, fols. 233 r° y 335 r°. El 15 de diciembre confiesa Vergara haber estado en correspondencia con Gumiel a propósito del proceso de Tovar. El 20 de diciembre se interroga al propio Cristóbal de Gumiel.

28 *Ibid.*, fols. 236 ss., y en particular 251 r°. El 26 de febrero ordena el Consejo responder a Vergara. Éste se decide a hacerlo en la audiencia del 2 de marzo.

29 *Ibid.*, fol. 239 r°.

1 *Proceso*, fols. 257 r°-285 r°. Defensa presentada el 6 de marzo y no el 29 de enero, como dice por error Serrano y Sanz, *Juan de Vergara, art. cit.*, pág. 475. Parece que los amigos del acusado tuvieron la idea de utilizar los márgenes de este documento, que debía volver a la cárcel de donde había salido, para dar a Vergara algunos consejos sobre su defensa. Se observan en la parte inferior de los fols. 276 y 277 varias líneas apenas perceptibles, escritas sin duda con tinta simpática, y que, por no haberlas revelado nunca Vergara, han tomado un tinte amarillo con el tiempo. Son difíciles de descifrar. Se ve, sin embargo (fol. 276), que se trata del testimonio de Gumiel, y se lee claramente: "Ideo tutius putarim aperte verum confiteri." En el folio siguiente se puede leer: "It. depositum est hic grave quiddam, puto per Jeronimo Ruiz... los pundonores dessos letrados dilatan mucho. De Eguía sui affirmant liberum exiisse et nunc positum..." Y por último, unas palabras que permiten fechar verosímilmente estas líneas en los días (12 de febrero-22 de mayo de 1534) en que el Emperador permaneció en la región de Toledo: "Caesar convenit Archiepiscopum pridie moris. Nescitur quid locuti sint. Hispalensis tm (tamen?) salutavit hic..." El autor de estos consejos dados a Vergara es quizá el Licenciado Miguel Ortiz, cura de la capilla de San Pedro, que sirvió de intermediario para el envío de la defensa a Carrasco y a Balbás (fol. 285 r°).

se descubra el fondo del pensamiento religioso de Vergara. Lo que sí revelan es el temperamento orgulloso y altivo que hace de él, para los Inquisidores de Toledo, el más insoportable de los prisioneros. El ingenio es tajante como el carácter, hábil en echar por tierra la armazón de pruebas levantada contra él. Más que en definir sus ideas religiosas, se afana en demostrar que, entre las que se le reprochan, las únicas que pueden atribuírsele sin inverosimilitud son, en el fondo, ortodoxas, escandalosas solamente para gente ignorante... Su defensa, como es de rigor, sigue punto por punto, con todas las repeticiones que este método lleva consigo, la publicación a que responde. Juega el juego clásico de descifrar el anonimato de los testimonios tales como se le presentan, y por cierto que su juego no es muy certero. Se engaña en primer lugar sobre Fr. Francisco Ortiz, a quien identificará posteriormente; [2] y en cuanto al clérigo Diego Hernández, cuya existencia desconoce sin duda, y cuyas extravagantes acusaciones están tomadas de fuentes lejanas, Vergara parece confundirlo con uno de sus enemigos que fue durante varios años compañero suyo en el servicio del Arzobispo de Toledo.[3] Pero ¿qué importa? Los testimonios que constituyen la base de la acusación lanzada contra él son los de Francisca Hernández y de Mari Ramírez. Pues bien, Vergara pretende demostrar fácilmente su vaciedad.

Es un cúmulo de mentiras que concuerdan sólo mientras las dos mujeres permanecen juntas en la cárcel; pero basta que se las separe para que Mari Ramírez no confirme ya nunca las declaraciones de su ama.[4] Vergara, como antiguo abogado de su hermano, está familiarizado desde hace mucho con sus testimonios, más que sospechosos. No trata con ningún respeto a esas "beatas" hipócritas, mentirosas y perjuras. Pero no le basta con descalificarlas de esa manera: quiere demostrar la inverosimilitud, la incongruencia de sus testimonios. Su argumentación tiende a establecer, con una cronología exacta, que las palabras reales que pronunció delante de Francisca *no podían* contener ese cúmulo de errores luteranos e iluministas que ella pretende recordar.

Esas palabras se remontan a 1522 y 1523, es decir, a la temporada que Vergara pasó en Valladolid con la Corte a su regreso de Alemania. Los esfuerzos que había hecho en 1520 para apartar a su hermano de Francisca habían sido infructuosos. Esa vez, lo decidió a partir a Alcalá, lejos de aquella mujer dotada de tan extraño ascendiente; pero no hubo ruptura

---

2 *Ibid.*, fols. 258 vº ss. Resulta de la defensa de Vergara que el personaje en quien piensa, por los mismos días en que se aprehendió a Tovar (septiembre de 1530), estaba siendo perseguido igualmente por la Inquisición, en particular porque se le acusaba de haber compuesto cierto libro, e incluso fue aprehendido en Toledo, pero, puesto en libertad bajo fianza, logró salir del reino. ¿No será Juan de Valdés? En ese caso, vendría a llenarse una laguna que hay en la vida de Valdés, de quien no se sabe prácticamente nada entre la averiguación sobre el *Diálogo de doctrina cristiana* y el verano de 1531, en que se encuentra ya en Roma (cf. Juan de Valdés, *Diálogo de doctrina cristiana*, ed. cit., pág. 81). Después de entregar su defensa reconoció Vergara su error, e identificó a Fr. Francisco Ortiz (fol. 286 rº).

3 *Ibid.*, fol. 208 vº.

4 *Ibid.*, fol. 267 rº.

brutal, y el Doctor Vergara se mostró amable no sólo con Francisca, sino también con Medrano. Francisca se vengó diciendo que el diablo se había llevado a "uno de la compañía". Vergara la vio cuatro o cinco veces. ¿Es creíble que en estas conversaciones con una "beata" que le era francamente antipática hubiera podido mostrarse de acuerdo con Lutero en todos los puntos "sacado lo de la confesión"? Sin duda, él regresaba entonces de Alemania, y el luteranismo era de ahí en adelante, para un español como él, algo más que un vago fantasma amenazador. Pero sus pretendidas opiniones luteranas coinciden exactamente con las que Francisca pone en boca de Tovar, cuya intimidad con ella se remonta a antes de 1520, es decir, a una época en que no se tenía en España más que el conocimiento confuso de un heresiarca llamado Lutero. La identidad de las opiniones atribuidas por esa mujer a Tovar y a Vergara, que prácticamente no se han visto durante largos años, es ya de por sí sospechosa.

En lo que respecta a las proposiciones de los alumbrados, que ella les atribuye tan generosamente, hay doble inverosimilitud. Si sus conversaciones con Tovar se remontan a 1520, a 1521 cuando muy tarde, "en aquel tiempo ninguna memoria había de alumbrados ni de alumbramientos, ni se sabía de tales proposiciones, *maxime* con tanta conformidad al cartapel que mucho después se ordenó" (en 1525), y Tovar no podía conocerlas, sobre todo porque acababa de pasar unos diez años fuera del reino de Toledo, que era el centro de esta herejía. Y en cuanto a Vergara, ¿cómo podía, al desembarcar de Flandes en 1522, traer desde allá proposiciones de alumbrados, "pocas ni muchas, cuanto más tan todas y tan enteras como ella las pinta"? [5]

En el fondo, las coartadas invocadas por Vergara no son más convincentes que los testimonios que pretenden echar por tierra. El tenor preciso de estos testimonios es ciertamente sospechoso; es evidente que no nos encontramos ante unas declaraciones espontáneas, y que los Inquisidores han ayudado la memoria de Francisca Hernández [6] leyéndole el texto de las proposiciones condenadas en 1525, precisando asimismo en sus interrogatorios algunas de las tesis de Lutero. Pero del hecho de que Francisca demuestre tan excesivo apresuramiento en complacer a la Inquisición reconociendo tantas proposiciones heréticas en sus palabras ya antiguas, no se sigue que haya derecho para concluir la inanidad absoluta de su testimonio. En todo caso, la argumentación cronológica de Vergara tiene de malo el aislar artificialmente luteranismo e iluminismo como si se tratara de doctrinas que brotan un día de tantos en un punto dado y comienzan a seducir poco a poco a espíritus que por ninguna otra cosa estaban preparados para esta propaganda. Las proposiciones incriminadas en su proceso caracterizan la piedad de la Prerreforma en la misma medida que la piedad luterana y la de los alumbrados. Lo interesante es la manera

---

5 *Ibid.*, fols. 259 r⁰ *ss.* Véase en particular el 264 r⁰.

6 Véase sobre todo (fol. 59 r⁰) el interrogatorio del 27 de julio de 1530, en que se leen a Francisca las proposiciones de los alumbrados para guiarla en su declaración contra Tovar y Vergara.

como él se defiende de profesarlas o intenta ponerlas de acuerdo con la ortodoxia.

Se le puede creer sincero cuando rechaza el calificativo de "luterano".[7] No hay ninguna prueba de que se haya adherido, cuando estaba en Worms, a la rebelión de Lutero. No se le vio entonces entre los españoles que se apresuraban a visitar al heresiarca. No se lanzó sobre sus libros cuando estaba "toda la corte de Su Majestad llena dellos". Pero que haya simpatizado con Lutero, hasta el cisma exclusive, es algo que él reconoce como cosa completamente natural:

Al principio, cuando Lutero solamente tocaba en la necesidad de la reformación de la Iglesia y en artículos *concernentes corruptionem morum*, todo el mundo lo aprobaba, y los que escriben contra él confiesan en sus libros que al principio se le aficionaron. Y casi lo mesmo acaeció en España en lo de la Comunidad: que al principio, cuando parecía que solamente se pretendía reformación de algunas cosas, todos la favorecían; mas después que la gente se comenzó a desvergonzar y desacatar, apartáronse los cuerdos y persiguiéronla. No había cosa más común al principio que decir unos: "¡Mirad cómo no se han de levantar Luteros!", otros: "Razón tiene Lutero en lo que dice", otros: "Bien hizo Lutero en quemar los libros de Cánones y Decretos, pues no se usa dellos." Y nadie se escandalizaba entonces desto. Cuanto más que como en Mahoma se podría loar que quitó el vino a los moros y que les mandó guardar verdad y justicia, así por ventura podría alguno loar algo en Lutero, pues *nihil est omni ex parte malum.*[8]

El pretendido luteranismo de Vergara se basa, sobre todo, en esta frasecita sobre las indulgencias, que parece eco de una de las célebres veinticuatro tesis: "¡Que me hagan a mí entender que en dando el sonido del real que salga el ánima de purgatorio!" Vergara reniega de las palabras, pero no del pensamiento que en ellas se contiene, y en el cual no ve nada que vaya contra la verdadera doctrina de la Iglesia sobre las indulgencias. Ahora bien, Francisca Hernández, apremiada por los Inquisidores, lo ha acusado finalmente de poner el punto débil de las indulgencias en el poder pontificio que las concede. Vergara reconstruye sin trabajo la génesis de esta imputación. Cuando el Arzobispo de Toledo le dio a conocer las proposiciones atribuidas a Tovar por Francisca, él intervino en la Corte ante los Señores del Consejo de la Inquisición diciendo que muchas de aquellas proposiciones podían tener un sentido ortodoxo, pues "podía ser que el defecto se pusiese más en las personas que toman las bulas que en el poder del Papa que las concede". Francisca, apremiada

---

[7] En una de sus cartas secretas a Tovar, Vergara procura saber si ciertas palabras de su hermano se han proferido con espíritu erasmiano o con espíritu luterano: "Tamen multum refert si va la cosa a fuer de Erasmo o a fuer del perro de Luthero, quod Deus avertat" (fol. 118 vᵒ). Si Vergara hubiera sido luterano en el sentido más pleno de la palabra, no se habría expresado de ese modo.

[8] Véase en particular la respuesta al testimonio de Fr. Gil López de Béjar (fol. 281 vᵒ). Véanse también sus explicaciones verbales en las audiencias de 15 y 16 de julio de 1533 (fols. 137 rᵒ-138 rᵒ). Sobre la actitud de los españoles hacia Lutero en los días de la Dieta de Worms, cf. *supra*, págs. 110-111.

a precisar su declaración, había acusado a los dos hermanos de poner la insuficiencia en el Papa.

Vergara se indigna aquí, no tanto contra la inanidad del testimonio así obtenido cuanto contra el envilecimiento de la teología por la justicia inquisitorial:

> Y es mucho de doler que las materias teológicas vengan a tal estado que las más sanas opiniones de santos y católicos doctores se infamen y se traigan a inquisición desta manera. Véase Altisiodorense,[9] Santo Tomás, San Buenaventura, Gersón y otros; y para más corto véanse las *Quaestiones de indulgentiis* del Papa Adriano, in 4º, que los allega a todos.

Es elemental decir que la concesión de las indulgencias requiere una causa suficiente, y no sólo una causa final como la guerra contra el turco, pues ésta nunca falta. Es preciso que haya proporción entre el sacrificio pecuniario o la peregrinación que se imponen y la importancia de la indulgencia concedida. Si un rico compra la bula al precio fijado, y un pobre también, puede ser que el segundo gane la indulgencia y el primero no. Adriano no vacila en decir que prometer indulgencia plenaria a todo aquel que pague una blanca o media blanca "es derrochar y no dispensar las indulgencias". Y todavía más recientemente, el Cardenal Cayetano, en su *Comentario* sobre la segunda Epístola de San Pedro (1529), reprende a los predicadores ignorantes o temerarios que aseguran "que al pagar un carlín o un ducado por la indulgencia llamada plenaria se encuentra uno en el mismo estado que si acabara de ser bautizado, y que de la misma manera se libera un ánima del purgatorio". Eso es, agrega, una monstruosidad, eso es traficar con el pueblo cristiano.

> Yo soy cierto que por sueltas que hobiesen sido mis palabras cerca desto, que no llegarían con las del Cardenal Caietano, aunque fue Legado en Alemania contra Lutero y se ha empleado contra él más que otro ninguno... Mejor provisión sería por cierto para la fe dar orden en la reformación de las solturas que en esta materia pasan, pues dellas vino todo el mal de Alemania, que no dar ocasión a que se favorezcan con ver traer a inquisición estas cosas contra personas que sabrían dar razón de sí cuando se les demandase por otra vía.[10]

Francisca había acabado por atribuir a Vergara todos los errores de Lutero "sacado lo de la confesión". La excepción le parece chistosa al acusado, "porque consta que de las menos graves y menos escandalosas opiniones de Lutero es la de la confesión, que dice ser de derecho positivo".[11] Lutero, en esta materia, no llega más lejos que Erasmo. El Doctor Pedro Ortiz, mejor informado, presenta la cuestión bajo su verdadero aspecto acusando a Vergara de sostener la tesis erasmiana según la cual la

9 Guillermo de Auxerre (muerto en 1231), autor de una *Summa in IV Libros Sententiarum*, impresa en París por Ph. Pigouchet (1500-1501).
10 *Proceso*, fols. 260 rº y 263 rº-264 rº. Cf. 282 1º, donde cita el texto del reciente libro de Cayetano.
11 *Ibid.*, fol. 259 rº.

confesión auricular no es *de jure divino,* y de negar que esta tesis ha sido condenada en el Concilio de Constanza. El acusado admite el primer cargo: se contenta con observar que gran número de doctores, entre ellos San Buenaventura y el Maestro de las Sentencias, desconocen la institución divina de la confesión auricular. Y en cuanto al segundo punto, cuestión de hecho si las hay, Adriano nada dice sobre la condenación pronunciada por el Concilio de Constanza. El Rey de Inglaterra, Enrique VIII, en su *Defensa de los siete sacramentos* contra Lutero, se contenta con decir "que es probable que la confesión haya sido instituida por Cristo".[12]

De hecho, es en el terreno del erasmismo donde sitúan la "herejía" de Vergara los testimonios más serios, los más precisos, y es en este terreno donde él acepta defenderse. En una declaración por escrito dirigida al Consejo y especialmente consagrada a esta cuestión, volverá a hablar de la amistad que lo une con Erasmo.[13] No sólo confiesa haber conversado con él varias veces, sino lamenta que estas conversaciones hayan sido demasiado breves e intrascendentes.[14] ¿La acusación le reprocha su correspondencia con Erasmo?

Digo, señores —replica Vergara—, que si éste es crimen, común crimen es de muchos, así grandes príncipes como de todos estados y naciones que a Erasmo precian y estiman por su doctrina, y reciben dél cartas y se las escriben con mucha benivolencia; y entr'ellos veo al Papa y al Emperador Nuestro Señor y a los más principales de la cristiandad, eclesiásticos y seglares. Las cartas que él me ha escrito, impresas están las más dellas a vueltas de las otras suyas en su volumen de *Epístolas;* por ellas se puede entender lo que las mías le decían, y por el mesmo volumen de *Epístolas* parecerá cuánta copia de gente católica de toda suerte de hombres le escribe en el mundo y cuánto estiman grandes personas recebir una letra suya. Mucho quisiera que como el fiscal dice esto presentara juntamente las cartas que dice; porque por ellas, así por las escritas en mi nombre como por las escritas en nombre del Arzobispo mi señor (las cuales están asimesmo impresas en aquel volumen) pudiera constar claramente cómo todas son dignas de mucha comendación y loor; porque en ellas, demás de las palabras generales de benivolencia que se acostumbran en epístolas familiares, todo lo demás era exhortarle a moderación y templanza y a escrebir contra Lutero...

Un reproche más preciso a que tiene que responder Vergara es el haber inducido a su señor a dar un salario a Erasmo:

Por cierto, señores, cuando esto así fuera, no creo que persona ninguna de buena intinción me lo toviera a mal; porque Erasmo ni tiene renta ni beneficio, ni le ha querido tomar; solamente se sostiene de la liberalidad de señores que de todas partes le proveen. Mas en verdad no podrá el fiscal probar lo que dice,

---

[12] *Ibid.,* fol. 277 r⁰-v⁰.

[13] Fechada el 29 de abril de 1534 (fols. 313-314). Este documento está publicado íntegramente en Serrano y Sanz, *Juan de Vergara, art. cit.,* págs. 468-471.

[14] Este detalle no se encuentra en el memorial citado en la nota anterior, sino en la defensa (fol. 270): "Ni en mi vida hablé a Erasmo más de tres o quatro vezes y éstas muy sumariamente, y palabras comunes y generales, sin tocar en cosa de veras, de lo que me pesa: porque quisiera averle mucho comunicado y tratado."

porque nunca el Arzobispo mi señor dio a Erasmo salario ninguno, mas de enviársele a ofrecer muy bueno si quería venir a residir a Alcalá, como asimesmo se lo envió a ofrecer mucho antes el Cardenal mi señor Don Francisco Ximénez con la mesma condición. Verdad es que en años pasados, habiendo Erasmo dedicado al Arzobispo las obras todas de Sant Augustín, corregidas y reformadas, en diez o doce grandes volúmenes, cuya impresión no pudo hacerse sin costa muy excesiva, Su Señoría Reverendísima, para alguna satisfacción de su trabajo y gasto (como suelen los señores gratificar a quien les endereza obras), le envió doscientos ducados, y creo cierto, según la obra es grande, que más qu'éstos hobieron menester los molderos para vino, según su costumbre. Y así después, advirtiendo Su Señoría esto, y sabiendo juntamente cómo se le había muerto a Erasmo el Arzobispo de Conturbeli [Canterbury], que le solía ordinariamente proveer muy largo, dijo un día del año pasado que era razón acabarle de satisfacer la costa de la impresión de Sant Augustín. Con esta palabra yo le escrebí que el Arzobispo quería enviarle alguna ayuda y que yo ternía cargo de dirigirle la cédula; y al fin nunca se le envió nada.

Pero el fiscal llega hasta acusar a Vergara de haber provocado la disolución de la asamblea de Valladolid. El acusado apenas se atreve a disculparse de este crimen. Sería jactancioso de su parte tomarlo en serio. ¡Cómo!

¡Una congregación como aquélla, donde el Ilustrísimo Señor Cardenal de Sevilla en persona presidía y donde Vuestras Señorías y tanta autoridad de personas asistían, bastó el Doctor Vergara, no entrando ni hablando palabra en ella, para de lejos, *solo nutu*, deshacerla! Por esto no quiero en este artículo otros testigos sino al mesmo Señor Cardenal y a Vuestras Señorías, por cuyo acatamiento no debiera el fiscal decir en esto lo que dice.

Aquí puede Vergara explayarse a su antojo. Más comprometedora para él que sus relaciones personales con Erasmo era la adhesión sin reservas a su pensamiento religioso. A este respecto, el testimonio del Doctor Pedro Ortiz no carecía de peligro, tanto más cuanto que refería esta adhesión a una obra tan inquietante como el *De esu carnium*. La justificación de Vergara es aquí un poco más incómoda:

Solamente concluye haber yo dicho que había leído el libro de Erasmo *De interdicto esu carnium* y no me acordaba que en él hobiese errores. Y agora digo lo mesmo, porque ha muchos años que no le leí. Y cuando en él o en otro hobiese error, no dejaría de conocerle, ni soy tan astricto a Doctor ninguno que me quite esta libertad. Pero verdaderamente sé que nunca este ni otro libro me nombró este testigo...

En cuanto a la censura de la Sorbona, Vergara afirma que no hace autoridad, y que se puede, sin herejía, hablar irrespetuosamente de ella. En Occam podrían encontrarse ejemplos de condenaciones temerarias lanzadas por la Sorbona, condenaciones de que no han hecho caso los teólogos, ni siquiera en París, y que justifican el proverbio: *Articuli Parisienses non transeunt mare*. Pero las censuras contra Erasmo son particularmente vanas, pues los teólogos de la Sorbona estaban muy divididos al formularlas. Por

eso es natural que les hagan poco caso los doctos. Y así el Cardenal Cayetano, al escribir su *Comentario sobre San Mateo* dos años después de
esas censuras, hace suyas muchísimas de las proposiciones condenadas.[15]

Uno de los puntos en que se acusa a Vergara de seguir a Erasmo hasta
la herejía es el de la oración. Se le achaca un desprecio absoluto por la
oración vocal y reglamentada. Pero fuera de los testimonios de Francisca
Hernández y Mari Ramírez, en que entra gran parte de interpretación, si
no de pura invención, el cargo no se funda aquí más que en un recuerdo
de Fr. Francisco Ortiz, el cual afirma haber oído a Vergara alabar a Erasmo porque descuidaba el rezo del oficio para estudiar. Pues bien, el hecho
mismo de aducir una excusa importante, como es el estudio, excluye la
idea de una condenación absoluta de la oración vocal. Vergara no pretende defender a Erasmo en esta materia. "Podía Erasmo dejar el oficio
divino por estudiar, aunque fuese mal dejado, y yo loárselo aunque fuese
mal loado, sin tocar en el error de los que quitan la oración vocal." Pero
la acusación pone en su boca esta enormidad: ¡que la oración vocal es
"invención de idiotas"! En realidad, él mantiene la doctrina constante
de la Iglesia. La oración pública es necesariamente vocal, lo mismo que la
que se impone a los clérigos, a los prebendados y a los fieles que sufren
una penitencia. Pero la oración privada a que todos los fieles están obligados es principalmente la mental. La oración vocal se agrega como una
ayuda para despertar el espíritu: es necesaria en esa medida. Nada más
corriente que esta concepción de las relaciones entre ambas especies de
oración, en San Agustín y en otros autores. Algunos cerebros estrechos
han podido deducir de ello la negación pura y simple de la oración vocal.
Vergara rechaza vigorosamente toda solidaridad con ellos.[16]

Por lo demás, en toda su defensa muestra vivísima irritación porque se
le pretende meter en el mismo saco que a los alumbrados. La devoción, aun
la pietista e interiorizada, no es de cuerda:

> Siempre he andado como los otros hombres de mi manera; mis hombros siem-
> pre los he traído en su lugar, sin subirlos a las orejas; en mi boca, antes "¡Pardiós!"
> y aun más adelante, que "¡Bendito sea Dios!", de lo que me pesa; mi vestir antes

---

15 *Ibid.*, fols. 278 r⁰-279 r⁰. Vergara ya se había explicado verbalmente en la audiencia del 17 de julio a propósito de la *Determinatio* de la Sorbona. Da curiosos detalles
acerca de lo que él llama en su defensa la "conjuración" sorbónica contra Erasmo: "Es
ynformado este declarante que la Congregación de la Facultad de Theología de París se
congregó para esto obrepticiamente por industria de dos o tres enemigos que allí tiene
el dicho Erasmo, los quales aguardaron muchos días ocasión para que estuviesen ausentes
los principales de toda la Universidad, e hallando tal ocasión embiaron secretamente a
llamar quantos frailes graduados residían fuera de París, y así con la ausencia de los
unos y sobrevenida de los otros hizieron mayor número los contrarios de Erasmo que
sus fautores e hizieron la dicha determinación contra él en discordia de mucho número
de doctores que votaron al contrario, e que esta relación fue escrita de dentro de París
al doctor Don Pedro de Lerma Abad de Alcalá, el qual lo dixo a este declarante delante
de otros doctores de Alcalá en casa del doctor Matatiguí yendo este declarante y el
dicho Abad a comer con el dicho doctor Matatiguí, e hallóse también presente... el
Doctor Balvás..." (fol. 140 v⁰).

16 *Ibid.*, fol. 270 r⁰-v⁰.

curioso que beguino, la conversación y pasatiempos a lo común de todos, sin
esquividad ni singularidad alguna; en las pláticas, no sancterías ni devociones,
antes, al parecer de algunos, un poquillo de murmuración; pues destas vanidades
de mujercillas no creo que ha habido más capital enemigo en el mundo ni más
sospechoso de sus cosas que yo. Verdaderamente creo que no habrá en el reino
hombre que me conozca que no juzgue que decir al Doctor Vergara alumbrado
es llamar al negro Juan Blanco; demás de esto no se hallará que yo en toda mi
vida haya tratado ni aun saludado por la calle a hombre ni mujer de los que
fueron deste nombre notados; pues no era yo tan desechado que no holgaran los
de mi secta de llegarse a mí, no siendo más prósperos que yo.[17]

Así, a la acusación que lo presenta mezclado en una tenebrosa conspiración contra la fe, él contesta revistiéndose de su importancia social de
eclesiástico vinculado con la vida de la Corte: se complace en acentuar la
libertad de su comportamiento. Don Francisco de Silva atestigua que en
Valladolid demostraba poco entusiasmo en oír la misa que se decía cada
mañana en la sala del Arzobispo. Su habitación y la de su amo estaban
separadas de esta capilla ocasional por unas simples tapicerías. El Arzobispo mandaba levantar las suyas para asistir a misa desde su habitación.
El secretario Vergara hubiera podido hacer otro tanto, pero nunca seguía
el ejemplo de su amo. Se contentaba con oír la misa detrás de su tapi-
cería cuando ya estaba levantado. Pero muchas veces no lo estaba, cuando
sus ocupaciones lo habían obligado a acostarse tarde, a la una, si no a las
dos o a las tres de la mañana.

Mas ya que todo esto cesase (que no cesa), digo que no me tengo por obligado a oír misa cada día hasta que sea obispo. Y siempre tove y terné esta libertad de tener en poco a necios y a sus murmuraciones.[18]

En estas páginas vibra un inmenso orgullo herido. Orgullo de eclesiástico que se cree por encima de la sospecha de herejía; orgullo de hombre
de estudio formado en el libre juicio, y que tiene sobre el dogma luces
que no alcanzan esos seglares alumbrados con quienes se encuentra cómodo
confundirlo. Se indigna ante la idea de que una Francisca Hernández
pudiera haberse atrevido a reprenderlo.[19] ¡Y qué salto da cuando la "publicación", utilizando hasta en el detalle las declaraciones de Diego Hernández, lo presenta como secuaz de otro hereje español (Vergara ignora
que se trata de su propio hermano): "No hay muchos en este reino de quien
me preciase de ser secuaz. Cuando algo fuese, otros lo serían míos." [20] A
Fr. Bernardino de Flores, que le reprocha su entendimiento "más libre de

17 *Ibid.*, fol 262 r⁰-v⁰. El pasaje que transcribimos ha sido reproducido por Serrano
y Sanz, *Juan de Vergara, art. cit.*, pág. 267, pero con varias erratas (por ejemplo, se lee
benino en vez de *beguino*).

18 *Ibid.*, fol. 284 r⁰. Para la declaración de Don Francisco de Silva (25 de septiembre
de 1533) véase el fol. 169 v⁰. Este hecho se refiere al año decisivo del Saco de Roma
y de la Conferencia de Valladolid. Véanse también las explicaciones de Vergara en su respuesta rápida a la publicación (fol. 203 r⁰).

19 *Ibid.*, fol. 260 v⁰.

20 *Ibid.*, fol. 280 v⁰.

lo que es menester", le contesta que es más difícil juzgar entre los entendimientos que "juzgar entre tinto y aloque".[21] Desprecia al fraile ignorante desde lo alto de su cultura de humanista.

Un Vergara ha aprendido en su fuente misma lo que es la filología sagrada. Pone en su lugar, dentro de la tradición de la Iglesia, a los Padres que el fraile venera revueltos con todos los santos. Ciertamente, desaprueba la forma irreverente de las palabras que Fray Bernardino le atribuye, pero reivindica el derecho de consignar los erores en que incurrió San Agustín por no haber sabido bien las lenguas. ¿Acaso no confiesa expresamente este Doctor que ignora el hebreo y sabe mal el griego? Si Vergara ha tomado como ejemplo las *Quinquagenae*, es que este libro fue criticado por San Jerónimo. El desacuerdo de los dos grandes doctores se conoce de sobra, y es opinión bien fundada que, en materia de lenguas y traducciones, San Jerónimo merece mayor crédito que ningún otro.[22] Eso no es despreciar a San Agustín, como tampoco es injuriar a San Isidoro el reconocer que se equivocó en sus *Etimologías*. "No es maravilla, pues no aprendieron griego, que no lo sepan, que *non omnia possumus omnes*." La canonización de un santo no implica la aprobación de sus escritos hasta el menor detalle: esta autoridad absoluta no pertenece más que al canon de las Sagradas Escrituras.[23]

En cuanto a la Escritura misma, ¿acaso debe detenerse la crítica filológica ante la Vulgata como ante campo prohibido? Las divergencias entre la Vulgata y el texto hebreo de los Salmos están comprobadas por el mismo San Jerónimo en su traducción *juxta hebraicam veritatem*. Las divergencias de la Vulgata y de la versión de los Setenta no son menos evidentes. Vergara puede hablar con su experiencia de colaborador de la Biblia Poliglota:

Cuanto a los libros de Salomón, digo que si *forte* yo puse alguna vez ejemplo en ellos (de que no me acuerdo), sería porque los trasladé de griego en latín a ellos y a otros de la Sagrada Escriptura para la interlineal de la Biblia del Cardenal mi Señor por su mandado. Aunque más veces hablando en tales materias suelo poner ejemplo en la *Física* y *Metafísica* de Aristóteles que asimesmo trasladé. Y digo que es así: que en los dos libros de Salomón hallé en algunas partes harta diferencia de lo griego a lo latino, aunque en los libros de Salomón no va tanto, pues no se escribieron originalmente en griego, sino en hebraico; la Sapiencia que intitulan de Salomón y no lo es, se escribió en griego; el Eclesiástico que tampoco es suyo, aunque se escribió primero en hebreo, pero no se trasladó sino de griego, y aun en éstos hay hartas diferencias. Impresa está mi translación con el mesmo original griego: bien se puede ver.

Si fuera herejía confrontar la Vulgata con los originales de los libros bíblicos, habría que proclamar herejes a San Agustín y a San Jerónimo...

[21] *Ibid.*, fol. 275 vº.

[22] Sobre este aspecto del renacimiento de la antigüedad cristiana véase en el libro de Auguste Humbert, *Les origines de la théologie moderne*, Paris, 1911, págs. 224 ss., el capítulo intitulado *Saint Jérôme contre saint Augustin*.

[23] *Proceso*, fols. 273 rº-274 rº.

Hereje sería hoy el Cardenal Caietano, que no se contenta con sacar a luz translación nueva del Psalterio muy diferente de la que la Iglesia lee, y glosarla, sino dice y afirma que aquélla es la cierta..., y queriendo el mesmo Cardenal Caietano exponer *litteraliter* el Testamento Nuevo, corrige primero el texto de que agora usa la Iglesia conforme al griego, mudando y alterando palabras y sentencias tanto más sueltamente que Erasmo, cuanto menos temor tiene a calumnias de ignorantes.

Hereje sería Nicolás de Lira; hereje el Cardenal Cisneros, que reprodujo las anotaciones de este último en su Biblia Poliglota; hereje el Papa León X, que en dos breves elogió la labor de Erasmo sobre el Nuevo Testamento, "llamándola obra santa, y exhortándole a que la publique como útil a los teólogos y a la fe".[24]

En la hostilidad del fraile contra la filología sagrada Vergara parece descubrir la misma temible confusión en que incurrían en Valladolid los acusadores de Erasmo. La herejía, para un espíritu simplista, es todo aquello que se aparta del uso de la Iglesia. Pero ¿qué cosa es ese uso de la Iglesia? ¿Es la liturgia, la palabra cantada *hic et nunc* en la iglesia, es decir, dentro de las paredes del templo? ¿Es la verdad consagrada por la sucesión de los concilios y los papas, o dicho en otras palabras, por la Iglesia, comunión de los fieles en el espacio y en el tiempo?[25] No es admisible que la liturgia, en su letra actualmente establecida, anule toda la obra de los doctores consagrados al estudio de la palabra divina. Erasmo y Cayetano continúan, desde este punto de vista, a San Agustín y a San Jerónimo. A esta tradición de la Iglesia pensante y estudiante insiste Vergara en remitirse. Ésta es la que él invoca contra la ortodoxia policíaca e inculta cuyos campeones son los frailes y el fiscal. De ahí el enorme interés de su defensa, que es, en el fondo, la defensa el erasmismo, y que, ciñéndose aquí a una antinomia fundamental del catolicismo, hace presentir ciertos aspectos del debate modernista.[26]

Conviene añadir, para no falsear la perspectiva histórica, que este interés ideal es completamente invisible para los jueces españoles de 1534. No está más que en el telón de fondo de un duelo en que la fuerza y la astucia pesan más que las ideas. El procedimiento reina aquí como dueño y señor, y por eso Vergara, después de explicarse con toda la claridad deseable, deberá esperar todavía cerca de dos años para que lo juzguen.

24 *Ibid.*, fols. 274 r⁰-275 v⁰.

25 Habría que citar toda la respuesta de Vergara a Fr. Bernardino de Flores. Contentémonos con copiar estas significativas líneas: "Aquí está el punto de la herejía, en approvar hombre cosa different del uso de la Iglesia. Vergonçosa cosa es que un hombre como éste no entienda en qué consiste la approvación que procede del uso de la yglesia y de qué manera apprueva la Iglesia unas cosas y de qué manera otras. Sino que le parece a él que en cantándose una cosa *en la yglesia, hoc est intra parietes templi,* luego *la yglesia, hoc est congregatio fidelium seu concilium aut papa* lo appruéva letra por letra como al mesmo Evangelio, y que ninguna cosa se tolera in usu ecclesiae quod possit in melius reformari..." (fol. 274 v⁰). (Hemos subrayado la oposición entre los dos sentidos de la palabra *iglesia*).

26 Sobre otras semejanzas, véase L. Febvre, *Du modernisme à Erasme,* en *Revue de Synthèse,* t. I (1931), págs. 357-376.

V

Una vez más, Vergara había querido rivalizar en astucia con la Inquisición. Había creído ganar tiempo absteniéndose de invocar testimonios de descargo y pidiendo que se mandara incorporar a su expediente toda una serie de papeles tomados de otros procesos. Demanda plausible en apariencia. La "probanza" o interrogatorio de los "testigos de tachas" tenía por fin principal descalificar a los testigos de la acusación. Ahora bien, el principal de estos testigos era Francisca Hernández, abundantemente confundida por las probanzas anteriores de Eguía y de Tovar, y sospechosa, por otra parte, a causa de su situación de acusada. Así, pues, Vergara pedía que se añadieran a su proceso el de Francisca, el de Fr. Francisco Ortiz y el de Medrano, la probanza de Eguía contra Francisca ante la Inquisición de Valladolid y, finalmente, gran número de declaraciones de testigos de descargo invocados por Tovar.[1] Pero el fiscal opone a esta demanda una tenaz resistencia. De nada le sirve a Vergara protestar ante los Inquisidores, denunciar su decisión de no aceptarla como un artificio para prolongar el proceso: ellos se niegan a derogar el procedimiento regular, que consiste en volver a interrogar a todos los testigos que él quiera presentar, aun en caso de que ya hayan contestado a las mismas preguntas sobre las mismas personas. El fiscal alega, en efecto, que las nuevas declaraciones de que Vergara pretende prescindir no confirmarían a las antiguas, puesto que éstas estaban viciadas por las intrigas del acusado, y puesto que la situación había cambiado radicalmente, en primer lugar por el encarcelamiento del omnipotente Secretario, y en segundo por la muerte del Arzobispo Fonseca. El Consejo de la Inquisición se encuentra precisamente en Toledo, donde está el Emperador. Los Inquisidores demuestran a Vergara que no es dueño de conducir su proceso como él lo entiende: dan parte de todo ello a la Suprema, y la Suprema les concede la razón.[2]

Cansado de tanto batallar, el 18 de abril de 1534 el acusado declara que renuncia a toda probanza suplementaria y solicita que se le juzgue. Solamente recusa a los frailes en general, fundando esta recusación en el hecho de ser él un amigo de Erasmo. Pero entonces es el fiscal quien reclama a su vez el examen de nuevos elementos de información, acentuando además el delito de erasmismo que el acusado pretende usar para su defensa. Invoca "todos los libros y escripturas que se hallaron en su poder" y "los que el dicho Doctor Vergara envió al Consejo de la General Inquisición..., ansí de Lutero y sus secuaces como de Erasmo y otras personas que sean sospechosas en nuestra fe católica". Trae a cuento la censura de la Sorbona contra Erasmo. Recuerda los servicios prestados al Filósofo por Vergara, y en ellos ve precisamente una razón para desechar su recusación de los frailes. Vergara insiste, y alardea de poder conseguir de los ejecutores testamentarios del Arzobispo el pago de los doscientos ducados

---

[1] *Proceso*, fol. 292 rº.
[2] *Ibid.*, fols. 293 rº y 297 rº-302 rº.

prometidos a Erasmo. El Secretario "juraba a Dios que cuando de aquí saliese, de su renta le diese lo que pudiese". En esa forma busca una nueva ocasión de interesar en su causa al Consejo y al propio Inquisidor General, que en verdad mal podría tratar al erasmismo como un crimen contra la fe.[3] Vanas fatigas; tal vez, sin embargo, la insistencia de Vergara en recusar a los frailes provocó ciertas directivas para la elección de los consultores que habían de deliberar con los Inquisidores acerca de la sentencia. Los designados para ello no son frailes, y sus votos no se pueden tachar de erasmofobia.

Pero esta fase decisiva del proceso estaba todavía muy lejos. El fiscal no renunciaba a acumular nuevos cargos sobre la cabeza del acusado. El día mismo en que Vergara intentaba defender ante Manrique su "culpa" en el capítulo de sus relaciones con Erasmo, se había recogido un nuevo testimonio contra él: provenía de un monje que se había señalado como erasmista militante, y que se hallaba a su vez bastante amenazado, a pesar de su prestigio de predicador de la Corte, a saber, de Fr. Alonso de Virués en persona.[4] Hay algo doloroso en esta delación de un hombre que se cree obligado a dar garantías a la justicia inquisitorial, y que le suministra un arma contra un antiguo compañero de lucha. Sí, después de no pocas vacilaciones, Virués se cree obligado a denunciar unas palabras de Vergara sobre los sacramentos, pues, sabiendo que se persigue al Secretario, no puede ya resistir al escrúpulo que le ordena afirmar la sana doctrina atacada por Lutero. Sin embargo, fue cuatro años antes cuando ambos tuvieron en Madrid una discusión acerca de si los sacramentos "dan gracia *ex opere operato*". Era lo que sostenía Virués invocando "toda la escuela de los teólogos". Pero Vergara se burló diciendo que "¡qué cosa era escuela de Teología!", y añadiendo "que buen recabdo se hallaban los teólogos en alegar sus determinaciones de escuela". Por eso le pareció a Virués que "algunas doctrinas pías y católicas no las tiene [Vergara] en tanto como sería razón".

Vergara, cuando se le interroga algunos días después sobre ese punto, niega primero las palabras que se le atribuyen. Pero se le da oficialmente publicación de testimonio. Pone en juego entonces, para parar el golpe, toda su ciencia teológica y toda su habilidad. ¿Cómo hubiera podido negar en términos generales la gracia sacramental, tesis que nadie ha sostenido nunca? A su contradictor no le habría hecho falta invocar toda la escuela de los teólogos: le hubiera bastado aducir el Credo: *et remissionem peccatorum*. La opinión que trata de atribuírsele es, sin duda, la de los teólogos que creen necesario que Dios, después de la aplicación de los sacramentos, opere su gracia en el alma. Santo Tomás reprobó esta tesis. Pero después la volvió a sostener Escoto. Sin duda el testigo se ha alarmado por la manera como Cayetano ha presentado recientemente la cuestión, confirmando

3 *Ibid.*, fols. 303 rº-305 rº y 313-314. Aquí es donde entra el memorial de Vergara sobre sus relaciones con Erasmo (cf. *supra*, pág. 456, nota 13).

4 *Ibid.*, fol. 311 (30 de abril de 1534). La declaración de Virués y el consiguiente interrogatorio pueden leerse íntegros en el librito del P. Miguel de la Pinta Llorente, *En torno...*, *op. cit.*, págs. 109-113.

a Santo Tomás con una decisión del Concilio de Florencia. Pero, salvo error, esta decisión no se refiere al modo de causalidad de los sacramentos desde el punto de vista de la gracia. Lo único que pone en claro es que los sacramentos de la antigua Ley no causaban la gracia, mientras que los de la nueva la contienen y la confieren; y Cayetano concluye, con respecto a la tesis escotista, que actualmente parece menos defendible. Sin embargo, John Mair la ha sostenido todavía después del Concilio de Florencia. Por otra parte, aun suponiendo que sea hoy tesis condenada, no hay que olvidar que se atribuye a doctores como San Bernardo y San Buenaventura, y si un teólogo profesional como el testigo ignoraba la decisión del Concilio de Florencia, ¿cómo reprochar a Vergara el haberla ignorado, si tenía entonces por libro de cabecera, no la recopilación de los Concilios, sino las reglas de Cancillería? Y además, esa recopilación se detiene en el Concilio de Basilea. Por último, si ha ridiculizado la autoridad de la Escuela invocada en términos tan generales, todavía estima en este momento que semejante argumento es pueril y risible. El testigo mismo se excusa diciendo que ese argumento era "de presto". "También mi risa sería de presto", replica Vergara, y a las acusaciones más vagas del testigo replica que sabe tan bien como él el caso que hay que hacer de cada cosa.[5]

Al cabo de varias semanas (9 de junio de 1534), el fiscal vuelve a la carga para que no se considere la religión del tribunal como suficientemente ilustrada. Quiere que se interrogue a todos los co-testigos alegados en ciertas declaraciones. Reclama una averiguación entre las personas que se han ocupado del proceso de Eguía y entre las que se ocupaban de su imprenta mientras él estaba en la cárcel, con el fin de saber si Vergara no había comprado a ciertos testigos del proceso del impresor para echar por tierra los testimonios de Francisca Hernández y su criada. Se afana en demostrar que estos testimonios conservan toda su fuerza y que, a pesar de las protestas del Doctor, es sumamente verosímil que haya dejado rienda suelta a sus verdaderos pensamientos delante de Francisca, "teniéndola por alumbrada y luterana", y sintiéndose entre personas ligadas por un secreto común. Finalmente, como respuesta a la recusación de los frailes, el promotor recusa a su vez a las personas que han estado al servicio del Arzobispo Fonseca y a todos los amigos de Erasmo, en particular a los teólogos que lo defendieron en la asamblea de Valladolid. En su deseo de provocar nuevas denuncias, llega al extremo de pedir que se publique un edicto especial en que se invite a los fieles a decir lo que sepan de las herejías de Vergara, "ansí de ceremonias de la ley de Moisén como de los errores de Lutero y alumbrados". Esta amplitud de la averiguación se impone ahora que Vergara no tiene ya tras de sí el crédito del Arzobispo. El acusado la teme porque sabe a qué lo expone.[6]

Pero los Inquisidores no acceden ni a las nuevas pretensiones del fiscal ni a las reclamaciones de Vergara, que pide que se le juzgue pronto. El

---

5 *Proceso*, fols. 319 r⁰-320 r⁰ (12 de mayo de 1534).
6 *Ibid.*, fols. 322 r⁰-323 r⁰.

proceso entra en letargo durante cuatro meses y medio, sin que se pueda decir si este largo tiempo muerto lo ocupan intrigas para la elección de los consultores, o si es imputable a la negligencia del vicario general Blas Ortiz, que también tenía que tomar parte en el examen del proceso, como representante del ordinario.[7] Lo teólogos designados como consultores no son finalmente ni frailes ni erasmistas notorios. Dos al menos, de los tres, son doctores de Alcalá: Juan Ruiz de Ubago, poco después Inquisidor de Zaragoza, y Juan de Medina, catedrático en la Facultad de Teología. El tercero, el Maestro Villarreal, es canónigo de Sigüenza. Deliberan el 30 de octubre de 1534 con Blas Ortiz, con los Inquisidores Yáñez, Vaguer y Loaysa, y finalmente con el Doctor Diego Rodríguez, abogado del fisco. Su primera conclusión es que convendría detener a Pedro Cazalla, sin duda para poner en claro la índole de las palabras que un día se dijeron en su casa en presencia de Francisca Hernández. Pero ese hombre adinerado tiene, sin duda, protecciones eficaces, pues varios meses después se seguirá esperando todavía, inútilmente, qué ha decidido el Consejo Supremo en cuanto a su aprehensión.[8]

El 3 de noviembre, los consultores califican las opiniones atribuidas a Vergara. Si muchas de ellas les parecen heréticas o favorables a la herejía, otras, en cambio, no les parecen condenables. Las observaciones sobre el texto bíblico "pueden pasar". La aprobación total del pensamiento de Erasmo se juzga igualmente en términos moderados. En cuanto a ciertas palabras un poco violentas, se consiente en ponderarlas teniendo en cuenta las circunstancias en que se pronunciaron.[9]

Parece, pues, que el proceso se encamina hacia una sentencia de severidad mediana. Pero el camino sigue atascado por las probanzas en instancia. Parece que finalmente se admitió la posibilidad de incorporar al proceso de Vergara ciertas piezas tomadas de otros procesos. Pero se hace observar al acusado que la transcripción de las piezas supone largas dilaciones, y entonces él abandona parte de sus pretensiones. Se decide pedir a Valladolid el proceso de Miguel de Eguía. Se reconoce una vez más la necesidad de arrestar a Pedro Cazalla para someterlo a un interrogatorio. Se quiere interrogar de nuevo a Fr. Gil López de Béjar y a Fr. Alonso de

---

7 Cf. Lea, op. cit., t. II, pág. 15.—Por lo demás, Blas Ortiz demostrará posteriormente que simpatiza con Vergara. Es un humanista que ha seguido a Adriano VI a Roma, y que dejará dos obras estimables: el Itinerarium Adriani sexti ab Hispania ac ipsius pontificatus eventus (Toledo, 1546) [obra reeditada modernamente: trad. y notas de Ignacio María Sagarna, Vitoria, 1950] y la Summi templi Toletani descriptio (Toledo, 1549). Tamayo de Vargas atribuyó este último libro al propio Juan de Vergara (Notae in Luitprandi Chronicon, Madrid, 1635, pág. 67), confundiéndolo evidentemente con Las ocho questiones del templo, obra de Vergara (cf. infra, pág. 700, nota 3). El Archivo de Simancas (A. G. S., Estado, 2687, 2º suelto ant.) conserva una carta autógrafa del Doctor Blas Ortiz al Príncipe Don Felipe fechada en Toledo a 22 de enero (sin año), dedicándole su libro sobre "las antigüedades y grandezas de esta Santa Iglesia".

8 Proceso, fol. 323 vº. Cf. fol. 330 vº (12 de diciembre de 1534), donde el Doctor Medina observa a propósito de Francisca Hernández y Mari Ramírez: "Ambas an depuesto contra Pedro de Caçalla cosas harto rezias, y los Señores del Consejo no consienten que por sola su deposición sea presso sin más probança."

9 Ibid., fols. 323 rº-325.

Virués, y examinar juntamente con el proceso de Vergara los de Castillo y su hermano Lucena.[10]

Pero el 10 de diciembre, el fiscal vuelve a lanzar su tesis hostil a la fusión pura y simple de los procesos conexos, e insiste en que se proceda a nuevos interrogatorios. Se esfuerza, una vez más, en demostrar que Francisca Hernández y su criada son perfectamente dignas de fe. Las declaraciones del propio Eguía confirman en parte lo que ellas dicen. Invoca, pues, en apoyo de la acusación todos los procesos que pueden corroborarla, no sólo el de Eguía, sino también los de Alcaraz, Isabel de la Cruz, el Obispo Cazalla y su hermana María, Juan López de Celaín, Diego López de Husillos, Diego del Castillo,[11] el Maestro Juan del Castillo, Juan de Valdés, Gaspar de Vedoya, etc. . .[12]

Sin embargo, el tribunal se reúne al día siguiente con los consultores para votar sobre el proceso. El abogado del fisco es el primero en votar, y opina por la aplicación de la tortura. La deliberación, interrumpida a causa de lo avanzado de la hora, continúa el día siguiente. Entonces las opiniones se dividen: mientras Ubago hace suyo el modo de ver del abogado del fisco, el Doctor Juan de Medina, en un parecer largamente razonado, muestra más clemencia. Él es casi tan severo como Vergara en su apreciación del testimonio de Francisca Hernández, el cual, según observa, no se ha considerado suficiente para proceder al encarcelamiento de Pedro Cazalla ni a la condena de Miguel de Eguía. No obstante, el conjunto del proceso deja subsistir contra Vergara una cuádruple sospecha. Es sospechoso en cuanto a la observancia de los preceptos eclesiásticos, particularmente en materia de oración vocal y de horas canónicas. También lo es en cuanto a las indulgencias. Lo es en cuanto a la acción de los sacramentos. Tiene contra él, finalmente, su adhesión sin reservas al pensamiento de Erasmo. Pero si se toma en cuenta su situación eclesiástica y su reputación, la insuficiencia de los testimonios de cargo y la larga detención que lo ha afligido duramente en su cuerpo, en su honra y en sus intereses, la clemencia ordena no someterlo a tortura. Medina concluye proponiendo la abjuración *de vehementi* para los tres artículos que lo hacen principalmente sospechoso, pues, por lo que hace al cuarto, opina que hay que "dejar aparte el que toca a la doctrina de Erasmo, fasta que más vista y juzgada sea". Esta abjuración deberá hacerse en la sala de audiencias ante veinte o treinta testigos, tanto eclesiásticos como seglares. Vergara quedará encerrado seis meses cuando menos en un monasterio para hacer penitencia. Pagará mil ducados de pena por el delito de corrupción de funcionarios del Santo Oficio. Villarreal y el Doctor Blas Ortiz se suman a la opinión de Medina. Pero sin duda los Inquisidores se sienten inclinados a mayor severidad, pues hasta el 14 de diciembre no se ponen todos de acuerdo acerca de las sanciones siguientes: abjuración *de vehementi* en el cadalso del próximo auto de fe; reclusión de un año en un monasterio, y

10 *Ibid.*, fols. 326 rº-327 vº.
11 Cf. *infra*, pág. 479, nota 16.
12 *Proceso*, fols. 328 rº-329 rº.

multa de mil quinientos ducados de oro. La sentencia llevará los calificativos de "impedidor del Sancto Oficio e corrompedor de los oficiales de él".[13]

El proceso parece terminado. Durará todavía un año, a pesar de las invitaciones del Consejo a hacer justicia y a obrar con diligencia,[14] a pesar de una carta de Don Juan Tavera, nuevo arzobispo de Toledo, que se hace eco de los deseos del cabildo, del Inquisidor General y de la misma Emperatriz, celosa del buen nombre de la catedral en que Vergara es canónigo.[15] ¿Quién detendrá la ola del procedimiento? Virués, preso a su vez en el monasterio de benedictinos de Valladolid, precisa el punto de la discusión sobre los sacramentos. No se trataba del desacuerdo entre Santo Tomás y Escoto, sino de la opinión de Cayetano según la cual un cristiano en estado de pecado mortal puede, sin confesión previa, celebrar la misa si es sacerdote, con tal que se arrepienta del pecado o pecados en cuestión. Virués la combatía. Vergara la defendía. ¿Por qué, decía éste, había de dar la confesión una certeza mayor de hallarse en estado de gracia? Porque esta certeza, contestaba Virués, nace de la virtud que tienen los sacramentos de dar la gracia *ex opere operato*. La discusión prosiguió en este terreno, pero "no se habló Nominales ni Reales, ni en Escoto ni Santo Tomás", sino únicamente sobre la gracia conferida por el sacramento y sobre la mayor certeza, que de éste resulta, de hallarse en estado de gracia. Además, Lutero no apareció siquiera en el debate. El calor de la disputa y el afán de no ceder fueron quizá las únicas causas que hicieron a Vergara negar la acción del sacramento *ex opere operato*.[16]

Como se ve, las deposiciones más serias no aportaban elementos muy decisivos. Pero los asuntos que se habían incorporado al proceso de Vergara proseguían su curso: asunto Gumiel, asunto Hermosilla, asunto Jerónimo Ruiz. Lucena, sometido a tortura, amplía sus primeras declaraciones. Posteriormente se desdirá de una parte de los detalles sacados por la fuerza. Pero mientras tanto, estas declaraciones archisospechosas, lo mismo que las de Maldonado sobre el asunto Jerónimo Ruiz, constituyen testimonios nuevos, sometidos a las formalidades de publicación y de respuesta.[17] El estado ruinoso de la cárcel da origen a otros incidentes que vienen a sumarse a estos menudos episodios del procedimiento. Vergara ocupa la "sala dorada", que es, sin duda, la habitación más decorosa de toda la cárcel. Pero en un rincón hay una tabla que se mueve, dejando un portillo por el cual el criado del Doctor Vergara sale para ir a pasearse en el granero. Aquí, ha hecho un agujero en un tabique para asomarse a la pieza vecina. Vergara no niega estas fechorías del ocioso criado. Pero a las reclamaciones del carcelero contesta con injuriosa violencia. Por otra parte, la prisión se

---

13 *Ibid.*, fols. 329 vº-332 vº.

14 *Ibid.*, fol. 338 vº (11 de enero de 1535).

15 La carta del Arzobispo Tavera, fechada en Madrid a 15 de junio de 1535, está intercalada en el proceso a continuación del fol. 378, lo mismo que una carta análoga del Consejo de la Inquisición a los Inquisidores de Toledo fechada en Madrid a 14 de junio.

16 *Ibid.*, fol. 344 (12 de enero de 1535).

17 *Ibid.*, fols. 347 rº ss., 355 vº ss.

ha hecho más rigurosa para él. Se han dado cuenta de que, desde su celda, puede oír lo que se dice en la calle; entonces lo incomunican.[18] Hace mucho tiempo que no puede recibir de fuera sus alimentos. Protesta a cada instante de las comidas que le sirve el despensero. Una rabia desesperada se transparenta en sus palabras; decía "que aunque estuviese cuatro ni diez años y le metiesen en un fondón, no se le daba nada". Ante ciertas violencias de lenguaje, lo amenazan con encadenarlo. Pero él tiene necesidad de gritar su cólera. Apela un día al gobernador de la cárcel para confiarle cuánto le cuesta refrenar sus accesos de furor en la audiencia. "Ya sabéis cómo dije... que era menester que los ángeles me tuviesen las manos... Estuve ¡por Dios! para alzar la mano e dar una bofetada a ese vuestro criado." [19]

A partir de principios de mayo, el proceso no da un solo paso, a pesar de la insistencia con que Vergara solicita que se le juzgue. En vano declara que renuncia a todo suplemento de averiguación; siempre se le contesta con nuevas dilaciones para reflexionar mejor,[20] como si se esperaran denuncias que viniesen a agravar su caso. Pero apenas se logra provocar un testimonio nuevo del Doctor Diego de Albornoz, canónigo de Sant Yuste, sobre una vieja historia ya contada por Diego Hernández: ¡Vergara había dudado de que el Espíritu Santo inspirara a Albornoz en uno de sus sermones! [21] De quince en quince días, el prisionero reclama que se acabe por fin. ¡Se le pregunta por qué tiene tanta prisa! Sus cambios de táctica con respecto a la probanza, a la cual ha renunciado dos veces después de solicitarla otras tantas, parecen sumamente sospechosos.[22]

Hay que esperar hasta el 16 de noviembre para que el Inquisidor Girón de Loaysa apremie a sus colegas a llegar a una conclusión: se puede hacer un auto de fe expresamente para Vergara, o bien esperar quince días para hacer auto en que comparezcan los condenados cuya sentencia va a pronunciarse. Pero no hace esta intervención por humanidad. Tiene miedo de que un retardo demasiado escandaloso permita a Vergara llevar ante el Consejo una apelación o una recusación que parecerían justificadas, y que la Inquisición de Toledo se vea obligada a soltar a su prisionero sin resarcirse siquiera de las costas del proceso. En efecto, el 24 de noviembre, Vergara, cansado de demandar justicia, declara que ya no ve salvación sino en la Suprema, puesto que sin ninguna razón se aplaza la sentencia. Dirige, varios días después, una instancia al Consejo, y éste ordena terminar el asunto. El 20 de diciembre, por fin, los Inquisidores y el vicario general Blas Ortiz elaboran la sentencia definitiva. Ortiz interviene en favor de Vergara, proponiendo que se le indemnice de su cautiverio injustamente prolongado ahorrándole la afrenta de comparecer en el estrado del auto de fe. La abjuración *de vehementi* podrá realizarse en San Juan de los Reyes, en San Pedro Mártir o en cualquier otra iglesia que designe el tri-

---

[18] *Ibid.*, fols. 357 r⁰ *ss.*
[19] *Ibid.*, fol. 359 r⁰-v⁰.
[20] *Ibid.*, fols. 365 v⁰-369 v⁰ (28 de abril a 1⁰ de julio de 1535).
[21] *Ibid.*, fol. 370 (22 de junio de 1535).
[22] *Ibid.*, fols. 371 r⁰-373 r⁰ (17 de julio a 30 de octubre de 1535).

bunal. Vaguer y Yáñez se oponen enérgicamente a toda modificación de la sentencia, puesto que si el proceso se arrastra desde hace un año, es "por falta de Vergara". Blas Ortiz insiste, y recuerda que en varias ocasiones él ha querido apresurar el asunto con Girón de Loaysa. Pero éste recalca que los consultores Medina y Ubago, antiguos compañeros de Vergara en San Ildefonso de Alcalá, han juzgado todo con la mayor clemencia, y que la sentencia debe ejecutarse tal como está, si se quiere "satisfacer la honra de Dios y la destruición del Sancto Oficio", y que sirva de escarmiento. El Doctor Vergara tiene que ser el mejor ornamento del auto previsto para el día siguiente.[23]

El antiguo Secretario bebe el cáliz hasta las heces. El 21 de diciembre de 1535 abjura en el cadalso, en pleno Zocodover, mezclado con un rebaño de oscuros penitentes. Su antiguo camarada de Alcalá Don Pedro del Campo, Obispo de Útica, está allí con dos canónigos en representación del cabildo, entre "otras muchas personas eclesiásticas y seglares, vecinos de Toledo e otras partes".[24]

La víspera de Navidad, Vergara, después de pagar mil ducados de multa y de dar garantías para los quinientos restantes, sale de la prisión y se dirige a casa de su colega Diego López de Ayala, vicario y canónigo de Toledo, donde quedará preso bajo palabra hasta el día de Reyes. El 6 de enero de 1536 se traslada al monasterio de San Agustín, lugar de la reclusión que se le ha impuesto por un año a título de penitencia. No deberá salir bajo ningún pretexto, y no recibirá visitas más que en presencia del prior, del subprior y del vicario del monasterio. Autorizado en un principio a hacerse servir por dos criados, reclama y consigue tener cuatro, uno para ir al mercado, otro para cocinar y los otros dos para el servicio de su persona. Se le permite oír misa los domingos desde el coro de los frailes y decir misa en su habitación cuando le plazca.[25] Al poco tiempo se le da licencia de tomar el sol con los frailes en las "vistas" del monasterio, pero a estas vistas les falta sol, y además no es precisamente sol lo que él necesita, sino un poco más de libertad "para su recreación y salud".

En marzo, el cabildo hace ante el Inquisidor General una gestión para que exima a Vergara del resto de su penitencia. Él no cree posible hacerlo, pero decide que el día de San Juan se conmute la reclusión en el monasterio por reclusión en el recinto de la catedral. Se alojará en las habitaciones de "la claustra" y podrá volver a ocupar su asiento en el coro para los oficios. El 23 de junio, en efecto, Vergara es trasladado a la catedral.[26] Pero el día 26 el fiscal lo denuncia de nuevo a la Inquisición como "hereje impenitente relapso", por haber asistido a una reunión del cabildo. Vergara habría podido hacerlo, indudablemente, sin salir del recinto de la catedral, pero los Inquisidores estiman que es abusar demasiado de la liber-

23 *Ibid.*, fols. 374 ro-377 vo. Girón de Loaysa lo dice con todas sus palabras: "...porque faltando él faltaba la mayor parte del auto".

24 Según el acta anexa a la sentencia, publicada junto con el texto íntegro de ésta por Serrano y Sanz, *Juan de Vergara, art. cit.*, págs. 481-486.

25 *Proceso*, fols. 382-383.

26 *Ibid.*, fols. 384 ro-386 ro.

tad que se le ha concedido al trasladarlo allí. Tornan a meterlo en la cárcel, y en seguida, al cabo de tres días, lo vuelven a la claustra; Manrique aprueba su decisión, pero juzga que no hay razón para llevar más lejos el incidente. En agosto, Vergara queda autorizado, si no a circular libremente por el recinto de la catedral, al menos a tomar parte en las procesiones, aniversarios y conmemoraciones.[27] Recobra finalmente la libertad el 27 de febrero de 1537.[28] Había estado privado de ella cerca de cuatro años.

VI

Hemos analizado detenidamente el proceso de Vergara porque este voluminoso expediente nos restituye la historia concreta de un erasmista debatiéndose con la Inquisición: nos hace penetrar en la sombra secreta de las salas de audiencia, de las prisiones y de los claustros que eran su prolongación. Nos inicia en las dilaciones inexorables del procedimiento, en las cuales consiste casi toda la crueldad de este proceso. Por lo demás, su interés psicológico e histórico radica, con mucho, en la personalidad misma de Vergara. Sería un error hacer generalizaciones a base de un caso tan particular. Se trata aquí de un personaje importante, más odiado que algunos otros sin duda, pero que disfruta de singulares privilegios: se le ahorra el interrogatorio de costumbre sobre sus ascendientes, tal vez porque los orígenes judíos de su familia son notorios, y porque se teme de él una explosión de insolencia en caso de abordarse ese asunto; Vergara se salva también de la tortura, que era casi de regla en la fase final de los procesos; y hasta en poco estuvo que se salvara de la exhibición infamante del auto de fe. El proceso de María Cazalla,[1] simple burguesa bien emparentada, da una idea más justa de lo que fueron las persecuciones contra la generalidad de los erasmistas acusados entonces de luteranismo o iluminismo.

Su caso está íntimamente ligado al de su hermano el Obispo. Ya en 1525, la propaganda de los Cazalla en Pastrana había quedado descubierta por el proceso de Alcaraz, y ella había tenido que responder a ciertas pre-

27 *Ibid.*, fols. 380-381.

28 *Ibid.*, fol. 387 vº. Miguel Ortiz es quien presenta la orden de libertad, firmada por Manrique dos semanas antes (el 12 de febrero). El último documento del expediente es una deposición del Conde de Cifuentes, antiguo embajador en Roma, el cual, estando en Ocaña, denuncia (2 de diciembre de 1540) unas palabras que había pronunciado Vergara en 1525 ante el Arzobispo Fonseca. Según el Conde, Vergara dijo que Dios podía llamarse lo mismo *cuaternidad* que *trinidad*. Esta denuncia, relativa a palabras dichas al viento, y pronunciadas quince años antes, no tuvo consecuencia alguna.

1 Analizado por Melgares Marín, *Procedimientos de la Inquisición*, Madrid, 1886, t. II, págs. 5-156. El original se encuentra en Madrid, A. H. N., *Inquisición de Toledo*, leg. 110, nº 21. Una pieza, sin embargo, la respuesta escrita de María Cazalla a la acusación (17 de junio de 1532), parece haber ido a parar en Alemania junto con otros documentos llevados de España por Gotthold Heine (cf. E. Boehmer, *Franzisca Hernández und Frai Franzisco Ortiz, op. cit.*, págs. 23-25, nota, y *Hollenberg's Deutsche Zeitschrift*, oct. y nov. de 1861).

guntas de los Inquisidores.[2] De aquello no había resultado, por entonces, ningún proceso en regla. Pero en 1530, las denuncias de Francisca Hernández y de Mari Ramírez[3] habían ocasionado la reapertura de la causa contra María y contra el Obispo Cazalla, quien, por lo demás, había muerto hacia esos mismos días.[4] El 16 de abril de 1531, las palabras achacadas a María se someten a los calificadores, quienes las declaran todas escandalosas, heréticas o "con sabor de herejía".[5] Las declaraciones de Diego Hernández,[6] que se refieren a ella de manera muy particular, son sobre todo las que provocan su arresto. Denunciada en marzo de 1532 por este clérigo extravagante y cínico, había quedado presa en abril,[7] y, en el curso del mes de mayo, después del interrogatorio de identidad que no había dejado dudas sobre su ascendencia de conversos, había tenido que contestar en muchas audiencias las preguntas que se le hicieron sobre las "proposiciones" de que hemos hablado anteriormente.

Acerca de los puntos precisos en que estaba en juego la pureza de su catolicismo, se había mostrado a la vez valerosa y hábil, negando ciertas palabras atrevidas sobre el capítulo de las indulgencias y de las ceremonias, pero confesando su preferencia por un cristianismo interior, afirmando la fecundidad de la meditación que toma la Pasión como tema, pero concediendo mayor precio a la contemplación de la divinidad de Cristo que a la de su humanidad, no rechazando dogmáticamente la idea de mérito, pero oponiendo a la devoción calculadora el ideal de una piedad desinteresada, limpia de toda esperanza de recompensa.[8]

Largos meses había estado esperando la publicación de los testimonios.[9] Cuando la tuvo en sus manos, María recurrió a su abogado, el Licenciado Quemada, para contestar a aquella inasible tropa de acusadores anónimos que le devolvían o pretendían devolverle el eco de sus propias palabras. Imposible identificar a la mayor parte de ellos: ¿cómo reanimar el recuerdo de una conversación que a veces ha tenido diez años antes, para engarzar en ella unas frases cortadas de toda circunstancia de tiempo y lugar? De ahí las fórmulas —en que se reconoce el estilo del abogado— para eliminar a determinado testigo porque es "solo y singular", a tal otro porque habla de oídas. En cuanto a los testigos fáciles de reconocer, como Francisca o Diego Hernández, prisioneros a su vez del Santo Oficio, o como el sastre García Vargas, la defensa juega su juego, que consiste en descalifi-

2 Melgares Marín, op. cit., t. II, págs. 6-15.

3 Ibid., págs. 11-13. Las declaraciones de Mari Ramírez y de Francisca Hernández, aunque intercaladas por Melgares Marín entre otras piezas que se remontan a 1525, son posteriores. Las de Francisca son de fecha 7 de julio y 12 de octubre de 1530 (Proceso original, fol. 14 r°).

4 Ya había muerto cuando María, el 3 de mayo de 1532, sufrió un interrogatorio acerca de su familia (véase Melgares Marín, op. cit., t. II, pág. 33).

5 Ibid., págs. 15-16.

6 Ibid., págs. 18 ss. No volveremos sobre su contenido, pues ya hemos utilizado su parte esencial (cf. supra, págs. 209-211).

7 Ibid., pág. 32 (la orden es de 22 de abril).

8 Ibid., págs. 34-72.

9 Ibid., pág. 96 (audiencia del 17 de octubre de 1532).

carlos tachándolos de indignidad o de enemistad capital para con la acusada. Sin embargo, el abogado ha sabido incorporar a la defensa la sustancia de las respuestas pronunciadas verbalmente por María Cazalla. No se puede menos de admirar, por debajo de las sofisterías de costumbre, la firmeza con que esta mujer mantiene los puntos esenciales de su fe íntima, aunque no deje de someterla a la Iglesia.[10]

Si rechaza la acusación de luteranismo, en cambio se atreve a decir, como lo hará Vergara, que Lutero tuvo al principio de parte suya la opinión de muchos cristianos sinceros, y llega a reconocer que ella pudo hacerse eco del sentimiento general:

> Oí decir al principio que era muy religioso y muy bueno; y si acaso dije que tenía razón sería en vista de vicios y desórdenes de los prelados y clérigos que le daban ocasión para decir mal.[11]

Ella, con quien Alcaraz no se ha mostrado muy indulgente en sus confesiones a los Inquisidores, sabe no renegar de los sentimientos de admiración amistosa que sintió por Alcaraz y por Isabel de la Cruz.[12] La manera misma como rechaza de sí el epíteto de alumbrada es casi un homenaje a aquellos a quienes el vulgo llama así:

> Este nombre de alumbrados —dice— se suele imponer ahora, y en el tiempo que la testigo depuso, a cualquier persona que anda algo más recogida que las otras, o se abstiene de la conversación de los viciosos, como es público y notorio; y no es mucho que así a ciegas me impusiesen a mí este nombre, como lo hacen a otras personas mejores y más virtuosas que yo.[13]

No reniega tampoco de los libros que han sido su sustento espiritual. Si en los primeros interrogatorios ha hablado con algunas reservas de la *Doctrina cristiana* de Juan de Valdés, no vacila en decir, en su réplica al testimonio del sastre García Vargas, que este libro tiene que estar exento de herejía, puesto que la Inquisición no lo ha reprobado.[14] Sobre todo, proclama en alta voz su admiración por Erasmo:

> Muchas veces... he leído un *Pater Noster* suyo en romance, el *Enquiridion* y los *Coloquios,* obras que he tenido, tengo y tendré por buenas hasta que lo contrario no esté determinado por la Iglesia.[15]

En su defensa, recoge sin miedo la acusación de tener por palabra del Evangelio todo lo que sale de la pluma de Erasmo, y es para hacer de ello un como diploma de ortodoxia:

10 *Ibid.*, págs. 111-131 (17 de marzo de 1533).
11 *Ibid.*, págs. 62-63 (respuestas orales de María).
12 *Ibid.*, págs. 54, 115, 119.
13 *Ibid.*, pág. 120.
14 *Ibid.*, pág. 130. Sobre las reservas hechas en sus respuestas orales a los Inquisidores, cf. *supra*, págs. 361-362.
15 *Ibid.*, pág. 39.

Pues si tan devota me cree de Erasmo, ¿cómo me atribuye tantos disparates, y tan contrarios a las doctrinas de Erasmo? Éste no está condenado por la Iglesia, ni ha dejado de pertenecer a ella ni de creer lo que ella nos manda creer. Luego el que lee las obras de Erasmo, y aun el que piensa como en ellas se piensa, no deja de ser un buen cristiano; de donde resulta que si yo tengo las opiniones de Erasmo, no tengo las disparatadas y contrarias a Erasmo que antes me atribuía, ni tengo tampoco las contrarias a la Iglesia, de la cual Erasmo fue hijo sumiso, y por la cual no fue castigado.[16]

Evidentemente, el Licenciado Quemada no es extraño a semejante despliegue de dialéctica. El despliegue es, en todo caso, pertinente en un proceso de tendencias como éste. Lo que constituye el fondo del debate, bajo los nombres de luteranismo o de iluminismo, es la gran reivindicación del culto en espíritu contra la religión ceremonial, reivindicación cuyo heraldo casi oficial, para los españoles de entonces, es Erasmo. María Cazalla, acusada de haber hablado con desprecio del "judaísmo" de las ceremonias, puede invocar "la quinta regla de su *Enchiridion* (puesto en romance, según he oído, con autoridad del señor Cardenal Arzobispo de Sevilla, Inquisidor Mayor)", y sostener "que es nuevo género de judaísmo contentarse con las obras exteriores y visibles sin tener ojo a lo interior que significan".[17]

Al mismo tiempo que contestaba a la publicación, la acusada había presentado una lista de "testigos de tachas", con el cuestionario que debía sometérseles: se trataba, sobre todo, de ilustrar al tribunal acerca de la indignidad de Francisca Hernández, de Mari Ramírez su criada, y del clérigo Diego Hernández. Entre los testigos invocados por María figuran, al lado de personajes oscuros, algunos fiadores aristocráticos: el respetable Pero Gómez, Señor de Pioz; su hijo Álvar Gómez de Ciudad Real, humanista y poeta cristiano conocido por su *Thalichristia* y su *Musa Paulina;* su yerno Don Alfonso de la Cerda, hermano del Duque de Medinaceli. María apelaba igualmente al testimonio de Juan de Vergara, de su hermano Francisco, el helenista, y del humanista Martín Laso de Oropesa, que había estado, en su primera juventud, al servicio del Obispo Cazalla.[18] La acusación no acepta sin reservas estos testimonios, varios de los cuales son sospechosos. El fiscal pide que se recuse a los clérigos Gonzalo Páez y Hernando de Espinosa, al religioso Fr. Pedro de los Ángeles, a Martín Laso de Oropesa y al Doctor Vergara, a causa de que han sido denunciados al Santo Oficio por iluminismo y otros delitos.[19] No obstante, con excepción de los hermanos Vergara, se interroga a todos los testigos.

El proceso sigue su curso con la pereza habitual, a pesar de las gestiones hechas por la acusada para recordar su existencia a los jueces. El 8

[16] *Ibid.*, pág. 127.

[17] *Ibid.*, pág. 124.

[18] *Ibid.*, págs. 106-111 (preguntas que se han de hacer) y 131-134 (algunas respuestas a esas preguntas). Utilizamos también el *Proceso* original, en particular (fol. 124 r°) el "Memorial de los testigos de tachas". Sobre las relaciones de Laso de Oropesa con el Obispo Cazalla, cf. *supra*, pág. 187, nota 53, e *infra*, pág. 484, nota 3.

[19] *Proceso* original, fol. 131 r° (22 de abril de 1533).

de mayo de 1534, al cabo de dos años de prisión, parece que su caso va a entrar en una fase decisiva, pues se toma la resolución de someterla a tortura, absurdo y odioso coronamiento de la instrucción en la mayoría de los procesos. Pero María no sufre esta prueba hasta octubre. Sometida a nuevo interrogatorio, ha negado todos los cargos que pesan sobre ella. Tres días después se le notifica solemnemente la sentencia de tortura, con la acostumbrada advertencia de que, si sobreviene la muerte, o si queda lisiada, o si hay derramamiento de sangre, "a culpa de ella sea y no de sus mercedes los reverendos Inquisidores".[20] María protesta contra el trato indigno con un pudor y una firmeza inquebrantables. Sometida al suplicio de las cuerdas, y en seguida al del agua, repite sin cansarse que no tiene nada que decir, puesto que ha dicho ya toda la verdad. Invoca al Rey del Cielo atado a la columna, al Redentor muerto por ella, al Dios a quien adora en el Santísimo Sacramento; invoca a los santos mártires Esteban, Lorenzo, Simón y Judas; echa en cara a sus verdugos su crueldad, se burla de la fuerza de que alardean contra una flaca mujer. Ella es quien se queda con la última palabra. Se suspende la tortura en razón de lo avanzado de la hora. Mientras se retiran los Inquisidores, ella dice, en voz lo bastante alta para que la oiga el notario: "¡Más vale quedar lisiada que condenada por la Inquisición!"[21]

La sentencia se pronuncia finalmente el 19 de diciembre. Es moderada, a pesar de una última tentativa de la acusación por demostrar que María Cazalla alentó a los herejes y puso trabas a la justicia inquisitorial. Inquisidores y consultores están de acuerdo en no retener contra ella más que una ligera sospecha de herejía. Abjurará *de levi* en la audiencia misma. Se le ahorrará la afrenta del auto de fe. La penitencia pública que se le inflige tendrá por teatro la iglesia de su parroquia: oirá la misa mayor con una vela en la mano, de pie ante las gradas del altar, excepto en el momento de la elevación, en que se arrodillará; rezará durante esta misa siete padrenuestros y siete avemarías y oirá la lectura de su sentencia después del ofertorio. Se la invita a abstenerse en adelante del trato de personas sospechosas de iluminismo o de cualquier otra herejía. Pagará, finalmente, cien ducados de oro por las costas del Santo Oficio. Hecho esto se le levantará el secuestro de sus bienes.[22]

María sale el 20 de diciembre de 1534 de la cárcel en que la ha confinado durante treinta y dos meses una leve sospecha de herejía. Vuelve a la oscuridad de la que jamás hubiera salido sin su proceso. Ella es, ciertamente, de esa sangre de los Cazalla a quienes su ascendencia judía parece condenar a la inquietud religiosa en el seno de la comunidad católica de España. Pero, al mismo tiempo, encarna mejor que nadie el destino del erasmismo español: fermentación espiritual que prolonga el iluminismo quietista de un Alcaraz y de una Isabel de la Cruz, que evoluciona gracias a Erasmo hacia un pietismo impregnado de razón, y que, después de algu-

20 Melgares Marín, *op. cit.*, pág. 143.
21 *Ibid.*, pág. 147.
22 *Ibid.*, págs. 147-154.

nos años de libertad casi completa, se hace repentinamente sospechosa de luteranismo sin que el pensamiento de Erasmo haya sido condenado oficialmente.

VII

Es ésta una grave crisis que hay que renunciar a reconstruir con una documentación tan fragmentaria. Intentemos, al menos, dar una idea de su amplitud. Entre los hombres que desempeñaron algún papel en lo que se puede llamar la revolución erasmiana, muy pocos se salvaron entonces de las persecuciones o de las denuncias.

No se puede decir exactamente cuál fue la suerte de Tovar, pues su proceso es uno de los desaparecidos, laguna lamentable entre todas, si se piensa en el lugar central que este hombre tiene en el movimiento. No todo es extravagante en las denuncias de Diego Hernández, las cuales giran casi siempre en torno a Tovar. Su aprehensión parece haber dado la señal de la desbandada para cierto número de clérigos y humanistas de Alcalá que se sentían no menos amenazados que él; y hasta es probable que algunos se hayan alejado de España entre su primer interrogatorio y su encarcelamiento, es decir, entre diciembre de 1529 y septiembre de 1530: imposible fijar con mayor precisión las fechas de partida de Juan de Valdés y de Mateo Pascual a Roma, y de Miona, Miguel de Torres y Juan del Castillo a París.[1] En 1533, en vísperas de la aprehensión de Vergara, el proceso de Tovar se prolongaba todavía sin que se hubiera recogido ningún nuevo testimonio: su hermano no le aconsejaba buscar una conclusión rápida, esperando, sin duda, que otros procesos entablados bajo mejores auspicios tuviesen una influencia feliz sobre el suyo.[2] Tovar, en resumidas cuentas, probablemente debió abjurar *de vehementi* y sufrir una penitencia más o menos prolongada.[3]

El impresor Miguel de Eguía, interrogado por los Inquisidores en 1530, encarcelado durante el otoño de 1531, seguía preso en mayo de 1533: su

---

1 *Proceso de Vergara, doc. cit.*, fols. 44 ss. Diego Hernández es quien, en su enrevesado memorial del 27 de mayo de 1532, alude a la partida de Torres y de Miona, futuros jesuitas ambos. Miona, dice el testigo, "se fue a París con otro bonito estudiante que allí estava en Alcalá; yo creo que por lo de Tovar e la quema de Garçón o por su prisión se fue. . ." Un poco adelante nos da el nombre de este estudiante que se fue a París con Miona; se llamaba "Gasion [Gascón?] o Manuel Díaz, que tenía dos nombres".

2 *Ibid.*, fol. 98 vo.

3 En un manuscrito de la B. N. P. (Fonds espagnol, 354), en que están copiadas las principales piezas del debate relativo al Estatuto de limpieza de sangre promulgado en 1547 en la catedral de Toledo, se lee a continuación del pasaje que atañe a Vergara y a su condena: "y un su hermano fue presso en la Santa Inquisición" (fol. 19 vo). Se refiere con toda verosimilitud a Tovar. Si éste hubiera sido condenado a la hoguera o a prisión perpetua, los defensores del Estatuto, afanados como estaban en aplastar a Vergara y a todos los opositores, no habrían dejado de decirlo.—Otras copias de los mismos documentos se hallan en manuscritos de la B. N. M. (Fondo Osuna, Mss. 11008 y 11207). Se encuentra en ellos el pasaje relativo a Vergara, pero no las palabras que aluden a su hermano (véase en particular el Ms. 11207, fols. 251-257).

proceso se hallaba en instancia ante la Suprema a causa de un desacuerdo entre los Inquisidores y el representante del ordinario con respecto a la sentencia, pues aquéllos reclamaban una pena pecuniaria, mientras que éste opinaba por la absolución pura y simple. Sin duda fue puesto en libertad poco después.[4]

Francisco Gutiérrez, que había pensado huir en el momento de la aprehensión de Tovar, estaba en la cárcel y se defendía no sin denuedo.[5]

Tapia, gracias a la intervención del Capiscol y del Maestrescuela, grandes amigos de uno de los Inquisidores, había obtenido su libertad sin más penitencia que la prohibición de vestir ropas eclesiásticas.[6]

Pero la Inquisición estaba ocupada en ese momento en coger en sus garras a dos hombres cuyas huellas había seguido durante largo tiempo en el extranjero. El Doctor Mateo Pascual, antiguo rector del Colegio de San Ildefonso de Alcalá, debió de salir de Roma sin demasiada inquietud, llamado a las funciones de Vicario general del arzobispado de Zaragoza.[7] Las denuncias recogidas contra él —complacencias en el asunto de la *Doctrina* de Valdés, imprudencia de lenguaje acerca del purgatorio— parecieron suficientes para justificar su arresto. En mayo de 1533 se dice que ha sido destituido; pero se trata de un rumor falso.[8] El 6 de junio, el Inqui-

---

[4] *Proceso de Vergara*, fol. 22. Cf. fol. 3 vº, donde el fiscal, con fecha 1º de diciembre de 1530, habla de "la confessión de Miguel de Guía", y fol. 98 vº (carta de Vergara a Tovar, 19 de abril de 1533): "El proceso de Eguía vino al Consejo quia ordinarius omnino absolvebat, alii injungebant penitentiam scilicet pecuniariam y aún no está deciso."—Sobre la libertad de Eguía, cf. el texto citado *supra*, pág. 451, nota 1: "De Eguía sui affirmant liberum exiisse..." (texto sin fecha, que parece de febrero de 1534). Sobre este proceso, véase J. Goñi Gaztambide en *Hispania Sacra*, t. I (1948), págs. 35-54.

[5] *Ibid.*, fol. 98 rº-vº (cartas interceptadas el 11 y el 19 de abril de 1533).—Cf. los interrogatorios de Gutiérrez (29 de noviembre de 1530 y 10 de abril de 1532, fols. 40-41) y las declaraciones de Vergara en la audiencia del 28 de junio de 1533 (fol. 129 vº).

[6] *Ibid.*, fol. 98 rº. Vergara no nombra al Capiscol y al Maestrescuela a quienes Tapia debe su libertad. En 1547 ocupan estas dignidades, respectivamente, Bernardino Zapata y Bernardino de Alcaraz, los cuales, en el debate del Estatuto de limpieza de sangre, figuraron al lado de Vergara en la minoría de la oposición y fueron denunciados como cristianos nuevos por tener muchos lazos con judaizantes (véanse los Mss. citados en la nota 3 de la pág. 475, en particular el 11207, fols. 251 ss.). El Maestrescuela Bernardino de Alcaraz es el protector de la Universidad de Toledo, fundada por su tío Francisco Álvarez de Toledo, Maestrescuela como él.

[7] Sin embargo, Vergara, en la audiencia del 28 de junio de 1533 (fol. 129 rº-vº), afirma haber escrito a Juan de Valdés y a Mateo Pascual para decirles que todos interpretaban su salida a Italia como una huída de las persecuciones inquisitoriales. "Juan de Valdés respondió... escusándose de su venida con algunas razones y diziendo que ya el Mº Pascual era partido para España"; añadía que Pascual había apresurado su regreso por los rumores que corrían acerca de su salida, "especialmente en Alcalá, donde avía rezias pasiones de colegiales contra él sobre una gran diferencia que allí ovo". Tal vez esta "diferencia" sea la disputa de que habla Enzinas en sus *Memorias*. Él afirma que su contradictor le objetó: "Si la cosa fuera así, se seguiría que no existe el purgatorio", y que Pascual contestó: "Quid tum?" (¿Y qué?). Enzinas, por lo demás, parece conocer este asunto de oídas y muy vagamente, pues afirma a continuación que, por esta sola frase, se echó a Pascual *sin tardanza* en la cárcel inquisitorial, de donde no salió sino mucho tiempo después (Enzinas, *Mémoires*, ed. Ch.-A. Campan, t. II, pág. 157).

[8] Según las cartas secretas de Vergara a Tovar, *Proceso*, fol. 118 vº (carta interceptada el 3 de mayo de 1533): "...ya me dizen que han quitado a Mosén Pascual el

sidor General, después de examinar su proceso, recomienda a los Inquisidores de Aragón que lo llamen sin despertar sospechas, haciéndole creer que lo convocan como consultor, y lo sometan a un hábil interrogatorio: si confiesa dando pruebas de contrición y de verdadera obediencia, Manrique aconseja proseguir su proceso con el máximo de consideraciones, asignándole por prisión una casa honrada; pero si sus respuestas no dan satisfacción, no habrá más remedio que encarcelarlo, tratándolo lo mejor que sea posible. No tardarán en conducirlo a la prisión del Santo Oficio de Toledo, con todas las justificaciones debidas a un Vicario general. Manrique lo recomienda en varias oportunidades, pidiendo que su causa sea despachada rápidamente.[9] No se sabe cuánto tiempo duró su proceso, ni con qué clase de abjuración terminó. En 1537 Mateo Pascual se hallaba en Aragón y había recobrado su libertad, a juzgar por las cartas que desde Bolonia le dirigía Antonio Agustín. Pasará casi todo el resto de sus días en Roma, donde morirá, en 1553.[10]

oficio de Zaragoza, que deve ser bíspera de más mal", y fol. 120 r° (carta interceptada el 12 de mayo): "Pascual está bueno y en su officio. Verdad es que ha más de tres meses que se dize que el Arçobispo nuevo proveía de otro. Pero de ocasión de agora... nihil scimus aunque se avía dicho."

9 Según las cartas del Consejo de la Inquisición y del Arzobispo Manrique a los Inquisidores, A. H. N., *Inquisición*, lib. 321, fols. 123 r° (23 de abril de 1533), 126 r° (29 de mayo de 1533), 127 v° (6 de junio de 1533) y 136 r° (15 de julio de 1533). Esta última carta es la que da la clave de las demás, en las cuales no se llama a Pascual por su nombre. Va dirigida, no a los Inquisidores de Aragón, como las precedentes, sino a los de Toledo. Manrique les dice: "Ya havréys visto cómo fue acordado que el Maestro Pascual Vicario general del Señor Arçobispo de Zaragoza se llevasse a las cárceles desse Sancto Officio por ser él denunciado y testificado en essa Inquisición, y al tiempo de su prisión se hizieron con él todas las justificaciones que fueron possibles, considerada la calidad de su persona y del dicho cargo que tenía y por respecto y contemplación del dicho Sr. Arçobispo, el qual agora nos ha hablado para que os scriviéssemos que la causa del dicho Mro. Pascual sea brevemente despachada y él bien tratado en la cárcel..." El Inquisidor General recomienda de nuevo que sea bien tratado, y juzgado rápidamente, en carta del 10 de septiembre (*ibid.*, fol. 160 v°). Manrique había vuelto a tomar en sus manos la dirección de los asuntos inquisitoriales desde la llegada del Emperador a Monzón.

10 Ant. Augustini *Opera*, Lucca, 1772, págs. 170-173. Una nota de la pág. 170 dice de Pascual: "Fuit... Aragonensis doctissimus, Ecclesiae Caesaraugustanae Canonicus, lites habuit plures, quarum causa Romae vixit ac devixit, anno MDLIII sepultus in Ecclesia S. Joannis Lateranensis cum sequenti epitaphio quod ipse sibi composuerat:

> Semper in adversis vixi, genus omne malorum
> Expertus, quorum non fuit ulla quies.
> Nunc morior, nunc finis erit, nunc ista valebunt.
> Quod superest, animam suscipe Christe meam.

Fuerat amicitia non vulgari junctus Claudio Tolomeo..." Al fin de una carta fechada en Bolonia a 27 de octubre de 1537, Agustín pide a Pascual que mande noticias del Emperador y de las Cortes que se reunían entonces en Monzón (*ibid.*, pág. 173). Juan Páez de Castro, en carta fechada de Roma, a 24 de agosto de 1552, habla del mal estado de salud de Pascual (B. A. H., Colección Velázquez, t. XIV). Cuando murió, Verzosa le compuso un epitafio; en una epístola en versos latinos dirigida por esos días a Zurita, el mismo Verzosa llama a Pascual "gurges doctrinarum" (*Epístolas de Juan de Verzosa*, ed., trad. y notas de José López de Toro, Madrid, 1945, págs. XXII y 186).

En cuanto a Juan del Castillo, si regresó a la Península no fue por su propia voluntad. Las declaraciones de Diego Hernández, en la primavera de 1532, habían hecho que se creyese su captura de capital importancia. La Inquisición, que ya había hecho una tentativa ante el Inquisidor parisiense para asegurarse de su persona,[11] mandó buscar a Castillo en Italia, adonde posteriormente se había trasladado. Se le buscó en Bolonia, y después en Roma, siempre dentro del mayor sigilo.[12] Era la época en que la Suprema hacía buscar a Servet en Alemania utilizando a su propio hermano

[11] Su hermano Gaspar de Lucena, interrogado por los Inquisidores de Toledo el 9 de marzo de 1532, declara haber oído decir que se encuentra en Roma, en la casa del Cardenal de Santa Cruz (Quiñones). Se le pregunta si la partida de Castillo para Roma no habrá tenido por motivo el miedo de ser aprehendido en París, y si no habrá llegado a su conocimiento una "información en latín" enviada a París para provocar su arresto. Lucena reconoce haber oído hablar de este asunto a Vergara (*Proceso de Vergara*, fol. 40 r°). El 23 de febrero de 1535 Lucena habla de la partida de su hermano a Francia: Castillo quería salir de España "por lo que le avía dicho el dicho Dº del Castillo" (sin duda a propósito de las ventajas intelectuales de París). Lucena insistió para que se quedara en España, aconsejándole dirigirse a su protector Manrique y diciéndole "que allí en Alcalá podría estudiar mejor e más a su plazer". Castillo se obstinó, replicando que nadie es profeta en su tierra (fol. 351 v°). La fecha de esta partida no se conoce con exactitud. Sin embargo, parece que hay que colocarla en 1531. El 9 de mayo de 1534, Petronila cuenta que "avrá quatro años poco más o menos" recibió en La Garena, propiedad de su familia cerca de Alcalá, la visita de Castillo que salía para Andalucía, y que éste le confió un libro prohibido; ella lo rompió, según sus instrucciones, y lo echó al arroyo. Esto ocurría en el mes de agosto de aquel año. Castillo volvió en la cuaresma siguiente a La Garena (*Proceso de Petronila de Lucena*, fol. 12 v°). Es muy de creer que Castillo se haya preocupado por hacer desaparecer ese libro comprometedor en agosto de 1530, en el mismo momento en que Vergara se deshizo de las obras luteranas que poseía. Por otra parte, según una declaración arrancada a Gaspar de Lucena el 26 de febrero, Tovar había prestado a Castillo uno de los libros luteranos de la biblioteca de Vergara (*Proceso de Vergara*, fol. 353 v°). Tal vez Petronila y Gaspar se refieran a ese mismo volumen.—Si Castillo salió a París en la primavera de 1531, y si a principios de 1532 se sabía ya en España que estaba en Roma, su permanencia en París debió ser muy corta.

[12] Véase la correspondencia del Consejo de la Inquisición, A. H. N., *Inquisición*, lib. 321, fol. 63 (carta del Consejo al Dr. Aguinaga, Medina del Campo, 21 de junio de 1532): "En lo de aquella persona que os scriuimos y nos hauéis respondido que no se halla, avisándonos de lo que el Señor embaxador passó con su Santidad, aquí se tovo aviso que él estovo en París y que de allí se fue a Bolonia y después scrivió el Señor de Ayerve a este Consejo que avía sabido que estaba en essa Corte [Roma] y se allegava a casa del Señor Cardenal de Santa Cruz...".—Quizá el Cardenal Quiñones acogió en su palacio a Castillo sin saber a ciencia cierta con quién se las había. Escribía por ese mismo tiempo: "Yo, señor, gasto cada mes quinientos ducados de ordinario en mantener españoles pobres. Y no parientes ni conocidos: porque io certifico a V. S. que de cient personas que tengo, las noventa no sé quién son; sino como vine a Roma en tiempo que los españoles andavan a sombra de tejados, fue necessario abrigallos debaxo del mío" (carta del Cardenal de Santa Cruz al Comendador de León, Roma, 12 de abril de 1532. A. G. S., *Estado*, leg. 319, fol. 12; este texto ha sido publicado por el Marqués de Alcedo, *Le Cardinal Quiñones et la Sainte Ligue, op. cit.*, pág. 301). El Consejo escribe al Señor de Ayerbe el 22 de junio (registro citado, fol. 64 v°) para decirle que el hombre no ha sido encontrado en Roma y que se ignora dónde está: "Sería bien —se añade— que v. m. muy secretamente se informe dónde puede estar y nos havise de lo que se supiere, porque es cosa que importa mucho averse este hombre a las manos." Cf., acerca del mismo asunto, fols. 109 r°, 136 r°, 152 v° y 160 v°.

para atraerlo a sus cárceles. Tuvo mejor fortuna con Castillo que con Servet. Se supo, a principios de 1533, que Castillo se encontraba en Bolonia, donde enseñaba griego: [13] la presencia del Emperador en la ciudad pontificia facilitó su arresto, en el mes de febrero. El 16 de junio, poco después de desembarcar en Barcelona, entregaba sus "confesiones" por escrito al Inquisidor General Manrique, su antiguo protector.[14] Su proceso, que sería de incomparable interés a causa de la multiplicidad de círculos por donde pasó este humanista, se ha perdido, desgraciadamente, como tantos otros. De los demás procesos a que dio origen el suyo, como el de su hermano Gaspar de Lucena, aprehendido en 1532 y sometido a tortura todavía en 1535,[15] el de su hermana Petronila de Lucena, presa durante buena parte del año 1534, el de su pariente u homónimo Diego del Castillo,[16] no ha llegado hasta nosotros más que el de Petronila.[17] Aunque poco importante, encierra bellísimas cartas espirituales de Juan del Castillo a su hermana,[18] y nos revela que Juan, cuando fue traído a España y arrojado a la cárcel, manifestó una desesperación tan honda que llegó hasta intentar el suicidio.

13 *Ibid.*, fol. 109 r⁰ (carta del Consejo al Señor de Ayerbe, Madrid, 4 de febrero de 1533): "Por otras havemos scrito a v. m. lo mucho que cumpliría al servicio de Dios que el Mro. Castillo fuesse preso y embiado a la Inquisición de Barcelona o de Valencia para que de allí se truxiesse acá. Tenemos alguna relación de que él está en essa Universidad de Bolonia y que lee griego, y si assi es, havrá agora muy buena disposición para lo susodicho." Se recomienda al Señor de Ayerbe gran secreto en su averiguación y se le sugiere que se informe en casa de Martín Pérez de Oliván, cuñado del secretario del Consejo Juan García: Martín, miembro del Colegio de San Clemente de Bolonia, está bien situado para darle esos informes.—El 17 de mayo, Vergara escribía a Tovar en una de sus misivas secretas, refiriéndose a mensajes anteriores del 3 y del 5: "Lo principal que avisava era de cómo prendieron a un Maestro Castillo hermano de Lucena por mandado del papa e a instancia del emperador, quorum uterque ibi tunc accessit. No sé si le conocéis a éste. Yo creí que le avían traído a esa cárcel y es burla. No es venido a España. Algunos dizen que le traerán. Otros no lo crehen." El mensaje del 3 de mayo, que está mal descifrado (fol. 118 v⁰), habla de la aprehensión de Castillo y dice que éste ha llegado seguramente a Barcelona en uno de los barcos que traían al Emperador y a su Corte.—El mensaje del día 5 (fol. 119 r⁰-v⁰) precisa que la aprehensión de Castillo se anuncia en una carta escrita de Bolonia el 22 de febrero. Explica también que el prisionero recién entrado en la cárcel inquisitorial de Toledo no es Castillo, sino un Bachiller Daval, originario de la región de Perpiñán y estudiante del Colegio Trilingüe de Alcalá.

14 "Confessión que hizo e presentó escripta de su mano ante el Illᵐᵒ y Revᵐᵒ Señor Cardenal e Inqᵒʳ. General en Barcelona a 16 del mes de Junio." Un extracto de este documento se encuentra en el *Proceso de María Cazalla*, fol. 149 r⁰, así como extractos de las deposiciones ulteriores de Castillo. Otros fragmentos son igualmente conocidos por los procesos de Petronila de Lucena y de Beteta.

15 *Proceso de Juan de Vergara*, fols. 40 (9 de marzo de 1532: Gaspar de Lucena "que estava preso"), 351 r⁰ y 352 v⁰ (enero-febrero de 1535).

16 Según una Cédula de la Reyna (Madrid, 7 de diciembre de 1535), su proceso se ventiló en Granada: "...me ha sydo fecha relación que por los Venerables Inquisidores contra la herética pravedad y apostasía en la ciudad y reino de Granada, Diego del Castillo, vezino de la ciudad de Burgos, fue reconciliado a nuestra santa fee cathólica por el dicho delito y confiscados sus bienes a nuestra cámara e fisco" (A. H. N., *Inquisición, Cédulas reales*, lib. 246, fol. cxxix v⁰).

17 A. H. N., *Inquisición de Toledo*, leg. 111, nᵒ 46, fol. 1 v⁰. La orden de aprehensión es de 23 de abril de 1534.

18 Hemos publicado una de ellas en Juan de Valdés, *Diálogo, ed. cit.*, págs. 37-38.

Su caso era seguramente grave.[19] Sabía que Juan López de Celaín, compañero suyo en la empresa de apostolado de Medina de Rioseco, había muerto en la hoguera. Su proceso fue larguísimo: el 8 de enero de 1535 aún no se le había juzgado; se le seguían arrancando por tortura nuevas declaraciones.[20] Parece que finalmente se le condenó a la hoguera sin que Manrique, su antiguo mecenas, hubiera podido o querido alcanzar para él un trato más benigno. Su nombre, en la lista de los testigos del proceso de Beteta, va acompañado de la mención: "quemado".[21]

Otro protegido del Inquisidor General fue perseguido hacia el mismo tiempo por la Inquisición de Sevilla: el Maestro Juan de Ávila, conocido más tarde con el título de Apóstol de Andalucía, cuyo apostolado llegó a hacerse entonces, sin duda, sospechoso de iluminismo. Carecemos casi completamente de detalles acerca de su proceso. La tradición dice que salió de él victorioso.[22]

El benedictino Fray Alonso de Virués, tan comprometido en el movimiento erasmiano, no se escapó de las persecuciones, a pesar de la protección de Carlos V, de quien era uno de los predicadores favoritos. Al parecer, estaba libre todavía en abril de 1534, cuando declaró por vez primera contra Vergara. Pero el 12 de enero de 1535, cuando es interrogado en el monasterio de San Benito de Valladolid, está preso en este lugar.[23] Dos días después, Carlos V hace una primera gestión en favor suyo. También el Inquisidor General interviene para pedir que se le juzgue lo más rápidamente posible. Pero las diversas probanzas reclamadas por el acusado hacen que se prolongue muchísimo el proceso.[24] Según un informe de segun-

[19] Declaración de Petronila del 3 de septiembre de 1534. Hay en el mismo proceso (fol. 8 rº) un extracto de "confesiones" hechas por Juan del Castillo en Toledo, el 7 de marzo de 1534, en presencia del Inquisidor General Manrique. Según ese extracto, el acusado confesó un "luteranismo" que se puede resumir así: Todo el mundo está salvado, pecadores y no pecadores; inutilidad de las obras; no hay libre albedrío; los preceptos de la Iglesia no son obligatorios; un sacerdote puede dejar de rezar las horas canónicas. Él mismo "dezía misa sin rezar". No creía en la presencia real.

[20] Según el *Proceso de Beteta*, fol. 25 vº.

[21] Folio no numerado, al principio del proceso: "quasi nihil quemado. El Mº Castillo, fol. 25, no Rdo". Lo cual significa, en el estilo abreviado de estos documentos, que el testimonio de Castillo que aparece en el folio 25 del proceso, como no aduce casi nada contra el reo, no ha sido ratificado porque el testigo ha sido quemado. La misma lista lleva frente al nombre de "Graviel Ramírez, clérigo", otro testigo no ratificado por causa de defunción, estas palabras: "Nihil vel quasi, Obiit, no Rdo." Juan del Castillo fue quemado "en el auto de fe de Toledo del 18 de março 1537" (Ángela Selke, *Vida y muerte de Juan López de Celaín, art. cit.*, pág. 136, nota 2).

[22] Un extracto en italiano del proceso inquisitorial de Juan de Ávila, cursado en Sevilla (1531-1533), ha sido descubierto en el archivo romano de la Congregación de Ritos y publicado con comentarios por Camilo Mª Abad, S. J., en el tomo VI de la *Miscelánea Comillas* (1946). Se ve que las "proposiciones" delatadas más o menos exactamente por los testigos habían originado contra él una sospecha de iluminismo en el sentido lato que entonces se daba a la palabra. Por sentencia de 16 de junio de 1533 quedó absuelto el Bachiller Juan de Ávila, pero le mandaron que se mostrase más prudente en sus futuros sermones y explicase las frases sospechosas en los púlpitos de Écija, Alcalá de Guadaira y Lebrija, donde habían causado escándalo y murmuración.

[23] Cf. *supra*, págs. 463 y 467.

[24] A. H. N., *Inquisición*, lib. 322, fol. 7 vº: carta del Consejo al Señor de Ayerbe,

da mano, "abjuró *de levi* en 1537, fue absuelto *ad cautelam,* recluido en un convento y privado de licencias por dos años".[25] El Emperador, que tenía empeño en darle un obispado, alcanzó la anulación de la sentencia por un breve pontificio de fecha 29 de mayo de 1538, y algunos meses más tarde, Virués fue nombrado obispo de Canarias.[26] En 1541 evocará este doloroso período de su vida al dedicar a Carlos V sus *Philippicae disputationes adversus Lutherana dogmata.*[27] Morirá hacia 1545.[28]

No se poseen mejores datos acerca de las persecuciones de que fue víctima el anciano Pedro de Lerma, cancelario de la Universidad de Alcalá desde su fundación. A principios de 1535, cuando contaba más de setenta años, dejó este puesto a su sobrino Luis de la Cadena [29] y se retiró a su

Madrid, 8 de febrero de 1536. Hay también, en el mismo registro (fol. 189 r°), una orden a los Inquisidores de Navarra para que interroguen al testigo Antonio de Soria, domiciliado en Burgos y residente en Arnedo. De este documento resulta que el proceso de Virués duraba todavía el 9 de marzo de 1538. El Emperador escribió al Inquisidor General el 14 de enero y el 6 de febrero de 1535, y de nuevo el 22 de abril de 1538, papeles que, con otras seis cartas del Secretario Urríes al Consejo de la Inquisición a propósito del asunto de Virués (12 de abril y 21 de julio de 1536, 1º y 6 de octubre de 1537, 26 de abril y 19 de junio de 1538), han sido publicados por el P. Beltrán de Heredia (*Docum. inéditos acerca del proceso del erasmista Alonso de Virués,* en el *Boletín de la Biblioteca Menéndez Pelayo,* t. XVII, 1935, págs. 242-257).

25 Cf. Menéndez y Pelayo, *Heterodoxos, ed. cit.,* t. IV, pág. 118, nota 2. Las proposiciones de la acusación citadas por Menéndez y Pelayo parecen copiadas de la *Histoire critique de l'Inquisition* de Llorente (*ed. cit.,* t. II, pág. 12), no directamente del libro de D. Fernando Vellosillo, obispo de Lugo, *Advertentiae scholasticae in S. Chrisostomum,* Alcalá, 1585, pág. 397 a. Dos de ellas se refieren a la mayor seguridad del estado de matrimonio, y pueden haber sido sacadas de un tomo de los *Coloquios* de Erasmo traducidos al español (cf. *supra,* págs. 287-288), achacándose a Virués prólogos que eran de otros traductores.

26 Para el breve, cf. Pastor, *Historia de los Papas, trad. cit.,* t. XII, págs. 395-396, nota 5 [donde se lee equivocadamente *Vives* por *Virués*]; Eubel, *Hierarchia,* t. III, pág. 149, da como fecha de la elevación de Virués al obispado de Canarias el 12 de agosto de 1538.

27 Véase el texto reproducido por Menéndez y Pelayo, *Heterodoxos,* t. IV, pág. 118, nota 1. Desgraciadamente, no es muy explícito. Pero por lo menos confirma que el proceso duró cuatro años. Sobre las *Philippicae disputationes* cf. *supra,* pág. 222, nota 18.

28 El 7 de diciembre de 1545 fue electo su sucesor en el obispado de Canarias (Eubel, *Hierarchia,* t. III, pág. 149).

29 A. H. N., *Universidad de Alcalá,* lib. 397 f, fol. 70 v°: el 27 de enero de 1535, Pedro de Lerma confiere el grado de doctor a Luis de la Cadena; el 20 de febrero se ve aparecer en el mismo registro a Luis de la Cadena con el título de Abad de Alcalá y Cancelario.—Lerma era ya sospechoso por estos días. En el proceso de Vergara, al margen del pasaje citado *supra,* pág. 458, nota 15, un Inquisidor escribió: "Sospechoso es el doctor Don Pedro de Lerma Abbad de Alcalá, ideo non est credendum." Luis de la Cadena, humanista acabado, versado en las lenguas orientales, fue sospechoso de luteranismo como su tío. Cancelario de la Universidad de Alcalá de 1535 a 1558, fue después obispo auxiliar de Almería. Pero no sucedió al titular: tuvo ciertos altercados con el Arzobispo Martínez Silíceo, que lo había encarcelado durante seis meses con ocasión de un proceso entre la Universidad y la villa. Por otra parte, Silíceo sospechaba de él que era uno de los instigadores de la *Apologia* de Mauroy contra el Estatuto de limpieza de sangre (cf. *infra,* pág. 699, nota 2). Cuando vio que el obispado de Almería se le escapaba, Luis de la Cadena, sabedor de que ya el 21 de enero de 1551 lo habían denunciado a la Inquisición, prefirió salir de España. Murió en París como Pedro de Lerma, poco después de su llegada (cf. Llorente, *op. cit.,* t. II, págs. 430-431; Martínez Añíbarro, *Autores de la provincia de Burgos,* Madrid, 1889, págs. 78-79; Álvar Gómez, *Ms.,* fol. 214, citado por Bo-

Burgos natal, donde ocupaba una canonjía. Por este mismo tiempo, al parecer, el evangelismo completamente erasmiano de sus sermones atrajo sobre él los rigores inquisitoriales. Después de largos debates, en el curso de los cuales, si hemos de creer a su pariente Francisco de Enzinas, se encolerizaba contra sus jueces, negándose a discutir más cosas con españoles, el anciano tuvo que abjurar de once proposiciones heréticas, impías, malsonantes, escandalosas y ofensivas de las orejas pías. Hasta se le obligó a retractarse públicamente de ellas en todas las ciudades en que había predicado. Esto era a fines de 1537. Pedro de Lerma, una vez libre, se estableció en Flandes, y en seguida en París, donde había vivido durante largo tiempo, y donde había alcanzado su grado de doctor. Murió, siendo decano de la Facultad de Teología, en 1541.[30]

Otros erasmistas notorios fueron sustraídos por la muerte a la prisión que los esperaba, o se salvaron de ésta por un destierro sin regreso. El Obispo Cazalla murió antes de que su proceso entrara en la fase decisiva.[31] Esto fue lo que ocurrió también con el Secretario Alfonso de Valdés, contra quien se había abierto una causa en 1531, tal vez a consecuencia de ciertas denuncias relativas a sus charlas con Melanchthon. Su hermano Diego, canónigo de Murcia, a quien confió sus manuscritos, había tenido, por su parte, la imprudencia de dejar circular el *Diálogo de Mercurio y Carón*. La Suprema, informada de este escándalo, había ordenado que se le remitiese el libro con un examen de los pasajes que parecían más alarmantes. Al improvisado censor no le había costado ningún trabajo señalar irreverencias a propósito de instituciones venerables como las indulgencias, el patrimonio de San Pedro, los ornamentos de los obispos o la costumbre de invocar a la Virgen al comienzo de los sermones; descubría en Valdés sentimientos favorables a los alumbrados y hostiles a los frailes, y por último, una tendencia a poner el estado de matrimonio por encima del de virginidad, y la oración mental por encima de la vocal. Al mismo tiempo, el asunto del *Diálogo de las cosas ocurridas en Roma* renacía de sus cenizas. El Obispo de Mondoñedo, cosa curiosa, le encargaba la censura del *Lactancio* al erasmista Pedro Juan Olivar: a falta de herejías, Olivar señaló en el diálogo una hostilidad de mal ejemplo para con el Papa y una prontitud excesiva en interpretar los juicios de Dios, un pasaje lamentable sobre las reliquias, cuya supresión había aconsejado en vano Olivar al autor, y un pasaje no menos peligroso sobre las imágenes.[32]

En cuanto a Juan de Valdés, su proceso se dirigió, entre otras cosas,

nilla, *Clarorum Hispaniensium epistolae*, pág. 17). Sobre el prestigio de Pedro de Lerma como humanista, es testimonio expresivo la epístola dedicatoria que le dirige Lorenzo Balbo de Lillo al frente de su edición de Valerio Flacco, *Argonautica*, Alcalá, 1524.

30 Nuestra única fuente es aquí Enzinas, *Mémoires, ed. cit.*, t. II, pág. 169. Martínez Añíbarro, *op. cit.*, págs. 318-320, no añade cosa de importancia. Sólo da la fecha de muerte de Pedro de Lerma: 27 de octubre de 1541.

31 Cf. *supra*, pág. 471, nota 4.

32 Cf. Alfonso de Valdés, *Diálogo de las cosas ocurridas en Roma, ed. cit.*, págs. 227-230, y *Diálogo de Mercurio y Carón, ed. cit.*, págs. 269-274, donde José F. Montesinos publica la parte esencial de las censuras del Doctor Vélez, de Murcia, y de Pedro Juan Olivar.

contra su *Diálogo de doctrina cristiana*. Como estaba sumamente comprometido por su amistad con muchos de los alumbrados, su partida a Italia se consideró como una huída de las persecuciones inquisitoriales. Vergara se lo había advertido, por los días en que Pascual se decidía a regresar a España.[33] Pero Valdés prefirió permanecer en Italia, donde halló una segunda patria y ejerció una influencia espiritual de primer orden.

VIII

Las indicaciones que preceden dan ciertamente una idea muy incompleta de las persecuciones o de las pesquisas de que por esa época fueron objeto los erasmistas españoles. La lista de herejes y de sospechosos redactada por Diego Hernández con el título de *Cohors sive factio lutheranorum*[1] no es, seguramente, muy fidedigna. Este clérigo, gran bailarín y amigo del chiste, inspira muy poca confianza cuando intitula sus denuncias "Imaginación cristianísima o inspiración divina". Pero, por otra parte, parece que sabe en efecto lo que dice, y que recuerda, de sus conversaciones con Juan del Castillo, muchos nombres de humanistas que simpatizaban con el movimiento de renovación religiosa. Por esta razón, sin conceder demasiada importancia a los rótulos que le sirven para definir la culpabilidad de cada cual, tenemos que hacer caso de sus indicaciones. No falta en su lista ninguno de los alumbrados erasmizantes de quienes consta, por otras fuentes, que tuvieron algo que ver con la Inquisición. Así, no carece de interés el encontrar en buen lugar, en el mismo documento, a "los canónigos de Palencia" (pensemos en el Arcediano del Alcor), al predicador imperial Fray Gil López, amigo de María Cazalla, al humanista Laso de Oropesa, al Comendador griego Hernán Núñez, a Fray Dionisio Vázquez, catedrático de Biblia en Alcalá, y a otros complutenses como Ramírez, catedrático de retórica, los doctores Hernán Vázquez y Albornoz, canónigos de Sant Yuste, y Miguel de Torres, antiguo vice-rector del Colegio Trilingüe.[2] Si no tu-

---

33 Cf. *supra*, pág. 476, nota 7, y Juan de Valdés, *Diálogo de doctrina cristiana*, ed. cit., págs. 77 ss. Tenemos la prueba material de que la Inquisición abrió un proceso contra Juan. La deposición del Doctor Medina relativa al *Diálogo*, pieza incorporada posteriormente a los procesos de Mateo Pascual y de Vergara, lleva la indicación marginal: "Sacóse del proceso de Juan de Valdés" (*Proceso de Vergara*, fol. 182 r°; cf., en el v°, la ratificación del mismo testimonio, con la mención: "Sacóse del proceso de Matheo Pascual").

1 Publicada por Serrano y Sanz, *Juan de Vergara, art. cit.*, págs. 910-912. La componen más de setenta nombres.

2 Núm. 3, "Los canónigos de Palencia, finos lutheranos endiosados" (cf. también *supra*, pág. 184, nota 40, a propósito del canónigo Pero Hernández).—Núm. 70, "Fray Gil, loco deslenguado".—Núm. 23, "Oropesa, herido cierto".—Núm. 37, "El comendador griego, gentilis vel luteranus".—Núm. 39, "Fray Dionisio herido por Erasmo".—Núm. 36, "El maestro Ramires, retórico, conocido".—Núm. 40, "El doctor Hernán Vásquez herido por Tovar".—Núm. 41, "El doctor Albornoz, redemtus a Valdés, ereje luterano".—Torres, a quien Diego Hernández ha olvidado en esta lista, es nombrado por él en su deposición de 1532 entre los secuaces de Tovar: "Torres, retórico, dañado" (cf. Serrano y Sanz, *art. cit.*, pág. 910). La palabra *conocido*, aplicada al Maestro Ramírez, se usaba

vieron su expediente en las escribanías de la Inquisición todos estos personajes, sí es probable que más de uno lo tuvo. Cuando María Cazalla invoca el testimonio de Laso de Oropesa, recusa a éste el fiscal como sospechoso de herejía.[3] En cuanto a Torres, que regresó a enseñar en Alcalá en 1535, es evidente que su viaje a París en 1530 había despertado las sospechas de la policía inquisitorial: ésta comisionó a Jerónimo Ruiz para que vigilara la correspondencia que mantenía con Alcalá gracias a los buenos oficios del librero Pierre Rigaud.[4]

Pero es preciso ir más adelante. Todos estos hombres pertenecían a un mismo medio y se conocían más o menos los unos a los otros. Había entre ellos, si no los lazos de complicidad que sugiere Diego Hernández, sí una especie de masonería creada por la comunidad de estudios. Pero la influencia de Erasmo por el libro se había extendido mucho más allá. Se podría decir, aplicándole una frase célebre de d'Alembert sobre Descartes, que era "como un jefe de conjurados". Pero la conjura tenía por todas

en el sentido de 'sospechoso', especialmente en materia de limpieza de sangre (cf. la frase "bueno y no conocido" citada por Rodríguez Marín en una nota de su edición del *Quijote*, t. VI, pág. 456, nota).

[3] Cf. *supra*, pág. 473.—Según lo que reza su epitafio, Martín Laso nació en Oropesa hacia el año 1494. Sin embargo, el 22 de abril de 1533, declarando a petición de María Cazalla (*Proceso*, fol. 131 v⁰), afirma tener unos treinta años. Seguramente el epitafio está equivocado o mal transcrito. En esa misma declaración, Martín dice haber estado al servicio del Obispo Cazalla hacia la edad de catorce o quince años. Por otra parte, sitúa sus relaciones con María Cazalla entre 1522 y 1525, época en que debía de ser estudiante en Alcalá. Del servicio del Obispo Cazalla había pasado al del Arzobispo Fonseca. El 22 de abril de 1533, el fiscal de la Inquisición de Toledo se refiere a él llamándolo "criado del Arçobispo de Toledo" (*ibid.*, fol. 131 r⁰). Después de la muerte del prelado, tuvo el cargo de secretario de Doña Mencía de Mendoza, a quien acompañó a París y a Breda (cf. *infra*, pág. 511). Fue sin duda en Flandes donde publicó su traducción de Lucano: *La historia que escrivió en latín el poeta Lucano, trasladada en castellano por Martín Laso de Oropesa secretario de la excelente señora Marquesa del Zenete condessa de Nassou* (1ª ed., s. l. n. a., cf. J. Peeters Fontainas, *Bibliographie des impressions espagnoles des Pays-Bas*, Louvain-Anvers, 1933, núm. 835; reimpresiones de Lisboa, 1541, y Burgos, 1588, cf. Gallardo, *Ensayo*, t. III, núms. 2618 y 2619). Según la dedicatoria (citada por Mayáns, *Vivis Vita*, en Vivis *Opera*, Valencia, 1782, t. I, pág. 217), esta publicación debió ser muy poco posterior a la muerte del Conde de Nassau, marido de Doña Mencía.—En 1546, nuestro humanista se encontraba en Roma, como secretario de Don Francisco de Bobadilla y Mendoza, Cardenal de Coria. Páez de Castro escribía desde Trento (10 de abril de 1546) a Agustín Cazalla: "De Oropesa recebí una carta, en que me traía a la memoria del año 1523. Yo le respondí que, vista su carta, le conocí en las manos y en la boz, y, quanto a lo del tiempo, por oydas lo sabía... También recebí otra del Cardenal de Coria su amo, en que me conbida con su casa mui cumplidamente y con gran humanidad" (cit. por Ch. Graux, *Essai sur les origines du fonds grec de l'Escurial*, Paris, 1880, pág. 403). Según su epitafio (Nic. Antonio, *Bibl. Hisp. Nova*, t. II, pág. 104 b), era canónigo de Burgos y seguía siendo secretario del Cardenal Mendoza cuando murió en Roma, el 18 de enero de 1554, "en su sexagésimo quinto año". ¿Habrá que corregir la fecha de su muerte, y decir 1564? O bien, ¿habrá que leer "quinquagesimo quinto"? No tenemos por ahora la posibilidad de resolver este problema.

[4] Cf. *supra*, pág. 213, nota 16. Véase A. H. N., *Universidad de Alcalá*, lib. 397 f, fol. 79 v⁰: se provee a Miguel de Torres de una regencia de "Súmulas", el 10 de octubre de 1535. En otro lugar trataremos de reconstruir la carrera de este personaje hasta su entrada en la Compañía de Jesús.

partes simpatizantes que se desconocían mutuamente. Entre éstos, muchos sin duda fueron denunciados como sospechosos de herejía. Procesos como el entablado contra Uceda en 1528 abundaron seguramente hacia 1535. En enero de 1536 se ve en Valencia a cierto Miguel Mezquita,[5] aragonés, sometido a varios interrogatorios por haber proferido palabras que parecían favorables a Lutero.[6] Sus declaraciones demuestran que había leído el *Enquiridion* y los *Coloquios* de Erasmo, y sin duda también su glosa del *Pater:* los tenía por libros buenos, pues sabía que se utilizaban en la Universidad de Zaragoza, y la carta de Carlos V impresa con estas obras le parecía que garantizaba su ortodoxia.[7] Mezquita quedó libre al cabo de algunos días.[8]

Otros casos eran más complejos, como el del Doctor López de Illescas,[9] médico de Yepes. Era un cristiano nuevo tentado de dudas acerca de la

---

[5] A. H. N., *Inquisición de Valencia*, leg. 531, nº 38. *Proceso de Miguel Mezquita* de la Puebla de Valverde (Teruel). El primer interrogatorio, de 25 de enero de 1536, es casi ilegible, pues el papel ha sido comido por la tinta. Se ve, sin embargo, que Mezquita había viajado mucho en su juventud. Había estado en Roma y en Nápoles en compañía de un Mosén Mella. En 1521 había ido a Flandes con una misión de la Comunidad de Teruel, y luego había entrado al servicio del Virrey de Aragón Don Juan de Lanuza, de quien había sido apoderado en la Corte durante dos años, en particular durante la permanencia de la Corte en Granada.

[6] El clérigo Pedro Ferrer, el 7 de agosto de 1535, lo denuncia por una conversación de hacía quince meses, en la cual, según declara, Mezquita habló de papistas y "evangelistas", diciendo que estos últimos eran los luteranos, porque Lutero predicaba el Evangelio.

[7] Véanse las declaraciones escritas del acusado (fol. 6 rº-vº). En el castillo de Alcañiz, al ver que está leyendo el *Enquiridion*, un fraile le dice que si tiene por bueno ese libro, no es cristiano: "Yo le dixe que por cierto yo era tan buen christiano como él y que yo no sabía que el dicho libro fuese malo ni reprouado... y senyaladamente le dixe que sobrese libro se avía fecho ayuntamiento en Valladolid por mandado del Rmo. Cardenal Inquisidor Mayor de muchos letrados, excelentes varones, que no le avían condepnado al libro ni al Erasmo por erético ni reprouaron sus obras... Otrosy digo que el dicho libro Inquiridion y los Coloquios que los e visto tener y leer a muchas personas y creo que yo los tengo, aunque es verdat que creo a más de dos años que yo no e leydo en ninguno dellos... y digo que sé que en Zaragoza los leen en el estudio [él tiene cuatro hijos en esta Universidad]... y pareciéndome bien las obras que an llegado suyas a mi noticia, que an seydo el dicho Inquiridion y Coloquios y creo el Pater Nostre traduzido..., los e tenido por buenos y me pesava que fuese erege ni por tal tenido, y esta voluntad fue porque vi una letra traduzida que dezían la escriuió al Emperador y Rey nuestro Señor en que dezía que peleava por Jesu Cristo y que tenía muy al baxo las eregías de Lutero..."

[8] El 28 de enero de 1536.

[9] A. H. N., *Inquisición de Toledo*, leg. 214, nº 31, *Proceso del Dr. López de Yllescas*. Deposición de Esteban del Águila (Yepes, 4 de junio de 1537, fol. 8 vº): "...podrá aver quinze o veynte días este testigo estava en la tienda de Francisco Ximénez barbero y estavan allí Alonso González de Luna e el Bachiller Diego de Alcáçar clérigo y el Doctor Juan López de Yllescas físico, vezinos desta villa. Estando hablando sobre las cosas que a escrito Erasmo, vio e oyó este testigo cómo el dicho Doctor de Yllescas dixo que Erasmo avía escripto mejor que ninguno de los santos, quitado lo santo aparte o dexado lo santo aparte, y entonces uno de los que allí estavan, que cree que era el dicho Alonso G., dixo que estavan reprovadas algunas cosas de las de Erasmo. El dicho doctor Yllescas dixo que bien que estuviese reprovada alguna cosa, que todavía avía escripto mejor que ninguno de los santos en quanto a dotor".

existencia de Dios,[10] pues quizá la fe estaba minada en él por un vago naturalismo profesional.[11] Ahora bien, nuestro médico era también gran admirador de Erasmo; juzgaba sus escritos superiores o al menos iguales a los de todos los santos, y no vacilaba en decirlo públicamente en la barbería. Denunciado en 1537 por estas palabras y por algunas otras, confesó haber leído en latín una paráfrasis de un salmo, y en español el *Enquiridion*, la *Lengua*, la glosa del *Pater* y el *Sermón sobre la misericordia*.[12] Aprehendido en 1538, se refirió de nuevo a estas dos últimas obras para explicar el elogio hiperbólico y malsonante que había hecho de Erasmo: su lectura fue muy valiosa para él, pues le enseñó a confiar en Nuestro Señor, por muy pecador que fuese. Su proceso duró hasta 1539. Se le condenó a abjurar *de levi,* a ofrecer un cirio y a pagar treinta ducados de oro por las costas. Muchos otros fueron sospechosos sin duda, como este médico de provincia, por palabras de que Erasmo era más o menos responsable.

[10] Illescas es llamado "confeso" por uno de los testigos (fol. 8 rº). Él mismo expone las dudas de que se ha visto tentado. Se las había confesado a Fr. Tomás de Guzmán, dominico a quien hemos visto mezclado en el asunto de los apóstoles de Medina de Rioseco. El fraile le había dicho que no se atormentara con eso, pues era más lo que merecía que lo que desmerecía con la tentación (fols. 9 vº y 21 rº). Cf. ahora Ángela Selke de Sánchez, *¿Un ateo español en el siglo xvi? Las tentaciones del Doctor Juan López de Illescas*, en *Archivum,* Oviedo, t. VII (1958), págs. 25-47.

[11] Se le acusa de haber dicho que "*naturaleza* obrava todas las cosas y no Dios". Pero él afirma que no lo ha dicho así. Hablándose de un enfermo cuyo estado era desesperado, un fraile dijo: "Al que es de vida, el agua le es melezina", a lo cual asegura Illescas haber contestado: "Mirad, naturaleza, de que está fuerte, muy bien obra en todas las cosas mediante Dios, y como aquí está flaca, por eso pienso que tiene peligro" (fol. 28 rº). Sin embargo, un testigo afirma que alguno de los presentes objetó al médico que Aristóteles, "siendo gentil, dixo que avía un criador y movedor de todas las cosas" (fol. 30 rº). Poco importan las palabras exactas que haya pronunciado Illescas. Nos basta que se hayan podido interpretar como si quisiera oponer la naturaleza a Dios, y que salgan de labios de un hombre para quien la existencia de Dios era algo problemático, para que nos sintamos autorizados a ver en él un espíritu tocado por el naturalismo del Renacimiento (cf. Américo Castro, *El pensamiento de Cervantes*, Madrid, 1925, págs. 156 *ss.*, sobre "la Naturaleza", poder divino e inmanente). El erasmismo parece haber sido para este médico un cristianismo compatible con tal naturalismo, en cuanto apela sobriamente al milagro y reconoce su principal terreno en la vida interior. Cf. *infra*, pág. 813, nota 24, el caso del Doctor Pedro de la Torre.

[12] Declaraciones del 5 de junio de 1537 (fol. 9 vº): "...a leído aquel salmo Miserere mei quia egenus et pauper sumt e el ynquiridion, e que no a leído en otras obras algunas del dicho Erasmo, syno que a leído la lingua erasmi de Erasmo, e que son en romance la lemgua erasmi e el ynquiridion, e que el dicho salmo lo a leído en latín...; e que no a leído otra obra alguna de Erasmo, salvo que a leído una obra que hizo el dicho Erasmo sobre el Paster e sobre la Misericordia de Dios en romance". Cf. fol. 28 (a propósito del libro de la *Misericordia* y de la *Declaración del Pater Noster*): "con parecerme que era para no tener desconfiança de Nr. Señor por pecador que fuesse". La alusión a un comentario de Erasmo sobre el "salmo Miserere mei quia egenus et pauper sum" constituye un irritante enigma bibliográfico. El Índice español de 1559 menciona también entre los libros de Erasmo prohibidos en castellano una *Exposición sobre el Psalmo Miserere mei Deus*. En otro lugar yo había admitido que era ésta alguna confusión de los redactores del Índice con la *Devotísima exposición* de Savonarola (M. Bataillon, *Sur la diffusion des œuvres de Savonarole*, art. cit., pág. 159). Las declaraciones de López de Illescas me hacen pensar que el problema no es tan sencillo.

Parece, en suma, que la policía inquisitorial tuvo mucho quehacer entre 1530 y 1540, y que la atmósfera en que se había desarrollado el erasmismo acabó por quedar singularmente alterada. El cambio de actitud de un Maldonado es buen testimonio de ello. En 1534 se encuentra en Guadalajara, donde tiene como discípula a una gran señora seducida por el humanismo, y a quien no espanta la *philosophia Christi:* Doña Mencía de Mendoza, marquesa del Zenete, condesa de Nassau,[13] guarda en su tesoro de medallas y de piedras grabadas dos efigies de Erasmo y un medallón, no menos significativo, cuyo anverso tiene la imagen de Jesucristo y el reverso la de San Pablo.

13 Nacida en 1508, era hija de Don Rodrigo de Mendoza y de Bivar, primer Marqués del Zenete (véase el *Tragitriumpho* consagrado a este personaje por el valenciano Juan Ángel en 1523. Cf. Serrano y Sanz, *Apuntes para una biblioteca, op. cit.,* t. II, pág. 577), es decir, nieta del Gran Cardenal. Heredera del marquesado paterno, se casa con el Conde Enrique de Nassau el 30 de junio de 1524 (cf. De Vocht, *Literae ad Craneveldium, op. cit.,* pág. 310, nota). Pasa por primera vez una temporada en los Países Bajos en 1530-1531, siguiendo a la Corte, en la cual está su marido. De vuelta en España en 1533, ve regresar a su marido a Flandes, donde es alarmante la situación. Entonces, habiendo quedado sola en Madrid, y luego en Guadalajara, es cuando cultiva las humanidades bajo la dirección de Maldonado (1534). En 1535 se decide a reunirse con su marido en los Países Bajos. El 3 de julio hace su testamento en Burgos antes de emprender su viaje, y lega su colección de medallas, piedras grabadas y objetos de arte a Diego Hurtado de Mendoza, Conde de Saldaña, hijo mayor del Duque del Infantado y cuñado de la Marquesa (*R. A. B. M.,* t. VII, 1902, pág. 315. Inventario publicado por Paz y Mélia: "...Una medalla de plata de Herasmo.—Una medalla de plata de Herasmo con el bonete y el pecho dorado.—Una medalla de metal grande moderna: a la una parte está el ymagen de Ntro. Señor y a la otra está el ymagen de San Pablo"). El 5 de agosto se encuentra en París y traba relaciones con Guillaume Budé (cf. *infra,* pág. 511). Llegada a los Países Bajos, manifiesta deseos de entrar en correspondencia con Erasmo, que murió sin duda antes de haberle escrito (Allen, t. XI, Ep. 3111, líneas 100 ss. Conrad Goclenius a Erasmo, Lovaina, 21 de marzo de 1536. Allí dice Goclen de la Marquesa: "...tui et omnium qui aliqua fama eruditionis memorantur maxima admiratrix: illa vocato ad se D. Aegidio Buslidio de te omnia tam accurate est percunctata ut a nullo amante possit fieri accuratius". Interviene en favor de Goclen víctima de la mala voluntad del Arzobispo de Palermo Juan Carondelet. Erasmo contesta a su discípulo en la última carta que se conserva de él: "Heroinam a Nassauwen Hispanus quidam huc venientem suis litteris commendarat. Me jubes ad illam scribere, at ego nescio ubinam agat. Significabas enim discessuram." *Ibid.,* Ep. 3130, líneas 20-22, Erasmo a Goclen, Basilea, 28 de junio de 1536). En 1537-1539, en Breda, Doña Mencía sigue cultivando las humanidades bajo la dirección de Vives. Al enviudar, el 11 de septiembre de 1538 (De Vocht, *loc. cit.*), regresa a Valencia, donde se casa con el Duque de Calabria, viudo a su vez de la reina Germana (cf. el *De foelicitate christiana* de Maldonado). En 1545, cuando Ledesma le dedica su gramática griega (*Graecarum institutionum compendium,* Valencia, 1545), el humanismo, protegido por ella, está renovando la Universidad de esta ciudad. Por entonces buscaron su apoyo los primeros jesuitas, que procuraban establecerse allí, y aunque Araoz abrigaba esperanzas de conquistarla, desvaneciendo sus sospechas acerca del apostolado iluminista de Íñigo, Mirón tiene que confesar: "La Duquesa de Calabria nunca es estada bien con nosotros" (*Monum. Hist. S. J., Epistolae mixtae,* t. I, págs. 252, 254, 255 y 413). Doña Mencía morirá el 4 de enero de 1554, después de haber deslumbrado a los contemporáneos por su saber y su magnificencia más que por su belleza, pues era de una obesidad casi monstruosa (cf. Henri Mérimée, *L'art dramatique à Valencia,* Toulouse, 1913, pág. 89, y la *Crónica* de Don Francesillo de Zúñiga, en *B. A. E.,* t. XXXVI, págs. 26 b y 39 b). Hay datos curiosos sobre el primer casamiento de Doña Mencía y sobre su testamentaría en la obra citada del P. José M.

Ahora bien, Maldonado, al escribir para ella un tratadito *De foelicitate christiana*,[14] aprovecha la ocasión para pasar revista a diversos *filósofos cristianos* más o menos alejados del camino derecho que conduce a la felicidad. Después del "teutón" Martín Lutero y de sus discípulos, pasa a los innovadores de la región toledana, turba inquieta en que se mezclan "clérigos, frailes, doncellas, ancianos, niños, ricos y pobres", y en que predominan los conversos: predican a Cristo, tienen incesantemente el Evangelio en la boca, pero muestran por las tradiciones y las ceremonias un desprecio que "huele a luteranismo": es una verdadera sedición religiosa que los Inquisidores, afortunadamente, han sofocado en sus comienzos.[15]

En seguida, sin transición alguna, Maldonado habla de Erasmo, pero no es ya para cantar su gloria, como lo había hecho ocho años antes: ahora denuncia su amor a las novedades, su pasión satírica que rebosa toda medida, en los *Coloquios,* a propósito de los religiosos; deplora que sus célebres escritos sean censurables en tantos puntos. Y si compara su caso con el de Cayetano, que acaba de morir, lo hace subrayando la reprobación mucho más general que Erasmo suscita entre los teólogos.[16]

Muy pronto, poco después de la muerte de Erasmo, Maldonado volverá a hablar de la cuestión candente que plantean sus obras en un diálogo intitulado *Praxis sive de lectione Erasmi.* Se presenta en escena a sí mismo, con una señora de Burgos, Ana Osorio, a quien se esfuerza en poner en guardia contra los encantos de una literatura peligrosa. Ana, que es piadosa e instruida, lee la Escritura con ayuda de las *Paráfrasis* erasmianas. Se asombra de que su interlocutor se lo desaconseje, él que poco ha no despreciaba ni los libros de Erasmo ni sus alabanzas:

He amado a Erasmo —confiesa él entonces— porque me agradaba su estilo, a causa de esa facilidad y abundancia supremas de su discurso y de su pluma. Pero su libertad y su audacia en afirmar sus opiniones no tardaron en desagradarme, y, coincidiendo con la mayor parte de los doctos, me he apartado de algunos de sus libros hasta ver lo que la Iglesia decide acerca de ellos.

March, S. J., *Niñez y juventud de Felipe II,* t. II, págs. 365-369 y 457-458. Allí puede verse (pág. 337) un agradable retrato de su juventud por Bernard van Orley, perteneciente al Museo de Berlín. Cf., finalmente, el *Discurso* de ingreso de D. Miguel Lasso de la Vega, Marqués del Saltillo, en la Real Academia de la Historia: *Doña Mencía de Mendoza, Marquesa del Cenete (1508-1554),* Madrid, 1942.

14 Publicado en su recopilación de *Opuscula,* impresa en Burgos en 1541, con un prefacio a Doña Mencía de Mendoza, Duquesa de Calabria.

15 Fols. d 8 r⁰ ss. Hemos reproducido en Juan de Valdés, *Diálogo de doctrina cristiana,* ed. cit., págs. 41-42, nota, el pasaje relativo a los alumbrados de la región de Toledo.

16 Fols. e 2 v⁰-e 3 r⁰: "...Deviavit certe a communi via Theologorum: et cum dicat se constanter Ecclesiae luminaria sequi Hieronymum, Augustinum, Ambrosium, Cyprianum, Gregorium et interdum Thomam Aquinatem, suo quandoque fretus ingenio, nova quaedam inducit, vetera damnat. Sed supramodum immodicus est in taxandis et improbandis majorum quibusdam decretis, et vitae ratione cunctorum hujus aetatis, maxime coenobitarum. In Colloquiis plus satis excessit modum... Praetermittamus tamen Erasmum, qui sicuti multa praeclara scripsit, ita multis in locis parum probandus est. Cardinalis Cajetanus vir doctissimus et certe pius qui proxime magna jactura Christianae

No es imposible que Maldonado, hábil retórico, se haya sentido en efecto más cautivado por el talento de expresión de Erasmo que por el contenido de su mensaje. Pero, en el apresuramiento con que niega toda solidaridad con el erasmismo herético, llega hasta el extremo de lamentar que el Maestro no se haya ceñido al campo de la elocuencia y de la latinidad, en el que hubiera podido ganar un nombre glorioso: en cambio, su atrevimiento cuasi-luterano en las letras sacras lo ha vuelto sospechoso a los teólogos que hacen autoridad. Lamenta, pues, que Erasmo haya sido Erasmo... Maldonado daba pruebas en 1526 de una comprensión más libre de la batalla erasmiana. Pero, en la *Praxis,* se empeña menos en comprender que en afirmar su ortodoxia presente y aun pasada. Jamás, a juzgar por sus palabras, demostró una adhesión sin reservas a Erasmo: olía el veneno. Por esa razón los erasmistas más entusiastas lo habían indispuesto con el Maestro, y éste, desde mucho tiempo antes de su muerte, había dejado de escribirle.[17]

La última palabra se deja a Fray Tomás, superior de los agustinos, cuyo veredicto acepta Ana Osorio de antemano. Éste es relativamente liberal: Ana puede leer las *Paráfrasis,* pero no sin cautela, puesto que Erasmo es en todas partes él mismo; debe abstenerse en absoluto de la lectura de los *Coloquios.* La dama burgalesa propone maliciosamente la cuestión de si las generaciones siguientes no concederán su gracia a la sombra de Erasmo, y si los teólogos del futuro, más indulgentes que los frailes víctimas de su humor satírico, no se limitarán a señalar a la desconfianza del lector los pasajes dudosos. Pero Fray Tomás, sin negar los servicios prestados por Erasmo, y sin prejuzgar de las decisiones futuras de la Iglesia, mantiene el templado rigor de su propia sentencia.

No cabe duda: la atmósfera cambia en España a partir de 1530. Los erasmistas que no cantan la palinodia como Maldonado tienen que sufrir crueles consecuencias. Los que, desde el extranjero, son testigos de esta crisis, no pueden menos que exhalar su tristeza. A fines de 1533, Rodrigo Manrique, hijo del Inquisidor General, se encuentra en París, y comunica a su maestro Vives las tristes reflexiones que le inspira la prisión de Vergara:[18]

philosophiae vita migravit, quam infestis etiam armis a Theologis jactatus est? ...Moderatius tamen theologi feruntur in Cajetanum infesti quam in Erasmum: tum quia monachus, aberravitque minus, tum quod a stylo scholastico plane non recessit."

17 *Praxis,* en la misma recopilación de *Opuscula* (Burgos, 1541), fols. f 2 v⁰ ss. Véase, sobre todo, fol. f 5 r⁰: "Fuit mihi amicus Erasmus: quod placebat stylus et summa dicendi scribendique facilitas et copia. Sed posteaquam ejus libertas et audacia pronunciandi quod in animum induxisset, coepit displicere, consentientibus plaerisque doctis, a nonnullis ejus libris me paulatim averti, donec quid ecclesia dijudicet intelligam", y fols. f 7 v⁰-f 8 r⁰: "Ego quidem nunquam adeo fui addictus Erasmo, quin suspicarer aliquid esse veneni in ejus scriptis: et quia sensit ipse, neque defuerunt qui me calumniarentur apud ipsum, propterea supersedit ad me, jampridem antequam moreretur, scribere."

18 Su carta, fechada en París, a 9 de diciembre [de 1533], se conserva en la Rehdigerana Collectio de Breslau, y ha sido publicada con un sabio comentario por De Vocht, *Monumenta humanistica Lovaniensia,* Louvain, 1934, págs. 427-458. Traducimos las

Cuando considero la distinción de su espíritu, su erudición superior y (lo que cuenta más) su conducta irreprochable, me cuesta mucho trabajo creer que se pueda hacer algún mal a este hombre excelente. Pero, reconociendo en esto la intervención de calumniadores desvergonzadísimos, tiemblo, sobre todo si ha caído en manos de individuos indignos e incultos que odian a los hombres de valor, que creen llevar a cabo una buena obra, una obra piadosa, haciendo desaparecer a los sabios por una simple palabra, o por un chiste. Dices muy bien: nuestra patria es una tierra de envidia y soberbia; y puedes agregar: de barbarie. En efecto, cada vez resulta más evidente que ya nadie podrá cultivar medianamente las buenas letras en España sin que al punto se descubra en él un cúmulo de herejías, de errores, de taras judaicas. De tal manera es esto, que se ha impuesto silencio a los doctos; y a aquellos que corrían al llamado de la erudición, se les ha inspirado, como tú dices, un terror enorme. Pero ¿para qué te hago toda esta relación? El pariente de quien antes te hablaba me ha contado que en Alcalá —donde él ha pasado varios años— se hacen esfuerzos por extirpar completamente el estudio del griego, cosa que muchos, por otra parte, se han propuesto hacer aquí en París. Quiénes sean los que emprenden esa tarea en España, tomando el partido de la ignorancia, es cosa fácil de adivinar...

Y Vives escribe a Erasmo, el 10 de mayo de 1534:

Estamos pasando por tiempos difíciles, en que no se puede ni hablar ni callar sin peligro. En España han sido encarcelados Vergara y su hermano Tovar, como también otros hombres doctos. En Inglaterra, los obispos de Rochester y de Londres, y Tomás Moro. Ruego al cielo que te dé una vejez tranquila.[19]

Vives, bien informado por Rodrigo Manrique, hubiera podido completar este cuadro conmovedor con las persecuciones de que son víctimas en París los Lectores Reales a consecuencia del discurso de Nicolás Cop.[20] En efecto, esta reacción brutal que responde a las primeras manifestaciones atrevidas del evangelismo no es un fenómeno exclusivamente español. La represión española se distingue menos por su crueldad que por el poderío del aparato burocrático, policíaco y judicial de que dispone. Su organización centralizada cubre toda la Península con malla apretadísima; hasta posee sus antenas en el extranjero, como lo prueban las gestiones hechas

líneas 23-44. Citemos las más significativas: "Plane verum est quod dicis invidam atque superbam illam nostram patriam; adde et barbaram. Nam jam pro certo habetur apud illos neminem bonarum literarum mediocriter excultum quin heresibus, erroribus, Judaismis sit refertus, ita ut doctis positum sit silentium; iis vero qui ad eruditionem properabant injectus, ut ais, ingens terror. Sed quid tibi haec recenseo; cognatus, de quo ante dicebam, meus, narravit mihi Compluti —nam is ibidem per aliquot annos egit— moliri ut penitus literae Graecae exularent; quod hic Lutecie etiam multi commentantur id facere" (líneas 32-42).

19 Allen, t. X, Ep. 2932 (Brujas, 10 de mayo de 1534), líneas 30-32: "Tempora habemus difficilia, in quibus nec loqui, nec tacere possumus absque periculo. Capti sunt in Hispania Vergara et frater ejus Tovar, tum alii quidam homines bene docti. In Britannia Episcopus Roffensis et Londinensis et Thomas Morus. Precor tibi senectam facilem."

20 Véase la carta de Manrique en De Vocht, *Monumenta humanistica*, *op. cit.*, págs. 437 *ss.*, líneas 105-214.

en Alemania, en Italia o en Francia contra Servet y contra Castillo. Y, por otra parte, los tribunales tienen, cada uno en su jurisdicción, iniciativa bastante amplia. Esta poderosa institución, nutrida de confiscaciones y de multas, está en pleno crecimiento. Tiene en su contra la hostilidad de los espíritus libres, el odio tenaz de los "cristianos nuevos" contra quienes se ha montado, y que ven en ella el instrumento de su humillación y de su empobrecimiento. Como desquite, la Inquisición puede apoyarse en el sentimiento "cristiano viejo" de las masas populares, en su oscuro instinto igualitario, hostil a los hombres que tienen dinero y saben ganarlo, y sobre todo, en su piedad gregaria, bien cultivada por los frailes mendicantes, y que se siente lastimada por la menor crítica de las devociones tradicionales. Como el Edicto de la fe ordenaba denunciar los delitos contra la fe común de que cada cual pudiera tener conocimiento, el pueblo español entero se encontró asociado, de grado o por fuerza, a la acción inquisitorial. Ahí está el resorte por excelencia de la "inquisición inmanente" de que habla Unamuno.[21] Y a ello se debe que el misoneísmo y la ignorancia acaben por prevalecer sobre los novadores y los sabios. En esto consiste el hecho más específicamente español que angustia a hombres como Vives y Rodrigo Manrique y les hace emitir juicios tan pesimistas sobre su patria. El temible sistema se puso a funcionar sin que el Inquisidor General y la Suprema tuviesen que imprimir un impulso inicial; ellos no necesitaron desempeñar más que un papel regulador, mientras cada proceso engendraba otros procesos. Ha pasado un viento de delación que ha agostado la primavera del erasmismo español.

La muerte y la prisión rompen los lazos que unían al grupo más selecto de España con Erasmo. Algún tiempo antes de entrar en la cárcel, Vergara había recibido de él una carta llena de pesadumbre: en ella lloraba el anciano la muerte de Alfonso de Valdés, pero deploraba, sobre todo, la pérdida de su mecenas William Warham, Arzobispo de Canterbury.[22] En esa ocasión el Arzobispo de Toledo había prometido a su secretario enviar a Erasmo un nuevo subsidio. Dilft, al salir de España, llevó sin duda, junto con esta promesa, la última carta escrita por Vergara al anciano Maestro. Erasmo no tenía ya gran cosa que decir a los españoles, desde que el tumulto suscitado en torno a su nombre se había apaciguado; respondió con una larga epístola casi enteramente consagrada a sus queridos amigos y mecenas de Augsburgo, en particular a Juan Paumgartner

---

21 Cf. *supra*, pág. 383.

22 Véase en el *Proceso de Vergara*, fol. 98 rº, la transcripción del mensaje secreto de Vergara a Tovar interceptado el 11 de abril de 1533: "Erasmus valet, carta tengo suya de fin de diciembre doliéndose de la muerte del arçobispo Caniariense [= Cantuariense] sumo eçerate [= su Moecenate]. Mostrésela al arçobispo y prometióme de embiarle algún subsidio; también dice que Le [= Lee] confectus est archiepiscopus evorecensis [= Eboracensis]. Deflet et Valdesii mortem. Dilfo partió quinze días ha a su tierra de asiento porque lo hazen casar sus parientes; de camino visita a Erasmo." La carta de Erasmo (fines de diciembre de 1532) a que alude Vergara se ha perdido, lo mismo que la respuesta que Vergara confió seguramente a Dilft. Sobre éste, véase Allen, t. VI, pág. 256. Era un familiar de Erasmo que en vano había buscado fortuna en España. Más tarde (1544-1550) sería embajador de Carlos V en Londres.

y su familia. A decir verdad, había escrito algunos días antes al Arzobispo Fonseca, cuyas disposiciones generosas no había que echar en saco roto. Si Vergara hubiera podido leer, en su prisión, el elogio de Paumgartner que le enviaba Erasmo, habría saboreado sin duda estas líneas sobre la utilidad de los viajes:

Es como un injerto de los espíritus, que los ablanda y les hace soltar lo que pueda haber de salvaje en su naturaleza. Nada, en general, más hosco que los hombres que han envejecido en su patria, que odian a los extranjeros y que reprueban todo lo que se aparta de los usos del terruño.[23]

Pero cuando los mensajes postreros de Erasmo a Toledo llegaron a su destino, Vergara estaba incomunicado. Fonseca había muerto.

Para la desaparición o el silencio de todos sus antiguos amigos españoles, Erasmo encuentra una última compensación en los homenajes de un grupo de cultos ingenios sevillanos. A propósito de la *Dulcoratio* de Carvajal, había entrado en relaciones con él Pero Mexía, y su hermano Cristóbal había aprovechado la ocasión para alinearse al lado de Erasmo contra sus detractores. El Filósofo les había contestado con cartas lisonjeras, impresas muy pronto en las *Epistolae floridae*. Había deslumbrado a aquellos lejanos admiradores desplegando con mayor complacencia que de costumbre las amistades que lo honraban entre los soberanos, los príncipes de la Iglesia y los sabios del mundo entero:

Recibir cartas de corresponsales desconocidos y lejanos —confesaba a Cristóbal— es cosa para mí tan poco nueva, que me sucede casi cada día. Me llegan a menudo de sabios, de grandes señores, de obispos, de abades cuya existencia ignoraba. De reyes, de príncipes y de prelados colocados demasiado en alto para ser ignorados de nadie, recibo no solamente cartas, sino también presentes magníficos.[24]

Nuestros andaluces se sienten en buena compañía. A los Mexía se había sumado el ingeniosísimo Cristóbal de la Fuente,[25] personaje desconocido por otra parte, a menos que Erasmo haya cometido una de esas confusiones de nombres de pila a que tan acostumbrado estaba:[26] quizá ese *Christophorus Fontanus* sea en realidad Constantino de la Fuente, nombre ilustre en los anales de Sevilla.[27] En todo caso, Fontanus había compuesto

---

[23] Allen, t. X, Ep. 2879, líneas 138-142: "Haec est ingeniorum velut insitio, qua mitescunt ac naturam exuunt sylvestrem, si quam habent. Nihil enim fere morosius iis qui in patria consenuerunt, oderunt exteros, ac damnant quicquid a vernaculis ritibus diversum est" (Erasmo a Juan de Vergara, Friburgo, 19 de noviembre de 1533).

[24] Allen, t. VIII, Epp. 2299 y 2300 (cartas de Friburgo, 30 de marzo de 1530, a Cristóbal y Pero Mexía). Véase en particular Ep. 2299, líneas 6-11.

[25] Allen, t. X, Ep. 2892, líneas 161-165: "Accepi et Christophori Fontani epistolam, mire facetam et argutam; quam ille multa paucis expedit! Vehementer arrisit hominis ingenium, quod tamen in argumento plausibiliore cupiam exerceri. Itaque scriptum hoc non fuisse evulgatum gaudeo. Dignatus est ille librum Franciscani majore honore quam ego" (Erasmo a Pero y Cristóbal Mexía, Friburgo, 24 de diciembre de 1533).

[26] Cf. Allen, t. IV, Ep. 1054, introd., y t. V, Ep. 1431, línea 32, nota.

[27] Cf. *infra*, págs. 522 ss.

una réplica a Carvajal, tan viva de tono que Erasmo se felicitaba de que hubiera permanecido inédita. El anciano buscaba más que nunca la paz. En una carta que escribió a sus amigos de Sevilla, se mostraba resignado a la calumnia sin cesar renaciente que hacía de él el precursor de Lutero, y a la perfidia de quienes lo alababan por haber, al fin, mudado de tono. Había contestado en época reciente a las censuras de la Sorbona con sus *Explicaciones,* que no eran una palinodia, sino una reconsideración del asunto en vista de las nuevas circunstancias. Creía percibir una tregua del lado de sus adversarios. Había intercambiado con el propio Carvajal unas cartas que podían encaminar sus relaciones hacia un clima más pacífico, y suplicaba a sus amigos de Sevilla que no emponzoñaran las cosas con publicaciones intempestivas. Les prometía tranquilizar a Vives, el cual creía que Erasmo estaba resentido con él desde que Carvajal se había servido de sus cartas en la *Dulcoratio;* la amistad de Erasmo por Vives estaba por encima de esas miserias, del mismo modo que nada había tenido que sufrir, en épocas anteriores, por las relaciones de Vives con Lee.

Este mensaje de paz dirigido a los hermanos Mexía, junto con saludos para Fontanus, está fechado a 24 de diciembre de 1533.[28] No es quizá el último que Erasmo dirigió a sus amigos de España. Pero sí es el último que se nos ha conservado. Es probable que en Sevilla, como en otras partes, las persecuciones hayan enfriado el ardor de los erasmistas, o que lo hayan hecho singularmente más discreto en sus manifestaciones. La noticia de la muerte de Erasmo cayó en un pesado silencio de malestar. Ocho o nueve años antes, se la hubiera recibido en la Península con demostraciones generales y casi oficiales de duelo. La España de 1536, en la que Vergara y Virués expiaban su celo erasmiano, no se deshizo en elegías sobre el ilustre desaparecido.

28 Cf. *supra,* nota 25.

CAPÍTULO X

LA REFORMA ESPAÑOLA
EN LA ÉPOCA DE LAS PRIMERAS REUNIONES
DEL CONCILIO DE TRENTO

I. *El irenismo y la justificación por la fe. Los cardenales irenistas. La política imperial de los Coloquios de religión. Tensión hispano-romana.* II. *La obra de Erasmo respetada por los teólogos católicos. Fray Alonso de Castro; Fray Luis de Carvajal. Martín Pérez de Ayala, portavoz de los reformadores ortodoxos.* III. *La reforma heterodoxa. Su continuidad con el movimiento erasmista. Los españoles desarraigados: Juan de Valdés; Francisco de Enzinas.* IV. *Los heterodoxos del interior. Erasmismo de Fray Bartolomé Carranza. El caso de Agustín Cazalla.* V. *El Doctor Constantino y el movimiento de Sevilla. Vargas; el Doctor Egidio.* VI. *La predicación pública de Constantino. Sus libros: la "Suma". La floración de las "Doctrinas cristianas".* VII. *Relaciones de los reformadores católicos con los predicadores de la justificación por la fe. La cuestión de los libros de Erasmo.*

I

MENÉNDEZ Y PELAYO, después de referir sumariamente las tribulaciones que sufrieron los erasmistas españoles en la época de la muerte de Erasmo, concluye así sus reflexiones: "Estos castigos y la muerte del Inquisidor Manrique en 1538 acabaron de quitar fuerzas y autoridad al erasmismo. De los que antes seguían esta parcialidad, unos (y fueron los más) abandonaron la defensa de Erasmo y vivieron y murieron como buenos católicos. Otros, como Juan de Valdés, entraron en los torcidos caminos de la Reforma y dejaron el nombre de erasmistas para tomar el de luteranos o inventar sistemas nuevos. Era la evolución natural. La Inquisición prohibió los libros de Erasmo en lengua vulgar, y mandó expurgar cuidadosamente los latinos. En adelante sólo encontramos afición a Erasmo en alguno que otro humanista." [1]

En realidad, la historia espiritual del cuarto de siglo que precede al triunfo de la ortodoxia tridentina nos obliga a complicar singularmente este esquema. Menéndez y Pelayo escribía en un tiempo en que todavía no se había aclarado el papel que desempeñó, bajo el pontificado de Paulo III, el grupo de cardenales que se puede llamar la promoción erasmiana, en particular Contarini, Morone y Reginald Pole; en un tiempo en que apenas se sospechaba, entre los teólogos de estos días, la existencia de un

[1] Menéndez y Pelayo, *Heterodoxos, ed. cit.,* t. IV, págs. 118-119.

494

tercer partido irenista.[2] La profecía de un Aleandro, según el cual Roma no esperaba más que la muerte de Erasmo para condenar su obra,[3] recibió de los hechos un rápido mentís. El erasmismo, lejos de hacerse una posición insostenible entre el catolicismo y la reforma protestante, se iba transformando en la posición oficial de prelados y de cardenales que no se resignaban al cisma, y a quienes el Papa confiaba misiones de capital importancia.[4]

Uno de los primeros actos de Paulo III había sido ofrecer a Erasmo la púrpura cardenalicia.[5] El anciano había rehusado. Pero otros hombres introducían en el consistorio un espíritu afín al suyo. Los eclesiásticos clarividentes no se engañaban acerca del alcance del acontecimiento. Estanislao Hosio felicitaba a Pole en estos términos: "No sé de qué congratularme más: si de que hayas sido elegido junto con hombres como Sadoleto y Contarini, o de que hubieras tenido también por colegas a hombres como Fisher y Erasmo, si una muerte cruel no los hubiese privado de este honor."[6] El honor ofrecido a Erasmo se dirigía al hombre hacia quien, todavía en los últimos años, se habían vuelto todas las miradas en busca de una sentencia arbitral, y que, en su reciente libro *De sarcienda Ecclesiae concordia*,[7] había tratado de sugerir las mutuas concesiones que permitirían pacificar los espíritus mientras venía el Concilio reparador.

No hay para qué estudiar aquí el *Consilium delectorum cardinalium* ni las demás manifestaciones de una actividad reformadora que preparaba el Concilio ecuménico con la esperanza de restablecer así la unidad. No se ha analizado aún el pensamiento de los principales actores de este movimiento en relación con el de Erasmo. Un punto, al menos, es evidente: esos hombres son los herederos del ideal irénico de Erasmo. Hay que añadir que, a pesar de las apariencias, prolongan a su manera el apostolado espiritual del Roterdamense, cuando se esfuerzan por llegar a un acuerdo en el campo de la justificación por la fe. El debate —y nunca se insistirá en ello lo bastante— era algo más que simple disputa de teólogos profesionales.[8] Lo que ocurría era que las almas más profundamente cristianas se empeñaban en salvar un sentimiento nuevo y fuerte de la gracia divina, sentimiento que no había podido crecer sin rebajar la confianza en los actos humanos del culto y la devoción, y en las obras humanas en general.

[2] Pontien Polman, *L'élément historique dans la controverse religieuse du xvie siècle*, Gembloux, 1932 (Collection des Thèses de Théologie de l'Université Catholique de Louvain, série II, tome 23), destaca ciertos aspectos de este irenismo (irenismo bíblico e irenismo patrístico), págs. 367-390.

[3] Cf. *supra*, págs. 416-417.

[4] Sobre "la política erasmiana de Paulo III", véase A. Renaudet, *Érasme et l'Italie*, *op. cit.*, pág. 238.

[5] Véase en particular la carta de Erasmo a Tomicius, Basilea, 31 de agosto de 1535 (Allen, t. IX, Ep. 3049, líneas 165-177).

[6] Carta del 7 de abril de 1537 (F. Dittrich, *Regesten und Briefe des Card. Gasparo Contarini*, Braunsberg, 1881, pág. 97).

[7] Sobre esta obra, véase P. S. Allen, *Erasmus, Lectures and wayfaring sketches*, Oxford, 1934, págs. 81 ss.

[8] L. Febvre, *Une question mal posée, art. cit.*, pág. 54.

Erasmo había pasado su vida criticando la devoción sin alma, exaltando el culto en espíritu, llamando a nuevas generaciones de cristianos que, incorporados a Cristo, estuvieran movidos desde dentro por su ley. Cuando había tomado posición contra Lutero a propósito del libre albedrío, no lo había hecho, según se cree demasiado a menudo, como "humanista" afanado en preservar la autonomía del hombre: si bien protestaba contra la "paradoja" luterana y reivindicaba para la libertad una parte, por muy débil que fuese, se había mostrado singularmente penetrado de la omnipotencia de la gracia.[9] El *De sarcienda Ecclesiae concordia* no había hecho más que confirmar esta actitud. Sus discípulos, en España y en otros lugares, habían cargado más decididamente el acento sobre la justificación por la fe y sobre la renovación o regeneración del hombre en virtud de esta misma fe, que, como tiene su fuente en Dios, es la fuente de las obras verdaderamente buenas: no habían tenido el sentimiento de romper con la enseñanza de su maestro. La gran divisa, *Sola fides,* antes de convertirse en la piedra del tropiezo durante el Concilio de Trento, había de ser la señal de unión de muchísimas almas, la fórmula en que trataban de comulgar los humanistas del tipo de Melanchthon y los hombres del *Oratorio del divino amore.* Nada más significativo que la odisea de Juan de Campen, el comentador de los Salmos, que, después de salir de Lovaina, busca en Nuremberg, y después en Cracovia, la atmósfera propicia a sus trabajos y sueños, y la encuentra por fin en Venecia en 1534. En el amistoso comercio de Reginald Pole y de Contarini, no renuncia a las grandes esperanzas que él ha puesto en Melanchthon. Ha emprendido un comentario de San Pablo que le parece que podrá contribuir poderosamente a la pacificación religiosa, y se halla como suspendido de las opiniones del gran conciliador de Wittenberg.[10] Otro protegido de Contarini trabaja a su modo por la unión: es el benedictino Isidoro Clario, autor de una *Exhortación a la concordia* dirigida "a aquellos que se han apartado del sentimiento común de la Iglesia", y en la cual, sin nombrarlo, alaba a Melanchthon por las disposiciones de que da prueba en los retoques de los *Loci communes.*[11]

Este movimiento es obra de una minoría. Pero la minoría agrupa a hombres selectos. Tiene de su parte la influencia de algunas princesas y grandes damas. Un Vergerio, discípulo de Contarini y de Pole, se maravilla, al trabar conocimiento con la Reina de Navarra, de que Cristo haya suscitado en esa época turbulenta espíritus semejantes. Compara con Margarita a la duquesa de Ferrara Renata de Francia, a Leonora Gonzaga en Urbino, a Vittoria Colonna en Roma. Expresa la opinión de que, derramadas por todas partes, esas almas excepcionales, de elevada inteligencia,

---

9 Cf. *supra,* págs. 147-148, 152 y 187.

10 Hipler, *art. cit.,* págs. 515-516. Carta de J. de Campen a Dantisco (Venecia, 4 de febrero de 1535): "Valde cuperem Philippum respondere, ut res possit tractari latius... Ego hic tibi coram Deo omnipotente et Jesu Christo Domino et servatore nostro affirmo, nulla me alia causa fuisse ad scribendum in Paulum adductum, quam ut possem, si forte Deo Optimo Maximo visum fuerit, paci et publicae tranquillitati aliqua ex parte consulere." Cf. *supra,* págs. 414-415.

11 Cf. Lauchert, *Die italienischen literarischen Gegner Luthers,* págs. 443-451.

llenas de caridad e "inflamadas en Cristo", contribuirán a la renovación de la Iglesia más que todos los claustros del mundo y que todas las dietas.[12] Es cierto que esta tendencia sufre una derrota en el Concilio con ocasión del voto de los cánones acerca de la justificación. Pero el hecho es que ciertas altas autoridades protegieron, durante más de diez años, un movimiento que se proclamaba católico en favor de la justificación por la fe, y que, aun votadas por el Concilio, las fórmulas que condenaban este movimiento distaron de imponerse con una autoridad inmediata y sin réplica.

Poderosas consideraciones políticas impedían que los soberanos católicos abundasen en el sentido de los ortodoxos intransigentes. Conocidos son los esfuerzos de Francisco I, secundado por Gervais Wain, Guillaume du Bellay y Melanchthon, para llegar, con los protestantes de Alemania, a un acuerdo religioso que hubiera consolidado su alianza con él.[13] Del lado español, no hay que perder nunca de vista la política de los Coloquios de religión, desarrollada por el Emperador Carlos paralelamente a la del Concilio. El Coloquio de Ratisbona, en 1541, es una victoria parcial para los erasmistas de la escuela de Colonia: las opiniones de Gropper y de Pighius encuentran allí un apoyo decisivo en las de Contarini. El acuerdo precario llevado a cabo entonces sobre la fórmula de doble justificación parece tan precioso, que Granvela, Juan de Naves y Juan de Weeze aconsejan a Carlos V que proclame como doctrina del Imperio, sin preocuparse de Roma, los puntos en que se ha llegado a un acuerdo.[14] Alfonso de Valdés, si hubiera vivido entonces, no habría hablado con otras palabras.

¿Cómo olvidar, por otra parte, que los imperiales nunca habían tomado en serio las veleidades reformadoras manifestadas por Paulo III, y que la reunión del Concilio, lejos de acercar a Carlos V y al papa Farnesio, exasperó sus disensiones? Así como Juan de Valdés, en 1535, cuenta mucho más con el Emperador que con el Papa para la pacificación del mundo y la reforma de la Iglesia,[15] así también, en 1546, los humanistas españoles cuentan menos con el Concilio que con el nuevo Coloquio convocado en Ratisbona. La correspondencia de Páez de Castro, secretario del embajador imperial Don Diego Hurtado de Mendoza,[16] es muy instructiva desde este punto de vista. La prisa de los legados en llegar a una decisión tajante sobre las cuestiones dogmáticas, y en particular sobre la temible jus-

---

[12] Carta a la Marquesa de Pescara (s. f.; hacia 1540), en *Lettere volgari di diversi nobilissimi huomini et excellentissimi ingegni*... Libro primo, Venezia, 1542, fols. 103-104.

[13] Bourrilly, *op. cit.*, págs. 119 ss.; Imbart de la Tour, *Les origines de la Réforme*, t. III, Paris, 1914, págs. 533 ss.

[14] Véase Vacant-Mangenot, *Dictionnaire de théologie catholique*, Paris, 1925, t. VIII, cols. 2156 ss. (artículo *Justification*, por J. Rivière); y cf. Pastor, *Historia de los papas*, *op. cit.*, t. XI, págs. 390-391.

[15] Parece que Dios ha querido detener a Carlos V en Italia "tanto tiempo quanto converná para aconchiar ęl mundo y reformar la iglesia" (Montesinos, *Cartas, op. cit.*, pág. 41). Cf. la introducción del mismo volumen, págs. XCIII ss. y CXII ss., donde Montesinos subraya con razón esta pulla de Juan de Valdés a propósito del Concilio: "en el qual diz que Su Majestad está muy caldo; estarán frescos los cardenalitos".

[16] Sobre la vida del Embajador, véase A. González Palencia y E. Mele, *Vida y obras de D. Diego Hurtado de Mendoza*, 3 vols., Madrid, 1941-1943.

tificación, le parece probar la voluntad romana de cortar los puentes con Alemania, en un momento en que brilla en la propia Alemania una esperanza de arreglo. Roma, y esto es demasiado evidente, tiene miedo de que Carlos V, dueño de imponer su voluntad a los protestantes, quiera imponérsela también al Concilio. La esperanza puesta por los imperiales de Trento en los acontecimientos de Alemania se manifiesta por un curioso rumor que asegura que Lutero, antes de morir, se confesó para recibir la comunión. Después del fracaso de Ratisbona, Páez se indigna de la extorsión a que recurren los legados para lograr que el Concilio se traslade fuera de las tierras del Imperio, amenazando incesantemente con publicar el decreto sobre la justificación. Si el Emperador ha pedido el aplazamiento de esta publicación, ¿no es porque espera, gracias a nuevas conversaciones, llegar a una fórmula aceptable para todos? En ocasión de la grave ruptura hispano-romana causada por el traslado del Concilio a Bolonia, los imperiales, llenos de confianza por sus éxitos militares, se regocijan ante una situación en que ven "el verdadero remedio de la Iglesia".[17]

Finalmente, la promulgación del Interim de Augsburgo, en 1548, parecía como hecha adrede para dar al traste con la autoridad de las primeras decisiones tomadas en Trento. A pesar de su carácter local y provisional, las disposiciones del Interim relativas a la comunión bajo las dos especies y a los sacerdotes casados invitaban a considerar el edificio católico de los sacramentos como susceptible de reformas. Sobre todo, las nuevas fórmulas de la justificación daban amplia satisfacción a los defensores de la divisa *Sola fides*. Como estas fórmulas son fruto de una colaboración entre el erasmista Pflug y los teólogos españoles Fray Pedro de Soto y Maluenda,[18] importa transcribir aquí lo esencial de ellas:

17 Cartas de Páez a Zurita publicadas parcialmente por Uztarroz y Dormer, *Progresos de la historia en Aragón* (2ª ed.), Zaragoza, 1878, págs. 525 ss. Los originales están en la B. A. H. de Madrid (Colección Velázquez, t. XIV). Véase también una carta de Páez a Cazalla (Trento, 10 de abril de 1546) publicada por Graux, *op. cit.*, pág. 403, en la cual se lee: "Las cosas de acá frigent hasta que se haga esa dieta de Ratisbona. No sé lo que allá se espera..." Entre las cartas inéditas de la Colección Velázquez, véase en especial la del 4 de diciembre de 1546: "...Lo que en el concilio pasa es que estos Señores legados de su Santidad siempre an tenido intento a que este concilio no procediese, y para conseguir este fin començaron a entender en las heregías de Alemania y llegaron al artículo de la justificación que es el más importante de todos y hizieron el decreto." Páez habla en seguida de los regateos pontificios para la traslación o la suspensión del Concilio: "y siempre amenazando con la publicación del decreto de la justificación". Carta inédita del 3 de abril de 1547: "No a avido réplica de su Magestad más que se sabe estar las cosas muy rotas entre su Magestad y el Papa, y muchos piensan que es el verdadero remedio de la iglesia, y esta cosa es tan importante y tan deseada que no es possible que se dissimule. Las cosas de su Magestad en Germania van muy prósperas..." — Pasaje inédito de una carta publicada incompletamente por Uztarroz y Dormer, *op. cit.*, pág. 536 (nº 10, 24 de marzo de 1546): "Luthero es muerto este mes passado. Aquí se a traydo lo que passó en su muerte, y dizen que se confesó y recibió el santíssimo sacramento. Los secretos de Dios son grandes, pero el daño que él hizo fue estraño, que no sabemos quándo cesará."
18 Véase Pastor, *op. cit.*, t. XII, págs. 332-333, y Venancio Carro, *El Maestro Pedro de Soto*, Salamanca, 1931, págs. 191-197, donde podrán leerse largos extractos del Interim. — Pedro Maluenda pertenecía probablemente a la familia de mercaderes burgaleses

Es verdad que Dios no nos justifica por las obras de justicia que hayamos hecho, sino según su misericordia, y esto gratuitamente, es decir, sin mérito nuestro, de tal modo que si queremos gloriarnos no nos gloriemos sino en Cristo, por cuyos solos méritos somos redimidos del pecado y justificados. Empero, Dios misericordioso no trata al hombre como a un leño: al moverlo, no violenta su albedrío. Un hombre adulto, en efecto, no recibe los beneficios de Cristo sino una vez que, por la acción previa de la gracia, su entendimiento y su voluntad son llevados al odio del pecado... En seguida, esa misma gracia divina endereza el entendimiento hacia Dios por medio de Cristo, y tal es el impulso de la fe, por la cual el creyente da un asentimiento sin vacilaciones a las Sagradas Escrituras y a las promesas allí contenidas... El hombre que cree así, y que, pasando más allá del temor de la justicia divina, por el cual es sacudido eficazmente, se pone a considerar la misericordia de Dios y la redención por la sangre de Cristo, queda levantado, y, mediante el movimiento de la gracia, concibe confianza y esperanza para atenerse, no a su propio mérito, sino a la misericordia prometida, atribuyendo la gloria a Dios, y así es conducido a la caridad... [Entonces el alma es santificada y renovada], pues esa fe alcanza el don del Espíritu Santo, mediante el cual se derrama la caridad en nuestros corazones; y cuanto más se añade la caridad a la fe y a la esperanza, tanto más somos verdaderamente justificados gracias a la justicia inherente. Esta justicia consiste a tal punto en las virtudes de fe, esperanza y caridad, que si una de ellas se le quitara, quedaría mutilada del todo... La fe sin la caridad puede ser auténtica, en cuanto asentimiento dado a la revelación; pero está muerta. De la caridad, máximo don de Dios, manan las buenas obras como de una fuente. Para ser verdaderamente buenas, las obras deben ser fruto de la gracia. Pero mediante ellas, quienes son justos se hacen más justos y más dignos de los premios prometidos por Dios a quien las cumple.

He ahí un análisis en el cual ni un Contarini ni un Juan de Valdés hubieran encontrado, probablemente, nada que objetar. Por último, tengamos en cuenta que el Interim, formulario densísimo, en que se toca gran número de puntos dogmáticos y que trata detalladamente de los sacramentos, no dice una sola palabra de las indulgencias ni del purgatorio. Aunque se redactó para uso de Alemania, el documento de Ratisbona no podía menos de suscitar alguna resonancia en España, gracias a los teólogos de la Corte.

Todo esto tiene que tomarse en consideración si se quiere ver en toda su complejidad la vida religiosa española por los días de la primera reunión del Concilio. Unos veinte años después, España se convertirá en la campeona de la ortodoxia tridentina definitivamente formulada, y se gloriará cada vez más de la parte tomada por ella en su elaboración. El papel de un Laínez en el debate sobre la justificación se pondrá escrupulosamente de relieve. Las intervenciones en sentido contrario se esfumarán. No obstante, gracias a una carta de Salmerón, se entrevé cómo otros españoles, en Trento, causaban la desesperación del buen Gian Battista Scotti por la ex-

del mismo apellido, con intereses en Flandes (cf. Goris, *op. cit.*, págs. 181, 400, 644). Tal vez estudió en Lovaina antes de ser en París compañero de Juan Díaz (cf. *infra*, pág. 512). En el libro de matrículas de la Universidad de Lovaina aparece (9 de septiembre de 1529) un *Petrus Maluterda Hispanus* (cf. *infra*, pág. 513, nota 17, otros burgaleses matriculados en Lovaina).

trema libertad de su lenguaje. Cierto Doctor Garcés, que murió en el Concilio, gozaba de mala reputación. Un amigo de Garcés, el Doctor Arnedo, proclamaba sin el menor recato en Bolonia, en una librería cercana a San Petronio : "¡En todo Sancto Agustín no hay memoria de purgatorio, y no se hallará palabra dél!"[19] No es éste más que un vago rumor que nos llega de un mundo espiritual sumergido.

Recordemos, en todo caso, que si es un anacronismo hablar de ortodoxia tridentina antes de 1560, es también un anacronismo hablar, antes de esta fecha, de una España que fuera su brazo secular. La primera reunión del Concilio se prepara en una atmósfera de tensión hispano-romana que hace pensar más de una vez en el trágico conflicto de 1526-1527. Se exhuman entonces, al parecer, los dos *Diálogos* de Alfonso de Valdés: en 1545 se publica en Venecia una traducción italiana de ellos, cuya dedicatoria a Virgilio Caracciolo aparece firmada, en ciertas ediciones, por Isidoro Clario.[20] Dos años después, el asesinato del hijo del Papa incita a un humanista español a escribir un áspero *Diálogo entre Caronte y el alma de Pier Luigi Farnesio*,[21] en que resuena como un eco de los libelos valdesianos. En 1556, la elevación al trono de Felipe II, que sigue de cerca a la de Paulo IV, coincidirá con una reanudación más violenta que nunca de las hostilidades entre Roma y España. El papa más autoritario que suscitó en esa época la ortodoxia tratará a Carlos V de hereje, y esgrimirá la excomunión contra el Emperador y su hijo. Una vez más, se evocarán los acontecimientos de 1527. Un dominico español, que publica por entonces la traducción latina de ciertas homilías de Savonarola, subrayará muy expresamente el castigo divino profetizado por el autor contra la Ciudad Eterna, y presentará al ejército del Duque de Borbón como ejecutor de ese castigo.[22]

19 Salmerón a Laínez, Nápoles, 22 de julio de 1559 (*Monum. Hist. S. J., Epistolae Salmeronis*, t. I, pág. 294): "Paréceme que un día en casa de un librero junto a sant Petronio, le oy hablar muy temerariamente y presumptuosamente... dixiendo assí en público que en todo sancto Augustín no avía memoria de purgatorio y que no se hallaría palabra dél... Era también muy amigo de Garcés, aquél que murió en el Concilio, el qual etiam male audiebat. El buen Gian Battista Scotti se me quexava destos spañoles, y que eran fastidiosos y hablaban con mucha libertad." — Cf. *ibid., Lainii Monumenta*, t. IV, págs. 136, 210, 286, a propósito de las sospechas que pesaban entonces sobre el Doctor Arnedo, obispo electo de Mallorca, y la prudencia con que le apoyaba el P. Laínez.

20 Boehmer, *Spanish reformers*, Strassburg-London, 1874, t I, pág. 108. Las ediciones en español (*ibid.*, págs. 101 ss.) no tienen fecha, pero parece seguro, a juzgar por las erratas de imprenta que en ellas se ven, que se imprimieron igualmente en Italia (cf. Montesinos en su introd. a Alfonso de Valdés, *Diálogo de las cosas ocurridas en Roma*, pág. 65). Si difícilmente se puede concebir que se hayan publicado en los últimos años de la vida del autor, en plena reconciliación del Emperador con Clemente VII, en cambio es verosímil que los *Diálogos* se hayan impreso en 1545 y se hayan traducido inmediatamente al italiano.

21 La mejor edición es la de A. Morel-Fatio en el *Bulletin Italien*, t. XIV (1914), págs. 126-157.

22 M. Bataillon, *Sur la diffusion des œuvres de Savonarole*, art. cit., pág. 102. Ya en 1548 se caracterizaba la Corte imperial por su afición a los sermones de Savonarola (*Nuntiaturberichte*, X, págs. 277 y 297, citados por Pastor, *op. cit.*, t. XII, pág. 338).

II

No es muy sorprendente que, durante los veinte años que van de la muerte de Erasmo a la abdicación del Emperador, la antorcha del pensamiento de Erasmo haya seguido brillando con un esplendor todavía bastante vivo, particularmente en España. Es muy cierto que el gran momento de entusiasmo ya ha pasado; pero la hora de la condenación no ha sonado todavía. Sólo los *Coloquios* han sido puestos bajo ciertas medidas de prohibición. A fines de 1535, alguien llama la atención de la Suprema sobre la influencia deplorable que ejerce la traducción castellana de ese libro, de manera especial en Cataluña. Erasmo vive aún. El Consejo propone a Manrique una solución con la que el filósofo no pueda sentirse ofendido: retirar de la circulación los *Coloquios* traducidos en lengua vulgar "so título que no están bien traducidos ni rectamente impresos"; así, "no habrá ocasión de decir que está el daño en los libros ni en el auctor, sino en la tradución e impresión, ni terná Erasmo de qué se quejar". Las instrucciones que la Suprema envía a los tribunales el 29 de enero de 1536 están concebidas, en efecto, dentro de este espíritu.[1] Se quiere apaciguar la querella erasmiana, no reavivarla: el pretexto de la mala traducción se saca a relucir una vez más el 6 de septiembre de 1536 para prohibir el libro del Príncipe de Carpi contra Erasmo, traducido por un dominico e impreso en Alcalá unos ocho meses antes.[2] Erasmo, mientras tanto, ha muerto. La Inquisición no tiene ya que andar guardando miramientos con él. Pero no se ve que se apresure a prohibir sus escritos. Sólo los *Coloquios,* punta atrevida de su obra, son objeto de una nueva y radical medida de rigor: el 13 de septiembre de 1537, una circular del Consejo de la Inquisición los prohíbe tanto en latín como en lengua vulgar, fundando esta condenación en el decreto de la Sorbona.[3] A fines de 1551 las Inquisiciones de Toledo, Va-

---

[1] A. H. N., *Inquisición*, lib. 321, fol. 340 v⁰ (la Suprema al Inquisidor General, Madrid, 6 de noviembre de 1535): "Ya V. S. Rᵐᵃ sabe que en los libros y obras de Herasmo se han apuntado por muchos teólogos algunos errores y especialmente en los *Colloquios*. Agora hauemos recebido cartas del Inquisidor de Barcelona en que dize que visitando al Arçobispado de Tarragona ha hallado muchos herrores que han dependido de los dichos *Colloquios*, especialmente de los que están traduzidos en romance... A nosotros, Rmo. Señor, paresce que ante todas cosas todos los *Colloquios* de Erasmo que están romançados se deuen tomar y guardar so título que no están bien traduzidos ni rectamente impresos, porque éstos causan muchos errores entre la gente vulgar como la experiencia lo muestra, y desta manera no havrá ocasión de dezir que está el daño en los libros ni en el auctor, sino en la tradución e impresión, ni terná Erasmo de qué se quexar." — *Ibid.*, fol. 341 v⁰, la Suprema al Inquisidor de Barcelona (Madrid, 10 de noviembre), agradeciéndole el parecer que ha dado acerca de los *Coloquios*.—Lib. 332, fol. 5 v⁰, la Suprema a los Inquisidores de Valencia (Madrid, 29 de enero de 1536): instrucciones —enviadas igualmente a los Inquisidores de Navarra, Mallorca, Aragón, Barcelona y Cerdeña— para recoger los *Coloquios* traducidos en romance.

[2] Cf. *supra*, pág. 422, nota 16.

[3] A. H. N., *Inquisición*, lib. 1233 (cartas acordadas), fol. 332 v⁰, carta de la Suprema a los Inquisidores (Valladolid, 13 de septiembre de 1537). Se refiere, en primer lugar, a la prohibición de los *Coloquios* en romance, y agrega: "Después auemos visto

lladolid, Sevilla y Valencia reimprimen, con diversas adiciones, el Catálogo de libros prohibidos que la Universidad de Lovaina había publicado el año anterior.⁴ En estos Índices se encuentran varias prohibiciones relativas a Erasmo. Pero los Inquisidores de los cuatro tribunales españoles procedieron con relativa independencia unos de otros para yuxtaponer o combinar las listas que publicaban y promulgaban,⁵ lo cual parece ser la explicación de ciertas divergencias: así, los *Coloquios* de Erasmo y el libro del Príncipe de Carpi en su versión española se prohiben en los cuatro Índices; pero, en cambio, la *Exomologesis* en romance y la *Epitome colloquiorum* sólo figuran en el de Toledo, y el *Ecclesiastes* sólo en los de Valladolid, Sevilla y Valencia.⁶ Los Inquisidores se apresuraron a recoger los libros prohibidos.

una determinación o decretación de la Facultad de Theología de la Universidad de París en que dizen que la lectión de los dichos Coloquios se a de vedar a todos y mayormente a los mancebos, porque por la lectión dellos, so color de adquirir eloqüencia, la jubentud se corrompería, y que por todos los medios devidos se avía de procurar que el libro de los dichos Coloquios se suprimiese y fuesse hechado de la comunicación de los christianos. Por ende, hágase señores así, y tómense los dichos Coloquios, así los de latín como los de romance, y pónganse en la cámara del secreto..."

4 He aquí los datos bibliográficos: 1) *Catalogus librorum reprobatorum*... y *Alius catalogus*..., Toledo (Juan de Ayala), octubre de 1551 (reproducidos en facsímil por Archer M. Huntington, New York, 1896, y de nuevo por la Real Academia Española, *Tres Índices expurgatorios de la Inquisición española en el siglo xvi*, Madrid, 1952 [se trata en realidad de Índices *prohibitorios*, no *expurgatorios*]); 2) *Catalogi librorum reprobatorum*, Valladolid (Francisco Fernández de Córdova), noviembre de 1551 (reproducidos también en *Tres Índices*..., *op. cit.*); 3) *Catálogo o memorial de los libros reprobados y condenados*, Sevilla (Gregorio de la Torre), noviembre de 1551; 4) *Catalogi*..., Valencia (Juan Mey), fines de 1551 (parcialmente reproducidos por Reusch, *Die Indices*, *op. cit.*, págs. 73-77). Hay noticias de un quinto Índice, impreso en Granada por Juan Blavio en 1552 [quizá a comienzos del año], pero éste parece perdido.—Los cuatro Índices conocidos de 1551 reproducen el *Catalogus* lovaniense, añadiéndole el catálogo particular de la Inquisición española que se había ido formando con las prohibiciones sucesivamente promulgadas por ella antes y después de 1547 (*Catalogus librorum jampridem per Sanctum Officium Inquisitionis reprobatorum*). Las coincidencias y divergencias entre los cuatro Índices se estudian en el nuevo y preciso artículo de I. S. Révah, *Un Index espagnol inconnu: celui édicté par l'Inquisition de Séville en novembre 1551*, en *Studia philologica, Homenaje a Dámaso Alonso*, t. III, Madrid, 1963, págs. 131-150. El Índice sevillano que Révah describe allí por primera vez, y que en parte reproduce, se conserva en la Biblioteca Nacional de Río de Janeiro. Gracias a ese artículo he podido ver que la cuestión de "el Índice de 1551" es mucho más compleja de lo que parecía en 1937.

5 El Índice toledano es el único que separa, a continuación de la lista latina de la Inquisición española, los "Libros reprobados en lengua castellana"; los otros tres Índices hacen figurar esos libros en la lista latina bajo una forma latinizada (por ejemplo, "Comes Carpensis sermone Hispano").

6 La lista castellana de la Inquisición de Toledo prohibe "*el Conde Carpense* en romance castellano", "*el Confissionario* o manera de confessar en romance de Erasmo" y "los *Coloquios* del mesmo en romance y en latín"; su lista latina (o sea el *Catalogus* propio de la Inquisición española) sólo añade "Erasmi *epithome Colloquiorum*". Omite, pues, el "Erasmi *Ecclesiastes* vel modus concionandi". Esta última obra se encuentra, seguida de "Ejusdem *Colloquia*", en los otros tres Índices inquisitoriales, los cuales, en cambio, omiten el *Confissionario* en romance. Cualesquiera que sean las causas precisas de estas divergencias, es de creer que no manifiestan diferencias de criterio entre los tribunales, sino que se deben a accidentes materiales en la compilación de los docu-

En cuanto a las obras no incluidas en esos primeros Índices, todo nos induce a pensar que siguieron circulando libremente.[7]

La Sorbona, como se sabe, se mostró mucho menos liberal.[8] Pero Roma no siguió su ejemplo, como había esperado Aleandro. El *Consilium delectorum cardinalium,* al tocar la cuestión de la censura de los libros impre-

mentos. Si estos Índices se conocieran en los ejemplares que sirvieron a los Inquisidores, se vería sin duda cada edición completada a mano con las prohibiciones omitidas en el impreso. Révah, que nos presta el servicio de confrontar las listas españolas con la lista manuscrita redactada en 1547 por los Inquisidores portugueses, recuerda (pág. 144) que ésta incluía ya el *Modus confitendi* que figura "en romance" en la lista de Toledo. Además, describe cronológicamente el progreso de las prohibiciones de ciertas obras en romance y de libros de Erasmo y de erasmistas. El *Diálogo de doctrina cristiana* de Juan de Valdés (anónimo) figura en los Índices de 1551 ("Dialogus de doctrina christiana sermone Hispano tacito auctore compositus a quodam Religioso"), pero no los *Diálogos* de su hermano Alfonso, seguramente por olvido: en efecto, el *Mercurio y Carón* estaba ya en la lista portuguesa de 1547 (Révah, pág. 143), y en cuanto al *Lactancio,* podemos citar ahora una comunicación de la Suprema a la Inquisición de Toledo (Madrid, 29 de agosto de 1541) sobre el proceso entablado contra Ana del Valle, mujer de Francisco de Recalde. Ésta había declarado a los Inquisidores de Toledo "que tenía en su poder un diálogo titulado *Lactancio,* que dezían que lo compuso Valdés secretario del gran canciller, que está en romance castellano, de mano" (A. H. N., *Inquisición,* lib. 574, fol. 73 r°; texto amablemente comunicado en 1964 por el P. Vicente Beltrán de Heredia).

7 En el A. H. N., *Inquisición,* leg. 4426, nº 32, se conservan unas listas de libros prohibidos que se recogieron en diversas ciudades de Andalucía hacia 1552. En ellas aparece el *Ecclesiastes* (en Osuna, en Jerez y en Sevilla). Pero, aparte unos pocos ejemplares de los *Coloquios* en latín, no se descubre ninguna otra obra de Erasmo. En cambio, los inventarios de librería, si se les buscara en los archivos notariales, demostrarían sin duda que los españoles podían seguir comprando gran número de libros de Erasmo, incluso obras que se reputaban peligrosas. Nosotros vimos en 1921, gracias a la gentileza de R. Espinosa Maeso, unos inventarios de los Portonariis conservados en el Archivo de Protocolos de Salamanca. Domingo de Portonariis, al regresar a Francia en 1547, había confiado sus sucursales de Medina del Campo y de Salamanca a su hijo Andrés, el impresor. En 1552, éste dio cuentas de su gestión a su hermano Gaspar y a Matías Gast, contador de la casa. Se tienen, así, los inventarios de Salamanca (S) y de Medina del Campo (M) en 1547, el de los paquetes de libros enviados a Andrés por su padre y por su tío Vincenzo, de Lyon y París, entre 1546 y 1552 (B), y finalmente el inventario levantado en 1552 por Andrés al rendir cuentas (C). Los títulos erasmianos abundan sobre todo en M y en C: *De immensa Dei misericordia* (78 ejemplares en M, 96 en C), *De esu carnium* (42 y 57 ejs., respectivamente), *Hyperaspistes* (32 y 32), *Apologías* diversas (22 y 25), recopilaciones de *Apologías* (18 y 14), *Paraphrasis in Acta Apostolorum* (10 y 10), *De ratione studii* (12 y 3), *De christiano matrimonio* (6 y 7), *Epistolae selectae* (4 y 2) y *De pueris instituendis* (3 y 3). En M figuran, además, el *Modus orandi* en romance (7 ejs.), el *De conscribendis epistolis* (6 ejs.; 17 ejs. de la misma obra en S), el *De recitandis* [?] (6 ejs.), el *Enchiridion* en latín (4 ejs.; 1 ej. del mismo en S), el *Antibarbarorum liber* (4 ejs.) y 1 ejemplar de *Postilla* [= *Annotationes*] *in Evangelia.* Encontramos, por último, el *Cato* (25 ejs. en B), los *Adagios* (4 ejs. en S, 2 en C), la *Epitome adagiorum* (3 ejs. en S, 1 en C), el *De constructione* (3 ejs. en S), el *Enchiridion en romance* (2 ejs. en M), la *Lingua* (2 ejs. en C), las *Paraphrases in Novum Testamentum* (1 ej. en B, 1 en C), los *Apophthegmata* (1 ej. en S) y las *Epistolae* (1 ej. en S). No se hallan en estos inventarios las obras prohibidas (los *Coloquios,* el *Ecclesiastes,* la *Exomologesis*), pero sí los libros de polémica antierasmiana, en particular *Albertus Pigius* [Pius?] *contra Erasmum* (20 ejs. en M) y *Stunica contra Herasmo* (25 ejs. en M, 21 en C).

8 Véase Reusch, *op. cit.,* págs. 82 *ss.,* sobre todo págs. 100 y 115.—Véase asimismo (*ibid.,* pág. 132) la larga lista de prohibición del Inquisidor General francés Vidal de Becanis (Tolosa, 1540).

sos, se contentaba con hacer esta observación: "En las escuelas se suelen leer en la actualidad los *Coloquios* de Erasmo, que contienen muchas páginas que inducen a los espíritus jóvenes a la impiedad: por eso su lectura debería prohibirse en las escuelas de letras, así como la de todos los libros del mismo género."[9] El papado no se ocuparía de las obras de Erasmo antes de unos veinte años.

Y entre tanto, ¿cuál era con respecto a estas obras la actitud de los teólogos ortodoxos de España, algunos de los cuales las habían atacado tan vivamente? El pensamiento de Erasmo había acabado por penetrar de tal modo en todos los medios, que, aun de este lado, no eran pocos los que se resistían a tratarlo, sin salvedades, de hereje. Entre los libros que prepararon la restauración dogmática de Trento, ninguno quizá llegó a gozar de tanta difusión como el tratado del franciscano Fray Alonso de Castro *Adversus omnes haereses*. Pues bien, en esta obra clásica, Castro muestra gran amplitud de miras y aparece igualmente hostil al tomismo integral de los dominicos y al escotismo extremo a que se inclina la familia franciscana. Se cree descubrir demasiado fácilmente herejías en todas partes, dice, cuando se toman como norma los escritos de ciertos doctores. Y todo el primer libro de su tratado tiende a determinar el método válido para refutar las herejías con ayuda de la Escritura, a demostrar que la Santa Sede y el Concilio general son los únicos calificados para decidir de la heterodoxia de una opinión, a definir el alcance exacto del calificativo de hereje, y por fin a clasificar las principales causas de las herejías.[10] Entre estas causas, figura en buen lugar la lectura de la Biblia en romance. Aquí, por lo menos, se esperaría de parte de Castro una reprobación decidida de Erasmo. Pero si se consulta su libro en la primera edición, publicada en París en 1534 en casa de Josse Bade y Roigny, se experimenta cierta sorpresa al leer, antes de la crítica de las opiniones de Erasmo sobre la materia, el preambulillo siguiente:

No puedo abstenerme de trasladar aquí, una vez más, los argumentos presentados en favor de esta tesis por Erasmo de Rotterdam, varón sumamente sabio, a quien tanto deben las buenas letras, y, en mi opinión, verdaderamente piadoso. Si rindo este testimonio a su piedad, es porque veo que ciertas personas lo tachan

9 *Concilium Tridentinum*, op. cit., t. XII, *Tractatuum pars prior*, pág. 141. Véase también *Corpus Catholicorum*, t. 17: Johannes Cochlaeus, *Aequitatis discussio super Consilio delectorum Cardinalium* (1538), herausg. von P. Hilarius Walter, O. S. B., Münster, 1931, pág. 18. Cochlaeus, respondiendo a las críticas de Sturm sobre este parágrafo del *Consilium*, trata expresamente a los cardenales de *amigos de Erasmo* y opone a su indulgencia la severidad de Lutero: "Deinde ais: Quid tam vanum est quam Erasmi Colloquia tollere et pro sacris nugas doceri? — At non tolluntur Erasmi Colloquia prorsus et omnino, sed prohibentur praelegi pueris, forsitan propterea quod minus religiose alicubi ludunt et loquuntur de veneratione sanctorum, de votis monasticis et externis ceremoniis, quae hoc tempore plus satis irreligiose contemnuntur et conculcantur a plerisque sectis. Et cur illos Erasmi amicos ita reprehendis, cum idipsum jam pridem censuerit Lutherus, quem probas? Ipse enim non solum Colloquia, sed et alia Erasmi opuscula e scholis ejicienda esse sancivit velut impia et irreligiosa."

10 Libro I, y en particular el comienzo del cap. VII.

atrevidamente de impiedad. Por eso, temiendo que se me juzgue mal, y que el hecho de citarlo aquí después de Lutero se interprete como señal de que tengo a Erasmo por partidario de Lutero, he rendido, antes que nada, testimonio a su piedad y a su doctrina, para que todos queden convencidos de que me aparto de él como puede suceder entre católicos. No pienso que él tome esto a mal.[11]

Ciertamente, en la segunda edición, que apareció en Colonia en 1539, todo este pasaje en cursiva se suprime. Pero ¡cómo nos engañaríamos si creyésemos en un mero viraje de Castro después de la muerte de Erasmo! Al fin del libro se ve esta pequeña advertencia *Al lector:*

Si a Erasmo de Rotterdam lo ponen ciertas personas malévolas en las filas de los herejes, tú ves, amigo lector, que según la opinión y el testimonio del autor de este libro, así como de muchos otros hombres doctos y virtuosos, está limpio del crimen de herejía, pues les consta que en más de una ocasión ha sometido sus errores al juicio de la Iglesia. Sin duda se encontrarán en sus libros algunos pasajes criticados por los devotos o los malintencionados. Y se nos objeta que a menudo ha tratado —otros dicen calumniado— las cosas serias y santas en un tono más pueril o más ligero del que hubiera sido menester; que, por consiguiente, habría mucho que tachar en sus libros; que ciertos pasajes deberían cambiarse, y otros, según esos mismos individuos, condenarse y borrarse por completo. En cuanto a mí, creo preferible, por respeto a esos hombres, añadir al fin de este libro el juicio de la Universidad de París con la indicación de los pasajes que, en las obras de Erasmo, deben leerse con precaución.

Y, en efecto, a estas líneas sigue la *Determinatio Facultatis Theologiae in schola Parrhisiensi super quamplurimis assertionibus D. Erasmi Rot.*, así como la censura de la Sorbona contra los *Coloquios.*

Curiosa manera, para una ortodoxia más amplia, de ponerse a tono con una ortodoxia más puntillosa. Imposible sería decir si este retoque es obra de Castro o de los teólogos erasmizantes de Colonia que se encargaron de reeditar su libro. Pero lo que revela la intención en resumidas cuentas erasmiana de esta edición es el apéndice final, constituido por una carta de Erasmo a un religioso anónimo (sin duda un cartujo), en que el maestro de Basilea deja ver una repentina nostalgia de la vida monástica, oponiendo la paz bendita del claustro a la miseria de los religiosos exclaustrados y casados, y la dulce sujeción de la regla iluminada por la intención santa, a la tiranía nueva de los revolucionarios religiosos.[12] He ahí, parecen decir sus discípulos, al enemigo de los frailes, al precursor de la herejía luterana pintado por sí mismo.

Quizá esta edición atrajo contra Castro críticas que lo obligaron a tomar posición con mayor claridad en la edición parisiense de 1543. En la de 1534 lo mismo que en la de 1539, se apartaba de Erasmo en la interpretación de diversos textos de la Sagrada Escritura, pero con toda clase de consideraciones, y declarando expresamente, sobre todo, que no lo tenía

[11] A. de Castro, *Adversus omnes haereses*, París, 1534, fol. 28 D (libro I, cap. XIII).
[12] Sobre esta carta y el volumen de Castro en que se incluye, véase Allen, t. VII, Ep. 1887, introd.

por sospechoso de arrianismo. A partir de 1543, Erasmo aparece censurado, en el tratado *Adversus omnes haereses,* en todos los puntos en que su desacuerdo con la doctrina católica es demasiado escandaloso: ayunos, abstinencias de alimentos, votos monásticos. No es ya el *vir vere pius* de la primera edición, sino *vir utinam tam pius quam doctus.* Aun después de tales retoques, Castro permanece muy de este lado de las acusaciones de heterodoxia lanzadas en otro tiempo por Zúñiga y los frailes españoles: es un pequeñísimo residuo de herejía lo que él retiene de los diez volúmenes en folio del maestro de Basilea.[13]

No menos importantes, para comprender la evolución de los ortodoxos con respecto a Erasmo, son dos libros que preceden al *De locis theologicis* de Melchor Cano en la vía de una restauración teológica. El autor del primero no es otro que Fray Luis de Carvajal, poco antes defensor de la institución monástica contra Erasmo. Su librito, intitulado *De restituta theologia liber unus,* sale en Colonia en 1545 de las mismas prensas que habían publicado la segunda edición del tratado *Adversus omnes haereses.* Es un inventario metódico de las fuentes de la creencia cristiana a partir de la revelación, seguido de un epítome de la dogmática católica. La exegesis erasmiana, como ya se habrá supuesto, recibe aquí un trato bastante duro, en compañía de la de Cayetano. Carvajal refuta las dudas de los novadores acerca de la autenticidad de la Epístola a los Hebreos.[14] Sostiene que el símbolo es obra de los Apóstoles y no del Concilio de Nicea, "como, en nuestros días, lo ha soñado Erasmo siguiendo a Valla". En dos ocasiones critica la posición tomada por Erasmo en cuanto al *comma johanneum,* y le reprocha amargamente haber dado la razón a los arrianos, hundiendo así en la turbación las conciencias.

Pero si la restauración teológica exige una reprobación clara de los atrevimientos exegéticos de Erasmo, exige asimismo una ruptura con la escolástica degenerada contra la cual ha roto Erasmo tantas lanzas. Los escolásticos, dice Carvajal, "han tratado bastante doctamente muchos puntos, pero han disputado largamente, nadie lo negará, algunas cuestiones superfluas, en que se refieren demasiado poco a la Sagrada Escritura, contentándose con citar a Averroes o a Avicena, o si no a Aristóteles, en quienes parecen haber depositado la única base de su doctrina... Yo quisiera, por mi parte, enseñar una teología que no sea pendenciera, sofística ni impura, sino libre de toda mezcla".

¡Oh ignorantísimos y locuaces sofistas —exclama en otro lugar—, a vosotros es a quienes se dirige mi discurso, a vosotros, Lax, Enzinas, Dullart, Pardo, Espinosa,

---

[13] Existe una edición de Amberes, 1556, que se presenta como enteramente refundida y ha de ser la última revisada por el autor (según Vaganay, *Bibliographie hispanique extrapéninsulaire,* en *R. H.,* t. XLII, 1918, pág. 72, donde se describe un ejemplar de la Biblioteca Municipal de Lyon).

[14] Acerca de esto, véase un memorial de Alonso de Castro (febrero o marzo de 1546) en *Concilium Tridentinum, op. cit.,* t. XII, págs. 497 *ss.:* "Epistolae ad Hebraeos S. Paulum esse auctorem defendit contra Caietanum et Lutherum." Castro menciona a Erasmo entre aquellos que ponen en duda la atribución a San Pablo.

Coronel, Quadripartitus y otros iniciados en estos misterios! ¿Por qué habéis arrojado fuera a la hermosa doncella Dialéctica? ¿Por qué habéis introducido en las santísimas escuelas de los cristianos a la Sofística, de quien en todo tiempo han hecho mofa los hebreos, los caldeos, los egipcios, los griegos y los latinos?[15]

Se creería leer una página de Erasmo o de Vives. Carvajal, sin sospecharlo tal vez, toma del erasmismo buena parte de su ideal teológico, o por lo menos coincide en gran medida con él. La teología que él concibe es casi íntegramente bíblica: supone, en su base, una formación humanística. El Concilio, por otra parte, en su decreto de reforma de 1546, *De instituenda lectione sacrae scripturae et liberalium artium*, habrá de inspirarse en el mismo espíritu: en este decreto se advierte, con toda razón, una influencia del *Método* erasmiano.[16]

El más original de estos libros precursores del *De locis* de Melchor Cano es quizá el *De divinis, apostolicis atque ecclesiasticis traditionibus*, publicado en 1548 en Colonia por Don Martín Pérez de Ayala, Obispo de Guadix. Don Martín había comenzado con una formación puramente escolástica. Discípulo de Fr. Francisco de Vitoria en Salamanca, y luego de Juan de Medina en Alcalá de Henares, había sido a su vez catedrático en Granada, en el colegio que acababan de fundar los arzobispos Fray Pedro de Alba y Don Gaspar de Ávalos. Había enseñado la filosofía de Aristóteles, plegándose a la "sofistería" metafísica que entonces se usaba; su curso de teología descansaba sobre "Gabriel", remate de toda la escolástica medieval. Las preocupaciones de esta primera parte de su carrera se reflejan en su *Dilucidarium quaestionum super quinque universalia Porphyrii juxta tres vias in scholis receptissimas* (Granada, 1537), que más tarde juzgará él mismo como libro concienzudo, pero pasado de moda aun antes de ver la luz. Había entrado finalmente al servicio de Don Francisco de Mendoza, Obispo de Jaén, a quien acompañaba en sus viajes. En Lovaina, una permanencia de año y medio en el Collège du Lys le había permitido aprender griego y refrescar los conocimientos de hebreo adquiridos en Alcalá. Había devorado la obra de los recientes doctores ortodoxos, y también la de todos los herejes más o menos notorios, aprovechando ciertas licencias pontificias. Después de verse mezclado en 1545-1546 en los Coloquios de Worms y de Ratisbona, se había retirado a un monasterio de Amberes, donde pagaba la hospitalidad de los religiosos explicándoles a San Pablo. Aquí es donde había escrito su tratado *De las tradiciones*, fruto de rica experiencia.[17]

En esta obra toma posición muy clara contra los "protestantes". A su

[15] Para la primera edición, véase Menéndez y Pelayo, *Heterodoxos*, t. IV, pág. 107 (corregir en nota MDXLV). No hemos podido consultar más que la reimpresión intitulada *Theologicarum sententiarum liber unus Loisio Carbajalo Bethico ordinis Minorum authore*, Amberes, 1548. El pasaje traducido está en la pág. 21. Véanse, acerca de las cuestiones escriturísticas, las págs. 62, 63, 70 y 305.

[16] Arthur Allgeier, *Erasmus und Kardinal Ximenes in den Verhandlungen des Konzils von Trient*, en *Spanische Forschungen der Goerresgesellschaft*, Münster, t. IV (1933), págs. 193-205, en particular, pág. 197.

[17] Véase su autobiografía (*Discurso de la vida...*), publicada por Serrano y Sanz en *Autobiografías y memorias* (N. B. A. E., t. II), págs. 211 ss.

pretensión de fundar toda autoridad espiritual en las Escrituras, él opone
una tradición anterior a los libros sagrados, y de ninguna manera abroga-
da por éstos.[18] La Escritura no es un comienzo absoluto. Ha tardado cierto
tiempo en constituirse. El cuarto Evangelio, por ejemplo, añade mucho
a los Sinópticos. La obra de Cristo y de los Apóstoles no consta en un
libro del Nuevo Testamento: no consta siquiera en el conjunto de sus libros. Por otra parte, el texto sagrado no es lo suficientemente claro para
bastarse a sí mismo, piensen lo que piensen los maestros de escuela que se
improvisan teólogos. Porque éstos son capaces de explicar un diálogo de
Luciano o unos versos de Hesíodo, ya se creen capaces de comentar algunos capítulos de San Pablo según la interpretación luterana, y se atreven
a lanzar su decisión en cuestiones de dogma.[19] Don Martín no puede llegar a la cuestión de la Sagrada Escritura puesta al alcance de todos sin
enfrentarse con Erasmo, y ya veremos cómo replica a la tesis de la *Paraclesis*.[20] No es éste sino uno de los muchos aspectos de ese voluminoso libro que estudia no sólo las fuentes de las tradiciones, pero también su contenido, en especial los sacramentos, y que trata con particular insistencia
del sacrificio del altar. El culto de los santos ocupa en él igualmente un
lugar importante. Es el otro punto en que se discuten las sentencias de
Erasmo: Don Martín pasa en revista los argumentos contrarios de los novadores, "sacados de los libros de los picardos y del *Naufragium* de Erasmo",[21] y defiende la veneración de las reliquias de los santos, de sus sepulcros, de sus basílicas, de sus imágenes.

Después de la revelación, llega a la segunda fuente de las tradiciones
cristianas: el magisterio apostólico; con este magisterio relaciona las cuestiones del ayuno y de la cuaresma, del celibato y del voto de castidad. La
tercera fuente, que es la autoridad de la Iglesia representada por el episcopado, lo conduce a tratar de la libertad evangélica, de ninguna manera
inconciliable, según él, con la obediencia. Toda esta justificación del edificio católico (que deja en la sombra, hay que notarlo, la cuestión de la
autoridad del papa y del concilio) se inspira en un vivo deseo de reforma
ortodoxa:

En el mundo entero —sin hablar de los religiosos, de los pontífices y de los
prelados, a quienes los herejes creen animados de sentimientos hostiles hacia ellos—
existe una multitud casi innumerable de hombres piadosos, doctísimos, ejercitadí-
simos, entregados sin cesar a la oración, que reprueban enérgicamente los abusos
de la Iglesia y la mala vida de muchos de sus ministros; que anhelan que la verdadera doctrina reine en la Iglesia con el recato y la sencillez de las costumbres;
y que, sin embargo, en sus escritos, en sus palabras y en sus actos, se hallan muy
alejados de la doctrina de los luteranos.[22]

---

[18] Martín Pérez de Ayala, *De divinis, apostolicis atque ecclesiasticis traditionibus*...,
Colonia, [1548], fols. 4 r⁰ ss.

[19] *Ibid.*, fol. 19 r⁰.

[20] Cf. *infra*, pág. 555.

[21] *De divinis*..., fol. 97 v⁰.

[22] *Ibid.*, fol. 31 v⁰.

Ése es el ejército de los reformadores católicos cuyo punto de vista pretende expresar Pérez de Ayala. Es notable que, en su esfuerzo por restablecer la ortodoxia quebrantada por el luteranismo, tenga, como Alonso de Castro, tan pocas ocasiones de criticar al erasmismo y a los erasmistas. Se edifica un catolicismo nuevo que, menos optimista que el erasmismo en cuanto a la Escritura indefinidamente vulgarizada, más respetuoso de tradiciones como el culto de los santos, más conservador en materia de exegesis, no puede menos de reconocer los servicios prestados por Erasmo a la reforma de la Iglesia y a la renovación de la enseñanza cristiana. Este catolicismo tiene algo mejor que hacer que romper lanzas contra un muerto, cuya influencia sigue viva, pero que se ejercita ahora en profundidad, sin aquel viento de "Fronda" popular que había parecido tan alarmante en otro tiempo.

III

Nos hallamos ahora mejor preparados para comprender ciertos movimientos y ciertos hombres a quienes la Inquisición trató de "luteranos", y a quienes los historiadores modernos, protestantes o católicos, han anexado con la mayor facilidad al protestantismo. ¿Se puede hablar de un protestantismo español en esos años turbulentos que van de 1536 a 1556? Parece que, en su rigor extremo, la fórmula puede aplicarse a ciertos emigrados que entraron más o menos en contacto con los protestantes del Norte. Pero aun así, hay que mirar las cosas más de cerca.

A juicio de Menéndez y Pelayo, Juan de Valdés representa el tipo mismo del erasmista a quien una evolución natural lleva hasta el protestantismo. Después de una juventud no tocada por el luteranismo, según ese gran crítico, Valdés tuvo en Italia conocimiento de los libros de Lutero, y sobre todo de los *Lugares comunes* de Melanchthon, de los cuales tomó su doctrina de la justificación y de la gracia, y una última evolución vino a hacer de él un místico fundador de secta. Gothein fue más atinado cuando vio en él, esencialmente, un "alumbrado" de la especie aristocrática. El caso de Juan de Valdés es hoy mucho más claro gracias a la revelación de su permanencia, durante su juventud, en el palacio de Escalona, y sobre todo gracias a su *Diálogo de doctrina cristiana*, que ha salido de nuevo a la luz. Ya hemos demostrado en otro lugar que no hay solución de continuidad, sino coherencia profunda, entre este primer libro, tan erasmiano, y el *Alfabeto cristiano* del cual está ausente el nombre de Erasmo.[1] Aquí como allá, es la misma concepción de la justificación y de la gracia,

---

1 Véase *supra*, págs. 354-355; cf. Juan de Valdés, *Diálogo de doctrina cristiana, ed. cit.*, págs. 115 *ss.*; Menéndez y Pelayo, *Heterodoxos*, t. IV, págs. 205 *ss.*, y el fino análisis de Montesinos en su introducción a Juan de Valdés, *Diálogo de la lengua*, págs. XXXII *ss.* Del *Alfabeto* hay una excelente edición, con introducción y notas de B. Croce (Bari, 1938). Sobre la edición príncipe (de Venecia, 1545), véase en *Maso Finiguerra*, Milano, anno IV, 1939, XVII-XVIII, el estudio de Edmondo Cione, autor de una monografía sobre *Juan de Valdés, la sua vita e il suo pensiero religioso*, 2ª ed., Napoli, 1963.

sólo que más destacada en el *Alfabeto,* como es natural en un libro escrito en Italia hacia 1535, cuando la justificación por la fe era la idea más entrañable de toda una minoría selecta. Puede ser que Valdés no haya desconocido entonces a Lutero, ni sobre todo a Melanchthon. Esto no resalta de sus escritos como cosa evidente; no se trata por cierto de una influencia decisiva. La verdad es que la Italia de los *spirituali* fue para Valdés un clima maravillosamente propicio para el completo desarrollo de su pensamiento y de su sentimiento religioso.[2]

Nos saldríamos del marco de este libro si nos pusiéramos a analizar la religión valdesiana a base de sus comentarios sobre San Pablo y San Mateo, o de sus *Consideraciones.* Valdés no tiene nada de un conciliador de dogmas, y quienes se preguntan si admitió el siervo arbitrio o si rechazó el dogma de la Trinidad, se plantean cuestiones insolubles. Su pensamiento vale todo él por el detalle, y por la calidad del sentimiento que lo mueve. Su estudio sería inseparable del del movimiento valdesiano en Italia, pues la influencia ejercida vale aquí más que las influencias sufridas; de Valdés emanaba un encanto que daba resonancia nueva a ideas de las cuales se puede decir que flotaban en el ambiente.

Bástenos con sugerir que si Valdés, muerto en el seno de la Iglesia católica, ha sido posteriormente catalogado con la mayor facilidad como protestante, lo debe quizá, sobre todo, a los discípulos suyos que pasaron a Ginebra, como el capuchino Ochino, y a la utilización póstuma de sus escritos por Celio Secondo Curione en Basilea y por Juan Pérez en Ginebra. Pero no menos que en Fra Bernardino Ochino, la influencia valdesiana resplandece en Marco Antonio Flaminio, que murió católico, como su maestro, en un catolicismo que Pole le hacía comprender y amar,[3] y que muy pronto había de hacerse, a su vez, sospechoso de luteranismo. El tratadito del *Beneficio de Jesucristo,*[4] compuesto por el benedictino Fra Benedetto de Mantova, revisado por Flaminio, es sin duda la expresión más importante del valdesianismo, el libro que llevó la conmoción espiritual de ese pensamiento mucho más allá de un círculo íntimo y aristocrático. El Cardenal Morone ayudó no poco a difundirlo. Había de venir un día en que el recuerdo de esta propaganda, unido a algunas otras sospechas, haría que Morone fuese encarcelado como "luterano".[5] En otras palabras: con Valdés nos hallamos en el centro mismo de este país neutro de la jus-

---

[2] Ángel Castellán, *Juan de Valdés y el círculo de Nápoles,* en los *Cuadernos de Historia de España* de la Facultad de Filosofía y Letras de Buenos Aires, fasc. XXXV-XXXVI (1962), págs. 202-273, y fasc. XXXVII-XXXVIII (1963), págs. 199-291, ha empezado a publicar un amplio estudio —que "continuará"— acerca de la permanencia de Valdés en la Italia de los *spirituali*. La parte publicada contiene una introducción dedicada sobre todo a "Erasmo y el erasmismo", un capítulo sobre "Italia y España" (alumbrados y erasmistas españoles) y otro sobre "La vida y la obra de Juan de Valdés".

[3] Sobre Flaminio, véase el libro de E. Cuccoli, *M. Antonio Flaminio, Studio con documenti inediti,* Bologna, 1897, y las observaciones de Montesinos, *Cartas inéditas de Juan de Valdés, op. cit.,* págs. 108-109.

[4] Reimpreso por Giuseppe Paladino, *Opuscoli e lettere di Riformatori italiani del Cinquecento,* t. I, Bari, 1913 (colección *Scrittori d'Italia*).

[5] Pastor, *op. cit.,* t. XIV, págs. 248 *ss.* y 398 *ss.*

tificación por la fe que, durante veinte años de "anarquía religiosa",[6] fue una especie de lugar de paso entre Roma y Wittenberg.

Con los emigrados españoles de los países del Norte, parece que nos encontramos más cerca de un auténtico protestantismo. Pero, aquí, también, no debe emplearse la palabra sin salvedades. París había sido una etapa para varios de ellos en la fecunda y turbulenta época que va de la institución de los Lectores Reales a la tregua de Aigues-Mortes. El joven Collège de France era un centro de atracción para los humanistas de todos los países; el médico Laguna, con quien volveremos a encontrarnos, era ahí discípulo de Danès y de Toussaint.[7] La reina Leonor, hermana de Carlos V, protegía a sus compatriotas españoles. En su casa, el Doctor Población,[8] que había abandonado el servicio de Manrique para hacerse su médico, era una especie de gran personaje. Pedro Juan Olivar, radicado un tiempo en Poitiers, le dedica sus notas sobre el *Sueño de Escipión;* y cuando va a París a enseñar dialéctica griega, es sin duda Población quien lo presenta a Budé.[9] Gélida, otro valenciano, amigo de Nicolás Cop y de André de Gouvêa, más tarde sospechoso (como ellos) de "luteranismo", se mostrará orgullosísimo de casarse con una sobrina de Población, cuya dote le permite hacer vivir el Colegio del Cardenal Lemoine en una época difícil. Tío de la joven, del lado paterno, era otro ilustre emigrado español, el venerable Pedro de Lerma.[10]

Otros erasmistas aparecen de manera fugaz en la colonia española de París. En 1535, Doña Mencía de Mendoza se detiene allí cuando se encamina a Breda, y muestra deseos de conocer al autor del *De transitu Hellenismi ad Christianismum.* Budé anota en su diario:

El quinto día del mes de agosto de 1535 vino a verme un noble español, de la casa de la ilustrísima señora Condesa de Nassau, Marquesa de Senete, y me invitó a una conversación con la susodicha señora, a lo cual yo accedí. Y el séptimo día del mismo mes volvió a verme por la misma causa el mismo noble, que se llama Martín Lasso Oropesa. Por esta razón volví a ver a la dicha señora. La Condesa se llama Doña Mencía de Mendoza. Le obsequié los *Oficios* de Cicerón, manuscritos en pergamino. El español Juan Díaz es el portador habitual de las cartas que ella me envía.

Guillaume Budé anota en otra página: "El español Juan Díaz tiene

6 L. Febvre, *Une question mal posée, art. cit.,* pág. 70.

7 Cf. *infra,* pág. 676.

8 Cf. Allen, t. IV, pág. 271, nota.

9 Cf. Allen, t. VI, pág. 472, y el diario de Budé, citado por Louis Delaruelle, *Guillaume Budé,* Paris, 1907, pág. 274: "Petrus Olivarius Valentinus, municeps Ludovici Vivis, dedit mihi nomen suum scribendum 22° die Martii 1537. Nunc Parisiis profitetur dialecticam graecam." Sobre las ediciones de Aristóteles y Porfirio publicadas en París por Olivar en 1538, véase E. Legrand, *Bibliographie, op. cit.,* núms. 76, 78 y 79.

10 Sobre Gélida, véase M. Bataillon, *Érasme et la Cour de Portugal, art. cit.,* y *Sur André de Gouvea principal du Collège de Guyenne* (separata de *O Instituto,* t. LXXVIII, Coimbra, 1927), págs. 17 ss. Sobre su matrimonio, véase su correspondencia: *Joannis Gelidae Valentini Burdigalensis Ludimagistri epistolae aliquot et carmina,* La Rochelle, 1571, fol. d 2.

su alojamiento en el Colegio de Santa María de la Merced." [11] Díaz hacía en París, a la sazón, sólidos estudios de griego y hebreo que fueron la base de sus meditaciones sobre la Escritura, en particular sobre San Pablo, y de su conversión a la justificación por la fe. Según otros testimonios, esta conversión fue obra de Diego de Enzinas, que estudiaba igualmente por esos días en París.[12] Estos pocos datos fragmentarios nos hacen lamentar amargamente no poseer más noticias acerca del mundillo de la emigración española en la época en que el calvinismo se desprende del humanismo cristiano.

París es una encrucijada de caminos. Mientras Pedro Juan Olivar se dirige a Oxford, donde le vemos solicitar la protección de Stephen Gardiner,[13] Juan Díaz se marcha a Ginebra en compañía de Mathieu Budé. De ahí se traslada a Estrasburgo; su piedad inspirada ejerce, como la de Valdés en Nápoles, una inmensa seducción entre los que frecuentan su trato. La ciudad designa al recién llegado para acompañar a Bucer a la Dieta de Ratisbona. De esta manera, en 1546, un español figura en un Coloquio de religión del lado protestante. Encuentra frente a él, entre los colocutores de lado católico, a un antiguo compañero suyo de París, el Doctor Pedro Maluenda, enormemente escandalizado de su apostasía. A su hermano, Alfonso Díaz, esta apostasía le parece una deshonra de que sólo la muerte puede lavar a su familia y a su nación, y, después de varios infructuosos esfuerzos por atraer a Juan, mediante engaños, a territorio católico, lo hace abatir sin piedad, de un hachazo, por un criado suyo. Este bárbaro gesto de defensa ortodoxa es, en cierto sentido, muy español. Un Sepúlveda no encuentra en él nada que censurar.[14] Pero nos engañaríamos si creyésemos que todos los humanistas españoles juzgan en la misma forma ese fratricidio. Quizá ciertos imperiales habían considerado la llegada de Juan Díaz a Ratisbona como prenda de conciliación. En todo caso, Juan Páez de Castro, que no conocía el asunto sino de oídas, se muestra dolorosamente conmovido por esta muerte, y da a entender que en Trento se comenta la acción de Alfonso Díaz de manera muy distinta.[15]

[11] Delaruelle, *op. cit.*, pág. 276.

[12] Boehmer, *Spanish reformers, op. cit.*, t. I, pág. 157.

[13] En Oxford (6 de junio de 1542) le dedica su tratado *De prophetia et spiritu prophetico*, Basilea, 1543.

[14] Sobre la breve carrera y la trágica muerte de Díaz, véase Boehmer, *Spanish reformers*, t. I, págs. 187 ss., y la *Historia de la muerte de Juan Díaz*, Madrid, 1865, traducción española de la relación latina publicada en 1546, con prefacio de Bucer. Don Luis de Usoz, el traductor, agrega buen número de documentos, en particular la traducción de los capítulos de Juan Ginés de Sepúlveda en que se relata esta historia. Sobre la actitud de Sepúlveda, cf. M. Bataillon, *Honneur et Inquisition*, art. cit., pág. 15. Las relaciones originales de Maluenda al Obispo de Arrás (Granvela) sobre la presencia de Juan Díaz en Ratisbona y sobre el drama de su asesinato se conservan en Inglaterra en el Berkshire Record Office de Reading (vol. II de los *Granvelle Papers* del fondo Trumbull, depositados en ese archivo por la Marquesa de Downshire). Vale la pena notar que en su carta del 3 de abril de 1546 Maluenda subraya igualmente "la pertinacia" del "luterano" asesinado y el "zelo de religión o honra del otro", es decir, del fratricida.

[15] Véase su carta a Cazalla, del 10 de abril de 1546 (Graux, *op. cit.*, pág. 403):

Pero es sobre todo Francisco de Enzinas [16] quien ocupa una curiosa posición entre sus compatriotas y los protestantes. Natural de Burgos, se había familiarizado desde sus años mozos con la ruta de Flandes. Había estado a punto de verse detenido en su ciudad natal por los días en que el proceso de Pedro de Lerma, pariente suyo, había arrojado la alarma entre los burgaleses, invitándolos a repatriar a sus hijos expuestos al contagio herético en las universidades extranjeras.[17] No obstante, había vuelto a salir de su tierra, atraído por el Colegio Trilingüe de Lovaina. Se había

"Aquí emos sabido de la muerte de Juan Díaz, que dizen que le mató un hermano suyo. A me pesado mucho por lo que dél oía: Multi multas. . ." Y una carta inédita del mismo Páez a Zurita (Trento, 22 de agosto de 1547): "Un libro a salido de Lutheranos de la passión del sancto mártyr Joan Díaz, bien grande según dicen, que yo no le e visto" (sobre esta correspondencia, cf. *supra*, págs. 497-498).

16 Véanse sus *Mémoires, ed. cit.;* Boehmer, *Spanish reformers,* t. I, págs. 133 *ss.,* y Menéndez y Pelayo, *Heterodoxos,* t. IV, págs. 277 *ss.*

17 Varios burgaleses habían precedido a Enzinas en Lovaina (cf. Archives Générales de Bruxelles: *Université de Louvain, Registres d'immatriculation,* nº 23, fols. 290 rº y 343 rº, y nº 24, fol. 87 vº). El 23 de julio de 1523 se matriculaba en la Universidad "Dominus Johannes de Castillo, hispanus burgensis diocesis sacerdos." ¿No será éste nuestro Castillo encarcelado en 1533 y quemado hacia 1535? Gracián de Alderete escribe en la primavera de 1529 a un personaje a quien él llama su maestro Castillo ("Castello praeceptori", Ms. de Alba, fol. 12 rº, carta fechada "Toleti Quinto Id. Ma[rtias? o Maias?]". El año es evidentemente 1529, según una alusión a la reciente partida del Emperador a Italia: Carlos V sale de Toledo el 8 de marzo de 1529): "Adii elapsis di[ebus Arch]iep^um Hispalen.; solus cum solo amplius unam horam sermonem habui, calamitates et miserias tuas commemorans, et quantum discriminis Roberti causa subiisses aliaque omnia, quae in rem tuam esse viderentur. Excepit ille his verbis: Quaeso, per Deum immortalem, quid nunc Castellus Lovanii agit? Cur non recta ad me venit, beneficiis non vulgaribus hominem affecturum? Cur libenter miser et abjectus esse vult, quum possit esse beatus? Credebam (inquit) valetudinem adversam in causa fuisse quominus ad me advolaret, non ea incommoda, quae tu mihi narrasti. Haec, digressum a D. Arch^no illico canonico S^ti Andreae et Horozco retuli. Visum est nobis omnibus ad te scribi, quamprimum ad nos venires, si rebus tuis prospici velis, quum alioqui in aula nulla absentis ratio habeatur. Scio te plus quam vitrea valetudine esse: quare tibi nullo modo consulerem navigare; sed potius fide publica impetrata per Galliam ad nos veni. Agit hic noster Jacobus de Horozco, qui nuper in hoc ex Hispali venit, ut te quamprimum repeteret: Certe juvenis mens isthuc ferebatur, ni Archiep^l jussa obstarent; quae invitum Salmanticam relegant, ubi utrique juri est vacaturus. Vix illum agnosceres, adeo prae malis transfiguratus, intra triennium consenuit." Es posible que nuestro Juan del Castillo haya tenido a Gracián como discípulo en Lovaina entre 1522 y 1524, que haya regresado después a Sevilla y Toledo, protegido por Manrique (cf. *supra*, págs. 188-189), que haya vuelto a Lovaina en 1528-1529, y regresado una vez más a España accediendo a las instancias de sus amigos y de su protector, para desterrarse de nuevo en 1531 (cf. *supra*, pág. 478). De este modo nada se opondría a la identificación de "Castellus" y de "Johannes de Castillo" con nuestro personaje. — En agosto de 1527 se inscribe entre los "divites castrenses" un "Jaspar de Castro de Burgoys hispanus". — El 11 de agosto de 1536, un mes después de la muerte de Erasmo, se matricula "Ruyzicus Fernandus Vyllegas diocesis burgensis". Hernán Ruiz de Villegas es autor de interesantes poesías latinas publicadas por el Deán Martí en el siglo XVIII (Venecia, 1734), entre las cuales hay que señalar unos versos a Erasmo, lo mismo que una égloga sobre la muerte de Vives, dedicada a Doña Mencía de Mendoza. Sobre este humanista, véase la noticia de Martínez Añíbarro, *op. cit.,* págs. 433-436. Nacido en 1510, hijo de Doña Inés de la Cadena, se casó en 1552 con Doña María Ana de Lerma. Mantuvo relaciones con Vives, Budé, Gonzalo de Illescas, Juan Verzosa, Luisa Sigea, etc.

matriculado en la gran universidad de los Países Bajos el 4 de junio de 1539, el mismo día que el portugués Damião de Góis, amigo queridísimo de Erasmo en sus últimos años.[18] Allí se encontró con otros españoles, como los Jarava.[19] Tal vez Enzinas concibió ya en Lovaina el proyecto, tan erasmiano, de traducir el Nuevo Testamento a su lengua materna. Pero sufrió muy pronto, como tantos otros, la seducción de Melanchthon: el 27 de octubre de 1541 se matriculó en Wittenberg, donde trabó la amistad más afectuosa con el gran doctor del protestantismo. En esa ciudad llevó a feliz término su traducción del Nuevo Testamento.

En 1543 regresaba a Flandes para hacerla imprimir en Amberes, con una hermosa dedicatoria al Emperador. Idea atrevida, sin duda, pero que no puede compararse con el gesto de desafío de un Calvino al dedicar a Francisco I, desde el destierro, su *Institución cristiana*. Entra en la conducta de Enzinas una buena parte de despreocupación y de ignorancia de las dificultades que afronta: evidentemente, desconoce el alcance del reciente edicto de febrero de 1543; no sospecha que su Nuevo Testamento, aun antes de salir de las prensas, ha sido denunciado a la policía imperial, ni tampoco que él mismo es sospechoso por haber hecho imprimir un libro herético, traducido, al parecer, de Calvino y de Lutero.[20] Pero su seguridad parece basarse, además, en ciertos apoyos que él siente en los medios oficiales, hecho capital para quien busca en la Iglesia española de entonces las supervivencias de la amplitud de miras erasmiana. Según dice Enzinas, lo habían alentado a publicar su traducción "muchos grandes personajes españoles y otras personas sabias, entre las cuales había frailes". Por otra parte, contaba con la protección del mismo capellán del Emperador, el obispo de Jaén Don Francisco de Mendoza, prelado humanista.

Sus esperanzas quedaron frustradas por obra del confesor de Carlos V, Fray Pedro de Soto, que procedió con él cautelosamente, pero no sin suavidad. Enzinas fue arrestado; no fue tratado como hereje peligroso. No fue entregado a la Inquisición española, como se había hecho con Francisco de San Román,[21] como se hubiera hecho seguramente con Servet si se le

---

[18] Aunque prescindimos adrede en este libro del erasmismo portugués, del cual nos ocupamos en otro lugar (*Études sur le Portugal au temps de l'humanisme*, Coimbra, 1952), es grata obligación remitir al documentado trabajo de Luís de Matos, *Das relações entre Erasmo e os portugueses*, en el *Boletim Internacional de Bibliografia Luso-Brasileira*, t. IV (1963), págs. 241-251.

[19] Sobre Hernando de Jarava, traductor de los Salmos, y su sobrino Juan, traductor de varios libros sagrados y profanos (entre ellos los *Apotegmas* de Erasmo), cf. *infra*, págs. 556-557, 625, 628 y 643-644.

[20] A. H. N., *Inquisición*, lib. 322, fol. 336 rº. La Suprema al Licenciado Valdolivas, Inquisidor de Navarra (Valladolid, 24 de agosto de 1542): "Recebimos vuestra carta de 8 del presente y mucho os encargamos que siempre se hagan diligencias cerca del libro que se dize que lo hizo imprimir un Francisco de Enzinas natural de Burgos, y nos aviséis siempre dello..." Se trata probablemente de la *Breve y compendiosa institución de la religión christiana escripta por el docto varón Francisco de Elao... Impressa en Topeia por Adamo Corvo el anno de 1540*. (Cf. Boehmer, *Spanish reformers*, t. I, pág. 165).

[21] La historia de San Román fue narrada por el propio Enzinas (*Mémoires, op. cit.*, t. II, págs. 173 ss.). Cf. Menéndez y Pelayo, *Heterodoxos*, t. IV, págs. 274 ss.

hubiera podido echar mano.[22] Su proceso se prolongó durante mucho tiempo sin que la Corte, que espoleaba las averiguaciones, demostrara por él ni favor ni mala voluntad. En vez de las prisiones inquisitoriales, de las cuales traza, de oídas, un cuadro tan sombrío, conoció el régimen liberalísimo de la Vrunte de Bruselas, donde podía recibir a sus parientes, a sus amigos, aun a desconocidos, y de donde finalmente se evadió, pues halló todas las puertas abiertas.

Los países cismáticos adoptan definitivamente a Enzinas. Amenazado, al parecer, de captura por la Inquisición, no piensa ya en regresar a España, ni siquiera a los Países Bajos. Permanece fiel a Melanchthon, doctor ortodoxo de un protestantismo moderado. Cuando aparecen los primeros decretos de Trento, toma la defensa de la justificación por la fe y lanza invectivas contra Paulo III y los teólogos que lo siguen: nada de todo esto debió de escandalizar excesivamente a los imperiales. Por lo demás, si Enzinas recrimina la resistencia de Roma a la reforma, también le parecen insoportables las disensiones de los reformados. Sueña un instante con fundar una colonia evangélica en la tolerante Turquía.[23] Y cuando sale para enseñar griego en Cambridge, Melanchthon puede recomendarlo a Cranmer y al rey Eduardo como espíritu enemigo de las opiniones fanáticas y sediciosas.[24] No lo abandona su pensamiento de difundir el Evangelio en lengua española, y su correspondencia con el editor Byrckman de Amberes a este respecto demuestra que no se trataba de ediciones clandestinas. La amenaza inquisitorial que pesa sobre él no ha roto todas sus relaciones con la Corte. En 1551 dedica todavía al Emperador su traducción de las *Vidas* de Plutarco. El año anterior, el confesor imperial Constantino Ponce de la Fuente hace todavía mucho caso de una recomendación firmada por Enzinas. Con optimismo sin duda excesivo, el Doctor Constantino expresa en esta ocasión el deseo de que el humanista burgalés regrese a su patria o por lo menos se establezca en Amberes.[25] Todavía no están cortados los puentes entre la España oficial y este protestante español, uno de los poquísimos que se adhirieron a la ortodoxia de la Confesión de Augsburgo.

IV

Pero ya es tiempo de hablar de los representantes de esa España oficial que, perseguidos en 1558 por "luteranismo", también hoy han sido puestos en el catálogo de los protestantes españoles. Hemos de volver adelante sobre el caso del Doctor Constantino, cuyo apostolado está en conexión con

22 Cf. *supra*, págs. 427-428, nota 6.

23 Boehmer, *Spanish reformers*, t. I, págs. 157-158.

24 *Ibid.*, pág. 150, nota 46.

25 *Ibid.*, págs. 158-159 y 180, y t. II, pág. 22. Gaspar de Nydbruck a Enzinas (Augsburgo, 8 de octubre de 1550): "Tua quoque commendatio apud gravissimum virum doctorem Constantinum non parvum pondus habuit, nam humanissime me excepit... Summopere desiderat doctor Constantinus te ad tuos redire, vel saltem in Belgico Antverpiae esse..." Constantino, según parece, era entonces confesor de Carlos V (*ibid.*, pág. 11).

todo el movimiento de Sevilla. Él nos interesa ahora por ser uno de esos eclesiásticos que acompañaron al Emperador y a su hijo Felipe en diversos momentos de sus peregrinaciones europeas, y que un buen día aparecieron como herejes por diversos títulos, pero principalmente en materia de justificación por la fe. ¿Será mera coincidencia el que la misma trágica mala suerte sea común a Constantino Ponce de la Fuente, a Bartolomé Carranza, a Agustín Cazalla? El problema ha sido entrevisto, pero de modo bastante grosero, por los espíritus simplistas para quienes el movimiento de renovación religiosa no es más que una epidemia que tenía su centro en Alemania, y de la cual estaba bien defendida España por el cordón sanitario de la Inquisición. Un Constantino, un Cazalla, se ha dicho, se contaminaron de la herejía durante su permanencia en Alemania. Menéndez y Pelayo vio muy bien que esta tesis no era demostrable históricamente.[1] Pero pasó de largo por la verdad histórica que en ello está oculta.

Un Constantino, un Carranza, un Cazalla, en Alemania o en cualquier otra parte, estuvieron en comunicación con lo que se puede llamar la Europa de la justificación por la fe, vasta comunión internacional que vio una gran esperanza en cierta política imperial. Italia forma parte de esta Europa con el mismo título que Alemania. Menéndez y Pelayo, a quien tan misterioso parecía el caso de Carranza, a causa de los antecedentes del Arzobispo, habría encontrado absurdo sin duda el decir que este teólogo del Concilio de Trento, futuro Primado de las Españas, había recibido la simiente herética gracias a las temporadas que pasó en Italia, antes del Concilio o durante él.[2] Pues bien, esta afirmación no sería ni más ni menos falsa que la que explica el pensamiento religioso de los dos célebres predicadores imperiales por sus experiencias alemanas. Carranza estuvo en contacto con la Italia de los valdesianos. Tuvo que conocer personalmente a Juan de Valdés. Saboreó sus *Consideraciones divinas*.[3] En la época del Concilio, frecuentó asiduamente a Priuli, a Flaminio, a Pole y a Morone.[4] Las experiencias europeas de un Carranza, de un Cazalla, de un Constantino, fueron sin duda decisivas para confirmarlos en su fe.

En ello radica la contribución de Europa a lo que se puede llamar

[1] *Heterodoxos*, t. V, pág. 85.

[2] *Ibid.*, t. V, pág. 48. Menéndez y Pelayo menciona, basado en el testimonio de Fr. Bernardino de Fresneda, el caso del "Dr. Morillo, aragonés, *grande hereje*, que venía del Concilio de Trento y traía *de allá* errores luteranos": él subraya *de allá* como particularidad sorprendente. Morillo explicaba su "luteranismo" por las enseñanzas que recibió de Pole y de Carranza, sospechosos ambos, en efecto, de "luteranismo" en materia de justificación. Sobre Morillo, véase el proceso de Carnesecchi en *Miscellanea di Storia Italiana*, t. X, Torino, 1870, págs. 370-372.

[3] Menéndez y Pelayo, *Heterodoxos*, t. V, pág. 27. Carranza pudo conocer a Valdés durante la primera de las temporadas que pasó en Italia (1539).

[4] A los testimonios de Don Diego Hurtado de Mendoza aducidos por Llorente, *Histoire critique de l'Inquisition*, ed. cit., t. III, pág. 246, y por Menéndez y Pelayo, *Heterodoxos*, t. V, págs. 47-48, cabe añadir una importantísima declaración de Don Juan Hurtado de Mendoza, embajador en Venecia después de la partida de Don Diego: "Estando en el concilio de Trento e muchos perlados de estos reinos y algunos religiosos en él, y en Venecia Don Juan de Mendoça por embajador del Emperador, vinieron a aquella ciudad don Pedro de Navarra e Fr. Domingo de Soto, e con él por compañero Fr. Bar-

la Reforma española. Si estos hombres se vieron incitados a romper con la Iglesia oficial para abrazar confesiones heréticas, no fue por sus intercambios de opiniones con extranjeros. Se convencieron de que la religión tal como ellos la concebían era también la religión de los mejores espíritus de todas las naciones, de que su triunfo era la meta de los esfuerzos del Emperador, y de que el Concilio tenía finalmente que hacerla suya si quería renovar la Iglesia. Pero su religión, salvo error, tiene sus raíces en la misma España, en el iluminismo erasmista. El caso de estos eclesiásticos, que desempeñaron en su país un papel importante o glorioso antes de ser encarcelados a causa de su "luteranismo", no difiere esencialmente, en el fondo, del caso de un Juan de Valdés. Por desgracia, tenemos que vernos reducidos, en cuanto a sus orígenes espirituales y en cuanto a su apostolado, a relaciones más o menos sospechosas. Sus procesos mismos, en su mayor parte, están perdidos. Si nunca se ha intentado relacionar el movimiento de que ellos fueron inspiradores con el movimiento erasmiano que fue la atmósfera de su juventud, ello se debe, ante todo, a falta de documentación. Pero también a una concepción insuficiente del erasmismo español, en el que no se ha querido ver otra cosa que una "Fronda" religiosa sin alcance, y no una fe. Y también, finalmente, a que la calificación inquisitorial de "luteranismo" invitaba a los historiadores católicos o protestantes a investigar más bien del lado de las confesiones protestantes ya constituidas. Tratemos de reconstruir la perspectiva histórica así falseada.

En lo que atañe a Carranza, no son documentos lo que ha hecho falta, sino un historiador que sepa utilizar críticamente los veinte volúmenes de su proceso.[5] Sin pretender siquiera dar los primeros pasos en el estudio de este tema, debemos observar que a casi nadie le ha llamado la atención un embrión de proceso por erasmismo que se remonta a 1530, que en con-

tolomé de Miranda; el don Pedro de Navarra, obispo a la sazón de Badajoz, se passó a posar en casa de un vassallo de su Magestad llamado Donato Rullo calabrés, intrínsico amigo de el Cardenal de Ingalaterra e de Ascanio Collona et de un gentilhombre veneciano eclesiástico llamado el Priuli... Una e otra vez me paresce que vino, estando yo allí, el Rmº Arçob. de Toledo que agora es, con ocasión de imprimir un libro [sin duda la *Summa conciliorum*, Venecia, 1546], e que continuava el amistad e conversación del Calabrés assí como lo hazían el obispo de Badajoz, e al tiempo que primero dixe se avían hallado juntos en Venecia. E no puedo dezir por esso que esta conformidad así de los ytalianos con los nuestros como de los nuestros con ellos fuese sobre cosa de error ni mala, antes en lo aparente era bueno que malo quanto a lo moral, quanto a lo orthodóxico también davan alguna muestra de llevar camino pisado de pocos" (B. A. H., *Proceso de Carranza*, t. I, fol. 427 vº, 2 de septiembre de 1559). Cf. Beltrán de Heredia, *Corrientes, op. cit.*, pág. 115, donde se copia el documento algo más completo, pero sustituyendo equivocadamente el nombre de Don *Juan* de Mendoza por *Diego*. Desconocemos el grado de parentesco que tuvieran ambos embajadores. Don Juan será, probablemente, el mismo que después de serlo en Venecia fue embajador de Carlos V y Felipe II en Lisboa (cf. Queirós Veloso, *D. Sebastião, 1554-1578*, Lisboa, 3ª ed., 1945, págs. 25 y 31-32, aunque aquí también parece haber alguna confusión entre él y Don Diego). Otro Don Juan Hurtado de Mendoza, conde de Monteagudo, llamado el Santo, murió en 1551 cuando estaba proveído por el Emperador para ir de embajador suyo al Concilio de Trento (cf. Sandoval, *Crónica del ínclito emperador de España Don Alonso VII*, Madrid, 1600, pág. 388, y *Monum. Hist. S. J., Epistolae mixtae*, t. II, pág. 566).

[5] Ha emprendido felizmente la publicación monumental de este proceso D. José Ig-

secuencia se destaca, por su antigüedad, entre la masa de testimonios acumulados, y que constituye, a decir verdad, la única indicación transmitida sobre la juventud del ilustre prelado.[6] El que Fray Bartolomé haya erasmizado cuando veía a su tío el Inquisidor de Navarra hablar en favor de Erasmo en la asamblea de Valladolid y demostrar un favor singular por el *Diálogo de doctrina cristiana* de Juan de Valdés, es un hecho que nada tiene de sorprendente. Las palabras que se le censuran en 1530 se remontan a dos o tres años antes, es decir, a la época en que todo Valladolid se apasionaba en pro o en contra de Erasmo.

En sus conversaciones con Fr. Miguel de San Sebastián, uno de sus maestros en el Colegio de San Gregorio, el joven religioso menosprecia el poder del Papa y las ceremonias de la Iglesia. Discutiendo con Fr. Juan de Villamartín, profeso del Colegio de San Pablo, se pone a defender a Erasmo, en particular sobre el capítulo de la confesión. El hábito que tienen los devotos de ir a confesar sus pecados veniales cada quince días, o cada semana, le parece una "manera de superstición". Y cuando se le objeta que San Jerónimo y otros santos confesaban pecados veniales a falta de pecados mortales, pone en duda la autenticidad de ese hecho, por lo menos en lo que atañe a San Jerónimo. Si recae la conversación sobre el autor del Apocalipsis, él se inclina a creer, como Erasmo, que ese autor es un teólogo llamado Juan, pero distinto del autor del cuarto Evangelio. El hecho de que se cante, en la liturgia, "Lectio libri Apocalypsis Beati Johannis Apostoli" no le parece prueba suficiente de la tesis tradicional.

Detalle interesante: Villamartín considera a Carranza como religioso de excelente conducta, que de ningún modo busca en las opiniones de Erasmo un pretexto para no confesar sus pecados veniales. Por otra parte, no es él el único religioso del Colegio que profesa opiniones atrevidas acerca del poder del Papa y el valor de las ceremonias. Miguel de San Sebastián denuncia a Fr. Francisco de Vadillo y a Fr. Antonio de Zúñiga en los mismos términos que a Carranza. Fray Antonio, según parece, sonreía al oír los reproches de Fray Miguel, y al decirle éste que "era Luter",

nacio Tellechea en el *Archivo documental español* de la Real Academia de la Historia (tomos XVIII y XIX): *Fray Bartolomé Carranza, Documentos históricos,* I. *Recusación del Inquisidor General Valdés* (*t. XII del Proceso*), con Introducción general de Tellechea y Prólogo (póstumo) de Gregorio Marañón, Madrid, 1962; II. *Testificaciones de cargo (Parte primera),* Madrid, 1962.—Véase también, del mismo J. I. Tellechea, *Los prolegómenos jurídicos del proceso de Carranza (El clima religioso español en 1559),* Roma (Iglesia Nacional Española), 1959; *Informaciones genealógicas sobre el Arzobispo Carranza,* en la revista *Príncipe de Viana,* Pamplona, núms. 86-87 (1962), págs. 195-200; y un estudio capital para nuestro tema, *Juan de Valdés y Bartolomé Carranza,* en la *Revista Española de Teología,* Madrid, t. XXI (1961), págs. 289-324.—También, *Bartolomé de las Casas y Bartolomé Carranza. Una página amistosa olvidada,* en *Scriptorium Victoriense,* t. VI (1959), págs. 7-34, y *Francisco de Navarra, Arzobispo de Valencia, amigo fiel de Carranza,* en *Estudios Eclesiásticos,* Madrid, t. XXXV (Miscelánea Antonio Pérez Goyena), 1960, págs. 465-476.

6 B. A. H., *Proceso de Carranza,* t. I, fols. 422 v⁰-425 r⁰. Menéndez y Pelayo, *Heterodoxos,* t. V, págs. 19-20, menciona de manera incidental estas declaraciones de 1530, pero no las toma en cuenta para su biografía de Carranza. Nosotros completamos sus indicaciones de acuerdo con los documentos auténticos.

contestaba declarándose "tan buen cristiano como quienquiera". Según él, el ayuno y los demás preceptos eclesiásticos eran de importancia secundaria: lo fundamental era la *pietas christiana*. Esta expresión latina sería familiar a toda una minoría selecta de dominicos que, sin duda, se nutrían de Savonarola aún más que de Erasmo, pero a quienes Erasmo no infundía miedo. En este ambiente es donde hay que situar a Carranza [7] si se quiere comprender su dramática historia.

Nombrado, a su vez, catedrático en San Gregorio, Fray Bartolomé no tarda en hacerse maestro e inspirador de una corriente pietista que se opone a la corriente intelectualista orientada por Cano (pues hay algo más profundo que una simple rivalidad de personas bajo el conflicto que, más de veinte años antes del proceso, divide ya a los dominicos en carrancistas y canistas). Si a esto se agregan las relaciones de Carranza con Juan de Valdés, de quien él guardaba piadosamente un parecer sobre la mejor manera de oír la Escritura con ayuda de la oración y de la consideración;[8] si se piensa, además, en sus entrevistas con los *spirituali* italianos, en particular con aquellos que fueron, alrededor del Concilio, los abogados de la justificación por la fe, no sorprenderá el proceso de tendencias de que fue víctima.

Sus *Comentarios sobre el catechismo christiano* [9] dieron fácilmente un asidero para ello, pues la actitud religiosa que en su libro adopta Carranza se emparienta extraordinariamente con el *Enchiridion*, o con el iluminismo de la fe santificante que llegó a ser, después de Erasmo, la religión de los conciliadores.

La razón y la fe —escribe Carranza— se han de entender como dos nortes con los cuales navegamos en esta vida, como los que navegan a las Indias se gobiernan por este norte que vemos en España, y, llegados a cierto punto, es necesario perder este norte y guiarse y navegar por el otro. Así en la vida presente habemos de comenzar nuestra navegación por el norte de la razón y reglar nuestras obras por él. Pero *si queremos ser cristianos*, es necesario para nuestra navegación, en la mayor parte de la vida, perder este norte y navegar por la fe, y reglar nuestras obras por ella.[10]

Esta fe, que está en el meollo de su cristianismo, no es sólo creencia, adhesión a un credo impenetrable a la razón: es confianza, fe inspirada,

7 Cf. M. Bataillon, *De Savonarole à Louis de Grenade* (*Revue de Littérature Comparée*, 1936). Véase también V. Beltrán de Heredia, *El Maestro Fray Mancio de Corpus Christi* (separata de *C. T.*), Salamanca, 1935, pág. 40, donde el autor habla de "el ardiente deseo de renovación espiritual" que se había apoderado de Carranza desde su juventud, "en parte bajo la influencia de las corrientes de alumbrados y erasmistas que se dejaron sentir en Alcalá cuando él cursaba allí sus primeros estudios". Nosotros creemos que es en San Gregorio hacia 1527 y no en Alcalá antes de 1520, donde hay que situar la fase aguda del erasmismo de Carranza.

8 Véase *infra*, pág. 588, nota 3.

9 Véase J. I. Tellechea, *Los "Comentarios sobre el catechismo christiano" de Bartolomé Carranza. Estudio sobre las correcciones autógrafas del autor (1559)*, en *B. H.*, t. LXI (1959), págs. 273-287.

10 Bartolomé Carranza de Miranda, *Comentarios sobre el catechismo christiano*, Amberes, 1558, fol. 8 r°.

impregnada toda de amor.[11] Esta "fe viva" es la que Erasmo había caracterizado sumariamente como "inseparable compañera de la caridad",[12] la fe que Valdés había enaltecido como fuente inagotable de buenas obras, puesto que, según él, éstas no son la causa de la justificación, sino su efecto.[13] Cuando Carranza celebra el "perpetuo sábado" de los verdaderos cristianos que descansan en Dios, "dejando que su espíritu obre en nosotros", la fórmula viene, indudablemente, de Calvino, pero es también, en España, el coronamiento de una corriente erasmiana preexistente.[14] El *Monachatus non est pietas* está aquí presente en lo más hondo. Por otra parte, es también el erasmismo lo que se prolonga en algunas observaciones acerca del valor nulo de ciertos ayunos farisaicos o acerca de lo inútiles que son, para los perfectos, las ceremonias corporales que acompañan la oración.[15]

Sobre la cuestión de las riquezas eclesiásticas, Carranza parece inspirarse en una experiencia reciente lo mismo que en un espíritu erasmiano o savonaroliano: "Bien habemos visto —dice— malos sucesos de haber enriquecido iglesias o monesterios con abundancia de limosnas y dotaciones. Cristo Nuestro Señor dijo de los ministros de su doctrina: *Digno es el obrero de su mantenimiento,* dando a entender que los ministros han de tener lo necesario y no lo superfluo." [16] Quizá la experiencia a que Carranza se refiere sea la restauración del catolicismo en Inglaterra, en la cual había colaborado él al lado de Reginald Pole y de Fr. Alonso de Castro.[17] La cuestión de los bienes secularizados de la Iglesia había hecho surgir una grave dificultad sobre la cual Roma había tenido que autorizar a Pole a ceder.[18] Quizá piense también Carranza en el papel desempeñado por las secularizaciones en la propagación de la reforma en Alemania o en los países escandinavos. De todos modos, el espíritu austero de la reforma católica, ilustrado por la lección de los acontecimientos, da aquí la razón a Erasmo y a Lutero.

El caso del Doctor Agustín Cazalla ha sido peor comprendido, si cabe, que el del Arzobispo Carranza. Menéndez y Pelayo, que desecha con toda razón la idea de que se haya convertido al luteranismo en Alemania, ad-

---

[11] *Ibid.,* fols. 10 v⁰-11 r⁰.

[12] La comparación entre Carranza y Erasmo procede de Melchor Cano (cf. Fermín Caballero, *Vida de Melchor Cano,* Madrid, 1871, pág. 553), el cual señala la fórmula erasmiana diciendo que ha sido condenada por la Sorbona. Se trata, en efecto, de una frase de las *Annotationes* del Nuevo Testamento (Ep. de Santiago, II) censurada en la *Determinatio* parisiense (véase la respuesta de Erasmo en sus *Opera,* ed. de Leiden, t. IX, cols. 814 *ss.,* cap. VII, De fide).

[13] Cf. Juan de Valdés, *Diálogo de doctrina cristiana, ed. cit.,* págs. 252-256.

[14] *Ibid.,* págs. 238 *ss.*

[15] Véase la censura de Cano en Fermín Caballero, *op. cit.,* págs. 601 y 592-593. Cano destaca como erasmiana esta frase de Carranza (fol. 289 r⁰): "No os engañéis pensando que solos los frailes e monjas dexan el mundo... Los apóstoles no eran más de christianos, pero dexaron el mundo por serlo." Esto, en efecto, está muy cerca del *Monachatus non est pietas.*

[16] Carranza, *op. cit.,* fol. 430 v⁰, y F. Caballero, *op. cit.,* pág. 602.

[17] Véase el artículo de J. I. Tellechea citado *infra,* pág. 712, nota 25.

[18] Hauser y Renaudet, *Les débuts de l'âge moderne,* Paris, 1929, pág. 506.

mite que "se pervirtió a la vuelta", y que sus viajes por los países heréticos no hicieron más que preparar su "apostasía".[19] En 1543, cuando comenzó su recorrido de Europa, Cazalla era completamente ajeno, según eso, a las tendencias religiosas que años después habían de llevarlo a la hoguera. Pero todo lo que se sabe de sus orígenes familiares y de su juventud invita a creer lo contrario. Ernst Schäfer, ya mejor informado, se pregunta si su pensamiento religioso final no debe algo al iluminismo en que estuvo bañada su infancia. Contra Boehmer y Wilkens, él sostiene que el iluminismo de Francisca Hernández y de Fr. Francisco Ortiz "no tiene gran cosa en común con los principios de la Reforma".[20] Sin embargo, ya sabemos hasta qué punto rebasa el iluminismo el caso particular de la "beata" y del espiritual franciscano, y hasta qué punto está mezclado el erasmismo en todo este movimiento.

Dejemos a Francisca, alojada en Valladolid por los padres de Agustín cuando éste contaba apenas diez o doce años. Pensemos mejor en sus padres mismos, cristianos nuevos perseguidos también por iluminismo;[21] pensemos, sobre todo, en su tío el Obispo y en su tía María, tan activos propagadores de un iluminismo erasmizante en Alcalá y Guadalajara, en la época en que Agustín entra en la Universidad. Pensemos finalmente en el medio de Alcalá. Pues tras de ser en la propia Valladolid discípulo de Carranza,[22] Agustín va a continuar sus estudios de Artes y Teología en la universidad erasmiana por excelencia. ¿Es posible que no deba nada a la atmósfera espiritual de sus veinte años? Podría creerse esto en caso de que se hubiera sumado, como su condiscípulo Diego Laínez,[23] a las filas de los que defendieron la estrecha ortodoxia contra las tendencias protestantes. Pero dada su carrera ulterior, no se puede menos de ver en él uno de los hombres que aseguran la continuidad entre el movimiento erasmiano perseguido hacia 1533 y el "luteranismo" perseguido hacia 1558.

El pensamiento religioso de Cazalla nos es mal conocido, pues no escribió libros, y su proceso mismo se ha perdido. Pero Gonzalo de Illescas[24] nos lo muestra sufriendo en fuerte grado la influencia de Don Carlos de Sesso después de su regreso definitivo a España. Ahora bien, Don Carlos de Sesso, gentilhombre italiano trasplantado a España, parece haber sido un valdesiano, en relaciones con los allegados al Cardenal Pole y en particular

---

19 *Heterodoxos*, t. V, pág. 85 (cf. t. IV, pág. 394).

20 Ernst Schäfer, *Beiträge zur Geschichte des spanischen Protestantismus*, Gütersloh, 1902, t. I, pág. 263, nota 5.

21 Sobre su padre, cf. *supra*, págs. 181-182; sobre su madre Leonor de Vibero, véase Schäfer, *op. cit.*, t. I, pág. 239. Menéndez y Pelayo, *Heterodoxos*, t. IV, pág. 393, dice que Pedro Cazalla y Leonor de Vibero habían sido "infamados por judaizantes en la Inquisición de Sevilla", pero no sabemos en qué se funda para decirlo.

22 Según el *Proceso de Carranza* (B. A. H.), t. I, fol. 204 rº. Interrogatorio de Cazalla acerca de sus relaciones con Carranza, 19 de mayo de 1559.

23 A. H. N., *Universidad de Alcalá*, lib. 397 f, fol. 45 vº, promoción de bachilleres en artes del 1º de junio de 1531: núm. 3, Augustinus de Caçalla, y núm. 24, Didacus Laínez de Almaçán; fol. 53 rº, promoción de licenciados en artes del 13 de octubre de 1532: núm. 1, Aug. de Caçalla, y núm. 3, Didacus Laínez.

24 *Historia pontifical y cathólica*, Primera parte, Salamanca, 1574, pág. 337.

con Donato Rullo y con Priuli.[25] Este seglar "alumbrado" pudo confirmar a Cazalla en la creencia en la justificación por la fe y llevarlo a ciertas opiniones incompatibles con el catolicismo, como la negación del purgatorio. Pero sin duda no hizo más que reanimar un "iluminismo" ya bien anclado en Cazalla y que se manifestaría en su predicación en la Corte.

Se comprende, por otra parte, cómo una concepción superficial de la política religiosa de Carlos V ha podido engañar acerca de la evolución real de un Cazalla. El Emperador, campeón del catolicismo en Alemania, ¿pudo acaso sufrir que en su corte se predicaran doctrinas no ortodoxas? ¿Y acaso el humanista Calvete de Estrella, en su crónica del viaje del príncipe Felipe a los Países Bajos,[26] habría alabado la doctrina y elocuencia de Cazalla si su ortodoxia hubiese sido sospechosa? Toda la cuestión está en saber si la ortodoxia era entonces tan estrecha como iba a serlo muy pronto. Conviene recordar que, en el mismo libro, Calvete hace un elogio todavía más rotundo del Doctor Constantino. Lo pinta como "muy grande filósofo y profundo teólogo, de los más señalados hombres en el púlpito y elocuencia que ha habido de grandes tiempos acá"; y añade: "como lo muestran bien claramente las obras que ha escrito, dignas de su ingenio".[27] Ahora bien, entre estas obras están precisamente aquellas que la Inquisición iba a quemar, en la época misma en que quemó a Cazalla...

V

Constantino puede ser estudiado mucho más a fondo que Cazalla gracias a las obras que dejó. Y merece este estudio, pues gracias a él se comprende todo el pretendido "luteranismo" sevillano, y si la documentación de los procesos falta aquí casi por completo, en cambio disponemos del libro de González Montano sobre la Inquisición española, cuya segunda parte íntegra constituye una historia apologética del movimiento de Sevilla.[1]

---

25 Véase en el *Proceso de Carranza* (B. A. H.), t. I, fol. 335, una carta de Fr. Bartolomé fechada de Middelburgo en Zelanda, a 17 de junio de 1558, y dirigida a Fr. Juan de Villagarcía, en Lanbeth. Después de anunciarle la aprehensión de diversas personas, y en particular la de "Don Carlos de Sesso, aquel cavallero que vivía en Logroño", agrega: "Él es natural de Verona e le conoscen los de casa del señor Cardenal. Vuestra Reverencia pregunte por él a Donato Rullo e Monseñor Priuli antes que les diga este subceso."

26 *El felicíssimo viaje del... Príncipe Don Felipe... desde España a sus tierras de la Baja Alemania*, Amberes, 1552, fol. 325 vº. Es interesante recordar que el mismo Calvete se complace en relatar la visita de la Corte del Príncipe a la ciudad de Rotterdam. Entre los adornos de tan solemne entrada "tenían la estatua de Des. Erasmo Roterodamo sacada al natural, vestido como sacerdote con una pluma en la mano derecha, y en la izquierda un cuadro con estos versos que al Príncipe ofrecía: ...Roterodamus ego non inficiabor Erasmus / ne videar cives deseruisse meos..." (fol. 277 rº). Describe también "la casa de los padres de Erasmo, pequeña, con una parra delante della, y la cámara donde él nació, también pequeña, la qual, como cosa notable, por haber nacido en ella varón tan señalado en letras, fueron a ver los más principales Señores y Caballeros de la Corte" (fol. 281 rº).

27 *Ibid.*, fol. 5 vº.

1 Reginaldus Gonsalvius Montanus, *Sanctae Inquisitionis Hispanicae artes aliquot*

Este libro salió a la luz en Heidelberg diez años después del desencadenamiento final de la persecución. Pertenece al género de los *Martirologios* de que tan poderoso instrumento de propaganda hizo Crespin en Ginebra. De más está decir cuánto hay que desconfiar de él. El autor, como la Inquisición española, aunque por razones opuestas, tiene una tendencia natural a empujar todo el movimiento sevillano hacia una especie de ortodoxia luterana. Pero para quien lo lee con cautela es infinitamente precioso.

A pesar de la ñoñería del relato hagiográfico, Constantino aparece en este libro como una personalidad dotada de vigoroso relieve; recuerda al Doctor Vergara por su franqueza de espíritu, por su humor espontáneo, por sus ocurrencias. Después de su muerte, entrará en el folklore sevillano: las víctimas de sus chistes son siempre lo frailes.[2] Era, por otra parte, cristiano nuevo, lo mismo que Vergara. Es, sin duda, la personalidad más vigorosa que dieron los conversos a la Iglesia de España en la época del Emperador. Cuando murió el obispo de Útica Don Pedro del Campo, el cabildo de Toledo le propuso el puesto de canónigo magistral dejado vacante por este prelado. Eran los días en que el Arzobispo Silíceo imponía el nuevo estatuto llamado de "limpieza de sangre", que reservaba las prebendas exclusivamente para los "cristianos viejos". Constantino dio cortésmente las gracias a los emisarios de los canónigos toledanos, pero añadió que las cenizas de sus mayores descansaban en paz, y que no podía aceptar una dignidad que exigiera turbar su reposo.[3]

Ya hemos visto que Sevilla, en los últimos años de la vida de Erasmo, tenía su grupito de erasmistas: Pero y Cristóbal Mexía estaban en correspondencia con el Maestro. El *Christophorus Fontanus* a quien éste envía sus saludos, y cuyo espíritu mordaz tanto admira, podría ser muy bien Constantino de la Fuente, si Erasmo cometió allí una de esas confusiones de nombres de pila a que tan acostumbrado estaba.[4] Pero no menos importantes que los contactos epistolares con Erasmo son las relaciones del movimiento sevillano con el de Alcalá. Parece como sí asistiéramos aquí, en una gran ciudad de España, quizá en la más viva de todas —pues Sevilla, puerta del Nuevo Mundo, estaba por entonces en pleno auge—, a una poderosa difusión del ideal evangélico elaborado primeramente en un medio universitario. Más aún que el libro, el instrumento de esta difusión es el sermón, la elocuencia del púlpito, cuyo rejuvenecimiento había reclamado y preparado el erasmismo. Entre las prebendas del cabildo de Sevilla —donde Erasmo había tenido uno de sus primeros traductores españoles—, se señalaba por su riqueza la canonjía magistral,[5] cuyo titular era el predicador oficial de la catedral; y este púlpito oficial no era el único subven-

---

detectae... Heidelberg, 1567. Citamos por la traducción de Usoz, *Artes de la Inquisizión española*... por el español Raimundo González de Montes, 1851.

2 Véanse las historietas de la recopilación de Juan de Arguijo publicadas en A. Paz y Mélia, *Sales españolas*, 2ª serie, Madrid, 1902, págs. 105-106. Y cf. asimismo *Artes, op. cit.*, pág. 306.

3 *Artes, op. cit.*, pág. 309.

4 Cf. *supra*, págs. 492-493.

5 Cf. Hazañas, *Maese Rodrigo, op. cit.*, págs. 362 ss.

cionado por el cabildo. Nada más instructivo que pasar revista a los canónigos predicadores de Sevilla, durante los treinta años que siguen a la muerte de Martín Navarro (1528-1558); Sancho Carranza de Miranda, Pedro Alexandro,[6] Juan Gil, Constantino...: es una sucesión casi ininterrumpida de Complutenses. Así se llevaba a efecto el anhelo del Cardenal Cisneros, de que su Universidad fuese un semillero de hombres llamados a renovar la Iglesia de España. Y entre esos hombres encontramos un erasmista notorio y los dos nombres más ilustres de lo que se ha llamado el "luteranismo" sevillano.

Es imposible separar a Constantino del Doctor Egidio, nombre con que se conocía a Juan Gil. Se piensa en una especie de triunvirato espiritual cuando se lee lo que dice González Montano de los "tres hombres doctísimos, Constantino, Egidio y Vargas, que antes habían estudiado juntos en Alcalá"[7] y que, de consuno, "propagan la religión". "Vargas explicaba, en la cátedra de la Iglesia,[8] el Evangelio de San Mateo, el cual acabado emprendió los Salmos de David. Egidio predicaba asiduamente. Constantino con menos frecuencia, pero no con menor fruto."[9] Vargas parece haber muerto hacia 1550, antes que la Inquisición persiguiese al Doctor Egidio. No se sabe nada más acerca del papel que desempeñó este personaje un tanto borroso.

El apostolado de Gil, que fue durante más de veinte años canónigo magistral, es mejor conocido. Según un molde de la hagiografía protestante, nuestro teólogo fue perfectamente inepto para la predicación en los días en que llegó a Sevilla, pero, tras varios años de tanteos, aprendió en unas pocas horas los secretos de su nuevo oficio gracias a la providencial ayuda de Don Rodrigo de Valer, gentilhombre andaluz misteriosamente convertido al verdadero cristianismo. Los orígenes de esta edificante historia fueron sin duda algunas palabras del propio Gil, impregnadas de

6 A. H. N., *Universidad de Alcalá*, lib. 397 f, fol. 7 vo (23 de abril de 1525) y fol. 25 (21 de abril de 1528): el "Mo Pedro Alexandro" aparece entre los examinadores del bachillerato en Artes; — fol. 42 ro (20 de noviembre de 1530), obtiene el grado de licenciado en teología; — fol. 45 vo, sus alumnos se reciben de bachilleres (4 de junio de 1531); — fol. 49 vo, se le elige rector (22 de noviembre de 1531); — fol. 50 vo, obtiene la cátedra de Santo Tomás (9 de marzo de 1532). En 1533 se le ofrece la canonjía magistral de Sevilla (Hazañas, *op. cit.*, pág. 369).

7 Sobre el Doctor Constantino en Alcalá (1524), cf. *supra*, pág. 159. Juan Gil, que había ingresado en el Colegio de San Ildefonso el 9 de diciembre de 1525, obtiene el 9 de octubre de 1527 una cátedra de Súmulas, y el 30 de octubre de 1527 aparece como "bachiller formado en theología" (A. H. N., *Universidad de Alcalá*, lib. 397 f, fols. 12 vo, 22 ro y 23 ro). En cuanto a Francisco de Vargas (cf. *supra*, pág. 243, nota 10), aparece entre los examinadores del bachillerato en Artes el 21 de abril de 1528; obtiene el 6 de abril de 1529 la cátedra de Escoto; el 16 de diciembre de 1532, la cátedra de Moral (*ibid.*, fols. 25, 32 ro, 56 ro). Según González Montano, *Artes*, pág. 283, Egidio enseñaba teología en Sigüenza cuando Pedro Alexandro lo hizo trasladarse a Sevilla como predicador.

8 ¿Se trataba de una cátedra de Sagrada Escritura subvencionada por la catedral, o bien de una clase dada en el Colegio-Universidad de Santa María, al cual dio Egidio nuevos estatutos? (Cf. Hazañas, *op. cit.*, pág. 387.)

9 González Montano, *Artes*, pág. 311 (cf. pág. 293). Sobre la muerte de Vargas, cf. *ibid.*, pág. 297.

viva humildad y llenas de profunda admiración por el seglar alumbrado. De esto hay que deducir, probablemente, que la predicación de Gil y Constantino cayó en un terreno ya abonado por ciertos núcleos de iluminismo. Gil, por otra parte, y según la misma fuente, llegó de Alcalá con una cultura puramente escolástica, y sin el menor conocimiento de la Biblia: González Montano dice que le oyó lamentar amargamente el tiempo perdido en la teología de la Escuela, y contar que a todo amante de la ciencia escriturística, en Alcalá, se le llamaba con desprecio "el bueno del biblista". La frase ha parecido calumniosa para la Universidad de donde salió la primera Biblia poliglota. En esto hemos de ver sencillamente —como en la evolución de Pedro de Lerma— el movimiento de un hombre cada vez más apegado al Evangelio y desprendido de la escolástica; y debemos observar que los Complutenses, sin duda después de la salida de Gil,[10] habían fundado una cátedra de Biblia, porque sentían la falta que hacía y porque temían que esta laguna fuera poca honra para ellos.

Predicación inspirada, predicación fidelísima a la Escritura, tales son los rasgos del apostolado con que Gil conquista, en quince años, una gran notoriedad. Estaba propuesto por Carlos V para el obispado de Tortosa cuando, en 1549, fue denunciado a la Inquisición. La correspondencia de la Suprema en esta época demuestra el vivo interés que el Emperador tomó en el asunto.[11] El proceso ha desaparecido. Pero por lo menos se conserva el texto de la abjuración a que se condenó a Gil: [12] es muy minucioso, de manera que nos podemos formar una idea bastante clara de las opiniones "luteranas" de que era sospechoso. Su centro es la justificación por la fe. Y acerca de la fe y de la unidad de las virtudes teologales, la enseñanza de Gil recuerda singularmente la de Valdés.

Tan pronto como la fe revela la gran bondad de Dios, la caridad nace en el alma, y con ella brotan la confianza y la esperanza en la misericordia divina. Gracias a la fe, el Señor habita en el corazón del justo y le hace cumplir su ley. La gracia es una acción del Espíritu Santo: no es una cosa creada. Lleva consigo una infalible certidumbre. Con esta concepción de la fe se vinculan algunas opiniones atrevidas acerca de las obras. Gil, que considera la caridad como fruto de la fe (alguna vez dice: el instrumento

10 *Ibid.*, págs. 284 y 282 (y cf. Menéndez y Pelayo, *Heterodoxos*, t. V, pág. 77). Sobre la cátedra de Biblia en Alcalá, cf. *supra*, pág. 344.

11 A. H. N., *Inquisición*, lib. 323, fol. 23 vº, la Suprema al Emperador (7 de septiembre de 1549): "Con la presente embiamos a V. M. una relación de algunas cosas tocantes al Doctor Egidio, Canónigo de Sevilla, electo Obispo de Tortosa..." Cf. *ibid.*, fols. 27 rº· vº y 33 vº (la Suprema a los Inquisidores de Sevilla, 26 de septiembre y 20 y 25 de octubre), fol. 77 vº (la Suprema al Emperador, 18 de abril de 1550: se explica por qué no se ha tramitado con más rapidez el asunto), fols. 80 rº, 93 rº, 98 vº, 107 rº, 115 rº, 128 vº, 131 rº (la Suprema al Inquisidor General, 24 de abril, 26 de junio, 26 de julio, 15 de septiembre, 14 de octubre, 22 de noviembre de 1550 y 29 de diciembre de 1551), fol. 133 rº (la Suprema a los Inquisidores de Sevilla, 29 de diciembre de 1551).

12 Schäfer, *op. cit.*, t. II, págs. 342 ss., la presenta en su integridad, traducida al alemán. Cf. *ibid.*, págs. 378 ss., las deposiciones de las monjas de Santa Paula con ocasión del proceso póstumo de Egidio en 1559 (en particular con respecto a las oraciones dirigidas a las imágenes).

de la fe), y para quien la fe verdadera no puede menos de fructificar en obras, considera incompatibles la fe y el pecado mortal. Todo pecado mortal es un eclipse de la fe, y todas las obras realizadas en este estado no pueden ser más que pecados. En materia de penitencia, Gil niega la menor eficacia a las mortificaciones: Cristo es quien quita el pecado, y las mortificaciones no tienen otro valor que el hacer violencia a la carne.

Ni una sola palabra de la abjuración se refiere a las indulgencias, ni al purgatorio, ni a los sacramentos, ni a las ceremonias fundamentales. Por el contrario, se señalan en ella ciertas libertades erasmianas acerca de las prácticas devotas y del culto de los santos. Sólo a Dios deben dirigirse las oraciones. Para poner remedio a la idolatría de una multitud de fieles, Gil hubiera prohibido de mil amores, si no las imágenes, sí por lo menos los rezos dirigidos a las imágenes. La cruz misma debe ser objeto de un culto de dulía, no de latría. El nombre de Jesús no tiene la virtud mágica de expulsar los demonios. Los santos no son propiedad de una nación: España no tiene mayor derecho que Francia a invocar como patrono a Santiago. Sólo los insensatos que se figuran a Dios "sin brazos" pueden buscar otros dioses para satisfacer sus peticiones particulares —uno para el dolor de muelas, otro para el mal de ojo—, como hacen los paganos. También dentro de un espíritu erasmiano habla Gil del origen de los ayunos, de acuerdo con la *Historia eclesiástica* de Eusebio. Erasmiano es asimismo su desprecio de la escolástica: quien posee a Jesucristo sabe de Él muchísimo más que los autores de *Sumas*. Quien no tiene el espíritu de Jesús no puede tener ningún conocimiento de Dios. Finalmente, detalle significativo, Gil ha cometido el crimen de hablar en buenos términos de Felipe Melanchthon...

De todos estos errores abjura Gil el 21 de agosto de 1552, como sospechosos de luteranismo y en parte condenados por el Concilio. Esta abjuración nos demuestra que, hasta el fin del reinado de Carlos V, el "luteranismo" sevillano debe poquísimo a Lutero, y que, por el contrario, sigue siendo erasmiano hasta en su aversión del martirio. El canónigo no cumplió siquiera todo el año de prisión a que lo condenaba su sentencia. En los primeros días de 1553, su reclusión se conmutaba por retiro forzoso en la Cartuja de Jerez. Más o menos un año después de su condena, volvió a ocupar su lugar en el cabildo, y si no fue obispo, siguió siendo canónigo magistral hasta su muerte.[13] La clemencia con que fue tratado es tanto más notable cuanto que el asunto causó revuelo, y la predicación de Gil había ejercido gran influencia. Al comenzar su proceso, cuando no estaba todavía en las cárceles del Santo Oficio, sino encerrado en el monasterio de la Trinidad, había mandado personalmente las proposiciones incriminadas a la Universidad de Alcalá, de la cual esperaba obtener una calificación favorable. Más tarde, en diciembre de 1551, se reunió expresamente una comisión en Valladolid, a la cual se llamó a verdaderas eminencias en teología, como Fray Domingo de Soto y Carranza: todos los calificadores se pusieron de acuer-

---

13 Murió en noviembre de 1555 (cf. Hazañas, *op. cit.*, págs. 383-387). Pero sin duda no predicaba ya en sus últimos días. La sentencia le había prohibido predicar durante un período de diez años.

do, salvo el trinitario Fray Juan Beltrán, que trató de excusar algunas de las proposiciones.[14]

¿Cómo es que un proceso tan sonado no concluyó con sanciones más severas? ¿Cómo es que no desencadenó ninguna persecución generalizada? Apenas si se trató de arrestar a algunos discípulos de Gil, en particular al Bachiller Luis Hernández del Castillo, refugiado en París, y a uno llamado Diego de la Cruz, que se encontraba en Flandes.[15] El primero escribía, ya en octubre de 1549, una curiosa carta acerca de la aflicción de la "iglesia de Sevilla", en donde exclama, comparando la situación de esta iglesia con la de los reformados franceses: "¡Feliz tú, Sevilla, donde públicamente se predica la verdad!"[16] Los discípulos de Gil se consideran, pues, como una verdadera iglesia en pequeño. Pero, por otra parte, el pastor de esta iglesia en pequeño no ha roto con la grande, y su propaganda se lleva a cabo públicamente. He ahí algo que arroja luz singular sobre la incertidumbre de la ortodoxia. Es posible que la represión inquisitorial haya quedado paralizada por el hecho de que uno de los Inquisidores sevillanos, el anciano Licenciado Corro, era favorable a Gil: González Montano así lo afirma, y la cosa no es inverosímil si se observa la intervención de Corro en la publicación del *Tratado de la oración* de Erasmo.[17] Pero nos sentimos tentados a creer que ni el Inquisidor Valdés ni la Suprema querían ensañarse contra un movimiento que era de notoriedad pública. Una redada que se hubiera hecho con el mismo método que en 1525 contra los alumbrados del reino de Toledo, o en 1533 contra los erasmistas, habría llenado en pocos días la cárcel de Sevilla. Si se defendió de modo tan blando la ortodoxia, ¿no será acaso porque en los días que siguen al Ínterim de Augsburgo parecía muy precaria esa ortodoxia? Tal vez. Ya veremos con qué rigores iba a compensarse muy pronto esa blandura.

En cuanto al Doctor Constantino, su ortodoxia era por entonces tan poco sospechosa que, cuando Gil murió, se le dio la canonjía magistral. Hacía ya veintidós años que era predicador de la catedral de Sevilla, pues se le había encomendado esta misión en 1533, cuando no había recibido siquiera las órdenes sacerdotales. No habían interrumpido su carrera más

---

[14] Véanse acerca de esto las cartas de la Suprema (22 de noviembre de 1550 y, sobre todo, 29 de diciembre de 1551) mencionadas *supra*, pág. 525, nota 11. Por supuesto que la correspondencia de la Suprema no confirma en todos sus detalles el confuso relato de González Montano, *Artes*, págs. 297 ss., pero sí confirma la intervención de Carranza y de Domingo de Soto. En cuanto a la alevosía de Soto, que, según González Montano, leyó el día de la retractación pública un texto completamente diferente de aquel en que Egidio y él se habían puesto de acuerdo, ha de ser una invención destinada a paliar la capitulación de Egidio, poco edificante a los ojos del público protestante de 1567.

[15] Véase la carta de la Suprema al Inquisidor General, 26 de junio de 1550, mencionada *supra*, pág. 525, nota 11: "...del negocio del Doctor Egidio ha resultado culpa contra un bachiller Luys Hernández o Castillo que está en París, de que embiaron cierta información, y contra un Diego de la Cruz que está en Flandes, y que se debe examinar un Gaspar Zapata que está en servicio de Don Fadrique Enríquez en la corte de S. M."

[16] Carta a Francisca de Chaves, de la cual publica un fragmento en traducción alemana Schäfer, *op. cit.*, t. II, pág. 371. Véase también *ibid.*, pág. 301, el *Diálogo consolatorio* que poseía Francisca de Chaves.

[17] González Montano, *Artes*, pág. 296. Cf. *infra*, pág. 573.

que algunas temporadas que pasó en el extranjero, unas, al parecer, en Portugal, y otra, más memorable, en la corte del Príncipe Felipe, el cual lo había nombrado su predicador y capellán para el viaje de la Baja Alemania. Se había aumentando considerablemente su salario: Constantino era, sin disputa, el predicador más célebre de España, y Sevilla temía que se lo quitaran. Cuando quedó vacante la canonjía magistral, el provisor hizo vanos esfuerzos para estorbar su nombramiento, invocando contra él su ascendencia judaica y una averiguación que se refería, no a su ortodoxia, sino a un matrimonio contraído antes de su ordenación. El cabildo no hizo ningún caso y eligió a Constantino por unanimidad. El nuevo canónigo presta juramento el 12 de junio de 1557. Predica la cuaresma de 1558 y pronuncia un último sermón a principios de agosto del mismo año.[18] Pero aquí se quiebra su gloriosa carrera: su epílogo iban a ser tres años pasados en la cárcel inquisitorial, y la condenación de toda su obra impresa.

Tendremos que volver sobre estas persecuciones. Antes de hablar de los libros de Constantino, que ofrecen sólida base para el estudio del movimiento de Sevilla, nos vemos obligados a anticipar algo, para apartar de nuestro camino una leyenda. Si hemos de creer a González Montano, todos los libros en cuestión no contenían más que una expresión incompleta y, si se puede decir, oficial del pensamiento de su autor. En efecto, según él, poco después de su arresto, se descubrió en un escondrijo, en casa de la viuda Isabel Martínez, una gruesa obra manuscrita de Constantino en que se exponía una doctrina íntegramente luterana. Dice también que el acusado, después de intentar durante algunos días desconocer su paternidad, no tardó en acatar "la voluntad de Dios", aceptó la responsabilidad del libro, y dijo a los Inquisidores: "Tenéis aquí ya una confesión clara y explícita de mi creencia: obrad, pues, y haced de mí lo que queráis."[19]

Es un buen capítulo de novela, y tal vez el narrador deja entrever cómo concibió su idea. Encierra, sin embargo, una inverosimilitud radical para quien conoce el rigor sistemático de la represión en 1558: si Constantino hubiera confesado un protestantismo secreto sin renegar de él, no habría

---

18 Hazañas, *op. cit.*, págs. 387, 388, 392-393, 406-408, 415, 425-426. Sobre el viaje a los Países Bajos y Alemania, cf. *supra*, págs. 515-516.

19 *Artes*, págs. 319-322. El autor enumera los capítulos del libro fatal refiriéndose a la sentencia de Constantino leída posteriormente en el cadalso. Esta sentencia enumeraba naturalmente los errores de Constantino sobre los temas más diversos, errores para cuya demostración se aducían tanto los libros impresos como ciertas frases suyas más o menos atrevidas (por ejemplo "Del Purgatorio, que llamaba cabeza de lobo e invento de los frailes en pro de su gula"). ¿No será este documento lo que ha sugerido la idea de hacer de todos los "errores" allí catalogados otros tantos capítulos de un libro en que Constantino exponía paladinamente la verdad protestante? Como ninguna otra fuente habla de ese libro, buenas razones tenemos para poner en duda su existencia. Pero la leyenda puede haberse remontado también a otro origen: el hallazgo de un escondite de libros prohibidos en casa de una señora admiradora del predicador. Escribe el P. Diego Suárez a Laínez, desde Sevilla, el 23 de agosto de 1559, refiriéndose a la prisión de Constantino el año anterior: "Hallaron en casa de una señora, muy su apasionada, más de dos mil cuerpos de libros prohibidos emparedados en dos tabiques, y a ellos y a ella llevaron a la Inquisición. Prendiéronle el año pasado de 58, día de S. Roche a mediodía" (*Monum. Hist. S. J., Lainii Monumenta*, t. IV, pág. 470).

muerto de enfermedad en su cárcel, dos años después. El martirio no se hubiera hecho esperar. Al no poder figurar Constantino como mártir en la historia del movimiento de Sevilla, era tentador hacer de él, por lo menos, un confesor. Pero esto mismo no era fácil. Un cronista de la Compañía de Jesús cuenta que Constantino, todavía en libertad, decía después de los primeros interrogatorios a que se le sometió: "Quiérenme quemar estos señores, pero me hallan muy verde." [20] La anécdota, verdadera o falsa, está en todo caso muy de acuerdo con el personaje. Es difícil imaginarlo sentando por escrito sus pensamientos más peligrosos, aunque fuera para confiarlos a un escondrijo en el espesor de una pared. El único interés de la piadosa leyenda de González Montano es que expresa la convicción, muy natural, de que la enseñanza de Constantino encerraba silencios llenos de sobreentendidos, y que conducía a negaciones que él no llegaba a expresar. Es bastante posible, y aun probable, que Constantino no haya alimentado, en el secreto de su corazón, sentimientos muy católicos acerca del purgatorio, de las bulas de indulgencia o del poder del Papa. Pero lo que importa, desde el punto de vista histórico, es la enseñanza que dio públicamente, y que debemos entresacar de sus sermones y libros.

VI

Menéndez y Pelayo, que acentuó el carácter retorcido del personaje, supuso que "no se aventuraba en sus escritos tanto como en sus sermones".[1] La hipótesis es gratuita. Se sabe que los procesos de la Inquisición se fundaban menos sobre escritos que sobre palabras que vuelan y son tanto más fáciles de deformar. La prudencia no era menos necesaria al predicador que al escritor. Debemos considerar más bien que la elocuencia del púlpito da al pensamiento una vibración singularmente conmovedora, y que los sermones publicados por el Doctor Constantino son el eco más vivo que nos ha llegado de todo el movimiento de Sevilla. ¿Y por qué no creer al orador cuando nos declara: "como lo prediqué, así se escribió"?[2]

Ya hemos dicho que se le consideraba como el más grande predicador español de su época. Vale la pena recordar el testimonio del humanista Alonso García Matamoros, uno de los hombres en quienes seguía vivo en Alcalá, a mediados del siglo, el ardor erasmista de la generación anterior. En su célebre librito intitulado *De asserenda Hispanorum eruditione*, el elogio de Constantino llama la atención por su plenitud y la sinceridad de su acento. Matamoros admira en él al orador nato. Al oírlo predicar en Alcalá ante un auditorio nutrido y docto, ha tenido la revelación del secreto parentesco que hay entre el don oratorio y el don poético. Pero, visiblemente, él ama no sólo la forma sino también el contenido de esta elocuencia amplia, que mana como de una fuente, y su verbo sonoro, pero ingenioso y

---

[20] Menéndez y Pelayo, *Heterodoxos*, t. V, págs. 98-99.
[1] Menéndez y Pelayo, *Heterodoxos*, t. V, pág. 88.
[2] Prefacio de Constantino a su *Exposición* sobre el salmo *Beatus vir* (cf. *infra*, nota 4).

penetrado todo de inteligencia: es que los pensamientos que el orador expresa en el común lenguaje, sin nada que trascienda a Escuela, "tienen profundas raíces en las secretas entrañas de la divina filosofía".[3] Esta elocuencia limpia del fárrago escolástico es el ideal mismo de la predicación evangélica según Erasmo, y el del buen predicador presentado en escena por Alfonso de Valdés en el *Diálogo de Mercurio y Carón*. La "divina filosofía", alma de esa elocuencia, es siempre la *philosophia Christi* cuyo heraldo había sido Erasmo; pero su nueva expresión era la salvación por la fe.

La metamorfosis sufrida por el iluminismo erasmista aparece sensiblemente bajo la misma luz en la predicación pública de Constantino que en la enseñanza íntima de Juan de Valdés en Nápoles. Los seis sermones que se conservan de él tienen como tema el salmo *Beatus vir*.[4] Es uno de los salmos que había comentado Erasmo.[5] Pero Constantino no necesita seguir ningún modelo. Lee a su manera ese poema de la fe, y lo que de él saca es un llamamiento a la *fe viva*. En sus sermones, declara,

procuré de exhortar a los hombres a que no se contenten con tener fe muerta, que solamente cree y no obra, porque de ésta los demonios tienen asaz y aprovéchales muy poco; y tampoco aprovechará al cristiano si no pasa más adelante, aunque es escalón para los demás, del cual está lejos el infiel y por eso más sin luz. *La fe que nos ha de salvar* acompañada ha de estar y encendida con caridad; viva ha de ser y producidora de buenas obras; contenta y asegurada con todo lo que Dios dice, y ejecutadora de lo que confiesa.[6]

El segundo sermón desarrolla con fuerza admirable la idea, tan cara a Valdés, de que la ley divina no puede ser puesta en práctica por el hombre abandonado a sus solas fuerzas, sino que "todo el cumplimiento de la ley, toda la bienaventuranza que de este cumplimiento al hombre resulta, presupone el sacrificio de Jesucristo, verdadero Hijo de Dios, redentor y librador de los hombres". Tal vez nunca se ha pintado más vigorosamente en lengua española el combate que traban en el alma la ley del pecado y la ley divina, el despertar de la conciencia por la revelación de la Ley, y el despertar del pecado por la conciencia. Constantino no vacila en decir que los

---

[3] Matamoros, *De asserenda Hispanorum eruditione*, Alcalá, 1553 (libro en cuyo prefacio dice el autor acerca de Erasmo: "quem ego divinum hominem merito ac libenter appellaverim"). El pasaje relativo a Constantino (fols. 50 v°-51 v°) fue curiosamente expurgado en el ejemplar de la B. N. P.: *Constantinus*, en dos ocasiones, está tachado y reemplazado por *Ludovicus Granatensis*. Este pasaje desaparece en las ediciones ulteriores (cf. Menéndez y Pelayo, *Heterodoxos*, t. V, pág. 83, nota 1). Existe una reimpresión reciente de A. García Matamoros, *Apología "Pro adserenda Hispanorum eruditione"*, edición, estudio, traducción y notas de Don José López de Toro. (Anejo XXVIII de la *R. F. E.*, Madrid, 1943).

[4] Dr. Constantino, *Exposición del primer psalmo de David cuyo principio es Beatus vir, dividida en seys sermones*, Sevilla, 1546. Remitimos a esta edición, excepto para la parte del sermón IV que falta en el ejemplar de la Staats-Bibliothek de Munich (falta el pliego R, que fue equivocadamente reemplazado por el pliego B). Utilizamos para esta parte la reimpresión de Boehmer (Bonn, 1881).

[5] Cf. *supra*, pág. 285.

[6] Constantino, *Exposición*, ed. cit., fol. a 4 r°.

hombres que no sienten esta guerra en su interior son hombres sin alma, a quienes no preocupa ni Dios ni ellos mismos. El beneficio de Jesucristo nos salva de la desesperación:

Lo que era imposible al hombre, que es ser justificado y ser amigo de Dios, y era imposible por parte de la flaqueza y rebelión de su carne, es fácil por parte del Hijo de Dios que, tomando nuestra carne, crucificó en ella nuestra flaqueza y condenó nuestro pecado, para que la justificación que pide la Ley y la obra de sus mandamientos fuese cumplida en nosotros.[7]

La idea de la *perfección* que se exige de todos los cristianos, idea cuyo itinerario, desde el *Enchiridion* de Erasmo hasta el *Diálogo* de Juan de Valdés ya hemos seguido, ocupa gran parte del cuarto sermón:

Yo pensaba —exclama Constantino— que no había más de un género de perfección, que es la de aquellos que no sólo guardan los mandamientos, mas guardan también los consejos. Dicen que si no quieren ser perfectos, nadie los obliga; pueden dejar los consejos y tomar los mandamientos. Pues también me parece que se usa otra manera de perfección, y si no se usa en el dicho, a lo menos en el hecho. Ya hallaréis gente que se tiene por cristiana sin guardar los mandamientos, a lo menos como ellos se deben de guardar. Débeles de parecer que también esto es *consejo;* que está en su libertad tomarlo y en ella misma dejarlo; que guardar los mandamientos de la manera que se pide la guarda de ellos es cosa de grande santidad, quieren decir: de sobrada perfección, que es para los muy estirados y espirituales; para los que no quieren ser tan santos, sino solamente entrar en el cielo, bastan otras santidades, otras devociones, y cosas con que ellos mismos se canonizan; con que les parece que pueden pasar y vivir a su placer. Esto no se platica tan claramente como yo lo digo, mas no se puede decir sino que se pone en obra tan claramente como lo digo.

Constantino no pide a sus oyentes más que "claramente conocerse y tomar por sí lo que dice Dios": "No pedimos a los hombres que por fuerza se metan frailes, ni que se vayan a dormir a los yermos, mucho menos que hagan milagros, ni que hablen con los ángeles. Diez mandamientos has de cumplir, hombre, si no quieres ser enemigo de Dios. Este aviso de que ahora te ríes, como de cosa que mamaste en la leche, éste es el que te escandaliza..."[8]

Decid vos, amigo, el que os parece brava sentencia que si vos sois pecador y malo, seáis como polvo que lo levanta el viento de la haz de la tierra, ¿qué es, veamos, lo que aquí os parece tan mal? ¿Por ventura está dicho esto por escuras palabras, y en lugar de unas os ponemos otras? Bien claro está, y muy más claro si os aprovecháis de la comparación del verso que precedió, en que se dice que el justo es como el árbol plantado a las corrientes de las aguas, etc... Pues ¿de quién, veamos, os quejáis: de Dios o de mí? No osaréis decir lo primero... aunque bien os entiendo. De mí, ¿de qué? ¿Porque os encarezco mucho estas palabras, no os las ablando, no las mezclo de manera que no os lastimen tanto y os dejen más en paz,

---

[7] *Ibid.*, fols. 61 v⁰, 64 v⁰, 62 v⁰-63 r⁰ y 66 r⁰. Cf. *supra*, págs. 350 *ss.*
[8] *Ibid.*, fol. 128 r⁰-v⁰, y edición de Boehmer, págs. 164-165. Cf. *supra*, pág. 350.

con más sosiego y más esperanza? ¿He acertado? Pienso que sí. No quiero agora deciros cuán traidor sería yo en eso para con vos mismo: quiero ir por otro camino. Pongamos caso que fuese yo tan bueno a vuestro parecer —y tan ruin al mío— que hiciese eso que vos queréis, decid, por vida vuestra: ¿creerme híades? ¿Vos no miráis que está de una parte Dios y de otra yo?...[9]

Y continúa en el mismo tono. Era necesario dar una muestra de esta elocuencia apremiante y familiar. De buena gana citaríamos todo lo que viene a continuación acerca de las "buenas obras" de los malos, acerca de los sacrificios de los malos. Destaquemos por lo menos algunas pinceladas de este cuadro:

Lo que comencé a decir es que "buenas obras" de tales malos quería decir "no ser peores"... Digo más, que por otra parte sus "buenas obras" quieren decir que, después de haber renegado, se santiguaron con poco menos enojo que fue el renegar. Quiero pasar más adelante y confesar que hay muchos de estos malos pecadores de quien hablamos, que de ellos son liberales para con otros hombres, de ellos son muy abstinentes y de vida muy concertada; y por abreviar, digo que a veces tienen muchas cosas de las que llamamos virtudes morales y cosas de religión, y también tienen su rezar y su oír misa, y podríamos proseguir más adelante. Pues ¿ésas llamáis malas obras? No tratamos aquí de las obras, sino de vos; no digo que *ellas* son malas, sino que *vos* sois malo, y que no os excusan que no seáis polvo del que lleva el viento...

Lo mismo ocurre con los sacrificios de los malos:

Ninguna cosa nos puede traer en tanto conocimiento de cuán grande es la maldad de estos pecadores, qué tan aficionados están a sus pecados y tan perseverantes en ellos, como esta de que hablamos, de deshacerse en sus manos la limpieza de las buenas obras, para que no las acepte el Señor como a cosa de siervos suyos, sino que diga que las aborrece.[10]

El quinto sermón la emprende con los que se fían de sus buenas obras, de sus oraciones o sacrificios, como si Dios tuviera necesidad de ellas, o con ellas hubiera de ser honrado:

Tan poca necesidad tiene Dios de vuestro servicio para ser honrado, como de vuestra hacienda para comer... Mucho querría que tuvieseis entendido cuán a su salvo tiene el Señor su gloria y su honra. Querer ser servido y glorificado de vos, grandísima merced es que os hace: descúbreos el artificio por donde vos podéis ganar más. Cosa es debida para quien Él es, y misericordia grande para con los hombres.[11]

Este pasaje es uno de los que Constantino, al publicar sus sermones, señala a la atención del lector, porque demuestran cómo quedan a salvo las obras en su concepción de la fe justificante; y ya se ha leído arriba con qué

9 *Exposición*, ed. Boehmer, págs. 165-166.
10 *Ibid.*, págs. 170 y 173.
11 *Exposición*, Sevilla, 1546, fol. 151 r°-v°.

términos expresa, en su prefacio, la relación esencial de la fe y las obras. Aquí está precisamente el nudo de sus sermones. No hay sino compararlos con el comentario erasmiano del *Beatus vir* para ver hasta qué punto el acento se cambia de lugar. Erasmo se dirigía a letrados. Se empeñaba, sobre todo, en demostrarles que la ley divina es espiritual, que es libertad y amor. Era una invitación a empaparse, a enamorarse de los textos sagrados, pues "quien ama las divinas escrituras es arrebatado, conquistado, transfigurado en Dios". La piedad que sugería se oponía a las prácticas farisaicas, a los decretos o a las constituciones humanas de los pontífices, no porque el hombre piadoso deba menospreciar estas cosas, sino porque no hay que multiplicar las mallas en que se enreda la libertad cristiana. Insistía, sobre todo, en la meditación de la ley, que está tan lejos de las argucias escolásticas como del rezo mecánico de los salmos, puesto que es un "rumiar" de la palabra de Dios. Ciertamente algunas veces Constantino se encoleriza [12] contra "el fariseo que pensaba que con solas las obras exteriores cumplía con los mandamientos del cielo", contra "el moro que coloca toda su santidad en cierta manera de ceremonias". Pero él se dirige, sobre todo, al hombre de la calle, a la conciencia moral y religiosa que existe en todo hombre, para obligarlo a reflexionar sobre la cuestión fundamental de la salvación: "¿Cómo obedecer la ley de Dios?" Y hace brillar la luz de la fe santificante.

Tal es la "verdad" que se predicaba públicamente en Sevilla, según la expresión del desterrado Luis Hernández del Castillo, y a la cual prestaba Constantino la fuerza de su palabra. Esta predicación es de importancia capital en la renovación religiosa de España. Ortodoxa o no, tuvo carácter oficial. El cabildo de Sevilla, al pagar a Constantino por predicar, tenía el sentimiento de conformarse a las recientes decisiones del Concilio "sobre los predicadores del Verbo de Dios", y hasta podía ufanarse de haberse anticipado a ellas.[13] Manrique, el arzobispo erasmista, alentó poderosamente, según parece, esta renovación de la predicación. Se sabe que él fue el protector de Juan de Ávila en los primeros años de su "apostolado de Andalucía". Otras diócesis [14] aparte la de Sevilla ofrecerían sin duda ejemplos aná-

---

[12] *Ibid.*, fol. 67 r⁰.

[13] Véanse las representaciones del cabildo (1554) en Hazañas, *op. cit.*, pág. 392. Cf. *Concilium Tridentinum*, sessio V, cap. II.

[14] En 1546 escribía Juan de Ávila (*Obras espirituales del Beato Juan de Ávila*, Madrid, Apost. de la Prensa, 1941, t. I, pág. 983) a Don Pedro Guerrero, arzobispo electo de Granada: "Menester eran predicadores devotos y celosos para discurrir por el arzobispado para ganar almas que tan perdidas están: ¿mas dónde los hallaremos?" Otras cartas ulteriores (*ibid.*, pág. 984, donde cita el ejemplo del obispo de Badajoz, y pág. 986) demuestran la importancia capital del tema para el Maestro Ávila y para el Arzobispo Guerrero. La valiosa *Colección de sermones inéditos* del Beato Juan de Ávila publicada por el P. Ricardo G. Villoslada en el t. VII de la *Miscelánea Comillas* (1947) derrama una luz nueva sobre la predicación del Apóstol de Andalucía, predicación que gira toda alrededor de Jesucristo y el misterio de la Redención. Por los mismos años Fray Luis de Granada, prior de Badajoz y discípulo de Juan de Ávila, recibió licencia de "circular para predicar la palabra de Dios, mayormente en las partes de España en que raras veces se siembra la dicha palabra", y después fue puesto especialmente a disposición de la Marquesa de Priego y del Conde de Feria, protectores del Apóstol de Andalucía, para confesiones y predicaciones (documentos del Arch. Gen. Ord. Praed. de 1546 y 1547 publica-

logos, si no estuviésemos tan mal informados acerca de la vida real de la Iglesia española de entonces.[15] El obispo de Plasencia Don Gutierre de Carvajal [16] tenía tres predicadores a sueldo, los cuales se pasaban el tiempo recorriendo su diócesis —una de las más pequeñas de España— para predicar en todas partes la doctrina evangélica. No son los cronistas locales quienes nos dan la noticia, sino uno de los predicadores en cuestión, el canónigo erasmista Antonio de Porras,[17] que era, al igual que sus cofrades de Sevilla, hombre educado en la Universidad de Alcalá.

Paralelamente a la propaganda por el sermón, la reforma sevillana se sirvió en gran medida de otro instrumento: el catecismo puesto en forma de diálogo vivo. En el terreno de la enseñanza popular de la doctrina cristiana, la imprenta había propagado sobre todo, hasta entonces, "cartillas" que servían para enseñar a leer y en las cuales se encontraban, al lado de las oraciones usuales, unas coplillas versificadas en estilo llano, que permitían aprender de memoria los datos esenciales sobre el credo, los mandamientos, los sacramentos, las obras de misericordia, los pecados, las virtudes, las poten-

---

dos por el P. Cuervo en notas de su estudio *Fray Luis de Granada, verdadero y único autor del "Libro de la oración"*, en *R. A. B. M.*, t. XXXVIII, 1918, págs. 328-329). El valenciano Furió Ceriol, en su *Bononia*, Basilea, 1556 (pág. 167 de la reimpresión de Leiden, 1819), da preciosos informes acerca de la predicación en Valencia, famosa por el gran número de predicadores. Pero fuera de la ciudad, rara vez se deja oír su palabra. Afortunadas se pueden considerar las aldeas que oyen ocho sermones al año (los siete domingos de cuaresma y el día de la fiesta patronal). Muchas no oyen predicar más de una vez al año. Hay tal vez seiscientas en las cuales no ha llegado a resonar la predicación del Evangelio desde que son cristianas. Y Valencia es una región privilegiada, puesto que Cataluña, más pobre, se dirige a ella a menudo en demanda de predicadores. Véase, para el obispado de Calahorra, una carta de Don Juan Bernal Díaz de Luco a San Ignacio (Valladolid, 10 de abril de 1545), en la cual expresa el deseo de que le manden jesuitas para ayudarle "a doctrinar el Obispado" (*Monumenta Hist. S. J., Epistolae mixtae*, t. I, pág. 210).

15 Sobre la reforma de los obispados, véanse las publicaciones de J. I. Tellechea, *El formulario de visita pastoral de Bartolomé Carranza*, en *Anthologica Annua*, revista del Instituto Español de Estudios Eclesiásticos, Roma, t. IV (1956), págs. 385-437; y *Juan Bernal Díaz de Luco y su "Instrucción de perlados"*, en *Scriptorium Victoriense*, t. III (1956), págs. 190-209. Sobre la personalidad y la actividad (literaria y práctica) de este reformador católico, véase la Introducción de Tomás Marín Martínez a su edición de *Juan Bernal Díaz de Luco, Soliloquio y Carta desde Trento*, Barcelona (J. Flors), 1962 (t. VIII de la biblioteca de "Espirituales españoles"). T. Marín procura situar a Díaz de Luco en relación con la corriente erasmista (págs. 57-59). Anteriormente había editado y comentado ampliamente el catálogo de *La biblioteca del Obispo Juan Bernal Díaz de Luco*, en *Hispania Sacra*, t. V (1952), págs. 263-326, y t. VII (1954), págs. 47-84.

16 Este prelado, cuyo túmulo se admira todavía en la Capilla del Obispo, de Madrid, pasó de una vida bastante desordenada a la de un obispo ejemplar, empeñado en empresas apostólicas. Fue protector de los primeros jesuitas. Sobre la fundación del Colegio de Plasencia, cf. Astráin, *Historia de la Compañía de Jesús en la Asistencia de España*, t. I, págs. 424-431.

17 En la dedicatoria de su *Tratado de la oración* (cf. *infra*, págs. 577-578). El dominico Fray Alonso Fernández, en su *Historia y anales de la ciudad y obispado de Plasencia*, Madrid, 1627, no dice una sola palabra acerca de esto. "Antonius de Porras" figura en la promoción de bachilleres en Artes de Alcalá de junio de 1529. Recibe el grado de licenciado el 2 de octubre de 1530, y el de maestro en Artes el 31 de diciembre del mismo año (A. H. N., *Universidad de Alcalá*, lib. 397 f, fols. 34 rº, 40 rº y 42 vº).

cias del alma, los frutos del Espíritu Santo, todo ello en el mismo plano, sin nada que apelara a la inteligencia o a la conciencia.[18] Los reformadores humanistas debían concebir de manera muy diferente una *Doctrina*. Ya sabemos cómo, puesto que Juan de Valdés había mostrado el camino, en 1529, con su *Diálogo* publicado en Alcalá. Pero este libro no había tenido muy buena suerte. Impregnado de un erasmismo demasiado ostentoso, había despertado sospechas, agravadas sin duda por el destierro voluntario del autor en los días en que la Inquisición perseguía a los alumbrados erasmistas. No había vuelto a imprimirse.

A Constantino Ponce de la Fuente estaba reservada la tarea de rehacer la exposición dialogada del cristianismo esencial, y él la llevó a cabo con una habilidad superior en la presentación de los temas fundamentales, y también con los recursos de su elocuencia habitual: el resultado sería un libro destinado a un éxito enorme, la *Suma de doctrina christiana en que se contiene todo lo principal y necessario que el hombre christiano deue saber y obrar*.[19] Este solo título anuncia ya el designio de presentar un cristianismo limpio de toda carga excesiva. Es, como la *Doctrina* de Juan de Valdés, un coloquio erasmiano entre tres personajes: el joven Ambrosio, que recuerda bastante al Gaspar de la *Pietas puerilis* de Erasmo, sufre en presencia de Patricio, su padre, un interrogatorio de su maestro Dionisio acerca de las verdades esenciales de la religión. Patricio representa, como el Antonio del diálogo de Valdés, la ignorancia en cuanto al cristianismo verdadero. Ya hemos demostrado en otro lugar cómo Constantino utilizó, hasta en detalles, el *Diálogo* de Valdés.[20] Hemos de volver sobre esto cuando sea el caso. Ahora quisiéramos, sobre todo, mostrar cómo ha cambiado el punto de vista de un libro al otro.

El problema de la justificación por la fe ha llegado a adquirir, en los últimos diez años, una importancia tiránica. En consecuencia, la *Suma* se propone ofrecer "la doctrina de la fe" comentando el Credo, y "la doctrina de las obras" comentando el Decálogo. Esto, junto con "la forma de la oración", constituye casi todo el libro.[21] No se espere, después de la prohibición de los *Coloquios* por la Inquisición, que Constantino tome de ellos su comentario del Símbolo. Aquí se aparta de Valdés, pero para sustituir la glosa erasmiana por unas "consideraciones" de acento muy valdesiano:

Mirad que no sólo quiero que hablemos en esto con la plática del entendimiento, mas también con la de la voluntad. Porque ya sabéis que hay una fe sin

[18] La Staats-Bibliothek de Munich posee una de estas *Cartillas*, encuadernada a continuación del *Diálogo entre dos sabios* de Castillejo, Astorga, 1546 (4º, p. O, hisp. 32). Es un pliego suelto de ocho hojas intitulado *Cartilla para mostrar a leer a los moços con la doctrina christiana que se canta Amados hermanos*.

[19] Sevilla, 7 de diciembre de 1543 (primera edición, B. N. P., D.14820). Remitimos, en el análisis que sigue, a la reimpresión de Usoz: *Suma de doctrina cristiana. Sermón de Nuestro Redentor en el Monte. Catezismo cristiano. Confesión del pecador.* Cuatro libros compuestos por el Doctor Constantino Ponze de la Fuente, Madrid, 1863.

[20] Juan de Valdés, *Diálogo de doctrina*, ed. cit., págs. 234, 237, 241, 260, 263, 265, 266 y 269.

[21] *Suma*, Madrid, 1863, hoja IV.

obras, la cual fe es muerta y que no basta para llevarnos al cielo, y otra enamorada y encendida con caridad, que no se contenta ni queda satisfecha sin poner en obra aquello que cree. Ésta es la que de verdad salva a los hombres, y la que con suavísimo yugo los trae aficionados a ella y sujetos a lo que quiere.

La fe en Jesucristo se opone formalmente a la fe en las obras: ésta ultraja a aquélla. Pero ninguna obra es vana —ni "las oraciones que hace la Iglesia y los sanctos della, ni otras buenas obras"— si nos guardamos de poner en ellas una supersticiosa confianza: "Porque, bien entendido todo esto, son pedazos y sobras de la riqueza de Jesucristo, y todo se atribuye a Él y tiene valor por Él, y en Él se ha de poner la confianza. Y desta manera aprovecha lo que sus miembros hacen e piden, por la virtud que reciben de estar unidos e incorporados con Él." El Espíritu Santo se presenta como la fuente de toda vida espiritual: sin Él no podríamos seguir a Cristo. Y la Iglesia del Credo, la Iglesia a quien hay que creer, es naturalmente el cuerpo místico cuyos miembros son los cristianos, y cuya cabeza es Jesús.[22]

Lo mismo que en el *Enchiridion,* el cristianismo es aquí un todo: verdad espiritual y acción se sostienen mutuamente. En rigor, podría bastar la doctrina de la fe, puesto que tan fácil es deducir de ella la de las obras.[23] Sin embargo, se comentan los mandamientos, con párrafos tomados a menudo de Valdés. La mayor novedad de Constantino con relación a su antecesor es que se muestra moralista más minucioso y más cercano a la vida real. No se preocupa ya de recordar el mandamiento revolucionario del Sermón de la Montaña: "Yo os digo que no hay que jurar en absoluto." Por el contrario, a propósito del *Non occides,* toca cuestiones como la del aborto. El moralismo erasmiano desarrolla aquí una especie de puritanismo que apenas se hallaba implícito en Valdés. La extensión del *Non moechaberis* es inmensa: llega hasta el extremo de proscribir los atavíos, las músicas voluptuosas y la literatura frívola.[24]

La doctrina de la oración, como en Valdés, insiste con fuerza en la incapacidad del hombre abandonado a sus solos recursos, privado del auxilio de Dios.[25] Asigna un lugar a la limosna y al ayuno, como eficaces ayudas que son para la oración: sin duda Constantino, en este punto, ha querido separarse claramente de Lutero, que excluía de la economía de la salvación aun esas obras puras por excelencia.[26] Pero la oración es, ante todo, el diálogo entre el alma que ha menester la gracia y el único que puede dársela. La oración verdadera es oración en espíritu, y este espíritu es un don de Dios, de tal manera que, por una contradicción divina, es a la vez ese don y la manera de pedirlo. (No me buscarías, dijo Cristo a Pascal, si no me hubieras encontrado ya.)

[22] *Ibid.,* págs. 29, 45, 74 y 79.
[23] *Ibid.,* pág. 85.
[24] *Ibid.,* págs. 123 y 126-127.
[25] *Ibid.,* págs. 157, 158 y 163.
[26] *Ibid.,* pág. 173. Cf. Vitoria, *Comentarios a la Secunda Secundae de Santo Tomás,* ed. V. Beltrán de Heredia, t. I, Salamanca, 1932, pág. 93, donde se discute la doctrina de Lutero.

El comentario de la oración dominical insiste, como era de esperarse, en el *Fiat voluntas tua.* Es realmente hermoso, más iluminado que el de Erasmo, y tal vez más todavía que el de Valdés. Por otra parte, en él vuelven a encontrarse las ironías valdesianas o erasmianas a costa de las personas que suprimen del Padrenuestro el perdón de los enemigos, y de los devotos que despachan tres o cuatrocientos padrenuestros en media hora. Como en Valdés, la oración se prolonga en contemplación. Constantino, en este capítulo, promete enseñanzas que nunca llegó a publicar, pero que tal vez, a juzgar por los términos de que se sirve, habrían hecho aparecer una aversión bastante valdesiana por la contemplación imaginativa y ascética.[27]

¿Cuál es, en este cristianismo en espíritu, el lugar que se deja a las ceremonias? Constantino no cree siquiera necesario enumerar, como Valdés, los cinco mandamientos de la Iglesia. Con una libertad no menos notable, se limita a tratar sólo de tres sacramentos: confesión, comunión y misa. El joven Ambrosio está cansado: "Lo demás quedarse ha para otro día como materia más larga y aun no tan necesaria ni tan cotidiana."[28] A decir verdad, se ha hablado del bautismo en el comienzo del libro, y el pequeño Ambrosio, hermano del Gaspar de la *Pietas puerilis*, ha celebrado largamente la señal de la cruz. Nada autoriza a creer que Constantino meditara una reforma luterana de las ceremonias y de los sacramentos. Por el contrario, el espíritu de Erasmo es el que anima esta declaración acerca del valor de las ceremonias:

Allende de que fueron ordenadas para que todos exteriormente conviniésemos en una cosa, y tuviésemos paz y concierto, y las novedades y invenciones de cada uno no diesen escándalo y desasosiego, fueron también dadas para muestra y aviso de lo que spiritualmente en nuestras ánimas y para provecho dellas habíamos de obrar y procurar.[29]

Sobre la confesión, Constantino profesa una doctrina que Erasmo y Valdés ya nos han hecho familiar. Pero aquí, esa doctrina se apoya de modo curioso en un elogio hiperbólico de la confesión auricular. ¡Es algo tan maravilloso que podamos escuchar con nuestros propios oídos esa palabra de remisión de nuestros pecados! "De aquí nos nace —añade inmediatamente la *Suma*— una obligación de procurar con muy grande diligencia que tengamos muy pocas veces necesidad (y mejor sería que nunca la tuviésemos) de tal juicio y perdón como éste." Ciertamente, todos somos pecadores, cometemos infinidad de pecados veniales. Pero la misericordia divina se ha dignado otorgarles un perdón general. Este perdón, hay que saberlo, no es un estímulo para pecar: se otorga a la debilidad, no a la audacia. Pero sólo

---

27 *Suma, ed. cit.*, págs. 203 (cf. Valdés, *Doctrina*, fol. 80 r°), 210 y 213. Cuando Constantino promete hablar otro día de la contemplación "por que nadie os engañe", se piensa en la rivalidad que ocasionaba continuas disputas en la propia Sevilla entre los defensores de la justificación por la fe y los contemplativos ascéticos, en particular los jesuitas (cf. *infra*, págs. 545-546). En cuanto a la analogía con Juan de Valdés, cf. *supra*, pág. 358.

28 *Suma*, pág. 215.

29 *Ibid.*, pág. 3.

los pecados mortales son verdaderamente materia del sacramento de la confesión. Si un hombre, por gracia divina, está exento de pecado mortal, puede —debe, para evitar el escándalo— presentarse al sacerdote y confesarle sus pecados veniales, o al menos pedirle consejo, o decirle que viene a demostrarle su obediencia. En caso de pecado mortal, es preciso buscar con apresuramiento el remedio de la confesión auricular. Pero ésta debe ir precedida de una íntima confesión a Dios, en la que el dolor del pecado vaya acompañado de un intenso sentimiento de la debilidad del pecador y de la misericordia divina.[30]

El sacramento de la Eucaristía es un memorial de la Pasión. La representa en su significado visible de suplicio que sufrió Jesús por los hombres, y también en su significado oculto de victoria sobre el pecado y la carne, de la que participan todos los hombres. Sólo que no se trata de una representación cualquiera, "sino donde se halla el mismo cuerpo que fue enclavado en la cruz y la misma sangre que fue derramada". Como se ve, Constantino afirma la presencia real. No se contenta con alabar los efectos de la Eucaristía, como Valdés. Reconoce, con él, que el enfriamiento del amor divino entre los hombres los ha hecho más y más remisos en la frecuencia de la comunión. La Iglesia no la exige sino una vez al año. La comunión más frecuente es loable, con tal que esté limpia de escándalo, de soberbia y de hipocresía.[31]

Finalmente, oír la misa equivale a asistir a la representación de la Pasión de Cristo, y escuchar el sermón significa recibir la doctrina de la Epístola y del Evangelio:

> Lo que yo hago —dice Ambrosio— es procurar de llevar bien leído el Evangelio y la Epístola de aquel día; y aun si hallo algunos de mis compañeros o otros que me quieran oír, se lo leo en un libro que tengo de los Evangelios en romance, en que lo suelo leer a la gente de casa, la noche antes o aquella misma mañana.

En la iglesia se aparta de los que podrían turbar su recogimiento, y, como el Gaspar de Erasmo, medita sobre el sacrificio de Jesucristo. De entre varios predicadores, escoge a aquel que predica la palabra de Dios en el espíritu más puramente evangélico y con el más profundo desprecio del lucro y de la gloria. A los predicadores de esa clase los oye con mucha atención y con gran reverencia. Más reservado que el Arzobispo del diálogo valdesiano, no dice con qué disposiciones escucha a los otros...[32]

El diálogo de Constantino termina con una elocuente reprobación de esa rutina sin alma que es la religión de tantos cristianos. Pocas páginas expresan con tanta fuerza la exigencia erasmiana de una conversión a la religión del espíritu:

> Y yo —exclama Patricio, comparándose con su hijo de poca edad—, y yo, con mis canas a cuestas, que me confiese a cabo de un año y esto a palos, que comulgue

30 *Ibid.*, págs. 216-219.
31 *Ibid.*, págs. 225 y 227.
32 *Ibid.*, págs. 229-231.

sin saber qué es, ni para qué, y ansí saco el provecho dello que no se halle en mí mejoría en un año más que en otro. Voy a misa, vengo de misa; recé a bulto y lo más presto que pude y con la menos atención: lo demás preguntaldo a un alárabe. Oigo el sermón y escojo siempre el más vano, el que menos desabrimiento dé a mi conciencia y que más parlería tenga. Si oigo del reino de Dios y del yugo de Jesucristo, de cuán sabrosa cosa es servirle, paréceme nuevas venidas de lejos, y ansí se me pasan, o como cosas en que va poco. No ha asomado la cruz con cien leguas cuando ando muerto de miedo della: ¡hombre sin confianza y sin palabra de Dios! Todo es mi placer, mis vanidades, mi hacienda, mi honra, mis negocios, mis intereses, y esto con nombre de cristiano y aun con presunción dello, si os place. Y el porqué, es que ha mucho tiempo que tengo por costumbre de hacer ciertas cosas que me parecían a mí que bastaban para ello; y no sólo me parecía a mí, mas a otros que saben más que yo, los cuales verdaderamente dejo de nombrar de vergüenza, por que no veáis en qué ponemos los tales como yo la cristiandad, y pensamos que somos de los que ha de poner Dios cabe los Serafines, y que haría grandísimo yerro si otra cosa fuese. Pues no ha de ser ansí: yo os prometo que habemos de mudar el pellejo, cueste lo que costare; y aunque por vuestra doctrina, y por lo que he visto deste mi hijo, Dios me ha comenzado a despertar y procuro de irme emendando, no estoy contento con lo hecho: adelante ha de pasar esto, que para ruindad tan envejecida mucha cosa es menester. Vos, señor, prestad paciencia, que aquí me habéis de tener los más de los días, no sólo para que muy de espacio platiquemos lo que hoy aquí se ha tratado, mas para que pasemos mucho adelante. Porque quiero que mi corazón comience a sentir las grandezas de Dios y se despierte y desuele en la profundidad de los misterios que por nosotros ha obrado, para que más conozca mi ingratitud y con más amor y ligereza siga sus mandamientos y esté muy avisado dellos y aun aparejado para lo que viniere, si la divina misericordia nos quisiere castigar y poner en cruz, que estonces se vee quién es cada uno.[33]

No es exagerado decir que esta *Suma,* en que no se pronuncia ni una sola vez el nombre de Erasmo, constituye una de las expresiones más importantes del ideal cristiano al cual Erasmo, en España, ligó su nombre. Es la más interesante de las *Doctrinas* de Constantino, que compuso varias otras. El pequeño *Catecismo* dedicado al Obispo de León Don Juan Fernández Temiño es de un género mucho más elemental.[34] En cuanto a la *Doctrina* grande, aunque más tapizada de citas de la Escritura, no agrega nada nuevo al pensamiento religioso de la *Suma.*[35] Voluntariamente o no, está trunca. Es una primera parte consagrada a los artículos del Credo, y cuya continuación no salió nunca a la luz. González Montano cuenta que cuando algún indiscreto interrogaba a Constantino acerca de una cuestión candente, respondía que su Segunda parte trataría de ella.[36] Simple ocurrencia tal vez, y

---

[33] Hemos reproducido este texto en Juan de Valdés, *Doctrina,* págs. 311-313.

[34] Usoz lo reimprimió junto con la *Suma* (cf. *supra,* pág. 535, nota 19). La única edición conocida del siglo XVI es la de Amberes, 1556. Pero un privilegio de 1548 impreso con la *Suma* (Sevilla, 1548) demuestra que la obra había salido ya a la luz antes de esa fecha (Boehmer, *Spanish reformers,* t. II, págs. 33-34 y 27).

[35] *Doctrina christiana. En que está comprehendida toda la información que pertenece al hombre que quiere servir a Dios. Por el Dr. Constantino. Parte primera. De los artículos de la fe,* Sevilla, 1548 (Staats-Bibliothek de Munich). La Bodleiana posee una reimpresión de Amberes, 1554-1555.

[36] *Artes, op. cit.,* págs. 326-327.

que ha podido contribuir a la génesis de la leyenda del manuscrito emparedado. De hecho, la *Suma* es, junto con los sermones sobre el salmo *Beatus vir,* la expresión más rica de la religión predicada en Sevilla por Constantino. La *Suma* apareció en 1543, dedicada al arzobispo hispalense Don García de Loaysa, y tuvo un éxito inmediato. Hubo necesidad de reimprimirla al cabo de tres meses. Se conocen cinco ediciones, casi todas sevillanas, entre 1543 y 1551.[37]

Hasta sería justo añadir a éstas otra más, impresa en México en 1545 o 1546, si no se tratara de un plagio sin nombre de autor que constituye el homenaje más significativo al libro de Constantino. Quienes han visto esta *Doctrina* aseguran que la principal modificación sufrida por la *Suma* consiste en que se emplea, en vez de diálogo, una exposición corrida. Pero no es una publicación clandestina. Este volumen se imprimió por orden del obispo de México, el franciscano Fray Juan de Zumárraga, cuyo nombre puede muy bien inscribirse, al lado de los de Manrique, Fonseca, Cabrero, Merino y Virués, en la lista de los prelados erasmistas que tuvo España en la época del Emperador. Zumárraga se había preocupado de introducir la imprenta en México para ayudar a la evangelización de la tierra. El libro que deseaba imprimir antes que cualquier otro era una *Doctrina.* Se había dirigido primeramente al dominico Fray Diego Ximénez, el cual se puso a componer una, pero sin darse mucha prisa. Entonces el propio Zumárraga compuso una *Doctrina breve* que la sucursal mexicana del impresor sevillano Cromberger publicó en 1544: doctrina destinada visiblemente a los sacerdotes de su diócesis, y en la cual, cosa curiosa, había puesto a contribución el *Enchiridion* y la *Paraclesis* de Erasmo, sacando del primero de estos escritos los capítulos consagrados a los remedios contra los vicios, y plagiando el segundo, con correcciones insignificantes, para que sirviera de conclusión a su libro. Por entonces habían llegado a México las primeras ediciones de la *Suma* impresa por Cromberger en Sevilla. Y al Obispo le había parecido que esa exposición del cristianismo reducido a lo esencial tenía que constituir un excelente "catecismo para indios". La refundición de la *Suma,* cuyo inspirador fue Zumárraga, tuvo asimismo una "conclusión exhortatoria" que se hizo a base de la *Paraclesis.* Así el movimiento religioso de Sevilla tuvo su prolongación en América.[38]

Parece, por otra parte, que la *Suma* provocó toda una serie de *Doctrinas* cuya publicación respondía a una necesidad que el Concilio de Trento

---

[37] Boehmer, *Spanish reformers,* t. II, págs. 30 ss. A las ediciones descritas por Boehmer hay que añadir la primera, de 1543, citada *supra,* pág. 535, nota 18, y descrita detalladamente en Juan de Valdés, *Doctrina,* pág. 310.

[38] Véase sobre esto *infra, Erasmo en el Nuevo Mundo,* págs. 823-825. Sobre la petición dirigida por Zumárraga a Fr. Diego Ximénez, véase lo que dice éste en 1552, en el prefacio de su *Enchiridion* (cf. *infra,* nota 41), fol. 3 v°: "Considerando esto, un docto y buen Obispo del gran México, de la orden de señor Sant Francisco, me importunó con hartas lisonjas de palabras y carta los años passados que escriuiesse una Doctrina christiana que él imprimiesse para sus ovejas. Yo lo acepé, pero tan pesadamente, quanto muestra la poca priessa que me di en acabarla. Porque con me poner él y mis amigos y otros obispos de Nueva España espuelas en el negocio, la tuve començada más de onze años, acabéla agora, para doctrina de los míos. . ."

reconoció demasiado tarde. Fr. Pedro de Soto había compuesto una *Institutio christiana*, de la cual se sacó en Ingolstadt, por orden del Cardenal Obispo de Augsburgo, un *Compendium doctrinae catholicae* destinado a la instrucción del pueblo.[39] Pero mucho más interesantes que estos manuales para uso del clero son las *Doctrinas* en lengua vulgar que se hallaban en todas las manos. La aportación de los teólogos y de los espirituales dominicanos fue particularmente rica, desde la *Suma* de Fr. Domingo de Soto, breve e impersonal,[40] hasta los memorables *Comentarios sobre el catechismo* de Carranza. No volveremos a hablar de este libro, que fue prohibido casi a raíz de su publicación. Sólo mencionaremos algunas doctrinas que aparecieron entre 1550 y 1555, debidas a varios dominicos de gran talento. La que Fr. Diego Ximénez había comenzado hacia 1541 a petición de Zumárraga, y que en 1552 dedicó al rey Juan III de Portugal, es bastante extensa, a pesar de su propósito de brevedad. Está escrita con verdadera elegancia, y no exenta de erudición. En ella no se encuentran huellas del movimiento erasmista, excepto tal vez en su vivo afán de combatir las supersticiones, o bien en algunos detalles, como la imagen paulina del cuerpo, cuyos miembros son los cristianos y cuya cabeza es Cristo, imagen cuya popularidad en España parece poder atribuirse al *Enchiridion*. Observemos que Fr. Diego puso a su doctrina el título de *Enchiridion o Manual de doctrina christiana*.[41]

La escuela de San Gregorio no podía permanecer ajena a ese movimiento. En 1554, Fr. Felipe de Meneses, regente de este colegio, discípulo y amigo de Carranza, publica su *Luz del alma*,[42] libro destinado, como la

---

39 *Compendium doctrinae catholicae in usum plebis christianae recte instituendae, ex libris Institutionis christianae R. P. F. Petri de Soto...*, Ingolstadt, 1549.

40 Domingo de Soto, *Summa de doctrina christiana*, Toledo, 1554 (Staats-Bibliothek de Munich). Esta *Summa* aparece igualmente como apéndice al *Enchiridion* de Fr. Diego Ximénez (véase la nota siguiente) en la edición de Amberes, 1554. Sobre las ediciones de la *Summa* (la 1ª es de Salamanca, 1552), véase la obra fundamental del P. Vicente Beltrán de Heredia, *Domingo de Soto. Estudio biográfico documentado*, Salamanca, 1960 (t. XX de la "Biblioteca de teólogos españoles"), págs. 533-534.

41 Fr. Diego Ximénez, *Enchiridion o Manual de doctrina christiana*, Lisboa (Germán Galharde), 1552. Reimpreso en Amberes en 1554 junto con el *Sermón de la Magdalena* y la *Exposición del psalmo Miserere* del mismo autor. En el comentario del Credo se utiliza la imagen paulina del cuerpo cuya cabeza es Cristo, a propósito de la Iglesia y de la Comunión de los Santos.—Este autor es probablemente el mismo "Fr. Diego Ximénez de la Orden de Santo Domingo" que algunos años después fue compañero del Arzobispo Carranza y que, como él, llegó a ser procesado por la Inquisición (A. H. N., *Inquisición*, leg. 2105, legajo citado por Beltrán de Heredia, *Corrientes, op. cit.*, pág. 127, nota 34). El inventario de su biblioteca, hecho por los Inquisidores, figura en el *Proceso de Carranza* (t. XX, fol. 457). Entre sus libros figuran los *Adagios* y las *Anotaciones* de Erasmo, el comentario de M. A. Flaminio sobre los Salmos, las obras de Savonarola en español, el *Antididagma* de Gropper, los *Loci communes* [de Melanchthon?], el *Interim* [de Augsburgo?], Fr. Luis de Granada, la *Cristíada* de Vida; y, entre los libros profanos, Luciano, Diógenes Laercio, el *Orlando furioso*, Boccaccio, Petrarca, *El cortesano*, la *Silva de varia lección*.

42 Fr. Felipe de Meneses, *Luz del alma christiana contra la ceguedad y ignorancia en lo que pertenesce a la fe y ley de Dios*, Valladolid, 1554. Primera edición descrita por Américo Castro, *Erasmo en tiempo de Cervantes*, en *R. F. E.*, t. XVIII (1931), pág. 345, que muestra de manera excelente el interés de este libro. Sobre la amistad de Meneses y

Suma, a un éxito inmediato; de él se conocen no menos de cuatro ediciones entre 1554 y 1556; su carrera no quedó interrumpida por la reacción de 1558. Es una verdadera Doctrina, que trata sucesivamente de los artículos de la fe, del Decálogo, de los mandamientos de la Iglesia, de los pecados mortales, de los enemigos del alma (mundo, demonio y carne), de las obras de misericordia; que agrupa en seguida los medios dados por Dios a los hombres para cumplir su ley (sacramentos, virtudes teologales, virtudes cardinales, virtudes morales, dones del Espíritu Santo), y que presenta como coronamiento de esta parte un largo estudio de la oración, en el cual se comenta no sólo el Padrenuestro, sino también el Avemaría, y que no pasa por alto la oración a los santos. Esta enumeración demuestra muy bien que la *Luz del alma* es un catecismo menos inquietante que la *Suma* de Constantino (ya que ésta, como dice Menéndez y Pelayo,[43] era más peligrosa por sus omisiones que por su contenido).

Pero es también, por su introducción, un amargo discurso a la nación española sobre la cuestión de la ignorancia y de la ceguedad en materia religiosa. Meneses escribe en una hora grave. "Han pasado dos concilios, y al cabo de ellos quedan los herejes más erguidos y ufanos que antes." El Emperador ha sido vencido en Alemania. Parece como si España fuera un reducto hacia el cual la Iglesia va batiéndose en retirada. Las noticias más alarmantes llegan de Francia y de Italia. Ahora bien, si la fe está intacta en España, si la mantienen firme la acción positiva de los predicadores de doctrina y los rigores de la Inquisición, también está ¡oh desgracia!, exangüe y vacilante a causa de la inmoralidad general. La ignorancia del pueblo español lo entrega sin defensa al cebo que Lutero ha empleado para "pescar" a Alemania. La sensualidad, es cierto, tiene poco dominio sobre la nación española, "que de su natural es dura y sufridora de trabajos". En cambio, hay una fuerte tendencia a la imitación y, sobre todo, un apetito desenfrenado de libertad. "Si... sonase el atambor de la libertad luterana, temo que haría tanta gente como en Alemania hizo." Ante tantos peligros, ¿qué remedio propone Meneses? Luchar por la propagación de la doctrina contra la ignorancia de la ley de Dios, contra la ceguera de las almas. Idea completamente erasmiana, como muy bien ha observado Américo Castro, el cual recuerda a este propósito la Regla I del *Enchiridion* "Contra el mal de la ignorancia", y hace además otras sugestivas comparaciones. Entre los textos que cita de la *Luz del alma,* señalemos la amarga reflexión sobre una religión en que es "todo exterior, sin existencia ni frutos":

Quien la mirare con ojos claros y limpios, verá en la Iglesia un Dios muerto, un Cristo fantástigo, una cristiandad soñada o de farsa, unas cerimonias estériles,

---

Carranza, véase Menéndez y Pelayo, *Heterodoxos,* t. V, pág. 34, y el *Proceso de Carranza* (B. A. H.), t. I, fol. 395, donde se lee en una carta del Obispo de Palencia (Pedro de la Gasca) al Inquisidor General Valdés, Villamuriel, 26 de agosto [de 1559]: "La que con esto embío me escreuió un presentado Fray Felipe de Meneses, mi antiguo conocido e a lo que entiendo buen fraile docto, pero gran amigo de el Arçobispo e de su opinión..."

[43] *Heterodoxos,* t. V, pág. 89.

no porque ellas lo sean de suyo, sino porque la malicia y la sequedad de los que las tratan las han hecho tales; que aunque no se pueda decir de nuestros sacramentos y sacrificios y ceremonias que son pobres de virtud para limpiar las almas, y que la santidad de ellas es una santidad seglar (como lo dijo San Pablo de aquella ley antigua de los judíos) ..., pero la falta que de sí no tienen, por el abuso de aquellos que mal los reciben y indignamente los tratan, la tienen.[44]

Un texto como éste bastaría para demostrar que la *Luz del alma,* con un tono de amargura que anuncia otra época, transmite todavía a su manera un eco del iluminismo erasmiano.

Finalmente, en 1555, Fr. Domingo de Valtanás dedica su *Doctrina christiana* [45] a la duquesa de Béjar Doña Teresa de Zúñiga, en agradeci-

[44] Véanse los textos citados por Américo Castro, *art. cit.,* págs. 351-352 y 349.

[45] Fr. Domigo de Valtanás, *Doctrina christiana,* Sevilla, 1555 (B. N. M., R.6240). Nicolás Antonio, t. I, pág. 334 b, cita de él una docena de obras, casi todas publicadas en Sevilla de 1554 a 1558. Es autor importante dentro de la corriente carrancista de los dominicos, aunque no lo menciona el P. Beltrán de Heredia (*Corrientes, op. cit.*). De su rarísimo librito *Apología sobre ciertas materias morales en que hay opinión* (Sevilla, 1556) tiene ejemplar la Hispanic Society of America, que generosamente me ha proporcionado un microfilm del mismo. Constituye un índice notabilísimo de los temas debatidos entre los reformadores católicos y los contrarreformadores cerrados. Allí se ve cómo Valtanás, después de publicada su *Doctrina,* creyó necesario refutar ciertos ataques sobre estos puntos: importancia de la oración mental, simpatía por los cristianos nuevos y por la joven Compañía de Jesús, puritanismo en materia de crítica de los juegos de naipes y otros, de residencia de los obispos, de concesión "simoníaca" de sepulturas y capillas en las iglesias. Otro punto capital de estas controversias es la comunión frecuente, a la que Valtanás dedicó un librito aparte: *Apología de la freqüentación de la sacrosanta Eucharistía y comunión,* Sevilla, 1558 (también en la biblioteca de la Hispanic Society). De ambas obras existe ya una edición reciente: Fray Domingo de Valtanás, O. P., *Apología sobre ciertas materias morales en que hay opinión, y Apología de la comunión frecuente,* estudio preliminar y edición de Álvaro Huerga, O. P., y Pedro Sainz Rodríguez, Barcelona (J. Flors), 1963 (t. XII de la biblioteca de "Espirituales españoles"). Es curioso que, en su *Flos sanctorum* (Sevilla, 1558. Ejemplar en el B. M.; véase fol. LXXXIX), queriendo terminar su vida de Santo Tomás de Aquino con un elogio entusiasta del Doctor más ilustre de su orden, Valtanás lo tome de... ¡"Erasmo sobre el primer capítulo ad Romanos"! Este elogio puede leerse, efectivamente, en las *Annotationes* sobre el Nuevo Testamento (*Erasmi Opera,* ed. de Leiden, 1705, t. VI, col. 554, sobre Rom., I, 4). Tal muestra de consideración puede compararse con la recordada por E. Asensio, *El erasmismo..., art. cit.,* p. 34: "El propio Beato Orozco en su *Declamatio in laudem P. N. Augustini* (sin lugar ni año, hacia 1546) nombra gloriosamente a Erasmo entre los santos y generales de la Orden." En su *Compendio de sentencias morales,* Sevilla, 1555 (ejemplar en el B. M.), Valtanás dedica más de seis páginas a los dichos memorables de Sócrates, diciendo de él (fol. 4 r°): "Sócrates fue hijo de un albañí y de una partera, virtuosísimo. *Déste tengo por muy cierto que se salvó.*" Fue procesado por la Inquisición, encarcelado en Sevilla en 1561 y condenado el 25 de febrero de 1563 a reclusión perpetua (Schäfer, *op. cit.,* t. II, págs. 387 y 401; Sánchez Escribano, *Juan de Mal Lara,* New York, 1941, pág. 190). La persecución inquisitorial contra Valtanás ha dado lugar a una polémica entre el P. Álvaro Huerga (*Domingo de Valtanás, prototipo de las inquietudes espirituales en España al mediar el siglo xvi,* en *Teología Espiritual,* t. II (1958), págs. 419-466, y t. III (1959), págs. 47-96; *Procesos inquisitoriales y obras de espiritualidad en el siglo xvi,* en *Cuadernos Hispanoamericanos,* t. XLVI, 1961, págs. 251-269) y el P. Vicente Beltrán de Heredia (*Nota crítica acerca de Domingo de Valtanás y de su proceso inquisitorial,* en *C. T.,* t. LXXXIV, 1957, págs. 649-659; *Domingo de Valtanás ante la crítica histórica,* en *C. T.,* t. LXXXVII, 1960, págs. 341-345; y *Respuesta obligada a unos*

miento del mecenazgo con que ella favorece a los espirituales dominicos de Andalucía.[46] El autor es un anciano, pero está en plena actividad apostólica. Se nos muestra, en su libro, completamente impregnado de humanismo cristiano, y animado de un sentimiento religioso bastante parecido al de los "luteranos" de Sevilla, cuyas tribulaciones compartirá.

Lo mismo que Meneses, imputa el auge de las herejías a dos causas, íntimamente ligadas entre sí: una es la negligencia de los prelados que residen lejos de sus ovejas y no velan por ellas, y otra es la falta de doctrina y de predicación.[47] Su *Doctrina* es un libro compacto, pero no sin belleza, rico en interpretaciones espirituales de la Biblia, abundante en citas de los Padres y de los filósofos antiguos. Trata sucesivamente de la fe y de los artículos del Credo, de los sacramentos, de los pecados capitales, de las postrimerías, de las virtudes, de los mandamientos de Dios y de la Iglesia, de la oración, de la gracia, de la gloria. También Valtanás es un apóstol de la *fides formata*, de la "fe viva y enamorada" que es un don de Dios.[48] Distingue, es cierto, la fe de la caridad y la caridad de la gracia. Pero hace mucho hincapié en la impotencia del hombre sin la gracia, *virtus deificativa:* "El alma sin gracia —dice— más muerta está que el cuerpo sin alma." Y añade, poniendo sus palabras bajo la autoridad del Concilio de Trento:

Para tener *ser* sobrenatural y para obrar meritoriamente... es necesaria la gracia, que es un hábito inherente en nuestra alma infuso por Dios; y allende desta habitual gracia infusa es necesario auxilio especial de Dios para perseverar, y aun

artículos sobre el proceso inquisitorial de Valtanás, en *Cuadernos Hispanoamericanos*, t. XLIX, 1962, págs. 202-206).

[46] Valtanás aparece relacionado con otras damas dedicadas a la espiritualidad. No sólo con la ex Condesa de Feria convertida en clarisa del monasterio de Montilla bajo el nombre de Soror Ana de la Cruz (a quien dedica su *Apología sobre ciertas materias morales*), sino también con la Marquesa de Priego, Condesa de Feria, primogénita de la Casa de Aguilar (a quien dedica la *Apología de la freqüentación de la Eucharistía* y el *Flos sanctorum*). En el *Proceso de Carranza* (t. I, fol. 436) se ve que la Marquesa, a quien sus hijos, Don Antonio de Córdoba y Don Lorenzo Suárez de Figueroa, habían mandado un Sermón sobre la Cananea y un Comentario del *De profundis*, los remitió a Valtanás para que los sometiera a examen de los Inquisidores de Sevilla "y así se imprimieron". A la Duquesa de Béjar dedicó Fr. Francisco de Osuna su *Sexto abecedario* póstumo (cf. Fidèle de Ros, *op. cit.*, págs. 160, 652, 656, donde se apuntan datos sobre el Duque de Béjar protector de la espiritualidad).—Después de preso Carranza por la Inquisición, corrió la voz de que había sido presa también la Duquesa de Béjar (Edmond Falgairolle, *Jean Nicot, ambassadeur de France en Portugal au xviᵉ siècle, Sa correspondance diplomatique inédite*, Paris, 1897, pág. 7. Carta de Lisboa de 4 de septiembre de 1559: "Les nouvelles de Castille sont que l'Archevesque de Toledo fuct faict prisonnier ces jours passez pour le faict de la religion et emmené à Valladolid où tout son train luy fuct osté. On dict aussi que la duchesse de Bijar qui est une grande dame en Espagne, résidant à Séville, a esté prinse pour le mesmes faict, mais cette nouvelle n'est assurée").

[47] Valtanás, *Doctrina christiana*, fol. 222 vº.

[48] *Ibid.*, fols. 17 ss. Reprende a los cristianos cuya fe no se traduce en obras, y les recuerda a los paganos que "creían como gentiles y obraban como cristianos". Cita las palabras que solía decir Hernando de Talavera a los moros de Granada: "Dadnos, hermanos, de vuestras obras y tomad de nuestra fe" (fol. 20 vº). Cf., sobre esta frase, Jean Baruzi, *Problèmes d'histoire des religions*, Paris, 1935, pág. 113.

para hacer bien...[49] Nadie puede tener virtud sino de la mano de Dios, ni obrar virtuosamente sin su ayuda; y esto ordinariamente no se alcanza sino por la oración.

Ésta se define "levantamiento del espíritu a Dios pidiendo a su Majestad nos dé lo que sabe que mejor nos estará".[50] Porque el hombre es incapaz por sí mismo de saber lo que le conviene. Después de esta definición, ya se adivinará que no se pasa por alto la oración mental. Por otra parte, hemos de volver a encontrar esa definición en la pluma de Erasmo y de sus discípulos españoles, y hablaremos otra vez de Valtanás a propósito de sus enseñanzas acerca de la muerte, que se insertan en una corriente que nace de la *Praeparatio mortis*.

VII

Ante *Doctrinas* como las de Constantino, Meneses y Valtanás, se nos impone una pregunta. España se nos muestra, en Sevilla y en otras partes sin duda, agitada por una predicación que se podría llamar implícitamente protestante, que deriva claramente del iluminismo erasmiano, y que, entre 1535 y 1555, se adhiere a la justificación por la fe sin deducir de ella conclusiones fatales para los dogmas católicos. Por otra parte, en los monasterios reformados y en la joven Compañía de Jesús se desarrolla un movimiento espiritual resueltamente católico, explícitamente adherido a esos dogmas amenazados; sus promotores, que trabajan por la depuración del sentimiento religioso, se ven llevados a cargar el acento sobre la renovación de las almas por la gracia, de manera particular en la oración. ¿Qué relaciones mantienen entre sí estos dos movimientos? ¿Qué conciencia tienen de lo que los une y de lo que los separa?

La cuestión es apremiante, pero casi insoluble en el estado actual de nuestra documentación. Los comienzos de la reforma católica, en España por lo menos, son casi tierra incógnita. En la masa imponente de los *Monumenta* de la Compañía de Jesús no se encuentran, para el período que nos ocupa, sino rarísimos documentos que nos restituyan su verdadera atmósfera. La actividad de un Juan de Ávila se nos escapa casi por completo. En la medida en que esta reforma estuvo acompañada de un movimiento místico, no tardó en caer bajo la acusación de iluminismo, y fue juzgada casi tan peligrosa como las tendencias llamadas luteranas. Esto bastaría para explicar la oscuridad con que los actores del drama, y sus herederos espirituales, prefirieron cubrir el período en cuestión. En lo que respecta a Sevilla, podemos no obstante extraer del relato de González Montano algunas conjeturas interesantes.

En su confusa narración de los progresos de la herejía en el monasterio de San Isidro del Campo, González Montano nos pinta la vida religiosa de

---

[49] *Ibid.*, fols. 257 vº y, sobre todo, 283 vº ss. y 289 vº, donde se invoca el canon XXII del Concilio de Trento.

[50] *Ibid.*, fol. 257 rº. La oración mental es, según Valtanás, "modo de orar muy descansado y útil".

Sevilla dividida en dos tendencias rivales. Caracteriza a una de ellas por un ascetismo menos alejado de Epicteto que del Evangelio. Se comprendería mal a nuestro libelista protestante si se creyera que se trata de un renacimiento del estoicismo antiguo provocado por el humanismo. A juzgar por la descripción que hace de este estoicismo "inferior a Epicteto" —"frecuencia en los ayunos, mortificación y abnegación de sí propios, rezo continuo, completa sumisión y abatimiento de ánimo que ellos llaman humildad, y que debe aparecer aun en el vestido, en el habla, en el semblante y en fin en todo el andamento de la vida"—, es claro que se trata de ese ascetismo que tuvo sus centros en la reforma franciscana y en la reforma dominicana, y que, hacia 1545, recibió un vigoroso empuje de la Compañía de Jesús. Cuando un Juan Díaz se irrita por el tono de seguridad con que Pedro Maluenda le pondera la paz religiosa de España protegida por el muro de fuego de la Inquisición, le objeta no sólo el suplicio interior de las conciencias, sino también la pululación de sectas fanáticas como las de "alumbrados, iñiguistas, beatas, saludadores, hechiceras". Concedamos que hay aquí mucho de exageración polémica. Pero no desatendamos una indicación que tiene su valor. ¿No se referirá más particularmente González Montano al apostolado de los "iñiguistas" en el mundo seglar?

Exigían —dice— la pobreza y el celibato aun en los matrimonios, y sobre todo el voto de obediencia, a imitación, según creo, de los frailes, con lo cual supeditaban a sus discípulos. Decían que ésta era la verdadera abnegación de la propia voluntad, y la honraban con los mismos títulos con que Dios honra la obediencia a sus mandamientos.

Nuestro autor nos dice, además, que esta escuela era estrictamente conservadora de los sacramentos y de las ceremonias: recomendaba oír muchas misas y multiplicar las estaciones en la iglesia, impulsaba a la confesión frecuente, y también a la comunión frecuente.[1]

La otra escuela, como ya se adivinará, es aquella a que se adhiere González Montano, la de la justificación por la fe, la de Egidio y de Constantino. Pero no es probable que las dos tendencias, sobre todo al principio, hayan chocado violentamente. Coincidían sin duda alguna en la reprobación de ciertas devociones supersticiosas. Una y otra concentraban, cada una a su manera, la atención sobre Cristo Salvador. Y los predicadores sevillanos de la justificación por la fe no sacaban de esta doctrina consecuencias revolucionarias. Si las dos escuelas hubiesen estado en pugna, sería muy difícil explicar la situación indecisa en que veremos, todavía en 1558, a la Compañía de Jesús con respecto a un Constantino o a un Carranza.[2] Hay verdaderamente un período durante el cual se borra toda frontera entre ortodoxos y heterodoxos.

Parecería, no obstante, que en un punto se mantiene el desacuerdo: y

---

[1] González Montano, *Artes*, págs. 260-261. Cf. *Historia de la muerte de Juan Díaz*, pág. 50.

[2] Cf. *infra*, págs. 713 y 714.

es la actitud hacia Erasmo. Si hay que creer a González Montano, los jesuitas, o, en todo caso, los mantenedores de la escuela ascético-mística, difunden los libros de Enrique de Herph,[3] de San Buenaventura, y los libros-clave de la renovación mística franciscana: el *Tercer abecedario* de Osuna, la *Subida del Monte Sión* de Laredo. En cambio, desvían a sus discípulos "de la lectura de los buenos autores y, sobre todo, de la de Erasmo,[4] de quien sin duda no habían de aprender más que a saber con arrogancia".[5] Esta indicación tiene valor innegable, puesto que viene de un hombre que vivió el movimiento de Sevilla y que no mezclaría indebidamente el nombre de Erasmo en este asunto para complacer a la nueva ortodoxia protestante que él ha abrazado. González Montano confirma el carácter erasmiano que en el fondo tiene el apostolado de Egidio y de Constantino. Y también la bibliografía da testimonio de la utilización de Erasmo por el movimiento sevillano. Después de 1536, los editores españoles reimprimen mucho menos sus obras: ahora bien, en lo que atañe al *Enquiridion,* si se prescinde de una edición aparecida en Lisboa en 1541, la primera reimpresión conocida después de 1529 es la que el editor Juan Canalla publica en 1550 en Sevilla: en esta edición el *Enquiridion* va acompañado de la *Paraclesis.* Si se tiene en cuenta la utilización de este último opúsculo por el Obispo de México en 1544, es sumamente probable que la traducción española de la *Paraclesis* se haya difundido, hacia 1543, por las prensas sevillanas, ya sea en forma de pliego suelto, ya en forma de apéndice al *Enquiridion.*[6] Se conserva una reimpresión de la *Lengua* que salió de los talleres de Cromberger en 1544, y que constituye quizá el testimonio de una renovación de las ediciones erasmianas coincidente con la buena acogida que

3 No está bien estudiada la influencia de Herph en España. De su *Espejo de perfección,* cuya traducción portuguesa se imprimió en 1533 (Anselmo, *Bibliografía das obras impressas em Portugal no século xvi,* Lisboa, 1926, núm. 446), existió una versión castellana tal vez desde 1532 (edición de Zaragoza citada en el *Catálogo de la Bibl. Colombina,* t. III, pág. 297). En una lista de libros recogidos por la Inquisición de Murcia (1635. A. H. N., *Inquisición,* leg. 4517 (1), fols. 17 ss.) aparece: "*Espexo de perfección* de Fr. Henrique Herpio, en Alcalá de Henares por Juan de Brocar 1551." Para la huella de este autor en la literatura espiritual de la Península téngase en cuenta el caso de D. Gaspar de Leão, estudiado por E. Asensio en su edición del *Desengano de perdidos* [Goa, 1573], publicada en Coimbra en 1958. Véanse también, en el volumen colectivo *La mystique rhénane,* Paris (P. U. F.), 1963 (Travaux du Centre d'Études supérieures spécialisé d'Histoire des religions de Strasbourg), los trabajos de J. Orcibal, *Le rôle de l'intellect possible chez Jean de la Croix: ses sources scolastiques et nordiques* (en particular, págs. 242-243) y de R. Ricard, *L'influence des "mystiques du Nord" sur les spirituels portugais du xviᵉ et du xviiᵉ siècle.* Véase también J. Orcibal, *Les traductions du "Spieghel" de H. Herp en italien, portugais et espagnol,* en *Dr. L. Reypens-Album,* Antwerpen, 1964, págs. 257-268. El caso de Laredo ha sido bien estudiado por el P. Fidèle de Ros, *Un inspirateur de sainte Thérèse, le frère Bernardin de Laredo,* Paris, 1948. Véase también *infra,* pág. 598, nota 45.

4 Son muy elocuentes, por su empeño en combatir el humanismo cristiano de temple erasmista (aunque no nombran a Erasmo), las páginas extractadas por E. Asensio, *El erasmismo...,* art. cit., págs. 36-38, de la rara obra de un franciscano anónimo, *Tratado llamado Excelencias de la fe...,* Burgos, 1537.

5 González Montano, *Artes,* pág. 262.

6 Véase *supra,* pág. 192, nota 10.

se dispensó a la *Suma* de Constantino. Por otra parte, en Sevilla es donde sale a la luz, en 1546, bajo los auspicios del Inquisidor Corro, el *Tratado de la oración de Erasmo,* adaptación española del *Modus orandi.* Será necesario volver a hablar de esta intervención insospechada del erasmismo en el campo de la oración.

Pero si el erasmismo desempeña su papel en el movimiento de Sevilla, y si, posiblemente, contribuye a hacerlo sospechoso a muchos reformadores católicos, sin duda alguna esta sospecha dista de ser absoluta y general. González Montano deja transparentarse los sentimientos de simpatía y de admiración que le inspiraban muchos hombres de la "secta" ascética antes de la gran ruptura de 1558. De manera inversa, los reformadores católicos están por entonces lejos de hallarse en guerra con los adeptos de la justificación por la fe. No condenan todavía la obra y el espíritu de Erasmo con mucho rigor. Los *Dictamina S. Ignatii* recogidos por el P. Lanczyski nos muestran a Ignacio de Loyola felicitando a Benito Pereira o Perer por haber hablado severamente en el Colegio Romano de las obras de su compatriota Vives, con que por entonces se deleitaban, a escondidas, los imprudentes. La anécdota tiene que referirse a la última época de la vida de Ignacio (1555 o 1556), puesto que no fue hasta 1555 cuando se dieron instrucciones a los colegios de la Compañía para hacer un escrutinio de los libros: y los de Erasmo y de Vives no se condenaron en esa ocasión al fuego, sino que se pusieron aparte en espera de que el General tomara una decisión al respecto.[7]

Se liga con el nombre de Erasmo un escandaloso rumor de irreverencia y de complacencia con la herejía. Pero esto no obsta para reconocer en su obra todo lo que es utilizable para una reforma ortodoxa del catolicismo. Ya hemos visto cómo un Zumárraga se sirve de los libros de Erasmo sin nombrarlo. Un Constantino se inspira en ellos sin nombrarlo tampoco. Volveremos a encontrar un erasmismo latente en el meollo mismo de la literatura espiritual cuyo ímpetu es tan poderoso en la España de entonces.

---

[7] *Monum. Hist. S. J. Scripta de Sancto Ignatio,* Madrid, 1904, t. I, pág. 495 (cf. *ibid., Epistolae Nadal,* Madrid, 1898, t. I, pág. 317, Nadal a San Ignacio, Padua, 19 de julio de 1555: "Veo todos los libros, y aparto los que se han de apartar; y si no fuessen heréticos no les cremaré, sino se ternán aparte hasta que V. P. mande qué se hará de ellos; como de Erasmo, Vives, etc...").

CAPÍTULO XI

LA ESTELA DEL ERASMISMO EN LA LITERATURA ESPIRITUAL

I. *La época del libro. La cuestión de la Biblia en lengua vulgar.*
II. *La literatura ascético-mística. La "Preparación para la muerte" de Erasmo. "La agonía del tránsito de la muerte" de Alejo Venegas. III. La cuestión de la oración. El "Modus orandi". El "Tratado de la oración" del Doctor Porras. El "Commento" del Doctor Navarro Martín de Azpilcueta. IV. La corriente erasmiana de oración mental. La "Confesión de un pecador" de Constantino. Las "Oraciones" de Erasmo y los "Ejercicios espirituales" de Vives. Los "Ejercicios" de Juan López de Segura. El "Libro de la oración" y la "Guía" de Luis de Granada. V. Crisis de la espiritualidad monástica. Testimonios de Luis de Granada y de Santa Teresa. El "Diálogo" de Fray Juan de la Cruz. VI. La poesía devota. Jorge de Montemayor.*

I

Nos ENCONTRAMOS quizá en la época más brillante del libro. La imprenta descubre un campo de acción ilimitado, aspira a hacer de todo hombre un lector, se introduce hasta en las últimas aldehuelas; el comercio de la librería se organiza, acaparado en gran parte por poderosas firmas internacionales.[1] En esta época en que la ortodoxia se busca a sí misma, en que no ha hecho sino los primeros esbozos de censura, la fermentación religiosa interviene en ese desarrollo a la vez como causa y como efecto. Por primera vez desde los orígenes del cristianismo, el libro por excelencia, la Biblia, se hace una mercancía casi tan corriente como los géneros de primera necesidad. Traducida a las lenguas vulgares, se incorpora a la vida espiritual de buen número de pueblos. Erasmo domina este movimiento: él es, en la literatura universal, el primer gran hombre cuyas obras se disputan los editores, que es incitado por ellos al trabajo, y cuyos libros se difunden, no bien publicados, hasta los confines de Europa. Erasmo fue en particular para sus contemporáneos, según la expresión de Alonso de Virués, el hombre que aderezaba el sustento evangélico de tantas maneras siempre nuevas, que lo hacía sabroso aun para los paladares más insensibles o más estragados. Es imposible que el erasmismo no haya dejado hue-

---

[1] Véanse las curiosas observaciones de Francisco de Osuna, *Quinto abecedario*, tratado II, cap. LXVI, Burgos, 1544, fol. 211, acerca de "la cofradía de los mercaderes ricos que se alçan con los tratos caudalosos": "Esta compañía de mercaderes también la tienen los libreros de León en Francia, donde la gran compaña se alça con los libros de más ganancia y no da lugar a los otros libreros pobres."

lla en la literatura española de los días de Carlos V, y de modo particular en la literatura espiritual. Pero antes de buscar esta huella quisiéramos insistir en una cuestión ya esbozada, y ver por qué el erasmismo no dio a España, en esta época, una versión castellana de la Biblia.

El traductor del *Enchiridion* había hecho resonar en su prefacio los llamamientos más apremiantes y más atrevidos que llegó a lanzar Erasmo en favor de la lectura del Evangelio por el pueblo. El más famoso de estos llamamientos, la *Paraclesis,* se tradujo al español por lo menos en 1529.[2] Sabemos ya que el primer obispo de México, Zumárraga, hizo suyo el llamamiento de Erasmo, hacia 1544, en las *Doctrinas* que publicó para la evangelización de México. El canónigo Porras, predicador oficial del obispado de Plasencia, hizo pasar lo esencial de ese libro al prefacio de su *Tratado de la oración,* publicado en Alcalá en 1552.[3] Así, pues, parece que hubo en la Iglesia de España, hacia mediados del siglo, una corriente de inspiración erasmiana en favor de la traducción de la Biblia, o en todo caso del Nuevo Testamento. Si esta corriente no tuvo ningún resultado eficaz, ¿hay que explicarlo únicamente por una prohibición anterior que invocaron los defensores más prudentes de la ortodoxia, y en la cual se inspiró la Inquisición?[4]

A decir verdad, hubo en efecto una traducción, el *Nuevo Testamento* de Francisco de Enzinas,[5] impreso en Amberes en 1543, y prohibido inmediatamente en condiciones que nos dan muchas luces. Enzinas cuenta que Fray Pedro de Soto, antes de mandarlo aprehender, le puso en sus manos el tratado *Adversus omnes haereses,* donde se sostenía la tesis de que la lectura generalizada de la Sagrada Escritura es fuente inagotable de herejías. Si consultamos este célebre tratado, vemos que Castro, no sin consideraciones para con Erasmo, reprueba su modo de ver acerca de la difusión de la Escritura en lengua vulgar, y que alaba a los Reyes Católicos por una pragmática en que se prohibía bajo las penas más graves traducir la Escritura o poseer una traducción.[6] ¿Acaso ignoraba Enzinas esta pragmática, como ignoraba, según parece, la severidad de la nueva reglamentación de la imprenta en los Países Bajos? Es poco probable. En todo caso,

---

[2] Véase *supra,* pág. 192, nota 10.

[3] Cf. *infra,* pág. 578, nota 10.

[4] E. Asensio, *El erasmismo...,* art. *cit.,* págs. 49-53, plantea otra vez la cuestión de si Erasmo fomentó la lectura de la Biblia en español; y, apoyándose en el "admirable libro" de J. L. Villanueva, *De la lección de la Sagrada Escritura en lenguas vulgares,* Valencia, 1791 —que echa de menos, y con razón, en mi bibliografía de 1950—, llega a la conclusión de que "la *Paraclesis* tuvo ruidoso eco en España". En un apéndice de 100 páginas ofrece Villanueva "una antología de exhortaciones a la lección de la Biblia, que empieza por las páginas de Ant. de Porras, e incluye seglares y eclesiásticos, franciscanos, dominicos, jesuitas, y hasta una mujer: la dominica Hipólita de Jesús y Rocaberti. Reminiscencias de Erasmo asoman muchas veces, en especial en Francisco de Monzón y Miguel de Medina".

[5] Cf. *supra,* págs. 513-514.

[6] Fray Alonso de Castro, *Adversus omnes haereses,* lib. I, cap. XIII, se refiere expresamente a un edicto de Fernando y de Isabel "quo sub gravissimis poenis prohibuerunt, ne quis sacras literas in linguam vulgarem transferret, aut ab alio translatas quoquo pacto retineret". (Ed. de Lyon, 1546, pág. 105.)

en su epístola dedicatoria a Carlos V declara que su intención es salvar el honor de la nación española, única que sigue privada de los libros sagrados, cuando ya Italia, Francia, Alemania e Inglaterra están inundadas de versiones nuevas, e invoca, no la ausencia de ley a ese respecto, sino la ausencia de toda decisión del Emperador o del Papa a partir de la revolución protestante. El *Nuevo Testamento* de Enzinas, hermosa versión española del *Novum Instrumentum* erasmiano, fue tenido por sospechoso a causa de ciertas anotaciones marginales. Además, imprimió en tipos más gruesos los versículos de San Pablo que solían invocar los adeptos de la justificación por la fe. La traducción se prohibió en España y en los Países Bajos, y su influencia sobre la reforma española fue nula.

Pero no se ve que se haya promulgado por entonces ninguna prohibición general, ni que la pragmática de los Reyes Católicos se haya vuelto a poner estrictamente en vigor. No obstante, la correspondencia de la Suprema demuestra su vigilancia en lo tocante a libros prohibidos. El 22 de mayo de 1545, en respuesta a una pregunta del tribunal de Barcelona, le envía un *Memorial* de los libros últimamente prohibidos:[7] lista manuscrita, por desgracia perdida, que sería uno de los más antiguos índices españoles.[8] De la correspondencia ulterior del Consejo[9] resulta que el *Nuevo Testamento* de Enzinas figuraba en esa lista, pero que las "partes del Testamento Nuevo, de los Evangelios como de las Epístolas" que en gran número circulaban en castellano, en catalán o en valenciano, quedaban permitidas provisionalmente, "si no fuere alguno que pareciere sospechoso o por la translación o por otra causa alguna". Después de la muerte de Tavera, las instrucciones inquisitoriales aparecen siempre fieles a estas directivas. Pero

7 A. H. N., *Inquisición*, lib. 322, fol. 388 vº: "Recevimos vuestra carta de 9 déste en que pedís se os embíe el memorial de los libros que se an agora postreramente prohibido, el qual va con la presente..."

8 El P. Beltrán de Heredia, en *C. T.*, t. LVII (1938), pág. 571, menciona otro, también perdido, de 1540.

9 A. H. N., *Inquisición*, lib. 322, fol. 392 rº (el Consejo al Inquisidor de Barcelona, Valladolid, 17 de junio de 1545): "Quanto a lo que consultáys cerca de las partes del Testamento Nuevo de los Evangelios como de las Epístolas que andan impressas en romance castellano y en vulgar lengua de otras provincias, y escrebís que ay muchos libros impressos desta suerte, esto se consultará con el Rmo. Sr. Cardenal Inquisidor General... y entre tanto, no se recoja ninguno destos que dezís, si no fuere alguno que paresciere sospechoso o por la translación o por otra causa alguna; y en todos los libros del Testamento Nuevo traduzidos por Enzinas, que va en el memorial que de aquí se embió, se ponga la misma diligencia en los recoger que en los otros reprobados." — *Ibid.*, fol. 411 rº (el Consejo a los Inquisidores de Valencia, 25 de enero de 1546): "Quanto a lo que Señores escreuís, sy se permitirá tener los Evangelios y Epístolas en romance, parece nos que no se deue prohibir ninguna cosa del Testamento Nuevo ni los psalterios en romance, sino la traslación de Enzinas que se ymprimió en Flandes." Hay que observar, sin embargo, que el Inquisidor General Tavera, en 1543, concedía a la Duquesa de Soma, mujer del Almirante de Nápoles, "licencia de tener una biblia en vulgar toscano y leer en ella", y que esta autorización era válida por un año (A. H. N., *Inquisición*, lib. 245 f, fol. 126 rº. Madrid, 20 de febrero de 1543). Es curioso el dato referente a la Duquesa de Soma por tratarse, según parece, de la madre de Violante Sanseverino, la Flor de Gnido cantada por Garcilaso (cf. E. Mele, *Las poesías latinas de Garcilaso y su permanencia en Italia*, B. H., t. XXV, 1923, pág. 125).

la primera vez que se remite a los tribunales un Índice impreso es el 1º de septiembre de 1547. Este Índice reproducía el de la Universidad de Lovaina, y llevaba, a manera de apéndice, el *Memorial* de los libros especialmente prohibidos por la Inquisición española. No ha llegado a encontrarse. Parece que sirvió de base al *Rol* portugués de 28 de octubre de 1547.[10] Pero éste no puede proporcionarnos a propósito de aquél más que indicaciones inseguras. En efecto, en la lista portuguesa se encuentran libros, como la *Moria* y el *Modus orandi,* que no figuran todavía en los Índices españoles de 1551.[11] No se puede saber, por consiguiente, si la prohibición, en 1547, se dirigía en España como en Portugal contra "los Nuevos Testamentos, *scilicet* Evangelios, Epístolas y Profecías en romance", "cualesquiera libros que se hallaren escritos e impresos sobre la Sagrada Escritura sin declarar quién son los impresores y autores de ellos", y por último, de manera general, contra "la Biblia en romance". Las instrucciones del 1º de septiembre de 1547 recomiendan solamente velar por que se recojan todas las ediciones de la Biblia señaladas en el catálogo de Lovaina.

Hay que llegar a los Índices de 1551 para ver prohibida —además de una multitud de biblias latinas sospechosas— "la Biblia en romance castellano o en otra cualquier vulgar lengua". Pero todavía no se dice nada contra las traducciones parciales. En los años que siguen, parece como si todos los esfuerzos de los Inquisidores se hubiesen enderezado contra las biblias latinas impresas en el extranjero, de manera particular en Lyon, con glosas sospechosas en los pasajes relativos a la justificación por la fe.[12]

El Concilio se reunió, y después se disolvió por segunda vez, sin decidir nada acerca de las traducciones vulgares de la Biblia. La Universidad de Lovaina discutió largamente la cuestión. Y aquí fue donde se redactó, en 1555, la defensa más atrevida que una pluma española haya escrito jamás en favor de estas traducciones: un diálogo latino del valenciano Furió Ceriol, intitulado *Bononia*,[13] del nombre del teólogo ortodoxo que el autor

[10] Publicado por António Baião, *art. cit.;* véase, a propósito de la Biblia, la pág. 482.
[11] Sobre estos Índices, cf. *supra,* págs. 502-504.
[12] Véanse en particular (A. H. N., *Inquisición*, leg. 4426, nº 32) unas listas de libros recogidos por la Inquisición hacia el año 1552, y un edicto de Valdés (20 de agosto de 1554) en que se prohiben gran número de Biblias. Véanse también (A. H. N., *Inquisición*, lib. 245 f, fols. 206 y 211) unas instrucciones para la confiscación, en Salamanca y en Alcalá, de las Biblias "notadas de algunos errores" o "depravadas" (21 de noviembre de 1551 y 24 de octubre de 1552). Documentos analizados ya por J. I. Tellechea, *Biblias publicadas fuera de España secuestradas por la Inquisición de Sevilla en 1552,* en *B. H.,* t. LXIV (1962), págs. 236-247.
[13] Fadrique Furió Ceriol, *Bononia sive de libris sacris in vernaculam linguam convertendis libri duo... ex editione Basileensi, An. 1556, repetiti, Lugduni Batavorum,* MDCCCXIX. El tratado, dedicado por el autor al Cardenal de Burgos Don Francisco de Bobadilla y Mendoza, está fechado (al final) en Lovaina, a 3 de enero de 1555. El ortodoxísimo Bononia, que no se rinde a la tesis de Furió, quisiera someterla a los teólogos de Lovaina, lo cual hace sonreír al español: "¿Conque apelas a una jurisdicción superior? Yo hubiera querido tener tu propio juicio." Acerca de las peregrinaciones europeas de Furió, véase J. M. de Semprún Gurrea, *Fadrique Furió Ceriol consejero de príncipes y príncipe de consejeros,* en *Cruz y Raya,* Madrid, noviembre de 1934, págs. 55-59 (memorial inédito en que Furió recuerda, en 1581, sus servicios pasados). Furió regresó a Lovaina poco después de la publicación de su libro en Basilea (1556).

se da por interlocutor. En ese diálogo se encuentra todo lo esencial de la *Paraclesis*. Los Evangelistas, los Apóstoles, los Padres de la antigüedad utilizaron la lengua del pueblo a que se dirigían. ¿Acaso la doctrina cristiana es tan abstrusa que sea preciso ser teólogo para comprenderla? La verdadera teología, contesta Furió, no es otra cosa que conocer a Dios y a su hijo Jesucristo, y saber la regla que nos enseña a vivir buenos y dichosos. Todo verdadero cristiano puede llamarse teólogo. Otro argumento muy erasmiano es que los hombres se asemejan a los libros que leen: ¿Se les va a dejar leer las novelas inmorales y a prohibírseles la Biblia? [14]

Pero nuestro valenciano es un espíritu tan ingenioso, tan abierto al mundo que lo rodea, que renueva verdaderamente la cuestión a fuerza de discutirla con relación a las necesidades de este mundo moderno. Una razón imperiosa de traducir la Biblia a las lenguas vulgares es, según él, la escasez de verdaderos predicadores de que adolece la cristiandad entera, y de modo particular España.[15] Y que no le vayan a decir que, si se pone la Escritura al alcance de todos, los lectores acabarán por hastiarse de ella: observa, por el contrario, que la abundancia de libros que ha hecho nacer la imprenta ha desarrollado prodigiosamente el gusto por el estudio.[16] Que tampoco le vayan a decir que hay que dejar a las mujeres con su rueca y con su huso: las mujeres tienen alma e inteligencia como los hombres.[17] Este sabio habla con fina ironía del pedantismo doctoral que quisiera atrincherar a la Biblia tras los múltiples baluartes de las tres lenguas, de la retórica, de la dialéctica, de la filosofía. Y retorciendo el argumento según

Se matriculó en la Universidad en agosto de 1557 (Archives Générales du Royaume, Bruselas, Registro nº 24 de la Universidad de Lovaina, fol. 332 vº: "Fredericus Furius Cereolanus Valentinensis", dato que debo a la gentileza de M. Bourguignon, archivista en Bruselas). En Lovaina figura, al lado de Felipe de la Torre, Juan Páez de Castro, Fox Morcillo, el Dr. Morillo y Fray Julián de Tudela, en un grupo capitaneado por Pedro Jiménez y tachado de heterodoxia por el dominico Fray Baltasar Pérez (Sevilla, 26 de mayo de 1558): interesantísimo documento del Proceso de Carranza publicado y comentado por J. I. Tellechea, *Españoles en Lovaina en 1551-1558. Primeras noticias sobre el bayanismo*, en *Revista Española de Teología*, t. XXIII (1963), págs. 21-45. — El humanista neerlandés Enrique Cock, archero de Felipe II, menciona su muerte en el relato de la real *Jornada de Tarazona* (ed. A. Morel-Fatio y A. Rodríguez Villa, Madrid, 1879, pág. 33): "Miércoles a doce de agosto [de 1592] murió en Valladolid Frederique Furió Seriol, natural de Valencia, coronista de S. M., hombre de raro ingenio, mucha ciencia y experiencia, el qual, siendo consejero del elector de Colonia, fue llamado por S. M. en España por ciertas razones. El qual, por haber sido tan amigo mío, me pareció razón hazer dél memoria, pues su virtud y doctrina lo merescen." Los editores de Cock dicen, remitiendo a la *Biblioteca valenciana* de Fuster, t. I, pág. 157, y a Ximeno, *Escritores del reino de Valencia*, t. I, pág. 189: "Por sospechas de heregía, mandó Felipe II hacer después de la muerte de este egregio valenciano un informe acerca de sus ideas religiosas, resultando sin mancha alguna, muriendo, al decir del proceso, clérigo de San Martín." Entre las cartas de Cock que conserva la B. N. P. (Ms. Lat. 8590, fol. 56) hay una dirigida a Furió Ceriol (12 Cal. Maii 1584) en que le presenta al famoso copista griego Nicolás Sofiano. Donald W. Bleznick estudia *Las "Institutiones rhetoricae" de Fadrique Furió* en *N. R. F. H.*, t. XIII (1959), págs. 334-339.

14 *Bononia, ed. cit.*, págs. 150-151. Cf. pág. 358.

15 *Ibid.*, págs. 165-170. Cf. *supra*, pág. 534, nota 14.

16 *Ibid.*, pág. 251.

17 *Ibid.*, págs. 278 *ss.*

el cual las herejías nacen de la difusión de la Biblia en lengua vulgar, él asegura que la madre por excelencia de las herejías es la soberbia racionalista de los filósofos.[18]

Furió descuella en reducir al absurdo la tesis adversa. Todos los argumentos que se esgrimen contra la Biblia en lengua vulgar, dice, valen en resumidas cuentas contra la Biblia en sí. Entonces ¿por qué no prohibir la Biblia?[19] No se quiere, dice en otro lugar, que continuemos aplicando el método de los Apóstoles. Pero pensemos en los apóstoles modernos. Supongamos que los indios piden a Bartolomé de las Casas que les dé por escrito este Evangelio que les predica: ¿en qué lengua se lo dará?[20] Para el escritor valenciano, la idea de multiplicar las traducciones no tiene nada de aterrador. Demuestra por la reciente traducción de Castellion una admiración sin límites.[21] Acepta en todas sus consecuencias la idea de las versiones en lenguas vulgares. Los prelados no tendrían que hacer otra cosa, cada uno en su propio dominio, sino renovar la empresa de los Setenta. Si la traducción hecha para los valencianos no es entendida por los habitantes de Barcelona, de Mallorca o de Ibiza, que se haga una para cada dialecto. Si se teme que la traducción envejezca a medida que la lengua cambia, ¿por qué no revisarla, y aun cada diez años si es preciso?[22] Suponiendo que haya peligro de herejía, las anotaciones pueden remediar este peligro. De cualquier cosa se puede usar o abusar: el papel de las autoridades consiste en velar por que no haya abusos, no en prohibir el uso de las cosas.[23]

No podemos sino dar una idea de la riqueza de este libro, que es verdaderamente, como dice Bayle, un espléndido tratado. No parece haber tenido resonancias en España. Sin embargo, su publicación en Basilea, en 1556, causó cierto revuelo, y el autor, según parece, no se salvó de las persecuciones sino gracias a la intervención de Carlos V, que lo agregó a la servidumbre de Felipe II.[24] Es posible que Furió Ceriol haya expresado en voz alta, y con lujo de argumentos completamente nuevo, aquello que muchos españoles pensaban en voz muy baja y confusamente. La doctrina oficial era, y siguió siendo, que divulgar la Biblia equivalía a sembrar la herejía.

[18] *Ibid.*, págs. 287-298 y 304 *ss.*

[19] *Ibid.*, págs. 347 *ss.*

[20] *Ibid.*, pág. 218.

[21] *Ibid.*, págs. 320 y 326-327.

[22] *Ibid.*, págs. 329-334. Furió da (pág. 329) algunos informes preciosos acerca de las traducciones en romance que existían en España. Habla de los *Evangelios* litúrgicos traducidos al valenciano, y bien traducidos, puesto que la Inquisición permite que se impriman. También se refiere a adaptaciones poéticas de las Epístolas paulinas en valenciano y en castellano, que parecen perdidas: "Vidi etiam ac legi epistolas Pauli carmine interpretatas, tum mea, tum castellanica, ut vocant, lingua."

[23] *Ibid.*, pág. 340.

[24] Según De Thou, cuyas palabras se reproducen en Nicolás Antonio, t. I, pág. 363, y en la introducción de H. G. Tydeman al *Bononia, ed. cit.* En el *Cathalogus librorum qui prohibentur mandato Ill... F. de Valdés...*, Valladolid, 1559, figura (pág. 27): "Friderici Furii Coeriolani Valentini *de libris sacris in vernaculam linguam convertendis libri duo*", título que corresponde evidentemente al *Bononia*.

Ésta era la doctrina no sólo de Alonso de Castro, sino también la de
Don Martín Pérez de Ayala, que también ataca, en este punto, a Erasmo
y a los "erasmianos":

Aquí —dice— creo oír la voz de algún erasmiano que reprueba nuestra doctrina (o mejor dicho, la de los santos) llamándola llena de soberbia. La divina
Escritura, me dice, es buena y santa; ha sido dada para la salvación de los hombres; ha sido promulgada para que la comprendan aquellos a quienes importa
seguirla. ¿Por qué decís entonces que pertenece a un pequeño número, siendo
así que Dios ha querido que sea común a todos? ¿Acaso la divina Escritura no es
la luz? Tiene que ser accesible a todos. Por otra parte, Pablo mismo escribe sus
epístolas para la Iglesia entera, no para los teólogos y los obispos. ¿Por qué, pues,
queréis robar a la comunidad de los hombres aquello que los apóstoles quisieron
que fuese evidente para todos? —pero yo respondo: ¡No! Nosotros no robamos la
Escritura a los fieles, sino que no queremos que hombres carnales y sin preparación la devoren cruda so pretexto de alimentarse de ella. ¡Que oigan a los Prelados, a los Profetas y a los Doctores de la Iglesia! Que aprendan de ellos lo que
les es necesario. La Sagrada Escritura es la luz, en esto estamos de acuerdo. Pero
una luz que no es comprendida por todos, que debe mostrarse progresivamente.
Es propiedad de toda la Iglesia, y no del primer individuo que llegue. En esto
se engañó grandemente Erasmo, y con él todos los que lo han seguido en ese
punto.[25]

El teólogo que más ampliamente discutió la cuestión ante el gran público
fue el Arzobispo Carranza, en el prefacio de sus *Comentarios sobre el cate-*
chismo, donde hay reminiscencias, incluso literales, de la *Paraclesis* de Erasmo. El espíritu en que la trata está mucho más cerca del de Alonso de Castro que del de Furió Ceriol. Sin embargo, podemos preguntarnos si no cayó
en sus manos el *Bononia* en Inglaterra. Él, lo mismo que el valenciano,
tuvo empeño en estudiar los precedentes de la situación actual.

España tuvo sus Biblias en romance en la época en que las tres religiones —cristiana, judía y musulmana— se practicaban una al lado de otra en
la Península. Después de la expulsión de los judíos, esas Biblias quedaron
prohibidas al pueblo español, porque se vio que algunos conversos se servían
de ellas para enseñar a sus hijos la ley de Moisés. Posteriormente, a raíz de
la revolución luterana, comenzó la floración de las versiones en lengua vulgar en los países extranjeros, con su terrible consecuencia, la proliferación de
las opiniones diversas entre los artesanos, entre las mujeres, entre los heresiarcas mismos. Frente a las distintas soluciones posibles para defender la ortodoxia —nueva traducción para uso de la población fiel al catolicismo
(como en Alemania), tolerancia sólo para las traducciones hechas por hombres piadosos y católicos (como en Italia, Francia y los Países Bajos), supresión rigurosa de la versión anglicana (como en la Inglaterra de María Tudor)—, España, dice Carranza, optó por la prohibición general de todas las
traducciones vulgares de la Escritura.

Es una cuestión grave: las palabras de la Escritura son como armas o dineros que no pueden dejarse en todas las manos. "Armas y dineros quieren

25 Martín Pérez de Ayala, *De divinis traditionibus, ed. cit.,* fol. 24 vº.

buenas manos", dice el refrán. Carranza compara también la Escritura a un vino demasiado fuerte al que es preciso añadir el agua de las glosas. Como en los días de San Jerónimo, la interpretación de la Escritura es el único oficio en que se mete todo el mundo sin haberlo aprendido. Se han visto, en la misma España, ciertas mujeres que explicaban la Escritura a los hombres. Carranza, sin ser ciego a este peligro, busca una fórmula más flexible que la prohibición total. Propone hacer en la Biblia dos partes. Una, que atañe al dogma, no es necesaria al pueblo. Otra, que tiene un valor de edificación, podría difundirse ampliamente: se podrían traducir e imprimir sin peligro los Proverbios, el Eclesiástico, los libros históricos del Antiguo Testamento, algunos evangelios y epístolas cuyo sentido es claro, y los Hechos de los Apóstoles. Y aun así sería bueno añadir notas marginales "para aguar el vino espiritual".[26]

Esta solución moderada parece haber sido también la de los predicadores del movimiento de Sevilla, si es cierto que consagraron sus esfuerzos a glosar la Escritura, no a ponerla en manos de todos. Constantino, siguiendo el ejemplo de la *Doctrina* de Juan de Valdés, agregó a la *Suma* una traducción del Sermón de la Montaña: a eso se ciñó su trabajo de traductor; lo que él quería era ilustrar, con una muestra sublime, aquella doctrina común a los dos Testamentos cuya parte esencial se había propuesto formular. España se contentó con las traducciones parciales admitidas desde hacía mucho tiempo, junto con algunas otras que toleró la Inquisición. Se reimprimieron ininterrumpidamente las *Epístolas y Evangelios* en la revisión de Fr. Ambrosio Montesino.[27] Por lo que se refiere al Antiguo Testamento, la atención se concentró, como en toda Europa, en el libro de los Salmos. Las meditaciones de Savonarola sobre los salmos XXXI, LI y LXXX gozan de popularidad cada vez mayor,[28] y al mismo tiempo, las traducciones completas del Salterio se multiplican. A la de Gómez de Santofimia[29] sigue en 1538 la de Fray Benito Villa, benedictino del monasterio de Montserrat. Esta traducción con glosa, intitulada *Arpa de David,* se reimprime en 1548,[30] al mismo tiempo que hace su aparición en España el *Psalterio de David* acompañado de la célebre paráfrasis de Rainer Snoy de Gouda.[31] Por otra parte, Sebastián Grypho, de Lyon, imprime en 1550, sin nombre de traductor, cuatro pequeños volúmenes que incluyen *El exemplo de la paciencia de Job, El Psalterio* y *Los Proverbios de Salomón* "conforme a la verdad hebraica", y el *Libro de Jesús, hijo de Sirach, qu'es llamado el Ecclesiástico,* traducido según el texto griego.[32] Cuando además de estas

---

26 Carranza, *Comentarios, op. cit.,* Prefacio "Al pío lector deste libro".

27 Cf. *supra,* págs. 45-46.

28 Cf. *supra,* pág. 49.

29 Cf. *supra,* pág. 359.

30 La B. N. P. posee la edición de Barcelona, 1538, y el B. M. la de Burgos, 1548 (impresa para Juan de Medina, librero de Madrid).

31 Ediciones de Valladolid, 1548, y Amberes, 1555, citadas por Boehmer, *Spanish reformers,* t. II, pág. 360.

32 A los ejemplares de estas traducciones mencionadas por Boehmer, *ibid.,* hay que añadir los que poseen la Staats-Bibliothek de Munich y la biblioteca de la Société d'Histoire du Protestantisme Français (París).

obras se hayan señalado las traducciones españolas de las *Lecciones de Job,* de las *Lamentaciones de Jeremías,* de los salmos penitenciales y de los salmos graduales, hechas según la Vulgata por el Maestro Hernando de Jarava, capellán de la reina Leonor,[33] se habrán agotado las novedades de esta época en materia de traducciones parciales de la Biblia, por lo menos aquellas que lograron sobrevivir a los rigores inquisitoriales de la época siguiente.

Se ha dicho algunas veces que la España de la Contrarreforma desconoció la Biblia. Menéndez y Pelayo ha contestado que esa España tuvo maravillosas antologías bíblicas en su literatura espiritual. Se podría añadir que el erasmismo había trabajado ya de la misma manera por la difusión de la Escritura en España. En el fondo, el biblismo integral y estricto que se desarrolló en la mayor parte de las confesiones protestantes era muy ajeno al espíritu de Erasmo. Nadie mejor que él se inclinaba a hacer una selección en la Biblia, a establecer una jerarquía entre sus libros.[34] Un Valdés, por razones diferentes, se concentra en primer lugar en las Epístolas de San Pablo, expresión de "los efectos maravillosos de la Cruz de Cristo", y sólo después se vuelve al Evangelio de San Mateo, sosteniendo que, a pesar de las apariencias, es más difícil entender bien los Evangelios que San Pablo.[35] Erasmo, por otra parte, en su larga carrera de parafraste, no hizo otra cosa que llamar una y otra vez la atención de todos sobre un cristianismo fundamental. No hay demarcación precisa entre sus paráfrasis y sus tratados piadosos como el *Enchiridion,* libro que es, a su manera, una antología de San Pablo, de los Evangelios y de los Profetas. En esto, como en otras cosas, las traducciones de Erasmo en España preparan el camino a una espiritualidad española completamente nutrida de savia bíblica, y que se presentará, en la pluma de Luis de León, como la Escritura puesta al alcance de todos.[36]

[33] La traducción de *Las liciones de Job* se imprimió en Amberes, 1540 y 1550, según Boehmer, *ibid.,* y él volumen que contiene *Los siete psalmos penitenciales, Los quinze psalmos del canticungrado, Las lamentaciones de Hieremías,* en Amberes, 1543, 1546 y 1556 (Boehmer, *ibid.*). La B. N. L. posee una edición de Lisboa, 1544.

[34] Véase, sobre todo, un pasaje de la *Ratio verae theologiae* (*Opera,* Leiden, t. V, col. 92 C-D): "Nec fortassis absurdum fuerit in sacris quoque voluminibus ordinem autoritatis aliquem constituere: id quod facere non est veritus Augustinus... Apud me certe plus habet ponderis Esaias quam Judith aut Esther; plus Evangelium Mathaei, quam Apocalipsis inscripta Joanni; plus Epistolae Pauli ad Rhomanos et Corinthios quam epistola scripta ad Hebraeos."

[35] Véase su epístola dedicatoria a Julia Gonzaga, al frente de su Comentario de la Epístola a los Romanos (pág. xxi de la reimpresión de Usoz: *La Epístola de San Pablo a los Romanos y la I. a los Corinthios ambas traduzidas y comentadas por Juan de Valdés,* 1856). Valdés vuelve a hablar de lo mismo en el prefacio de su comentario sobre San Mateo publicado por Boehmer: *El Evangelio según San Mateo,* Madrid, 1880, págs. 1-2. Si no se tuviera en cuenta, dice Valdés, más que la diferencia del estilo, el orden creciente de dificultad iría de los Evangelios a las Epístolas, de las Epístolas a los Salmos. Si él ha seguido el orden inverso, es porque hay que proceder de la ley de Moisés a la ley de gracia, del pensamiento de los Apóstoles al pensamiento insondable de Cristo. — Cf. *supra,* pág. 133, unas consideraciones análogas de Erasmo sobre los Evangelios, más difíciles de parafrasear que las Epístolas.

[36] Cf. *infra,* pág. 761.

muestra espiándonos, cercándonos por todas partes. Ciertamente, el día de nuestra muerte nos está oculto. Pero ésa es una prueba del amor que Dios nos tiene. Se diría que nosotros queremos elegir nuestra hora y nuestra manera de morir. ¡Ah! Desconfiemos de todo eso: bien puede suceder que un bandolero que muere descuartizado vaya a unirse al coro de los ángeles, mientras otro hombre, que muere revestido del hábito franciscano y a quien se entierra religiosamente, cae en los infiernos. Dios es único juez en esa materia.

Algunos conceden gran importancia a la confesión final y plenaria seguida de la comunión y de la extrema unción. Pero ¿por qué esperar el momento del sueño eterno, si todos podemos hacer nuestro examen de conciencia y confesarnos cada día a Dios antes de acostarnos? No se diga que no hay tiempo: "Para cosa tan necesaria basta menos de un cuarto de hora. No es cosa larga decir: *Domine, peccavi. Miserere!* Y basta esto si de corazón se dice." Si a ello se une la confesión sincera a un sacerdote, tres o cuatro veces por año o con mayor frecuencia, no habrá razón para atormentarse por la confesión en artículo de muerte. Y en cuanto a la comunión, es muy cierto que en la hora suprema es gran consuelo contemplar la muerte del Señor y la comunión de toda la Iglesia, que es el cuerpo de Cristo. Volviendo una vez más sobre aquella gran imagen del cuerpo místico, Erasmo recomendaba prepararse para esa contemplación postrera con la comunión frecuente, que nos recuerda a la vez el amor infinito de la cabeza por sus miembros y la asociación estrechísima de los miembros entre sí.

Todo el bien que hay en el cuerpo, de Cristo que es nuestra cabeza desciende, y todo el bien del cuerpo es común a todos los miembros; como vemos en cualquier cuerpo de cualquier animal, que la salud de un miembro es salud de todos, y doliéndose un miembro se duelen todos. Esto es lo que en el Símbolo de los Apóstoles llaman la *Santa Iglesia* y *Comunión de los Santos*. Porque no es menor la gracia en el cuerpo místico de Jesucristo que la vida en el cuerpo natural de los animales. Devotamente lo hacen los que estando en el artículo de la muerte envían a rogar a los monesterios que rueguen por ellos, pero mayor consuelo es que piense el enfermo que toda la Iglesia tiene cuidado dél, como de miembro suyo.[8]

Esta Iglesia es invisible, pero ¿qué importa? Tampoco vemos nuestra alma, que anima nuestro cuerpo. Para que sus lectores se formasen en estos piadosos pensamientos, Erasmo recomendaba unos como ejercicios espirituales que enseñaban desde la infancia a conmemorar los diversos momentos de la Pasión.

La muerte no toma desprevenido al *soldado* de Cristo. Éste está sometido a su capitán con un temor que nada tiene de servil, un temor que engendra esperanza y buenas obras: "El temor que anda en compañía de la justicia hace que desconfiemos de nuestras propias fuerzas y que con mucha alegría nos ejercitemos en bien hacer, mediante el favor del Espíritu Santo, y que con mucho cuidado conservemos sus dones." Pero la

8 *Ibid.*, fols. 23 vº-24 rº.

muerte es la gran "tentación", la prueba suprema a que Dios somete a los suyos. Erasmo enumeraba las múltiples formas de que se reviste esa tentación. Apuntando sin duda a una especie de inmoralismo luterano, que más de una vez había recriminado, se extendía en buen número de páginas acerca de la falsa y frágil seguridad de los que dicen: "Cristo nos prometió la vida y pagó por nosotros pecadores, y no va nada que nuestras obras sean malas o buenas. Basta... que creamos que seremos salvos." Examinaba después la naturaleza de la fe en las promesas de Cristo, y concluía que la confianza de los hombres piadosos va siempre unida a un religioso temblor, salvo el caso de algunos hombres excepcionales.

> Y por tanto, los que dicen: *cree que serás salvo y salvarte has,* dos veces pecan. Porque si lo entienden de cualquiera fe, mienten, y si de la fe viva, neciamente dicen "cree", como que estuviese en mano de cualquiera creer cuando quiere.[9]

Después volvía al tema de las disposiciones más precisas que reclama la proximidad de la muerte. Ante todo, despachar lo más sencillamente que sea posible los negocios terrenos si no se tienen herederos directos en quienes descargarse de ellos; en seguida, hacer una confesión breve y sincera a un sacerdote, si las circunstancias lo permiten, y en caso contrario a Dios, "el cual por su misericordia recibirá la voluntad por obra y suplirá con su gracia la falta de los sacramentos". Erasmo tranquilizaba con acopio de argumentos a los que se sienten atormentados por el temor de morir privados de la confesión sacramental, de la Eucaristía y de la extrema unción:

> En verdad que es de buen cristiano desear que ningún sacramento le falte en la muerte, porque son grandes consuelos para el alma y grande esfuerzo para nuestra confianza, y de buen cristiano es cumplir todas las obras justas. Pero a todo sobrepuja desear fe y caridad, sin las cuales no aprovechan los sacramentos. Por las señales exteriores no debemos juzgar a ninguno, si no nos constase haberlas dejado por menosprecio o por negligencia, que a las veces iguala con menosprecio. Yo pienso que muchos, sin absolución de sacerdote, sin la Eucaristía, sin la extrema unción, sin exequias ni mortuorios se han ido derechos a la gloria, como son los que mueren captivos entre moros, en batallas, en la mar, o en lugar do no pueden usar de los sacramentos, y que muchos con todas estas cerimonias cumplidamente hechas, y aun enterrados cabe el altar mayor, se van derechos al infierno.[10]

Erasmo censuraba el hábito de atormentar a los moribundos arrancándoles confesiones minuciosas. Una confesión breve, un ardiente deseo de confesión son suficientes... y el perdón. Si se requieren las buenas obras, ninguna obra más eficaz que perdonar, desde el fondo del corazón, a aquellos que nos han ofendido.

El consuelo por excelencia, en la hora suprema, es Cristo puesto en la cruz, "bandera triunfante, bandera de vitoria, bandera de gloria sempi-

---

9 *Ibid.,* fol. 27 vº.
10 *Ibid.,* fol. 30 rº-vº.

prefacio demuestra, inclusive, que no experimentaba el menor empacho en reaccionar contra las supersticiones con que se traficaba a la cabecera de los moribundos. Por otra parte, leyó a Erasmo con ojos muy ortodoxos, y de su lectura sacó en limpio que "el principal aparejo para bien morir es limpiar la conciencia muchas veces con sacramental confesión". En consecuencia, le pareció oportuno completar la *Praeparatio* con un manualito de confesión, más manejable que los tratados existentes, y que se reduce, a decir verdad, a un formulario sin complicaciones inútiles, para uso de los penitentes. Este pequeño volumen, completado con un sermón de San Juan Crisóstomo, es un monumento curiosísimo de la piedad ilustrada que reconocía a Erasmo por maestro.[16]

El otro traductor de la *Praeparatio ad mortem* nos es ya bien conocido: es el Maestro Bernardo Pérez. Su traducción, que apareció en Valencia, se intitula *Preparación y aparejo para bien morir*.[17] Bernardo Pérez la dedica a la joven Duquesa de Gandía, Doña Francisca de Castro, en una ingeniosa epístola en que desenvuelve largamente la idea de que la vida terrestre es una "preñez de naturaleza":

Cuando el hombre nace del vientre de su madre, entra en el vientre de naturaleza; y cuando el hombre muere, es el parto de naturaleza... Alta filosofía es decir que el hombre tiene dos concebimientos, dos vidas y ninguna muerte.

El nacimiento final, que llamamos muerte, es un paso peligroso en que estamos en riesgo de muerte verdadera, es decir, de muerte eterna. Es preciso preverla como una madre previsora prepara la canastilla de un niño antes de su nacimiento. Tenemos que prepararnos ropajes espirituales, y en primer lugar purificarnos, despojarnos del viejo Adán y bañarnos en lágrimas de arrepentimiento. Pues bien, Erasmo ha preparado estos ropajes espirituales para todos los hombres. Pero los ropajes estaban guardados en el arca del latín: el Maestro Bernardo Pérez la ha abierto "con la ganzúa de nuestro romance". Su traducción, en efecto, es flexible, fácil, viva, y, en conjunto, muy fiel al original. Apenas si suprimió algunas ironías que hubieran podido escandalizar, una contra las bulas y otra contra las Horas de Nuestra Señora. Una sola vez lo sorprendemos añadiendo una glosa (¡y qué significativa!) para subrayar que la fe viva es don de Dios.[18]

---

[16] Véase *Bibliografía*, núm. 508. La B. C. posee un ejemplar de la *Compendiosa arte para confesar*, que el traductor ha añadido a la *Preparación para la muerte* (cf. Gallardo, *Ensayo*, t. I, col. 385, donde se reproduce la epístola dedicatoria). En la dedicatoria del *Aparejo* se puede leer: "Pero porque con la mudança de los tiempos se han mudado las condiciones humanas y hay en el día de hoy *muchas doctrinas falsas* en mostrar ese arte de bien morir, *inventadas para satisfazer la desordenada codicia*, parecióme que para nuevas enfermedades no serían tan provechosas las viejas medicinas..." El traductor declara haber querido "no sólo hazer officio de intérprete, mas aun de exponedor".

[17] Véase *Bibliografía*, núms. 509-512. La edición de Valencia, 1535, no se conoce sino por las notas manuscritas de Gallardo.

[18] Erasmo había dicho (*Opera*, ed. de Leiden, t. III, col. 1306) a continuación del pasaje relativo a la contemplación de la Pasión: "Qui vero substituerunt *Liturgiam de*

Por sí sola, la fortuna de semejante libro dice mucho acerca del sentimiento religioso que florece por entonces en España. Pero la *Praeparatio* encontró en este país algo mejor que traductores y lectores. Inspiró una obra que se tiene, con todo derecho, por la obra maestra de la literatura ascética española en la época de Carlos V, la *Agonía del tránsito de la muerte* [19] del toledano Alejo Venegas. Si el autor no creyó necesario confesar su deuda con Erasmo, no por ello es menos evidente esta deuda. Su silencio se explicaría suficientemente por el hecho de que escribía muy poco tiempo después de la muerte de Erasmo —esa muerte sin sacerdote que era una desdichada ilustración de la *Praeparatio mortis*—, y cuando Vergara no había acabado de expiar su crimen de erasmismo. Sin haber tomado personalmente parte activa en el movimiento erasmista, tenía lazos con él. Somete su libro, antes de imprimirlo, al juicio de Fr. Dionisio Vázquez. Es amigo de Beteta y está comprometido, por sus relaciones con Juan López de Celaín y con Juan del Castillo, en el asunto de los apóstoles del Almirante de Castilla.[20] Por lo demás, su *Agonía* no es una imitación deliberada de la *Preparación* de Erasmo. Él mismo declara que concibió la idea de su libro el 1º de junio de 1536, con ocasión de la muerte de Don Diego de Mendoza, conde de Mélito. Tal fue, no hay razón para dudarlo, la ocasión que hizo germinar en él la idea. Pero estaba singularmente predispuesto para su tarea por la lectura de la *Praeparatio mortis*, de la cual había quedado completamente impregnado.

Aun en caso de que no hubiera semejanzas más decisivas entre ambos libros, el autor de la *Agonía* traicionaría ya la filiación erasmiana de su sentimiento religioso por el uso que hace de la imagen del cuerpo místico cuyos miembros son todos los cristianos y cuya cabeza es Cristo. Tal vez en otros países haya sido popularizada esta imagen por otros escritores antes de serlo por Erasmo. Pero en España aparece como un rasgo erasmiano por excelencia, y bastaría casi por sí solo para fechar un libro. Desde las primeras páginas del suyo, Venegas se muestra hermano espiritual

Virgine, ut rem non impiam excogitarunt, ita (si fas est verum fateri) vinum verterunt in aquam." El traductor suprimió esta observación y algunas otras. En el fol. 38 vº, transforma la frase "Quidam *emptitiis diplomatibus* promittunt securitatem ab Igni Purgatorio" en esta otra: "Muchos ay que trabajan de quitar o de mitigar el miedo del purgatorio con algunos fríos remedios." En el fol. 27 vº, después del pasaje arriba transcrito (pág. 561: "...como que estuuiesse en mano de qualquiera creer quando quiere"), Bernardo Pérez añade: *"La fe viva es don de Dios"*, lo cual, por lo demás, está rigurosamente conforme al pensamiento de Erasmo (cf. otro pasaje citado *supra*, pág 559).

19 Toledo, 1537. Reimpresa por Miguel Mir en el t. XVI de la *N. B. A. E.*, Madrid, 1911. A esta reimpresión remiten nuestras citas.

20 *Proceso de Beteta*, fol. 67 vº. En 1558, a petición del acusado, son interrogados Fr. Dionisio Vázquez, "el maestro Alexo Vanegas" y Don Pedro de Campo. Los tres rinden un testimonio favorable. Venegas declara ser de edad de 39 ó 40 años y conocer a Beteta desde hace más de veinticuatro. El 15 de enero de 1539, habiendo solicitado Beteta salir de la cárcel inquisitorial por razón de salud, se le concede por prisión la casa de Venegas. Allí permanece hasta el 12 de febrero, fecha en que queda autorizado a considerarse preso bajo palabra en Toledo (*ibid.*, fol. 74 rº). Para las relaciones de Venegas con otros humanistas toledanos, Cedillo y Juan de Vergara, véase la noticia de Mir en el t. XVI de la *N. B. A. E.*, págs. xv ss.

Es memorial de la Pasión sacratísima, por lo cual inflama el ánima del verdadero cristiano, e. juntamente le da virtud de paciencia. Es espiritual mantenimiento del ánima, y por eso convierte en sí al que le recibe. Tómase debajo de especie de pan y vino, y por eso hace al verdadero recipiente por la unión muy íntimo a Cristo, y por la comunión le hace concordar con el prójimo.[32]

La parte consagrada a la lucha del agonista con el Demonio es la que justifica verdaderamente el título del libro. El esbozo suministrado por Erasmo se ha transformado aquí en un fresco vasto y complicado, escolásticamente compuesto con gran número de divisiones y subdivisiones. No le basta a Venegas clasificar las tentaciones según las virtudes atacadas por ellas. Tiene que enumerar uno por uno los vicios particulares de la nación española, los diferentes estados, los oficios manuales, las ocasiones, los diversos temperamentos, todas las circunstancias a que puede aferrarse el Demonio. Este sentido de la humanidad concreta no es uno de los menores encantos de su libro. Las tentaciones, tema principalísimo de la *Praeparatio,* se clasifican entre los ataques del segundo género, "que son unas veces por temor y otras por falsa seguridad y confianza".[33] "La segunda tentación del segundo género, que es de la vanagloria", se expone a lo largo de unas páginas en que Venegas se muestra profundamente de acuerdo con Erasmo en cuanto a la nulidad de las obras que carecen del sello de la justificación divina:

En tanto nuestras obras son justas en cuanto participan y se encorporan en la justicia divina, que por su misericordia infinita justifica a los pecadores que a ella con verdadera humildad se acogieren; y el que fuera desta justicia pensare que por sus buenas obras ha ganado la gloria, será abatido del pináculo de las obras en que subió a manera de fariseo, que hacía caudal de su obras y se quería justificar delante del acatamiento de Dios. . .[34] Dice el soberano juez que juzgará las justicias, para que claramente parezca la carcoma que estaba escondida en las buenas obras. Allí se juzgarán las primas y las completas, con qué intención se dijeron. Allí se discutirán los ayunos, con qué título se ayunaron. Allí se verá si las colaciones de unos fueron legítimas cenas de otros. Allí se verán las limosnas, si se dieron con título de caridad o por sonete de magnificencia y liberalidad. Allí se verá el casar de las huérfanas, si fue con entrañas de caridad o por zurcir el daño pasado. Allí se verá la fábrica de hospitales, si nasció del socorro de pobres o de haberlos hecho primero. Allí verán los altos y los buenos sermones, si fueron sembrados en la viña de Dios o fueron echadizos para plantar en la propria heredad de la estima. Allí se verá si el hábito hizo a los monjes o los monjes al hábito. Allí se verá si la persona hizo al oficio o el oficio autorizó a la persona. Allí se verá si los magistrados y sacerdocios con celo evangélico aprovecharon a sus súbditos conciudadanos, o si por punto de honra se encastillaron en sus oficios para enseñorearse de los menudos, y desde el oficio de la administración hacer guerra a sus émulos y competidores, presumiendo vengar las proprias pasiones con auctoridad colorada del público oficio. Finalmente, en aquel justo juicio se juzgarán las justicias, que en los pecados líquidos y patentes clara está la sentencia.[35]

32 *Ibid.,* págs. 136 b-137 a.
33 *Ibid.,* pág. 147 b (título del cap. IX).
34 *Ibid.,* pág. 150 a.
35 *Ibid.,* págs. 154 b-155 a.

Hermosa página, en que el virtuosismo verbal se eleva a verdadera elocuencia, y que es —hay que convenir en ello— enteramente fiel a la incesante enseñanza de Erasmo contra el farisaísmo.

Venegas desarrolló también con mucha amplitud el capítulo de las tentaciones contra la fe. En estas páginas se habla de ciertos hombres doctos que, habiendo practicado "el arte de sofistería y arte de argumentar..., piensan que sabrán responder al Diablo" y se pierden lastimosamente. En ellas se lee la respuesta invencible: que el cristiano "varonilmente profese de tener y creer todo lo que tiene y cree la santa madre Iglesia, así como se contiene en el Credo".[36] Pero, además, se le ofrecen al cristiano unas armas nuevas, caras a Valdés: esas breves oraciones evangélicas, como "Augmentadnos, señor, la fe", o bien "Ayudad, Señor, a la imperfección de mi fe, y ayudadme a creer".[37] Habría que leer también, después de esto, las páginas consagradas al "amor gratuito"[38] y a la necesidad de pedírselo a Dios, para saber hasta qué punto está penetrada la religión de Venegas del sentimiento de la gracia. Ya hemos dicho de esto lo suficiente para apreciar lo que su grueso libro debe al opúsculo de Erasmo. Debemos agregar que el tema de la muerte cristiana toma, en el toledano, un acento indiscutiblemente católico que está ausente de las páginas del gran conciliador. A un sentido más vivo de los sacramentos se une una fe más precisa en las oraciones de las personas más directamente relacionadas con el agonista, en la intercesión de la Virgen, en el auxilio de los santos a quienes uno ha escogido como patronos.[39] El mundo sobre el cual se apoya el cristiano no es un hormiguero de almas anónimas perdidas en el gran cuerpo místico de la Iglesia. Allí están los diferentes santos con sus milagros propios.[40] Allí están las almas del Purgatorio, que se interesan por lo que hacen en la tierra sus parientes y sus amigos. Toda la jerarquía de los sufragios que sirven para socorrer a las ánimas —misas, indulgencias de toda especie— hace su papel según la creencia tradicional.

Así se explica quizá que nunca se haya pensado buscar en la *Agonía* de Venegas una inspiración erasmiana que, no obstante, existe sin duda alguna. Difícilmente se puede admitir que el autor no se acuerde del *Modus orandi* cuando habla de la vanidad de los sepulcros que de los cementerios, donde en un tiempo estaban, subieron a las iglesias "e de ahí por subir en la su honra con enterramientos particulares entraron los muertos en las capillas, e de allí por la ambición de los vivos subieron al coro; e si mucho dura el siglo, los sepulcros vendrán a ser los altares, como si aquél fuese más vecino del cielo cuya sepultura está más vecina al altar".[41] ¿Y qué decir de esta áspera invectiva contra los acaparadores, contra los traficantes que creen cumplir con Dios mediante algunas devociones?

36 *Ibid.*, págs. 157 b-158 a y 161 a.
37 *Ibid.*, pág. 161 a. Cf. *supra*, pág. 354.
38 *Ibid.*, pág. 165 b.
39 *Ibid.*, págs. 172 b-173 a.
40 *Ibid.*, pág. 209.
41 *Ibid.*, pág. 232 b. Cf. *infra*, pág. 574.

rección espiritual en la España de Carlos V. Bien puede ser que Carranza haya erasmizado en este punto, como en tantos otros, si en efecto supo liberar a Fr. Domingo de Rojas del terror del purgatorio y reconfortar la agonía del Emperador, en Yuste, concentrando sus últimos destellos de atención en la imagen de Cristo salvador.[47]

III

Tenemos que hablar ahora de la literatura de oración, campo inmenso, muy poco explorado, del cual, entre una proliferación de obras secundarias que se adensa cada vez más a partir de 1545, se ven surgir los primeros grandes libros que no tardarán en reinar sobre la Europa de la Contrarreforma. A primera vista, la relación del erasmismo con este nuevo brote de la espiritualidad española no tiene nada de misterioso para quien sabe cómo el erasmismo se injertó en un iluminismo preexistente. El auge del movimiento erasmiano, evidentemente, no pudo hacer otra cosa que reforzar la tendencia a exaltar lo interior a expensas de lo exterior, y la oración mental a expensas de la vocal y ritual. La dificultad comienza cuando se quiere distinguir en este conjunto tan confuso y tan rico una corriente propiamente erasmiana, junto con la contracorriente ortodoxa que no podía menos de excitar. Durante mucho tiempo habíamos adivinado nos-

cable con ella: *Tratado muy devoto y prouechoso llamado Preparatio Mortis en el qual se contiene todo lo que el buen christiano deue dezir y hazer en el artículo de la muerte para auer cathólico y buen fin. El qual copiló y sacó de la sancta escriptura un religioso de la orden del glorioso padre sant Francisco... Corregido y añadido cosas devotas y los siete psalmos penitenciales...*, Alcalá... en casa de Salzedo..., MDLVIII (B. P. E., SN E 31 C1). Existe en la misma biblioteca, Sª B. de L. E II C 1, otra edición incompleta del mismo tratado como tercera parte de un devocionario franciscano que empieza con un *Exercicio muy provechoso devoto y contemplativo llamado Cruz de Cristo* y una *Breve copilación de un tratado de Sant Buenaventura que es llamado Vie Syon lugent, o Mística theología* (Palau, *op. cit.*, t. IV, nº 65.112, menciona dos ediciones de este triple devocionario: Sevilla, 1543, y Medina del Campo, 1553). En una lista de libros prohibidos que custodiaba en 1631 la Biblioteca del Escorial (A. H. N., *Inquisición*, leg. 4517 (1), fol. 9 vº) figura un "Tratado llamado *Praeparatio mortis* por Fr. Frᶜᵒ de Evia, Alcalá 1558 y en Medina del Campo". Si es correcta nuestra identificación, queda por explicar la publicación anónima de este tratado, ya que Fr. Francisco de Evia publicó con su nombre un *Espejo del ánima*, Valladolid, 1550, y un *Libro llamado Itinerario de la oración*, Medina del Campo, 1553, que existe en la Biblioteca de la Universidad de Coimbra, (R)-20-9 y (R)-19-10.

47 Menéndez y Pelayo, *Heterodoxos*, t. V, págs. 28 y 29-30. No sé en qué tradición se apoya un traductor francés del *Enchiridion* y de la *Preparación para la muerte* cuando dice que Carlos V, retirado en Yuste, tenía por devocionario el *Manual* de Erasmo (*Manuel du soldat chrestien*, seguido de *La préparation à la mort* [trad. por Cl. Du Bosc de Montandré], Paris, 1711, Prólogo). ¿No habrá manejado el Emperador un volumen compuesto del *Enquiridion*, la *Paraclesis* y la *Preparación*, edición de Amberes, 1555? Desde luego, la escena de su muerte, tal como la describen los delatores de Carranza, recuerda un pasaje de la *Preparación* en que dice Erasmo que el más eficaz consuelo del moribundo es no apartar los ojos de la fe del que se dio todo a nosotros y es abogado nuestro ante Dios; y le exhorta a guarecerse en las cavernas de aquella piedra, o sea en las llagas de Cristo, para protegerse de Satanás (*Opera*, t. V, col. 1312).

otros estas corrientes solidarias, antes de percibirlas claramente, y no fue gran sorpresa cuando, en 1934, cayó en nuestras manos un *Tratado de la oración* traducido de Erasmo y publicado en Sevilla a fines de 1546.[1]

El *Modus orandi*, pues de este libro se trata, había sido descuidado por los primeros traductores.[2] Adquiría actualidad nueva ahora que toda España estaba seducida por la oración. Nos gustaría poder situar al anónimo traductor, ya sea entre los clérigos y seglares que gravitan en torno a Egidio y a Constantino, ya entre los frailes cautivados por la interioridad, y titubeantes entre la vía erasmiana y una vía más ascética. El traductor nos habla sólo de las virtudes de la lectura sagrada y de la oración continua; nos muestra cómo ésta ha sido practicada a través de las edades por hombres admirables, valerosos y llenos de amor, cuya vida toda fue una oración perpetua. Él mismo ha elegido este camino para su salvación, y, deseoso de atraer a los demás hombres, ha traducido ese breve tratado compuesto por Erasmo, "varón no menos docto que espiritual, y del bien cristiano celoso". Lo ha dividido en veintitrés capítulos. Tiene conciencia de no haber hecho una obra de arte. Con humildad que no parece fingida, somete su obra, forma y contenido, a la corrección benévola de los censores eclesiásticos. Y a aquellos que saquen de su trabajo algún provecho para su conducta, les pide que no olviden a su hermano, a quien deben ese ensayo mal escrito, pero lleno de celo. A petición del Inquisidor Corro, se encomendó a un carmelita, Fr. Gaspar Nieto, el examen del libro, y el fraile lo encontró muy bueno y provechoso.

Recordemos el contenido del *Modus orandi*, siguiendo los capítulos que de él entresacó el traductor. Erasmo define la oración (1) como una elevación del alma a Dios, con deseo de obtener algo de Él. Muestra en seguida, fundándose en el Sermón de la Montaña, en toda la enseñanza de Cristo y sus apóstoles, la virtud que reside en la oración (II-IV), y la confirma "por autoridades y testimonios manifiestos del Testamento Vie-

---

1 Véase *Bibliografía*, núm. 572. Cerca de un año antes de tener en mis manos este volumen en la Staats-Bibliothek de Munich, había tenido noticias de otro ejemplar por la sumaria descripción que de él hacía Palau en una nota de su *Manual* (= 2ª ed., t. V, nº 80.361). Don Antonio Palau, a quien interrogué acerca de este rarísimo volumen, me escribió diciendo que había figurado en su Catálogo núm. 35, del año 1928, y que se vendió al precio de 300 pesetas. Ha sido imposible dar con el comprador.—Quisiéramos citar aquí el *Modus orandi* por la traducción española, como citamos las demás obras de Erasmo traducidas al castellano en el siglo XVI. Pero los bibliotecarios de la Staats-Bibliothek de Munich, a quienes siempre agradeceré sus atenciones, me escriben (agosto de 1964) que ése es uno de los muchos libros raros que dan por "perdidos" durante la Segunda Guerra Mundial. Esperemos que la pérdida no sea definitiva. (Sin embargo, algunas breves frases citadas en el análisis que sigue pertenecen a esa traducción; las copié cuando tuve el libro en mis manos y son, hoy por hoy, lo único utilizable de él.)

2 Pero no por los lectores cultos. Merecen leerse en E. Asensio, *El erasmismo...*, *art. cit.*, págs. 39-40, los versos latinos en loor de Erasmo provocados por el préstamo de un ejemplar del *Modus orandi* al clérigo antequerano Juan Vilches. A base de su raro tomo de poesías, *Bernardina* (Sevilla, 1544), traza Asensio un atrayente retrato de aquel profesor de humanidades, admirador entusiasta de la síntesis erasmiana de Evangelio y Antigüedad.

Estas supersticiones cristianizadas se han desarrollado de tal modo, que sería necesario ponerles ya remedio. Erasmo reclamaba en la misma ocasión una reforma de la imaginería religiosa: [7]

Sería de desear que no se viera en los templos de los cristianos nada indigno de Cristo. ¡Vemos ahora pintadas en ellos tantas fábulas y tantas ñoñerías! Así las siete caídas del Señor Jesús, las siete espadas de la Virgen o sus tres votos, y otras vanas invenciones de los hombres, para no hablar de los santos, a quienes no se representa bajo una forma digna de ellos. Si un pintor quiere imitar a la Virgen María o a Santa Águeda, toma a veces como modelo a una lasciva cortesana, y para imitar a Cristo o a San Pablo escoge algún borracho o algún bandido.

Mostraba los templos obstruidos por los sepulcros ambiciosos de los ricos, llenos de blasones, escudos, yelmos, leones, dragones, buitres, perros, toros, búbalos, onocrótalos, banderas ganadas al enemigo.

Volviendo a su propósito, llegaba a la gran cuestión: "¿Qué cosas son las que debemos pedir a Dios?" (XIV). Mostraba cómo se pueden pedir muchas que no figuran en la oración dominical, con tal que la oración tienda siempre a la gloria de Dios y no al interés egoísta. Pero el Padrenuestro quedaba una vez más en lugar especialísimo, como la oración por excelencia (XVI). Erasmo denunciaba aquí un curioso abuso, el de los que rezan padrenuestros a los santos de su devoción:

Hace algún tiempo nos divertía en Lovaina un hombre simple más bien que impío, que, después de los oficios, solía recorrer todos los altares y saludar con la oración dominical a algunos santos y santas por quienes sentía particular afecto. Después de lo cual se arrodillaba un instante y pronunciaba el nombre del santo o de la santa en cuyo honor había rezado, diciendo: "Esto es para ti, Santa Bárbara"; "Toma esto para ti, San Roque", temeroso de que uno de los santos que estaban en el mismo altar se apropiara de lo que se dirigía al otro y sobreviniera una disputa entre ellos.

Después de dos capítulos en que demostraba que la Escritura es fuente inagotable de oraciones apropiadas a las diversas necesidades de la vida, y en que trataba de las formas exteriores de la oración, el capítulo XX llevaba, en la traducción, este significativo título: "Si se requiere que la oración sea vocal, y de la preeminencia de la oración mental, y cómo todo lugar es aparejado para la hacer, y cómo la deben todos usar y ejercitarse en ella." El traductor, como se ve, daba relieve a un breve pasaje en que Erasmo proponía la cuestión de si basta "solicitar con súplicas silenciosas la clemencia divina, que no tiene nada que hacer con nuestros gritos", y admitía la utilidad de las ceremonias, particularmente para aquellos que principian a ejercitarse en la oración. Por otra parte, se mostraba menos cuidadoso de llamar a todos los hombres a la oración mental que de criticar los inconvenientes de una liturgia cantada en una lengua ignorada por el pueblo. Y si alababa las breves "jaculatorias", lo hacía para recordar que éstas eran la

7 *Ibid.*, col. 1121 A.

oración preferida de los antiguos monjes del desierto, cuyo trabajo manual sazonaban, interrumpiéndolo apenas.

Criticaba también (xxi) el ejemplo dado por ciertos reyes que se creen obligados a rezar las Horas. Cuando los príncipes tienen momentos de descanso después de despachar sus negocios, ¿no es mejor que los empleen en estudiar los mandamientos de Dios, las parábolas de Salomón, lo apotegmas de los príncipes famosos que recogió Plutarco, o libros como la *Política,* el *Económico* y la *Ética* de Aristóteles, los *Oficios* de Cicerón, las *Leyes* y la *República* de Platón, la *Realeza* de Isócrates, la *Ciropedia* y el *Económico* de Jenofonte, y hasta ciertos escritos del propio Erasmo, como el *Príncipe cristiano,* la *Guerra* o el *Discurso a Felipe el Hermoso?*

Un príncipe habrá orado lo suficiente si ha velado por que las funciones públicas se confíen a hombres íntegros e incorruptibles; si con su prudencia ha evitado la guerra; si ha protegido la cerviz de los débiles del yugo de los poderosos; si ha reprimido las tentativas de los criminales derramando lo menos posible de sangre humana, si ha consolidado la disciplina pública con leyes y costumbres santas.

El libro terminaba con algunas indicaciones sobre las diferentes maneras de orar (xxii), sobre las horas más convenientes para la oración (xxiii), y —puesto que la crítica era la vocación más auténtica de Erasmo—, con un examen de la devoción moderna de las *Horas de Nuestra Señora;* lamentaba ver allí, aplicadas a la Virgen, palabras de la Sagrada Escritura que se aplican a la Iglesia, esposa de Jesucristo, o a la sabiduría del Padre; de ver dirigidas a María súplicas que se dirigen más justificadamente a su Hijo. Por lo demás, todo eso le parecía menos condenable que la costumbre de los predicadores que invocan el auxilio de la Virgen, "fuente de toda gracia", en vez de implorar al Espíritu Santo.[8] Y en cuanto al rosario, en el cual se cuentan decenas de padrenuestros y avemarías, es una costumbre que sería admisible en rigor entre los seglares, siempre que de él no se esperen efectos milagrosos. Erasmo se detenía aquí, en el umbral del campo infinito de las oraciones populares y supersticiosas "que no están muy lejos de las imprecaciones mágicas".

Era preciso analizar detenidamente este librito. En efecto, no hay en él una sola página que no haya sido familiar a millares de espirituales españoles, y que no haya sido meditada o discutida por algunos de ellos. La posteridad más directa del *Modus orandi* en la época que vio florecer los primeros tratados españoles de oración es el *Tratado de la oración* del canónigo Porras,[9] publicado en 1552, pero concluido en 1550. En un prefacio

8 Cf. *supra,* págs. 564-565, nota 18, un pasaje análogo de la *Praeparatio.*

9 *Tratado de la oración que se divide en tres partes. La primera pone todas las circunstancias que son necessarias para que la oración sea perfecta. La segunda contiene una declaración de la oración del Pater Noster. La tercera siete contemplaciones sacadas de las siete peticiones del Pater Noster por los días de la semana. Compuesto por el muy reverendo y magnífico Señor el Dr. Antonio de Porras, Canónigo de Plasencia,* Alcalá, 1552. Este rarísimo libro se encuentra en la Biblioteca del Escorial. Sobre el autor, cf. *supra,* pág. 534, nota 17. La aprobación del Obispo de Plasencia está fechada en Xarayzejo, a 30 de diciembre de 1550. Vindel, *op. cit.,* t. VII, núm. 2239, reproduce la portada de este *Tratado.*

En cuanto al lugar de la oración, Porras está menos dispuesto que Erasmo a juzgar de escasa monta el asunto: "No se debe estimar en poco el lugar deputado a la oración ni el ayuntamiento de muchos a efecto de rezar." La cuestión de "si basta hacer oración con sólo el pensamiento" se plantea en los mismos términos que en el *Modus orandi*, sin que Porras parezca animado, como el traductor de Erasmo, por un afán de propaganda en favor de la oración mental.[24]

La segunda parte del *Tratado*, que es la más larga, está ocupada casi íntegramente por un comentario del *Pater Noster*, uno de los más completos que en esa época se escribieron en lengua española, y que Porras prolonga explicando "cómo el *Pater Noster* incite a bien obrar". El tratado de oración concluye así como tratado de moral, no sin tomar varias ideas de Erasmo, en particular en unas ingeniosas páginas acerca de los males de que es responsable la lengua. Es preciso añadir que estas consideraciones morales se presentan como materia de posibles "contemplaciones" sobre el Padrenuestro. Uno de los rasgos de la escuela erasmiana de oración es ese deseo de orientar la meditación hacia la reforma de la vida.

El *Modus orandi*, antes de inspirar el *Tratado* de Porras, había suscitado otro libro cuyo interés es mucho más complejo, porque se presenta con apariencias de réplica a Erasmo, a la vez que se inspira, en amplia medida, en su espíritu. El autor, Martín de Azpilcueta,[25] era universalmente conocido entonces por su título de "Doctor Navarro". No era un teólogo, sino un canonista, que había formado a generaciones de estudiantes, en Tolosa, en Cahors, en Salamanca, y después en Coimbra, donde seguía enseñando. Gran profesor, personalidad vigorosa, es amigo de la joven Compañía de Jesús, a la cual muestra la vía de la casuística.[26] Él será el abogado de Carranza perseguido.[27] En el curso de su larga vida, es uno de los principales artesanos de la reforma católica. No debe repelernos este título: *Commento en romance a manera de repetición latina y scholástica de juristas, sobre el capítulo "Quando... De consecratione, Distinctio pri-*

[24] *Ibid.*, fols. 51 rº y 58 vº.

[25] Su biografía ha sido intentada por Arigita, *El Doctor Navarro Don Martín de Azpilcueta*, Pamplona, 1895. Está ya parcialmente esbozada en la epístola dedicatoria del *Index rerum et verborum copiosissimus ex Des. Erasmi Roterodami Chiliadibus per Joannem Vasaeum brugensem*, Coimbra, 1549. Este repertorio de los *Adagios*, debido al brugense Juan Vaseo, catedrático entonces en Portugal, está dedicado, en efecto, a Azpilcueta (Évora, 17 de septiembre de 1547). Mi amigo Amalio Huarte y Echenique, a quien se deben unos interesantes *Apuntes para la biografía del Maestro Juan Vaseo* (R. A. B. M., t. XL, 1919, págs. 519-535), ha tenido la gentileza de consultar para mí, en la Biblioteca de Ajuda (Lisboa), el único ejemplar conocido del *Index*. Acerca de Vasco y sus obras, véanse los estudios de Roersch en *L'humanisme belge, op. cit.*, págs. 79-96, y en la *Bibliotheca Belgica*, entrega 202, Gand, 1931. —J. López Ortiz (*Un canonista español del siglo xvi, el Doctor Navarro D. Martín de Azpilcueta*, en *La Ciudad de Dios*, t. CLIII, 1941, págs. 271-301) insiste en el anti-erasmismo de Azpilcueta, como si, por su inclusión en el presente libro, fuera preciso lavarlo de una sospecha de erasmismo.

[26] Sobre su simpatía por los jesuitas, véase el *Chronicon* de Polanco, y también el elogio que hace de la Compañía de Jesús en el *Enchiridion sive manuale de oratione*, Lyon, 1580, pág. 532.

[27] Menéndez y Pelayo, *Heterodoxos*, t. V, págs. 54 y 60.

ma".[28] Por su afán de hablar el lenguaje de todos, Azpilcueta renovó un género pedantesco.

Es una revisión ortodoxa de todos los problemas planteados por el *Modus orandi*, y es mucho más todavía. A propósito del lugar de la oración, a propósito de los oficios, de las procesiones, toda la vida religiosa de la época es evocada por un hombre empeñado en orientarla hacia un camino más austero. Iglesias que, en las aldeas de Castilla o de Navarra, oyen las griterías profanas de las asambleas municipales y los mil regateos del comercio; iglesias adonde se invita a almorzar a los viajeros de nota, porque son lugares frescos en verano y tibios en invierno; iglesias en que un grupito de canónigos, de clérigos, de frailes, de monjas y de seglares se reúne para conversar a sus anchas "riendo, burlando, chirlando y por ventura mentiendo y jurando", y murmurando del prójimo.[29] Irrupción en el santuario de regocijos profanos, de mascaradas danzantes y tumultuosas. Cabalgatas brillantes y costosas de la fiesta de Corpus Christi, que vienen a distraer a los sacerdotes durante los oficios:

Por ver y mirarlas, algunos clérigos dejan el coro, otros el canto, otros ríen cantando y riendo cantan, dellos no atienden a lo que dicen, dellos más devotos están en notar quién cómo salió vestido, y quién cómo danza, baila, burla y dice gracias, que en contemplar en el mismo Santísimo Sacramento que allí se lleva, o en el misterio que aquella procesión representa. Y aún, lo que es peor, algunas veces veréis al mismo que lleva el Santísimo Sacramento o la imagen principal reírse y tener los ojos más tendidos a estas burlas y ruidos que al mismo Dios y hombre que en sus manos lleva.[30]

Canónigos que interrumpen el rezo del oficio para contar a su vecino algún chiste o alguna noticia, para hablar de un negocio, para reír, para mandarse uno a otro recados que nada tienen de urgente, para saludarse con el bonete, y que finalmente salen para ir a los retretes o a otros lugares.[31] Invasión de la liturgia por la música; coristas de voz refinada que son causa de distracción para los fieles, siendo así que el canto, según San Agustín, no debería ser más conmovedor que lo que se canta. Vanidad de los ricos que gastan "ciento, quinientos, mil ducados, y aun un cuento en cantores que no saben latín, livianos, viciosos y desatinados, y dudan de dar ciento a un predicador doctísimo". Indiscreta mezcla, en el oficio de Navidad, de las canciones profanas. Impertinencia del órgano, que a menudo toca tonadas conocidas sin preocuparse de la indecencia de la letra. Intromisión, en los oficios, de fantasías corales imitadas de Francia, "con que cantando representan el son de los atambores y trompetas, el cabalgar, el tomar de la lanza, el pelear y los golpes del artillería con el alboroto de la guerra".[32]

28 Coimbra, 1545. Reimpreso con el mismo título en Coimbra, 1550, y con el título de *Libro de la oración, horas canónicas y otros officios divinos* en Coimbra, 1561.

29 *Commento*, págs. 100-102.

30 *Ibid.*, págs. 96-97.

31 *Ibid.*, pág. 287.

32 *Ibid.*, págs. 278-279 y 276.

leza de casuista.[43] Las innumerables devociones a que recurren los católicos "por evitar tribulación o alcanzar prosperidad temporal" son malas si el fiel toma esos bienes por "fin principal". Pero si los toma por "fin menos principal", entonces son buenas. Oraciones y ayunos de las doncellas que quieren marido, de los hombres de guerra que quieren verse salvos de los peligros; rezo del evangelio de San Juan por los cazadores, para que el águila no les mate sus gavilanes y sus halcones; oraciones, votos, misas a San Antonio para encontrar un objeto perdido; todas "las misas y otras oraciones, las procesiones, limosnas, ayunos, romerías, disciplinas, novenas" por la curación de un enfermo, por la salud en tiempo de epidemia, por los viajeros, por los que están en el mar, por la paz, por la lluvia o el buen tiempo, por la victoria del rey, para tener hijos: otras tantas oraciones que *pueden* ser buenas. Sin mencionar aquí a Erasmo, Azpilcueta opina que "los doctores que se ríen o burlan de todas estas oraciones y obras en sí buenas, en parte tienen razón y en parte no, y asimismo los que a todas ellas defienden..."

Por lo demás, es claro que, de acuerdo con su definición del "fin principal", las oraciones son más a menudo buenas que malas.[44] Pero el Doctor Navarro condena sin distingos ciertas prácticas como puramente supersticiosas: la costumbre de algunas aldeas en que, para alcanzar la lluvia, se zambullen en el río las imágenes de San Pedro y Santa Felícitas; las oraciones que se rezan la mañana de San Juan mientras se recogen ciertas hierbas, antes de la salida del sol; cierta oración que un día le dieron a él mismo, escrita en el fondo de una escudilla, para que la tomara junto con vino un enfermo de tercianas; las oraciones que se cuelgan del cuello con un cordón hilado por una hilandera virgen, y a cierta hora del día.[45]

Erasmo es reprendido con moderación por su severo juicio acerca de los reyes que rezan las Horas canónicas.[46] La costumbre le parece loable a Azpilcueta, siempre que el tiempo que a ello consagren se tome de sus ratos de ocio y no de las horas debidas a su oficio de reyes. "Ni pienso —añade— que la intención de aquel docto varón fue otra." Donde se aparta sobre todo de él es en lo relativo a la invocación de la Virgen y los santos. Le parece que este culto despierta la fe en la inmortalidad, y que lleva a su perfección el amor mutuo entre los miembros de Cristo.[47] Muestra cómo se puede invocar a Nuestra Señora sin atentar contra la verdadera fe ni contra el honor de Cristo. Si la llamamos nuestra salvación y nuestra vida, no es porque ella misma lo sea, ni porque ella sola nos pueda salvar, sino porque puede alcanzarnos la salvación mejor que ninguna otra creatura, por muy pura que sea. Si la llamamos madre, fuente de misericordia, de gracia, de consuelo, de clemencia y de perdón,

---

[43] *Ibid.*, págs. 106 *ss.*
[44] *Ibid.*, págs. 121-122: "No se dizen empero tomarse por fin principal [estos bienes] por sólo ser ellos tal causa que se dexarían de se hazer si no interveniessen ellos."
[45] *Ibid.*, págs. 136-137 y 338.
[46] *Ibid.*, pág. 301.
[47] *Ibid.*, pág. 332.

no es porque ella en sí sea la fuente de estos beneficios, sino porque de sus entrañas nació el verdadero Dios que los derrama. Si le decimos con la Iglesia: "Defendednos del enemigo, recibidnos a la hora de la muerte", no es porque ella sola pueda hacerlo, sino porque ella es, por excelencia, la medianera que puede alcanzarnos esos auxilios.[48] Un Erasmo, dice Azpilcueta, no puede encontrar nada que decir en contra de estas oraciones y de estas invocaciones así entendidas. Muy afecto a la devoción mariana, el Doctor Navarro comenta largamente el Ave María, y más brevemente la Salve Regina,[49] mientras que los puros erasmistas —Valdés, Constantino, el mismo Porras— se contentan de manera sistemática con explorar las riquezas del *Pater*.

Defiende el culto de los santos lo mismo contra las críticas del *Modus orandi* que contra las ironías de la *Peregrinatio*. No desecha de modo absoluto las consideraciones históricas de Erasmo según las cuales ese culto es una transposición de costumbres paganas, siempre que se vea lo que hay en él de valor positivo. Al igual que la ceremonia de la Candelaria, la invocación de los santos tiene su plena significación sin salir de la tradición puramente cristiana. Y Azpilcueta desea que la veneración de los cristianos se detenga en todo cuanto queda de los santos, en todos los objetos que les pertenecieron.[50]

Ciertamente, reconoce y condena el sesgo supersticioso que toma a menudo la oración a los santos: es un error, dice, invocar uno sediciosamente a los santos de su orden, de su patria, de su oficio: invocar, por ejemplo, a Santo Domingo despreciando a San Francisco, o invocar a los santos de España desdeñando a los de Francia. Pero se niega a condenar una tradición tan fuertemente arraigada como es la de la especialización de los santos para la concesión de favores determinados. La intercesión de Santa Apolonia, pedida por quienes sufren dolor de muelas, bien puede ser la más agradable a Dios, en memoria de los padecimientos que ella soportó cuando sus dientes le fueron arrancados cruelmente. Bien puede ser que Dios haya decretado otorgar ciertos favores por intercesión de ciertos santos. El error sería creer que no se pueden alcanzar sin esa intercesión.[51]

Prosiguiendo en el mismo sentido su crítica del *Modus orandi*, Azpilcueta defiende contra las ironías erasmianas al buen hombre de Lovaina que iba de capilla en capilla rezando padrenuestros y avemarías ante diversas imágenes. Es claro que un padrenuestro se dirige siempre a Dios, aun cuando, con un sentimiento de piedad, se rece en honor de un santo. Si el buen hombre decía: "¡Para ti, Santa Bárbara!" y "¡Para ti, San Roque!", no lo hacía para fiscalizar los asuntos entre ambos santos, sino que ingenuamente ponía orden en sus devociones. Ni siquiera la oración de los ignorantes que no entienden lo que rezan [52] debe excitar un desprecio

48 *Ibid.*, pág. 336.
49 *Ibid.*, págs. 462 *ss.* y 495.
50 *Ibid.*, págs. 340 *ss.*
51 *Ibid.*, págs. 337-338.
52 *Ibid.*, pág. 341.

neses, Carranza siguieron libremente al mismo tiempo que se inspiraban en una tradición anterior.

En Nápoles, Valdés continúa explorando la Escritura según el mismo método; profesa "que la oración e la consideración son dos libros o intérpretes para entender la Sancta Escriptura muy ciertos"; entiende que la oración "es abrir el camino" por el cual la consideración hace en seguida "caminar" al hombre. Sabido es que estas fórmulas son las de la Consideración LIV, que Carranza introdujo en España.[2] Hay que añadir que otro espiritual que contribuyó a difundirla fue Antonio de Córdoba, jesuita de noble nacimiento, uno de los dos hijos de la Marquesa de Priego a quienes Fr. Luis de Granada dedicó su *Libro de la oración*.[3] La meditación valdesiana está orientada por un sentimiento fortísimo de la indignidad del pecador y de la omnipotencia de la gracia, por el pensamiento siempre presente del "beneficio de Jesucristo".

Dentro del movimiento sevillano, Constantino dio un modelo incomparable de esta orientación con su *Confesión de un pecador penitente*. Aquí el alma cuenta su historia desde el seno de la nada: "Tiempo fue, Señor, cuando no era; dístesme ser..." Después de andar extraviada por mucho tiempo, se reconoce finalmente pecadora, desde el más lejano pasado a que puede remontarse su conciencia. Los mandamientos y el Símbolo sirven de texto a su meditación sobre la grandeza de las gracias divinas y la ingratitud del pecador endurecido. ¡Ay! ¿Cómo podía el pecador haber conocido a Dios, si no se conocía a sí mismo? Y por último, viene el llamamiento a una misericordia infinita y la reivindicación del beneficio de la redención: "Quiero, Señor, hacer cuenta (y no mentiré en hacerla) que yo sólo tengo necesidad de los bienes que repartistes a todos. Ya que todas las culpas sean mías, vuestra muerte es toda mía." Y así como el verdadero creyente pide a Dios que aumente su fe, así la conversión se traduce en una sed de conversión que no puede saciarse sino en una fuente divina:

---

[2] Menéndez y Pelayo, *Heterodoxos*, t. V, pág. 27 (corríjase: LIV en vez de LXV). Cf. Juan de Valdés, *Ziento y diez consideraziones*, trad. Usoz (Madrid), 1863, pág. 182.

[3] *Proceso de Carranza* (B. A. H.), t. I, fols. 432 ss. Véase en particular el interrogatorio sufrido por Don Antonio el 10 de octubre de 1559. Éste recibió el Parecer sobre los dos intérpretes de la Sagrada Escritura cuando estaba en Salamanca, unos diez años antes. No se acuerda ya de quién se lo dio, si el Bachiller Francisco Martínez, cura de San Muñoz, o Sabino Astete, canónigo de Zamora. Le dieron ese papel diciéndole que provenía de Carranza, pero que era obra de cierto napolitano. Hacia 1555, estando todavía en Salamanca, Antonio de Córdoba dio copias a tres estudiantes: Don Juan de Rivera, hijo del Duque de Alcalá, Juan de León y Sebastián Pérez. Pero como Sotomayor le hizo algunos reproches, recogió las copias y las rompió. Fr. Luis de la Cruz, a quien habló de ese asunto, le dijo que eso no era nada "e que él también lo tenía y que no era del maestro [Carranza] de Miranda". Sobre el enmarañado asunto del papel valdesiano, cuya comunicación a Carranza parece haber sido invento de Fr. Domingo de Rojas para ocultar su secreto conocimiento del libro de Valdés, véase el documentado estudio de J. I. Tellechea, *Juan de Valdés y Bartolomé Carranza*, art. cit. — Sobre la interpretación valdesiana de la Escritura, cf. Margherita Morreale, *La antítesis paulina entre la letra y el espíritu en la traducción y comentario de Juan de Valdés (Rom., 2, 29 y 7, 6)*, en *Estudios Bíblicos*, t. XIII (1954), págs. 167-183.

Convertidme, Señor, y quedaré de verdad convertido; porque estonces será verdadera mi penitencia cuando Vos me castigáredes con vuestra mano, me atemorizáredes con vuestro juicio, me reveláredes mi perdición... Dadme el alegría que Vos soléis dar a los que de verdad se vuelven a Vos. Haced que sienta mi corazón el oficio de vuestra misericordia: la unción con que soléis untar las llagas de los que sanáis, por que sienta yo cuán dulce es el camino de vuestra Cruz y cuán amargo fue aquel en que me perdí.[4]

Pocas páginas hay más hermosas que éstas en la literatura religiosa de España. Si algún reproche se les puede hacer es que guardan, en la expresión de un voluntario anonadamiento humano, esa perfección oratoria que hace pensar en Bossuet. La *Confesión* de Constantino es la de un hombre que ha sido hondamente conmovido por las de San Agustín. Deja muy a la zaga la unción un tanto fría del sermón de Erasmo sobre la *Misericordia,* y se conecta más bien, dentro de la literatura espiritual de que por esos días se nutría la piedad de España, con la meditación de Savonarola sobre el *Miserere.*

No obstante, deriva de esa corriente erasmiana de meditación que Juan de Valdés parece haber sido uno de los primeros en seguir con fortuna: meditación por la cual el cristiano descubre la dulzura de la ley de gracia —yugo suavísimo y carga ligerísima—, pero no la comprende a fondo sino a condición de haber comprendido antes la ley antigua y el pecado original. Meditación que va directamente a la salvación por la fe y que, por consiguiente, es negadora de las devociones con que algunos pretenden cubrirse de méritos. Se opone de modo muy especial a la meditación imaginativa de la Pasión que había popularizado la *Vita Christi* del Cartujano, y a la cual los *Ejercicios* de San Ignacio están dando en ese momento un vigor absolutamente nuevo. En esto, pero en esto sobre todo, se emparienta con la espiritualidad franciscana que, desde el *Tercer abecedario* de Osuna hasta la *Subida* de Laredo, da cada vez con mayor precisión como fin de la meditación un estado de "no pensar nada" en que el alma se une a Dios sin tener necesidad de un intermediario que sería la humanidad crucificada de Jesús.

[4] Constantino, *Confesión de un pecador penitente,* págs. 363 ss., 383, 387, 390, 391-392 de la reimpresión de Usoz (cf. *supra,* pág. 535, nota 19). Boehmer, *Spanish reformers,* t. II, pág. xii, describe una curiosísima edición impresa en Portugal en 1554, en la cual la *Confesión* va seguida de dos meditaciones de Fr. Luis de Granada. Este volumen materializa de manera muy gráfica el lazo que une a Constantino con la escuela española de oración. Aunque al P. Beltrán de Heredia (*Corrientes, op. cit.,* pág. 143) le parece "inconsciencia" del editor el juntar a Fr. Luis con el Doctor Constantino, no se trata de ningún capricho, menos aún de una edición clandestina hecha a espaldas del P. Granada. El editor Andrés de Burgos, después de publicar en Sevilla el *Tratado de la oración* de Erasmo, se había trasladado a Évora, donde ostentaba el título de "impresor del Cardenal Infante" Don Henrique. Allí vivía también Fray Luis, consejero espiritual del mismo Cardenal. Además, todavía en 1559, cuando Fr. Luis de Granada publica en Lisboa el *Compendio de doctrina cristãa* compilado de varios autores, echa mano de la *Suma* del Doctor Constantino para el comentario del *Pater Noster,* estando ya preso el Doctor en la cárcel de la Inquisición de Sevilla. Del curioso librito impreso por Andrés de Burgos se conserva un ejemplar en la B. P. E., además del ejemplar de Madrid cuya signatura da el P. Beltrán de Heredia.

La meditación erasmiana es, por esencia, libre y no metódica. Sería preciso, sin embargo, no abrir desde el principio un abismo entre la espiritualidad erasmiana y la de los jesuitas. Esta última, en sus comienzos, fue mucho más ecléctica que en las épocas siguientes, en que el método de los *Ejercicios* se ha hecho su norma inflexible.[5] Por otra parte, el erasmismo también simpatizó con el empuje inicial de una piedad metódica que enseña a fijar la atención en Cristo salvador. La tradición que afirma que Íñigo, durante su permanencia en París, hizo un viaje a Brujas y allí trabó conocimiento con Vives, es tradición sumamente probable, corroborada por el hecho de que el más antiguo manuscrito conocido de los *Ejercicios* es la copia de John Helyar, discípulo inglés de Vives.[6] En un curioso pasaje de la *Praeparatio*, Erasmo mismo da su aprobación a una práctica de la que no decía nada en la *Pietas puerilis,* y que consiste en dividir en "horas" la historia de la muerte del Señor para que los niños se acostumbren a conmemorar cada día algún momento de ella con acción de gracias. Y se apresura a añadir que reemplazar esas horas por las de la Virgen "no es, desde luego, una invención impía, pero, si se permite confesar la verdad, es cambiar el vino en agua".[7] ¿Quién sabe si la meditación ignaciana no pareció primero a los erasmistas como una reacción utilísima contra la invasión de la devoción mariana?

En todo caso, no se debe olvidar que Erasmo, en el año que precedió a su muerte, publicó un librito de *Oraciones nuevas* "para habituar a los adolescentes a conversar con Dios",[8] y que Vives, ese mismo año, editó una recopilación de ejercicios espirituales. Entre las oraciones de Erasmo había algunas para las ocasiones decisivas de la vida, para el amanecer y para el anochecer, para las diversas estaciones del año; allí se encontraban

---

5 Véase sobre esto el P. Bernard, *Essai historique sur les Exercices,* Louvain, 1926, citado por H. Bremond, *Histoire littéraire du sentiment religieux en France,* t. VIII: (2) *La métaphysique des saints,* Paris, 1928, pág. 190. Pedro Canisio reedita a Taulero en 1543. Los cartujos de Colonia, en 1555, dedican a Ignacio de Loyola una edición de Herph. La epístola dedicatoria de Bruno Loher a San Ignacio y a sus hermanos de la Compañía puede verse, debidamente anotada, en *Monum. Hist. S. J., Fontes narrativi, op. cit.,* págs. 753-761. Allí se lee este significativo elogio de los jesuitas: "utpote qui totos vos ad eam vitam componere studetis, quae ab Harphio et aliis perfectissima dicitur, nempe communem illam et ambidextram, contemplari simul et agere aeque paratam". Esta definición de la "vida común y ambidextra", según me hace notar Jean Dagens, revela la verdadera originalidad de los "Hermanos de la vida común" fundadores de la *devotio moderna.*

6 Cf. Dudon, *Saint Ignace de Loyola,* Paris, 1934, págs. 180-181, M. Bataillon, *Autour de Luis Vives et d'Íñigo de Loyola, B. H.,* t. XXX (1928), págs. 184-186, y De Vocht, *John Helyar, Vives' disciple,* en *Monum. humanistica Lovaniensia,* t. IV, págs. 587-608.

7 El pasaje está en *Opera,* t. V, col. 1306. Cf. *supra,* pág. 560. Citemos la traducción de Bernardo Pérez, que no tradujo lo referente a las Horas de Nuestra Señora: "Y por esto me parece que fue cosa devota repartir los passos de la Passión por ciertas horas del día para que los mochachos desde la niñez se avezen a contemplar en ella" ("quo pueri consuescerent singulis diebus aliquam illius portionem commemorare cum gratiarum actione").

8 Erasmo, *Precationes aliquot novae ac rursus novis adauctae, quibus adolescentes assuescant cum deo colloqui. Item ejaculationes aliquot e scripturae canonicae verbis contextae, cum aliis nonnullis valde piis,* Basilea, agosto de 1535.

dos hermosas invocaciones al Espíritu Santo y a la Virgen Madre; una recopilación de "jaculatorias", cuya parte esencial provenía a menudo de la Escritura o de los Padres, se dedicaba especialmente al joven David Paumgartner; todo esto se completaba con la larga "Oración al Señor Jesús por la paz de la Iglesia", plegaria erasmiana por excelencia, que se remontaba a 1532. Importa señalar que la "Oración rogativa al Hijo de la Virgen, Jesús, liberador del género humano", incluida en el mismo librito, y cuya espiritualidad es afín a la del Beneficio de Jesucristo, apareció pocos años después en traducción española.[9]

En cuanto al libro de Vives, no es su título lo único que nos hace pensar en los *Ejercicios espirituales*.[10] Después de una preparación del alma para la oración, en forma de aforismos que se encadenan, se encuentran en él "Oraciones y meditaciones cotidianas"; en seguida "Oraciones y meditaciones generales", cuyo texto va casi siempre seguido de temas de meditaciones sumariamente indicados. Hay allí invocaciones a la Virgen, a los santos en general y más especialmente a los mártires. Las oraciones más conmovedoras se dirigen al Crucificado o a la Cruz y van acompañadas de una larguísima meditación sobre la Pasión. Naturalmente, la oración dominical, "modelo de todas las oraciones", se comenta casi palabra por palabra. Estas oraciones de Erasmo y de Vives encantaron a los clérigos que eran al mismo tiempo humanistas. Sobrias, fervorosas, impregnadas de razón, atentas a pedir la renovación del ser por la gracia y no favores particulares, contribuían a hacer nacer una corriente duradera de piedad ilustrada. En España, los ejercicios de Vives fueron traducidos en 1537 por el burgalés Diego Ortega con el título de *Comentarios para despertamiento del ánimo en Dios;*[11] así llegaron hasta el gran público.

9 El texto original ("Precatio Erasmi Rot. ad Virginis filium Jesum humani generis assertorem") puede verse en Erasmi *Opera*, ed. de Leiden, t. V, cols. 1210-1216). Hasta ahora (1964) había pasado inadvertida su traducción española. Aparece curiosamente como epílogo devoto puesto por Blasco de Garay (o por un anónimo continuador) a la segunda de las *Cartas de refranes* "en que él, estando en su buen propósito de se confesar, en lugar de respuesta, amonesta a su señora que se dé al servicio de Dios". El traductor dice que esta "Oración" la "compuso en latín aquel buen maestro de hablar Erasmo Roterodamo, e yo la trasladé en castellano por obra muy singular y con que se podía venir en grande aprovechamiento, según es escogida en todo, así en las cosas que contiene, como en las palabras". La traducción, bastante fiel, figura en la edición de las *Cartas de refranes* de Blasco de Garay intercalada por Alfonso de Ulloa entre el *Proceso de cartas de amores* [de Juan de Segura] y el *Diálogo de las mujeres* [de Cristóbal de Castillejo], en un volumen publicado en Venecia (Gabriel Giolito de Ferrariis) en 1553, reimpreso en Madrid, 1956, para la Sociedad de Bibliófilos Españoles (Segunda época, t. XXXI). Puede verse en esta reimpresión, págs. 137-150. Figura ya en la primera edición de las *Cartas de refranes de Blasco de Garay con otras de nuevo añadidas, impresas año MDXLV* (Palau, *Manual*, t. VI, nº 97.646, ejemplar en la B. N. M., R. 4034). Pero falta en todas las ediciones posteriores a 1553 que he podido consultar. Sobre la significación del contexto editorial en que aparece, cf. M. Bataillon, *"La Célestine" selon Fernando de Rojas*, Paris, 1961, págs. 224-225.

10 J. L. *Vivis Valentini, ad animi exercitationem in Deum commentatiunculae*, Amberes, 1535.

11 *Comentarios para despertamiento del ánimo en Dios y preparación del ánimo*

Esta corriente moderna mezclaría sus aguas con las de la espiritualidad de los monasterios, alimentada en otras fuentes. El humanismo cristiano había penetrado en los claustros, en los cuales más de un fraile, quizá, decía en confidencia, como cierto cartujo flamenco: "Erasmo me ha enseñado a encontrar en Cristo el Camino, la Verdad y la Vida, y a confiar en Él solo." [12] Es ésta una influencia sobre la cual nos hallamos mal informados, por lo que a España se refiere; la reacción que suscitó hacia 1558 borró casi todas sus huellas. Tenemos, por lo menos, el testimonio directo de un Nicolás Clénard, discípulo de Erasmo y de los profesores del Colegio Trilingüe de Lovaina: cuando Clénard se establece durante cierto tiempo en Salamanca, adonde se ha dirigido para aprender árabe, y donde recibe el encargo de enseñar griego, dos de los españoles con quienes simpatiza más son un franciscano y un dominico, Fr. Francisco Castillo y Fr. Francisco de Vitoria, [13] que en 1527 se habían declarado contra Erasmo, el uno con cierto vigor, el otro con mayor moderación. Por lo demás, ya hemos visto lo que un Carvajal, célebre por su intervención en la polémica antierasmiana, debía al espíritu del humanismo cristiano.

La literatura franciscana de oración, en la medida en que hemos podido estudiarla, no ofrece huella apreciable de influencia erasmiana, aunque tenga en común con el erasmismo su empeño en sobrepasar la meditación imaginativa de la Pasión. [14] Tal vez el proceso del iluminismo y del erasmismo, en el que se vieron comprometidos por diversas razones Fr. Francisco Ortiz y Fr. Juan de Cazalla, haya obligado a los franciscanos a proteger su afición a la interioridad contra ciertas sospechas. Tal vez también se hayan internado de manera más decidida, con la *Subida* de Fr. Bernardino de Laredo, por el camino del recogimiento y de la oración de quietud. Entre los dominicos, y particularmente en el convento de San Gregorio de Valladolid, es donde creemos observar una asimilación de la piedad de los humanistas por un movimiento espiritual que ya hemos señalado a propósito de Carranza. De esta confluencia nacería el más importante manual

para orar y un comentario y glosa sobre la oración del Pater Noster. Y oraciones y contemplaciones quotidianas y otras generales, compuestas primero en latín por el excelente y famoso varón el doctor Iuan Luys Viuas, traduzidas de allí en castellano por Diego Ortega de Burgos, vezino de Burgos, Amberes (M. Hillen), 15 de octubre de 1537. Al fin del volumen se halla un fragmento de carta de Vives a Ortega en el cual se excusa, por su salud y sus trabajos, de no haber revisado la traducción. Confiesa, por lo demás, ser un mal revisor, porque siempre se ve tentado a rehacer el trabajo. Esta edición de Amberes se conserva en la B. N. L. (Res. 1013 P). No llegó a conocerla Bonilla, el cual describe únicamente la de Burgos, 1539 (Bonilla, *Luis Vives, op. cit.*, t. III, pág. 220).

[12] Citado por Allen, *Erasmus, op. cit.*, pág. 72.

[13] Clénard, *Epistolarum libri duo*, Amberes, 1566, págs. 241 ss.

[14] E. Asensio, *El erasmismo...*, *art. cit.*, págs. 70-83, discute las analogías externas y las profundas diferencias entre erasmismo y franciscanismo dentro de tendencias generales alumbradas o místicas. Además del autor de las *Excelencias de la fe* (cf. *supra*, pág. 547, nota 4), destaca al del raro *Libro llamado Via spiritus*, obra de tono ascético y tendencia quietista, prohibida en 1559 por el Índice de Valdés, pero de cuya impresión de 1541 "abundan los ejemplares en las bibliotecas de Portugal". Está "a mil leguas de la nueva espiritualidad" influida por Erasmo.

de oración que produjo entonces España: el *Libro de la oración y meditación* de Luis de Granada, completado con su *Guía de pecadores.*

Según parece, Luis de Granada fue precedido en esta ruta por un clérigo secular, Juan López de Segura, autor de un *Libro de instrucción christiana y de exercicios spirituales,*[15] para el cual había obtenido diferentes testimonios de ortodoxia: es interesante notar que la autoridad a que se dirigió primeramente fue la del Colegio de San Gregorio, en la persona de Fr. Juan de la Peña.[16] A pesar de su título un tanto confuso, la razón de ser del libro es precisamente "la meditación y oración interior, que Sant Dionisio llama teología mística".[17] La primera parte, consagrada a la simplicidad cristiana interior, a la simplicidad cristiana exterior, a los vicios y virtudes, se presenta como una introducción a la segunda: De la meditación y oración interior. Espíritu más prudente que Luis de Granada, Segura, que no ignora nada de las sospechas con que choca esta literatura,[18] tiene cuidado de explicar, con San Agustín, Santo Tomás y Cayetano, que es preciso proceder con método de lo externo a lo interno, y no penetrar en el templo de la meditación sino por el portal del entero cumplimiento de la ley divina. En vano se buscarían en él llamamientos a la oración mental dirigidos a todos los hombres. En cambio, acumula autoridades para demostrar que un fraile que no se entrega a la contemplación es un religioso sin religión.[19] Hace un gran elogio de las órdenes ricas en santos, dominicos, agustinos, franciscanos, benedictinos, sin olvidar a los cartujos y a sus mártires de Inglaterra, cuya sangre está todavía fresca, ni a la orden española de los jerónimos, ni a la joven y "devota Compañía de Jesús".[20]

Si se emparienta con Luis de Granada, es principalmente a causa de los maestros recientes cuya autoridad invocan ambos. En la parte dedicada a la simplicidad cristiana, aduce no sólo a Carranza y a Vitoria, sino también, y sobre todo, a Savonarola.[21] En materia mística, sus maestros son, no únicamente San Buenaventura, Ricardo de San Víctor y Gersón,

---

[15] Juan López de Segura, *Libro de instrucción christiana y de exercicios spirituales y preparación para la missa y sancta communión,* Burgos, 1554 (ejemplar en la Staats-Bibliothek de Munich). El libro, dedicado por el autor a María Tudor, estaba compuesto, sin duda, desde hacía varios años cuando se publicó, pues la censura de Fr. Juan de la Peña está visada por la Inquisición de Valladolid el 19 de octubre de 1552.

[16] Sobre este dominico, y en particular sobre la amistad que lo unió a su maestro Carranza, véase la monografía del P. Vicente Beltrán de Heredia, *El Maestro Juan de la Peña, O. P.,* Salamanca, 1936 (separata de *C. T.*), págs. 6 ss. Como es natural, figura también entre los defensores de los jesuitas (cf. Astráin, *op. cit.,* t. I, págs. 333-338, y t. II, pág. 81). La conformidad de Juan López de Segura con Savonarola se revela en el título de la primera parte de su libro: "Tratado primero, de la Simplicidad christiana interior." Su afinidad con los dominicos de tendencia savonaroliana se advierte en el sentido elogio que hace (fol. 179 r°) de Fr. Juan Hurtado, perfecto fraile y hombre de oración. Sobre este Hurtado, cf. Beltrán de Heredia, *Historia de la reforma, op. cit.,* cap. VII.

[17] *Libro de instrucción...,* Prefacio al lector.

[18] *Ibid.,* habla de "la priessa que algunos se dan, no a interpretar píamente los libros que con charidad se escriuen, mas a impugnarlos o calumniarlos con passión humana".

[19] *Ibid.,* fol. 6 r°-v°.

[20] *Ibid.,* fols. 179 r° ss.

[21] *Ibid.,* fols. 9 v° ss. (fol. 17 para Carranza).

sino también Enrique de Herph y Serafino de Fermo.[22] Ahora bien, en los ejercicios espirituales que compone para uso de los principiantes, de los proficientes y de los perfectos, se ve aparecer, en un nivel bastante elevado, el tema de la suprema grandeza de Dios que consiste en habernos dado a su Hijo único. Las consideraciones que propone sobre este misterio están tomadas de la Escritura, de San Jerónimo y de otros santos, pero Segura advierte a su lector que un "teólogo grave" trata de la mayor parte de ellas. Este teólogo no es otro que Luis Vives.[23]

A Luis de Granada [24] estaba reservado fundir de manera más decisiva la herencia de interioridad del erasmismo con muchas otras tradiciones antiguas o recientes, pero, sobre todo, con una tradición dominicana de oración mental que venía de Savonarola. Ninguno fue más ecléctico, más hábil para soldar, en una sola, joyas de proveniencia muy diversa. Desgraciadamente, apenas podemos entrever el medio en que se formó y los ambientes por los cuales pasó hasta la época del *Libro de la oración*. El texto más antiguo que de él se posee es de 1532. Es una composición en versos latinos fechada en el Colegio de San Gregorio.[25] A esta época se remontan, sin duda, sus relaciones de amistad con Carranza, de quien tal vez fue alumno, y con quien aparece en profunda comunión espiritual.[26] El primer libro que se le atribuye es una traducción nueva de la *Imitación*,[27] obra que, como se recordará, era muy leída por los erasmistas españoles. En Andalucía se hace discípulo de Juan de Ávila y toma parte personalmente en el gran movimiento de predicación que renovaba la elocuencia del púlpito.[28] Pronto, en Évora, trabará amistad con los jesuitas. Proba-

---

22 Véanse en particular los fols. 99 *ss.*, 149 *ss.*, 166 *ss.*

23 *Ibid.*, fols. 130 v⁰-131 r⁰.

24 Sigue haciendo falta, desgraciadamente, una buena monografía sobre la espiritualidad de Fr. Luis de Granada. Vale como esbozo exacto, destinado al gran público, el libro de Raphael-Louis Oechslin, O. P., *Louis de Grenade ou la rencontre avec Dieu*, Paris (Le Rameau), 1954. Las páginas que le consagró E. Allison Peers en sus *Studies of the Spanish mystics*, London, 1927, ponen en claro sus afinidades con San Ignacio, pero dejan a un lado las fuentes que aquí señalamos nosotros. Por otra parte, Peers desatiende la transformación sufrida por los primeros libros a partir de su redacción primitiva —sobre la cual cayó la prohibición en 1559— hasta llegar a su estado definitivo.

25 Al final del libro de Fr. Diego de Astudillo, *Quaestiones... super octo libros Phisicorum*, Valladolid, 1532. Los versos de Fr. Luis de Granada en alabanza del libro van precedidos de un párrafo intitulado *Frater Ludovicus Granatensis Lectori candido*, fechado "E collegio divi Gregorii Pinciani idibus Martiis A. 1532". Fray Luis había entrado en San Gregorio en 1529, y salió de él, según parece, en 1534 (cf. Arriaga-Hoyos, *Historia del Colegio de S. Gregorio, op. cit.*, t. II, págs. 32-33).

26 Véase J. Cuervo, *Fray Luis de Granada y la Inquisición*, en *Homenaje a Menéndez y Pelayo*, Madrid, 1899, t. I, págs. 733 *ss.*, y Beltrán de Heredia, *Corrientes, op. cit.*, páginas 137 *ss.*

27 Publicada en Sevilla en 1536 (cf. Llaneza, *Bibliografía de Luis de Granada*, t. IV, Salamanca, 1928, págs. 62 *ss.*). Últimamente, y a base de la propia bibliografía del P. Llaneza (que no pone en tela de juicio la atribución a Fray Luis), he llegado a convencerme de que el traductor es Juan de Ávila, no Fray Luis, y que la traducción se atribuyó a éste por correr siempre, de 1555 en adelante, con un apéndice de oraciones añadido por el dominico.

28 Cf. Arriaga-Hoyos, *Historia del Colegio de San Gregorio, op. cit.*, t. II, págs. 40 *ss.*, y *supra*, págs. 533-534, nota 14.

blemente es amigo de aquellos que, en Baeza y en otros lugares, trabajan en popularizar a Savonarola y a Serafino de Fermo.[29]

Con estos italianos, entre los cuales Fr. Battista de Crema constituye tal vez un eslabón intermedio,[30] nos encontramos en el meollo mismo de la tradición espiritual que más significó para Luis de Granada. En otro lugar [31] hemos demostrado lo que su *Libro de la oración* debe a los trataditos de Savonarola sobre la oración. Aquí quisiéramos investigar si esta deuda con Savonarola no se complica con una influencia erasmiana. A primera vista, pocos hombres son más diferentes que Savonarola y Erasmo, por su destino y aun por su espíritu. Y, sin embargo, su influencia fue, en cierta medida, convergente. Ningún lector del siglo XVI se asombraba, sin duda, de ver reunidos en un mismo volumen las *Meditaciones* de Savonarola sobre los Salmos XXXI, LI y LXXX, sus diferentes comentarios de la oración dominical, y las *Oraciones* de Erasmo.[32] Y no se diga que esto es mero capricho de un editor, o que el anciano que escribió ese librillo piadoso de las *Precationes* no es el verdadero Erasmo. Hojeemos más bien el tratado en que Savonarola expresó con mayor claridad su concepción de la vida cristiana, el *De simplicitate*.

"Son cristianos —nos dice Savonarola— aquellos que imitan a Cristo, o que por lo menos han prometido imitarlo en el momento de su bautismo. Si posteriormente no lo imitan, son cristianos sólo de nombre, y no de hecho." Nos advierte también que "entre las obras ceremoniales, el devoto y frecuente uso del sacramento de la penitencia y de la Eucaristía es preferible, para aumentar y conservar la gracia, al uso de las demás ceremonias... Por el contrario, aquellos que frecuentan sin respeto esos sacramentos, sobre todo el de la Eucaristía, se hacen peores que todos los demás, como se puede ver en los malos clérigos y religiosos". La primitiva Iglesia era muy diferente de la actual:

Porque los cristianos han abandonado el verdadero culto de Dios, han llegado ahora a tal ceguedad, que ni siquiera saben ya lo que significa su nombre... Ocupados en ceremonias exteriores, no conocen el culto interior; nunca, o muy rara vez, leen las Escrituras; y cuando las leen no las comprenden. Dicen: "Nuestra alma siente náuseas de este alimento demasiado ligero. ¿Quién nos hará oír la elocuencia de Cicerón, las palabras sonoras de los poetas, la dulce lengua de Platón y las sutilezas de Aristóteles? Porque esta Escritura es demasiado simple. Es alimento de mujercillas. ¡Predicadnos, pues, cosas sutiles!"

---

[29] Cf. M. Bataillon, *De Savonarole à Louis de Grenade,* en *Revue de Littérature Comparée,* t. XVI (1936), pág. 36.

[30] En cuanto a las influencias de la corriente savonaroliana, de Serafino de Fermo y Fr. Battista de Crema, véanse los interesantes complementos de E. Asensio, *El erasmismo...*, *art. cit.*, págs. 85-93.

[31] M. Bataillon, *De Savonarole à Louis de Grenade,* art. cit., págs. 27-30.

[32] *Expositio ac meditatio in psalmos Miserere mei Deus, Qui regis Israel, et tres versus psalmi In te Domine speravi, Fratris Hieronymi de Ferraria, quam in ultimis diebus vitae suae edidit. Accessit ejusdem Expositio orationis dominicae,* Amberes (J. Steelsio), 1542 (B. N. P., Inv. D 51.651). Ese volumen contiene al final (fols. 166 rº-174 rº) un florilegio de oraciones tomadas de las *Precationes aliquot* de Erasmo. Sobre la traducción española de una de estas *Precationes,* cf. *supra,* pág. 591, nota 9.

El culto en espíritu, para Savonarola, es la oración: "La principal operación de los cristianos es la oración con la meditación o contemplación de las cosas divinas." Y el papel primordial de la gracia se acentúa fuertemente: "La raíz, el fundamento de la vida cristiana, es la gracia de Dios... La vida cristiana tiende con todas sus fuerzas a aumentar y conservar sin cesar el don de la gracia... La simplicidad cristiana consiste en esto: en que el hombre, por la gracia, quede asimilado a Dios." [33]

Inmediatamente se ve la estrecha relación que tal enseñanza guarda con la del *Enchiridion* o con la de la *Doctrina* de Juan de Valdés. ¿Será cosa de admirar, después de esto, que el ecléctico Luis de Granada haya encontrado en el *Enchiridion* la confirmación de las lecciones que recibía del gran dominico italiano? El hecho de que no cite a Erasmo en sus libros no prueba en modo alguno que no lo haya leído ni meditado. ¡Tantos otros, sin nombrar a Erasmo, copian de sus obras párrafos y párrafos! Así, pues, cuando Luis de Granada opone con gran vigor la oración mental a la oración vocal; cuando insiste en ese "levantamiento del corazón a Dios" [34] que es lo esencial de la oración, cuando recuerda que "las oraciones vocales muchas veces se rezan como oración de ciego, sin afecto y sin espíritu", [35] sigue los *Trattatelli* de Savonarola, pero se acuerda también del *Enchiridion* y del *Modus orandi*. Cuando invita a todos los hombres sin excepción a la oración mental, [36] presta su avasalladora elocuencia a una idea de Savonarola, pero dice lo mismo que el traductor español del *Modus orandi,* y se halla profundamente de acuerdo con la tendencia erasmista a secularizar, a universalizar la más alta vía espiritual. Cuando compara la vida de ciertos seglares santificados por la oración con la sequedad espiritual de ciertos religiosos, [37] nos recuerda una observación de Osuna; cuando sostiene que la vida monástica no es digna del nombre de vida espiritual si le falta la práctica de la oración interior, hace suya una idea que habían expresado antes que él San Bernardo y Serafino de Fermo. [38] Pero en todo ello está transponiendo, a su manera, el *Monachatus non est pietas,* y la forma en que contrasta el espíritu y las ceremonias prueba hasta la evidencia que aquí su modelo es el *Enchiridion:*

Y por aquí también se ve claro el engaño de algunos perlados que todo su caudal y toda la manera de su gobierno es insistir en sólo lo exterior, sin tener cuenta con esta manera de ejercicios, no mirando que todas las cerimonias y ordenaciones de vida monástica (como son el ayuno, la clausura, el silencio con las

---

[33] Savonarola, *De simplicitate vitae christianae*, Alcalá, 1529, fols. b 3 vº, d 7 rº y d 8 rº-vº, e 2 rº, f 5 vº-6 rº y f 1 vº.

[34] *Libro de la oración* (en *Obras,* ed. crítica, t. II, Madrid, 1906, pág. 11): "Porque oración es (como dicen los sanctos) un levantamiento de nuestro corazón a Dios, mediante el cual nos allegamos a él, y nos hacemos una cosa con él." Cf. *supra*, pág. 573.

[35] *Ibid.*, pág. 17.

[36] *Ibid.*, pág. 15: "Venid a esta fuente a beber de todos los estados, los casados, los religiosos, los sacerdotes, los del mundo y los de fuera del mundo, etc..." Cf. *supra,* págs. 576-577.

[37] *Ibid.*, pág. 455; cf. *supra*, págs. 174-175.

[38] Y López de Segura, que aduce esas mismas autoridades (cf. *supra*, págs. 593-594).

demás) se ordenaron para este fin, que es levantar el espíritu a Dios y vacar a la consideración de las cosas divinas. Pues según esto, ¿qué será emplear en aquello todas sus fuerzas sin tener cuenta con esto, sino navegar sin tomar puerto, curarse sin alcanzar salud, y tender las redes toda la noche con San Pedro, y en cabo hallarse vacío a la mañana? ¿Qué cosa puede ser más semejante al engaño de los judíos? Todo el engaño desta gente consiste en que, siendo Cristo fin de la ley, y ordenándose todas las cosas della a Cristo como a fin de la ley, ellos, ciegos con su malicia, abrazan los medios y desechan el fin, guardan las cerimonias y desechan a Cristo, que es como parar en la cáscara y dejar la medula, abrazar la letra muerta y dejar el espíritu que da vida. Desta manera se queda hasta hoy burlada la Sinagoga, extendiendo sus brazos adúlteros para abrazar al verdadero Josef, que es Cristo: mas quédase con sólo su hábito y vestidura en las manos, y húyesele Josef de casa. Esta manera de engaño padecen hoy algunas religiones, las cuales abrazan y retienen la figura sola y hábito de la religión, que es todo lo exterior y visible y todo aquello que luce ante los ojos de los hombres, y carecen del cuerpo de la verdadera religión, que es todo lo interior e invisible, que luce en los ojos solos de Dios.[39]

Si se ha leído a Erasmo, es imposible no reconocer aquí el desarrollo ingeniosísimo de ataques conocidos contra el judaísmo de las ceremonias monásticas, y, en particular, de una de las más hermosas páginas del *Enchiridion*, que aún seguía despertando ecos en los claustros españoles.

Es muy interesante observar que este pasaje (lo mismo que otros análogos) no pertenece a la primera redacción del *Libro de la oración*, ni tampoco a la segunda, en la cual vemos aparecer los sermones de la Tercera parte: es una adición de 1556 al primero de estos sermones. ¿Se explicará esto porque Luis de Granada haya descubierto o redescubierto el *Enchiridion* entre 1554 y 1556? Nos sentiríamos tentados a creerlo,[40] a juzgar por la *Guía de pecadores*, que, en sus dos partes (1556-1557), vuelve a considerar desde sus cimientos el edificio de la vida cristiana para elevarse hasta la "meditación o consideración". Estos dos volúmenes, por otra parte, nos muestran cómo Luis de Granada acogió más liberalmente que nunca las riquezas espirituales más variadas. El primero contiene, a manera de apéndices,[41] no solamente el tratado de los *Votos* de Savonarola y unas *Reglas de vida* de Juan de Ávila y Tomás de Villanueva, sino también una audaz antología del Nuevo Testamento, que ofrece en lengua vulgar el Sermón de la Montaña junto con algunos otros capítulos de San Mateo, tres capítulos del cuarto Evangelio y una breve paráfrasis de los pasajes

---

[39] *Libro de la oración, ed. cit.,* pág. 457. Cf. *supra,* págs. 200-201.

[40] Pero es evidente que la página citada anteriormente ha de guardar relación con las discusiones que había entre los dominicos españoles acerca de la orientación de la Orden. Fray Luis, amigo y admirador de los jesuitas, quería orientarla en un sentido apostólico y contemplativo a la vez. En abril de 1556 llega a ser provincial de los dominicos de Portugal y puede hablar con más autoridad. En la Segunda parte de la *Guía* (Lisboa, 1557: t. X de las *Obras,* ed. crítica, Madrid, 1906, pág. 214) aparece la hermosa página sobre Santo Domingo en quien se aunaban el olivo fructífero y el ciprés erguido al cielo. (Puede verse en el *Annuaire du Collège de France,* 48e année, Paris, 1948, páginas 194-201, un brevísimo resumen de mi curso de 1947-1948: *Genèse et métamorphoses des œuvres de Louis de Grenade*).

[41] *Guía* (en *Obras,* ed. crítica, t. X, Madrid, 1906), págs. 153 *ss.*

más importantes de las Epístolas de San Pablo: no eran textos que pudiesen circular, como decía Carranza, sin que el agua de las glosas aguara el vino espiritual. La traducción y las glosas del Sermón de la Montaña están tomadas de la *Suma* de Constantino; dos años antes había salido a la luz en Portugal la *Confesión de un pecador penitente,* acompañada de dos meditaciones de Luis de Granada, el cual, en 1559, aprovechará el comentario del *Pater Noster* del Doctor sevillano.[42] Este intercambio merece notarse, pues confirma las relaciones que existen entre la obra de Luis de Granada y la corriente erasmiana de oración. Además, se encuentra en él, por lo menos, un *Himno* de Flaminio en alabanza de Cristo;[43] y cierta patética oración a Cristo crucificado, tomada de Serafino de Fermo, recuerda peligrosamente que la satisfacción por los pecados pertenece únicamente a Cristo.[44] Si a esto se añade que las oraciones tomadas de Luis de Blois[45] emiten un sonido enteramente comparable al de las oraciones de Vives, no nos sorprenderemos demasiado de encontrar en la *Guía* gran número de reminiscencias del *Enchiridion,* y de ver cómo en ella se perfila a menudo la idea de la salvación por la fe sola.

Todo el libro II de la *Guía de pecadores,* "en el cual se contienen reglas de bien vivir", tiene visible parentesco con el *Enchiridion.* Lo mismo cuando trata de los remedios para los diferentes vicios que cuando habla de la necesidad de enderezar a Dios todas las obras, o de la locura que es "regirse por una bestia de tantas cabezas como es el vulgo", las coincidencias son demasiado frecuentes para ser fortuitas. Y en un caso, por lo menos, se reproduce textualmente un pasaje de Erasmo.[46] Al igual que en los retoques del *Libro de la oración,* también aquí se ha impuesto tiránicamente a la memoria de Luis de Granada la Regla V del *Enchiridion,* con su espléndida antítesis del culto exterior y del culto en espíritu. Léanse los *Avisos* que sirven de coronamiento al libro II de la *Guía.* Los mismos textos de los Evangelios, de San Pablo y de los Profetas, el mismo versículo del *Catón* de los escolares se utilizan aquí para poner de relieve la superioridad de las virtudes interiores, es decir, de la caridad y de todo

---

[42] Cf. *supra,* pág. 589, nota 4. La utilización del Sermón de la Montaña, traducido por Constantino, fue señalada por Cuervo, *Fray Luis de Granada y la Inquisición, art. cit.,* pág. 740, nota 1.

[43] *Guía,* ed. cit., pág. 529.

[44] *Ibid.,* pág. 408.

[45] El P. Fidèle de Ros, *Los místicos del Norte y Fray Luis de Granada,* en *Archivo Ibero-Americano,* t. VII, Madrid, 1947, págs. 5-30 y 145-165, estudia la huella de Luis de Blois, el Pseudo-Taulero y Herph en Fray Luis.

[46] *Guía de pecadores,* 2ª ed. (1567), t. I de las *Obras,* ed. crítica, pág. 363 (remedios contra la lujuria): "Considera también... (como dice un doctor) cuánta muchedumbre de otros males trae consigo esa halagüeña pestilencia. Primeramente roba la fama...", etcétera. Cf. *Enquiridion,* ed. cit., págs. 380-381: "Cuenta también contigo quán gran montón de males trahe consigo esta halagüeña pestilencia. Primeramente roba la fama...", etcétera. Esta indudable utilización ha sido señalada por Dámaso Alonso, *Sobre Erasmo y Fray Luis de Granada,* en *Quaderni Ibero-Americani,* t. II (1951-1954), págs. 96-99 (artículo incluido en la colección de "notas y artículos" del mismo autor, *De los siglos oscuros al de oro,* Madrid, 1958, págs. 218-225). Obsérvese cómo Granada no menciona a Erasmo por su nombre, sino que lo llama "un doctor". —Véanse estos otros ecos de Erasmo

su cortejo, sobre las virtudes exteriores, "como son el ayuno, la disciplina, el silencio, el encerramiento, el leer, rezar, cantar, peregrinar, oír misa, asistir a los sermones y oficios divinos, con todas las observancias y cerimonias corporales".[47] Sobre un mismo texto de Isaías (*¿Para qué quiero yo la muchedumbre de vuestros sacrificios? Vuestro incienso me es abominación*), el movimiento general del comentario es el mismo: "Pues ¿qué es esto? ¿Condena Dios lo que Él mismo mandó?... No por cierto...":[48] lo que Él reprueba es el farisaísmo encastillado en la letra muerta. Pero el valor de los "actos de adoración y religión" se afirma aquí con fuerza nueva. Erasmo no negaba este valor. Sin embargo, cuando Luis de Granada escribe recordando el *Enchiridion*, se opera una transposición. Erasmo, al mismo tiempo que declaraba su respeto por las ceremonias, estimaba que el salvarlas a expensas del espíritu era "huir de Caribdis y caer en Escila". Pero esto se había escrito antes de Lutero. Luis de Granada establece ante todo la superioridad del culto en espíritu, y en seguida observa que los luteranos han caído en el extremo opuesto del error farisaico: "por huir de un extremo vinieron a dar en otro, que fue despreciar del todo las virtudes exteriores, cayendo, como dicen, en el peligro de Scila por huir el de Caribdis".[49]

Se diría que nuestro dominico, al leer a Erasmo, vuelve a encontrar una de las fuentes de una espiritualidad que le es más familiar: la de su maestro Juan de Ávila, la de los *spirituali* penetrados del sentimiento de la gracia e inclinados a la justificación por la fe sola. Granada celebra la ley de gracia en términos que Erasmo no hubiera desaprobado, pero que nos hacen pensar, sobre todo, en Juan de Valdés o en Constantino:

Haz, pues, tú agora cuenta que vienes de nuevo a la religión cristiana, y que preguntas a algún sabio teólogo qué es lo que contiene y manda esta nueva religión; y responderte ha que manda al hombre ser bueno, y da ayuda para serlo; que manda al hombre carnal ser espiritual, y da al Espíritu Sancto para que lo

en la *Guía*, 1ª redacción, t. X de la ed. crítica, pág. 80: contra la soberbia (cf. *Enquiridion*, pág. 401); — contra la ira (cf. *Enquiridion*, pág. 404); pág. 96: "ninguna mayor locura puede hacer un hombre que regirse por una bestia de tantas cabezas como es el vulgo" (cf. *Enquiridion*, pág. 297: "...el juyzio común de la gente nunca jamás fue ni es regla muy cierta", y pág. 299: "...sólo esto basta para tener una cosa por sospechosa, ver que agrada y contenta a muchos"); — pág. 111: "Ésa es una de las cosas que más habemos de mirar y examinar en nuestras obras... recelando no se nos vayan por ventura los ojos a mirar en ellas otra cosa que Dios" (cf. *Enquiridion*, pág. 216, Regla IV: "Que el fin de todas nuestras obras, oraciones y devociones ha de ser sólo Jesu Christo"). Fácilmente se podrían multiplicar estos paralelismos.

[47] *Guía*, ed. cit., pág. 122: "aquel versico tan celebrado en las escuelas" (cf. *Enquiridion*: "lo que un poeta gentil alcanzó"); "el Apóstol a Timoteo" (cf. *Enquiridion*, pág. 274: "San Pablo a Timoteo"); "el Señor a la Samaritana" (cf. *Enquiridion*, pág. 248: "quando dize a la muger samaritana...").

[48] *Guía*, pág. 131 (cf. *Enquiridion*, págs. 279-281: "¿Pues qué diremos que es esto? ¿Condena Dios lo que él mandó? No por cierto..."). Cf. D. Alonso, *Sobre Erasmo y Fray Luis de Granada*, art. cit.

[49] *Guía*, pág. 126 (cf. *Enquiridion*, pág. 278: "Y de tal manera deves huyr de... Cilla, que no cayas en... Caribdis. Hazer estas cosas menudas saludable es, pero confiar en ellas muy dañoso es").

pueda ser. Grandísima miseria es que a cabo de tantos años como ha que eres cristiano, no sepas la diferencia que hay del cristiano al judío, ni de la ley de Escriptura a la de Gracia. La diferencia está en esto, pues no lo sabes: que aquella ley mandaba al hombre ser bueno, y no le daba, cuanto era de su parte, fuerzas para serlo; mas ésta manda que seas bueno, y date gracia para ello, y por eso se llama ley de Gracia. Aquélla mandaba pelear, y no daba armas para la pelea; mandaba subir al cielo, y no daba escalera para ello; mandaba a los hombres ser espirituales, y no daba el Espíritu Sancto para que lo fuesen. Agora es de otra manera, porque ya cesó aquel estado y sucedió este otro tan diferente por los méritos y por la sangre de Cristo, y tú todavía, como si no hobiera cesado aquel estado ni venido Cristo al mundo, estás judaizando, creyendo que por tus fuerzas solas has de cumplir la ley, y por ellas has de ser justificado.

Este mensaje de la gracia es toda la religión: "¿Qué otra cosa escriben los Evangelistas? ¿Qué otras promesas anunciaron los Profetas? ¿Qué otra predicaron los Apóstoles? No hay más Teología que ésta", exclama Granada con atrevimiento digno de la *Paraclesis*. La gracia "es la mayor dádiva de cuantas Dios puede dar a una pura criatura en esta vida; porque no es otra cosa gracia sino una forma sobrenatural que hace al hombre, si decir se puede, pariente de Dios, que es consorte y participante de la naturaleza divina". Y este don no se pierde sino por el pecado mortal, que priva al alma de "las virtudes infusas y dones del Espíritu Sancto",[50] y que, sobre todo, la priva de "la participación de los méritos de Cristo, nuestra cabeza, por no estar el hombre con Él unido, como miembro vivo, por caridad y por gracia".[51]

Detengámonos en esta imagen que nos es ya tan familiar. Evidentemente, no tendría en la *Guía* el lugar que tiene si no hubiera sido utilizada hasta la saciedad por Erasmo y los erasmistas españoles. De la espiritualidad de Luis de Granada no hemos expuesto aquí sino un aspecto y un momento. El estudio histórico de esta espiritualidad está por hacerse, a pesar de que, desde hace un tercio de siglo, el *Libro de la oración* y la *Guía* son accesibles en sus estados sucesivos. Observemos tan sólo que, en la fecha en que nos encontramos, Luis de Granada hace claramente dos partes en los ejercicios de meditación: la más fácil, "por razón de la variedad y suavidad que hay en el discurso y consideración destos misterios gloriosos", se refiere a los principales pasajes y misterios de la vida de Cristo;

---

[50] Cf. *supra*, págs. 525-526. Egidio predicaba que el pecado mortal es un eclipse de la fe. Sobre la misma opinión profesada por Carranza, cf. *infra*, pág. 711.

[51] *Ibid.*, pág. 51: "Haz pues tú agora cuenta. . ." Todo este largo párrafo sobre la ley de gracia desaparecerá de la redacción definitiva, por ser de sabor iluminista. Pág. 50: "No hay más Teología que ésta" (otro detalle retocado en la versión tardía). Págs. 64-65: sobre la gracia y la pérdida de la gracia (otro pasaje retocado en el *Memorial* a que se incorporó posteriormente). En cuanto a la metáfora del cuerpo místico, cf. págs. 65, 104-105 y 140. Las diferencias entre la primera y la segunda redacción de la *Guía* son menos fáciles de observar en la edición crítica del P. Cuervo (en donde los dos textos constituyen dos volúmenes diferentes, el X y I) que en la edición de *Clás. Cast.*, t. XCVII: Fray Luis de Granada, *Guía de pecadores* (ed. y notas de M. Martínez de Burgos), Madrid, 1929, volumen que ofrece, con notas críticas, la primera parte de la *Guía* de 1556, sin los apéndices.

la otra, que es un "ejercicio más vehemente", es la consideración de los beneficios divinos.[52] De este modo se emparienta con la escuela valdesiana, que hace del beneficio de Jesucristo el objeto supremo de la meditación.

V

Hemos percibido nítidamente, en Luis de Granada, un eco del *Monachatus non est pietas*. Es preciso confrontar aquí su testimonio con algunos otros si queremos darnos cuenta del gran debate espiritual que se lleva a cabo en el seno del monaquismo español hacia 1555, pues sería un error creer que su evolución a partir de 1560 se explica únicamente por la persecución que cae en 1558 sobre toda espiritualidad sospechosa de iluminismo. Las grandes órdenes "ricas en santos", como dice Juan López de Segura, se hallaban cada vez más a salvo de las críticas fáciles con que se había acribillado a los frailes a comienzos del siglo. En todo caso, habían sabido formar ascetas puros. Es la época en que Santa Teresa se siente consolada en sus dificultades interiores por la amistad de un Pedro de Alcántara, anciano descarnado y nudoso que no parecía sino hecho de raíces de árboles.[1] Luis de Granada nos habla de una multitud de siervos de Dios que andan por el mundo "pobres, desnudos, descalzos y amarillos, faltos de sueño y de regalo y de todo lo necesario para la vida, algunos de los cuales desean y aman tanto los trabajos y asperezas, que así como los mercaderes andan a buscar las ferias más ricas, y los estudiantes las universidades más ilustres, así ellos andan a buscar los monesterios y provincias de mayor rigor y aspereza, donde no hallen hartura, sino hambre; no riqueza, sino pobreza; no regalo de cuerpo, sino cruz y mal tratamiento de cuerpo".[2]

Por otra parte, el llamamiento a la vida interior, que repercute en mil ecos gracias a los libros de Savonarola, de Erasmo, de Osuna, de Laredo, de Serafino de Fermo, había sido escuchado por millares de hombres y de mujeres. Era un tropel que se precipitaba a la oración, y era fatal que muchos quisiesen alcanzar las alegrías de la oración de quietud sin pasar por el camino de la mortificación:

[52] *Guía* (*Obras*, t. X), pág. 268. Es de notar que en el *Libro de la oración* la vida de Cristo servía de tema a las meditaciones de la mañana, reservándose para las de la noche la consideración de los pecados, de la vanidad del mundo y de las postrimerías, y culminaba esta serie nocturna el domingo por la noche con los beneficios divinos. En el *Manual de oraciones* de 1557 se esboza esta repartición conforme al progreso de la *Guía*, y se acentúa más en el *Manual* de 1559; los temas del pecado y de las postrimerías (que pertenecen a la primera parte de la *Guía*) se destinan a la meditación de los principiantes. En la vida espiritual más adelantada se meditan ya los beneficios divinos y la vida de Cristo, "la más dulce, más copiosa, más llana y más común materia de meditar de cuantas hay, y en la cual se puede el hombre emplear cuasi toda la vida" (*Manual de oraciones* de 1559, en *Obras*, ed. cit., t. XI, pág. 210). Parece que se borra la diferencia entre temas de la mañana y temas de la noche.

[1] Santa Teresa, *Obras*, ed. del P. Silverio, t. I: *Libro de la vida*, Burgos, 1915, pág. 215.

[2] *Guía*, ed. cit., pág. 148.

Como leen en algunos libros espirituales —dice Luis de Granada— cuán grandes sean las consolaciones y gustos del Espíritu Sancto, y cuánta la suavidad y dulzura de la caridad, creen que todo este camino es de deleites y que no hay en él fatiga ni trabajo, y así se disponen para él como para una cosa fácil y deleitable; de manera que no se arman como para entrar en batalla, sino vístense como para ir a una fiesta; y no miran que, aunque el amor de Dios de suyo es muy dulce, el camino para él es muy agro, porque para esto conviene vencer el amor proprio y pelear siempre consigo mismo, que es la mayor pelea que puede ser.[3]

En cuanto es posible reconstruirlo con el *Libro de su vida*, el drama de Santa Teresa fue por estos días haber conocido el estado de quietud y de "no pensar nada" descrito por Fr. Bernardino de Laredo, antes de haber "vencido en ella el amor proprio". Sus confesores jesuitas la encaminarán por una vía de oración metódica y de ascetismo moderado, a ella que hasta entonces se había apartado de la meditación imaginativa de la Pasión[4] y que no se sentía hecha tampoco para esta meditación más intelectual de los beneficios de Dios y de los demás misterios, que es como "el alma de la fe".[5]

Pero la historia íntima de Santa Teresa antes de la época en que se hace fundadora está envuelta en oscuridad. Escuchemos mejor a un testigo que supo dar a esta crisis de la espiritualidad monástica la forma de un debate sereno: el dominico Fr. Juan de la Cruz. Su *Diálogo sobre la necessidad y obligación y provecho de la oración y divinos loores vocales*[6] no ha tenido la fortuna que merecía. Nunca se ha vuelto a editar. Es preciso leerlo en el hermoso volumen impreso en Salamanca en 1555 por Juan de Cánova, una de las obras maestras de la tipografía salmantina en la época en que triunfa la letra romana. El autor es un fraile impregnado de humanismo cristiano, que ya se ha dado a conocer con un compendio de la *Historia eclesiástica* de Eusebio.[7] Algunos años después lo alistará Fr. Luis de Granada en su gran empresa de exposición de la doctrina, mandándole traducir un catecismo de "un muy docto y católico varón".[8] Maneja un lenguaje expresivo, rico en imágenes, que es uno de

---

3 *Ibid.*, pág. 146. Cf. *Libro de la oración, ed. cit.*, págs. 407 ss.

4 Véase en particular el *Libro de la vida, ed. cit.*, págs. 165-169 y 180.

5 *Ibid.*, págs. 23-24. La expresión "alma de la fe" aplicada a la consideración de los misterios es de Fr. Luis de Granada, *Libro de la oración, ed. cit.*, pág. 446.

6 Fray Juan de la Cruz, *Diálogo sobre la necessidad y obligación y provecho de la oración y divinos loores vocales y de las obras virtuosas y sanctas ceremonias que usan los christianos, mayormente los religiosos*, Salamanca, 1555 (ejemplar en la Staats-Bibliothek de Munich).

7 *Historia de la Yglesia que llaman ecclesiástica y tripartita*, Lisboa, 1541; Coimbra, 1554 (cf. Anselmo, *Bibliografia das obras impressas em Portugal no século xvi*. En la primera edición no aparece el nombre del traductor.

8 Fr. Juan de la Cruz, *Treinta y dos sermones en los quales se declaran los mandamientos de la ley, articulos de fe y sacramentos*, Lisboa, 1558. Recopilación dedicada al Cardenal Infante por Fr. Luis de Granada, provincial de la Orden. El P. Beltrán de Heredia, *Corrientes, op. cit.*, págs. 102-110, demuestra que el tal catecismo es el de Jacopo Schoepper, *Institutiones christianae*, Colonia, 1555, y analiza el contenido de los sermones en que viene dividida la traducción. Señala la influencia del ambiente alemán, "ya que no en el fondo de su doctrina, en las expresiones, muy semejantes a las que estilaban en España los admiradores del filósofo de Rotterdam". Conviene añadir

los grandes atractivos de su *Diálogo*. Éste respira, desde las primeras páginas, una melancolía que hace pensar en la *Luz del alma*, y que anuncia ya *Los nombres de Cristo*. Es, en suma, un *Anti-Erasmo* que se alza contra la nueva forma del *Monachatus non est pietas*, un elogio de la oración vocal y de las obras ceremoniales en contra de los propagandistas exclusivos de la oración mental y de los ejercicios espirituales. Pero se parece muy poco a la agresiva *Apología* de Fray Luis de Carvajal. El propio Fr. Juan de la Cruz nos dice quiénes han sido sus modelos: San Juan Crisóstomo y Casiano, el autor de las *Colaciones* tan queridas de Juan de Valdés.[9]

Ajustándose a las más nobles leyes del diálogo, el fraile introduce, como sostenedor de la tesis que él combate, un abogado nada mediocre. Cuando Bernardo interviene en el debate ya iniciado para tomar fogosamente la defensa de los místicos, no podemos menos de pensar en alguna intervención de Marcelo en los *Nombres de Cristo*. En otras palabras, Fr. Juan no quiso aplastar a los adeptos de la oración mental. Cuando Antonio compara las obras con la juventud y con el follaje de los árboles, Bernardo se apodera de la imagen: las hojas caen cuando los frutos están en sazón. Y, sin recurrir a las imágenes del enfermo o del navegante que Luis de Granada había tomado de Savonarola, inventa otras no menos ingeniosas para expresar el carácter provisional de las formas ceremoniales. A las mulas jóvenes se les ata una pata trasera con otra delantera hasta que se acostumbren a "andar de andadura", pero una vez que andan como se debe, las trabas las molestarían muchísimo para caminar. Así también, para cerrar un arco "es menester cimbriarle primero"; pero una vez que está cerrado y la clave en su lugar, "la cimbria sería perjudicial al uso del edificio".[10]

No obstante, hay más autoridad en el lenguaje de Antonio, con quien Fr. Juan de la Cruz se identifica. Le causa profundo dolor ver que "agora quieren los hombres caminar por unas veredas poco abiertas en prados deleitables (digo por vías nuevas de devoción y sentimientos de consolación en que mucho se deleitan) y dejan cubrir de hierba y olvidar los caminos reales allanados y trillados por nuestros fieles adalides, los santos que nos enseñan el camino para hallar a Dios y llegar a la bienaventuranza".[11] El abandono de las obras exteriores demuestra más celo espiritual que discernimiento. Los perfectos mismos no están dispensados de las ceremonias. En efecto, si las ceremonias de la ley antigua terminaron con la

que gran parte de los mismos sermones pasó inmediatamente después al *Compendio de doctrina cristãa* compilado en portugués por Luis de Granada (Lisboa, 1559), el mismo *Compendio* en que dio cabida al *Pater Noster* comentado por Constantino, y que son de análoga inspiración los sermones para las principales fiestas del año que sirven de apéndice al *Compendio*. Este catecismo, aunque no prohibido por el Índice español, no llegó a traducirse al castellano sino después de la muerte de Fray Luis.

9 Fr. Juan de la Cruz, *Diálogo sobre la necessidad... de la oración*, fin del prefacio al lector. Cf. Juan de Valdés, *Alfabeto cristiano*, reimpresión de Londres, 1860, fol. 58 vº, y pág. 145 de la traducción de Usoz.

10 *Diálogo*, págs. 38-39. Esta comparación procede de Herph, como ya notó el P. Cuervo, *art. cit.*, R. A. B. M., t. XL (1919), pág. 366.

11 *Diálogo*, pág. 10.

venida del Redentor, las de la Iglesia durarán hasta el día del juicio.[12] El ejemplo de los herejes, que han hecho la guerra a los religiosos en nombre del espíritu, debería abrir los ojos a todo el mundo. Los religiosos saben muy bien lo que deben al espíritu y a la caridad, pero San Vicente Ferrer nos advierte que "el religioso que no fuere ceremonioso presto será vicioso".[13]

No podemos hablar aquí detenidamente de la defensa de la institución monástica que Fr. Juan de la Cruz esboza al fin de la segunda parte de su *Diálogo,* y a la cual consagra toda la sexta parte. Esa defensa no es muy original. Las reglas monásticas no son de institución divina, pero han sido sacadas de la Escritura, y constituyen breves reglamentos de policía interior.[14] Su observancia es a la vez trabajosa y alegre: "Nadie puede saber los trabajos de las religiones, sino quien los pasa. Nadie puede saber las consolaciones de los religiosos, sino quien las experimenta".[15] Se justifica sucesivamente el ayuno, el silencio, la clausura, el hábito, la tonsura, la castidad, alegando el apoyo que dan a la vida espiritual, o bien su valor simbólico.[16] El coro es una alabanza a Dios, cuyo modelo dio Adán en el Paraíso terrenal. Claro está que la obligación de las "horas" no debe anteponerse a las obras de caridad; pero, agrega Fr. Juan de la Cruz, pensando tal vez en los jesuitas, "no todos los religiosos pueden procurar la salud de las almas".[17]

Esta apología, como era de esperarse, apunta directamente a Erasmo, y sin muchos miramientos. Fr. Juan de la Cruz, que no vacila en recordar los ayunos y abstinencias de los pitagóricos para apuntalar su defensa del ayuno monástico, se indigna vivamente al leer en los escritos de Erasmo que las reglas de los frailes están sacadas de algunos preceptos de Pitágoras: ve en esta afirmación una fantasía de epicúreo nacida entre dos copas de falerno.[18] Pero mucho más interesante para nosotros es otro pasaje, porque en él es posible distinguir un poco de amargura con respecto a ciertos hombres a quienes Fr. Juan no trata de erasmistas —nos asegura, incluso, que ellos rechazan ese calificativo—, pero que, sin embargo, aman el *Enchiridion:*

Ofrecióseme consiguientemente, dice, hablar del silencio que tan encomendado es en todas las buenas religiones. Al cual no faltó quien despreciase, puesto que la prudencia y virtud del callar sea de todos aprobada y loada. Porque Erasmo, escribiendo a un su amigo, dice estas palabras hablando de las religiones: "Que guarden sus ayunos, sus vigilias, sus silencios, sus cantares, no hago desto caso. Spíritu no los creeré, si no veo en ellos obras de spíritu." Así que no tenía el buen

12 *Ibid.,* págs. 15, 40, 52.
13 *Ibid.,* págs. 48, 58 y 64.
14 *Ibid.,* págs. 342-343.
15 *Ibid.,* pág. 347.
16 *Ibid.,* págs. 369-409.
17 *Ibid.,* págs. 411 y 421.
18 *Ibid.,* págs. 383 y 343: "De las quales [de las sagradas escrituras] las cogieron, no de los preceptos de Pitágoras, como soñava un baladrón mientras despumava el vino falerno" (Al margen: "Erasmus in Annotatio[nibus] ad Hiero[nymum]").

hombre por obras de varones spirituales ayunar, velar, cantar loores a Dios, callar religiosamente. Considérenlo, yo les ruego, los que con afición y estima leen su libro llamado *Enchiridion*, en que esto escribe; yo agora callo de los demás. Y pregúntole qué lo ofende en el silencio que los religiosos guardan, o por qué no lo tiene por loable, pues aun él en su *Lengua* escribe grandes bienes y provechos que vienen del callar, y daños del hablar.[19]

Se habrá sentido aludido Fr. Luis de Granada por el reproche de leer con simpatía el *Enchiridion*? ¿No serán una discreta réplica a ello ciertas páginas de la *Guía*, ciertas adiciones de 1556 al *Libro de la oración*? No podemos sino proponer esta cuestión. Lo que sí nos parece sumamente probable, es que los dos grandes escritores dominicanos se leyeron mutuamente, y que se leyeron hasta entre líneas.

Pero la parte más preciosa del *Diálogo* de Fr. Juan de la Cruz es tal vez la parte central, en la cual se discuten los problemas que planteaba el triunfo de la oración mental. Ninguna lectura ilustra mejor los tormentos por los cuales pasó Santa Teresa en esa época. Son páginas cuyo interés sobrepasa en gran medida el marco de este capítulo, y a las cuales los historiadores del misticismo español concederán sin duda la atención que merecen. Algunos dardos parecen ir dirigidos especialmente contra la corriente erasmiana de oración. Fr. Juan de la Cruz se empeña en defender la invocación de los santos y en demostrar que la veneración de sus reliquias se remonta a los primeros tiempos de la Iglesia, en defender las imágenes,[20] en recordar que el Padrenuestro no es la única oración permitida por Cristo;[21] se muestra desconfiado con respecto a una espiritualidad seglar que cree que la contemplación es compatible con los lazos carnales del matrimonio.[22] ¿Y acaso no se dirige contra los humanistas amantes de oraciones jaculatorias cierta defensa de la "oración prolija" cuyos modelos son las aves, o la cigarra, ante quien "el humilísimo Francisco... se daba por vencido"?[23]

Muy significativa es también la importancia que Fr. Juan concede al "maestro de vida espiritual".[24] Ha llegado el momento en que algunos comienzan a inquietarse ante una floración de espiritualidad magníficamente anárquica, propagada al capricho de las lecturas o de las conversaciones entre amigos mucho más que por una enseñanza de maestro a dis-

---

19 *Ibid.*, pág. 390. El autor, en una acotación marginal puesta en frente de la cita de Erasmo, remite equivocadamente a la *Epistola ad Paulum Volzium*, expresión notable de la piedad antimonástica de Erasmo, que sirvió de prólogo al *Enchiridion* en las ediciones posteriores a 1518, aunque no en la traducción española. De ahí la aparente contradicción de Fr. Juan de la Cruz. En realidad, las líneas citadas pertenecen al *Enchiridion*, Regla V. Las traduce el dominico mucho más literalmente que el Arcediano del Alcor (*Enquiridion, ed. cit.*, págs. 269-270).

20 *Diálogo*, págs. 159, 162, 165.

21 *Ibid.*, pág. 151: "No mandó Christo orar con solas las palabras del Pater Noster, ni siempre con aquellas mesmas."

22 *Ibid.*, pág. 152: "Los casados están más impedidos para las luengas oraciones." Cf. pág. 193: el acto carnal entibia el espíritu.

23 *Ibid.*, págs. 144-148.

24 *Ibid.*, págs. 184 ss.

cípulo. Piénsese en Santa Teresa, iniciada en la vida de oración por el
Tercer abecedario y entregada a sí misma, sin maestro, sin consejero espiritual, durante cerca de veinte años... Pero la cuestión candente entre
todas, sobre la cual la experiencia de Santa Teresa podría confirmar las
palabras del dominico, es la de la "unión con Dios sin medio alguno": no
se nombra a Osuna ni a Laredo, pero Fr. Juan de la Cruz alude a algunos
tratados que aconsejan incansablemente tender con todo el ser a la contemplación de la "majestad divina pura, en sí mesma, con entendimiento desnudo y desocupado de todas imágines, memorias, cuidados, distraciones
de cualesquier cosas criadas".[25] La cuestión se debate prolijamente. Y, por
cierto, los discípulos españoles de Erasmo no son místicos de esa escuela
que denuncia Fr. Juan de la Cruz: ellos le concederían sin trabajo que "en
otras muchas cosas habemos de meditar que no son el mesmo Dios",[26] por
ejemplo, la ley de Dios, los pecados, las postrimerías, las obras de Dios, los
beneficios de Dios. Sin embargo, los erasmistas tienen de común con esos
místicos cierta aversión por la contemplación de la humanidad de Cristo,
tendencia que Fr. Juan considera con toda razón como funesta para los
misterios y los sacramentos instituidos por el Crucificado, y funesta, gra-
dualmente, para todos los ritos y observancias de la Iglesia.[27] El erasmismo,
de hecho, sin duda bajo la influencia del luteranismo, tuvo más bien una
evolución en el sentido de una revigorización de la fe en los misterios propiamente cristianos. Pero en la *philosophia Christi,* tal como Erasmo la
exponía hacia 1516, y tal como se expresa en muchos de sus libros, había
un peligro de muerte para la dogmática cristiana, y Fr. Juan de la Cruz
nos lo recuerda, sin pensar tal vez en Erasmo, cuando dice: "La contemplación de la humanidad de Cristo es propia de los cristianos. Los filósofos alcanzaron de Dios grandes secretos, pero no el de su encarnación." [28]

VI

Con el *Libro de la oración* y la *Guía* de Luis de Granada, este *Diálogo* tan
sereno y tan comprensivo cierra una época de la espiritualidad española.
Los debates que Fr. Juan de la Cruz plantea con tanto tacto van a ser sim-
plificados por la Inquisición hasta el extremo, al condenar misticismo y
erasmismo acusándolos de iluminismo y luteranismo disfrazados. La vida
espiritual de España va a quedar destrozada. La edad dichosa del libro
toca a su fin.

Para acabar de seguir los remolinos producidos por el erasmismo en la
literatura religiosa, no quedan sino pocas palabras que decir sobre la poesía devota. Ésta siguió fiel, en conjunto, a los temas, al espíritu, a la
métrica misma de la poesía nacida a fines del siglo xv bajo la influencia
de la *Vita Christi* del Cartujano. La renovación que se hubiera podido

---

25 *Ibid.,* págs. 212 *ss.*
26 *Ibid.,* pág. 244.
27 *Ibid.,* pág. 253.
28 *Ibid.,* pág. 255.

esperar del erasmismo en esta materia era la aparición de una poesía directamente inspirada en la Escritura y que, según el anhelo de la *Paraclesis,* tendiera a vulgarizarla. Sin embargo, en lo más fuerte del movimiento erasmista, no se ve surgir en Castilla sino un solo humanista devoto, Álvar Gómez de Ciudad Real, el cual, queriendo justificar el título de Virgilio cristiano con que lo había honrado Nebrija a propósito de su *Thalichristia,* se afana en poner en versos latinos las Epístolas de San Pablo, los Proverbios y los siete Salmos penitenciales.[1] Los italianos se burlaban de esta poesía escrupulosamente cristiana, y decían que el autor había evitado el vocabulario de los clásicos paganos para no atraerse las críticas con que Erasmo había fulminado a Sannazaro.[2] Su *Teológica descripción de los misterios sagrados,* dividida en doce cantos, obra póstuma publicada por Alejo Venegas, es una rapsodia tan poco inspirada como sus poemas religiosos en latín.

Es preciso llegar a mediados del siglo para oír acentos nuevos en la poesía religiosa castellana. Jorge de Montemayor, más conocido como autor de la *Diana,* dio sus primeros pasos literarios en la Corte de España versificando en los diferentes géneros que entonces se usaban. Una parte de sus poesías devotas [3] permanece en la tradición de Fr. Ambrosio Mon-

---

[1] Álvar Gómez de Ciudad Real nació hacia 1488. Hijo de Pero Gómez, siguió a la corte de Carlos V a los Países Bajos, sin duda durante el viaje de 1520-1522. Compuso entonces un poema latino sobre la Orden del Toisón de Oro, que le valió, según parece, elogios de Erasmo (cf. Nicolás Antonio, *Bibl. Hispana Nova,* t. I, págs. 59 y 60). Se casó con Brianda de Mendoza, hija natural del tercer Duque del Infantado, cuya piedad evangélica está atestiguada por el proceso de María Cazalla (1533). Ésta cita, además, a Álvar Gómez y a su padre como testigos de descargo (*Proceso de María Cazalla,* fol. 124 r⁰, Memorial de los testigos de tachas: "El Señor Pero Gómez señor de Pioz [que tiene entonces 65 años; cf. fol. 129 v⁰] ... El Señor Álvar Gómez" (cf. fol. 130 v⁰, Álvar Gómez de Ciudad Real vecino de Guadalajara, de edad de 45 años). Álvar Gómez muere el 14 de julio de 1538.—Sobre sus poemas religiosos, véase Gallardo, *Ensayo,* t. III, cols. 61-66: *Thalichristia,* Alcalá, 1525; *Musa Paulina,* Alcalá, 1529; *Proverbia Salomonis decantata,* Alcalá, 1536; *Septem elegiae in septem poenitentiae Psalmos,* Toledo, 1538; *Theológica descripción de los misterios sagrados,* Toledo, 1541 (obra póstuma).

[2] Véase una carta de Antonio Minturno a Gaspar Centellas (1534). (Minturno, *Lettere,* Venezia, 1549, fols. 29-30). Cf. B. Croce, *España en la vida italiana durante el Renacimiento,* trad. cit. [1925], pág. 149.

[3] Jorge de Montemayor, *Obras,* Amberes, 1554, y *Segundo cancionero spiritual,* Amberes, 1558.—A. González Palencia ha reeditado para la Sociedad de Bibliófilos Españoles *El cancionero del poeta George de Montemayor,* Madrid, 1932, sin incluir, desgraciadamente, las poesías con que Montemayor enriqueció en 1558 su *Segundo cancionero spiritual.* Su *Exposición moral del Salmo 86,* Alcalá, 1548, dedicada a la Infanta Doña María, ha sido reimpresa por Francisco López Estrada en la *Revista de Bibliografía Nacional,* t. V, fasc. IV, Madrid, 1944. Es comentario en prosa y verso corto, donde se aplica a la Virgen el salmo *Fundamenta eius in montibus sanctis.* Todavía no se nota en él el sentimiento típico del *Miserere* y del *Pater Noster* del *Cancionero* de 1554. Entre los manuscritos de la B. P. E. se conserva un *Diálogo spiritual* en prosa dedicado al Rey de Portugal Don Juan III, obra de juventud de Montemayor que dio a conocer el P. Mário Martins (*Uma obra inédita de Jorge de Montemor,* en *Brotéria,* t. XLIII, 1946, págs. 399-408). El mayor interés del *Diálogo* está en que demuestra la cultura bíblica del autor y su preparación teológica elemental a base de Pedro Lombardo. Según el P. Martins, sufrió posiblemente la influencia de Raimundo Lulio (*Disputatio Eremitae et Reymundi super aliquibus dubiis quaestionibus Sententiarum magistri P. Lombardi*), y cita por lo

tesino, y difiere poco de las que constituyen el *Cancionero espiritual* anónimo publicado en Valladolid en 1549.[4] Pero, portugués de ascendencia judía, músico de profesión, Montemayor fue uno de los primeros que sintieron la grave música de los Salmos, y el primero, sin duda, que intentó hacerla cantar en castellano con el ritmo nuevo del hendecasílabo. Hay auténticas bellezas en su adaptación del salmo *Super flumina Babylonis*.[5] Por lo demás, si el poeta sufrió la influencia de la piedad erasmiana, esta influencia se mezcla en él, como en Luis de Granada, con la de Savonarola. Ya hemos demostrado en otro lugar[6] que su gran paráfrasis del *Miserere*, en la que hay tan hermosos acentos, no es sino la meditación de Savonarola sobre ese Salmo —obra maestra de la literatura devota, cuyo éxito era más vivo que nunca en España hacia 1550— puesta en hendecasílabos sueltos. Su paráfrasis del *Pater* es de la misma vena, y está penetrada de un profundo sentimiento del pecado y de la gracia. No es pura casualidad que Montemayor invoque la autoridad de los teólogos de San Gregorio de Valladolid.[7] Su sentimiento religioso deja ver un hondo parentesco con el de un Carranza[8] o el de un Luis de Granada. Él sufrirá muy pronto la misma suerte. La Inquisición condenará sus obras de devoción a la destrucción y al olvido. El tesoro de poesía que había descubierto permanecerá inexplotado hasta que aparezcan los *Nombres de Cristo* de Luis de León.

menos una vez la *Teología natural* de Raimundo Sabunde. La producción de Montemayor anterior a 1550 llama todavía más la atención sobre la novedad de sus hendecasílabos impregnados de sentimiento savonaroliano.

[4] Y reimpreso en la *R. H.*, en 1915 (t. XXXIV, págs. 73-282).

[5] En el *Segundo cancionero*, donde utilizó asimismo el hendecasílabo en *terza rima* para parafrasear la Visitación según el Evangelio de San Lucas (cf. M. Bataillon, *Chanson pieuse, art. cit.*, pág. 238).

[6] M. Bataillon, *Une source de Gil Vicente et de Montemor. La méditation de Savonarole sur le Miserere. (Bulletin des Études Portugaises*, Coimbra, 1936).

[7] En la epístola dedicatoria del *Segundo cancionero spiritual*.

[8] En una *Miscelánea* formada quizá por García de Loaysa Girón, y que en todo caso pasó (como toda la biblioteca de este erudito prelado) por Plasencia, antes de ser incorporada a la B. N. M. (Ms. 6074), se encuentran unas paráfrasis de los salmos IV, XC, CXXXVI y CXXIV, que llevan todas la indicación "el pe Carranza". En las ediciones anteriores de mi libro no había sabido si identificar a este poeta con Bartolomé Carranza o bien con su homónimo de la orden de San Agustín, incluido en la "gloriosa constelación agustiniana del siglo xvi" por el P. F. G. Olmedo (pról. a los *Sermones* de Fr. Dionisio Vázquez, *ed. cit.*, pág. lxiv), aunque no mencionado por el P. J. Zarco Cuevas, *La escuela poética salmantino-agustiniana a fines del siglo xvi*, en *Archivo Agustiniano*, enero-febrero de 1930. Ahora creo, con Michel Darbord, *La poésie religieuse espagnole des Rois Catholiques à Philippe II*, Paris, 1965, pág. 445, que debe tratarse de Fr. Miguel Carranza, carmelita reformado que conoció a Santa Teresa en 1582, y de quien figuran dos "epigrammas" (sonetos) en la *Floresta de varia poesía* de Diego Ramírez Pagán [Valencia, 1562], ed. A. Pérez Gómez, Barcelona, 1950, t. I, págs. 31 y 127. Las cuatro paráfrasis están escritas en liras, forma predilecta de Fr. Luis de León y de San Juan de la Cruz. —Sobre la colección de García de Loaysa Girón, cf. M. Bataillon, *Les sources espagnoles de l'"Opus epistolarum Erasmi"*, en *B. H.*, t. XXXI (1929), pág. 198. El Ms. 6074 lleva en su interior, como el manuscrito del *Diálogo de la lengua*, un rótulo en que se lee: "Plasencia R. 173". Véase también *infra*, pág. 820, nota 50.

CAPÍTULO XII

LA ESTELA DEL ERASMISMO EN LA
LITERATURA PROFANA

I. *El erasmismo y la literatura de entretenimiento: crítica de
los libros de caballerías, extendida por Vives a toda obra de
ficción; indulgencia por la novela bizantina de Heliodoro. II.
Hacia una literatura de verdad. Los traductores. Vidas ejemplares, apotegmas, proverbios. La literatura humanista: tratados, ensayos, misceláneas. Diego Gracián; Furió Ceriol; Vives;
Pero Mexía; Thámara, adaptador de Polidoro Virgilio, de
Carión y de Bohemo. Fernández de Oviedo. III. La floración
de los diálogos. Los ensayos y coloquios latinos de Maldonado. "Coloquios matrimoniales" de Pedro de Luxán. "Coloquios
satíricos" de Torquemada. El "Diálogo de mujeres" de Cristóbal de Castillejo. IV. La corriente valdesiana. Diego Núñez
Alba. El problema de Villalón. El "Crótalon" y la corriente
lucianesca. V. El "Viaje de Turquía" y su verdadero autor, el
Doctor Laguna. VI. La lengua y el gusto.*

I

Si LA influencia de Erasmo sobre la espiritualidad española no ha suscitado todavía la curiosidad que merece, en cambio los historiadores de la
literatura se han planteado, desde hace mucho, el problema de la contribución erasmista a la literatura profana de la época de Carlos V. Cuando
D. Luis de Usoz, a mediados del pasado siglo, sacó del olvido los dos
diálogos de *Lactancio y el Arcediano* y de *Mercurio y Carón,* los estudiosos se encontraron en presencia de unas obras sabrosamente españolas y
cuya filiación erasmista estaba fuera de duda: estos coloquios eran erasmianos hasta en los acentos lucianescos de su ironía. Lo que más sedujo
en ellos no fue lo que tienen de defensa política, sino su sátira alada,
mordaz, que en el segundo diálogo no apuntaba sólo a las supersticiones
y a los frailes, sino que aspiraba a enumerar uno a uno, como la *Moria,*
los diferentes estados de la humanidad. Era tentador suponer que el
erasmismo no había agotado sus consecuencias literarias con obras como
las de Valdés, condenadas por su atrevimiento mismo a una rápida desaparición, y que había prestado su caudal a la gran corriente satírica que
nace hacia 1550 en España: con el *Lazarillo,* toda la novela picaresca y su
numerosa descendencia vendrían así a ser herederas de Erasmo.

El *Lazarillo* era el nudo del problema. En efecto, su aparición constituía un enigma. Morel-Fatio propuso resolverlo indagando del lado de

los Valdés y de sus amigos, y esta idea de un *Lazarillo* erasmizante corrió con bastante buena fortuna. Sin embargo, hay que reconocer que no resiste a un examen a fondo.[1] En cuanto es posible cavar para encontrar las raíces folklóricas del *Lazarillo*, éstas se hunden en una tradición común a la Edad Media de los *fabliaux* y al primer Renacimiento italiano. Bien es verdad que el autor desconocido a quien debemos este libro renovó genialmente las historias del criado de ciego poniendo el relato en labios del criado mismo, que, transformado desde ese momento en héroe de novela, entra después al servicio de varios amos. Ahora bien, entre estos amos hay un clérigo avaro y un comisario de la Cruzada que explota cínicamente la credulidad pública con el fin de vender mejor sus bulas; y para cerrar el ciclo de sus andanzas, Lázaro se establece en Toledo como pregonero de vinos, gracias a la protección de un canónigo que tiene necesidad de casar a su criada con un marido complaciente. ¿Cómo no había de ser erasmista el inventor de esta ingeniosa sátira contra varios amos puesta en boca de su criado? Lo que había inducido a Morel-Fatio a suponerlo era el carácter anticlerical de los episodios a que acabamos de aludir. Pero ni siquiera este anticlericalismo nos parece la piedra de toque más segura. En vano buscamos qué es lo que añade el autor a la tradición medieval. Al clérigo de Maqueda le reprocha su dureza de corazón; al canónigo, su vida poco austera. Nada hay, en todo esto, que difiera de la sátira de los *fabliaux*. La sátira erasmiana está animada de otro espíritu; no reprocha a los sacerdotes vivir mal, "sino creer mal".[2] El episodio del mercader de indulgencias, que a primera vista podría parecer eco directo de atrevimientos "luteranos", es, en realidad, eco de un *novellino* del siglo anterior. Ni una sola vez, ni a propósito de las oraciones del ciego, ni a propósito de la falta de caridad del clérigo, ni a propósito del tráfico de las bulas, hay el menor asomo de un erasmismo que oponga el espíritu a las ceremonias, el alma al hábito. Si supiéramos por algún testimonio fehaciente que el autor es un erasmista, habría que concluir que lo oculta muy bien. Pero como esta atribución es hipótesis pura, conviene simplemente renunciar a ella. La tradición según la cual el autor del *Lazarillo* es un fraile jerónimo nos parece, en sí, mucho menos inverosímil, sin que por lo demás se imponga de ninguna manera.[3]

[1] Véase el prefacio de A. Morel-Fatio a su traducción francesa del *Lazarillo de Tormes*, Paris, 1886, y sus *Études sur l'Espagne*, primera serie, Paris, 1888, pág. 156. Nosotros hemos discutido brevemente la tesis en nuestro librito *Le roman picaresque*, Paris, 1931, pág. 8. Posteriormente, nuestra manera de situar el *Lazarillo* entre la Edad Media y el Renacimiento ha sido confirmada con auoridad por un crítico que ha estudiado profundamente la corriente picaresca: Américo Castro, *Perspectiva de la novela picaresca*, en la *Revista de la Biblioteca, Archivo y Museo del Ayuntamiento de Madrid*, t. II (1935), págs. 123 *ss.* Remitimos a este sugestivo artículo, que nos dispensa de tratar aquí largamente el asunto.

[2] Según la fórmula de L. Febvre, *Une question mal posée*, art. cit., págs. 23-24.

[3] Recientemente, Luis Jaime Cisneros, en su excelente edición del *Lazarillo*, Buenos Aires (Kier), 1946, págs. 38-43, procuró dar nueva beligerancia a la atribución a Diego Hurtado de Mendoza, sin fijarse bien en lo arbitrario de dicha atribución, que surge, sin garantía ninguna de autenticidad, muchos años después de muerto el supuesto autor. Tiene mucha fuerza la advertencia de A. F. G. Bell (*El Renacimiento español*, II, 109,

¿Quiere decir esto que el erasmismo no contribuyó en nada a crear la atmósfera en que surge el *Lazarillo,* a preparar su enorme éxito? Nadie osaría pretender tal cosa. El anticlericalismo popular de la novela picaresca, su falta de respeto para con los poderosos, encontraban apoyo, en fin de cuentas, en el nuevo anticlericalismo de los letrados, en su afán de poner el cristianismo del corazón por encima de las jerarquías de toda especie. Y si se considera, no ya el espíritu de la nueva novela, sino su forma, se observa que el *Coloquio* erasmiano abría muchísimos caminos al arte literario, inclusive el de la autobiografía aventurera. Sobre este punto hemos de volver.[4] Lo cierto es que la autobiografía de Lázaro, fundador del linaje de los pícaros, no fue concebida por una cabeza erasmista.[5]

citado por Cisneros, pág. 93): "El *Lazarillo,* aunque popular, no fue escrito para el pueblo, ni por el pueblo, sino por algún humanista de la España renacentista, por un intelectual." Pero muchos humanistas había en Salamanca. Pocos habría tan genialmente dotados como el anónimo novelista; y, además, llama la atención el prólogo, en su aparente modestia, por la conciencia de la novedad literaria que suponía esta hazaña: escribir "esta nonada", o sea la confesión autobiográfica de un pobre diablo, en "grosero estilo", es decir, en la lengua de todos los días. Sigo persuadido de que es autor más probable que Mendoza aquel fraile humanista a quien Sigüenza (*op. cit.,* t. II, pág. 145 a) retrata con colores tan atractivos. Fr. Juan de Ortega profesó en el monasterio de jerónimos de Alba de Tormes, casa próxima a la Universidad de Salamanca, de donde le vinieron "buenas habilidades", según advierte en otro lugar (t. I, pág. 345 a) el mismo Sigüenza. "Era este religioso muy afable, ... poco encapotado, prudente, amigo de letras, *y de las que con razón se llaman buenas letras"*, es decir, más humanista que escolástico. "Hombre de claro ingenio y para mucho", pertenecía a aquella vanguardia de la Iglesia española en cuyo seno escogía Carlos V obispos para las Indias, y allí le proveyó el Emperador de un obispado. Obsérvese, además, que el anticlericalismo del *Lazarillo* lanza sus flechas más aceradas contra el clero secular y contra los bulderos, mientras que es casi insignificante la sátira de los frailes y no hay asomo del *Monachatus non est pietas.* Cobra singular verosimilitud la atribución del *Lazarillo* a Fray Juan por "auerle hallado el borrador en la celda, de su propia mano escrito", donde muestra "en vn sugeto tan humilde la propiedad de la lengua castellana y el decoro de las personas que introduze, con tan singular artificio y donayre, que merece ser leydo de los que tienen buen gusto". El anonimato de la publicación se explica mejor si el autor es un fraile de talento, general de su Orden y obispo electo, que quiere gozar a su salvo del éxito de su obra de juventud, que si lo suponemos prócer y embajador, o, como sugiere Américo Castro (*España en su historia,* Buenos Aires, 1948, pág. 569, nota 1), cristiano nuevo.

4 Cf. *infra,* págs. 646-648, nuestras observaciones acerca de los coloquios latinos de Maldonado.

5 Mi estudio más reciente del *Lazarillo* es una Introducción a la edición bilingüe de la obra publicada por Aubier (Paris, 1958). Manuel J. Asensio, *La intención religiosa del "Lazarillo de Tormes" y Juan de Valdés,* en *Hispanic Review,* t. XXVII (1959), págs. 78-102, ha vuelto a defender la hipótesis de Morel-Fatio, creyendo que "valdrá la pena seguir investigando en torno a Escalona y Toledo, hacia 1525, y en busca de alguien que si no es Juan de Valdés ha de parecérsele mucho". En su crítica de mi Introducción (*Más sobre el "Lazarillo de Tormes",* en la misma revista, t. XXVIII, 1960, págs. 246-250) vuelve M. J. Asensio a discutir mis opiniones. Ruego que se me lea con bastante atención para no decir que mi interpretación gira en torno a la "defensa de la paternidad de Fr. Juan de Ortega", cuando me contento con seguir pensando que hay más verosimilitud en esta atribución que en la paternidad de D. Diego Hurtado de Mendoza, y no descarto la hipótesis de que el autor fuese un español de Flandes, tal vez mercader, tal vez cristiano nuevo, como opina Américo Castro. Ruego también que no se exagere la "relación de dependencia" que supongo entre el *Lazarillo* y *Till Eulenspiegel,* como si diese "la preferencia" a esta obra sobre el *Asno de oro* como

La cuestión de la influencia de Erasmo en el teatro español de la época de Carlos V tiene, según nuestra opinión, la misma solución negativa. Si alguna vez llegó a representarse un *Coloquio* en las tablas,[6] el hecho permaneció aislado. No por ello se renovó la comedia española. Aquí también, por otra parte, nos las habemos con el espíritu anticlerical. Ciertas libertades de lenguaje de Gil Vicente, y tal vez también la simpatía de los erasmistas portugueses por su teatro, han creado la leyenda de que este dramaturgo fue muy apreciado por Erasmo. Pero Erasmo, con toda seguridad, nunca leyó a Gil Vicente, a no ser que Damião de Góis se haya divertido en traducir alguna de sus piezas al latín. Y si Gil Vicente pudo leer a Erasmo, ciertamente no sacó de él nada para su teatro.[7] Por des-

antecedente literario, cuando insisto tanto sobre la enorme superación del *Eulenspiegel* que supone la autobiografía de Lázaro. Ruego, por fin, que no se considere como zanjada la cuestión de fecha de composición del *Lazarillo* a favor de 1525 sin leer lo que digo en la *Revue Belge de Philologie et d'Histoire*, t. XXXVI (1958), pág. 984, discutiendo las opiniones de A. Cavaliere prohijadas por Alberto del Monte, *Itinerario del romanzo picaresco spagnuolo*, Firenze, 1957.—La paternidad de Horozco ha vuelto a ser defendida, después de Cejador, por Francisco Márquez Villanueva, *Sebastián de Horozco y el "Lazarillo de Tormes"*, en la *R. F. E.*, t. XLI (1957), págs. 253-339, sin que me convenza más que la de Hurtado de Mendoza. Reseñando mi introducción a *La vie de Lazarillo de Tormes* en la misma *R. F. E.*, t. XLII (1958-1959), págs. 285-290, discute Márquez mi "simpatía por la atribución a Fr. Juan de Ortega" sin desconocer la atención que doy a la posible paternidad de un converso. Y coincidiendo conmigo en la preferencia por una fecha de composición entre 1540 y 1550, defiende su tesis de la atribución a Horozco como más compatible con tal fecha que las atribuciones a Mendoza y a Ortega. (A él no se le ha ocurrido pensar en el Valdés de los años de Escalona).—Américo Castro dio en *Hacia Cervantes*, Madrid, 1957, págs. XIX-XXXI, la exposición más completa de los aspectos del *Lazarillo* que le hacen sospechar que "su autor debió ser un converso".—Vea el lector cada tesis con todos sus argumentos y sus matices, vuelva a leer el *Lazarillo* y juzgue por su cuenta de la virulencia y del sabor peculiar de la intención religiosa de la obra.

6 Véase Henri Mérimée, *L'art dramatique à Valencia*, Toulouse, 1913, págs. 246-248. Un documento del Archivo de Valencia atestigua que en 1537 se representó en el Studi General, es decir, en la Universidad, "una comedia dels colloquis de herasme". Desgraciadamente, el documento de contabilidad que nos dice esto no menciona el título del coloquio que se representó.

7 Marques Braga, en su edición de Gil Vicente, *Obras completas*, vol. I, *Obras de devaçam*, Coimbra, 1933, parece aceptar la tesis de la influencia de Erasmo sobre Gil Vicente. En varias ocasiones habla de "erasmismos" para caracterizar ciertos atrevimientos. Creemos que el término es engañoso si expresa una relación de influencia y no una vaga afinidad de espíritu. En todo caso, de veintidós pasajes en que se comparan las ideas vicentinas con las erasmianas (págs. 14, 33, 115, 148, 180, 190, 191, 197, 208, 225, 242, 256, 258, 270, 271, 272, 304, 306, 330, 343, 362 y 435) no hay uno solo en que el texto erasmiano no pueda reemplazarse por referencias a otros autores, pues dista mucho de ser típicamente erasmiana la idea. Por otra parte, Marques Braga cita (pág. 191), al lado de Erasmo, el tercero de los *Capítulos diversos* de Torres Naharro (*Propaladia*, ed. cit. *infra*, nota 10, t. I, pág. 37). Las comparaciones más aceptables a primera vista son quizá las que se hacen a propósito de las *Barcas* del Infierno y de la Gloria. Ahora bien, éstos son autos escritos en 1517-1519, en una época en que la fama de Erasmo en la Península no salía todavía de los medios eruditos. Resulta, finalmente, que el más largo de los textos erasmianos citados (págs. 330-331) es de un coloquio posterior a 1519, y que, por añadidura, sus líneas más convincentes no son de Erasmo, sino una interpolación del traductor español (cf., sobre el mismo pasaje, *infra*, págs. 799-800, nota 105). João R. Mendes, *Do erasmismo de Gil Vicente, No quarto centenário da*

gracia, no se posee ya la obra más atrevida del gran dramaturgo, el *Jubileu de amores,* representado en Bruselas ante la Corte de Carlos V, con gran escándalo del nuncio Aleandro.[8] Muy probable es que, si se volviera a encontrar, no debilitaría las conclusiones del más sólido estudio que se ha consagrado a la cultura literaria de Gil Vicente.[9] Éste no era un humanista cristiano, sino el portavoz de un anticlericalismo enraizado desde mucho tiempo atrás en el pueblo. No tenía necesidad de Lutero ni de Erasmo para mofarse de las bulas, de los jubileos, de todas las gracias y beneficios con que Roma traficaba. Menéndez y Pelayo[10] lo observó muy justamente: no hay nada en Gil Vicente tan atrevido como lo que puede leerse en la *Propaladia* de Torres Naharro contra los jubileos, la "cruzada", los frailes, los cardenales y el papa. Y las piezas reunidas en la *Propaladia* a principios de 1517 se escribieron en Roma entre 1513 y 1516, en una época en que el nombre de Lutero era totalmente desconocido, y en que el de Erasmo no había salido aún del mundo de los humanistas.[11] Ahora bien, descartado Gil Vicente, en vano se busca en el teatro español de la época de Carlos V una corriente erasmista claramente caracterizada.[12]

morte do poeta, en *Brotéria,* t. XXIII (1936), rechaza también la tesis del erasmismo de Gil Vicente. El autor se muestra preocupado, sobre todo, de demostrar que la sátira vicentina de los clérigos y de los frailes nada tiene de inquietante para la ortodoxia. El *Auto da feira,* representado en la corte de Lisboa la mañana de Navidad de 1527, y en el cual Roma contrita y deseosa de paz es invitada un poco rudamente a reformarse, le parece a Mendes un eco casi oficial de la propaganda imperial antes y después del saco de Roma. Nosotros diríamos más bien: una reacción natural del viejo anticlericalismo popular en presencia del saco de Roma. La carta del rey Juan III citada *supra,* pág. 365, nota 7, no permite suponer que el monarca de Portugal haya aplaudido el saqueo por la simple razón de ser cuñado de Carlos V, como da a entender Mendes (pág. 313). De la misma manera, el embajador de Portugal en Roma bien pudo ser "favorable a la causa de Carlos V" sin hacerse por ello "un reflejo de las tendencias de Juan III" *(ibid.).* Don Martinho de Portugal, embajador erasmizante, y Gil Vicente, portavoz del pueblo lisbonense burlón y revoltoso, pudieron muy bien aplaudir el "castigo" de Roma mientras que sus devotos soberanos juzgaban con distinto espíritu el acontecimiento. En una palabra, estamos de acuerdo con João R. Mendes en decir que Gil Vicente no es un "erasmista" en el estricto sentido de la palabra, pero no comprendemos por qué quiere hacer de él un poeta oficial y "levítico".

8 Cf. *supra,* pág. 416.

9 Carolina Michaëlis de Vasconcelos, *Notas vicentinas,* IV, *Cultura intelectual e nobreza literária,* Separata da *Revista da Universidade de Coimbra,* 1922. Véase en particular la pág. 9, donde la señora Michaëlis rechaza la idea de un Gil Vicente lector de los clásicos latinos y de los humanistas del Renacimiento, y la pág. 35, nota 1, donde disipa la leyenda que afirma que Erasmo aprendió portugués para leer a Gil Vicente. La manera de ver de Dª Carolina Michaëlis ha sido confirmada por I. S. Révah, *Les sermons de Gil Vicente,* Lisbonne, 1949.

10 *Heterodoxos,* t. IV, pág. 165. Véase en particular Bartolomé de Torres Naharro, *Propaladia* (reimpresión de "Libros de antaño", Madrid, 1880-1900), t. II, pág. 143.

11 Ha aparecido —desgraciadamente póstumo, pero "transcrito, editado y completado" por Otis H. Green— el t. IV de la monumental obra de Joseph E. Gillet, *Propalladia and other works of Bartolomé de Torres Naharro,* intitulado *Torres Naharro and the drama of the Renaissance,* Philadelphia, 1961. Los capítulos dedicados a rastrear en este autor un ideario renacentista confirman claramente que no sufrió influencia alguna de Erasmo.

12 El erasmismo atribuido por Cejador a Sebastián de Horozco me parece tan sujeto

El anticlericalismo de Diego Sánchez de Badajoz no suena a cosa distinta del de Torres Naharro y Gil Vicente, aun en caso de admitir que en el monólogo inicial de la *Farsa de la muerte* haya una reminiscencia del título del *Enchiridion* y una alusión a la pobreza de los prelados de la Iglesia primitiva: [13] el sentimiento que en este pasaje se expresa es la rebelión del pobre contra los canónigos que viven sin trabajar con sus manos, es decir, el sentimiento anticlerical en su forma más popular.

Para no extraviarnos, quisiéramos examinar antes que nada la posición del erasmismo con respecto a la literatura de entretenimiento. Después de esto, quizá comprenderemos mejor por qué sesgo influyó principalmente en los destinos de dicha literatura. A decir verdad, sería difícil concebir que la influencia erasmiana haya sido central y decisiva, dado que Erasmo realizó su obra desconociendo las literaturas modernas, en las cuales poesía, novela y teatro habían alcanzado ya magnífico desarrollo. Escribir para entretener no era su fuerte. Sólo han podido engañarse sobre este punto los críticos para quienes su obra inmensa se reduce al *Elogio de la locura* y a los *Coloquios*. En realidad, "una parte reducidísima de lo que escribió puede clasificarse en la pura literatura. Existen algunos poemas sin importancia. Pero, exceptuados éstos, hay siempre un designio bien definido —moral, social o político— que atraviesa todo cuanto escribió, y a este designio están siempre subordinadas las consideraciones de arte".[14] El *Elogio de la locura* y también los *Coloquios* están penetrados de esas intenciones utilitarias de la más noble especie; su encanto no debe hacérnoslo olvidar. En la misma antigüedad profana, a la que Erasmo consagró gran parte de su labor, rara vez lo sedujo la pura literatura: él, que editó con tanto gusto a los filósofos o a los historiadores, que no desdeñó la tarea de traducir al latín los diálogos de Luciano de Samósata, apenas si se ocupó de Eurípides y Terencio, aunque éstos eran dramaturgos moralistas. Nunca trató de darse tiempo para editar a Ovidio o a Virgilio. La pura poesía prácticamente no existió para él.

Si pasamos de Erasmo a ciertos erasmistas españoles, parece que nos

a dudas como la atribución del *Lazarillo* a este autor (*La vida de Lazarillo de Tormes*, edición de Julio Cejador, Madrid, 1914, *Clás. Cast.*, t. XXV, págs. 45 y 65). También aquí se trata de un anticlericalismo que lanza sus dardos contra la mala vida de los clérigos, pero sin enfrentarles el cristianismo en espíritu.

[13] Véase sobre esto Américo Castro, *Perspectiva de la novela picaresca*, art. cit., págs. 148-149. Desde luego, es importante la advertencia de Castro (*Lo hispánico y el erasmismo*, en la *Revista de Filología Hispánica*, Buenos Aires, t. II, 1940, págs. 22-26), de que este anticlericalismo popular encontraba apoyo en profundas y añejas corrientes de reforma eclesiástica, que ya en la Edad Media habían surtido efectos revolucionarios. Cita Castro muy oportunamente los famosos textos del *Quinto abecedario* de Osuna ya aducidos por Adolfo de Castro (en su *Historia de los protestantes españoles*, Cádiz, 1851, págs. 30 ss.) junto con otros de la *Guía del cielo* de Fr. Pablo de León, y abreviados por Menéndez y Pelayo, en sus *Heterodoxos*, al principio del capítulo dedicado a los erasmistas. Estas últimas citas pueden leerse ya en su contexto: Pablo de León, O. P., *Guía del cielo*, estudio preliminar y ed. de Vicente Beltrán de Heredia, O. P., Barcelona, 1963 (biblioteca de "Espirituales españoles", t. XI), en particular págs. 282, 337, 380, 554.

[14] Allen, *Erasmus, op. cit.*, pág. 75.

alejamos todavía más de la pura literatura, de una literatura que tuviese su finalidad en el cumplimiento de una obra bella o en el placer del público. Ya ciertas observaciones de Alfonso de Valdés, de Alonso de Virués, del editor Miguel de Eguía, de Constantino,[15] nos han hecho entrever en estos erasmistas un lado de moralismo casi puritano. Vives no expresó esta tendencia con meras alusiones fugitivas, sino que varias veces se detuvo frente al problema de la literatura de entretenimiento, en primer lugar en su *Institución de la mujer cristiana,* el primero de sus libros que tuvo traductor en España, y después en su gran sistema de las ciencias *(De disciplinis)* y en su retórica *(De ratione dicendi).* A diferencia de Erasmo, él sí conocía las literaturas modernas de España, Francia y los Países Bajos. Pues bien, Vives confunde en la misma reprobación todo género de novelas: en España, el *Amadís* y su secuela, "la *Celestina* alcahueta, madre de inmoralidad", la *Cárcel de Amor;* en Francia, *Lanzarote del Lago, Paris y Vianna, Ponto y Sidonia, Pedro de Provenza y Magalona, Melusina* y *La Belle Dame sans merci;*[16] en los Países Bajos, *Flores y Blancaflor, Leonela y Canamor, Curias y Floreta, Piramo y Tisbe.* A estas obras añade las traducciones de los autores del primer Renacimiento italiano: las *Facecias* de Poggio, el *Eurialo y Lucrecia* de Eneas Silvio y el *Decamerón* de Boccaccio. Toda esta literatura es condenada por Vives, en la *Mujer cristiana,* con una severidad sin concesiones, como profundamente inmoral. En todas esas historias de amor, placenteras o trágicas, el valenciano se pregunta qué es lo que puede agradar, como no sea su lado sensual. Ninguna erudición hay en sus autores, ningún cuidado de la verdad. Y, emprendiéndola más especialmente contra los libros de caballerías, Vives se burla de esos héroes que matan sin ayuda de nadie a veinte o treinta enemigos:

Otro, traspasado de seiscientas heridas y dejado por muerto, se vuelve a levantar de pronto, y al día siguiente, recobradas ya salud y fuerzas, derriba en singular combate a dos gigantes; después se va con tal carga de oro, de plata, de sedas, de piedras preciosas, que una carabela apenas si podría con ella.[17]

Literatura inmoral y literatura mentirosa: tales son, como se ve, las dos acusaciones principales. Vives vuelve a formularlas en el *De disciplinis,* donde agrega el *Orlando* a los libros de caballerías. Estas obras pueden regalar pasajeramente los sentidos, pero no pueden instruir el espíritu ni guiar la conducta. Es una desgracia que hayan conquistado a todo un público de ociosos, cuyo espíritu, semejante a un estómago echado a perder

15 Cf. *supra,* págs. 398, 163 y 536.
16 El título *Domina inexorabilis* no puede ser sino *La Belle Dame sans merci.* Tanto Menéndez y Pelayo (véase la nota siguiente) como Lorenzo Riber (traducción de las *Obras completas* de Vives, ed. Aguilar, t. I, Madrid, 1947, pág. 1603 a) parecen tomar "domina inexorabilis" como aposición de "Melusina" (Riber traduce: "...*Pedro de Provenza y Magalona y Melusina,* por fin, hada inexorable"). El traductor de 1528 suprimió, seguramente por no entenderlas, las palabras *Domina inexorabilis.*
17 Vives, *Opera,* ed. cit., t. IV, pág. 87. Se encontrarán los textos citados en Menéndez y Pelayo, *Orígenes de la novela,* t. I, págs. 143 y 266.

por el abuso de golosinas, no tolera ya otro alimento.[18] La crítica de las novelas, y particularmente de la literatura caballeresca, es un rasgo fundamental del erasmismo español. Y Vives dio a esta crítica su forma más radical. Lo cual no debe sorprender, si se piensa que el valenciano llevó su puritanismo hasta la reprobación de toda poesía. Ya en la *Instrucción de la mujer cristiana* se había indignado de que el *Arte de amar* fuera un libro clásico. Pero en el gran tratado *De disciplinis*,[19] lo que ataca es la poesía en general; y, así como el erasmismo sitúa la edad de oro del cristianismo en una lejanía casi inaccesible, así también Vives sólo en los lejanos orígenes encuentra una poesía digna de respeto.

La invención de la medida, del ritmo, de la harmonía, responde a una necesidad de imprimir en las almas ciertas verdades, gracias a un encanto que cae en el oído y en el espíritu. El empleo más antiguo de la poesía es sagrado. Moisés y David cantan las alabanzas del Dios inmortal. Los paganos dan forma poética a los oráculos de sus dioses para perpetuar su recuerdo. Pero la poesía ha ido cayendo progresivamente de lo sagrado a las vanas fábulas, y después a las evocaciones licenciosas. Hesíodo y Homero son ya un testimonio de esta decadencia, pese a los esfuerzos de sus intérpretes por descubrir secretos sublimes en ellos. Los filósofos han honrado demasiado a Virgilio o a Homero prestándoles sus propios pensamientos. Lo que nos muestra la *Ilíada* no es el Dios que está en nosotros, sino el triunfo de las pasiones, lo mismo en el inhumano Aquiles que en el mentiroso Ulises. Parece como si los comentaristas gustaran más de la poesía cuanto más se aleja de la verdad. Un Servio tiembla de alegría cuando reaparece la fábula en las *Geórgicas:* Virgilio, dice, se acuerda de que es poeta... Pero en opinión de Vives las *Geórgicas* son muy superiores a las *Bucólicas,* de la misma manera que los episodios más hermosos de la *Eneida* son los inspirados en la historia romana. A él no le interesa en absoluto una poesía que no es más que el arte de mentir harmoniosamente. El filósofo valenciano tampoco es indulgente con el teatro. Intrigas amorosas en que no intervienen sino cortesanas astutas, rufianes perjuros, soldados brutales y jactanciosos, y en las cuales el desenlace consiste siempre en el triunfo del amor y del vicio... ¡Vaya una "imagen de la vida"! En comparación con la comedia clásica, la *Celestina*, tragicomedia, le parece a Vives casi excusable: es que aquí, por lo menos, la pasión desenfrenada tiene su castigo en una muerte amarguísima.

Cuando en el *De ratione dicendi* nuestro filósofo se pone a dar leyes a la literatura, se excusa casi de nombrar de pasada las "fábulas milesias" inventadas para el solo placer, y al tratar de las "fábulas poéticas" no considera legítimas sino aquellas que encierran alguna verdad natural o moral.[20] Pero ¿para qué conservar, para qué leer las que describen los

---

[18] Vives, *Opera*, ed. cit., t. VI, pág. 109, y Menéndez y Pelayo, *Orígenes*, t. I, pág. 266.

[19] En el libro II del *De causis corruptarum artium*. El capítulo IV que resumimos se encuentra en Vives, *Opera, ed. cit.*, t. VI, págs. 93-101; el pasaje relativo a la *Celestina* se reproduce en Menéndez y Pelayo, *Orígenes*, t. III, pág. CXIV, nota 2.

[20] *De ratione dicendi*, libro III. Véase Vives, *Opera, ed. cit.*, t. II, págs. 216-221. El *De ratione dicendi* está dedicado a Don Francisco de Bobadilla y Mendoza, Obispo de

Campos Elisios, las que cuentan las desvergüenzas de los dioses, las que pintan el adulterio o la guerra? Le queda a la poesía un campo bastante ancho si canta las buenas acciones. El poema es una pintura que habla, según la sentencia de Plutarco; no está hecho para dar un placer efímero, y mucho menos para corromper las almas. Es preciso, por tanto, que la poesía vuelva a su carácter sagrado, aunque sólo con extrema sobriedad toque los misterios de la fe: que cante a Dios y a los ángeles, que celebre a los santos; que nos inflame de amor por ellos, y que nos inspire el deseo de asemejarnos a ellos.

Tal debería ser, según Vives, el carácter de las canciones populares: cristianas en su inspiración, sin envilecer los misterios, esas canciones deberían difundir el horror del vicio, el amor de la virtud. Y, teórico consecuente consigo mismo, el gran valenciano no admite el teatro sino cuando es moralizador, cuando mezcla lo útil con lo agradable. Por eso, sin sombra de paradoja, el humanista pone las farsas morales de los modernos, las piezas que personifican virtudes y vicios, pueblos y elementos, muy por encima de las comedias latinas o griegas. Parece hacer la teoría del auto sacramental cuando nos habla de un teatro alegórico en que no está fuera de su sitio "cierta oscuridad", siempre que mantenga despierto al espíritu, que no sobrepase las capacidades de un auditorio popular, y que éste, guiado si es preciso por la recitación de un argumento, pase progresivamente de la oscuridad a la luz...[21]

Salvo en este punto preciso, en que la literatura se pone al servicio del apostolado espiritual, la doctrina de Vives se resume en una condena sin apelación de toda poesía. Proscribe, por lo menos, toda ficción que sea puro juego del espíritu. Esta posición extrema no fue la de todos los erasmistas. Un Resende se burló de ella en unos versos que desgraciadamente han desaparecido, pero que regocijaban en extremo a Dantisco.[22] El moralismo intransigente de Vives, sin embargo, tiene que quedar

Coria y Maestrescuela de Salamanca.—Venegas, en la disertación sobre la poesía que imprimió al comienzo de la obra póstuma de Álvar Gómez de Ciudad Real, *Theológica descripción de los misterios sagrados* (Toledo, 1541), parece haberse inspirado en las clasificaciones de Vives. Hablando de las fábulas milesias o "consejas", añade: "En esta fábula escribió Apuleyo su *Asno dorado* y Mahoma escribió su *Alcorán*, y todos los milesios escribieron sus caballerías amadísicas y esplandiánicas herboladas. Deste género de fábulas amonesta el Apóstol a Timoteo que huiga". (Disertación citada por Gallardo, *Ensayo*, t. III, col. 66).

21 Es notable, y muy típico del humanismo cristiano del siglo XVI, que Vives haya sido al mismo tiempo enemigo de los misterios que representan al vivo las personas sagradas (véase su Comentario de San Agustín, *De civitate Dei*, libro VIII, cap. XXVII, citado por A. Bonilla, *Luis Vives*, *op. cit.*, t. III, pág. 26, nota 36) y amigo de las moralidades. Véase sobre el particular R. Lebègue, *La tragédie religieuse en France (1514-1573)*, Paris, 1929, pág. 106, y lo que dice, a propósito de la evolución del teatro religioso y moral de Margarita de Navarra, Verdun L. Saulnier en el prólogo de su excelente edición de Marguerite de Navarre, *Théâtre profane*, Paris, 1946, pág. XXIII.

22 Véase, acerca de esto, una carta de Goclen a Dantisco, Lovaina, 21 de enero de 1532, en Hipler, *art. cit.*, pág. 492: "Prudentiam tuam... vehementer probo qui eo temperamento Resendii nostri famae consulis, ut Vivetis, viri, quod negari non potest, haudquaquam vulgariter eruditi, maximam rationem ducas. Quem suo nomine palam traduci, et ipsius Resendii et studiorum causa nolim. Neque enim Resendio satis con-

presente en nuestro espíritu para explicar otras actitudes menos puritanas. El más seductor de todos los erasmistas españoles, Juan de Valdés, no se hacía mucho de rogar para hablar de novelas y de poesía con sus amigos de Nápoles, cuando éstos querían descansar un poco de sus charlas espirituales interrogándole acerca del buen uso de la lengua castellana. El propio Valdés plasmó el recuerdo de estas conversaciones en su *Diálogo de la lengua*, donde demuestra un gusto refinado, y mucha más indulgencia que Vives por la pura literatura. Sus reflexiones sobre las novelas son tanto más preciosas cuanto que, en esta materia, él lo había leído todo. Esa lectura había sido su principal ocupación durante diez años, los mejores de su vida: diez años de ocios en la Corte o en el palacio de Escalona, que habían terminado con la invasión erasmiana, el descubrimiento de San Pablo y el aprendizaje de griego en Alcalá. Si se había despedido de las novelas, guardaba de ellas un recuerdo todavía preciso, y las juzgaba sin pasión. No nos atreveríamos a decir que las consideraciones morales no tienen importancia para él en presencia de las obras de arte. Sin embargo, es preciso reconocer que en el *Diálogo de la lengua* se nos muestra practicando en Chiaja un género de crítica libre de todo moralismo. No nos fijemos, por el momento, en las observaciones de estilo; lo que él reprocha al *Esplandián*, al *Florisando*, al *Lisuarte*, al *Caballero de la Cruz*, a *Guarín Mezquino*, a *La linda Melusina*, a *Reinaldos de Montalbán*, a *La Trapisonda*, a *Oliveros de Castilla*, es que son libros mentirosos y libros sin arte, cuya mentira se muestra ostentosamente y sin vergüenza.[23]

Valdés es mucho menos severo con los cuatro primeros libros del *Amadís*, con el *Palmerín* y con el *Primaleón*. Hasta deja transparentarse por el *Amadís* una secreta afición, que nos conmueve más que las sentencias sin apelación de un Vives. El libro es anticuado; Valdés excusa sus arcaísmos, que son propios, como él bien sabe, de la época en que se escribió, pero también un procedimiento de evocación de los tiempos heroicos. Cuando habla de su contenido, nuestro crítico no quiere juzgarlo sino en

sultum in se, ut totam gentem Hispanicam in se provocat. Et Vives, tametsi praecipiti judicio de universa poetarum familia deque Gellii vigiliis non omnino indignus videatur, cui male promerenti mala reponatur gratia, tamen cetera quibus eruditiores offendit potissimum posita sunt in moribus et petulantia effrenioris linguae; ideo certe aliquanto parcius feriendum censeo, aut ob virtutes non exiguas leviora vitia illi condonanda. Quod si omnino decrevisti in publicum edere hoc poematium, meo suffragio dignissimum lectu nisi obstarent quae commemoravi, qui Resendiano nomini ea publicatione consulatur, nisi autoris titulo inscriptum edatur, equidem non video. Quod autem ad Vivem attinet, visum est et ipsi Resendio, qui hesterna die hac iter fecit in Germaniam, ut suppresso nomine res notetur cum hac inscriptione: In L. Charitaeum Gurdum, et ut pro Vivis nomine toto poemate Gurdi nomen substituatur. Cujus rei rationem ipse Resendius tibi explicabit, cui haec nomina primis visa sunt proxima, quamquam hac mutatione bonam partem gratiae suis vigiliis putat discessuram. Sed satius esse duco, ut ratio omnem vincat gratiam, ne dum alienam ulciscitur injuriam, ipse judicetur admisisse injuriam". En las poesías que se conservan de Resende (*Resendii poemata*, Colonia, 1613) no se encuentra ninguna contra Vives ni contra "L. Charitaeus Gurdus".

[23] Juan de Valdés, *Diálogo de la lengua*, ed. José F. Montesinos, *Clás. Cast.*, t. LXXXVI, Madrid, 1928, págs. 168-169.

nombre de esta regla soberana de las fábulas: "Los que scriben mentiras las deben escribir de suerte que se lleguen, cuanto fuere posible, a la verdad, de tal manera que puedan vender sus mentiras por verdades". Toda inverosimilitud es una mancha; cuando Perión recibe la visita furtiva de Elisena y arroja al suelo su espada y su escudo a la vista de su dama, el autor debería acordarse de que su héroe se expone a despertar la casa dormida. Un lector de espíritu crítico queda sorprendido al leer que la historia de Amadís ocurre "no muchos años después de la Pasión de nuestro Redentor", puesto que este libro pinta como cristianas regiones que no lo fueron sino mucho tiempo después. Pero, más que el anacronismo o la incoherencia de los detalles, lo que parece impacientar a Valdés es la inverosimilitud psicológica. ¿Acaso es creíble que Elisena, hija del rey, que vive en el palacio de su padre, se deje arrastrar ya en la primera noche a la cama de un caballero a quien apenas conoce? El autor del *Amadís* dice también que Perión contemplaba la hermosura del cuerpo de Elisena a la luz de tres antorchas que ardían en la cámara: olvida que al describir la cámara había dicho que sólo la alumbraba la claridad de la luna que entraba "por entre la puerta"; olvida, sobre todo, que "no hay mujer, por deshonesta que sea, que la primera vez que se vee con un hombre, por mucho que lo quiera, se deje mirar de aquella manera". Y por último, ¿acaso se puede creer que Perión, caballero andante, "al cual es tan anexa la espada como al escribano la pluma", espere diez días para notar la desaparición de su espada?

Ya se ve a qué género de disección somete Valdés la novela de aventuras.[24] El ideal que le opone es un ideal de verosimilitud, de coherencia, de decoro, entendiendo por esto menos la decencia de los cuadros que su concordancia íntima con el carácter de los personajes. "Guardar el decoro" no significa otra cosa. Es una exigencia a la cual Torres Naharro no satisface mejor que el autor del *Amadís* cuando, en su *Comedia Aquilana*, pasa de la pintura de los medios populares a la de la gente noble y principal.[25] Los autores de la *Celestina*, en cambio, han demostrado una maestría incomparable en la creación de "las personas que introdujeron", "guardando el decoro dellas desde el principio hasta el fin". Las mejor "esprimidas" o caracterizadas son Celestina, "perfetísima en todo cuanto pertenece a una fina alcahueta", y los dos criados, Sempronio y Pármeno. "La de Calisto no sta mal, y la de Melibea pudiera estar mejor", porque, sin entregarse tan pronto como la Elisena del *Amadís*, "se deja muy presto vencer, no solamente a amar, pero a gozar del deshonesto fruto del amor".[26]

Henos aquí muy lejos de los vituperios de Vives contra la *Celestina,*

24 *Ibid.*, págs. 170 y 172-173.

25 *Ibid.*, págs. 159-160. Y eso que el "decoro", en la doctrina dramática de Torres Naharro, tiene tanta importancia como en la de Valdés: "El decoro en las comedias es como el gobernalle en la nao", dice en el Prohemio de la *Propalladia,* y agrega que es "una justa y decente continuación de la materia..., dando a cada uno lo suyo... de manera que el siervo no diga ni haga actos del señor, *et e converso*" (*Propalladia,* ed. J. E. Gillet, t. I, Bryn Mawr, 1943, pág. 142, líneas 59-64; cf. t. III, págs. 25-26).

26 *Diálogo de la lengua, ed. cit.,* págs. 176-177.

laena nequitiarum parens. Por el contrario, observamos mejor el alcance de las mentiras de la literatura novelesca. Vives, más moralista, y Valdés, más psicólogo, expresaron muy bien, cada uno por su lado, las razones que impulsan al erasmismo contra las novelas entonces de moda. Antes de examinar la literatura moral y verdadera que el erasmismo les opone, es preciso que nos detengamos todavía un poco en el campo de la ficción. En efecto, hubo por lo menos un género de novela que encontró gracia a los ojos de los erasmistas.

Este género no es, apresurémonos a decirlo, la novela pseudo-histórica o pseudo-filosófica a la manera de Fr. Antonio de Guevara. Demasiado poco se ha dicho hasta qué punto es ajeno Guevara a la corriente erasmiana, a pesar de las coincidencias de detalle que son inevitables dada la multitud de los asuntos que trata.[27] Su *Marco Aurelio,* en todo caso, resulta una buena piedra de toque. Es, para los erasmistas, el prototipo de la literatura mentirosa. Ni Juan de Valdés ni Vives le conceden el honor de nombrarlo, en una época en que hace furor lo mismo en España que en Francia.[28] Pero ¡qué rayo de luz cuando leemos este breve postscriptum en una carta de Alfonso de Valdés a Dantisco: "Nuestro amigo Suárez te manda saludar tantas veces como mentiras hay en el *Marco Aurelio*"! [29] ¡Y cuánto mejor comprendemos, después de esto, la actitud un poco incómoda de Matamoros, otro crítico erasmista, para con este importante escritor! [30]

No, la novela para la cual reservan su afición los erasmistas es la novela bizantina de aventuras, la *Historia etiópica de Teágenes y Cariclea.* Tenía todo el prestigio de la novedad... ¡y estaba en griego! Con ocasión del saco de Budapest, el manuscrito de la biblioteca del rey Matías Corvino había llamado la atención por su rica encuadernación. El soldado alemán que lo había robado se lo vendió a un humanista, el cual

[27] Algunas interesantes coincidencias con el erasmismo indica Américo Castro en su artículo *Antonio de Guevara, un hombre y un estilo del siglo xvi* (en el *Boletín del Instituto Caro y Cuervo,* t. I, Bogotá, 1945, págs. 46-47). Sobre la despreocupación algo frívola con que Guevara utiliza páginas de su *Marco Aurelio* en su *Oratorio de religiosos,* atribuyendo a los Padres de la Iglesia sus propias especulaciones o páginas plagiadas de Francisco de Osuna, puede verse el P. Fidèle de Ros, *Antonio de Guevara, auteur ascétique,* en *Études Franciscaines,* t. L (1938), págs. 306-332 y 609-636, estudio reimpreso con algunas páginas nuevas en el *Archivo Ibero-Americano* de Madrid, t. VI (1946), págs. 339-404.

[28] El *Libro dorado de Marco Aurelio* había tenido ya dos ediciones en París (en 1531 y 1534) cuando Valdés escribió el *Diálogo de la lengua.* La edición española más antigua que se conoce es de 1528. Cf. Foulché-Delbosc, *Bibliographie hispano-française* (separata de la *Bibliographie hispanique*), New York, 1912, t. I, págs. 13-14, y René Costes, *Antonio de Guevara, son œuvre,* Bordeaux, 1926 (Bibliothèque de l'École des Hautes Études Hispaniques), pág. 2.

[29] E. Boehmer, *Alfonsi Valdesii litterae XL, art. cit.,* pág. 402: "Noster Suarez te toties salvere vult quot mendacia sunt in Marco Aurelio". Carta fechada en Toledo, a 14 de febrero de 1529.

[30] Cf. *supra,* pág. 530, nota 3, e *infra,* pág. 696, nota 16. Matamoros se refiere a él sobre todo como al "Heródoto español". No se resuelve a pronunciar un juicio sobre él sino obligado y forzado por la censura del sabio Pedro Rhúa, de Soria, que ha denunciado los errores y las falsificaciones históricas de Guevara.

hizo imprimir la *editio princeps* de ese libro en Basilea [31] (1534). Fue una revelación para los helenistas, que no conocían la novela de Heliodoro más que por citas de Policiano. Francisco de Vergara, en Alcalá de Henares, se puso a traducirla al español. Esta traducción le hizo enfrentarse con los problemas de crítica textual que planteaba el mal estado del texto impreso. Cuando murió, en 1545, se hallaba en correspondencia con Peregrina, antiguo secretario de su hermano Juan, para colacionar un excelente manuscrito de la Biblioteca Vaticana.[32] El trabajo inconcluso fue reemprendido por Juan, que llegó a solicitar en la Corte, por medio de Zurita, un privilegio para la impresión. Pero en 1548 su mal estado de salud disminuyó la fuerza de su impulso, y la traducción de Francisco, dedicada por Juan al Duque del Infantado, permaneció finalmente inédita en la biblioteca de este gran señor.[33] En 1547, por otra parte, Amyot había publicado la suya. Muy pronto apareció un español, que se designa a sí mismo sólo como "un secreto amigo de su patria", que publicó en Amberes, en 1554, un calco castellano de la traducción francesa. El anónimo traductor es, sin duda, un refugiado por causa de religión: traiciona, en todo caso, sus lazos con el erasmismo al dedicar su trabajo al Abad de Valladolid, Don Alonso Enríquez. Esta traducción galicista no tiene en sí mucho valor.[34] Sin embargo, fue la única de que dispuso el lector español durante más de treinta años; y tuvo para los letrados el interés nada desdeñable de reproducir el prefacio de Amyot, que nos ilustra sobre las razones que podían tener los erasmistas para aficionarse a Heliodoro.

En su prefacio toma Amyot la defensa de los libros de pasatiempo, demostrando que no responden a la misma necesidad que la historia verídica. Ésta es demasiado austera para dar un placer; además, no está hecha para eso, sino para instruir con miras a la acción. Las historias inventadas para el deleite tienen también sus leyes. Amyot recuerda el principio horaciano de que la ficción, si quiere agradar, ha de mantenerse muy cerca de lo verdadero. Esto, como ya hemos visto, es el principio mismo según el cual Juan de Valdés juzgaba las invenciones novelescas.

---

[31] Amyot cuenta esta historia en el prefacio de su traducción (1547).

[32] Véase en Bonilla, *Clarorum Hispaniensium epistolae ineditae*, pág. 63, la carta de Juan de Vergara a Augustus Steuchus Eugubinus, bibliotecario del Vaticano. Carta sin fecha, pero que se remonta a 1546: Juan habla de la muerte reciente de su hermano Francisco, ocurrida el 27 de diciembre de 1545.

[33] Véase Uztarroz-Dormer, *op. cit.*, pág. 513, y el texto de Álvar Gómez citado por Bonilla, *op. cit.*, pág. 64.

[34] *Historia ethiópica, trasladada de francés en vulgar castellano por un secreto amigo de su patria y corregida según el griego por el mismo, dirigida al ilustríssimo Señor Don Alfonso Enríquez, Abad de la Villa de Valladolid*, Amberes, 1554. "No era tan detestable" esta traducción de 1554, ya que otro traductor del siglo XVI, Fernando de Mena, "apenas deja de la mano el ejemplar de la versión del desconocido intérprete y se vale muchas veces de la experiencia de su traducción para urdir la suya". *Historia etiópica de los amores de Teágenes y Cariclea*, trad. en romance por Fernando de Mena [Alcalá, 1587], ed. y pról. de Francisco López Estrada, Madrid, 1954 ("Biblioteca selecta de clásicos españoles" de la Real Academia Española, t. XIV), pág. XIII.—Sobre las traducciones españolas de la *Historia etiópica*, véase R. Schevill, *Studies in Cervantes: The question of Heliodorus*, en *Modern Philology*, Chicago, t. IV (1906-1907), pág. 685.

Es menester —dice— mezclar tan doctamente lo verdadero con lo falso, guardando siempre apariencia de verdad, y refiriendo lo uno a lo otro, de suerte que no haya discordancia del principio al medio ni del medio al fin. Lo cual es al contrario en la mayor parte de los libros desta suerte que han sido antiguamente escritos en nuestra lengua española,[35] de más de que no hay ninguna erudición, ningún conocimiento de antigüedad, ni cosa alguna (por decir verdad) de la cual se pueda sacar algún provecho, mas antes están las más veces tan disonantes y tan fuera de verdadera similitud, que parece que sean antes sueños de algún enfermo que desvaría con la calentura, que invenciones de algún hombre de espíritu y sano juicio. Y, por tanto, me parece que no pueden tener gracia ni fuerza de delectar a un buen entendimiento.

La *Historia etiópica*, por el contrario, responde a las exigencias de los buenos entendimientos. En ella se encuentran hermosos discursos sacados de la filosofía natural y moral, gran número de máximas notables y de frases sentenciosas. Además, es novela moral. En ella se admiran "las pasiones y afecciones humanas pintadas tan al verdadero y con tan gran honestidad, que no se podría sacar ocasión de malhacer"; los afectos ilícitos son castigados; los afectos puros conducen a la felicidad. Finalmente, para un escritor atento a la estructura de las obras, Heliodoro ofrece una disposición singular, pues "comienza en la mitad de la historia como hacen los poetas heroicos". De ahí un efecto de sorpresa, y un vivo deseo de saber lo que precede. Como este deseo no se satisface antes del libro V, el lector tiene que quedar con la respiración en suspenso hasta el desenlace.

Tales son, expuestas por un crítico penetrante, las razones del gran éxito de la *Historia etiópica* entre los erasmistas. Esta novela les agrada por mil cualidades que faltan demasiado en la literatura caballeresca: verosimilitud, verdad psicológica, ingeniosidad de la composición, sustancia filosófica, respeto de la moral. Siguiendo esta línea, que parte de la crítica de los libros de caballerías para llegar al elogio de la novela bizantina, fue como se ejerció la influencia más profunda del erasmismo sobre la novela española. La importancia de este movimiento se nos aparecerá mejor cuando, al llegar a Cervantes, echemos una mirada atrás.

II

Desde Vives hasta Cervantes, se puede seguir, a lo largo del siglo XVI español, una serie casi ininterrumpida de declaraciones hostiles a los libros de caballerías.[1] Entre ellas hay incluso un voto de las Cortes re-

[35] Citamos el prólogo de Amyot (*Proesme du translateur*) por la traducción española descrita en la nota anterior. Esta traducción altera por cierto un poco la gracia y propiedad del original ("mezclar tan doctamente" por *entrelacer si dextrement;* "tan disonantes" por *si mal cousus*).

[1] Véanse en Menéndez y Pelayo, *Orígenes de la novela*, t. I, págs. 260, 266 ss. y 278-279, los textos de Valdés, Vives, Melchor Cano (que deplora ver esta literatura frívola reemplazada por libros de espiritualidad en lengua vulgar más bien que por libros de historia verdadera), Venegas y Cervantes de Salazar, Fr. Antonio de Guevara, Pero

unidas en Valladolid en 1555, que pide la prohibición total de esos "libros de mentiras y vanidades". Esto, a la larga, acaba por hacerse una cláusula de estilo casi inevitable en la pluma de un escritor serio. Se la encuentra tanto en libros religiosos como en obras profanas; casi siempre se mezcla con una defensa de los libros provechosos. Los autores en quienes aparece no son todos erasmistas, pero la mayor parte de ellos tienen que ver con el erasmismo por algún lado de su vida o de su obra. No volveremos a hablar de la literatura espiritual. Baste observar aquí que ésta se apoya en el pensamiento común del erasmismo en materia literaria, y que la petición de las Cortes coincide con el apogeo de un movimiento de espiritualidad en que el erasmismo tuvo un lugar central: es contemporánea de los grandes libros de Luis de Granada. Tenemos ahora que examinar la literatura profana, pero seria; la literatura que se esfuerza por suplantar a las funestas novelas.

Como es natural, visto el carácter humanístico del movimiento, esta literatura comprende una fuerte proporción de traducciones de la antigua. Su más típico representante es Diego Gracián de Alderete, que era, como él se complace en decir, poligloto y traductor de profesión.[2] Nombrado secretario de Don Francisco de Mendoza, obispo de Zamora y presidente del Consejo de la Emperatriz, más tarde secretario real al servicio de Carlos V y de Felipe II, tenía ocasión de traducir diariamente despachos y cartas llegados del extranjero, ya en latín, ya en francés, ya en italiano o en otras lenguas. Como no tenía nunca documentos griegos que traducir para sus amos, quiso hacerles aprovechar de su ciencia de helenista ofreciéndoles traducciones españolas de Plutarco, Tucídides y

Mexía, Alonso de Fuentes, Fernández de Oviedo, Arias Montano, Fr. Luis de Granada, Malón de Chaide, así como la petición de las Cortes de 1555. Américo Castro, *El pensamiento de Cervantes*, Madrid, 1925, pág. 26, nota 2, redacta la lista cronológica de estos textos, completados por él con interesantes referencias a Gracián de Alderete y a Gonzalo Fernández de Oviedo. Se podrían añadir todavía los siguientes: Francisco de Monzón, *Espejo del príncipe christiano* (1544), Luis de Alarcón, *Camino del cielo* (1547), Matamoros, *De asserenda Hispanorum eruditione* (1553), Laguna, Prefacio a las *Catilinarias* (Amberes, 1557) (texto reproducido por Menéndez y Pelayo, *Bibliografía hispano-latina*, t. II, pág. 344) y *Viaje de Turquía* (1557) (*N. B. A. E.*, t. II, pág. 106, nota 2), Gonzalo de Illescas, Prefacio a la *Historia pontificial y cathólica* (Salamanca, 1565). Cabría agregar a esta lista el prefacio de Fr. Luis de León a los *Nombres de Cristo* (1583) (ed. Onís, *Clás. Cast.*, t. XXVIII, págs. 10-11), si bien el autor no menciona ninguno de esos libros que pervierten a "mugeres donzellas y moças": a su estética le repugnan las alusiones demasiado precisas. Otro documento notable es el testamento del Doctor Luis de Lucena, sacerdote, médico y anticuario, que, antes de morir (en Roma, 5 de agosto de 1552), funda una biblioteca pública en Guadalajara; prohibe terminantemente que en su librería se pongan libros peligrosos, "ni menos libros de historias fingidas como son las de Amadís y de los Pares de Francia" (J. Catalina García, *Biblioteca de escritores de la Provincia de Guadalajara*, Madrid, 1899, pág. 287 b). Véase también en E. Asensio, art. cit., pág. 94 y nota 1, la alusión de Venegas a esta funesta literatura y el ataque de Buenaventura de Morales, apologista de Serafino de Fermo. Asensio remite a su vez a una larga lista de censuras de novelas dada por Martín de Riquer en la introd. a la traducción castellana del *Tirante el Blanco* de J. Martorell, reeditada por él para la Asociación de Bibliófilos de Barcelona (t. I, 1947, págs. xxxi-xli).

[2] Cf. *supra*, págs. 268-269. Véase sobre todo su epístola a Carlos V al frente de los *Morales de Plutarco*, Alcalá, 1548.

Jenofonte. Comenzó en 1533 con los *Apotegmas* de Plutarco.[3] Después vinieron, en 1534, el tratado *De officiis* de San Ambrosio,[4] en 1548 los *Moralia* de Plutarco,[5] de quien tradujo también algunas *Vidas*,[6] en 1552 un volumen de Jenofonte que contenía la *Ciropedia*, el *Hiparco*, el *Tratado de la caballería*, la *República de los lacedemonios* y la *Caza*;[7] en 1564, la *Guerra del Peloponeso* de Tucídides;[8] en 1567, los tratados de arte militar de Onosandro y los del Señor de Langey;[9] en 1570, el tratado de Isócrates *A Nicocles* con otros escritos concernientes al gobierno y a los deberes del príncipe.[10] También lo atrajo la historia moderna, puesto que tradujo el compendio de Froissart por Sleidan,[11] la relación de la coronación imperial de 1530 y la *Conquista de África* de Cristóbal Calvete de Estrella.[12] ¡Llegó a traducir incluso, después de tantos libros célebres, los *Arrêts d'amour* de Martial d'Auvergne![13]

En su prefacio a los *Moralia* de Plutarco es donde expresó su desprecio por "estos libros de mentiras y patrañas fingidas que llaman de caballerías". La lista de sus traducciones demuestra bastante bien lo que él trataba de oponerles. Dejemos por el momento las obras técnicas y los tratados morales, sobre los cuales habremos de volver: frente a las historias mentirosas vemos aparecer la historia verdadera, tesoro de experiencia, y, dominando a la historia, los hombres célebres cuya vida es ejemplar, cuyas palabras memorables merecen transmitirse a la posteridad. No pretendemos redactar aquí un cuadro completo de los traductores o compiladores que en esta época enriquecieron la biblioteca histórica de los españoles. Consignemos únicamente que Pero Mexía compone, inspirándose en Suetonio y en la *Historia Augusta,* una *Historia imperial y cesárea*,[14] otro libro en que se atacan los libros de caballerías por sus atentados contra la moral y contra la verdad, y se censuran por la desvergüenza con que usurpan el título de *Crónicas.* Observemos, sobre

---

3 *Apophthegmas del excelentésimo philósopho y orador Plutarcho*, Alcalá, 1533 (cf. Legrand, *Bibliographie hispano-grecque*, t. I, núm. 64).

4 *Los oficios de Sant Ambrosio*, Toledo, 1534 (Gallardo, t. III, núm. 2394).

5 *Morales de Plutarco*, Alcalá, 1548.

6 Cf. *infra*, nota 15.

7 *Las obras de Xenophonte*, Salamanca, 1552.

8 *La historia de Thucydides*, Salamanca, 1564.

9 *De re militari*, Barcelona, 1567 (Menéndez y Pelayo, *Bibliografía*, t. II, pág. 126).

10 *Isócrates, de la gobernación del reino al rey Nicocles, — Agapeto, del oficio y cargo de Rey, al emperador Justiniano, — Dión, de la institución del Príncipe y de las partes y cualidades que ha de tener un bueno y perfecto Rey, al emperador Trajano,* Salamanca, 1570 (cf. Gallardo, *Ensayo*, t. III, núm. 2398). El privilegio, fechado el 20 de octubre de 1569, se presenta como renovación de un privilegio por diez años otorgado antes para la publicación del tratado de Isócrates solamente, privilegio que ya ha caducado. Según esto, el tratado *A Nicocles* fue traducido por Gracián antes de 1560.

11 Sobre esta traducción (manuscrito de la S. B. M.), véase L. Karl, *Un érasmiste espagnol du* xvie *siècle et les Chroniques de Jean Froissart* (*Revue du Seizième Siècle*, t. XI, 1924, págs. 91-102). Gracián se lo dedicó a Justus Walther, agente de los Fúcar.

12 Véase Gallardo, t. III, núms. 2393 y 2396.

13 *Ibid.*, núm. 2397.

14 Sevilla, 1545. Sobre este libro, y sobre Mexía "cronista", véase Morel-Fatio, *Historiographie de Charles-Quint*, pág. 75 (cf. *supra*, nota 1).

todo, que se sentía la necesidad de una nueva traducción de las *Vidas* de Plutarco, pues cuando los helenistas de la nueva generación las leían en la versión de Palencia, confrontándolas con el original griego, se veían tentados a llamarlas *muertes* o *muertas*, de tan oscuras, mutiladas e infieles que eran. Gracián dio una muestra de lo que hubieran debido ser las *Vidas ejemplares* en español. Francisco de Enzinas, a quien se debe asimismo un Floro castellano, tradujo algunas otras.[15] Recordemos igualmente que el secretario Valdés empleaba sus ratos de ocio en poner en español la vida del virtuoso emperador Alejandro Severo.[16]

Entre los libros que apuntan a la "ejemplaridad", los *Apotegmas* de los grandes hombres merecen atención especial, porque Erasmo dio su nombre a un importante florilegio de estas sentencias memorables. Es una de sus obras de ancianidad (1531). Cuando salió a la luz, acababa de reeditarse en España la traducción ya antigua de Valerio Máximo, compilador de *Los notables dichos y hechos de romanos y griegos*,[17] y Diego Gracián traducía la recopilación de *Apotegmas* de Plutarco, ignorando, sin duda, que Erasmo estaba imprimiendo otra más completa.

Los *Apotegmas* de Erasmo tuvieron en España dos traductores a la vez: el Bachiller Francisco Thámara, catedrático en Cádiz, y el Maestro Juan de Jarava, médico, publicaron sus traducciones en 1549 en casa de dos diferentes editores de Amberes. Tanto uno como otro utilizaron muy libremente la materia que les suministraba Erasmo, suprimiendo cosas

---

[15] Véase el prefacio de Gracián a su traducción de los *Morales de Plutarco*: "Assí están traduzidas en romance castellano las *Vidas* deste mismo autor Plutarco, que más verdaderamente se podrán llamar *muertes* o *muertas*, de la suerte que están tan escuras y faltas y mentirosas, que apenas se pueden gustar ni leer ni entender por estar en muchas partes tan differentes de su original griego quanto de blanco a prieto, como yo he mostrado a personas doctas en algunas que yo he traduzido del griego." Esta fórmula da a entender que en 1548, fecha de la impresión de los *Morales*, Gracián no había publicado aún las *Vidas* traducidas por él. En la edición de Salamanca, 1571, agregará: "...que andan agora impresas de nuevo con otras sin nombre de intérprete". El erudito gallego Manuel Acosta ha supuesto con mucha verosimilitud que Gracián alude aquí claramente a la recopilación intitulada *El primero volumen de las Vidas*... publicado en Estrasburgo en 1551, volumen del cual se conocen varios tipos, con o sin el nombre del traductor (Francisco de Enzinas). (Cf. Gallardo, *Ensayo*, t. I, col. 15, y II, col. 925, y Boehmer, *Spanish reformers*, t. I, págs. 180-181). Gracián es, sin duda, el traductor de las vidas de Temístocles y de Furio Camilo que aparecen allí como apéndice, y con foliación diferente, a continuación de las de Teseo, Rómulo, Licurgo, Numa, Solón y Publícola. Ni Gracián ni Enzinas tienen nada que ver, indudablemente, con la traducción de las vidas de Cimón y de Luculo que apareció en 1547 sin lugar de impresión, pero en un volumen cuya tipografía recuerda la de los *Diálogos de Luciano*, impresos por Sebastián Grypho en Lyon, en 1550. Sobre el compendio de Tito Livio por Floro, traducido por Enzinas (Estrasburgo, 1550), véase Boehmer, *Spanish reformers*, t. I, pág. 179.

[16] Cf. *supra*, pág. 403, nota 65.

[17] *Valerio Máximo noble philósopho y orador romano, coronista de los notables dichos y hechos de romanos y griegos...*, Alcalá, 1529 (ejemplar en la B. U. S.). Esta traducción se remontaba a 1477 (la fecha de 1467, que menciona la edición príncipe de Sevilla, 1514, es errata por 1477, según Pellicer y Saforcada, *Ensayo de una biblioteca de traductores españoles*, Madrid, 1778, pág. 88): la había hecho en Brujas Mosén Ugo de Urríes según la versión francesa del Maestro Simon Hesdin.

a su antojo, añadiendo a los apotegmas de ciertos hombres ilustres sus vidas abreviadas, y trastornando el orden de la recopilación sin que se vea bien la razón para ello. Thámara es particularmente libre en sus refundiciones.[18]

España, tierra clásica de la brevedad sentenciosa, del epigrama, del chiste, no tenía lecciones que recibir de la antigüedad en materia de apotegmas. Se habían recopilado ya las sentencias de Alfonso V de Aragón y las del primer Duque de Nájera. La tradición oral guardaba verdaderos tesoros de esas sentencias. Los apotegmas antiguos recibidos por conducto de Erasmo sirvieron sobre todo para dar al género sus títulos de nobleza. Y de este modo pudieron contribuir a hacer nacer en la segunda mitad del siglo las grandes recopilaciones españolas, como la *Floresta española de apotegmas y sentencias* del toledano Melchor de Santa Cruz (1574) y las *Seyscientas apotegmas* de Juan Rufo (1596).[19]

El erasmismo aportó un refuerzo de la misma naturaleza a la tradición española de los proverbios, también expresiones definitivas del hombre, también condensaciones de experiencia, pero caídas en un riguroso anonimato, seleccionadas, moldeadas para los siglos por el uso popular. Según el ejemplo dado tiempo atrás por el Marqués de Santillana,[20] el Comendador Griego, Hernán Núñez, reunió durante sus últimos años una colección particularmente rica, que su discípulo León de Castro publicó después de su muerte. El anciano helenista, gloria de Salamanca, saboreaba como buen catador los refranes castellanos. Enjoyaba con ellos su conversación; se complacía en decir que España vencía a todas las demás naciones por la abundancia, gracia expresiva y densidad de sus refranes. Había puesto a contribución a sus amigos para enriquecer su compilación. La muerte la interrumpió antes de que él hubiera podido completarla con un verdadero comentario: se publicó su manuscrito tal como lo había dejado, es decir, con glosas brevísimas de trecho en trecho para precisar el sentido de un proverbio.[21] Al humanista sevillano Juan de Mal Lara estaba reservado entrar en el camino abierto por los *Adagios* de Erasmo

---

[18] Para las versiones españolas de la recopilación erasmiana de *Apotegmas*, baste con remitir a Bonilla, *Erasmo y España*, art. cit., págs. 482-500, donde se estudian minuciosamente. El interés de la obra es secundario para la historia de la influencia de Erasmo en España.

[19] Sobre esta corriente, véase Menéndez y Pelayo, *Orígenes de la novela*, t. II, págs. LXX-LXXII. La *Floresta* de Santa Cruz ha sido reimpresa por la Sociedad de Bibliófilos Madrileños (Madrid, 1910), junto con la *Floresta española* de Francisco Asensio, y por la Sociedad de Bibliófilos Españoles (Madrid, 1953), junto con *Los dichos o sentencias de los Siete Sabios de Grecia* (1549) de Hernán López de Yanguas.

[20] Pero véase lo que dejamos dicho *supra*, pág. 51, nota 32.

[21] *Refranes o prouerbios en romance que nueuamente colligió y glossó el Comendador Hernán Núñez*, Salamanca, 1555. Véase la epístola dedicatoria del editor Alexandro de Cánova al Marqués de Mondéjar Don Luis Hurtado de Mendoza. —Juan Páez de Castro, que se reía de la pasión paremiológica de su amigo el Comendador, cojeaba sin embargo del mismo pie, y aseguraba haberle pasado a su rival "más de tres mil refranes". (Páez a Zurita, Trento, 14 de diciembre de 1545, en Uztarroz y Dormer, *Progresos*, ed. cit., pág. 534). —Otro coleccionador, Francisco Vallés, publica en 1549, en Zaragoza, su *Libro de refranes*.

y ya seguido en Francia por Bovelles, comentador de los *Proverbios vulgares*: [22] su *Philosophia vulgar*, cuyo prefacio debe mucho a los prolegómenos de los *Adagios*, es una recopilación de refranes españoles glosados con aquella libertad, aquella erudición variada, aquel frecuente recurrir a la experiencia personal cuyo ejemplo había dado Erasmo, y que hacen de la literatura humanística del siglo XVI un asombroso conjunto de materiales antiguos y de pensamiento moderno.[23]

Con los *Adagios*, en efecto, nos hallamos en el meollo mismo de la literatura humanística, y rozamos ese género mal definido que se llama el ensayo. Erasmo había sido el maestro de este género antes de Montaigne. Basta poner uno junto a otro estos dos nombres para evocar un género de libre disertación sin rumbo fijo, que sabe apoyarse en las opiniones de los filósofos, sacar ejemplos de la historia o de la mitología, que sabe también referirse al mundo presente, a las realidades familiares. Pero entre los tratados y los ensayos, entre los ensayos y las misceláneas, ¿cómo trazar demarcaciones? Y sobre todo ¿cómo determinar, en la literatura humanística, la parte que corresponde al erasmismo? Nada sería más falso que hacerla derivar íntegramente de esta fuente; y, sin embargo, no es puro azar que los erasmistas hayan sido para España los principales proveedores de este sustancioso y a veces indigesto alimento. El ideal de una literatura verdadera y provechosa los guió más o menos oscuramente, más o menos conscientemente. Lo único que podemos hacer aquí es ofrecer una primera ojeada de su aportación a las letras españolas, fijándonos en los autores y en las obras en la medida en que nos parezcan haber participado de este ideal. Para comodidad del estudio, pasaremos en revista sucesivamente los tratados consagrados a un tema definido, las misceláneas y los libros de tendencias enciclopédicas, y reservaremos un lugar aparte a los diálogos, género erasmiano por excelencia.

La literatura erasmiana de tratados originales no es muy rica. El entusiasmo de los erasmistas por los moralistas antiguos los incitaba en primer lugar a traducir con amor las obras maestras de la antigüedad. A las traducciones de Gracián de Alderete hay que agregar la que hizo Pero Mexía del *Demónico* de Isócrates.[24] Juan de Jarava, a quien volveremos a encon-

---

[22] *Caroli Bovilli Samarobrini Proverbiorum vulgarium libri tres*, París, 1531 (la dedicatoria está fechada en Noyon, a 17 de febrero de 1527). Bovelles, que se defiende de la acusación de caminar por las huellas de Erasmo, pone los proverbios en latín y en francés, y en seguida los comenta en latín.

[23] Véase Américo Castro, *Juan de Mal Lara y su "Filosofía vulgar"*, en *Homenaje a Menéndez Pidal*, Madrid, 1925, t. III, págs. 563-592. Posteriormente, F. Sánchez y Escribano consagró a Mal Lara una tesis para el doctorado de la Universidad de California (Berkeley): *Apuntes para una edición de "La philosophía vulgar" de Juan de Mal Lara. Contribución al estudio del humanismo en España*, 1933. Después refundió y amplió su trabajo en un libro: *Juan de Mal Lara, Su vida y sus obras*, New York, 1941. En un artículo puso de relieve la influencia de Erasmo sobre las recopilaciones de refranes españoles que preceden a la de Mal Lara: *Algunos aspectos de la elaboración de la "Philosophía vulgar"*, en *R. F. E.*, t. XXII (1935), págs. 274-284, y en su libro *Los "Adagia" de Erasmo y la "Philosophía vulgar" de Juan de Mal Lara*, New York, 1944, hizo un exhaustivo cotejo de la obra española con su principal fuente latina.

[24] *Parenesis o exhortación a la virtud de Isócrates...a Demónico... traducida de*

trar a propósito del diálogo lucianesco, y que añadió a la biblioteca del
español culto varios volúmenes de filosofía natural, había dado sus primeros pasos en la carrera literaria traduciendo las *Paradojas* de Cicerón y el
Sueño de Escipión. Por su parte, el otro adaptador de los *Apotegmas* había
traducido, también de Cicerón, el *De officiis*, el *De amicitia* y el *De senectute:* estos tratados, junto con el *Económico* de Jenofonte traducido por el
mismo Thámara y las traducciones de Jarava arriba citadas, formaron,
a partir de 1549, una recopilación que tuvo muchas reimpresiones. Para
reconstruir la atmósfera de humanismo cristiano en la cual vieron la luz
las traducciones de Thámara, hay que observar que se publicaron en Sevilla con la aprobación de Constantino y de Vargas, comisionados por el
Inquisidor Corro para su examen. El prefacio celebraba la inspiración
casi divina de los sabios de la Antigüedad, en términos que recordaban muy
de cerca un célebre pasaje del *Convivium religiosum* y los prefacios escritos
por Erasmo para el *De officiis* y las *Tusculanas*.[25]

Si buscamos la contribución de los erasmistas españoles a este género
de tratado moral, ilustrado en los tiempos antiguos por Isócrates, Cicerón y
Plutarco, y renovado en cierta medida por el maestro de Basilea, nos sentimos tentados naturalmente a fijarnos en los temas que el genio de Erasmo
había impuesto a la atención de los letrados. Había en particular un grupo de temas a los cuales Erasmo había impreso vigorosamente el sello de su
genio humanitario: los temas del príncipe cristiano,[26] del gobierno según
el Evangelio, de la guerra y de la paz. Alfonso de Valdés había explotado
estos temas en sus sabrosos *Diálogos*. Pero los *Diálogos* de Valdés, a causa
de su atrevimiento religioso, circularon siempre más o menos a socapa, aun

griego en latín por... *Rodolfo Agrícola, y de latín en castellano por Pero Mexía,* impresa por Mexía a continuación de sus *Diálogos*, 2ª ed., Sevilla, 1548.

25 Menéndez y Pelayo, *Bibliografía hispano-latina clásica*, t. II, págs. 332 ss., transcribe
los preliminares de la recopilación de Thámara, *Libros de Marco Tulio Cicerón*, guiándose por la edición de Amberes, 1546 (que, al parecer, reproduce una edición de Sevilla, 1545); allí se pueden leer, sobre todo, la aprobación inquisitorial (10 de octubre
de 1545) y la epístola dedicatoria al Duque de Medinaceli. Menéndez y Pelayo transcribe también los prefacios erasmianos de que posiblemente se acordó Thámara (cf.
Allen, t. IV, Ep. 1013, líneas 41 ss., y t. V, Ep. 1390, líneas 50 ss. En cuanto al pasaje
del *Convivium religiosum*, cf. *supra*, pág. 305). Menéndez y Pelayo no llegó a conocer
ninguna edición separada de los *Paradoxos* y del *Sueño de Escipión* traducidos por
Jarava. Pero describe, de la recopilación común de las traducciones de Thámara y Jarava, ediciones de Alcalá, 1549, Amberes, 1549, Amberes, 1550 (?), Salamanca, 1582, y
Valencia, 1774.

26 La *Institutio principis christiani* fue traducida al castellano por Bernabé Busto,
maestro de los pajes de Su Majestad, para que la leyese el Príncipe Don Felipe. Lo dice
terminantemente el traductor al dedicar a la Reina su rarísimo *Arte para aprender a
leer y escrivir perfectamente en romance y latín:* "Para el mesmo fin he traducido de
latín en romance la *Institución del príncipe christiano* de Erasmo, obra sin duda mayor
que toda alabança." Probablemente quedó inédita la traducción. Busto es autor de unas
Introducciones grammáticas breves y compendiosas (Salamanca, 1533) destinadas también a la educación del Príncipe, libro escrito a consecuencia de una conversación con
el erasmista Don Francisco de Bobadilla, Arcediano de Toledo (cf. *supra*, págs. 338-
339), ilustre en la historia del humanismo español (cf. Conde de la Viñaza, *Biblioteca
histórica de la filología castellana*, Madrid, 1893, núms. 112 y 400, cit. por José M. March,
op. cit., t. I, pág. 69, nota).

antes de su prohibición formal. Fácil sería imaginar, pues, que otros erasmistas se hubiesen apoderado de estos asuntos para tratarlos a su vez dentro del mismo espíritu. Sin embargo, en vano se busca la huella de un esfuerzo de esta especie. El español Francisco de Monzón, capellán del Rey de Portugal, compuso, es cierto, un *Espejo del príncipe christiano* (Lisboa, 1544),[27] libro que pertenece con pleno derecho a la literatura moral inspirada por el erasmismo. El autor, como era de esperarse, reprueba enérgicamente los libros de caballerías.[28] En cambio, muestra gran afición a los apotegmas, y concede un lugar especialísimo a los proverbios que los escritores antiguos, los Padres de la Iglesia y aun la Sagrada Biblia ennoblecieron engastándolos como piedras preciosas. Monzón es evidentemente un lector de los *Adagios*, aunque nunca cita a Erasmo.[29] ¿Leyó, por ventura, la *Institutio*?

---

[27] *Libro primero del espejo del príncipe christiano, que trata cómo se ha de criar un príncipe o niño generoso desde su tierna niñez, con todos los exercicios e virtudes que le convienen hasta ser varón perfecto. Contiene muy singulares doctrinas morales y apazibles*, Lisboa, 1544. Francisco de Monzón, capellán y predicador de Juan III de Portugal, catedrático de Teología en la Universidad de Coimbra, dedica su obra a Juan III. Aunque su apellido lo relaciona con la raya de Galicia y Portugal (no sin motivo menciona, en el capítulo de los vinos, los de Galicia y Monzón), era natural de Madrid, maestro en Artes y doctor en Teología por la Universidad de Alcalá (según Francisco Leitão Ferreira, *Notícias chronológicas da Universidade de Coimbra*, 2ª parte, vol. I, Coimbra, 1938, pág. 29, con importantes adiciones de Joaquim de Carvalho, págs. 472 ss., sobre la bibliografía de las obras de Monzón, ya descritas por Sousa Viterbo, *Litteratura hespanhola em Portugal*, págs. 332-337).

[28] *Espejo del príncipe christiano*, fol. 5 vº: "Los autores que no sin grande cargo de sus consciencias escrivieron a Amadís y a Palmerín y a Primaleón y a don Clarián y otros libros de semejantes cavallerías vanas e fingidas, devrían de ser castigados con pública pena porque no son sino unas dulces ponçoñas aquellas obras que enbaucan a los que leen en ellas, según en otra parte más largamente demuestro."

[29] Monzón utiliza, a ojos vistas, el capítulo de los prolegómenos de los *Adagios* intitulado *Commendatio proverbiorum a dignitate*. Véase el fol. 4 rº: "Conviene también que algunas vezes los libros de varia erudición y doctrina lleven insertas algunas sentencias escuras y proverbios antiguos que adornan y dan autoridad a la obra; porque son unos dichos breves, y por metáphoras de propriedades naturales, que dixeron algunos famosos sabios para dar algunos saludables consejos y avisos a los hombres; y por ser de tanto valor y estima quisieron engastarlos en sus obras (como piedras preciosas) los filósofos y doctos varones que les succedieron, como hizieron Platón, Aristótiles, Plutarcho, Plinio, Cicerón, Quintiliano, Hierónimo y Augustino con las más de las personas que por sabias y doctas celebramos. Que Sant Pablo no se desprecia de alegar aquel dicho de Menandro poeta: las palabras deshonestas corrompen las buenas costumbres. Y aun nuestro redemptor acotó con la sentencia de Diógenes que dezía que los sanos no tienen necessidad de médico sino los enfermos; y allegó un proverbio de los antiguos que dize: los buenos árboles llevan la buena fruta y los malos la mala, y reprehende de calumniadores a los fariseos con una respuesta sabia que dio Chilio, uno de los siete sabios de la Grecia, a ciertos que le preguntaron cuál era mejor, casar con una mujer que fuesse su igual o con otra que fuesse más generosa y rica que el marido, que por demostrar la ygualdad que conviene que aya entre los casados les respondió: yd a preguntarlo a los niños que están jugando en la calle, que siempre se ajuntan con yguales; y porque usava con su eterna sabiduría destas sentencias y proverbios tachaban los phariseos sin razón su divina doctrina diziendo que hablava en parábolas que no le podían entender." Monzón recuerda también, como Erasmo, la máxima "Conócete a ti mismo", que los griegos habían juzgado digna de ser grabada en el frontón de un templo.

Esto es mucho menos seguro. En todo caso, su *Espejo* no refleja nada de esa obra. Es un libro agradable, mucho más inspirado en Plutarco y en los moralistas antiguos que en el Evangelio, y que, en el fondo, viene a sumarse a las campañas erasmianas por la educación en general, mucho más que a las ideas de Erasmo acerca del príncipe cristiano. En él no se habla para nada de política. Tal vez Monzón reservaba este tema para una segunda parte que nunca se publicó. El libro que escribió se convierte en miscelánea cada vez que la ocasión se presenta: aquí un elogio de las Universidades, en particular de la de Alcalá, donde Monzón hizo sus estudios de teología, y de la de Coimbra, restaurada por Juan III con nuevo esplendor; allá una disertación sobre el vino, en la que no se olvidan los célebres mostos de España y Portugal; más allá se evocan las peregrinaciones del Infante Enrique el Navegante y las fortalezas portuguesas de Marruecos y la India. El *Espejo* termina curiosamente con un elogio de Lisboa cuyo último capítulo está consagrado por entero al Hospital del Rey.

En 1556, el Maestro Felipe de la Torre dedica a Felipe II, cuando éste sube al trono, su *Institución de un rey christiano*.[30] El autor no desconoce los *Apotegmas* de Erasmo, pero parece que no sospecha siquiera que Erasmo haya tratado alguna vez el tema de su libro. Éste es un puro alarde de erudición escritural y patrística, en el que nunca se trasluce el problema apremiante, actual, de un gobierno según Cristo.

El único escritor que por esta época se propuso renovar el asunto de la *Institución del Príncipe* con entera libertad y vivo cuidado de la política real es el valenciano Furió Ceriol. Éste había concebido una obra monumental, que debía tratar de la definición del príncipe, de los orígenes de la institución real, de las fuentes de su poder, de las artes y virtudes necesarias al príncipe, de su educación en las diferentes edades, de los deberes recíprocos de los vasallos y del soberano, de los principios de gobierno, según que la posesión tenga por origen la herencia, la elección, la fuerza o la astucia, y finalmente, del concejo y los consejeros del príncipe. Con plena

---

30 *Institución de un rey christiano colegida principalmente de la Santa Escritura y de sagrados Doctores...*, Amberes, 1556. La epístola dedicatoria está fechada en Lovaina, a 8 de septiembre de 1556. El autor se hizo sospechoso de simpatizar con los protestantes de los Países Bajos. El célebre Julianillo Hernández lo acusó de estar en relaciones con los conventículos reformados de Amberes. Hemos encontrado en el A. H. N. (*Inquisición*, leg. 4442, Nº 44) una declaración de Julianillo que precisa, sin duda, la que Schäfer (*Beiträge, op. cit.*, t. II, pág. 360) menciona como desaparecida. El documento, por desgracia, está mutilado, pero se puede leer, entre otras cosas, lo siguiente: "...sabe que fra[y Julián] frayle de Santo Domingo que es de Aragón o de Navar[ra de] quien tiene dicho y cree que también maestre fil[ipe de la] Torre capellán del rei don Philipe que cree que [es natural] de Aragón o de Taraçona sabían que est[os ayun]tamientos se hazían y comunicavan muy familiar[mente] personas que en ellos se ayuntavan singular[mente] el dicho fray Julián porque el dho felipe de la [Torre] no lo declarava de su parte tan claramente como el dicho fray [Julián]..." (declaración recibida en Triana, el 4 de octubre de 1560). El fraile aquí mencionado es Fray Julián de Tudela, de quien varios testigos del proceso de Carranza afirman que propaló las palabras de aquel Doctor Morillo que decía haber sido convertido en Trento a ciertas opiniones luteranas por Pole y Carranza (cf. *supra*, pág. 516, nota 2, y *Proceso de Carranza*, t. I, fols. 390-391 y 392-393). Sobre Felipe de la Torre y Fray Julián de Tudela cf. también *supra*, págs. 552-553, nota 13.

conciencia de su audacia, se creía destinado a esta inmensa tarea por el "influjo de su estrella", por su ciencia histórica, por su conocimiento de la política moderna, adquirido en gran número de viajes a través de Europa y en sus conversaciones con los hombres de Estado de todos los países. Desgraciadamente, Furió Ceriol no llegó a realizar, de este grandioso plan, más que los prolegómenos de la última parte. El pequeño volumen intitulado *El concejo y consejeros del príncipe*, que dedicó a Felipe II en 1559, es en efecto el libro primero del tratado quinto, y el tratado del concejo tenía que comprender por sí solo nada menos que ocho libros... ¿No habrá sido esto un acto de candidatura a algún puesto de consejero? ¿Y no habrá zozobrado la gran obra con las ambiciones políticas de Furió? En todo caso, la muestra que de ella dio está ahí para confirmar la impresión dejada por el *Bononia:* Furió tenía una cabeza muy bien puesta, y era capaz de observación y de análisis; era un escritor de fácil vena, pero también mucho más que un retórico. Con bastante precisión esbozó los engranajes esenciales de una monarquía absoluta como eran las que se estaban constituyendo ante sus ojos, y el retrato de un perfecto servidor de estas monarquías. El valenciano se ufanaba de "tener más libertad que el albedrío" Ciertos pasajes de su librito demuestran, en todo caso, que no era un espíritu esclavo de prejuicios nacionales, religiosos o absolutistas:

Muy cierta señal es de torpe ingenio —dice— el hablar mal y apasionadamente de su contrario, o de los enemigos de su príncipe, o de los que siguen diversa secta, o de peregrinas gentes, agora sean judíos, agora moros, agora gentiles, agora cristianos; porque el grande ingenio ve en todas tierras siete leguas de mal camino; en todas partes hay bien y mal; lo bueno loa y abraza, lo malo vitupera y desecha, sin vituperio de la nación en que se halla...

No hay más de dos tierras en todo el mundo: tierra de buenos y tierra de malos. Todos los buenos, agora sean judíos, moros, gentiles, cristianos o de otra secta, son de una mesma tierra, de una mesma casa y sangre; y todos los malos de la misma manera. Bien es verdad que, estando en igual contrapeso el deudo, el allegado, el vecino, el de la misma nación y el extranjero, entonces la ley divina y humana quieren que proveamos primero a aquellos que más se allegaren a nosotros; pero pesando más el extranjero, primero es él que todos los naturales...

Ésta es regla certísima y sin excepción, que todo hipócrita y todo avariento es enemigo del bien público, y también aquellos que dicen que todo es del rey, y que el rey puede hacer a su voluntad, y que el rey puede poner cuantos pechos quisiere, y aun que el rey no puede errar.[31]

La *Institución del Príncipe* de Furió Ceriol hubiera sido, sin duda, más realista que la *Institutio* de Erasmo, pero también tan humana como ésta.

En cuanto a la cuestión de la guerra y de la paz, no está ausente, por cierto, del pensamiento español en la época de Carlos V. Pero preocupa

---

31 *El concejo y consejeros del Príncipe* ha sido reimpreso por Adolfo de Castro en el tomo XXXVI de la *B. A. E.: Curiosidades bibliográficas,* Madrid, 1855, págs. 317 ss. Véanse, en particular, las págs. 324 b y 329 a-b, y el soneto preliminar en que el libro declara al lector: "Mi padre es un hombre que profesa / tener más libertad que el albedrío." En la epístola dedicatoria a Felipe II es donde Furió Ceriol presenta el plan del monumental tratado que proyecta.

a hombres que se han quedado al margen del erasmismo o que incluso lo han visto con más o menos hostilidad. Fray Francisco de Vitoria, considerado con justo título padre del moderno derecho de gentes, abordó el problema [32] como teólogo y como jurista cuidadoso de definir la guerra justa, no como moralista o como psicólogo empeñado en remontarse hasta las fuentes de toda guerra y en exorcizar la guerra en las almas. Sepúlveda, en su *Democrates,* que alcanzó en 1541 los honores de una traducción española, se esfuerza en demostrar que no es imposible ser a la vez cristiano y soldado.[33] Pero su *miles christianus* no es un caballero metafórico como el de Erasmo. Es un guerrero de bastante noble especie, capaz de perdonar las injurias en vez de lavarlas en sangre, y para quien la honra, la gloria, no se funda más que en la virtud. Ahora bien, esta honra, esta gloria, es el más grande de los bienes exteriores, y con ese razonamiento se afana Sepúlveda en legitimar la ética de las sociedades guerreras, al paso que la *philosophia Christi* no quería conocer más ética que la del Sermón de la Montaña. Aludiendo tal vez a ciertas controversias del racionalismo paduano, denuncia de paso el error de las personas que creen que el cristianismo hace peligrar la solidez de los imperios, pero lo hace para mostrar el reverso de otro error, el que consiste en negar que un cristiano pueda ser soldado.[34] Su diálogo —él mismo lo dirá en la dedicatoria del *Democrates alter* [35]— se dirige precisamente contra los herejes modernos según los cuales toda guerra está prohibida por la ley divina. Erasmo, sin duda alguna, participaba de esta "herejía". Sepúlveda no lo menciona, pero creemos observar en él una tendencia a invertir la posición de la *philosophia Christi.* Ésta partía de las paradojas del Evangelio como de la verdad más excelsa, y se esforzaba en encontrarle precursores en la filosofía pagana. Sepúlveda se empeña en definir una sabiduría cristiana conforme al "sentido común", y en demostrar que, en el fondo, la enseñanza de Cristo no está reñida con la sabiduría de los más grandes filósofos, de un Aristóteles, por ejemplo.

[32] En sus *Relectiones.* Las dos más famosas, y también las más importantes para la cuestión que aquí nos ocupa, son fácilmente accesibles en una edición moderna con traducción: Francisco de Vitoria, *Relecciones de indios y del derecho de guerra,* texto latino y versión al español por el Marqués de Olivart, Madrid, 1928.

[33] El título completo del libro es *Democrates sive de convenientia militiae cum christiana religione* (Roma, 1535). La traducción de Antonio Barba, secretario del cardenal Quiñones, se publicó con el título siguiente: *De cómo el estado de la milicia no es ageno de la religión christiana* (Sevilla, 1541). El texto latino se encontrará en Sepúlveda, *Opera,* ed. cit., t. IV, págs. 221-328. Véanse en particular las págs. 312-313 sobre la verdadera honra y el perdón de las injurias. Uno de los primeros libros de Sepúlveda se llamaba *Dialogus de appetenda gloria qui inscribitur Gonsalus,* Roma, 1523.

[34] *Democrates,* pág. 315.

[35] *Democrates alter sive de justis belli causis apud Indos,* edición con traducción española por Menéndez y Pelayo, en el *Bol. Ac. Hist.,* t. XXI (1892), págs. 257-369. Hay una nueva edición del texto y de la traducción con un estudio de Manuel García Pelayo: Juan Ginés de Sepúlveda, *Tratado sobre las justas causas de la guerra contra los indios,* México, 1941. Véase el principio del diálogo (págs. 50 ss.), donde parece que hay reminiscencias de la *Querela pacis* en boca del pacifista Leopoldo. Posteriormente ha aparecido una nueva "edición crítica bilingüe" del *Demócrates segundo* por Ángel Losada, Madrid (C. S. I. C.), 1951.

En esta España de Carlos V que combatía a la vez en tantos campos de batalla, en que muchos letrados persistían en la ilusión de una paz cristiana impuesta por las armas del Emperador, no hubo un solo erasmista que tomara contra Sepúlveda la defensa del pacifismo radical y utópico. Cuando el *Democrates alter* planteó, después de las *Relectiones* de Vitoria, el problema de la guerra justa a propósito del caso concreto de la conquista de América, no se vio tampoco que los erasmistas interviniesen en el debate. Fácil es adivinar que ninguno de los letrados capaces de filosofar acerca de esta conquista estaba de acuerdo con Sepúlveda en legitimarla. Un Páez de Castro duda en alguna ocasión que Sepúlveda sea un cerebro bien equilibrado.[36] Un Furió Ceriol, con una fugaz alusión a Las Casas, nos deja suponer que simpatizaba con el Apóstol de las Indias.[37] Pero, en suma, lo que hay que consignar es la ausencia del erasmismo español, después de la muerte de Alfonso de Valdés, en los grandes debates sobre la guerra y la paz.

Otro campo a que Erasmo había aplicado con predilección sus dotes de moralista era la cuestión del matrimonio y de la educación de los hijos, y de modo más general el arte de vivir para la humanidad media. Cuando estudiemos la literatura dialogada, veremos que en este campo tuvo por lo menos un imitador en la persona del sevillano Pedro de Luxán. Pero es difícil, en estas materias, separar la influencia de Erasmo de la de su discípulo Vives, que trató las mismas cuestiones colocándose en el punto de vista de la mujer. Vives fue, como su maestro, un escritor por encima de las naciones. Nos pertenece, aquí, únicamente en la medida en que fue conocido y amado por su España natal. Ahora bien, si se prescinde de los *Ejercicios espirituales* mencionados en el capítulo anterior, los dos únicos libros de Vives que se hicieron populares en traducciones españolas son la *Institución de la mujer cristiana*, célebre en la historia literaria por sus invectivas contra la literatura inmoral, y la *Introducción a la sabiduría*. El gran español desterrado en Brujas no pretendía ser profeta en su patria; no tenía muy buena opinión de sus compatriotas. Se resignaba a ser poco leído entre ellos, y a ser comprendido menos todavía.[38] Sin embargo, la *Institución de la mujer cristiana*, adoptada por España en 1528, en lo más vivo del movimiento erasmista, alcanzó un éxito que no sería efímero.

El libro había encontrado traductor en el círculo de la reina Germana

---

[36] "En lo del doctor Sepúlveda no sé qué me diga sino que le tengo por hombre *non sani capitis*, que ni en sus cartas ni en su diálogo sabe lo que dize por falta de principios." Pasaje inédito de una carta de Páez a Zurita (Trento, 8 de junio de 1546), publicada incompletamente por Uztarroz y Dormer, *Progresos*, ed. cit., pág. 538 (B. A. H., Col. Velázquez, t. XIV, fol. 42 vº). El diálogo de Sepúlveda a que alude Páez no parece, por lo demás, ser el *Democrates*, sino el *De correctione anni* (Venecia, 1546).

[37] Cf. *supra*, pág. 554, nota 20; e *infra*, Apéndice, pág. 814, sobre la respuesta del erasmista Bejarano a Sepúlveda.

[38] Juan Luis Vives, *Opera*, ea. cit., t. VII, pág. 222: "Invidos habere me non credo, in Hispania praesertim, multis de causis; primum quod absum; deinde quod opera mea legunt isthic pauci, pauciores intelligunt, paucissimi expendunt aut curant, ut sunt frigida nostrorum hominum ad litteras studia." Carta de Vives a Juan Maldonado (Breda, 16 de diciembre de 1538).

de Foix, en la persona del valenciano Juan Justiniano. Éste no manejaba el romance de Castilla con perfecta seguridad. Por otra parte, se había permitido añadir cosas al original latino, y no se sabe por qué había omitido ciertos capítulos. Al año siguiente la obra fue corregida y completada por un castellano que la reeditó en Alcalá.[39]

Juan Justiniano había tenido conciencia de la novedad del tratado de Vives. Éste daba a las mujeres una mano de auxilio, mientras que tantos ilustres misóginos, desde Eurípides hasta el Arcipreste de Talavera, "les dieron el pie". Es verdad que ya el *Llibre de les dones* de Francesc Eximeniç había tratado de las mujeres con un sentimiento cristiano de respeto y caridad. Pero este libro se conocía sobre todo en las regiones de habla catalana. La *Institución* de Vives, escrita en latín, hablaba ahora en castellano, lengua común a la Península y que aspiraba a la universalidad. Estaba animada, además, por un espíritu nuevo. Este libro austero, exigente para las mujeres, las elevaba a la igualdad intelectual con los hombres, demostrando para con ellas, al mismo tiempo, aquella humana y amistosa comprensión a la cual se debía también el gran éxito de los *Coloquios* de Erasmo entre el público femenino. Situaba la educación de las doncellas en una atmósfera ideal, hecha de ternura, de severidad también, y, sobre todo, de pureza escrupulosa. Se recordará en qué términos proscribe Vives de esta educación las novelas. Los libros que pone en manos de su discípula son los Evangelios, las Epístolas, los Hechos de los Apóstoles, el Antiguo Testamento, San Cipriano, San Jerónimo, San Ambrosio, San Hilario, San Gregorio, Boecio, Lactancio, Tertuliano, Platón, Séneca, Cicerón y otros autores semejantes.

Y esto quiero que se entienda —añade el traductor español— de las mujeres que son latinas. Las otras busquen otros libros morales o de sanctos sacados de latín en romance, como son las *Epístolas* de Sant Hierónimo y las de Sancta Catalina de Sena, los *Morales* de Sant Gregorio (sobre todo los Evangelios), el Cartuxano, el *Enquiridion* de Erasmo Roterodamo que trata del soldado o caballero cristiano, libro bien pequeño, mas de muy alta doctrina, como lo son todas las cosas de aquel excelente varón; Boecio de *Consolación*, Tulio *De officiis*, Petrarca *De próspera y adversa fortuna*, Gersón y otros libros desta calidad.[40]

El segundo libro de la *Institutio* estaba consagrado a la mujer casada y el tercero a las viudas. Más puritano que Erasmo en la *Christiani matrimonii institutio*, Vives consideraba el matrimonio "ordenado... no tanto... para la procreación de los hijos cuanto por un cierto ayuntamiento

---

[39] *Instrucción de la muger christiana: donde se contiene cómo se ha de criar una doncella hasta casarla: y después de casada cómo ha de regir su casa y bivir bienaventuradamente con su marido, y si fuere biuda lo que deve de hazer. Agora nuevamente corregido y enmendado y reduzido en buen estilo castellano.* Año MDXXIX (Alcalá, 10 de noviembre de 1529). Sobre la primera edición (Valencia, 1528), véase Bonilla, *Luis Vives*, 2ª ed., t. III, págs. 192-193, que describe también las ediciones de Sevilla, 1535, Zaragoza, 1539, Zamora, 1539, Zaragoza, 1545, Zaragoza, 1555, Valladolid, 1584.

[40] Edición de Alcalá, 1529, fol. 13 vº. La alusión al *Enchiridion* de Erasmo desaparecerá en la edición de Valladolid, 1584 (fol. 27 vº).

y comunicación de la vida indivisible que el hombre y la mujer han de tener, como sea que el nombre de marido no es nombre de carnalidad ni deleite, antes de conjunción y deudo". Esta parte del libro estaba amenizada con cierto número de anécdotas. Aquí celebraba Vives algunas esposas ejemplares, en cuyo número había dado el lugar de honor a su suegra Clara Cervent. Una de las historietas que cuenta para enseñar a las esposas engañadas el arte de reconquistar a sus maridos está inspirada, al parecer, en el *Uxor mempsigamos* de Erasmo. El traductor no dejó de aprovechar esta misma fuente para hacer más agradable el libro; a ejemplo de Eulalia y Xantipa, imaginó una castellana y una valenciana que intercambian confidencias y consejos. La valenciana está triste porque los celos la corroen; pero su amiga la persuade a sonreír, a ser más amable que la amante que se le prefiere. Ella sigue el consejo y sale con bien.[41]

La *Institución de la mujer cristiana* debió de agradar al mismo público a quien deleitaron los *Coloquios* erasmianos. Seguramente no dejó de influir en el fraile franciscano que había traducido del catalán el *Llibre de les dones* de Francesc Eximeniç, y que lo aumentó con partes nuevas para hacer de él un verdadero "Espejo de la vida humana". Ya hemos visto lo que su "preparación para la muerte" debe a la *Praeparatio* de Erasmo. Agreguemos que su tratado de las viudas debe mucho al capítulo correspondiente de Vives.[42]

En cuanto a la *Introducción a la sabiduría,* libro traducido innumerables veces hasta en nuestros días, no tuvo, en la España del siglo XVI, la misma popularidad que la *Mujer cristiana*. Sin embargo, circuló por esa época en dos versiones diferentes. La de Diego de Astudillo es la primera en fecha, aunque se haya publicado en segundo lugar, y es la más fiel. Astudillo, comerciante joven y culto de la colonia española de Brujas, se había hecho amigo de Vives en los últimos años de su vida: en esta época, según parece, fue cuando tradujo la *Introducción*. Diego de Astudillo murió prematuramente, dejando un tratado *Del alma humana,* inspirado tal vez en el *De anima* de Vives. La *Introducción a la sabiduría* traducida por Diego no apareció hasta 1551, dedicada por él en 1546 a su hermano Alonso. Éste juzgó que valía la pena publicarla después de la de Cervantes de Salazar. Juan Steelsio la imprimió en Amberes junto con dos escritos de Plutarco, traducidos igualmente por Astudillo: el diálogo sobre la ira y una carta "que enseña a los casados cómo se han de haber en su vivir".[43]

Francisco Cervantes de Salazar publicó su versión en Sevilla en 1544, con el título de *Introducción para ser sabio*.[44] Dos años después, la reimprimió en el volumen de obras morales traducidas o glosadas por él, y que contiene asimismo el *Diálogo de la dignidad del hombre* de Pérez de Oliva y el *Apólogo de la ociosidad y del trabajo* del protonotario Luis Mexía, traductor de un coloquio de Erasmo. Cervantes de Salazar era un buen

---

41 Para este añadido, véase la edición de Alcalá, 1529, fol. 112 r⁰-v⁰.

42 Cf. *supra*, pág. 571, nota 44, y Julia Fitzmaurice Kelly, *Vives and the "Carro de las donas"*, en *R. H.*, t. LXXXI (1933), págs. 530-544.

43 Cf. Bonilla, *Luis Vives*, 2ª ed., t. III, pág. 204.

44 *Ibid.*, pág. 202.

retórico, nutrido en los *Adagios,* hábil en bordar sobre los temas que otros le suministraban. Así como había terminado el *Diálogo* de Pérez de Oliva y "glosado y moralizado" el *Apólogo* de Mexía, así también completó a su manera la *Introducción a la sabiduría.* Entre sus adiciones figura una célebre evocación de las doncellas encerradas al abrigo de los galanes, pero en cuyas manos se ha tenido la imprudencia de dejar un *Amadís,* y que, instruidas por este maestro de perdición, no sueñan más que en ser nuevas Orianas. No le falta gracia a este pasaje, pero la idea está tomada de algunas líneas más vigorosas de Alejo Venegas.[45]

La *Introducción* era un manualito de moral, compuesto, según parece, para fines de enseñanza. Venía a confirmar las lecciones del *Enchiridion* colocándose más decididamente en el terreno racional: apreciación justa de los bienes y de los males que se levanta por encima de los juicios del vulgo; conocimiento de sí mismo que lleva al conocimiento de Dios. El examen de los bienes exteriores ponía en su debido lugar las riquezas (desprovistas de valor desde el momento en que exceden la cantidad necesaria para la subsistencia), la honra y la nobleza (que no son nada sin el fundamento de la virtud). Vives enseñaba el desprecio de las vanas curiosidades, la constante preocupación de pensar bien y de obrar bien, la disciplina del cuerpo mediante un régimen severo del comer, del beber y del dormir. Mostraba en la ley de amor la condición de la vida social y la fuente de la verdadera felicidad, y en el culto en espíritu una purificación interior por la cual el hombre se hace semejante a Dios. Esta *Introducción,* bajo forma sentenciosa, un tanto seca, constituía un excelente memento de la *philosophia Christi.*[46]

Cuando de los tratados morales pasamos a las misceláneas y a las compilaciones instructivas, se hace muy difícil no perder el contacto con el movimiento erasmiano, a menos que nos atengamos únicamente a los escritores y a las obras cuyos lazos con el erasmismo son fáciles de distinguir. Los erasmistas españoles compartieron el gusto de su época por esos libros generalmente informes que solicitaban en todos sentidos la curiosidad del espíritu. En el siglo XVI, por otra parte, todo libro corría el riesgo de convertirse en miscelánea, cosa que hemos visto ya a propósito del *Espejo del príncipe cristiano* de Francisco de Monzón. Cuando el Arcediano del Alcor se pone a compilar unos anales de Palencia, su trabajo resulta una *Silva palentina,* en la cual consigna mil y mil datos que no tienen sino muy remota relación con la ciudad de Palencia.[47] Este rasgo no es específicamente erasmiano, pero se relaciona estrechamente con las tendencias por las cuales contribuyeron los erasmistas a una renovación de la literatura en lengua

---

[45] *Ibid.,* págs. 202-203. Cf. Menéndez y Pelayo, *Orígenes de la novela,* t. I, pág. 267.

[46] Se puede consultar la traducción de Astudillo en la reimpresión que de ella ha hecho Adolfo de Castro en el t. LXV de la *B. A. E., Obras escogidas de filósofos,* Madrid, 1873, págs. 239-260. Véanse en particular, sobre el conocimiento de sí mismo, las págs. 240 a y 260 b; sobre los errores del vulgo (cf. *Enquir.,* Regla VI), las págs. 239 a y 240 b, y sobre el culto en espíritu el cap. IX, "De la religión".

[47] La *Silva palentina* de Alonso Fernández de Madrid, largo tiempo inédita, conocida por manuscritos bastante distintos, la imprimió por vez primera el canónigo archivero de la catedral de Palencia, Don Matías Vielva Ramos (Palencia, 1932).

vulgar. Afanosos de poner en todas las manos libros verídicos, coleccionaron amorosamente los retazos de verdad más heterogéneos y de la calidad más disímil; les pareció que, cosiéndolos en un todo, se podía elaborar con ellos una especie de traje de arlequín bastante agradable, que fuera al mismo tiempo un libro provechoso, haciendo que la variedad infinita de los fragmentos supliera, en cierta medida, el efecto de sorpresa con que una intriga novelesca retiene al lector, y permitiera alimentar el espíritu evitando la hartura. Estos libros no tienen interés para nosotros sino cuando están animados de un espíritu ágil, o cuando se inspiran en las grandes lecciones erasmianas de humanidad y libre juicio.

Ahora bien, juzgada con esta vara, la *Silva* de Mexía no debe entretenernos demasiado tiempo, a pesar de las relaciones epistolares que el autor mantuvo con el anciano Erasmo. Este libro mediocre fue uno de los grandes éxitos de librería del siglo XVI, un verdadero éxito europeo.[48] Era el tipo mismo de la olla podrida que deleitaba a los robustos apetitos de esta época. Fácil es imaginar, sin embargo, que un crítico severo como Vives, lleno de desprecio por las *Noches áticas* de Aulo Gelio, no habría sido más indulgente con la *Silva* si hubiera vivido lo suficiente para leerla. Por lo demás, en la misma Sevilla, donde el "magnífico caballero" Pero Mexía pasaba por gran sabio, astrólogo y casi mago, tocado con siete bonetes, hombre que se encerraba en su casa antes de la caída de la tarde y se pasaba la noche inclinado sobre sus libros, se adivinan algunas voces discordantes en el coro de admiración popular. González Montano, que lo acusa de usurpar ridículamente el título de filósofo,[49] es, sin duda, el portavoz de Egidio, Constantino y sus discípulos, es decir, de la verdadera posteridad de Erasmo en Sevilla. Mexía, se dice, fue uno de aquellos que olieron la herejía en los reformadores sevillanos.[50] Su erasmismo fue siempre tímido; o bien no comprendió lo que había de fuerte en la *philosophia Christi*, llamamiento a la fe viva, crítica de la rutina que paraliza lo mismo la ciencia que la devoción. Los filósofos cristianos castigaron a Mexía mofándose de su vana "filosofía natural". El compilador de la *Silva* nunca arroja un destello de reflexión personal sobre alguna cuestión de interés vital. Mexía trata *de omni re scibili*, pero en vano se busca en su erudición histórica el menor reflejo de las inquietudes religiosas de su época. ¿Qué cosa retiene de Erasmo, él que ha leído tantos libros? El adagio *Aequalem uxorem quaere*, un modelo de consolación del *De conscribendis epistolis*, una observación del *De pronuntiatione*, el coloquio *Problema*.[51] Este último punto de contacto es particularmente notable. Erasmo interesa a Mexía cuando es menos Erasmo, cuando por azar se ocupa de fenómenos naturales en vez de ocuparse del hombre. Pero, en este campo mismo, ¡qué enorme

---

[48] Ha tenido los honores de una reimpresión hecha por Justo García Soriano para la Sociedad de Bibliófilos Españoles: *Silva de varia lección*, Madrid, 1933-1934, 2 vols.

[49] González Montano, *Artes*, op. cit., pág. 301: "...Pedro Mejía, hombre que ridículamente se arrogaba el título de filósofo sin cienzia ninguna útil..."

[50] Cf. Menéndez y Pelayo, *Heterodoxos*, t. V, pág. 98.

[51] *Silva de varia lección*, ed. cit., t. I, págs. 109, 341 y 385; t. II, pág. 11. El coloquio *Problema* aparece por vez primera en la edición de los *Coloquios* de 1533.

diferencia entre la *Silva* y el *Problema!* Este coloquio, obrita de pasatiempo de la ancianidad de Erasmo, plantea y resuelve en términos sobrios toda una serie de cuestiones sobre el peso y la densidad de los cuerpos: es una bonita lección de física para gente de mundo; una ciencia todavía escolástica, atestada de acciones ocultas, entrega en esas páginas su quintaesencia de razón filtrada por un espíritu reflexivo. Imagínese, por el contrario, una pueril filosofía natural, que se complace en disertar sobre seres fabulosos como los tritones y las nereidas o el pez Nicolao; mézclense, a las curiosidades naturales, las curiosidades de la historia y de la geografía, desde Mahoma hasta la Papisa Juana, desde Roma hasta Constantinopla y Jerusalén; añádanse a todo esto las maravillas del mundo moral, virtudes y vicios, costumbres peregrinas, emblemas, y se tendrá alguna idea de la *Silva*. Ni por el espíritu crítico, ni por la calidad de la erudición, ni por la penetración psicológica, brilla con un destello lo bastante vivo en esta literatura *verídica* que los humanistas discípulos de Erasmo querían dar a España. El lector, como el autor, nada en el océano de una curiosidad sin preferencias, sin ideas, asiéndose sucesivamente a los despojos más heterogéneos.

Había sin embargo, entre las misceláneas tan gustadas en esta época, ciertos libros en que la curiosidad chismosa del Renacimiento se orientaba hacia un conocimiento enciclopédico de la humanidad en el espacio y en el tiempo... Otro erasmista, poniendo estos elementos al alcance de los lectores españoles, mereció sin duda mejor que Mexía de la reforma humanística de los espíritus, aunque sólo llegó, es cierto, a un público limitado. Nos referimos a Thámara, catedrático de humanidades en Cádiz, adaptador de los *Apotegmas* de Erasmo. Thámara tradujo o adaptó, entre 1550 y 1555, tres obras que tenían esa virtud de trazar avenidas en la inmensidad del saber: el *De inventoribus* de Polidoro Virgilio se ocupaba de los orígenes de todas las cosas, en los campos más variados, desde la técnica hasta la religión; el *Chronicon* de Carión era un manual de historia universal, y el *Libro de las costumbres de todas las gentes,* de Bohemo, era el esbozo de una geografía humana.

La gran efervescencia religiosa de que estuvo acompañado el cisma luterano había dado a la obra de Polidoro Virgilio todo su sentido y toda su amplitud.[52] Compuesta primeramente de tres libros, se había enriquecido en 1521 con otros cinco consagrados a la religión cristiana, al origen

---

[52] Las ediciones y traducciones del *De inventoribus* son estudiadas por Ferguson en su artículo sobre Polidoro Virgilio (*Archaeologia*, t. LI, 1888, págs. 107-141). Pero el erudito inglés desconoce las traducciones españolas. La de Thámara se publicó en Amberes en 1550 con el título de *Libro de Polidoro Vergilio que tracta de la invención y principio de todas las cosas*. Está dedicada al Duque de Arcos Don Luis Cristóbal Ponce de León. A ella remitimos al lector. Un poco después se harán otras versiones de acuerdo con el texto expurgado por orden de Gregorio XIII. Una de ellas, sin nombre de traductor, se publicó sin fecha ni indicación de origen; la otra, que se debe a Vicente de Millis, se imprimió en Medina del Campo en 1599. No tienen para nosotros el interés que ofrece la de Thámara. Éste, en su prefacio, insiste en la importancia de los cinco últimos libros. Señala, por otra parte, las cosas que Pero Mexía ha tomado de Polidoro Virgilio para su *Silva*.

de sus instituciones, de sus ritos, de sus prácticas de toda especie. El espíritu de Polidoro Virgilio es muy afín al de Erasmo. No rechaza nada, sino que quiere dar cuenta de todo. Descubre en el estado actual del cristianismo muchos usos de origen hebraico y muchos que vienen de los romanos o de otros infieles. ¿Para qué disimular estos préstamos, si las costumbres prescristianas han sido santificadas por el mejor uso que de ellas hacen los cristianos?[53] El libro, por lo demás, tiende muy claramente a la crítica de las supersticiones parasitarias que invaden el cristianismo, y coincide así con uno de los temas fundamentales de la doctrina de Erasmo. Muestra en la antigüedad pagana el origen de los exvotos de cera, manos, pies o senos ofrecidos en agradecimiento de una curación. La costumbre, observa Polidoro Virgilio, ha alcanzado una extensión tal, que se hacen votos por las bestias y se colocan en los templos figurillas de animales domésticos, bueyes, caballos u ovejas, "en lo cual algún escrupuloso podrá por ventura decir (aunque no sin reverencia) que no sabe si nosotros imitamos en esto la religión de los antiguos o antes la superstición dellos". Los retablos y rótulos conmemorativos de milagros tienen sus precedentes entre los griegos, particularmente en el culto de Esculapio. A las candelas que se encendían ante el altar de Saturno han sucedido las de la Purificación de la Virgen o Candelaria: así una costumbre pagana ha ocupado el lugar de los sacrificios de corderos, palomas o tórtolas prescritos por Moisés para la purificación de las paridas. Los banquetes festivos de los antiguos tienen su continuación en los festines a que invitan a sus compañeros y amigos los sacerdotes que dicen su primera misa: el *Asno de oro* de Apuleyo nos habla de las fiestas sacerdotales celebradas con grandes comilonas.[54]

Comprendemos, después de esto, que Polidoro Virgilio se complazca en evocar los principios del cristianismo; el tiempo en que Cristo y sus apóstoles practicaban la verdadera pobreza sin que por eso estuvieran entregados a una mendicidad degradante; en que auténticos ermitaños —Pablo, Antonio, Hilarión, Basilio, Jerónimo— se retiraban libremente al desierto para vivir una vida ascética sin regla y sin votos; el tiempo en que la religión cristiana, una e indivisible, no estaba escindida en multitud de sectas y de órdenes. Todo esto pasó al texto español de Thámara, que, sin ser literal, es bastante fiel. Lejos de atenuar el atrevimiento del libro, el traductor lo acentúa a veces, por ejemplo cuando compara la primitiva Iglesia con el clero moderno, dominado más que ninguna otra categoría social por la ambición, la codicia y el apetito de placeres.[55]

53 Trad. de Thámara, fol. 193 vº.

54 *Ibid.*, fols. 195 rº-196 rº. La cuestión "religión o superstición", lo mismo que el pasaje relativo a la Candelaria, desaparecerán del texto expurgado. Los banquetes de "misa nueva" excitaron la vena del autor del *Crótalon* (canto XVII).

55 *Ibid.*, fols. 271 vº-274. He aquí el pasaje añadido por Thámara (fol. 272 rº): "...y de aquí ha provenido que no ay otra orden ni estado oy en el mundo que sea más ambiciosa ni cobdisiosa y se vaya más tras los deleytes del mundo. Todas estas cosas truxo consigo la grandeza de las riquezas, las quales desta manera que avemos dicho fueron admitidas. Y así podemos dezir que la abundancia sola fue la causa de la desorden y desconcierto de la vida, y ésta primeramente començó a pervertir la disciplina y doctrina assí evangélica como apostólica..."

El traductor procedió más libremente en su adaptación del *Chronicon* de Carión.[56] Tomó seguramente como base, no las ediciones alemanas, sino la traducción latina de Hermann Bonn, y quizá en una edición parisiense, como la que Morel había enriquecido, en lo relativo al período posterior a 1532, con una cronología compuesta especialmente para uso del público francés. Thámara redacta de la misma manera la cronología de los años recientes desde un punto de vista sobre todo español; registra en particular la muerte de los personajes seglares o eclesiásticos que han ocupado en España puestos de importancia. Cuando reseña las vicisitudes del Concilio de Trento, y sobre todo las de los Coloquios de religión verificados en Alemania, lo hace como buen imperial. Tiene buen cuidado de no omitir una profecía que promete al Emperador Carlos la hegemonía de Europa y el honor de reformar la Iglesia, no sin tribulaciones para la navecilla de San Pedro. Por último, este humanista se muestra atento a los lutos del humanismo. Registra la muerte de Budé en París, la de Alciato en Pavía, la del "buen maestro Antonio de Lebrija", debelador de la barbarie en España. Le parece, sobre todo, que resumiría incompletamente su época si no escribiera:

En este mismo tiempo, como la luz entre las tinieblas, se ha demostrado y señalado sobre todos Desiderio Erasmo Roterodamo, el cual con muchos trabajos y vigilias sacó a luz como del otro mundo las buenas letras y descansó en el Señor, siendo de ochenta años, a tres de julio de mil y quinientos y treinta y seis.

Por lo demás, lo que constituye el principal interés de la adaptación española de Carión es su cronología de la época contemporánea. La parte consagrada a la Edad Media, tal como la había establecido Melanchthon, constituía, a decir verdad, una renovación de la historia universal gracias a la atención que concedía a los acontecimientos religiosos. Pero esta parte había sido podada por Thámara a tal grado, que casi no se parecía al *Chronicon* alemán. Por lo menos, la idea era la misma: poner al alcance de todos un compendio de la historia de la humanidad, desde sus orígenes revelados en la Biblia hasta los tiempos presentes.

Al adaptar el *Libro de las costumbres de todas las gentes,* nuestro humanista tuvo conciencia de ensanchar de otra manera el horizonte de sus lectores. ¡Qué espectáculo asombroso el de ese abigarrado conjunto de naciones, diferentes por el color, las facciones, las costumbres, los hábitos, los ritos, las ceremonias, las leyes y las formas de gobierno! ¡Qué pasmo para la humanidad civilizada cuando se conoce a sí misma como una minoría ínfima concentrada en espacio tan pequeño! ¡Y cuánto más reducido

---

[56] *Suma y compendio de todas las chrónicas del mundo desde su principio hasta el año presente, traduzida por el bachiller Francisco Thámara cathedrático en Cádiz. Es la Chrónica de Juan Carión, con diligencia del traductor quitado todo lo superfluo y añadidas muchas cosas notables de España,* Medina del Campo, 1553. — Existe otra edición publicada ese mismo año en Amberes. Sobre la importancia de la crónica de Carión, revisada por Melanchthon, véase Pontien Polman, *op. cit.,* pág. 208. — Pérez Pastor, *La imprenta en Medina del Campo,* núm. 103, ofrece algunos extractos de la cronología del Carión español adaptado por Thámara.

todavía es el número de los cristianos que siguen el verdadero camino de la salvación, en comparación de la multitud de los bárbaros infieles, de los malvados idólatras y de los hombres perversos! La reacción de un corazón puro y sano, al descubrir estos lejanos rincones del mundo, debe ser la de dar gracias a Dios. "A los limpios todas las cosas son limpias, como dice el Apóstol." Ciertas costumbres repugnan a nuestra conciencia moral, otras son honestas y santas. Es preciso saber desenredar las intenciones de entre las apariencias, y descubrir, en la acción que nos desconcierta, al hombre que obra. Es preciso finalmente fiarse a la providencia de Dios, cuyos secretos son impenetrables. Démosle gracias por habernos rescatado y llevado a su aprisco, por habernos hecho cristianos y no infieles, hombres civilizados y no bárbaros, españoles y no moros o turcos. El espectáculo de esta diversidad infinita no será desmoralizador para nosotros si llevamos siempre "por bordón y aguijón" nuestro entendimiento, que nos permite distinguir el bien y el mal.[57]

En este libro, como en la *Suma de las crónicas*, Thámara añadió y suprimió cosas. Bohemo, humanista de erudición libresca, estaba mejor informado acerca de las poblaciones antiguas de cada país que acerca de sus habitantes modernos. Por eso Thámara lo completó en ciertos capítulos, en particular acerca de España. No vaya a buscarse en su pluma una crítica de las costumbres españolas como la que Servet había insertado en sus comentarios sobre Ptolomeo, y que provocó una interesante réplica de Damião de Góis.[58] En el libro de Thámara no hay pullas contra nadie. El papel de la Inquisición, el lugar que tienen en el país las órdenes mendicantes, se presentan en su aspecto más favorable. El principal enriquecimiento debido al adaptador español es un libro III, enteramente consagrado al Nuevo Mundo, y para el cual Gonzalo Fernández de Oviedo y Francisco López de Gómara le han suministrado una documentación sobreabundante.[59]

[57] *El libro de las costumbres de todas las gentes, traduzido y copilado...*, Amberes, 1556. Prefacio al lector, fols. 4 vᵒ ss.

[58] Menéndez y Pelayo, *Heterodoxos*, t. IV, pág. 332, cita el pasaje más significativo del retrato de España hecho por Servet. La *Hispania* de Damião de Góis se publicó en Lovaina en 1542 en casa de Rutgero Rescio. Este ensayo, retocado —en particular en la lista de los españoles ilustres—, fue reproducido por el mismo impresor en 1544 en *Damiani a Goes... aliquot opuscula*. Se encontrará esta segunda edición encuadernada con la primera en el ejemplar de la B. N. P., sign. 8:0.1 (2). Damião de Góis se empeña en lavar a España del reproche de producir pocos libros: "Quod si nunc non tot chartas oblinunt Hispani, quot nonnulli faciunt, nec edendis alienis libris plagium committunt, nihilo deteriores illis, qui se furtis librorum venditant, existimandi sunt. Edunt fortasse Hispani pauca, sed edunt sua, nec falsarii in hac parte, nec fures, estque nobis ista modesta scribendi ratio cum Italis communis." La *Hispania* de Góis, obra de un portugués cosmopolita que ha pasado por la factoría de Amberes, es particularmente preciosa por sus datos económicos. Bohemo, aun revisado por Thámara, está muy lejos de ser una cosa así. — Sobre la personalidad y la importancia histórica del célebre erasmista portugués, véase M. Bataillon, *Le cosmopolitisme de Damião de Góis*, en *Revue de Littérature Comparée*, t. XVIII (1938), págs. 23-58.

[59] Thámara menciona a Oviedo (fols. 252 rᵒ-vᵒ, 264 rᵒ), pero no a Gómara, a pesar de que utiliza en la mayor parte de su compendio la *Historia* recién publicada de este segundo autor.

Además, el propio Fernández de Oviedo debe tener su lugar en esta rápida ojeada de los libros de verdad que el erasmismo español opuso a las invenciones fabulosas de los libros de caballerías. La epopeya de los conquistadores de América no planteaba tan sólo problemas jurídicos o morales. Abría rutas nuevas al conocimiento del hombre y del mundo. Entre los soldados y clérigos que la vivieron, se encontraron hombres más o menos imbuidos de humanismo que, conscientes de tal enriquecimiento, quisieron darlo a conocer a sus contemporáneos. Oviedo se hizo el cronista de esta conquista que era un descubrimiento. Y su *Historia general y natural de las Indias* siguió siendo, aun después del éxito más brillante de la *Historia* de Gómara, una mina de informes sobre las curiosidades naturales de América, su flora, su fauna, sus poblaciones salvajes. Pues bien, Oviedo fue tocado visiblemente por el erasmismo. Cita con elogio la *Preparación para la muerte* de Erasmo; piensa en sus *Coloquios* cuando pinta el poco edificante espectáculo que ofrecía una turba de sacerdotes más preocupados de amontonar oro que de evangelizar a los indios.[60] Él, que desde su juventud había entrado en contacto bastante íntimo con el humanismo italiano, parece haber sufrido, como tantos otros, tardíamente, una especie de conversión erasmiana. El primer ensayo literario que publica, en 1519, es una novela caballeresca intitulada *Claribalte.* Como en compensación, consagra sus últimos años a cantar a los hombres y mujeres ilustres de España en las *Quinquagenas,* donde no pierde ocasión de denunciar la extravagancia y la inmoralidad del *Amadís* y su secuela.[61] En el prefacio del libro XVIII de su *Historia de las Indias* [62] deplora una vez más la popularidad de libros como el *Amadís,* el *Esplandián* y sus semejantes, dice que el patrono de esta literatura de ficción es el diablo, "padre de la mentira", y pide a Dios que guíe su pluma en el respeto de la verdad. ¿No es muy significativo encontrar una vez más, asociado a tendencias erasmizantes, un ideal literario de verdad y de razón? [63]

[60] Gonzalo Fernández de Oviedo, *Historia general y natural de las Indias,* ed. Amador de los Ríos, Madrid, 4 vols., 1851-1855, t. II, págs. 165 b y 239 a. "Pero como quiera que sea la muerte, no por esso debemos juzgar a ninguno. Assí nos lo acuerda aquel notable y famoso dotor moderno, Erasmo Roterodamo, en aquel su provechoso tractado que ordenó del apercibimiento y aparejo qu'el christiano deba hacer y proveerse para la muerte." — "No quiero dar ni quitar el crédito a Erasmo ni a sus *Coloquios;* pero en estas Indias se han visto cosas entre los tales sacerdotes sueltos, que es mejor callarlas que despertar esta materia..." Estos textos me fueron señalados gentilmente por Don Ramón Iglesia. Cf. *infra,* Apéndice: *Erasmo y el Nuevo Mundo,* pág. 815.

[61] Véanse los textos citados por Menéndez y Pelayo, *Orígenes de la novela,* t. I, página CCLX.

[62] *Ed. cit.,* t. II, págs. 578-579.

[63] E. Asensio, *El erasmismo...*, *art. cit.,* pág. 98, llama la atención sobre una obra tardía de Oviedo, la traducción de un libro toscano de devoción que sale anónima en Sevilla, 1548: *Regla de la vida espiritual y secreta theologia* (trad. de Pietro da Lucca, *Regule de la vita spirituale et secreta teologia,* Venezia, 1514). Oviedo dedica este librito "de espiritualidad afectiva" a la abadesa de un monasterio de San Lúcar de Barrameda, y pide a las monjas que recen por él sendas avemarías, "que por este medio Dios me bolverá a las Indias a mi casa a acabar esta peregrinación del mundo en compañía de mi mujer e hijas". "Cierto —concluye Asensio—, el erasmismo podía tener en las almas extraños compañeros."

III

Por lo demás, salta a la vista que este ideal no constituía por sí solo una fuerza capaz de hacer surgir una nueva literatura. Oviedo se sintió ante todo movido a escribir su gran obra por el poderoso interés de la aventura en que se había visto mezclado y de los espectáculos que había presenciado en las Indias. El erasmismo ayudó a este hombre a hacerse consciente de su dignidad de escritor, y lo confirmó en la ambición de instruir en vez de divertir. Se puede percibir aquí, sin duda, una influencia generalísima del erasmismo en las letras, pero una influencia que, ciñendo el libro a preocupaciones noblemente utilitarias, tendía a la negación del arte literario más bien que a su florecimiento. Los tratados que se escribieron bajo el impulso directo del moralismo erasmiano constituyen una especie de anexo profano de la literatura de edificación. La producción humanística de que España es deudora a los erasmistas sería literariamente desdeñable si no se tuviera el derecho de incluir en ella una abundantísima floración de diálogos.

No quiere decir esto que Erasmo haya sido el maestro único del diálogo para los hombres de la época. Al lado de sus *Coloquios*, ellos tenían en su biblioteca los modelos antiguos en que Erasmo se había inspirado, y también algunos diálogos "renacientes" que no debían nada a Erasmo. El coloquio erasmiano procede de fuentes ilustres, en primer lugar de la gran tradición platónica y ciceroniana. Los *Banquetes* de Erasmo, y en particular su *Banquete religioso*, hacen pensar en Cicerón más bien que en Platón. Ahora bien, por la misma época en que Erasmo engrosaba de año en año su volumen de *Coloquios*, Castiglione formaba su *Cortesano* como Cicerón había formado su *Orador*, y sus famosos diálogos iban a ejercer en toda Europa una seducción capaz de rivalizar con la de Erasmo.

Otra tradición antigua cuya resurrección era más específicamente erasmiana era la del diálogo lucianesco. También en este punto es preciso no olvidar que a Erasmo se le había anticipado Pontano. Pero el filósofo de Rotterdam había hecho algo más que traducir algunos diálogos de Luciano o inspirarse en los *Diálogos de los muertos* para su *Charon*; sus contemporáneos, desde Lutero hasta Fr. Luis de Carvajal, lo consideraban como el Luciano moderno. En él parecían haber cobrado nueva vida el sentido crítico, la ironía, la elegante y seca fantasía del gran despreciador de los mitos que sirven para explotar la credulidad popular. Por esto es muy natural pensar en una influencia erasmiana cuando se ve cómo algunos humanistas españoles se dedican a traducir a Luciano a su lengua materna. Boehmer [1] atribuye a Enzinas, no sin verosimilitud, la traducción española de la *Historia verdadera* que se publicó en Estrasburgo en 1551. El erasmista Juan de Jarava publicó en 1544, a continuación de sus *Problemas o preguntas problemáticas del amor y del vino* ("copiladas de muchos autores"), una traducción del *Icaromenipo*, junto con dos diálogos de su co-

---

[1] *Spanish reformers*, t. I, pág. 181.

secha: un debate sobre el amor entre un viejo y un mancebo y un *Colloquio de la moxca y de la hormiga*.[2]

Tal vez haya que ver en esto la confluencia de una corriente erasmista con la tradición medieval de los *debates* contradictorios. Pero el coloquio erasmiano, a pesar de todo lo que debe a la Antigüedad, era creación esencialmente moderna. En parte, recibió este carácter de su modesto punto de partida: el coloquio escolar. Las *Colloquiorum formulae*, en su origen, no habían tenido otra ambición que proporcionar modelos de conversación latina familiar a futuros humanistas para quienes el latín tenía que ser una lengua hablada y no únicamente escrita. De ahí su naturalidad, su fidelidad a la vida, su absoluta transparencia. En una hermosa página sobre el realismo de Erasmo, J. Huizinga [3] hace, no obstante, algunas reservas sobre este punto: el mundo de Erasmo, dice, parece visto por la ventana de una habitación bien cerrada, porque en él "todo queda disfrazado por el latín". Se podría replicar que este disfraz, un tanto importuno a las miradas modernas, no era tal para los letrados del siglo XVI. Los calcos erasmianos de la conversación familiar invitaron y casi obligaron a sus traductores y a sus imitadores españoles a expresar en su lengua esa misma naturalidad de la conversación, con todo lo que tiene de juego y de atención a la vida. Pero todo esto no es sino el marco. El coloquio típicamente erasmiano se creó el día en que Erasmo se propuso dar como materia de estas conversaciones algo distinto de las acciones de la vida diaria, algo distinto también de simples discusiones de ideas que se levantan por encima de las contingencias del momento, es decir, el día en que introdujo en ellos observaciones sobre las costumbres, alusiones a los acontecimientos políticos, dardos satíricos apuntados contra individuos o contra categorías de hombres, confidencias o recuerdos personales, debates acerca de las cuestiones religiosas más candentes.

El atrevimiento de esta novedad fue tan bien apreciado, que no tardó en juzgarse a los *Coloquios* como libro peligroso, al menos para las escuelas. Los que posteriormente quisieron escribir coloquios verdaderamente escolares tuvieron que obrar con mayor prudencia. Tal fue el caso de Vives, cuya *Linguae latinae exercitatio* ocupó, en España como en otras

---

2 *Problemas o preguntas problemáticas, ansí de amor, como naturales, y acerca del vino: bueltas nuevamente de latín en lengua castellana y copiladas de muchos y graves autores por el Maestro Juan de Jarava médico.—Y un diálogo de Luciano que se dize Icaro Menippo, o Menippo el Bolador.—Más un Diálogo del viejo y del mancebo que disputan del amor.—Y un Colloquio de la moxca y de la hormiga.—Fue impreso en Loayna por Rutgero Rescio, Anno 1544.* (Ejemplares en la B. N. P. y en el B. M.).—Libro reimpreso en Alcalá (Juan Brocar) en 1546 (cf. Legrand, *Bibliographie hispano-grecque*, número 104, y Catalina García, *Tipografía complutense*, núm. 210). El *Icaromenipo* era uno de los diálogos que Erasmo había traducido al latín. Se le encuentra en una recopilación impresa en Francia, que parece haber escapado a la atención de los bibliógrafos: *Diálogos de Luciano, no menos ingeniosos que provechosos, traduzidos de griego en lengua castellana. En León en casa de Sebastián Grypho, año de M.D.L.* (Bibl. Mazarine, 22833): contiene los diálogos *Toxaris, Caronte, El gallo, Menipo, Icaromenipo*, seguidos del poema del *Amor fugitivo*, traducido en cuartetas de arte mayor.

3 J. Huizinga, *Erasmo*, trad. española de J. Farrán y Mayoral, Barcelona, 1946, pág. 164.

partes, el lugar de los *Coloquios* de Erasmo, a raíz de su prohibición.[4] Excluidas la sátira y la polémica religiosa, quedaba un campo bastante vasto. Vives se confinó en el terreno de la vida diaria de los escolares, y no sin fortuna. Maldonado, cuando era maestro de humanidades en Burgos, exploró más libremente las infinitas posibilidades que Erasmo había abierto al diálogo y que hacían de él un género casi tan indeterminado y flexible como el ensayo, monólogo humanístico. Empleó, por lo demás, una y otra forma.

Su *De foelicitate christiana*[5] fue, mucho más que el *Pastor bonus*, un ensayo sin pretensiones de tratado sistemático: en esa obra hacía pasar ante los ojos del lector, después de los sabios de la Antigüedad, a los hombres del día, desde el Emperador y el Papa hasta los trabajadores del campo y de la ciudad. Erasmo y Cayetano aparecían en sus páginas al lado de Lutero y de los "alumbrados" de la región de Toledo. Si se evocaban los monumentos de las épocas antiguas, éstos no eran aquellos de que hablan los libros, sino el acueducto de Segovia, los toros de Guisando. El ensayo intitulado *Somnium*, inspirado en el *Sueño de Escipión*,[6] no es menos curioso. Cuenta con no poca fantasía el sueño de una noche de otoño del año 1532, memorable para el autor por su nombramiento para la cátedra de humanidades de Burgos y por la retirada de los turcos ante Viena. Era también el año del cometa. Maldonado se ha quedado dormido mientras contempla el cielo desde lo alto de una torre de las murallas de Burgos, y comienza a volar en sueños por los espacios interplanetarios, acompañado

---

[4] Véase en Bonilla, *Luis Vives*, t. III, págs. 225 ss., la bibliografía de la *Linguae latinae exercitatio*. El núm. 1 es una edición que se da por impresa en Breda en 1538. En ella van acompañados los diálogos de Vives no sólo de notas debidas a Pedro Mota, de Granada, y del glosario debido al complutense Juan Ramírez, sino también del diálogo de Juan Maldonado intitulado *Eremitae*. Bonilla pregunta: "¿Será ésta la primera edición de la obra de Vives?" Hay que contestar, sin duda, negativamente. Nosotros hemos examinado el ejemplar único de la B. N. M. (R. 7935). La hoja de la portada y los cuatro últimos folios no son del mismo papel que el resto del volumen, y parecen impresos en época bastante reciente, tal vez en el siglo XVIII. Por otra parte, es muy poco verosímil que Maldonado, de haber publicado ya en 1538 sus *Eremitae*, no hubiera reimpreso este diálogo junto con sus demás coloquios latinos en las recopilaciones de *Opuscula* que dio a luz en Burgos en 1541 y 1549. Nos inclinamos a pensar que este volumen se imprimió, no en Breda en 1538, sino en Burgos u otra ciudad de España hacia 1550. En 1554 Cervantes de Salazar reimprime en México la *Exercitatio* de Vives añadiendo a su vez las glosas de Mota y siete diálogos de su cosecha, tres de ellos sobre México y su universidad. La preciosa edición de estos tres diálogos con traducción castellana y eruditísimas notas que García Icazbalceta publicó en 1875 con el título de *México en 1554* merecería reimprimirse. Julio Jiménez Rueda publicó la traducción sola (México, 1939), con unas pocas de las notas de Icazbalceta. Después, la Universidad de Texas publicó una magnífica edición facsimilar de los siete diálogos latinos, acompañados de una traducción inglesa por Minnie Lee Barrett Shepard y de una Introducción y notas por Carlos Eduardo Castañeda: *Life in the imperial and loyal city of Mexico in New Spain and the Royal and Pontifical University of Mexico...*, Austin, 1953.

[5] En *Joannis Maldonati quaedam opuscula nunc primum in lucem edita*, Burgos, 1541. Cf. *supra*, pág. 488, nota 14.

[6] En la misma recopilación, fols. g 4 r⁰ ss. Se reproducen amplios extractos del *Somnium* en M. Menéndez y Pelayo, *Bibliografía hispano-latina clásica, op. cit.*, t. III, págs. 164-177.

por el alma de la virtuosa señora María de Rojas. Más interesantes que sus impresiones de la luna y de sus jardines encantados son sus idílicos ensueños de una América recientemente cristianizada. Los buenos salvajes han adquirido en diez años la más acrisolada fe ortodoxa. Para esto estaban maravillosamente predispuestos por una existencia paradisíaca, colmada de bienes por la naturaleza, libre de fraude y de hipocresía. Maldonado asiste a sus ceremonias religiosas; ellos le hacen preguntas para saber si responden bien a todas las exigencias del rito cristiano:

No puedo deciros nada por ahora —responde—, porque no llevo conmigo los libros en que está el ritual. Vuestro sacrificio, en todo caso, es piadoso; y no es culpa vuestra si omitís algunas cosas. Conservad vuestros hábitos, mientras no tengáis libro a vuestra disposición. Los españoles ocupan algunas playas de este gran país que colinda con el vuestro: muy pronto llegarán a vosotros y no dejarán que ignoréis nada. Mientras tanto, pedid a Dios todopoderoso que conserve intacta vuestra sencillez y vuestra limpieza de corazón.[7]

En los ensayos y diálogos latinos reunidos por Maldonado en 1549 figura, al lado de un *De senectute christiana,* de escaso interés, una amena demostración de la paradoja *Vita hominis instar diei.*[8] En vez de demostrar que una vida humana es una breve jornada, nuestro burgalés prefiere contar las aventuras de una jornada tan llena de incidentes como una vida entera. Habla de una excursión que hizo a Frechilla, cerca de Palencia, con su amigo Gozoño. Al regreso, se meten desdichadamente, él y su compañero, en los pantanos de la Tierra de Campos. Todas las peripecias de la jornada, en particular el salvamento de Gozoño, a quien su montura ha arrojado al agua, y la captura del caballo que se ha escapado, constituyen una verdadera novela, viva y auténtica desde el principio hasta el fin. Solamente al terminar su obrita se adivina que el erasmista arrepentido escribe *cum grano salis,* cuando opone, a los votos imprudentes de Gozoño, los que su propia devoción, más ilustrada, le dictaba a él en el momento del peligro.[9] Otra de las *Paradojas* de Maldonado, *Optimus magister*

---

[7] Esta edificante pintura se encuentra en el *Somnium, loc. cit.,* fols. k 1 v⁰-k 6 r⁰, y en Menéndez y Pelayo, *loc. cit.,* págs. 173-177.

[8] *Paradoxa,* en *Joannis Maldonati opuscula quaedam docta simul et elegantia,* Burgos, 1549.

[9] El gracioso diálogo sobre los votos se encuentra en los fols. 31 r⁰-32 v⁰: "Heu me —dice Gozoño—, novendiale sacrum septies vovi Deiparae Virgini Otheranae; totidem novendialia sacra divae Mariae Callis. Vovi praeterea salutaturum ter divam Mariam Montis Serrati, suspensurumque anathema me totum pondere justo enatantem circunfusis fluctibus. Semel etiam invisurum divam Mariam Guadalupeam, sanctumque Jacobum Compostellanum atque utrobique suspensurum semiconspicuum me caereum." El infeliz se pregunta cómo podrá cumplir sus mandas sin reducir su familia a la miseria. También Maldonado recurría a la oración, a los auxilios celestiales, pero de manera muy distinta: "Caeterum obtestabar Christum et Mariam matrem omnesque caelestes sine pactione, sine stipulatione. An ego pauperculus sperarem munusculis expugnare me posse Dei misericordiam, si merita, mensque parum sana repugnaret? Ego quidem sic orabam: Obsecro te Christe servator omnium, per cruciatus quos pro nobis pertulisti, ut his me fluctibus eripias. Tu, Virgo Mater, sis fautrix, et filium mihi demerearis in tanto meo angore. Semper ero commodus pro tenuitate mea tuis aedibus Guadalupeae,

amor, le sirve de ocasión para rendir homenaje a sus antiguos maestros Nebrija y Longueil.

En algunos de sus diálogos latinos demuestra el mismo gusto de las confidencias y las mismas dotes de narrador. No diremos nada de sus diálogos sobre los juegos de naipes, donde desarrolla un tema que no había agotado la *Exercitatio* de Vives, ni de la *Prometida prudente,*[10] que recuerda el *Procus et puella,* con algunos detalles algo más escabrosos. Recordemos, sin hablar otra vez de él, su debate *Sobre la lectura de Erasmo,*[11] donde Maldonado se pone hábilmente en escena discutiendo con Ana Osorio para templar el celo erasmista de la dama. El más original de sus diálogos es, sin disputa, el de los *Ermitaños:*[12] constituye una pequeña comedia en un acto y varias escenas, cuyos personajes se van contando sucesivamente sus vidas. Esta estructura recuerda mucho la del *Colloquium senile* de Erasmo. Pero Maldonado la renueva de golpe situando su obrita en el marco de una soledad silvestre, y haciendo entonar a Álvaro, desde el comienzo, un himno a la vida campestre. Esta nota bucólica es bastante ajena a Erasmo. Tampoco creo que haya que ver en esto un recuerdo completamente libresco del *Menosprecio de Corte* de Guevara, entonces tan trivializado "que no había perro que llegase a olerle".[13] En él se sienten más bien, junto con un gusto real de la vida rústica, que aparece en otras de las composiciones de Maldonado, los primeros síntomas de un bucolismo nuevo, nutrido sin duda en Petrarca y en la novela pastoril italiana, de donde no tardará en surgir la *Diana.*

Las vidas que nos cuentan los ermitaños sobrepasan también en interés a las de los ancianos de Erasmo, a la vez por el realismo de los detalles y por su carácter aventurero. Son como bocetos latinos de novela picaresca, hábilmente entrecortados con incidentes que nos recuerdan que Maldonado había hecho algunos tanteos en el campo de la comedia.[14]

et Serracinae, si fuerit opportunitas adeundi; sin minus, aedibus quae sunt apud nos tibi tuoque filio sacrae... Sic ego precabar sine sumptu. Non tamen omittam, cum adeam crucifixum Augustinianum ad suburbia Burgensia, aut divam Mariam Albam, quin aliquid muneris impartiar, vel lecythum olei ad nutriendam lucernam, vel aliquas pecuniolas infundam in gazophilacium." Maldonado consuela y tranquiliza a Gozoño hablándole de las indulgencias que por esos días se predican en Palencia, y que permiten rescatar muy cómodamente toda clase de votos.

10 El *Ludus chartarum Triumphus* está en la recopilación de 1541, lo mismo que la *Desponsa cauta.* El *Ludus chartarum Tridunus,* en la recopilación de 1549.

11 *Praxis sive de lectione Erasmi* (cf. *supra,* págs. 488-489).

12 Cf. *supra,* pág. 645, nota 4.

13 Según la graciosa expresión de la *Carta del bachiller de Arcadia* (*Sales españolas...* recogidas por A. Paz y Mélia, Madrid, 1890, *Colección de escritores castellanos,* t. 80, pág. 80). Parece que Erasmo no llegó nunca a disfrutar de la paz de los campos, ni siquiera durante el verano de 1521, que pasó en Anderlecht, demasiado cerca de la corte de Bruselas (véase su carta a Laurino en Allen, t. V, Ep. 1342, líneas 19-23 y 62-69). En todo caso, no dice de eso una sola palabra en su correspondencia. Maldonado, por el contrario, en el prefacio de la *Hispaniola,* evoca con añoranza los placeres rústicos del castillo de Vallegera.

14 Véanse los intermedios que constituyen la escena entre Vulpeyo, porquerizo, y Lupino, especulador de trigo y hambreador del pueblo, o bien la escena entre el anciano Gelasio y la doncella Flora, a quien él persigue con sus galanterías.

La vida de Alfonso es la de un hombre a quien tentó en un tiempo la carrera clerical:

Iba muy a menudo a la iglesia —dice—, donde se dan cita casi cada día los notables. Allí pasaba largos ratos, entregado a la contemplación. Clérigos y otras personas se paseaban de dos en dos o de tres en tres; a veces se sentaban para charlar; a veces permanecían de pie haciendo rueda. Creía que estas personas, los clérigos sobre todo, hablaban de la religión, de la moral, de la expiación de las culpas, de alguna ciencia noble. Pero, como pude darme cuenta, sus conversaciones eran muy diferentes de lo que anuncian su título y su unción sagrada. Día tras día me acerqué para escuchar, pero las conversaciones de los clérigos eran siempre las mismas. En una palabra, no me gustaron su género de vida ni sus preocupaciones: yo había creído que sus espíritus tendían hacia lo alto, que estaban estrechamente adheridos al cielo, pero vi que no estaban sino en la tierra. Me fui de allí bien decidido a no aspirar al sacerdocio.[15]

Aquí se entrevé lo que habrían podido ser ciertos capítulos del *Lazarillo* si su autor hubiese sido erasmista. Alfonso abrazará finalmente la vida eremítica, tras una experiencia de vida de Corte.

La más azarosa de las existencias evocadas por Maldonado es la del ermitaño Gonzalo, a quien Alfonso y Álvaro encuentran tejiendo un cesto. Vida desarreglada de un combatiente de Pavía; aventuras en Madrid en compañía de mozos enriquecidos en las Indias; matrimonio con una doncella noble cuyos padres lo creen rico, y que se siente dichosa de salvarse así del claustro; ruina del jugador empedernido, que, después de vender todos sus bienes, tienta de nuevo la fortuna militar aprovechando la expedición de Túnez, y vuelve sin blanca; desventuras conyugales; persecución del ladrón de su honra, que ha ido a alistarse en el ejército de Navarra mientras la esposa infiel entra en el convento; encuentro con unos bandoleros que lo roban y apalean... Todo esto, hasta el día en que un buen hombre lo convierte a la vida de penitencia, es un buen argumento de novela picaresca, de una novela picaresca que anuncia al *Guzmán de Alfarache* más que al *Lazarillo,* pero con elementos menos amargos.

Maldonado nos muestra cómo el *Coloquio* erasmiano podía transformarse en un género de pasatiempo, capaz de hacer la competencia a la literatura novelesca y de preparar la renovación de ésta en más de una dirección. Los diálogos castellanos que se multiplican a mediados del siglo, bajo el influjo del erasmismo, ofrecen esa misma complejidad. Sin embargo, la recopilación más famosa, y también la primera en fecha, nos lleva de nuevo a la más trivial miscelánea en forma de diálogos. Los *Diálogos* de Pero Mexía son tan mediocres como la *Silva,* cuya fortuna compartieron hasta cierto punto. Trátese en ellos del sol, de la tierra, de los meteoros, de los médicos o de los banquetes, siempre son estos escritos la misma olla podrida de erudición vulgar, sin nada que induzca al espíritu a reflexionar. Cuando Mexía se propone caminar por los senderos del *Elogio de la locura* y quiere cantar los loores del asno, no sabe más que

---

[15] *Eremitae, loc. cit.,* fol. 91 r°.

endilgar un monótono centón de anécdotas y reminiscencias sagradas o profanas.[16]

Más auténticamente erasmianos son los *Coloquios matrimoniales* del Licenciado Pedro de Luxán, natural de Sevilla: libro bastante olvidado en nuestros días, pero del cual se conocen por lo menos once ediciones entre 1550 y 1589.[17] Los cinco diálogos de este volumen forman una especie de novela cuyo núcleo procede del *Uxor mempsigamos*. Xantipa ha tomado aquí el nombre de Eulalia, y su razonable amiga se llama Dorotea. El primer diálogo nos muestra a Eulalia, todavía doncella, conversando con Dorotea, la cual trata de convertirla al matrimonio, sin conseguirlo. No obstante, aparece ya casada en la segunda conversación; aquí cuenta sus infortunios a Dorotea, que le da buenos consejos; se reconoce en estas páginas el tema del célebre coloquio de Erasmo del cual sacó Luxán lo mejor que hay en el suyo. El tercero pone en escena a Dorotea y a Marcelo, marido de Eulalia, el cual, a su vez, está descontento de su mujer: aquí le toca a él oír las cuerdas lecciones de Dorotea sobre los deberes del esposo. En el cuarto coloquio se ha restablecido la paz entre marido y mujer: Eulalia va a dar las gracias a Dorotea y a decirle que está preñada. Viene después Marcelo, y se entabla una conversación acerca de los cuidados con que hay que tratar a una madre joven, acerca del parto, de los deberes de las madres con los recién nacidos, del amamantamiento de las criaturas, de la educación de los hijos; aquí es visible la aportación de la *Puerpera* de Erasmo, aunque esté diluida en largos discursos. El quinto coloquio, imitado de la *Pietas puerilis*, nos pone en presencia del pequeño Hipólito, hijo de Eulalia, y del piadoso Julio, digno hijo de la virtuosa Dorotea: éste es quien desempeña el papel del Gaspar de Erasmo. Un

16 En el *Coloquio del porfiado*. Los *Coloquios* o *Diálogos* de Pero Mexía se publicaron por vez primera en Sevilla en 1547. Son accesibles en la edición de C. I. A. P., Madrid, 1928. Hay también una reimpresión de Sevilla, 1947 (Bibliófilos Sevillanos).

17 *Colloquios matrimoniales del Licenciado Pedro de Luxán*, Sevilla (Dom. de Robertis), 1550; Toledo (Juan Ferrer), 1552; Sevilla (Juan Canalla), 1552; Valladolid (F. Fernández de Córdova), 1553; Sevilla (J. Canalla), 1555; Zaragoza (Bart. de Nájera), 1555; Zaragoza (Viuda de B. de Nájera), 1563 y 1571; Alcalá (Seb. Martínez), 1577; Zaragoza (Viuda de J. Escarrilla), 1589. A estas diez ediciones mencionadas por Juan M. Sánchez, *Bibliografía aragonesa del siglo xvi*, t. II, Madrid, 1914, págs. 64-65, hay que añadir una undécima, sin lugar ni fecha, que posee la Bodleiana y que se intitula *Colloquios matrimoniales del licenciado Pedro de Luxán, ahora nuevamente corregidos y añadidos por el mismo author*. El catálogo de la Bodleiana la identifica, basado no sé en qué, con la edición de Alcalá, 1579, mencionada por Nicolás Antonio (y por Juan M. Sánchez) y de la cual no se ha señalado ningún ejemplar en nuestros días. La edición de Zaragoza, 1589, de la cual no conocía ningún ejemplar J. M. Sánchez, se encuentra en la B. N. P. A esta última es a la que remitimos. En los pasajes que hemos confrontado, su texto es idéntico al de Valladolid, 1553. Por el contrario, la edición revisada por el autor que se halla en la Bodleiana ofrece muchísimas variantes y representa, sin duda, el texto definitivo de Luxán. Ya Menéndez y Pelayo, *Orígenes de la novela*, t. I, pág. ccxlix, entrevió el interés de estos *Colloquios matrimoniales*. Para la biografía de Luxán, véase Rodríguez Marín, *Nuevos datos para las biografías de cien escritores de los siglos xvi y xvii*, Madrid, 1923. Siendo estudiante en Alcalá hacia 1545, había compuesto durante unas vacaciones un libro de caballerías cuyo héroe, Leandro el Bel, era hijo de Leopolemo, caballero de la Cruz.

sexto coloquio, sin lazo con los precedentes, tiene por interlocutores a dos ancianos, Fulgencio y Laureano. Éste, más cuerdo, reprende a su amigo, que quiere portarse como mozo, y en un largo discurso le habla de los defectos que ha de evitar un anciano.

Luxán, en suma, adoptó el plan de los primeros traductores de los *Coloquios*, que era sacar de Erasmo un amable manual de sabiduría para todas las edades. Y no trató de disimular lo que toma de ellos: reconoce que, en el segundo y en el quinto coloquio, quiso hacer de Erasmo el "fundamento sobre que él edificase".[18] Pero se ufana de haber añadido muchas cosas en que Erasmo no había pensado. Confiesa, no sin orgullo, haber utilizado otros libros, pero no dice cuáles. Nosotros no hemos emprendido la tarea de investigar las fuentes de Luxán. Pero no hace falta leerlo con mucha atención para observar algunos fragmentos tomados de Guevara y cuya superabundancia verbal contrasta con el estilo más bien sobrio del conjunto: la carta a Mosén Puche ha suministrado al primer diálogo todo un pasaje acerca de los inconvenientes de los matrimonios desiguales, y al tercero la larga disertación en que se habla de las quejas recíprocas de los maridos y las mujeres.[19] La obra resulta, sin duda, muy heterogénea. Un repentino amor por el estilo metafórico se muestra en cierta digresión sobre los filtros de la buena esposa, donde creemos adivinar una pluma ajena. Pero el accidente más ordinario en estos diálogos es el volverse disertación, "ensayo". En un larguísimo discurso acerca de las virtudes de la buena esposa, al lado de Pantea, de Porcia y de la mujer de Admeto, figuras ejemplares de abnegación heroica, aparecen Doña Sancha, la princesa navarra esposa del Conde Fernán González, y cierta mujer de Sevilla a quien no nombra Luxán porque vive todavía.[20] Por otra parte, el diálogo rebota a veces, no sin viveza, sobre alguna autoridad de Plutarco. Cuando Dorotea habla de la costumbre aquea según la cual "el marido barría la casa, cocinaba la olla, ponía la mesa", mientras que la mujer "gobernaba la casa, acudía a los negocios y tenía los dineros", Eulalia exclama: "¡Quién fuera de Acaya!"[21] Fácil es imaginar que si Montaigne hubiera podido leer estos *Coloquios matrimoniales*, los habría encontrado más sabrosos que las *Diverses leçons* de "Pierre Messie".

La compilación más variada que se publicó por entonces, y que parece haber disfrutado de mucha menos popularidad que los *Coloquios* de Luxán y los de Mexía, es el volumen de *Coloquios satíricos* de Antonio de Torquemada.[22] El autor era un humanista de Astorga, que se hallaba al servicio del pequeño Alonso Pimentel, conde de Benavente. La obra fue impresa

18 Véase, entre el 1º y el 2º coloquio, la advertencia intitulada "Epílogo sobre este segundo colloquio, y sobre el quinto".

19 Fols. 10 y 73 rº de la edición s. l. n. a. de la Bodleiana (cf. Guevara, *Epístolas familiares*, en *B. A. E.*, t. XIII, págs. 160 a y 163 b).

20 Ed. de Zaragoza, 1589, fols. 41 *ss.*

21 *Ibid.*, fol. 44 vº.

22 Véase Alfonso Reyes, *De un autor censurado en el "Quijote": Antonio de Torquemada*, México, 1948, y George Davis Crow, *Antonio de Torquemada, Spanish dialogue writer of the sixteenth century*, en la revista norteamericana *Hispania*, t. XXXVIII (1955), págs. 265-271.

en Mondoñedo por Agustín de Paz, y no tuvo la suerte de atraer la atención de algún editor de Medina del Campo o de Sevilla. Más tarde, Torquemada publicó en Salamanca seis coloquios consagrados a las curiosidades de la naturaleza, a los monstruos, a los aparecidos, a los fantasmas, a las prácticas de hechicería, a la astrología, a la historia natural, semifabulosa, de las regiones septentrionales. Esta nueva recopilación, intitulada *Jardín de flores curiosas,* agradó más a causa de la rareza de los asuntos de que trataba. Se reimprimió cuatro o cinco veces antes del fin del siglo, en Amberes, Medina y Salamanca. Se tradujo además al francés. A la sombra de su éxito, los *Coloquios satíricos* encontraron nuevo editor. Pero, una vez más, esto fue al margen de los mercados de la librería, en la lejana Bilbao. La suerte se ensañó tanto con este libro, uno de los más simpáticos productos del erasmismo español, que permaneció injustamente olvidado hasta que Menéndez y Pelayo lo exhumó en sus *Orígenes de la novela.*[23]

El título de los *Coloquios* de Torquemada deja apenas adivinar la variedad de la obra. Aquí es donde se encuentra la primera expresión novelesca del ideal pastoril en lengua castellana.[24] Lo que no era en Maldonado más que un germen apenas desarrollado, se muestra en Torquemada en pleno florecimiento varios años antes de la *Diana.* El séptimo y último de estos *Coloquios satíricos* es una novelita pastoril que traiciona su inspiración italiana por la versificación de las elegías mezcladas con la prosa, y que, sin embargo, se vincula, en momentos de rusticidad cómica, con una tradición muy castellana. El tercero no es menos importante para definir la significación de esta corriente bucólica que desemboca de manera imprevista en la corriente humanística de los coloquios: el elogio de la vida pastoril se hace aquí con gran acopio de autoridades y ejemplos, sacados

[23] Tomo II. A esta edición remitimos para los *Coloquios satíricos.* Reproduce la de Mondoñedo de 1553. La edición de Bilbao (cf. Gallardo, *Ensayo,* t. IV, núm. 4044) figura entre los libros sospechosos que conservaba en 1634 la Inquisición de Granada: "*Colloquios satíricos con un colloquio pastoril* por Antº de Torquemada en Vilvao año de 1584, de 8º, castellano" (A. H. N., *Inquisición,* leg. 4517 (1), fol. 61 rº). El *Jardín de flores curiosas,* Salamanca, 1570, se reimprimió en Lérida, 1573, Amberes, 1575, Salamanca, 1577, Medina del Campo, 1587, y Amberes, 1599. La traducción francesa, llamada *Hexameron,* se debe a Gabriel Chappuys (Lyon, 1579 y 1582, París, 1583). Detalle digno de observarse, Torquemada, como Luxán, enriquece la literatura de los libros de caballerías con su *Olivante de Laura* (Barcelona, 1564).

[24] En un estudio de los orígenes del ideal pastoril en España, habría que tener en cuenta el *Tratado llamado el Desseoso, y por otro nombre Espejo de religiosos,* novela a lo divino, traducida del catalán al castellano por un jerónimo. El *Espill de la vida religiosa* se había publicado en 1515. La traducción española, aumentada con dos partes más (cuarta y quinta), se publicó en Sevilla, 1530, Toledo, 1536, Lisboa, 1541, y, con una sexta parte, en Burgos, 1548, reimprimiéndose todavía en Lisboa, 1588, bajo los auspicios de la Compañía de Jesús. Al principio del libro se entabla el diálogo entre el héroe, que es un ermitaño, y un pastor, los cuales comentan, con acentuado sabor pastoril, los atributos de los verdaderos pastores espirituales. — La sabia Luisa Sigea había celebrado la vida rústica, con erudición que pasmaba al Arcediano del Alcor, en su *Duaram virginum colloquium de vita aulica et privata* (cf. Serrano y Sanz, *Apuntes para una biblioteca de escritoras españolas,* Madrid, 1905, t. II, págs. 418-471). Sobre el interés del *Coloquio tercero* de Torquemada, véase B. Isaza y Calderón, *El retorno a la naturaleza,* Madrid, 1934, págs. 193 *ss.*

principalmente de la Escritura; pero el argumento principal en su favor consiste en decir que es una vida más cercana a la naturaleza; que es, en alguna manera, la imagen de una edad de oro, de un paraíso perdido. Contentémonos con señalar la aparición en España de una manera de pensar y de sentir que es algo más que una simple moda, y que será calurosamente adoptada por otros espíritus, herederos, en algún sentido, del erasmismo español: Mal Lara, Fr. Luis de León, Cervantes. . .

Los *Coloquios* de Torquemada que nos interesan sobre todo aquí son aquellos que justifican el título de *Coloquios satíricos*. Son, por cierto, obra de un moralista erasmiano. Uno de ellos trata de la mentalidad de los jugadores y de los estragos morales del juego; otro habla de los boticarios y de los médicos, denuncia sus delitos profesionales y busca la manera de ponerles remedio; otros dos se ocupan del desorden de las costumbres en materia de comida y vestido, oponiendo la frugalidad y sencillez de la antigua aristocracia española a la superabundancia de las mesas servidas "a la flamenca", al nuevo lujo del vestuario que va invadiendo todas las clases sociales. Estos cuatro coloquios se relacionan, por sus temas, con los de Pero Mexía. Pero tienen más encanto, porque sus disertaciones, más inteligentes, más atentas a la vida de la época, están mucho menos obstruidas de erudición barata.

El más erasmiano de toda la recopilación es el largo coloquio sobre la honra del mundo. Es una especie de "Banquete moral" que recuerda a menudo el *Banquete religioso* de Erasmo, por el marco harmonioso de los jardines en que nos hace entrar Torquemada, y por la elevada razón y la urbanidad de los personajes a quienes hace disertar. Su crítica de la honra del mundo es la de un filósofo cristiano: es una de las lecciones que el erasmismo debía a España, tierra clásica de la honra. Torquemada nos muestra, en contraste con la voluntad claramente expresa de Cristo —mostrar la otra mejilla, absolución de la mujer adúltera—, un mundo en que todos están prontos a vengar su honra, en que hasta los ganapanes y las mujeres públicas hablan de su honra, en que hasta los frailes que han renunciado al demonio y a las pompas del mundo ceden muchas veces a la voz de la honra, en que los prelados lo sacrifican todo a la honra y a la soberbia, en que los predicadores que truenan en el púlpito contra los vicios son accesibles a la vanagloria.[25] Siempre atento a las costumbres de la época, Torquemada se mofa de las nuevas formas de cortesía ceremoniosa con que se apacienta ahora la honra española:

A los reyes de Castilla aún no ha mucho tiempo que les decían: "Manténgaos Dios", por la mejor salutación del mundo. Agora, dejadas las nuevas formas y maneras de salutaciones que cada día para ellos se inventan y buscan, nosotros no nos queremos contentar con lo que ellos dejaron, y es tan ordinaria esta necedad de decir que besamos las manos, que a todos comprende generalmente, y dejando las manos venimos a los pies, de manera que no paramos en ellos ni aun pararemos en la tierra que pisan. Y, en fin, no hay hombre que se los descalce para que se los besen, y todo se va en palabras vanas y mentirosas, sin concierto y sin razón.

---

[25] *Orígenes de la novela*, t. II, págs. 534-535.

Habla en seguida de toda la mentira de las "altezas", de las "señorías", de los "magníficos", de los "ilustres" e "ilustrísimos", de las "excelencias". Los prelados, que a menudo son de origen humilde, se empeñan en ser "ilustre señoría". Los frailes quieren que se les llame "vuestra paternidad", o al menos "vuesa merced", como a los seglares.[26]

Al tratar la cuestión de la honra hereditaria, Torquemada termina con un debate entre la tesis de Salustio, que despreciaba a Cicerón por ser de oscuro nacimiento, y la tesis de Cicerón, que afirmaba haber ganado con sus obras más honor que el que otro pudiera heredar de sus abuelos. Por supuesto que Antonio, el abogado de Cicerón, es quien se lleva la palma:

Todos somos hijos de un padre y de una madre, todos sucesores de Adán, todos somos igualmente sus herederos en la tierra, pues no mejoró a ninguno ni hay escritura que dello dé testimonio; de lo que nos hemos de preciar es de la virtud, para que por ella merezcamos ser más estimados, y no poner delante de la virtud la antigüedad y nobleza del linaje, y muy menos cuando nosotros no somos tales que nos podemos igualar con los antepasados, porque, como dice Sant Agustín, no ha de seguir la virtud a la honra y a la gloria, sino ellas han de seguir a la virtud.

Antonio se niega a tomar en consideración el prejuicio de la sangre:

Por cierto a muchos juzgamos de buena sangre que la tienen inficionada y corrompida de malos humores, y dejando de ser sangre se vuelve en ponzoña que, bebiéndola, bastaría a matar a cualquier hombre; y algunos labradores hay viles y que no sabiendo apenas quiénes fueron sus padres tienen una sangre tan buena y tan pura que ninguna mácula hay en ella. Esta manera de decir de "buena sangre" es desatino y un impropio hablar.[27]

Si se quiere completar este rápido cuadro de los coloquios morales y satíricos con que se deleitan los españoles alrededor de 1550, es preciso no olvidar un pequeño y encantador volumen de versos, que circulaba sin nombre de autor: el *Diálogo de mujeres* de Cristóbal de Castillejo.[28] Éste supo flexibilizar y romper el ritmo de las coplas de pie quebrado hasta el punto de que su diálogo versificado rivaliza en naturalidad con los diálogos de los Valdés. Las afinidades espirituales de Castillejo con el erasmismo no son materia de discusión.[29] Este clérigo de genio tan desenvuelto

26 *Ibid.*, págs. 538-541. Sobre el beso las manos, cf. Guevara, *Epístolas familiares,* II, 1 (*B. A. E.*, t. XIII, pág. 190).

27 *Orígenes de la novela*, t. II, págs. 542-547.

28 Agustín de Paz, el impresor de los *Coloquios* de Torquemada, había impreso en Astorga, en 1546, el *Diálogo entre dos sabios: el uno llamado Alethio y el otro Fileno, de los quales el Fileno habla en favor de las mugeres y el Alethio dize mucho mal de ellas.* Véase el t. I de las *Obras* de Castillejo, publicadas por Domínguez Bordona en la colección de *Clás. Cast.*, t. LXXII. El *Diálogo de la vida de corte, o Aula de cortesanos,* dedicado por Castillejo al Doctor Carnicer (Praga, 4 de septiembre de 1547), merece ser colocado al lado del *Diálogo de mujeres* entre las obras maestras del coloquio en verso (véase el t. III de la misma edición, *Clás. Cast.*, t. LXXXVIII).

29 Sobre una edición del *Diálogo de mujeres* unida a la traducción de una larga oración de Erasmo, cf. *supra*, pág. 591, nota 9.

ha pasado por un monasterio cisterciense antes de ser nombrado secretario y después consejero del Rey de Romanos Fernando; ha respirado una atmósfera erasmiana en la Corte de Viena, que fue, hasta la paz de Augsburgo, el alma de la política de reconciliación entre católicos y protestantes. Por lo demás, no se puede decir que haya dejado la vida monástica para cultivar la piedad interior predicada por Erasmo. Sus poesías religiosas no se salen de los temas consagrados de la devoción tradicional. El erasmismo de su *Diálogo de mujeres* es de esencia profana y literaria: es obra de un lector de los *Coloquios*. Sus rasgos esenciales son la naturalidad, la gracia familiar con que se adornan las palabras de Alethio y de Fileno, cierto empleo elegante del refrán y de la anécdota, en una palabra, todo aquello que impide que la discusión entre el enemigo y el amigo de las mujeres se parezca a los debates de la Edad Media. En esto consiste la deuda principal de Castillejo a Erasmo, no en las historietas y en las pullas lanzadas contra la virtud de las religiosas, ya que todo esto pertenece a una tradición no menos medieval que los metros de los cancioneros a los cuales permanece Castillejo obstinadamente apegado.

IV

Pero cuando se habla de la literatura de diálogos con que el movimiento erasmiano enriqueció a España, se presentan al espíritu otros nombres, que brillan con esplendor más vivo que los de Mexía, Torquemada, Luxán y Castillejo. Se piensa en los hermanos Valdés, en Villalón, en toda una serie de obras, algunas de ellas de primer orden, que permanecieron en la sombra hasta nuestros días, bien por su atrevimiento, bien por la sospecha de herejía que pesaba sobre su autor.

Un poco más adelante nos saldrá al paso el *Diálogo de la lengua* de Juan de Valdés, que nos ha sido ya tan precioso para definir la actitud del erasmismo ante las novelas, y que volverá a ayudarnos para caracterizar la influencia de este movimiento sobre la lengua castellana. No volveremos a hablar, por el contrario, de los coloquios políticos, religiosos y morales de Alfonso de Valdés, que ya hemos estudiado en su lugar. Observemos tan sólo que los diálogos de *Mercurio y Carón* y de *Lactancio y el Arcediano* debieron de gozar, bajo Carlos V, de cierto favor entre la minoría culta, unas veces leídos públicamente, otras llevados bajo la capa, según las vicisitudes de la política imperial con respecto a Roma. Se adivina que contribuyeron a hacer nacer no únicamente el *Diálogo entre Caronte y el alma de Pier Luigi Farnesio*,[1] breve libelo antirromano, sino también los *Diálogos de la vida del soldado*, libro publicado en Salamanca en 1552,[2]

---

[1] Cf. *supra*, pág. 500.

[2] *Diálogos de la vida del soldado*. Hemos utilizado la reimpresión de Antonio María Fabié en la colección "Libros de antaño", t. XIII, Madrid, 1890. Véanse en particular las págs. 32 y 34. El título primitivamente previsto en el contrato entre el autor y el editor era *Diálogos de la jornada de Alemania* (cf. R. Espinosa Maeso, *Contratos de impresiones de libros*, en el *Bol. Ac. Esp.*, t. XIII, 1926, pág. 297).

y en el cual Diego Núñez Alba, combatiente de Mühlberg, narra toda la campaña de 1546-1547 contra la Liga de Esmalkalda. Hay una analogía muy notable entre la defensa política que se extiende de la primera a la última página del *Diálogo de Mercurio y Carón* y el relato militar cuya maciza continuidad aplasta un poco las partes dialogadas del libro de Núñez Alba. El principio de éste, por otra parte, hace pensar a la vez en el coloquio erasmiano del *Cartujo y el Soldado* y en el comienzo del diálogo de Valdés sobre el Saco de Roma.

Conviene añadir que el soldado de Mühlberg, buen imperial como el Secretario Valdés, no tiene su atrevimiento en materia religiosa. Remontándose a las causas lejanas de la guerra, reduce los orígenes de la revolución luterana a la predicación desastrada de las indulgencias. No va hasta el fondo del debate. Por otra parte, da a entender que este debate sigue tan entero como el primer día, y que la guerra cuyo cronista se hace "no ha sido contra luteranos, sino contra rebeldes". Justificando a su manera el Ínterim de Augsburgo, estima que lo mejor, mientras vienen las decisiones del Concilio, es dejar que cada cual viva como bien le parezca, pues una medicina demasiado violenta, en caso de enfermedad grave, puede poner en peligro de muerte al enfermo. Recojamos también un curioso eco de las discusiones que la política de Carlos V debía de suscitar en el campo imperial. Al preguntar Cliterio si no podría Carlos imponer al Papa la solución del conflicto religioso, Milicio, con quien se identifica el autor, le responde en estos términos: "¿Cada rato querías que [el Emperador] tuviese guerra con el Papa? Pues si en sus tiempos saqueáramos otra vez a Roma, ahí te digo que se dijera que bien parecía él natural de aquellas partes, y que él también favorecía la maldita secta de Martín Lutero." En conjunto, los *Diálogos de la vida del soldado* dejan ver alguna influencia literaria de los coloquios de Erasmo y de Valdés. Casi nada deben a su espíritu.

Pero es tiempo de llegar a Cristóbal de Villalón, que comparte con Alfonso de Valdés la gloria de haber escrito los más sabrosos y brillantes diálogos de la literatura española antes del *Coloquio de los perros* de Cervantes. A decir verdad, esta gloria se funda en el *Crótalon* y en el *Viaje de Turquía*, obras atribuidas a Villalón, mucho más que en los libros de que indiscutiblemente es autor. De éstos y de quienes los escribió tenemos que partir si queremos ver claro en una cuestión que se ha embrollado por atribuciones apresuradas.

Cristóbal de Villalón no es personaje misterioso. Nacido, sin duda, en los primeros años del siglo, comenzó sus estudios universitarios en Alcalá por los días de la muerte de Nebrija. Aquí recibió el grado de bachiller en artes, el domingo 23 de abril de 1525.[3] Entonces pasó a la Universidad de Salamanca, sin duda a la Facultad de Teología,[4] donde conoció al hu-

---

[3] A. H. N., *Universidad de Alcalá*, lib. 397 f. La lista de la promoción está cosida en el fol. 8.

[4] La llegada de Villalón a Salamanca está fechada por su propia declaración en el *Scholástico*, que nos ilustra acerca de este período de su vida: "En el año del Señor de 1525 yo me hallé en esta bienaventurada Universidad..." (lib. I, cap. II). No pudo en-

manista Pérez de Oliva [5] y a algunos grandes señores destinados a brillante carrera eclesiástica: Don Francisco de Bobadilla y Mendoza,[6] el futuro Cardenal de Burgos, era maestrescuela en Alcalá, y hacía su aprendizaje de helenista con el Comendador Griego. El prior de Roncesvalles, Don Francisco de Navarra,[7] futuro obispo de Ciudad Rodrigo, era estudiante de la Universidad, y ésta lo eligió rector en 1528. No se sabe cuántos años permaneció Villalón en Salamanca. En 1530 ya estaba encargado de una cátedra en la Facultad de Artes de Valladolid. En marzo de 1532 entraba al servicio del Conde de Lemos como profesor de latín de sus dos hijos, Antonio y Rodrigo. Sabemos, por un proceso que entabló en 1537 contra sus amos, que éstos no le pagaban su salario de ocho mil maravedís, pues estimaban, sin duda, haber hecho bastante con darle de comer —"comido por servido". Este proceso nos dice que Villalón enseñaba latín a sus alumnos con los *Coloquios* de Erasmo.[8] Se sigue su rastro en la Universidad de Valladolid hasta 1545, fecha en que quiso alcanzar el grado de licenciado en Teología y chocó con una oposición misteriosa para nosotros.

En 1536 publicó su primer libro, la *Tragedia de Mirrha*.[9] Esta novelita dialogada, sacada el libro X de las *Metamorfosis* de Ovidio, tiene como asunto los amores incestuosos de Mirra y el rey Cíniras, su padre. Su interés es casi nulo. Más importante es la *Ingeniosa comparación entre lo antiguo y lo presente*,[10] que Villalón dedicó en 1539 a Fr. Alonso de Virués, libre por fin de las persecuciones inquisitoriales y recientemente promovido al obispado de Canarias. La querella entre antiguos y modernos se debate aquí en forma de diálogo; pero es un diálogo bastante despro-

señar allí en el Colegio Trilingüe, como suponía Serrano y Sanz (*N. B. A. E.*, t. II, página CXVII), ya que este colegio no fue fundado hasta 1554.

[5] Sobre Pérez de Oliva, véase el ensayo de Pedro Henríquez Ureña, *Estudios sobre el Renacimiento en España: El Maestro Hernán Pérez de Oliva*, en *Cuba Contemporánea*, año II (1914), t. VI, así como el artículo de Ricardo Espinosa Maeso, en el *Bol. Ac. Esp.*, t. XIII (1929), págs. 432-473 y 572-590: *El Maestro Hernán Pérez de Oliva en Salamanca*.

[6] Cf. *supra*, págs. 338-339.

[7] Sobre este personaje, discípulo y protector de Azpilcueta, más tarde Obispo de Badajoz y Arzobispo de Valencia, véase el libro de M. Arigita y Lasa, *Don Francisco de Navarra*, Pamplona, 1899.

[8] Este episodio fue revelado por Narciso Alonso Cortés, *Cristóbal de Villalón, Algunas noticias biográficas*, en el *Bol. Ac. Esp.*, t. I (1914), págs. 434 ss. (artículo incluido por el autor en su *Miscelánea vallisoletana*, 3ª serie, Valladolid, 1921). — Sobre las relaciones de Villalón con la Universidad de Valladolid (1530-1545), véase S. Rivera Manescau, *Cristóbal de Villalón, Nuevos datos para su biografía*, en la *Revista Castellana* de Valladolid, abril de 1922, págs. 21-24. A propósito del grado de licenciado en Teología, para el cual Villalón fue presentado por el claustro de los doctores y maestros de Valladolid, quedando su admisión subordinada a la decisión del Consejo Real, Rivera Manescau supone, con mucha verosimilitud, que Villalón era descendiente de judíos conversos, y que esta insuficiente limpieza de sangre fue el principal obstáculo con que se topó.

[9] En Medina del Campo, en casa de Pedro Tovans. Reimpreso en 1926 en Madrid por Victoriano Suárez (la cubierta reproduce la portada de la edición de 1536).

[10] *Ingeniosa comparación entre lo antiguo y lo presente, hecha por el bachiller Villalón...*, Valladolid, 1539 (B. M.). Reimpresa por Serrano y Sanz en la colección de la Sociedad de Bibliófilos Españoles, t. XXXIII, Madrid, 1898. A esta edición remiten nuestras citas.

visto de la agilidad y la gracia erasmianas. Se diría verdaderamente que Villalón, si en efecto utilizó los *Coloquios* como libro pedagógico, no fue capaz de oír la lección literaria que encierran. Lo que nos presenta no es una discusión viva, sino sólo una disputa en que se defienden sucesivamente dos tesis, y en que se deja a los modernos la última palabra.

El abogado de los antiguos parte naturalmente de la idea pesimista de que la naturaleza está sometida a gradual envejecimiento. Su exposición de las maravillas de la antigüedad en todos los órdenes es la que puede esperarse de un humanista que ha leído a Plinio. El defensor del tiempo presente trata de encontrar en los mitos antiguos —en particular en los de Orfeo y Anfión— un testimonio de la victoria alcanzada por el genio sobre una humanidad primitivamente bestial y que no se civilizó sino poco a poco. Su elogio de los modernos pasa por alto, con extraña prudencia, el humanismo y la teología restaurada. Podría, dice, citar nombres ilustres, lo mismo de Italia, Francia o Alemania (aunque aquí haya muchos herejes), que de Flandes, Inglaterra y Holanda...[11] Pero no cita ninguno. Prefiere hablar largamente de las virtudes y proezas del Emperador, y sobre todo de la situación floreciente de las bellas artes. Evoca a Rafael, a Leonardo de Vinci, a Alberti, y, con más viva admiración, a Miguel Ángel y las bóvedas de la Capilla Sixtina. Pero, sobre todo, alaba Villalón el arte español de su época como buen conocedor, con un tino precioso para nosotros, porque, al lado de las maravillas pintadas por Berruguete, de los hermosos colegios de San Pablo y Santa Cruz de Valladolid, de las estatuas de Felipe Vigarny o de Diego de Siloé, no olvida a los grandes músicos, ni al maestro herrero Cristóbal de Andino, a quien se deben las más hermosas rejas del mundo, ni a los hermanos Villalpando, célebres estuquistas de Palencia.[12] Al celebrar el arte tipográfico en pleno auge, hace un lugar a Miguel de Eguía al lado de Aldo Manucio, Froben y Gryphe. La literatura moderna aparece tratada con menos simpatía. Villalón pondera el teatro de Juan del Encina y de Torres Naharro, y menciona la floración de los libelos, a que él debía de ser bastante aficionado.[13] A esto se limitan sus observaciones. Sobre Erasmo, el escritor más leído de su época, no dice una palabra.

Así, pues, la *Ingeniosa comparación* difícilmente puede pasar por obra de un virulento erasmista. Otro tanto hay que decir del *Scholástico*,[14]

11 *Ibid.*, pág. 163.

12 La parte útil para la historia del arte fue reproducida y anotada por F. J. Sánchez Cantón, *Fuentes literarias para la historia del arte español*, t. I, *Siglo xvi*, Madrid, 1923, págs. 21 *ss.*

13 En la pág. 179 hay una curiosa reflexión sobre la evolución de las costumbres. Villalón observa que los aspectos mundanos y brillantes de la vida social están más bien en decadencia, "porque han mudado casi todos los hombres a tanta gravedad que ya no curan de liviandades e niñerías, mas antes burlan de todas estas cosas ni las quieren ya ver".

14 La publicación del *Scholástico*, cuyo manuscrito se halla en la B. A. H., fue iniciada por Menéndez y Pelayo en la colección de la Sociedad de Bibliófilos Madrileños, t. V, Madrid, 1911. Un segundo volumen, que nunca llegó a publicarse, debía contener el final del texto, "algún otro escrito del Licenciado Villalón" y un *Ensayo* sobre su vida y sus obras ("Advertencia" preliminar).

diálogo que Villalón compuso por el mismo tiempo y que no llegó a publicar. Se trata, en este libro, de formar a un perfecto hombre de estudio, perfecto discípulo en primer lugar, maestro perfecto en seguida, y finalmente perfecto ciudadano de la república de las letras. El autor nos dice, en el prefacio, a qué tradición pretende afiliarse. Algunos le reprochan haber seguido servilmente las huellas de Castiglione en su *Cortesano*. Pero él se ufana de haberse remontado a las fuentes de que se sirvió el propio Castiglione: "Quiero, pues, que sepan que en el estilo del dialogar yo seguí a Platón, y a Macrobio en sus *Saturnales,* de los cuales no me ha quedado letra por ver." Da en seguida una lista de los autores cuya sustancia se ha asimilado. La lista es muy variada, pero no hay la menor alusión a Erasmo. Y sería equivocado creer que disimula su deuda a un maestro comprometedor. El *Scholástico* es un diálogo de ese linaje platónico, y sobre todo ciceroniano, cuyo coronamiento es el *Cortesano*. Dentro de este linaje se puede situar otra producción del Renacimiento español: el *Diálogo del perfecto médico*,[15] en donde el Comendador Griego, enemigo jurado de la medicina, conversa con su amigo Filiatro y forma la imagen de lo que sería el médico ideal, armado de una ciencia enciclopédica, adornado de todas las virtudes. El *Scholástico* es mucho más denso. Es libro bastante voluminoso, que nunca ha sido publicado completamente, y mucho menos estudiado. Ofrece real interés para la historia de la novela corta en España antes de Cervantes, pues sus interlocutores "novelan" a porfía.[16] Pero deriva claramente de las corrientes literarias llegadas de Italia. De él está ausente el erasmismo.

La única obra de Villalón que gozó de alguna popularidad es su *Provechoso tratado de cambios y contrataciones de mercaderes y reprovación de usuras*, libro que dedicó a Don Francisco de Navarra.[17] El tema era de

---

[15] Este rarísimo opúsculo fue impreso en Portugal, con el título de *Dialogo da perfeyçam e partes que sam necessarias ao bom medico,* por Jerónimo de Miranda, médico del Rey de Portugal. Éste, en la epístola dedicatoria, declara haber recibido el diálogo de su pariente Alfonso de Miranda, el cual, según dice, lo encontró entre los papeles de sus hijos, estudiantes de Artes y Medicina en Coimbra y en Salamanca, y lo hizo traducir del latín al castellano. Ricardo Jorge (*Medicina Contemporânea*, 1908, pág. 402, nota 1) considera esta explicación como una ingenua superchería de Jerónimo de Miranda, que, según él, es el verdadero autor. Nosotros no estamos tan seguros de ello. Es muy posible que el *Diálogo* haya sido compuesto realmente en Salamanca por algún discípulo del Comendador Griego, probablemente varios años después de la muerte de éste, porque en él se alude a la cátedra de Anatomía de Coimbra, fundada, según Ricardo Jorge, en 1556 (y Hernán Núñez muere en 1553). En todo caso, este diálogo se encuentra también en un manuscrito de *Papeles varios* de la Biblioteca Universitaria de Sevilla (Ms. 333-75, fols. 182 ss.), con título diferente del opúsculo impreso. Valdría la pena confrontar ambos textos y reimprimir el diálogo, que no carece de ingenio. Ha sido traducido al portugués por A. de Rocha Brito (*Diálogo da perfeição,* etc., Porto, 1945).

[16] Villalón emplea el verbo *novelar* tal como lo hace Cervantes en su célebre declaración del prefacio de las *Novelas ejemplares:* "...y más que me doy a entender (y es así) que yo soy el primero que ha novelado en lengua castellana". No nos es posible decir si la sombra de Villalón hubiera tenido derecho de protestar contra esta declaración. Habría que estudiar las novelas del *Scholástico* para saber si son originales o tomadas de otras fuentes. Una, por lo menos, parece pertenecer al folklore (cf. *infra,* pág. 661).

[17] La primera edición apareció en Valladolid, en casa de Francisco Fernández de

candente actualidad, puesto que el auge del comercio capitalista planteaba ante la conciencia cristiana el problema de la licitud del interés. Villalón lo trata como teólogo al tanto de las controversias sobre la usura, y también como hombre muy bien informado de las realidades comerciales de su tiempo; si a veces habla como moralista, lo hace incidentalmente, por ejemplo en el pasaje en que condena la costumbre de arrendar la explotación de los obispados y beneficios, lo cual es, dice, "hacer ferias de la sangre de Cristo".[18] Finalmente, en 1558, nuestro autor publicó en casa de un editor de Amberes una *Gramática castellana* que pretendía ser un verdadero *arte* de manejar el castellano, y no ya, como la gramática de Nebrija, el calco de una gramática latina. Villalón vivía entonces en una aldea cerca de Valladolid, entregado al estudio de la Sagrada Escritura.[19] Tal es el último dato seguro que se tiene sobre su vida y su actividad literaria. Su carrera se nos aparece, en conjunto, como la de un buen humanista iniciado en la teología y al corriente de las cosas del comercio, pero humanista notoriamente más ajeno a la influencia erasmiana que la mayor parte de los escritores españoles de su tiempo.

¿Cómo han podido atribuírsele tres obras sin autor conocido, dos de las cuales son los productos más importantes de la influencia lucianesca en España, y la otra, la obra maestra de la literatura dialogada que tiene como fuente el coloquio erasmiano? Es lo que tenemos que ver ahora. Ha sido necesario encadenar no pocas hipótesis arbitrarias y comparaciones superficiales para demostrar que el *Viaje de Turquía* es del mismo autor que el *Crótalon*, y luego, que el *Crótalon* es del mismo autor que el *Scholástico*, obra indiscutible de Villalón. Se nos dispensará de refutar punto por punto esta laboriosa argumentación del inolvidable Serrano y Sanz.[20] Se derrumbará por sí sola cuando restituyamos el *Viaje de Turquía* a su

Córdova, en 1541. Este mismo editor reimprimió el tratado en 1542, y, en edición revisada y aumentada, en 1546. Existe una edición sevillana de 1542 (por Dominico de Robertis). Cf. *"Una obra de Derecho mercantil del siglo xvi de Cristóbal de Villalón.* Reproducción en fotograbado. Homenaje... al catedrático de Derecho mercantil... D. José María González de Echavarri y Vivanco. Los capítulos están glosados por discípulos esclarecidos del homenajeado." Universidad de Valladolid, 1945. El facsímil reproduce la edición de 1546, salvo la portada, que ha sido sustituida por la de la edición vallisoletana de 1542 (cf. pág. 20).

[18] El pasaje del capítulo xxix relativo al arrendamiento de los beneficios se puede leer reproducido por Serrano y Sanz en la pág. 73 de su estudio sobre Villalón, al frente de la reimpresión de la *Ingeniosa comparación* (cf. *supra*, pág. 656, nota 10). Pertenece a las adiciones de 1546 (...*van añadidos los daños que ay en los arrendamientos de los obispados y beneficios ecclesiásticos, con un tratado de los provechos que se sacan de la confessión*). Merecen señalarse también las líneas dedicadas por Villalón a la "multitud de confesores necios, imprudentes y muy vanos, los quales por cobdicia de un miserable interés se entremeten en este negocio de confesar con tanta liberalidad como si tratasen hacer zapatos o otra cosa que menos fuese" (*Exortación a la confesión*, Valladolid, 1546, texto citado por A. de Castro, *Historia de los protestantes españoles*, pág. 38).

[19] *Grammática castellana. Arte breve y compendiosa para saber hablar y escrevir en la lengua castellana, congrua y decentemente*, Amberes, 1558. Epístola dedicatoria al Licenciado Santander, Arcediano de Valladolid.

[20] Al frente de la *Ingeniosa comparación* (cf. *supra*, pág. 656, nota 10) y en la introducción del t. II de la *N. B. A. E., Autobiografías y memorias*, págs. cx ss.

verdadero autor. Pero el *Crótalon,* en el cual veía el mismo erudito un puente que permitía pasar del *Viaje de Turquía* a la obra de Cristóbal de Villalón, sigue siendo un enigma. Esta obra es la que examinaremos primero, discutiendo las relaciones que se han querido establecer entre el *Scholástico* y ella.

El *Crótalon* se ofrece al lector, en los dos manuscritos conocidos,[21] como obra de "Christóphoro Gnophoso, natural de la ínsula Eutrapelia, una de las ínsulas Fortunadas". ¿Habrá que leer *Gnosopho* en lugar de *Gnophoso,* como creyó Menéndez y Pelayo?[22] Si nos metemos por esta vía, podremos vernos tentados a corregir luego *Gnosopho* en *Œnosopho,* y, queriendo hacer el pseudónimo más inteligible o más picante, nos expondremos a volverlo indescifrable el día en que algún azar nos haga dar con el personaje real que tras él se esconde. Tal vez el nombre *Christóphoro* sea a su vez una palabra forjada para designar a un *Porta-Cristo,* es decir, a un cristiano auténtico. Tal vez sea el nombre de algún italiano que realmente se llamaba así. Tal vez sea una transposición erudita del nombre castellano *Cristóbal.* Esta última hipótesis parece haberse impuesto al espíritu de Gayangos, que fue el primero que propuso identificar a Christóphoro Gnophoso con Cristóbal de Villalón.[23] Cosa curiosa, Gayangos, que descubrió en el British Museum la *Ingeniosa comparación entre lo antiguo y lo presente,* veía en esta obra analogías de estilo y de ideas con el *Crótalon.* Serrano y Sanz suscribirá esta misma tesis poniendo el *Scholástico* en lugar de la *Ingeniosa comparación.* El parecido de los nombres de pila parece haber precedido, en el espíritu de los dos eruditos, al examen del parecido de las obras. Es de temer que eso los haya alucinado y que les haya ocultado diferencias profundas bajo semejanzas ilusorias.

Si Serrano y Sanz renunció a establecer un paralelo entre el *Crótalon* y la *Ingeniosa comparación,* ello se debió, sin duda, a que la analogía entre ambas obras no le parecía tan indudable como a Gayangos. Y también, probablemente, a que los manuscritos, después del nombre de pila común, ofrecían materia para comparaciones exteriores entre el *Crótalon* y el *Scholástico.* Se supone que el único manuscrito de esta última obra es de la misma mano que los dos que se conocen del *Crótalon.* Pero estos códices no se presentan como autógrafos. Son, según la propia opinión de Serrano y Sanz, dos copias hechas por un copista profesional: cuando mucho, se puede suponer que se hicieron bajo la dirección del autor en persona, "pues nadie sino éste se hubiera atrevido a suprimir y cambiar párrafos enteros".[24] Suponiendo que el mismo escriba haya copiado también el *Scholástico,* lo único que de esto se puede deducir es que los tres

21 Ambos en la B. N. M.: Ms. 18345 (colección Gayangos) y Ms. 2294 (colección del Marqués de La Romana). El *Crótalon* se ha impreso en la colección de la Sociedad de Bibliófilos Españoles, t. IX, Madrid, 1871, y en el t. III de los *Orígenes de la novela* (N. B. A. E., t. VII), ed. de Menéndez y Pelayo. A esta última edición remitimos.

22 *Heterodoxos,* t. IV, pág. 438. *Gnosopho,* para decir "el sabio", sería un pseudónimo bastante mal fabricado.

23 *Ibid.,* pág. 440.

24 N. B. A. E., t. II, pág. cxv.

manuscritos debieron ejecutarse en la misma ciudad, verosímilmente Valladolid, donde el autor del *Crótalon* parece haber tenido, como Villalón, su residencia habitual. No resulta de todo eso ninguna presunción seria en favor de la unidad de autor.

Hay que reconocer que los orígenes del *Crótalon*, hasta nuestros días, siguen siendo impenetrables. El contenido de este extraño libro es lo único que podría darnos algunos indicios. Es una compilación de las historias más heterogéneas. Luciano ha suministrado, para reunirlas en un todo, un marco indefinidamente extensible, el de las conversaciones entre el zapatero Micilo y su gallo; porque este gallo no ha tenido solamente una existencia azarosa, como los héroes de la novela picaresca, sino que ha tenido mil. Ha vivido tantas vidas anteriores que, en la memoria de sus encarnaciones sucesivas, puede encontrar, hasta el infinito, aventuras de las cuales él ha sido héroe o testigo. Si a esto se añade que el autor no se prohíbe recurrir a lo maravilloso, a la visión profética por ejemplo, se comprenderá cómo folklore, literatura, historia contemporánea, han podido proporcionarle materiales utilizables.

La única obra de Villalón cuyo contenido se presta a una comparación con el *Crótalon* es ciertamente el *Scholástico*, como opinaba Serrano y Sanz. Hemos visto que este diálogo, dentro de un marco ciceroniano y no lucianesco, deja lugar a cierto número de historietas o "novelas". No es de admirar que uno y otro libro, en la medida en que son *novellieri*, presenten alguna materia común. En uno y en otro [25] se encuentra la farsa del estudiante Durango, que Lope de Rueda llevó al teatro en el paso del *Invitado*. Ésta es, visiblemente, una historia que se ha hecho del dominio público, y no, como suponía Serrano y Sanz, una anécdota "histórica" cuyo héroe —cuya víctima, mejor dicho— sería un amigo de Villalón. El autor del *Crótalon*, que copia sin escrúpulos páginas enteras de los libros ajenos, ¿se hubiera tomado acaso el trabajo de repetir en términos diferentes, cambiando el nombre de un personaje, una historia que él mismo había contado ya en otro lugar según sus recuerdos personales? Nada más inverosímil. Aquí, la semejanza de fondo y las diferencias de forma nos invitan más bien a concluir contra la tesis de la unidad de autor, pues estas cosas no se explican convenientemente sino por una coincidencia fortuita de dos autores distintos en el campo del folklore.

Queda la semejanza general de pensamiento y de estilo que veía Gayangos entre el *Crótalon* y la *Ingeniosa comparación,* y Serrano y Sanz entre el *Crótalon* y el *Scholástico.* Se trata de impresiones vagas que se desvanecen no bien se intenta someterlas a un análisis. Hemos de volver a hablar del pensamiento del *Crótalon,* en particular de su pensamiento religioso: digamos desde luego que es de un erasmismo atrevido, lo bastante atrevido para que la obra se haya tachado de luterana. Esta simple observación debería hacernos desistir de pensar que su autor es Villalón, puesto que en vano se busca, en los libros que llevan su firma, la menor muestra de admiración por Erasmo, la menor adhesión a sus ideas religio-

---

[25] *Crótalon* (N. B. A. E., t. VII), págs. 184 b-185 a; *Scholástico*, págs. 31 *ss.*

sas. Se dirá que Villalón se expresó con mucha mayor libertad en el *Crótalon*, libro firmado con un pseudónimo, y destinado a permanecer manuscrito. Pero en ese caso no queda, para fundar la atribución del *Crótalon* a nuestro autor, sino la semejanza de estilo, y esta semejanza no resiste mejor que la otra a un examen atento. Ciertamente reconocemos, aquí como allá, la pluma de un humanista. Pero distinguimos igualmente dos maneras de escribir tan diversas como pueden serlo dada esta común formación intelectual. El *Scholástico* es una producción ciceroniana, que se engalana visiblemente con despojos de Platón, de Cicerón, de Aulo Gelio, de Plinio, de Séneca, y que apunta, como el *Cortesano* de Castiglione, a la harmonía y a la elocuencia. La formación humanística del autor del *Crótalon* se manifiesta de modo muy diverso. Esta formación le permite referirse a los personajes históricos o míticos de la antigüedad grecolatina. Le da también los marcos de una ficción multiforme, que pretende imitar a Luciano en la mayor parte de sus "cantos",[26] pero que se basa, además, en Plutarco, en la *Batracomiomaquia* o en la Biblia. Esta ostentosa imitación de los antiguos enmascara, por otra parte, una utilización cínica de los modernos: el *Crótalon* adapta a Boccaccio, al Aretino y, sobre todo, a Ariosto. Una relación de los funerales del Marqués del Vasto se encuentra copiada allí literalmente.[27] Además, si esta abigarrada obra se deja leer a causa de su contenido variado y a veces picante, fatiga también por su escritura descuidada y sin gracia. En una época en que los erasmistas españoles muestran tan vivo cuidado de hacer brillar el genio de la lengua, hasta —y sobre todo— cuando traducen, ningún escritor hay menos castizo que el autor del *Crótalon*, ninguno que dé más constantemente que él la impresión de estar traduciendo. Morel-Fatio calificó su estilo de "pesadamente pedante y embrollado". "Hecho a retazos —agrega por su parte Icaza—, ni siquiera puede decirse propiamente que tiene estilo suyo, aunque haya en él uno predominante"; y, denunciando sus plagios, agrega: "El *Crótalon* tiene poquísimo de Luciano, y hasta lo declaradamente lucianesco está visto a través de paráfrasis italianas, y diluido en largos párrafos, muy diversos de la manera casi esquemática del escritor griego."[28]

Creamos a este conocedor en materia de estilos, a este excelente "fuentista" literario. El *Crótalon* es todo lo contrario de una obra original. No es, desde luego, "una de las mejores obras del siglo XVI".[29] Pero sí es una de las que pican nuestra curiosidad. Su atribución a Villalón carece en absoluto de base, o, mejor dicho, descansa por completo sobre la equivalencia entre "Christóphoro" y "Cristóbal", base realmente incapaz de aguantar el andamiaje levantado por Serrano y Sanz para resolver el misterio del *Viaje*

---

[26] Véanse ahora los importantes artículos de Margherita Morreale, *Imitación de Luciano y sátira social en el IV Canto de "El Crótalon"*, en *B. H.*, t. LIII (1951), págs. 301-317; *Luciano y las invectivas "antiescolásticas" en "El Scholástico" y en "El Crótalon"*, en *B. H.*, t. LIV (1952), págs. 370-385; *Luciano y "El Crótalon". La visión del más allá*, en *B. H.*, t. LVI (1954), págs. 388-395.

[27] *Ibid.*, pág. 187 b, nota 1. Sobre la utilización de los italianos, véase *infra*, pág. 667.

[28] F. A. de Icaza, *Supercherías y errores cervantinos*, Madrid, 1917, págs. 180-181.

[29] Juicio de Cejador, discutido por Icaza.

de Turquía al mismo tiempo que el del *Crótalon*. El *Crótalon* guarda su misterio. Pero al menos no es imposible circunscribir en el tiempo y en el espacio el medio en que seguramente se escribió. La obra pertenece, no a los comienzos del reinado de Felipe II, sino a los años que preceden a la abdicación de Carlos V. La fecha puede fijarse con bastante precisión gracias al cuadro histórico del Canto VI. El reinado del Emperador se "profetiza" con toda exactitud hasta el año de 1552, en que Mauricio de Sajonia emprende la ofensiva contra Carlos V y lo obliga a huir, mientras el Concilio se aplaza. Aquí la profecía cambia bruscamente de tono; termina con vagas promesas de triunfo; prevé largos años antes de que Carlos, tras de ver realizados sus sueños en la persona de su hijo Felipe, vaya a gozar de Dios en el paraíso.[30] Ahora bien, es claro que, si el autor hubiera escrito entre 1556 y 1558, no habría pasado en silencio la paz de Augsburgo ni las abdicaciones sucesivas con que tan dramáticamente concluye el reinado de Carlos V. Hasta se puede admitir que, si hubiera escrito después de 1553, habría mencionado expresamente la muerte de Mauricio de Sajonia. Así, pues, la redacción del *Crótalon* puede fecharse con bastante exactitud en 1552-1553.

Por otra parte, la obra se puede localizar en Valladolid con muchísima probabilidad. Merece destacarse la alusión del Canto III: "Después que mi amo murió viví en Valladolid, una villa tan suntuosa en Castilla, donde siempre reside la corte real. Y también concurren allí de todas diferencias de gentes, tierras y naciones por residir allí la Cancillería." Ciertamente, este pasaje no sería decisivo por sí solo: ¡el gallo ha vivido tantas otras vidas! Pero, en el Canto XX, el gallo ha sido comido. Entonces Micilo conversa con su vecino Demofón, y, hablando de la ciudad en que se encuentran, Demofón menciona a su vez la afluencia de extranjeros debida a la Corte y a la Cancillería. Además, el banquete de "misa nueva" narrado en el Canto XVII parece situarse también en Valladolid, a juzgar por los nombres de las iglesias cuyos curas están invitados al festín.[31]

Por consiguiente, en esta gran ciudad —la más cosmopolita, a la sazón, de toda España— fue donde el extraño *Crótalon* debió de componerse hacia 1553. He ahí todo lo que sabemos de su nacimiento. Si se nos permitiera señalar aquí un rastro a los investigadores de Valladolid para quienes no tiene secreto el Archivo de la Cancillería, les propondríamos seguir la pista de los italianos en Valladolid. Uno de éstos, el florentino Juan Lorenzo Otavanti, dio a la luz en 1551 una traducción de la *Circe* de su compatriota Giambattista Gelli, y en 1558 una traducción del *Triunfo de la Cruz* de Savonarola.[32] La cultura italianizante del autor del *Crótalon*, su manera poco castellana de escribir, nos invitan a buscar en el mismo medio.[33]

30 *Crótalon* (N. B. A. E., t. VII), pág. 157 b.

31 *Ibid.*, págs. 133 a, 248 a y 222-225.

32 Cf. M. Bataillon, *Sur la diffusion des œuvres de Savonarole*, págs. 100-101.

33 Esta hipótesis mía tropezó con la incredulidad de Rudolf Schevill, que juzgaba la lengua del *Crótalon* "idiomática, y su vocabulario muy amplio y familiar para ser atribuido a un extranjero" (*Erasmus and Spain*, en *Hispanic Review*, t. VII, 1939, pág. 107).

No seguiremos el hilo caprichoso de los relatos del gallo de Micilo. El *Crótalon* nos interesa, sobre todo, por sus ideas religiosas, que lo sitúan en plena corriente erasmista. Literariamente, como ya hemos dicho, se relaciona más bien con los diálogos de Luciano que con los *Coloquios* de Erasmo, aunque no recuerde, por su estilo, ni al uno ni al otro. En estos veinte cantos, escritos con una pluma no precisamente espontánea, sino más bien apresurada, la naturalidad queda comprometida a cada instante por la necesidad de coser en una sola pieza fragmentos sin relación íntima. Y entre los autores saqueados por Christóphoro Gnophoso no figura Erasmo. Pero se sospecha que lo ha leído. En todo caso, su concepción del cristianismo, que parecía luterana a ciertos lectores de fines del siglo XVI,[34] es claramente la del erasmismo español. Quizá este satírico, implacable con los clérigos y con los huéspedes de los conventos, conociera por dentro la vida sacerdotal y monástica. La cosa no es imposible. Lo que nos hace pensar más bien en un seglar no es tanto la severidad de la sátira cuanto la ausencia total de unción. Pero, seglar o eclesiástico, es ciertamente un "clérigo" en el sentido lato de la palabra, un humanista cuyo anticlericalismo es erasmiano, es decir, reflexivo, sostenido por un concepto positivo de la piedad.

Entre las muchas incursiones que el *Crótalon* hace en la vida religiosa, el Canto III es uno de los más interesantes a este respecto. El gallo evoca aquí una existencia anterior en que fue un rico eclesiástico. Colocado desde su infancia al servicio de un obispo, recibió de éste "media docena de beneficios curados" y, casi de buenas a primeras, se vio sacerdote sin vocación y sin estudios previos. Magnífica ocasión para denunciar lo que el autor llama en otra parte la simonía de las órdenes,[35] para acribillar con sus flechas a los clérigos demasiado ricos, clase privilegiada que se cree por encima de las leyes. Pero su opinión sobre la materia no es tan estrecha como la de los seglares que querrían "que ningún clérigo tuviese nada, ni aun con qué se mantener". Profesa que todos los verdaderos cristianos deben estar lo bastante desprendidos de los bienes temporales que poseen para abandonarlos si esto conviene a la gloria de Cristo, a la Iglesia y al bien de la cristiandad.[36] Denuncia, en términos copiados literalmente

Arturo Farinelli (*Dos excéntricos: Cristóbal de Villalón, el Dr. Juan Huarte*, Madrid, 1936, Anejo XXIV de la *R. F. E.*) no pone en tela de juicio la paternidad de las obras atribuidas a Villalón, pero se fija en los plagios de autores italianos que ocurren en el *Crótalon*, diciendo que "a veces la versión ofrecida es textual, y más fiel todavía que las traducciones hechas por los traductores de profesión" (págs. 33-34). Se inclina a pensar que "los episodios y escenas que aquí se insertan plagiando a Ariosto, a Boccaccio, al Aretino, y las relaciones históricas que se reproducen... deben considerarse como intercalaciones posteriores a la obra concluida". Lo cierto es que el *Crótalon* es un cajón de sastre.

[34] Véanse las anotaciones marginales, de dos manos diferentes, que aparecen en el Ms. 18345. En particular, en el Canto III, a propósito de la "media docena de beneficios curados" (*N. B. A. E.*, t. VII, pág. 132 b), se puede leer: "desvergüença luterana contra la iglesia". Cf. la nota del Canto XII transcrita por Menéndez y Pelayo (*ibid.*, pág. 192 a): "todo esto es lutheranismo".

[35] *Ibid.*, pág. 141 b.

[36] *Ibid.*, págs. 133 b-134 a.

del *Diálogo de Lactancio y el Arcediano* de Alfonso de Valdés,[37] la tiranía de la opinión vulgar, tan alejada del espíritu de pobreza evangélica:

Gentil cosa es que el pontífice, perlados, frailes y eclesiásticos dejen de hacer lo que deben al servicio de Dios y bien de sus conciencias y buen ejemplo de sus personas y mejora de su República por lo que el vulgo vano podría juzgar. Hagan ellos lo que deben y juzguen los necios lo que quisieren. Ansí juzgaban de David porque bailaba delante del arca del Testamento. Ansí juzgaban de Jesucristo porque moría en la cruz. Ansí juzgaban a los Apóstoles porque predicaban a Cristo. Ansí juzgan agora a los que muy de veras quieren ser cristianos, menospreciando la vanidad del mundo y siguiendo el verdadero camino de la verdad. ¿Y quién hay que pueda excusar los falsos juicios del vulgo? Antes aquello se debe de tener por muy bueno lo que el vulgo condena por malo: y por el contrario, ¿queréislo ver? a la malicia llaman industria. A la avaricia y ambición, grandeza de ánimo. Y al maldiciente, hombre de buena conversación. Al engañador, ingenioso. Al disimulador y mentiroso y trafagador llaman gentil cortesano. Al buen trampista llaman curial. Y por el contrario, al bueno y verdadero llaman simple. Y al que con humildad cristiana menosprecia esta vanidad del mundo y quiere seguir a Jesucristo dicen que se torna loco. Y al que reparte sus bienes con el que lo ha menester por amor de Dios dicen que es pródigo. El que no anda en tráfagos y engaños para adquirir honra y hacienda dicen que no es para nada. El que menosprecia las injurias por amor de Jesucristo dicen que es cobarde y hombre de poco ánimo. Y finalmente, convirtiendo las virtudes en vicios y los vicios en virtudes, a los ruines alaban y tienen por bienaventurados, y a los buenos y virtuosos vituperan, llamándolos pobres y desastrados. Y con todo esto no tienen mala vergüenza de usurpar el nombre de cristianos, no teniendo señal de serlo.[38]

Una página como ésta bastaría para clasificar el *Crótalon* en la literatura erasmista más seguramente que su pintura de los conventos de hombres y de mujeres o sus alusiones a las infames costumbres de ciertos eclesiásticos. No seguiremos al gallo en el monasterio de bernardos en que fue abad;[39] pero no carece de interés evocar aquella de sus encarnaciones femeninas en que conoció la vida de los conventos aristocráticos y mundanos, los abusos de la reja y el locutorio, los comadreos del confesonario, que se prolongan durante tardes enteras, las fiestas en que las religiosas se dividen en dos campos de batalla, las devotas de San Juan Bautista y las de San Juan Evangelista.[40] Las primeras celebran la fiesta de San Juan de verano con un lujo inaudito de tapicerías, de flores, de perfumes, de música; agasajan al predicador y a los músicos con banquetes en que triunfan los dul-

---

[37] Cf. Alfonso de Valdés, *Diálogo de las cosas ocurridas en Roma*, ed. Montesinos, págs. 116-118. El plagio ha sido señalado por M. Morreale, *Imitación de Luciano...*, *art. cit.*, pág. 301, nota 3, donde indica otros pasajes que tienen la misma proveniencia (*Crótalon*, pág. 133, y *Diálogo*, págs. 31-32; *Crótalon*, pág. 134, y *Diálogo*, pág. 103).

[38] *Ibid.*, pág. 135 a. En movimiento análogo, pero aplicados al rico ("De todos es bien recibido. Sus locuras son caballerías, sus necedades sentencias. Si es malicioso lo llaman astuto", etc., etc.), volverán a aparecer los eufemismos de una pervertida estimativa en las diatribas del *Guzmán de Alfarache* (ed. Clás. Cast., t. II, pág. 166).

[39] *Crótalon*, Canto VII.

[40] Canto VIII, pág. 167 b.

ces que ellas hacen como nadie. Pero el 27 de diciembre, las "evangelistas" se desquitan:

Parece —dice el zapatero Micilo— que tenía el demonio un censo cada año sobre todas vosotras; la meitad pagado por las unas por Navidad; y la otra meitad a pagar por las otras a San Juan de Junio. ¿Qué liviandad tan grande era la vuestra, que siendo ellos en el cielo tan iguales y tan conformes haya entre sus devotas acá tanta desconformidad y disensión? Antes me parece que como verdaderas y buenas religiosas debiérades preciaros ser más devotas del santo cuanto más trabajábades en su imitación. Las baptistas procurar exceder a las otras en el ayuno contino, en el vestido poco, en la penitencia y sanctidad, y las evangelistas procurar llevar ventaja a las otras en el recogimiento, en la oración, en el amor que tuvo a su Maestro, en aquella virginidad santa por la cual le encomendó Dios su madre virgen. Pero como toda vuestra religión era palabras y vanidad, ansí vuestras obras eran profanas y de mundo, y ansí ellas tenían tal premio y fin mundano.[41]

La explotación de la credulidad y de la superstición públicas suministró la materia de otro episodio que se dice inspirado en el *Alexandros Pseudomantis* de Luciano, pero que refleja en realidad un curioso aspecto de la devoción popular de la época. El gallo, en una de sus encarnaciones pasadas, ha pertenecido a una banda de vagabundos charlatanes. Con la ayuda de sus camaradas, él se hacía pasar por Juan de Votadiós en persona, es decir, por el Judío errante.[42] Sacaba partido, a las mil maravillas, del supersticioso respeto inspirado por este mítico personaje. Diciendo a los hombres su buena ventura, sabía reducirlos a confesarle pecados espantosos que jamás se habían atrevido a confesar a un sacerdote. Él, entonces, se encargaba de obtener su perdón en su próximo viaje a Palestina, haciendo celebrar en el Santo Sepulcro tres misas pontificales en las cuales tenían

---

[41] Cf. Sebastián de Horozco, *Cancionero* (Sociedad de Bibliófilos Andaluces, Sevilla, 1874, pág. 25): "El autor a unas monjas, reprehendiéndolas por las parcialidades de Baptistas y Evangelistas." En el mismo *Cancionero* (pág. 167) se publica un entremés puramente profano "que hizo el auctor a ruego de una monja parienta suya Evangelista" para que se representase en el convento el 27 de diciembre. El tema aparece también en el trozo dedicado a las *monjas* por Cristóbal de Castillejo en su *Diálogo de mujeres*.

[42] *Crótalon*, ed. cit., págs. 138 b ss. Véase en particular la pág. 139 a: "Dezíamos ser yo Juan de Vota Dios." Juan de Vota Dios o Voto a Dios es el análogo del italiano Buttadio, es decir, una encarnación española del Judío errante, tal como lo había sospechado Doña Carolina Michaëlis de Vasconcelos en un post-scriptum a su artículo *O Judeu errante em Portugal* (*Revista Lusitana*, t. I, Porto, 1887-1889, pág. 44). Sobre Buttadio (Boutedieu) véase el estudio de Gaston Paris, *Le Juif errant*, en sus *Légendes du moyen-âge*, Paris, 1903. En otro lugar hemos estudiado las *Pérégrinations espagnoles du Juif errant* (*B. H.*, t. XLIII, 1941, págs. 81-122). El legendario Judío se llamaba ya Juan de Espera en Dios, ya Juan de Voto a Dios. Cierto Antonio Rodríguez, natural de Medina del Campo, fue castigado por la Inquisición en 1546 porque se hacía pasar por Juan de Espera en Dios (A. H. N., *Inquisición de Toledo*, leg. 222, nº 29). — En mi artículo *Nouvelles recherches sur le "Viaje de Turquía"*, publicado en *Romance Philology*, t. V (1951-52), págs. 77-97 (y recogido en mi libro *Le Docteur Laguna auteur du "Voyage en Turquie"*, Paris, 1958, págs. 24-37), demuestro que en el personaje del *Viaje de Turquía* se cruzan caracteres del legendario Juan de Voto a Dios con otros de los compañeros de Juan de Dios, fundador de la orden hospitalaria del mismo nombre.

que oficiar tres cardenales, tres obispos y tres patriarcas, mientras ardían tres cirios de a seis libras. Todo esto, naturalmente, se pagaba muy caro, y por anticipado. El episodio termina con una escena de taberna en que el héroe, engañado por sus compañeros, engaña a su vez a la tabernera con una presencia de ánimo que no superarán ni Guzmán ni el Buscón.

El erasmismo del autor se trasluce también, en más de un pasaje, cuando hace ciertas reflexiones sobre la oración, sobre las locas peticiones de los hombres y sobre la cuestión de la invocación de los santos;[43] en ciertos comentarios sobre la vana pompa de los funerales, a propósito de las exequias del Marqués del Vasto.[44] Los teólogos y filósofos escolásticos excitan su vena satírica en varias páginas, las más divertidas de las cuales se inspiran en el *Icaromenipo* de Luciano.[45] Aquí, el *Crótalon* forma parte de una gran corriente de fantasía filosófica que va desde Luciano hasta el *Micromégas* de Voltaire. Vuela por encima de la humanidad con la misma soltura con que ya había volado en España el Mercurio de Alfonso de Valdés, y con el mismo arte que volverá a practicar, años más tarde, el Diablo Cojuelo de Vélez de Guevara.

Basta indicar estas conexiones para que el *Crótalon* aparezca como un libro importante en la historia de la ficción española, a pesar de su carácter casi clandestino. Su autor no ha leído únicamente el *Sueño*, el *Icaromenipo* y el *Alejandro* de Luciano: también se ha acordado del *Asno de oro*,[46] ha sacado elementos de la *Batracomiomaquia*,[47] ha tomado de los *Ragionamenti* del Aretino [48] historias de cortesanas, y del *Orlando furioso* [49] la profunda "novela" de la copa encantada, el episodio voluptuoso y moral de "la bella Saxe" y la novelesca historia de Drusila. Ha encontrado no se sabe dónde la historieta del estudiante Durango, las aventuras de Arnao Guillén. En verdad, no le falta al *Crótalon* más que un episodio pastoril para reunir todos los géneros de relato que cultivó el siglo XVI al hastiarse por fin de los libros de caballerías. En esta singular producción, el espíritu puritano del erasmismo ha hecho alianza, por una vez, con el espíritu de las fábulas milesias. De ello ha resultado un monstruo que no deja de presentar algunos rasgos de semejanza con el *Lazarillo* y su posteridad; su mirada brilla con la misma malicia satírica, pero está muy lejos de tener la robustez y la gracia de los auténticos pícaros.

El *Crótalon* estaría completamente aislado en la literatura española si no poseyéramos el *Diálogo de las transformaciones*.[50] Otra ficción lucia-

---

43 *Crótalon, ed. cit.*, pág. 202 a-b.

44 *Ibid.*, págs. 189 b-190 a.

45 *Ibid.*, pág. 192; cf. págs. 206 a-b y 220 a.

46 *Ibid.*, págs. 143 *ss.*

47 *Ibid.*, págs 168 *ss.*

48 Véase el artículo de Francisco A. de Icaza, *Miguel de Cervantes Saavedra y los orígenes de "El Crotalón"*, en el *Bol. Ac. Esp.*, t. IV (1917), pág. 32.

49 Véase Edwin S. Morby, *"Orlando furioso" y "El Crotalón"*, en *R. F. E.*, t. XXII (1935), págs. 34 *ss.*

50 Publicado por Menéndez y Pelayo en el tomo II de los *Orígenes de la novela* (*N. B. A. E.*, t. VII, págs. 99-118) según el manuscrito de su biblioteca. Otro manuscrito de esta misma colección, fechado en 1617, muestra la prolongación subterránea de la

nesca de un espíritu penetrado de erasmismo; otro diálogo anónimo que no fue publicado hasta principios de este siglo. Sus analogías con el *Crótalon* eran tan visibles, que no se vaciló un solo instante en atribuírselo a Villalón, padre putativo de todos los diálogos huérfanos dejados por el humanismo español de mediados del siglo. Aquí también los interlocutores son Micilo y el Gallo; el autor se acuerda a la vez del *Sueño* de Luciano y del *Asno de oro* de Apuleyo; pero la obra es muchísimo más breve, más sobria, menos heterogénea que el *Crótalon*. Nada prueba que sea del mismo autor. Es posible que una de las dos haya inspirado a la otra. También es muy posible que dos autores hayan explotado independientemente el mismo tema de Luciano. Nosotros nos contentaremos con señalar el capítulo XVIII al que quiera ver cómo el espíritu erasmista se introduce con facilidad en la ficción legada por los antiguos. El gallo, contando la historia de la época en que era asno, viene a hablar del viaje que hizo a Roma junto con unos alemanes:

> Tenía yo mucho deseo de ir a Italia, porque después que yo fue Pitágoras no había vuelto por allá, y por ver las novedades que de allá contaban todos los que de allá venían, y iba muy contento porque ya había cristiandad y residía un pontífice de toda la monarquía en la ciudad de Roma, y todas las cosas de la gobernación y templos y sacreficios eran mudados.[51]

Los dueños del asno hacen alto en unas hermosas huertas de fresca arboleda, y su charla lo inicia en los misterios de la fiscalidad romana. En ese momento llegan otros viajeros, que vuelven de una peregrinación; han ido a venerar el cuerpo de Santa Ana en Düren. Desgraciadamente, se dice que este mismo cuerpo está en Lyon y en Nápoles. Entonces se entabla una discusión acerca de las reliquias, que hace pensar, aunque es menos áspera, en las ironías de Lactancio. Después, la estatua de Santa Ana es la que da ocasión a ciertas palabras sobre la indecencia de las imágenes religiosas, reflexiones éstas inspiradas en el *Modus orandi*. Finalmente, el alemán se jacta de poder hacer que reine otra vez el orden en la Iglesia con tal de ser papa durante dos años, y entonces el italiano, en términos que recuerdan a la vez la *Vita beata* de Lucena y el *Mercurio y Carón*, enumera uno a uno los deberes agobiadores que pesan sobre los obispos, los cardenales y el papa.[52] Estas páginas son ciertamente producto del erasmismo. No nos atreveríamos a afirmar, sin embargo, que su autor es un erasmista español, dado que su estilo, lo mismo que el del *Crótalon*, está desprovisto de sabor castellano.

corriente lucianesca hasta la época de los Argensola y de Quevedo: se trata de una traducción de las *Obras de Luciano* por un Juan de Aguilar Villaquirán, natural de la villa de Escalona, que dice haber sido alentado en su empresa por el descubrimiento de tres diálogos de Luciano traducido por el Doctor Aguilar su padre. El manuscrito termina con la traducción del *Charon* de Erasmo y lleva muchas notas marginales que revelan la formación erasmiana del traductor (cf. M. Artigas, *Catálogo de los manuscritos de la Biblioteca Menéndez y Pelayo*, Santander, 1930, págs. 85-88).

51 *Diálogo de las transformaciones*, ed. cit., pág. 112 b.

52 *Ibid.*, págs. 112 b-115 b.

V

Ahora estamos mucho mejor preparados para situar el *Viaje de Turquía*.[1] En efecto, si desechamos su atribución a Cristóbal de Villalón, sabemos a qué padre hay que restituírselo. El *Viaje* es también una obra que durmió inédita en la sombra de algunas bibliotecas [2] hasta los umbrales del presente siglo. Pero es una obra tan sabrosamente española como el *Crótalon* lo es poco, una obra que, por la agilidad del diálogo, por lo ingenioso de la ficción, por la amplitud de espíritu y la experiencia del mundo que demuestra, es, sin contradicción, la obra maestra de la literatura a la vez seria y de pasatiempo que España debe a sus humanistas erasmianos. Si su excepcional importancia no se ha apreciado todavía, ello se debe a que Serrano y Sanz, engañado por el aire de verdad que de ella emana, la tomó por relato autobiográfico desde el principio hasta el fin, y a que, aprovechando un hueco de la biografía de Villalón, se empeñó en situar en él

[1] *Viaje de Turquía* por Cristóbal de Villalón, editado por Serrano y Sanz en *Autobiografías y memorias* (N. B. A. E., t. II, págs. 1-149), reimpreso por Antonio G. Solalinde en la *Biblioteca Universal Calpe* (núms. 38 a 43). En 1936, el malogrado Ramón Iglesia preparaba una nueva edición para la colección *Clás. Cast.* Nosotros remitimos a la edición de la N. B. A. E.

[2] Los manuscritos del *Viaje* plantean un problema que no pretendemos resolver aquí, pero que queremos exponer, porque va ligado al problema del autor. La B. N. M. posee dos manuscritos (3871 y 6395) que en 1623 pertenecían a la biblioteca del Conde de Gondomar. (Cf. la lista de los mss. de esta biblioteca publicada por Serrano y Sanz, de acuerdo con un inventario conservado en la B. N. M., en la *R. A. B. M.* de enero-abril de 1903. Véanse las págs. 65, nota, y 223). Tal vez haya alguna referencia al *Viaje* y a su autor en la voluminosa correspondencia de Gondomar, muy rica en datos sobre su biblioteca, según Pascual de Gayangos en su introducción a *Cinco cartas político-literarias de D. Diego Sarmiento de Acuña, primer conde de Gondomar, embajador a la Corte de Inglaterra (1613-22)*, Madrid, 1869, t. IV de la colección de la Sociedad de Bibliófilos Españoles. El Ms. 6395 es una copia hecha a fines del siglo XVI, tomando como base el Ms. 3871. ¿Será en efecto este último manuscrito "indudablemente el borrador" autógrafo de la obra, como pensaba Serrano y Sanz (N. B. A. E., t. II, pág. CXXII)? Si así fuera, la atribución del *Viaje* a Andrés Laguna, que nosotros defendemos aquí, sería imposible, pues la escritura del Ms. 3871 difiere radicalmente de la de Laguna, conocida por una carta autógrafa (cf. *infra*, nota 4). Pero las tachaduras —muy pocas— que aparecen en el Ms. 3871, si nos ponemos a examinarlas metódicamente, no aparecen como arrepentimientos de composición de un escritor, sino más bien como obra de algún copista que se ha equivocado y se corrige; en otros casos son ligeros retoques que consisten en suprimir una o varias palabras inútiles. Así, pues, el Ms. 3871 se presenta, no como un borrador, sino como una copia en limpio que pudo ejecutar un secretario. Parece, por otra parte, que esta copia en limpio se hizo bajo la vigilancia del autor, que completaba y retocaba su texto. Las últimas páginas, en las que se habla de Preste Juan, fueron escritas, como el final del prefacio, un poco más tarde que el resto, por la misma mano, pero con tinta diferente. Y en el índice alfabético de materias se ve que "Preste Juan de las Indias" se agregó entonces al fin de la letra P. Por otro lado, este mismo índice nos hace saber que el diálogo comprendía primitivamente una parte importante consagrada a la historia de los emperadores de Bizancio y de Constantinopla, parte que corresponde, en términos generales, a una laguna que presenta hoy el Ms., de la pág. 182 a la 218 (cf. N. B. A. E., t. II, pág. 106 a, nota 2). Esta parte no se ha perdido por completo: las veinticuatro páginas de diálogo intituladas *Turcarum origo* y encuadernadas al fin del mismo Ms. parecen contener lo

las maravillosas aventuras contadas en el *Viaje*.[3] La vida y la obra de Villalón tomaron de ese modo un interés excepcional. Pero el *Viaje* perdió mucho de su valor transformándose en un momento de la vida de Villalón, humanista de segundo orden, cuyas obras auténticas no sobrepasan el nivel de una honrada medianía.

Desde nuestro primer examen del problema, había sido evidente para nosotros que el *Viaje de Turquía* era de otra pluma, de otra esencia. Este libro postulaba como autor a un humanista, a un helenista, ciertamente, pero también a un hombre instruido por la vida lo mismo que por las bibliotecas, y dotado de un sentido excepcional del humor. Una vez formulado en esos términos el enigma, la Memoria, diosa excelsa, vino a apuntarnos la clave. Pensamos en cierta carta en que el Doctor Laguna, español europeísimo, honra de la medicina y del helenismo de la época de Carlos V, cuenta a su amigo el embajador Vargas su viaje de Padua a Augsburgo.[4] Esta carta estaba tan por encima de la literatura epistolar como el *Viaje de Turquía* está por encima de la literatura de los diálogos. Aquí y allá encontrábamos el mismo espíritu atento a las cosas de la naturaleza y a la vida de los hombres, el mismo juicio libre, la misma visión humorística de los seres y de los acontecimientos. Unas investigaciones paralelas sobre la génesis del *Viaje* y sobre la vida y la obra del Doctor Laguna nos llevaron muy pronto a la certidumbre de que este libro no era una relación autobiográfica, sino una novela de viajes que amalgama ingeniosamente una sólida información aprendida en los libros con los recuerdos de una vida rica en experiencias, y que el autor de esa novela era precisamente un médico, un gran médico, el Doctor Laguna.

Antes de presentar esta hermosa figura del Renacimiento español, es necesario decir cómo se ofrece a nosotros el *Viaje de Turquía*. Es un largo

esencial de ella. Por último, otra serie de retoques, contemporánea de los que se hicieron en el prefacio, modificó sensiblemente las primeras páginas de la obra, cosa que se ve gracias a la página de enlace, que conserva parcialmente la primera redacción tachada (cf. *N. B. A. E.*, t. II, págs. 4 b-5 a, nota). Se ignora por qué esta refundición, que incluía un cambio de los nombres de los personajes, no llegó más allá de las primeras páginas. Tal como se encuentra, el Ms. 3871, que no creemos autógrafo, permite reconstruir el trabajo de corrección del *Viaje*. Nos entrega un estado del texto próximo a la redacción primitiva, y es la base de toda edición futura. Pero el editor deberá tener en cuenta también el Ms. 259 de la Biblioteca Pública de Santa Cruz de Toledo, manuscrito que se remonta asimismo al siglo XVI y que perteneció, en el XVIII, a la biblioteca del erudito Palomares. El señor Esteve Barba, bibliotecario en jefe de Santa Cruz, a quien debo el conocimiento de este manuscrito, ha tenido la extrema gentileza de confrontarlo y de mandarme fotografiar dos páginas. Parece que esta copia cuidadosa, sin tachaduras, reproduce el texto definitivo resultante del trabajo de corrección de que antes hablamos, pero guiándose por un manuscrito que no es el Ms. 3871, en comparación del cual presenta apreciables variantes. Por lo que toca al manuscrito del Escorial (J-II-23; cf. Zarco Cuevas, *Catálogo*, t. II, Madrid, 1926, pág. 110), parece ser más tardío y muy incorrecto; además, está mutilado, pues se detiene en mitad de una frase de la descripción de Florencia (*N. B. A. E.*, t. II, pág. 97 b).

[3] Véase la *Ingeniosa comparación, ed. cit.*, y el tomo II de la *N. B. A. E.*, págs. CX ss.

[4] Laguna a Don Francisco de Vargas, embajador de S. M. en Venecia, Augsburgo, 7 de julio de 1554 (A. G. S., *Estado*, leg. 2687 moderno (2), fol. 87). Carta publicada en la *R. A. B. M.*, t. XIII (1905), pág. 135.

coloquio que iguala los mejores coloquios de Erasmo por su riqueza de observación y de pensamiento, por su viveza y su naturalidad. Los interlocutores son tan profundamente españoles, que el autor ha podido identificarlos con tres personajes del folklore nacional. El héroe lleva el nombre de Pedro de Urdemalas; es el Ulises español, fecundo en artimañas, de quien Cervantes hará a su vez uno de los héroes de su teatro.[5] Los dos amigos que le hacen preguntas sobre sus aventuras se llaman Juan de Votadiós y Mátalascallando. Juan de Votadiós es, como ya hemos visto,[6] el Judío errante de España: un judío errante a quien no se toma por lo trágico, ni siquiera en serio. Aparece aquí con los rasgos de un clérigo hipócrita, que explota la devoción de los simples hablándoles de los Santos Lugares en que nunca ha estado, y que cosecha mucho dinero so pretexto de fundar hospitales. Máta...callando es una figura menos conocida: [7] su nombre evoca la expresión "matarlas en el aire" aplicada, según Covarrubias, al hombre muy agudo y cortesano; lleva consigo un matiz de socarronería. El autor del *Viaje de Turquía* lo pintó como un alegre camarada, franco, cínico, asociado a Juan, cuyas ganancias comparte al mismo tiempo que se burla de su hipocresía.

Estos dos compadres ejercen sus talentos en Valladolid. Charlan a la salida de la gran ciudad, en el "camino francés" animado por el ir y venir de los peregrinos de Santiago de Compostela. De repente se acerca a ellos un extraño peregrino que viste hábito de estameña a pesar del frío de la estación, con unos "cabellazos hasta la cinta, sin peinar", con una "barbaza llena de pajas". Les dirige la palabra en una lengua que ellos no entienden: en griego. Mátalascallando apela a los conocimientos lingüísticos de su amigo, que cuenta tantas maravillas del viaje a Jerusalén. Pero Juan, sorprendido en flagrante delito de mentira, no sabe más que interrogar al desconocido haciendo una "ensalada de lenguas" en que entra un poco de italiano y otro poco de gascón. El extranjero se ríe para su capote, mientras los otros dos se ponen a disputar. La escena es de una gracia que recuerda el encuentro de Panurgo con Pantagruel,[8] cuando bruscamente

[5] En el manuscrito de Toledo que contiene el *Viaje*, la obra se intitula *Pedro de Urdemalas, tetrálogo*, etc... Sobre este personaje en Cervantes y en el teatro posterior, véase A. Cotarelo, *El teatro de Cervantes*, Madrid, 1915, págs. 389 ss., y ahora, Irma Cuña, *Inmortalidad y ausencia de Pedro de Urdemalas* (tesis), México, 1964.

[6] Cf. *supra*, pág. 666.

[7] Quevedo presentó a este personaje en *El sueño de la muerte*, desfile burlesco de personajes del folklore español, en el cual nos deja entrever también a Pedro de Urdemalas, pero no a Juan de Vota Dios. Lo pinta con los rasgos de "un hombre triste, entre calavera y malanueva", y pone en su boca estas palabras: "Yo soy Matalascallando, y nadie sabe por qué me llaman así..." (Quevedo, *Obras en prosa*, ed. Astrana Marín, Madrid, 1932, págs. 192 b-193 a). Covarrubias (*Tesoro de la lengua castellana*, art. *Matasiete*) dice: "*Matalascallando*, el que sin ruydo sabe hacer su negocio" (cf. también art. *Matar*, y art. *Ayre*: "Matarlas en el aire" se dice "del que tiene respuestas agudas y promptas, aludiendo al caçador que mata las aves a buelo"), y Correas (*Vocabulario de refranes*, 2ª ed., pág. 583): "*Es un matalascallando*, el que a lo disimulado hace sus hechos." Viene a ser sinónimo de socarrón y bellaco, y todavía sirve en los modernos diccionarios para la traducción del francés *pince-sans-rire*.

[8] *N. B. A. E.*, t. II, págs. 6-7. Cf. Rabelais, *Pantagruel*, cap. IX. El autor del *Viaje*

el peregrino, echándose a hablar español, tiende los brazos a sus interlocutores, a quienes llama "hermanos" con emoción no fingida. Es su viejo camarada de Alcalá, Pedro de Urdemalas, que regresa de tierra de turcos, donde ha estado cautivo. Esa vestimenta de monje griego le ha permitido huir hasta Italia, y ha hecho voto de no desnudarse de ella antes de poder colgarla en una capilla de Santiago de Compostela. Hay en este comienzo una mezcla de comedia rabelesiana y de emoción viril única, que sepamos, en la literatura española del siglo XVI. El resto de la obra no desmiente esta primera impresión de originalidad y de maestría. En charlas muy libres, Pedro, interrogado por sus amigos, les cuenta su historia, su prisión en la batalla naval de las islas de Ponza, sus aventuras de galeote y de médico de azar, las curas maravillosas que realizó en Constantinopla, su huida al Monte Athos cuando se le desvanece la esperanza de libertad, sus peregrinaciones a lo largo del Archipiélago, y finalmente su regreso a través de Italia y Francia. En una segunda parte los instruye abundantemente acerca del modo de vivir de los turcos, de su religión, de su gobierno, de su ejército, y por último describe su capital.

El conjunto tiene tal vida, tal acento de verdad, y los detalles son tan vivos, que nos explicamos cómo este libro ha podido tomarse, hasta ahora, por una autobiografía apenas novelada, por una historia realmente vivida entre 1552 y 1556. Una duda nace, sin embargo, cuando se le confronta con otros libros en que el lector curioso podía, hacia 1555, informarse acerca de los turcos. En 1548 había aparecido en Florencia el *Trattato de' costumi et vita de' Turchi* de Giovan Antonio Menavino, autor que se nos presenta diciendo que ha sido capturado en el mar por los turcos durante un viaje que hacía, siendo todavía adolescente, en compañía de su padre, comerciante italiano. El libro de Menavino llevaba como complemento la traducción italiana de las relaciones publicadas anteriormente en latín por Georgiewitz, un auténtico cautivo de los turcos, a lo que parece. En 1550, la gran *Cosmographia* de Münster había dado una ojeada de conjunto y una descripción de Constantinopla, una historia de sus emperadores bizantinos y turcos y un resumen de las costumbres e instituciones turcas sacado, en lo esencial, de Georgiewitz. Finalmente, en 1553, el naturalista francés Pierre Belon, al volver de un viaje de estudio emprendido gracias al mecenazgo del Cardenal de Tournon, había consignado sus *Observaciones* en un libro [9] que era una mina de detalles preciosos acerca del Oriente, no tan sólo sobre la Turquía europea, sino también sobre el Asia Menor, el Monte Athos y el Archipiélago. Algunos otros libros habían aparecido sobre los turcos desde 1540, pero en estos tres volúmenes se encuentra más o menos toda la sustancia oriental del *Viaje* de nuestro espa-

se acordó casi seguramente del *Pantagruel*. Recordemos que Panurgo, como Pedro de Urdemalas, regresa de Turquía, donde ha estado prisionero. Por otra parte, en los retoques de las primeras páginas del Ms. 3871 de Madrid, Juan de Votadiós, Mátalascallando y Pedro de Urdemalas se llaman, respectivamente, Apatilo, *Panurgo* y Polítropo.

9 *Les observations de plusieurs singularitez et choses mémorables trouvées en Grèce, Asie, Iudée, Égypte, Arabie, et autres pays estranges, redigées en trois livres par Pierre Belon du Mans. A Monseigneur le Cardinal de Tournon.* Paris (G. Corrozet), 1553.

ñol. Se podría decir, ciertamente, que estas múltiples coincidencias se explican porque el libro español es, como los de Georgiewitz y Belon, obra de un testigo ocular, que ha observado los mismos detalles, si el propio autor no nos hubiera suministrado la prueba de que su información es libresca. Su diálogo va precedido de una interesante epístola dedicatoria a Felipe II en que afirma no sin énfasis su calidad de testigo ocular y se mofa de las gentes que hablan de Turquía sin haberla visto, que "son como los pinctores que pintan a los ángeles con plumas, y a Dios Padre con barba larga, y a Sant Miguel con arnés a la marquesota, y al diablo con pies de cabra":

> No mire Vuestra Majestad el ruin estilo con que va escrito, porque no como erudito escriptor, sino como fiel intérprete y que todo cuanto escribo vi, he abrazado antes la obra que la aparencia, supliendo toda la falta de la rectórica y elegancia con la verdad.

Pues bien, estas líneas que acabamos de transcribir, y en las cuales se veía hasta ahora la prueba del carácter autobiográfico del libro, son traducción casi literal de un pasaje del prefacio de Menavino.[10]

El pseudo-Pedro de Urdemalas, como se ve, se ha metido en su personaje de testigo ocular con tanta naturalidad como en su disfraz de monje griego. Pero si el falso monje arroja muy pronto su máscara después de haber engañado a sus amigos, la mistificación del prefacio es más secreta. No traiciona al escritor que se oculta bajo el personaje de Pedro de Urdemalas. Sin embargo, a través de las rendijas de su invención, vamos a ver aparecer su verdadera personalidad.

¿Cómo es que Pedro se encontraba en una de las galeras de Andrea Doria, "víspera de Nuestra Señora de las Nieves" del año de 1552, cuando los turcos atacaron a la flota cristiana frente a las islas de Ponza, y lo hicieron prisionero? El autor se olvida de decirlo. ¿Qué cosa había hecho desde que abandonó a sus camaradas de estudios de Alcalá? Toda esta parte de su existencia permanece en la sombra. Era soldado, aparentemente, porque no había aprendido otro oficio, y por esa misma razón, al caer en poder de los turcos, se improvisa médico. Pero oigámoslo:

> Llegóse a mí un cautivo que había muchos años que estaba allí, y preguntóme qué hombre era y si ternía con qué me rescatar, o si sabía algún oficio; yo le

---

10 *N. B. A. E.*, t. II, pág. 2 a (y, pág. cxv, las conclusiones que de esto saca Serrano y Sanz). — Cf. G. A Menavino, *Trattato de' costumi et vita de' Turchi*, Florencia, 1548, Epístola dedicatoria al Rey de Francia: "Et non guardate quanto io ho scritto sia in stile poco ordinato et rozo; perciochè non come erudito scrittore, ma come fedel interprete o vero raccontatore delle cose vedute et imparate, ho dato opera più tosto allo effetto che alla apparenza: perchè dove ho conosciuto la elegantia esser per mancare, ho supplito con la verità..." Véase M. Bataillon, *Dr. Andrés Laguna, "Peregrinaciones de Pedro de Urdemalas", Muestra de una edición comentada*, en *N. R. F. H.*, t. VI (1952), págs. 121-137 (incluido en *Le Docteur Laguna, auteur..., op. cit.*, págs. 103-118), donde se muestra que casi toda la epístola dedicatoria del *Viaje* es una taracea de plagios textuales de prólogos y opúsculos de Georgiewitz, Menavino y Spandugino: confesión poco velada de la superchería para los lectores enterados de esta literatura.

dije que no me faltarían doscientos ducados, el cual me dijo que lo callase, porque
si lo decía me ternían por hombre que podía mucho y ansí nunca de allí saldría,
y que si sabía oficio sería mejor tratado, a lo cual yo le rogué que me dijese qué
oficios estimaban en más, y díjome que médicos y barberos y otros artesanos. Como
yo vi que ninguno sabía, ni nunca acá le deprendí, ni mis padres lo procuraron,
de lo cual tienen gran culpa ellos y todos los que no lo hacen, imaginé cuál de
aquéllos podía yo fingir para ser bien tratado y que no me pudiesen tomar en
mentira, y acordé que, pues no sabía ninguno, lo mejor era decir que era médico,
pues todos los errores había de cubrir la tierra, y las culpas de los muertos se
habían de echar a Dios. Con decir "Dios lo hizo" había yo de quedar libre; de
manera que con aquella poca de lógica que había estudiado podría entender algún
libro por donde curase o matase.[11]

¡Qué insolente seguridad en ese alumno fracasado de la Facultad de
Artes de Alcalá! Afortunadamente, en la galera misma, cae en sus manos
un libro de medicina muy completo. Gracias a su buena memoria y a algunas experiencias que hace con sus compañeros de miseria, bastan tres
meses para que el oficio no tenga ya casi secretos para él.[12]

Es evidente que, si nos tragamos estas premisas como ruedas de molino,
no veremos tampoco ninguna inverosimilitud en las aventuras que siguen.
A un hombre que demuestra tan admirable vocación médica, todos los
éxitos le están prometidos en esta carrera. No nos asombraremos de que
Pedro discuta siempre victoriosamente con los médicos judíos de Constantinopla, de que cure a su amo Zinán Pachá de una enfermedad hasta entonces rebelde a todos los tratamientos, de que se le llame a la cabecera
de la propia hija del Gran Turco, y de que la Corte de Constantinopla se
empeñe en retener a ese maravilloso galeno, a pesar de la promesa de libertad que Zinán Pachá le ha hecho en un arranque de agradecimiento.
Pero si tenemos algo de desconfianza, por poca que sea, si tenemos la menor razón para suponer que esta bonita historia es una novela, entonces
es tentador suponer que un auténtico médico se oculta bajo la burlona
máscara de Pedro de Urdemalas.

Pues bien, todo el libro confirma esta hipótesis. No se trata de un disfraz de fantasía que el héroe pueda olvidar tan pronto como ya no sea necesario para la trama de su relato. Pedro es un médico marcado con el
"pliegue profesional", que no pierde ocasión para afirmar la superioridad
intelectual del médico sobre el teólogo, que habla como gran médico un
tanto desdeñoso de la cirugía, que aprovecha unos días que pasa en el
campo para herborizar, que no ignora nada de las relaciones que el cuerpo
médico mantiene con los barberos y los boticarios.[13] Vayamos más lejos.
Ciertas réplicas del diálogo sólo tienen chiste si se sabe que el autor que se
identifica con Pedro de Urdemalas no es un médico cualquiera, sino *un
físico hijo de físico,* una lumbrera de la medicina, un maestro de la materia médica. Cuando el ignorante Juan de Votadiós discute sus opiniones

11 *N. B. A. E.,* t. II, pág. 15 a.
12 *Ibid.,* pág. 19 b.
13 *Ibid.,* págs. 23 a, 24 a, 27 b, 31 a-b, 36 a-b, 44 a-b, 47 b, 51 b.

científicas y le opone la opinión de "médicos tan buenos como él, y mejores", Pedro responde con modestia: "¡Hartos médicos debe de haber mejores que yo!" [14] Cuando cuenta sus herborizaciones en los alrededores de las ruinas de Nicomedia, sus antiguos camaradas se burlan: "Pues qué —dice Juan—, ¿tanto sabíais vos de conocer yerbas?" "Todo aquello —replica en su lugar el alegre Mátalascallando—, que no podía dejar de saber siendo hijo de partera, primo de barbero y sobrino de boticario." Y Pedro aprueba, sonriendo: "Mátalascallando dice bien todo lo que hay." [15]

Por lo demás, este viaje a Turquía se complica con un viaje a Italia que, por cierto, nada tiene de novelesco, y que no es la parte menos interesante del libro. Pedro, cuando visita Italia, en el camino de regreso, no se muestra excesivamente interesado en sus tesoros artísticos; [16] por el contrario, demuestra una atención siempre despierta ante las curiosidades naturales, los productos del suelo y de la industria, los aprovisionamientos de los mercados,[17] la habitación y el traje de los habitantes, las costumbres. Ahora bien, hablando de Bolonia, Pedro pondera la facilidad con que esta célebre Universidad confiere el doctorado a "el que sabe", sin conceder importancia a los años de estudio.

—Necio fuisteis —observa Mátalascallando— en no os graduar por allí de doctor, que acá no lo haréis con tanta honra sin gastar lo que no tenéis, y según me parece podéis vivir por vuestras letras tan bien como cuantos hay por acá.

—¿Qué sabéis si lo hice? —replica Pedro. Y aun me hicieron los doctores todos de la Facultad mil mercedes, por intercesión de unos colegiales amigos míos; y como yo les hice una plática de suplicacionero, no les dejé de parecer tan bien, que, perdonándome algunos derechos, me dieron con mucha honra el doctorado, con el cual estos pocos días que tengo de vivir pienso servir a Dios lo mejor que pudiere.[18]

O sea que Pedro lleva en su zurrón de peregrino el diploma de doctor *honoris causa* de la Universidad de Bolonia, singular timbre de gloria para un médico de azar cuyas hazañas han tenido por teatro la corte del Gran Turco.

Pero ya es tiempo de demostrar que Pedro de Urdemalas es el Doctor

---

[14] *Ibid.*, pág. 141 a.

[15] *Ibid.*, pág. 31 b. Cf. (pág. 85) otra contestación de Pedro a propósito de sus conocimientos en griego y en latín: "MATA. — Debéis de saber tan poco de uno como de otro. PEDRO.—De todas las cosas sé poco..."

[16] Este rasgo de nuestro viajero había hecho ya que Solalinde dudara de la atribución del *Viaje* a Villalón, que en la *Ingeniosa comparación* demuestra vivo interés por las artes plásticas (*Viaje de Turquía, Col. Universal*, Madrid, 1919, págs. 6-7).

[17] Veo ahora que este tema, predilecto de Pedro de Urdemalas, responde muy bien a la experiencia personal del Doctor Laguna, el cual intervino activamente, durante el verano de 1544, en las operaciones de avituallamiento de los ejércitos y guarniciones de Carlos V en Francia. Véase en particular una carta de su amigo Hugo Ángelo, comisario imperial, al Emperador (Metz, 26 de septiembre de 1544): "Espero aquí cada ora la buelta del doctor Llaguna que tiene cargo de comprar las victuallas y se fue los días passados a Colonña por cosas de que aquí no se hallava rrecaudo..." (A. G. S., *Estado*, leg. 500, fol. 222).

[18] *N. B. A. E.*, t. II, pág. 101 a.

Laguna en persona. Podemos reconstruir bastante bien la biografía de este famoso médico, gracias al gran número de obras que jalonan su carrera, y en las cuales hizo a sus lectores más de una confidencia.[19] Había nacido en Segovia hacia 1511. Su padre, médico también, le había hecho seguir buenos estudios latinos en su ciudad natal, bajo la dirección de Juan Oteo y Sancho de Villaveses, nombres oscuros que el discípulo agradecido salvó del olvido. Pasó en seguida por la Facultad de Artes de Salamanca, donde tuvo por maestro al portugués Enriques. Pero en París se perfeccionó su formación intelectual. En la Facultad de Medicina fue discípulo de Dubois y de Ruellius, el traductor francés de Dioscórides. Siguió los cursos de filosofía de Gélida. Aprendió griego con Danès y Toussaint, los "lectores reales" del joven Collège de France. En París publicó, en 1535, sus primeras obras, una traducción latina del *De physiognomia* de Aristóteles y un *Método anatómico*, cuyo prefacio da pruebas de un noble afán de devolver a la medicina, caída en el empirismo y el mercantilismo, su dignidad de ciencia.

Al año siguiente está de vuelta en España. Se le ve en Alcalá, donde publica nuevas traducciones latinas de obras griegas: el *De mundo* de Aristóteles, el *Ocypus* y el *Tragopodagra* del ingenioso Luciano de Samósata.[20] Traba conocimiento con el secretario imperial Gonzalo Pérez y el protomédico de Carlos V, Fernando López del Escorial. En 1539 se encuentra con la Corte en Toledo. Se halla entre los médicos que asisten a la Emperatriz Isabel con ocasión del parto que causa su muerte.

Pero no tarda en volver a salir para peregrinaciones europeas que durarán cerca de veinte años. Se embarca en Vizcaya con destino a Londres, se reúne con la Corte en Gante, y en 1540 entra al servicio de Metz, ciu-

---

[19] Esta reconstrucción fue intentada —y con mucho acierto— por Diego de Colmenares en su erudita *Historia de la insigne ciudad de Segovia* (2ª edición, aumentada con las *Vidas y escritos de los escritores segovianos*), Madrid, 1640, págs. 708-716. A este autor, fuente de Nicolás Antonio y de biógrafos más recientes, seguimos aquí salvo indicación en contrario. En ciertos detalles, sin embargo, no es tan de fiar la bio-bibliografía de Laguna por Colmenares. Deseando ocultar los orígenes "impuros" del médico, atribuye a su padre una imaginaria hidalguía, y al mismo Andrés (a quien su falta de "limpieza" impedía doctorarse en España) un imaginario doctorado toledano. Cf. M. Bataillon, *Le Docteur Laguna et son temps* (resumen de un curso), en el *Annuaire du Collège de France*, 63e année (1963), y *Les nouveaux-chrétiens de Ségovie en 1510*, en *B. H.*, t. LVIII (1956), pág. 217. En la lista de conversos de la parroquia de San Miguel "nuevamente venidos a nuestra sante Fee Cathólica" figuran "el Bachiller Diego Fernández de Laguna, físico, e su mujer Catalina. Tiene una hija que cría. Su suegra déste, Leonor Blásquez" (documento que induce a retrasar la fecha de nacimiento de Andrés de 1499 a 1511). A pesar de los muchos datos que recopila César E. Dubler en su monografía *D. Andrés Laguna y su época*, Barcelona, 1955 (cf. nuestra reseña en *B. H.*, t. LVIII, 1956, págs. 237-252), la mejor bio-bibliografía, hoy por hoy, es la del Dr. Teófilo Hernando, *Vida y labor médica del Doctor Andrés Laguna*, en el volumen de la revista *Estudios Segovianos* correspondiente a 1959 (Instituto Diego Colmenares, *IV Centenario del Doctor Laguna*), págs. 70-188, con 12 láminas. En ese mismo volumen se encontrarán otros trabajos interesantes acerca de Laguna.

[20] Para el volumen en que están estas tres traducciones (Alcalá, Juan de Brocar, 14 de noviembre de 1538), véase Catalina García, *Tipografía complutense*, núm. 163, o Legrand, *Bibliographie hispano-grecque*, t. I, núm. 80.

dad imperial. Ésta va a conservarlo como médico durante cinco años, sin otra interrupción que unas vacaciones de tres meses, que los naturales de la ciudad le conceden a condición de que jure regresar. Estos tres meses —que Laguna pasa en Colonia en el invierno de 1542 a 1543, en casa del jurisconsulto Eichholz,[21] rector de la Universidad— son, por lo demás, meses de actividad intensa. Gracias a ellos puede imprimir los trabajos de erudición a que ha consagrado sus ocios desde hace varios años: traducciones latinas de la *Historia filosófica* de Galeno y del tratado *De las plantas* de Aristóteles; rectificaciones a la versión que el alemán Janus Cornarius había hecho del tratado bizantino de *Agricultura* atribuido a Constantino César Pogonatos; tratados de higiene para uso de los estudiantes pobres y de los ancianos.[22] Bajo la incertidumbre que agobia a los espíritus por el fracaso de los conciliadores de Ratisbona, Laguna, en Metz, ha hecho todo cuanto estaba de su parte en favor de la conservación del catolicismo, de un catolicismo sin duda lo bastante amplio para guardar en su seno a las almas que se inclinan hacia la justificación por la fe. La Universidad de Colonia, centro de irenismo teológico, lo invita a pronunciar un discurso. El tema que elige es el dolor de la Europa cansada de desgarrarse a sí misma: *Europa* ἑαυτὴν τιμωρουμένη.[23] Entre los protectores en quienes la pobre Europa pone su esperanza, cuida de no olvidar al Emperador y a sus consejeros erasmizantes: Cornelio Schepper y Granvela. Fue un acto de buen imperial ese discurso leído, a la luz de las antorchas, ante una asamblea de togas negras, en el aula máxima colgada de fúnebres cortinajes, la

21 Sobre Adolfo Eichholz, y en particular sobre sus relaciones con Erasmo, véase la noticia de Allen, t. III, pág. 390.

22 *Ratio de victus et exercitiorum ratione maxime in senectute observanda, ad reveren., illustrem atque magnif. virum D. D. Johan. D. ab Epstein et Mintzburg, Co. in Dietz, Gymnasiarcham Metropolitanae Coloniensis Ecclesiae...* Tradatito fechado el 1⁹ de marzo de 1543 y reimpreso en Colonia, 1550, a continuación de la *Victus ratio scholasticis pauperibus paratu facilis et salubris.* Este último tratado se remonta a su vez, indudablemente, a la temporada que Laguna pasó en la Universidad de Colonia, o tal vez a los años que estuvo en París. En él da el autor, de pasada, consejos de higiene intelectual, remitiendo para detalles más amplios a los reformadores de los estudios (fol. A 3 v⁰): "Attentus autem lege, propositas orationes in sua velut membra partire, singulorum vim observa, in summa Quintiliani, Budei, Erasmi, Vivis aliorumque doctissimorum virorum de studii ratione praecepta sequere, quae, quia paucis recte comprehendi nequeunt, prudens omitto." (Opúsculo no mencionado por Colmenares, que existe en la B. N. P. Los dos tratados de Laguna van seguidos aquí del *De tuenda valetutudine* de Plutarco, traducido al latín por Erasmo).

23 *Europa* ἑαυτὴν τιμωρουμένη, *hoc est misere se discrucians suamque calamitatem deplorans...* Colonia, 1543. Párrafos bastante largos de este discurso se pueden ver citados por A. Hernández Morejón, *Historia bibliográfica de la medicina española,* t. II, Madrid, 1845, págs. 244-250. Con el título de *Discurso sobre Europa,* y en "Homenaje al Dr. Andrés Laguna" (colección Joyas Bibliográficas, Serie conmemorativa, XI), Madrid, 1961, ha sido reeditada en facsímil esta obra, con traducción al castellano de D. José López de Toro y prólogos de El Aprendiz de Bibliófilo [Carlos Romero de Lecea], del Dr. Teófilo Hernando, de D. José López de Toro y de S. A. R. E. I. el Archiduque Otto de Austria Hungría. — En un artículo *Sur l'humanisme du Docteur Laguna. (Deux petits livres latins de 1543),* en *Romance Philology,* t. XVII (1963-64), núm. 2, págs. 207-234 (María Rosa Lida de Malkiel Memorial, Part II), señalamos la múltiple deuda de la *Europa* de Laguna para con el Erasmo de los *Adagia* y de la *Querela pacis.*

noche del 22 de enero de 1543. Pocas semanas después de publicado este discurso, el mismo impresor de Colonia sacaba a la luz un nuevo trabajo de Laguna: su traducción latina del breve tratado pseudo-aristotélico Περὶ ἀρετῶν, acompañada de un profuso comentario.[24] Los días que Laguna pasa en Colonia nos interesan también por otras razones. De Italia se había recibido la relación de ciertos prodigios que habían conmovido a los turcos en mayo y junio de 1542. Laguna, que sabía italiano, hizo una traducción latina de esa relación para uso de sus amigos alemanes[25] y le añadió un sumarísimo *Compendio de la historia de los reyes de Turquía* y algunas páginas sobre las costumbres de los turcos. Tal fue la primera ocasión que tuvo nuestro médico de escribir acerca de la gran potencia oriental que por entonces era la obsesión de Europa.[26]

En 1545 sale de Metz, asiste en Nancy al Duque Francisco de Lorena en su lecho de muerte, reimprime en París su traducción del Περὶ ἀρετῶν pseudo-aristotélico, añadiendo a ella la de los *Caracteres* de Teofrasto,[27] y

24 *Aristotelis philosophorum principis De virtutibus uere aureus atque adamantinus libellus*, ex Graeco in sermonem Latinum per Andream a Lacuna Secobiensem, medicum, summa fide atque diligentia conversus, scholiisque et exemplis locupletatus... Colonia (Joh. Aquensis), 1543. (Ejemplares en la B. N. M., en la B. N. V. y en la Bibliothèque Royale de Bruselas). Es ésta una de las dos obras que estudiamos en nuestro artículo *Sur l'humanisme du Docteur Laguna*, cit. en la nota anterior.

25 Sobre el opúsculo veneciano traducido por Laguna al latín y la literatura de pronósticos y prodigios anunciadores de la caída del imperio turco, he dado una conferencia ("Mythe et connaissance de la Turquie en Occident au milieu du xvie siècle") en el curso organizado por la Fondazione Giorgio Cini, de Venecia, sobre *Venezia e l'Oriente fra tardo Medio Evo e Rinascimento* (7-29 de septiembre de 1963), que será publicado.

26 *Rerum prodigiosarum quae in urbe Constantinopolitana et in aliis ei finitimis acciderunt anno a Christo nato MDXLII brevis atque succincta enarratio. De prima truculentissimorum Turcarum origine, deque eorum tyrannico bellandi ritu, et gestis, brevis et compendiosa expositio*, Colonia, 1543. (Ejemplar en la Bibliothèque Municipale de Metz, descrito por C. E. Dubler, *D. Andrés de Laguna y su época, op. cit.*, pág. 114). Yo he manejado la ed. de Amberes (M. Nucio), 1543 (Bibliothèque Mazarine, 8⁹ 33461), probablemente idéntica a la primera de Colonia. Refiriéndose al compendio de historia y costumbres de los turcos agregado por él al opúsculo sobre los prodigios, dice Laguna (Epístola dedicatoria a Enrique de Stolberg) que lo escribió a ruego de su amigo Eichholz, hombre cuya sed de saber lo llevó a muchas universidades, no sólo de Alemania, sino de Italia y Francia, y declara que le han servido de informantes los mismos turcos, y sobre todo los embajadores venecianos, a quienes trataba familiarmente. Mis últimas investigaciones me han llevado a la certeza de que esa afirmación es mera superchería de Laguna, ya que todo, salvo unos poquísimos detalles fáciles de inventar, procede en realidad del *Comentario de le cose de' Turchi* de Paulo Jovio (Roma, 1532), del cual existía ya una traducción latina *(Turcicarum rerum commentarius)*. Pasada la curiosidad por los prodigios de 1542, reimprimió Martín Nucio (Amberes, 1544) la parte del opúsculo que se refiere a historia y costumbres *(De origine regum Turcarum compendiosa quaedam perioche*, y *De Turcarum cultu atque moribus enarratio quaedam breviuscula)*, incluyéndola en un libro encabezado por aquel pronóstico *De eversione Europae* que dio mucho que hablar en Roma en 1535, según dice Rabelais *(Oeuvres complètes*, éd. Plattard, t. V, *Le Cinquième Livre, Lettres et écrits divers*, pág. 234. Carta de Roma, 30 de diciembre de 1535). Reza el título de la edición de Amberes: *Prognosticon Antonii Torquati de eversione Europae et alia quaedam quorum cathalogum sequens docebit pagina* (B. N. M., 3:47.865). Colmenares, *op. cit.*, pág. 710 b, menciona otra reedición del opúsculo de Laguna en Maguncia, 1552.

27 Ἀριστοτέλους περὶ ἀρετῶν βιβλίον. *Aristotelis de virtutibus lib.*, Andrea a La-

hace su primer viaje a Italia, de donde sale con gran copia de honores. El 10 de noviembre de 1545 recibe en Bolonia aquel diploma de doctor [28] que él prestará a Pedro de Urdemalas; el 28 de diciembre, el Papa lo nombra caballero de la Orden de San Pedro y Conde Palatino, en reconocimiento de los servicios que ha prestado a la religión. Después de una nueva temporada en Alemania, regresa a Italia, donde permanecerá, según parece, de manera ininterrumpida hasta 1554. Roma es, en esos días, residencia de algunos grandes señores españoles que son sabios helenistas. Laguna entra al servicio de Don Francisco Bobadilla y Mendoza, el antiguo Arcediano erasmizante de Toledo, ahora Cardenal Obispo de Coria, que se hará ilustre con el título de Cardenal de Burgos. Páez de Castro trabaja en casa de Don Diego Hurtado de Mendoza, cuya biblioteca es todavía más rica que la del Cardenal de Coria en manuscritos helénicos: siendo embajador en Venecia, Don Diego había recibido cierto número de manuscritos del Gran Turco y, con su permiso, había mandado buscar otros en Grecia: había enviado a Nicolás Sofiano, griego de Corfú, a comprar o copiar cuanto manuscrito encontrara en los conventos del Monte Athos.[29] Laguna, en 1548, pasa algunos días en Venecia para publicar toda una serie de trabajos sobre Galeno: *Epítome* del gran médico griego, cuyas cuatro partes cubren todo el campo del arte médica, *Vida de Galeno, Anotaciones* sobre el texto de sus obras.

En 1550 es electo papa Julio III, que nombra a Laguna su médico. Los años siguientes son también fecundos en publicaciones médicas y filológicas. Pero la obra a que consagra más amorosamente sus ocios es la traducción española de Dioscórides. Se basa en un texto completamente renovado. Juan Páez de Castro había prestado a su amigo Laguna un manuscrito antiquísimo que le había permitido corregir más de setecientos pasajes,[30] como filólogo avezado de mucho tiempo atrás a la crítica de los textos por sus trabajos sobre Galeno. Pero el *Dioscórides* del médico segoviano tiene también otro valor para nosotros. Es casi la única obra médica que Laguna llegó a publicar en su lengua materna. Había resuelto dar a sus compatriotas el gran tratado de botánica y de materia médica que Ruellius había puesto ya al alcance de los franceses y Andrea Mattioli de Siena al alcance de los italianos. Pero él quería dejar muy atrás esos modelos. Cuando tenía algún tiempo libre, se encerraba en su pequeña *villa* de Túsculo, donde lo acompañaba la sombra de Cicerón. Allí tradu-

cuna Secobiensi interprete. Huic connexuimus *Theophrasti libellum*, ἠθικῶν χαρακτήρων. Parisiis, apud Joannem Lodoicum Tiletanum ex adverso Collegii Remensis, 1545 [el colofón precisa: mense Augusto]. Sobre esta rarísima edición véase Legrand, *Bibliographie hispano-grecque*, t. I, núm. 103. Se imprime el texto griego con la traducción latina al frente, pero ha desaparecido el prolijo comentario que figuraba en la edición de 1543. Los *Caracteres* de Teofrasto faltan en los ejemplares vistos por Legrand (Mazarine y Arsenal). Hubo por lo menos dos reediciones más: París, 1558 y 1560 (Mazarine).

28 Colmenares (*op. cit.*, pág. 712 b) vio este diploma con sus propios ojos.

29 Sobre las colecciones de manuscritos griegos del Cardenal de Burgos y de Don Diego Hurtado de Mendoza, véase Ch. Graux, *op. cit.*, capítulos I, II y V. En particular la pág. 174 acerca de la expedición de Sofiano al Monte Athos.

30 *Ibid.*, págs. 97-99, sobre el *Dioscórides* de Páez.

cía, anotaba, y las anotaciones eran por lo menos el doble del texto, pues en ellas derramaba toda la experiencia adquirida en el curso de sus peregrinaciones, el fruto de sus observaciones personales acerca de los simples y de sus efectos, o de sus conversaciones con los más sabios médicos de la época. Por otra parte, su curiosidad era insaciable. Gastaba gruesas cantidades de dinero en hacer venir a Italia simples desconocidos, procedentes de Grecia, Egipto y Asia Menor. A Venecia afluían las curiosidades orientales, las noticias de Constantinopla. En 1554 nuestro gran viajero experimentó en esta ciudad tan fuertemente el atractivo del Oriente, que a punto estuvo de embarcarse para ir a ver *in situ* aquellos simples exóticos que mandaba traer con grandes costos. Diversas personas lo disuadieron de ello, en particular Don Francisco de Vargas, embajador de Carlos V en Venecia.[31]

Renunciando a su proyecto, volvió a tomar la ruta de Alemania para ir a Flandes a imprimir su *Dioscórides*. Pasó por Padua, se detuvo cinco días en Trento, donde se puso a herborizar, "discurriendo como cabra por todas aquellas montañas", con su joven compañero Diego de Monte. El 5 de julio de 1554 llegaba a Augsburgo justamente a tiempo para asistir al derrumbe de la autoridad del Emperador. Todas las alarmantes noticias que circulan le parecen verosímiles. La política imperial está a la deriva. El Rey de Francia amenaza a los Países Bajos y quiere intervenir en Siena. "Entre tanto —escribe Laguna—, nuestro amo se está designando cuadros y concertando relojes; y su hijo visitando a Aranjuez." El anciano médico se consuela de tantas tristezas escribiendo un retrato satírico de su huéspeda de Augsburgo, y meditando un epitafio tierno y cómico para su caballo que agoniza en el corral.[32]

En 1555 vigilaba en Amberes la impresión de su *Dioscórides*. Se lo dedicó a Felipe II algunas semanas antes de que Carlos V abdicara en sus sienes la corona de los Países Bajos.[33] Este libro, destinado a ser el tesoro de muchas generaciones de herboristas y boticarios españoles, sumaba a su mucha ciencia el encanto de reflexiones picantes, de anécdotas personales, de una lengua pura y sabrosa. Laguna podía afirmar con pleno derecho, en sus primeras páginas, la importancia que tienen para el médico las peregrinaciones, y ponerse bajo el patrocinio de Ulises, el héroe que tanto anduvo y conoció tantas maneras de hombres.[34]

El gran sabio aspiraba al descanso. Todavía compuso en 1556, con ocasión de una grave epidemia que asolaba a los Países Bajos, su *Discurso breve sobre la cura y preservación de la pestilencia*, otro testimonio de la

[31] Acerca de todo esto véase la Epístola dedicatoria del *Dioscórides* a Felipe II (Amberes, 15 de septiembre de 1555).

[32] Véase la carta al embajador Vargas (cf. *supra*, pág. 670). En cuanto a Diego de Monte, no mencionado en esa carta, véase el *Dioscórides* (ed. de Salamanca, 1563, pág. 302), donde Laguna evoca sus herborizaciones en los alrededores de Trento.

[33] Reeditado en facsímil (desgraciadamente en tamaño reducido) por César E. Dubler, *La "Materia médica" de Dioscórides traducida y comentada por D. Andrés de Laguna. (Texto crítico)*, Barcelona, 1955. Cf. mi reseña en *B. H.*, t. LVIII (1956), págs. 234-237.

[34] Esta evocación de Ulises se encuentra en la larga y personal anotación sobre el prefacio del *Dioscórides*.

dilección con que el sabio anciano manejaba la más pura lengua castellana. Este opúsculo es obra de un viejo médico lleno de experiencia, de
un humanista amante de apotegmas singulares, de un hombre de corazón
entristecido por los estragos de la guerra y de sus dos inseparables compañeras, el hambre y la peste.[35]

En el invierno siguiente fue él quien cayó enfermo en Bruselas. Aprovechó este descanso forzoso para traducir las *Catilinarias* de Cicerón.[36] En
el otoño de 1557 hizo un último viaje a Colonia. En los últimos días de
este año, o quizá a comienzos de 1558, regresaba a Segovia. Su padre había
muerto durante su larga ausencia. Hizo colocar en su tumba, en la iglesia
de San Miguel, una hermosa lámina de bronce que comprende una parte
conmemorativa y una parte heráldica.[37] En el centro de esta última aparece en un escudo, como emblema principal, una nave que regresa al
puerto con las velas hinchadas, y bajo ella este adiós a las agitaciones de
la vida:

> *Inveni portum. Spes et Fortuna valete.*
> *Nil mihi vobiscum: ludite nunc alio[s].*[38]

Sobre el yelmo que remata el escudo puede verse la figura simbólica, finamente grabada, de un peregrino de Santiago de Compostela,[39] y a uno y
otro lado de ella, unas filacterias que llevan sendas divisas griegas. El peregrino señala con el dedo la primera de estas divisas: ΤΑΣ ΟΔΟΤΣ ΣΟΤ

[35] La dedicatoria a Don Gómez de Figueroa y Córdoba, Conde de Feria, está fechada
en Amberes, a 5 de agosto de 1556. No he visto la edición de Plantino (1556), sino únicamente la reimpresión de Salamanca, 1566 (con un privilegio otorgado a la madre de Laguna, Doña Catalina Velázquez).

[36] Sobre esta traducción, publicada por Plantino en 1557, véase Menéndez y Pelayo,
Bibliografía hispano-latina clásica, t. II, págs. 342-345, donde se reproduce la ingeniosa
epístola dedicatoria de Laguna al secretario Francisco de Eraso (Amberes, 24 de abril
de 1557).

[37] En la inscripción conmemorativa se lee: "...Andreas Lacunas... ex Italia et Germania redux, indulgentissimo patri iam vita functo, sibique morituro ac suis posuit. Anno
1557". Esta fecha plantea un pequeño problema, pues Laguna parece haber estado en
Colonia el 1º de noviembre de ese año. No es imposible que haya llegado a Segovia en
diciembre, pero tampoco está excluido que la inscripción se haya grabado en Segovia antes
del regreso efectivo de su autor, de acuerdo con dibujos enviados por él de antemano.

[38] Sobre esta inscripción fúnebre, que Laguna pudo leer en Roma en el sepulcro de
Francesco Pucci, véase el artículo del P. H. M. Féret, O. P., y M. Bataillon, *À propos
d'une épitaphe d'André de Laguna*, y el de P. de Montera, *Spes et fortuna valete*, en
Humanisme et Renaissance, t. VII (1940), págs. 122-127 y 309-311. Cf. también Johan
Bergman, en *Eranos, Acta Philologica Suecana*, t. XL (1942), págs. 9-15, y Otto Weinreich,
en *Schwäbisches Tagblatt*, Nr. 123, pág. 5, 24 de diciembre de 1948. También hay muchos
datos en James Hutton, *The Greek Anthology in France and in the Latin writers of the
Netherlands to the year 1800*, donde se estudia la inscripción a propósito de Le Sage,
Gil Blas, IX, 10, y se cita un importante artículo de R. H. Smith en *Notes and Queries*,
9. 2. 41. Cf., finalmente, Margit Frenk Alatorre en *N. R. F. H.*, t. VI (1952), pág. 56,
nota 44.

[39] Este personaje, en el cual no reparé cuando en 1935 visité la penumbrosa iglesia
segoviana de San Miguel, ofrece una notable correspondencia con el papel que asume
Pedro de Urdemalas en las páginas iniciales del *Viaje de Turquía* (cf. pág. 7 b: "¿Mudar
hábitos yo? hasta que los dexe colgados de aquella capilla de Santiago de Compostela,
no me los verá hombre despegar de mis carnes...").

ΔΕΙΞΟΝ ΜΟΙ ΚΥΡΙΕ. La otra dice: ΚΑΙ ΤΟ ΠΝΕΥΜΑ ΣΟΥ ΟΔΗ-
ΓΗΣΕΙ ΜΕ.[40]

Pero el fatigado humanista tuvo que salir una vez más del puerto. Fue
él uno de los miembros de la embajada que, presidida por el Duque del
Infantado, se dirigió en 1559 a París para acompañar en su viaje a España
a la nueva Reina, Isabel de Valois. Murió en Segovia poco tiempo después
de su regreso de Francia, el 28 de diciembre de 1559.[41]

Tal vez ahora se perciba qué lugar ocupa el *Viaje de Turquía* en la
obra de este infatigable trabajador.[42] El prefacio tiene, en el manuscrito

40 La primera falta en el grabado de Colmenares (*op. cit.*, pág. 715), donde todo este
emblema aparece en una forma simplificada. Las divisas proceden, respectivamente, del
Salmo XXV, 6, y del Salmo CXLIII, 10. Sobre el emblema y las inscripciones véanse
ahora mis *Nouvelles recherches...*, *art. cit.*, págs. 80-83.

41 Fecha rectificada gracias a un documento del Archivo de Protocolos de Segovia por
M. Villalpando y J. de Vera. (Cf. Teófilo Hernando, *art. cit.*, pág. 117.)

42 R. Schevill (*Erasmus and Spain, art. cit.*, pág. 108), aunque da de mano la paternidad de Villalón, no se deja convencer por la atribución a Laguna; fijándose únicamente en mis observaciones de que el autor del *Viaje* ha de ser humanista, helenista,
hombre curtido por la vida y dotado de fino humorismo, desatiende las calidades menos
frecuentes de gran médico y doctor *honoris causa* de la Universidad de Bolonia, que
parecen concurrir con las anteriores en el autor del *Viaje*. Tampoco son muy convincentes los reparos de Schevill. Toda su argumentación acerca del *prólogo* (que compara
oportunamente con los llamamientos de Cervantes a Felipe II para que acabe con el
poder del Turco en Argel) descansa en el supuesto de que el autor preparó su libro
para entregarlo impreso al Rey, y no considera las hipótesis más probables que expongo
infra, pág. 692. En cuanto al reparo fundado en la lengua del *Viaje,* prescinde de la variedad de estilos inherente a la variedad de los géneros. Compárense el *Dioscórides* y la
carta familiar al embajador Vargas, dos obras auténticas de Laguna, y se verá la diferencia. Pero todos debemos sumarnos al deseo expresado por Schevill de que se analicen
lingüística y estilísticamente esta y otras obras importantes del siglo XVI. ¡Ojalá salga de
allí la identificación definitiva del autor del *Viaje!* —Mi explicación de la obra como
viaje imaginario del Doctor Laguna ha sido discutida por Dubler, *D. Andrés de Laguna
y su época*, *op. cit.*, y por William L. Markrich en una tesis inédita de la Universidad
de California (1955), *The "Viaje de Turquía". A study of its sources, authorship and
historical background*, de la cual puede verse un sumario en *B. H.*, t. LVIII (1956), página 122, nota 2. A sus críticas he contestado en *Andrés Laguna auteur du "Viaje de
Turquía" à la lumière de recherches récentes*, en *B. H.*, t. LVIII (1956), págs. 121-181
(estudio incluido en mi libro *Le Docteur Laguna auteur du "Voyage en Turquie"*, Paris,
1958). — Últimamente he llegado a pensar que Laguna pudo utilizar, además de libros
impresos y "gacetas" manuscritas, ciertos relatos orales de cautivos fugados. Meses antes
de que volviese a Venecia en 1553, habían llegado a esa ciudad dos españoles y un
portugués que, cautivos de los turcos desde Castelnuovo, en 1539, habían remado en la
galera capitana de Sinán Baxá cuando la batalla de Ponza y se habían fugado de Constantinopla el otoño siguiente. Uno de los castellanos se llamaba "Pedro de Arévalo", natural de Arévalo" (cf. en el *Viaje, ed. cit.*, pág. 23 b, la escena en que visita al cautivo, en
Constantinopla, "un hidalgo de Arébalo [Arbealo, errata repetida en todas las edicio-
nes]... que había quince años que era cabtibo"). (Copia de un documento del 21 de
enero de 1553 en el Stadts-Archiv de Viena, *Venedig Berichte* [3], Cartas de D. de Gaz-
telu, 1553, fols. 17-18. Otra copia en A. G. S., *Estado*, leg. 478, fol. 93. Análisis del mismo
documento en A. G. S., *Estado*, leg. 1320, fols. 95 y 183, copia de carta del Embajador
Francisco de Vargas, de Venecia, 26 de enero de 1553). — Es interesante el trabajo de
Luis Gil y Juan Gil, *Ficción y realidad en el "Viaje de Turquía". Glosas y comentarios
al recorrido por Grecia*, en *R. F. E.*, t. XLV (1962) [publ. en 1964], págs. 89-160. Estas
glosas llevan a la conclusión de que el *Viaje* es superchería literaria, no autobiografía.

más antiguo,[43] la fecha de primero de marzo de 1557. Es algunas semanas anterior a la dedicatoria de las *Catilinarias*. Sin duda durante la enfermedad que lo inmovilizó en Bruselas, en el invierno de 1556 a 1557, fue cuando Laguna retocó su obra, compuesta en los años anteriores. Es difícil asignar a esta composición una fecha precisa, y más difícil aún decir cuándo germinó su idea en el espíritu del autor. Seguramente las maravillosas *Observaciones* de su colega Pierre Belon habían hecho caer en tentación al Doctor Laguna.[44] Tal vez después de haberlas leído fue cuando, en 1554, oyó tan fuertemente la llamada del Oriente. ¿Se habrá acordado también de ciertos relatos de un Nicolás Sofiano, oídos en Venecia o en Roma? Es muy posible. Fácil es comprender, en todo caso, que quisiera realizar en imaginación ese viaje con que tanto había soñado, y que, una vez en los Países Bajos, concibiera una fantasía en que su experiencia de médico animaría una descripción de las costumbres turcas tomada de las mejores fuentes, en la cual vendrían a injertarse fácilmente sus recuerdos de Italia. No estaba ya reducido, en cuanto a los turcos, a los escasos datos de su *Perioche* de 1542. Menavino, Georgiewitz, Münster, Belon estaban ahí, en su biblioteca. Los turcos se ponían cada vez más de moda. En el otoño de 1555 aparecía en Valencia el libro de Vicente Rocca, obra bien informada, aunque de segunda mano, en la cual se llevaba la historia de los turcos hasta la época más reciente. Laguna podía leer allí el relato detallado de la batalla naval de las islas de Ponza entre las galeras de Andrea Doria y las de Zinán Pachá.[45]

Pero cualquiera que pueda ser la deuda de Laguna con estos diversos autores, lo cierto es que su vigorosa personalidad es la que da vida a su

No obligan a descartar la hipótesis de un autor que, como Laguna, pudiese adquirir en Venecia unos precarios conocimientos de la "Turco-Graecia" y del griego moderno, en parte de boca de un cautivo fugado como Pedro de Arévalo. En cambio la atribución a Villalón, *supuesto cautivo*, queda abandonada una vez que se ha documentado su presencia en España en 1552. Cf. Narciso Alonso Cortés, *Acervo bibliográfico. Cristóbal de Villalón*, en el *Bol. Ac. Esp.*, t. XXX (1950), págs. 221-224. No recoge el autor este estudio en su *Miscelánea vallisoletana*, 2 tomos, Valladolid, 1955; pero en el t. I (págs. 529-534, "La patria de Cristóbal de Villalón") expone las dificultades que encuentra para atribuir a Villalón el *Viaje de Turquía* (pág. 531), y a continuación dice por qué ve "muy pocas probabilidades" de que le pertenezcan el *Crótalon* y el *Diálogo de las transformaciones*. — La identificación del héroe narrador del *Viaje* con un caballero anónimo de la Orden de Malta (Tesis de Markrich, págs. 159 *ss.*) carece sencillamente de fundamento.

43 B. N. M., Ms. 3871.

44 También pudo incitarle el ejemplo de su compañero italiano Mattioli, cuyo comentario toscano de Dioscórides ofrecía, como principal novedad, datos sobre plantas del Asia Menor suministrados por el médico Guillermo Quakelbeen, agregado a la famosa embajada de Busbecq (Ogier Ghiselin, señor de Bousbecques), que visitó a Solimán de parte del Rey de Romanos Fernando (Cf. F. Hoefer, *Histoire de la botanique*, Paris, 1872, pág. 108, y L. Peytraud, *De legationibus Augerii Busbecquii*, Paris, 1897).

45 *Hystoria en la qual se trata de la origen y guerras que han tenido los Turcos, desde su comienço, hasta nuestros tiempos: con muy notables successos que con diversas gentes y nasciones les han acontescido y de las costumbres y vida dellos... Recopilada por Vicente Rocca cavallero Valenciano. Vista y examinada por mandado de los Señores Inquisidores deste reyno de Valencia*, 1556 [el colofón lleva fecha 31 de octubre de 1555] (B. N. P., Réserve J.611).

Viaje imaginario. Aquí se abandona mucho más libremente que en el *Dioscórides* a su necesidad de expresarse, de contarse. Imagina por anticipado la emoción del regreso al terruño, por anticipado saborea la acogida que allí recibirá. Se ve peregrino en su patria, aureolado con el prestigio de Conde Palatino, doctor *honoris causa* de Bolonia, ex médico del Papa, y (¿quién sabe?) vagamente sospechoso de luteranismo a causa de la libertad de juicio que lleva de sus viajes. Todo este pasado, cuyo recuerdo le servirá de alimento en su retiro, se adivina más o menos presente, más o menos transpuesto, en los relatos de Pedro de Urdemalas: el doctorado de Bolonia, que nos está formalmente atestiguado, ofrece un caso revelador de transposición. También nos damos cuenta de cómo las herborizaciones de Pedro en torno a las ruinas de Nicomedia son la proyección imaginativa de recuerdos vividos y de sueños no realizados. Muy probable es que, si poseyéramos un diario íntimo de los años romanos de Laguna, si conociéramos por menudo sus disputas con los médicos judíos y los cirujanos de la corte pontificia, reconoceríamos una trama de recuerdos en otros episodios de la vida de Pedro en Constantinopla.

Es evidente que el *Viaje de Turquía* es en alguna medida autobiográfico, pero invención y verdad se mezclan en él de un modo muy diverso del que hasta hoy se ha creído. Se entronca con el género serio e instructivo que los erasmistas han adoptado como ideal literario, al mismo tiempo que anuncia las "novelas" libremente construidas por Cervantes con ayuda de su experiencia de soldado y de cautivo.[46] Su invención amalgama lo real y lo imaginario con tal naturalidad, que se ufana de poder ser tomada por verdadera. Cuando Mátalascallando lo compara con Dédalo o con Ulises, Pedro se encoge de hombros:

¿Ulises o qué? Podéis creer como creis en Dios, que yo acabaré el cuento, que no paso de diez partes una, porque lo de aquél dícelo Homero, que era ciego y no lo vio, y también era poeta; mas yo vi todo lo que pasé y vosotros lo oiréis de quien lo vio y pasó.[47]

A Pedro le han creído sin más prueba que su palabra, y es justo que así sea.

No nos detendremos largamente en el contenido de verdad que el *Viaje de Turquía* toma de otros libros, ni siquiera en lo que debe a la observación personal. Este libro está a cien codos por encima de la raquítica compilación de un Bohemo adaptada por Thámara. Iguala a la *Historia de las Indias* de Oviedo en riqueza concreta, y la sobrepasa con mucho por la agudeza de la inteligencia. Indiquemos únicamente con qué espíritu trata esta nueva geografía humana en que tanto se deleitaban los hombres del siglo XVI. Laguna da pruebas de mayor atrevimiento crítico que Thámara cuando se pone a comparar a España con las demás naciones cristianas, o

---

[46] El relato del Cautivo en la primera parte del *Quijote* (capítulos XXXIX-XLI), *El licenciado Vidriera* en las *Novelas ejemplares*.

[47] *N. B. A. E.*, t. II, pág. 61 b.

al conjunto de la cristiandad con los infieles de Turquía.[48] No oculta que los turcos son valientes, que no son jugadores, que son sobrios y madrugadores. Se atreve a decir que los cómitres de las galeras cristianas son peores que los de las galeras turcas.[49] Sobre todo, juzga a su país con el mismo despego que un Vives. Sabe que los españoles son aborrecidos en todo el mundo a causa de su soberbia.[50] Ya lo hemos visto juzgar severamente la dirección de la política imperial. No tiene mejor idea del comando militar: nos habla de soldados que son modelos de abnegación en los ejércitos españoles, y de oficiales que son ladrones.[51] Si trata del ingenio de los italianos para la publicidad comercial, para la organización del correo, deja entender que España tiene mucho que aprender de los demás países.[52] Si trata de pedagogía, observa que los españoles descuidan lamentablemente el aprendizaje de la pronunciación, e invoca su experiencia de hombre "que sabe seis lenguas"; se atreve a decir que la gramática latina de Antonio de Nebrija no es la mejor del mundo, y que si los italianos, franceses y alemanes saben mejor latín que los españoles, no es porque tengan mayor capacidad natural, sino porque siguen los métodos más sencillos, más rápidos, de Erasmo, de Melanchthon y de Donato.[53] Por lo demás, basta oír el tono cordial de la disputa para comprender que las críticas de Pedro son sin hiel, y que nacen de un profundo cariño a la tierra y a los hombres de su patria. Llora de alegría al rezar su *Agimus* entre los compañeros que ha vuelto a encontrar, y, de todos los manjares que éstos le presentan, nada vale, según él, lo que una penca de cardo castellano.[54]

Tampoco vaya a esperarse, de parte de Laguna, una apología del Islam, ni una especie de pirronismo para el cual todas las religiones son la misma cosa. Ciertamente, cuando filosofa sobre las diferencias entre el ritual romano y los oficios de los monjes griegos, o cuando añade a su *Viaje de Turquía* un inesperado apéndice acerca del cristianismo de los etíopes, nos da a entender que las ceremonias son cosa variable y accesoria.[55] Pero

48 Sobre este género de confrontaciones en los libros de viajes, y sobre sus repercusiones literarias, véase Geoffroy Atkinson, *Les nouveaux horizons de la Renaissance française*, Paris, 1935.
49 *N. B. A. E.*, t. II, págs. 64 b, 132 a, 16 a.
50 *Ibid.*, pág. 17 b.
51 *Ibid.*, págs. 18 b-19 a.
52 *Ibid.*, págs. 91 a, 97 b.
53 *Ibid.*, págs. 85 b, 99 a. Clénard, que enseñaba el latín como se enseñan hoy las lenguas vivas, alardeaba de obtener con este método resultados mucho mejores en un año que con el de Nebrija en tres (*Epistolae, ed. cit.*, págs. 181-182).
54 *N. B. A. E.*, t. II, pág. 10 a.
55 *Ibid.*, págs. 71-72 y 148 b. Las particularidades del cristianismo etiópico eran conocidas gracias a los portugueses. Ruy Fernandes, factor del Rey de Portugal en Amberes, había dado a Titelmans los datos necesarios para su *De fide et moribus Aethiopum christianorum* (Amberes, 1534. A continuación de la *Chronica* de Amandus Zierixeensis). Damião de Góis había publicado un tratado con el título de *Fides, religio moresque Aethiopum* (Lovaina, 1540) que interesó vivamente a la Europa de los humanistas. Se reimprimió en Amberes y en París ya en 1541. La recopilación de opúsculos publicada en Amberes en 1544 —donde figura la *Perioche* de Laguna sobre los turcos (cf. *supra,*

todo el libro respira fe robusta en Cristo salvador, en el Dios de los Evangelios y de San Pablo. Serrano y Sanz vio muy bien desde el principio que se hallaba en presencia de la obra de un erasmista; en sus ideas religiosas se fundaba principalmente para atribuírsela al autor del *Crótalon*. Pero el erasmismo no pertenece como cosa propia a un autor, ni siquiera a algunos: era la religión de toda una selecta minoría española. Las ideas religiosas del *Viaje de Turquía* son exactamente las que pueden esperarse del hombre que hemos visto, en Metz y en Colonia, poner su autoridad moral al servicio de la política imperial de reconciliación entre el catolicismo y el protestantismo. Estas ideas merecen que se las destaque bien, con ayuda de citas, puesto que ningún escritor español les dio expresión más personal que Laguna.

No se encontrarán, en la pluma de este antiguo médico de Julio III, diatribas elocuentes contra el Anticristo de Roma. Ha visto al Papa y a la corte romana con ojos de naturalista:

MATA.—¿Vistes al Papa?

PEDRO.—Sí, y a los cardenales.

MATA.—¿Cómo es el Papa?

PEDRO.—Es de hechura de una cebolla, y los pies como cántaro. ¡La más necia pregunta del mundo! ¿Cómo tiene de ser sino un hombre como los otros? Que primero fue cardenal y de allí le hicieron Papa. Sola esta particularidad sabed, que nunca sale sobre sus pies a ninguna parte, sino llévanle sobre los hombros, sentado en una silla.[56]

Pedro es menos breve al hablar de las trece mil cortesanas cuyas necesidades de dinero son uno de los principales motores del tráfico de beneficios en la Ciudad Eterna. Él ha visto la turba de los arcedianos, deanes y priores de todos los países corriendo por las calles a pie, con su modesto equipaje de solicitantes, y aliviados del peso de la gravedad eclesiástica que haría más lenta su gestión. Él sabe cómo los más hábiles se hacen los banqueros de los más pródigos, y regresan a su país cargados con los beneficios de sus deudores.

JUAN.—Ésa, simonía es en mi tierra, encubierta.

MATA.—¡Oh, el diablo! Aunque estotro quiera decir las cosas con crianza y buenas palabras, no le dejaréis.

PEDRO.—¿Pues pensabais que traían los beneficios de amistad que tuviesen con

---

pág. 678, nota 26)— contiene también las noticias de Titelmans y Damião de Góis sobre los etíopes y el tratado de Góis sobre los lapones. El libro de Góis sobre los etíopes fue prohibido en 1541 por el Inquisidor General portugués porque su autor parecía conceder la razón al obispo etíope embajador de Preste Juan contra el obispo Diogo Ortiz, deán de la capilla del Rey de Portugal. Laguna habla del matrimonio de los sacerdotes entre los cristianos de Etiopía, pero no de su fidelidad a las distinciones del Antiguo Testamento sobre los alimentos inmundos (fidelidad que Góis oponía a las amplias ideas de San Pablo en materia de comida, y que le daban pie para predicar la tolerancia entre cristianos).

56 *N. B. A. E.*, t. II, pág. 92 b.

el Papa? Hágoos saber que pocos de los que de acá van le hablan ni tienen trabacuentas con él.

JUAN.—¿Pues cómo consiente eso el Papa?

PEDRO.—¿Qué tiene de hacer, si es mal informado? ¿Ya no responde: *si sic est, fiat?* [57]

"Yo pensaba —concluye— que la galera era el infierno abreviado; pero mucho más semejante me pareció Roma."

Se ve por este ejemplo cuál es la manera del *Viaje*, libro irónico y sobrio, obra de pasatiempo de hombre de ciencia y no de hombre de iglesia. Por lo demás, el héroe no pierde ocasión de juzgar la sutil teología escolástica en nombre de una filosofía que es precisamente la del erasmismo, pero de un erasmismo teñido de espíritu positivo. No puede sufrir a esos teólogos "que andan en los púlpitos y escuelas midiendo a palmos y a jemes la potencia de Dios, si es finita o infinita, si de poder absoluto puede hacer esto, si es *ab aeterno*; antes que hiciese los cielos y la tierra dónde estaba; si los ángeles superiores ven a los inferiores y otra cosas ansí".[58] Pero es preciso citar algunas páginas en que, muy claramente, el racionalismo crítico del médico se une con la *philosophia Christi* para enjuiciar el espíritu metafísico de los teólogos:

JUAN.—Cuestión es, y muy antigua, principalmente en España, que tenéis los médicos contra nosotros los teólogos quereros hacer que sabéis más filosofía y latín y griego que nosotros. Cosas son por cierto que poco nos importan, porque sabemos lógica; latín y griego demasiadamente, ¿para qué?

PEDRO.—En eso yo concedo que tenéis mucha razón, porque para entender los libros en que estudiáis, poca necesidad hay de letras humanas.

JUAN.—¿Qué libros? ¿Sancto Tomás, Escoto y esos Gabrieles y todos los más escolásticos? ¿Paréceos mala teología la désos?

PEDRO.—No por cierto, sino muy sancta y buena; pero mucho me contenta a mí la de Cristo, que es el Testamento Nuevo, y en fin, lo positivo, principalmente para predicadores.

JUAN.—¿Y ésos no lo saben?

PEDRO.—No sé; al menos no lo muestran en los púlpitos.

JUAN.—¿Cómo lo veis vos?

PEDRO.—Soy contento de decirlo: todos los sermones que en España se tratan —que aquí está Mátalascallando que no me dejará mentir— son tan escolásticos que otro en los púlpitos no oiréis sino: "Sancto Tomás dice esto... en la distinción 143... en la cuestión 26... en el artículo 62... en la responsión a tal réplica... Escoto tiene por opinión en tal y tal cuestión que no... Alejandro de Alés, Nicolao de Lira, Juanes Maioris, Gayetano, dicen lo otro y lo otro...", que son cosas de que el vulgo gusta poco, y creo que menos los que más piensan que entienden.

JUAN.—¿Pues qué querríais vos?

PEDRO.—Que no se trajese allí otra doctrina sino el Evangelio, y un Crisóstomo, Agustino, Ambrosio, Jerónimo, que sobrello escriben, y esotro dejásenlo para los estudiantes cuando oyen lecciones.

[57] *Ibid.*, pág. 93 a.
[58] *Ibid.*, pág. 59 b.

MATA.—En eso yo soy del bando de Pedro de Urdimalas, que los sermones todos son como él dice, y tiene razón.

JUAN.—¿Luego por tan bobos tenéis vos a los teólogos de España, que no tienen ya olvidado de puro sabido el Testamento Nuevo y cuantos expositores tiene?

MATA.—Olvidado, yo bien lo creo; no sé yo de qué es la causa.

PEDRO.—Las capas de los teólogos que predican y nunca leyeron todos los evangelistas pluguiese a Dios que tuviese yo, que pienso que sería tan rico como el Rey, cuanto más los expositores. ¿No acabastes agora de confesar que no era menester para la teología, filosofía, latín ni griego?

MATA.—Eso yo soy testigo.

PEDRO.—¿Pues cómo entenderéis a Crisóstomo y Basilio, Jerónimo y Agustino?

JUAN.—¿Luego Sancto Tomás y Escoto no supieron filosofía?

PEDRO.—De la sancta, mucha.

JUAN.—No digo sino de la natural.

PEDRO.—Désa no por cierto mucha, como por lo que escribieron della consta. Pues latín y griego, por los cerros de Úbeda.

JUAN.—Ya comenzáis a hablar con pasión. Hablemos en otra cosa.

PEDRO.—¿No está claro que siguieron al comentador Averroes y otros bárbaros que no alcanzaron filosofía, antes ensuciaron todo el camino por donde la iban los otros a buscar?

MATA.—¿Qué es la causa porque yo he oído decir que los médicos son mejores filósofos que los teólogos?

PEDRO.—Porque los teólogos siempre van atados tanto a Aristótiles, que les parece como si dijesen: el Evangelio lo dice, y no cale irles contra lo que dijo Aristótiles, sin mirar si lleva camino, como si no hubiese dicho mil cuentos de mentiras; mas los médicos siempre se van a viva quien vence por saber la verdad. Cuando Platón dice mejor, refutan a Aristóteles; y cuando Aristóteles, dicen libremente que Platón no supo lo que dijo. Decid, por amor de mí, a un teólogo que Aristóteles en algún paso no sabe lo que dice, y luego tomará piedras para tiraros; y si le preguntáis por qué es verdad esto, responderá con su gran simpleza y menos saber, que porque lo dijo Aristóteles. ¡Mirad, por amor de mí, qué filosofía pueden saber![59]

Asistimos aquí a un choque de dos disciplinas, una de las cuales se gobierna por autoridad, la otra por razón y experiencia. Cuando Pedro se mofa de los médicos charlatanes que tratan a los enfermos ricos con metales preciosos y piedras finas, opone a las apariencias halagadoras un método experimental rudimentario si se quiere, pero sano:

PEDRO.—¡Como si el señor y el albardero no fuesen dos animales compuestos de todos cuatro elementos! Los metales y elementos ningún nutrimento dan al cuerpo, y si coméis una onza de oro, otra echaréis por bajo cuando hagáis cámara, que el cuerpo no toma nada para sí.

JUAN.—¿El oro no alegra el corazón? Decid también que no...

PEDRO.—Digo que no, sino la posesión dél. Yo, si paso por donde están contando dinero, más me entristezco que alegrarme, por verme que no tenga yo otros tantos. Y comido o bebido el oro, ¿cómo queréis que lo vea? ¿El corazón tiene ojos, por dicha? Cuando les echan en el caldo destilado, los médicos bárbaros, doblones, ¿para qué pensáis que lo hacen? Pensando que el señor tiene de decir:

59 Ibid., pág. 86 a-b.

Dad esos doblones al señor doctor; que si los pesan, tan de peso salen como los echaron, no dejando otra cosa en el caldo sino la mugre que tenían.[60]

Esta comprobación mediante la balanza, este espíritu físico o químico, este odio del charlatanismo tienen un vigor que en vano se buscaría en Erasmo, hombre ejercitado en pensar con justeza a propósito de los textos más bien que a propósito de las cosas. Hay aquí una incredulidad de especie más ruda, una desconfianza de artesano con respecto a lo inverificable. La vena satírica del viejo médico, severa con los charlatanes, se hace a la vez más libre y más indulgente para dar una lección de fisiología elemental a las ingenuas monjas de Santa Rosa de Viterbo, que reparten cordones milagrosos para uso de las mujeres estériles.[61]

En la oposición de Laguna al dogmatismo supersticioso hay, sin embargo, algo más que esta incredulidad en cierto modo profesional. Ya hemos visto cómo Pedro recuerda a Juan de Votadiós que existe una filosofía no disputadora, cuyo maestro ha sido Cristo, y que todo buen espíritu formado en el humanismo puede ir a beberla en sus fuentes, es decir, en los Evangelios y en los Padres de la Iglesia. Esto sí que es erasmiano, si el erasmismo es ante todo seglarización de la teología. El tipo de seglar capaz de dar lecciones al teólogo de oficio alcanza su perfección en nuestro médico humanista.

Escuchemos cómo Pedro habla sin miramientos de los confesores que se vuelven todos de azúcar y de miel para no espantar a la clientela rica, en vez de hacer temblar a sus penitentes y obligarlos, quieran que no, a reformar su vida. Escuchemos cómo Mátalascallando se burla de un predicador ridículo, que, incapaz de extraer de un evangelio la lección que contiene, se lanza arbitrariamente a figuras del Antiguo Testamento, pasa no se sabe cómo a la Pasión de Jesucristo y termina con unas terribles voces diciendo que el día del juicio se acerca. Bajo las historietas, reconoceremos la crítica incansable con que el erasmismo fustiga a un clero incapaz de cumplir su misión esencial. ¿Cómo podría cumplirla, si ignora la más indispensable retórica, que es, en definitiva, el arte de persuadir?

Los médicos, algunos hay que la saben, pero no la tienen menester; de manera que toda la necesidad della ha quedado en los teólogos, de suerte que no valen

---

[60] *Ibid.*, pág. 141 a. En el *Dioscórides* (ed. de Salamanca, 1566, pág. 560) habla Laguna de una copa de ágata donada por Carlomagno a la catedral de Metz, y en la cual le hicieron beber los canónigos muchas veces, como favor insigne. A este propósito observa: "...y acuérdome que todo lo que en ella bevía me parecía cordial en extremo, y me dava un esfuerço admirable, *aunque, ansí en esto como en todo lo demás, la imaginación tiene grande efficacia*". Y he aquí en qué términos habla del oro potable: "Al oro, pues, assignan el sol, por la grande conformidad y semejança que entre ellos hallan: Visto que ansí como aquel espejo y ojo del universo con sus rayos alegra y fortifica todo quanto ay criado, ni más ni menos el oro con su vista sola engendra increíble alegría, y dado a bever potable, introduze tanta fuerça y vigor que es bastante para resuscitar los muertos. A bueltas de las quales virtudes tiene una sola tacha, que es muy grande hechizero. Dígolo porque todos los que le tratan, de tal suerte a él se afficionan, que arriscaran cuerpo y alma sólo por abraçarle" (*ibid.*, pág. 525).

[61] *N. B. A. E.*, t. II, págs. 94 b-95 a.

nada sin ella, porque su intento es persuadirme que yo sea buen cristiano, y para hacer bien esto han de hacer una oración como quien ora en un teatro, airándose a tiempos, amansándose a tiempos, llevando siempre su tono concertado y muy igual, ansí como lo guardan muy gentilmente en Italia y Francia, y desta manera no se cansarían tanto los predicadores.[62]

Los clérigos no sólo son ineptos para hacer su oficio. Explotan indignamente la caridad y la credulidad públicas. Las mentiras de Juan de Votadiós y sus falsas reliquias le han valido honra y dinero. Encuentra duro renunciar a todo eso. Pero el recién llegado es juez inflexible:

PEDRO.—Más vale vergüenza en cara que mancilla en corazón.
MATA.—¿Y qué habíamos de hacer de todo nuestro relicario?
PEDRO.—¿Cuál?
MATA.—El que nos da de comer principalmente: ¿luego nunca le habéis visto? Pues en verdad no nos falta reliquia que no tengamos en un cofrecito de marfil; no nos falta sino pluma de las alas del Arcángel Sant Gabriel.
PEDRO.—Ésas, dar con ellas en el río.
MATA.—¿Las reliquias se han de echar en el río? Grandemente me habéis turbado. Mirad no trayáis alguna punta de luterano desas tierras estrañas.
PEDRO.—No digo yo las reliquias, sino esas que yo no las tengo por tales.
MATA.—Por amor de Dios, no hablemos más sobr'esto. Los cabellos de Nuestra Señora, la leche, la espina de Cristo, el dinero, las otras reliquias de los sanctos, ¡al río! Que dice que lo trajo él mesmo de donde estaba.
PEDRO.—¿Es verdad que trajo un gran pedazo del palo de la cruz?
MATA.—Aun ya el palo de la cruz, vaya, que aquello no lo tengo por tal; por ser tanto, parece de encina.
PEDRO.—¡Qué! ¿Tan grande es?
MATA.—Buen pedazo. No cabe en el cofrecillo.
PEDRO.—Ese tal, garrote será, pues no hay tanto en Sanct Pedro de Roma y Jerusalem.
JUAN.—Todo se trajo de una mesma parte. Dejad hablar a Pedro y callad vos.
MATA.—Pues si todo se trajo de una parte, todo será uno. ¿Y el pedazo de la lápida del monumento? Agora yo callo. Pues tierra santa, harta teníamos en una talega, que bien se podrá hacer un huerto dello.[63]

Estamos muy lejos de la endeble ironía del *Diálogo de las transformaciones*. El humor del Doctor Laguna renueva sin esfuerzo el tema de las falsas reliquias predilecto de Erasmo y Alfonso de Valdés. Y, con una sola palabra, encuentra la manera de poner en un lugar aparte las verdaderas reliquias. En efecto, hay que repetirlo, Laguna es católico, pero católico a la manera de tantos hombres que combatían entonces contra el luteranismo, no sin concederle la razón en muchos puntos. Su rudeza misma a propósito de las falsificaciones de la hipocresía es índice de una fe que adivinamos fervorosa, por debajo de ese su espíritu criticón, siempre pronto a escandalizar a los mojigatos. En ningún pasaje aparece esto mejor que en las explicaciones de Pedro sobre el enorme rosario que com-

[62] *Ibid.*, págs. 26 b-27 b.
[63] *Ibid.*, págs. 12 b-13 a.

pleta su vestimenta de monje griego. Juan quiere saber cuántas veces lo rezaba cada día:

PEDRO.—¿Queréis que os diga la verdad?

JUAN.—No quiero otra cosa.

PEDRO.—Pues en fe de buen cristiano que ninguna me acuerdo en todo el viaje, sino sólo le trayo por el bien parecer del hábito.

JUAN.—Pues ¡qué herejía es ésa! ¿Ansí pagabais a Dios las mercedes que cada hora os hacía?

PEDRO.—Ninguna cuenta tenía con los *pater nostres* que rezaba, sino con sólo estar atento a lo que decía. ¿Luego pensáis que para con Dios es menester rezar sobre taja? Con el corazón abierto y las entrañas, daba un arcabuzazo en el cielo que me parecía que penetraba hasta donde Dios estaba; que decía en dos palabras: "Tú, Señor, que guiaste los tres reyes de Levante en Belem y libraste a Santa Susana del falso testimonio y a Sant Pedro de las prisiones y a los tres muchachos del horno de fuego ardiendo,[64] ten por bien llevarme en este viaje en salvamento, *ad laudem et gloriam omnipotentis nominis tui*"; y con esto, algún *pater noster*. No fiaría de toda esa gente que trae *pater nostres* en la mano yo mi ánima.[65]

Detengámonos en esta elocuente respuesta. Todo el erasmismo español —fervor e ironía mezclados— está contenido en esa oposición entre los padrenuestros hipócritas y la breve oración jaculatoria que penetra en el cielo como un arcabuzazo. En este libro de pasatiempo de su vejez, realizó Laguna la obra maestra de la literatura a la vez edificante, nutritiva y atrayente para el espíritu con que habían soñado los discípulos españoles de Erasmo. Libro sustancial, en que la erudición y la experiencia están transmutadas por la fantasía. El *Viaje* comienza con una cita de Homero y termina con una cita de San Pablo, pero, aparte este discreto homenaje al maestro de la narración de aventuras y al maestro de la fe inspirada, no hay libro menos atiborrado de "autoridades" ni más vivaz en su desarrollo. En la galería del erasmismo español, el Doctor Laguna, filólogo, hombre de ciencia, médico, viajero, ocupa un lugar comparable al que tiene en el humanismo francés su colega Rabelais, a quien tal vez llegó a conocer en Roma (1548), y cuyo *Pantagruel* leyó seguramente con deleite.[66] Los une la franqueza de espíritu, la naturalidad con que integran una rica cultura en las sabrosas historias del folklore nacional. Pero el Rabelais castellano es, por supuesto, más sobrio, menos desbocado, más austero...

Falta todavía que conquiste en su propio país la atención que merece. Rabelais, a pesar de la condenación de sus libros por la Sorbona, fue amado y comprendido sin interrupción por grandes escritores de las genera-

---

[64] Sobre esta invocación, que procede de la oración litúrgica por los agonizantes (*Ordo commendationis animae*), y que también ocurre en el *Libro de buen amor* del Arcipreste de Hita (estrofas 1-6), véase en *R. F. E.*, t. XVI (1929), pág. 72, la reseña, por F. Castro Guisasola, de J. M. Aguado, *Glosario sobre Juan Ruiz*. Figura también en una colección de exorcismos citada por Martín del Río en sus *Disquisitiones magicae*, lib. IV, cap. IV, q. IV, sect. 4.

[65] *N. B. A. E.*, t. II, págs. 65 b-66 a.

[66] Cf. *supra*, págs. 671-672, nota 8.

ciones siguientes, hasta que el siglo XIX lo consideró el autor inigualado y vio en él la más completa expresión del Renacimiento. El *Viaje de Turquía* ha permanecido, hasta nuestros días, no sólo anónimo, sino también inédito. Apenas se conocen de él tres o cuatro manuscritos, dos de los cuales pertenecieron a la biblioteca del Conde de Gondomar y otro a la de Palomares.[67] El prefacio a Felipe II que precede al libro nos propone un enigma insoluble por ahora. Ya hemos visto que ese prefacio tiene su parte de mistificación. Si Laguna, personaje conocido en la Corte, ofreció realmente y en persona su libro a Felipe II, el soberano no pudo ignorar que se trataba de una amable fantasía cuyo autor no había estado nunca entre los turcos. Pero en este caso, es sumamente inverosímil que el libro se haya destinado a la impresión. No se rendía públicamente homenaje al Rey de España con un libro tan poco "grave", en que el Papa, las reliquias y algunos otros temas espinosos se trataban de manera tan desenvuelta. Pero también cabe otra hipótesis. Bien puede ser que Laguna haya pensado imprimir su libro bajo la capa de un anonimato riguroso, y que haya concebido el prefacio para que le sirviera de pasaporte. Pero se comprende, entonces, que no haya encontrado editor en Amberes, y menos aún en España, en un momento en que las publicaciones anónimas eran terriblemente sospechosas. Nosotros nos inclinamos más bien a pensar que el prefacio se escribió, como el libro mismo, para placer del autor y de unos cuantos amigos muy íntimos. Fue una luz puesta bajo el celemín. Pero si la influencia del *Viaje de Turquía* fue nula, su valor es de primer orden y su significación histórica grandísima. Es, en estos momentos críticos en que España se encierra en sus fronteras, la *Odisea* del erasmismo español, que tanto había vagado por los caminos del mundo en la época de Carlos V; es su canción de regreso, su adiós a Europa.

VI

Pasaríamos por alto una consecuencia del erasmismo importante para los destinos de la literatura española si no dijéramos nada de su influencia sobre la evolución de la lengua. Una paradoja del movimiento humanístico del Renacimiento consiste, de manera general, en el notable papel que este movimiento, consagrado a la gloria de las lenguas antiguas, desempeñó en el nacimiento de las literaturas modernas. Es evidente, en primer lugar, que la superstición del latín, del buen latín, tuvo consecuencias saludables. Antes que hablarlo mal, los hombres de estudio prefirieron a menudo no hablarlo en absoluto. El humanismo español reaccionó muy claramente contra el uso de un latín de conversación bastardo y pedestre. A ciertos humanistas extranjeros, Clénard por ejemplo, les parecía que se hablaba muy poco latín en las universidades castellanas.[1]

Los reglamentos universitarios trataron de luchar contra esta tendencia

---

[67] *Supra*, págs. 669-670, nota 2.

[1] Clénard, *Epistolae, ed. cit.*, pág. 252.

antilatina. Pero los dos mayores humanistas que tuvo España después de Nebrija, el Comendador Griego y el Brocense, sostuvieron atrevidamente la paradoja de que "El hablar latín corrompe la latinidad".[2] Por otra parte, todo el esfuerzo de vulgarización de la antigüedad que logró el humanismo ensanchó las posibilidades de expresión de las lenguas nacionales: traducir en la lengua materna a Cicerón, a Séneca o a Plutarco, era dar flexibilidad a esta lengua, y darle tanta más flexibilidad cuanto más fiel permanecía el traductor al genio de su tierra. Además, a cada progreso en el conocimiento de las lenguas antiguas y de sus recursos y peculiaridades tenía que corresponder, en los traductores, una exigencia más estricta en el empleo de la lengua materna. Erasmo, pese a todas las imperfecciones de su obra crítica, fue un maestro de precisión, tanto con su traducción personal del Nuevo Testamento como con sus glosas de los *Adagios*. Ilustrar los proverbios, los modismos de las lenguas antiguas, era atraer la atención sobre las riquezas de la misma especie que encerraban las lenguas modernas. Por eso no nos sentimos sorprendidos al observar, en los mejores erasmistas de España, un vivo afán de expresar en sus traducciones todo el pensamiento del texto que traducen, y de evitar, en consecuencia, los calcos serviles, buscando equivalentes que suenen de la manera más española posible. Esto es cierto lo mismo del Arcediano del Alcor que de Bernardo Pérez o de Diego Gracián de Alderete. Todos ellos hicieron explícitas profesiones de fe a este respecto.[3] Diego Gracián, en una de sus cartas, somete la primera traducción castellana del *Uxor mempsigamos* a una severísima crítica que muestra hasta qué grado llevaba sus exigencias de exactitud y el respeto de su propia lengua.[4]

Pero el erasmismo haría nacer, por añadidura, una corriente de reflexiones sobre la lengua, sobre su dignidad, su genio propio y sus recursos. Aquí también, la paradoja se resuelve pronto en evidencia. Erasmo había pasado su vida escribiendo en latín. Pero su latín era una lengua mucho más flexible, mucho más manejable que la prosa oratoria de que disponían la mayor parte de las literaturas modernas a fines del siglo xv. Se acercaba más a la lengua hablada, a la que conmueve o persuade. Un Erasmo, reflexionando hacia el final de su vida sobre las necesidades primordiales de la predicación, tenía que dar con esta verdad: que existe en cada país una tradición de buen lenguaje, en la cual deben apoyarse los que quieren alcanzar la verdadera elocuencia. Así, escribía en el *Ecclesiastes*:

La primera condición es tener trato asiduo con quienes la hablan pura y elegantemente; la segunda, oír predicar a quienes son excelentes por la gracia del lenguaje; la tercera, leer los autores que han sido notables por la elocuencia en su

2 Véanse los trabajos de P. U. González de la Calle, *Latín y romance, Contribución al estudio de la vida docente española en el siglo xvi* (en *Varia, Notas y apuntes sobre temas de letras clásicas*, Madrid, V. Suárez, 1916); — *La paradoja segunda del Brocense*, Coimbra, 1924 (separata do *Arquivo de História e Bibliografia*, vol. I); — *Latín "universitario"* (*Homenaje a Menéndez Pidal*, t. I, Madrid, 1925, págs. 795 *ss.*).

3 Véanse los prefacios del Arcediano al *Enquiridion*, de Bernardo Pérez a la *Preparación*, de Gracián a los *Morales de Plutarco*.

4 Cf. *supra*, pág. 287, nota 7.

lengua vulgar. Tales Dante y Petrarca, ensalzados por los italianos. No hay lengua tan bárbara que no tenga su elegancia y su fuerza particulares, si se la cultiva. Los que saben italiano, español o francés, afirman unánimemente que hay en estas lenguas, por muy corrompidas que estén, una gracia a que no puede llegar el latín. Otro tanto se asegura de la lengua inglesa, aunque sea híbrida, y de la lengua sajona.[5]

Furió Ceriol, en su defensa de las traducciones vulgares de la Biblia, notará que los idiomas modernos pretenden no ceder en nada a las lenguas antiguas. Algunos dicen que el alemán es el más rico de todos; el italiano, el francés, el español, reivindican la misma primacía. Él se inclina personalmente a dar la palma al italiano y al francés.[6]

Cuando Erasmo escribe las líneas que acaban de leerse, ya Bembo ha publicado sus *Prose della volgar lingua* (1525); Joachim du Bellay no tardará en escribir su *Défense et illustration de la langue française* (1549).[7] A un erasmista, Juan de Valdés, le estaba destinado el dar a España su primer examen reflexivo de la lengua castellana. Se sentía en España, antes de Villalón, que la *Gramática* de Nebrija no constituía un esfuerzo real para codificar el buen uso de la lengua. Su misma gramática latina había envejecido, la habían dejado atrás métodos más modernos y más rápidos. Ahora bien, su *Arte de gramática castellana* no era, prácticamente, sino una traducción española de esa gramática latina. Por añadidura, Nebrija era andaluz, y Castilla pretendía ser la depositaria del mejor lenguaje. Por eso un Valdés, trasplantado a Italia, oye con tanta irritación cómo algunos españoles ponderan a los italianos la autoridad de Nebrija, por lo que toca al vocabulario, y, por lo que toca al estilo, las gracias apolilladas del *Amadís*. El español estaba de moda, en aquel momento histórico en que se transformaba en lengua imperial, en que Carlos V iba a dirigirse públicamente al Papa en castellano.[8] De las conversaciones de Valdés con sus amigos de Nápoles salió su *Diálogo de la lengua*, simpático esbozo de un tratado de filología española, que conserva toda la gracia y toda la naturalidad de una libre charla entre personas de buen gusto.

Valdés, con su clara mirada, se da cuenta de la filiación latina del español, si bien su amor por el griego lo lleva a creer que la antigua España habló griego antes de hablar latín.[9] Otros erasmistas compartieron esta misma ilusión. Francisco de Vergara[10] se complace también en redactar

---

[5] *Opera, ed. cit.*, t. V, col. 856 A-B.

[6] *Bononia, ed. cit.*, pág. 201.

[7] Sobre esta corriente, y sobre el *Dialogo delle lingue* de Speroni, véase P. Villey, *Les sources italiennes de "La défense et illustration de la langue française"*, Paris, 1908.

[8] Cf. Morel-Fatio, *L'espagnol langue universelle* (*B. H.*, t. XV, 1913, págs. 207-225); Erasmo Buceta, *La tendencia a identificar el español con el latín* (*Homenaje a Menéndez Pidal*, Madrid, 1925, t. I, pág. 103); J. F. Pastor, prefacio a *Las apologías de la lengua castellana en el Siglo de Oro* (*Los clásicos olvidados*, t. VIII), Madrid, 1929.

[9] *Diálogo de la lengua, ed. cit.*, págs. 20 ss.; y cf. la introducción de Montesinos a esta edición, pág. LVIII.

[10] Al final del rarísimo volumen D. *Basilii Magni Conciones novem antehac nusquam excusae, nunc primum prodeunt in latinum sermonem translatae, interprete Francisco Vergara*, Alcalá, 1544. — Sobre la misma tendencia en el humanismo francés, véase

una lista de palabras o expresiones que le parecen de origen helénico, sin preguntarse si no habrán llegado a España por el canal del latín. Gracián de Alderete, al traducir a Plutarco, descubre con placer que la frase castellana tiene más afinidades con la griega que con la latina.[11] En todo caso, a partir de la conquista romana, Valdés se forma, en términos generales, una idea justa de lo que fue la historia del español, lengua románica contaminada de árabe. Percibe bastante bien cómo la diversidad lingüística de la Península se explica por su historia política. Entrando en detalles, trata incluso de mostrar, un tanto aventuradamente, la manera de remontarse de ciertas palabras españolas a sus orígenes latinos o árabes.[12] Pero lo esencial del diálogo está consagrado a exponer el buen uso en materia de ortografía, de vocabulario y de estilo.

Se comprenderá que nos detengamos sobre todo en estos dos últimos aspectos, y particularmente en el último. Valdés, en materia de historia de la lengua, no podía tener más que las intuiciones de un hombre inteligente, que disponía del italiano como término de comparación.[13] En materia de buen uso, tenía toda la autoridad de un castellano de gusto refinado y exigente, y este gusto, como ya hemos observado al hablar de sus juicios literarios, representaba eminentemente el de la selecta minoría erasmizante.

¿Podrá hablarse aquí de gusto aristocrático? Sí, si se quiere. Así como la práctica del verdadero cristianismo, según el *Enchiridion,* es obra de un grupito selecto que no coincide con ninguna categoría de la escala eclesiástica y social, así también la multitud de los espíritus "plebeyos y vulgares" es inmensa según Valdés, puesto que comprende "a todos los que son de bajo ingenio y poco juicio", cualquiera que sea su nacimiento o su riqueza. Él se ufana de profesar en esta materia una filosofía muy castellana, y le tiene con mucho menos cuidado el asentimiento de sus interlocutores napolitanos que el de "Garcilaso de la Vega, con otros dos caballeros de la Corte del Emperador".[14] Lo que demuestra hasta qué punto se fía del instinto popular en materia de lenguaje es su amor a los refranes, aunque, engañado por la majestad con que la lejanía reviste a las lenguas antiguas, crea que los refranes españoles son de esencia más vulgar que los de la antigüedad:

Los castellanos son tomados de dichos vulgares, los más dellos nacidos y criados entre viejas tras del fuego, hilando sus ruecas, y los griegos y latinos, como sabéis, son nacidos entre personas doctas y están celebrados en libros de mucha

el artículo de H. Omont, *Un helléniste du* xvie *siècle. Excellence de l'affinité de la langue grecque avec la française, par Blaset,* en la *Revue des Études Grecques,* t. XXX (1917), págs. 161-166.

[11] Prefacio a la traducción de los *Morales de Plutarco.*

[12] *Diálogo de la lengua, ed. cit.,* págs. 25-35.

[13] Montesinos (*ibid.,* pág. LVI) dice muy bien: "Valdés era más sagaz que Bembo, aunque quizá menos gramático. Había en él posibilidades maravillosas de hombre de ciencia; ...en el *Diálogo de la lengua,* entre errores inevitables, dados los conocimientos de la época, las adivinaciones abundan."

[14] *Ibid.,* págs. 71-72.

doctrina. Pero, para considerar la propiedad de la lengua castellana, lo mejor que los refranes tienen es ser nacidos en el vulgo.[15]

Con todo, los refranes son para Juan de Valdés algo más que títulos de nobleza de los vocablos y pruebas de la antigüedad y vitalidad del idioma. Sin que lo diga expresamente, es visible, por el uso que de ellos hace, por su amor a la expresión proverbial, que encuentra en ellos un como esbozo de estilo, la realización popular de un ideal de sobriedad, de nitidez, de plenitud, que es la más elevada perfección a que puede llegar un escritor naturalmente dotado y de juicio seguro. Aquí el erasmismo se injerta en cierta tradición española con la cual tenía profundo parentesco. Nada más instructivo que notar las preferencias de Valdés y sus repugnancias. Por lo que sabemos, representan bastante bien el gusto dominante entre los erasmistas. Ya hemos señalado su elocuente silencio a propósito de Guevara. Podemos estar seguros de que el estilo del Obispo de Mondoñedo le era tan insoportable como las mentiras de su *Marco Aurelio*. Un Matamoros, obligado a dar su juicio acerca de este gran hombre, se muestra severo con su estilo hecho todo de antítesis, de figuras retóricas eruditas; a fuerza de tender exclusivamente a la expresión rebuscada y magnífica, cae en lo ridículo; y Matamoros deplora esta superabundancia verbal que habría podido transformarse en elocuencia verdadera si se la hubiera refrenado y alimentado con más sustancia. Este estilo corrompido, estos falsos primores, agrega, son herencia del *Amadís* y del *Esplandián*.[16]

Ya Valdés había notado en el *Amadís* "no sé qué frías afetaciones" en que se complacía el autor, y no menos le repugnaban sus negligencias, sus anacolutos (o, como él dice, sus "cláusulas eclipsadas"), en una palabra, todo aquello que es, en su estilo, insuficiencia del enlace lógico, alteración arbitraria del orden de las palabras.[17] En la *Celestina*, por la cual Valdés no oculta su admiración, hay, a su juicio, dos faltas que la deslucen: "la una es en el amontonar de vocablos, algunas veces tan fuera de propósito como *Magnificat* a maitines; la otra es en que pone algunos vocablos tan latinos que no s'entienden en el castellano, y en partes adonde podría poner propios castellanos, que los hay"; quitando esto, "ningún libro hay escrito en castellano donde la lengua sté más natural, más propia ni más

---

[15] *Ibid.*, pág. 13.

[16] Matamoros, *De asserenda Hispanorum eruditione*, Alcalá, 1553, fol. 47 vº: "Ego vero sic existimo virum hunc mirae facundiae fuisse, et incredibilis ubertatis naturae; sed omnia rerum momenta (quod Pedio objecit Persius) rasis librat in antithetis, doctas posuisse figuras laudari contentus. Fulgurat interdum, et tonat, sed non totam (ut olim Pericles Atheniensis) dicendo commovet civitatem, et nihil vult, nisi culte et splendide dicere, saepe incidit in ea, quae derisum effugere non possunt. Qui si illam extra ripas effluentem verborum copiam artificio dicendi repressisset, et graviorum artium instrumento locupletasset, dubito quidem an parem in eo eloquentiae genere in Hispania esset inventurus. Hoc dicendi genus corruptum, et omnibus nugis et deliciis fractum ante hunc Herodotum Hispanum *Amadisii* et *Splandiani,* et similium librorum male feriati auctores sibi excogitarunt, qui multa quidem praeclara dixerunt, adjuvante natura: tamen quia id fortuito et non arte fiebat, paratum esse non potuit..." (Véase el mismo pasaje, con trad. española, en la ed. de Madrid, 1943, págs. 216-220).

[17] *Diálogo*, ed. cit., págs. 11-12 y 169-171.

elegante".[18] También a Juan de Mena lo menoscaban palabras groseras que afean su obra, y más todavía el abuso de latinismos crudos.[19] Naturalidad, pureza, claridad, sencillez, son los méritos supremos a sus ojos. Una punta de artificio no le desagrada en poesía. Es indulgente con los "motes", las "invenciones", las "preguntas", las "glosas" de los *Cancioneros.* Pero ama las *Coplas* de Jorge Manrique, el estilo de los romances que fluye sencillamente y sin chocar con nada.[20] El ideal de la prosa, para él, es la naturalidad de la lengua hablada. Pero no se trata, por supuesto, de un estilo de conversación verboso y sin gobierno:

Todo el bien hablar castellano consiste en que digáis lo que queréis con las menos palabras que pudiéredes, de tal manera que, splicando bien el conceto de vuestro ánimo y dando a entender lo que queréis decir, de las palabras que pusiéredes en una cláusula o razón no se pueda quitar ninguna sin ofender o a la sentencia della o al encarecimiento o a la elegancia.[21]

Ciertamente, no pretendemos decir que a España le haya hecho falta la lección de los *Coloquios* de Erasmo para buscar este ideal de naturalidad y de sobriedad. El *Lazarillo,* en el que no llegamos a distinguir la influencia de Erasmo, es un logro magnífico en este género. Y al revés, un Pedro de Luxán es de gusto bastante ecléctico para reunir en sus diálogos la superabundancia guevaresca con la sobriedad erasmiana. Se ha dicho con razón que la historia de la literatura española está dominada por la lucha de dos tradiciones, una sobria y otra ampulosa.[22] El ideal de transparencia que el erasmismo ha venido a confirmar tenía ilustres precedentes en la Edad Media, desde los tiempos del *Conde Lucanor.* Volverá a predominar en el siglo XVIII con hombres como Forner y Moratín. Pero seguramente no es un azar que los más vigorosos espíritus que honran al erasmismo español, desde los hermanos Valdés hasta el autor del *Viaje de Turquía,*

18 *Ibid.*, págs. 177-178.

19 *Ibid.*, págs. 158-159.

20 *Ibid.*, págs. 159-163.

21 *Ibid.*, pág. 155. Cf. pág. 150: "...el estilo que tengo me es natural, y sin afetación ninguna escrivo como hablo, solamente tengo cuidado de usar de vocablos que sinifiquen bien lo que quiero dezir, y dígolo quanto más llanamente me es possible, porque a mi parecer en ninguna lengua stá bien el afetación". Que las ideas de Valdés sobre la lengua, y su ideal estilístico, deben menos a Bembo que al *Cortegiano* de Castiglione, es cosa puesta de relieve por Mario Casella, *Cervantes, Il Chisciotte. La prima parte,* Firenze, 1938, pág. 396, nota 1. También Garcilaso, árbitro del buen gusto según Valdés, entendió como éste la lección de Castiglione, y alabó en la forma siguiente la traducción del *Cortesano* por su amigo Boscán: "Guardó una cosa en la lengua castellana que muy pocos la han alcanzado, que fue huir del afetación sin dar consigo en ninguna sequedad..." (carta a Doña Gerónima Palova de Almogavar, impresa al frente del *Cortesano* en español).

22 "Hubo en España, desde... todos los tiempos, acaso, un español ampuloso, *hablistán* y *parabolano* (Valdés califica así a los parlanchines y fabuleros), y otro conocido por lo sobrio, lo claro y lo veraz que se manifiesta. Hay quienes no conocen más que al primero de estos españoles; otros, en cambio, no conocen o no quieren conocer más que al segundo. Recuerdo que D. Francisco Giner era de éstos. Pues bien, leyendo a Valdés se siente uno partícipe de la opinión de Giner..." José Moreno Villa, en su prefacio a Juan de Valdés, *Diálogo de la lengua*, Biblioteca Calleja, Madrid, 1919, pág. 23.

hayan escrito de manera tan sobria, tan viva, tan directa, y que entre ellos se haya encontrado uno que formulase esta regla del bien escribir, que coincide con la del bien hablar. Es, por otra parte, el estilo mismo que convenía al espíritu libre, irónico, y sin embargo ferviente, cuya victoria momentánea fue el erasmismo. Juventud de la lengua y del pensamiento: tal es el secreto al cual tantos libros de esta época deben una gracia, un verdor, una incisiva eficacia que no se encontrará ya en la España de Felipe II, y en el cual se puede reconocer seguramente cierto estilo Carlos V.

Capítulo XIII

EL ERASMISMO CONDENADO

I. *Derrumbamiento del irenismo después de 1555. Paulo IV contra los "spirituali". El Inquisidor General Valdés y Melchor Cano contra los "alumbrados". Ginebra y el iluminismo español.* II. *La persecución de 1557-1558: su afán de rigor. Los "Comentarios" de Bartolomé Carranza y la literatura de espiritualidad en el Índice.* III. *Erasmo y el Índice.* IV. *El erasmismo vuelve a la sombra. Proceso de Conqués. Las persecuciones contra Francisco Sánchez, el Brocense.*

I

Entre 1556, año en que Carlos V se retira a Yuste, y 1563, año de la clausura definitiva del Concilio de Trento, España cambia con gran rapidez, y profundísimamente, de clima espiritual. Sería grave error explicar esta metamorfosis por la elevación al trono de Felipe II, campeón de la Contrarreforma. Pensemos que, junto con el Emperador, envejece toda una generación. Tras sus hombres prematuramente desaparecidos, los hermanos Valdés, Juan Luis Vives, Fray Alonso de Virués, Francisco de Vergara, Juan Díaz,[1] van desapareciendo poco a poco los demás. Juan de Vergara, después de romper todavía una lanza contra el Estatuto de limpieza de sangre[2] que

---

[1] Alfonso de Valdés murió en 1532; Vives en 1540; Juan de Valdés en 1541; Francisco de Vergara y Virués en 1545 (Eubel, *Hierarchia*, t. III, pág. 149); Juan Díaz en 1546.

[2] En el Catálogo de los Manuscritos de la B. N. M., se lee: "Vergara (Juan de), Canónigo de Toledo, *Representación original que con otros capitulares dio al Consejo de Castilla contra el estatuto de Silíceo* (Ms. 6751)." Parece que este documento desapareció al desmembrarse la recopilación de *Papeles varios* de que formaba parte: hoy no se encuentra por ningún lado. Pero la controversia de 1547 entre partidarios y adversarios del Estatuto de limpieza se puede estudiar en varios manuscritos que conservan la copia de los escritos en pro y en contra (B. N. P., Fonds espagnol, Ms. 354; B. N. M., Mss. 11.008, 11.207 y 11.211. El memorial presentado por los adversarios al Consejo de Castilla se encuentra también en los Mss. 1.703 y 13.267). — Este debate tuvo curioso eco en Francia. El P. Henri Mauroy, guardián de los franciscanos de Reims, teólogo sorbónico y profesor de Derecho canónico en París, compuso con esta ocasión una *Apologia in duas parteis divisa, pro iis qui ex patriarcharum, Abrahae videlicet, Isaac et Jacob, reliquiis sati, de Christo Jesu et fide catholica pie ac sancte sentiunt, in Archiepiscopum Toletanum et suos asseclas.* Dedicada a Julio III, se publicó en casa de Vivant Gaultherot, París, 1553 (B. N. P.; in-4, A.3722). El autor cita, no sin indignación (fol. 12), el artículo del Estatuto que excluye de las dignidades y prebendas del arzobispado de Toledo a los descendientes de israelitas e ismaelitas "etiam quantumvis pii, quantumvis probi et sancti, quantumvis sint in Christo Jesu nostraeque fidei articulis recte sentientes..." Expone en cuatrocientas ochenta y seis páginas, con gran copia de citas de la Escritura, el espíritu anticristiano de esas disposiciones. Antes de publicar su libro, Mauroy había hecho personalmente una gestión ante Silíceo para pedir la abro-

excluía a los cristianos nuevos de las dignidades eclesiásticas del cabildo toledano, se había retirado a los *templa serena* de la erudición.[3] Muere en 1557.[4] Enzinas muere en 1552;[5] Mateo Pascual en 1553;[6] Doña Mencía de Mendoza en 1554;[7] el Doctor Egidio en 1555. El Arcediano del Alcor muere en 1559,[8] como también el Doctor Laguna; el Doctor Constantino en 1560.

Pero, sobre todo, Europa entera ha llegado a uno de esos momentos

gación del Estatuto, por consejo del portugués Odoardo Álvaro, rector de la casa de los agustinos (véase, entre los preliminares, la epístola al Arzobispo de Toledo, fechada en agosto de 1551). — Fermín Caballero (*Melchor Cano, op. cit.*, pág. 403), recogiendo una afirmación de Nicolás Antonio, da por seguro que también Cano "escribió hacia 1550 contra el Estatuto de limpieza del Cardenal Martínez Silíceo", y que tampoco su familia estaba "libre de mezclas impuras". Otro dominico, Fray Agustín de Salucio (según Arriaga-Hoyos, *op. cit.*, t. II, pág. 157), es autor de un tratado adverso al Estatuto, que circuló, tal vez impreso, antes de 1569, fecha en que quedó prohibido. Y Fray Domingo de Valtanás, en su citada *Apología sobre ciertas materias morales en que hay opinión*, dedica un importante capítulo a la "cuestión de los linajes", expresándose con amargura acerca de la "exactísima inquisición" exigida por los Estatutos de limpieza. Cita una lista gloriosa de dominicos que fueron "imitadores de Sant Pablo y semejantes a él no sólo en el espíritu sino en la carne", y recuerda finalmente que a Fray Hernando de Talavera, a Maese Rodrigo de Santaella, a Don Baltasar del Río, al Doctor Rodrigo López, fundador del Colegio-Universidad de Baeza, "nada les estorbó no descender de gentiles para ser muy señalados en virtud y dejar memoria perpetua para gran bien de la Iglesia y utilidad de los próximos". Ya se ve qué profundo malestar resultó de la victoria de Silíceo entre los espirituales españoles. — Sobre la cuestión del Estatuto de limpieza de sangre, véanse finalmente Jerónimo López de Ayala y Álvarez de Toledo (Conde de Cedillo), *Toledo en el siglo xvi después del vencimiento de las Comunidades* (Discurso de recepción en la Academia de la Historia), Madrid, 1901, págs. 47-50 y 133-135 (donde se indican muchas fuentes, sobre todo manuscritas) y ahora, muy especialmente, A. A. Sicroff, *Les controverses des Statuts de "pureté de sang"*..., *op. cit.*

[3] Véase su *Tratado de las ocho questiones del templo propuestas por el Illmo. Señor Duque del Infantadgo: respondidas por el Doctor Vergara, canónigo de Toledo*, Toledo, 1552 (reimpreso por Cerdá y Rico en sus *Clarorum hispanorum opuscula selecta et rariora*, Madrid, 1781), obra que valió a su autor ser llamado por Menéndez y Pelayo (*Heterodoxos*, t. IV, pág. 76) "padre de la crítica histórica en España".

[4] El 20 de febrero de 1557 según su epitafio, reproducido por Nicolás Antonio, t. I, pág. 794 a. Según informes que debo a la amistad de D. Ángel Vegue y Goldoni, el Archivo de Protocolos de Toledo conserva su testamento autógrafo, en el cual recuerda Vergara los cargos que ha desempeñado (Prot. de Juan Sánchez de Canales, 1557, t. I, fols. 695 ss.), y también el inventario de sus bienes (Prot. de Alonso García Yáñez, 1557, vol. nº 3012, fols. 281 ss.). En ese inventario tenemos la alegría de encontrar (fol. 285) "un retrato de Herasmo en una tablilla con unas armas de don Alº de Fonseca". Otros objetos (un paño francés, reposteros y alfombras, retrato del dueño de la casa, escritorio, "clavicínvano con un pie de palo", candelero de plata de Nicolás de Vergara el Viejo, "una piedra negra guarnecida de oro alrededor y en medio una figura de Christo de oro") nos ayudan a representarnos la acomodada y elegante morada del canónigo erasmista. Desgraciadamente, el inventario no dice nada de los libros y manuscritos del Doctor Vergara. Sobre la suerte de éstos, véase F. de B. San Román, *El testamento del humanista Álvar Gómez de Castro* (*Bol. Ac. Esp.*, t. XV, 1928, págs. 551, nota 9, y 554 nota 14), y M. Bataillon, *Les sources espagnoles de l'"Opus epistolarum Erasmi"* (*B. H.*, t. XXXI, 1929, págs. 185 ss.).

[5] El 30 de diciembre de 1552 (cf. Boehmer, *Spanish reformers*, t. I, pág. 154).

[6] Cf. *supra*, pág. 477, nota 10.

[7] Cf. H. Mérimée, *L'art dramatique à Valencia*, Toulouse, 1913, pág. 89.

[8] El 18 de agosto de 1559, según la lápida de su sepulcro (cf. *Enquir.*, pág. 19).

críticos en que se rompe un equilibrio inestable, en que los acontecimientos marchan de prisa. A partir de la paz de Augsburgo, Carlos V ha renunciado al tenaz esfuerzo con que sostenía, desde hacía treinta años, el papel de árbitro entre Roma y la Alemania protestante.[9] El protestantismo ha alcanzado un triunfo positivo que barre con todas las ilusiones del Ínterim. El imperio, cuyo heredero va a ser Fernando, deberá arreglárselas con las nuevas iglesias nacionales. El culto protestante comienza a organizarse en Francia como una confesión disidente. El anglicanismo va a consolidarse después de la breve restauración católica de María Tudor. Ginebra, donde Calvino ha hecho morir a Servet en la hoguera, se afirma como la metrópoli de una nueva ortodoxia.

El sueño irénico de una conciliación "a pesar de todo" pierde bruscamente el apoyo temporal que había encontrado hasta entonces en la política imperial. El erasmismo había vivido de repudiar el cisma, de decir *no* a la intransigencia protestante y de mantener contra la intransigencia católica la exigencia de una doble reforma: la de la Iglesia y la de la fe. La intransigencia protestante había vencido. Era tiempo, para la intransigencia católica, de tomar más clara conciencia de sí misma. La Inquisición romana, desde la época de Julio III, había emprendido la represión de la herejía en tierra italiana, y hasta había asentado pie en el reino español de Nápoles, donde se perseguía al valdesianismo. Con Paulo IV, sube al trono pontificio el más inflexible de los inquisidores. Dos de los cardenales que habían sido colegas suyos en el Santo Oficio van a expiar sus simpatías por una reforma erasmizante. Morone, culpable sobre todo de haber difundido el tratado valdesiano del *Benefizio di Cristo*, sufre persecución, y no saldrá de la cárcel sino después de la muerte de Paulo IV. Pole y su secretario Priuli son más sospechosos aún. El Cardenal Pole muere sin haberse lavado de la sospecha de herejía que pesa sobre él. Carnesecchi es condenado por contumacia. Marco Antonio Flaminio muere a tiempo para salvarse de la hoguera; su hermano Cesare perece en lugar suyo en las llamas.[10] No hay que olvidar estas persecuciones romanas contra los conciliadores y los *spirituali* si se quiere esclarecer debidamente la acción que la Inquisición española emprenderá muy pronto contra el "luteranismo" y el "iluminismo".

Lo cual no quiere decir que haya acción concertada entre la Inquisición romana y la de España. Ésta conserva su carácter autónomo. Y las relaciones entre la Corte de España y la de Roma nunca fueron más tirantes que durante el breve pontificado de Paulo IV. Felipe II es heredero de la vieja querella de su padre, a quien el Papa trata abiertamente de

---

[9] Sobre el eco despertado entre los humanistas cristianos por la abdicación y muerte de Carlos V, puede verse M. Bataillon, *Charles Quint "Bon Pasteur" selon Cipriano de Huerga* (B. H., t. L, 1948, págs. 398-406), donde se da a conocer el hermoso *Sermón del Maestro Fray Cypriano delante del Rector y Universidad de Alcalá el día que se levantaron los pendones por el rey don Philippe nuestro señor*, Alcalá (Juan Brocar), 1556 (B. P. E.).

[10] Sobre todas estas persecuciones, cf. Pastor, *Historia de los Papas*, trad. cit., t. XIII, págs. 204-216, y t. XIV, págs. 224-230, 246-269 y 398-408.

hereje, acusándolo de haber favorecido el protestantismo para rebajar el papado y hacerse dueño del mundo.[11] Una vez más se desencadena la guerra entre Roma y España, y los teólogos españoles aprueban, en masa, la actitud tomada por el Rey; uno de esos teólogos es Melchor Cano,[12] el cual tendrá un papel importante en la defensa de la ortodoxia española. Después de la victoria de San Quintín, todos esperan que las tropas del Duque de Alba entren a saco en la ciudad de Roma, como habían entrado veinte años antes los soldados del Duque de Borbón. Felipe II, para lograr perdón, tendrá que dar al Vaticano pruebas de sumisión absoluta.[13] Será necesaria la reconciliación franco-española de Cateau-Cambrésis para que quede liquidada la política de Carlos V, y para que Felipe II asuma, por una especie de necesidad externa más que por íntima vocación, el papel de campeón de la Contrarreforma.[14]

No nos imaginemos, pues, a Felipe II y a Paulo IV dominados desde su elevación al trono por un anhelo común de extirpar la herejía y poniéndose de acuerdo para esta gran tarea. Pero sus Inquisiciones no podían ignorarse la una a la otra. Es evidente que, en el celo nuevo con que la Inquisición española va a acosar a la herejía, tiene su parte el ejemplo romano. Se hallaba, es preciso decirlo, en manos de un Inquisidor General capaz, por muchísimas razones, de abundar en este sentido. Don Fernando de Valdés, arzobispo de Sevilla, era hombre de natural autoritario y ambicioso, que no pocas veces exageró su celo para salvar una situación personal amenazada.[15] Sobre todo, podía tenerse la seguridad de que no demostraría para la espiritualidad nueva la peligrosa complacencia de que Manrique había dado pruebas con respecto al *Enquiridion* o al apostolado de un Juan de Ávila. De la literatura de oración cuyo maestro es entonces Luis de Granada, él dice desdeñosamente que es "contemplación para mujeres de carpinteros".[16] Ha encontrado un consejero teológico muy a su medida en la persona del dominico Melchor Cano, enemigo jurado de la tendencia pietista, tan vigorosa a la sazón en su Orden. Además de poseer una ciencia metódica y vasta, Cano tiene una especie de instinto ortodoxo gracias al cual descubre a los herejes que se disimulan o que se desconocen. "Los olía desde lejos como un can de caza", dirá de él, haciendo un juego de palabras con su nombre, uno de sus admiradores.[17] Cano mismo, ade-

---

[11] *Ibid.*, t. XIV, págs. 117-118.

[12] Cf. F. Caballero, *Melchor Cano*, págs. 277 ss.

[13] Pastor, *op. cit.*, t. XIV, págs. 146-148.

[14] Sobre este sesgo de la política europea, véase L. Romier, *Les origines politiques des Guerres de Religion*, 2 vols., Paris, 1913-1914.

[15] Cf. Lea, *A history of the Inquisition of Spain*, t. II, págs. 46-48.

[16] Frase citada por el propio Fray Luis de Granada en una carta a Fray Bartolomé Carranza (J. Cuervo, *Fray Luis de Granada y la Inquisición*, en *Homenaje a Menéndez y Pelayo*, Madrid, 1899, t. I, pág. 738).

[17] El benedictino Rodrigo de Vadillo (citado en Arriaga, *Historia del Colegio de San Gregorio, op. cit.*, t. II, pág. 83). Vadillo había dado su aprobación a la segunda parte de la *Guía de pecadores* de Fray Luis de Granada, prohibida en 1559 (Lisboa, 1557; ed. del P. Cuervo, *Obras*, t. X, pág. 195), obra tan inspirada en Luis de Blois. Después figuró entre los calificadores de los escritos de Carranza (*Vida y cosas notables de... Don Diego de Simancas, N. B. A. E.*, t. II, pág. 159).

más, empleó esta comparación para celebrar la seguridad de olfato con que un hombre avezado a la inquisición de la herejía luterana la descubrirá inmediatamente en un libro, mientras que otro, verdadero "tronco incapaz de oler", no se sentirá siquiera tocado por una sospecha:

Tales son en nuestros días, añade, todas esas personas que, aunque manejan y citan cada día a Baptista de Crema, Enrique de Herph, Juan Taulero y otros autores de la misma harina, no perciben sus errores, su espíritu y su intención, ni por el olor, ni por la huella ni por el sabor.[18]

¿Quiénes son esas personas? En primer lugar, los jesuitas. La clave del texto anterior, tomado del *De locis theologicis,* nos la da una carta de Cano a Venegas, fechada el 28 de marzo de 1556:

También he oído decir lo que vuestra merced, que siguen a Juan Thaulero y a Henrique Herp, y los días pasados a Fray Baptista de Crema. A éste poco ha le condenaron en Roma la doctrina, porque fue alumbrado o dejado. Y Thaulero y Henrico en muchos lugares se descubren como hombres de aquella secta de Alumbrados y Dejados. No sé si lo fueron, que no soy juez de las personas, mas desconténtame su doctrina.[19]

No es éste el lugar para inquirir las razones del disentimiento que hubo entre Cano y los jesuitas. Sólo nos importa observar que un teólogo de este temple extiende hasta ellos su desconfianza de la ponzoña iluminista, y que en este terreno está de acuerdo con Paulo IV en persona. En la comisión que examina los estatutos elaborados por Ignacio para su Compañía, Domingo de Soto censura la tendencia antimonástica de una congregación que prescinde de la oración vocal en común, y el Papa acusa con vehemencia a la Compañía de ponerse, en ese terreno, "de parte de los herejes". La Compañía tiene que plegarse momentáneamente ante la voluntad férrea de Paulo IV, que le impone la obligación del coro.[20]

Oración vocal contra oración mental. *Monachatus est pietas!* Hacia 1556, cuando Fray Juan de la Cruz acaba de publicar su *Diálogo,* la lucha contra la herejía aparece en una perspectiva nueva. Un Cano no puede equivocarse en este terreno. La gran herejía del siglo desborda singularmente las tesis de Lutero. Éstas no son sino la expresión revolucionaria de una tendencia general hacia la religión interior e inspirada, tendencia que el catolicismo hace suya con muchísimo peligro. Su verdadero nombre es *iluminismo.* Los historiadores del siglo XIX entreveían este aspecto del XVI cuando trataban de explicar el protestantismo por una necesidad general de "libre examen". Pero intelectualizaban excesivamente esta aspiración, y veían mal su amplitud: no comprendían que ella explica a la vez la reforma protestante y la espiritualidad católica de la misma época. Se trata menos de libre examen que de libre inspiración, de una necesidad que tienen las almas de entrar en comunicación íntima con Dios. El len-

18 *De locis theologicis,* lib. XII, cap. X (pág. 390 de Cani *Opera,* Padua, 1720).
19 Carta reproducida por Fermín Caballero, *Melchor Cano,* pág. 500.
20 Cf. Pastor, *Historia de los Papas, trad. cit.,* t. XIV, págs. 214-223.

guaje moderno nos extravía también aquí cuando califica de "individualista" semejante tendencia. Lo cierto es que ésta explica un sentimiento renovado de la comunidad cristiana: la participación común en el "beneficio de Jesucristo" aparece ahora como un lazo más esencial que la afirmación común de un dogma o que la práctica común de ciertas ceremonias. Existe, entre esta religión de inspiración y las exigencas dogmáticas y ceremoniales del catolicismo, un antagonismo evidente. Tal vez Cano, teólogo antimístico, haya exagerado este antagonismo. Quizá el catolicismo moderno no ha vivido sino por haberlo superado, por haber saltado encima de él. Pero ante todo se ha salvado haciéndose plenamente consciente de tal antagonismo, y en este sentido pocos hombres lo ayudaron tanto como Melchor Cano.

Pero, repitámoslo, la gran transformación que se realiza en España hacia 1558 depende de vastos encadenamientos europeos mucho más fuertes que la voluntad de algunos hombres. Una circunstancia decisiva fue la atracción ejercida por Ginebra y la utilización de las prensas ginebrinas para la propaganda evangélica en España. Por vez primera, el iluminismo peninsular aparecía claramente como copartícipe del protestantismo internacional, en el momento en que éste organizaba sus Iglesias. El proceso de Egidio, hacia 1550, había provocado una primera emigración sevillana, que entonces se había encaminado todavía hacia París y Flandes.[21] Pero en 1555, según el fidedigno testimonio de Cipriano de Valera, siete sevillanos salieron de Sevilla y se marcharon a Ginebra, y entre ellos se encontraba sin duda Juan Pérez de Pineda.[22] Ya en 1550 un refugiado desconocido, que había salido de España mucho tiempo antes, había publicado un *Catecismo* que era la traducción castellana del de Calvino, y en 1551 el peligroso librito se había mandado en sobres sellados a gran número de personas de la aristocracia española, entre ellas el Almirante de Castilla.[23] Juan Pérez de Pineda concibió el proyecto de dar a España el alimento bíblico de que la Inquisición la privaba, utilizando las prensas de Jean Crespin. El nombre de este último se reemplazó con seudónimos como *Juan Philadelpho*, y Ginebra se disfrazó de *Venecia*. Y así fue como comenzaron a introducirse en la Península los *Comentarios* de Valdés sobre la Epístola a los Romanos y la Primera a los Corintios, el Nuevo Testamento y los Salmos traducidos por Juan Pérez, y el *Sumario breve de doctrina christiana* compuesto por este último. El *Sumario* se proclamaba "visto y aprobado

21 Cf. *supra*, pág. 527.

22 Cf. Boehmer, *Spanish reformers*, t. II, pág. 73.

23 *Ibid.*, pág. 45. La fórmula inicial del prefacio, "Al muy ilustre señor N..., el transladador", parece una dedicatoria en blanco a la cual se añadía el nombre de cada señor destinatario. Ahora bien, en marzo de 1551 la Suprema señalaba a los Inquisidores de Valencia "un libro herético que se dize *Cathecismo*" que se había mandado en este sobre cerrado a gran número de personas de calidad. El ejemplar recibido por el Almirante venía de Valencia (A. H. N., *Inquisición*, lib. 323 f, fols. 154 rº y 156 rº). La Inquisición mandó examinar minuciosamente la escritura de los sobrescritos y la tipografía del volumen para tratar de descubrir la proveniencia de aquellos envíos. Véanse al fin del prefacio, reproducido por Boehmer (pág. 46), las excusas del traductor por su mal español ("... le attribuya a la larga ausencia que yo he hecho de España").

por los muy reverendos Señores de la Inquisición de España". Los Salmos y el *Comentario* de la Primera a los Corintios podían tranquilizar también con epístolas dedicatorias a la reina María de Hungría, regente de los Países Bajos, y a su marido, el Archiduque Maximiliano.[24] Por otra parte, nada en estos libros señalaba una ruptura con la línea de conducta que hasta entonces había seguido el evangelismo sevillano: propaganda en favor de un sentimiento religioso compatible con las tendencias protestantes, y silencio en los puntos litigiosos. Pero en 1557, en el momento más agudo del conflicto entre Paulo IV y Felipe II, los refugiados españoles de Ginebra habían podido alimentar la esperanza de una total ruptura entre España y Roma. De ahí esos opúsculos atrevidamente antirromanos que son la *Carta a D. Felipe II* y la *Imagen del Antecristo*, traducción de Ochino adornada con un grabado en que se veía al Papa arrodillado ante el diablo.[25]

II

Tal era la comprometedora mercancía que el valeroso Julián Hernández, llamado "Julianillo", se encargó de llevar consigo hasta Sevilla,[1] en el momento mismo en que doce frailes de San Isidro del Campo, cansados de las incertidumbres de su superior entre un evangelismo de esencia seglar y una espiritualidad fundada en el ascetismo del claustro, se decidían a colgar la cogulla y marcharse a Ginebra.[2] Sabido es cómo la *Imagen del Antecristo*, llevada por error de dirección a un católico resueltamente ortodoxo, fue lo que dio la señal de alarma a la Inquisición. Julianillo fue aprehendido cuando se alejaba de Sevilla y pasaba ya la Sierra Morena. Se le tiene

---

24 Sobre estos volúmenes, véase Boehmer, *Spanish reformers*, t. II, págs. 83-88, y t. I, págs. 119-120; E. Droz, *Note sur les impressions genevoises transportées par Hernández*, en *Bibliothèque d'Humanisme et Renaissance*, t. XXII (1960), págs. 119-132, y Georges Bonnant, *Note sur quelques ouvrages en langue espagnole imprimés à Genève par Jean Crespin (1557-1560)*, en la misma revista, t. XXIV (1962), págs. 50-57.

25 Boehmer, *Spanish reformers*, t. II, págs. 89 y 103.

1 Cf. Menéndez y Pelayo, *Heterodoxos*, t. V, pág. 109.

2 *Ibid.*, pág. 111; Schäfer, *Beiträge*, t. II, pág. 355, y Cipriano de Valera, *Dos tratados del Papa i de la Misa* (reimpr. de Usoz, 1851), pág. 248. Debo a la gentileza de Fernand Braudel el extracto de un documento que descubrió en Simancas (A. G. S., *Estado*, 210) y que se intitula *Memoria de los frayles hereges que se huyeron de Sevilla*. Estos frailes son Fray Francisco de Frías, Fray Antonio del Corro, Fray Peregrino de Paz, Fray Juan de Molina, Fray Casiodoro, Fray Alonso Baptista, Fray Miguel, Fray Cipriano, Fray Lope Cortés, Fray Hernando de León, Fray Francisco de la Puerta. A continuación de ellos se señala a Luis de Sosa, natural de Canarias, casado con una toledana, y a Francisco de Cárdenas, anteriormente comerciante en Sevilla. "Los quales todos están en Geneva y por la vía de los dichos frayles, porque acá eran grandes amigos, y este Cárdenas ha scripto de ally." Casi todos estos fugitivos fueron quemados en efigie en el auto de fe celebrado en Sevilla el 26 de abril de 1562 (cf. Schäfer, *Beiträge*, t. II, pág. 313). Corro, Casiodoro de Reina y Cipriano de Valera se hicieron ilustres en la historia del protestantismo español fuera de España (cf. Menéndez y Pelayo, *Heterodoxos*, t. V, págs. 154 ss.). Corro, discípulo del Doctor Egidio, es a todas luces un heredero de las tendencias irenistas del erasmismo español, que lo hicieron enfrentarse al sectarismo de

en la cárcel de Triana el 7 de octubre de 1557.[3] El día 4 se ha arrestado a Don Juan Ponce de León, el aristócrata sevillano cuya complicidad le había facilitado su tarea y que, según parece, pensaba donar a los evangélicos de la ciudad una capilla para predicar.[4] Sin duda por este mismo tiempo se toman las primeras medidas de rigor contra los libros del Doctor Constantino,[5] el cual, sin embargo, seguirá en libertad hasta el 16 de agosto de 1558.[6]

Por otra parte, en la jurisdicción inquisitorial de Valladolid afluyen denuncias, a principios de 1558, sobre una propaganda "luterana" oculta, que tiene múltiples centros en la propia Valladolid, en Salamanca, en Zamora, en Toro, en Palencia, en Logroño.[7] Allí, como en Sevilla, se trata sobre todo de un evangelismo que proclama la salvación por la fe sola y cuyos partidarios más decididos pertenecen a la aristocracia y a las órdenes monásticas. Hablar, como se hace a menudo, de "comunidades protestantes"[8] es falsear la imagen de este movimiento. En vano se buscaría en él un culto reformado según las fórmulas luteranas. Se citan, es cierto, casos de comunión bajo las dos especies.[9] Se ve asimismo cómo la doctrina de la

las jóvenes iglesias reformadas. Véase (ibid., pág. 157) el pasaje de su Lettre envoiée à la Majesté du Roy des Espaignes (1567), donde reclama amnistía para los delitos de religión y libertad de conciencia en el suelo de España.

3 Véase la relación contemporánea "embiada de Sevilla por un oficial del Santo Officio de ella a otro del de Granada" en el Ms. 6.176 de la B. N. M., fols. 61 v°-62 r°. Valdría la pena publicar en español este documento, del cual da Schäfer (Beiträge, t. II, págs. 355-357) una traducción basada en otro manuscrito. Véase ahora John E. Longhurst, Julián Hernández, protestant martyr, en Bibliothèque d'Humanisme et Renaissance, t. XXII (1960), págs. 90-118.

4 Schäfer, op. cit., t. II, pág. 415, y t. I, pág. 372.

5 A. H. N., Inquisición, lib. 323 f, fol. 233 v°. Carta de la Suprema "para todas las Inquisiciones", en que se ordena confiscar "ciertos libros que compuso el Doctor Constantino": Exposición del primer Salmo, Cathecismo christiano y Confesión de un pecador. El documento está fechado en Valladolid, 16... 1557, desgraciadamente sin indicación del mes. Más tarde, sin duda, pidió la Inquisición al flamenco Hentenius, traductor del Arte de Fray Alonso de Madrid, una censura del Cathecismo grande y de la Suma, y a un teólogo español la de la Doctrina grande. En ésta se señala una excesiva insistencia en la justificación por la fe. En los demás libros se reprochan a Constantino ciertas omisiones comprometedoras. No menciona la obediencia al Papa a propósito de la noción de Iglesia; acerca de la confesión, habla abundantemente de la conciencia del pecado, pero no dice en ningún lugar que el confesor deba ser un sacerdote. No habla de la intercesión de la Virgen y de los santos, ni tampoco del purgatorio, ni de la transubstanciación. Hentenius concluye que Constantino no toma partida contra Lutero en ningún punto (A. H. N., Inquisición, leg. 4.444, n° 5 y n° 49).

6 Schäfer, Beiträge, t. II, pág. 406, y Hazañas, Maese Rodrigo, pág. 426.

7 Véase el informe dirigido por el Inquisidor General Valdés a Carlos V el 2 de junio (Menéndez y Pelayo, Heterodoxos, t. IV, págs. 405 ss.) y la reconstrucción de los acontecimientos por Schäfer, Beiträge, t. I, sobre todo págs. 296 ss.

8 Schäfer, op. cit., t. I, pág. 277, muestra con mucha justeza la impropiedad de esta expresión, que sin embargo usa él mismo.

9 Es de notar que Erasmo admite la comunión bajo las dos especies en la Praeparatio ad mortem (Opera, ed. cit., t. V, col. 1.306 B: "Id fiet si repurgata ab omni affectu peccandi conscientia, frequenter sumamus Panem mysticum, ac de Poculo mystico bibamus..."; 1.306 E: "Harum rerum memoriam ac vim nobis renovamus, quoties cum fide debitaque reverentia carnem Domini comedimus ac sanguinem bibimus"). El catecismo

justificación por la fe se completa con negaciones más o menos audaces sobre el purgatorio, sobre la confesión, sobre el valor de los sacramentos y de las obras, sobre el poder del Papa y de la Iglesia. Es posible que, de no haber intervenido la Inquisición tan vigorosamente en 1558, estos grupos hubieran acabado por convertirse en verdaderas comunidades protestantes, comparables con las que se estaban constituyendo en Francia por el mismo tiempo. Tales como aparecen en los documentos inquisitoriales, hacen pensar más bien en los "conventículos" de alumbrados que en 1525 habían alarmado a la Inquisición de Toledo. El espíritu del iluminismo castellano, trasplantado tiempo atrás a Nápoles con Juan de Valdés, regresa de Italia a Castilla con Carlos de Sesso.[10] Ha cambiado de fórmula: el "dejamiento" cede su lugar a la fe en la justificación por el beneficio de Jesucristo. Pero el sentimiento profundo que lo anima sigue siendo el mismo. Entre los escritos con que se nutren los nuevos "alumbrados", Calvino y Lutero van al lado de Taulero, Juan de Valdés, Ochino y Constantino Ponce de la Fuente. Carranza ocupa un lugar importante, no únicamente por sus *Comentarios*, sino también por una multitud de opúsculos manuscritos, en compañía de los cuales aparecen diversos tratados del Maestro Juan de Ávila, de Fray Tomás de Villanueva y de Fray Luis de Granada. Según la opinión del erudito que más minuciosamente ha escrutado los documentos relativos al movimiento de Valladolid, estos documentos aportan una "deslumbrante confirmación" a las opiniones de Gothein, según el cual "el *protestantismo español,* en la medida en que presentaba un carácter nacional y no era simple traducción del gran movimiento de Alemania, *era místico".*[11]

Ahora bien, la aportación reciente del luteranismo propiamente dicho no tiene en ello sino poca parte, y la Inquisición, aunque aplica al movimiento español el epíteto de *luterano,* no se engaña en cuanto a sus verdaderos orígenes. El Inquisidor General Valdés, en septiembre de 1558, se expresaba así en un informe dirigido al Papa acerca de la acción represiva emprendida por la Inquisición española: [12]

publicado por orden del emperador Fernando, hermano de Carlos V, demuestra muy bien, por su insistencia en este punto, cuán extendida debía de estar la comunión bajo las dos especies entre los seglares de Alemania (en la traducción española de Juan Martín Cordero, *Suma de doctrina christiana,* Amberes, 1558, la cuestión ocupa no menos de cinco páginas, fols. 43 r⁰ ss.). Véase también G. Constant, *Concession à l'Allemagne de la communion sous les deux espèces, Étude sur les débuts de la Réforme catholique en Allemagne, 1548-1621,* Paris, 1923.

10 Véase en la B. A. H., *Proceso de Carranza,* t. I, fol. 335 r⁰, una carta de Carranza a Fray Juan de Villagarcía (Middelburgo en Zelanda, 17 de junio de 1558): "E agora escriven de Valladolid que han prendido... a Don Carlos de Sesso, aquel cavallero que vivía en Logroño y vuestra Reverencia conoce. Esto sé por carta de Don Antonio de Toledo que me lo escrive. De ese don Carlos creo esto porque me lo dixieron. Quando salimos de Valladolid yo le vi e me paresció que estava dañado en algunas opiniones. Él es natural de Verona e le conoscen los de casa del señor Cardenal [Pole]. Vuestra Reverencia pregunte por él a Donato Rullo e Monseñor Priuli antes que les diga este subcesso". Cf. Menéndez y Pelayo, *Heterodoxos,* t. IV, págs. 394-395.

11 Schäfer, *op. cit.,* t. I, pág. 289, nota 1. Sobre las lecturas de los "luteranos" castellanos, cf. *ibid.,* pág. 291, nota 2.

12 A. H. N., *Inquisición,* lib. 245 f, fols. 230 ss. Documento publicado por Lea, *op. cit.,* t. III, págs. 566 ss. Véase, en particular, la pág. 570.

Considerado bien estos negocios, parece que no dejan de tener el principio de más lejos, y que las herejías de que el Maestro Joan de Oria fue acusado y los errores que hubieron los que les llamaban alumbrados o dejados, naturales de Guadalajara y de otros lugares del reino de Toledo y de otras partes, eran de la simiente destas herejías luteranas, sino que los Inquisidores que en aquel tiempo conocieron de aquellas causas no estaban práticos destos errores luteranos para usar de la ejecución que conviniera hacerse con más rigor; lo cual, y el haber ido algunos de los culpados a Roma y haber hallado allí buena acogida y dispensado con ellos, les dieron ocasión de atreverse a ser pertinaces en sus errores y dejar sucesión dellos, como también se ha entendido de haberse admitido el Doctor Egidio a reconciliación el año de cincuenta y tres, por no alcanzar los jueces inconvenientes que para adelante se representan, con la espiriencia de las cosas desta cualidad, como está dicho; [y de allí] ha sucedido el daño que ahora se descubre en Sevilla, por ser los principales culpados de los que fueron apasionados y aficionados y secuaces del Doctor Egidio, de quien les quedó el lenguaje de sus errores y falsa doctrina.

Es muy posible que el Inquisidor General haya exagerado el rigor contra los "luteranos" de Sevilla y Valladolid porque esta acción lo salvaba de una desgracia inminente. Es muy posible que al perseguir a Carranza haya satisfecho un resentimiento personal. Hubo indiscutiblemente, en las represiones de 1558 y de los años siguientes, un carácter de atrocidad premeditada que contrasta con los métodos menos cruentos que la Inquisición había seguido hasta entonces. Pero hay que reconocer que la acción de Valdés obedece a la lógica misma de la función inquisitorial. Siendo el fin de ésta la extirpación de la herejía, Valdés se da cuenta de que los medios puestos en práctica desde hace más de treinta años han sido ineficaces: quien quiere el fin tiene que querer otros medios. Se trata ahora de un movimiento herético de carácter sedicioso en que están comprometidos hombres de calidad. Es imposible tratarlo con la misma clemencia que los delitos de judaísmo o de mahometismo cometidos por oscuros conversos.[13] Es tanto más peligroso, cuanto que sus adeptos tienden a liberarse de las obligaciones y mandamientos de la Iglesia, y el pueblo no pide otra cosa sino ir en pos de un movimiento liberador de esa especie. Pero sobre todo, si se vacila en condenar al fuego a reos de ilustre cuna, la Inquisición se quedará con la carga de presos y penitentes indóciles, sostenidos por su

---

13 *Ibid.*, pág. 571: "...estos herrores y herexías que se an començado a domatiçar y sembrar de Luthero y sus secaces en España an sido a manera de sedición o motín, y entre personas principales a sido, en linaxe, religión y hacienda como en deudos principales, de quien ay gran sospecha que podrían suceder mayores daños si se usase con ellos de la benignidad que se a usado en el sancto officio con los convertidos de la ley de Moisén y de la secta de Mahoma, que comunemente an sido gente baxa, y de quien no se temía alteración ni escándalo en el reyno, como se podría temer o sospechar en los culpados destas materias lutheranas..." Cf., sobre el rango social de los "luteranos" en 1558, Gonzalo de Illescas, *Historia pontifical*, 2ª parte, Burgos, 1578, pág. 451 a: "Eran todos los presos de Valladolid, Sevilla y Toledo personas harto calificadas, los nombres de los quales yo quise callarlos aquí por no amanzillar con su ruin fama la buena de sus mayores y la generosidad de algunas casas illustres a quien tocó esta ponzoña". Véase *infra*, pág. 727, sobre el proceso de Alonso Enríquez, de la familia de los almirantes de Castilla.

familia y su clientela.[14] Por esta razón, Valdés solicita del Papa instrucciones en que se ordene a los Inquisidores y a los consultores mostrarse sin piedad con los inculpados a quienes se considera peligrosos para la paz de la Iglesia o del reino, con todos aquellos cuyo castigo tiene que ser ejemplar, "aunque fuesen personas constituidas en cualquier dignidad seglar o pontifical o eclesiástica, y de cualquier orden, hábito y religión y estado que sean".

El mayor rigor que entonces se demuestra no significa de ninguna manera que los inculpados hayan sido "más luteranos" que un Egidio o un Vergara. Se quema en 1558 a hombres que, algunos años antes, hubieran expiado su culpa con penitencias de corta duración. Es que el nuevo método represivo, fundado en el terror del ejemplo, no permite ya salvar la vida de nadie con una retractación. De ahí tantas ilustres víctimas, algunas de las cuales afrontan el martirio y, como Francisca de Chaves o Julianillo Hernández, insultan a sus verdugos, mientras otras se prosternan en vano ante la ortodoxia a la cual son inmolados. Don Juan Ponce de León se confiesa en la hora del suplicio, y trata inútilmente de inspirar su arrepentimiento a Doña María Bohorques, que lo rechaza con indignación.[15] El Doctor Agustín Cazalla se retracta. La única misericordia que la Inquisición tiene con estos arrepentidos consiste en darles garrote antes de quemarlos, en lugar de entregarlos vivos a las llamas. La retractación de Cazalla, escándalo para tantos historiadores, no debe desnaturalizarse con piadosas interpretaciones protestantes.[16] Lo mismo hay que decir de la retractación de Egidio. Mártir a pesar suyo, Cazalla da testimonio, con su muerte, de la nueva severidad con que procede la Inquisición, severidad tanto más implacable cuanto más prominentes son los hombres a quienes castiga. Entre las personas que sabían a qué atenerse en este brusco agravamiento de las exigencias ortodoxas, su muerte fue siempre un recuerdo turbador, un caso trágico análogo al de Orígenes, en el cual la condenación de la Iglesia jerárquica no era quizá incompatible con un perdón divino.[17] En cuanto a Constantino, para que haya muerto

14 *Ibid.*: "...por ser materia de libertad de obligaciones y preceptos de la Iglesia que el pueblo tiene por pesados y se aficionaría fácilmente a libertarse, y podría ser que los Inquisidores apostólicos y consultores y tanbién los ordinarios que an de ser llamados para la determinación de los negocios, o algunos dellos, al tiempo de votar y sentenciar los procesos, tuviesen algún escrúpulo de relaxar al braço seglar alguno de los culpados que serían personas de calidad para admitirlos a misericordia, se sospecha que no cumplirían las penitencias o cárceles que les fuesen impuestas con la humildad y paciencia que lo suelen hacer las otras personas de más baxa suerte, y por la qualidad de las tales personas y de sus deudos podrían suceder mayores inconvinientes y escándalos, así en lo de la relixión como en lo de la pública paz y sosiego del reyno..."

15 Schäfer, *Beiträge*, t. II, págs. 273 y 278.

16 *Ibid.*, t. I, págs. 325-328 (nota), donde se resume la controversia.

17 Véase la defensa de Grajal (1572), acusado de haber dado a entender que Orígenes estaba tal vez en el cielo a pesar de su condenación: "...podría alguno decir de Cazalla que, aunque murió condenado por hereje, se podría haber salvado, si fueron salidas del corazón las señales que mostró de contrición antes de su muerte" (*Procesos inquisitoriales*, publicados por el P. M. de la Pinta Llorente en el *Archivo Agustiniano*, año XVIII, 1931, pág. 443).

en su cárcel después de más de dos años de prisión, es preciso que no haya buscado de ninguna manera el martirio.[18]

El mismo afán de rigor ejemplar de que es víctima Cazalla explica en gran parte las persecuciones contra Carranza, recién consagrado Arzobispo de Toledo: ese rigor estaba muy conforme con las miras de Paulo IV, que no se hizo de rogar para delegar en Valdés sus poderes inquisitoriales "contra cualesquier obispos, arzobispos, patriarcas y primados".[19] No vamos a analizar aquí este proceso, que tantas controversias ha suscitado. Quienquiera que lo interrogue con alguna atención, sin dejarse hipnotizar por la absurda cuestión de "si el Arzobispo de Toledo era protestante",[20] reconocerá sin duda que los cargos lanzados contra Carranza eran del mismo tenor que los que pesaban sobre un Egidio o un Constantino, ambos quemados en efigie. No hay que exagerar, pues, el papel desempeñado en su proceso por los celos [21] y el *odium theologicum*. La piedra angular de la acusación, como muy bien lo dijo Menéndez y Pelayo,[22] es la censura que hizo Cano de los *Comentarios sobre el catechismo christiano*. En esas páginas tal vez abusa Cano de aquel don que tenía de descubrir la herejía donde mejor se ocultaba. Pero este documento muestra como ningún otro la amplitud y el alcance de la represión emprendida entonces contra el iluminismo. Es preciso que nos detengamos en él un poco para comprender cómo esta represión apuntaba en primer lugar contra la herencia espiritual del erasmismo, si bien el nombre de Erasmo casi no aparece en los procesos conservados de 1558 y de los años siguientes.

La primera acusación de Cano contra los *Comentarios* [23] es que este libro "da al pueblo rudo en lengua castellana cosas de teología y Sagrada Scriptura dificultosas y perplejas". Carranza, como se recordará, había partido de la distinción entre la Escritura simple y pura, cuya vulgarización es peligrosa, y el catecismo, enseñanza elaborada de la cual no pueden prescindir los fieles. Sobre esta distinción se fundaba, a su juicio, la legitimidad, la necesidad misma de un libro como sus *Comentarios*. De ella sacaba, por otra parte, una regla flexible en materia de lectura de los libros sagrados en lengua vulgar, concibiendo que se diese mayor libertad a las personas iluminadas por el Espíritu Santo, y remitiéndose, en todo ello, "a la discreción de los pastores y médicos spirituales". Pero por la

---

[18] Cf. *supra*, págs. 528-529.

[19] Menéndez y Pelayo, *Heterodoxos*, t. V, pág. 41. — Cf. Pastor, *Historia de los Papas*, t. XIV, pág. 272. Paulo IV montó en violenta cólera cuando el cardenal Ghislieri apoyó las gestiones de Carranza, que prefería que su caso se tramitara en Roma.

[20] H. Bremond, *Histoire littéraire du sentiment religieux en France*, t. VIII, Paris, 1928, pág. 220, nota 1, no vacilaba en escribir: "Carranza dont l'orthodoxie est aujourd'hui reconnue de tous..."

[21] Bremond (*ibid.*) cita una frase del R. P. Mortier: "Au fond, le grand crime de B. Carranza était d'être archevêque de Tolède. Ce siège possédait des revenus considérables qui aiguisaient l'appétit des autres prétendants." Bremond añade: "Espérons du moins, avec le P. Colunga, que cette longue iniquité a aussi des motifs plus nobles."

[22] *Heterodoxos*, t. V, pág. 34.

[23] Sobre el sentido de la persecución lanzada contra Carranza y su obra, véanse ahora los trabajos de J. I. Tellechea mencionados *supra*, págs. 517-518, nota 5, y pág. 519, nota 9, especialmente este último.

puerta así entreabierta, Cano ve pasar todo el erasmismo y todo el iluminismo. La Sorbona, gracias a Dios, ha condenado definitivamente esta complacencia al condenar las opiniones de Erasmo sobre la vulgarización de la Escritura. La Inquisición, a su vez, ha dado su sentencia. ¿Se va acaso a decir al pueblo que la Inquisición se ha equivocado? Además, contar con la iluminación del Espíritu Santo para comprender la Escritura sin saber latín ni teología, "por aquella vía tan extraordinaria que propiamente ni es vía ni camino", es contar con un milagro que Dios no ha hecho más que con sus apóstoles y un puñado de elegidos. Por último, si las mujeres ignorantes tienen que ser guiadas en su lectura por un maestro sabio, se ven renacer infaliblemente los conventículos secretos, como en la época de los alumbrados del reino de Toledo.

Esta acusación de iluminismo es como el *leitmotiv* de la censura de Cano.[24] Pero es evidente que el "iluminismo" de un Carranza no puede formularse en los mismos términos del Edicto de 1525. Entre los "dejados" y los nuevos alumbrados está todo el erasmismo, están las controversias sobre la fe justificante. El iluminismo de los *Comentarios* de Carranza —ya lo hemos entrevisto— es una interpretación del cristianismo que acentúa vigorosamente la oposición entre la razón y la fe, y que no respeta mucho el magisterio de los teólogos y de los filósofos. Esta fe, que radica en el núcleo de la doctrina, no se define por un determinado contenido dogmático. Es, a un mismo tiempo, la fe en la gracia divina y esta misma gracia. Don del Espíritu Santo, es una virtud que contiene en sí las demás virtudes. Es amor de Dios, es presencia de Dios en el hombre, pues "el ser que recibe nuestra ánima por la unión del Espíritu Santo es el ser infinito del Espíritu criador".

El hombre en quien habita semejante fe es justo: no peca. Un pecado mortal significaría que la fe lo ha abandonado. Y el pecado venial no merece el nombre de pecado. Ese hombre no tiene otra voluntad que la voluntad de Dios: *Fiat voluntas tua,* tal es su única oración. Los buenos cristianos celebran un sábado espiritual ininterrumpido: descansan en Dios, dejando que su Espíritu obre en ellos. En la oración es donde el alma llama a sí el socorro divino: y esta oración no tiene ninguna necesidad de las palabras. Más exactamente, la oración vocal y todas las ceremonias exteriores no tienen otra utilidad que dar al alma un punto de apoyo. Son como el garfio que el navegante arroja a tierra firme y afianzándose del cual tira con su cuerda: se diría que atrae hacia sí la tierra, pero es él quien se mueve hacia ella. Los perfectos no han menester esta ayuda. El ayuno y la limosna son los grandes auxiliares de la oración. Pero hay que cuidar de no convertir los medios en fines y no confundir estas obras pías con sus contrahechuras: el ayuno es de valor nulo si es hipócrita como el ayuno de los ricos; y si sirve de estorbo a obras mejores, tales como la predicación, la confesión, la enseñanza oral o escrita, entonces debe suprimirse, para que esas obras se realicen. De la misma manera, si

---

24 F. Caballero, *Melchor Cano*, págs. 536-542. No podemos sino resumir aquí este capital documento, citando algunas de sus fórmulas más significativas.

la limosna se practicara dentro de un espíritu verdaderamente cristiano, "habían de ser... todas las casas de los cristianos unos públicos hospitales para hospedar pobres e peregrinos"; pero el farisaísmo de las fundaciones pías está muy lejos de esto. Y las limosnas con que se han enriquecido excesivamente las iglesias y los monasterios han hecho más mal que bien. Una Iglesia desprendida de los bienes terrenales es la única que conviene a un cristianismo interior.

Tal es, a grandes rasgos, el iluminismo que Cano denuncia en los *Comentarios,* y que le parece ser el terreno maldito en que se dan cita no sólo los begardos, los alumbrados de 1525 y los luteranos de 1558, sino Calvino, Erasmo, Carranza y Fray Luis de Granada. Él levanta resueltamente el catolicismo, con sus instituciones y su tradición íntegra, contra ese cristianismo de inspiración. Varias veces se ha condenado la concepción de la fe que anima a esta religiosidad peligrosa. La condenaron, por ejemplo, el Edicto de 1525 y la censura de la Sorbona que denuncia el error de Erasmo sobre la unidad de la fe y de la caridad.

Si se deja rienda suelta a esta exigencia de interioridad, se viene encima toda la revolución religiosa que conmovió a la Iglesia: la teología escolástica se derrumba, con la razón escarnecida: "e si esto es verdad..., cerremos los libros, e aun ciérrense los generales, perezcan las universidades, mueran los estudios, e démonos todos a la oración". La sociedad misma se desquicia, desde el momento en que se borra la distinción entre una minoría que se consagra a la vida interior y la gran mayoría ocupada en la vida activa, "porque es imposible humanamente y a lo ordinario cumplir con lo uno y con lo otro".

La crítica del valor de las ceremonias arrastra la muerte del culto. Si los preceptos relativos al ayuno pierden su fuerza imperativa, los confesores, los predicadores, los hombres que "escriben libros de doctrina cristiana sin ningún término" los quebrantarán bajo piadosos pretextos, y el pueblo, a ejemplo de ellos, sacudirá el yugo de los mandamientos de la Iglesia. Si se reprocha a los ricos la hipocresía de su ayuno, entonces dejarán de ayunar. En cuanto a la práctica de la limosna, sería verdadera locura querer llevarla hasta extremos revolucionarios. Por último, criticar las riquezas de las iglesias y de los monasterios es ir directamente a las secularizaciones luteranas; y, "en tiempo do los eclesiásticos ni hacen milagros, ni tienen la vida y espíritu de los Apóstoles", se arruina el respeto de que la Iglesia ha menester si se la despoja de sus riquezas y de su poder temporal.[25]

Pocas crisis hay más conmovedoras en la historia del catolicismo. En estos cuarenta años que hace que la Iglesia se enfrenta a la Reforma, los

---

[25] *Ibid.,* págs. 553, 575, 598-599, 600-601, 602. — Más de un pasaje aparentemente atrevido de los *Comentarios* se explica por la intención de la obra, "escrita en y para Inglaterra", como lo recuerda muy oportunamente J. I. Tellechea en su reciente trabajo sobre *Bartolomé Carranza y la restauración católica inglesa (1554-1558),* en *Anthologica Annua,* Roma, t. XII (1964), págs. 159-282 (véanse en particular las págs. 222-223). Carranza, ocupado en luchar contra la influencia de los libros heréticos, estaba muy lejos de "jugar con la heterodoxia".

mejores de sus hijos tratan de salvar la institución sin renegar del espíritu en que funda su grandeza y en cuyo nombre la condenan los Reformados. Y he aquí que un médico brutal —los Reformados dirían "cínico"— pone a esa minoría selecta en el trance de elegir entre el espíritu fautor de la herejía y la institución misma. La opinión de Cano va a ser seguida rigurosamente por la Inquisición. Pero la minoría selecta cuyas aspiraciones espirituales quedan entonces cruelmente mutiladas no se resigna sin lucha. Carranza hace esfuerzos desesperados por salvar sus *Comentarios*, y, entre los muchos teólogos que encuentra de su parte desde el primer momento, figuran no sólo los dominicos a quienes Menéndez y Pelayo llama "carrancistas",[26] sino también un jesuita ilustre: Salmerón.[27] Una vez aprehendido, el Arzobispo será nada menos que un hereje: sus defensores irán disminuyendo; pero un Azpilcueta seguirá siempre de su lado.[28] Fr. Luis de Granada es atacado a su vez por Melchor Cano, acusado de ser uno de esos peligrosos iluministas que reducen la oración vocal a un papel accesorio y que invitan a todos los hombres a la oración mental. Fray Luis vuela a socorrer el *Libro de la oración* y la *Guía de pecadores* con el sentimiento de defender la causa misma de la oración. Trabajo perdido. Sus gestiones serán tan vanas como las de su amigo Meneses.[29] Francisco de Borja no salva tampoco sus *Obras del cristiano*,[30]

26 *Heterodoxos*, t. V, pág. 34. Algunos, como Meneses y Mancio, cantaron la palinodia. Cf. V. Beltrán de Heredia, *El Maestro Mancio de Corpus Christi, O. P.*, separata de *C. T.*, 1935, págs. 37 ss.; y, del mismo autor, *La retractación de las censuras favorables al "Catecismo" en el proceso de Carranza*, en *C. T.*, t. LIV (1936), págs. 145-176 y 312-336.

27 Véase F. Cereceda, *Laínez y Salmerón y el proceso del Catecismo de Carranza* (*Razón y Fe*, tomo C, 1932, págs. 212-226), y, del mismo autor, *Diego Laínez en la Europa religiosa de su tiempo, 1512-1565*, 2 vols., Madrid, 1945-1946.

28 Véanse las memorias de Don Diego de Simancas publicadas por Serrano y Sanz en *Autobiografías y memorias* (N. B. A. E., t. II, págs. 152 ss.), en particular la diatriba que redactó el anciano "Doctor Navarro" después de la liberación de su cliente (pág. 205).

29 Cf. M. Bataillon, *De Savonarole à Louis de Grenade, art. cit.*, págs. 31-32.

30 Véase en particular la averiguación que reclamó para dictaminar que la recopilación publicada en Alcalá, 1556, con el título de *Primera y segunda parte de las obras del Duque de Gandía*, contenía muchos opúsculos que no eran de él (A. H. N., *Inquisición*, leg. 4.427, nº 6. Probanza del P. Francisco de Borja... Alcalá, 27 de septiembre de 1559. — Documento publicado de acuerdo con otro manuscrito en *Monum. Hist. S. J., Sanctus Franciscus Borgia*, t. III: *1539-1565*, Madrid, 1908, págs. 556 ss. Cf., *ibid.*, las cartas núms. 188 a 190 bis). — Es de notar que, hasta la fecha, nunca han vuelto a publicarse las *Obras del cristiano* del Duque de Gandía en su original redacción española. Hemos consultado en la B. P. E. un ejemplar de la rarísima *Primera parte de las obras muy devotas y provechosas para qualquier fiel christiano compuestas por el Illustríssimo Señor Don Francisco de Borja, Duque de Gandía y Marqués de Lombay*, Medina del Campo (Guillermo de Millis), 1552. Allí asoma la espiritualidad del Beneficio de Jesucristo, tan perseguida por el Inquisidor General Valdés. Cf. fol. 18: "Nuestros hechos de por sí ninguna cosa valen..." Debemos ofrecer cada una de nuestras obras "a una de las que Jesucristo nuestro Señor quiso obrar por su caridad en la tierra por los hombres; y por los méritos de las suyas merecerán las nuestras, si con humildad van offrecidas, ser aceptas delante el consistorio divino, que para esto fue servido de vestirse de nuestras miserias, para que nos pudiéssemos vestir de sus riquezas..." Recientemente ha aparecido una edición de los *Tratados espirituales* de San Francisco de Borja, Barcelona (Juan Flors), 1964.

ni el Maestro Juan de Ávila salva sus *Avisos y reglas cristianas sobre el verso Audi filia.*[31]

De Constantino a San Francisco de Borja, todo un mundo de fuerzas espirituales se defiende para no morir. El verdadero nombre de ese complejo mundo es "Reforma católica". Sólo pueden negarlo aquellos que están resueltos de antemano a ver en esa reforma un movimiento único, coherente, seguro en su oposición al protestantismo. En tal caso, resulta cómodo distinguir, entre aquellos a quienes la reacción de 1558 trata de herejes o de sospechosos, dos grupos diversos: una gran masa justamente calificada de "protestante", y algunos ortodoxos cuyas obras, prohibidas momentáneamente por precaución, reaparecerán muy pronto, brillando con inmaculado esplendor gracias a modificaciones insignificantes. Pero para quien ve las cosas como historiador, la frontera es mucho menos fácil de trazar. Carranza y Constantino concibieron la fe de una manera que se acercaba muchísimo a la de Melanchthon. Sin embargo, ambos tuvieron conciencia de permanecer en la ortodoxia. Y, mucho más que con Melanchthon, Carranza está en comunión espiritual con Luis de Granada. Las amistades de Constantino con los ortodoxos se han borrado cuidadosamente, porque, muerto en pleno proceso, quemado en efigie, el calificativo infamante no tuvo para él apelación. Pero se adivinan esas amistades, ya del lado de Luis de Granada,[32] ya del lado de los jesuitas.[33]

[31] De este libro, que se consideraba perdido hasta 1915 (cf. J. Sola, *Nota bibliográfica del B. Ávila,* en *Manresa,* año XVII, núms. 64-65, septiembre-diciembre de 1945, dedicado por entero a Juan de Ávila, pág. 362, nota 4), se han descubierto posteriormente dos ejemplares salvados de la censura inquisitorial: uno en la B. N. L. y otro en la B. P. E.: *Avisos y reglas christianas para los que desean seruir a Dios aprouechando en el camino espiritual. Compuestas por el Maestro Áuila sobre aquel verso de Dauid Audi filia & vide & inclina aurem tuam.* Véndense en casa de Luys Gutiérrez librero en Alcalá de Henares. [Colofón:] *Impresso en la florentíssima universidad de Alcalá de Henares en casa de Iuan de Brocar que santa gloria aya año 1556.* La historia de la publicación del *Audi filia* de 1556 es algo más compleja de lo que suponíamos al escribir la introducción de nuestra versión francesa de unas cuantas *Pages retrouvées de Jean d'Avila,* en *La Licorne,* II, Hiver, 1948, Paris, págs. 203-214. Cf. *infra,* págs. 752-753, nota 11. — Don Luis Sala Balust, que defendió en la Universidad de Salamanca, el 24 de mayo de 1948, una tesis doctoral sobre *El Beato Maestro Ávila y sus dos redacciones del "Audi, filia",* ha publicado dos tomos de *Obras completas del B. Juan de Avila* en la "Biblioteca de autores cristianos": t. I: *Epistolario, Escritos menores,* con biografía, introducciones y notas, Madrid, 1952; t. II: *Sermones, Pláticas espirituales,* con introducciones y notas, Madrid, 1953. Cf. M. Bataillon, *Jean d'Avila retrouvé. (À propos des publications récentes de D. Luis Sala Balust),* en el *B. H.,* t. LVII (1955), págs. 5-44. Ha aparecido asimismo una preciosa edición del *Audi, filia* de 1556 como t. X de la biblioteca de "Espirituales españoles", Barcelona (Juan Flors), 1963, con copiosa introducción de L. Sala Balust y con interesantes apéndices: I. "Vida de Doña Sancha Carrillo", discípula del Maestro Ávila, escrita por su hermano D. Pedro Fernández de Córdoba [ms. de la Hispanic Society of America]; II. Censura inédita del *Audi, filia* de 1556 por Fr. Juan de la Peña, O. P. (?) [descubierta por J. I. Tellechea en el t. VII del Proceso de Carranza y comentada por él en lo referente a su influjo en el texto corregido por el Beato Ávila]; III. Texto de los capítulos 88-93 del *Audi, filia* de 1574 (sobre la Justificación).

[32] Cf. *supra,* pág. 589, nota 4, y pág. 598, nota 42.

[33] Véase en Menéndez y Pelayo, *Heterodoxos,* t. V, pág. 99, la curiosa historia de las gestiones hechas por Constantino para entrar en la Compañía de Jesús hacia 1557.

Y podemos imaginar qué íntimos desgarramientos debieron sufrir los reformadores católicos cuando les fue preciso, un día, abjurar de todo cuanto los hacía solidarios con la reforma protestante, a riesgo de renegar de sus amigos y de embotar los pensamientos que habían sido el alma de su propaganda. Doloroso parto de una ortodoxia, más bien que batalla de una ortodoxia armada de punta en blanco contra el luteranismo: tal es la crisis en que hay que situar la prohibición que se decreta por fin contra la obra de Erasmo, amenazada desde hacía tanto tiempo.

III

A partir de los Índices españoles de 1551, Italia había dado señales de una severidad sin precedentes. Ya durante el pontificado de Julio III, el Índice impreso en 1554 en Milán había prohibido, además de los *Coloquios* y la *Moria*, las *Anotaciones sobre el Nuevo Testamento* y los *Escolios sobre San Jerónimo*. Ese mismo año, el Índice de Venecia se había mostrado más riguroso aún: a la lista anterior había agregado el *Enchiridion*, las *Paráfrasis del Nuevo Testamento*, el *De sarcienda Ecclesiae concordia*, el *Modus orandi*, la *Exomologesis*, la *Christiani matrimonii institutio* y el Prefacio a las *Obras de San Hilario*.[1]

Mientras la ortodoxia italiana trasladaba así sus trincheras hasta las líneas fijadas por la Sorbona, la Universidad de Lovaina, donde el erasmismo había hecho grandes progresos desde la muerte de Erasmo, parecía muy poco dispuesta a seguir ese ejemplo. En 1545, el Obispo de Lieja no había podido obtener de ella un juicio sobre las obras de Erasmo. Es verdad que Hentenius, prior de los dominicos de Lovaina e Inquisidor de la fe en la jurisdicción de Lieja, examina para la Universidad, en 1552, los nueve volúmenes en folio de la edición de Basilea: pero la lista de los pasajes que debían suprimirse permanece inédita y sin efecto. Felipe II, al suceder a su padre como soberano de los Países Bajos, invita a los Lovanienses a completar su Índice de 1550. Entonces ellos publican el de 1556, donde no figura Erasmo más que con el *De sarcienda Ecclesiae concordia*, y esto en las traducciones francesa y alemana. Los ortodoxos de la Universidad, y a su cabeza el canciller Ruard Tapper, no se dan por vencidos, y se esfuerzan en conseguir una prohibición más amplia. Trabajan en Roma a fin de que la Santa Sede haga presión sobre Felipe II. Pero Felipe II, según parece, no cedió a esta presión, y consultó sistemáticamente al Consejo de Brabante, donde Erasmo contaba con defensores decididos, en particular Granvela. La *Apoteosis de Ruard Tapper*, libelo publicado por los erasmistas después de la muerte del canciller

Ello demuestra que los jesuitas estaban entonces muy lejos de considerar a Constantino como un hereje vitando. El P. Astráin (*op. cit.*, t. II, pág. 95) no tiene sobre el particular fuente más fidedigna que un relato de Rivadeneyra: "En nuestro archivo, dice, escasean las cartas de aquellos años, y no hemos hallado las que, sin duda, se escribirían sobre ese hecho".

1 Reusch, *Die Indices, op. cit.*, pág. 156.

(1559), arroja una curiosa luz sobre la batalla trabada en los Países Bajos en torno a la obra de Erasmo.[2]

Sin embargo, Roma, con Paulo IV, no se contentaba ya con cosas a medias. Aun antes de que se promulgase el Índice establecido por su orden, se había notificado a los libreros la decisión que condenaba los libros de Erasmo al fuego. Es verdad que al fin se decidió no promulgar formalmente la lista, a pesar de estar ya impresa; pero el Índice de 1558, que atenuó un poco sus rigores, mantuvo a Erasmo entre los autores heréticos *primae classis,* por haber errado en cierto modo *ex professo,* y condenó todos sus libros, "aun aquellos que no trataban de religión". Con este Índice llegó a su culminación la severidad ortodoxa. Ciertos jesuitas, como Nadal y Canisio, lo juzgaron deplorablemente draconiano.[3] Sabemos que en el colegio de los jesuitas de Nápoles se quemaron muchas obras de Erasmo y especialmente dos o tres ejemplares de los *Adagios,* y que los padres se apresuraron a hacer gestiones para alcanzar autorización de rescatar ese libro tan precioso para la gente de estudio.[4]

El Índice romano de 1558 no estuvo nunca en vigor en España,[5] porque la Inquisición española conservaba su independencia en esta materia como en muchas otras. El que Valdés promulgó a fines del verano de 1559 aumentó considerablemente la lista de 1551;[6] en lo que se refiere a Erasmo, no llegó hasta la prohibición total. Un curioso documento nos introduce en el secreto de los trabajos preparatorios de donde salió este Índice. Es un largo memorial del Maestro Francisco Sancho,[7] catedrático de teología en Salamanca, que expone a la Suprema las incertidumbres en que se hallaba todavía con respecto a muchos libros prohibidos por el Índice anterior, y al cual contesta la Suprema punto por punto:

[2] E. Gossart, *Un livre d'Érasme réprouvé par l'Université de Louvain (1558),* en el *Bulletin de la Classe des Lettres de l'Académie Royale de Belgique,* Bruxelles, 1902, págs. 427-445.

[3] Pastor, *Historia de los Papas, trad. cit.,* t. XIV, págs. 239-241. — Véase ahora Lorenzo Riber, *Erasmo en el "Índice paulino" con Lulio, Sabunde y Savonarola,* en el *Bol. Ac. Esp.,* t. XXXVIII (1958), págs. 249-263, donde se cita el artículo del P. Mario Scaduto, S. I., *Laínez e l'Indice del 1559,* publicado en el *Archivum Historicum Societatis Iesu,* Roma, t. XXIV (1955), págs. 3-32.

[4] *Monum. Hist. S. J., Epistolae Salmeronis,* t. I, pág. 415. Carta de Salmerón a Laínez (Nápoles, octubre o noviembre de 1560): "Aquí se an quemado en casa muchas obras de Erasmo y specialmente dos o tres vezes los *Adagios.* Agora, con la licencia avida del Alexandrino, se duda si se podrían tornar a comprar los *Adagios;* y ya que fuesse lícito, si le parece cosa expediente hazerlo, porque estos lettores de casa dessean estos libros." El Alexandrino es el futuro San Pío V.

[5] El 4 de abril de 1559, el Licenciado Villar, de la Inquisición de Córdoba, escribía a la Suprema: "...Aquí a parescido un cathálogo de libros prohibidos por la Sta Inqon de Roma, publicado en ella a 30 de deziembre proxime passado para toda la cristiandad con graves censuras, como V. Sa lo avrá visto. Hágame merced de mandarme cómo nos avemos de aver con tan larga prohibición" (A. H. N., *Inquisición,* leg. 3309). Estas últimas palabras son significativas.

[6] Sobre la lista de 1551 véase *supra,* págs. 502-504. El Índice de Valdés ha sido reimpreso en 1952 (*Tres Indices...:* cf. *supra,* pág. 502, nota 4).

[7] A. H. N., *Inquisición,* lib. 323 f, fols. 140 r°-143 v° (el memorial original, fols. 141-142, tiene las respuestas de la Suprema al margen).

Muchos libros hay malos, los cuales tienen pocos errores, como son *Armonía evangélica, Phrasis Sacrae Scripturae, Methodica juris*,[8] *Pomponio Mela* con comento de Vadiano, *Paradoxa* Leonardi Fuchsii, *Ecclesiastes* Erasmi y otros semejantes, los cuales, en lo demás, quitados los pocos errores que tienen, son tenidos por libros provechosos y curiosos. Y por eso son deseados de muchos, y quieren saber si se les podrán permitir quitados los dichos errores.

La Suprema mantiene la prohibición de esos libros, sin reservas. Otros autores, sin estar prohibidos con sus nombres, podían caer bajo la prohibición general que abarcaba los libros que tuviesen "algo" contra la fe y la Iglesia: había en este número teólogos o Padres de la Iglesia como Ricardo de Armagh, Durando, Cayetano, el Maestro de las Sentencias, Orígenes, Teofilacto, Tertuliano, Lactancio, escritores de la antigüedad pagana como Luciano, Aristóteles, Platón y Séneca. A este propósito, la Inquisición precisó que sólo el *Teofilacto* traducido por Ecolampadio o algún otro hereje debía retirarse de la circulación. En general, los "libros de humanidades" prologados y anotados por herejes [9] como Melanchthon podían devolverse a sus dueños una vez suprimidos prefacios y notas. Algunos pensaban que podían poseer las pocas obras prohibidas de Erasmo si se hallaban incluidas en algún volumen de las obras completas, o que la prohibición de los *Coloquios* no se aplicaba a la edición escolar expurgada impresa en Portugal con aprobación del Santo Oficio.[10] Pero en todos estos casos se mantuvieron rigurosamente las disposiciones de los Índices de 1551.

También la prohibición de las Biblias permanecía regida estrictamente por los edictos anteriores, y, en materia de traducciones de la Biblia en lengua vulgar, la tolerancia se limitaba a las recopilaciones de *Epístolas y Evangelios* litúrgicos y a los libros de *Horas* no especificados por el Índice. Una lista de los libros condenados al fuego por la Suprema el 2 de enero de 1558 [11] muestra que por estos días las prohibiciones nuevas

8 Sin duda la *Methodica juris utriusque traditio* de Conrad Lagus. En el mismo registro, fol. 35 vº, se ve que ya en 1548 se había confiscado este libro en Navarra.

9 Un ejemplo típico de libro de humanidades anotado por un hereje es el *De copia* de Erasmo, comentado por J. Veltkirchius o Velcurio, en el cual el Índice de Lisboa (1581) ordenaba tachar frases como éstas: "Sola fides justificat, Sola fides gignit bona opera, Solus Deus operatur justificationem nostram absque libero arbitrio, Fides est causa efficiens justificationem" (Reusch, *Die Indices*, pág. 364). Ya el 28 de abril de 1573 los calificadores del Santo Oficio de México habían decidido la confiscación de todas las ediciones de la *Copia* comentada por Veltkirchius (su voto, que incrimina las frases arriba citadas, me fue comunicado amablemente por Don Jorge Conway).

10 De esta edición (Coimbra, hacia 1546), moderadamente expurgada, hay una descripción bibliográfica en Anselmo, *op. cit.*, núm. 1113, donde difícilmente llama la atención por faltar este número en el artículo "Erasmo" del índice alfabético de autores. Sobre el libro y sobre su editor, el erasmista sevillano Juan Fernández, catedrático de la Universidad de Coimbra, puede verse un estudio (*L'édition scolaire coïmbroise des Colloques d'Érasme*) en M. Bataillon, *Études sur le Portugal au temps de l'humanisme*, Coimbra, 1952, págs. 219-256.

11 A. H. N., *Inquisición*, lib. 323 f, fol. 146 rº. *Los libros que se mandaron quemar por los Señores del Consejo en Valladolid 2 de henero de 1558 años.* Documentado publicado por Schäfer, *Beiträge*, t. III, pág. 101.

se dirigen sobre todo contra las impresiones ginebrinas introducidas clandestinamente en Sevilla y contra algunos libros del Doctor Constantino. La única obra de Erasmo que figura en ella es el *Ecclesiastes*. En cambio, se observa una traducción española de las *Antigüedades judaicas* de Josefo; [12] el *De inventoribus* de Polidoro Virgilio y el *Chronicon* de Carión se condenan tanto en latín como en romance.

En el Índice de 1559, la prohibición alcanza una amplitud muchísimo mayor. Se extiende, como ya hemos visto, hasta Luis de Granada, el Beato Juan de Ávila y San Francisco de Borja. Comprende las traducciones españolas de Taulero, de Serafino de Fermo y del *Comentario* de Savonarola sobre el *Pater Noster,* y unos manuales de comunión frecuente, persiguiéndose con especial rigor la espiritualidad del Beneficio de Jesucristo. En su decidida reacción contra los libros de espiritualidad en lengua vulgar, sobre todo cuando se apoyan en el texto de la Escritura, el nuevo Índice prohibe hasta las recopilaciones de *Epístolas y Evangelios* litúrgicos, hasta la traducción de la *Cristíada* del obispo Girolamo Vida, hasta las poesías devotas de Jorge de Montemayor.[13]

No se puede menos de admirar, en estas condiciones, la moderación relativa con que se trató la obra de Erasmo. Los libros prohibidos en latín y en romance son la *Moria,* los *Coloquios,* el *Modus orandi,* la *Exomologesis,* el *Enchiridion,* la *Lingua.* Algunos se prohiben sólo en español: tal es el caso de los comentarios sobre el *Pater Noster* y sobre los salmos *Beatus vir* y *Cum invocarem.*[14] Tal es también, detalle muy notable, el caso de la *Paraclesis* y de los *Silenos de Alcibíades.* Las obras no traducidas que se prohiben en lengua latina son realmente pocas: el *Ecclesiastes,* prohibido ya en 1551, el *Catechismus,* la *Epitome colloquiorum,* el Prefacio a las *Obras de San Hilario,* discutido años atrás en Valladolid, el *De sarcienda Ecclesiae concordia,* cuyas tendencias irénicas no eran seguramente actuales, la *Christiani matrimonii institutio,* la *Epistola de interdicto esu carnium,* la *Censura super tertiam regulam Augustini* y la *Ratio sive Methodus compendio perveniendi ad veram theologiam.* Si se añaden a esto dos obras de polémica antierasmiana —la traducción española del libro del Príncipe de Carpi y la *Dulcoratio* de Carvajal—, se tendrá todo aquello que, en el terrible Índice de Valdés, concierne a Erasmo: no figura en él ni siquiera la *Defensio* de Alonso Enríquez, prohibida por el Índice de Paulo IV.[15] Un punto capital era seguramente la prohibición del *Enchiridion,* manual por excelencia del cristianismo en espíritu, libro al cual los religiosos espirituales habían perdonado el

---

[12] Traducción publicada en Amberes en 1554. Véase en el mismo registro (lib. 323 f, fol. 232 v⁰) una circular de la Suprema (sin fecha, de fines de 1556 o principios de 1557) en que se da la orden de confiscarla.

[13] Cf. M. Bataillon, *Une source de Gil Vicente et de Montemor* (en *Bull. des Études Portugaises,* Coimbra, t. III, 1936), pág. 14.

[14] El Índice dice: "Exposición sobre el Psalmo Beatus vir, literal y moral, de Erasmo. — Exposición sobre el Psalmo Miserere mei Deus, y Cum invocarem del mesmo Erasmo. — Exposición del Pater Noster de Savonarola". Sobre el problema que plantea la mención del *Miserere,* cf. *supra,* pág. 486, nota 12.

[15] Reusch, *Die Indices,* pág. 178. Cf. *supra,* págs. 418-419, nota 10.

Monachatus non est pietas, concordes como estaban con él en cuanto a lo esencial de la piedad. Sin embargo, por omisión tal vez, se dejaban circular aun en lengua vulgar expresiones tan típicas de la piedad erasmiana como la *Praeparatio mortis* y el *Sermón del niño Jesús,* sin hablar de los opúsculos morales traducidos por Cordero [16] y de los *Apotegmas.* Por otra parte, la prohibición fulminada contra las obras latinas afectaba bien poco a éstas. Erasmo se repitió tanto, y es a tal punto un mismo pensamiento el que inspira todos sus libros, que su obra no quedaba gravemente mutilada para el público de los letrados. No solamente el *Antibarbarorum liber,* sino también los *Adagios* quedaban en manos de los humanistas españoles, más afortunados que sus colegas de Italia. Palmyreno exclamaba: "Dios le dé mucha vida al Inquisidor Mayor, que ha sido en ese y otros libros más liberal con los estudiosos que no el Papa, porque si los *Adagios* de Erasmo nos quitaran, como el Papa quería en su catálogo, bien teníamos que sudar".[17] Sobre todo, el pensamiento religioso de Erasmo permanecía fácilmente accesible en toda su obra de comentador del Nuevo Testamento —el *Novum Instrumentum* con la *Paraclesis* y todas las *Paráfrasis* [18]—, en sus muchas obras polémicas —*Apologías, De libero arbitrio, Hyperaspistes*— y en su correspondencia. Y hasta se dejaban pasar obras que en otro tiempo se tenían por peligrosas, como el *Encomium matrimonii.*

El Índice de Valdés, no cabe duda, modifica de manera profunda las

---

[16] Véase el núm. 515 de la *Bibliografía.* Se trata de la *Declamatio de morte,* dedicada a Glareanus (Allen, t. III, Ep. 604), y de la *Oratio de virtute amplectenda,* dedicada a Adolfo de Veere (Allen, t. I, Ep. 93). Juan Martín Cordero, clérigo de origen valenciano, que fue más tarde cura de Santa Catalina de Valencia, se encontraba sin duda en Lovaina cuando publicó este volumen y toda una serie de traducciones más (véase la *Suma de doctrina cristiana,* traducción del catecismo del Emperador Fernando, con una dedicatoria al Duque de Sessa, Conde de Cabra, Don Gonzalo de Córdoba, fechada "desta Universidad de Lovaina", a 15 de mayo de 1558). Tradujo la *Cristíada* de Vida (Amberes, 1554), el *Tratado del duelo* de Alciato (Amberes, s. f.), las *Flores de Séneca* escogidas por Erasmo (Amberes, 1555), el *De bello judaico* de Flavio Josefo (Amberes, 1561), el *Promptuario de las medallas* de Guillermo Rouille (Lyon, 1561). Cf. Bonilla, *Erasmo en España,* art. cit., *R. H.,* t. XVII (1907), págs. 500-506.

[17] Citado por Menéndez y Pelayo, *Heterodoxos,* t. IV, pág. 119, nota. Sobre los *Adagios* en manos de los humanistas españoles, además de los casos de Laguna y Mal Lara, el uno anterior y el otro posterior a 1559 (cf. *supra,* pág. 677, nota 23, y pág. 627, nota 23), véase el estudio de Karl Ludwig Selig, *Sulla fortuna spagnola degli "Adagia" di Erasmo,* en *Convivium,* Torino, t. XXV (1957), págs. 88-91, y el de Alejandro Ramírez-Araujo, *Los "Adagia" de Erasmo en los sermones de Fray Alonso de Cabrera,* en *Hispanófila,* Madrid, núm. 11, 1960, págs. 29-38. Tratándose de obras posteriores al Índice romano de 1573, siempre cabe admitir que los humanistas usaban la edición expurgada por Paulo Manucio.

[18] El Índice se interpretó liberalmente como una lista limitativa de prohibición. Véase el registro de decisiones de la Suprema: "F. Pº de Quintanilla, predicador en sant Benito desta villa de Valladolid digo que muchos de los libros que Bartolomé de Robles tiene en mi poder son de Herasmo, como son *Adaxios, Paraphrases, Anotaciones,* de los quales ninguna prohibición ay. Ansí es mi parecer que se le pueden bolver." La decisión fue: "Lo de Herasmo que no estuviere en el cathálogo se le buelvan todos" (A. H. N., *Inquisición,* lib. 245 f, fol. 235 vº. Documento no fechado, pero a todas luces anterior al registrado a continuación, 12 de octubre de 1559).

condiciones de la vida espiritual española.[19] Pero, al menos en el punto preciso que nos ocupa, su influencia se debe no tanto a la extensión de sus prohibiciones cuanto al rigor nuevo con que se empeña en hacerlas respetar. El Inquisidor General ha obtenido del Papa, sin dificultad alguna, un breve que anula las dispensas de que gozaban gran número de teólogos.[20] La posesión de los libros prohibidos se hace un delito sin excusa, y su búsqueda se organiza metódicamente. A partir del otoño de 1558 [21] la imprenta y el comercio de libros quedan sometidos a normas severas. Importar obras en lengua española sin permiso del Rey es un crimen que puede castigarse con la muerte y la confiscación de los bienes. Los libros destinados a la impresión deben tener una "licencia", y los ejemplares impresos no pueden ponerse a la venta sino después de una rigurosa confrontación con el manuscrito revisado y apostillado en cada página. Hasta se ha previsto el caso de las copias que corren a escondidas: queda prohibido a quienquiera "que tenga, ni comunique, ni confiera, ni publique a otro, libro ni obra nueva de mano que sea de materias de doctrina de Sagrada Escritura y de cosas concernientes a la religión de nuestra santa fee católica", so pena de muerte y confiscación de bienes. Los arzobispos, obispos y prelados quedan encargados de organizar, con ayuda del brazo secular, la inspección de las librerías y bibliotecas, públicas o privadas, eclesiásticas o seglares. Las universidades tienen que concurrir a esta inspección: [22] en Salamanca, por ejemplo, una veintena de estudiantes se reparten la tarea de visitar las librerías. Las hogueras encendidas en Sevilla y en Valladolid dan gran fuerza a las nuevas prohibiciones.

No es esto todo. Se diría que España entera se congrega tras una especie de cordón sanitario para salvarse de alguna terrible epidemia. Cuando Felipe II, hacia el 1º de julio de 1559, decide salir de Flandes y trasladarse a la Península, no quiere dejar a espaldas suyas ningún súbdito español expuesto al contagio de la herejía. Encarga a su confesor, Fr. Bernardo de Fresneda, de notificar a cuantos estudian en Lovaina la orden de regresar a España en un plazo de cuatro meses: todos ellos tendrán que hacer consignar por testigos su vuelta a España; una vez aquí, deberán presentarse ante la Inquisición en cuyo distrito se encuentre su lugar de residencia, y los Inquisidores levantarán acta del hecho. Con todo esto se quiere, sin duda, tenerlos sometidos a una vigilancia especial como presuntos "portadores de gérmenes". Monseñor de Arrás, el hijo

---

[19] Desde hace ya mucho tiempo se ha señalado la importancia que tuvieron sus prohibiciones para la evolución espiritual de Santa Teresa. La cuestión ha sido examinada con precisión nueva por Marcel R. Candille, *Problèmes de chronologie thérésienne*, en *B. H.*, t. XXXVIII (1936), págs. 153 ss.

[20] Lea, *op. cit.*, t. III, págs. 570 y 490.

[21] Pragmática del 7 de septiembre de 1558 (cf. Lea, *op. cit.*, t. III, pág. 488). Su texto se transcribe en el Libro de *Claustros* de la Universidad de Salamanca (registro que va del 10 de noviembre de 1557 al 10 de noviembre de 1558, fols. 92 vº-94 vº).

[22] Véanse los *Claustros* (registro de noviembre de 1558 a noviembre de 1559, fols. 25 rº ss., febrero de 1559). La inspección se hizo de acuerdo con los libros de caja, previo juramento que hicieron los libreros de no poseer más libros que los apuntados en esos registros.

de Granvela, cuidará de que ninguno de ellos se quede en los Países Bajos, donde ya fermenta la rebelión.[23]

Pero el régimen de terror instituido por Paulo IV en Roma y por Valdés en España no podía mantenerse por mucho tiempo en el mismo grado de rigor. A Paulo IV sucede Pío IV, y en seguida Pío V: éste es el antiguo Inquisidor Ghislieri, a quien el terrible Caraffa juzgaba demasiado bondadoso. En España, el Cardenal Espinosa sucede a Valdés (1566). Los humanistas y los espirituales respiran. El Índice del Concilio de Trento, promulgado por Pío IV, es bastante benigno con la obra de Erasmo: sólo hay prohibición absoluta para los *Coloquios*, la *Moria*, la *Lingua*, la *Christiani matrimonii institutio*, el *De interdicto esu carnium* y la traducción italiana de la *Paráfrasis de San Mateo*. Muy pronto aparecería, bajo el cuidado del impresor pontificio Paulo Manucio, una edición expurgada de los *Adagios*. Todas las otras obras que tratan de cuestiones religiosas no se prohibían sino provisionalmente, mientras se hacía la expurgación a que las sometería la Facultad de Teología de París o la de Lovaina.[24]

La violencia de la rebelión de los Países Bajos, los rápidos progresos que aquí hacía el calvinismo, convertían a Lovaina y Amberes, por fuerza de las circunstancias, en baluartes del catolicismo, baluartes que Felipe II no dejó por mucho tiempo desprovistos de españoles. Ya hablaremos del papel que tuvo Arias Montano en la publicación de la Biblia Políglota de Amberes. Este gran sabio nos interesa ahora por otros servicios que prestó hacia este mismo tiempo a la causa católica en los Países Bajos. El Duque de Alba le concedió vara alta para la expurgación de los muchos libros —los de Erasmo, sobre todo— que se reconocían como parcialmente utilizables. Ya en 1569 aparecía en las prensas de Plantino un índice de libros prohibidos en cuya preparación había tenido parte importante Arias Montano. La expurgación era un quehacer minucioso. Debía ser tal, que permitiera poner en manos de los teólogos "las obras de San Agustín y San Jerónimo y Tertuliano y otros autores graves" cuyas ediciones se habían hecho sospechosas a causa de las notas. Montano hizo que el Duque de Alba aprobase un plan que repartía el trabajo entre un centenar de teólogos: la coordinación quedaba a cargo de un colegio de censores presidido por el Obispo de Amberes y en cuyo seno Arias Montano representaba al Rey. Al cabo de dos meses de reuniones que duraban desde la madrugada hasta mediodía y desde las dos de la tarde hasta el anochecer, se logró imprimir, en los talleres de Plantino, el *Index expurgatorius librorum qui hoc saeculo prodierunt* (Amberes, 1571): este libro no se pondría a la venta, sino que se distribuiría entre los expurgadores. Montano estaba no poco orgulloso de esta obra, que se anticipaba a las listas expurgatorias que entonces se preparaban en Roma, y que podía influir favorablemente en ellas:

23 Véase B. A. H., *Proceso de Carranza*, t. I, fol. 391 r°. Deposición de Fr. Bernardo de Fresneda, 6 de octubre de 1559. Sobre el regreso de Felipe II, véase la nota de F. Braudel, *Le retour de Philippe II en Espagne (1559)*, en *Deuxième Congrès International des Sciences Historiques, Alger, 14-16 avril 1930* (Alger, 1932, págs. 83-85).

24 Reusch, *Die Indices*, pág. 259.

El Índice que Su Excelencia ha mandado hacer no hará daño a los Cardenales y Doctores que en Roma tienen este cargo, porque antes les dará luz para que vean todos los lugares que ofenden en aquellos libros de Erasmo y de Munstero, y podrá ser que viéndolos tan bien repurgados dejen estos autores con los demás; y si no los dejaren, o los quitaren del todo, a lo menos este provecho habrá hecho el Duque: que de aquí a que salga el edito del Papa, andarán aquellos auctores repurgados, y los que los leyeren no ternán lo malo en ellos, y aprovecharse han de lo bueno.[25]

Arias Montano confesaba en una carta a Ovando: "Los que más nos han dado que hacer han sido, entre los teólogos, Erasmo, y entre los juristas, Cárolo Molineo [Charles du Moulin]".[26] La expurgación de las obras de Erasmo, en efecto, constituía al final del Índice una especie de apéndice de veintitrés páginas. En este punto, el colegio de los censores había tomado como base la censura de Hentenius, revisándola cuidadosamente. Los tijeretazos eran muchísimos, tanto más cuanto que se había querido salvar de la supresión total un número mayor de obras. El *Enchiridion* quedaba a salvo con cuatro mutilaciones, una sola de importancia: se sacrificaba la célebre página acerca del judaísmo de las ceremonias y el final de la Regla V. La *Exomologesis*, el *Ecclesiastes*, el *Modus orandi*, la *Ratio verae theologiae*, los *Adagios* sufrían buen número de amputaciones. La *Paraclesis*, por el contrario, corría la misma suerte que los *Coloquios*, la *Moria*, la *Lingua* y la *Christiani matrimonii institutio*: se suprimía por completo.

Arias Montano se esforzaba en "salvar de Erasmo lo que fuere posible".[27] En este esfuerzo había tenido en cuenta los cánones del Concilio, aprovechando toda la amplitud que el Índice de Trento dejaba para la expurgación de los libros peligrosos. Se adivina que esta gran inteligencia, formada en el medio erasmista de Alcalá, conservaba una secreta afición por muchos de los libros que censuraba. ¿Quién sabe si no reclamó para sí la vigilancia de esta tarea, temeroso de que la hiciesen manos no tan liberales como las suyas? Pero Arias Montano no es toda España. En su puesto avanzado de los Países Bajos, robustecido con la confianza del Duque de Alba y la amistad de Cristóbal Plantino, el sabio enviado de Felipe II ejerce un poder espiritual sin lazos con la Inquisición española. Tiene ésta su específica inercia, que no se deja mover por iniciativas oficiosas como el inventario de los errores de Erasmo elaborado por el franciscano Fr. Antonio Ruvio,[28] y tampoco cede con facilidad a las

---

[25] L. Morales Oliver, *Arias Montano y la política de Felipe II en Flandes*, Madrid, 1927, págs. 153-164.

[26] *Ibid.*, pág. 163, con una errata de imprenta: dice *jesuitas* en vez de *juristas*.

[27] Américo Castro, *Erasmo en tiempo de Cervantes*, art. cit., pág. 340.

[28] *Assertionum catholicarum adversus Erasmi Roterodami pestilentissimos errores libri novem, cuivis catholico, tum ad interimendam maledictam Lutheranorum sectam, tum ad conservanda orthodoxae fidei sancta dogmata nimis quam necessarii, Fratre Antonio Ruvio Legionensi, Theologo, Ordinis Sancti Francisci regularis obseruantiae Sancti Jacobi, per gratiam Dei ac Saluatoris nostri Jesu Christi authore: qui artium liberalium et Sacrae Theologiae lector nuper fuit.* Salmanticae Excudebat Joannes a Canoua. MDLXVIII (B. M. y B. P. E. El P. Beltrán de Heredia me dice que hay una reimpresión de In-

influencias de fuera. Así como en 1559 los Inquisidores de España no habían llegado, ni con mucho, a los rigores erasmófobos del Índice de Paulo IV, así tampoco basta que Pío IV promulgue el Índice de Trento (1564) para que ellos revisen las prohibiciones decretadas en sus edictos; ni bastará que Sixto V (1590) abrace de nuevo la erasmofobia más radical para que España lo siga por este camino. En 1583 y 1584 el Inquisidor General Quiroga publica el primer Índice español completado con un Índice expurgatorio: el *Modus orandi,* la *Exomologesis,* el *Enchiridion,* el *Ecclesiastes,* la *Expositio Symboli* siguen figurando en el catálogo de los libros terminantemente prohibidos, y en la misma lista se incluyen los *Adagios,* con excepción de las ediciones expurgadas por Paulo Manucio.[29] Habrá que llegar a 1612 para que esto cambie. El Índice de Bernardo de Sandoval, expurgatorio en gran medida, se inspira por fin en el trabajo de Arias Montano en lo que atañe al *Enchiridion,* la *Exomologesis,* el *Ecclesiastes,* la *Methodus,* la *Expositio Symboli,* la *Praeparatio ad mortem.* Agrava la expurgación en lo que se refiere al *Modus orandi* y a la *Correspondencia.* Expurga la *Querela pacis* y el *De immensa Dei misericordia,* libros en que Montano no había encontrado nada que suprimir.[30] Estas precauciones resultaban ahora bastante superfluas, puesto que el erasmismo no era ya más que un recuerdo.

En resumidas cuentas, asistimos, en el curso del medio siglo que sigue al Índice de 1559, a una desaparición gradual del nombre de Erasmo, si no de su pensamiento.[31] En efecto, no toda su herencia cae en la som-

golstadt, 1579). El libro es imponente: 265 hojas en folio sin los preliminares y el índice. No trae puntos de vista nuevos sobre el erasmismo. Es ampliación de las *Blasphemiae* de Zúñiga y de la lista de proposiciones examinadas en 1527. El prólogo al lector se refiere a aquella época, cita lo de "Erasmus peperit ova, Lutherus exclusit pullos", y lo del Príncipe de Carpi "Aut Erasmus lutherizat aut Lutherus erasmizat". Entre los adversarios españoles del erasmismo, menciona con especial elogio a los franciscanos Castillo y Meneses, y, refiriéndose a los erasmófilos de la Conferencia de Valladolid, dice que "omnes postea terminos vitae mortalis infeliciter maleque clauserunt". Dice también Fr. Antonio Ruvio que le animaron en su empresa de dar un repertorio de las herejías erasmianas el Índice romano del Papa Paulo IV, que prohibe todas las obras de Erasmo, y el español de Valdés, que prohibe muchas de ellas. En su epístola dedicatoria a Felipe II, donde ensalza al Rey campeón de la Fe, enfrenta a los gigantes de la herejía el hereje solapado y sus secuaces pseudo-ortodoxos: "...Erasmus Roterodamus πολύποδος κεφαλή, homo varius, haereses disseminavit palliatas nomine et colore catholico, cum suis fautoribus polypis, qui persequentium piscatorum manus effugientes, saxis sese affigunt et corpora imitantur colorem ejus saxi ac lapidis cui semel adhaeserunt: haud secus Erasmizantes catholicum effingunt colorem, ut inquisitorum haereticae pravitatis judicium gladiumque brachii secularis devitent".

[29] Reusch, *Die Indices,* pág. 403, y *Bibliographie des œuvres d'Érasme (Bibliotheca Erasmiana), Adagia,* Gand, 1897, págs. 187-188. Probablemente siguieron circulando, de los *Adagios,* ejemplares de otras ediciones, expurgados conforme al *Expurgatorio* de Arias Montano, que dedica dos páginas (83-84) a señalar los cortes necesarios. Es significativo que estas páginas se reimpriman, algo añadidas y modificadas, en el *Index librorum prohibitorum et expurgandorum* de Sotomayor (Madrid, hacia 1640 y 1667).

[30] Bernardo de Sandoval y Rojas, *Index librorum prohibitorum et expurgatorum,* Madrid, 1612, págs. 34 y 246 *ss.*

[31] A esta afirmación hace algunos reparos Otis H. Green (*Additional data on Erasmus in Spain,* en *Modern Language Quarterly,* t. X, 1949, págs. 47-48). Es cierto que

bra. Pero pasa al rango de los autores a quienes nunca se cita. Nada más típico, a este propósito, que la precaución tomada por Azpilcueta cuando se resuelve a publicar en latín su vigoroso *Commento en romance* sobre la oración: Erasmo, trátese del *Modus orandi*, discutido por el Doctor Navarro, o de los *Adagios*, alabados por él, queda relegado a un vago anonimato: se hace *quidam*.[32]

IV

Melchor Cano, que juzgaba tal vez con menos severidad el erasmismo que el "iluminismo" de los apóstoles de la oración, había asignado a Erasmo su lugar en la zona peligrosa que bordea la herejía propiamente dicha. Desde hacía mucho tiempo se había comprendido que a nada conducían los esfuerzos por hacer caer a Erasmo bajo los anatemas lanzados contra Lutero. Ya no eran posibles, por otra parte, las incertidumbres de un Alonso de Castro. En este punto, como en tantos otros, el *De locis theologicis* de Cano señala el coronamiento de los esfuerzos de hombres como

hay, después de 1585, una estabilización de la fama de Erasmo, pero en bajo nivel: su prestigio se funda ahora en la erudición y sabiduría moral de los *Adagios*, y queda olvidado el "excelente teólogo" a quien acataban miles de españoles medio siglo antes. Me parece que en el texto citado del Licenciado Pedro Sánchez de Viana, la frase "el sapientíssimo de sus tiempos Sócrates" se refiere, no a Erasmo, sino al Sócrates maestro de Platón e interlocutor de sus diálogos. Y lo más probable es que Viana leyese el adagio de los *Silenos* en una edición manuciana, es decir, reducido a la octava parte del comentario de Erasmo y expurgado de todo lo atrevido. Desde luego, pudo manejar un ejemplar de otra edición mal expurgado, aunque sabemos que, tratándose de supresiones largas, el expurgador cortaba las páginas (véanse los tomos de *Opera* de Erasmo, edición póstuma de Basilea, en la biblioteca del Escorial). En todo caso, es claro que la desaparición del nombre de Erasmo no es total y definitiva, sino gradual. El mismo Otis H. Green, en su reseña de la edición de 1950 del presente libro, en *Hispanic Review*, t. XX (1952), pág. 76, anota otras dos menciones favorables de Erasmo: Francisco Terrones del Caño, *Instrucción de predicadores* [Granada, 1617], ed. de Madrid, 1946 (*Clás. Cast.*), págs. 31-32, y Luis Carrillo y Sotomayor, *Libro de la erudición poética* [1611], ed. de Madrid, 1946, pág. 44. Véase también Antonio Domínguez Ortiz, *Citas tardías de Erasmo*, en *R. F. E.*, t. XXXIX (1955), págs. 344-350.

[32] Cf. *supra*, pág. 587, nota 60. Véase la pág. 275 de la edición de Lyon, 1580: "Quod pulchre exornat *quidam*" (a propósito del adagio *Spartam nactus es ipsam orna*). *Ibid.*, pág. 366: "...multi viri linguae latinae illustres", para traducir: "Erasmo varón en varia erudición y en polideza de letras griegas y latinas muy illustre". Otro ejemplo análogo ofrece la tardía publicación del *Epistolario espiritual* de Juan de Ávila. En la carta 5 (*Obras*, 1941, t. I, pág. 432), donde los manuscritos decían: "El estudiar será, alzando el corazón al Señor, leer el texto, sin otra glosa, si no fuere cuando algo dudare, que entonces puede mirar a Crisóstomo o a Nicolao, o a Erasmo, o a otro que le parezca que declara la letra no más", los editores de 1578 quitaron la referencia a Erasmo. Tampoco recogieron la carta titulada *Modo de bivir y estudiar*, donde el Maestro Ávila recomendaba el estudio del Nuevo Testamento (hasta "sabello de coro") sin excluir el uso de las *Paráfrasis* de Erasmo, "con condición que se lean en algunas partes con cautela", y donde decía: "Y para el Nuevo Testamento aprovecha mucho un poco de griego, por poco que fuese, y aya las *Anotaciones* de Erasmo que en gran manera le aprovecharán para esto" (cf. Luis Sala Balust, *Hacia una edición crítica del "Epistolario" del Maestro Ávila*, separata de *Hispania*, Madrid, C. S. I. C., núm. 29, 1948, págs. 11,

Carvajal, Castro y Martín Pérez de Ayala, e inaugura una nueva era en la definición de la ortodoxia.

Hay, dice Cano,[1] proposiciones que, sin derrumbar el edificio de la fe, lo sacuden; son erróneas y vecinas de la herejía: tales los ataques contra la legitimidad de las órdenes mendicantes. Otras hay que tienen un "sabor" de herejía sin ser abiertamente heréticas; no pueden explicarse católicamente. "Proposiciones de este género abundan en Erasmo, en Juan Carión y en otros escritores de este siglo." Afirmar, por ejemplo, que es ridículo pasear el Santísimo Sacramento en procesión solemne, es cosa que huele a luteranismo y a la cual no se puede dar ninguna interpretación piadosa. Hay otras proposiciones que son malsonantes u "ofensivas de las orejas pías". Cano sabe muy bien que no hay que abusar de estas calificaciones: como la época de Cristo, dice, "nuestro tiempo tiene sus fariseos, sus turbas groseras, sus multitudes embrutecidas por falsas opiniones, y finalmente cierto número de discípulos a quienes parece muy dura la palabra de la verdad. Si condenáis los abusos que pululan en el culto y el adorno de las imágenes, en la fundación de capillas, iglesias, monasterios, sepulcros y misas perpetuas; si afirmáis que en semejante materia se tiene en más algunas veces —y aun demasiado a menudo— la vanidad que la religión, y se honra más al Demonio que a Cristo, estas personas dirán tal vez que estáis penetrados de opiniones luteranas y que habláis un lenguaje intolerable". No corresponde a la multitud decidir si una opinión es malsonante: hace falta en esto un espíritu teológico, prudente y piadoso. Cano cita gran número de proposiciones que ofenden a las orejas pías; una de ellas es el *Monachatus non est pietas*. Otras proposiciones hay que se califican mejor de temerarias, y en este número se ponen aquellas que se emiten para contradecir decisiones de alguna Universidad famosa: los artículos parisienses, sin ser artículos de fe, tienen derecho al respeto. Otras, por último, pueden llamarse escandalosas, no en el sentido vulgar que las confunde con las malsonantes, sino en el sentido

nota 5, y 27-28). — Es de notar, sin embargo, que el franciscano Fr. Juan de Pineda, en los sabrosos diálogos de su *Agricultura cristiana* (Salamanca, 1589), no teme citar los *Adagios* nombrando a Erasmo. Este libro, copiosa miscelánea muy del gusto del siglo XVI, lleva en el frontispicio la advertencia siguiente: "Algunos autores condenados por el Santo Oficio se nombran algunas vezes porque se compuso este libro antes de salir el catálogo; mas condenámoslos con sus errores; y los que se nos ofrecieron quitamos de la tabla de los autores." Pero Pineda no quitó de la tabla el nombre de Erasmo ni el de Vives. Es interesante observar que Pineda hace profesión de "philósopho christiano" (fol. 29 vº), y que su enseñanza coincide en más de un punto con la de los moralistas erasmizantes. Véase en particular lo que dice acerca de la honra de los hijosdalgo de Castilla la Vieja: "...de vergüença de trabajar no han vergüença de morirse de hambre, y es tan pública su hambre como pudiera ser su trabajo, sino que la necedad y la soberbia uñidas a un yugo los llevan arrastrando al muladar" (fol. 41 rº). Y en los fols. 45 vº-46 rº la cuestión de si los clérigos y los frailes son más agradables a Dios que los seglares porque aquéllos rezan el oficio divino. Pineda contesta, en sustancia: "Sí, con tal que este rezo no sea una formalidad mecánicamente cumplida, sino que exprese un ínimo sentimiento religioso." Véase finalmente, en el fol. 180 vº, una reprobación de la *Celestina*, "donde hasta las obras en el acto carnal son representadas".

[1] *De locis theologicis*, lib. XII, cap. x, ed. de Padua, 1720, págs. 388 *ss*.

preciso de "propias para hacer caer a los flacos". Por ejemplo, la enumeración, en que se complacía Erasmo, de los inconvenientes de la confesión auricular. O bien esas fábulas inventadas y aun esos relatos verídicos que suponen o descubren vicios ocultos en los frailes.

Ya Ignacio de Loyola había añadido a sus *Ejercicios* (1548) unas *Regulae ad orthodoxe sentiendum,* donde ponía entre los criterios de ortodoxia la adhesión sin reservas a todas las instituciones que el erasmismo había sacudido.[2] Poco después de la publicación del *De locis theologicis,* los decretos del Concilio vinieron a dar la más solemne sanción a estos esfuerzos de restauración. El Concilio había lanzado anatema contra todo aquel que negara que la confesión sacramental fuese "de derecho divino", ya sea en su institución, ya en su lazo necesario con la salvación;[3] contra "cualquiera que diga que el estado de matrimonio es preferible al estado de virginidad o de celibato";[4] las cuestiones relativas a la invocación de los santos, la veneración de sus reliquias y el culto de las imágenes se habían definido[5] en términos que seguramente hubiera aceptado Erasmo sin mucha dificultad; pero todo el edificio de la devoción ceremonial, si se limpiaba debidamente, quedaba consolidado por siglos. Y, al declararse la Vulgata el único texto auténtico de la Biblia para todos los usos públicos,[6] la piedad de los humanistas y de sus discípulos debía abstenerse en adelante de escrutar públicamente las Escrituras en los textos originales o en las versiones modernas.

La atmósfera se iba haciendo casi irrespirable para los hombres que representaban el espíritu erasmista en toda su amplitud, en su aspiración a la interioridad al mismo tiempo que en sus tendencias críticas, en su amor a San Pablo lo mismo que en su afición a Luciano. El cambio de clima a que aludíamos es fatal para esta forma del humanismo. Ya en 1548 podemos encontrar en la correspondencia del Inquisidor de Zaragoza una

---

2 "Reglas para el sentido verdadero que en la Iglesia militante debemos tener", pág. 548 de los *Exercitia spiritualia* en la edición de los *Monum. Hist. S. J., Monumenta Ignatiana,* Series 2ª, Tomus unicus, Madrid, 1919. Esas reglas son probablemente contemporáneas de las primeras sesiones del Concilio de Trento (cf. nuestra introducción a Erasmo, *Enquiridion, ed. cit.,* pág. 78, nota 3). Enumeremos, de estas *Regulae,* las que son más antierasmianas: 4. Laudare plurimum religionum status atque caelibatum, seu virginitatem matrimonio praeferre. — 5. Comprobare vota religiosorum de servanda castitate, paupertate, obedientiaque perpetua. — 6. Laudare praeterea reliquias, venerationemque et invocationem sanctorum. Item stationes peregrinationesque pias, indulgentias, jubilaea, candelas in templis accendi solitas, et reliqua hujusmodi pietatis ac devotionis nostrae adminicula. — 7. Extollere abstinentias ac jejuniorum usum, ut quadragesimae... item spontaneas afflictiones sui, quas poenitentias dicimus, non internas solum, sed etiam externas. — 8. Laudare... templorum extructiones atque ornamenta nec non imagines tamquam propter id quod repraesentant jure optimo venerandas. — 10. Respecto de los superiores. — 11. Doctrinam sacram plurimi facere, tum eam quae positiva dici solet tum quae scholastica... — 12. Huir de comparaciones de los vivos con los santos.

3 Richter, *Canones et decreta Concilii Tridentini,* Leipzig, 1863, pág. 83 (Sesión XIV, que se remonta al pontificado de Julio III).

4 *Ibid.,* pág. 216 (Sesión XXIV, 11 de noviembre de 1563).

5 *Ibid.,* págs. 392-393 (Sesión XXV, 4 de diciembre de 1563).

6 *Ibid.,* págs. 11-12 (Sesión IV, 8 de abril de 1546).

advertencia como ésta: "Vuestra Señoría Reverendísima crea que entre letrados que se precian de muy latinos o griegos y de grandes librerías hay libros sospechosos, y quien éstos tiene no está católico." [7] Varios años antes de que la Inquisición desatara sus persecuciones contra los "luteranos" de España, un helenista como Pedro Juan Núñez se ve reducido a gemir ante la sospecha de que es víctima el humanismo crítico: "Y lo peor es desto que querrían que nadie se aficionase a estas letras humanas, por los peligros, como ellos pretenden, que en ellas hay de, como emienda el humanista un lugar de Cicerón, así emendar uno de la Escritura, y diciendo mal de comentadores de Aristóteles, que hará lo mismo de los Doctores de la Iglesia." [8]

En 1558 y en los años sucesivos, la Inquisición persigue a un mismo tiempo humanismo y "luteranismo" con rigor mucho más severo que en la época del proceso de Vergara. Por desgracia, esta nueva persecución nos es peor conocida aún que la represión de 1533. Recientemente hemos encontrado un documento extraviado que demuestra que el Abad de Valladolid Don Alonso Enríquez, uno de los supervivientes de la época heroica del erasmismo, fue procesado por la Inquisición de Toledo junto con varios pajes o criados de su casa.[9] Su proceso ha desaparecido, y probablemente ha ocurrido lo mismo con muchos otros. Uno de los raros documentos que ilustran acerca de las tribulaciones del erasmismo en esta época

7 A. H. N., *Inquisición*, lib. 961, fol. 162 r⁰. Post-scriptum de una carta del Licenciado Moya de Contreras, Zaragoza, 14 de diciembre de 1548.

8 Carta a Zurita (Valencia, 17 de septiembre de 1556), publicada por Uztarroz y Dormer, *Progresos, ed. cit.*, pág. 594. Ya en 1540 el humanista cristiano Alejo Venegas se había hecho intérprete de las inquietudes ortodoxas en presencia de la vulgarización de la crítica bíblica por ciertos neófitos del helenismo que no vacilaban en discutir desde el púlpito las lecciones de la Vulgata: "Salvo el mejor juizio, los perlados habían de vedar en sus iglesias que no se vendiesen ni se leyesen estas traslaciones modernas: que aunque algunos trasladadores ayan tenido buena intinción de aprovechar con su traslación, han metido scisma de competencia en los ánimos de los simples. Especialmente que a ejemplo de las nuevas traslaciones, algunos, por mostrar todas las mercadurías que ay en sus tiendas, apenas hazen sermón que no salgan con su chechi diciendo que assí está en lo griego, y que no se ha entendido en latín hasta que con ayuda del texto griego se acabó de entender. El provecho que de aquí se saca para las almas es que va el otro y la otra a su casa diziendo que el predicador enmendó el evangelio con un eche chrisso chiton que dixo de griego... Por cierto que no es razón que, porque uno aya oydo dos libros de Homero y una comedia de Eurípides con dos de Aristóphanes e una parte de los juegos de Píndaro, se haga luego el Aristarcho censor del texto sagrado." (*Primera parte de las diferencias de libros que ay en el Universo*, Toledo, 1540, lib. IV, cap. xx, fols. ccxxx ss.).

9 A. H. N., *Inquisición*, leg. 3716. Hoja volante y sin foliar, intitulada: *Memoria de las personas que quedan en las cárceles y el estado en que están sus causas*: "El Abbad de Valladolid, en lo sobrevenido, a p[rovanç]a. Está sacándose la provança de todos los procesos. Cavallos, paje del d[ic]ho Abbad, concluso. Antoño, criado de Baltasar Ramírez, a p[rovanç]a. Baltasar Ramírez, criado del d[ic]ho Abbad de Valladolid, a p[rovanç]a. Pero Vázquez, criado del Abbad, en pu[blicaci]ón. Alonso de Aguilar, criado del Abbad, a p[rovanç]a. Juan Vázquez, paje del Abbad, con[clus]o. Carlos de Mespergue, dado tormento, confitente. Doctor Sigismundo Sardo, a p[rovanç]a. Ju[an] de Rebel francés, lapidario y mercero, a p[rovanç]a. Bautista Beltrán veneciano, a p[rovanç]a. Fray Fran[cis]co Rol de la Orden de S. Fran[cis]co que andava

tan cruel es el proceso del valenciano Jerónimo Conqués,[10] amigo de Pedro Juan Núñez.

Conqués, aunque no había recibido más que las órdenes menores, disfrutaba de una prebenda en la catedral de Valencia. Era un eclesiástico del linaje de López de Cortegana, Vergara y Constantino. Fue aprehendido el 10 de marzo de 1563. Lo mismo que el teólogo sardo Sigismondo Arquer,[11] estaba comprometido por su amistad y su correspondencia con Don Gaspar Centellas, noble valenciano acusado por esos días de luteranismo. Centellas es uno de aquellos que prefieren el suplicio a renegar de su fe. Fue quemado el 17 de septiembre de 1564.[12] No menos iluminada era la fe de Arquer: para comprobarlo, basta leer sus cartas. Entre sus papeles se encontraron poesías devotas corregidas de su puño y letra, en las cuales se canta el martirio como la verdadera imitación de Jesucristo. También él murió en la hoguera después de un largo proceso interrumpido por dos evasiones.[13]

Mosén Conqués no es un hereje de ese temple. Pero es un espíritu libre, ávido de saber. Vástago de una familia de mercaderes, "ha estudiado, fuera de Leyes y Cánones, todo lo que se ha podido estudiar en Universidad, siempre en Valencia": gramática, retórica, lenguas, dialéctica, teología tomista, escotista y nominalista, teología positiva, matemáticas, astronomía judiciaria, cosmografía, medicina. El Doctor Ximeno, médico, es a la vez uno de sus maestros de retórica y su guía en el estudio de la geometría de Euclides. Otro médico, el Doctor Pere Jaume, su profesor de anatomía y de materia médica, es también uno de sus maestros de griego. Ha cursado hebreo con "el Maestro Munyoz" y el Doctor Ferruz. Ha aprendido siríaco por sí solo.[14]

Sus cartas a Don Gaspar Centellas, escalonadas entre 1554 y 1562, son el principal fundamento de la acusación que pesa sobre él. Estas cartas nos introducen de lleno en el espíritu del humanismo español de la

en hábito de clérigo, en moniciones. Margarin naypero francés, en defensas." Al pie de esta lista, un párrafo ilegible. Un dato aproximativo lo suministra el hecho de que Mespergue, Rebel y Rol fueron "relaxados en persona" en Toledo en el auto de fe del 24 de marzo de 1566, que Sigismundo Arquer estaba en 1565 preso en la Inquisición de Toledo, y que el veneciano Juan Bautista Beltrán aparece en un documento de esta época perseguido por el mismo tribunal (cf. Schäfer, *Beiträge*, t. II, págs. 86-87, 196 ss. y 85).

10 A. H. N., *Inquisición de Valencia*, leg. 558, nº 6. Sobre Lázaro Bejarano, otro erasmista de esta época, véase *infra*, Apéndice, págs. 813-816.

11 Véase el artículo que le dedica G. de Caro en el *Dizionario biografico degli italiani*, t. IV, Roma (Ist. Enciclopedia Italiana Ed.), 1962, págs. 302 ss.

12 Según Lea, *op. cit.*, t. III, pág. 453. Centellas había pertenecido en otro tiempo a la corte. En 1536 figuraba entre los "gentileshombres de la casa" (A. G. S., *Estado*, leg. 21, fol. 175. Lista remitida a los mayordomos en Fornovo, el 17 de mayo de 1536). Estaba en relaciones epistolares con Minturno, a quien había enviado en 1534 la *Thalichristia* de Álvar Gómez de Ciudad Real (Minturno, *Lettere*, Venezia, 1549, fols. 29-30). En 1552 está en Valencia. De una carta suya se considera ofendido el joven Duque de Gandía Don Carlos, cuya violenta reacción provoca un alboroto entre la nobleza valenciana (*Monum. Hist. S. J.*, *Chronicon* de Polanco, t. II, pág. 653).

13 Cf. Schäfer, *Beiträge*, t. II, págs. 188-270. Véanse en particular las págs. 203 y 256.

14 *Proceso de Conqués*, fols. 12 rº-13 rº. Interrogatorio del 17 de marzo de 1563.

época. Conqués, por su situación en Valencia, era un corresponsal precioso para el gentilhombre retirado entonces en Pedralba. Le daba noticias de la gran ciudad y del ancho mundo. Y, además, estaba al acecho de todas las novedades que anunciaban los libreros de París y Basilea: le servía de intermediario en sus compras. Las listas que le comunica son del más extraordinario interés. Pausanias y Paulo Jovio se codean en ellas con Clemente de Alejandría y con Taulero, y también, detalle significativo, con el *Antididagma* de Juan Gropper, el célebre canónigo erasmista. La exegesis bíblica ocupa en ellas un lugar importantísimo. En una lista de libros importados de Lyon en 1556 por mediación de cierto Maestro Cantín, "componedor músico", Erasmo está representado por el *De libero arbitrio* y el *Hyperaspistes;* y Conqués espera también el "*Pantagruel,* libro francés, con el cual, dice a Centellas, creo que se holgará si allega en mi poder".[15] Ya se ve cuán variadas son las curiosidades de estos humanistas a quienes el nuevo Índice de 1559 va a someter a tan rudas privaciones.

Durante algunos años Conqués ha jugado con la prohibición. Queriendo conseguir para su amigo el comentario de Artopaeus sobre el Salterio, que le parece el mejor de todos, hace que el librero se lo deje en diez sueldos, diciéndole "que se lo haría prohibir y no era autor seguro".[16] En agosto de 1559 Don Gaspar se alarma por el anuncio de una nueva reglamentación más severa: Conqués lo tranquiliza y lo exhorta a reconfortar y recrear su espíritu con tan "buenos amigos y consoladores" como son los libros.[17] Después de la publicación del Índice de Valdés, se desprende de las obras prohibidas, pero se guarda mucho de hacer alarde de celo entregando a la Inquisición las que son dudosas. ¿Para qué privarse tan pronto del *Nuevo Testamento* de Clario, libro que no se le devolverá si tiene la imprudencia de entregarlo?[18] Hasta olvida que posee el de Robert Estienne.[19] Se encuentra entre sus papeles, cuando se le arresta, un cuaderno lleno de extractos del *Ecclesiastes* de Erasmo, junto con algunos folios arrancados del ejemplar que anteriormente había llevado a la Inquisición al mismo tiempo que los *Coloquios;* él se justifica diciendo que aquello parecía admisible a teólogos tan ortodoxos como Salaya. Confiesa haber tomado libertades semejantes con el Índice en lo que atañe a libros de Erasmo Sarcerio, de Hermann Bodius, de Münster, de Artopaeus y de

---

15 *Proceso,* fol. 51 r⁰. Lista incluida en un post-scriptum (18 de junio de 1554), en que Conqués da a Centellas noticias de Pedro Juan Núñez. "Maestre Nuñes besa las manos de vra. mer. Dixo que scriviría, y aguardando su carta e cessado algunos días. Su curso sta próspero. Tiene muchos discípulos y lee doctamente..." — Fol. 75 r⁰. Lista de 1556. Los Inquisidores subrayaron el título de *Pantagruel* —única mención del libro de Rabelais que hemos encontrado en un humanista español— lo mismo que el del *Hyperaspistes:* "Erasmi Operum catalogi duo De libero Arbitrio. *Hiperaspites diatribae ejusdem adversus servum arbitrium.*" Rabelais figuraba en el Índice de Paulo IV entre los autores completamente prohibidos. El de Valdés no lo menciona.

16 *Ibid.,* fol. 51 v⁰.

17 *Ibid.,* fol. 58 r⁰.

18 *Ibid.,* fol. 62 r⁰.

19 *Ibid.,* fol. 90 r⁰. Se muestra, en un interrogatorio, muy asombrado de que lo hayan encontrado entre sus libros.

Dolet. Ha contravenido igualmente las prohibiciones del "catálogo de 1560" guardando en su poder una traducción valenciana que él mismo había hecho del libro de Job, y que estaba a punto de publicar cuando se prohibieron las traducciones de la Biblia en lengua vulgar.[20] Aprenderá, a su costa, que la Inquisición exige una estricta obediencia de las reglas que promulga.

Conqués es erasmista, más aún que por su afición a la exegesis, por su piedad anticeremonial con moderación. Critica el abuso supersticioso de las velas el día de difuntos.[21] Colabora con Don Gaspar Centellas en curar a Don Francisco Fenollet de la devoción del rosario, consiguiéndole un breviario:

Es bien —dice— qu'estas cuentas moriscas no parezcan en los cristianos a la vista de los hombres que poco saben, y ansí perderse ha la devoción del abenuz, azabeja y otros géneros de madera de que se hacen, y quedará el spíritu más atento y desocupado y encendido en la spiritual devoción.[22]

Intercambia con Don Gaspar hermosas citas de los Padres de la Iglesia y se maravilla de lo adecuadas que son para los tiempos presentes. Acumula textos de San Jerónimo contra "las supersticiones judaicas y nuestras": los ornamentos que agradan a Dios no son las filacterias, sino la prudencia, la justicia, la templanza y la fortaleza. Los fariseos escribían el decálogo en tiras de pergamino con que se ceñían la frente, en vez de llevar en su corazón los divinos preceptos: "Los armarios y arcas contienen los libros y no tienen conocimiento de Dios. Entre nosotros hacen los mismo unas supersticiosas mujercillas con pequeños Evangelios y un *Lignum crucis*..." Y añade Conqués, triunfante: "¡Esto no lo dice Hierónimo Conqués, mas el sancto Doctor de la universal Iglesia!"

Los ornamentos y ceremonias santas son útiles —dice también a Don Gaspar—, y ningún hombre de buen sentido las rechaza si son comprendidas y observadas según el espíritu. Pero sin esto se las tiene por obras de muerte, porque entonces no justifican ni sirven de nada, puesto que solamente se ofrecen para que las miren los hombres. Santa institución es la Iglesia, pero detestable es el abuso de los eclesiásticos, contra el cual hablábamos hace un momento.[23]

Conqués se siente en desacuerdo con el medio eclesiástico de Valencia, sospechoso a los Inquisidores, a quienes él llama "sátrapas".[24] Se vuelve a encontrar en sus cartas la vena de las *Epistolae obscurorum virorum* cuando habla de los majestuosos teólogos que ocupan los lugares más pomposos, y en particular de Joan de Salaya, "Doctor Parisiensis" que tiene que ser "secretario de Dios, si Dios le tiene".[25] Se divierte extraordinariamente

20 *Ibid.*, fols. 85-89 ter.
21 *Ibid.*, fol. 61 r⁰.
22 *Ibid.*, fol. 63.
23 *Ibid.*, fol. 60 r⁰-v⁰. Carta del 4 de noviembre de 1559.
24 *Ibid.*, fol. 54 1⁰.
25 *Ibid.*, fol. 53 r⁰. Sobre **Salaya** o Celaya, cf. *supra*, págs. 316-317.

con la comedia representada por una posesa que da pasto a la crónica local, comedia bajo la cual se esconde un asunto de herencia. La Inquisición ha nombrado a Salaya para exorcizar al alma o demonio que mora en esa mujer, y él cumple concienzudamente su misión, mientras Conqués, que sospecha la farsa de la posesa, aconseja en vano curarla con azotes.

Uno de los temas predilectos de sus cartas es la solemne y presuntuosa necedad de los predicadores más admirados en Valencia, el Maestro Sabater [26] y el Maestro Lluniela. Nos sentimos tentados a creerle cuando dice a los Inquisidores que ha pensado escribir un tratado de predicación, y que para este objeto ha conservado tan copiosos extractos del *Ecclesiastes* de Erasmo. Concede la misma importancia que Erasmo a la reforma del púlpito. Un domingo de enero de 1556 se encuentra en el coro de la catedral al lado de un canónigo y cuatro maestros en teología que critican el sermón del día, porque el predicador lo ha hecho tomando como tema un evangelio que no es el de la misa. Conqués, sin saber de qué se trata, los interrumpe con vehemencia: "Válame Jesucristo, que se scandalizan Vuestras Reverencias de haber predicado otro evangelio que hoy ha cantado la Iglesia, ¿y no os scandalizáis de las fábulas y cuentos que decís vosotros cadaldía en el púlpito? Que un mesmo autor hizo el un evangelio y el otro, el cual no es autor de vuestras predicaciones." Sus interlocutores se quedan boquiabiertos.[27] El año siguiente, en la fiesta de la Encarnación, el Maestro Sabater predica en Santa Catalina y comenta el descendimiento de Dios a la tierra empleando el lenguaje de la danza: "Dios —dice— bailó ese día una *baixa;* hizo cinco *seguits;* los *seguits* son pasos, y estos pasos se designan claramente con las palabras que canta la santa Iglesia: *passus sub Pontio Pilato."* Le cuesta mucho trabajo a Conqués desengañar a una devota que regresa encantada del sermón. "Ella quedó algo scandalizada —dice—, y yo me di muy poco, porque siempre me tuve al Evangelio y a Jesucristo." El día de San José asiste a un sermón de Lluniela, que celebra la virginidad del esposo de María: "Luchó Sant Josef con la muerte, a brazo partido, dijo el predicador, e hizo parar la muerte y no pudo pasar adelante porque era virgen muerto y no quedaban hijos en quien pasase." Y como el vecino de Conqués, gran admirador de Lluniela, juzga que ha hablado "divinamente", nuestro erasmista responde colérico: "Antes muy bestialmente. ¿No veis que honra a las stériles y a las bestias en dicir que el virgen empide que la muerte no pase adelante?" Y como el pobre hombre no lo comprende, se explica: "Si en hacer parar la muerte y que no pase en los descendientes está la honra y gloria de Sant Josef..., muchas mulas hay tan honradas como él porque no tienén descendientes

---

26 Araoz, en carta al P. Jerónimo Doménech (Valencia, 26 de enero de 1546. *Monum. Hist. S. J., Epistolae mixtae,* t. I, pág. 254) habla de "Mtre Çapater, que es el más insigne predicador de aquí... y Predicador del Duque de Calabria", como de un protector de los primeros jesuitas. Escribe Mirón el año siguiente (*ibid.,* pág. 413): "De letrados, el Doctor Celaya es mucho nuestro." "Maestre Zapater" aparece como el oráculo de la corte valenciana del Duque de Calabria en el *Cortesano* de Luis Milán (*Col. de libros españoles raros o curiosos,* t. VII, Madrid, 1874. págs. 265 ss.).

27 *Proceso de Conqués,* fol. 54.

y muchas adúlteras y muchas que viven en mancebía que nunca concibieron y así hicieron parar la muerte." [28]

"Desgarraréis esta carta, y la haréis pedacitos, a causa de las blasfemias"...: tal era la recomendación con que terminaba Conqués, en un post-scriptum redactado en latín por mayor prudencia. Desgraciadamente, Don Gaspar había guardado las cartas de su amigo. Sus libertades de lenguaje eran más que suficientes para hacerlo sospechoso de luteranismo, tanto más cuanto que en una de ellas Conqués confesaba: "Pasé muy mozo las obras de Martín Lutero sin saber la prohibición dellas." [29]

El acusado se defendió hábilmente. Obtuvo declaraciones favorables de gran número de testigos, entre los cuales hay que señalar a Lorenzo Palmireno, "catredádico de griego en el Estudio General, desta ciudad vecino y morador, casado y de edad de 38 años". El humanista se hace garante de la ortodoxia de Conqués, a quien "ha visto algunas veces arrimado a su parecer y libre en él, aunque no en cosas de la fe". Por él sabemos que nuestro beneficiado no había querido recibir nunca las órdenes mayores "por no ser digno para ello". Después de dieciocho meses de prisión Conqués fue condenado a abjurar *de vehementi* en un auto de fe, "descalzo, en cuerpo, sin bonete, con una soga al pescuezo y una vela verde en la mano". Tuvo que sufrir dos años de reclusión en el convento de agustinos de Nuestra Señora del Soto, situado extramuros. Aquí este gran amigo de los libros, este despreciador del rosario hizo penitencia no leyendo más libros que su breviario y una biblia, y rezando cada día las tres partes del rosario de Nuestra Señora, o sea ciento cincuenta avemarías y quince padrenuestros. Este escritor de epístolas de tan fácil pluma no debía, durante su reclusión, escribir ni recibir ninguna carta sin licencia de los Inquisidores. Este reformador de la predicación se veía para siempre impedido de subir al púlpito y de recibir las órdenes mayores. El 23 de septiembre de 1566, dos años y un día después de su entrada en Nuestra Señora del Soto, pide su libertad y la obtiene "atendido que ha sido buen penitente".

Hacer penitencia y callarse... Tal es la suerte reservada a los humanistas que más profundamente habían comprendido la lección de Erasmo, que habían soñado con ser a su vez, para España, maestros de libre juicio y de piedad ilustrada. En Sevilla Juan de Mal Lara ocupaba el cargo de catedrático de humanidades que habían desempeñado antes de él Nebrija y Núñez Delgado. Admirador de Constantino, había tenido la imprudencia de cantar en verso su elevación a la canonjía magistral. En 1561 circularon por la ciudad ciertas poesías heréticas. Mal Lara, sospechoso de ser su autor, fue echado a la cárcel inquisitorial de Triana donde se le tuvo encerrado varios meses.[30] Esta dolorosa aventura lo hizo circunspecto. Su obra

[28] *Ibid.*, fol. 56 v⁰.
[29] *Ibid.*, fol. 70 r⁰. Carta del 4 de noviembre de 1562.
[30] Cf. Schäfer, *Beiträge*, t. II, pág. 385. F. Sánchez y Escribano había supuesto en su tesis (cf. *supra*, pág. 627, nota 23) que la prisión de Mal Lara se había prolongado alrededor de dos años. Después, en su *Juan de Mal Lara, op. cit.*, págs. 90-91, llegó a establecer que Mal Lara fue absuelto definitivamente el 14 de mayo de 1561. Estaba

literaria, con ser tan vasta y diversa,[31] permaneció en gran parte inédita. El único libro de Mal Lara que permite apreciar sus talentos, tan ponderados por los contemporáneos, es su *Philosophia vulgar,* recopilación de refranes españoles glosados con la abundancia y variedad a que debían su éxito los comentarios de Erasmo sobre los *Adagios.* Mal Lara no cita el nombre de Erasmo sino con prudencia suma, aun en las páginas en que lo pone ampliamente a contribución, como son los *Preámbulos* de su libro, "programa elocuente de folklore".[32]

En 1569 los funerales de Isabel de Valois daban al Maestro Juan López de Hoyos, catedrático de humanidades de la villa de Madrid, ocasión de publicar una *Relación* que es el primer libro en que el nombre de Cervantes aparece en letras de molde: en efecto, López de Hoyos incluye en ella varias poesías de circunstancias escritas por Miguel de Cervantes, su "amado y caro discípulo", en particular una elegía sobre la muerte de la Reina dirigida al Cardenal Don Diego de Espinosa "en nombre de todo el Estudio". Nuestro humanista había recibido poco antes el cargo de regente de ese Estudio. Dirige una hermosa epístola al Ayuntamiento para alabar a Madrid y para declarar el afecto que tiene a sus conciudadanos, afecto que divide entre el colegio en que enseña humanidades y los púlpitos de las iglesias en que explica el Evangelio. Ahora bien, escuchemos cómo aduce a Erasmo [33] a propósito de la importancia capital de la enseñanza para el progreso cultural y moral:

Sólo una cosa diré: que entre todos los dichos de los filósofos recopilados por Erasmo Roterodamo, en un libro que llamó *Antibarbarorum* (que quiere decir libro contra bárbaros), hallo yo que reprehende a los que tienen el gobierno de la República dos cosas: la primera, los que consiente malos vinos, porque éstos corrompen y dañan los cuerpos humanos, y con sus adobos engendran piedra y dolor de ijada y otras muchas indisposiciones, de adonde se viene a destruir la salud de la República y acortarse la vida de los hombres. El segundo yerro es de los que consienten en sus repúblicas malos preceptores, porque éstos destruyen y corrompen las buenas costumbres de los ánimos tiernos de sus discípulos. Y no solamente se pierde el tiempo y la hacienda, pero que tan habituado a vicios el estudiante, que, en breve tiempo, de ruin niño va a vicioso mancebo, y de ahí sube poco a poco a ser verdugo de sus padres con justo juicio y premisión de Dios. Pues un labrador rústico, para encargar un par de mulas y

preso desde febrero del mismo año. A este triste episodio de su vida alude en un pasaje de *La Psyche* que intrigaba a Menéndez y Pelayo: "...quando solo / estuve en aquel término de verme / sin hazienda, sin vida, ni honrra y alma, / de no ser ya en el mundo más entre hombres!" (*Bibliografía hispano-latina,* t. I, pág. 121).

[31] Véase la noticia que le consagró Francisco Pacheco, *Libro de descripción de verdaderos retratos,* Sevilla, 1559 (reproducido en facsímil por J. M. Asensio, Sevilla, 1885), fol. 104. Toda su producción dramática está perdida. Entre sus obras, Pacheco señala también unos comentarios sobre los *Emblemas* de Alciato.

[32] Según la fórmula de Menéndez y Pelayo (*Orígenes de la novela,* t. II, pág. XLI), que ignoraba que lo mejor de ese programa proviene de Erasmo (cf. A. Castro, *Juan de Mal Lara,* art. cit., pág. 566). Véase *supra,* págs. 626-627.

[33] Américo Castro, *Erasmo en tiempo de Cervantes,* art. cit., págs. 333 ss., ha mostrado muy bien el curioso problema que plantea este pasaje.

su carro a quien se le administre, le busca con toda diligencia que sea discreto, cuidadoso, honesto, diligente y ejercitado en aquel negocio, y con ser importancia de doscientos ducados, cuando mucho, se pone este cuidado; y para dar ayo o maestro a un príncipe, para criar un caballero, para ser preceptor, y, por mejor decir, padre universal de la República, *cualquier cosa basta.*

Con esta fórmula anodina reemplaza López de Hoyos las pullas del *Antibarbarorum liber* contra los πτωχοτύραννοι, contra los frailes ignorantes y presuntuosos que las órdenes mendicantes suministran como preceptores a los grandes de la tierra. Pero hay algo mejor: en vano se buscaría en el libro mencionado la comparación con los malhechores públicos que adulteran el vino. Por el contrario, Erasmo habló de esos hombres nefastos, en los mismos duros términos que emplea López de Hoyos, en un pasaje de su *Exomologesis.* ¿Será simple falla de memoria del humanista madrileño? En ese caso se acomoda providencialmente a las prohibiciones del Índice, puesto que el *Antibarbarorum liber* se toleraba en España, al paso que la *Exomologesis* era libro prohibido. Así el erasmismo embota su punta y toma sus precauciones ante la policía espiritual.

Corría sin embargo, por el mundo de los humanistas y de sus discípulos, un dicho siempre vivo: "Quien dice mal de Erasmo o es fraile o es asno." Los que habían conocido tiempos de mayor libertad no perdían ocasión de repetirlo. Era fatal que, en las Universidades, la enseñanza de algunos ancianos testigos de aquellos buenos tiempos causara un poco de escándalo por ciertas audacias de juicio y de palabra. Tal es la explicación de los procesos que, treinta años después de la fundación del Colegio Trilingüe de Salamanca, turbaron la vejez de Francisco Sánchez de las Brozas, el Brocense.[34] Éste, letrado seglar y casado, como Mal Lara, era simple catedrático de humanidades clásicas. Si tenía en común con su colega el hebraísta Martín Martínez ciertos rasgos de espíritu crítico y antiescolástico, era ajeno al movimiento biblista. Pero había conservado, de sus primeros estudios,[35] algunos conocimientos de teología. Y había permanecido siempre fiel a la teología de Erasmo.

Su primer proceso, en 1584, se debió a unas ocurrencias lanzadas ante sus discípulos, algunos de los cuales eran clérigos, con ocasión de ciertas "cédulas" o preguntas por escrito que proponían al maestro algunos oyentes del curso. El 21 de diciembre de 1583, mientras daba en su casa la lección de Plinio ante unos veinte estudiantes, uno de éstos "le echó" una cédula a propósito de la representación de la circuncisión del Señor que se

---

[34] Sobre su vida universitaria, véase P. U. González de la Calle, *Francisco Sánchez de las Brozas, Su vida profesional y académica, Ensayo biográfico,* Madrid, 1923. Para sus procesos, véanse el t. II de la *Colección de documentos inéditos para la historia de España,* Madrid, 1843, págs. 1-159, el inteligente análisis de estos procesos por el P. Andrés del Corral, agustino, catedrático de la Universidad de Valladolid a fines del siglo XVIII y principios del XIX (documento publicado por el P. M. de la Pinta Llorente en el *Archivo Agustiniano,* año XX, 1933, núms. 3 y 4), o, mejor aún, los *Procesos inquisitoriales contra Francisco Sánchez de las Brozas,* ed. y estudio preliminar por Antonio Tovar y Miguel de la Pinta Llorente, Madrid (C. S. I. C.), 1941.

[35] Véanse los textos citados por González de la Calle, *op. cit.,* págs. 32-33.

hacía en la catedral de Salamanca. Espectáculo magnífico para el populacho: San Simeón en persona, con su mitra en la cabeza y su cuchillo en la mano, realizando la sangrienta ceremonia entre una multitud de sacerdotes y levitas portadores de cirios, al son de tambores y campanillas... Pero ¿qué pensaba el maestro de todo eso? El maestro se encogió de hombros. ¿En qué lugar dice el Evangelio que Cristo haya sido circuncidado por San Simeón? Admitamos que Nuestra Señora lo circuncidó sencillamente en su casa, y no se hable más del asunto... Pero era una buena ocasión, para Francisco Sánchez, de decir todo lo que pensaba de esa ingenua imaginería que se superpone audazmente a la tradición evangélica. ¿A qué viene esta multitud de imágenes? En el fondo, la Iglesia las mantiene únicamente para llevar la contra al luteranismo que las suprime; ha dado ya señales de su próxima supresión al prohibir las imágenes vestidas; y por cierto que algunas tenían túnicas muy poco castas, parecidas a los vestidos que usan las rameras. Pero el día de Corpus las imágenes se llevan en procesión por las calles, y los bobos se arrodillan al paso de santos y santas que "son un poco de palo y yeso". ¡Sabe Dios, por otra parte, qué equívocos son a menudo el origen de las leyendas hagiográficas! La historia de las once mil vírgenes es, con toda evidencia, una de esas absurdas leyendas: una *M.*, abreviatura de *Martyres*, tomada por abreviatura de *Mille.*[36]

El Brocense era un gran aficionado a estos pequeños excursos críticos. Otro día, un estudiante le había echado una cédula a propósito de la imagen de Santa Lucía, a quien se representa con sus ojos en la mano: ¿se los habían sacado, o se los había arrancado ella? El anciano maestro se había puesto a hablar de nuevo contra los pintores que pintan todo como se les ocurre. La leyenda del martirio de Santa Lucía, explica, nació seguramente de que su nombre, derivado del verbo *lucere,* la había designado al culto popular como abogada de los ojos.[37] Pero ¿por qué asombrarse, si la iconografía [38] hace lo que le viene en gana con los mismos Evangelios, si representa al Niño desnudo en el pesebre, si pone a los Magos con coronas de reyes, si los pinta ante Cristo recién nacido, siendo así que vinieron a adorarlo dos años después, cuando el Niño "andaría jugando a la chueca con los otros muchachos"? El Brocense no deja escapar ocasión de censurar la ingenua idolatría que tiene en más las imágenes de los santos que su santidad, que las tiene en más que la misma Cruz. Como el Erasmo del *Modus orandi,* él quiere que el padrenuestro no se ofrende indistintamente a todas las imágenes, sino que se busquen otras oraciones para la Virgen y para los santos.[39] Tenía también exabruptos de lenguaje que

36 Véase Corral, núm. 3, págs. 409 *ss.,* y *Procesos,* págs. 43-45.

37 Corral, núm. 3, pág. 412, y núm. 4, pág. 120, y *Procesos,* pág. 42. Igual interpretación daba el predicador Fray Diego de Arce, citado por M. Herrero García, *Sermonario clásico,* Madrid-Buenos Aires, 1942, pág. XLII.

38 Sobre los caprichos de la iconografía religiosa parece que hay ecos del Brocense en Fray Hortensio Paravicino. Cf. los textos citados por Herrero García en su reseña de los *Procesos inquisitoriales contra Francisco Sánchez de las Brozas* (ed. *cit. supra,* nota 34), en *R. F. E.,* t. XXV (1941), págs. 533-534.

39 Corral, núm. 3, pág. 412, y *Procesos,* pág. 14. Cf. *supra,* pág. 576.

herían a toda la escolástica en la persona del Ángel de las Escuelas: decía "que aunque los frailes dominicos pensaban que la fe estaba fundada en Santo Tomás, que no era así, y que ¡mierda para Santo Tomás!"[40]

Todas estas palabras se denunciaron a la Inquisición, y, como es de suponer, fueron calificadas de heréticas. El fiscal pidió que se encarcelara al anciano humanista. Pero la Suprema ejerció una acción moderadora, y Sánchez tuvo que ir simplemente a justificarse ante el tribunal. Se excusó de lo que dijo sobre las intolerables ingenuidades de las imágenes populares, afirmó la ortodoxia de sus intenciones, se declaró pronto a retractarse y a someterse al juicio de la Iglesia. La conclusión de este primer proceso fue una reprimenda junto con una amonestación para que vigilara su lenguaje, so pena de más severo castigo.

Estaba el Brocense tan lejos de ser considerado hereje peligroso, que en 1587 se le hizo entrar en una comisión encargada de revisar el Índice expurgatorio.[41] Pero era incapaz de gobernar su humor crítico. El año de 1588 causaba cierto escándalo con su tratado *De nonnullis Porphyrii aliorumque in Dialectica erroribus* a causa de sus audaces críticas de la filosofía de las Escuelas. Pues ¿no se alababa en el prefacio de no haber creído nunca cosa de cuantas sus maestros le enseñaron en tres años que gastó estudiando en la Facultad de Artes? Y no sólo eso, sino que consideraba su incredulidad como una gracia del cielo.[42] Los ortodoxos puntillosos reconocieron en este libro el espíritu "temerario, muy insolente, atrevido, mordaz" que tienen "todos los gramáticos y erasmistas". El Brocense, que había oído de labios de un canónigo de Salamanca el refrán satírico "Quien dice mal de Erasmo o es fraile o es asno", se complacía sobremanera en repetirlo, y lo comentaba diciendo que si no existieran los frailes ningún libro de Erasmo estaría prohibido.[43]

Entre 1593 y 1595 se entabla contra él un nuevo proceso que dura hasta 1600 y que termina con la confiscación de sus libros y papeles. Se le cita ante el tribunal de Valladolid. Está tan viejo y su salud es tan precaria, que su mano, al firmar, se agita con temblor senil. Se le asigna como prisión la morada de su propio hijo, establecido en la ciudad como médico. Declara, una vez más, que se somete a la autoridad de la Iglesia, pero no reniega nada de la libertad de juzgar que ha sido la ley de su vida intelectual. En las verdades de fe siempre ha subordinado a la fe su entendimiento, pero, en cualquier otra materia, quiere atenerse a las conclusiones de su examen personal. "A Platón y Aristótiles, si no es que le convenzan con razón, no quiere creerlos." Recuerda el juramento que se hizo a sí mismo, siendo estudiante, de no creer nunca con los ojos cerrados a sus profesores: "para que uno sepa, es necesario no creerlos sino ver lo que dicen". Los únicos maestros dignos de respeto son

---

[40] Corral, núm. 4, pág. 123, y *Procesos*, pág. 151.

[41] González de la Calle, *op. cit.*, pág. 526.

[42] "Mihi certe divinitus arbitror contigisse, ut per totum triennium quo philosophicis studiis impenditur opera, magistris meis nunquam aliquid assentirer" (citado *ibid.*, pág. 33). Cf. *Procesos*, pág. 132.

[43] A. Castro, *Erasmo en tiempo de Cervantes, art. cit.*, pág. 368.

aquellos que, "como Euclides y otros maestros de matemáticas..., no piden que los crean, sino que con la razón o evidencia entiendan lo que dicen".[44] Hay algo aquí que rebasa el erasmismo. Indudablemente, Erasmo fue para el Brocense un maestro de libertad intelectual. Pero el erasmismo, en conjunto, fue un movimiento fideísta, que oponía a la autoridad de la razón teológica, no la razón simplemente, sino la sumisión a Cristo, cuya ley se resume en pocas palabras, cuya gracia da la libertad interior. Se ve apuntar en el Brocense un racionalismo nuevo, ávido de evidencia, que hace presentir a Descartes, y que Erasmo no hizo más que preparar con su independencia crítica frente a la tradición. El anciano humanista muere quince días después de esta declaración tan firme, el 5 de diciembre de 1600. Los calificadores que examinan sus papeles llegan a la conclusión, indulgente para su memoria, de que se mostró demasiado libre en sus interpretaciones de la Escritura, que se atuvo en exceso a su ciencia de humanista contra la opinión recibida, pero que no se le podía juzgar por notas personales en que no daba una expresión definitiva de su pensamiento.[45]

44 González de la Calle, op. cit., págs. 424-425. Véanse ibid., pág. 502, los facsímiles de firmas.

45 Ibid., pág. 426. Sobre la fecha exacta de la muerte del Brocense, véase P. U. González de la Calle, Contribución a la biografía del Brocense, Madrid, 1928, pág. 5.

Capítulo XIV

ÚLTIMOS REFLEJOS DE ERASMO
LOS NOMBRES DE CRISTO Y DON QUIJOTE

I. El biblismo. Arias Montano. Fr. José de Sigüenza. II. La literatura espiritual. Fr. Diego de Estella. Los "Nombres de Cristo" de Fr. Luis de León. III. El clasicismo naciente. El humanismo pagano de los jesuitas. Un nuevo humanismo cristiano: el estoicismo. Quevedo. IV. El erasmismo de Cervantes.

I

SI SE QUIERE VER cómo se sobrevivió a sí mismo el pensamiento de Erasmo en la época de Felipe II, no hay que detenerse únicamente en los maestros de humanidades que, con mayor o menor prudencia, mantienen el fuego del libre espíritu que Erasmo había encarnado. Hay que ir directamente a los grandes hombres de la "Contrarreforma" para descubrir ciertos rasgos distintivos del erasmismo en una nueva faz de la España religiosa. Uno de estos rasgos esenciales es el biblismo. Y uno de esos grandes hombres que transmiten a la época siguiente una parte de la herencia de Erasmo es Arias Montano.[1]

---

[1] Hace falta un libro sobre esta gran figura. El *Benito Arias Montano* de Aubrey F. G. Bell (Oxford, 1922) no es más que un boceto. La fuente principal sigue siendo T. González Carvajal, *Elogio histórico del Doctor Benito Arias Montano* (en *Memorias de la Real Academia de la Historia*, t. VII, Madrid, 1832, págs. 1-199), que hay que completar con la *Correspondencia del Doctor Benito Arias Montano con Felipe II, el secretario Zayas y otros sugetos desde 1568 hasta 1580* (en la *Colección de documentos inéditos para la historia de España*, t. XLI, Madrid, 1862, págs. 127-418). Es tema muy fecundo el de las relaciones de Arias Montano con el ambiente espiritual de los Países Bajos. Algo de esto se estudia en M. Bataillon, *Philippe Galle et Arias Montano* (en *Bibliothèque d'Humanisme et Renaissance*, t. II, Paris, 1942, págs. 132-160). Maurice Sabbe (*Relations entre Montano et Barrefelt Hiël*, en *Le Compas d'Or*, 1926, núm. 1) demostró que se extienden a Montano las conocidas relaciones de Cristóbal Plantino con la secta de la "Familia Charitatis". El iluminista Hiël, fuente de Montano en sus comentarios sobre el Apocalipsis, aparece más de una vez en sus cartas disfrazado con el inocente apodo de *Poeta*. Puede leerse en español el estudio de Sabbe, traducido por María Brey Mariño (*Arias Montano y Barrefelt: Hiël y la teología ortodoxa*), en la *Revista del Centro de Estudios Extremeños*, Badajoz, t. VIII (1934), págs. 63-92. Véase también A. Rodríguez-Moñino, *La biblioteca de Arias Montano*, en la misma *Revista*, t. II (1928), págs. 554-598, y *Erasmo en tiempo de Cervantes*, en *El Criticón*, Madrid, 1934, núm. 1. Sobre dudas acerca de la "limpieza de sangre" de Arias Montano, A. Sicroff, *op. cit.*, págs. 269-270, comentado por Américo Castro, *De la edad conflictiva*, Madrid (Taurus), 1961, págs. 61-62. Sobre la expurgación del *Itinerarium Beniamini Tudelensis... ex Hebraico Latinum factum Benedicto Aria Montano interprete*, Amberes, 1575, cf. Albert Mas, *Un exemple d'antisémitisme au siècle d'or*, en *B. H.*, t. LXIV bis (1962) (Mélanges offerts à M. Bataillon), págs. 166-174. — Sobre la corriente

Misteriosa figura que pasa, extrañamente semejante a sí misma, de la solitaria Peña de Aracena al Concilio de Trento, de la oficina de Cristóbal Plantino a la biblioteca del Escorial. Sus relaciones con el erasmismo de Alcalá son bastante evidentes. Después de los estudios comenzados en Sevilla, recibe, en 1548, el grado de bachiller en Artes en Alcalá, donde, el año siguiente, obtiene el de licenciado.[2] En 1552 se le otorga, también en Alcalá, el título excepcional de poeta laureado, lo cual no es obstáculo para que continúe sus estudios de teología.[3] Arias Montano es por entonces amigo y casi camarada de los maestros cuyo recuerdo grabará más tarde en los versos de su *Retórica*: Pedro Serrano, el Canciller Luis de la Cadena, García Matamoros.[4] Entre ellos es donde se forja su ideal literario, ideal impregnado de pureza clásica, que repudia a esos "monstruos" que son los libros de caballerías, desecho de la literatura y perdición de la moral.[5] Pero también es discípulo de Fr. Cipriano de Huerga en la cátedra de Biblia. Espera con impaciencia la conclusión de sus estudios de teología escolástica para retirarse a su rincón de la Peña de Aracena y consagrarse al estudio exclusivo de la Sagrada Escritura.[6] Cuando, el año de 1562, Martín Pérez de Ayala lo arranca de esta soledad para llevarlo al Concilio de Trento, nuestro ermitaño es ya el biblista que seguirá siendo durante toda su vida, el hombre que expone la fe ortodoxa en un latín de impecable elegancia y que quiere apoyar esta fe únicamente en la Biblia, en nombre de la cual la combaten los herejes.[7]

Su firme propósito de prescindir de la escolástica lo emparienta con el erasmismo. Pero su biblismo, con ser tan radical, no se parece al de Erasmo. Desconoce a los Padres antiguos casi tanto como a los Doctores de la Edad Media. Con plena conciencia de irritar a la vez a los sostenedores de la escolástica y a quienes buscan en la Escritura sublimes sentidos místicos, alegóricos, tropológicos o anagógicos, Arias Montano se atiene, en sus comentarios, a la exegesis más literal. Hay en él un agnosticismo metafísico que está claramente en la línea erasmiana y valdesiana:

biblista en España y lo que se refiere en particular a Arias Montano y a Luis de León, véase E. Asensio, *El erasmismo...*, *art. cit.*, págs. 44 ss. y 53 ss.; y sobre las relaciones personales de los dos grandes biblistas, José López de Toro, *Fray Luis de León y Benito Arias Montano*, en *R. A. B. M.*, t. LXI (1955), págs. 531-548 y 5 láminas (publicación y comentario de un borrador de carta autógrafa del segundo al primero, de comienzos de 1560). Ha aparecido recientemente, en holandés, un importante libro de Bernard Rekers, *Benito Arias Montano (1527-1598)*, Groningen, 1961 (tesis de la Universidad de Amsterdam). El mismo autor ha publicado un utilísimo catálogo del *Epistolario de B. Arias Montano*, en *Hispanófila*, Madrid, nº 9 (1960), págs. 25-37.

[2] A. H. N., *Universidad de Alcalá*, lib. 398 f, *Libro de actos y grados, 1544-1562*, fol. 50, e *infra*, con fecha 23 de diciembre de 1549 (fol. no numerado).

[3] T. González Carvajal, *op. cit.*, pág. 13.

[4] P. U. González de la Calle, *Arias Montano humanista*, Badajoz, 1928, págs. 37-39. Sobre Serrano, véase Nicolás Antonio, t. II, pág. 238, y la *Correspondance de Christophe Plantin*, publicada por Max Rooses, Anvers-Gand, 1883-1911, t. II, pág. 263.

[5] P. U. González de la Calle, *op. cit.*, pág. 50.

[6] T. González Carvajal, *op. cit.*, págs. 11 y 28.

[7] *Ibid.*, pág. 33.

él también teme que haya demasiada curiosidad y demasiada audacia en ciertas cuestiones relativas a la presciencia de Dios o a la predestinación. En los prefacios de sus *Commentaria in duodecim Prophetas* [8] extrae de la Biblia una especie de filosofía cristiana casi tan sencilla como la que resume en su *Dictatum christianum*.[9] Dejando a un lado los dogmas de fe definidos por el Concilio, él se ocupa de preferencia en definir la piedad: ésta consiste principalmente en el temor, la penitencia y un amor que va acompañado de las obras. Y por penitencia entiende Arias Montano, de manera generalísima, la guerra que hace el hombre contra sus pasiones.

Ahora bien, esta filosofía tan elemental y al alcance de todos tiene como lujo, si así se puede decir, fundamentos de ciencia bíblica de una majestad babilónica. Aquí nuestro biblista deja muy atrás a Erasmo. Arias Montano, capellán del Rey, es sin duda quien inspiró a Felipe II el designio de autorizar con su nombre la Biblia Poliglota de Amberes, resucitando el mecenazgo de Cisneros, cuya obra quería reeditar Plantino con maravilloso alarde de recursos tipográficos. Es él quien asumió el colosal trabajo de dirigir la edición de la Biblia Regia, la cual distaba mucho de ser simple reproducción de la de Alcalá. A la de Montano se añadía la versión siríaca publicada en Viena por orden del emperador Fernando, tío de Felipe II; y esta versión, en el Nuevo Testamento, se imprimía dos veces, en caracteres siríacos y en caracteres hebreos. El primer proyecto de Plantino sustituía la Vulgata latina por la traducción de Santes Pagnino. La Vulgata se restableció en el lugar que le tocaba. Pero no se sacrificó la versión moderna: revisada por Arias Montano con ayuda de algunos otros sabios, constituyó un segundo volumen del *Apparatus*, el cual se engrosaba desmesuradamente en comparación con el de la Biblia complutense. En efecto, un último volumen comprendía importantísimos tratados de Arias Montano acerca de cuestiones especiales, como la interpretación de la lengua santa, el lenguaje del gesto, las medidas hebraicas, la geografía bíblica, la disposición del templo, las vestiduras sacerdotales y los ornamentos del culto, y finalmente la topografía de Jerusalén.[10]

Se había puesto a contribución toda la ciencia de los católicos, de los herejes y de los rabinos para levantar este monumento. Si Erasmo quedaba muy atrás, no menos atrás quedaban los cánones del Concilio de Trento, empeñados en mantener el prestigio de la Vulgata. Pío V se

---

[8] *Ibid.*, págs. 42-46.

[9] Opúsculo impreso en casa de Plantino (Amberes, 1575). Véanse en particular las págs. 49-51.

[10] T. González Carvajal, *op. cit.*, págs. 47-49 y 55 *ss.* —Sobre la Biblia Regia de Amberes véase ahora el excelente resumen histórico de M. Van Durme, *Granvelle et Plantin*, en *Estudios dedicados a Menéndez Pidal*, t. VII, vol. 1, Madrid, 1957, págs. 225-273. La gran monografía del mismo autor sobre Granvela, mencionada allí (pág. 228, nota 1) en su original flamenco, ha aparecido posteriormente en español: *El Cardenal Granvela (1517-1586), Imperio y revolución bajo Carlos V y Felipe II*, Barcelona, 1957 (ed. revisada y aumentada). Al mismo Van Durme se debe un valioso *Supplément à la correspondance de Christophe Plantin*, Anvers, 1955, que enriquece la documentación relativa a la Biblia Regia.

había asustado y había hablado de negar su aprobación, y hasta todo privilegio, a esa Biblia que iba acompañada de una versión moderna lo mismo que la de Erasmo, que añadía al texto sagrado unos tratados inspirados en sabe Dios qué tradiciones cabalísticas, y que aducía en sus páginas la autoridad de un luterano como Sebastián Münster. Habían sido necesarias la muerte de Pío V y toda la diplomacia de Arias Montano para alcanzar de Roma la aprobación de la obra terminada.[11]

Así, fortalecida con el real apoyo, la ciencia escriturística marchaba hacia adelante sin dejarse frenar por las exigencias de la ortodoxia nueva, aunque no sin suscitar las recriminaciones del tradicionalismo estrecho. Al mismo tiempo, en Salamanca, ciudadela de la Contrarreforma, una iniciativa del mismo género, aunque muchísimo más modesta, levantaba un conflicto más trágico. Nos referimos al proceso de los hebraístas, provocado por la revisión de la "Biblia de Vatablo". También aquí se trataba de la versión de Santes Pagnino, pero completada por el editor parisiense Robert Estienne con las notas del célebre filólogo francés. Andrés de Portonariis la había reimpreso en 1555 en Salamanca, atribuyendo la revisión del texto a Fr. Domingo de Soto: fue ésta una de las Biblias prohibidas por el índice de Valdés.[12] En 1569 el editor aprovechaba disposiciones más benignas de la Inquisición para obtener licencia de imprimir de nuevo la "Biblia de Vatablo" previa corrección de los teólogos de Salamanca, y entraba en pláticas con Plantino para comprarle ciertos caracteres nuevos destinados a esta reimpresión.[13]

La empresa no había de verse coronada hasta quince años después. En efecto, ya en el seno de la comisión encargada de la revisión, el espíritu científico de los hebraístas había chocado contra la hostilidad conservadora de León de Castro, discípulo y sucesor del Comendador Griego. Castro, que sabía griego pero no hebreo, defendía intrépidamente la versión de los Setenta y la Vulgata contra Gaspar de Grajal, catedrático de Biblia, Martín Martínez de Cantalapiedra, catedrático de hebreo, y Luis de León, catedrático de teología y humanista trilingüe. Éstos, en varias ocasiones, habían sostenido que se podían aducir nuevas interpretaciones de la Escritura, las cuales no iban contra las interpretaciones antiguas de los santos, sino que se añadían a ellas. Recurrían al texto hebreo como a la fuente más pura. Pero varios de ellos eran de origen judío. Nada más tentador que acusarlos de parcialidad judaica. Era fácil, sobre todo, oponerles el espíritu del Concilio Tridentino, la obligación de dejar intacta la autoridad de la Vulgata y de la tradición cató-

11 T. González Carvajal, op. cit., págs. 59-61. Una carta de François Lucas, de Lovaina, 23 de noviembre de 1576 (en M. Van Durme, Supplément..., op. cit., págs. 158-162), muestra qué precauciones debía tomar entonces un teólogo ortodoxo para utilizar las obras exegéticas de Erasmo y de Sebastián Münster (incluso con autorización de leerlas, y aunque fuera para criticarlas).

12 Cathalogus..., Valladolid, 1559, pág. 14: "Biblia Salmanticae per Andream de Portonariis anno 1555, cujus correctio sive recognitio falso imponitur fratri Dominico de Soto Segobiensi, theologo Ordinis Praedicatorum".

13 Correspondance de Christophe Plantin, op. cit., t. II, pág. 60. Carta de Gaspar de Portonariis a Plantino, Salamanca, 17 de julio de 1569.

lica. Tal fue la base principal del proceso entablado por la Inquisición contra estos tres hombres, honra y prez de la Universidad de Salamanca.[14]

Ya volveremos a encontrarnos con Fr. Luis de León. Sin detenernos en las peripecias del triple y sonado proceso, sólo notaremos aquí que León de Castro trató de hacer caer a Arias Montano bajo acusaciones semejantes, denunciando en el *Apparatus* de la Biblia Regia un atentado a la majestad de la Vulgata y un triunfo de los rabinos. La Inquisición comisionó al Padre Juan de Mariana para que examinara la Biblia de Amberes, y si el célebre historiador jesuita se atrevió a decir que "el Rey no había ganado mucha honra en haberse puesto su real nombre en esta obra", si manifestó "deseo de que el Doctor Arias hubiera tenido mayor cuidado del que muestra y dar toda autoridad a nuestra edición vulgata", también hay que decir que no vio con agrado el espíritu estrecho de las censuras de León de Castro: era lo bastante inteligente para comprender que la aprobación dada por el Concilio a la Vulgata no podía proteger los manuscritos de la Vulgata hasta en sus divergencias.[15] La decisión tridentina no podía matar la crítica bíblica en la Iglesia católica, aunque la exponía a graves persecuciones.

Los hebraístas de Salamanca fueron cruelmente afligidos en su libertad y en su honra. Las persecuciones emprendidas contra Arias Montano permanecieron en el estado de amenaza: tanto él como su Biblia salieron ilesos. Arias Montano estaba dotado de una rara seducción, que consistía principalmente en una grandísima ciencia sumada a una extraordinaria modestia y a un desinterés de asceta. La admiración que inspiró a Francisco Cano, capellán de la Reina Madre de Portugal,[16] sólo puede compararse con la que despertó en Plantino.[17] Su amplitud de espíritu es enciclopédica. En 1559 es huésped, en Llerena, de su amigo Francisco de Arce, médico, y cuatro meses le bastan para asimilarse todo lo esencial de la ciencia médica.[18] El *Opus magnum*, que es la obra predilecta de sus últimos años, encierra en sí no sólo un *Alma*, es decir, la historia del alma humana, de su caída y de su redención, sino también un

---

[14] Véase el *Luis de León* de A. Coster, en *R. H.*, tomos LIII (1921) y LIV (1922). El proceso de Fray Luis es asequible desde hace mucho en la *Colección de documentos inéditos para la historia de España*, tomos X y XI, Madrid, 1847. Los de sus compañeros, cuya publicación emprendió el P. Miguel de la Pinta Llorente en el *Archivo Agustiniano*, tomos XXXV (1931) y sigs., pueden leerse ya en sendos volúmenes debidos al mismo erudito: *Procesos inquisitoriales contra los catedráticos hebraístas de Salamanca. Gaspar de Grajal*, Madrid-El Escorial, 1935; *Proceso criminal contra el hebraísta salmantino Martín Martínez de Cantalapiedra*, Madrid (C. S. I. C.), 1946. El mismo erudito publicó también la *Causa criminal contra el biblista Alonso Gudiel, catedrático de la Universidad de Osuna*, Madrid (C. S. I. C.), 1942.

[15] Cf. G. Cirot, *Mariana historien*, Bordeaux-Paris, 1905, pág. 13, y, en el mismo volumen, la carta de Mariana publicada en apéndice, págs. 399-400. — Véase ahora F. Asensio, S. J., *Juan de Mariana y la Poliglota de Amberes. Censura oficial y sugerencias de M. Bataillon*, en *Gregorianum*, Roma, XXVI (1955), págs. 50-80.

[16] Véanse las cartas de Cano a Zayas en T. González Carvajal, *op. cit.*, págs. 176-179.

[17] *Correspondance de Christophe Plantin*, *op. cit.*, t. II, en particular las págs. 7 y 24 (cartas de Plantino a Zayas).

[18] T. González Carvajal, *op. cit.*, págs. 28-29.

Cuerpo, es decir, una historia natural. Y si en esa obra derrama el fruto de sus observaciones personales (por ejemplo, cuando habla sobre las conchas, de las cuales reunió una buena colección en Portugal),[19] difunde también, de manera bastante inesperada en semejante tema, esa ciencia de la Biblia que él había convertido en sustancia de su vida interior.[20]

El biblismo de Arias Montano iba a hacer escuela en el monasterio mismo que Felipe II había construido para ser su habitación, su biblioteca, su museo, en ese Escorial desde donde reinaba sobre la Europa católica y el Nuevo Mundo. Escuela esotérica que no causó mucho ruido en España; los nombres que la ilustraron son sobre todo los de Fr. José de Sigüenza y Fr. Lucas de Alaejos, que ocuparon sucesivamente el puesto de bibliotecario de San Lorenzo, ilustrado en un tiempo por Montano. Sigüenza es tan importante como escritor, tiene atrevimientos tan sorprendentes, que su caso merece considerarse con atención si se quieren comprender las relaciones del biblismo que florece en torno a Felipe II con el erasmismo que reinaba en la corte de Carlos V.

Sigüenza es, como Constantino, como Luis de Granada, un admirable prosista formado en el ejercicio de la predicación. Pero su descubrimiento de la verdadera manera de predicar es tardío, y tiene algo de una conversión. Es ya un hombre de cuarenta y cinco años cuando, en 1589, Arias Montano le revela un nuevo método de exposición del cristianismo: "Dejó —dice su piadoso biógrafo— el modo de predicar flores y gallardías que hasta allí había usado, con que se ceba el vulgo." [21] No se nos dice con qué lo reemplazó, pero esto lo sabemos gracias al proceso que no tardó en conmover su existencia.[22] Envidiado, según parece, a causa del nuevo favor que sus sermones le valían ante Felipe II, lo mismo que por su nombramiento de bibliotecario que probablemente debió también a Arias Montano, Sigüenza tiene la imprudencia de criticar la predicación de sus hermanos de hábito, sin perdonar al prior de San Lorenzo. A su retórica demasiado ingeniosa, que saca temas del Antiguo Testamento o de la mitología pagana como de un doble tesoro de fábulas, él opone una predicación puramente cristiana, inspirada en el Evangelio, animada del afán de edificar las almas. El monasterio del Escorial y el Colegio de San Lorenzo entran muy pronto en efervescencia. Una averiguación, hecha del 13 al 17 de abril de 1592 por los visitadores de la Orden, provoca gran número de declaraciones hostiles a Sigüenza. Se le

---

19 Véase la hermosa "Carta del capitán Francisco de Aldana para Arias Montano sobre la contemplación de Dios y los requisitos della" (*Poesías,* ed. E. L. Rivers, *Clás. Cast.,* Madrid, 1957, págs. 57-74); los versos 742-801 contienen justamente una exquisita descripción de conchas, caracoles y otras maravillas del mar.

20 T. González Carvajal, *op. cit.,* págs. 101-102 y 94. Cf. L. Villalba Muñoz, introducción a Fr. José de Sigüenza, *La historia del Rey de los reyes,* El Escorial, 1916, t. I, págs. LXIX ss., CCLXXII ss.

21 Citado por el P. Villalba, pág. XXIX del estudio citado en la nota anterior. Este estudio es el mejor documentado que hay hasta la fecha consagrado a Sigüenza.

22 Lea, *A history, op. cit.,* t. IV, págs. 168-171, y J. Zarco Cuevas, *El proceso inquisitorial del P. Fr. José de Sigüenza (1591-1592),* en *Religión y Cultura,* t. I, El Escorial, 1928, págs. 38-59.

presenta como enemigo de la teología escolástica y partidario del estudio del hebreo; se dice que critica las interpretaciones alegóricas de los santos y que demuestra admiración sin límites por la exegesis literal del editor de la Biblia Regia. "Ninguno —dice— ha entendido a San Pablo como Arias Montano." "Como me dejen a Arias Montano y la Biblia —dice también—, no se me da nada que me quiten los demás libros." Aconseja a un fraile que deje a un lado los libros de oración y que se ponga a leer los Evangelios. A los sermones esmaltados de "fábulas y poesías" opone la predicación del "Evangelio desnudo".[23]

Era fácil presentar todo esto como herético. El principal catedrático de teología del Colegio de San Lorenzo, encargado de calificar las opiniones de Sigüenza, descubre en ellas luteranismo, wiclefismo, judaísmo. No tarda en señalar los estragos de este espíritu funesto entre los religiosos del Colegio y conjura al Rey a que secunde los esfuerzos del prior para poner remedio.

Sigüenza, a quien se informó al punto de las acusaciones que pesaban sobre él, se había anticipado solicitando personalmente el juicio de la Inquisición. Unos cuantos días después, el 23 de abril, se presentó al Tribunal de Toledo. Se le asignó como cárcel el monasterio de la Sisla. Su proceso se desarrolló según las formas prescritas. Pero se le trató con miramientos especiales, explicables a la vez por la deferencia de que había dado pruebas a la justicia inquisitorial y por el favor personal de Felipe II. El alegato del fiscal, implacable como siempre, no impidió que el proceso terminase el 22 de octubre con un perdón unánime que la Suprema confirmó el 25 de julio de 1593.[24]

¿Se puede hablar de erasmismo a propósito de las tendencias biblistas que la influencia de Arias Montano desarrolló con toda seguridad en Sigüenza? La analogía de los dos movimientos es bien clara. Pero ¿cuál es la actitud de Sigüenza con respecto a Erasmo? Dejemos a un lado su proceso, insuficientemente conocido a pesar del análisis de Lea y de la reciente publicación de su defensa. Interroguemos, no acusaciones y apologías, sin obras. No podemos menos de sentirnos impresionados por el contraste que hay entre una obra impresa —la *Vida de San Jerónimo*—, en la cual se ataca vivamente a Erasmo, y una obra inédita —la *Historia del Rey de los reyes*—, en la cual se expresan, no sin atrevimiento, ideas típicamente erasmianas. Debemos detenernos en esto porque, para quien sabe cuán inclinado estaba el catolicismo español del siglo XVI a utilizar a Erasmo sin mencionarlo, es tentador poner en duda la sinceridad de las invectivas de Sigüenza contra Erasmo. Américo Castro, a quien se debe el haber destacado con toda claridad este contraste,[25] se inclina muy visiblemente a considerarlas insinceras. Basándose en las observaciones del P. Villalba sobre la prudencia "oficial" con que Sigüenza procede en su tarea de cronista de su Orden, "acallando verdades indiscretas",

---

[23] Zarco Cuevas, *loc. cit.*, artículos 7, 2, 5, 4, 6 y 1 de la defensa de Sigüenza.
[24] Lea, *op. cit.*, t. IV, págs. 169-171.
[25] A. Castro, *Erasmo en tiempo de Cervantes*, art. cit., pág. 376.

sugiere que el jerónimo pudo compensar con su antierasmismo agresivo una libertad secretamente erasmista.[26] Pero tal vez no sea ésta la única interpretación posible de los hechos.

Al escribir después de Erasmo una *Vida de San Jerónimo,* nuestro autor ataca a su predecesor con una viveza cuyo ejemplo no le ha dado ciertamente Arias Montano.[27] ¿Es sorprendente este hecho? Toda la vida y toda la obra de Sigüenza son las de un religioso convencido de la excelencia de la institución a que pertenece. Necesariamente tenían que enojarle los esfuerzos de Erasmo por oponer a la vida monástica moderna una vida monástica primitiva, a la vez más ardiente y más libre, sin reglas y sin votos. Se asombra, al leer la *Vita Hieronymi* —llena, a sus ojos, de impiedad y de malicia—, de que la haya respetado el *Índice expurgatorio.* Se irrita al encontrar en un sabio de la talla de Erasmo un espíritu deletéreo para la vida de la Iglesia tal como él la concibe. Erasmo contiene en germen la revolución protestante; odia a la jerarquía eclesiástica tal como la odian "aquellos a quien él puso los huevos". Así resulta que Sigüenza, para referirse a Erasmo, vuelve a hablar con el lenguaje de los teólogos conservadores de principios del siglo.[28] Toda la cuestión está en si la violencia un tanto excesiva del ataque se debe a que conoce demasiado bien a Erasmo y desea disimularlo, o a que lo conoce demasiado mal para saber en qué medida piensa lo mismo que él.

En el erasmismo secreto de la *Historia del Rey de los reyes* es en lo que tenemos que concentrar nuestra atención. El sabio agustino que exhumó el manuscrito de esta obra ha demostrado ya todo lo que debe a Arias Montano.[29] Recuerda, por la amplitud de su composición, el *Opus magnum* en que el ermitaño de la Peña de Aracena quería abarcar todo el universo, alma y cuerpo, Dios y materia, creación y redención. En sus detalles, la *Historia del Rey de los reyes* no es, a menudo, sino traducción más o menos libre del *Opus magnum* o de los *Comentarios*

---

26 Villalba, *op. cit.*, pág. CCCIII. Castro (*art. cit.*, pág. 378) busca otro testimonio del erasmismo secreto de Sigüenza en la lección que saca del desastre de la Armada Invencible. Pero ¿es ésta una "lección racional"? ¿Acaso el juicio de Sigüenza no es el que se impone a todo espíritu cristiano convencido de la intervención divina en las cosas humanas, si el cristianismo no está sofocado en él por el prejuicio nacional? El interés —y, si se quiere, el erasmismo— del pensamiento de Sigüenza me parece consistir en una extensión a las naciones de la exigencia cristiana de humildad. Verdadera política según el Evangelio.

27 Pero sí se lo dio otro fraile jerónimo admirado por él (cf. la *Historia de la Orden de San Jerónimo*, ed. cit., t. II, pág. 346) y por Lorenzo Palmireno: nos referimos a Fr. Miguel Salinas, que en su *Libro apologético que defiende la buena y docta pronunciación*, Alcalá, 1563 (fols. 153-183), dedica cuatro capítulos (XL a XLIII) a defender la figura tradicional de San Jerónimo contra las críticas e interpretaciones de Erasmo, y dice (fol. 181 rº): "Por estas cosas y por otras muchas guárdense los estudiantes de leer las obras de Erasmo antes que lean las determinaciones de París y al Comes Carpense en lo que le notan: y si an ya leído a Erasmo no por eso dexen de leer después las dichas determinaciones, porque les aprovechará no poco para muchas cosas en las quales Erasmo ha puesto la mano".

28 Cf. *supra*, págs. 252-253, nota 44.

29 Villalba, *op. cit.*, págs. CCLXX ss.

sobre Isaías. También se manifiesta en ella la influencia de Arias Montano por un declarado propósito escriturístico junto al cual el evangelismo de Erasmo, tan nutrido en los Padres de la Iglesia, aparece singularmente ecléctico: no hay una sola cita de la obra que no se haya sacado de la Biblia. La exegesis de la nueva escuela bíblica trabaja con una literalidad mucho más severa que la de Erasmo, tan inclinada a libres interpretaciones "espirituales" no bien se trataba del Antiguo Testamento, o que la de Fr. Luis de León, tan platónica en su afición a los símbolos. Sin embargo, la diferencia no es tan profunda como pudiera creerse, puesto que aquí como allá, los libros proféticos y morales del Antiguo Testamento se interpretan según la tradición cristiana y conforme a un cristianismo esencial. Es difícil decir hasta qué punto, en el espíritu de Sigüenza, este cristianismo acentuaba el contraste entre el libre otorgamiento de la gracia y las obras de la ley, puesto que la *Historia del Rey de los reyes* queda suspendida en el momento en que los pastores llegan a adorar al Niño Dios. Pero en el comienzo de la segunda parte del libro hay algunas páginas en que reaparece la gran oposición erasmiana de lo exterior y lo interior, tratada con más vigor directo que en Fr. Luis de León, y apoyada en los mismos textos de Isaías que en Erasmo y en Fr. Luis de Granada.[30]

Sigüenza no teme aplicar a los tiempos presentes el clamor del Profeta contra el error del pueblo de Israel acerca de la ley: [31] los hombres han descuidado la parte de la ley que tendía a la reforma de sus acciones y de sus pensamientos, y se han detenido en la observancia externa de las ceremonias, esa máscara exterior de santidad que son los sacrificios, las vestiduras, los alimentos particulares, los ayunos, abluciones y templos "que se instituyeron para símbolo o para seña de la santidad de dentro". Han creído, de ese modo, ser agradables a Dios y ganarse derechos a su benevolencia. Y lo único que han conseguido es causarle horror.

Audite verbum Domini —les decía Isaías— *principes Sodomorum, percipite auribus legem Dei nostri, populus Gomorrhae.*[32] Honrosos títulos les pone a estos grandes observantes de la ley. ¡Plegue al Señor no nos cuadren en estos miserables tiempos! *Quo mihi multitudo victimarum vestrarum? dicit Dominus: Plenus sum. Holocausta arietum, et adipem pinguium, et sanguinem vitulorum et agnorum et hircorum, nolui. Cum veneritis ante conspectum meum, quis quaesivit haec de manibus vestris, ut ambularetis in atriis meis? Ne offeratis ultra sacrificium frustra: incensum abominatio est mihi.*[33] Y de esta suerte prosigue en aquel capítulo, que nos toca bien en lo profundo de las entrañas, que por nuestros pecados no se quedó aquello dentro de aquel pueblo antiguo, que esta Iglesia santa está agora llena de esto, y para entonces y para agora dijo Dios que le teníamos harto, ahito, enfadado y cansado con nuestras santidades y purificaciones de fuera, y que estando lo de dentro tan feo, sucio y

---

30 Cf. *supra*, pág. 599.
31 Sigüenza, *Historia del Rey de los reyes*, ed. *cit.*, t. III, págs. 5-9.
32 Isaías, I, 10.
33 Isaías, I, 11-13.

asqueroso en sus ojos, le atosigábamos con estas hermosuras y aplauso de las cosas exteriores. Y lo mismo tornó a repetir por el mismo profeta: *Clama, ne cesses, quasi tuba exalta vocem tuam, et annuntia populo meo scelera eorum, et domui Jacob peccata eorum. Me etenim de die in diem quaerunt, et scire vias meas volunt: quasi gens, quae justitiam fecerit, et judicium Dei sui non reliquerit: rogant me judicia justitiae: appropinquare Deo volunt. Quare jejunavimus et non aspexisti; humiliavimus animas nostras, et nescisti? Ecce in die jejunii invenitur voluntas vestra et omnes debitores vestros repetitis. Ecce ad lites jejunatis, et percutitis pugno impie. Nolite jejunare sicut usque ad hanc diem.*[34] Y todo lo que sigue es admirable para que nos desengañemos y abramos los ojos y no quedemos reprobados y ciegos como aquel pueblo, de quien iremos tratando.

Los gentiles no tenían ningún conocimiento del verdadero Dios. Los judíos sacrificaron lo esencial de la ley divina a su apariencia exterior, "añadiendo mil invenciones y doctrinas suyas para pulir y afeitar la parte superficial de las ceremonias". Para hacerse entender mejor, Sigüenza recurre a un ejemplo de actualidad: el de un hombre que "por haberse hecho... cofrade de las Llagas y haber mandado pintar una Nuestra Señora de la Quinta Angustia que salga en una procesión, y disciplinádose el Viernes Santo", queda convencido de que da a Dios más de lo debido "aunque se esté el propósito de venganza y el rencor y el amancebamiento y el logro y la usura en medio del corazón". "Y a este compás más y menos podríamos traer millones de ejemplos en este triste tiempo, aunque nos haya Dios desengañado y descubierto tan claro esta llaga por Sí y por sus profetas".

Como se ve, Sigüenza no es mucho menos categórico que Erasmo en su reprobación del judaísmo de las prácticas supersticiosas. Es más agresivo aún contra la teología escolástica cuando, a propósito de mezclas monstruosas y estériles, declara: "Lo que llaman teología es ingenio de Platón y Aristóteles mezclado con la palabra divina, y ansí ni parece uno ni otro, sino un mulo, contra el precepto de Dios." No es esto más que una ocurrencia, si se quiere, pero tanto más significativa cuanto que se injerta en una glosa adaptada del *Opus magnum*, donde Montano daba a su discípulo el ejemplo de manera muy diversa, procediendo por alusiones inteligibles solamente para quien sabe leer entre líneas.[35]

34 Isaías, LVIII, 1-4.
35 El P. Villalba, que se creyó en el deber de suprimir "el famoso pasaje de las *mulas*" en su edición de la *Historia del Rey de los reyes*, "para que no se tildara de heterodoxia la mentalidad del P. Sigüenza", lo presenta en su estudio preliminar (t. I, pág. CCXCII) con el texto de Arias Montano al frente. Vale la pena citar este último: "Magna, arcana et observanda significatione simplicitates conservandae sunt rerum quae natura constant solummodo, sed morum etiam, studiorum et sententiarum, atque adeo doctrinae disciplinaeque; quarum permixta et confusa diversitas, quantumvis artificiose et ingeniose curetur, tamen vel in monstruosum quempiam evadit partum, vel in eum saltem qui veri fructus propagationem promittat minime..." Es curioso que Michelet, que no leyó ni el libro inédito de Sigüenza ni el *Opus magnum* de Arias Montano, recurra a la misma comparación en su crítica de la escolástica medieval que quiso hacer "un Aristóteles ortodoxo, un paganismo cristiano": "Le mulet n'engendre point. Cette école est restée stérile" (*Histoire de France*, IX: *La Renaissance*, Introduction, § 6.

El editor de la *Historia del Rey de los reyes* observa con mucho acierto que la crítica de la religión puramente ceremonial y la crítica de la escolástica son dos tendencias conexas, y ve en todo ello, evidentemente, un corolario del evangelismo aprendido de Arias Montano. Pero también se sabe que esas tendencias constituyen dos aspectos fundamentales del erasmismo. ¿No es algo paradójico que se revistan de forma más agresiva en Sigüenza, abiertamente opuesto a Erasmo, que en Arias Montano, tan empeñado en salvar lo más posible de su obra, gracias al *Índice expurgatorio* de Amberes? Esta paradoja, como tantas otras, podría muy bien estar en el orden natural de las cosas. Quizá sea, ante todo, simple asunto de generaciones. Arias Montano se formó antes de 1558. Conoció el tiempo en que la herencia erasmiana era defendida todavía por una selecta minoría católica deseosa de hacer entrar lo esencial de ella en el campo de la ortodoxia, y que veía en ella una prenda de renovación para la Iglesia. La aspiración a la interioridad, la voluntad de nutrir de sustancia evangélica la enseñanza cristiana, eran elementos que esta minoría había hecho suyos. Arias Montano trabajó a su vez por hacerlas triunfar. Es imposible que no haya tenido clara conciencia de lo que todo eso debía a Erasmo, y sin duda nunca pudo hacerse el ánimo a hablar de este gran hombre sin miramientos. Su prudente moderación es la de un hombre que ha vivido con intensidad los años en que la ortodoxia se estrecha inexorablemente, y que ha desempeñado un papel de primer orden en su consolidación. Sigüenza, adolescente en la época de la gran crisis, tentado por la vida monástica antes de haber reflexionado en los problemas con que se debate el cristianismo, se hace religioso en el momento en que el Concilio de Trento acaba de zanjar estos problemas. Está bañado en el catolicismo de la Contrarreforma. Y, como había sucedido al propio Erasmo, está en su plena madurez cuando descubre un cristianismo más profundo. Encuentra en Arias Montano un maestro que, mucho más que enseñar, lo que hace es sugerir. ¿Por qué sorprendernos si el ardiente discípulo saca a plena luz ciertos aspectos de la doctrina que permanecían velados adrede? Arias Montano es para él lo que Erasmo había sido para tantos españoles hacia 1527: lo introduce a la Biblia, le revela su sentido profundo. Con esta preparación, Sigüenza era ya muy capaz de medir, sin ayuda de nadie, el abismo que media entre la religión puramente ceremonial y el espíritu de los profetas, de Cristo y de San Pablo, entre la enseñanza del Evangelio y la de la escolástica. Ninguna necesidad tiene de Erasmo, que lo lastima en su amor a la regla monástica, cuando por azar recurre a sus libros; de Erasmo, cuya ciencia toda le parece viciada por un afán de justificar la subversión luterana. Arias Montano le basta, con la Biblia.

Es preciso, pues, superar la apariencia de una contradicción entre un Sigüenza acusador de Erasmo y un Sigüenza continuador de su espíritu. No hay necesidad de suponer al uno menos sincero que al otro, ni siquiera

---

De la création du peuple des sots, pág. 41, en la ed. de París, 1879). Es más probable la existencia de una fuente común que la coincidencia casual.

de suponer una lucha intestina entre ambos. La lucha es entre el espíritu de Arias Montano y una ortodoxia estrecha, hostil al biblismo, como lo había sido al erasmismo. Cuando se tiene en cuenta esta hostilidad, la *Historia del Rey de los reyes* aparece en su luz verdadera. El estudio de los manuscritos induce a creer que la obra está no sólo inconclusa, sino mutilada al fin de la primera parte, en el lugar en que el autor debía tratar del pecado original. Compuesta por Sigüenza durante los últimos años de su vida, no fue tocada por un proceso que es diez años anterior a ella.[36] El libro demuestra, por el contrario, que ese proceso no había embotado los ánimos de su autor. Felipe II y Arias Montano habían muerto en 1598. Fray José, rector del Colegio de San Lorenzo, después prior en dos ocasiones del monasterio del Escorial, proseguía paralelamente su obra de cronista oficial de la Orden y del monasterio, y su obra de filósofo cristiano, continuador de Arias Montano con menos prudencia. ¿Escribiría para sí solo la *Historia del Rey de los reyes*? Es poco probable. ¿Hay quien escriba para sí solo? En el peor de los casos, se dirige uno a un público compuesto de unos cuantos amigos, de unos cuantos discípulos, o bien a la posteridad. Sigüenza trabajó sin duda en su gran obra sin pensar demasiado en el día en que habría que pedir para ella unas aprobaciones y un privilegio: cuando murió, en 1606, la dejó inconclusa a sus discípulos. Gracias a ellos se poseen varias copias, desigualmente completas. ¿Se habrán tomado ellos mismos el trabajo de expurgarla? ¿Habrá tenido Sigüenza que habérselas con la Inquisición en un segundo proceso póstumo? Otras tantas hipótesis que los manuscritos sugieren sin permitir escoger entre ellas. Observemos, en todo caso, que si hubo expurgación, ésta respetó dos pasajes singularmente atrevidos sobre las ceremonias supersticiosas y sobre la teología escolástica.

La antorcha del biblismo, recibida por Fray José de Sigüenza de manos de Arias Montano, brilla todavía durante algún tiempo en el Escorial en la celda de su discípulo Fray Lucas de Alaejos, sucesor suyo en la biblioteca y en el Colegio, heredero ferviente de su gran empresa. Fray Lucas de Alaejos celebra a su vez al Rey de los reyes según la pura erudición bíblica en un tratado que intitula al principio, en 1610, *Grandezas de Cristo, Rey y Padre Eterno*, y que reelabora después a lo largo de quince años, llamándolo *Reino de Cristo*, obra enorme que él concibe repartida en nueve tomos y cincuenta y tres libros. Alaejos murió en 1631, dejándola inconclusa en el libro XXXIX.[37] Sus manuscritos fueron a dormir en la biblioteca cuyo ordenador había sido él después de Arias Montano y de Sigüenza, y en donde el siglo XVI español permanece embalsamado como en un suntuoso hipogeo. El testamento espiritual del heredero de los biblistas sigue allí esperando un lector.

---

[36] Como parece admitir el P. Villalba (*op. cit.*, págs. LXXIII y CCLXXIV), el cual no conocía evidentemente el proceso de Toledo más que por alusiones vagas (cf. Zarco Cuevas, *art. cit.*, pág. 54). El estudio del P. Villalba, a su vez, lleva a situar en 1603-1606 la redacción de la *Historia del Rey de los reyes* (*op. cit.*, págs. CCCVII-CCCIX).

[37] Villalba, *op. cit.*, págs. CCXLIII-CCXLV, nota.

II

Pero ya es tiempo de salir de esta España un tanto esotérica para llegar a la literatura espiritual con que se alimentaban los súbditos de Felipe II. Una primera observación se nos impone. Como la espiritualidad española del siglo XVI ha sido estudiada en general con relación a Santa Teresa y a San Juan de la Cruz, la floración de literatura ascético-mística que se hace tan abundante hacia 1555 se ha tratado naturalmente como una fase preparatoria que anuncia, y no más, la gran producción dominada por la escuela carmelitana. Ahora bien, si alguien hace un cuidadoso inventario de esta literatura, se da cuenta de que su producción, tan intensa en el momento de la ascensión al trono de Felipe II, se enrarece casi inmediatamente después, bajo la influencia del Índice de 1559. No morirá, ciertamente; alcanzará, en medio de un ambiente hostil, alturas a que no había llegado en tiempos de mayor libertad, pero no logrará liberarse de la sospecha que había pesado sobre ella. Más aún: no faltará, en 1601, un dominico, Fray Alonso Girón, que reclame la prohibición total de los libros que exponen en romance los misterios de la fe, de las recopilaciones de sermones, de los libros que vulgarizan las cosas divinas y comentan la Sagrada Escritura.[1] La reforma carmelitana es, en realidad, un refugio que Santa Teresa y sus compañeros edifican para la oración mental amenazada. Aun en los asilos del Carmelo reformado, aun garantizada por una ascesis exigente, la oración de Santa Teresa, de San Juan de la Cruz y de sus discípulos permanecerá expuesta a la sospecha de iluminismo.[2] Sus libros no se publicarán sino después de su muerte. Y así como Fray Luis de León, editor de Santa Teresa, tiene que hacer un alegato en 1588 en favor de sus obras, cuya publicación parecía peligrosa,[3] así también Fray Basilio Ponce de León, sobrino de Fray Luis y catedrático como él en la Universidad de Salamanca, tiene que escribir, más de treinta años después, una defensa de San Juan de la Cruz, cuyas obras se habían pu-

---

[1] P. U. González de la Calle (*Documentos inéditos acerca del uso de la lengua vulgar en los libros espirituales*, en *Bol. Ac. Esp.*, t. XII, 1925) publicó el memorial del P. Girón, así como la respuesta de la Universidad de Salamanca consultada a este propósito. Se encontrará asimismo lo esencial del asunto en G. de Santiago Vela, *Ensayo, op. cit.*, t. II, Madrid, 1915, pág. 100, donde se resume la opinión de los teólogos de Salamanca con estas palabras: "Fueron de parecer que los libros espirituales y sermonales universalmente no se prohiban, antes convenía que hubiera muchos en romance y se permitieran correr; que, conformándose con lo decretado en el Concilio Tridentino, no debían permitirse al pie de la letra Isaías, ni los Profetas, ni el Pentateuco, ni los Sapienciales, ni universalmente el Nuevo Testamento, ni el Apocalipsis, ni las Epístolas de San Pablo; pero que los Evangelios que se cantan en la misa, conforme al Catálogo del Santo Oficio, llanamente y sin otras interpretaciones ni exposiciones podían andar en romance."

[2] Sobre este conflicto espiritual derrama nueva luz el estudio del P. Beltrán de Heredia, *Un grupo de visionarios y pseudoprofetas que actúa durante los últimos años de Felipe II. Repercusión de ello sobre la memoria de Santa Teresa* (*Revista Española de Teología*, t. VII, 1947, págs. 373-397 y 483-534).

[3] Véase A. Coster, *Luis de León*, R. H., t. LIV (1922), págs. 132-133.

blicado en 1618.[4] Pero, dicho esto para situar la reforma carmelitana en la verdadera perspectiva de la época, ya no tenemos que ocuparnos de la corriente propiamente mística que se desarrolla en los claustros, y cuya interioridad no debe nada a la interioridad erasmiana, salvo quizá indirectamente, a través de un autor como Luis de Granada.[5]

La corriente humanista de oración, enriquecida por Erasmo en sus últimos años y por Luis Vives en beneficio de los seglares cultos, no fue nunca más que un arroyuelo secundario. Uno de los libros que atestiguan su persistencia bajo Felipe II es el *Manual de oraciones* compuesto en 1573 por el Maestro Jerónimo Campos, predicador del ejército español de Flandes. Se encuentran en esta obra, al lado de algunos fragmentos de los evangelios traducidos al español, unas oraciones tomadas de muchos Padres de la Iglesia, tanto antiguos como modernos. Entre los modernos, Canisio aparece junto a Taulero, Luis de Blois, Lansperg, Juan Faber, Estanislao Hosio, Ferus y Luis Vives. Algunas de las oraciones son del propio recopilador. En el tratadito de la oración que sirve de prefacio al volumen, se puede leer una curiosa evocación de la primitiva Iglesia, "tiempo dorado y tiempo de amor", en que Dios era el constante pensamiento de todos los hombres, en que la oración era íntimamente asociada al trabajo por el labrador que empuja el arado, por el jornalero que maneja el pico, por el piloto y el remero, amarrados el uno a su timón y el otro a su remo, por el esclavo que trabaja para su amo.[6] Hay en todo esto una como proyección en el pasado de la edad de fervor soñada por Erasmo en la *Paraclesis;* al propio tiempo, la oración se pone en vez de la Escritura como panacea de todos los males del presente. El *Manual* de Campos gozó de cierta fama, primero en los Países Bajos, y en seguida en España. Finalmente, fue saqueado en 1584 por Marco Antonio Ramírez, hijo de un impresor de Alcalá, que reimprimió una parte junto con un *Consuelo y oratorio spiritual* de autor desconocido, libro prohibido en el Índice de Quiroga por estar fuertemente impregnado de iluminismo.

---

[4] Documento (Madrid, 11 de julio de 1622) ya citado por Fray Nicolás de Jesús María, en su *Phrasium mysticae theologiae V. P. F. Joannis a Cruce... elucidatio,* Alcalá, 1631, y publicado por el P. Miguel de la Pinta Llorente en el *Archivo Agustiniano,* año XIX (1932), núms. 2, 3, 5 y 6). Fray Basilio observa (págs. 164-165) que muchos acusan a la *Noche oscura* de ser la fuente de la herejía de los alumbrados de Sevilla, de la misma manera que, "en la época de los alumbrados de Llerena y de Jaén", se echó la culpa a la *Subida del monte Sión* de Laredo "y en fin venció el libro, y se dio por bueno, y lo es tanto que la santa madre Teresa de Jesús dice que él tuvo por guía en la oración de unión [Fray Basilio remite al cap. XXIII de la *Vida,* donde Santa Teresa habla de "aquel no pensar nada"]... y toda la doctrina del libro del P. Fray Joan de la Cruz o lo más principal della está en aquél [Laredo]". Es importante a este respecto el libro del P. Fidèle de Ros, *Un inspirateur de Sainte Thérèse: le frère Bernardin de Laredo, op. cit.*

[5] D. Alonso, al final de su nota *Sobre Erasmo y Fray Luis de Granada, art. cit.,* nos invita a ver algunas analogías entre el *Enchiridion* y la *Subida al monte Carmelo* de San Juan de la Cruz (lib. III, capítulos XXXV-XLV). Véase también Jean Krynen, *Une rencontre révélatrice: Érasme et saint Jean de la Croix,* en el *Bulletin de l'Institut Français en Espagne,* Madrid-Barcelona, núm. 97 (mai-juin 1957), págs. 72-74.

[6] Hierónymo Campos, *Manual de oraciones,* Amberes, 1577, fol. 4.

Campos obtuvo en 1586 una orden de prohibición contra el volumen publicado por Marco Antonio Ramírez. Al mismo tiempo se condenaba el *Ramillete de flores espirituales* de Pedro de Padilla, el poeta que acababa de entrar en el Carmelo reformado.[7]

Debemos detenernos, sobre todo, en obras de mayor envergadura, aunque destinadas también a la vulgarización de la oración entre los seglares: la literatura cuyo maestro indiscutido, en 1558, era Luis de Granada. Y puesto que esa literatura era la que en primer lugar sufría la acometida del Índice de 1559, debemos ver de qué manera logró sobrepasar esta crisis. Los jesuitas supieron liberarse muy pronto de la sospecha de iluminismo que suscitaba la exaltación de la fe y de la gracia. Salmerón había estado a punto de comprometer a la Compañía en el proceso de Carranza. Laínez la salvó de esta torpeza, al precio de un poco de ingratitud.[8] La Compañía abandonó a Enrique de Herph y a Taulero para atenerse a los *Ejercicios.* ¿Acaso no se completaban éstos con aquellas *Reglas* en que Ignacio de Loyola, ya en 1548, había hecho consistir por anticipado el memento de la ortodoxia tridentina? Las reglas 14ª a 17ª invitaban a la prudencia en todos los temas cuya predicación podía desviar de las buenas obras, fuera la predestinación, la fe o la gracia. La 18ª recomendaba no olvidar el temor de Dios, aunque fuese loable servirlo por puro amor.[9]

Los jesuitas se adaptan de tal modo al nuevo estado de cosas, que Baltasar Álvarez, cuyas relaciones con Santa Teresa son conocidas, no tardará en hacerse sospechoso en el seno de la Compañía. Sus hermanos y superiores levantarán contra él "el espantajo del iluminismo",[10] que había servido veinte años antes contra la Compañía entera. Ésta no producirá la floración de espiritualidad que parecían prometer sus tendencias iniciales denunciadas por Cano. Hay que esperar la época de Felipe III para ver aparecer el *Ejercicio de perfección* de Alonso Rodríguez y las grandes obras de Luis de la Puente, discípulo y biógrafo de Baltasar Álvarez.

Juan de Ávila, al reelaborar entre 1560 y 1565 su *Audi filia,* toma en cuenta la opinión de "los que se les antoja en estos tiempos que la Fe es el coco y espantajo".[11] Análoga resolución adopta Luis de Granada al

---

[7] A. H. N., *Inquisición*, leg. 4426, nº 26, y leg. 4436, nº 64. Este último documento es una representación de Campos en que cuenta la historia de su libro. Se imprimió, según dice, tres veces en Flandes. En España hubo reimpresiones defectuosas en Sevilla y Bilbao, sin autorización del autor. Habría que comparar este libro con el *Trésor des prières et oraisons* de Jean de Ferrières (París, 1585), que incluye diversas oraciones de Erasmo, en particular la que compuso por la paz de la Iglesia (fol. 108 rº; cf. Bremond, *op. cit.,* t. X, págs. 231 ss.), y que parafrasea el *Miserere* inspirándose en Savonarola. En algún modo se relaciona también con el *Manual de diversas oraciones* de Fray Luis de Granada, que en sus dos formas —Lisboa, 1557 (reimpresa en Amberes, 1558), y Lisboa, 1559— quedó prohibido por la Inquisición española (reimpresas ambas en el t. IX de las *Obras,* ed. Cuervo). La primera confiesa sus deudas con respecto a Serafino de Fermo y Luis de Blois. La segunda, sin decirlo, parece inspirarse algo en la *Confesión de un pecador* de Constantino.

[8] Véanse las obras de Cereceda citadas *supra,* pág. 713, nota 27.

[9] Cf. *supra,* pág. 726, nota 2.

[10] Según la fórmula de H. Bremond, *op. cit.,* t. VIII, pág. 196.

[11] La frase es de Fray Juan de la Peña en su valiente censura favorable a Carranza

reimprimir su *Libro de la oración* y su *Guía de pecadores*. Los dos estados del texto son conocidos: basta acudir a la edición crítica de sus obras para ver cuáles son las supresiones que hace. Limitémonos a decir que suprime la mayor parte de los pasajes en que hemos creído distinguir reminiscencias erasmianas o una espiritualidad cercana a la de Juan de Valdés. Pero la transformación que sus libros sufrieron no se queda en una simple mutilación voluntaria. Fray Luis de Granada posee el arte de salvar su pensamiento añadiéndole correcciones. Muy típicas son las largas glosas introducidas en el *Libro* para restablecer en su dignidad la oración vocal y "las sagradas ceremonias y obras exteriores"; para recordar el respeto que se debe a los doctores y predicadores de la Iglesia, la necesidad de practicar las virtudes activas, de cumplir ante todo las obligaciones del estado de cada cual; para hacer un lugar al ayuno y a la limosna al lado de la oración mental:[12] cosas, todas éstas, que el primer *Libro de la oración* había olvidado o descuidado un poco en su celo por la interioridad.

Luis de Granada utilizará, en su *Memorial*, más de una página que ha suprimido de la *Guía*. No escribirá ya, en la segunda parte de su carrera, un manual de piedad que se acerque tanto al *Enchiridion* como la *Guía de pecadores*. El gran libro de su ancianidad, la *Introducción del símbolo de la fe*, no ofrece a primera vista muchos puntos de contacto con la piedad erasmizante de sus años de madurez. Cuando mucho, podrían señalarse algunos pasajes que recuerdan la religiosidad típica de los tiempos de Carlos V, por ejemplo acerca de la fe informe y la fe formada, de la necesidad de la gracia para el cumplimiento de la ley, de la excelencia de las Epístolas de San Pablo para iniciar al cristiano en el misterio de la Redención y en la imitación de Jesucristo por la mortificación del hombre viejo. Citemos sólo estas líneas sobre San Pablo:

(véase Beltrán de Heredia, *El Maestro Juan de la Peña*, art. cit., pág. 20). El procedimiento del Maestro Ávila consiste mucho menos en quitar que en añadir, quedando más que duplicada la obrita con adiciones, unas hermosas y otras pesadas. Quita, sin embargo, las estupendas páginas (fols. 38 r⁰-40 v⁰ de la edición prohibida) sobre la fe infusa, traducidas en *Pages retrouvées de Jean d'Avila* (cf. *supra*, pág. 714, nota 31). Para la fecha de la refundición hay un término *ad quem* en un documento citado por el P. Sala Balust (*Los tratados de reforma del P. Maestro Ávila*, en *C. T.*, t. LXXIII, 1947, pág. 193). Del mismo documento (A. H. N., *Inquisición*, leg. 2392. Carta de los Inquisidores de Córdoba al Consejo, 26 de abril de 1568) debo extractos más extensos a la generosa ayuda de J. Cherprenet, autor de un trabajo inédito sobre *La doctrine spirituelle du bienheureux Jean d'Avila* (Mémoire présenté en vue du Diplôme d'Études Supérieures devant la Faculté des Lettres d'Alger [1945]). Se desprende de dicha carta que, el 7 de junio de 1565, el Obispo de Córdoba Don Cristóbal de Rojas, gran protector de la espiritualidad (y denunciado como fautor de iluministas por Fray Alonso de la Fuente, delator de los alumbrados de Llerena), había puesto su aprobación al final de un *Audi filia* manuscrito, en cuyo prólogo decía el autor que no tuviesen por suyo "el impreso en Alcalá con título de su nombre en casa de Juan Brocar, año 1556, que es el que está reprobado". En realidad, el texto impreso en 1556 —con su prólogo-dedicatoria al Conde de Palma Don Luis Puerto Carrero— parece auténtico, aunque publicado sin intervención del autor.

12 *Libro de la oración*, ed. crítica del P. Cuervo, *Obras*, t. II, págs. 525-546 y 569-636.

Los sanctos Evangelistas no hacen más que contar con palabras simples, amigas de la verdad, la historia de la vida y pasión de nuestro Salvador, sin encarecer la grandeza de aquel misterio y beneficio. Mas sobre este canto llano envió Dios este órgano del cielo, este divino cantor, que con una voz de ángel echase un contrapunto sobre este canto llano; con lo cual hace una tan suave música y melodía, que sumamente deleita y suspende con una maravillosa dulzura las ánimas purgadas y dispuestas para sentir la grandeza destos misterios.[13]

En su conjunto, la *Introducción del símbolo de la fe* brilla con resplandor más exterior que el *Libro de la oración* y la *Guía*. Lo mismo cuando evoca las maravillas de la creación que cuando refiere las hazañas de los mártires —esas "caballerías" verídicas—, Granada rivaliza con la literatura de esparcimiento; y es ésta una nota completamente nueva en la espiritualidad española. Sin embargo, no hay que perder de vista que la amena filosofía natural de la primera parte no es más que un prólogo destinado a engolosinar al lector, quedando la obra toda centrada en torno al misterio de la Redención. Esta grandiosa apología del cristianismo, junto con los primeros libros del autor que prosiguen su gloriosa carrera y se difunden por toda Europa, contribuye poderosamente a modelar la piedad de la llamada Contrarreforma.[14]

Entre los escritores de la época de Felipe II que continúan con mayor maestría la literatura ascético-mística de la época anterior, hay uno que merece atención particular: es el franciscano Fray Diego de Estella. Sus libros necesitarían un estudio profundo, pues, lo mismo que los de Luis de Granada, llevan en sus arrepentimientos y en sus refundiciones la señal de un buen éxito no exento de tempestades. Como ellos, también, tuvieron un público no sólo español, sino europeo.[15] El autor de la *Introducción a la vida devota* pone a "Stella" al lado de Granada entre los maestros de devoción que recomienda a su amada Filotea.[16]

Su primera obra importante fue el *Libro de la vanidad del mundo*, publicado en Toledo en 1562, aumentado después considerablemente en la edición publicada por Matías Gast en Salamanca, 1574. No tenemos gran cosa que decir de este libro, que es un moderno *Contemptus mundi* no carente de fuerza ni de elegancia, a no ser que en él se distinguen huellas de refundición, explicables por la sospecha que en esos días pesaba sobre la literatura mística.[17] Más interesante para nosotros es su hermosa reco-

---

[13] *Obras de Fray Luis de Granada*, B. A. E., t. VI, págs. 288, 295 b y 302.

[14] Véase el resumen de mi curso de 1947-1948 (citado *supra*, pág. 597, nota 40), donde se puntualiza algo más esta manera de enfocar el *Símbolo*.

[15] Véase el *Estudio histórico-crítico sobre la vida y obras de Fray Diego de Estella*, por los redactores del *Archivo Ibero-Americano*, Madrid, 1924 (número especial del *Archivo*). Se encuentra en este estudio una minuciosa bibliografía de las obras de Estella en sus estados sucesivos y en sus traducciones a diversas lenguas.

[16] Véase la traducción de Quevedo en *Obras completas de Quevedo* (ed. Astrana Marín), *Obras en prosa*, Madrid, 1932, pág. 1210 b. (Cf. *infra*, pág. 774, nota 18).

[17] *Estudio, op. cit.*, págs. 58 ss. Compárense los títulos de los capítulos LXIII a LXVII de la Tercera parte, tal como aparecen en la tabla de las ediciones de Salamanca de 1574 y 1576, con los que se encuentran realmente en el cuerpo de la obra (*Estudio*, pág. 90, nota 1, y pág. 80). La divergencia no es ciertamente una errata. Es

pilación de *Meditaciones devotísimas del amor de Dios* (1576), admirable tratado de la más elevada espiritualidad, que acentúa vigorosamente "la contrariedad que hay entre el amor de Dios y el amor propio".[18] Se lee allí, en el comienzo mismo, esta fuerte máxima de puro amor: "El que dice que te ama y guarda los diez mandamientos de tu ley solamente o más principalmente por que le des la gloria, téngase por despedido della." Es ya el pensamiento del célebre soneto "No me mueve, mi Dios, para quererte..."[19] El amor divino que celebra Estella es el amor místico, que "transforma al amante en el amado".[20] Pero es también el amor del iluminismo valdesiano que "se manifiesta en las obras" a la manera del fuego, "el cual nunca está ocioso, antes siempre obra en la materia dispuesta".[21] Y, lo mismo que en el *Enchiridion* (Regla IV), las obras no son meritorias sino en la medida en que el amor de Dios las inspira:

Si ofrezco, Señor, a tu Divina Majestad lágrimas, oraciones, ayunos, limosnas u otra cualquier obra buena, es menester que se pesen en el peso del amor, porque según los granos que cualquier moneda tuviere de amor, tendrá el peso y mérito ante tu divino acatamiento.[22]

Por último, las más bellas de estas *Meditaciones* se refieren al "beneficio de Jesucristo":

evidente que al principio el autor había incluido en su libro cinco capítulos sobre la contemplación y sus tres "vías" —purgativa, iluminativa y unitiva—, y que luego estos capítulos se suprimieron y se reemplazaron por otros sobre temas muy distintos.

[18] Meditación XC. De las *Meditaciones devotissimas del amor de Dios* existe una edición moderna de la Editorial Cisneros, Madrid, 1961.

[19] Pág. 4 de la edición de Alcalá, 1597.—Cf. Juan de Ávila, *Audi filia*, cap. L: "...aunque no hubiese infierno que amenazase, ni paraíso que convidase, ni mandamiento que constriñese, obraría el justo por solo el amor de Dios lo que obra" (en *Obras*, 1941, t. I, págs. 162-163, donde se remite al desarrollo del mismo tema en San Francisco Javier, *Monum. Hist. S. J., Monumenta Xaveriana*, t. I, Madrid, 1899, pág. 132). Sobre los problemas planteados por el anónimo soneto *A Cristo crucificado* y su tema, véase Sister Mary Cyria Huff, *The sonnet "No me mueve, mi Dios": Its theme in Spanish tradition* (Diss.), The Catholic University of America, Washington, 1948. Hay que descartar ya la atribución al mexicano Fr. Miguel de Guevara, propugnada por el benemérito investigador Alberto M. Carreño (cf. sus estudios *Fr. Miguel de Guevara y el célebre soneto castellano "No me mueve mi Dios para quererte"*, México, 1915, y *"No me mueve, mi Dios, para quererte". Consideraciones nuevas sobre un viejo tema*, México, 1942). Aparece el soneto por primera vez impreso en la obra del madrileño Dr. D. Antonio de Rojas, *Libro intitulado vida del espíritu*, Madrid, 1628. Sister M. C. Huff no da el relieve que merece al citado texto de Juan de Ávila, y desconoce la hipótesis de Manuel de Montoliu (selección del *Epistolario espiritual de Ávila*, en la "Biblioteca Clásica Ebro", núm. 17, Zaragoza, 1940, págs. 27-28), que quiere atribuir el soneto a Lope de Vega, notando la manera de aprovechar poéticamente un texto aviliano, análoga a la del soneto "Pastor que con tus silbos amorosos", fundado en otro texto de Ávila citado aquí (*infra*, nota 23). Véase, sobre todo este problema, mi estudio *El anónimo del soneto "No me mueve, mi Dios"*, en *N. R. F. H.*, t. IV (1950), págs. 254-269.—Véase también R. Ricard, *Le thème de Jésus crucifié chez quelques auteurs espagnols du xvie et du xviie siècle*, en *B. H.*, t. LVII (1955), págs. 45-55.

[20] Meditación LXXVI.

[21] Meditación LXXIX.

[22] Meditación LXXX.

¡Oh amoroso Señor y puro fuego de amor! La cabeza tienes inclinada para oírnos y darnos beso de paz, con la cual convidas a los culpados, siendo tú el ofendido; tienes los brazos tendidos para abrazarnos; las manos agujereadas para darnos tus bienes; el costado abierto para recibirnos en tus entrañas; los pies enclavados para esperarnos y para nunca poderte apartar de nosotros. De manera que mirándote, Señor, en la Cruz, todo cuanto ven mis ojos me convida a tu amor: el madero, la figura, el misterio, las heridas de tu cuerpo; y, sobre todo, el amor interior me da voces que te ame y que nunca te olvide.[23]

Este tema del beneficio de la Redención, tema favorito de los contemplativos y valdesianos, es uno de aquellos sobre los cuales Diego de Estella habló una y otra vez con visible predilección, en sus *Meditaciones,* en su *Libro de la vanidad del mundo,* en sus *Comentarios sobre San Lucas.*

Sus tendencias y sus afinidades, por otra parte, resultan confirmadas por el estudio de sus obras latinas, destinadas a los letrados y más especialmente a los predicadores. Su *Modus concionandi,* publicado en Salamanca en 1576, se dirige fundamentalmente a hacer del predicador un intérprete de la Escritura. Exige de él, sin duda, la formación escolástica: la Escritura es una reina a quien todas las ciencias deben hacer cortejo.[24] Pero Estella protesta, indignado, contra las fantasías que violentan el texto sagrado, y, a este propósito, recuerda a un predicador bastante conocido que, en Salamanca, invocaba el Génesis —"Congregationes aquae appellavit María"— para probar la enorme antigüedad del nombre de María. Quiere sobre todo, como Erasmo, como Sigüenza, que la predicación deje a un lado las discusiones de la Escuela y que se abstenga hasta de las cuestiones metafísicas, como la predestinación o la inmortalidad del alma. Se debe predicar para utilidad de los fieles, no para que el predicador haga relucir su ingenio. El ideal de Estella es una predicación familiar, que sepa ha-

---

[23] Meditación XVIII. Este texto se reproduce en el *Estudio histórico-crítico* de los redactores del *Archivo Ibero-Americano,* que remiten (pág. 238, nota 1) al comentario sobre San Lucas, XXIII, y al *Libro de la vanidad,* pte. I, cap. xcv, y pte. II, cap. lxxxiv. Como ha indicado J. Cherprenet en su estudio inédito *La doctrine spirituelle du bienheureux Jean d'Ávila,* este texto de Estella es mera copia de otro del tratado aviliano *Del amor de Dios para con los hombres* (*Obras* de Ávila, 1941, t. II, pág. 22). Este tratado, que coincide, en parte al menos, con el *Tratado de amore Dei erga nos* censurado al mismo tiempo que las obras de Carranza (cf. F. Caballero, *Melchor Cano,* págs. 606-607), plantea complejos problemas. Se publicó por vez primera en *Vida y obras del Maestro Juan de Ávila,* Madrid, 1618 (cf. L. Sala Balust, *Ediciones castellanas de las obras del Beato Juan de Ávila,* en la revista *Maestro Ávila,* t. I, Montilla, 1946, pág. 66). Existe una versión retocada, al parecer, por Fr. Luis de Granada —y publicada por Fernández Montaña en su *Nueva edición de las obras del Beato Juan de Ávila,* t. II (Madrid, 1895), págs. 575-589. (Cf. Juan de Ávila, *Colección de sermones inéditos,* introd. del P. Villoslada, pág. 29). Lo cierto es que Luis de Granada manejó y aprovechó este tratado en su primera *Guía de pecadores* (Lisboa, 1556: cf. *Obras,* ed. cit., t. X, págs. 59 y 109). En las líneas que se citan aquí parece a primera vista que se inspira en el soneto de Lope de Vega "Pastor que con tus silbos amorosos" (*Rimas sacras,* 1614. Cf. Lope de Vega, *Poesías líricas,* ed. J. F. Montesinos, t. I, en *Clás. Cast.,* t. LXVIII, pág. 247). Lo más probable es que Lope se haya acordado de la Meditación XVIII de Estella y del tratado II del *Memorial* de Luis de Granada, cap. vi.

[24] *Modus concionandi. Et explanatio in Psalm. CXXXVI Super flumina Babylonis,* Salamanca, 1576, fol. 7 v⁰.

blar con precisión el lenguaje de los oficios cuando toma de ellos sus comparaciones, pero que huya de toda violencia vulgar, evitando palabras como "bellaco" o "bellaquería", aunque se lancen contra los herejes, y que, por otra parte, se aleje de toda polémica, aunque sea contra Lutero.[25]

La obra más importante de Fray Diego —y la que tuvo también las más serias dificultades con la Inquisición— es su *Comentario* latino sobre el Evangelio según San Lucas. El autor había tomado la precaución de hacer que varios doctores de la Universidad de Alcalá aprobaran la doctrina de su libro, y ellos la juzgaron "muy católica y provechosa, y en particular para los predicadores". No obstante, los Inquisidores de Sevilla, cuando el libro cayó en sus manos, se alarmaron al leer ciertos pasajes y secuestraron todos los ejemplares recibidos en la ciudad, en espera de instrucciones de la Suprema. En la misma Alcalá, donde se había obtenido la primera aprobación un poco por sorpresa, sin el permiso del Cancelario, muchos teólogos se escandalizaron de treinta y siete o treinta y ocho proposiciones, algunas de las cuales parecían francamente heréticas. La Universidad recibió el encargo de examinar el libro, y redactó un índice expurgatorio de su contenido. El propio Fr. Diego de Estella, por otra parte, pidió que se suprimiera todo cuanto pudiese ser "ocasión de error". Se apresuró a hacer imprimir en Alcalá una nueva edición "corregida y aumentada". Pero murió sin ver el final de las tribulaciones de su libro. No sólo se sometió la edición definitiva de Alcalá a dos expurgaciones sucesivas, sino que se juzgó a la de Salamanca casi imposible de expurgar. A los frailes del monasterio de San Francisco de Salamanca les pareció que aquellos volúmenes en que tantas frases estaban tachadas, en que las supresiones abarcaban a veces columnas enteras, harían pesar una enojosísima sospecha de herejía sobre la memoria de su hermano desaparecido. Entonces propusieron que se reimprimieran las páginas más gravemente lastimadas por la censura. Unos seiscientos ejemplares secuestrados en Sevilla esperaban que se les corrigiera. Por sí solos, valían la pena de esa reimpresión parcial, que se realizó al fin, no sin habilidad, con caracteres semejantes a los de la edición primitiva, pero en papel menos fino: las ochenta hojas condenadas se cortaron de manera que quedara una cartivana, sobre la cual se pegaron las hojas nuevas. Y así transformados, estos dos volúmenes en folio de las *Enarrationes in Lucam,* edición de Salamanca, constituyen quizá el más curioso monumento del delirio expurgatorio que tantos estragos hizo en los libros en la época de la Contrarreforma.[26]

Afortunadamente, existen algunos ejemplares expurgados con tinta, en los cuales un ojo experto llega a leer casi todos los pasajes tachados. Esta tarea ya se ha hecho, y permite que nos formemos una idea exacta de las

[25] *Ibid.*, fols. 16 vº, 27 rº, 91-93 rº, 8 rº, 62 rº. Sobre la voluntad de excluir de la predicación las cuestiones escolásticas, véanse también las *Enarrationes in Lucam* del mismo autor (*Estudio, op. cit.*, págs. 139 y 173).

[26] Los documentos que permiten reconstruir esta curiosa historia están publicados en el citado *Estudio* de los franciscanos redactores del *Archivo Ibero-Americano,* págs. 30-34 y 176-186. En la B. S. I. hemos podido estudiar un ejemplar de la edición de Salamanca (1574-1575) con hojas reimpresas. Sólo el fol. 121 del tomo II es de una tipografía muy dife-

tendencias sospechosas de la obra de Estella.[27] Hay, en primer lugar, cierta concepción de la exegesis que se puede llamar literal, y que hace de Estella un cercano pariente de Arias Montano y sus discípulos. Fray Diego no rechaza la tradición católica de la cuádruple interpretación: lo que no quiere es que los sentidos alegóricos, a menudo tan arbitrarios, usurpen el lugar del sentido literal. Su regla por excelencia es el buen sentido. En vez de escudriñar cada palabra para buscar en ella profundos misterios, lo que debe hacer el exegeta es guiarse por el sentido general, por el contexto. El pasaje más largo de los suprimidos por los censores está consagrado a discutir diversas interpretaciones de la parábola evangélica del hijo pródigo.[28]

Pero hay también en estos comentarios, que tienden principalmente a la edificación, un pensamiento religioso bastante bien definido. Se disciernen en ellos, siempre vivos, en la medida compatible con las definiciones de Trento, ciertas tendencias fundamentales de los irenistas erasmianos que, treinta años antes, se aferraban desesperadamente a la justificación por la fe. Estella, es cierto, se separa categóricamente de Lutero en la cuestión de la inutilidad de las obras para la salvación.[29] No obstante, algunas veces emplea fórmulas que irritan a los censores, como: "Fides totum christianorum bonum est." "De la misma manera —dice— que todos los miembros de nuestro cuerpo sacan sus fuerzas del corazón, así también todas nuestras obras sacan alguna fuerza útil para la salvación espiritual de la fe, como de raíz que es de la vida espiritual."[30] En varios lugares habla largamente de los caracteres de esta fe, que no es únicamente creencia, sino confianza; que es viva y no muerta.[31] Sin duda, hay que repetirlo, rechaza la concepción luterana de una fe que se pierde por un pecado mortal. Pero emplea fórmulas que se acercan peligrosamente a las de Lutero: "El pecado, que es muerte espiritual, priva al hombre de todos los bienes espirituales." "Yo me inclino a creer que nadie puede persistir durante mucho tiempo en un pecado mortal sin estar vacilante en la fe o sin deslizarse a la herejía."[32] Lo mismo que los erasmistas, Estella sostiene que la gracia es necesaria para el cumplimiento de la voluntad de Dios.[33] En cuanto a su concepto de la penitencia, carga vigorosamente el acento sobre la contrición;[34] critica a los teólogos modernos que creen que un dolor cualquiera es suficiente para un pecado cualquiera: "La remisión de los pecados —dice— es pesada por juicio divino y no humano. Como nosotros ignoramos la cantidad de lágrimas que basta para lavar los pecados,

rente, de caracteres mucho más gruesos, porque la supresión que se hizo en este lugar era demasiado larga (cf. *Estudio, op. cit.*, págs. 202-204).

27 *Estudio, op. cit.*, págs. 188-209.
28 *Ibid.*, págs. 201-203.
29 *Ibid.*, pág. 159.
30 *Ibid.*, págs. 189 y 192.
31 *Ibid.*, págs. 190, 205-206 y 207.
32 *Ibid.*, pág. 197, y los dos textos censurados de la pág. 189.
33 *Ibid.*, pág. 196.
34 *Ibid.*, pág. 190.

conviene que no nos sintamos nunca seguros por la sola confianza de que ya hemos gemido por nuestros pecados." Sólo la íntima conciencia del pecado nos hace dignos de la misericordia divina. Y sobre la vaciedad de la penitencia que se pospone hasta la hora de la muerte, Estella piensa más o menos como el Erasmo de la *Praeparatio ad mortem*.[35]

Si tal es para Estella lo esencial de la vida religiosa, se concebirá que las ceremonias tengan, a su juicio, una importancia subordinada:

En una ciudad bien constituida, la sustancia de esta ciudad es la paz y tranquilidad de los ciudadanos, mientras que los oficios mecánicos, como zapatería, carpintería y otros, son accesorios; pero estos oficios, aunque accesorios, son sumamente útiles para la sustancia de la ciudad. Así también en la vida espiritual del alma, la sustancia es la fe, la esperanza y la caridad; sobreañadidos y accesorios son los sacramentos, los sacrificios, los ayunos, las oraciones, las limosnas y las demás obras pías y santas, con todas las ceremonias que la Iglesia observa... Pero, así como la sustancia no puede conservarse sin los accidentes, así también son necesarios los sacramentos, sin los cuales no puede en modo alguno permanecer en pie la caridad.[36]

Estella critica la vanidad de las pompas del culto.[37] Se indigna, sobre todo, contra el tiránico farisaísmo de los "prelados". No vacila en comparar su minuciosa tiranía con la de los escribas:

Pero encontraréis en nuestra época muchos prelados semejantes a estos escribas, que abruman a sus súbditos con multitud de reglas y de leyes de las cuales se liberan ellos mismos con la mayor facilidad. Humillan a sus administrados; atan a las almas con tal número de excomuniones y de censuras, y multiplican a tal grado los preceptos, que se creería ver resucitar la ley de Moisés; pero ellos viven en el fasto y la abundancia, y se entregan en cuerpo y alma a todos los vicios. Si por casualidad alguno de sus subordinados comete la menor falta, las leyes promulgadas y establecidas le tienen sentenciado el patíbulo; ellos le hablan con dureza, lo amenazan con las penas más severas. En una palabra, se diría que son, no pastores y guardianes, sino más bien tiranos llenos de soberbia.[38]

Tal vez se adivina, en la amargura de Estella, un poco de resentimiento personal contra los superiores con quienes había tenido que batallar.[39] Pero no es esto lo único: su *Comentario* todo respira la misma amargura, la misma indignación contra una Iglesia corrompida por la hipocresía, como estaba la Sinagoga en tiempos de Cristo, invadida como ella por el farisaísmo.[40] Parece que nunca terminará cuando se pone a hablar de los pastores que traicionan su deber pastoral, que se descargan de la cura de almas en

[35] *Ibid.*, pág. 199.
[36] *Ibid.*, pág. 194.
[37] *Ibid.*, pág. 208.
[38] *Ibid.*, págs. 197-198.
[39] *Ibid.*, pág. 19. Ya en su dedicatoria del *Libro de la vanidad* (1574) a Doña Francisca de Beamont, Condesa de Luna, hace alarde de decir sus verdades a los poderosos y de sufrir persecuciones por ello. Una carta del Nuncio, escrita en 1567, demuestra que ya antes de esa fecha el General de los franciscanos había intentado un pleito contra Fray Diego, y que éste había chocado con el Obispo de Cuenca, Fresneda.
[40] *Ibid.*, pág. 198.

hombros de mercenarios, y que, además, se ufanan de la multitud de sus dignidades (¡como si un pastor pudiera estar en varios lugares a un mismo tiempo!), al paso que la Iglesia abunda en hombres sabios y virtuosos que no tienen qué llevarse a la boca.[41] Recuerda a los obispos de su tiempo, con áspera insistencia, que son los sucesores de los Apóstoles, y que deben predicar por sí mismos si quieren satisfacer tanto las exigencias del Concilio de Trento como las de San Pablo.[42] No menos severo es cuando habla de los predicadores indignos, que son como perros que ladran y a quienes la gente hace callar echándoles un hueso,[43] o de los religiosos que olvidan que han muerto para el mundo y se ocupan de mil intereses temporales, frecuentan las cortes y los palacios y corren sin cesar de un lado a otro "como centauros y sátiros".[44]

Pero no sólo la Iglesia, toda la sociedad civil está entregada a la codicia y a la ambición: ladrones son los poderosos y los nobles que despojan a los pobres a fuerza de impuestos y de censos; ladrones los alguaciles, los jueces y los abogados; ladrones los comerciantes, artesanos y taberneros que engañan en la calidad de la mercancía. Calles y plazas están llenas de ladrones.[45] El dinero es el amo de todo, el medio imprescindible para el que quiere medrar, para el que quiere obtener justicia en la corte.[46] Estella le recuerda a la Iglesia el espíritu de pobreza evangélica: "Cristo y sus Apóstoles, en el Nuevo Testamento, no dijeron una sola palabra de los diezmos." A los ricos, se atreve a decirles que Dios no es su padre: "Dios es padre de los indigentes, no de los ricos, de los que tienen abundancia de todo." [47]

Si se quiere tener en cuenta todos los aspectos de este libro tan amargo, se reconocerá tal vez en él, a pesar de la diferencia de los tiempos, un libro hermano de los primeros grandes libros de Erasmo, el *Enchiridion* o las *Anotaciones sobre el Nuevo Testamento;* uno de esos libros sin miramientos para con "el mundo tal como anda", que infatigablemente recuerdan a este mundo todo lo que lo separa del verdadero cristianismo, y que lo fustigan, si es necesario, recordándole lo que tiene de común con el judaísmo de los fariseos.[48]

Quisiéramos, para terminar, esclarecer ciertos aspectos análogos a éstos en los *Nombres de Cristo* de Fr. Luis de León, es decir, en el libro que se levanta por encima de toda la literatura espiritual de la época de Felipe II. No insistiremos en el capítulo de las dramáticas persecuciones que sufrió Fray Luis. No hay episodio más conocido en la historia de la Contrarreforma. Pero todavía no se ha situado bien al hombre y a su obra en el

41 *Ibid.*, págs. 168-169.
42 *Ibid.*, págs. 171-172.
43 *Ibid.*, pág. 174.
44 *Ibid.*, págs. 21-22.
45 *Ibid.*, pág. 175.
46 *Ibid.*, pág. 195.
47 *Ibid.*, págs. 197 y 199.
48 También, por muchos detalles concretos de su crítica, un libro hermano del *Pastor bonus* de Maldonado. Cf. *supra*, págs. 328-336.

desarrollo de la espiritualidad española. Hay que salir al paso, ante todo, a una posible confusión: Fr. Luis de León no es un biblista de la escuela de Arias Montano, aunque haya tenido con éste relaciones de amistad. Es un hombre de la misma generación que él; posiblemente fue condiscípulo suyo; en todo caso, ambos fueron discípulos de Fr. Cipriano de Huerga,[49] catedrático de Biblia en Alcalá. Por lo demás, Fray Luis regresa muy pronto a Salamanca, donde sin duda había empezado sus estudios helénicos. Aquí se hace amigo de los hebraístas, cuyas investigaciones comparte antes de compartir sus persecuciones. Muy bien hubiera podido hacer suya esta invectiva de Martín Martínez de Cantalapiedra contra los ignorantes y analfabetos en materia de lenguas:

Juzgan reprobable y estiman completamente inútil su estudio y el trabajo de consultar los originales, alegando, como pretexto, que los libros de los hebreos se hallan corrompidos y mútilos, cuando en realidad dicen esto para cubrir su propia holgazanería e ignorancia: en lo cual imitan a aquella vulpeja de que habla Esopo, que, teniendo la cola cortada, exhortaba a las demás raposas a que se cortaran la cola como cosa inútil y que para nada servía.[50]

Fray Luis ha practicado asiduamente el estudio de la Biblia en los originales. Pero todo este estudio tiende en él a un enriquecimiento de la espiritualidad; no es ciencia abstrusa, sino apasionado interés, que lo induciría a emprender de muy buena gana una traducción de la Escritura en lengua vulgar. Uno de los capítulos de acusación de su primer proceso era que había traducido al castellano el Cantar de los cantares y que había comentado "a lo divino" este canto de amor para la monja Isabel Osorio. Al transgredir la prohibición inquisitorial en favor de una religiosa entregada a la oración, había dado pruebas de la misma amplitud de miras que recomendaba en otro tiempo Carranza. En sus comentarios parte de la interpretación literal, predilecta de los erasmistas y los biblistas, pero es para levantarse más seguramente hacia un sentido espiritual, y desarrollará este contenido místico con amplitud incomparable en su comentario latino del Cantar de los cantares.[51] Y lo que más distingue a Fray Luis de los biblistas puros, como Sigüenza, es el lugar anchísimo que su espiritualidad deja a los antiguos Padres de la Iglesia al lado del texto bíblico. Desde este punto de vista, aparece claramente como el continuador de una tradición que el *Enchiridion* había contribuido a fundar, y que Luis de Granada representa de manera eminente. Sabemos, por otra parte, que este

49 Sobre este punto, véase E. Felipe Fernández de Castro, *Fr. Cipriano de Huerga, maestro de Fr. Luis de León*, en la *Revista Española de Estudios Bíblicos*, año III (1928), núms. 28-29 [número doble del cuarto centenario del nacimiento de Fr. Luis de León], págs. 270-272, y M. Bataillon, *Charles Quint "Bon Pasteur" selon Cipriano de Huerga, art. cit.*

50 Martín Martínez de Cantalapiedra, *Libri decem hypotyposeon theologicarum*, Salamanca, 1565, pág. 43. Pasaje traducido por el P. Mariano Revilla, *Fr. Luis de León y los estudios bíblicos en el siglo xvi*, en *Revista Española de Estudios Bíblicos*, año III (1928), núms. 28-29, págs. 25-81.

51 P. Mariano Revilla, *art. cit.*, págs. 59 *ss.*

amigo de los hebraístas era también admirador de Luis de Granada: el *Libro de la oración* lo acompaña durante su prisión.[52]

Pero cuando comenzamos a hojear los *Nombres de Cristo,* nos encontramos en presencia de una obra de calidad más rara. Su perfección, su complejidad, su profundidad anuncian a un genio literario y religioso absolutamente excepcional. ¿No deberá en parte Luis de León a su sangre impura de "cristiano nuevo" ciertas secretas afinidades con el espíritu de los profetas y del Salmista? Tal vez. Pero Fray Luis demuestra una sensibilidad no menos aguda ante las lecciones de harmonía de Platón.[53] Se evoca siempre el recuerdo de los diálogos platónicos en presencia de estas charlas que están lejos de los *Coloquios* de Erasmo. Sería justo quizá reconocer en ellas también el recuerdo de las graves *Collationes* de Casiano, y de los *Diálogos* que el dominico Fr. Juan de la Cruz había compuesto a su ejemplo. Pero hay aquí una luminosa belleza, una música sabia, un arte de conmover por medio de la elocuencia o del silencio mismo, cuya aleación es algo único en la literatura española. Fray Luis, inspirándose en la estética de la novela pastoril, agrega también a su obra el encanto de los versos. Pone en el punto culminante de sus diálogos algunas admirables adaptaciones de los Salmos, utilizando a veces una especie de dístico compuesto de un hendecasílabo y un heptasílabo, y a veces la *terza rima.* Así la poesía bíblica, cuyos primeros ensayos, en tiempos de Montemayor, habían sido vistos con malos ojos por la Inquisición, y que Arias Montano, Sigüenza y Alaejos cultivaban en el Escorial en la intimidad de un círculo sabio,[54] se hace oír del gran público español gracias a los *Nombres de Cristo.*

Nos limitaremos a observar únicamente, en esta obra maestra del humanismo cristiano,[55] aquello que podría llamarse su erasmismo secreto. El designio mismo del libro —exponer los misterios de los nombres de Cristo— parece responder, después de más de medio siglo de espera, a un deseo que el *Enchiridion* había lanzado a través de España hacia la época en que Luis de León venía al mundo. Erasmo[56] había invitado a buscar los misterios escondidos bajo la letra de la Escritura, y a apoyarse, en esta

---

[52] Coster, *Luis de León, R. H.,* t. LIII (1921), pág. 297.

[53] No hay posiblemente escritor español a quien mejor cuadren estas reflexiones de Marañón sobre la complicación racial, condición de universalidad en los seres humanos: "Los hombres de una raza pura no son jamás universales. Pueden ser grandes hombres, héroes, artistas insignes, descubridores o mártires; pero no poseen esa red confusa de antenas que liga al ser universal con las raíces del cosmos. Esto sólo se da en aquellos ejemplares humanos que proceden de razas complejas, trabajadas por la antigüedad y el repetido cruce, crisol de muchas sangres en el que destila lo bueno y lo malo de las generaciones milenarias y cuyo último precipitado es el sentido cósmico, casi divino, de lo universal." G. Marañón, prólogo de la *Visión griega del Greco* por Alexandra Everts (en *Cruz y Raya,* núm. 29, Madrid, agosto de 1935).

[54] Cf. Villalba, *op. cit.,* págs. CLXXXVII-CCLXVI.

[55] Remitimos, para *Los nombres de Cristo* de Fr. Luis de León, a la edición de Federico de Onís en la colección *Clásicos Castellanos,* tomos XXVIII (1914), XXXIII (1917) y XLI (1922).

[56] *Enquiridion,* ed. cit., pág. 244. Ya en el prefacio de esta edición indicamos el lazo que une los *Nombres de Cristo* con el *Enquiridion.*

búsqueda, en los antiguos maestros de la teología mística, San Pablo, Orígenes, San Agustín, el pseudo-Dionisio, autor del *De divinis nominibus.* Tal es, poco más o menos, la empresa que acomete Fr. Luis de León.

Ya el prefacio, con su valerosa amargura, es algo así como la transposición en otro tono de la *Paraclesis,* ahora condenada. Hay que resignarse. La Escritura, destinada primitivamente a ser "común a todos", compuesta en el común lenguaje de sus primeros lectores, traducida a todas las lenguas vulgares a medida que el conocimiento de Cristo iba conquistando a los gentiles, la Escritura, pan cotidiano del cristianismo de los primeros siglos, se ha convertido en ponzoña a causa de las calamidades de los tiempos. "Y así los que gobiernan la Iglesia, con maduro consejo, y como forzados de la misma necesidad", han prohibido la circulación de la Escritura en lengua vulgar.[57] En vez de protestar contra esta dolorosa situación, más vale ver sus causas. Se resumen en dos palabras: ignorancia y soberbia:

La ignorancia ha estado de parte de aquellos a quien incumbe el saber y el declarar estos libros, y la soberbia de parte de los mismos y de los demás todos, aunque en diferente manera; porque en éstos, la soberbia y el pundonor de su presumpción, y *el título de maestros que se arrogaban sin merecerlo,* les cegaba los ojos para que ni conociesen sus faltas ni se persuadiesen a que les estaba bien poner estudio y cuidado en aprender lo que no sabían y se prometían saber; y a los otros, aqueste humor mismo no sólo les quitaba la voluntad de ser enseñados en estos libros y letras, mas les persuadía también que ellos las podían saber y entender por sí mismos. Y así, presumiendo el pueblo de ser maestro, y *no pudiendo, como convenía, serlo los que lo eran o debían de ser,* convertíase la luz en tinieblas.[58]

No hay que vacilar en subrayar, como lo hacemos, estos reproches de Luis de León a los predicadores indignos. Fray Luis aumenta más todavía su virulencia erasmiana cuando deplora que los prelados, que han podido tan fácilmente quitar las Escrituras a los ignorantes, no puedan con la misma facilidad "ponerlas y asentarlas en el deseo y en el entendimiento y en la noticia de los que las han de enseñar." Pero los encargados de la enseñanza del pueblo

no sólo no saben aquestas letras, pero desprecian o, a lo menos, muestran preciarse poco y no juzgar bien de los que las saben. Y con un pequeño gusto de ciertas cuestiones contentos e hinchados, tienen título de maestros teólogos y no tienen la teología; de la cual, como se entiende, el principio son las cuestiones de la Escuela, y el crecimiento la doctrina que escriben los sanctos, y el colmo y perfección y lo más alto de ella las letras sagradas, a cuyo entendimiento todo lo de antes, como a fin necesario, se ordena.

57 Montaigne (*Essais,* I, cap. LVI) habla mucho más resueltamente en términos opuestos a la *Paraclesis:* "Ce n'est pas sans grande raison, ce me semble, que l'Église défend l'usage promiscue, téméraire et indiscret des saintes et divines chansons que le Saint Esprit a dicté en David...", etc.

58 *Nombres de Cristo,* t. I, págs. 3-8. En sus *Enarrationes in Lucam (Estudio, op. cit.,* pág. 141) Diego de Estella habla con la misma amargura del "templo sin doctores" y de los "doctores sin templo". Pero él escribía en latín.

Y después de un vigoroso ataque contra la literatura profana e inmoral que corrompe al pueblo quitándole el gusto de la buena doctrina, Fray Luis dirige un urgente llamado a los teólogos alimentados en la Biblia para que escriban "algunas cosas que, o como nacidas de las sagradas letras, o como allegadas y conformes a ellas, suplan por ellas, cuanto es posible, con el común menester de los hombres".[59] Los *Nombres de Cristo* se ofrecen al lector como uno de esos libros. Pocos hay que estén tan nutridos de savia bíblica. Debió de ser para muchos españoles lo que el *Enchiridion* traducido por el Arcediano del Alcor había sido para sus abuelos: la más viva antología de las Epístolas, de los Evangelios, de los Salmos, de la literatura de los primeros siglos cristianos. Y, al mismo tiempo, debió de ser para ellos una llave que abría los misterios de todos esos textos, la revelación de un cristianismo lo bastante esencial para servir a la vez de introducción a la dogmática, a la mística y a la ética cristianas.

El Cristo cuyos nombres despliegan aquí todos sus tesoros escondidos es el mismo Cristo espiritual que los alumbrados habían descubierto con arrobamiento en el *Enquiridion* de Erasmo: el Cristo paulino que "está presente en nosotros, y tan vecino y tan dentro de nuestro ser como Él mismo de sí; porque en Él y por Él no sólo nos movemos y respiramos, sino también vivimos y tenemos ser".[60] "Cristo, nuestra cabeza, está en sus miembros, y los miembros y la cabeza son un solo Cristo".[61] Si se llama *Padre del siglo futuro,* es porque Él es para los cristianos el principio de un segundo nacimiento.[62] Nosotros nacemos en Él,[63] o, si se prefiere, Él nace en nosotros.[64] Fray Luis no se cansa de volver una y otra vez sobre estos temas fundamentales de la cristología paulina, cuya primera vulgarización en España había estado confiada a los libros de Erasmo. Cristo, *Príncipe de la paz,* nos toca con su espada, que "no se templó con acero... ni es hierro visible, sino rayo de virtud invisible, que pone a cuchillo todo lo que en nuestras almas es enemigo de Dios".[65] Esta espada, este rayo, es la gracia. Porque Cristo "halló una nueva manera de ley, estrañamente libre y ajena" a los inconvenientes de la antigua, no solamente enseñando a los hombres a ser buenos, "mas de hecho haciéndolos buenos".[66] Se reconoce aquí la distinción que Valdés nos ha hecho familiar desde hace tanto tiempo. Pero el platonismo cristiano de Fray Luis se demora con predilección especial cuando habla de los efectos de Cristo en el alma. Jesús —"nombre de Cristo proprio"— significa en hebreo salvación o salud:

[59] *Nombres de Cristo,* t. I, págs. 9-12. En otro lugar habla Fr. Luis más explícitamente contra la literatura profana y corruptora (*Apología* por las obras de Santa Teresa. Cf. *supra,* págs. 750-751).

[60] *Nombres de Cristo,* t. I, pág. 44.

[61] *Ibid.,* t. I, pág. 73.

[62] *Ibid.,* t. I, págs. 194-195.

[63] *Ibid.,* t. I, págs. 218 ss.

[64] *Ibid.,* t. III, págs. 80 ss.

[65] *Ibid.,* t. II, pág. 29.

[66] *Ibid.,* t. II, pág. 102.

Porque su obra propria de Cristo es ser salud y *Jesús,* conviene a saber: componer entre sí y con Dios las partes secretas del alma, concertar sus humores e inclinaciones, apagar en ella el secreto y arraigado fuego de sus pasiones y malos deseos.[67]

Nada tiene de extraño que Fr. Luis de León, al llegar al nombre de *Jesús,* cima de su libro, coincida con Erasmo y distinga vigorosamente entre esta íntima santidad, que es obra de la gracia, y la santidad externa que consiste en las ceremonias:

El componer por defuera el cuerpo y la cara y el ejercicio exterior de las ceremonias, el ayunar, el disciplinar, el velar, con todo lo demás que a esto pertenece, aunque son cosas sanctas si se ordenan a Dios, así por el buen ejemplo que reciben dellas los que las miran como porque disponen y encaminan el alma para que Cristo ponga mejor en ella aquesta secreta salud y justicia que digo, mas la sanctidad formal y pura, y la que propriamente Cristo hace en nosotros, no consiste en aquélla.[68]

Toda doctrina que no se oriente en primer lugar hacia la salud interior de las almas no puede ser enseñanza digna de Cristo.

Aquí, con su arte soberano de sugerir, Luis de León sabe detener nuestra atención haciendo el diálogo un poco más enigmático. "No hay en esta edad de la Iglesia —observa Sabino— enseñamiento de la cualidad que decís…"

—Por cierto lo tengo, Sabino —respondió Marcelo—; mas halos habido y puédelos haber cada día, y por esta causa es el aviso conveniente.

—Sin duda conveniente —dijo Juliano— y necesario, porque si no lo fuera, no nos apercibiera Cristo en el Evangelio, como nos apercibe, acerca de los falsos profetas; porque falsos profetas son los maestros destos caminos, o, por decir lo que es, esos mismos enseñamientos vacíos de verdad son los profetas falsos, por defuera como ovejas en las apariencias buenas que tienen, y dentro, robadores lobos por las pasiones fieras que dejan en el alma como en su cueva.

—Y ya que no haya agora —tornó Marcelo a decir— mal tan desvergonzado como ése, pero sin duda hay algunas cosas que tiran a él y le parecen. Porque decidme, Sabino, ¿no habréis visto alguna vez, o oído decir, que para inducir al pueblo a limosna algunos les han ordenado que hagan alarde y se vistan de fiesta, y con pífano y atambor, y disparando los arcabuces en competencia los unos de los otros, vayan a hacerla? Pues esto, ¿qué es sino seguir el humor vicioso del hombre, y no desarraigarle la mala pasión de vanidad, sino aprovecharse della y dejársela más asentada, dorándosela con el bien de la limosna de fuera?[69]

Este solo ejemplo basta para evocar, a la memoria del lector alerta, los mil errores vulgares "canonizados", según Erasmo, por mil doctores hábiles en "torcer la Escritura Divina hasta conformarla con las costum-

[67] *Ibid.,* t. III, pág. 178.
[68] *Ibid.,* t. III, págs. 178-179.
[69] *Ibid.,* t. III, págs. 181-183.

bres del tiempo", en "favorecer las enfermedades del ánimo... y no me-
lecinarlas".[70]

Ciertamente, Luis de León no puede, como no había podido Luis de
Granada, hacer suya la gran oposición erasmiana entre lo exterior y lo
interior, sin reprobar vigorosamente "a los herejes que condenan contra
toda razón aquesta muestra de sanctidad exterior". Pero con no menos
vigor advierte a los fieles "que no está en ella el paradero de su camino":

> Sería negocio de lástima que, caminando a Dios, por haber parado antes de
> tiempo o por haber hecho hincapié en lo que sólo era paso, se hallasen sin
> Dios a la postre, y proponiéndose llegar a Jesús, por no entender qué es Jesús,
> se hallasen miserablemente abrazados con Solón o con Pitágoras, o, cuando más,
> con Moisén.[71]

Bajo esta advertencia solemne, y un tanto misteriosa, se transparenta,
a no dudarlo, una reminiscencia de la célebre página en que Erasmo
zahiere el "nuevo judaísmo" que consiste en colocar la cima de la religión en las cosas visibles.[72] Y, por lo demás, no es el único recuerdo de
la Regla V del *Enchiridion* que se observa en este capítulo:

> Aunque [el religioso] haya aprovechado en el ayuno, sepa bien guardar el
> silencio y nunca falte a los cantos del coro; y aunque ciña el cilicio y pise sobre
> el yelo desnudos los pies, y mendigue lo que come y lo que viste paupérrimo,
> si entre esto bullen las pasiones en él, si vive el viejo hombre y enciende sus
> fuegos, si se atufa en el alma la ira, si se hincha la vanagloria, si se ufana el
> proprio contento de sí, si arde la mala codicia; finalmente, si hay respectos de
> odios, de envidias, de pundonores, de emulación y ambición: que si esto hay
> en él, por mucho que le parezca que ha hecho y que ha aprovechado en los
> ejercicios que referí, téngase por dicho que aún no ha llegado a la salud.[73]

Como se ve, ni siquiera el *Monachatus non est pietas* deja de reaparecer en este monje, bajo la forma de una vigorosa distinción entre el
formalismo monástico y la imitación interior de Jesucristo, entre las ma-
ceraciones del cuerpo y la mortificación del alma.

Este erasmismo velado de los *Nombres de Cristo* no es más que un
aspecto de obra tan rica. Pero no es un aspecto secundario o desdeñable. Estamos aquí en el núcleo mismo del pensamiento religioso de Fray

---

[70] *Enquiridion*, ed. cit., pág. 344.
[71] *Nombres de Cristo*, t. III, pág. 186.
[72] Cf. *supra*, págs. 200-201.
[73] *Nombres de Cristo*, t. II, pág. 184. Cf. *Enquiridion*, págs. 269-270. En el caso de
Fr. Luis de León, como en el de Fr. Luis de Granada (cf. *supra*, págs. 596-597), hay
que tener en cuenta, tanto como la reminiscencia de Erasmo, la lucha sostenida por
el religioso dentro de su propia orden. El P. Beltrán de Heredia, en su reseña del
presente libro (*Erasmo y España*, art. cit., págs. 576-577), cita oportunamente el famoso
sermón predicado en latín por Fray Luis en el capítulo de Dueñas de 1557, sermón
reeditado por A. Coster (*Discours prononcé par Luis de León au chapitre de Dueñas
(15 Mai 1557), R. H.*, t. L (1920), págs. 1-60. Cf. A. Coster, *Luis de León, op. cit.*, t. I,
págs. 82-95).

Luis y nos hallamos muy cerca del iluminismo erasmiano. El *Enchiridion* había exaltado el "espíritu" gracias al cual el hombre es divino, el espíritu "que da la vida verdadera a nuestra alma".[74] Los *Nombres de Cristo* son un libro escrito en loor de la gracia:

La gracia es una como deidad y una como figura viva del mismo Cristo, que, puesta en el alma, se lanza en ella y la deifica, y si va a decir verdad, es el alma del alma.[75]

Fray Luis coincide asimismo con Erasmo cuando se empeña en conciliar con esta omnipotencia de la gracia el esfuerzo humano hacia lo mejor, aunque, en este punto, sus reiteradas explicaciones [76] no traicionan ninguna influencia precisa del *De libero arbitrio*. Y no se limita a esto la profunda conformidad de tendencias entre el antiguo agustino de Steyn y el agustino de Salamanca. Reaparece en la crítica de los gobernantes arbitrarios que hacen su capricho sin importarles el orden establecido, de esos tiranos que "reinan para sí, y por la misma causa no se disponen ellos para nuestro provecho, sino buscan su descanso en nuestro daño".[77]

---

[74] *Enquiridion*, págs. 187 y 176.

[75] *Nombres de Cristo*, t. II, pág. 161.

[76] *Ibid.*, t. I, págs. 215, 237, 246.

[77] *Ibid.*, t. II, págs. 46 y 88. Un poco más adelante (pág. 93) Sabino sueña con un noble reino en que todos sean iguales en linaje y condición. Se duele de los reyes porque a veces tienen que imponer a sus súbditos la afrenta del castigo, y se asombra dolorosamente de ver que quieran que esa afrenta cunda de generación en generación. Este pasaje será denunciado en 1609 por el Doctor Álvaro Picaño de Palacios, que lo juzga una crítica del castigo de los judíos y de sus descendientes: "En este discurso pica este padre al Santo Officio de la Inquisición porque castiga con afrenta, culpa al derecho porque haze infames a los nietos de los penitenciados, reprehende al Rey de España porque escluye de los ábitos los descendientes de éstos, y finalmente llama error y mal consejo el tener los confesos excluidos de las iglesias de estatutos y de los colegios, e quiere que todos sean iguales y que puedan entrar en las inquisiciones, y éste es lenguage común de todos a quien toca esta mala raza, y se opone todo esto a la nobleza y a la sangre limpia, y más a los Santos Tribunales de la Inquisición" (A. H. N., *Inquisición*, leg. 4444, nº 10). Esta interpretación es muy plausible. Si es justa, Luis de León da aquí la mano al Doctor Vergara y a Constantino, enemigos de los Estatutos de limpieza de sangre. La defensa de una sociedad en que todos sean iguales en honra, o, como dice Luis de León, "adonde ningún vasallo es ni vil en linage ni afrentado por condición", tiene eco en la opinión de P. Fernández Navarrete, *Conservación de monarquías* (1626), *B. A. E.*, t. XXV, pág. 466 a (texto citado ya por Américo Castro, *La realidad histórica de España*, México, 1954, pág. 604; y ed. renovada, México, 1962, t. I, págs. 269-270). Sugiere Navarrete lo que hubiera podido ser una España que no hubiese expulsado sus judíos y moriscos: "Me persuado a que, si antes que éstos hubieran llegado a la desesperación que les puso en tan malos pensamientos, se hubiera buscado forma de admitirlos a alguna parte de honores, sin tenerlos en la nota y señal de infamia, fuera posible que por la puerta del honor hubieran entrado al templo de la virtud" [ingeniosa inversión de un emblema famoso] "y al gremio y obediencia de la Iglesia católica". Y opina que "todos los reinos en que hubiere muchos excluidos de honor están en gran riesgo de perderse". La idea de Luis de León denunciada a la Inquisición como censura implícita de los Estatutos de limpieza de sangre sería desarrollada ampliamente por un "marrano" en una virulenta crítica de ese sistema discriminatorio, de la Inquisición y de sus confiscaciones. Véase I. S. Révah, *Un pamphlet*

Reaparece sobre todo en la apasionada exaltación de la paz,[78] si bien Fray Luis, a diferencia de Erasmo, insiste menos en la paz entre los hombres que en la paz interior y en la gran paz cósmica que se comunica al alma en el espectáculo de la noche serena. Enriquecida, renovada por una meditación platónica sobre el hombre y sobre el universo, la *philosophia Christi* de las primeras décadas del siglo habla en los *Nombres de Cristo* un espléndido lenguaje.

Aquí culmina ese proceso fecundante, que hemos seguido a través de la espiritualidad española. En este libro imperecedero se incorpora definitivamente a ella, resplandece en ella como su riqueza perdurable. Esa victoria del genio tiene algo de asombroso. Cuando se piensa que el "espantajo del iluminismo" [79] se levantaba en todos los derroteros de la vida espiritual española, que el *Comentario* latino de Estella sobre San Lucas era censurado, que la reforma carmelitana se veía rudamente atacada, que Juan de la Cruz era acusado de iluminismo, que el jesuita Baltasar Álvarez, veinte años después de haber confirmado a Santa Teresa en las vías de la oración, veía su propia oración condenada por sus superiores, se mide mejor la importancia de este manual de cristianismo en espíritu, ganado a viva fuerza para la literatura religiosa de lengua castellana. El libro, por lo demás, difícilmente podía producir los efectos revolucionarios que había producido en otros tiempos el *Enchiridion*. La atmósfera había cambiado. Además, la manera de Fr. Luis de León no era la manera de Erasmo, directa y familiar. Los *Nombres de Cristo* no eran plenamente inteligibles sino para aquellos que sabían leer entre líneas. No faltó quien reprochara a Fray Luis el haber escrito en español cosas que exigen gravedad en el decir y que no están hechas para todos los que saben leer su lengua materna:

¡Como si todos los que saben latín —exclama el autor—, cuando yo las escribiera en latín, se pudieran hacer capaces dellas, o como si todo lo que se escribe en castellano fuese entendido de todos los que saben castellano y lo leen...! [80]

Esto era arremeter atrevidamente contra el prejuicio del latín como única lengua espiritual, y colocar al mismo tiempo su obra por encima de la sospecha que pesaba sobre la espiritualidad en lengua vulgar. El Inquisidor General Quiroga estimó, sin duda, que Fray Luis tenía razón. El libro tuvo cuatro ediciones en trece años. No gozó, es cierto, de la

contre l'Inquisition d'Antonio Enríquez Gómez: la Seconde partie de la "Política angélica" (Rouen, 1647), en la Revue des Études Juives, Historia Judaica, 4° série, t. I (CXXI) (1962), págs. 81-168 (en especial, págs. 147-149). Enríquez Gómez (ibid., pág. 157) invoca a Aristóteles (Política, lib. III, cap. 3) en apoyo de la tesis de que "el reino que excluye de honor a los vasallos se ha de perder infaliblemente, porque la deshonra del padre es en el hijo un fuego vivo que eternamente quema; y de aquí nace que, divididos en bandos los linajes, los unos tiren a la venganza y los otros al odio".

[78] *Nombres de Cristo*, t. II, págs. 133 ss.

[79] Cf. *supra*, pág. 752, nota 10.

[80] *Nombres de Cristo*, t. III, págs. 9-10.

enorme fama europea de Luis de Granada. Pero al menos pudo seguir su camino en medio de aquellos que eran capaces de amarlo.

Fr. Luis de León es, con Arias Montano, el hombre que mejor nos hace comprender el secreto de la Contrarreforma. Si ésta fue tan fuerte, no lo debe precisamente al aparato inquisitorial de que se rodeó: lo debe sobre todo a la parte que supo conservar de aquel espíritu en el cual consistió, años atrás, el gran atractivo de la revolución religiosa; de aquel espíritu que Erasmo había predicado antes que Lutero, y que el humanista cristiano había querido salvar después de la condena del reformador alemán. Así se explica sin duda, en los comienzos del reinado de Felipe IV, la paradójica actitud del autor del *Carrascón*.[81] Tenemos aquí a un fraile que abandona el catolicismo para pasarse a la iglesia anglicana, y que emprende la tarea de confundir a los papistas *utilizando sobre todo a los autores de la Contrarreforma española*... Ora se trate de defender la libre lectura de la Biblia, ora de demostrar las imperfecciones de la Vulgata y la superioridad del texto hebreo, de criticar la ignorancia que se cubre con el nombre de fe implícita, la idolatría del culto de las imágenes, la explotación de los milagros, el uso del latín como lengua del culto o la mentira de la perfección monástica, Texeda se complace siempre en citar a Arias Montano, a Luis de Granada y a Luis de León, a Azpilcueta, a Estella, a Torres, al jesuita Luis de la Puente. Admira particularmente al "divino Arias Montano"[82] y a "los dos ya alegados Luises, que como luces, comenzaron a alumbrar y lucir en medio de las tinieblas más que egipcíacas del papismo español".[83] Desgraciadamente —dice a propósito de Arias Montano—,

81 El *Carrascón*, publicado en 1633, fue reimpreso por Usoz (Madrid, 1847), "para bien de España". A esta edición remito. Menéndez y Pelayo (*Heterodoxos*, t. V, pág. 182) había observado ya la utilización sistemática de los autores católicos españoles por Texeda en su polémica antipapista. Muy significativo es el título de un tratado cuya sustancia pasó en parte al *Carrascón: Scrutamini scripturas: an exhortation of a Spanish converted monke, collected out of the Spanish authors themselves* (Londres, 1624). El interés del *Scrutamini scripturas* ha sido puesto muy en claro por los trabajos de William McFadden, quien generosamente puso a mi disposición un ejemplar mecanografiado de su tesis, *Fernando de Texeda: complete analysis of his work, together with a study of his stay in England (1621-1631?), being a contribution to the solution of the problems connected with him* (tesis de Queen's University, Belfast, 1933). Entre los textos aducidos por Texeda en el *Scrutamini scripturas* se encuentra un pasaje de Fr. José de Jesús María (el primer biógrafo de San Juan de la Cruz), según el cual Satanás, para preparar los caminos a Lutero en Francia, difundió allí la literatura profana, y en particular los *Amadises*. Texeda cita también las invectivas de Luis de León contra los libros profanos e inmorales, y dice que el agustino de Salamanca habría escrito mucho más si no hubiera estado encerrado siete años en un maloliente calabozo de la Inquisición de Valladolid. Como se ve, el autor del *Carrascón* es heredero del erasmismo hasta en su puritanismo literario, y, una vez más, es la "Contrarreforma" española quien le transmite esa herencia.

82 *Carrascón*, pág. 146. Cf. pág. 66: "...aquel incomparable varón en letras y lenguas", y muchos otros elogios de este género. Véanse en particular las págs. 88-94, donde explica la importancia de la Biblia Regia, monumento levantado a la gloria de los originales hebreos y confusión de la Vulgata.

83 *Ibid.*, pág. 23.

costumbre es de los romanistas, mayormente de los españoles, poner y proponer premisas verdaderas, de verdades al papismo contrarias; y, por miedo de la
Inquisición, dejarse en el tintero las consecuencias.[84]

Este juicio tan sumario podría extenderse, con la misma exactitud
—y con la misma injusticia—, al propio Erasmo y a todo el erasmismo
español. Sería necesario poder sondear los riñones y los corazones para
saber cuál fue el imperio del temor y cuál el de la fidelidad en tantas
almas, muchas de las cuales no eran vulgares. El homenaje que les rinde
el autor del *Carrascón,* en su acrimonia, está lleno de significado histórico. El erasmismo español es, en buena parte, la fuente a que debe
la Contrarreforma tantos libros importantes, en los cuales un tránsfuga
como Texeda podía encontrar armas contra el catolicismo, pero en los
cuales, también, millares de católicos ilustrados aprendían a conciliar la
adhesión a la Iglesia con el espíritu más profundamente cristiano.

III

Durante la segunda mitad del siglo xvi, la literatura española entra, al
igual que la literatura italiana y la literatura francesa, por un camino
que Erasmo difícilmente hubiera podido prever, puesto que apenas en
sus últimos años estaba llegando a concebir la fuerza de elocuencia y de
poesía de que eran capaces las lenguas vulgares. Este camino es el del
clasicismo. Las literaturas modernas aspiraban a racionalizarse, a norma-
lizarse, a rivalizar con las obras de la antigüedad grecolatina imitando no
sólo su contenido, sino también su estructura.

Conocido es el papel que tuvo en ese movimiento la *Poética* de Aristóteles recién descubierta, con su doctrina de la doble verdad —verdad
particular de la historia, verdad universal de la poesía—, con su oposición
entre la pintura de las cosas tales como han ocurrido y la pintura idealizada de las cosas tales como hubieran debido ser.[1] Aquí es donde el
clasicismo encontró apoyo para su doble necesidad de moralidad y de
racionalidad. Pero no debe olvidarse que el terreno había sido ya abonado por los humanistas discípulos de Erasmo, los cuales buscaban a su
vez una literatura verdadera, es decir, satisfactoria para la razón, y al
mismo tiempo moral. Una de las más curiosas manifestaciones de esta
doble tendencia es la acogida que dispensan al género pastoril. Las mismas razones que los apartan de los libros de caballerías y que les hacen
amar la novela bizantina de aventuras, entran también en juego en favor
de las historias de pastores y pastoras: éstas vuelven la espalda al realismo crudo, pero también a la inverosimilitud, y, gracias a su afán de
descubrir la bondad nativa del hombre en el contacto con la naturaleza,
satisfacen cierto optimismo moral, cierto naturalismo secreto que hace que

---

84 *Carrascón,* pág. 152.
1 Véase en particular Toffanin, *La fine dell'umanesimo,* Milano, 1920.

el Renacimiento se empariente con la época de Rousseau. El ideal pastoril encanta lo mismo a Fr. Luis de León que a Juan de Mal Lara. Si el humanista sevillano está pronto a evocar la edad de oro ante el espectáculo de la belleza sin afeites de una campesina,[2] el autor de los *Nombres de Cristo* está persuadido de que Cristo vive en los campos, y el género pastoril le parece admirablemente adaptado a la expresión del amor, "porque puede ser que en las ciudades se sepa mejor hablar, pero la fineza del sentir es del campo y de la soledad".[3] Ya volveremos a encontrar en otro sitio esta visión depurada de la humanidad.

Por lo demás, es evidente que el clasicismo propiamente dicho hizo recaer sobre todo sus esfuerzos en los dos grandes géneros que la Antigüedad proponía a su imitación: la epopeya y el teatro. Nos hallamos en la época en que aparece la *Araucana,* en que comienzan a florecer, a imitación de Italia, los vastos poemas en octavas reales. Es también la época en que la tragedia y la comedia se esfuerzan en conciliar las reglas clásicas con la libertad tradicional del teatro español. Desgraciadamente, no podemos sino adivinar estos esfuerzos, en su mayor parte perdidos; sabemos, por lo menos, que un Mal Lara llegó a componer gran número de tragedias y comedias,[4] y ese hecho basta para sugerirnos una continuidad —muy verosímil *a priori*— entre el movimiento literario nacido del erasmismo y las tendencias clásicas de la época de Felipe II.

Pero este clasicismo nuevo se vio favorecido, desde ciertos puntos de vista, por una evolución del humanismo que lo alejaba sensiblemente de la orientación erasmiana. El humanismo cristiano de los erasmistas había estado estrechamente ligado con la *philosophia Christi.* Se había inclinado de preferencia a la crítica de los textos, al examen de las tradiciones de la Iglesia, y había hecho de la filosofía pagana una especie de introducción al más profundo cristianismo. Si este humanismo, cada vez más sospechoso, permanecía vivo en maestros como el Brocense, Mal Lara, López de Hoyos, estaba siendo suplantado cada vez más por otro humanismo cuyos maestros por excelencia eran los jesuitas: un humanismo reposado, fundado en el estudio de los poetas y oradores latinos. Su enseñanza tendía sobre todo a adornar el ingenio, a iniciarlo en el bien decir; no se trataba ya de formar espíritus capaces de confrontar la fe con sus fuentes. La poesía latina clásica salió del semi-ostracismo a que la habían relegado los humanistas cristianos. El puritanismo de un Vives cedió el sitio a un moralismo temperado, que no se escandalizaba ya de las fábulas paganas, sino que se contentaba con expurgar a los antiguos de sus obscenidades. Cristóbal Plantino, editor y amigo de Arias

---

[2] Véase el texto reproducido por Américo Castro, *Juan de Mal Lara,* art. *cit.,* pág. 585, y las reflexiones del mismo autor en *El pensamiento de Cervantes,* pág. 189.

[3] *Nombres de Cristo,* t. I, págs. 128-130. Cf. el Comentario de Fr. Luis sobre el Cantar de los cantares (*Obras, B. A. E.,* t. XXXVII, pág. 218): "Porque se ha de entender que este libro en su primer origen se escribió en metro, y es todo él una égloga pastoril, adonde con palabras y lenguaje de pastores hablan Salomón y su esposa..."

[4] Cf. M. Bataillon, *Simples réflexions sur Juan de la Cueva, B. H.,* t. XXXVII (1935), pág. 233.

Montano, corresponsal de Fulvio Orsini, a quien pide un prefacio para una edición de la novela griega de *Leucipe y Clitofonte*,[5] es también un admirador sin reservas de la enseñanza de los jesuitas. Al frente de una edición de Marcial expurgada por ellos, celebra sus colegios, semilleros de alumnos sabios y letrados: "Estos colegios tienen un genio que les es propio, y que no tolera nada que no sea docto, casto, recto y sencillo".[6] El humanismo a la vez moral y profano de los jesuitas, su gusto por un teatro escolar imitado de los antiguos,[7] explica quizá, en parte, el movimiento clasicizante de la segunda mitad del siglo xvi. Contribuye también, en gran medida, a borrar el erasmismo, a la vez que lo prolonga a su manera.

Finalmente, si se quiere comprender y medir este borrarse del erasmismo, hay que tener en cuenta otro movimiento muy característico de esta época y del siglo xvii que comienza: el neoestoicismo.[8] El *Manual* de Epicteto había sido uno de los primeros libros griegos impresos en Salamanca en los días de la fundación del Colegio Trilingüe;[9] el Brocense, en su extrema vejez, lo tradujo al español, y esta traducción conoció en 1612 un éxito repentino aunque tal vez pasajero.[10] La patria de Séneca no parece haber seguido el movimiento neoestoico sino tardíamente, cuando ya había alcanzado en el exterior verdadera amplitud. El neoestoicismo señalaba un renacimiento del humanismo filosófico. Por su afán de conciliar su fe moral con el cristianismo, fue un nuevo género de *philosophia Christi*.[11] Justo Lipsio fue el maestro de este género, a partir del momento en que, vuelto al redil del catolicismo, vino a enseñar en Lovaina. Todos los ojos se volvieron hacia el nuevo gigante de las letras como se habían vuelto hacia Erasmo tres cuartos de siglo antes.

---

[5] *Correspondance, op. cit.*, t. II, pág. 45: "Achillem Statium de Amoribus Leucipes et Clitophontis, si descriptus est, velim cum tua praefatione nostris sumptibus ferendum cures..." (carta de 1569). La edición príncipe de esta novela no apareció hasta 1610, en Heidelberg.

[6] *Ibid.*, t. II, pág. 33. Epístola dedicatoria a Zayas (1568).

[7] Sobre este teatro, véase A. Bonilla, *El teatro escolar en el Renacimiento español*, en *Homenaje a Menéndez Pidal*, t. III, pág. 145, y la tesis de R. Lebègue, *La tragédie religieuse en France*, Paris, 1929. Cf. Toffanin, *Il Cinquecento*, págs. 488-489, sobre el nuevo clasicismo y el papel de los jesuitas.

[8] Cf. Léontine Zanta, *La renaissance du stoïcisme au xvie siècle*, Paris, 1914.

[9] ΕΠΙΚΤΗΤΟΥ ΕΓΧΕΙΡΙΔΙΟΝ... Salmanticae, 1555. Edición que da pruebas de un notable esfuerzo crítico por mejorar el texto con ayuda de un manuscrito legado a la Universidad de Salamanca por el Comendador Griego.

[10] La dedicatoria al Doctor Álvaro de Carvajal está fechada en Salamanca, a 20 de julio de 1600. *La doctrina del estoico filósofo Epicteto que se llama comúnmente Enquiridion traduzido de Griego* se imprimió simultáneamente en Barcelona, Pamplona y Madrid en ese mismo año de 1612. Cf. *Procesos inquisitoriales contra Francisco Sánchez de las Brozas, op. cit.*, págs. xxxii-xxxv.

[11] Véase el título de Du Vair, *La sainte philosophie*, 1588. Al frente de uno de los libros de Justo Lipsio, su tratado *De constantia*, "se nos muestra, en la edición de Munich de 1705, el retrato del autor y, en los cuatro ángulos, los medallones de Zenón, Cleanto, Séneca y Epicteto; en lo alto de la composición se nos aparece la efigie de la *Philosophia Christi*..." (Raimundo Lida, *Letras hispánicas, op. cit.*, pág. 157).

Los más grandes humanistas españoles tuvieron a gran honra el intercambiar cartas con él, desde el anciano Arias Montano hasta el joven Quevedo.[12] El Brocense, llegado al término de su carrera, estaba, frente a este movimiento, más o menos en la situación en que se había hallado Nebrija frente al erasmismo: el uno, discípulo de Valla, había allanado el camino a Erasmo; el otro, discípulo de Erasmo, allanaba el camino a Justo Lipsio.

La historia se repetía, y también las fórmulas de cortesía internacional. El sabio flamenco, abrumado de obligaciones epistolares, hojeaba quizá la correspondencia de su ilustre antecesor en busca de inspiraciones. Los Argensola, como antaño los Vergara, eran comparados por el maestro con un amable Gerión.[13] Quevedo, brillante humanista trilingüe, recibía a los veinticinco años cartas en que Lipsio lo llamaba "honra insigne de España": y para colmo de gloria, el elogio se le confería en griego, ὦ μέγα κῦδος Ἰϐήρων![14] El nuevo ídolo de la España sabia tenía que relegar al antiguo a la oscuridad. Por eso no creemos que pueda hablarse de erasmismo a propósito de los escritores del siglo XVII que se inicia, aun cuando su espíritu parezca emparentarse con el de Erasmo. Si alguna vez citan a éste, lo hacen con una frialdad más o menos hostil, o como a un autor entre tantos.

Asistimos a ese empobrecimiento fatal del recuerdo de Erasmo, que convierte al "verdadero teólogo" admirado de los hombres de 1527 en un humanista enemigo de los religiosos, y cuyos dos timbres de gloria son los *Adagios* y el *Elogio de la locura*. Un Lope de Vega utiliza alguna vez los *Adagios*, pero si tiene ocasión de enfrentar a Aristóteles con Erasmo, la aprovecha para decir que éste se equivocó, en ese punto como en "otras muchas cosas".[15] En cambio, en su correspondencia íntima con el Duque de Sessa, este sacerdote, "por añadidura familiar del Santo Oficio", simpatiza con la ironía de la *Moria*: "Leí —dice— la frailesca epístola, en confirmación de lo que Erasmo sentía de esta gente, que pintó a la necedad con una capilla".[16]

12 Sobre esta correspondencia, véase L. Astrana Marín, en el apéndice a su edición de Quevedo, *Obras completas, Obras en verso*, Madrid, 1932, págs. 1176 ss., y R. Lida, *Letras hispánicas*, págs. 103-108 (*Cartas de Quevedo*) y 157-162 (*Quevedo, Lipsio y los Escalígeros*).

13 Quevedo, *Obras completas, Obras en verso*, ed. cit., pág. 1176 b. Para la frase de Erasmo, cf. *supra*, pág. 273.

14 *Ibid.*, *Obras en prosa*, pág. 1363 a. La frase "no es invención personal de Lipsio", sino mera adaptación de una fórmula homérica (*Ilíada*, IX, 673; XIV, 42; *Odisea*, III, 79: μέγα κῦδος Ἀχαιῶν). "No puede cabernos duda de que el elogio no ha de tomarse al pie de la letra. Para Lipsio y para Quevedo, es ésa una hipérbole consciente, acompañada de una sonrisa de inteligencia, de complicidad entre compañeros de profesión avezados a unas mismas lecturas" (R. Lida, *op. cit.*, pág. 108).

15 Lope de Vega, *Laurel de Apolo*, en *Obras sueltas*, t. I, pág. XXVII: "... porque siendo opinión de Aristóteles que de la admiración nació la Filosofía, mal dijo Erasmo, como otras muchas cosas, que era parte de felicidad el no admirarse".

16 Carta al Duque de Sessa, citada por La Barrera, *Nueva biografía* (*Obras* de Lope de Vega, t. I, pág. 274). Cf. una alusión a los *Adagios* en la *Filomena* (*Obras sueltas*, IV, 456). Debo la noticia de estos textos a J. Millé y Giménez.

También un Bartolomé Leonardo de Argensola suele acudir a los *Adagios*. Para su *Historia de la conquista de las islas Malucas,* toma de este libro inagotable un retrato moral del pueblo holandés, pero con el propósito de utilizar las observaciones del gran bátavo contra la Holanda del siglo XVII, núcleo de libertad religiosa. Erasmo caracteriza a su país por la elevación del nivel medio de la instrucción, pero no pretende hacer de ella una tierra fértil en grandes eruditos: "Si Erasmo —pregunta Argensola— confiesa que no produce su patria personas insignemente doctas, ¿por qué se arrogan la autoridad de calificar los dogmas de la religión? ¿Por qué la usurpan a los Concilios?" De la misma manera, el temperamento suave, pacífico y obstinado que Erasmo reconoce en sus compatriotas le parece dar una gravedad excepcional al estado de división religiosa del país:

> Cuando el padre es calvinista, suele ser la madre hugonota, el hijo luterano, el criado husita y la hija protestante. Toda la familia está dividida; mas antes el alma de cada uno lo está, y a bien librar duda lo uno y lo otro. Esto ¿en qué difiere del ateísmo? Ateísmo es confirmado.[17]

Pero ciertamente no se le ocurre a Argensola imputar al propio Erasmo ese "ateísmo", como lo hubiera hecho un ortodoxo de la época de Carlos V.

El caso de Quevedo es mucho más complejo; no pretendemos ponerlo en claro aquí. Quevedo asoció, al humanismo devoto de San Francisco de Sales,[18] el estoicismo cristiano de Justo Lipsio, y, al mismo tiempo, encarnó el espíritu satírico más virulento. Parece, pues, que en él se ve rena-

---

[17] B. Leonardo de Argensola, *Conquista de las islas Malucas*, Zaragoza, 1891, págs. 232-233. Debo la noticia de este pasaje a la amabilidad de Romain Thomas. El Adagio utilizado aquí por Argensola es *Auris Batava* (Chil. IV, Cent. IV, Ad. 35). El P. Mir, en el estudio sobre Bartolomé de Argensola que sirve de introducción al citado volumen (pág. XCII), hace de este autor uno de los maestros del coloquio lucianesco ilustrado por Valdés. Se conocen de él, en efecto, tres coloquios en que imita elegantemente la manera de Luciano (véase Argensola, *Obras sueltas,* t. II, ed. del Conde de la Viñaza, t. 75 de la *Colección de escritores castellanos,* Madrid, 1889). Pero el atrevimiento religioso está ausente de ellos.

[18] R. Lida, *Quevedo y la "Introducción a la vida devota",* en *N. R. F. H.,* t. VII (1953) (Homenaje a Amado Alonso), págs. 638-656 (y algo abreviado en *Letras hispánicas, op. cit.,* págs. 124-141), demuestra que Quevedo "no ha traducido en rigor" la obra de San Francisco de Sales, sino que se ha limitado a retocar —y a menudo mal— la traducción anterior de Sebastián Fernández de Eyzaguirre (pág. 640). No hay, por otra parte, "afinidad de estilo" entre el obispo francés y el satírico español. "Pero es natural, en cambio, que el pensamiento de Francisco de Sales, por una de sus facetas, atraiga a Quevedo y ocupe muy digno lugar en su cuadro de la sabiduría estoico-cristiana. Si se ha podido señalar en el autor de la *Introduction* [à la vie dévote], aunque él no fuera precisamente un helenista, cierta sutil conformidad con los filósofos griegos, Quevedo se complacerá a su vez en incorporar a Francisco de Sales a la amplia familia de humanistas católicos en que se incluye a sí mismo. El Quevedo curioso de antigüedad, el joven corresponsal de Lipsio, el defensor de Epicuro... verá en Francisco de Sales un humanista comprensivo y benévolo que no pierde ocasión de señalar, en la sabiduría natural de los paganos, apoyos y prefiguraciones del verdadero saber" (págs. 655-656).

cer esa alianza de un íntimo sentimiento cristiano con un humor burlón que es tan característico del erasmismo. Y sin embargo no parece que Erasmo lo haya seducido. Cuando compone una *Vida de San Pablo*, a la vez erudita y edificante, no piensa en utilizar, como lo hubiera hecho cien años antes un humanista español, la interpretación erasmiana y anti-ceremonial del gran "mantenedor del Espíritu". Cita más a Arias Montano que a Erasmo; al discutir la cuestión de si San Pablo fue casado o no, acusa a Erasmo de haber atribuido a ciencia y conciencia a Clemente Romano un texto de Clemente Alejandrino para reforzar la tesis de los enemigos del celibato eclesiástico: "No fue —dice— ignorancia de Erasmo, sino malicia; más fácilmente se presume dél ésta que la otra".[19] Por lo demás, a Erasmo y a los erasmistas españoles seguramente les hubiera gustado el tratadito que Quevedo intituló *La cuna y la sepultura:* hubieran reconocido una piedad hermana de la suya, en su afán de perfeccionar la filosofía estoica con la verdad cristiana, en su dura crítica del farisaísmo, en su comentario de la oración dominical, en su exaltación de la gracia (único bien que ha de pedir la oración), en su urgente invitación a meditar el Sermón de la Montaña y las Epístolas paulinas.[20] Habría que estudiar asimismo el *Buscón*, y toda la obra satírica de este *enfant terrible* del nuevo humanismo cristiano, si se quiere ver cómo actúa un tremendo espíritu de irreverencia que renueva el género picaresco puesto de moda por el *Guzmán de Alfarache*. Mateo Alemán se había mostrado mucho más prudente.[21] Ya en 1610, cuando quiere publicar *El sueño del Juicio Final*, Quevedo causa escándalo por una frase que pinta

---

[19] Quevedo, *Obras completas, ed. cit., Obras en prosa*, pág. 1096 b. En la segunda parte de la *Política de Dios* (ibid., pág. 421 a-b) reproduce, tomándolo de Fadrique Furió Ceriol ("en el tratado *Del consejo y consejeros*") un pasaje de Erasmo ("en el panegírico al rey don Felipe II"). Se trata a todas luces del *Panegyricus* pronunciado por Erasmo ante Felipe el Hermoso (1504). Cf. *supra*, pág. 79. Quevedo añade luego: "... y si bien Erasmo en otras cosas fue autor sospechoso, este consejo está católicamente calificado". — Es típico también este artículo de Covarrubias en su *Tesoro de la lengua castellana:* "Erasmo Rotherodamo fue doctíssimo y dexó escrito mucho, como a todos es notorio: no le hizo ningún provecho ser tan libre como fue: y assí están defendidas algunas de sus obras, y expurgadas las demás." — Saavedra Fajardo, otro humanista de la generación de Quevedo, hace gala de notable desprecio por Erasmo, gramático que quiso hacer el teólogo: "...entrando por una plaza, vi a Alexandro Alés i a Escoto haziendo maravillosas pruevas sobre una maroma; i aviendo querido Erasmo imitallas, como si fuera lo mismo andar sobre coturnos de divina filosofía que sobre zuecos de gramática, cayó miserablemente en tierra, con gran risa de los circunstantes" (*República literaria*, ed. V. García de Diego, en *Clás. Cast.*, t. XLVI, págs. 163-164. Pasaje sobre el cual me llamó la atención mi amigo Jean Sarrailh).

[20] Véase en especial el título del capítulo v: "Perficiona los cuatro capítulos precedentes de la filosofía estoica en la verdad cristiana..." (*Obras en prosa, ed. cit.*, pág. 916 a). Y todo este capítulo de *La cuna y la sepultura* (en la pág. 917 a, da con la expresión "filosofía cristiana"). El sabor erasmiano de esta obra de Quevedo ha sido feliz y terminantemente explicado por Antonio Alatorre, *Quevedo, Erasmo y el Doctor Constantino*, en *N. R. F. H.*, t. VII (1953) (Homenaje a Amado Alonso), págs. 673-685. En una parte de *La cuna y la sepultura*, utiliza Quevedo la *Praeparatio ad mortem* de Erasmo; en otra, la *Exposición sobre el salmo Beatus vir*, de Constantino.

[21] A propósito de este espíritu de prudencia, sería muy interesante estudiar su *Vida de San Antonio de Padua* (1604).

una desbandada burlesca de canónigos y de sacristanes, a quienes se suman un obispo, un arzobispo y un inquisidor.[22] El *Buscón* permanecerá largo tiempo inédito por razones análogas. Su autor no podrá imprimirlo sin quitar de él buen número de alusiones a las cosas de la religión, que irritaban a los censores y que chocaban en un libro tan desvergonzadamente picaresco.[23]

Hay en todo esto algo que hace pensar en Erasmo, y que está a cien leguas de la manera de Erasmo. Es interesante, por otra parte, interrogar a este respecto la abundante masa de las denuncias y libelos que la obra de Quevedo suscitó contra sí misma. En vano se busca en esa masa el reproche de renovar los errores de Erasmo. Jáuregui, al atacar *La cuna y la sepultura*, censura el desprecio del autor por los silogismos de la escolástica, su pretensión de hacer leer y meditar a San Pablo a los ignorantes, su crítica de las limosnas farisaicas, su paráfrasis del *Pater Noster*,[24] sin que jamás aparezca el nombre de Erasmo como aparecía en la pluma de Cano cuando censuraba a Carranza.[25] No aparece tampoco este nombre en las críticas lanzadas contra la libertad de lenguaje de su obra satírica, que socava el respeto debido a las cosas santas, a los sacerdotes y a los frailes. Uno de los censores evoca a este respecto a Lutero y a Calvino, a Rabelais y a Marot:[26] de Erasmo, ni una palabra.

[22] Véase en *Obras en prosa*, ed. cit., pág. 129, la censura de Fray Antolín Montojo.

[23] Compárense, por ejemplo, las ediciones impresas hasta comienzos de este siglo, con la edición de Américo Castro en la colección *Clás. Cast.* (t. V, 2³ ed., 1927), que toma por base el Ms. de la Biblioteca Menéndez y Pelayo. Véanse, entre otras, las págs. 25, 122, 123 y 133. Ni siquiera así retocada encontró la *Vida del Buscón* misericordia ante ciertos devotos censores. Véanse, en la edición de Astrana Marín, las *Invectivas contra Don Francisco de Quevedo*, y en particular el *Tribunal de la justa venganza* (*Obras en verso*, ed. cit., pág. 1110, *Segunda audiencia contra el libro Buscón*).

[24] *Ibid.*, págs. 1073 ss. *El retraído* por D. Juan de Jáuregui, sobre todo las págs. 1091, 1092, 1094 a, 1098.

[25] Otro testigo de la racha de humorismo irreverente de principios del siglo XVII, sin sabor propiamente erasmiano, es el médico Francisco López de Úbeda en *La pícara Justina* (1605). "Nul doute que López de Úbeda ne mystifie le lecteur crédule tant avec son grave *Prólogo* qu'avec ses «aprovechamientos» plats ou grandiloquents, si inadaptés aux histoires dont ils sont censés tirer la morale. En revanche il est aisé de discerner un certain nombre de thèmes récurrents qui devaient lui tenir à cœur et qui signalent, sous le couvert de l'ignorance religieuse affichée par Justina et sous le quiproquo des «aprovechamientos», des points faibles de la pratique ou de l'enseignement religieux usuels, objets et pratiques de la dévotion vulgaire, routines de la prédication et de la casuistique. Si ce livre n'avait subi un éclipse à l'époque où le Quevedo du *Buscón* et des *Sueños* fut mis en accusation par la cabale dévote, *La pícara Justina* aurait pu être traînée elle aussi devant un *Tribunal de la justa venganza*" (M. Bataillon, Resumen de un curso de 1961, en el *Annuaire du Collège de France*, 61e année, 1961-62, pág. 402). Por otra parte, *La pícara Justina* suena como agresivo reto a la poética del Renacimiento que tenía en Cervantes uno de sus más convencidos defensores. Hay no sólo enemistad, sino verdadero antagonismo literario entre Cervantes y "el autor de la *Pícara Justina*" estigmatizado en el *Viaje del Parnaso* (*ibid.*, pág. 404).

[26] Véase en las *Obras en prosa*, pág. 657, la censura del *Cuento de cuentos*, por Fray Juan Ponce de León (cf. *Obras en verso*, pág. 1043). Cf., sobre el particular, J. E. Gillet, *Note sur Rabelais en Espagne*, en *Revue de Littérature Comparée*, t. XVI (1936), págs. 140-144.

El libre cristianismo en espíritu, que fue para el erasmismo el terreno de la reconciliación entre protestantismo y ortodoxia, no ha muerto ciertamente con el siglo XVI. Tampoco había nacido con él. Pero puede decirse que, después de la desaparición del Brocense y de los hombres de su generación, el erasmismo está muerto. Cuando, en 1660, la Inquisición examina diversas estampas, una de las cuales representa al Doctor Cazalla en oración y otra a Erasmo de Rotterdam, la comisión encargada de dictaminar sobre las láminas prohibe publicar el retrato de Cazalla, pero no ve inconveniente en que el de Erasmo circule.[27] Así, el recuerdo de Cazalla, un siglo después de su muerte, sigue marcado por una nota de infamia. El de Erasmo ha llegado a ser inofensivo.

IV

La huella del erasmismo en las letras españolas se perdería de modo bastante miserable entre las recopilaciones de apotegmas o las misceláneas cuyo éxito persiste a comienzos del siglo XVII si esta época no hubiera visto surgir las grandes obras de Cervantes, que señorean la brillante producción de los ingenios de la época de Felipe III, que fundan verdaderamente la novela moderna y que, al mismo tiempo, están bañadas por el espíritu del Renacimiento como por los rayos de un sol poniente.[1]

El milagro de Cervantes consiste en que, tentado por las letras desde que tenía veinte años, habiendo entrado muy joven en contacto con Italia, habiendo estado mezclado en el movimiento literario español desde su regreso de Argel (1580), haya esperado sus cincuenta años para escribir novelas, haya concebido el *Quijote* al acercarse a los sesenta y haya firmado en su lecho de muerte la dedicatoria del *Persiles,* el libro en que ponía sus más grandes esperanzas, al mismo tiempo que volvía a las preferencias de los maestros de su juventud. Su obra sólo es inteligible si se ve en ella un fruto tardío, madurado a lo largo de una vida aventurera y difícil, pero fecundado en el otoño del Renacimiento español, cuando Cervantes recibía del Maestro López de Hoyos las lecciones un tanto confidenciales

27 A. H. N., *Inquisición,* leg. 4470, nº 10. Madrid, 7 de octubre de 1660; se presentan a una comisión de teólogos "tres pinturas en lámina, que en la una dellas pareze estar pintados los siete pecados mortales, —otra lámina del retrato de Herasmo, — otra que por el papel que tiene dize ser retrato de Cazalla en oración. — Y haviéndolos visto y conferido sobre ellos, dixeron conformes que las láminas de los siete pecados mortales y retrato de Erasmo no tiene inconveniente que corran, y que la que se dize ser de Cazalla en oración se deve recoger y retener sin permitir salga en público". El documento no es lo bastante explícito para averiguar si se trata de láminas grabadas recientemente, o de ejemplares de grabados hechos en el siglo anterior.

1 Sobre la relación entre la locura de Don Quijote y el *Elogio de la locura* de Erasmo, puede leerse el interesante librito de Antonio Vilanova, *Erasmo y Cervantes,* Barcelona (C. S. I. C.), 1949. — Últimamente Helmut Hatzfeld ha vuelto al tema de estas páginas para relacionar a Cervantes no con el Renacimiento, sino con el Barroco (*Estudios sobre el Barroco,* Madrid, Gredos, 1964, cap. x, "El concepto del Barroco como tema de controversia: Cervantes y el Barroco").

de un erasmismo condenado, de ahí en adelante, a expresarse a media voz.
Menéndez y Pelayo fue el primero que supo reconocer en él esa "humana
y aristocrática manera de espíritu que tuvieron todos los grandes hombres del Renacimiento";[2] combatiendo a los críticos que pierden el tiempo en hacer de Cervantes un librepensador moderno, descubría en su obra,
escrita en plena Contrarreforma, un parentesco con "la literatura polémica del Renacimiento", con "la influencia latente, pero siempre viva, de
aquel grupo erasmista, libre, mordaz y agudo". Posteriormente, Américo
Castro[3] volvió a ocuparse del problema poniéndole un cerco apretado.
Castro reacciona contra una concepción superficial del erasmismo español,
pero lo empuja demasiado, a nuestro juicio, hacia el racionalismo. Sin
embargo, lleva a cabo un examen tan penetrante de la obra de Cervantes,
que nos conviene tomarlo aquí por guía, indicando, cuando sea el caso,
los puntos en que nos apartemos de él.

La obra de Cervantes es la de un hombre que permanece, hasta lo último, fiel a ideas de su juventud, a hábitos de pensamiento que la época
de Felipe II había recibido de la del Emperador. Pudo sufrir, es cierto,
después de la influencia de López de Hoyos, la del humanismo de los
jesuitas, cuya obra educativa admiraba tanto como la admiraba Plantino.[4]
Pudo sacar provecho de las controversias literarias de que estaba llena
Italia cuando él pasó por allí, y que estaban llevando a la constitución
del ideal clásico.[5] Su doctrina en materia de teatro fue un clasicismo mitigado, pero bastante obstinado, a pesar de la certidumbre creciente de su
derrota y del triunfo de la comedia lopesca.[6] Esta doctrina, que fue también sin duda la de un Mal Lara, estaba en profundo acuerdo con el espíritu que inspiraba a los erasmistas en su crítica de los libros de caballerías, con su ideal de razón y de moralidad. Como ellos, vio con simpatía
los manuales de piedad ilustrada que competían con las novelas para dis-
putarles su influencia sobre las almas. Cuando Don Quijote visita una
imprenta en Barcelona, uno de los libros que ve corregir es la *Luz del
alma christiana* de Fray Felipe de Meneses, libro bastante olvidado a principios del siglo XVII, pero muy leído en los tiempos en que Cervantes era
joven.[7] Como a los erasmistas entre quienes se formó, a él le fascina el
ideal pastoril y el de la fantasía moral y verosímil cuyo modelo se le ofrecía en la novela bizantina.

Su *Galatea* no es un sacrificio intrascendente a una moda literaria. El
escrutinio de la biblioteca de Don Quijote demuestra que Cervantes conservaba, veinte años después, verdadero culto por la *Diana* de Montemayor

---

[2] *Cultura literaria de Cervantes y elaboración del "Quijote"* (discurso de 1905,
reproducido en Menéndez y Pelayo, *Estudios de crítica literaria*, 4ª serie, Madrid, 1907,
págs. 1-64. Véase, sobre todo, la pág. 15).

[3] *El pensamiento de Cervantes*, Madrid, 1925. — En particular el cap. VI, *Ideas
religiosas*.

[4] Cf. Cervantes, *Coloquio de los perros*, ed. Agustín G. de Amezúa, Madrid, 1912,
págs. 307 y 497.

[5] Toffanin, *La fine dell'umanesimo*, pág. 213.

[6] A. Castro, *El pensamiento de Cervantes*, págs. 48-54.

[7] A. Castro, *Erasmo en tiempo de Cervantes*, art. cit., pág. 345.

y más todavía por la de Gil Polo. En su lecho de muerte pensará todavía en escribir la segunda parte de la *Galatea*.[8]

No menos profundas raíces en el humanismo en que se bañó su juventud tiene el *Persiles*. El joven Lope, antiguo alumno de los jesuitas, escribe también, después de su novela pastoril, su novela de aventuras.[9] Pero ésta se halla completamente contaminada de lirismo amoroso y de teatro. La *Historia septentrional* de Cervantes rivaliza más deliberadamente que el *Peregrino* de Lope con la *Historia etiópica* de Heliodoro.[10] A la rareza de las aventuras, a la castidad de los amores, añade el encanto suplementario del viaje a esos países lejanos de que hablan los coleccionadores de singularidades, como Torquemada y Pero Mexía.[11] Se suma de ese modo a la corriente de las misceláneas al mismo tiempo que a la novela bizantina.

Nada tiene de extraño que las formas predilectas de la literatura humanística se hayan impuesto a Cervantes en los momentos mismos en que creaba la novela española, con plena conciencia de continuar a Boccaccio, sobrepasándolo.[12] Hay, en su colección de *Novelas ejemplares,* dos obras singulares y encantadoras que, más que sus mejores cuentos, le aseguran un lugar aparte en la literatura de pasatiempo de la época. *El Licenciado Vidriera* es una historia en la cual Cervantes se complace en poner algo de su experiencia de estudiante y de soldado, evocando no sin nostalgia sus peregrinaciones italianas, y es al mismo tiempo, gracias al giro sentencioso que toma la locura de Tomás Rodaja, un sabroso anecdotario, suprema flor de la literatura de apotegmas puesta de moda por el erasmismo.[13] Con idéntica originalidad renueva, en el *Coloquio de los perros,* el relato autobiográfico y satírico de la novela picaresca. Elige como héroe a un perro lleno de cordura y de malicia, y le hace contar sus aventuras en un diálogo libre, que está dentro de la tradición lucianesca,[14]

8 *Quijote*, I, vi (ed. Rodríguez Marín, t. I, págs. 222-223). *Persiles,* dedicatoria, ed. Schevill-Bonilla, I, 56. La aportación de Cervantes al género pastoril ha sido investigada por Francisco López Estrada en su denso *Estudio crítico de la "Galatea" de Miguel de Cervantes,* La Laguna de Tenerife, 1948.

9 *El peregrino en su patria,* en *Obras sueltas,* Madrid, Sancha, 1776, t. V. Reimpreso en la *Biblioteca de bolsillo Bergua* (t. XLIX). La referencia de la *Dama boba* (1613) (Lope de Vega, *Comedias,* t. I, *B. A. E.,* t. XXIV, pág. 298 c) a Heliodoro, poeta en prosa, demuestra que seguía admirándose en la novela bizantina "el artificio griego": "Es que no se da a entender / hasta el quinto libro, y luego / todo se deja entender / cuanto precede a los cuatro."

10 Véase el prefacio de las *Novelas ejemplares,* donde Cervantes dice del *Persiles* "que se atreve a competir con Heliodoro".

11 Sobre los libros en que se inspira el *Persiles,* véanse la introducción de la edición Schevill-Bonilla, págs. xvii ss., y el libro de Alfonso Reyes, *De un autor censurado en el "Quijote", op. cit.*

12 Véase el prefacio de las *Novelas ejemplares.*

13 Véanse, sobre estos aspectos, F. A. de Icaza, *Las "Novelas ejemplares" de Cervantes,* Madrid, 1915, y las páginas introductorias de Narciso Alonso Cortés a su edición del *Licenciado Vidriera,* Valladolid, 1916.

14 Véanse sobre el particular *El casamiento engañoso* y el *Coloquio de los perros,* ed. Amezúa, Madrid, 1912, págs. 83 ss., donde se citan las apreciaciones de Icaza y de Menéndez y Pelayo.

pero que deja muy atrás, con su fantasía mesurada y sutil, las desmañadas rapsodias del *Crótalon*.[15]

Finalmente, llega un día en que Cervantes descubre un tema planteado
en la realidad cotidiana, como todos los temas de novela, pero que se revela susceptible de una explotación indefinida como las inverosímiles hazañas de los caballeros de novelas. Es la historia de un hidalgo de aldea a
quien los libros de caballerías han trastornado el seso, y que sale a buscar
aventuras, poseído de su sueño de vivir la vida de los paladines. Cuando
Cervantes le haya encontrado un escudero ingenuo y malicioso, amasado
en rústica sabiduría, los dos héroes podrán llegar muy lejos y su historia
podrá hacerse grande como el mundo. No es nuestra intención contar el
Quijote, ni demostrar cómo *se hace* grande este libro.[16] Bástenos señalar
que el empuje inicial brota de la corriente ininterrumpida de crítica de
la literatura caballeresca que atraviesa todo el siglo XVI español, desde Juan
de Valdés y Luis Vives. Esta idea de la novela es, por añadidura, un punto de vista sobre la novela. Más allá de las controversias del naciente clasicismo sobre la veracidad de la epopeya,[17] el libro hunde sus raíces en las
reflexiones de Valdés o de sus amigos sobre la verdad en las obras novelescas. El *Persiles*, testamento de Cervantes, nos lo muestra profundamente
preocupado por la apasionante cuestión de la verdad de la historia que
relata.[18]

El estilo de nuestro narrador es una amalgama personalísima de elegancia florida a la manera de Boccaccio,[19] de irónico despego a la manera
de Ariosto,[20] de sobriedad aguda según la mejor tradición castellana. Por
este aspecto de su genio se muestra también heredero de las lecciones del
humanismo erasmizante. Cervantes gusta del pinchazo que desinfla los discursos llenos de viento. Es éste un gusto tan vivo en él, que se lo comunica
paradójicamente a Don Quijote, soñador y orador incorregible. Hay una
página inapreciable en que el héroe explica a Sancho que la rústica Dulcinea, por lo que significa para él, vale tanto como la más noble princesa de
la tierra, y en que trae a cuento la historia de aquella viuda moza y desenfadada que se contentaba con tener un fraile lego por amigo, a pesar de las

---

[15] F. A. de Icaza, *Miguel de Cervantes Saavedra y los orígenes de "El Crotalón"*,
en *Bol. Ac. Esp.*, t. IV (1917), págs. 32-46, redujo a polvo las fantasías de Cejador, según
el cual el *Crótalon* era una fuente de Cervantes.

[16] Sobre el desarrollo de la novela, véanse las penetrantes páginas de Paul Hazard, en
"Don Quichotte" de Cervantès, Étude et analyse..., Paris (Mellotée), s. f., págs. 57-89.

[17] A. Castro, *El pensamiento de Cervantes*, págs. 23 ss.

[18] Véanse, por ejemplo, las graciosas reflexiones de Cervantes sobre un episodio
difícilmente creíble del relato de Periandro: "Duro se le hizo a Mauricio el terrible
salto del cavallo... pero el crédito que todos tenían de Periandro les hizo no pasar
adelante con la duda del no creerle: que así como es pena del mentiroso que, cuando
diga verdad, no se le crea, así es gloria del bien acreditado el ser creído cuando diga
mentira" (*Persiles*, ed. cit., t. I, pág. 312).

[19] Helmut Hatzfeld, *"Don Quijote" als Wortkunstwerk*, Leipzig-Berlin, 1927, págs.
237 ss.

[20] Sobre la afinidad espiritual de Erasmo con Ariosto, véase el artículo de G. M.
Bertini, *L'"Orlando furioso" e la Rinascenza spagnola* (Estratto della Rivista *La Nuova
Italia*, núms. 8-10, agosto a octubre de 1934, t. XII, Firenze), págs. 12-14.

amonestaciones de su "mayoral", sabio y galante teólogo, pues —contestaba la viuda— "para lo que yo le quiero, tanta filosofía sabe, y más, que Aristóteles".[21] Así la elocuencia, por la cual tiene Cervantes una secreta inclinación, se apuñala a sí misma sin cesar a fuerza de cuentos sentenciosos. A Cervantes, por otra parte, le gusta la historieta cargada de sentido —chascarrillo o apotegma—, hasta el punto de usar a veces de ellas como el Montaigne de los *Essais* o como un compilador de misceláneas. Cierta conversación de Don Quijote y su escudero en el camino del Toboso [22] ofrece un buen ejemplo de aquello que su novela toma de la literatura humanística, a la cual sobrepasa en cien codos. Pero el cuento vulgar no le encanta menos que las frases históricas de los grandes hombres. El episodio de los rebuznos [23] está visiblemente construido sobre un dato folklórico. Las formas más infantiles del relato popular —como el cuento de las cabras que Sancho cuenta a Don Quijote— hallan en nuestro novelista una crítica divertida e indulgente.[24] Su actitud ante los refranes revela una simpatía de índole semejante por esos sabrosos productos de la sabiduría popular. Se burla, ciertamente, del uso que hace Sancho de ellos: uso intemperante y automático. Pero en los momentos mismos en que da una lección sobre ese punto a su escudero, el Caballero suelta a su vez un refrán, con el consiguiente regocijo de Sancho, y no se hace de rogar para alabar los refranes.[25] Cervantes, sin duda alguna, ve con cariño esas "sentencias breves sacadas de la luenga y discreta experiencia". Sabe que su acumulación irreflexiva no significa nada, pero que cada una por sí dice la verdad y soporta la prueba de la reflexión filosófica. En esto se emparienta con Mal Lara y con Erasmo,[26] por lo menos en la medida en que su obra pertenece a la tradición española que va de Celestina a la Gerarda de Lope.

Todos los elementos folklóricos que asimila dan a su estilo esos toques de sencillez juguetona que encantan al lector entre gracias más retóricas. Un Quevedo, en el *Cuento de cuentos* o en la *Premática del año de 1600*,[27] no hace más que proscribir sin miramientos los refranes y pisotear con una rabia de "literato" todos los modos de hablar del vulgo. Cervantes, en medio de tantos ingenios empeñados en buscar la expresión imprevista, sorprende por su limpidez casi popular, aunque sabia. Su prosa, si se la compara con los guisos condimentados de Quevedo o de Tirso de

21 *Quijote*, I, xxv (ed. Rodríguez Marín, t. II, págs. 308-310). El anticlericalismo de la anécdota no es muy virulento. El nuncio Castiglione, en su *Cortesano*, habló asimismo de los frailes predicadores "que suelen reprehender mucho las mujeres que se enamoran de hombres seglares, y esto porque querrían que todas se guardasen para ellos" (*El Cortesano del Conde Baltasar Castellón, traducido por Boscán*, ed. A. M. Fabié, Madrid, 1873, col. *Libros de antaño*, t. III, pág. 375) .

22 *Quijote*, II, viii (*ed. cit.*, t. IV, págs. 174 ss.).

23 *Quijote*, II, xxv (*ed. cit.*, t. V, págs. 27 ss.).

24 *Quijote* I, xx (*ed. cit.*, t. II, págs. 108 ss.).

25 *Quijote*, II, lxvii (*ed. cit.*, t. VI, págs. 366-367) ; cf. II, xliii (*ed. cit.*, t. V, págs. 363-365).

26 Véase Castro, *El pensamiento de Cervantes*, págs. 194 ss., que compara el gusto por los refranes con el amor a la lengua vulgar, y que demuestra la filiación erasmiana de estas tendencias en Cervantes.

27 Quevedo, *Obras completas, ed. cit., Obras en prosa*, págs. 656 y 23.

Molina,[28] tiene la sabrosa insipidez de la leche o del pan. Más que ningún otro escritor de la época de Felipe III, él permanece fiel al ideal de transparente sencillez que Juan de Valdés había formulado en el *Diálogo de la lengua*: escribir como se habla.

No menos resalta el espíritu de sus libros en contraste con la concepción de la vida que se despliega en el teatro entonces de moda. Es de una humanidad más elevada, más comprensiva. Frente a la honra salvaje, frente a sus exigencias a menudo sanguinarias, él levanta una ética menos instintiva, dispuesta al perdón y a la resignación.[29] El Curioso impertinente, traicionado por su mujer, cuya fidelidad ha sometido él a una prueba demasiado peligrosa, muere de pena mientras traza palabras de perdón y se acusa a sí mismo. El viejo celoso Carrizales, engañado a pesar de los triples cerrojos con que guarda a su joven esposa, vuelve sobre sí mismo y perdona igualmente, mientras se derrumba el resto de vida que había en él.[30] En el *Persiles*, Periandro disuade a Ortel Banedre de lavar en sangre su honor conyugal, y el Polaco se deja convencer al principio, considerando la cordura de su interlocutor, que le parece angélica. Cuando, más tarde, no puede menos de dar de palos a quien le ha robado a su mujer, no se hace esperar el castigo: ella, temerosa de su cólera, le clava un cuchillo por los riñones...[31] Piensa uno en las dos esposas del coloquio *Uxor mempsigamos*, en los modelos de amor conyugal propuestos por Vives en su *Mujer cristiana*: la mujer traicionada no debe clamar vengan-

---

[28] Pensamos en el Tirso de los *Cigarrales de Toledo*.

[29] Esto ya había sido señalado vigorosamente por Américo Castro en 1916 en su artículo *Algunas observaciones acerca del concepto del honor en los siglos xvi y xvii* (*R. F. E.*, t. III, págs. 1-50 y 357-386). — Que no se debe aislar a Cervantes de sus contemporáneos, y que el mismo Lope de Vega, puesto a escribir novelas, critica las sangrientas exigencias del honor, porque "la novela, destinada a la lectura privada, invitaba a la reflexión condenatoria de una venganza sangrienta, mientras el teatro exigía entregarse a los sentimientos de mayor efectismo", es advertencia muy atinada de Don Ramón Menéndez Pidal en su conferencia *Del honor en el teatro español* (1937), recogida en el volumen *De Cervantes y Lope de Vega*, Buenos Aires, 1940, pág. 170. Además, la idea expresada por Periandro, de que "las venganzas castigan, pero no quitan las culpas", y que sólo contribuyen a hacer más público el agravio, es idea que asoma en el *Celoso prudente* de Tirso de Molina (1621) (*B. A. E.*, t. V, pág. 627 c) y que después desempeñará papel notable en *A secreto agravio secreta venganza*, cuyo tercer acto debe bastante a la comedia de Tirso (Calderón, *Comedias*, t. I, *B. A. E.*, t. VII, págs. 605-606). ¿Y quién más amargamente que Lope de Almeida censuró las "locas leyes del mundo"? Decía muy bien Hartzenbusch (Calderón, *Comedias*, t. IV, *B. A. E.*, t. XIV, pág. 696 b) que "este drama es una obra no para la imitación, sino para el escarmiento". Sobre la independencia con que Lope se aparta del prejuicio vulgar de la honra fundada en limpieza de sangre, cf. M. Bataillon, *"La desdicha por la honra"*, *Génesis y sentido de una novela de Lope*, en *N. R. F. H.*, t. I (1947), págs. 27-30.

[30] *Quijote*, I, xxxiii (ed. cit., t. III, págs. 23 ss.). *Novelas ejemplares, El celoso extremeño*. — A. Castro, *El pensamiento de Cervantes*, págs. 125-128, intelectualiza excesivamente esta tendencia cervantina hablando de "doctrina del error" y de "muerte post errorem". Creo muy justas las reservas de G. Cirot en sus *Gloses sur les "maris jaloux" de Cervantès* (*B. H.*, t. XXXI, 1929, pág. 69). — He llamado últimamente la atención sobre otro aspecto de las muertes de Carrizales y del "Curioso impertinente" en *Cervantès et le mariage chrétien* (*B. H.*, t. XLIX, 1947, págs. 129-144).

[31] *Persiles*, ed. cit., t. II, págs. 75-77 y 231.

za, sino interrogarse a sí misma, ver si no es de algún modo autora de su propia desgracia, hacer volver al esposo infiel a fuerza de atenciones y de ternura. Única ética conforme a la razón y al sublime consejo del Sermón de la Montaña: *no. queráis juzgar*. Antes de juzgar a los demás y condenarlos a muerte, un alma noble se juzga a sí misma.

Desde la *Galatea* hasta el *Persiles*, Cervantes acarició la idea de un amor que, de tan elevado, se hace inaccesible a los celos. Esto recuerda la humanidad purificada, pero irreal, de la novela pastoril. Hay en la *Diana* de Gil Polo una hermosa página [32] contra las sospechas celosas: esta enfermedad, esta fiebre de los corazones enamorados se escruta allí con una severidad que anuncia el *Traité des passions* de Descartes.[33] Cervantes amó seguramente esta página, que dejó en él una huella duradera. La insistencia con que vuelve una y otra vez, en sus novelas y en sus cuentos, a esta reprobación de los celos, demuestra que era, a su juicio, una verdad fundamental y no un refinamiento propio del mundo de los pastores de égloga.[34] Hizo suyo el ideal moral que el humanismo puritano de los erasmistas había propuesto a la literatura: ideal exigente, pero de manera muy diversa del que impone la censura inquisitorial en la época de la Contrarreforma, no sin riesgo de hipocresía. Él veló púdicamente ciertos triunfos del amor sensual, como lo muestran los retoques que introdujo en el *Celoso extremeño*, para hacer sus novelas más *ejemplares*.[35] No quiso amar demasiado la *Celestina*, "libro, en mi opinión, divino, si encubriera más lo humano",[36] libro, como ya observaba Valdés, en que la alcahueta realiza la perfección de su especie, mientras que la doncella carece de profundidad virginal y se transforma demasiado aprisa en amante. Pintó con verdadera complacencia, en *Persiles y Sigismunda*, amantes castos y constantes. Moralizó amablemente, en todas ocasiones, bien por boca de personas cuerdas a quienes Don Quijote encuentra en su camino, bien por boca del héroe mismo. Cuando se leen los consejos de Don Quijote a San-

32 En la edición de los *Orígenes de la novela*, t. II (*N. B. A. E.*, t. VII), págs. 356 a-357 b.

33 Artículos CLXVII ss. En particular el art. CLXIX: "...Et on méprise un homme qui est jaloux de sa femme, pour ce que c'est un témoignage qu'il ne l'aime pas de la bonne sorte et qu'il a mauvaise opinion de soi ou d'elle. Je dis qu'il ne l'aime pas de la bonne sorte; car, s'il avait une vraie amour pour elle, il n'aurait aucune inclination à s'en défier." Cf. Gil Polo (*loc. cit.*, pág. 356 b), que define los celos "un apocado temor de lo que no es ni será, un vil menosprecio del propio merescimiento y una sospecha mortal que pone en duda la fe y la bondad de la cosa querida".

34 Véase la introducción de Schevill y Bonilla al *Persiles*, ed. cit., t. I, págs. XXXI-XXXIII. Se podrían aducir todavía otros textos: *Novelas ejemplares* (*B. A. E.*, t. I), pág. 204 b, *Las dos doncellas*: "La rabiosa pestilencia de los celos" (cf. *La Gitanilla*, pág. 112 a); *Quijote*, II, LX (*ed. cit.*, t. VI, pág. 244, línea 30: "...las fuerzas invencibles y rigurosas de los celos"; *La entretenida* (soneto inicial de la jornada tercera): "...la infernal rabia de los celos". También dice el novelista sentimental y caballeresco de los Zegríes y Abencerrajes: "No ay cosa más endiablada ni rabiosa que los celos" (G. Pérez de Hita, *Guerras civiles de Granada*, primera parte, ed. Blanchard-Demouge, Madrid, 1913, pág. 302).

35 Castro, *El pensamiento de Cervantes*, págs. 242-244.

36 *Ibid.*, pág. 24. Yo creo que "lo humano" significa sobre todo, en el espíritu de Cervantes, la pintura del vicio y del amor sensual.

cho al partir éste a gobernar su Ínsula, se creen oír ecos de la *Paraenesis*
de Isócrates [37] o de algún otro manual de sabiduría práctica. En verdad,
la novela de las novelas se ha incorporado el contenido, el espíritu de los
libros de buena doctrina que los moralistas erasmizantes oponían a los libros de caballerías.

El erasmismo de Cervantes carecería, sin embargo, de algo esencial si
no se extendiera al campo de las ideas religiosas. Éstas son, naturalmente,
difíciles de entresacar de una obra que pertenece íntegramente a la literatura de esparcimiento, y en particular del *Quijote,* donde la invención
novelesca sigue su camino sin pretender nunca probar cosa alguna, y donde
el Caballero y Sancho Panza conversan sin que el autor se identifique
nunca con el uno ni con el otro. No obstante, se desprende de este libro
una secreta lección de libertad y de humanidad. El libre pensamiento
del siglo XIX trató de anexarse el *Quijote,* buscando a veces en él símbolos, intenciones esotéricas. Se dirá que esto es explotar arbitrariamente
un libro cuya grandeza a nadie le puede pasar inadvertida. Pero el solo
hecho de que se preste a ello tan sin violencia daría mucho en qué pensar.[38] Y hay otra observación que invita a escrutar el espíritu del *Quijote,*
y de Cervantes en general: es que la Inquisición encontró en él materia
de expurgación, en particular una frase relativa a las obras de caridad.[39]
Se comprende que el autor del más profundo análisis del pensamiento
de Cervantes haya querido seguir hasta lo último la pista del erasmismo
negligentemente indicada por Menéndez y Pelayo. Su indagación no ha
sido vana.[40] En gran número aparecieron, entonces, los indicios de un
erasmismo discreto; en no menor número las protestas de ortodoxia. Y
como, al menos en una ocasión, sorprendemos a Cervantes borrando del
Quijote un chiste irreverente sobre el rosario, esta corrección —sea o no
espontánea— nos da luces acerca de otros detalles de sus libros. Américo
Castro se vio llevado a formarse la idea de un Cervantes atento a conciliar
una íntima libertad con las exigencias ortodoxas, y que no expresa su
pensamiento sino con medias palabras. No vaciló en pronunciar, hablando de él, la palabra *hipocresía,*[41] y en buscar en su obra una especie de

---

[37] *Ibid.,* pág. 360. Cf. *supra,* págs. 400 y 401-402.

[38] Castro, *op. cit.,* págs. 9 ss.

[39] *Indice expurgatorio* de Zapata (Sevilla, 1632), pág. 905: "Miguel Cervantes Saavedra, *Segunda parte de don Quijote,* cap. 36, al medio, bórrese: *las obras de caridad
que se hazen tibia y floxamente no tienen mérito ni valen nada.*" Véase a propósito
de esto A. Castro, *Cervantes y la Inquisición,* en *Modern Philology,* t. XXVII (1930),
págs. 427-433. Castro compara textos análogos de Azpilcueta y de Carranza.

[40] Castro, *El pensamiento de Cervantes,* cap. VI.

[41] *Ibid.,* pág. 244: "Cervantes es un hábil hipócrita." Cf. Ortega y Gasset, *Meditaciones del "Quijote",* med. prim., § 2. A propósito del título de las *Novelas ejemplares:*
"Lo de *ejemplares...* pertenece a la heroica hipocresía ejercitada por los hombres superiores del siglo XVII." La cuestión ha sido discutida por Leo Spitzer, *Die Frage der
Heuchelei des Cervantes,* en *Zeitschrift für Romanische Philologie,* t. LVI (1936), págs.
138-178. Spitzer sostiene que la modificación del desenlace del *Celoso extremeño* y su
contraste con el *Viejo celoso* se deben, no a una hipócrita obediencia al ambiente moralizador de la Contrarreforma, sino a las opuestas exigencias estéticas del género novela
y del género entremés, y cita un curioso precedente del discutido desenlace ejemplar

glorificación del hipócrita. Semejante tesis no dejó de causar cierto escándalo. En particular, Helmut Hatzfeld, que se había aplicado a encontrar en ciertos aspectos estilísticos del *Quijote* el más puro espíritu de la Contrarreforma, se empeñó en combatir una interpretación que él juzgaba *"unsoziologisch"*.[42] Pero ¿no vendrá la suya a ser *allzusoziologisch?* Porque ver en Cervantes "el típico representante de la época de la Contrarreforma",[43] el hombre que se adhiere sin reservas, y sin reflexionar en nada más allá, a las *Regulae* de San Ignacio, es desconocer que la obra de Cervantes plantea problemas que no plantea la de un Lope de Vega, y es, al mismo tiempo, hacerse de la Contrarreforma una idea simplista. Castro, después de abrir este debate, tuvo ocasión de mostrar [44] en algunos representantes típicos de la Contrarreforma española un dualismo profundo, pues la voluntad de ortodoxia no alcanza a sofocar en ellos la crítica de las ceremonias sin alma, de la escolástica vacía de inspiración cristiana. Aun cuando no estemos plenamente de acuerdo con su manera de interpretar las contradicciones de un Sigüenza,[45] sigue siendo verdad que Arias Montano, Sigüenza, Fray Luis de Granada, Fray Diego de Estella, Fray Luis de León son, a la vez, los mejores obreros de la Contrarreforma y espíritus incapaces de contentarse con las *Regulae* ignacianas; hombres apegados a todo lo exterior de la religión, pero que no temen denunciar el sofocamiento de lo interior por lo exterior; hombres, en definitiva, que tienen profundo parentesco con Erasmo y que difieren sobre todo de él por su adhesión más resuelta a los dogmas y a los ritos fundamentales del catolicismo.

El Cervantes erasmizante de Américo Castro, lejos de estar en contradicción con la Contrarreforma española, se nos muestra maravillosamente de acuerdo con los grandes hombres de ese movimiento, a condición de que se le libere de la máscara del hipócrita, y que no se quiera anexarlo a un racionalismo negador de la fe cristiana. No es un incrédulo que oculte un secreto pensamiento tras unciosas protestas de ortodoxia. Es un creyente ilustrado para quien no todo, en la religión, está en un mismo plano, que sonríe ante muchas de las cosas a que acude la veneración popular, y que se permitiría reír de ellas, como los erasmistas de antaño, si las exigencias de la nueva ortodoxia tridentina no lo obligasen a una prudente reserva. Hay campechanía y libertad hasta en ese ceremonioso descubrirse ante los Inquisidores y los frailes.

en el *Cortesano* de Castiglione, manual de elegancia moral. Últimamente Américo Castro vuelve al tema de *La ejemplaridad de las novelas cervantinas,* en *N. R. F. H.,* t. II (1948), págs. 319-332. Discrepando de las explicaciones que se fundan en exigencias propias de cada género literario, y renunciando a "embrollar genérica y abstractamente" la "integral realidad" de Cervantes "en el concepto fantasmal de Contrarreforma", busca la clave de todo en esa integral realidad. En ella descubre una alternancia entre "verdad vital" y "verdad moralizante". Cervantes, en fin, "ejemplarizó en algunas obras de su vida declinante" y en otras no, "por motivos única y exclusivamente suyos".

[42] Hatzfeld, *op. cit.,* pág. 116, y pág. 119, nota.

[43] *Ibid.,* pág. 251.

[44] Castro, *Erasmo en tiempo de Cervantes,* art. cit.

[45] Cf. *supra,* págs. 744 ss.

El discípulo predilecto del Maestro López de Hoyos difícilmente podía atenerse a la fe del carbonero. Si no cita a Erasmo, en cambio alude en algún lugar a Polidoro Virgilio. Como se recordará, el Primo, después de la aventura de la Cueva de Montesinos, se felicita de haber recogido una averiguación que le viene pintiparada para su *Suplemento de Virgilio Polidoro*.[46] Hay en esto una divertida parodia de la erudición que escruta los orígenes de las cosas. Pero el ridículo, aquí, recae sobre el erudito provinciano orgulloso de añadir al *Libro de la invención de las cosas* una disertación sobre el origen de los naipes, no sobre este libro en sí, que ilustra acerca de temas menos fútiles, y en particular acerca de los orígenes del cristianismo, de sus sacramentos, de sus ritos, de sus instituciones, de sus órdenes monásticas. Cervantes, partícipe del espíritu histórico y crítico del humanismo cristiano, sabe que en el Panteón de Roma el culto de todos los santos ha sustituido al culto de todos los dioses.[47] Sabe que la Monda de Talavera es una fiesta precristiana cuyo homenaje se ha transferido de Venus a la Virgen.[48]

Cuando Don Quijote, en el camino del Toboso, habla a Sancho de los héroes de la Antigüedad, el escudero propone esta cuestión: "¿dónde están agora" esos "caballeros hazañosos" de antaño? A él le place que estén en el infierno como todos los paganos, y que sus monumentales sepulcros no se adornen de exvotos como las tumbas de los santos milagrosos. Es que Sancho encuentra un placer maligno en hacer confesar al caballero que el heroísmo del asceta es más agradable a Dios que el del guerrero.[49] ¿No habrá sonreído Cervantes al precipitar a todos los gentiles en el infierno? Es posible.[50] Sólo se trata aquí de los héroes, no de los sabios. Por otra parte, así como Don Quijote no está dispuesto a romper lanzas por la gloria de los héroes antiguos, así tampoco es el humanismo de Cervantes lo bastante fervoroso para que piense en incorporar los sabios antiguos a la cohorte de los santos.[51] Sin embargo, no ignora que pudieron, por las solas luces de la razón, alcanzar verdades bastante elevadas, como la inmortalidad del alma.[52] César, aunque "ajeno de conocimiento del verdadero Dios", supo decir que la mejor muerte era "la de repente y no

---

[46] *Quijote*, II, XXIV (*ed. cit.*, t. V, págs. 9-10).

[47] *Ibid.*, II, VIII (*ed. cit.*, t. IV, pág. 177).

[48] *Persiles, ed. cit.*, t. II, pág. 59.

[49] *Quijote*, II, VIII (*ed. cit.*, t. IV, págs. 180 ss.). En artículo reciente, H. Hatzfeld plantea el problema "de si don Quijote representa el ideal ascético de la Iglesia y la Contrarreforma o está contra él, con el Renacimiento italiano y la tendencia «luterana» de Erasmo y el erasmismo" (*¿Don Quijote asceta?*, en *N. R. F. H.*, t. II, 1948, págs. 57-70). Ateniéndose a la discreta opinión de A. A. Parker, según el cual "Cervantes siente por Don Quijote una compasión mezclada de reproche y no se identifica simpáticamente con él" (*Don Quixote and the relativity of truth*, en *The Dublin Review*, t. XLIV, 1947, págs. 28-37), Hatzfeld se resuelve por el no-ascetismo de Don Quijote. Y contesta Amado Alonso, *Don Quijote no asceta, pero ejemplar caballero y cristiano*, en *N. R. F. H.*, t. II (1948), págs. 333-359, demostrando que el no-ascetismo de Don Quijote no implica de ninguna manera que esté contra la Iglesia romana.

[50] Véase A. Castro, *El pensamiento de Cervantes*, págs. 271 ss.

[51] Sobre el *Sancte Socrates, ora pro nobis* de Erasmo, cf. *supra*, pág. 305.

[52] *Quijote*, II, LIII (*ed. cit.*, t. VI, pág. 99).

prevista". Cosa curiosa, Cervantes lo aprueba, contradiciendo en esto a la piedad vulgar, pero poniéndose de acuerdo con la de la *Praeparatio ad mortem*.[53]

No son más que indicios; pero estos ecos del erasmismo toman todo su valor si se piensa en ciertas sonrisas suavemente irreverentes ante la devoción ritualista, ante las oraciones rezadas por docenas como oraciones de ciego. Ningún dogma, ningún culto fundamental se pone en tela de juicio, ni el de los santos ni el de la Virgen. Los milagros que hacen famosos a los santuarios asombran tal vez a Cervantes por su abundancia, pues, en fin de cuentas, él sabe que muchos milagros aparentes son fenómenos naturales cuyas causas se nos ocultan; frente a la insistencia con que evoca esas paredes completamente cubiertas "de muletas, de mortajas, de cabelleras, de piernas y de ojos de cera",[54] se sospecha que él, como Erasmo, preferiría que el fervor de los cristianos solicitara más milagros interiores que milagros visibles, que celebrara la divina curación de las almas con tanto regocijo como la de los cuerpos.[55] Pero no es más que una sospecha. Cervantes, en todo caso, tuvo que admitir sin vacilación el milagro, y, aunque hiciera más de una reserva en cuanto a los sentimientos de muchos peregrinos,[56] tuvo que respetar también con sincero corazón los venerados santuarios de Loreto y Guadalupe. Montaigne, hombre dotado ciertamente de espíritu crítico, no admitía todos los milagros ciegamente, pero sin embargo decía que era "singular desvergüenza" el "condenar de golpe todas esas historias".[57] Descartes llegó a ir en peregrinación al santuario de Nuestra Señora de Loreto, para agradecer cierta iluminación intelectual. Nada hay que nos autorice a suponer en Cervantes un racionalismo más rígido que el de los dos grandes pensadores franceses de la Contrarreforma.[58]

No, las sonrisas a que aludíamos apuntan sobre todo a devociones como la repetición mecánica de los padrenuestros; y Cervantes sabe muy bien que no hay que reír de ellas sin prudencia. Cuando pinta a Don Qui-

---

[53] *Ibid.*, II, xxiv (*ed. cit.*, t. V, págs. 21-22). Castro, *El pensamiento de Cervantes*, pág. 282, observa que el pensamiento de César se encuentra en la recopilación erasmiana de *Apotegmas*, y (pág. 394) que Erasmo criticó a los que temen la muerte repentina (cf. *supra*, pág. 559).

[54] *Quijote*, II, viii (*ed. cit.*, t. IV, pág. 180). Cf. *Persiles, ed. cit.*, t. II, pág. 48 (Nuestra Señora de Guadalupe) y *El Licenciado Vidriera, ed. cit.*, págs. 25-26 (Nuestra Señora de Loreto).

[55] La Bruyère, que debe a Erasmo mucho más de lo que se piensa, observó también: "L'on ne voit point faire de vœux ni de pèlerinages pour obtenir d'un Saint d'avoir l'esprit plus doux, l'âme plus reconnaissante, d'être plus équitable et moins malfaisant; d'être guéri de la vanité, de l'inquiétude et de la mauvaise raillerie." *Caractères* (De quelques usages), Paris, 1688, pág. 602.

[56] Cf. Castro, *El pensamiento de Cervantes*, pág. 290, que remite a un pasaje del *Persiles*.

[57] *Essais*, I, 26.

[58] Véanse también mis *Nouvelles recherches..., art. cit.*, págs. 82-83, donde me pregunto si el Doctor Andrés Laguna no habrá hecho voto de ir en peregrinación a Santiago de Compostela, y donde aduzco el caso de dos discípulos de Erasmo que hicieron efectivamente esa peregrinación: Nicolas Clénard y Damião de Góis.

jote en camisa, imitando en la soledad de Sierra Morena las penitencias de Amadís, nos lo muestra muy preocupado por hallar un rosario:

> En esto le vino al pensamiento cómo le haría, y fue que rasgó una gran tira de las faldas de la camisa, que andaban colgando, y diole once ñudos, el uno más gordo que los demás, y esto le sirvió de rosario el tiempo que allí estuvo, donde rezó un millón de avemarías.

Pero no bien se ha impreso el libro, y ya nuestro autor lamenta haberse dejado llevar por su vena satírica. Espontáneamente, o guiándose por la opinión de algún censor, discurre una manera más decente de improvisar un rosario: "Y sirviéronle de rosario —dice la segunda edición de 1605— unas agallas grandes de un alcornoque, que ensartó, de que hizo un diez." El millón de avemarías desaparece.[59] Pero también en otros lugares se permitió Cervantes hacer maliciosas alusiones a los rosarios "de sonadoras cuentas".[60] Se burló asimismo de las oraciones que obran por la fuerza del número. Uno de los detalles del *Quijote* que censura la Inquisición portuguesa es la confección del "santísimo" bálsamo cuya receta sabía el Caballero:

> ...Y luego dijo sobre la alcuza más de ochenta paternostres y otras tantas avemarías, salves y credos, y a cada palabra acompañaba una cruz, a modo de bendición.[61]

En *Pedro de Urdemalas* hay una escena muy chusca en que el Ciego que reza sus oraciones mercenarias por las ánimas del Purgatorio es interrumpido por Pedro, que lo imita parodiándolo; y ante la indignación del Ciego por esa desleal competencia ante una casa que "es suya", Pedro replica que, como él reza "por cortesía, no por premio", tiene derecho a rezar donde bien le parezca. Ciertamente no hay en esto nada que huela a luteranismo.[62] Pero es una prueba, entre muchas otras, de la libertad de Cervantes frente a las devociones manchadas de superstición o de lucro. Cervantes no toma muy en serio a los santos que hacen encontrar las joyas perdidas, ni la oración de Santa Apolonia para curar el dolor de muelas.[63] De modo semejante, las complicaciones del ritual romano no le

---

[59] *Quijote*, I, XXVI (*ed. cit.*, t. II, pág. 327; y véase el t. VII, pág. 335, a propósito de la expurgación de este pasaje por el Índice de la Inquisición portuguesa. Cf. A. Castro, *El pensamiento de Cervantes*, pág. 264). Ya Usoz había señalado esta significativa variante en una de sus notas a la *Suma* del Doctor Constantino (*ed. cit.*, pág. 210).

[60] *Rinconete y Cortadillo*, ed. Rodríguez Marín, Madrid, 1920, pág. 262. Cf. *Quijote*, II, XXIII (*ed. cit.*, t. IV, pág. 463): "...un rosario de cuentas en la mano, mayores que medianas nueces, y los dieces asimismo como huevos medianos de avestruz".

[61] *Quijote*, I, XVII (*ed. cit.*, t. II, págs. 15-16; véase el tomo VII, pág. 335, sobre la expurgación de este pasaje).

[62] *Comedias y entremeses*, ed. Schevill-Bonilla, Madrid, 1918, t. III, págs. 164-171. Cf. Castro, *El pensamiento de Cervantes*, pág. 288, a quien parece, con razón, que Klein iba demasiado lejos al evocar a este propósito a Lutero y a Tetzel.

[63] A. Castro, *ibid.*, pág. 267, cita un pasaje de la comedia *La entretenida*, y el del *Quijote*, II, VII (*ed. cit.*, t. IV, págs. 152-153). Véase también *La ilustre fregona*, ed. Rodríguez Marín, Madrid, 1917, págs. 94-95.

inspiran muy grande reverencia que digamos: se acuerda de la *mutatio capparum* de los cardenales para aplicarla a Sancho cuando éste pone su jumento "a las mil lindezas" con los aparejos que acaba de conquistar en justa lid contra el Barbero.[64] El sacristán de los *Baños de Argel* no está dispuesto a dejarse hacer pedazos, como los Macabeos, antes que violar las prescripciones del catolicismo en materia de alimentos: esclavo de los turcos, come carne sin escrúpulos en los días vedados, si tal es la comida que le da su amo.[65]

Todos estos textos se refieren al campo de las ceremonias, en el cual, para Luis de León como para Erasmo, es el espíritu lo que da todo su valor a las acciones. Si hay alguna verdad en nuestra hipótesis de un Cervantes inspirado por el erasmismo, sería sorprendente que no se hallaran en él algunos ecos, todo lo amortiguados que se quiera, del *Monachatus non est pietas*. Pero ciertamente parece que no faltan. Yo no los iría a buscar en el cuento de la viuda desenfadada y el fraile motilón, ni en la escena del *Viejo celoso* en que Cristinica pide que le lleven "un frailecito pequeñito" con quien holgarse.[66] Lo que allí encontramos es eso que hemos llamado anticlericalismo de *fabliau*. El erasmismo es algo muy diferente. Se deja ver (o entrever) más bien en los pasajes en que Cervantes plantea la cuestión de quién se levanta a la santidad verdadera. Se recordará la disputa que Sancho suscita en el camino del Toboso.[67] El escudero ha resuelto confundir a su amo arrancándole la confesión de que la santidad es más que el heroísmo. Y he aquí su conclusión:

—Quiero decir —dijo Sancho— que nos demos a ser santos, y alcanzaremos más brevemente la buena fama que pretendemos; y advierta, señor, que ayer o antes de ayer (que según ha poco, se puede decir desta manera) canonizaron o beatificaron dos frailecitos descalzos, cuyas cadenas de hierro con que ceñían y atormentaban sus cuerpos se tiene ahora a gran ventura el besarlas y tocarlas, y están en más veneración que está, según dije, la espada de Roldán en la armería del Rey nuestro señor, que Dios guarde. Así que, señor mío, más vale ser humilde frailecito, de cualquier orden que sea, que valiente y andante caballero; más alcanzan con Dios dos docenas de disciplinas que dos mil lanzadas, ora las den a gigantes, ora a vestiglos, o a endriagos.

—Todo eso es así —respondió Don Quijote—; pero no todos podemos ser frailes, y muchos son los caminos por donde lleva Dios a los suyos al cielo: religión es la caballería; caballeros santos hay en la gloria.

—Sí —respondió Sancho—; pero yo he oído decir que hay más frailes en el cielo que caballeros andantes.

—Eso es —respondió Don Quijote— porque es mayor el número de los religiosos que el de los caballeros.

—Muchos son los andantes —dijo Sancho.

---

64 A. Castro, *ibid.*, pág. 265. Cf. *Quijote*, I, XXI (*ed. cit.*, t. II, pág. 152).

65 A. Castro, *ibid.*, págs. 315-316. Esto recuerda al Pedro de Urdemalas del *Viaje de Turquía*.

66 A. Castro, *ibid.*, págs. 285-286. Cf. *supra*, págs. 780-781, y Cervantes, *Comedias y entremeses*, ed. *cit.*, t. IV, págs. 150 y 165.

67 *Quijote*, II, VIII (*ed. cit.*, t. IV, págs. 180-183). Cf. *supra*, pág. 786.

—Muchos —respondió Don Quijote—; pero pocos los que merecen nombre de caballeros.

Ciertamente, se necesitaría haber perdido el seso pasa querer sacar de esta divertida discusión una doctrina cervantina acerca de la santidad. Pero al menos tenemos que conceder a Cervantes el honor de creerlo capaz de formar por su cuenta las reflexiones que nos sugiere. Ahora bien, si hay una pregunta que brote ineluctablemente del diálogo en el momento en que se detiene, es la siguiente: "En este ejército de frailes, ¿cuántos merecen nombre de religiosos?" Es una de esas preguntas que Cervantes prefería no hacer en voz muy alta. Ya Erasmo había dicho, aplicando a los obispos o a los frailes una fórmula platónica: "Muchos llevan el tirso, pero pocos son los bacantes".[68] ¿Hemos de creer por ventura que el autor del *Quijote* hacía suya la receta propuesta por el terrestre Sancho para ganar el cielo: "ser humilde frailecito, de cualquier orden que sea"? ¿No deberemos creer que tomaba más en serio la fórmula de Don Quijote: "Muchos son los caminos por donde lleva Dios a los suyos al cielo"? [69]

Para quien da vueltas a la cuestión en todos sentidos, cierta tirada del *Licenciado Vidriera* sobre los religiosos aparece cargada de ironía bastante temible:

Pasando acaso un religioso muy gordo por donde él estaba, dijo uno de sus oyentes:

—De ético no se puede mover el padre.

Enojóse Vidriera, y dijo:

—Nadie se olvide de lo que dice el Espíritu Santo: *Nolite tangere christos meos.*

Y subiéndose más en cólera, dijo que mirasen en ello, y verían que de muchos santos que de pocos años a esta parte había canonizado la Iglesia y puesto en el número de los bienaventurados, ninguno se llamaba el capitán don Fulano, ni el secretario don Tal de don Tales, ni el Conde, Marqués o Duque de tal parte, sino fray Diego, fray Jacinto, fray Raimundo, todos frailes y religiosos, porque las religiones son los Aranjueces del cielo, cuyos frutos, de ordinario, se ponen en la mesa de Dios.[70]

Uno se pregunta en verdad cómo ha habido lectores atentos de Cervantes que hayan podido ver en estas líneas la expresión seria, sin reser-

---

[68] *Fedón*, 69 c. Cf. dos cartas de Erasmo: "Ut olim πολλοὶ μὲν ναϱθηκοφόϱοι, παῦϱοι δέ τε Βάχχοι, ita hisce temporibus non omnes episcopi sunt qui mitras gerunt" (Allen, t. IV, pág. 600), y la carta sobre la muerte de Fr. Jerónimo de Virués, en que Erasmo aplica a los predicadores la frase de Platón (Allen, t. IX, pág. 324).

[69] Fórmula que no dice mal con la del Cid de Guillén de Castro, en su réplica al pastor, oportunamente citada por Amado Alonso, *art. cit.*, pág. 335 (cf. *Mocedades del Cid*, comedia primera, vv. 2165-2194). Es diferente el acento de Don Quijote, porque se opone a Sancho empeñado en reivindicar contra el caballero la superioridad de los "frailecitos" y en plantear el debate sobre el terreno de la estadística.

[70] *El Licenciado Vidriera*, ed. cit., págs. 89-90. Cf. Castro, *El pensamiento de Cervantes*, págs. 286-287. Al acuñar la expresión "Aranjueces del cielo", Cervantes pudo haber recordado el título de Fray Juan de Tolosa, *Aranjuez del alma* (Zaragoza, 1589): un libro más cuyo prefacio ataca las novelas de caballerías.

vas mentales, del puro catolicismo que animaba a su autor. No queremos negar ese catolicismo. Lo único que hacemos es reivindicar para Cervantes ese sentido del humor que se le reconoce de ordinario, y que seguramente no lo abandonó aquí. Erasmo, en un pasaje del *Ecclesiastes*,[71] había censurado el nuevo evangelio de la obediencia monástica, la falsa perfección que se mide por las observancias exteriores, norma que hace que los frailes descalzos, o los que nunca en su vida comen carne, sean los que tengan más fama de santidad. ¡Como si la verdadera perfección, decía, no fuera aquella a que Cristo invitó a todos los hombres proponiéndoles el ejemplo de su Padre celestial! ¡Como si los géneros todos de vida no pudieran realizar, cada uno a su modo, esta perfección!

Por eso —proseguía Erasmo— aquellos que aplican únicamente a los sacerdotes y a los religiosos la palabra de la Escritura, *Nolite tangere christos meos*, harían mejor si la aplicaran a todos los cristianos.

Cuesta trabajo creer que el discípulo de López de Hoyos no haya tenido conocimiento de la crítica erasmiana, y que esta crítica no haya excitado secretamente su vena satírica mientras ironizaba a sangre fría acerca del monopolio monástico de la santidad. Pero interroguemos el *Quijote* y el conjunto de la obra cervantina, para sacar a la luz el pensamiento que se esconde tras este hiperbólico elogio de la vida monástica, puesto en labios de un loco sentencioso.

No esperemos encontrar en esta obra una pintura de la santidad. Sin embargo, es toda una humanidad la que aquí se mueve, bajo la mirada de un moralista indulgente, entre un ideal bastante elevado de virtud y los infiernos del vicio. Es muy notable que Cervantes no haya encarnado nunca su ideal de virtud en un fraile. Las raras figuras de religiosos que aparecen en sus libros son cómicas: así esos dos frailes de la orden de San Benito, caballeros sobre dos mulas grandes como dromedarios, ridículamente ataviados con sus anteojos de camino y sus quitasoles, uno de los cuales huye inmediatamente ante Don Quijote, mientras Sancho se pone concienzudamente a desvalijar sin miramientos al otro.[72] Cuando el autor habla de los ermitaños que "se usan" en su tiempo, no deja de decir bien de ellos, pero recuerda de pasada que no son "como aquéllos de los desiertos de Egipto, que se vestían de hojas de palma y comían raíces de la tierra". En otro lugar insinúa que la vocación de ermitaño, para un pobre que se muere de hambre, puede ser un modo de que no le falte el sustento, viviendo sin embargo en la pereza.[73]

Si de los frailes y ermitaños pasamos al clero secular, comprobamos que éste proporciona a Cervantes más personajes. Algunos son también títeres cómicos; en el episodio del cortejo fúnebre que Don Quijote y Sancho encuentran de noche, los doce clérigos portadores de hachas que escoltan al noble difunto ponen pies en polvorosa ante los asaltantes, igual

---

[71] *Opera*, Leiden, 1704, t. V, col. 1025.

[72] *Quijote*, I, VIII (*ed. cit.*, t. I, págs. 264 *ss.*).

[73] Castro, *El pensamiento de Cervantes*, pág. 289. Cf. *Quijote*, II, XXIV (*ed. cit.*, t. V, pág. 12) y *Persiles*, ed. cit., t. I, pág. 310.

que los frailes de San Benito, y sus alforjas suministran a Sancho un sabroso botín, porque son de esos "señores clérigos" "que pocas veces se dejan mal pasar".[74] El capellán de los Duques, otra figura de eclesiástico parásito de los grandes, es fustigado por el héroe junto con todos los clérigos de su especie, en una indignada réplica:

> Unos van por el ancho campo de la ambición soberbia; otros, por el de la adulación servil y baja; otros, por el de la hipocresía engañosa, y algunos por el de la verdadera religión.[75]

En cambio, como se ha observado desde hace mucho, Cervantes trata con deferente respeto al sacerdote que ejerce la cura de almas.[76] Sería superfluo indicar aquí todas las razones que hacen del Cura del *Quijote* un personaje simpático. Todo el mundo sabe igualmente que Cervantes expresó sus más caras ideas acerca de la novela y del teatro por labios de un canónigo,[77] como si hubiera querido rendir homenaje a esa porción selecta de canónigos ilustrados —terreno de predilección para el erasmismo— de entre quienes salían los más eficaces predicadores de la palabra de Dios.

Por último, si nos preguntamos en qué personaje del *Quijote* parece haber querido encarnar el autor su ideal moral y religioso, cualquier lector del inmortal libro designará sin vacilaciones a un seglar, el Caballero del Verde Gabán.[78] El episodio en que él interviene es uno de esos en que no pasa nada; simple parada del caballero andante en casa de un huésped que es hombre sensato y cuyo hijo es poeta, en una acogedora casa provinciana donde reina un "maravilloso silencio", como en un monasterio

---

[74] *Quijote*, I, xix (*ed. cit.*, t. II, pág. 92).

[75] *Quijote*, II, xxxii (*ed. cit.*, t. V, pág. 156).

[76] Morel-Fatio, *L'Espagne de Don Quichotte*. Citado por A. Castro, *op. cit.*, pág. 284.

[77] *Quijote*, I, xlvii ss.

[78] Pugna diametralmente con esta manera de ver la expuesta por Castro (*La estructura del "Quijote"*, en *Realidad*, Buenos Aires, 1947, t. II, págs. 150 y 159), que habla de "la extraña preferencia de Cervantes por los desequilibrados de toda laya (por los «incitados») y su *abierta desestima* por el Caballero del Verde Gabán, o por el Eclesiástico de casa de los Duques, acorazados contra todo intento de hacerles saltar fuera de sus existencias tan paralíticas como genéricas". Siempre es aventurado determinar a cuáles de sus personajes estima o desestima el novelista. Creo que tiene mucha razón Castro al protestar contra "la confusión entre las creaciones del arte y las del pensamiento" y todo lo que sea "contemplar la literatura desde fuera de ella" (*ibid.*, pág. 161). Nadie incurrirá ya en la necedad de hacer del *Quijote* un libro de tesis. Propongo, nada más, una discriminación puramente estructural. ¿Cuáles son los personajes que intervienen en la historia de Don Quijote y Sancho sin plantear aventura ni conflicto, dando ocasión a episodios en que la expresión de las ideas sustituye a la acción? Esto se da señaladamente en dos casos: el del canónigo en la Primera Parte, el del Caballero del Verde Gabán en la Segunda. A esta consideración se debe probablemente la sospecha bastante difundida de que ambos entran en la novela para expresar ideas simpáticas a Cervantes. No creo que baste para invalidar esta interpretación el que, llegado el episodio de los leones, dé el del Verde Gabán consejos de prudencia y le conteste Don Quijote con una despectiva alusión a su "perdigón manso" y a su "hurón atrevido". Ni basta la supuesta complacencia de Cervantes en la cordura de Don Diego para aguarnos el gozo de ver cómo el loco juzga a los cuerdos de toda laya.

de cartujos. Escuchemos con qué palabras se presenta a sí mismo ese hombre:

Yo, señor Caballero de la Triste Figura, soy un hidalgo natural de un lugar donde iremos a comer hoy, si Dios fuere servido. Soy más que medianamente rico y es mi nombre Don Diego de Miranda; paso la vida con mi mujer y con mis hijos y con mis amigos; mis ejercicios son el de la caza y pesca, pero no mantengo ni halcón ni galgos, sino algún perdigón manso o algún hurón atrevido. Tengo hasta seis docenas de libros, cuáles de romance y cuáles de latín, de historia algunos y de devoción otros; los de caballerías aún no han entrado por los umbrales de mis puertas. Hojeo más los que son profanos que los devotos, como sean de honesto entretenimiento, que deleiten con el lenguaje y admiren y suspendan con la invención, puesto que déstos hay muy pocos en España. Alguna vez como con mis vecinos y amigos, y muchas veces los convido; son mis convites limpios y aseados, y no nada escasos; ni gusto de murmurar, ni consiento que delante de mí se murmure; no escudriño las vidas ajenas, ni soy lince de los hechos de los otros; oigo misa cada día; reparto de mis bienes con los pobres, sin hacer alarde de las buenas obras, por no dar entrada en mi corazón a la hipocresía y vanagloria, enemigos que blandamente se apoderan del corazón más recatado; procuro poner en paz los que sé que están desavenidos; soy devoto de Nuestra Señora, y confío siempre en la misericordia infinita de Dios nuestro Señor.[79]

Reemplacemos la misa de cada día por la misa del domingo, pasemos por alto la devoción a Nuestra Señora —que, por lo demás, no impide a Don Diego poner toda su confianza en la misericordia divina—: este cuadro de una vida sencilla, holgada, piadosa y benefactora, sin sombra de farisaísmo, aparecerá rigurosamente conforme al ideal erasmiano. Recordará, por más de uno de sus rasgos, la existencia de Eusebio, el anfitrión del *Convivium religiosum*. Ahora bien, ¿qué hace Sancho al oír este discurso, en el cual no se dice palabra de disciplinas como tampoco de lanzadas? Reconoce allí una santidad capaz de hacer milagros; y así, arrojándose del rucio, va con gran prisa a besar una y muchas veces los pies del viajero, "con devoto corazón y casi lágrimas", por parecerle "el primer santo a la jineta" que ha visto en todos los días de su vida. Y Don Diego le contesta: "No soy santo, sino gran pecador; vos sí, hermano, que debéis de ser bueno, como vuestra simplicidad lo muestra."

Este ideal de piedad laica, sin ostentación, sincera y activa, atestigua las afinidades erasmianas de Cervantes con mucha mayor seguridad que sus encubiertas ironías a propósito de los frailes o de los rezadores de padrenuestros. Nada nos autoriza a creer que haya encontrado absurdo el ideal ascético de la vida monástica. Bien puede ser, por el contrario, que haya admirado —como Erasmo— el rigor de los cartujos.[80] Bien pudo

---

[79] *Quijote*, II, xvi (*ed. cit.*, t. IV, págs. 322-323).
[80] Se sabe por Santa Teresa que San Juan de la Cruz, antes de seguir la reforma carmelitana, se había sentido atraído por la orden de los cartujos (cf. J. Baruzi, *Saint Jean de la Croix et le problème de l'expérience mystique*, 2ª ed., Paris, 1931, pág. 153). Cf. el coloquio de Erasmo, *Militis et Carthusiani*.

simpatizar con la reforma carmelitana, que estaba restaurando ese rigor: uno de sus mejores amigos, uno de aquellos a quienes explícitamente rindió homenaje en el escrutinio de la biblioteca de Don Quijote, fue Pedro de Padilla,[81] el poeta que, admirado por su ingenio, su erudición, su conocimiento de las lenguas extranjeras, se hizo carmelita descalzo a una edad ya madura. Pero él sabe que lo esencial del cristianismo no consiste en el ascetismo del religioso. La cualidad de su fe se manifiesta al lector por algo más que por una alusión a la *Luz del alma*. Se siente en la devoción especialísima al apóstol San Pablo de que da pruebas. Él, que se permite ironizar suavemente a propósito de los santos de la imaginería popular —y en particular de Santiago o "Don San Diego Matamoros", héroe legendario de la batalla de Clavijo—, habla con gravedad plena de emoción de San Pablo, "trabajador incansable en la viña del Señor, doctor de las gentes, a quien sirvieron de escuelas los cielos, y de catedrático y maestro que le enseñase el mismo Jesucristo".[82] Don Quijote —o más bien Cervantes, que le insufla sus discursos— conoce lo bastante las Epístolas para hacer con ellas un arreglo cuando tiene oportunidad.[83] Está penetrado del Evangelio. Cuando, en la aventura de los rebuznos, su paradójico destino hace de él un predicador de paz,[84] recuerda la santa ley que "nos manda que hagamos bien a nuestros enemigos y que amemos a los que nos aborrecen":

> Mandamiento que, aunque parece algo dificultoso de cumplir, no lo es sino para aquellos que tienen menos de Dios que del mundo, y más de carne que de espíritu; porque Jesucristo, Dios y hombre verdadero, que nunca mintió, ni pudo ni puede mentir, siendo legislador nuestro, dijo que su yugo era suave y su carga liviana; y así, no nos había de mandar cosa que fuese imposible el cumplirla.[85]

No estamos muy lejos de Valdés, que enseñaba que los mandamientos son todos tan impracticables para el hombre abandonado a sus solas fuerzas, como fáciles de practicar con la gracia de Dios.[86] La fe de Cervantes, lejos de ser la fe del carbonero, es una fe que se remite al Evangelio y que está iluminada por el sentimiento de la gracia. No es fe muerta, cortada de la acción, sino fe viva, engendradora de obras. En tres ocasiones se encuentra en la pluma del novelista esta distinción tan predilecta de

---

[81] *Quijote*, I, VI (*ed. cit.*, t. I, pág. 228): "Guárdese, porque su autor es amigo mío, y por respeto de otras más heroicas y levantadas obras que ha escrito." ¿Aludirá Cervantes al prohibido *Ramillete*? Cf. *supra*, pág. 752.

[82] *Quijote*, II, LVIII (*ed. cit.*, t. VI, págs. 179-183). Cf. A. Castro, *op. cit.*, pág. 310.

[83] *Quijote*, I, XXX (*ed. cit.*, t. II, pág. 456): "Ella pelea en mí y vence en mí, y yo vivo y respiro en ella, y tengo vida y ser." (Cf. Gal., II, 20: "Vivo autem, jam non ego: vivit vero in me Christus...", y Hechos de los Apóst., XVII, 28: "In ipso enim vivimus et movemur et sumus"). Véase el comentario de Unamuno, *Vida de Don Quijote y Sancho*, Madrid, 1914, págs. 172-173.

[84] Tal pacifismo no está reñido con lo que José Antonio Maravall llama *Humanismo de las armas en Don Quijote* (Madrid, 1948), título feliz para caracterizar una corriente del siglo XVI español de la que participó Cervantes.

[85] *Quijote*, II, XXVII (*ed. cit.*, t. V, pág. 83).

[86] Cf. *supra*, págs. 352-353.

los erasmistas y los valdesianos.[87] Y la única frase del *Quijote* que llegó
a figurar alguna vez en los índices expurgatorios españoles dice que "las
obras de caridad que se hacen tibia y flojamente no tienen mérito ni valen
nada".[88] Frase anodina en apariencia, pero tras la cual se entrevén los
grandes debates sobre la fe y las obras, la idea tan erasmiana de la unidad
de la fe y de la caridad, el pensamiento de un Carranza según el cual las
obras no valen nada si no se cumplen en estado de gracia, y el de un Diego
de Estella para quien las obras deben pesarse "en el peso del amor".[89]

Era preciso reunir todo aquello que, en la obra de Cervantes, permite
adivinar su pensamiento religioso. ¿Acaso hay necesidad de agregar que
los elementos que hemos tenido que juntar están diseminados, diluidos en
sus libros como unos pocos granos de sal y pimienta en un plato copioso?
Pero no son elementos desdeñables. Sin ellos, la obra cervantina no tendría ese sabor que le es tan peculiar. Sin ellos, no despertaría esas reminiscencias que es prácticamente la única en despertar en la literatura profana del siglo XVII que se inicia. Todo está bien trabado en esa obra, donde
la improvisación apresurada va pareja con la perseverante meditación. El
evangelismo que asoma en los discursos de Don Quijote nos da la clave
de esa moral enemiga de la venganza, ilustrada por tantas historias típicamente cervantinas. El humanismo derramado en los libros de Cervantes
se nos hace inteligible si sabemos que es un humanismo cristiano transmitido por un maestro erasmizante.[90]

Que el espíritu erasmiano esté atento, aquí, a no sobrepasar ciertas barreras, nada hay más evidente. Pero ¿acaso el movimiento erasmiano por
excelencia no consiste en avanzar a paso redoblado por un camino de libertad evangélica, y demostrar inmediatamente después que no se ha derribado
ninguna de las barreras levantadas merced al trabajo secular de la Iglesia?

---

87 *Quijote*, I, L (*ed. cit.*, t. III, pág. 439): "...como es muerta la fe sin obras". —
Cf. *Galatea*, ed. Schevill-Bonilla, t. I, pág. 175: "...Es fe muerta / la que con obras
no se manifiesta", e *ibid.*, t. II, pág. 243: "...que mi fe nunca fue muerta, / pues se
aviva con mis obras". Es evidente que este lugar común tiene dos caras: desvaloriza-
ción de la fe muerta, formularia, verbal y supersticiosa, y exaltación de la fe viva y
de las obras que son amores. Sería interesante saber si se hizo tan popular en otros
países como en España. Veo que como lugar común y en sentido derivado lo aplica
Mateo Alemán (*Guzmán de Alfarache*, 1ª parte, lib. I, cap. II) a la liberalidad de un
viejo galán: "... siempre manifestó su fe con obras, porque no se la condenasen por
muerta".

88 Cf. *supra*, pág. 784, nota 39.

89 Cf. *supra*, pág. 755.

90 Estoy cada vez más convencido de que Cervantes captó en el ambiente español
de su época, más que en las lecciones de López de Hoyos, el erasmismo diluido que
pueda haber en su pensamiento y en su obra. Diluido y todo, no quiere Maravall
(*op. cit.*, págs. 16-17) que lo haya, o sólo lo admite en relación con la "concepción
imperial". No sé por qué. El humanismo erasmista arraigó profundamente en España,
tanto en el terreno religioso como en el político. Pero que Erasmo sea fenómeno aislado, desligado de la "tradición cultural europea de la baja Edad Media", sólo podría
pensarlo quien no tuviese un adarme de sentido histórico. Si el presente libro ha ofrecido alguna novedad, ha sido la de mostrar que el erasmismo, tratado por Menéndez y
Pelayo y otros como una corriente aberrante, heterodoxa, está en estrecho contacto
con lo más granado de la Reforma católica, tan engañosamente llamada Contrarreforma.

Por lo demás, sería preciso no exagerar la libertad erasmiana, ni ver en Erasmo un apóstol de la tolerancia total. Si Cervantes deja ver un humor más bien antisemita, es un punto más en que coincide con Erasmo.[91] No nos asombremos tampoco de encontrarlo tan decididamente favorable a una medida como la expulsión de los moriscos. Para un humanista cristiano, por penetrado que esté de espíritu irénico, la guerra contra el Islam, enemigo común de la cristiandad, no es una calamidad que pueda compararse con la guerra civil entre católicos y luteranos. Cervantes compartió la hostilidad común de los españoles de su época para con una masa morisca inasimilada, prolífica, entregada a las actividades lucrativas, que no abandonaba nada de sus bienes ni a los ejércitos ni a los conventos.[92] Estimó justa la expulsión en masa, en la medida en que ello era la eliminación de un Islam interior. Y tal vez esa expulsión en masa era más satisfactoria para el espíritu cristiano que la conversión forzada, aunque fuese, desde el punto de vista económico, más desastrosa. Por lo menos supo Cervantes simpatizar, con toda su humanidad, con la trágica situación de los moriscos sinceramente cristianos, asimilados, unidos por el matrimonio a familias cristianas, y obligados a pesar de todo a la expatriación.[93] No le pidamos más; y, si alude a la libertad de conciencia que se acostumbra en otros países,[94] no busquemos en ello la condenación secreta

[91] Véanse los textos reunidos por A. Castro, *El pensamiento de Cervantes*, págs. 304-306. Sobre el antisemitismo de Erasmo, cf. *supra*, págs. 77-78.

[92] A. Castro, *ibid.*, págs. 202 ss. Véase la expresiva fórmula del *Persiles*: "...no las esquilman las religiones, no las entresacan las Indias, no las quitan las guerras".

[93] Véase lo que dice Ricote en el *Quijote*, II, LIV (*ed. cit.*, t. VI, pág. 129): "...en resolución, Sancho, yo sé cierto que la Ricota mi hija y Francisca Ricota mi mujer son católicas cristianas, y aunque yo no lo soy tanto, tengo más de cristiano que de moro, y ruego siempre a Dios me abra los ojos del entendimiento y me dé a conocer cómo le tengo de servir".

[94] *Quijote*, II, LIV (*ed. cit.*, t. VI, pág. 128): "Pasé a Italia, y llegué a Alemania, y allí me pareció que se podía vivir con más libertad, porque sus habitadores no miran en muchas delicadezas; cada uno vive como quiere, porque en la mayor parte della se vive con libertad de conciencia." Hatzfeld ("*Don Quijote*" *als Wortkunstwerk*, pág. 124, nota) distingue en esta expresión —y acertadamente, al parecer— un ligero matiz peyorativo. Cf. en *B. A. E.*, t. LXII, pág. 72 b (tomo II del *Epistolario español*) una carta del Obispo de Cuzco Don Fernando de Vera, donde dice a un sobrino suyo que va a Alemania, en 1636, en plena Guerra de Treinta Años: "Y pues pasaréis por tierras donde hay libertad de conciencia, y hallaréis en ellas herejes..."; y *Memorial histórico español*, t. XV (Cartas de algunos padres de la Compañía de Jesús), pág. 305: "También se escribe de varias partes se ha dado libertad de conciencia en Inglaterra." En esta carta de 20 de julio de 1639, sin nombre de autor ni de destinatario, la frase puede tener sentido objetivo sin matiz desfavorable, ya que en otra carta de 15 de enero de 1639 (*ibid.*, pág. 171) las noticias que se dan de la religión en Inglaterra se refieren insistentemente a un acercamiento del protestantismo al catolicismo. En la lengua de Lope de Vega se aplica a las relaciones amorosas con un matiz de atrevimiento (dedicatoria de *La viuda valenciana*: "Gentileza de cuerpo y libertad de conciencia en materia de sujeción"; *Amar sin saber a quién*, acto III, escena III, vv. 2166-2167: "... y honrosa la razón pone en la cara / libertad de conciencia al pensamiento"). — Sobre el concepto que de esta "libertad" tenía la España de Cervantes, véase Alejandro Ramírez-Araujo, *El morisco Ricote y la libertad de conciencia*, en *Hispanic Review*, t. XXIV (1956), págs. 278-289.

de una expulsión que él ha alabado públicamente, en un momento en que nada lo forzaba a hacerlo. Veámoslo tal como es, sometido a la autoridad temporal como a la autoridad espiritual, respetuoso de la Inquisición[95] pero cuidadoso de distinguir, en su fuero interno, entre el puro sentimiento cristiano y los errores vulgares, salvando su libertad exterior mediante la sonrisa. Ninguna contradicción hay entre su íntima libertad y sus protestas de ortodoxia, aunque éstas se multipliquen para mejor salvaguardar aquélla. El erasmismo, con el cual se emparienta, siempre pretendió permanecer ortodoxo al mismo tiempo que fiel al espíritu evangélico. Se empeñó obstinadamente en formular la ortodoxia en términos aceptables para todos los cristianos, dejando a un lado las cuestiones litigiosas y los excesos de carga no consagrados por una tradición inmemorial. Cervantes puso en el *Persiles* (a propósito de la catequización de Auristela) un breve resumen de la fe cristiana al cual no se puede ciertamente hacer el reproche de que se sujete exageradamente al espíritu de Trento. Una frase, al final, se consagra al poder del Papa; fuera de esto, no se habla sino de los dogmas fundamentales.[96]

Pero, una vez salvaguardada así la ortodoxia, nada le impide al novelista reír de las caricaturas del espíritu ortodoxo que andan por las calles. Todo el mundo jura "como católico cristiano"; todo el mundo jura "en Dios y su conciencia": el infierno está empedrado de tales juramentos; por eso Cervantes se divierte en poner el primero en boca de un musulmán, y el segundo en boca de un diablo.[97] La admiración boquiabierta por las nuevas órdenes ascéticas hace nacer esta fórmula de incredulidad: "¡No lo creyera si me lo dijeran frailes descalzos!"[98] Don Quijote la usa para responder a Doña Rodríguez que le cuenta algo increíble..., a lo cual se apresura luego a prestar fe. Los cristianos más ignorantes se arrogan una especie de nobleza declarándose cristianos de vieja cepa. Sancho da pruebas de tan buen natural, que se le supone "bien nacido, y por lo menos cristiano viejo"; él mismo pretende tener "cuatro dedos de enjundia de cristianos viejos".[99] Los hombres se excusan de no ser mejores diciendo "que

95 *Quijote*, II, LXII (*ed. cit.*, t. VI, pág. 286): "...las despiertas centinelas de nuestra Fe..." Cf. *Persiles*, ed. cit., t. I, pág. 215: "...la vigilancia que tienen los mastines veladores que en aquel reyno tienen del católico rebaño".

96 *Persiles*, ed. cit., t. II, págs. 234-236. Sobre la significación religiosa y estética de esta lección de catecismo dentro de la novela de Cervantes, véase el importante estudio de Joaquín Casalduero, *Sentido y forma de "Los trabajos de Persiles y Sigismunda"*, Buenos Aires, 1947, págs. 253-255.

97 *Quijote*, II, XXVII (*ed. cit.*, t. V, pág. 73), y II, XXXIV (*ed. cit.*, t. V, pág. 218). Sobre esta forma de humor, véase Hatzfeld, *op. cit.*, pág. 134.

98 *Quijote*, II, XLVIII (*ed. cit.*, t. V, pág. 479). Cf. I, XXXII (*ed. cit.*, t. III, pág. 16). Como dicho proverbial aparece ya en la *Comedia Eufrosina* de Jorge Ferreira de Vasconcelos (1555), en la variante portuguesa "Nem a cem pregadores as crerey". (Ed. de E. Asensio, Madrid, 1951, pág. 21, lín. 12). Cf. la traducción española de la obra en *Orígenes de la novela*, t. III (*N. B. A. E.*, XIV), pág. 65 a: "Aunque me las dixeran cien predicadores no las creyera."

99 *Quijote*, I, XX (*ed. cit.*, t. II, pág. 126) y II, IV (*ed. cit.*, t. IV, pág. 166). Rodríguez Marín compara en nota un pasaje del entremés llamado *El retablo de las maravillas* (ed. Schevill-Bonilla, *Comedias y entremeses*, t. IV, pág. 110), donde Cervantes

cada uno es como Dios le hizo"; "...y aun peor muchas veces", como añade maliciosamente Sancho.[100]

Nunca acabaríamos si quisiéramos reunir estas fórmulas estereotipadas de una religión instalada en todos los labios, ya que no en todos los corazones. Aquí descubrió Cervantes un rico filón de comicidad. Evoquemos solamente, para concluir, a la respetable borracha Pipota entrando en el patio de Monipodio, tomando agua bendita, poniéndose de rodillas ante la imagen de Nuestra Señora, y después, al cabo de un buen rato de inmovilidad, besando tres veces el suelo, alzando los brazos y los ojos al cielo otras tantas, y levantándose por fin para echar su limosna en la esportilla de palma que sirve de cepo. Oigámosla hablar de sus "devociones", de las "candelicas" que pone a Nuestra Señora de las Aguas, y del santo Crucifijo de Santo Agustín; y admiremos, después de esto, su informe sobre la canasta de colar que el Renegado y Cientopiés le han encomendado precipitadamente, sin desembastanar ni contar siquiera la ropa que acaban de robar, fiados en "la entereza" de su conciencia...[101] Tenemos aquí, modelada en plena luz, con un buen humor incomparable que hace olvidar todas las amargas sátiras erasmianas, la más impresionante imagen de la fe en las ceremonias, asociada al honor profesional de los ladrones y a su degradación moral.

Que se diga, después de esto, que Cervantes representa de lleno el espíritu de la Contrarreforma... Muy bien: lo representa en el sentido de que él está perfectamente instalado en ese mundo en que las devociones exteriores gozan de un prestigio consolidado. Ha pasado ya el tiempo de las lamentaciones a la manera de Erasmo sobre la ceguedad de los cristianos que confunden las ceremonias con la religión. Es lícito reír del hampa que cultiva ingenuamente este error. Es bueno hablar con prudencia de los frailes que pretenden tener el monopolio de la santidad: una vez tomada esta precaución, no está prohibido profesar un catolicismo depurado de toda superstición, que es también el catolicismo de la porción más selecta de religiosos y de letrados. Pero, como se ve, este representante de la Contrarreforma puede ser considerado, con el mismo derecho, el último heredero del espíritu erasmiano en la literatura española, pese a la profunda diferencia de tono que separa su obra de la de Erasmo. Un testimonio tan precioso como inesperado viene a traernos la certeza de que semejante conclusión no tiene nada de arbitrario. Un humanista español del siglo XVII, que poseía en su biblioteca la *Cosmografía* de Münster, se detuvo un buen día a considerar en ella un retrato de Erasmo salvajemente desfigurado por la censura inquisitorial, y escribió a un lado del rostro: "y su amigo Don Quijote", y del otro: "Sancho Pan-

pone en boca de Benito estas palabras: "...quatro dedos de enjundia de cristiano viejo tengo sobre los quatro costados de mi linage".

[100] *Quijote*, II, IV (*ed. cit.*, t. IV, pág. 107). Ya había satirizado este dicho Fernando de Rojas poniéndolo en boca de Celestina: "Soy una vieja cual Dios me hizo, no peor que todas" (*La Celestina,* fin del auto XII: "¿Quién só yo, Sempronio...?", ed. Cejador, Madrid, 1913, t. II, pág. 108).

[101] *Rinconete y Cortadillo, ed. cit.*, págs. 262 y 276-277.

za".[102] Desde luego, nos es imposible reconstruir las reflexiones que guiaban su pluma cuando trazó estas enigmáticas palabras. ¿Sería un ortodoxo que entregaba mentalmente a las severidades de la censura los coloquios de Sancho Panza y de su amigo Don Quijote? ¿No sería más bien un espíritu libre que gozaba de sus sabrosas charlas como de un desquite por la prohibición de los *Coloquios* de Erasmo? Es imposible saberlo, y esto nos importa bien poco. La asociación de ideas que hizo surgir el recuerdo del *Quijote* en presencia de un Erasmo mutilado basta, por sí sola, para probarnos que ese desconocido percibía entre Cervantes y Erasmo el secreto parentesco espiritual que aquí afirmamos.

¿Habrá leído Cervantes a Erasmo? Y si lo leyó, ¿en qué medida lo habrá leído? La pregunta es una de ésas a las cuales es trabajoso contestar. Américo Castro ha hecho comparaciones que parecen concluyentes entre los *Apotegmas* y ciertos pasajes de Cervantes.[103] Ha señalado asimismo algunas reminiscencias de los *Adagios* que permiten creer que Cervantes frecuentó el gran *corpus* erasmiano de los refranes, o, al menos, que oyó citarlo a su maestro López de Hoyos. ¿Se habrá limitado su conocimiento de la obra de Erasmo a esos dos libros? Yo lo había admitido así, un poco de prisa, fundándome en las prohibiciones en masa de los Índices de 1559 y 1583.[104] Pero quizá no hay que excluir la hipótesis de un Cervantes huroneador, que desenterró en el curso de su vida aventurera algunos ejemplares abandonados de aquellas traducciones de Erasmo que habían hecho las delicias de la generación anterior, y que a su vez se deleitó secretamente en ellas.

Pero no es ésta más que una hipótesis. Para darle consistencia, serían necesarios muchos estudios comparativos que tomaran en cuenta no sólo las ideas, sino también su expresión, y que tuvieran por objeto ideas típicamente erasmianas. Ahora bien, tales estudios son los que hacen falta. Américo Castro había señalado, como fuente de un pasaje del *Quijote*, un pasaje de los *Coloquios* (o más exactamente de su traducción española); pero la coincidencia es imperfecta, pues se refiere a una comparación familiar a los filósofos antiguos, y algún otro texto ofrecería una fuente a todas luces más verosímil.[105] Hemos visto que Cervantes, a propósito

---

[102] Seb. Münster, *Cosmographia*, Basilea, 1550. Ejemplar de la B. N. M. (A: 14.383). Los dos retratos de Erasmo (págs. 130 y 407) y el de Münster (a la vuelta de la portada) han sido desfigurados por la censura.

[103] *El pensamiento de Cervantes*, págs. 281-283.

[104] M. Bataillon, *Cervantès penseur*, en la *Revue de Littérature Comparée*, t. VIII (1928), pág. 349. A. Castro (*Erasmo en tiempo de Cervantes*, art. cit., pág. 330) critica este razonamiento simplista y recuerda cómo Usoz encontró en los rincones de los campos españoles libros atrevidamente heréticos del siglo XVI.

[105] Se trata de un pasaje añadido por Virués en la traducción del *Convivium religiosum* (N. B. A. E., t. XXI, *Orígenes de la novela*, t. IV, págs. 185-186). Castro, *El pensamiento de Cervantes*, pág. 282, escribe: "La idea y hasta el movimiento estilístico son análogos, pero Cervantes, «hipócritamente», suprime el sentido que Erasmo da a su comparación." En realidad, el sentido es otro. Erasmo insiste en la idea de disfraz; Cervantes (*Quijote*, II, XII; *ed. cit.*, t. IV, pág. 246) en la idea de igualdad entre todos los actores de la comedia, una vez quitados los trajes. Rodríguez Marín, en su edición de 1928, compara textos de Heitor Pinto y de Mateo Alemán en que esta

de un apotegma de César sobre la muerte repentina, habla con las mismas
palabras de la *Praeparatio ad mortem* de Erasmo; [106] éste es un libro que
no estaba prohibido, pero la analogía de los dos pensamientos puede explicarse con la misma facilidad por un influjo indirecto que por una reminiscencia de la *Praeparatio*. La idea de un influjo indirecto se impone
más aún en el caso de la cita bíblica *Nolite tangere christos meos*, que
Cervantes pone en labios del Licenciado Vidriera.[107] Tenemos todas las
presunciones para creer que nuestro ironista había oído criticar la aplicación vulgar de esa frase. Pero no es completamente seguro que él mismo
haya leído la crítica en el *Ecclesiastes*, obra no traducida al español, y
prohibida cuando Cervantes tenía tres años de edad. La transmisión oral
es más verosímil: el Maestro López de Hoyos había leído el *Ecclesiastes*,
como había leído la *Exomologesis*, y algo de estos libros condenados pasaba
seguramente a través de sus lecciones.

La cuestión de las fuentes de Cervantes es tanto más delicada cuanto
que es él un autor que se burla de la ciencia libresca y ostentosa. En el
prefacio del *Quijote* se excusa, riendo, de no ofrecer al público uno de
esos libros cuya erudición va atestiguada por continuas referencias marginales a Aristóteles, a Platón, a la Sagrada Escritura, y por un copioso
índice alfabético de los autores utilizados. El pedante Tamayo de Vargas
rindió sobre su caso este veredicto tranquilizador para los pedantes veni-
deros: "ingenio lego",[108] es decir, en suma, escritor aficionado, autodidacto, sin grados universitarios. Sin embargo, nuestro hombre leyó, indudablemente, más de lo que se piensa. Era amigo de leer hasta los

última idea se había expresado con toda claridad. En cuanto a las fuentes antiguas,
Cervantes pudo leer la comparación de la vida con una comedia cuyos papeles reparte
Dios, ya sea en Séneca, *Ad Lucilium*, Ep. 76, 31 (texto indicado por Castro como
fuente lejana), ya en Epicteto, traducido por el Brocense (*Doctrina del estoico filósofo
Epicteto...*, Madrid, 1612, cap. XIX: *La vida es una comedia, y Dios el que da los
personages y los dichos*). Jean Jacquot, *Le "théâtre du monde" de Shakespeare à Calderón*, en *Revue de Littérature Comparée*, t. XXXI (1957), págs. 340-372, cita buen
número de fuentes filosóficas y patrísticas. Cf. también Robert Ricard, *Les vestiges de
la prédication contemporaine dans le "Quijote"*, en *Annali dell'Istituto Universitario
Orientale*, Napoli, Sez. romanza, t. IV (1962), núm. 1, págs. 99-111.—De esta parábola,
y de la análoga de las piezas del juego de ajedrez que hacen cada una su papel en la
partida y luego vuelven al saco a ser iguales, dice Sancho Panza que las ha "oído
muchas y diversas veces". En apoyo de que eran (la segunda por lo menos) un tópico
de predicadores, ya antes de ser utilizadas por Frei Heitor Pinto, puede aducirse un
sermón de Fr. Luis de la Madalena, predicador dominico y acérrimo pizarrista, "hasta
poner en ejemplo lo que se hacía en el juego del ajedrez, adonde el rey se echaría la
cabeza abajo con su gente en la talega después de haberle dado mate" (Informe del
Presidente Pedro de la Gasca al Consejo de Indias, Túmbez, 11 de agosto de 1547, en
la *Colección de doc. inéditos para la hist. de España*, t. XLIX, pág. 199). Sobre el
mismo desacato a la majestad imperial, en versión menos fiel al tópico, cf. Pedro Gutiérrez de Santa Clara, *Historia de las guerras civiles del Perú*, lib. V, cap. 51 (ed. de
Madrid, 1929, t. VI, pág. 184).

[106] Cf. *supra*, págs. 786-787.

[107] Cf. *supra*, pág. 790. Cf. "a balisa do psalmista, *nolite tangere cristos meos*", en
un parlamento del Cariophilo de la *Comedia Eufrosina*, esmaltado de frases conocidas
(ed. E. Asensio, pág. 16, lín. 9; trad. esp. en *N. B. A. E.*, t. XIV, pág. 63 b).

[108] Cf. A. Castro, *El pensamiento de Cervantes*, pág. 113, nota 1.

pedazos de papel tirados por las calles.[109] Pero era una cabeza bien con-
formada, que sabía olvidar muchas cosas: no retuvo sino aquello que lo
divertía o aquello que le daba materia de reflexión, y lo repensó todo por
su cuenta. Por lo tanto, podemos, si así lo queremos, suponer que leyó
a Erasmo, o bien que respiró lo esencial de sus enseñanzas en las lecciones
de López de Hoyos, en la conversación de todos los buenos ingenios de las
generaciones anteriores a la suya. La incertidumbre no es muy grave. Si
nos inclinamos por la segunda hipótesis, ello se debe a que todas nuestras
investigaciones demuestran que la España de Carlos V estuvo impregnada
de erasmismo, que las tendencias literarias de Cervantes son las de un
ingenio formado por el humanismo erasmizante, y que sin embargo su ironía, su humor, suenan a algo completamente nuevo. Ni el *Elogio de la
locura,* ni los *Coloquios,* ni los *Diálogos* de los Valdés, ni el *Viaje de Turquía* dejan presentir esa fantasía que, en el *Quijote* o en el *Coloquio de
los perros,* hace su juego en las fronteras de lo real y de lo inventado, de lo
razonable y de lo arbitrario. Pero esta genial novedad no es la que aquí
nos ocupa. Hemos querido solamente situar la obra del más grande escritor de España en la perspectiva del erasmismo, demostrar que en ella se
hace más inteligible, y gozar una última vez del espectáculo de las ideas
erasmianas al favor de esta aparición suprema, inesperada, que hacen en
las letras españolas, al paso que vuelve a entrar en la oscuridad el nombre
de Erasmo.

109 *Quijote,* I, IX *(ed. cit.,* t. I, págs. 289-290): "...como yo soy aficionado a leer,
aunque sean los papeles rotos de las calles..."

CONCLUSIÓN

Desde la aparición de la Biblia Poliglota de Alcalá hasta la de *Don Quijote,* el humanismo cristiano de Erasmo ejerció, del otro lado de los Pirineos, una influencia singularmente fecunda. La historia del erasmismo español ilustra de manera impresionante el significado de Erasmo en la revolución espiritual de su tiempo.

Con él, el humanismo se propone como tarea restituir el mensaje cristiano en su auténtica pureza, y lograr la unidad de los mejores pensamientos humanos en torno a una *filosofía de Cristo* en que el hombre moderno pueda encontrar la alegría y la paz. Erasmo no es el profeta de un Renacimiento que venga a divinizar al hombre y a prometer inhumanos triunfos a su intelecto y a su energía. Le basta con que el hombre, por mediación de Cristo, participe de lo divino y penetre así en un reino de amor y de libertad. De él se ha podido decir que fue "religioso por modestia".[1] Por diferente que sea de un Savonarola o de un Lutero, está más cerca de ellos, gracias a su filosofía, que de los humanistas paganizantes.

Pero tal vez esto no sea mucho decir. Su obstinada negativa a elegir entre Lutero y Roma, su evangelismo enamorado de "paz" y de "unanimidad", le hicieron representar en grado eminente, durante su ancianidad, y aún mucho tiempo después de su muerte, un cristianismo esencial, centrado en torno a la salvación por la fe en Cristo, pero sobrio en afirmaciones dogmáticas, en cuyo seno debían hallarse de acuerdo todos los cristianos. Al predicar al Cristo paulino, cabeza invisible de la humanidad, extrajo del cristianismo su más humana significación. Enseñó a los hombres a orar a un Dios que es el de los Salmos y el de los Evangelios, y que es al mismo tiempo un lazo divino entre todos los hombres, la promesa, para todos ellos, de una renovación divina. ¿No es éste, después de todo, el profundo sentido de la resurrección del misticismo paulino en la época del humanismo? ¿Justificación por sola la fe? Más bien fe nueva en la fe misma, y en el valor y en el amor que esa fe infunde. Llamamiento a las almas para que se liberen del formalismo y del temor servil...

¿Cómo llegó este cristianismo erasmiano a florecer en España más brillantemente que en otras partes? ¿Cómo pudo la libertad religiosa, aliada a un fervor místico, expresarse tan vigorosamente en este país en que la Inquisición estaba consolidando su poder? El enigma no es insoluble. Hay que dejar aquí, seguramente, su lugar al destino. Pensemos en esa "rosa de los vientos" sobre la cual un ingenioso español[2] ha inscrito las grandes orientaciones de la política mundial de su patria. La elevación al trono de Carlos V significó de manera decisiva, para España, la irrupción del

---

[1] B. Groethuysen en la *Nouvelle Revue Française* del 1º de septiembre de 1935, pág. 430.

[2] Ángel Ganivet, *Idearium español,* 3ª impresión, Madrid, 1915, págs. 89 *ss.*

Norte, o la atracción del Norte. El saqueo de España por la corte flamenca, y la conquista de Carlos V por España; el Rey-Emperador, brazo
secular de la ortodoxia en Alemania, pero en lucha con el Papa y obstinado en proseguir su política de los Coloquios de religión hasta el día
en que, vencido, va a retirarse en Yuste: tales son las grandes imágenes
con las cuales hay que asociar, en el orden de la cultura, la de un Vives
adoptado por la ciudad de Brujas y la de un Erasmo ídolo de España.
Tal es la coyuntura política en que viene a insertarse el movimiento
erasmiano.

Pero no se explicaría la contribución española a la renovación cristiana del Renacimiento si se olvidara el legado oriental de la vieja España de las tres religiones. Una de las originalidades étnicas de la España
moderna es la de ser la gran nación occidental que ha asimilado más
elementos semíticos. Aquí se puede, al parecer, pasar un poco por alto
la aportación árabe: ésta representó sobre todo su papel cultural entre el
siglo XI y el siglo XIII. A fines del siglo XV el hecho cargado de consecuencias es la reciente cristianización de gran número de elementos judíos
que ocupaban un lugar de primer orden en la burguesía comerciante,
y que tenían lazos con la aristocracia. La Inquisición se instituye para
vigilar la pureza de su catolicismo, y no tarda en extender esta vigilancia a los moriscos valencianos y granadinos, poblaciones rurales que dis-
taban mucho de tener la importancia social y cultural de los judíos
conversos.

Pues bien —y en esto no se ha puesto hasta hoy la atención debida—,
los cristianos nuevos venidos del judaísmo constituyeron un terreno de
elección para las nuevas tendencias morales y místicas que la revolución
espiritual del siglo XVI oponía al formalismo ceremonial, y que se encade-
naban, pasando por encima de la Edad Media, por encima también de los
orígenes cristianos, con la tradición de los Salmos y del profetismo hebreo.
Al mismo tiempo que la Inquisición vigilaba sobre los conversos sospechosos de judaizar en secreto, y castigaba cruelmente a oscuras familias culpables de abstenerse de carne de cerdo, o de mudar de ropa los sábados,
toda una porción selecta de clérigos de origen judío estaba luchando ardientemente, con Erasmo, en contra del "judaísmo" de las ceremonias, y
predicando la libertad cristiana y el "dejamiento" a la inspiración divina.[3]

[3] La importancia de los judíos y conversos (y de los moros y moriscos) en la
formación de lo más típicamente hispano es idea básica del gran libro de Américo
Castro, *España en su historia, Cristianos, moros y judíos*, Buenos Aires, 1948 (obra en
parte refundida bajo el título *La realidad histórica de España*, México, 1954; y ed.
renovada, [Primera parte], México, 1962). En el terreno puramente religioso, hay que
añadir a las figuras de neocristianos estudiados en el presente libro algunos adalides
de la mal llamada Contrarreforma española: nada menos que el Beato Juan de Ávila,
Apóstol de Andalucía, máximo imitador de San Pablo, y el Padre Laínez, segundo general de la Compañía de Jesús. Cristianos nuevos fueron los principales discípulos de
Juan de Ávila, como el Maestro. La proyectada fusión de sus Colegios con la Compañía fracasó por no poder ésta cargar con tal herencia, arrostrando el prejuicio adverso a los marranos, en el momento preciso en que Silíceo quería imponer a los jesuitas un estatuto de limpieza para admitirlos en su diócesis (cf. el resumen de mi

Ciertamente, este iluminismo no fue patrimonio exclusivo de los cristianos nuevos. De ellos, sin embargo, es de quienes parece haber tomado su vigor. Si el injerto erasmiano prendió tan bien en el tronco español, se lo debe a esa savia. En todo caso, no se comprende la influencia de Erasmo, en este país por lo menos, si no es en el seno del iluminismo. El iluminismo atraviesa todo el reinado de Carlos V, anima en Sevilla y en otros centros urbanos una predicación religiosa que es la de un protestantismo en estado naciente, contribuye al auge de una espiritualidad más respetuosa de los dogmas y de los ritos, pero peligrosa todavía para ellos a causa de su intrépida interioridad: rico y confuso movimiento casi no tocado, entonces, por las intermitentes persecuciones contra el "luteranismo" o "iluminismo" que encubre.

Después de la derrota del Emperador, a raíz de la promulgación de los cánones de Trento, se lleva a cabo una polarización, lo mismo para España que para el resto de Europa, definitivamente dividida entre católicos y protestantes. La Inquisición sabe, desde ese momento, lo que tiene que hacer. Y lo hace inflexiblemente. Constantino, después de haber sido la gloria del púlpito sevillano, es quemado en efigie como luterano. Bajo la misma inculpación, Carranza, Arzobispo de Toledo, pasa dieciséis años en la cárcel. Fray Luis de Granada tiene que rehacer radicalmente sus manuales de oración para que puedan escapar a la sospecha de iluminismo, de la cual no se verán libres ni Santa Teresa ni San Juan de la Cruz. Todo aquello que se ha convenido en llamar Contrarreforma en la España de Felipe II saca su vitalidad y su poder de irradiación de ese impulso iluminista que viene de la España de Cisneros a través de la de Carlos V. Nada tiene de extraño que Erasmo, intérprete de las mejores aspiraciones de la Prerreforma, haya sido adoptado por los alumbrados de Castilla; que el erasmismo haya hecho aquí las veces de Reforma protestante; que algunos de los más grandes espirituales españoles de la Contrarreforma —un Arias Montano, un Luis de León— le hayan perdonado a Erasmo el *Monachatus non est pietas* en agradecimiento de las lecciones de interioridad que había dado a tantos religiosos.

La excepcional eficacia de los libros de Erasmo se debió a la agilidad y a la universalidad de su genio, servido a pedir de boca por la nueva técnica del libro. Cargado con los tesoros de la antigüedad cristiana y con todo aquello que la cristiandad podía reivindicar de la herencia grecorro-

primer curso en el Collège de France, 1945-1946, *Les commencements de la Compagnie de Jésus en Espagne, Annuaire du Collège de France,* 46e année, 1946, págs. 164-168). Otro caso de reforma monástica tachada de marranismo (como el de los Isidros en el seno de la Orden de San Jerónimo) es el de la congregación castellana de Monte Sión en el seno de la Orden Cisterciense (cf. M. Bataillon, *Un itinéraire cistercien à travers l'Espagne et le Portugal du xvie siècle,* en *Mélanges d'études portugaises offerts à M. Georges Le Gentil,* Paris, 1949, págs. 33-60). No se trata de zanjar aquí en pocas líneas el complejo problema de orígenes espirituales planteado en toda su extensión por Américo Castro (*La realidad histórica de España, op. cit.,* y *Aspectos del vivir hispánico,* Santiago de Chile, 1949), problema de cuyos aspectos islámico-cristianos volvió a ocuparse Don Miguel Asín en su obra póstuma *Shadilíes y alumbrados* (publicada en la revista *Al-Andalus* a partir de 1944).

mana, Erasmo supo administrar esos bienes con asombrosa conciencia de las necesidades del mundo moderno. Le habló con el lenguaje familiar y serio que hacía falta para seducirlo. Fue sabio y edificante; refinado y popular. La imprenta, por vez primera desde que los hombres hacían libros, permitió a un escritor llegar en muy poco tiempo, de un extremo a otro de Europa, hasta inmensos públicos en que se contaban lo mismo reyes que artesanos.

¿Estaría España predestinada a sentir mejor que ningún otro país esta mezcla de ironía y fervor que caracteriza a Erasmo? Tal vez. España no fue menos sensible a las lecciones de reflexión crítica de los *Coloquios* que a las lecciones de misticismo paulino del *Enchiridion*. España concibió, al leer a Erasmo, la idea de una literatura a la vez festiva y verdadera, sustancial, eficaz para orientar a los hombres hacia la sabiduría y la piedad. Este ideal está presente en los diálogos políticos y morales de Alfonso de Valdés lo mismo que en el *Viaje de Turquía* del Doctor Laguna. Hizo que la minoría selecta despreciara las pueriles y maravillosas ficciones de los libros de caballerías. Si España no hubiera pasado por el erasmismo, no nos habría dado el *Quijote*.

Con esto queda dicho que el erasmismo fue un profundo movimiento cultural, cuyas consecuencias llegan muy lejos. Fue a la vez iluminación y progreso de las luces. Removió en España lo que ella tiene de más íntimo y universal. Enriqueció su patrimonio de manera imperecedera. Es imposible evocarlo sin pensar en otro movimiento que, desde mediados del siglo XIX, ha desarrollado en España consecuencias sorprendentes: el krausismo. En 1931, un heredero espiritual de los krausistas, nombrado ministro de la joven República española, decía en la tribuna de las Cortes constituyentes: "Nosotros que somos los modernos erasmistas..." La comparación no es arbitraria. Ciertamente, la obra de Erasmo ofrecía una plataforma mucho más amplia, mucho más sólida, mucho más cómoda que la de un Krause para un trabajo de renovación espiritual. En ambos casos, sin embargo, se trata de movimientos cuyos buenos resultados se deben a que disponían de un rico sustrato local,[4] y de movimientos que hicieron a España participar en el pensamiento y en la esperanza comunes de la humanidad civilizada. Movimientos, asimismo, que tuvieron que empeñar lucha tenaz contra otra España ariscamente antieuropea, enemiga de las novedades, temerosa siempre de "perder su yo".[5] La lucha no ha concluido. Está tomando formas trágicas. La crisis del capitalismo moderno fomenta guerras civiles no menos cruentas que la crisis de la Iglesia católica en el siglo XVI. Una vez más la sombra de las guerras de religión se cierne sobre Europa. Bien sabemos que el humanismo tendrá la última

---

[4] Sobre la profunda conformidad del krausismo con ciertas tendencias del misticismo español, véase Unamuno, *En torno al casticismo* (*Ensayos*, t. I, Madrid, 1916), pág. 153. Cf., del mismo autor, *Del sentimiento trágico de la vida*, Madrid, s. f., pág. 291, acerca de las "raíces pietistas" de Krause. Y en cuanto al aspecto religioso del movimiento krausista, véase la tesis del P. Pierre Jobit, *Les éducateurs de l'Espagne moderne*: I, *Les Krausistes*, Paris-Bordeaux, 1936.

[5] Cf. Unamuno, *En torno al casticismo*, ed. cit., pág. 22.

palabra: aun vencido, como en la época de Erasmo, resurge, como en la época de Rousseau. Ojalá no sufra eclipse. Ojalá ayude a España y al mundo a resolver los verdaderos problemas, a ahuyentar las pasiones, las querellas metafísicas y todos esos aterradores fantasmas que les esconden a los hombres su fraternidad profunda.

2 de agosto de 1936.

ERASMO Y EL NUEVO MUNDO

*Erasmo en bibliotecas de conquistadores: Diego Méndez el de la
Canoa. Procesos: el hacendero Francisco de Sayavedra. El go-
bernador de Curaçao Lázaro Bejarano. El apostolado de los in-
fieles según la "Ichthyophagia" y el "Ecclesiastes" de Erasmo.
Evangelización y utopía. Zumárraga, Erasmo y Constantino. El
Erasmo de los pescadores de hombres.*

DECÍA EN 1930 el autor de este libro: "Al señalar la influencia de Erasmo
en México, no obedezco al deseo de causar extrañeza, ni siquiera al de
aportar algunos materiales exóticos para un monumento a la gloria de Erasmo de Rotterdam. Para quien sabe hasta qué punto Erasmo gustó, fue
leído, traducido y asimilado en la España de Carlos V, nada más natural
que esta influencia. Su interés estriba precisamente en ser extensión de
aquel erasmismo español tantas veces mencionado (de segunda mano) desde Menéndez y Pelayo hasta nuestros días, y en ilustrarnos acerca del verdadero significado de aquel movimiento espiritual." [1] Hoy se ve cada vez
más claro que el erasmismo, entendido en el sentido lato de simpatía por
los ideales de Erasmo, en parte se extendió al Nuevo Mundo por el mero
hecho de ensancharse allí el área de la cultura española, y en parte tuvo
aspectos más específicos, aunque siempre ligados a la significación profunda de Erasmo dentro de la revolución religiosa de su tiempo.

Entre los españoles y portugueses que se embarcaban para tierras lejanas, había seglares aficionados a leer libros de Erasmo porque, para su
voluntario destierro, hallaban mejor alimento espiritual en las lecturas
devotas, morales e históricas que no en las novelescas, y porque Erasmo,
entre la literatura moral y religiosa de su tiempo, daba una nota de piedad ilustrada y libre, grata a aquellos hombres desgarrados de su ambiente
nativo. Véase la docena de libros que lleva consigo a la India el alentejo-
no Baltasar Jorge Valdés, muerto en el famoso cerco de Diu (1545). Allí,
con los *Evangelios*, un *Flos sanctorum*, la *Vita Christi* y las *Epístolas* de
San Jerónimo, con Valerio Máximo, las *Epístolas* de Séneca y un tratado
de Petrarca, con las *Crónicas* anónimas del Cid, del Condestable Nuno
Álvares Pereira y de la conquista de Rodas, aparece la *Lengua* de Erasmo
y una *Exposición sobre los psalmos* que, por la mención del *Beatus vir*,
parece ser la de Erasmo sobre los salmos *Beatus vir* y *Cum invocarem*.[2]

Los aventureros, poco o nada "latinos", suelen ser hombres de pocos

---

[1] Marcel Bataillon, *Érasme au Mexique*, en *Deuxième Congrès International des
Sciences Historiques (Alger, 14-16 avril 1930)*, Alger, 1932, págs. 31-44.

[2] Gabriel Pereira, *Évora e o Ultramar: Balthazar Jorge em Diu*, Évora, 1888,
págs. 11-12; y prólogo del *Enquiridion* de Erasmo, ed. cit., pág. 67, nota 1.

libros; pero libros, por lo mismo, escogidos y queridos.[3] El caso más conmovedor de humilde biblioteca viajera, reputada por su dueño como verdadero tesoro, es el que ha hecho célebre el testamento de Diego Méndez de Segura,[4] escribano mayor de la armada de Cristóbal Colón en su último viaje, y después, por largos años, avecindado en la ciudad de Santo Domingo de la Isla Española. Es el héroe de la hazaña de la canoa: trescientas leguas recorridas en frágil embarcación por el Mar Caribe, desde Jamaica hasta Santo Domingo, para dar aviso del peligro del Almirante. Hazaña recordada orgullosamente por su autor, narrada por Hernando Colón —bibliófilo más ilustre que Méndez— en la *Vida* de su padre,[5] versificada finalmente por el laborioso y entusiasta Juan de Castellanos en sus *Elegías*. Dice Castellanos que Méndez compró de sus dineros un navío para ir a España a dar cuenta personalmente al Rey de lo sucedido, y que

> por parecelle bien al rey guerrero
> aquella lealtad digna de loa,
> al Diego Méndez hizo caballero
> con rentas, y por armas la canoa.[6]

¿Sería acaso una leyenda que Castellanos recogió en Santo Domingo, fundada tal vez en una losa sepulcral o en un dintel de portada? En su testamento, donde Méndez alude prolijamente a la ingratitud de los Colones, no hace alusión a tal merced real, ni ostenta el *Don* de los caballeros. Sólo manda que en la piedra de su sepultura "se haga una canoa, que es un madero cavado en que los indios navegan, porque en otra tal navegó 300 leguas, y encima pongan unas letras que digan CANOA". ¿Se otorgaría Méndez a sí mismo esta ejecutoria con armas parlantes?[7]

3 El estudiante Tomás Rodaja, al vestirse "de papagayo", es decir, de soldado, "los muchos libros que tenía los redujo a unas *Horas de Nuestra Señora* y un *Garcilaso* sin comento que en las dos faldriqueras llevaba" (Cervantes, *El Licenciado Vidriera, ed. cit.*, pág. 14).

4 Publicado (en extracto de Tomás González) por Martín Fernández de Navarrete, *Colección de los viajes...*, 2ª ed., Madrid, 1858, t. I, págs. 462-476, y profusamente comentado, en la parte que nos interesa, por José Almoina, *La biblioteca erasmista de Diego Méndez*, Ciudad Trujillo, 1945.

5 *Vida del Almirante Don Cristóbal Colón*, escrita por su hijo Hernando Colón, México (Fondo de Cultura Económica), 1947, págs. 313 *ss*. Admitimos la atribución del libro al hijo del Almirante como establecida por Ramón Iglesia.

6 *Elegías de varones ilustres de Indias*, en *B. A. E.*, t. IV, pág. 43 b.

7 De unos datos que generosamente me comunica en 1964 el profesor Enrique Otte, de Sevilla, resulta que un expediente del Archivo de Indias (*Justicia*, leg. 2, núm. 1) da fe del privilegio de "caballero de espuelas doradas" otorgado por el Rey Fernando el Católico (Fuente de Cantos, 15 de diciembre de 1508) a Diego Méndez vecino de Sevilla, documento en que consta la concesión de un escudo "con las islas y la canoa y dos indios desnudos asidos a los lados, cada uno con su bastón dorado en la mano", en recuerdo de la hazaña realizada por Méndez, con peligro de su vida, "al pasar en una canoa desde Jamaica a la Isla Española solo con tres indios". La misma documentación deja entrever lo que fue, antes de sus aventuras de descubridor, la juventud errante de Diego Méndez en Europa. Hijo de un contino de Enrique IV que siguió al servicio de Juana la Beltraneja, había sido (antes de figurar, en 1494, como compañero de Cristóbal Colón) paje de D. Lopo de Albuquerque, Conde de Penamacor, y compañero de su

Otra manda es la que nos interesa. Así como Diego Méndez pide que, en acto de justicia póstuma, recaiga en uno de sus hijos la merced del alguacilazgo mayor de Santo Domingo de que le frustraron los herederos del Almirante, así también deja a sus hijos "por mayorazgo" los pocos libros de su biblioteca de pretendiente heroico. Otorga testamento en Valladolid, en 1536, lejos de su hogar colonial. Allá, en Santo Domingo, quedaron el Dante y el Valerio Máximo. Allá van los libros recién adquiridos durante el viaje a la Corte; se los enumera a sus hijos:

Los libros que de acá os envío son los siguientes: *Arte del bien morir* de Erasmo, un *Sermón* de Erasmo en romance, Josefo *De bello Judaico*, la *Filosofía moral* de Aristótilis; los libros que se dicen *Lingua Erasmi*; el *Libro de la Tierra Sancta;* los *Colloquios* de Erasmo; un tratado de las *Querellas de la paz;* un libro de *Contemplaciones de la Pasión de Nuestro Redentor;* un tratado de *La venganza de la muerte de Agamemnón* y otros tratadillos.[8]

El caso no puede ser más elocuente. De diez títulos, cinco son de Erasmo. ¿Recibirían los hijos este tesoro con tanto fervor como el que animaba a su padre al mandárselo? No podía Don Hernando Colón dar más importancia a su imponente biblioteca, que visitaría tal vez en Sevilla Diego Méndez, el de la canoa.

Remitidos, no por particulares, sino por libreros, pasaron al Nuevo Mundo bastantes libros de Erasmo, ya traducidos al castellano, ya en su texto original latino.[9] El 22 de julio de 1528, en una carta de negocios dirigida al comerciante burgalés de Santo Domingo Melchor de Castro por su corresponsal sevillano Diego Díaz, aparece una heterogénea remesa de libros: "El maestre Juan de los Pinos lleva los libros... blancos que vuestra merced pidió, y el Erasmo lleva Serna."[10] De donde se deduce con bastante claridad que Castro había encargado a la vez unos libros blancos para la contabilidad de su tienda, y "el Erasmo" del que todo el mundo hablaba entonces, muy probablemente el *Enquiridion*.[11] En 1533, el Licenciado Cristóbal de Pedraza, chantre de la catedral de México, "pro-

destierro por tierras de Francia, Inglaterra, Flandes, Noruega y Dinamarca. Cuando el Conde fue encarcelado en la Torre de Londres a petición de Juan II de Portugal, Diego viajó tres veces a España, trabajando en conseguir la liberación de su amo.

8 Almoina, *op. cit.*, identifica los libros de la lista con consideraciones no siempre convincentes, como cuando dice (pág. 49, nota) que la presencia en la biblioteca de Méndez de una obra de *Contemplaciones de la Pasión* "no hace sino recalcar más el carácter erasmista de sus inquietudes religiosas". Y su bibliografía es deficiente en materia de libros viejos.

9 Para el período 1576-1606 véase *infra*, pág. 831, nota 90.

10 Juan de la Serna, como se ve un poco más adelante en el mismo documento, es otro comerciante, portador de la carta. Juan de los Pinos, de Triana, es el maestre de la nao Santa María. Cf. Huguette et Pierre Chaunu, *Séville et l'Atlantique (1504-1650)*, Partie statistique, t. II, *Le trafic de 1504 à 1560*, Paris (Armand Colin), 1955, pág. 184, 1528 A, núm. 28.

11 A. G. I., *Justicia*, leg. 5. núm. 5. A la generosidad del profesor Enrique Otte, de Sevilla, debo la comunicación de los varios documentos del Archivo de Indias que han dado materia para este párrafo (notas 11, 14, 15 y 16), y que vienen a ilustrar, en 1964, lo que yo había anticipado en 1949 en la primera versión del presente Apéndice.

tector" de la Nueva Galicia (y futuro obispo de Honduras), hace descargar en Veracruz una importante remesa de libros, como propiedad personal suya. Pero tal vez se trate de una importación en parte comercial, ya que no pocas obras figuran en la lista con cuatro o cinco ejemplares (sin hablar de "2 dozenas de cartillas" o catecismos elementales, y de "7 tratadicos llamados *perlas preciosas*").[12] Entre los 121 artículos del inventario, que hace desfilar ante nuestros ojos una literatura variada, principalmente teológica, eclesiástica y devota, pero también jurídica, humanística, filosófico-moral[13] y un libro de pasatiempo como la *Propaladia* de Torres Naharro, observamos tres veces el nombre de Erasmo: "el *Nuevo Testamento* de Erasmo", los "*Coloquios* de Erasmo en latín" y la "*Lingua Erasmi* en latín", menciones a las cuales hay que añadir sin duda la de la "*Miseria de cortesanos*" (que ha de corresponder al volumen publicado por Cortegana en Sevilla y que contenía dos obras traducidas por él: el tratado de Eneas Silvio y la *Querela pacis* de Erasmo) y la de la "*Copia verborum*".[14] El 18 de enero de 1538, en el inventario de los bienes de Pedro de Mendoza, gobernador del Río de la Plata, figura, al lado de un Virgilio pequeño de cantos dorados y de una Biblia cuya encuadernación de pergamino está desgarrada, "un libro de Erasmo, mediano, guarnecido de cuero".[15] Y en otra herencia pobre también en libros aparece "un libro que dize de Erasmo", según el inventario *post mortem* (24 de julio de 1541) de los bienes del sastre Salvador Márquez, nacido en Mansilla "villa del Almirante de Castilla" y muerto en México: fuera de su Erasmo, no tenía sino "otros dos librillos pequeños de molde" y "otro libro que dizen de bien confessar".[16]

Muchos otros libros de Erasmo salen a relucir cuando llega la hora

---

[12] Libro devoto que es ahora extraordinariamente raro a causa de su inclusión en el Índice español de 1559. Palau, *Manual*, t. XIII, núm. 223.485, no conoce más que un ejemplar único de una edición —posterior a nuestro inventario— de Baeza, 1551. Es posible que sea traducción de la *Perle évangelique* anónima cuyo origen se sitúa en el círculo de Nicolas Van Esch, y que ha sido estudiada en particular por Dom Huyben, O. S. B. Cf. Jean Dagens, *Bibliographie chronologique de la littérature de spiritualité et des ses sources (1501-1610)*, Paris, 1952, pág. 81.

[13] Libros humanísticos en latín y en español: "5 artes de gramática, el 1 grande con comento del Mº Antonio [de Nebrija]", César, Tito Livio, Salustio, Terencio, y tres libros de Séneca: los "*Proverbios*", "los 5 libros en romance" y las "*Epístolas* en romance". Libros filosófico-morales: "las *éthicas* de Aristótiles", la "*Visión delectable*" de Alfonso de la Torre, "Francisco Petrarca *de los Remedios*".

[14] A. G. I., *Indiferente general*, leg. 2984.

[15] A. G. I., *Justicia*, leg. 733, núm. 3.

[16] A. G. I., *Contratación*, leg. 5575.—También hay que registrar, aunque no se refiera a un "indiano", sino a un comerciante genovés que vivía en Sevilla de la "carrera de Indias" (armador de Sebastián Caboto y otros navegantes: cf. H. et P. Chaunu, *Séville et l'Atlantique, op. cit.*, t. II, pág. 172, nota 6), el legado de un ejemplar de las obras completas de Erasmo, exactamente contemporáneo de un donativo semejante hecho por el Obispo de México, Zumárraga (cf. *infra*, pág. 822). Pedro Benito de Basiñana (Sevilla, 13 de diciembre de 1546) lega al "licenciado Jerónimo de Castellón su primo *doce tomos, o los que son* [la edición de Basilea, 1540-1542, la única de que puede tratarse, tenía nueve tomos], *de todas las obras de Erasmo* que el dicho Pero Benito dexó y están inventariados y son nueuos, porque assí fue la voluntad del dicho Pero Benito

de la prohibición.[17] En 1564 es procesado en México el mercader Alonso de Castilla por comprar y vender libros prohibidos, entre ellos "6 *Enquiridiones* de Erasmo en romance". El mismo librero se disculpa diciendo que solía traer al palacio arzobispal los libros dudosos, "y que así había hecho de un libro de Constantino, que le habían dicho en las casas arzobispales que era bueno; y que después que supo que habían quemado al dicho Constantino, había él quemado el dicho libro, y hecho cocer la olla con él". Después del Índice de Quiroga de 1584 se recogen los *Adagios*, probablemente por no tolerarse ya sino la edición expurgada por Paulo Manucio. Los tiene en Guadalajara el canónigo Contreras, y en Puebla el maestrescuela Veteta, el cura Bartolomé de Paz y un tal Gaspar Rodríguez de Villanueva. Otra lista de libros recogidos en México después de 1572 contiene otros muchos ejemplares de los *Adagios*, entregados ya por personas privadas, ya por librerías de convento. Alonso de Santiago, teatino (o sea jesuita), "dice que tiene un libro intitulado *Familiarium colloquiorum formulae* de Erasmo". Y por si algún incauto posee la *Epitome colloquiorum*, la Inquisición recoge todo libro que se intitule *Epítome* o *Coloquios*, aunque sean los inofensivos *Coloquios satíricos* de Antonio de Torquemada.[18] Lo mismo pasa con los libros intitulados *Enchiridion*.

Desde luego, no todo hombre culto que maneja los *Adagios* es erasmista, aunque puede presumirse en él alguna simpatía por el Filósofo cristiano. Escasean en el Nuevo Mundo los procesos inquisitoriales contra personas eclesiásticas o seglares culpadas de libertad erasmiana en su manera de tratar temas religiosos. Tal vez porque, como veremos, el evangelismo erasmista no escandalizaba a los frailes misioneros, y hasta atraía a alguno de ellos, Obispo e Inquisidor por añadidura; tal vez también porque no cobró entre los españoles pobladores de América el cariz algo agresivo que ostentaba en la Península frente a una densa masa misoneísta de "cristianos viejos".

Buen ejemplo de inmigrante español que trae en su barjuleta un libro de Erasmo es cierto Francisco de Sayavedra, extremeño, avecindado en tierras de Jalisco, donde tenía, cuando lo procesó la Inquisición en 1539,[19] una hacienda en las inmediaciones del convento franciscano de Zapotlán. No se trata de un "alumbrado" de los que todo lo esperan de la oración y de la gracia divina. Al contrario. "Estando leyendo en un libro de Erasmo en que decía ciertas devociones", trabó con varios vecinos una con-

que se le diessen para su estudio, por que ruegue a Dios por su ánima" (Archivo de Protocolos de Sevilla, Oficio XV, lib. 2 de 1546, fol. 1433 vº).

[17] Véanse los documentos reunidos y anotados por Francisco Fernández del Castillo en *Libros y libreros en el siglo xvi* (Publicaciones del Archivo General de la Nación, t. VI, México, 1914), págs. 49 ss., 333-347 y 473-495.

[18] *Ibid.*, pág. 482. Debe leerse: "que dice al fin *fueron impresos los siete Coloquios en Mondoñedo...*" Véase *supra*, pág. 651, nota 23 (confiscación de los *Coloquios* de Torquemada por la Inquisición de Granada). Cf. también *supra*, pág. 717, nota 9 (confiscación, en México, de la *Copia* de Erasmo comentada por Veltkirchius).

[19] *Proceso contra Francisco de Sayavedra, por erasmista*, publicado por Julio Jiménez Rueda en el *Boletín del Archivo General de la Nación*, México, t. XVIII (1947), págs. 1-15. (La calificación de "erasmista" no figura en el original).

versación sobre el libre albedrío, y dijo (sin invocar para nada la autoridad de su devocionario erasmiano) "que había oído decir que Dios había dado [al hombre] un libre albedrío para que si siguiese el buen camino se fuese a la gloria, y que si siguiese el mal camino, que Dios le esperaba para que se arrepintiese". El clérigo Juan de Castañeda rectificó diciendo que en el segundo caso "Dios le daba gracia para que se arrepintiese". Al día siguiente lo consultó Sayavedra con el propio guardián de Zapotlán, Fr. Juan de Padilla, y se convenció de que "para que uno haga buenas obras es menester que Dios le dé la gracia".

El único testigo interrogado por la Inquisición no denunció de ningún modo la afición del reo a la lectura de Erasmo, pero sí lo presentó como hombre más amigo de rogar a Dios que a sus santos, incrédulo en materia de indulgencias anejas a determinadas oraciones, mal cumplidor de los preceptos de oír misa (a no ser que se la dijesen en casa), confesar por cuaresma y guardar las fiestas. Sayavedra "mandó el día de la Asunción del Señor[20] a los negros y a toda la familia de casa a limpiar una parva de trigo que estaba en las eras", y habiéndole avisado el testigo que se iba a misa a Zapotlán, contestó que "tan buena obra era quedar a reparar aquella parva de trigo y entender en ella como ir a misa".

Fue Sayavedra quien, en un segundo interrogatorio, y justificando su opinión en materia de devoción a los santos, citó su libro de Erasmo, según el cual "más querrían los santos que les imitasen las obras que no que les rezasen diez paternostres".[21] Y para compensar sus dudas acerca de los días de perdón que se prometen al final de muchas oraciones, declaró que rezaba "los versos de San Gregorio, y en ellos está que quien los rezare gana muchos días de perdón".[22] En suma, era Sayavedra un

[20] Hay que rectificar sin duda: "Asunción de Nuestra Señora." Era la advocación del convento fundado por Fr. Juan de Padilla. Cf. George Kubler, *Mexican architecture of the sixteenth century*, Yale University Press, 1948, t. II, pág. 502.

[21] José Almoina, *Rumbos heterodoxos en México*, Ciudad Trujillo, 1947, pág. 189, opina que el libro manejado por Sayavedra era el *Enquiridion*. Es probable.

[22] En la 1ª ed. mexicana había supuesto yo que se trataba de San Gregorio Obispo de Ostia, sepultado en Navarra, y muy venerado de los labradores españoles como protector de sus cosechas (cf. Pedro Ciruelo, *Reprobación de las supersticiones y hechicerías*, Salamanca, 1541 [libro anterior a 1539 según Palau, *Manual*, t. III, núm. 54.937], parte III, cap. x, *Disputa contra los que descomulgan la langosta y el pulgón y las otras sabandijas de las heredades*, págs. 209 ss. de la ed. de Barcelona, 1628, adicionada por el Doctor Pedro Antonio Jofreu, donde figura la oración de San Gregorio entre los medios lícitos de conjurar esas plagas; y cf. también A. V. Ebersole, *Pedro Ciruelo y su "Reprobación de hechicerías"*, en *N. R. F. H.*, t. XVI, 1962, págs. 430-437). Pero hay que rectificar esa interpretación. Se trata a todas luces de San Gregorio Magno, a quien la tradición refería el origen de una curiosa devoción popular. Se decía en la tardía Edad Media que el Papa San Gregorio había mandado pintar "la santa imagen de piedad" en recuerdo de una visión que tuvo mientras celebraba la misa, imagen que fue "prototipo de todos los Cristos de piedad". La inmensa difusión de esta imagen se debió a la cantidad de indulgencias que iban anejas a las oraciones rezadas ante ella. Si, después de confesarse uno, rezaba ante una representación del "Cristo de piedad" siete padrenuestros, siete avemarías y siete jaculatorias llamadas "oraciones de San Gregorio", obtenía seis mil años de "verdadero perdón". En manuscritos y libros de horas de fines del siglo xv fue subiendo el número hasta llegar a cuarenta y seis mil

hacendero más amigo de sus cosechas que de la misa, y aunque rezaba poco a los santos, rezaba, por si acaso, unas oraciones abundantemente dotadas de indulgencias.

Fue penitenciado con "cien pesos de oro de minas, y una arroba de aceite para la lámpara que arde en el monasterio de San Francisco de Cuernavaca", y mandar decir "a los padres del dicho monasterio... una misa por él, por que Dios perdone sus pecados". Se desprende del proceso un ambiente de indulgencia.[23] Y es caso venial entre los muchos procesos por blasfemia formados contra españoles de la Nueva España que no tenían el deseo de cultura religiosa propio de un lector de Erasmo.

Se conoce, en los anales de la Inquisición americana, un caso sonado de erasmismo. No es el del picaresco Doctor de la Torre, natural de Logroño y vecino de Veracruz, que se preciaba de haber sido paje de Erasmo en Basilea, "siendo mochacho de pequeña edad".[24] El proceso a que nos referimos se dio en Santo Domingo, "único lugar del Mar Caribe donde se hacía vida europea",[25] y que tenía algo de sucursal de Sevilla. En marzo de 1558, cuando ya estaba en la cárcel inquisitorial de Triana el Doctor

años. (Cf. Émile Mâle, *L'art religieux de la fin du moyen âge en France*, 4ª ed., Paris, 1931, págs. 99-100). Se ve que la versión española conocida de Sayavedra era menos ingenua si sólo hablaba de "muchos días de perdón". Y no hay motivo para atribuir al labrador de Zapotlán una confianza supersticiosa en el otro San Gregorio, abogado contra las sabandijas de los campos; ni siquiera su manera de referirse a las indulgencias anejas a los "versos de San Gregorio" da a pensar que les concediera mucha importancia.

23 Intervino en él como Inquisidor apostólico de su obispado el propio Zumárraga. Lo era desde 1535 (cf. nota de Rafael Aguayo Spencer sobre las actividades inquisitoriales del Obispo, en Joaquín García Icazbalceta, *Don Fray Juan de Zumárraga*, ed. de R. Aguayo Spencer y de Antonio Castro Leal, México, 1947, t. I, pág. 207).

24 Archivo General de la Nación, México, *Inquisición*, t. 2, núm. 13, fols. 360 bis-441: *Contra el Doctor Pedro de la Torre sobre las palabras de blasfemia que dixo* (cf. Julio Jiménez Rueda, *Herejías y supersticiones en la Nueva España: los heterodoxos en México*, México, 1946, pág. 34). La blasfemia del Doctor consistía en decir que "Deus et natura idem sunt", lo cual, en sustancia, si no en palabras, se asemeja a lo que decía el Doctor López de Illescas, de Yepes (cf. *supra*, págs. 485-486). No tiene el menor fundamento la identificación del Doctor Pedro de la Torre con Petrus Castellanus, discípulo y amigo de Erasmo (J. Almoina, *Rumbos heterodoxos*, op. cit., págs. 207-214). Petrus Castellanus es indudablemente Pierre du Chatel, francés de Arc-en-Barrois que murió siendo Obispo de Orléans en 1553 (cf. Allen, t. VII, pág. 217, y t. VIII, pág. 275). Si son sinceras las declaraciones del pícaro Doctor, casado con una india a la cual "jugaba a los naipes", resulta de ellas que un tío suyo, clérigo, deán de Villoslada, lo llevó consigo a Roma a los siete años, hacia 1515. Allí estudió Gramática. También en Italia estudió Artes (cuatro o cinco años en Bolonia) y Medicina (seis años en Padua). "Dixo que a estado y residido en la ciudad de Basilea y no se acuerda el tiempo que estubo en ella, y que fue criado de Erasmo Roterodamo y le servía y sirvió de paje, y esto fue antes que estudiase Artes y Medicina, siendo mochacho de pequeña edad" (fol. 377 vº). Si realmente estuvo de muchacho en casa de Erasmo hacia 1521, a los catorce años aproximadamente, esto haría pensar que su tío el deán fue un caso precoz de erasmista español, ufano de colocar a su sobrino en casa del humanista más famoso de Europa. Pero ello no significaría que fuese erasmista el pupilo de Erasmo. Por lo menos, no hay rastro de erasmismo en su proceso por blasfemia.

25 Pedro Henríquez Ureña, *Erasmistas en el Nuevo Mundo*, en el suplemento literario de *La Nación*, Buenos Aires, 8 de diciembre de 1935.

Constantino, denunció el cabildo de la catedral dominicana los errores "luteranos" de un hombre casado y de un fraile mercedario "confederado" con él.[26] Nada se sabe de los antecedentes de Fr. Diego Ramírez.[27] Pero el casado, Lázaro Bejarano, es una curiosa figura de erasmista.[28] Se forma en el ambiente sevillano, donde, con Pero y Cristóbal Mexía, toma parte en justas poéticas organizadas en honor de varios santos bajo la presidencia del Arzobispo Manrique y de Don Baltasar del Río.[29] Hacia 1535 pasa al Nuevo Mundo y se abre camino entre la aristocracia criolla, casándose con la hija y heredera del ex factor de la Isla Española Juan Martínez de Ampiés, fundador de Coro en Venezuela, señor de las Islas de los Gigantes.[30] Gobierna la isla de Curaçao, perteneciente a aquel señorío heredado por su mujer Doña Beatriz. Allí, "por el año de cuarenta", trató al matrimonio el poeta de los *Varones ilustres de Indias*, Juan de Castellanos. Hacia 1541 se instala Bejarano en Santo Domingo, y brilla en la capital del Caribe por su cultura e ingenio. El Oidor Alonso de Zorita lo recuerda como autor de un bien escrito *Diálogo apologético* contra Juan Ginés de Sepúlveda, y el médico Nieto como poeta satírico.

El luteranismo de que se les acusa es erasmismo neto. Se burlaban Bejarano y el mercedario Ramírez de la veneración de las reliquias, de la devoción ignorante que consiste en rezar a los santos el padrenuestro y el avemaría, de prácticas supersticiosas como "la bendición de las candelas y cerros de lino y hierros de Santa Catalina". Pero el mayor delito que se atribuye al "casado" en muchas formas es su actitud frente a la enseñanza y predicación corriente del cristianismo: despreciar la teología escolástica, mucho burlarse de los predicadores profesionales, abogar por la lectura de la Biblia en lengua vulgar, la interpretación privada de la Escritura, la predicación desligada del sacerdocio. Decía "que San Pablo no se entendió hasta que vino Erasmo y escribió". Como lector que era de la *Paraclesis*, opinaba "que la Sagrada Escritura debe de andar en romance para

---

[26] José Toribio Medina, *La primitiva Inquisición americana*, Santiago de Chile, 1914, t. II (Documentos), págs. 37-50. La carta del cabildo al Rey es de 1º de marzo de 1558 (doc. XII, págs. 42 ss.).

[27] Según Pedro Henríquez Ureña (*art. cit.*, nota 3), "hay homonimia entre este fraile mercedario y el dominico a quien, por predicación herética y conducta inmoral, se encarceló y envió a España desde Cartagena de Indias, en 1554. Antes «había predicado muchos errores en las islas de Jamaica y Santo Domingo»". Los documentos referentes al dominico han sido publicados por Medina (*op. cit.*, t. II, docs. XII y XIII) junto con los del proceso de Bejarano, como si no hubiera habido más que un Fr. Diego Ramírez sospechoso de herejía.

[28] La biobibliografía más completa de Bejarano se encuentra en P. Henríquez Ureña, *La cultura y las letras coloniales en Santo Domingo*, Buenos Aires, 1936, págs. 66-68 y 79-80. Añádase ahora el artículo de José Manuel Blecua, *Sobre el erasmista Lázaro Bejarano*, en *Acta Salmanticensia*, Salamanca, serie de "Filosofía y Letras", t. X (1956), 1ª parte, págs. 21-28.

[29] Sobre las justas poéticas de Sevilla, cf. *supra*, pág. 85, nota 20.

[30] Sobre Juan Martínez de Ampiés hay buen número de referencias en la colección de *Documentos inéditos del Archivo de Indias*, especialmente en el tomo I (cf. E. Schäfer, *Indice de la "Colección de documentos inéditos de Indias"*, t. I, Madrid, 1946, pág. 28 b). Huguette et Pierre Chaunu, *Séville et l'Atlantique*, *op. cit.*, t. II, pág. 167, utilizan los datos que demuestran el papel de Ampiés como poblador de las Islas.

que todos la lean y entiendan, así ignorantes como sabios", incluso "el pastor y la vejecita"; que "para entender la Sagrada Escritura no se curen de ver doctores ni seguir expositores, sino que lean el texto, que Dios alumbrará la verdad"; que, por consiguiente, "los casados pueden predicar y lo debían hacer"; "que un su amigo que solamente oyó gramática y no sabe otra cosa, que es el mejor teólogo que acá ha pasado", y cuando le preguntan si su amigo ha oído Artes y Teología, contesta que "tampoco la oyeron los Apóstoles de Cristo, que nunca anduvieron en escuela..."[31]

Tanta insistencia sobre el mismo capítulo, y el ser Bejarano seglar, llama la atención sobre un aspecto propiamente colonial que cobra en él la crítica de los predicadores profesionales. ¿Qué hay aquí que no se vea en el caso de Conqués, lector del *Ecclesiastes* y crítico de los predicadores de Valencia? Lo acusan de que él y Fr. Diego Ramírez "juntan conventículos" para burlarse de los sermones "y han escripto cartas atrevidas a predicadores y hécholes coplas".[32] Pero hay algo más. Bejarano es un casado que alguna vez ha hecho oficio de predicador. Le culpan de que "estuvo tres años en la isla de Curaçao, de que es gobernador, y que no oyó misa ni se confesó él ni su mujer ni gente".[33] Pero del mismo período de su vida recordará muchos años más tarde el buen Castellanos que tanto Bejarano como su suegro suplían por falta de sacerdote entre los indígenas de las Islas de los Gigantes:

> Por Juan de Ampíes, después por Bejarano
> se les daban cristianos documentos,
> y cada cual con celo de cristiano
> deseaba poner buenos cimientos;
> mas no siempre tenían a la mano
> quien les administrase sacramentos;
> mas éste si faltaba, se suplía
> con algún lego que los instruía.[34]

Es decir que estos legos tomaron parte activa en la evangelización de las Indias Occidentales, y algo más dignamente que los "sacerdotes sueltos" estigmatizados por Fernández de Oviedo.[35] Sintieron sus problemas. Bejarano escribió, como Fr. Bartolomé de las Casas, en defensa de los indios. A ello se debió, tal vez, que fuera clemente la calificación de su causa por los frailes misioneros, si algunos intervinieron en ella. Lo cierto es que lo condenaron a "abjurar tres proposiciones que hacían sentido herético, sin otras escandalosas y malsonantes". A aquel censor de la predicación vulgar, amigo de leer libros prohibidos, le intiman "que no reprehenda los predicadores ni lea libros por toda su vida si no fuere la Biblia", multándolo con ciento cincuenta pesos de oro para obras pías. Su cómplice o "confederado", Fr. Diego Ramírez, es condenado a abjurar de seis pro-

---

[31] Medina, *op. cit.*, t. II, págs. 42 ss. (§§ 14, 5, 18, 27, 1, 6, 13, 25).
[32] *Ibid.*, § 9.
[33] *Ibid.*, § 28.
[34] *Elegías*, ed. cit., pág. 184 a.
[35] Cf. *supra*, pág. 642, nota 60.

posiciones, a perpetuo destierro de las Indias y a reclusión de un año en el convento de la Merced de Sevilla; se le prohibe además, por ocho años, el predicar, confesar, disputar públicamente, hacer imprimir libros de teología, y por seis meses decir misa.[36]

Si el llamado luteranismo de Bejarano no pasa de evangelismo erasmiano, es erasmismo llevado a la práctica, y con él rozamos ya la zona más importante, aunque menos visible, de la influencia de Erasmo en América: la ejercida anónimamente a través de los frailes evangelizadores del Nuevo Mundo. Es cierto que hay en su evangelismo un aspecto escatológico que no es erasmiano. Franciscanos influidos por Joaquín de Fiore, creían en la inminencia del fin del mundo, y los más impacientes llegaron a bautizar a miles de indios sin previo adoctrinamiento, con la inevitable desilusión subsiguiente. [37] Pero, de todos modos, el erasmismo de muchos de estos frailes es evidente. Cuando, guiado por indicaciones de Robert Ricard, descubrí hace veinte años la deuda de Fr. Juan de Zumárraga, primer Obispo de México, para con Erasmo, era difícil sospechar el alcance del problema. Resultó más claro después de que Silvio Zavala publicó su precioso opúsculo sobre La "Utopía" de Tomás Moro en la Nueva España [38] y dio a conocer el ejemplar de la Utopía manejado por Zumárraga.[39] Del erasmismo español se derivó hacia América una corriente animada por la esperanza de fundar con la gente nueva de tierras nuevamente descubiertas una renovada cristiandad. Corriente cuya existencia no llegó a imaginar Erasmo.[40]

No pudo ignorar el Filósofo de Rotterdam que un nuevo mundo había sido descubierto por los navegantes portugueses. Pero la noticia quedó en él fría y abstracta. Aun en el momento de dedicar a Juan III de Portugal las Chrysostomi Lucubrationes, cuando quiere alabar las navegaciones de los portugueses al Extremo Oriente, no consigue tratarlas con el lírico entusiasmo del valenciano Juan Luis Vives, que las ve desde los Países Bajos en plena transformación debida al nuevo comercio oceánico. Escribe Vives a Juan III, al dedicarle el De disciplinis:

---

[36] Medina, op. cit., t. II, págs. 46-50 (doc. xv).

[37] Cf. M. Bataillon, Nouveau Monde et fin du monde, en L'Éducation Nationale, París, núm. 32, 11 décembre 1952 [traducción portuguesa en la Revista de História de São Paulo, t. V (1954), págs. 343-351]; John Leddy Phelan, The millennial kingdom of the Franciscans in the New World: A study of the writings of Gerónimo de Mendieta (1525-1604), University of California Press, 1956; M. Bataillon, Évangélisme et millénarisme au Nouveau Monde, en Courants religieux et humanisme à la fin du xve et au début du xvie siècle (Colloque de Strasbourg 1957), Paris, 1959, págs. 25-36.—Véase infra, nota 40.

[38] México (Robredo), 1937.

[39] Silvio Zavala, Letras de Utopía, en Cuadernos Americanos, año I (1942), núm. 2, págs. 146-152.

[40] En mi estudio Évangélisme et millénarisme..., art. cit., pág. 26, nota 1, transcribo la paráfrasis de Erasmo sobre San Mateo, XXIV, 14 ("Tunc veniet consummatio"), la cual, en su forma negativa ("Non enim venturus est mundi finis priusquam hoc Evangelium regni coelorum per omnia regna mundi praedicetur..."), da a pensar que el Filósofo cristiano ve la evangelización como un proceso paulatino, no como el repentino advenimiento de un milenio.

Nos han descubierto rutas del cielo y del mar nunca conocidas hasta ahora, ni siquiera de oídas; pueblos y naciones admirables por sus costumbres y su barbarie, y también por aquellas riquezas que tanto admiran nuestras pasiones: verdaderamente se ha abierto al género humano su orbe.[41]

Ni a Erasmo ni a la inmensa-mayoría de sus contemporáneos preocupó mucho el Orbis Novus.[42] El oro de Paria, y el que su amigo Barbier aspirase a un obispado del Nuevo Mundo, fue primero para él tema de bromas joviales.[43] Sin embargo, andando el tiempo, Erasmo se hizo cargo del problema de la cristianización de aquella parte del universo. En la *Ichthyophagia*, uno de los *Coloquios* añadidos a la edición de febrero de 1526, Lanio advertía lo exigua que era la extensión ocupada en el mapamundi por los pueblos cristianos. Y preguntándole su interlocutor: "¿No has visto todas aquellas playas australes y el enjambre de islas señaladas con banderas cristianas?", "Sí las he visto —contestaba—, y he sabido que de allá se ha traído botín; no he oído decir que se haya introducido allí el cristianismo". Y al fijarse Lanio en la inmensidad de la mies posible, sugería que —a ejemplo de los primeros Apóstoles, que para evitar resistencias quitaron la carga de la ley mosaica— también hoy, para atraer a los débiles, podría "quitarse la obligación de ciertas cosas sin las cuales empezó a ser salvado el mundo, y podría aún hoy salvarse, con tal que hubiese fe y caridad evangélica".[44]

En tono menos polémico, con más cuidado de no incurrir en sospechas de evangelismo heterodoxo, volvió Erasmo al mismo tema en el *Ecclesiastes*,[45] obra seria de su ancianidad. Se para otra vez a pensar en el campo inmenso que se abre a la predicación del cristianismo, en esos momentos en que, establecida la comunicación con el Extremo Oriente, descubiertas otras regiones completamente desconocidas, parece cada vez más estrecha el área cristiana en la superficie de la tierra:

Oímos cada día las quejas de los que lamentan la decadencia de la religión cristiana, cuyo dominio, que abarcó la totalidad de la tierra, se contrae a esta estrechez. Aquellos a quienes tal situación les duele en el alma deben pedir a Cristo con fervorosas y asiduas oraciones que sea servido de mandar trabajadores

---

[41] M. Bataillon, *Érasme et la Cour de Portugal*, art. cit.

[42] Título que le da Pedro Mártir de Anglería en sus *De Orbe Novo decades* (edición de Nebrija), Alcalá, 1516.—Sobre la relativa indiferencia con que el público francés se enteró del descubrimiento de América, cf. Geoffroy Atkinson, *Les nouveaux horizons de la Renaissance française*, Paris, 1935, pág. 10. Sin tomar en cuenta los folletos —que ofrecen una desproporción mucho mayor aún—, hay dos veces más libros sobre los turcos que sobre América. Véase, sin embargo, Elisabeth Feist Hirsch, *The discoveries and humanist thinking*, en *Bibliotheca Docet: Festgabe für Carl Wehmer*, Amsterdam, 1963, págs. 385-397, con abundante bibliografía.

[43] Cf. *supra*, págs. 82-83.

[44] Erasmi, *Opera*, ed. cit., t. I, cols. 792-793. Ya Preserved Smith, *A key to the Colloquies of Erasmus*, op. cit., págs. 41-42, había llamado la atención sobre este pasaje, aunque sin notar que se trataba del "Nuevo Mundo".

[45] El *Ecclesiastes* se publicó en Basilea en 1535. Es obra de gestación prolongada, emprendida doce años antes. Véanse los textos latinos que aquí traducimos en Erasmi *Opera*, ed. cit., t. V, cols. 813-814.

a su mies, o, mejor dicho, sembradores a su campo. ¡Dios inmortal! ¡Cuánta extensión de terreno en el mundo, en que la simiente evangélica no ha sido echada todavía, o lo ha sido tan mal que la cizaña es más que el trigo! La menor parte del mundo es Europa. La región más brillante de todas es Grecia, con el Asia menor, donde primero pasó desde Judea el Evangelio, con grande fruto. Pero ¿no está ahora casi toda en manos de musulmanes y enemigos del nombre de Cristo? Y en cuanto al Asia mayor, cuya extensión es inmensa, decidme, ¿qué hay allí que sea nuestro? La misma Palestina, de donde primero irradió la luz evangélica, es de extraños. ¿Qué hay que sea nuestro en África? No cabe duda de que, en tanta extensión de países, hay pueblos rudos y sencillos que fácilmente podrían ser atraídos a Cristo si se mandase gente para hacer la buena siembra. *¿Y qué diremos de los países hasta ahora desconocidos que se descubren cada día,* y de los cuales se dice que quedan en regiones adonde ninguno de los nuestros ha llegado hasta la fecha? No digo ahora nada del sinfín de judíos mezclados entre nosotros, ni del gran número de paganos encubiertos bajo el nombre de cristianos, ni de tantas falanges de cismáticos y de herejes. ¡Cuánto se ganaría entre ellos para Cristo si se mandasen trabajadores activos y fieles para echar la buena simiente, extirpar la cizaña, sembrar plantas buenas y arrancar de raíz las malas, edificar la casa de Dios y derribar los edificios que no se fundan en la piedra de Cristo, y finalmente segar la mies madura, pero segarla para Cristo, no para sí, y cosechar almas para el Señor, no riquezas para sí!

Mencionaba Erasmo dos casos particulares: el de Etiopía y el de Laponia, cuyos problemas conocía gracias al portugués Damião de Góis, discípulo y familiar suyo.[46] Y, volviendo a la consideración de las tierras recién descubiertas, de donde se extraían oro y piedras preciosas (cuando "sería mayor triunfo hacer llegar a ellas la sabiduría cristiana, más preciosa que el oro, y la perla evangélica que se adquiere mejor vendiendo todos los bienes"), se quejaba del poco celo con que se estaba llevando a cabo la obra apostólica:

¡La cristiandad tiene tantas miríadas de franciscanos entre los cuales habrá muchísimos que ardan verdaderamente en fuego seráfico! Y no hay menos miríadas de dominicos, y es natural que haya entre ellos muchísimos de espíritu querúbico. De estas cohortes elíjanse hombres auténticamente muertos para el mundo, vivos para Cristo, que con limpieza de corazón enseñen la palabra de Dios entre las gentes bárbaras.

No valga, decía Erasmo, la disculpa de la ignorancia de la lengua, ya que los Apóstoles hallaron comida y vestido entre naciones bárbaras y desconocidas, y no han de faltar milagros si son menester, con tal que la fe sincera acompañe a la seráfica caridad. No valga tampoco la excusa de los peligros. ¡Cuántos cristianos arrostran grandes riesgos cada año para ir en peregrinación a las ruinas de Jerusalén! ¿No será ocasión más digna de arrostrarlos la edificación de la Jerusalén espiritual? Además, no hay muerte más deseable que la de San Pablo. Y nadie muere antes del día señalado por el Padre.

46 Cf. M. Bataillon, *Le cosmopolitisme de Damião de Góis*, en *Revue de Littérature Comparée*, t. XVIII (1938), pág. 49.

¡Ojalá me diese el Señor tal espíritu —exclamaba el achacoso anciano Erasmo— que mereciese buscar la muerte en tan piadoso negocio en vez de consumirme en muerte lenta entre estos tormentos!

Ignoraba Erasmo, cuando publicaba el *Ecclesiastes,* que la evangelización de la Nueva España [47] (para hablar sólo del caso más memorable) llevaba ya diez años de realizarse por el ministerio de hombres ansiosos de anunciar la buena nueva del Evangelio y de incorporar nuevos miembros al cuerpo de Cristo; que contaba con una falange de auténticos apóstoles franciscanos, "los Doce" capitaneados por Fr. Martín de Valencia, y con algunos dominicos, dignos hermanos de los que ya en la Isla Española habían salido en defensa de los indios contra la codicia de los colonizadores. Rebasa con mucho los límites de estas páginas el problema de lo que significa la labor de aquellos hombres en la reforma o renovación católica. Baste ahora decir que eran algo más, mucho más, que frailes reformados y observantes. Aspiraban, dentro y más allá de la observancia, a la imitación de San Pablo, repartiendo su vida entre el coloquio con Dios y el apostolado entre los hombres. "Los Doce" de Martín de Valencia pertenecían a aquella custodia del Santo Evangelio nacida en el seno de la Provincia de San Gabriel de Extremadura, madre también de los "capuchos" portugueses de la Província da Piedade. Son "los pobres evangélicos" cuya persecución por los meros observantes, allá en la primera década del siglo, cuenta con tanta emoción el cronista de la Provincia de San Gabriel.[48] Inspirada vanguardia del franciscanismo de su tiempo, no se contentaban con menos que con resucitar el cristianismo primitivo, y sus humildes monasterios merecieron el nombre de "portal de Belén" que se aplicó más tarde a los de la reforma teresiana. Espontáneamente más bien que seleccionados o mandados por los superiores, se ofrecen para la gran empresa de apostolado de la Nueva España. Tras ellos salen los primeros obispos,[49] hombres de análogo temple, el dominico Fr. Julián Garcés, destinado a Tlaxcala, el franciscano Fr. Juan de Zumárraga, destinado a México, y, entre los oidores de la segunda Audiencia, mandada para asesorar a Hernán

[47] Véase Robert Ricard, *La conquête spirituelle du Mexique,* Paris, 1933 (o la traducción citada *supra,* pág. 9, nota 23).

[48] Fr. Juan Baptista Moles, *Memoria de la Provincia de San Gabriel de la Orden de los frayles menores de la Observancia,* Madrid, 1592, fol. 17 vº: "...fueron unas guerrillas que entre ellos huuo reñidas, por santo zelo de una parte, y con sana intención de la otra, con que la gente seglar no poco se espantaua, y lo común fauorecía a los pobres del Santo Euangelio, y los Superiores por la voluntad de los reyes a la Obseruancia. Y como en aquella sazón auía en las gentes más senzillez, no juzgando en los perseguidores pecado, antes intención sana, y teniendo lástima a los perseguidos, acogieron a los pobres Euangélicos en sus casas, los que osauan, de secreto."

[49] En 1530 hubo quien pensaba en elegir para un obispado de América al franciscano erasmizante Fr. Gil López de Béjar (cf. *supra,* págs. 172, nota 24, 210, 245, 247, 251, etc. [véase el Índice]): "...fray Gil no será malo para cualquiera de las dichas iglesias, porque en caso que no es tan cuerdo como yo querría, tiene buen celo para aprovechar" (carta de Fr. García de Loaysa al Comendador Mayor de León Francisco de los Cobos, de Roma, 31 de julio de 1530, en *Correspondencia del Cardenal de Osma...,* *Colección de documentos inéditos para la historia de España,* t. XIV, págs. 49-50). Cf. también *supra,* pág. 344, nota 22, sobre Fr. Dionisio Vázquez.

Cortés, el anciano Don Vasco de Quiroga, futuro obispo de Michoacán, entusiasta fundador de dos pueblos-hospitales (es decir, refugios) inspirados en la *Utopía* de Tomás Moro.[50]

Aquellos hombres comparten todos, quién más quién menos, la ilusión expresada por Don Vasco, de que los naturales del Nuevo Mundo ("no sin mucha causa" llamado *nuevo*) están todavía en la edad de oro, mientras que los europeos han "venido decayendo de ella y de su simplicidad y buena voluntad y venido a parar en esta edad de hierro".[51] Los indígenas de América se parecen a los saturniales descritos por Luciano.[52] Don Vasco, al estudiar la organización ideal situada por la fantasía de Moro en las Islas nuevamente descubiertas, se maravilla [53] de hallarla tan apropiada a la

[50] Sobre la *Utopía* en la Nueva España, véanse, además de los trabajos ya citados de Silvio Zavala (*supra*, notas 38 y 39), su *Ideario de Vasco de Quiroga*, México, 1941, su artículo *Thomas More au Mexique*, en *Annales: Économies, Sociétés, Civilisations*, Paris, t. III (1948), págs. 1-8, su conferencia más reciente, publicada con notas, *Sir Thomas More in the New Spain, an Utopian adventure of the Renaissance*, London (The Hispanic and Luso-Brazilian Councils), 1955, y sus *Nuevas notas en torno de Vasco de Quiroga*, artículo incluido en el *Hommage à Jean Sarrailh*, Paris, 1965, donde se refiere Zavala al libro de Fintan B. Warren, O. F. M., *Vasco de Quiroga and his pueblo-hospitals of Santa Fe*, Washington, D. C. (Academy of American Franciscan History), 1963, y utiliza también, acerca de un curioso personaje hasta ahora poco conocido, Cristóbal Cabrera, los descubrimientos del P. Ernest J. Burrus, S. J., *Cristóbal Cabrera (ca. 1515-1598), first American author: a check list of his writings in the Vatican Library*, en *Manuscripta*, St. Louis Missouri, t. IV (1960), págs. 67-89, y t. V (1961), págs. 17-27. Este Cabrera (a quien no hay que confundir con su homónimo jesuita que entró en la Compañía en México, a los veinte años, en 1573) nació en Burgos hacia 1515, murió en Roma en 1598, vivió en México a la sombra de Zumárraga y más tarde de Quiroga, y tradujo en México los argumentos griegos de las Epístolas según el *Nuevo Testamento* de Erasmo, que poseía Zumárraga. Fue poeta fecundo en castellano y en latín. Él es el autor del poema en dísticos latinos que figura en el primer impreso americano conocido, el *Manual de adultos* de 1540 (cf. la espléndida nueva edición de Joaquín García Icazbalceta, *Bibliografía mexicana del siglo xvi*, adicionada por Agustín Millares Carlo, México, 1954, págs. 58-61), y le corresponde un lugar de honor en la historia del soneto espiritual. Un cancionero suyo manuscrito, intitulado *Instrumento espiritual*, cuyo prólogo está fechado el 25 de marzo de 1555, ha sido reimpreso modernamente (*Poetas religiosos inéditos del siglo xvi* sacados a luz con noticias y aclaraciones por el Dr. Marcelo Macías y García, La Coruña, 1890; cf. Bruce W. Wardropper, *Historia de la poesía lírica a lo divino*, Madrid, 1958, págs. 139 y 330, y Michel Darbord, *La poésie religieuse espagnole des Rois Catholiques à Philippe II*, Paris, 1965, págs. 301-309). El estudio de la obra poética de Cabrera merecería ser reemprendido por la base, a partir de los manuscritos autógrafos conservados en la Biblioteca Vaticana (Vat. Lat. 5032 y 5034 a 5037, según la *check list* del P. Burrus, *art. cit.*).—Por lo que toca a la *Utopía*, véase, finalmente, Eugenio Ímaz, estudio preliminar de las *Utopías del Renacimiento*, México (Fondo de Cultura Económica), 1941 (recogido en su libro *Topía y Utopía*, México, 1946, págs. 44-74), y José Antonio Maravall, *La utopía político-religiosa de los franciscanos en la Nueva España*, en la revista *Estudios Americanos*, Sevilla, t. I (1948-1949), págs. 199-227.

[51] *Información en derecho*, en los apéndices de *Don Vasco de Quiroga*, reimpresión de la Biografía que publicó Don Juan José Moreno en el siglo XVIII, seguida de las Ordenanzas de Hospitales, Testamento, Información en derecho, Juicio de residencia y Litigio por la isla de Tultepec, compilación de Rafael Aguayo Spencer, México, 1940, pág. 386.

[52] *Ibid.*, págs. 380-383.

[53] *Ibid.*, pág. 397.

inocencia de aquellos naturales. Concibe a imitación de los utopianos sus hospitales de Santa Fe, prefiguración de las reducciones jesuíticas del Paraguay. En estos pueblos que tienen algo de falansterios, la mera agrupación orgánica ha de salvar a los indios de la miseria aneja a la dispersión y a la tiranía, permitiendo encauzar la vida económica de la comunidad, a base de agricultura, con seis horas diarias de trabajo, y promover su vida religiosa.[54] Más que a una sociedad económicamente feliz y justa, aspira Quiroga a una sociedad que viva conforme a la bienaventuranza cristiana. O, mejor dicho, no hace distinción entre los dos ideales. Para él, como para otros, se trata de cristianizar a los naturales de América, de incorporarlos al cuerpo místico de Cristo, sin echar a perder sus buenas cualidades. Asi se fundará en el Nuevo Mundo una "Iglesia nueva y primitiva",[55] mientras los cristianos de Europa se empeñan, como dice Erasmo, en "meter un mundo en el cristianismo y torcer la Escritura divina hásta conformarla con las costumbres del tiempo", en vez de "enmendar las costumbres y enderezarlas con la regla de las Escrituras".[56]

Estudiaremos en otra parte [57] el espíritu de los apóstoles del Nuevo Mundo, tal como se desprende de sus escritos y de su obra práctica, ya que es un solo y mismo Vasco de Quiroga el que funda los pueblos-hospitales de Santa Fe en México y en Michoacán y el que redacta la *Información en derecho*; y es un solo y mismo Bartolomé de las Casas el que emprende el intento de cristianización pacífica de la Vera Paz y el que escribe el tratado *Del único modo de atraer a todos los pueblos a la verdadera religión*.[58] Baste lo dicho para situar lo que se puede llamar erasmismo en las *Doctrinas cristianas* del Obispo Zumárraga, y mostrar que en ellas la utilización de Erasmo no procede de capricho o de pereza, sino que corresponde al sentido profundo de la evangelización tal como la entendían aquellos hombres.

Esta afirmación, escrita en 1949, se encuentra corroborada quince años más tarde por unos valiosos documentos que generosamente me ha comunicado el profesor Enrique Otte, de Sevilla, quien los descubrió en el Archivo de Indias.[59] Se refiere a los libros (y en particular los libros de Erasmo) de los cuales "se desapropió" Zumárraga, más de un año antes de su muerte, en beneficio de personas y de instituciones de su tierra

---

54 *Ibid.*, págs. 249 *ss*.

55 *Ibid.*, pág. 365.

56 *Enquiridion*, ed. cit., págs. 343-344.

57 Mientras llega el día de llevar a término la difícil síntesis, el autor puede remitir a algunos esbozos provisionales: sus cursos sobre *L'esprit des évangelisateurs du Mexique* y *L'humanisme de Las Casas*, resumidos en el *Annuaire du Collège de France*, 1950, págs. 229-234, y 1951, págs. 252-258, y varios estudios sobre Las Casas, en particular *La Vera Paz: roman et histoire*, en *B. H.*, t. LIII (1951), págs. 235-300. En el Institut d'Études Hispaniques de la University de París se prepara (1964) la publicación de los estudios lascasianos del autor.

58 Advertencia preliminar y anotación del texto latino por Agustín Millares Carlo, introducción por Lewis Hanke, versión española por Atenógenes Santamaría, México (Fondo de Cultura Económica), 1942. Véase la introducción, págs. XXXIII-XXXIX.

59 A. G. I., *Justicia*, leg. 1011.

natal. Escribe el prelado en una carta del 2 de noviembre [de 1547] al provincial de los franciscanos de Burgos, Fr. Francisco del Castillo:

Y así me voy desapropiando quanto puedo, que poco más de los libros me queda, y dellos he ynbiado buena parte para la ospedería, por que el predicador o religioso tenga consolación... Y *a Vuestra Reverencia tengo enbiadas las obras de Erasmo y otros con sus títulos para donde pertenescerán,* digo los postreros, porque en los primeros, como estaua pie en estribo para la jornada que Vuestra Reverencia sabe, no tube tanto espacio al tiempo que los embié, y para quando sea fecha la ospedería, y en ella pieza para la librería, Hurtuño tendrá cuidado, como se lo tengo escripto, de los enbiar a Durango para que Vuestra Reverencia, como [de] mi presona, disponga dellos a su voluntad; y a mi parescer *los libros no son la peor cosa que Vuestra Reverencia y yo podremos dexar en memoria en ese nuestro nativo pueblo,* porque allí quedarán sin que se comen ni beben [= ¿coman ni beban?] ni ellos coman...

Se observará la irónica comparación entre los libros, riqueza permanente, y otras fundaciones menos duraderas, porque son "comibles" o "comedoras".[60]

En carta un poco anterior (México, 15 de mayo de 1547), Zumárraga le anunciaba a Castillo el envío de esos libros que previamente le había ofrecido, y que el destinatario había aceptado con mucho placer. A diferencia de una primera remesa, enviada a Hortuño de Avendaño para diversos destinatarios, y que había sido despachada con cierta precipitación, porque el Obispo estaba con el pie en el estribo para un viaje largo (¿pensaba todavía en la "conquista apostólica" del Mar del Sur, a la cual había aspirado tan ardientemente?), la segunda remesa, destinada en parte a la hospedería en construcción en el monasterio de Nuestra Señora de Aranzazú, y en parte al provincial Castillo, ha sido preparada cuidadosamente por Zumárraga, el cual ha escrito de su mano, en cada uno de los volúmenes, el nombre del destinatario ("con sus títulos para donde pertenescerán"):

En este navío de Ipiztico,[61] donde va el cumplimiento de lo que yo ofrescí para la hospedería, enbío algunos otros libros allende de los que están en Sevilla en poder de Hurtuño para el hospicio, *y las obras del Herasmo* [62] *con que yo con-*

---

[60] Este texto nos confirma que el Obispo había nacido, no en Zumárraga, sino en Durango (cf. Joaquín García Icazbalceta, *Don Fray Juan de Zumárraga, ed. cit.,* cap. II). Del mismo lugar era originario el provincial de los franciscanos de Castilla a quien Zumárraga destina las obras de Erasmo. Era sin duda el mismo Fr. Francisco del Castillo que, veinte años antes, había tomado parte en la "congregación" de Valladolid encargada de examinar las ideas de Erasmo (cf. *supra,* cap. V, en especial las págs. 245 *ss.*).

[61] Maestre de la nao Santa María, cuyo nombre aparece ortografiado por los escribanos de Sevilla unas veces Ypestico, y otras veces Pestico. Cf. H. et P. Chaunu, *Séville et l'Atlantique, op. cit.,* t. II, pág. 410 (y también págs. 330, 342, 344, 347, 350, 368, 388), y J. García Icazbalceta, *Zumárraga, ed. cit.,* t. IV, pág. 187.

[62] La insistencia y la solemnidad con que Zumárraga habla de este donativo de "las obras del Herasmo" autoriza la hipótesis de que se trataba de la primera edición de los *Opera omnia,* publicada en Basilea después de la muerte de Erasmo (9 vols., 1540-1542). Cf. *supra,* pág 810, nota 16.

bidé a Vuestra Reverencia, y me respondió que holgaría con ellas, asymismo se los envío, y todos ban con sus títulos, asy los que van dedicados para el hospicio como los que van para Vuestra Reverencia.

Dos "memorias" conservadas con las cartas arriba citadas describen con precisión las dos remesas sucesivas de libros a que se refieren. La primera había sido recibida por Hortuño de Avendaño y despachada a Fr. Francisco del Castillo, el cual había acusado recibo en Durango el 10 de agosto de 1547. En una enumeración de más de setenta y cinco volúmenes, en que predominan las colecciones de sermones y los comentarios sobre la Escritura, se observan las *"Paráfrasis de Erasmo"*, la *"Paráfrasis* de Erasmo sobre las *Epístolas"* [63] y la *"Paráfrasis* de Erasmo sobre *San Lucas".*[64] El acuse de recibo de la segunda remesa enviada a Durango (4 de marzo de 1548) menciona

los libros que el Señor Obispo enbía para el provincial Fr. Francisco del Castillo *titulados de su letra,* para que el señor provincial los tenga quanto quisiere e después los entregue a la deuota casa e monesterio de Arançaçu, que son por todo *catorze libros con las obras de Herasmo,* los quales son enquadernados e titulados por el mesmo Señor Obispo.[65]

En la primera "memoria" figuraba también [66] "un archa llena de *Doctrinas breues* pertenescientes a la santa fee cathólica *compuestas por el dicho Señor Obispo"*, es decir, un lote de ejemplares de la *Doctrina breve* de Zumárraga publicada en México en 1544.[67]

Los documentos descubiertos por Enrique Otte ilustran así, por una parte, el deseo que tenía Zumárraga de fundar una biblioteca religiosa en la hospedería del monasterio franciscano de su tierra natal [68] y, por otra parte, la importancia que concedía a "las obras del Herasmo".

Era natural que la *Paraclesis* sirviese de conclusión a la *Doctrina breve* compuesta por el Obispo de México (1543-1544) y se repitiese abreviada

63 A. G. I., *Justicia,* leg. 1011, fol. 35 vº.

64 *Ibid.,* fol. 36 rº.

65 *Ibid.,* fol. 37 rº.

66 *Ibid.,* fol. 36 rº.

67 A esta *Doctrina breve* nos referiremos en seguida.—La segunda "memoria" menciona, a continuación de "diez e ocho libro señalados de letra del Sr. Obispo de México e escriptos en el principio como son para la ospedería e beatas, enquadernados todos diez e ocho entre mayores e menores" (fol. 37), "yten más *diez e ocho dotrinas* enquadernadas en pergamino en quarto de pliego e *cinquenta cartillas* en papel e en molde escritas". La identificación de estas doctrinas y de estos catecismos elementales enviados en buen número es, desgraciadamente, imposible. Pero es casi seguro que ese pequeño lote de libros estaba destinado a venderse, no a conservarse en el monasterio. A ellos, o a otra remesa parecida, se refiere el documento publicado por J. García Icazbalceta, *Zumárraga, ed. cit.,* t. IV, núm. 59, donde se describe la liquidación de la sucesión del prelado (pág. 12): "Otros libritos que S. Sria. mandó apartar para que se enviasen para Durango, mandó que los vendiesen y en su lugar comprasen allá otros, y así se hizo."

68 Es verdad que legó también al convento de San Francisco de México una parte de sus libros, en compensación de los que había traído para su uso al llegar a la Nueva España (lo que dice J. García Icazbalceta, *op. cit.,* t. I, pág. 272, tiene que matizarse

al fin de la otra *Doctrina* impresa por su orden hacia 1546.[69] Pocos retoques bastaban para que aquel manifiesto de evangelismo destinado a la
Europa de 1516 expresara el anhelo de los apóstoles de la Nueva España:

> Desearía yo por cierto que cualquier mujercilla leyese el Evangelio y las Epís-
> tolas de San Pablo... Pluguiese a Dios que estuviesen traducidas en todas las
> lenguas de todos los del mundo, para que no solamente las leyesen los indios,[70]
> pero aun otras naciones bárbaras [las pudiesen] leer y conocer, porque no hay
> dubda sino que el primer escalón para la cristiandad es conocella en alguna manera.

Zumárraga quita una página sobre los precursores paganos de la filosofía cristiana y también algunos fragmentos de intención polémica contra los frailes y los teólogos escolásticos.[71] Tal vez porque la *Doctrina
breve* se destina a sacerdotes que entienden en muchas cosas extrañas a su
ministerio, o porque se dirige también a los letrados y médicos de la Nueva España, sustituye una alusión a Averroes por otra a "Avicena y Bartolo
y Baldo",[72] como ejemplo de los libros más leídos, por desgracia, que los
Evangelios.[73] Puntualiza la necesidad de la doctrina, señaladamente para
los indios, cuyas lenguas van aprendiendo los misioneros.

de acuerdo con los informes utilizados aquí). Pero algunos de los libros con los que
estaba sin duda más encariñado, y la mayoría de los cuales se hallaban aún a su cabecera
de su cama en el momento de su muerte, se exceptúan de ese legado, y estaban "señalados [¿de su mano?] para la hospedería de Durango" (Memoria testamentaria, *ibid.*,
t. III, pág. 282).

    69 M. Bataillon, *Érasme au Mexique*, art. cit., y El *"Enchiridion" y la "Paraclesis"
en México*, Apéndice III de *Enquiridion, ed. cit.*, págs. 527-534. Para la descripción
bibliográfica de las obras impresas en México por iniciativa de Zumárraga, véase J. García Icazbalceta, *Zumárraga, ed. cit.*, t. II, págs. 17-28, 36 y 46-60, y su *Bibliografía mexicana del siglo xvi, ed. cit.*, págs. 62-80 (núms. 4 a 13). La *Doctrina breve* (núm. 4) ha
sido reproducida en facsímil en 1928 por la United States Catholic Historical Society.
Está dirigida no sólo a los letrados y médicos, sino a todos los españoles seglares de la
Nueva España, cuya falta de vida religiosa y moral vitupera Zumárraga.—La *Regla cristiana breve* de 1547 (núm. 13) ha sido reeditada con introducción y notas de José
Almoina en México (Ed. Jus), 1951. En este manual de vida espiritual —completado
con el *Tripartito* de Gersón— puede señalar Almoina gran número de analogías de pensamiento entre Zumárraga (y Gersón) y Erasmo, pero no coincidencias textuales con las
obras erasmianas. Aquí no hay eco nítido del pasaje más famoso de la *Paraclesis*. El
pasaje citado *infra*, pág. 827, está en la pág. 58 de la nueva edición de la *Regla*, donde
lo ilustra Almoina (págs. 58-63) con muchos textos de sentido análogo (San Agustín,
San Gregorio, Gersón, Erasmo, especialmente del *Ecclesiastes*, y Alejo Venegas).—Distinto es el caso de la *Doctrina breve*: aquí sí hay páginas sacadas de Erasmo, las cuales
están reproducidas en J. Almoina, *Rumbos heterodoxos, op. cit.*, págs. 131-173.

    70 La *Paraclesis* de Erasmo, en la traducción que manejaba Zumárraga, decía: "...para
que no solamente las leyessen los de Escocia y los de Hibernia, pero para que aun los
turcos y los moros las pudiessen leer y conocer". El Obispo, en su retoque, suprimió dos
palabras necesarias ("las pudiessen"). Cf. Erasmo, *Enquiridion, ed. cit.*, pág. 455.

    71 *Paráclesis, ibid.*, págs. 462-463, 457 y 465.

    72 También Fr. Jerónimo de Mendieta, al ponderar la índole ingenua de los indios,
tan distinta de la mentalidad corrompida de los europeos, exclama que ni las leyes de
Justiniano ni los comentarios de Bartolo y Baldo se hicieron para el pueblo de este
Nuevo Mundo (cf. J. L. Phelan, *op. cit.*, pág. 59).

    73 Cf. *Paráclesis, ed. cit.*, págs. 467 y 453.

Y para estos naturales, y por diez años, bastaría predicarles y hacerles entender esta doctrina o otra semejante que mejor pudieran y pueden ordenar y copilar y declarar los padres doctos de las Órdenes de acá, y, si les pareciere, traducirla en las lenguas, pues tantos trabajos por su buen celo y gran caridad han querido tomar por las aprender...[74]

¿Podía pedir más el autor de la *Paraclesis* y del *Ecclesiastes*? Para comentar debidamente este programa de cristianización adoptado de Erasmo, tendríamos que referirnos a su aplicación práctica en las casas de doctrina para niños y niñas, y en el colegio de Tlatelolco.[75] Ya es menos significativo el aprovechamiento de la parte moral del *Enquiridion*. Erasmo había ejemplificado la lucha contra los pecados fijándose más detalladamente en algunos, codicia, soberbia, ira, con sus variedades.[76] Estos insinuantes análisis, que en tono familiar invitan al examen de conciencia, le parecen inmejorables a Zumárraga para moralizar a los pobladores españoles de las Indias. La adaptación, también en este caso, era fácil. Bastaba quitar una malévola alusión a la pobreza voluntaria de los frailes mendicantes y referirse concretamente a "estas Indias" adonde vienen los españoles en busca de riquezas: "Si no dime, si tú solo poseyeses todo cuanto oro y cuantas perlas y piedras hay en estas Indias y en el mundo todo, ¿por ventura sería por eso tu alma un solo pelo mejor?"[77] Estas páginas no tienen desperdicio. Cabe afirmar que la *Doctrina breve* de 1543-1544, donde no aparece el nombre de Erasmo, es un momento notable de la influencia del evangelismo erasmiano en el mundo. Y no se diga que los apóstoles franciscanos de la Nueva España no necesitaban acudir a Erasmo en busca de lecciones de evangelismo, y que se valieron de sus libros por pura casualidad, porque los tenían a mano y hallaban en ellos sus pensamientos expresados vigorosa y elegantemente, aunque con audacias que reprobaban. En esto consiste por lo general una influencia: en dar voz a tendencias profundas que no saben expresarse. Y ¿cuál es mejor discípulo de Erasmo: el que aprovecha de él lo que juzga esencial o el que repite las pullas antimonásticas?

Tampoco era casual que Zumárraga, cuando en 1545-1546 publicó un catecismo más, pero esta vez una suma de "todo lo principal y necesario que el cristiano debe saber y obrar" y "lo que más conviene predicar y dar a entender a los indios", haya reproducido la *Suma de doctrina cristiana* del Doctor Constantino sin quitarle ni añadirle cosa alguna,[78] y sin nom-

---

[74] Almoina, *Rumbos heterodoxos, op. cit.*, págs. 171-172. Ya en el prólogo que pone de su cosecha a la *Conclusión exhortatoria*, decía Zumárraga: "...ni menos ay cosa tan dificultosa que con puro y continuo trabajo no ayan los hombres salido con ella, como vemos en exemplo a los religiosos salir con las diversas lenguas desta tierra, por lo qual no poco se les deue, aunque se mira poco en ello" (*ibid.*, pág. 153).

[75] J. García Icazbalceta, *Zumárraga, ed. cit.*, t. I, cap. xix. Y Ricard, *op. cit.*, lib. II, caps. vi y vii.

[76] Cf. *supra*, pág. 204.

[77] Cf. *Enquiridion, ed. cit.*, págs. 391, 392 y 530.

[78] Con la única modificación de "transformar en narración seguida el diálogo de la obra original". Ya en 1887 había sugerido el nombre de Constantino el Pbro. D. Manuel

brar tampoco al autor a pesar de que era, a la sazón, el más prestigioso predicador de la catedral de Sevilla. Aquel catecismo, que se concreta a lo esencial —fe y obras, credo y mandamientos—, le parecía a un católico español de 1880 como Menéndez y Pelayo "más peligroso por lo que calla que por lo que dice": "no alude una sola vez al primado del Pontífice... ni se acuerda del purgatorio, ni mienta las indulgencias". Y nota a su vez García Icazbalceta: "Podría haber añadido el Sr. Menéndez que no se nombra a la Santísima Virgen sino lo muy preciso para la declaración de los artículos de la fe, y sin palabra alguna de elogio, ni se recomienda la invocación de los santos, antes parece excluirse mañosamente." [79] Pero escuchemos a Zumárraga en su prólogo:

> Este catecismo me pareció que cuadraba más, a lo menos para esta gente y tiempo presente, y aun para algunos años adelante no ternán necesidad de otra doctrina, y *mi deseo siempre ha sido que a esta gente fundásemos ante todas cosas en la inteligencia de nuestra fe, de los Artículos y Mandamientos, y que sepan en qué pecan, dejando los sermones de otra materia para más adelante.*[80]

Puede sospecharse que para los intrépidos "evangelistas" que emprenden la cristianización de los indios, todo lo que sea fomentar la devoción de la Virgen y de los santos tal como corre entre "cristianos viejos" [81] encierra un peligro de confusión con la anterior idolatría, y de ofuscación de lo fundamental, que es obediencia a la ley de Dios, conocimiento del pecado y fe en la redención por la sangre de Cristo.

En su apéndice al tratado del Cartujano Dionisio Rickel sobre las procesiones, censuraba severamente Zumárraga los "profanos triunfos" con que se suele solemnizar el Corpus "no a pequeña costa de los naturales y vecinos, oficiales y pobres, compeliéndoles a pagar para la fiesta": "aunque en otras tierras y gentes se pudiese tolerar esta vana y profana gentílica costumbre, en ninguna manera se debe sufrir ni consentir entre los naturales desta nueva Iglesia", ya que "por la costumbre que estos naturales han tenido de su antigüedad, de solemnizar las fiestas de sus ídolos con danzas, sones y regocijos..., pensarían, y lo tomarían por doctrina y ley, que en estas tales burlerías consiste la santificación de las fiestas".[82] Y en la *Regla cristiana breve* de 1547 condena con igual severidad la devo-

---

Solé (guiado por acotaciones marginales de un lector antiguo que también había olido a Erasmo en la Conclusión). El hecho fue confirmado por García Icazbalceta en apéndice al *Códice franciscano* publicado por él (México, 1889). (Debo a la bondad de Joaquín García Pimentel, nieto de Icazbalceta, un ejemplar del *Códice*). El apéndice se reimprime en J. García Icazbalceta, *Zumárraga*, ed. cit., t. II, págs. 38-46.

[79] J. García Icazbalceta, *loc. cit.*, pág. 42.

[80] Citado *ibid.*, pág. 42.

[81] Cf. R. Ricard, *La conquista espiritual*, *op. cit.*, págs. 346-352, sobre la Virgen de Guadalupe, con la conclusión: "La devoción a la Virgen Sma. de Guadalupe y la peregrinación a su santuario del Tepeyac parecen haber nacido, crecido y triunfado al impulso del episcopado, en medio de la indiferencia de dominicos y agustinos y a pesar de la desasosegada hostilidad de los franciscanos de México."

[82] Citado en García Icazbalceta, *Zumárraga*, t. II, págs. 31-32.

ción milagrera de los que desean "ver por maravillas y milagros lo que creen por fe...":

Ya no quiere el Redentor del mundo que se hagan milagros porque no son menester, pues está nuestra santa fe tan fundada por millares de milagros como tenemos en el Testamento Viejo y Nuevo. Lo que pide y quiere es vidas milagrosas, cristianos humildes, pacientes y caritativos, porque la vida perfecta de un cristiano es continuado milagro en la tierra. Lo que podéis, hermanos, pedir, es una revelación que San Agustín pedía diciendo: "Señor, suplico a Vuestra Majestad me reveléis mis pecados, y no quiero ver otra cosa en esta vida, para que, puestos los ojos en mí y conociéndome tan pecador, dé voces y diga como aquel publicano: *¡Dios mío, habed misericordia de mí!*" [83]

Ya se ve cuán natural era la elección de la *Suma* de Constantino como pauta de la evangelización de una "nueva Iglesia". Y no es rasgo privativo de los franciscanos de la Nueva España. La misma disposición se observa entre los apóstoles jesuitas del Brasil y del Extremo Oriente. El 24 de abril de 1552 escribe San Francisco Javier al Padre Barzeo, desde Cochín:

El P. Antonio de Heredia tenía acá un libro que es muy necesario llevarlo a la China, el cual se llama Constantino. Francisco López tiene uno, y el P. Manuel de Morais tiene otro; uno de éstos lo mandaréis al P. Antonio de Heredia porque tiene necesidad de él.[84]

Entre los evangelizadores del Brasil es figura notable la de Pedro Correia, rico mercader de São Vicente que se dedicó a la conversión de los naturales, cuya lengua conocía perfectamente, y que poco antes de 1550 ingresó en la Compañía de Jesús. En carta de 10 de marzo de 1553 dice que predica el cristianismo a los indios en su propia lengua, y como no es "latino", pide libros en romance que le puedan servir para renovar su predicación. Insiste para que se los lleven de Sevilla en caso de no hallarse en Lisboa. Pues bien, en la lista figura "uno que se llama Doctor Constantino".[85]

---

83 Citado *ibid.*, pág. 67.

84 Debo la comunicación de este texto y del siguiente a Robert Ricard. El *Constantino* aquí mencionado no se había identificado correctamente hasta la nueva edición de las cartas de San Francisco Javier por los PP. G. Schurhammer y I. Wicki, S. J. (*Monum. Hist. S. J., Epistolae S. Francisci Xaverii aliaque ejus scripta*, nova editio ex integro refecta, tomus II: *1549-1552*, Roma, 1945, pág. 443, donde puede leerse la carta en el original portugués, con una nota que describe la edición de 1543 de la *Suma* y menciona las que la siguieron). Los editores remiten púdicamente a los *Heterodoxos* de Menéndez y Pelayo, sin aludir a la ulterior prohibición de la *Suma* ni al proceso del autor.

85 Serafim Leite, S. J., *As primeiras escolas do Brasil*, en la *Revista da Academia Brasileira de Letras*, t. XLV (1934), págs. 234-235. Sobre la personalidad de misionero de Pedro Correia, cf. R. Ricard, *Les Jésuites au Brésil pendant la seconde moitié du xvi° siècle (1549-1597)*, en la *Revue d'Histoire des Missions*, t. XIV (1937), pág. 448, y la monumental obra del P. Leite, *História da Companhia de Jesus no Brasil*, t. I: *Século xvi. O establecimento*, Lisboa-Rio de Janeiro, 1938.

Evangelismo, paulinismo: éste es, al fin y al cabo, el espíritu de los apóstoles que de España y Portugal, desde "los Doce" de Fr. Martín de Valencia hasta las misiones primitivas de los jesuitas, salen a la conquista espiritual de las muchedumbres no cristianas de América y de Asia. Es el alma de la predicación del cristiano nuevo Juan de Ávila, que estuvo a punto de salir para la Nueva España con Fr. Julián Garcés y se quedó en Andalucía sin dejar por eso de ser gran imitador de San Pablo y restaurador de la primitiva Iglesia. Severo, él como ellos, en su manera de juzgar el cristianismo europeo y la religión de aquellos "cristianos viejos" de España, más ricos de ceremonias y supersticiones que de fe realmente cristiana y de costumbres dignas de tal fe. A aquellos hombres, pescadores de hombres, de temple tan distinto del de Erasmo, que se pasó la vida entre los libros, les atraía un Erasmo evangelista, transparente y actual en sus paráfrasis de los libros sagrados, entusiasta pregonero de la cristianización universal del género humano. Les gustaba Constantino, elocuente expositor de la doctrina central del cristianismo, tan reducida a lo esencial que, en Europa, corría el riesgo de oler a luteranismo. Y que el evangelismo radical, utópico, no fue mera ilusión del primer momento, lo demuestran las cartas de Mendieta, llegado a la Nueva España treinta años después de los Doce, y convencido, como ellos, de que estaba en disposición la masa de los indios "para ser la mejor y más sana cristiandad y policía del universo mundo".[86]

Comparadas con esta forma de erasmismo, son de poca monta las libertades más o menos erasmianas que todavía podrán descubrirse en procesos por blasfemia o hasta en causas por luteranismo como las seguidas en 1572 contra dos inmigrados de origen francés, el impresor Pedro Ocharte y su oficial Juan Ortiz.[87]

[86] Citado por Maravall, *art. cit.*, pág. 204. Sobre Mendieta, cf. J. García Icazbalceta, prólogo a las *Cartas de religiosos de la Nueva España (1539-1594)*, t. I de la *Nueva colección de documentos para la historia de México*, México, 1886 [reimpreso en 1941], págs. XI-XXXIX; el estudio de Fr. Juan Ruiz de Larrínaga, O. F. M., *Fr. Jerónimo de Mendieta, historiador de Nueva España (1525-1604)*, en *Archivo Ibero-Americano*, t. I (1914), págs. 290-300, 488-499; t. II (1914), págs. 387-404; t. IV (1915), págs. 341-373; y John L. Phelan, *The millennial kingdom...*, *op. cit.*

[87] Véase sobre estos procesos la citada publicación de Francisco Fernández del Castillo, *Libros y libreros en el siglo xvi*, págs. 96-243. Ocharte, cuya primera mujer era hija del impresor de México Juan Pablos, pertenecía a una familia de mercaderes de Rouen. Aunque lo acusaban de imprimir libros en que había "opiniones luteranas contra la veneración e intercesión de los santos", y llegaron a atormentar al impresor, los cargos resultaron insignificantes y salió absuelto. Alguien lo delataba por haber aprobado un libro de *Horas* en que se aconsejaba no rezar más que a Dios: el tal libro pertenecía a Miguel de Écija. En sus interrogatorios refirió algunas conversaciones con Miguel de Écija y su hijo Alonso, racionero de la Catedral. El ambiente trasciende a burguesía erasmizante. Se burlaban del buen negocio que había hecho cierto Esteban Ferrufino trayendo de Roma reliquias y bulas que le pagaron muy bien la Catedral, la Ciudad y las religiosas de Santa Clara. Miguel de Écija tenía, no unas *Horas*, sino un libro de cierto Doctor de Castilla la Vieja (?) que era un tesoro de consolación y trataba juntamente de la misericordia del Señor y de la inutilidad de la intercesión de los santos. Es de notar que el racionero Alonso es uno de los eclesiásticos cultos que tienen los *Adagios* de Erasmo (*ibid.*, pág. 484). Ocharte no parecía tener mucha simpatía por la

El proceso del franciscano Fr. Alonso Cabello (1572-1573) demuestra que ciertas veleidades heterodoxas y antimonásticas podían encontrar todavía, en la Nueva España, un alimento en textos erasmianos, hacia una época en que la Inquisición había comenzado a funcionar en México. Es un caso psicológicamente curioso, pero aislado, al parecer. Este fraile mozo tentado por la libertad, que durante los años de reclusión que siguieron a su condena intentó evadirse varias veces, no dejará de encontrar, entonces, complicidades y ayudas; [88] pero en el momento de su proceso no se ve que haya tenido cómplices ni testigos de descargo entre sus hermanos de hábito. Por otra parte, amigo de las disciplinas humanísticas, Cabello parece haberse aficionado a Erasmo utilizando sus obras gramaticales y retóricas (en particular el elogio del matrimonio que se da como modelo de "epístola suasoria" en el *De conscribendis epistolis*) y también sus paráfrasis del *Nuevo Testamento*. En cuanto a los textos erasmianos más virulentos, fue la suma antierasmiana del Príncipe de Carpi la que le suministró una verdadera antología: [89] si leyó con más deleite los textos

justicia inquisitorial. No deseaba ser familiar de la Inquisición "porque no quería ser malsín de nadie".—Ortiz, natural de un pueblo del obispado de Agen, a tres leguas de Montcuq, es más plebeyo y más suelto de lengua. No tenía doce años cuando se dejó arrastrar por la vida errante: sale con un grupo de muchachos a los santuarios de Montserrat, San Salvador de Oviedo y Santiago de Compostela. De regreso, se detiene en Valladolid, entra al servicio de un piamontés que fabrica hoja de Milán, y, a los diecisiete años, se casa con una muchacha de Toro, de apellido algo exótico (Catalina Chamberilla). Al cabo de doce años de matrimonio se cansa de su hogar vallisoletano, y en Sevilla se embarca para la Nueva España. Trabaja con un toledano que hace hilo de oro antes de entrar como "cortador de imágenes" en la imprenta de Ocharte. Pasa por convencido de la inutilidad de la intercesión de los santos, y tiene una sortija con el lema *En Dios solo confiar;* es enemigo de guardar las fiestas fuera del domingo. Muestra incredulidad con respecto a los milagros de Nuestra Señora de Montserrat y la eficacia de las misas de sufragio. Hace ostentación de simpatía y equidad para con los herejes enemigos de España (su llegada a la Nueva España coincidió con el ataque de John Hawkins en San Juan de Ulúa, 1568), y censura la manera de tratar a los ingleses (opina que el Virrey se portó mal "y no como caballero", pues no guardó su palabra al corsario). Contra la opinión vulgar que consideraba milagrosa la victoria de Pedro Menéndez sobre Ribaut en la Florida, él dice que Dios no hace milagros en la guerra, sino que cada uno vence como puede, y censura la conducta de Menéndez, que mató a sus prisioneros después de dar su palabra de que les perdonaría la vida. Por más que la Inquisición lo atormentó cruelmente, no consiguió probar su "luteranismo". Y no sería luterano muy empedernido, ya que había adaptado personalmente de un modelo francés la leyenda de una estampa de Nuestra Señora del Rosario impresa por Ocharte (cf. J. García Icazbalceta, *Bibliografía mexicana...*, ed. cit., núm. 67, pág. 244). La libertad de juicio que se da en ese francesito aventurero es menos específicamente erasmista que el evangelismo de Zumárraga.

88 Una de las personas que lo ayudan es "el Licenciado Alemán, deudo suyo" (José Miranda, *El erasmista mexicano Fray Alonso Cabello*, México, 1958, pág. 28). La madre del joven rebelde se llamaba Jerónima Alemán (*ibid.*, pág. 17). Era sevillana como su marido el Licenciado Marcelino Cabello. Cabe preguntar si la familia materna de Fray Alonso no estaría emparentada con la del cristiano nuevo Mateo Alemán.—Con anterioridad a su libro, había publicado Miranda un artículo sobre *Renovación cristiana y erasmismo en México*, en *Historia Mexicana*, El Colegio de México, t. I (1951-1952), págs. 22-47.

89 En la confesión que entrega a los Inquisidores, el acusado da una lista de los libros de Erasmo que reconoce haber leído (Miranda, *El erasmista mexicano...*, *op. cit.*, págs. 29-30). Son los "*Preceptos de gramática* comentados por Juan de Mal Lara [pro-

denunciados que su refutación, hay que hacer notar que leyó en condiciones análogas por lo menos un texto de Calvino ("una epístola que hace al Rey de Francia", que bien podría ser la epístola dedicatoria de la *Institution chrétienne*). Sigue una pendiente erasmiana al criticar las exigencias ceremoniales de la regla de su orden. Concibe después una reforma radical del monaquismo, que consistiría en la prolongación del noviciado y en la supresión completa de los votos. En cuanto al diálogo en que expresa sin ambigüedades esta herejía y sus razones, "el diálogo abominable llamado *Fictae religionis sphira*", por el cual pide perdón el joven rebelde arrepentido, a juzgar por el resumen que él mismo da de él, parece poco erasmiano en su estilo polémico. Adoptando el pseudónimo de Philochristo (en el cual la sentencia inquisitorial denuncia la expresión y el estilo mismo de los herejes), hacía dialogar a Etimegoro (el portavoz de la verdad), crítico implacable de la "fingida religión" de los frailes, con Pseudólogo (el decidor de mentiras), defensor desmañado e hipócrita de esta misma piedad. Al mismo tiempo que una áspera crítica del monaquismo en general, es una denuncia de la provincia franciscana del Santo Evangelio a la cual pertenecía Cabello. Apenas delatado y perseguido, el audaz frailecito canta la palinodia ante sus jueces, declarando que ha desarrollado su tesis por una especie de impulso retórico, esforzándose en formularla y venciendo no pocas dificultades para entrar bien en el personaje de Etimegoro. Despojado por la sentencia de sus órdenes de subdiácono, privado del derecho a las dignidades y a los oficios, excluido de la posibilidad de enseñar y de predicar, sus tentativas para evadirse de la

bablemente *In Aphthonii Progymnasmata scholia*, Sevilla, 1567, obra en la cual se utiliza a Erasmo: cf. F. Sánchez y Escribano, *Juan de Mal Lara*, *op. cit.*, págs. 66 ss.], el *Copia verborum, De conscribendis epistolis*, el *Epítome* de Laurencio Valla hecho por Erasmo [o por lo menos atribuido a él: cf. *Paraphrasis seu potius epitome inscripta D. Erasmo in Elegantiarum libros L. Vallae*, París, 1548], las *Chylíadas* [*Adagios*] en parte, las glosas o scholias, prólogos y epístolas que pone sobre el tomo primero de *San Jerónimo*, las *Paráphrasis sobre el Nuevo Testamento*, las cosas que recita *Alberto Pío* de las obras de Erasmo, y una <o> dos epístolas que allí están del mismo Erasmo, el diálogo que hizo *De recta Latini Graecique sermonis pronunciatione*, otro diálogo suyo titulado *Ciceronianus*". Fray Alonso reconoce que ha leído a Erasmo sabiendo muy bien que es autor sospechoso. "Fui yo siempre de mi natural ingenio libre, de tal manera que sin escrúpulo alguno leyera qualquier obra que se me ofreciesse, *como particularmente no la viese vedada*" (*ibid.*, pág. 31). La restricción subrayada es interesante. Obsérvese que la lista precedente no contiene ninguna de las obras de Erasmo expresamente prohibidas en el Índice de Valdés de 1559 (incluso el libro de *Alberto Pío conde Carpense contra Erasmo* no se prohibía allí sino "en romance y en otra qualquier lengua vulgar"). En una de las inspecciones hechas en 1574 en la celda del reo contumaz que distaba de cumplir bien su sentencia (ésta le prohibía leer cualquier libro excepto la Biblia y su breviario), se le encuentran todavía dos obras de Erasmo: la *Paraphrasis* sobre los Hechos de los Apóstoles y el *De conscribendis epistolis* (*ibid.*, pág. 23). En 1578 se descubrirá aún entre sus papeles un nuevo libro de Erasmo cuyo título no ha podido descifrar José Miranda (*ibid.*, pág. 23, nota 25), pero que estaba impreso en Basilea en 1526. (Será, quizá, *Hyperaspistes diatribae adversus Servum arbitrium Martini Lutheri*. Cabello parece haberse ocupado entonces del lazo que existe entre las virtudes teologales y la gracia. En todo caso, leer un tratado contra Lutero debía de ser más bien una circunstancia atenuante desde el punto de vista de la Inquisición, la cual no juzgó severamente las opiniones teológicas del fraile.)

reclusión a que se le ha condenado tienen por objeto lo que José Miranda llama una "rehabilitación": un restablecimiento en la plenitud de sus derechos en el seno de la vida monástica que él había detestado.

En definitiva, podemos preguntarnos si este "fraile erasmista" más agresivo que Erasmo es más auténticamente erasmiano que los franciscanos de la primera mitad del siglo, que utilizaban sin decirlo libros como la *Paraclesis* y el *Enchiridion,* pero que por lo menos los habían leído. A pesar de las apariencias, es entre los frailes de temple apostólico donde hay que buscar la huella profunda, eficaz, de Erasmo en el Nuevo Mundo.[90] Esto supone una revisión de los tópicos corrientes acerca de la mal llamada Contrarreforma y de lo que Erasmo significa en la crisis religiosa del siglo XVI.

---

[90] Irving A. Leonard, *Los libros del conquistador,* México (Fondo de Cultura Económica), 1953, publica unos interesantes inventarios de libros importados al Nuevo Mundo entre 1576 y 1606. En ellos no deja de figurar el nombre de Erasmo. Pero no es completamente exacto decir que en una lista de 1600 se encuentran "muchas obras [de Erasmo y otros autores] inscritas en el Índice de Quiroga" de 1583 (Leonard, pág. 207). No hay, en estas listas, sino obras de Erasmo utilizadas para los estudios de gramática y de humanidades, ninguna de las cuales estaba prohibida: en 1576 (pág. 276, núm. 105) las "Ocho partes" [*De octo orationis partium constructione*] y los *"Apotemas de Erasmo en rromance"* [al parecer, en la traducción de Francisco Thámara] (pág. 279, núm. 5); en 1600, los *Adagios* en la edición autorizada de Paulo Manucio (pág. 312, núm. 215), el *De conscribendis epistolis* (pág. 327, núm. 549) y el *Ciceronianus (ibid.,* núm. 557). Las *"Epístolas* de Erasmo en latín" (pág. 317, núms. 325 y 342), difíciles de identificar, son probablemente el *De conscribendis epistolis.* La indicación "Bucolica Erasmi" (pág. 321, núm. 419) no corresponde a ningún libro o comentario de Erasmo, y podría referirse a las *Bucólicas* de Virgilio anotadas por P. Ramus. Hay, finalmente (pág. 306, núm. 71), los escritos antierasmianos de Alberto Pío, Príncipe de Carpi. El Erasmo de las librerías del Nuevo Mundo hacia 1600 no es exactamente el que leía en 1572 Fr. Alonso Cabello (cf. *supra,* nota 89). Éste se alimentaba todavía de las anotaciones de Erasmo sobre San Jerónimo, obra que el Índice de Quiroga no autoriza ya sino expurgada "et non aliter".

ADDENDUM

A la pág. 59, nota 24.

Eugenio Asensio (*art. cit.*, págs. 57-59) llamó la atención, muy oportunamente, sobre el único ejemplar que se conserva de la *Cathólica impugnación del herético libelo que en el año 1480 fue divulgado en la cibdad de Sevilla*, de Fr. Hernando de Talavera (Salamanca, 1487). A la vez que defendía a la generalidad de los conversos contra los insultos de los cristianos viejos, que los trataban de "marranos" o "marrandíes", el futuro arzobispo de Granada combatía en ese opúsculo una herejía judaizante que él calificaba de ebionita. El heresiarca desconocido a quien replica —un converso— había predicado un neo-cristianismo apegado al legalismo y al ritualismo judíos, y rebelde a un gran número de prácticas cristianas autorizadas por la tradición eclesiástica. Es accesible ahora la *Cathólica impugnación* en una edición cuidada por Francisco Martín Hernández, con un estudio preliminar sobre Fr. Hernando de Talavera por Francisco Márquez Villanueva (vol. VI de la colección de "Espirituales españoles" que publica Juan Flors, Barcelona, 1961). El estudio de Márquez ha sido útilmente completado por Juan Bautista Avale Arce en su reseña de esa edición (*Romance Philology*, vol XIX, 1965-66, págs. 384-391). Aunque Talavera defiende contra el "herético libelo" prácticas como la veneración de las imágenes y las peregrinaciones, Márquez reconoce en él una forma de cristianismo depurado, y "orientaciones paulinas, intimistas y evangélicas en que aparecen ya la mayoría de los rasgos que caracterizan la religiosidad de los erasmistas, de la piedad franciscana y del Beato Juan de Ávila" (*op. cit.*, pág. 40). La *Cathólica impugnación* figuraría más tarde en el Índice, sin duda a causa de las proposiciones heréticas que resumía para refutarlas (*Cathalogus librorum qui prohibentur...*, Valladolid, 1559, pág. 38).

Arcos, Duque de, *véase* Ponce de León, Luis Cristóbal; Ponce de León, Rodrigo.

Archipiélago, 672.

Aretino, Pietro, 662, 665, 667.

Arévalo, Pedro de, 682-683.

Arezzo, Leonardo d', 49.

Argel, x, 682, 777.

Argensola, *véase* Leonardo de Argensola.

Arguijo, Juan de, 523.

Arias Montano, Benito, 344, 623, 721-723, 738-749, 758, 761, 762, 769, 771-772, 775, 785, 804; Comentario del *Apocalipsis*, 738; *Commentaria in duodecim prophetas*, 740, 745-746; *Dictatum christianum*, 740; *Opus magnum*, 742-743, 745, 747; *Retórica*, 739; edición de la *Biblia Regia* de Amberes, 43, 721, 740-742, 769; edición del *Índice expurgatorio de Amberes*, 721-723, 745, 748.

Arigita y Lasa, Mariano, 580, 656.

Arimino, Gregorio de, *véase* Rímini, Gregorio de.

Ariosto, 541, 615, 662, 664, 667, 780.

Aristófanes, 93, 727.

Aristóteles, 50, 54, 76, 199, 202, 313, 323, 325, 400, 423, 486, 506, 507, 511, 595, 629, 632, 688, 717, 727, 736, 747, 773, 781, 800; *De anima*, 22; *De caelo et mundo*, 317; *De generatione et corruptione*, 244, 317, 408; *De las plantas*, 677; *De mundo*, 408, 676; *De physiognomia*, 676; *De virtutibus*, 678; *Económico*, 49, 577; *Ética*, 16, 49, 317, 577, 809, 810; *Física*, 22, 244, 317, 460; *Metafísica*, 21, 22, 408, 460; *Parva Naturalia*, 408; *Poética*, 770; *Política*, 577, 768; *Praedicamenta*, 317.

aristotelismo, 15, 25, 406-409.

Arjona, Arcipreste de, *véase* Álvarez, Garci.

Armada Invencible, 745.

Armagh, Ricardo de, 717.

Armonía evangélica, 717.

Arnaud, Henri, 259.

Arnedo, 481.

Arnedo, Diego de, obispo de Mallorca y de Huesca, 500.

Arnobio, 141, 146, 148.

Arnold, T. J. J., 191.

Arnouts (carmelita), 98.

arqueología, 26, 645.

Arquer, Sigismondo, 728.

Arrás, Obispo de, *véase* Granvela (1); Ruistre, Nicolás.

Arriaga, Fr. Gonzalo de, O. P., 7, 244, 594, 700, 702.

arrianismo, 41, 95, 97, 115, 118, 123, 125, 142, 249-250, 253-254, 256, 257-258, 259, 260, 323, 427, 505, 506.

Arrieta, Juan de, 244, 253, 257, 259, 262.

Arrio, 97, 125, 142.

Arte de amar, véase Ovidio.

Arteaga, Fr. Pedro de, 6.

artículos de la fe, *véase* Credo.

artículos parisienses, *véase* Sorbona, decisiones de la.

Artigas, Miguel, x, 668.

Artopaeus, 729.

Asá, 56.

ascetismo, 48, 173, 175, 304, 391, 394, 546, 547, 548, 573, 601-602, 639, 705, 750, 765, 786, 793.— Cf. ayuno, disciplina, mortificaciones.

Asensio, Eugenio, xv, xvii, 61, 86, 171, 180, 181, 192, 222, 422, 543, 547, 550, 573, 592, 595, 623, 642, 739, 797, 800, 832.

Asensio, Félix, S. J., 742.

Asensio, Francisco, 626.

Asensio, J. M., 733.

Asensio, Manuel J., 611.

Asia, 818, 828.

Asia Menor, 672, 680, 683, 818.

rios, constituciones humanas, farisaísmo, fe y obras, funerales, judaísmo ceremonial, liturgia, peregrinaciones, procesiones, superstición.

Cerezo, 433.

Cervantes de Salazar, Francisco, 622; *Diálogos*, 645; edición de la *Exercitatio* de Vives, 645; traducción de la *Introductio ad sapientiam* de Vives, 635.

Cervantes Saavedra, Miguel de, XVI, 622, 652, 682, 733, 738, 776, 777-801; *Coloquio de los perros*, 655, 778, 779, 801; *Don Quijote de la Mancha*, 240, 400, 684, 777, 778, 780-781, 782-801, 802, 805; *El casamiento engañoso*, 779; *El celoso extremeño*, 782, 783, 784; *El Licenciado Vidriera*, 684, 779, 787, 790, 800, 808; *El retablo de las maravillas*, 797-798; *El viejo celoso*, 784, 789; *La entretenida*, 783, 788; *La Galatea*, 778-779, 783, 795; *La Gitanilla*, 783; *La ilustre fregona*, 788; *Las dos doncellas*, 783; *Los baños de Argel*, 789; *Novelas ejemplares*, 658, 779, 783, 784-785; *Pedro de Urdemalas*, 671, 788; *Rinconete y Cortadillo*, 788, 798; *Trabajos de Persiles y Sigismunda*, 777, 779, 780, 782, 783, 786, 787, 791, 796, 797; *Viaje del Parnaso*, 776.

Cervent, Clara, 635.

César, Julio, 786, 810.

Cetina, Gutierre de, 86.

Cicerón, 305, 595, 629, 634, 653, 662, 681, 693, 727; *Catilinarias*, 679, 683; *De amicitia*, 628; *De fato*, 435; *De natura deorum*, 51; *De officiis*, 49, 511, 577, 628, 634; *De senectute*, 49, 51, 628; *Orador*, 643; *Paradoxa*, 628; *Somnium Scipionis*, 628, 645, 511; *Tusculanas*, 319, 628.

ciceronianismo, 152, 272, 273, 314, 319, 407, 423, 643, 658, 661, 662.

Cid Campeador, 790.

ciencia española, 92, 115-116, 272, 341, 361.

Cifuentes, 169, 179.

Cifuentes, monasterio de, *véase* Pastrana.

Cifuentes, Conde de, *véase* Silva, Fernando de.

Cini, Giorgio (Fundación), 678.

Cione, Edmondo, 361, 509.

Cipriano, San, XV, 270, 290, 488, 634.

Circuncisión de Cristo, 734-735.

Ciria, Pedro de, 42.

Cirilo, San, 21, 118, 251.

cirios, 197, 292, 293, 339, 374, 380, 391, 393, 424, 570, 575, 582, 586, 639, 646, 667, 726, 730, 798, 814.

Cirot, Georges, IX, 742, 782.

Ciruelo, Pedro, 16, 17, 243, 247, 254, 258, 262, 361, 362; *Apotelesmata astrologiae christianae*, 243; *Confesionario*, 243, 349-350; *Cursus quattuor mathematicarum artium liberalium*, 243; *Reprobación de las supersticiones y hechizerías*, 243, 812.

Cisneros, *véase* Jiménez de Cisneros, Francisco.

Cisneros, García de, *véase* Jiménez de Cisneros, García.

Cisneros, Luis Jaime, 610.

cistercienses, 7, 237, 252, 654, 804.

Ciudad Real, Álvar Gómez de, *véase* Gómez de Ciudad Real, Álvar.

Ciudad Rodrigo, Obispo de, *véase* Navarra, Francisco de.

Clarián, véase *Don Clarián*.

Claribalte, 642.

Clario, Isidoro, 496, 500, 729.

clarisas, 9.

clasicismo, 739, 770-772, 778, 780.

clausura monástica, 214, 596, 599, 604.

EDICIONES Y TRADUCCIONES

Jimeno, *véase* Ximeno.

Job, Libro de, *véase* Biblia.

Jobit, Pierre, 805.

Jodoco, San, 575.

Joffre, Juan, 205, 285, 287, 317.

Jofreu, Pedro Antonio, 812.

Johannes Miles, Raphael, 318.

Jonas, Justus, 412.

Jorge, Baltasar, *véase* Valdés, Baltasar Jorge.

Jorge, Ricardo, 658.

Jorge, San, 197, 380, 679.

Josafat, 56.

José, San, 256.

José de Jesús María, Fr., 769.

Josefo, *véase* Flavio Josefo.

Josué, 56, 311.

jovinianismo, 125, 286.

Joviniano, 125.

Jovio, Paulo, *véase* Paulo Jovio.

Juan, Preste, *véase* Preste Juan.

Juan II de Castilla, 50.

Juan II de Portugal, 809.

Juan III de Portugal, 243, 264, 276, 359, 365-366, 367, 541, 607, 613, 629-630, 658, 685, 816.

Juan, príncipe de Portugal, 416.

Juan Bautista, San, 310, 378, 571, 665.—Cf. San Juan, mañana de.

Juan Clímaco, San, 49, 185.

Juan Crisóstomo, San, 21, 42, 148, 325, 564, 603, 687, 688, 724.

Juan Damasceno, San, 578.

Juan de Ávila, Beato, xiv, xv-xvi, 318, 479-480, 533-534, 545, 599, 702, 707, 718, 803, 828, 832; *Audi filia*, 714, 752-753, 755; *Del amor de Dios para con los hombres*, 756; *Epistolario espiritual*, 724, 755; *Reglas de vida*, 599; *Sermones*, 533, 756; traducción de la *Imitación de Cristo*, 594.

Juan de Dios, San, 666.

Juan de Espera en Dios, 666.

Juan de la Cruz, Fr., 602-606; *Diálogo sobre la necesidad de la ora-*

ción, 603-606, 703, 762; *Historia de la Yglesia* (adaptación de Eusebio), 602; *Sermones*, 602.

Juan de la Cruz, San, 21, 47, 445, 608, 750-751, 762, 768-769, 793, 804.

Juan de Votadiós, 666, 671.

Juan Evangelista, San, 571, 665.— Cf. Biblia (Evangelio de San Juan, Primera epístola de San Juan, Apocalipsis).

Juan Manuel, Don, 267-269, 342, 383.

Juan Manuel, Don, *El Conde Lucanor*, 697.

Juana (Papisa), 638.

Juana de la Cruz, Sor, 68, 70.

Juana la Beltraneja, 808.

Juana la Loca, 23.

jubileos, 365, 395, 396, 416, 613, 726.

judaísmo ceremonial, 73, 200, 206, 210, 301, 321-322, 424, 473, 597, 600, 722, 730, 746-748, 760, 766, 803, 832.—Cf. farisaísmo.

Judas, San, 380, 474.

Judas Macabeo, 56.

Judea, 818.

Judío errante, 666, 671.

judíos, 30-31, 59-62, 66, 76, 77-78, 109, 138, 333, 345, 464, 555, 708, 741, 803, 818.—Cf. antisemitismo.

Judith, Libro de, *véase* Biblia.

Jueces, Libro de los, *véase* Biblia.

juicio, 202.

Juliano el Apóstata, 85.

Julio II, 53, 57, 61, 70, 74, 84, 89, 290, 310, 312.

Julio III, 679, 684, 686, 692, 699, 715, 726.

Juno, 575.

Junta, Juan de, 329.

juramento, 173, 349, 350, 392, 536, 797.

justicia eclesiástica, 157, 330, 332, 333-334, 336, 338, 339, 382, 759.

opinión, *véase* vulgo.

optimismo moral, 86, 770.

optimismo religioso, 175, 187.

oración, 542, 544-545, 558, 572-606, 646, 702, 724, 750-756, 768, 775, 802, 804.

oración dominical, *véase* padrenuestro.

oración mental, 143-144, 168-170, 173-174, 175, 212, 291, 354, 357-358, 395, 398, 401, 458, 482, 519, 535, 536, 543, 545, 572, 574, 576, 578, 580, 586, 587-601, 603, 605, 703, 711, 713, 750, 752.

oración vocal, 127, 134, 144, 173, 194, 208, 212, 283, 399, 438, 441, 458, 466, 482, 520, 538, 546, 572, 576, 578, 596, 603, 667, 703, 711, 713.

oraciones, 15, 44, 45, 47, 126-127, 143-144, 173, 194, 285, 306, 321-322, 354, 357, 395, 397, 442, 526, 532, 564, 584-585, 586, 590-591, 735, 756, 758, 812, 828; oración de la emparedada, 570; oración de San Gregorio, 812-813; oración de Santa Apolonia, 788; oración del Conde, 393, 570; oración del Justo Juez, 570; oraciones de ciego, 570, 596, 610, 787, 788.— Cf. jaculatorias, salmos.

Orán, 53-56.

Orange, Príncipe de, *véase* Chalon, Philibert de.

Oratorio del divino amore, 496.

Orcibal, J., 547.

órdenes religiosas, *véase* monaquismo.

órdenes sacerdotales, 248, 339, 355, 373, 399, 732.

Orduña, Pedro de, 55, 172, 244.

Orense, Obispo de, *véase* Valdés, Fernando de.

Orfeo, 657.

Oria, Juan de, 17, 18, 157, 339-340, 708.

orientalismo, 13, 19-20, 24, 26, 30-31, 36, 39, 58-59, 93, 325, 343, 414, 421, 592, 728, 740-741, 744, 761.

Orígenes, 148, 194, 196, 199, 709, 717, 763.

orígenes cristianos, 574, 638-639.— Cf. antigüedad cristiana.

Orihuela, 245.

Orlando furioso, véase Ariosto.

Orley, Bernard van, 488.

ornamentos religiosos, 210, 424, 482, 586, 726, 730, 746, 789.

Ornot de Pichange, *véase* Pichange.

Oropesa, Fr. Alonso de, 61.

Oropesa, Martín Laso de, *véase* Laso de Oropesa.

Oropesa, Bernardino Vázquez de, *véase* Vázquez de Oropesa.

Orozco, Alonso de, Beato, 543.

Orsini, Fulvio, 772.

Ortega, Diego, 591.

Ortega, Fr. Juan de, 611-612.

Ortega, Maestro, 17.

Ortega y Gasset, José, 344, 784.

Ortiz, Alfonso, 3.

Ortiz, Blas, 465, 466, 468-469.

Ortiz, Diego, 686.

Ortiz, Fr. Francisco, 169, 171, 172, 174, 178, 179, 180, 182, 184, 185, 187, 299, 300, 363, 434-435, 440-441, 442, 452, 458, 462, 470, 521, 592.

Ortiz, Gonzalo, x.

Ortiz, Gutierre, 180, 184, 189.

Ortiz, Juan (catedrático), 17.

Ortiz, Juan (impresor), 828-829.

Ortiz, Miguel, 180, 184, 189, 451, 470.

Ortiz, Pedro, 441-443, 450, 455, 457.

Ortiz, Sancho, 180, 182.

Ortiz de Angulo, Diego, 346, 440, 443, 449, 450, 456-457, 462-463, 464.

Ortiz Muñoz, Luis, 25.

Osiander, Andreas, 211, 412, 421.

ÍNDICE DE LÁMINAS

ÍNDICE GENERAL

Se terminó de imprimir este libro el día
27 de enero de 1995 en los talleres de
TAVE/82, Esteban Terradas, 12,
Pol. Ind. de Leganés,
Madrid.
Se tiraron 1.500 ejemplares.

MIAMI DADE COLLEGE